荊楚文庫

湖北出土商周文字輯證

［增補本］（上）

黃錫全 編著

荊楚文庫編纂出版委員會

武漢大學出版社

荆楚文庫

湖北出土商周文字輯證:增補本:上、中、下

HUBEI CHUTU SHANGZHOU WENZI JIZHENG:ZENGBUBEN:SHANG ZHONG XIA

圖書在版編目(CIP)數據

湖北出土商周文字輯證:增補本:上、中、下/黄錫全編著
—武漢:武漢大學出版社,2019.4
ISBN 978-7-307-20711-0
Ⅰ.湖…
Ⅱ.黄…
Ⅲ.漢字—古文字—研究—商周時代
Ⅳ.H121
中國版本圖書館 CIP 數據核字(2019)第 024013 號

責任編輯:程牧原
整體設計:范漢成　曾顯惠　思　蒙
責任校對:李孟瀟
出版發行:武漢大學出版社
地址:武昌珞珈山
電話:(027)87215822　　郵政編碼:430072
録排:武漢大學出版社
印刷:湖北新華印務有限公司
開本:720mm×1000mm　1/16
印張:80.75 印張　插頁:18
字數:1120 千字
版次:2019 年 4 月第 1 版　2019 年 4 月第 1 次印刷
定價:398.00 元(全三册)

ISBN 978-7-307-20711-0

出版説明

湖北乃九省通衢，北學南學交會融通之地，文明昌盛，歷代文獻豐厚。守望傳統，編纂荆楚文獻，湖北淵源有自。清同治年間設立官書局，以整理鄉邦文獻爲旨趣。光緒年間張之洞督鄂後，以崇文書局推進典籍集成，湖北鄉賢身體力行之，編纂《湖北文徵》，集元明清三代湖北先哲遺作，收兩千七百餘作者文八千餘篇，洋洋六百萬言。盧氏兄弟輯録湖北先賢之作而成《湖北先正遺書》。至當代，武漢多所大學、圖書館在鄉邦典籍整理方面亦多所用力。爲傳承和弘揚優秀傳統文化，湖北省委、省政府决定編纂大型歷史文獻叢書《荆楚文庫》。

《荆楚文庫》以“搶救、保護、整理、出版”湖北文獻爲宗旨，分三編集藏。

甲、文獻編。收録歷代鄂籍人士著述，長期寓居湖北人士著述，省外人士探究湖北著述。包括傳世文獻、出土文獻和民間文獻。

乙、方志編。收録歷代省志、府縣志等。

丙、研究編。收録今人研究評述荆楚人物、史地、風物的學術著作和工具書及圖册。

文獻編、方志編録籍以1949年爲下限。

研究編簡體横排，文獻編繁體横排，方志編影印或點校出版。

《荆楚文庫》編纂出版委員會

2015年11月

湖北出土商周文字輯證

唐長孺題

總 目 録

上　冊(上編)

序言(增補本) …………………………………………………………… (1)
序言(1992 年本) …………………………………………………………… (9)
上編目録 …………………………………………………………… (1)
上編正文 …………………………………………………………… (1)
圖版 …………………………………………………………… (250)

中　冊(下編)

下編目録 …………………………………………………………… (1)
下編正文 …………………………………………………………… (447)

下　冊(下編)

下編正文 …………………………………………………………… (839)

序　言

（增補本）

1992年10月，武漢大學出版社出版了拙著《湖北出土商周文字輯證》（以下簡稱《輯證》），由於當時條件所限，僅印了600册。不料，此書受到歡迎，很快脱銷。後來，不少學者建議是否增補新出材料再版，我也有這個打算，衹因諸事繁多，一拖再拖，未能進行。感謝湖北省領導爲傳承和弘揚優秀傳統文化，決定編輯出版大型歷史文獻叢書《荆楚文庫》，並將拙著列入出版計劃，正好了結這個心願。

1992年出版的《輯證》，資料截至1991年。這次增補，資料截至2016年。相距25年間，考古發現衆多，出土資料大增。原擬將先後資料統一編排，但考慮到多種因素，決定1992年出版者除將手抄改爲電腦輸入編排外，内容一概依舊，僅作必要處理（改正個别原抄寫錯誤，在標題處説明新的行政區劃，將圖版目録移至圖版前），以存原貌，作爲上編（上册），1992—2016年資料作爲下編（中册、下册）。

下編體例大體沿襲上編，即按地區羅列，分地區、縣市、出土地點、器名。地理名稱依照現在命名的行政區劃，所列資料安排大致順序爲：武漢市、鄂州市、黄石市、黄岡市、襄陽市、十堰市、荆州市、宜昌市、荆門市、天門市、隨州市。推測“可能出自湖北器”之文字資料列入其後。

下編録取材料爲1992—2016年湖北各地出土或發現的有商周時期文字的資料，主要爲青銅器及竹簡等。大宗竹簡材料，只作簡要介紹，讀者可參閲有關專門報告及相關論著。與上編一樣，秦漢簡不録，來者可做《湖北出土秦漢文字輯證》。

根據設計安排，下編銘文體例有所改變，即銘文不單獨製作圖版附後，而是隨文録入，並録有相關器圖，以便研究。

下編所取資料，基本以最先著録或銘圖、器圖較清楚者爲主，不明或需要互證者另據有關著録。涉及的研究成果摘要録入，或者僅録結論。個人討論意見也多簡略。爲減少造字的困難，有的古文字未嚴格隸定，或直接用今字釋讀，如“唯、作、食、尊、眉、壽”等。

列圖主要掃描原始發表期刊、著作，不清者利用有關著録，如吳鎮烽電子版《商周資料金文通鑑》(簡稱《金文通鑑》)及《商周金文資料通鑑·續編》(簡稱《通鑑續編》)；少部分材料據原始拓片或照片，也有少量未經著録者。圖片或放大或縮小，無一定比例。

爲方便讀者，文中所附“著録”基本照列全稱，敘述中或用簡稱。所附“參考文獻”，主要選擇與該器有關或具有代表性者，視不同情況有的也隨文列出。受條件所限，很可能遺漏了一些相關材料及有關意見，尤其是中國港澳臺地區及海外學者的研究成果，望讀者留意，也誠望作者見諒。受學識及時間所限，對有關問題未作進一步的深入研究，書中肯定也存在不少缺點或錯誤，歡迎讀者批評指正。有關資料來源，見後列“資料來源涉及主要著作、期刊”。

25年間，湖北出土及發現材料已很可觀。粗略統計(未包括可能出自湖北的青銅器118件)數目如下：

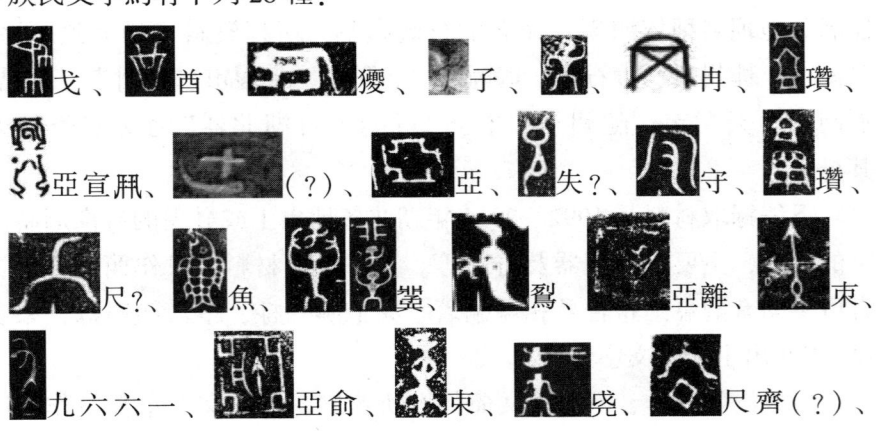

族氏文字約有下列28種：

戈、酉、獿、子、、冉、瓚、

亞宣𠕼、(?)、亞、失?、守、瓚、

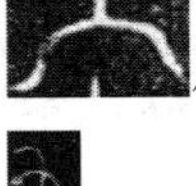尺?、魚、𢀛、鴽、亞離、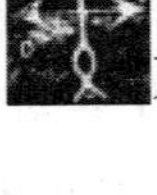束、

九六六一、亞俞、束、兕、尺齊(?)、

瓚、戊笮、斝、膚册。

涉及國别 20 余個:

商、周、鄂、楚、曾、隨、鄧、唐、黄、許、蔡、吳、越、秦、巴蜀、濮、韓、魏、趙、衛、舒、弦及陳(?)、虞(?)、厲(犁?)、胡(?)等。

有關器物(青銅器、其他器、簡牘):

青銅器 305 件,包括:

食器 136 件:鼎 76、簋 27、鬲 8、甗 6、簠 17、盞 2

水器 44 件:盤 12、匜 6、壺 21、缶 4、鈚 1

酒器 48 件:爵 7、斝 2、觶 10、觚 3、尊 7、卣 10、罍 2、盉 3、卮 1、斗 2、彝 1

樂器 13 件:鐸 1、鐘 12

兵器 42 件:戈 29、戟 4、劍 4、鉞 1、矛 3、車軎 1

其他銅質器 22 件:璽印 5、貨幣 9、砝碼 4、農具 1、銅鎮 1、書刀 2

其他器 7 件,包括:

漆器 3、木器 3、陶器 1。

簡牘:

出土約 15 次,約 2332 枚(不詳者未計),約 15885 字(不詳者未計)。

另有可能出自湖北楚簡 4894 左右完、殘簡,文字約 105094 左右。

兩項合計:簡約 7226 支左右(不詳者未計),文字約 120979 左右(不詳者未計)。

爲便於檢索與瀏覽,分别作有下列統計:

一、下編文字材料統計

二、下編器物分國統計

三、下編器物分類統計

四、下編族氏文字統計

五、下編出土簡牘統計

六、下編資料來源涉及主要著作、期刊

完成這一工作，多賴考古新發現及大家的共同研究，我只是匯集了有關材料及相關研討者意見而已，偶爾提出一點看法，也不一定正確，如果能够對讀者或學術界有所裨益，將不勝榮幸。

順便在此説明的是，由於“上編”保持原貌未動，我在“上編”“下編”及有關論著中對有些問題的意見，以“下編”爲準。有的意見至今没有什麽改變，有些意見因體例所限没有展開討論。如：30年前提出楚器中的“楚子某”並非楚王某或楚國王子某，而是楚王子、王孫的後裔，屬楚公族，“子”不是爵稱而是尊稱或美稱；根據清華簡《楚居》，認爲楚武王所居之“疆郢”即《左傳》之“郊郢”，在湖北鍾祥；認爲“𨛭郢”似可讀“軫郢”，推定在湖北應城西；認爲“鄏郢”可讀“鳳(風)郢”，可能即“風城”，在湖北天門皂市一帶，與“𨛭郢”鄰近；認爲“秦溪”“章華臺”當在今湖北潛江龍灣一帶，“鄩郢”有可能在潛江與原江陵之間；根據諸郢出現時間，認爲“戚郢”可能始自楚肅王(公元前380—前370年)以後，就是荆州城北之紀南故城遺址，至白起拔郢(公元前278年)、頃襄王徙陳廢棄，前後經營90年左右；傾向宜昌萬福瑙所出楚季鐘之“楚季”，當爲西周晚期之“季徇”，等等。

傾向曾、隨一國二名，姬姓，隨爲曾之國都名。曾國歷史悠久，數百年間因多種原因或强或弱，傾向政治中心有過遷徙，除隨州外，棗陽、京山等地就可能做過曾之都城，與隨州、棗陽臨近的河南南部也值得注意，故有關曾侯及曾國重器多出自這些區域。

曾器銘文中的稱謂問題較爲複雜，尤其是“曾子”，高者可以繼位曾侯，低者僅爲低等貴族，研究者意見不一，還需要具體分析研究。

我們主張：曾國國君只稱“曾侯”，“曾子”“曾伯”不是國君稱謂；“曾侯”或稱“曾子”者，是其繼位前的稱謂或身份；“曾侯”與曾伯、曾仲、曾叔、曾季爲同行輩關係；曾侯之子稱“曾公子”(如曾公子棄疾、曾公子叔涹)、“曾大子”(如上曾太子盤殷)，曾侯之孫稱“曾孫”(如曾孫金、曾孫喬、曾孫懷、曾孫白國、曾孫卲)、“曾公孫”(如曾公孫叔考臣)，“曾公子”“曾孫”後接之伯、仲、叔、季爲同行輩之稱；“曾子”稱謂與“楚子”類似，並非“侯子”“侯孫”，而是侯子、侯孫後裔，爲“曾公族”而非“曾公室”成員；“曾子”後接之伯、仲、叔、季爲行輩；個別“曾子某”又稱“曾仲某”或“曾叔某”等者，説明其身份發生過變化；“曾子”之“子”可以理解爲名或字前的“尊稱”或“美稱”。其稱謂縱横關係可表示如下：

曾侯		曾伯	曾仲	曾叔	曾季
曾大子	曾公子	曾公子伯	曾公子仲	曾公子叔	曾公子季
曾孫	曾公孫	曾孫伯	曾孫仲	曾孫叔	曾孫季
曾子(國氏+尊稱或美稱)		曾子伯	曾子仲	曾子叔	曾子季

曾侯與編鐘銘文意義非凡，很多問題還可深入探討。傾向曾侯與編鐘銘文的“白邌上嚳”應釋讀爲“伯括上蕚(諤)”，第四字从蒂从噩省，花蕚即花蒂。諤謂直言，意即伯括能直言上諫。“諤”與曾侯諫之“諫”義近。曾侯諫可能爲“南公”即南宫括，爲首任曾侯。試解“君比淮夷”爲統領臨近的淮夷，“王遣命南公”似可理解爲王選派南公，“奠勻曾土”當爲“奠(定)今曾土”等。

傾向葉家山早期曾國墓地 M65、M2 爲曾侯諫夫婦墓，M28、M27 爲另一“曾侯”夫婦墓，M111、M50 爲曾侯戾夫婦墓，前者早於後者。

推測 M107 所出“曾伯作西宫寶尊彝”爵之“曾伯”爲 M107 墓主，可能就是 M27 伯生盉之“伯生”(銘末有“曾”字)，即“曾伯生”，因某種原因(只活到35歲)未能繼承侯位，由其弟M28墓主繼任“曾侯”，故兩位兄弟葬在一處，“伯”表排行，不是爵稱。葉家山所出没有私名的“曾侯”之器可能多爲M28墓主“曾侯”所鑄。

傾向M65曾侯諫爲第一代曾侯“南公”即南宫括；推測M107、M28墓主爲“南公”即南宫括之長子(曾伯)、次子(曾侯，亞祖公仲)，M111曾侯戾爲“南公”即南宫括孫輩，當是M28“曾侯”之子。大、小盂鼎的“盂”當爲“曾伯”之子，與曾侯“戾”爲堂兄弟。相互關係當爲：

南公(南宫括，M65曾侯諫)

│

曾伯(M107)————————盂

公仲(M28曾侯)————————M111曾侯戾

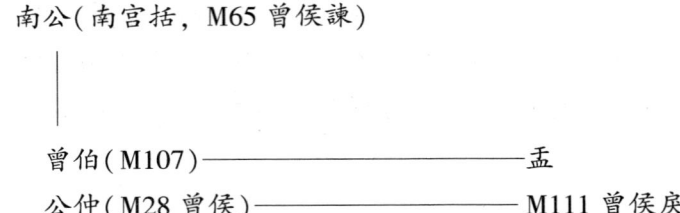

根據目前發現及學者研討意見，似可重新排列“曾侯”順序如下：

曾國國君	大致時代	埋葬地點	備註説明
曾侯諫(南公即南宫括)	西周成王	葉家山M65，M2爲其夫人墓	曾侯與編鐘銘文“南公”爲受封第一代國君伯括；大盂鼎“祖南公”，南宫乎鐘“先祖南公”
曾侯(南公次子公仲)	西周康王	葉家山M28，M27爲其夫人墓。葉家山墓地共出“曾侯”器11件：M28有3件，M26有1件，M27有2件，M65有1件，M111有4件	南宫乎鐘“亞祖公仲”。南公長子爲M107“曾伯”。小盂鼎有“作□伯寶尊彝”。盂爲“曾伯”之子

續表

曾國國君	大致時代	埋葬地點	備註説明
曾侯㦿	西周昭王	葉家山 M111，M50 爲其夫人墓	爲南公括孫輩，M28"曾侯"之子
……曾侯	西周中晚期	不詳	有待發現
曾侯絴白	兩周之際	被盜之棗陽曹門灣規模最大之 M1 可能爲其墓葬	棗陽曹門灣墓區 M1 附近耕土中發現曾侯絴白戈，方勤以爲"曾侯"即 M1 墓主
曾侯	兩周之際	棗陽郭家廟墓區發現鼎	見曾侯作季姬湯嬭媵鼎。不排除郭家廟 M60 墓主爲此"曾侯"
曾侯	春秋早期	不詳	見曾侯作叔姬簠
曾侯仲子遊父	春秋早期	京山蘇家壟	出有鼎 9 件、壺 2 件、豆 2 件、鬲 2 件、簋 2 件等
曾侯巳	春秋早期	不詳，可能出自隨州義地崗	見曾侯巳鐘、鎛
曾侯寶	春秋中期	隨州義地崗	見有鼎 7 件、簋 5 件、簠 2 件、方壺 2 件、圓壺 1 件、盤 1 件、匜 1 件等
曾侯戾	春秋晚期	襄陽梁家老墳發現戈	有曾侯戾戈 2 件，私人藏有曾侯戾劍 1 件
曾侯□	春秋晚期	隨州文峰塔 M4	出有曾侯戟、曾侯鐘，黄錦前疑爲曾侯戾墓
曾侯與	春秋晚期	隨州文峰塔 M1	出有曾侯與編鐘一套等

續表

曾國國君	大致時代	埋葬地點	備註説明
曾侯	春秋晚期	隨州文峰塔 M2	被盜，與 M1 規模相當，應爲曾侯墓
曾侯戉	戰國早期	不詳，隨州東風油庫 M3 出土有鼎	曾侯𨚕鼎、簠等；曾侯乙墓出有曾侯戉武器等
曾侯乙	戰國早期	隨州擂鼓墩 M1	曾侯乙墓
曾侯某	戰國早期	隨州擂鼓墩 M2	被盜，與 M1 曾侯乙相當
曾侯丙	戰國中期偏早	隨州文峰塔 M18	見曾侯丙方缶
……			

以上意見，還有待新材料的發現與繼續深入的研究，僅供讀者參考。

再次感謝湖北家鄉各級領導、有關部門、文物考古工作者及學術界的辛勤勞動與科學研究。

感謝先後提供過幫助的專家學者，主要有：黄鳳春、陳麗新、黄建勛、陳千萬、劉江聲、黄錦前、章水根、劉釗、丁家元、李春桃、何景成、萬全文、劉國勝、楊暉等。黄錦前提供有關未刊新作數十篇(電子版)供參閲選録。

感謝武漢大學出版社及責任編輯程牧原女士爲此書付出的辛勤勞動。

十分懷念和感謝著名歷史學家唐長孺教授當年欣然爲此書題寫書名！

2017 年春月記於北京西城區康樂里無爲齋

序　　言

（1992年本）

長江流域也是中華民族古老文明的搖籃。湖北位于長江中游及漢水流域，境内有着豐富的歷史文物。新中國考古事業的發展，爲認識湖北古代的歷史面貌提供了珍貴的實物資料。早在遠古時代，這里就有“鄖縣人”及“長陽人”生息、活動。新石器時代人類活動的遺迹遍及湖北各地，現已發現的遺址地點就有四百多處，其中以鄂西長江三峽一帶的“大溪文化”和江漢平原的“屈家嶺文化”最爲著名。新石器時代城址的發現，已透露出湖北地區人類文明的曙光。湖北夏文化的面貌不久也會昭顯于世。商和西周時期，這里封國及部落方國林立。商周遺址不斷被發現，如黄陂盤龍城商代城址、江陵荆南寺商代遺址及黄陂魯臺山西周遺址的發現與發掘，證明這時湖北地區的文明已達到相當高的程度。春秋戰國時期，經過激烈的爭奪與融合，湖北境内的封國與部落皆先後合并于楚，這裏又成爲當時“五霸”“七雄”之一——楚國的統治中心，造就了當時世界一流的“楚文化”，影響深遠，流播四方。江陵馬山、望山楚墓，荆門包山楚墓，江陵紀南城遺址，大冶銅緑山古礦冶遺址，以及隨州曾侯乙墓的發掘，無不以其精美絶倫的藝術成就及規模宏大的建筑工程，反映出當時的文化面貌和高度發達的水平。因此，可以這樣説，湖北地區古代文化最有特色的應該是先秦時代，而最能反映先秦文化面貌的，除青銅器鑄造、漆木器製作、絲織品工藝及音樂文化外，就應該是那些記述當時歷史情況及反映當時文化面貌的“文字”材料，諸如青銅器上的銘文及竹簡墨書等。因爲這些文字材料是最原始的記録，對於研究湖北古代歷史及楚史楚文化，乃至中華民族文明發展史提供了最可靠的文字依據。

中華人民共和國建立前，湖北境内出土的商周時期有文字的材料屈指可數，剔除僞作及有疑問者外，衹有金石學家所著及史書所載之“安州六器”“麻城二鼎”，嘉魚出土之“楚公逆鎛”，宜都出土之“王孫遺者鐘”“祖▢爵”，以及傳出江陵的沇兒鐘和南齊時出于襄陽的竹簡等，分别見于王厚之《鐘鼎款識》，薛尚功《歷代鐘鼎彝器款識法帖》，趙明誠《金石録》，周懋琦、劉瀚《荆南萃古編》，以及《湖北金石志》《南齊書》等。其中襄陽竹簡已蕩然無存。

中華人民共和國成立後，在各級政府的重視和支持下，文物考古工作取得了豐碩的成果，僅在湖北地區商周時期的墓葬和遺址中，就出土了數以千計的青銅禮器、兵器及大批竹簡等，引起了國内外學術界的廣泛注意和高度重視。不少單位和學者曾爲之付出了艱辛的勞動，并做了一些有益的工作，爲進一步研究有關問題和搜集有關資料作出了貢獻。

爲了充分發揮這些材料的作用，促進古文字學、考古學、楚史楚文化、商周史等方面研究的不斷深入，我們在前人所做工作的基礎上，編輯了這部大致能够反映湖北出土的商周時期的文字材料面貌及研究狀況的小册子，名之爲《湖北出土商周文字輯證》，分文字叙述和銘文圖片上下兩編，時代上自殷商，下至戰國。爲使讀者有一個綜合的比較和横向的分析，我們采取了按地區介紹及邊叙邊議的方式，大致先鄂東，繼鄂北，再鄂西。

云夢出土的秦簡，記述了戰國晚期至秦統一前後的某些重大歷史事件及法律文書等，將來我們打算編入《湖北出土秦漢文字輯證》一書，故未介紹。貨幣文字比較單一，發現不多，主要是楚幣，爲避免繁瑣，將其單列一節，作爲上編“附録一”。對于難以判定爲湖北出土的璽印及某些銅器，不録。對於有專題報告者，如《曾侯乙墓》《包山楚簡》等，我們僅作扼要介紹。如原報告銘文不够清晰者，我們則盡量附上較清楚的拓片，如曾侯乙銅器銘文及編鐘架、掛銘文等。時間收録至 1991 年下半年。

經過我們的收集整理，湖北出土的商周時期有文字的材料已很可觀，論其數目，已近一千六百件。其中有銘銅器(包括兵器等)六百餘件，竹簡近千支。總字數將近四萬。具體數目如下(詳見后列“湖北出土商周文字分類目録”)：

食器 142 件	鼎 60	簋 32
鬲 13	甗 3	簠 18
豆 8	敦 1	盞 1
盆 2	匕 4	
水器 27 件	盤 5	匜 4
鑑 2	壺 10	缶 6
酒器 37 件	爵 11	觶 4
尊 5	卣 2	罍 1
鑐 1	鉌 1	缶 10
勺 2		
樂器 302 件	鐘 69	鎛 2
鐘掛等 196	磬 35	
兵器 114 件		
戈 71	戟 24(件、柄)	殳 3
劍 10	矛 4	軎 2
簡牘墨書等 915 件		
簡 905(包括簽牌、律管)	牘 1	墨書等 9
其他 43 件		
總計 1580 件		

(其中青銅質地器 611 件)

有銘青銅器中，屬於商代的有六件，屬於西周的有七十二件。其中出現有商周族氏文字十餘個，如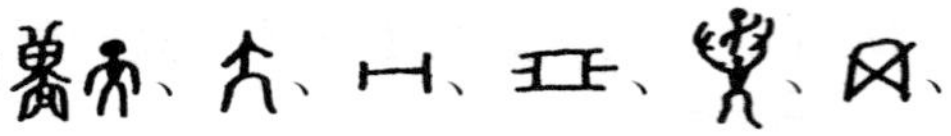等。這些族氏文字，多見於中原商周青銅器，它們之間應該有極爲密切的關係。

根據學術界的不同意見，我們可以將這些材料分爲三十餘國。它們是(詳見后例“湖北出土兩周有銘銅器分國目録”)：

屬於湖北境内的有：鄂、長子、陽(唐)、鄧、中、羅、叨孿、白、叚、黽、鄁、廝、北、鄀、巴、曾、楚。

屬於湖北境外的有：周、秦、魏、鄭、許、黄、番、羕、息、陳、蔡、吳、越、徐、杞、郕(盛)、魯。

在介紹上述材料時，除陳述和吸取了一些前人的研究成果和不同意見外，對某些疑難問題和文字也大膽地提出了個人的看法，目的衹是提出來供學術界討論。如，黄陂魯臺山所出“長子狗作父乙鼎”之“長子”，我們認爲很可能就是安陽所出甲骨文中之“長子”，爲長江之濱一方國。“安州六器”中之“中方鼎”，其中過去讀爲“夒陴真山”的一句，我們釋讀爲“夒，陴真山”，認爲夒即鄧南鄾之“鄾”，在今襄樊市西北，南距漢水不遠，“中”爲王在此設置行帳；又讀中甗中的一句爲“王省自方、鄧、洀(汎)、翏邦，在噩師䢃”，提出“邦”前一字應是“翏”，即古鄝國，地在河南唐河；又讀“日傳〼王休”之“王”前一字爲卲，卲王即昭王。這樣，爲進一步弄清西周前期昭王南征這一重大歷史事件提出了新的參考意見。曾侯乙墓所出漆衣箱上二十八宿中相當於“張”的這個字，學術界一直未能解決，我們釋此字爲“攱”即施字，施張典籍互訓，二十八宿借攱爲張。武漢市收集的一件羕戈，過去將戈銘前四字釋讀爲“獻鼎之歲”或“虜鼎之歲”，我們考釋第二字爲“鼐”，讀爲“熊”，“虜鼐”即“虜熊”，是以“獲熊”這件難遇之事作爲紀年。盛君縈簠之“盛”，學術界看法不一，我們主張應爲山東之盛(郕)，不是墓主人。隨州所出豆形器銘爲“邵之御盤”，後一字爲器名，過去多缺釋，我們考釋爲盤，从号得聲，與河南所出同類器而名爲“鑄”者均从丂聲，一物而異名。枝江縣所出過去稱之爲“秦王卑命鐘”一器，銘文僅十二字，而讀法就有六種，我們重新釋讀斷句，解釋爲“受秦王卑(秦哀公畢)求師之命，强大的楚平王率援軍至定營救秦軍”，提出了兩個王名的釋讀，自覺文从字順，人物、時代均密合無間。當然，有些看法還是探索性的，問題的解決還有待證實。

爲便于檢索，我們共編排了下列五表：

一、湖北出土商周文字分地目録(上編目録)

二、湖北出土商周文字圖版目録(243頁)

三、湖北出土商周銅器中的族氏文字(221頁)

四、湖北出土兩周有銘銅器分國目録(223頁)

五、湖北出土商周文字分類目録(231頁)

文字敘述部分所引材料來源有的用了簡稱，如羅振玉的《三代》、郭沫若的《大系》等，詳孫稚雛《金文著録簡目》，本書不再一一列出書目。所附銘文，有的做了放大或縮小的處理。

此稿的完成，曾得到湖北省博物館譚維四、舒之梅、吳嘉麟、陳善玉，湖北省文物考古研究所陳賢乙、楊權喜、楊定愛、王紅星、胡文春，湖南省博物館劉彬徽，荆州地區博物館滕壬生，隨州市博物館左德田，襄樊市博物館李祖才，浠水縣博物館葉向榮，荆門市博物館崔仁義，枝江縣博物館黄道華，江陵縣文物局葉華等單位和個人的協助與支持，又得到武漢大學出版社，武漢大學學科建設與學位工作處、研究生院、文科科研處及歷史系的有力支持，俞偉超、李學勤、夏渌、朱雷、吳劍傑、羅通秀先生等給予了很大的鼓勵和關心，謹此一并致以誠摯的謝意。

一九九二年八月作者記于武漢大學珞珈山無爲齋

上編目録

漢陽縣 …… 3

　紗帽山 …… 3

　　天嘼⿰午卩尊 …… 3

　　父丁爵 …… 4

黄陂縣 …… 5

　魯臺山 …… 5

　　長子狗圓鼎 …… 5

　　作父乙卣 …… 5

　　公太史方鼎 …… 6

　　公太史簋 …… 7

　　父乙觶 …… 7

　　父丁爵 …… 7

　　綒戈 …… 7

鄂州市 …… 12

　陳林寨 …… 12

　　父己爵 …… 12

　碧石 …… 13

　　祖丙爵 …… 13

蘄春縣 …… 14

　毛家咀 …… 14

　　酋字爵 …… 14

浠水縣 …… 15

　朱店 …… 15

白碩𡚾盤……15
䜌伯盤……15
嘉魚縣……17
太平湖……17
楚公逆鎛……17
麻城市……22
𡨦父鼎……22
大冶縣……24
竹林柯自然郵……24
王字矛……24
鄂王城……24
陳往戟……24
孝感市……26
安州六器……26
中方鼎一……26
中方鼎二……27
中方鼎三……28
中鼎……31
中觶……31
中甗……32
圓寶鼎一……35
圓寶鼎二……35
方寶甗……35
曾侯鐘一……36
曾侯鐘二……37
武漢市區……39
武漢市文物商店……39
叨孳簋……39

衛尊……39
杞伯每亡簋……40
曾伯從寵鼎……41
鄧子午鼎……42
蔡太史鉌……42
許公買簠……43
羕陵公戈……44
襄樊市　襄陽縣……49
襄樊市文物管理處收藏……49
父戊爵……49
鄧公牧簋……49
侯氏簋……50
曾仲子敔鼎……50
襄樊市博物館……51
大爵……51
襄陽縣太平店宋家閘……52
曾孟嬭諫盆……52
襄陽山灣……53
上鄀府簠……53
鄧公乘鼎……54
鄧尹疾鼎……55
楚子夜鄴敦……55
子季嬴青簠……56
浴缶……57
襄陽蔡坡……58
侯氏簋……58
徐王義楚之元子羽劍……58
蔡公子缶……60

吳王夫差劍…… 61
襄陽團山…… 61
鄭臧公之孫鼎…… 62
鄭臧公之孫缶…… 62
郪鋁戈…… 66
襄陽出土竹簡…… 68
穀城縣…… 69
過山…… 69
蠚兒罍…… 69
禹山廟咀…… 70
邙子賓缶…… 70
南漳縣…… 72
新弨戟…… 72
宜城縣…… 73
安樂坨…… 73
蔡侯朱之缶…… 73
朱市鄉黃土坡…… 73
蔡大善夫趣簠…… 73
楚皇城…… 75
王字畫印…… 75
隨州市…… 76
安居羊子山…… 76
戈父辛爵…… 76
子父癸觶…… 76
魚父乙爵…… 77
鄂侯弟曆季尊…… 78
安居桃花坡…… 79
起右盤…… 79

安居汪家灣……80
曾孫宊鼎……80
曾都尹宊簠……81
萬店塔兒灣周家崗……82
廓季之伯歸夆鼎……82
廓季之伯歸夆盤……82
白鍛鬲……82
曾太師簋……83
三里崗尚店……84
鄁公湯鼎……85
鄁公伯盨簋……85
均川熊家老灣……86
曾伯文簋……86
曾伯文鑐……87
曾仲大夫螽簋……87
黄季作季嬴鼎……87
均川劉家崖……88
連迂鼎……88
“之壺”壺……89
盅鼎　洜叔鼎……89
滏叔壺……90
滏叔戈……90
卲豆……91
東郊義地崗……95
敔鼎……95
敔盞……96
東郊季氏梁……96
陳公子仲慶簠……96

曾大攻尹季怡戈……97
周王孫季怡戈……97
東郊朱家坡……98
扁壺……98
溳陽鰱魚咀……99
曾仲之孫𡌥𠭯戈……100
曾子原魯簠……100
楚屈子赤角簠……100
郳子行盆……101
西郊擂鼓墩曾侯乙墓……102
曾侯遇戟……103
曾侯𨛰戈、戟、殳……103
曾侯乙戈、戟……104
旟乍䔳戈……104
四字待考戈……105
析君墨膂戟……105
㧾君戟……106
君軠䦎車軎……106
青銅禮器銘文……107
編鐘……107
楚王酓章作曾侯乙鎛……108
編磬……109
衣箱刻銘……109
朱書二十八宿……110
"紫錦之衣"箱上朱書文字……114
竹簡……116
編鐘架、掛件銘文……117
西郊擂鼓墩其他墓……119

夫用戈 …… 119
盛君縈簠 …… 119
棗陽市 …… 122
吳店趙湖 …… 122
曾侯䊹伯戈 …… 122
茶菴 …… 123
曾子仲謱鼎 …… 123
執伯戈 …… 123
資山 …… 124
孟姬旨簋 …… 124
陽食生簋蓋 …… 125
塲食生匜 …… 125
京山縣 …… 127
河晏店團山 …… 127
尊爵 …… 127
坪壩壇梨樹崗 …… 127
曾太師鼎 …… 127
曾子單鬲 …… 127
坪壩蘇家垅 …… 128
曾侯仲子斿父鼎 …… 128
曾仲斿父方壺 …… 128
曾仲斿父豆 …… 129
黃朱柁鬲 …… 129
黽乎簋 …… 129
天門市 …… 132
叚仲酎履盤 …… 132
鼎之戍瑀鼎 …… 132
宜都縣 …… 135

祖⊘爵 …… 135
父戊鼎 …… 135
王孫遺者鐘 …… 136
枝江縣 …… 138
百里洲王家崗 …… 138
考叔䏁父簠 …… 138
塞公孫䏁父匜 …… 138
問安關廟山 …… 139
徐太子伯辰鼎 …… 139
永陳缶 …… 141
馬店鎮楊家塆 …… 141
奠字劍 …… 141
枝江縣收購 …… 142
章子𨛭尾戈 …… 142
秭歸縣 …… 143
香溪鎮 …… 143
越王州勾劍 …… 143
宜昌市 …… 144
前坪 …… 144
積字印 …… 144
遠安縣 …… 145
冶戈劍 …… 145
當陽市 …… 146
慈化王家臺 …… 146
楚子適鼎 …… 146
趙家湖金家山 …… 147
番中戈 …… 147

許戈 …… 148
前雄曹家崗 …… 148
王孫霖簠 …… 148
季家湖楚城 …… 149
救秦戎鐘 …… 149
荆門市 …… 152
漳河車橋 …… 152
大武闢兵戈 …… 152
子陵崗 …… 153
越王州勾劍 …… 153
十里鋪包山 …… 154
包山 M2 竹簡 …… 154
包山 M2 竹牘 …… 156
M2 竹笥上的籤牌文字 …… 157
M2 竹笥中的木籤牌文字 …… 157
M1 椁蓋上鑿刻編碼 …… 158
M2 馬身甲内側刻文 …… 158
M2 馬身甲内側漆書文字 …… 158
M2 罐口封泥文字 …… 158
M2 王字刻刀 …… 158
M4 銅鐏戈 …… 159
江陵縣 …… 160
沇兒鐘 …… 160
萬城 …… 161
北子鼎 …… 161
北子甗 …… 161
翏作北子乍簋 …… 162

小臣卣 …… 162
小臣觶 …… 163
小臣尊 …… 163
岳山 …… 165
鄴伯受簠 …… 165
拍馬山 …… 166
藝君戈 …… 166
邨丘戈 …… 168
長湖 …… 168
楚王孫漁戟 …… 168
天星觀 …… 169
竹簡 …… 169
雇侯骨管 …… 170
君字車軎 …… 170
王字矛 …… 170
封泥 …… 171
雨臺山 …… 171
鄴戈 …… 171
周旛戈 …… 172
鄜公戈 …… 172
竹律管 …… 173
官坪 …… 174
越王者旨於賜劍 …… 174
九店 …… 175
九店竹簡 …… 175
廟湖 …… 175
秦家咀竹簡 …… 175

馬山 …… 176
吳王夫差矛 …… 176
玄翏戈 …… 177
望山 …… 178
越王勾踐劍 …… 178
烙印文字 …… 178
M1 竹簡 …… 179
M2 竹簡 …… 180
王字書刀 …… 180
藤店 …… 181
越王州勾劍 …… 181
竹簡 …… 181
張家山 …… 182
越王劍 …… 182
魏十四年鄴下庫戈 …… 182
溪峨山 …… 182
木俑文字 …… 182
郝穴 …… 183
王字矛 …… 183
紀南城 …… 184
王字書刀 …… 184
鎴字印 …… 184
𥢶戈 …… 184
𨛬公祏豆 …… 185
荊州博物館藏品 …… 186
鄧𩠂鼎 …… 186
附録一　貨幣文字 …… 188

附録二　曾侯乙編鐘架、掛銘文釋文 …………………………… 191
附録三　曾侯乙編磬銘文釋文 ………………………………… 202
附録四　《包山楚簡》部分釋文校釋 …………………………… 206
湖北出土商周銅器中的族氏文字 ……………………………… 221
湖北出土兩周有銘銅器分國目録 ……………………………… 223
湖北出土商周文字分類目録 …………………………………… 231
圖版目録 ………………………………………………………… 243
圖版 ……………………………………………………………… 250

上　编

漢陽縣

（現爲武漢市蔡甸區）

紗帽山

天⿱曾亩⿰午卩尊

1965 年，漢陽東城垸紗帽山遺址附近出土（採集）。通高 37.1 釐米，口徑 26.4 釐米。圈足内有銘文三字：

這三個字，簡報釋爲“天兽御”，或釋“大御□”。《金文編》將第二字列入附録（1190 頁）。□字下部从亩，寫法與虢叔鐘、士父鐘等⿱替亩字所从的亩形類同。□與冐或單形有别，而與甲骨文、金文的曾字寫法類似。□應該隸定作⿱曾亩或⿱曾鬲，疑爲曾之異體，如同甲骨、金文的曾字或从臣，可以理解爲从亩曾聲的形聲字。《説文》“多谷”之亶爲“从亩旦聲”，熷字“从火曾聲”，與此類似。根據銘文排列情況，“天⿱曾亩”當爲族氏文字，“⿰午卩（御）”可能是作器者或其他含義。頗疑⿱曾亩爲“天”的分支，是否與漢東之曾國有某種關係，很值得考慮。

大口筒狀觚形尊是殷墟三期出現的器形。因此，此器的年代爲商代晚期。

【著録】

張吟午:《商代銅尊、魚鈎和陶抵手》,《江漢考古》1984 年 3 期。

湖北省博物館:《漢陽東城垸紗帽山遺址調查》,《江漢考古》1987 年 3 期。

父丁爵

見《中國考古學會第三次年會論文集》208 頁楊權喜文,具體情況不詳,時代爲“商晚”。

黃陂縣

（現爲武漢市黃陂區）

魯臺山

1977年10月至1978年元月，黃陂縣文化館爲配合灄水改道工程，在魯臺山（又名雙鳳亭）西南、灄水左岸一帶，清理西周墓葬35座。其中5座爲西周墓，出土有銘銅器9件。另外，採集西周有銘銅爵1件，出土東周有銘三晉兵器1件，共11件。

長子狗圓鼎

1件，M30：1。通耳高25釐米，口徑20.4釐米，腹深12.3釐米，足高10釐米。器壁内有銘文兩行九字：

長子狗作文
父乙隮彝

作父乙卣

1件，M30：22。器形殘，似卣的圈足。與圈足相接的腹底外側有方格鑄痕。腹底鑄有銘文兩行九字：

☐☐☐作☐
父乙隮彝

公太史方鼎

4 件，M30：3~6。

(1) M30：3，通耳高 17.2 釐米，口徑 14.1 釐米×12.4 釐米，腹深 6.6 釐米，足高 7.4 釐米。腹内壁有銘三行八字：

公大史□
姬莽
障彝

(2) M30：4，通耳高 16.9 釐米，口徑 14 釐米×12.4 釐米，足高 7.2 釐米，腹深 6.8 釐米。腹内壁鑄銘文三行九字：

公大史作
姬莽
寶障彝

(3) M30：5，通耳高 17 釐米，口徑 13.6 釐米×12.3 釐米，腹深 7.5 釐米，足高 7 釐米。腹内壁鑄銘文三行九字：

公大史□
姬莽
寶□ □

(4) M30：6，通耳高 15.6 釐米，口徑 13 釐米×11.3 釐米，腹深 6.2 釐米，足高 6.5 釐米。腹底部鑄銘文兩行五字：

□作寶

隮彝

公太史簋

2件。

（1）M30：8，殘，通高14釐米，口徑19釐米，腹深10.6釐米。腹底鑄有銘文兩行九字：

公大史作姬
峚寶隮彝

（2）M30：7，僅殘存圈足及耳下的瑫。腹底鑄有銘文，殘缺不清。

父乙觶

1件，M28：6。通高14.4釐米，腹深12.1釐米，素面。足壁内有銘文三字：

父乙

父丁爵

1件（採集）。通高22釐米，柱高5.2釐米，腹深9釐米。鋬内有銘文二字：

父丁

綒戈

1件，M12：2。長胡三穿。通長21.6釐米，胡長8釐米，内長8.5

鳌米。内上刻銘三行十三字：

廿五年陽
旾(春)嗇夫絽
工帀(師)𣪘治朝

絽戈之“陽春”爲地名，“嗇夫”爲官名。“𣪘”爲工師之名，字書未見，當爲剿之異體，如同《説文》㪇字或从刀作。“韌”爲冶師之名，其地位低于工師。韌字原篆作，左形爲日在艸中，右从刀，或以爲“戟”字，恐誤。旁與“朝”字左形類同。朝、潮本爲會意字，金文作（盂鼎）、（克盨）、（因資敦）等。頗疑韌爲朝之後起形聲字，从朝省，刀聲。朝、刀古音同屬端母宵部。絽戈與江陵拍馬山所出之頓丘戈類同，均屬“三晉”之魏器。戰國時魏王超過二十五年者衹有惠王，故此戈的絶對年代爲公元前345年。

“鳌”字原形作，上部與“朕”字所从之形類同，如（猷伯簋）、（仲㪤父簋等），故當隸定爲鳌。古朕字或可省舟作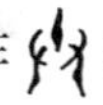（臣諫簋）。从玉與从貝義近（如邾叔鐘保字作，而齊鎛作，《説文》玩字或體从貝作貦）。因此，鳌很有可能就是賸字省體。金文弄字作（林氏壺）、（智君子鑑）等形，與此字有别。過去或將此字釋爲弄，不確。

M30的年代有康王、昭王兩説。或將長子狗作器定爲昭王，將公大史作器定爲康王。公大史之“公”是尊稱，大史即太史，爲職稱。太史而稱公，表明其地位甚高。以前“公大史”之稱僅見于穆王時的作册魏卣（《商周金文録遺》278）。昭王時器稱“大史”者有中方鼎（《博古圖》2. 17）、大史罍（《三代吉金文存》11. 19. 8）、大史客甗（《三代》5. 8. 5）。

根據張亞初先生的研究，這位“公大史”，不是畢公高之子，就是召公奭之子，二者必居其一。畢、召都是姬姓，是他爲其女兒所作的陪嫁品。這是中原宗周銅器帶至南方者。能與周室“三公”之一的太史女兒匹配者，絶非等閑之輩，同墓所出“長子狗作父乙”器銘的“長子”身份由此也可窺見一斑。我們主張 M30 的墓主不是長子狗的父親“父乙”，就是他的母親“姬鋬”。長子狗所作之器稍晚于公太史作器，可能就是這個原因。

關于“長子狗”的族氏，有不同看法。或以爲“長子狗”之長地處山西，可能是因參加昭王南征纔到達黄陂這個周王朝控制南國和南夷的軍事據點，長子狗是箕子的孫子輩。另一種可能是“長子”二字爲氏名，與上海博物館藏“長子□臣匿”類同，“長子狗”可能是辛甲的孫子。或主張“長子狗”之“長”是荆楚地區的方國之一，爲國名或族氏名，“子”爲爵稱，“狗”是私名。或主張其爲“漢陽諸姬”之一。

我們認爲“長子狗”之“長子”，可能是南方江漢二水匯合處的一個方國，其與周室聯姻，表明周王朝非常重視與“長子”的關係。魯臺山遺址和 M34 的填土中出土有商代的陶鬲足等陶器，這説明西周前此地是商文化的統治區。“長子”可能是一個古老的方國，周克商後臣服于周，周以之作爲控制長江中游一帶的重要據點。我們以爲這個“長子”，很可能就是殷墟甲骨文中的“長子”。

殷墟甲骨文第三期有兩條辭例：

《合集》27641：其有長子惟龜至，王受佑？

28195：乙未(卜，暊貞)……長……不……？

卜辭中稱“某子”者習見。如：

《合集》3273 正：貞，妌子𢀛我？

《巴》二三：甲寅卜，貞，令左子眔邑子眔自般受𠂤……十一月。

妍子、左子、邑子、自般均爲人名。就一般情況而言，卜辭中的人名，往往同時又是地名、國族名。如卜辭習見之“望乘”“沚𢦏”等即是。因此，上舉之“長子”應是國族氏名。字，過去著録多缺釋。根據字形，它應是即龜字的省形。根據前輩學者的研究，殷墟占卜用的龜甲，大多是來自今之長江流域，安陽本地並不産龜。卜辭中記載貢龜、獻龜者多見，其中向商王貢龜最多者是南方的“雀”。“雀入二百五十”的甲橋刻辭就有幾十條。“其有長子惟龜至”，是貞問“長子”方國是否來貢龜。

上面我們已經談到，貢龜者多來自南方長江流域，三期卜辭中又記有“長子”來貢龜，而長江之濱的黄陂魯臺山又有一個名“長子”的方國。所以，我們有理由認爲，魯臺山遺址就是南方“長子”方國的統治中心。殷商時期的中心如不在魯臺山，也一定在其附近。盤龍城商代遺址與魯臺山的直綫距離最多不過 25 公里左右，説不定盤龍城就曾經是商代“長子”方國的都城。這些目前還祇是一種推論，是否正確，還有待考古工作的不斷深入。

M28 的父乙觶的族氏文字，又見于下列諸器：

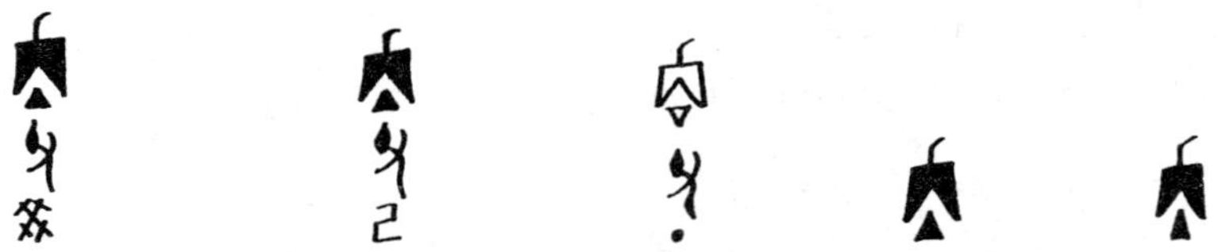

爵	卣	爵	爵	鼎
《三代》16. 22. 10	12. 52. 1 ~ 2	16. 10. 11	15. 15. 8	2. 7. 4

M28 的年代可定爲成康之際。上列諸器相互應有一定關係，時代相距可能不會太遠。

【著録】

黄陂縣文化館等:《湖北黄陂魯臺山兩周遺址與墓葬》,《江漢考古》1982 年 2 期。

【參考文獻】

陳賢乙:《黄陂魯臺山西周文化剖析》,《江漢考古》1982 年 2 期。

劉啓益:《黄陂魯臺山 M30 與西周康王時期的銅器墓》,《江漢考古》1984 年 1 期。

張亞初:《論魯臺山西周墓的年代與族屬》,《江漢考古》1984 年 2 期。

王光鎬:《黄陂魯臺山西周遺存國屬初論》,《江漢考古》1983 年 4 期。

劉彬徽:《湖北出土兩周金文國别年代考述》(以下簡稱《考述》),《古文字研究》第十三輯,中華書局,1986 年。

鄂州市

陳林寨

□父己爵

1975年11月27日平整土地時，在鄂城縣沙窩公社牌樓大隊十三生產隊(王家灣)背後的陳林寨南坡、龔家灣北坡梯地的麥地旁邊發現。共存物祇有兩塊銅覆蓋在銅爵的腹部。兩寨脚下有大量銅礦和礦渣，可能是一處冶煉遺址。爵通高21釐米，腹徑6釐米，足高8釐米。鋬内腹部有銘文三字：

□父己

族氏□與□可能相同。有此族氏的銅器多見。安陽侯家莊曾出有這個族氏的銅器，説明它可能是商朝的王族。這個族氏的銅器又在河南鶴壁，湖北襄樊、鄂城、江陵，湖南寧鄉等地有發現，説明□族或其中的一支曾經南下。此爵腹飾饕餮紋，足呈三角棱形，口沿上兩柱作蘑菇狀，上飾雲紋。其時代爲商代晚期。

【著録】

鄂城縣博物館丁堂華：《湖北鄂城縣沙窩公社出土青銅爵》，《考古》1982年2期。

碧　　石

⊢⊣祖丙爵

1967年年初，在鄂城縣碧石公社供銷社土産廢品收購部收到，與上列鄂城陳林寨出土的銅爵類同，紋飾略有變化。出土時器已殘缺，不見兩柱。把内有銘三字：

⊢⊣祖丙

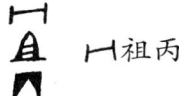

有族氏文字⊢⊣的銅器，還見於下列二器：

爵

《三代》15. 34. 2

爵

《録遺》426

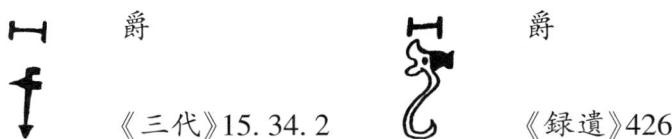

它們之間的關係，還有待研究。

【著録】

鄂城縣博物館丁堂華：《湖北鄂城縣沙窩公社出土青銅爵》，《考古》1982年2期。

蘄春縣

毛家咀

酉字爵

1958年出土於毛家咀西周木構建築遺迹内。通高22.5釐米，流尾通長17釐米。鋬内有銘一字：

有此形族氏的銅器，還有父甲觶(《三代》14.40.7~8)、乙斝(《三代》13.49.1)、父癸鼎(《三代》2.29.5)等。此字或釋爲酉。器之時代屬西周早期。

【著録】

張雲鵬:《湖北蘄春毛家咀西周木構建築》,《考古》1962年1期。

浠水縣

朱　　店

1975年，朱店公社東方紅大隊四小隊社員王普榮整治農田時，在一條放水溝處同時挖出兩件西周銅盤。兩盤相距僅30釐米左右。

白碩夰盤

通高16釐米，口徑35釐米，足高8釐米，足徑26釐米，深8釐米，附耳高出口沿部分約3釐米。重5.5公斤。腹内底有銘兩行十七字：

白碩夰乍（作）姬饔

般（盤）其邁（萬）年子=孫=永用

或以爲“白”表示行第“伯”，“碩夰”爲其名。其實，“白”也可能是氏。如楚邑有名白者，爲舊侯國，楚人取而邑之，子孫以“白侯”爲氏（見《姓譜》）。夰字从大與从人義同，可能就是傷。傷字見於《玉篇》《廣韻》。傷音倘，可通蕩。字報告釋爲釐，可能有問題，待考。饔字原銘作。《説文》：“饔，熟食也。”“饔盤”就是裝熟食之盤。此盤大口，坦腹，高圈足，寬平唇，附耳。腹飾形紋。其時代可定爲西周中晚期之際。

䜌伯盤

通高14.5釐米，口徑37.5釐米，足高7釐米，足徑27.5釐米，深

8.5 釐米，附耳高出口沿 2 釐米，重 6 公斤。腹内底有銘六行五十七字（重文二字）。銘文頗爲重要，可惜缺損太多。承蒙葉向榮同志提供在放大鏡下用雪花膏充填後的照片，現參考報告釋文隸釋如下：

佳八月既生霸庚申辛

胃（友？）（車？）得（？）繇白☐邑限（？）

毛（？）山（？）晶（？）三國内（？）吳（？）☐巠（？）旂（？）西

鼎立邑廼（乃）用攸（鋚）金自乍（作）

朕般（盤）其萬年釁（眉）壽黃

耇子₌孫₌永用于奮（？）邑

此盤與白碩奮盤器形類同而花紋有别，其相對年代爲西周中晚期之際。

上列二盤的國别和關係，還有待進一步研究。

【著録】

葉向榮：《浠水縣出土西周有銘銅盤》，《江漢考古》1985 年 1 期。

【參考文獻】

劉彬徽：《湖北出土兩周金文的國别與年代補記》，1986 年油印本。

嘉魚縣

太平湖

楚公逆鎛

此器失傳。據趙明誠云："政和三年獲于鄂州嘉魚縣以獻(《金石録》卷十一《古器物銘》第五)。"石公弼云："政和三年武昌太平湖所進古鐘(《復齊》33石氏藏本自題器名)。"顧祖禹《讀史方輿紀要》卷七六載，"太平湖"在嘉魚縣"縣南三十里"。宋代的武昌在今湖北鄂州市。此鎛當是出自嘉魚縣太平湖，後轉輸武昌，傳聞致誤。

關于鎛鐘形制，據《復齊》13頁正榮芑於紹熙四年(1193年)題記："鐘高二尺有畸，紐上坐一躶鬼，蓋雷神也。五色相宣，銘在鐘裏。"按宋一尺約合今31.2釐米計，則此器高60~70釐米。"銘在鐘裏"，可能是指"銘在鉦間"。

王厚之《鐘鼎款識》(簡稱《復齋》)著録兩件拓本，是此銘善本。一是王氏所獲秦檜子秦熺"一德格天閣"舊本，另一本是王氏續補入册的石公弼藏本。郭沫若《兩周金文辭大系》圖177就是《復齋》本兩種。二本互有得失，可對照研究。由于《復齋》本毁于大火，今本乃阮元據原本翻刻，故銘文有失真之處，或脱筆，或誤筆，某些關鍵字很難辨認，千百年來雖經不少學者的不懈努力，仍不能通其讀。近來經筆者反復琢磨，終于有了新的認識和體會。按照我們的研究成果，釋文如下。銘文四行，除第一行十字外，其餘行九字，計三十七字：

唯八月甲申，楚公逆自乍(作)

大雷鎛。氒(厥)格(名)曰“殷楹(和)”。象
音屯公。逆其萬年又(有)壽,
以樂其身,孫子其永寶。

此鎛銘文反書,行款從左至右,乃鎛銘原式。金文中行款從左至右書者,還見于齊鞶氏鐘、書也缶、曾子原魯簠、上鄀府簠、楚嬴匜等器。

今本“楚”字作,舊均釋讀爲楚,是正確的。可是近來有人提出懷疑,這是一種誤解。此字原來本應作,是今本脱去下部止,衹要比較一下類似寫法的楚字就清楚了。如(楚公豪鐘)、(楚公豪戈)、(令簋)等。這種現象,如同此鎛之“鎛”字,本應作,而今本作,顯然今本右旁脱去上部。孫詒讓考證楚公逆即楚公熊咢,是正確的。逆、咢古音同屬疑母鐸部,古可相通,如孫氏所舉逆即遻、鷰即鶚、蝷即鰐等。熊咢在位時間爲公元前799—前790年,屬西周晚期。“大雷”二字,丁山曾考訂爲“吳回”,是錯誤的,由此在學術界造成的影響應予糾正。或將“大雷”釋爲“夜雨雷”,也是錯誤的。二者錯誤的原因是將屬於“唯”的口旁誤以爲屬“大”,後者又將“雷”視爲雨字。“大雷鎛”即形大聲如雷鳴之鎛。

“氒格曰”後二字,是作器者爲這件鎛所取之名,與傳世秦公鐘“氒名曰古邦”類同。我們考證其爲“殷楹(和)”,即“殷盛和諧”,既以此形容“大雷鎛”之聲,又以此頌揚時政,表示楚公熊咢功成作樂,國强民和。

“殷楹(和)”後四字,是此銘的癥結,過去都未能貫通其義。我們認爲,第一字應依石本,正過來即作,過去或釋爲“八克”,或釋爲“八亢”,是不對的。從其所處的位置分析,它衹能是一字。金文中爲字或作(弘尊)、(彊伯自爲甗)、(雍伯鼎)等,或省作(立盨)、

(邾訧鼎)等，所从的“象”形與我們討論的這個字的下部十分相似。因此，這個字應是从八从象的“豫”，原形當作。甲骨文中有個字作(《甲骨文編》附録上六)，唐蘭先生釋爲豫，認爲从八象聲(《天壤閣甲骨文存》14頁)。鎛銘的豫應該就是由甲骨文的豫演變而來，在此假爲鎗，形容鎛之聲。

“豫”下一字，舊多缺釋，或以爲其上還有一字。此字上部筆畫殘缺，下部與石本的“唯”(第一字)幾乎平行，從其位置與文義分析，其上不會再置一字。這個字，我們認爲是“音”字，原形當作或，衹因缺了上部筆畫，下部中的豎筆又與其上“”連成一體，遂使人迷惑不解。音字本作(秦公鎛)、(簷平鐘)，也有中横筆作豎筆者，如(郤王子旃鐘)、(曾侯乙編鐘上層二組四號反面)、(沇兒鐘韷字偏旁)等，與鎛銘類同。

“音”下一字，郭沫若釋爲“屯”是正確的。金文屯字作，或作、、等(詳《金文編》)，與鎛銘或形類同。石本形上端略顯歧出者，應是泐痕。

“屯”下一字，過去多釋爲“公”，屬下讀“公逆”云云。這種讀法是不正確的。我們曾提出兩種釋讀，一是釋爲“公”，一是依石本釋爲“良”省。鎛銘“殷和”後四字就應釋作“豫音屯公”，或者“豫音屯良”。

豫从象聲，在此假爲鎗。象屬邪母陽部，鎗屬清母陽部，不僅韻部相同，而且聲母同屬齒頭音，可以説是同音字，相互假借應是没有多大問題的。如古籍中从象、昜、羊、倉等得聲的字就可以相通。《説文》餯字或作餳，潒字讀若蕩。《吕氏春秋·盡數》“集於羽鳥，與爲飛揚”之揚，舊注云“揚一作翔”。《禮記·少儀》：“朝廷之美，濟濟翔翔。”《洵子·大畧》“翔翔”作“鎗鎗”。《説文》：“鎗，鐘聲也。”《後漢書·馬融傳》："鍠鍠鎗鎗，奏於農郊大路之衢。"注："鍠鍠鎗鎗，鐘鼓之聲也。"宗周鐘銘云"作宗周寶鐘，倉=悤="，正以倉即鎗形容鐘之聲。鎛銘"𧰼音"，讀如"鎗音"。

"𧰼音"後二字，如釋作"屯良"，則應讀作"純良"，指鎛音的純正美好。《元史・成遵傳》"得純良者九人"，即指純正温良之人。《詩・日月》"德音無良。"傳："良，善也。"如將這二字釋爲"屯公"，我們認爲當與鐘銘中之"鍴雝""𪉷雝"或"鍴雝"一詞類同，陳世輝先生釋爲"端雍"，義爲鐘音的純正諧和(《古文字研究》第十輯)。鍴、𪉷、鍴等均从耑聲，古音屬端母元部，典籍端訓"端正"。"屯"屬定母文部。金文屯多假爲純。純即"純正"。屯(純)、鍴(端)音義均近。公與雍同屬古韻東部，二字音近字通。《莊子・天地》："抱甕而出灌。"《釋文》："甕字亦作瓮。"《史記・田敬仲完世家》："楚圍雍氏。"漢帛書本《戰國策》雍作翁。因此，"屯公"可能就相當於"端雍"。是宗周作"鍴雝"，秦作"鍴雝"，齊地作"𪉷雝"，而楚地作"屯公"。其字有别，音義則類同。如依孫常叙先生所釋，"鍴=雍="是連續敲鐘的聲響，爲象聲詞(《吉林師大學報》1978年4期)，也可講通。"屯公"之合音即爲敲擊鐘鎛之聲。總之，這一句話，不論釋作"𧰼音屯公"，還是"𧰼音屯良"，都是指鎛音的純正、和諧、美好。鎛銘至此，全篇大義已明，以往難解之癥結，涣然冰釋。

"年"與"壽"字之間有"ψ"字，或釋"又"，或疑是將泐痕誤刻爲字。从金文漏字後每有補字分析，此形"ψ"應該釋爲"又"。"又壽"後"孫子"前，過去或以爲衹有三字，或以爲有四字。從其句義及位置分析，應是四字，第一字脱去。郭沫若曾釋爲"□保其身"。後兩字是正確的，"保"字可能有問題，依字形當是"樂"字。楚公逆"自作大雷鎛"，"以樂其身"，文義也貼切。

這樣，全篇銘文可以意譯爲：

這是八月的甲申，楚公熊鄂自己鑄作形大聲如雷鳴之鎛。它的名字叫"殷和"。撞擊之聲純正又諧和。熊鄂萬年長壽，用它來享樂。子孫應該永遠作爲寶貨。

【著録】

王厚之:《鐘鼎款識》12，33 頁。

【參考文獻】

孫詒讓:《古籍拾遺》中 7~9。

王國維:《觀堂集林・夜雨楚公鐘跋》。

丁山:《楚公逆鎛銘跋》,《史學集刊》1944 年 4 期;《吳回考》,齊魯大學《國學季刊》1 卷 2 期，1933 年。

郭沫若:《兩周金文辭大系・楚公逆鎛》。

李零:《楚國銅器銘文編年彙釋》,《古文字研究》第十三輯。

陳世輝:《釋戠》,《古文字研究》第十輯。

黄錫全:《楚公逆鎛銘文新釋》,《武漢大學學報》1991 年 4 期。

麻 城 市

⿸广金父鼎

2件。阮元云:“此器舊題爲‘周麻城鼎’,蓋得自麻城者。”二器各四行二十四字。其中一器有缺字,行款略別。現依完整者隸釋如下:

⿸广金父乍⿱⿰車⿱丮夭廾(連、輦)寶鼎。
延令曰:有女(汝)多
兄(貺),母(毋)又知逹女(汝)。隹
女(汝)率我友以事。

古从今之字或从金,如陰字或作険,紟字或作絵,泠字或作淦等。故吳侃叔認爲,“⿸广金父”即“庈父”。《左傳》隱公元年:“費伯帥師城郎。”二年:“司空無駭入極,費庈父勝之。”杜注:“費伯,魯大夫。郎,魯邑。”“庈父,費伯也。”據《讀史方輿紀要》,廢魚臺縣西南有費亭,費與極均在今金鄉縣南而稍東。

第一行第四字,一器作,另一器作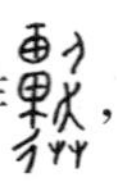,从車从丮从夭从収,阮元釋爲連。阮云:“其文从車从夭,乃連字也。胡連之連亦作輦。輦,甗也。鼎作甗形爲甗寶鼎,猶之鬲鼎盂鼎也。戰功曰多。兄,古況字,通貺。毋作母者,古通用。‘率我友以事’,舊釋作‘司我共以事’,誤。遠,舊釋作遣,亦誤。‘有女’之有當讀爲‘右’,言右汝之戰功而加貺賜也。‘友’謂臣僚也……。此君錫命之辭。”“延令”與康侯簋同,讀爲“誕令”。誕爲發語詞,詳王引之《經傳釋詞》。第三行第四字,孫詒讓釋爲達,可從。銘文如這樣解釋,則此器屬魯大夫庈父所作,可能是他受到

魯侯的嘉獎後作器紀念。

【著録】

王厚之：《鐘鼎款識》。

【參考文獻】

阮元：《積古齋鐘鼎彝器款識》4. 15～16。

孫詒讓：《古籀拾遺》中 11。

于省吾：《雙劍誃吉金文選》上 2. 5。

楊伯峻：《春秋左傳注》隱公元年傳，22 頁。

大冶縣

(現爲大冶市)

竹林柯自然郪

王字矛

1982年5月，大冶縣金牛鎮黃泥大隊竹林柯自然郪一農民挖基做房時，于1.5米深處挖出一陶罐。罐中裝有青銅器、貨幣等300餘件(多爲小件)。其中有矛一件，兩叶較長，兩面中脊起雙棱，脊部兩側血槽飾蟬紋，骹口圓形，上有一穿孔。一面鑄有一“王”字。通長13.3釐米。

有這種“王”字的銅矛，在湖南、浙江等地多有發現。根據矛上的銘文和矛的樣式，可定爲越式兵器。

【著録】

姜勝:《大冶縣出土戰國窖藏青銅器》,《江漢考古》1989年3期，18頁。

【參考文獻】

曹錦炎、周生望:《浙江鄞縣出土春時代銅器》,《考古》1984年8期。

鄂王城

陳往戟

1982年出土於縣城關西南約58公里的西畈公社李閣大隊胡彦貴郪崗陵上之鄂王故城遺址。此地以前屬鄂城縣馬迹鄉。戟援稍昂，長胡二穿，欄側有一圓銎，徑2.2釐米。内上刻有兩字:

這兩個字，簡報缺釋，我們認爲應該釋爲“陳往”，乃人名，曾兩見：

第一，陳晆戟(《録遺》578)，胡部銘文八字：

陳晆(旺)之歲告(造)𧶠(府)之戜(戟)

第二，陳往印，日本平凡社 1965 年版《書道全集》卷一著録，爲楚私印，一面爲“陳逄”，另一面爲“陳往”，當是一名一字：

陳往或作陳晆(旺)，乃同名異寫，典籍習見。陳字右旁竪筆上端向左撇出一筆，往字作(止形下方多出一筆作)，這當是楚系文字的一種特殊寫法。

“陳往(晆)”相當於典籍之何人，待考。

【著録】

大冶縣博物館：《鄂王城遺址調查簡報》，《江漢考古》1983 年 3 期。

【參考文獻】

滕黄：《鄂王城戈銘應爲陳往》，《江漢考古》1986 年 1 期。

孝 感 市

安州六器

所謂“安州六器”，是指北宋末年在湖北安州出土的六件西周早期的青銅器。據宋人王黼等著《博古圖録》記載，重和戊戌(公元1118年)出土於安陸之孝感縣，凡方鼎三件、圓鼎兩件、甗一件。這六器，在薛尚功《歷代鐘鼎彝器款識法帖》中稱爲南宫中鼎(卷十，方鼎1~3)、中鼎(卷九)、召公尊(卷十一，即中觶)、父乙甗(卷十六，即中甗)。另外，薛書中所謂圓寶鼎二(卷九)、方寶甗一(卷十六)，也“同出于安陸之孝感”。那麽，得之安陸之孝感者就有九器。如果算上“得之安陸”(或以爲出自孝感)的兩件“曾侯鐘”(薛書卷十六)，計有十一器。下面分别予以介紹。

中方鼎一

或稱“中作父乙”方鼎，八行五十五字，末行有數字符號兩組。

隹(唯)十又三月庚寅，
王才(在)寒帥(次)，王令大
史兄(貺)褔土。王曰：“中，
兹褔人入事，易(錫)于
珷王乍(作)臣。今兄(貺)畀
女(汝)褔土，乍(作)乃采。”中
對王休令，鬻(鬻)父乙障。
隹(唯)臣尚中臣，七八六六六六，八七六六六六。

“十又三月庚寅”，與同期之趞尊“十又三月辛卯”同，僅早一日，可能是指周昭王十八年十三月。據月朔表，周正此年十三月爲戊子朔。此年相當於公元前 998 年。“王在寒次”，與趞尊、作册睘尊、作册旂觥等器之“王在厈”同。厈从干聲，古與寒字音近可通。《楚辭·遠遊》：“鸞鳥軒翥而翔飛。”《考異》：“軒，一作騫。”軒从干聲，騫从寒省聲。寒、厈應指一地。“褔土”之地點，李學勤先生認爲指的是孝感。李云：“安州六器是中所作銘功報先的祭器，出土的地點孝感，應該就是中受封的褔地。不管這批青銅器是出于墓葬，還是窖藏，都可以這樣推斷。”“茲褔人入事，錫于珷王作臣”，是追述武王時事，説的是褔人來服事，向武王納貢稱臣。“錫”有納貢義。《書·禹貢》：“九江納錫大龜。”或認爲“錫”的意思是“獻”，是自獻于珷王作臣。“采”即采邑。

“唯臣尚中臣”句，李學勤先生認爲：“前一‘臣’字顯然是名詞，指褔人而言。褔人于武王時入事爲王臣，今其地爲昭王轉賜給中，其人隨之成爲中的臣。後一‘臣’字則當係動詞，‘中臣’是‘臣中’的倒文……所以，這一句意爲褔人會臣服于中，是筮辭裹的命辭。”根據張政烺先生的解釋，數字符號“七八六六六六”是坤下艮上的剥卦，“八七六六六六”是坤下坎上的比卦，兩者的關係是卦變，依照《左傳》《國語》之例，可稱爲“遇剥之比”。如與上句連寫，即爲：

隹臣尚中臣，遇剥之比。

意即“大吉大利”。

中方鼎二

銘文六行，前三行每行七字，後三行每行六字，計三十九字：

隹(唯)王令南宫伐反
虎方之年，王令中

先省南或(國)，貫行，𫹉
王应(居)在夒𨸏真
山。中乎(呼)歸(歸)生䳒(鳳)
于王。𫹉于寶彝。

中方鼎三

與中方鼎二銘文相同，僅行款略别。

“南宫”，或以爲氏名。如《書・君奭》有南宫括，《逸周書・克殷解》有南宫忽和南宫伯達。或認爲此處南宫不稱名，可能係王子之一，而不是像南宫适那樣的南宫氏。“反”，或讀爲叛。“虎方”之虎，或釋爲“荆楚”之荆，是不對的。商代甲骨文中目前還没有發現大家公認的荆字。金文荆字的變化是：

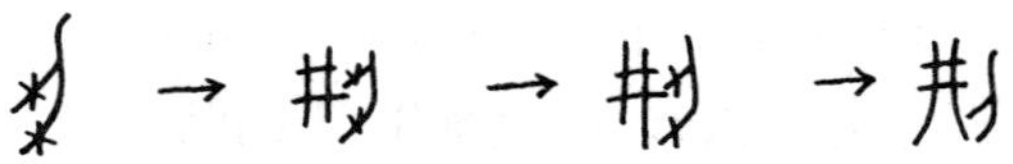

貞簋　　師虎簋　　過伯簋　　𤀻盤

本爲會意字，後增从井，又省作、。至于从艸的，乃戰國“古文”。可能是之分離形。中方鼎的虎字作：

其形與金文的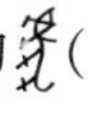(大師虘簋)、(師虎簋)、(師酉簋)等形類同，强調的是虎尾上捲，整個形體與字根本不同。至于形象虎爪，乃部分類

似，不等于是同字。這就好比金文丮形作、，我們不能説這個字是、的省形。認中鼎的虎爲荆，源于吴其昌《金文曆朔疏證續補》，他認爲虎乃荆之本字。唐蘭先生也釋爲荆。這在學術界已有一定影響，故在此略作辯解。

這裹的“虎方”，應該就是商代的虎方，見于殷墟甲骨文：

《合集》三・六六六七

……貞，令望乘眔輿途虎方？十一月。

……輿其途虎方？告于大甲。十一月。

……輿其途虎方？告于丁。十一月。

……輿其途虎方？告于祖乙。十一月。

丁山先生曾考證卜辭的“虎方”就是春秋時代的“夷虎”，亦即“死虎”，地在今安徽壽縣東南 20 餘公里。郭沫若先生曾認爲“當在江淮流域，疑即徐方”。上列輿字作，李學勤先生認爲“象眾手共舉沉重的囊橐”，應爲“舉”字古體，其地應在漢東舉水流域。眔即暨，義爲與。“途”讀如屠。《漢書・高帝紀》“今屠沛”注：“屠，謂破取城邑，誅殺其人，如屠六畜然。”“望乘”是商朝的方國，經常奉王命出征。上列卜辭記載的是，商王武丁命令望乘與舉征伐虎方。據此，則“虎方”距漢東舉水流域不遠。

《廣雅・釋言》：“貫，通也。”“貫行”即打通行道。埶即埶，讀如藝，訓治。应即金文習見之“居”，或釋位。“埶王应”，即建立王的行帳。後一埶字，楊樹達讀爲契，訓刻。

“嫢隩真山“的嫢，過去或釋夔，或釋射，分歧主要是因翻刻本有誤所致：

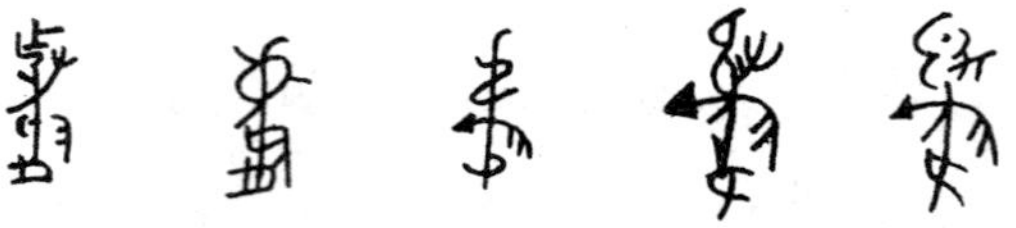

復齋　　大系　　薛氏　　大系　　薛氏

根據字形，我們認爲其與金文夒字形近。如：

 啓卣　 盂鼎醰

過去，丁山、郭沫若等釋爲夒應是正確的。金文有字作

 觪尊

過去或釋爲夔，似與上舉之形有别。

夒古與憂通。《書・皐陶謨》"擾而毅"之擾，《玉篇》牛部引作犪。《禮記・樂記》"獿雜子女"。《釋文》獿作獶。盂鼎"無敢醰"之醰，乃擾之異文。啓卣"堇不夒"應讀"謹不擾"。因此，鼎銘"夒"即憂，亦即鄾。鄾爲古地名，在今湖北襄樊市西北。《左傳》桓公九年："楚子使道朔將巴客以聘於鄧，鄧南鄙鄾人攻而奪之幣。……夏，楚使鬬廉帥師及巴師圍鄾。"據石泉先生考證，今襄樊市西北之鄧城即古鄧國遺址，鄾乃其南部邊邑。因此，"隚真山"就是鄾地的一座山。其大致範圍，就在漢水北與鄧城遺址之間。

"王乎歸生鳳于王"，郭沫若認爲即王呼饋中以生鳳。

中　　鼎

一行四字：

中乍(作)寶(寶)鼎

薛尚功云："中謂南宫中耳。後有數鼎，皆一時之制，而銘刻詳略之不同也。"

中　　觶

舊稱召公尊，郭沫若認爲即圓鼎之一。蓋、器同銘，五行三十六字：

王大省公族于庚𢑚(振)
旅。王易(錫)中馬，自㗊
侯，四𩢍(騳)。南宫兄(貺)，王曰：
"用先。"中𩰫王休，用
乍(作)父乙寶障彝。

第一句，釋讀、斷句不一。或釋讀爲"王大省公族，于庚振旅"，或釋讀爲"王大省公族于唐，振旅"。"于庚"指在庚日，"于唐"指在隨州北唐國。"公族"，指公之同姓。《詩·麟之趾》："振振公族。"傳："公族，公同祖也。"𢑚即振，如同金文擇字作睪。《書·大禹謨》："班師振旅。"孔傳："兵入曰振旅。"《爾雅·釋天》："振振闐闐，出爲治兵，尚威武也；入爲振旅，反尊卑也。"㗊字从李學勤先生釋，即厲，在隨州北。𩢍字或釋騷，或釋騄，或釋駪等，爲馬名。"𩰫"字與中方鼎二後一"𩰫"字義同。

銘文大意是：征虎方勝利後班師于唐，昭王巡視公族，賞賜給中來自厲地的四匹馬，由南宫親自贈送，王説是用以表彰其先行之功。中記述王的嘉美，作了祭祀父乙的實器。

中　　甗

舊稱父乙甗。銘文頗難通讀，十行一百字：

王令中先省南或(國)，貫行，䢵
应在曾。史兒至，以王令曰：
“余令女(汝)史(使)小大邦，氒又舍
女(汝)芻量(量)，至于女庸小多(処?)。”
中省自方、㝬(鄧)、洀、(鄝)(邦?)，在(噩)
𠂤(師)𢘅(次)。白買(父)(令?)台(以)氒人(戍?)
漢中州，曰叚，曰旒。氒人(𠂤)
(廿)夫。氒貯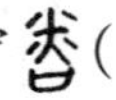(者?)言曰：賓貝。
日傳(劭)王□休。肄肩又羞。
余□□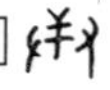，用乍(作)父乙寶彝。

第四行第七字，或釋唐，或釋庸。根據字形，其與甲骨文、、等形類同(《甲骨文編》553頁)。而可能與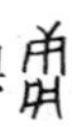同字，故我們主張釋爲庸。第五行的幾個地名甚爲重要，目前的看法也有分歧。“方”，多認爲指方城，在今河南省方城縣一帶。㝬即鄧，一説在今河南鄧縣一帶，一説在今湖北襄樊市西北之鄧城遺址。我們傾向于後者。過去或將㝬釋爲復。洀字，唐蘭先生曾以爲“洀當即朝。《漢書·地理志》南陽郡朝陽縣，應劭注‘在朝水之陽’，在今河南省鄧縣東南”。此字原形作

，从水从舟，與金文朝字作（利簋）、（克盨）、（茆伯簋）等構形不同，所以絶非朝字。甲骨文有字作、，思泊師釋爲渹，並謂當讀汎(《甲骨文字釋林》)，至確。《古文四聲韻·梵韻》録《籀韻》汎作（或譌）。此字又見于啓尊，作。過去我們曾將"渹(汎)水"推定爲河南襄城縣南之南汜水，現在看來，此水入漢水處應在今之襄樊市西部與穀城間。《水經·沔水注》："汎水又東流注于沔，謂之汎口也。"啓尊銘記，啓從王南征，"在渹(汎)水上"，可相互印證。"渹"下一字，由于有脱筆，難以辨認，過去多缺而未釋。根據字形及中省視南國的路綫，我們認爲這個應是翏字，金文作：

翏生盨　此鼎　此簋　夫鋁戈

這個翏就是古蓼(鄝)國。按傳統説法，古鄝國有二：一爲己姓，即古飂國，在今河南唐河；二爲姬姓，相傳爲庭堅之後，在今河南固始。按本銘路綫，此"翏"應是河南唐河己姓的鄝(飂)。郭沫若釋爲噩(鄂)，學人多從其説，唯有西鄂(南陽)、東鄂(鄂州)之争。按照我們對以上地名的考察，這個鄂應是指西鄂。中從駐地曾(繒關)出發，先視察方城，再到鄧國、渹水，北返至鄝，到西鄂駐紮，爲昭王南下掃清了道路，並在鄧國南邑的鄾之鄜真山爲王設置了行帳(見中方鼎)，白買父安排人員戍守漢水中的幾個洲，爲王南下採取了安全措施。

銘文倒數第二行"日傳王□休"的，過去也多缺釋。根據字形及其所處的位置，我們認爲此乃"劭"之走形字，原來應該作。《汗簡》録《義雲章》劭就作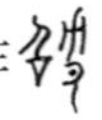，《古文四聲韻·笑韻》録作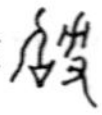、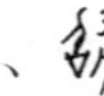，从力从卲。《説文》：“劭，勉也。从力，召聲。讀若舜樂韶。”金文“昭王”之昭作卲，見於宗周鐘、𤜚盤等器。此假劭爲昭。“日傳劭王□休”，當是“日傳昭王魯休”，類似善夫克鼎，“克其日用𩁹朕辟魯休”，意即日日頌揚昭王的嘉美。如此説不誤，這就爲“安州六器”屬于昭王時器(或稍晚)找到了直接的證據。

上列六器的“中”，張亞初先生曾有精辟的論述。他根據辛中姬鼎“辛中姬皇母作隮鼎”(《三代》3. 41. 2)，認爲辛中姬皇母是出嫁到姒姓的有辛(莘)氏去的“中”國的姬姓女子、字叫作皇母的人，從而考證“中”國是姬姓，屬“漢陽諸姬”之一。其方位在隨州均川附近。他説：“出土的和傳世的中器相當多。就安州六器講，就包括了成套的炊器、食器和酒器。從這些情況看，‘中’國必然是西周時期漢陽諸姬中比較强大的和重要的一個。‘中’國既然是周王的同姓國，而且又是熟悉這一帶情況的較强大的一個諸侯國，這樣，昭王南征時，‘中’國就必然成爲昭王主要的依靠對象。這些情況的分析，當可大大豐富我們對西周王朝在這一帶的統治和昭王南征的細節的認識。”

根據上列六器的分析，我們認爲，昭王這次南征的主要對象是“反叛的虎方”，主要將領是“南宫”，主要先行者是“中”。結合啓卣、啓尊的銘文，其經由的路綫及有關情形大致如下：

昭王從成周出發，越過嵩山脚下的上侯、滰川南下。昭王命令中先省視南國，爲南下打通行道。中首先在方城之外的曾(繒關)地爲王安排了行帳，然後開始出省南國。先到達方城，而後到鄧國、洀(汎)水，北返至鄸國，最後在西鄂駐扎，迎接緩緩南行的昭王。中省視鄧國時，看中了鄧南邑夒(鄾)的障真山(離漢水不遠)，在那兒爲王設置了下一步的行帳。白買父在漢水一帶，尤其是在漢水中的幾個洲布置了防綫，爲昭王繼續前進做好了充分的準備。昭王征虎方勝利後，班師於隨州北面的唐國，在那兒大省同姓諸侯，賞賜給了中來自厲地的四匹良馬，以表彰中的“先行”。在夒(㝹)陴真山時，昭王餽中以生鳳。昭王十八年十三月，在中原寒地，昭王論功行賞，令太史賜給中以“褔土”，作爲其采邑。中記述了昭王一系列的賞賜，作了這些銘功報先的祭器。

昭王時代伐楚荆，有一系列銅器爲證，是毋庸置疑的，但中器記述的這次南征是伐虎方，説明昭王時的南方是不安寧的。昭王進行了多次征伐，征虎方衹不過是其中之一。牆盤銘文所記“弦魯邵王，廣能(懲)楚荆，惟寏南行”，應理解爲弘大嘉善的昭王，大規模地懲罰楚荆，打通了通往南方的道路。我們推測，這次南征，昭王抵達漢水後，很可能没有南渡，而是折而向東南挺進。因爲“虎方”在漢東離舉水流域不遠，“漢陽諸姬”多在漢東，行走安全可靠。當然，此時的“虎方”也可能屬於廣義的“荆楚”。

總之，“安州六器”銘文記載了非常重要的内容，對於弄清有關問題有重大意義。上面所談衹是一些不成熟的看法，提出來供大家討論。

圓寶鼎一

銘文三行十七字(重文二字)：

隹用吉金，
自乍(作)寶鼎，其
子₌孫₌永用亯。

圓寶鼎二

銘文同上。過去或將第二字誤釋爲“十又三月”之合文。薛尚功云：“二銘一同得于安陸之孝感。”

方寶甗

銘文四行十七字(重文二字)：

隹[illegible]用吉金，
自乍(作)寶甗(甗)，其
子₌孫₌永用
亯。

薛氏云："此銘與前二圓鼎同出於安陸之孝感。"

曾侯鐘一

見《復齋》31 頁反、32 頁正。銘文在正面鼓上，九行三十一字：

隹(唯)王五
十又六祀，返自
西旟(陽)。楚
王酓章
乍(作)曾侯
乙宗彝，
寞之于
西旟(陽)。其永時(持)用亯。

背面銘文三字：

商
穆
商

曾侯鐘二

見《薛氏》卷六。銘文僅存後半篇，内容與上列鐘一同，七行二十一字：

乍(作)曾
侯乙
宗彝，
奠之
于西
𬇙。其永時(持)用亯。
少羿反　　宫反

上列二鐘銘文，與隨州曾侯乙墓出土楚王作曾侯乙鎛銘文相同，原來應是一套，是楚惠王死之前一年所作(公元前433年)。“穆商商”“少羿反”“宫反”，爲樂律名，詳見《曾侯乙墓》報告。可惜二鐘失傳，其形制當與新出土的鎛鐘類似。

薛氏云：“右二鐘，前一器藏方城範氏，皆得之安陸。”宋焕文同志主張二器也是出于孝感，故將其列入孝感縣(今爲孝感市)條。

關於銘中之“西𬇙”，説法較多。大致有安陸説、黄崗邾城説、鄀附近説、鄢郢説、天門東北之湯池團説、京山安陸間説、河南光山縣説、隨州安陸間説等。我們基本同意“西𬇙(陽)”是此時曾國國都的説法。根據隨州安居鎮出土的“曾孫定(法)之脰鼎”“曾都尹定(法)之行匿”等器分析，此時的曾都當在今之隨州安居鎮一帶。曾(隨)後爲楚滅，“西陽”隨之變爲楚之城邑。

【著録】

王厚之：《鐘鼎款識》。

薛尚功:《歷代鐘鼎彝器款識法帖》。
王黼等:《博古圖録》。
郭沫若:《兩周金文辭大系》。

【參考文獻】

唐蘭:《西周銅器銘文分代史徵》,中華書局,1986年。
李學勤:《中方鼎與周易》,安徽《文物研究》第六輯。
江鴻:《盤龍城與商朝的南土》,《文物》1976年2期。
張政烺:《試釋周初青銅器銘文中的易卦》,《考古學報》1980年4期。
張亞初:《論魯臺山西周墓的年代與族屬》,《江漢考古》1984年2期。
楊樹達:《積微居金文説》。
白川静:《安州六器通釋》,載《甲骨金文學論叢》第十集。
宋焕文:《安州六器辨證》,《江漢考古》1989年2期。
盧連成:《斥地與昭王十九年南征》,《考古與文物》1984年6期。
劉敦愿:《雲夢澤與商周之際的民族遷徙》,《江漢考古》1985年2期。
段渝:《"古荆爲巴"説考辨》,《貴州社會科學》1984年5期。
唐蘭:《論周昭王時代的青銅器銘刻》,《古文字研究》第二輯。
馮永軒:《説楚都·西陽》,《江漢考古》1980年2期。
左德田:《曾都芻議》,《江漢考古》1990年1期。
石泉:《古代荆楚地理新探》,武漢大學出版社,1988年。
丁山:《甲骨文所見氏族及其制度》,科學出版社,1956年。
何琳儀、黄錫全:《啓卣、啓尊銘文考釋》,《古文字研究》第九輯。
何琳儀:《釋洀》,中國古文字研究會第八次年會論文,1990年。

武漢市區

武漢市文物商店

武漢市文物商店收藏、收購有不少有銘銅器，見諸報道者，有如下幾件：

叨孳簋

器形爲侈口，圓腹，圈足較高。雙耳有珥。口沿下飾兩周凸弦紋。有對稱的獸面紋兩個。相對年代可定爲西周早中期之際。銘文在内底，兩行十三字：

叨孳君休于王，
自乍器，孫子永寶。

叨即《説文》饕之或體。"叨孳"應與宗周鐘"𠬝孳"類同，爲南方方國之一。叨孳的國君受到王的嘉美，自作寶器以爲紀念。據厲王時器宗周鐘銘，"逆卲王"（迎見王）者，除"𠬝孳"外，"南夷、東夷具見廿又六邦"。"叨孳"有可能就是其中之一。

【著録】

劉彬徽：《湖北出土商周金文的國別與年代補記》，1986 年油印本。

衛　尊

1974 年，武漢市文物商店在武漢銅材廠揀出。器僅存下腹圜底及圈足的部分。殘腹外飾浮雕饕餮紋，足根飾凸弦紋一周，高圈足外撇，素面。銘在底內，四行二十四字：

唯四月乙卯，公易(錫)
臣衛(衛)宋(𦋹)貝
三朋，才(在)新崇。用
乍(作)父辛寶隮彝。

衛，人名，是西周王朝某公的臣僚。貝前一字又見於師䛐鼎作，應釋爲𦋹，當爲"甚"之繁構，册可能是疊加之音符。崇字作，似由甲骨文形演變，釋京可從。"新京"可能是相對于"舊京"而言的。此器銘文字體風格較早，簡報定爲西周早期器是正確的。或以爲這件尊有可能出自黄陂魯臺山或其附近地區。

【著録】

徐鑒梅：《西周衛尊》，《江漢考古》1985 年 1 期。

【參考文獻】

賓暉：《金文試釋二則》，《江漢考古》1985 年 1 期。

杞伯每亡簋

1962 年武漢市文物商店收集。高 25 釐米。器、蓋内均有相同的銘文三行十七字：

杞白(伯)每亡乍(作)鼄(邾)
嫊(曹)寶餿(簋)，子₌孫₌
夌(永)寶用亯。

杏(杞)伯每亡器見於著録者還有鼎、壺、簋等。郭沫若認爲杞伯每亡即周厲王時的謀聚公。此器飾竊曲紋。竊曲紋有凸出之圓睛，與厲王時的師寰簋類似。杞國原在河南杞縣附近，後遷山東，爲楚所滅。此器出在湖北，爲研究杞的歷史或滅亡提供了重要的參考資料。杞爲姒姓，邾爲曹姓。

【著録】

藍蔚：《杞伯簋》，《文物》1962 年 10 期。

【參考文獻】

郭沫若：《兩周金文辭大系》。

滕縣文化館萬樹瀛等：《山東滕縣出土杞薛銅器》，《文物》1978 年 4 期。(鼎一)

羅振玉：《三代吉金文存》7. 41. 2～4。

曾伯從寵鼎

1965 年 11 月，武漢市文物商店在礄口的廢品倉庫中清出。通高 17 釐米，口徑 16. 5 釐米。腹内壁上鑄有銘文三行十五字：

隹(唯)王十月既
吉，曾白(伯)從寵
自乍(作)寶鼎用。

此鼎立耳，半筒狀蹄足，腹飾重環紋和環帶紋，與周幽王時的虢文公鼎近似，其年代爲西周晚期。"從寵"乃曾伯之名。

【著録】

湖北省博物館：《湖北京山發現曾國銅器》，《文物》1972 年 2 期，50、52 頁。

劉彬徽：《考述》，《古文字研究》第十三輯，289 頁録八，311 頁銘十三。

鄧子午鼎

1971年由武漢市文物商店收集。通蓋高27釐米，口徑23.1釐米，腹深17釐米。腹内壁有銘一行六字：

鄧子午之飤鐈

蓋頂面有銘，環蓋，七字：

盅子疆自乍(作)飤鐈

器、蓋銘文不同，但時代一致，均具春秋晚期特點，其間的關係還值得進一步考慮。也可能本屬兩器，相互没有聯係。鄧于公元前678年爲楚所滅，此當爲楚鄧氏之器。鐈鼎即高足鼎。

盂子疆之疆，過去缺釋，細審應是疆字。盅子疆如同中子化、邨子竊、沖子器等，均爲“中”國器。張亞初先生認爲其方位“應該就在隨縣均川附近”，是“漢陽諸姬”之一(《江漢考古》1984年2期)。

【著録】

武漢市文物商店：《武漢市收集的幾件重要的東周青銅器》，《江漢考古》1983年2期。

劉彬徽：《考述》，《古文字研究》第十三輯，291頁圖二十，331頁銘五三、五四。

蔡太史鉚

1972年武漢市文物商店收集。高9釐米，口徑12.5釐米×8.5釐米。器腹外壁有銘，五行十八字：

隹(唯)王正月初

吉壬午，蔡

大(太)史(奏)

乍(作)其鉶，永

保用。

此器橢圓形，斂口沿外捲，鼓腹，平底橢圓。兩側有鋬，一爲牛首銜環，另一爲環耳。這種器形過去一般稱舟，現在據此銘及哀成叔之鉶(《文物》1981年7期)，均應改稱爲鉶。春秋晚期之鉶底下有圈足或四小足，如哀成叔鉶等。此器的年代應定爲春秋中期。蔡原都上蔡(河南上蔡西南)，春秋時受楚的逼迫多次遷徙。平侯遷新蔡(河南新蔡)，昭侯遷下蔡(州來，安徽鳳臺)，公元前447年爲楚滅。

"大史"爲官名。字或釋秦，或釋奏。其構形與金文桒字作(桒符)類似。或以爲兩個字，不妥。甲骨文有、等形之字，過去多釋爲奏，其形與此字下部同，故以釋奏爲是。从人从奏即倿字。

【著録】

武漢市文物商店：《武漢市收集的幾件重要的東周青銅器》，《江漢考古》1983年2期。

【参考文獻】

劉彬徽：《考述》，《古文字研究》第十三輯，266頁。

許公買簠

通蓋高22釐米，口徑31.1釐米×23.5釐米。器、蓋兩側身已殘。通體飾繁密的蟠虺紋，蓋口有六枚獸頭邊卡。器、蓋内各有銘文八行三十五字(重文二字)：

隹(唯)王正月
初吉丁亥。
盤公買睪(擇)
氒(厥)吉金，自
乍(作)飤固。㠯(以)
旛(祈)釁(眉)壽，永
命無疆。子=
孫=永寶用之。

盤、鄦即許國之許，如鄦子簠、盤姬鬲、盤男鼎、盤仲尊等。《春秋》昭公十九年："夏五月戊長，許世子止弑其君買。"《左傳》："夏，許悼公瘧。五月戊長，飤大子止之藥卒。""盤公買"應該就是這位許悼公買，卒於公元前523年。許靈公卒于魯襄公二十六年八月，許悼公繼其君位。此器的年代就在公元前546至前523年之間。許，姜姓，西周初分封的諸侯國。開國君主文叔，在今河南許昌東。春秋時爲鄭、楚等國所逼，公元前576年遷葉(今河南葉縣西南)，公元前533年遷城父(今安徽亳縣東南)，公元前529年復遷葉，公元前524年遷白羽(今河南西峽)，公元前506年遷容城(今河南魯山東南)。戰國初期滅于楚(一説滅于魏)。此器是在葉地制作，是有絶對年代的標準器。許器出在湖北，爲許滅於楚説增添了實物證據。

【著録】

武漢市文物商店：《武漢市收集的幾件重要的東周青銅器》，《江漢考古》1983年2期。

【參考文獻】

浩文：《關於許公買瑚的一點意見》，《江漢考古》1984年1期。

羕陵公戈

援、胡均殘缺，殘長13.5釐米。内上一長穿，胡上殘存兩穿。内上淺刻銘文兩行十四字。有幾字頗難辨識，現按我們的看法釋文如下：

> 膚(摢)羸(熊)之戠(歲)，羕陵公
>
> 伺(睘?)所郜(造)，冶己女。

第一行頭兩字，或釋爲"獻鼎"或"鬳(獻)鼎"，或釋爲"膚(摢)鼎"，或缺釋爲"□鼎"，原形作

古獻字左旁虍下从鬲或鼎，其形作：

虢季子白盤　侯马盟書　天星觀楚簡

子邦甗　弔碩父甗　陳曼簠　陳侯午錞

古膚或从膚之字作：

弘尊　九年衛鼎　嬰次盧　者旨䵼盤

邾公華鐘　簷平鐘　鄂君啓節(瀘)

顯然，第一字與“膚”形近，應該釋爲膚。至于(肉)旁的“二”，乃是裝飾筆畫，如同下列之字作：

王子午鼎　中山王壺　中山王壺　中山王鼎

第二字絶非“鼎”字。根據字形，其與羸或从羸之字類同。例如：

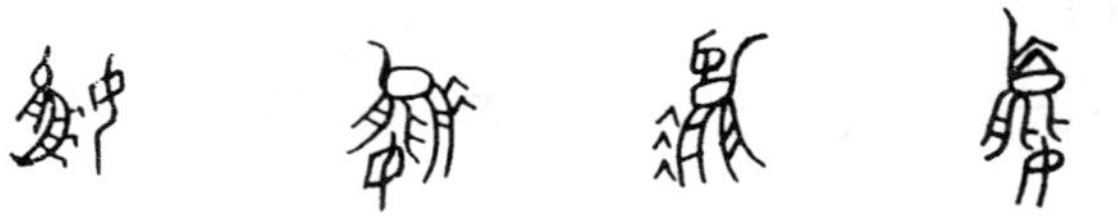

伯衛父盉　囂伯盤　楚羸匜　子季羸青簠

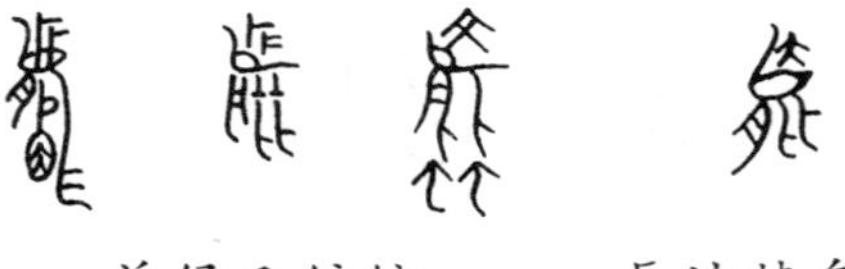

曾侯乙編鐘　長沙楚帛書

上部形體，很明顯就是由、形演變。本應作，从从，其中一筆重合(借用)，故成此形。

古“能”字本象有首有身有足的獸形，爲獨體象形字，又以(以)爲音符，故《説文》云：“能，熊屬，足似鹿，从肉㠯(以)聲。”而羸和从羸的字又是由“能”字所孳乳(詳于省吾先生文)。戈銘的羸，我們認爲應假爲熊。《左傳·宣公八年經》：“夫人嬴氏薨。”《公羊傳》《穀梁傳》嬴作熊。“葬我小君敬嬴”，《公羊傳》《穀梁傳》敬嬴作頃熊。前列第一字膚，應假爲虜即擄。《説文》：“虜，獲也。”“膚羸”應讀“擄熊”，即“獲熊”。

“擄熊之歲”，是以“獲熊”這件難遇或者特别之事作爲紀年。《詩·斯干》：“吉夢維何？維熊維羆，男子之祥。”《左傳·哀公十四年經》：“西狩獲麟。孔子曰：‘吾道窮矣。’”傳説孔子作《春秋》，至此而止。

甲骨文中的、等，裘錫圭先生釋爲“袁”。金文从袁之遠或作(蠶盤)、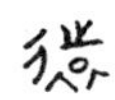(番生簋)。瞏字古作(瞏卣)、(駒父盨)，或省作(周甲四七儇旁)、(天星觀簡還旁)，又有移目于衣内作(伯瞏卣)。因此，我們懷疑第二行的第二字可能是瞏字，从目，从袁省，本應作。“伺瞏”爲羕陵公之名。“己女”爲冶師名。

“羕陵”爲地名。其名又見於曾姬無卹壺及包山楚簡等。其地在河南，一説在汝水支流養水上，一説在潁水中下游處的“東養”。羕陵公爲楚在養陵的封君。戈之時代爲戰國晚期楚物。

【著録】

武漢市文物商店：《武漢市收集的幾件重要的東周青銅器》，《江漢考古》1983年2期。

《古文字研究》第十三輯，341頁銘六八，263頁釋文。

【參考文獻】

黄盛璋：《鄬器與鄬國地望及與楚之關係考辨》，《江漢考古》1988年1期。

何浩：《羕器、養國與楚國養縣》，《江漢考古》1989年2期。

李零:《楚國銅器銘文編年彙釋》補遺,《古文字研究》第十三輯。

于省吾:《釋能和羸以及从羸的字》,《古文字研究》第八輯。

裘錫圭:《釋殷虛甲骨文裏的“遠”“釱”(邇)及有關諸字》,《古文字研究》第十二輯。

襄樊市(現爲襄陽市)　襄陽縣(現爲襄州區)

襄樊市文物管理處收藏

1979 年 4 月，襄樊市文物管理處從廢品回收公司揀選到一批青銅器。器物出土情況雖然無法查清，但確屬襄樊一帶出土應無可疑。經整理修復，其中 5 件有銘文。

冉父戊爵

通高 20 釐米，長 16. 5 釐米，腹深 10 釐米。重 0. 75 公斤。鋬間腹外壁鑄有銘文三字：

冉父戊

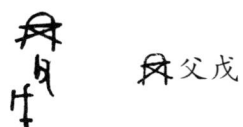

此爵窄長流，尖尾，菌形柱靠近流折，圜底，帶狀鋬，三棱錐足。腹部飾細雲紋組成的饕餮紋。時代簡報定爲商代晚期。

鄧公牧簋

一式兩件，其中一件缺蓋。通高 22. 5 釐米，口徑 18. 5 釐米，腹徑 23 釐米，腹深 11. 4 釐米。重 4. 6 公斤。蓋内有銘兩行六字：

[illegible](鄧)公牧

乍(作)[illegible]簋

銅器銘文中還有稱𩜁匿、𩜁鼎、𩜁盂、𩜁彝、𩜁甗者。𩜁指器之用途。《説文》："𩜁，滫飯也。从食，𡴫聲。"或體作饙、餴。

此器圈足下附三獸面足，兩珥下垂。器沿及蓋沿飾竊曲紋，間以獸面紋。腹部及蓋頂飾瓦紋。圈足飾三角雷紋。其時代可定爲西周晚期。典籍稱鄧君爲侯。此稱公。銅器銘文另有稱鄧伯、鄧子者。目前還未發現"鄧侯"器。

侯氏簋

通高18釐米，口徑21.5釐米，腹深12.5釐米。重4.85公斤。器内底部有銘，三行十二字：

侯氏乍(作)孟
姬𨽍簋，其
邁年永寶。

圈足下附三獸面足，垂珥。器沿及圈足飾竊曲紋，腹部飾瓦紋。其時代與鄧公牧簋基本一致。或認爲此乃鄧國侯氏爲孟姬作器。孟姬可能是漢陽諸姬中某一姬姓女子嫁於鄧國侯氏者。鄧于公元前678年爲楚所滅。鄧國地望，一説在今河南鄧縣，一説在今襄樊市北之鄧城遺址。

曾仲子敔鼎

通高28.4釐米，口徑28.5釐米，腹徑27釐米，腹深12.7釐米。重6.5公斤。器内壁有銘三行十六字：

曾中(仲)子𢿌(敔)用吉
金自乍(作)寶鼎，
子孫永用亯。

圜底，三蹄足，立耳。耳外飾重環紋，器沿飾帶狀夔紋，腹飾回首夔紋和一道弦紋。其時代可定爲春秋早期。

此器曾字作。曾國銅器在湖北隨縣、京山、棗陽，河南新野等地均有發現，爲研究曾國的歷史和分布提供了重要資料。此爲曾侯第二子名敔者自作之器。

【著録】

襄樊市文物管理處張家芳：《湖北襄樊揀選的商周青銅器》，《文物》1982 年 9 期。

劉彬徽：《考述》，《古文字研究》第十三輯。

襄樊市博物館

大　爵

此爵系原襄陽地區文史館收藏，出土地不詳，現藏襄樊市博物館。通高 21. 5 釐米，口徑 8 ~ 14. 5 釐米，流長 6. 5 釐米。二立柱外面各鑄一字：

（大）

“大”應是族氏文字，簡報釋爲“天”。古天、大乃一字之分化，均象正立人形。族氏“天”之器，還見于《三代吉金文存》16. 21. 5“父癸”爵，陝西長武縣出土的“”簋（《文物》1975 年 5 期，西周器），安陽殷墟出土“”爵（《考古學報》1979 年 1 期），《三代吉金文存》16. 30. 6“棘

父癸"爵等。

此爵筒形深腹。腹飾一圈凸弦紋。流折處立雙柱。時代當在西周初期。

【著録】

襄樊市博物館等:《襄樊市、穀城縣館藏青銅器》,《文物》1986 年 4 期。

襄陽縣太平店宋家閘

曾孟嬭諫盆

此器清光緒間出土於襄陽縣太平店宋家閘(一説閘作柵)。1971 年由襄陽退休教師劉叔遠先生捐獻。現收藏在襄陽市文管處(一説"今存襄樊市文化館",一説"襄樊市文管會藏")。通高 12.5 釐米,口徑 18.6 釐米。蓋内、器内底同銘,一周十二字:

曾孟嬭諫乍(作)盆,其釁(眉)壽用之。

第六字多釋饔,或隸作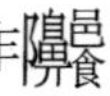。細審銘文,此字應隸寫作,从吕聲,當是"饔"之繁構。金文饔作(饔遼父鼎),或作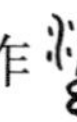(郐王鼎)、(默簋)等。《説文》:"饔,熟食也。"嬭字作,與楚季盤形同,應是嬭字異體。這當是曾國嫁於楚國名諫的女子所作之器。

器與器蓋均飾有多體蟠虺紋,紋間有小凸乳丁點綴,其年代可定爲春秋中期。

【著録】

曾昭岷、李瑾：《曾國和曾國銅器綜考》，《江漢考古》1980 年 1 期。

劉彬徽：《考述》，《古文字研究》第十三輯，296 頁録四八，320 頁銘三五。

襄陽山灣

上鄀府簠

1972 年出土於襄陽山灣楚國墓地，是第六新生磚瓦廠工人制磚取土時挖出。通高 22 釐米，器口長 29.8 釐米，寬 22.9 釐米。蓋、器内底皆鑄有銘文。蓋銘七行三十二字，器銘五行三十四字：

隹(唯)正六月初吉丁亥，
上鄀府睪(擇)其吉
金，鑄(鑄)其(𥫱)匿。
𩰫(其)𩱴(眉)壽無記(期)，子$_=$
子$_=$孫$_=$永寶用之。

對照蓋銘，器銘重“子$_=$”字。“隹正六月初吉丁亥”，與鄀公敄人鐘、簠“隹鄀正二月初吉乙丑”，應侯見工鐘“隹正二月初吉”等類同，是作器者之國有自己的曆法。西周中期後的銅器銘文中有“上鄀”“下鄀”之分。上鄀之鄀从邑，而下鄀之“鄀”从虫、蚰或䖵。對其地理方位有不同看法。如依《左傳》杜預注“若本在商密”，則上下鄀當在這一帶活動。郭沫若先生認爲上鄀在商密，下鄀在宜城。近來，有的學者主張“商密”即郭老所説的下鄀，上鄀在其上。今之河南西峽縣城以西 15 公里的丁河公社邪地大隊有一座古城遺址，當地人稱鄀國城。此處很可能就是上鄀故城。至于宜城附近的鄀，當是楚滅鄀或徙鄀後鄀人的聚集住地。或主張鄀也是芈姓，其都商密在今淅川。

此器腹較深，器表飾滿細而淺的蟠螭紋，形制要晚于鄝伯受簠，其時代可定爲春秋中期。據文獻記載，鄀爲允姓，滅年不詳。河南淅川下寺 M8 出土了一件春秋中期的上鄀公簠，其銘云“上鄀公擇其吉金鑄其叔嬭番妃媵匿”云云，説明此時的上鄀已發生根本的變化，即其地已爲楚邑，嬭姓，故其器爲楚器。依此，則上鄀府簠也應是楚器，“府”爲人名。鄀之滅年，當在春秋中期以前。

鬻字釋讀不一，現暫從二鬲一釋，讀爲列，即“陳列”之義。

鄧公乘鼎

1974 年春，第六新生磚瓦廠在墓區内取土時發現。通高 26.6 釐米，口徑 21.4 釐米，腹徑 23.2 釐米，腹深 16.8 釐米。蓋内中部和器腹内壁皆有内容相同的銘文四行十六字：

鄧公乘自
乍(作)飤𩞁，其
釁(眉)壽無碁(期)，
永保用之。

“飤𩞁”，或作“飤𦉜”，乃鼎之别稱。或主張讀爲“食飯”，指鼎之用途。期字作，與(王子申盞孟)、(寡兒鼎)等形類同。器形爲抓把蓋“楚式鼎”，獸面形膝，獸蹄形足。足稍弧彎，外撇。蓋和腹均飾有蟠螭紋和綯索紋。其形制要晚于楚子适鼎及楚弔之孫倗鼎，相對年代可推定爲春秋晚期前段或春秋中晚期之際。

鄧於公元前 678 年爲楚所滅，因此，有人主張這位鄧公是楚滅鄧後之鄧地縣公。

【著録】

楊權喜：《襄陽山灣出土的鄀國和鄧國銅器》，《江漢考古》1983 年 1 期。

【參考文獻】

郭沫若：《兩周金文辭大系》。

黄盛璋：《鄀國銅器》，《文博》1986 年 2 期。

徐少華：《鄀國銅器及其歷史地理研究》，《江漢考古》1987 年 3 期。

劉彬徽：《考述》，《古文字研究》第十三輯。

吳振武：《釋䵼》，安徽《文物研究》第六輯。

李零：《楚國族源世系的文字學證明》，《文物》1991 年 2 期。

鄧尹疾鼎

山灣出土。通高 23 釐米，口徑 20 釐米，腹徑 21 釐米，腹深 13.9 釐米。重 3.1 公斤。蓋内和鼎内壁上都有銘文兩行六字：

鄧尹疾
之沰盜（蓋）　　鄧尹疾
之礶駝（器）

第二字“尹”，或釋爲“子”，細審拓本，應是“尹”。“沰盜”或“礶駝”爲鼎之别名。其名又見於褱鼎、䢵伯鼎等。此器蓋中心無紐，周有三環紐，鼎足外撇較鄧公乘鼎爲甚。飾有凸弦紋、綯索紋、S 形紋、蟠螭紋等。其時代較鄧公乘鼎要晚，與壽縣蔡侯墓之鼎形近，爲春秋晚期。“尹”應爲官名。鄧尹疾，當是鄧地大夫名疾者。

【著録】

王少泉：《襄樊市博物館收藏的襄陽山灣銅器》，《江漢考古》1988 年 3 期。

劉彬徽：《考述》，《古文字研究》第十三輯，291 頁録十九，333 頁銘五九。

楚子夜鄴敦

1972 年 10 月至 1973 年 11 月發掘所得，出自 M33。上器足爲環形，下器足殘。上器頂飾渦紋和三圈S形紋。上、下器的上腹部各飾三角蟠螭紋、三角卷雲紋和綯索紋五圈。下器腹壁有銘文兩行七字：

楚子夜(?)
鄴之飤☐

第三字作，與天星觀楚簡形類同，疑爲夜字。鄴字作，从一“”，與靜簋僕作同。第七字，上从子，下形殘，不識，應是器名。這裹的“楚子”，並非楚王或楚國王子，而是“楚”爲國名，“子夜鄴”是字，屬楚之貴族(詳下)。通高19釐米，口徑19.5釐米。

子季嬴青簠

出自山灣M33。通高21.5釐米，器口長30釐米，口寬23釐米，底長28.3釐米，底寬21.8釐米。上器、下器内底各有銘文四行二十四字：

子季嬴青睪(擇)其
吉金，自乍(作)飤匿。
釁(眉)壽無異(期)，子=孫=
羕(永)保用之。

此器與上器楚子夜鄴敦同出一墓，器形與紋飾和王孫霧作蔡姬簠相似，字體風格與壽縣蔡侯墓銅器銘文類似，故其時代當爲春秋晚期。

據《世本八種·茆泮林輯本》子季氏條：“楚公族子季氏。”知簠銘“子季”是氏，爲楚公族，“嬴青”是其名。楚子夜鄴與子季嬴青應是一個人。“夜鄴”是字，字前冠以“子”則是男子的尊稱或美稱，典籍習見，如子産、子貢、子大叔(游吉)、子家羈(懿伯)等。“子季”是公族，他應是楚國某位先君(王)的子或孫。後來這一支從王族中分離出來，另立新氏，

“子季”爲新氏的始祖。其後裔嬴青作器，可稱氏稱名，也可衹稱字，而在字前冠以國名楚。楚器銘文中的“楚子适”“楚子暖”“楚子棄疾”等與此同類。“楚”爲國名，“子某”爲字，他們與楚王室同姓，其先輩屬楚之公族。他們已另立新氏，其始祖原是楚國的王子或王孫。换言之，他們是楚國王子、王孫的後裔（最高也不過是王之曾孫），屬楚之貴族階層，而不是楚王或楚國王子。

浴　缶

山灣 M23 出土。無蓋。器形較矮胖，圓鼓腹。有八個圓餅飾。腹中部飾三組蟠螭紋和兩圈凸綯索紋。腹部紋飾之間有銘文二字：

浴缶

銅器稱“浴缶”者，又見於淅川下寺一號楚墓，可能是專門做水器用的一種缶。

此器的時代可定爲春秋晚期。

【著録】

湖北省博物館楊權喜：《襄陽山灣東周墓葬發掘報告》，《江漢考古》1983 年 2 期。

【參考文獻】

劉彬徽：《考述》，《古文字研究》第十三輯。

黄錫全：《楚器銘文中“楚子某”之稱謂問題辨證》，《江漢考古》1986 年 4 期。

李零：《楚國銅器類説》，《江漢考古》1987 年 4 期。

襄陽蔡坡

侯氏簋

1981 年襄北農場第五新生磚瓦廠在襄陽縣伙牌(即餘崗)公社陸寨大隊蔡坡土崗取土時發現。通高 18.5 釐米，口徑 21.2 釐米，腹深 13 釐米。器内底鑄有銘文三行十二字：

侯氏乍(作)孟
姬隮簋，其
邁年永寶。

器形和銘文與 1974 年 4 月襄樊市文物管理處揀選的一件侯氏簋類同，應是一組，時代爲西周晚期。詳見前。

【著録】

襄樊市博物館等：《襄樊市、穀城縣館藏青銅器》，《文物》1986 年 4 期。

徐王義楚之元子羽劍

1973 年元月至 1974 年春，在蔡坡西南部配合磚瓦廠取土，清理發掘了蔡坡一至十一號墓。此劍出自 M4。全長 53.5 釐米，寬 4.5 釐米，柄長 9.5 釐米。劍格兩面鑄銘四行十六字，作雙鈎陰文：

一面　　郐王義楚
　　　　之元子羽，
另一面　睪(擇)其吉金，
　　　　自乍(作)用僉(劍)。

第二行末字不够清晰，或釋“杏”，或隸作㚘，細審照片，似爲反形羽字。徐王義楚器，過去發現的還有義楚之祭耑(郭沫若《大系》)、徐王義楚鍴(《大系》，耑、鍴即觶)、徐王義楚盤(江西靖安出土，見《文物》1980年8期)等。“元子”即首子、長子。《詩·魯頌·閟宫》：“建爾元子，俾侯于魯。”“元子”指周公長子伯禽。《書·顧命》：“用敬保元子釗，弘濟于艱難。”釗，周康王名。《左傳·昭公六年》：“徐儀楚聘于楚，楚子執之，逃歸。”此時(公元前536年)儀楚還未爲王，大概從楚逃歸後不久繼承王位。

根據文獻和徐國青銅器，得知春秋中、晚期有下列五個徐王：

春秋中期　糧(徐王糧鼎、徐王季糧之孫宜桐盂)

　　　　　庚(徐王庚之恧子沇兒鐘、徐王之子庚兒鼎)

春秋晚期　叀又(徐王叀又耑、次又缶)

　　　　　義楚(徐王義楚耑、盤，義楚之祭耑，徐王義楚之元子羽劍)

　　　　　章羽(徐王之子羽戈，《録遺》570，徐王義楚之元子羽劍)

《春秋》昭公三十年：“冬十又二月，吴滅徐，徐子章羽奔楚。”章羽(或作章禹，羽、禹古音同)是最末的徐君，公元前512年因國亡奔楚。因此，章羽應是義楚之長子，其所作之劍和戈當作于昭公六年至三十年之間。

徐器稱長子爲“元子”者，還見於徐王之元子𢫦(倍?)爐(《文物》1984年1期)、次又缶(《文物》1989年12期)、儠兒鐘(《三代》1.52.1)等。如我們對劍銘所釋不誤，章羽爲義楚之長子，可補文獻之不足。《録遺》570戈銘之“徐(郐)王”，應該就是“徐王義楚”。

蔡公子缶

出於蔡坡M4。胎薄，出土時已碎成450餘塊。蓋面較平，下腹和底均較寬，腹壁較直。兩個大獸形耳，並銜三節練環。口徑24釐米，腹徑42釐米，通高41.2釐米。蓋内有銘三行九字：

蔡公子□

姬安之⿰⿱鬲鬲刂

品。

“子”下一字不清。最後一字下从皿，上部也不够清晰，不識，乃此器之名。器形與壽縣蔡侯墓之缶同。或以爲“姬安”爲蔡公子之妻，果如此，則“子”下當非公子之名，而應是“作”或“鑄”之類的字。楚於公元前447年已滅蔡，蔡昭侯卒於公元前491年，則此器的年代當在春秋、戰國之際。⿰⿱鬲鬲刂可釋爲列，即陳列之義，參見前上鄀府簠。

【著録】

湖北省博物館楊權喜：《襄陽蔡坡戰國墓發掘報告》，《江漢考古》1985年1期。

劉彬徽：《考述》，《古文字研究》第十三輯，349頁銘八七(劍)，344頁銘七九(缶)。

【参考文獻】

沈湘芳：《襄陽出土徐王義楚元子劍》，《江漢考古》1982年1期。

楊權喜：《襄陽餘崗東周青銅器的初步研究》，《江漢考古》1990年4期。

李瑾：《徐楚關係與徐王義楚元子劍》，《江漢考古》1986年3期。

何琳儀：《皖出二兵跋》，安徽《文物研究》第三輯。

陳秉新：《徐器銘文考釋商兑》，《東南文化》1991年2期。

李學勤：《東周與秦代文明》，文物出版社，1991年，150頁。

商志醰：《次口缶銘文考釋及相關問題》，《文物》1989年12期。

吴王夫差劍

1976年出土於蔡坡M12。劍首殘缺，劍柄斷爲三截。殘長37釐米（身長29釐米、柄長8釐米），寬3.5釐米左右，估計原長約40釐米。劍身鑄有銘文兩行十字：

攻敔王夫差，
自乍（作）其元用。

“攻敔”即“勾（句）吴”，銅器銘文又作“工𫙳”“攻敔”“攻吴”等。《史記·吴太伯世家》：“太伯之奔荆蠻，自號‘句吴’。”“夫差”，吴王光（闔廬）子，在位時間爲公元前495—前473年，也是吴國最後一個王。傳世和出土的夫差銅器，除此劍外，還有劍近10把、矛1件（江陵馬山出土）、戈1件（安徽淮南市蔡家崗）、鑑4件等。

“元用”，乃兵器慣用語，如“吴季子之子逞之元用劍”、“作爲元用”（吉日壬午劍）、“秦子作造公族元用”（秦子矛）、“鵙公□作元劍“（鵙公劍）等。元用劍、元用、元劍等，意即善劍、好劍、上等美劍。

【著録】

襄陽首届亦工亦農考古訓練班：《襄陽蔡坡12號墓出土吴王夫差劍等文物》，《文物》1976年11期。

【参考文獻】

李先登：《吴王夫差銅器集録》，《東南文化》1990年4期。

襄陽團山

1988年，襄樊市博物館在襄樊北郊團山發掘了一批東周墓葬，其中M1、M4出有有銘銅器數件。

鄭臧公之孫鼎

2件，M1。鼎蓋、鼎腹均有銘文六行，蓋於第四行衹多一“于”字，即蓋四十七字，腹四十六字：

隹(唯)正六月吉日隹(唯)己，
余莫(鄭)臧公之孫，余朿(刺)
之疫子盧，乍(作)盥(鑄)𩰫(䵼)彝(彝)，
㠯(以)爲父母。其遷于下
都曰：“烏嘑，哀哉！朿(刺)弔(叔)
朿(刺)夫人，萬㔺(世)用之。”

鄭臧公之孫缶

2件，M1。兩缶銘文内容與鼎銘大體相同，但小有區别。兩缶銘文均有奪字，而且字迹較淺，磨損較重，很多字已看不太清楚。現比照鼎銘，隸釋如下：

缶一：

余鄭臧公之孫，
余刺之子，睪(擇)盥(鑄)
𩰫(䵼)彝(彝)，㠯(以)爲父母。
其正中(仲)月(?)己丂(亥?)，
升刺之障(?)器，爲
之若(?)缶。其盧(?)下都
曰：“烏嘑，哀哉！刺
□□□羕□用(?)亯。”

缶二：

余鄭臧公之孫，余剌之睪(擇)盥(鑄)
鬻(鬻)鐈，已(以)爲父母。
其正仲月(?)己(亥?)，
升剌之隮(?)器，爲
之若(?)缶。其膚(?)下
都曰："烏嘑，哀哉！
剌□□□羕□用(?)言。"

"隹正六月吉日隹己"句，乃金文紀年套語，意思是某年六月最吉利的日子是己日，選擇此日作器。"吉日隹己"這種稱謂，與"吉日壬午"(吉日壬午劍)、"吉日丁亥"(越王鐘)、"吉日在庚"(郐醓尹鉦)、"吉日初庚"(吴王光鑑)、"乎日隹乙"(史喜鼎)等句義類同。稱"吉日"者，多爲春秋戰國器。古以干支記日，但也有不少僅稱天干者，除上舉之例外，還如"隹正五月初吉孟庚"(蔡侯編鐘)、"擇乎吉日丁"(盗叔壺)等。

"余奠臧公之孫"之"余"，乃自身代詞"我"，金文習見。奠即鄭，國名，金文多不从邑。《説文》："鄭，京兆縣，周厲王子友所封。从邑，奠聲。宗周之滅，鄭徙潧洧之上，今新鄭是也。"公元前375年，鄭爲韓所滅。"鄭臧公"，如僅據銘文，很自然地就會考慮到他是鄭莊公，因臧、莊古通。鄭莊公在位時間爲公元前743年至前700年，他是春秋早期人，其孫輩就當在春秋早期晚段或中期前段。可是，這組器物如以考古類型學分析，祇能定在春秋晚期，早不到春秋早期晚段或中期前段。也就是説，銘文中的鄭臧公就不一定是鄭莊公。我們也曾考慮到鄭臧公之孫的"孫"，是否可以理解爲廣義的孫，然本銘"余鄭臧公之孫，余剌之疫子"，世系交待甚明，同時，我們也找到了臧公之子"剌"與文獻的對應關係，並且銅器銘文中類似的稱謂也有不少是指三代之内。所以，我們才考慮到這位鄭臧公應該是春秋中晚期鄭國的某公。

根據《史記·鄭世家》，銘文中的鄭臧公，除鄭莊公外，最有可能的就是鄭襄公。“臧”古音屬精母陽部，“襄”屬心母陽部。二字不僅同韻，而且聲母同屬齒頭音。《詩·野有蔓草》之臧就與瀼、楊等字叶韻。二字音義均近，於古可通。鄭襄公在位時間是從公元前604至前587年，爲春秋中期晚段時人，其孫輩就應在公元前6世紀中葉，爲春秋晚期前段。如此考釋不誤，則與器物的時代正好一致。

“余朿之疚子膚”，朿字作，壺銘从刀作，即剌。其形與𠫑羌鐘、者沪鐘、中山王鼎等“剌”字類同。金文剌字多假爲烈、列。此爲人名，乃鄭襄公之子(詳後)。剌字省刀，金文首見。疚字从疒从文，金文首見，字書未見。此字从疒文聲，在此讀爲“文”。《周書·立政》：“繼自今，文子文孫。”《孔傳》：“文子文孫，文王之子孫。”蔡沈《書集傳》：“文子、文孫者，成王，武王之文子，文王之文孫也。”孫星衍《尚書今古文注疏》謂爲“守文之子孫”。周秉鈞《尚書易解》引黄式三説：“文，善也。見《禮記·樂記》注。善子善孫，猶言賢子賢孫也。”鼎銘之“疚子”，當與上舉之“文子”義同，即“守文之子”，或善子、賢子，亦與沇兒鐘之“悬(淑)子”義近。其句式，與儠兒鐘“余迖斯于之孫，余幾路之元子”類同。“膚”當爲作器者，是剌之子，如同遷邟鐘“畬王之孫，尋楚猷之子遷邟”，宜桐盂“郳王季糧之孫宜桐”等。“膚”如屬下讀，假爲吾，文義亦通。不過，我們傾向于前者。

“其遙於下都”之遙，原篆作，从辵，从尾，从小，金文首見。此字的釋讀我們曾提出三種可能：一是視“小”爲水省，隸作遙，釋爲尿或溺；二是視“小”爲屎點，隸作遙，釋爲徙；三是視“小”爲小，同少，隸作遙，釋爲沙。根據兩鼎腹、蓋諸處銘文的比較，我們認爲後一種可能性大。金文中“彤沙”字，除作“沙”外，或作(逆鐘)、(師毁簋)等

形，郭沫若認爲其字从尾，沙省聲(《金文餘釋之餘》)。此字所从之即省，同師毀簋，應該隸作遻，釋爲逊，讀爲沙，義爲獻。古沙、獻音近可通(獻有兩讀：今音一讀 xiàn，古屬曉母元部；一讀 suō，古屬心母歌部。沙古屬生母歌部)。《儀禮・大射儀》："兩壺獻酒。"鄭注："獻讀爲沙。"《禮記・明堂位》："周獻豆。"孔穎達疏："獻音娑。"《周禮・春官・司尊彝》："鬱齊獻酌。"鄭注："獻讀爲摩莎之莎。"缶銘此字上从虍，下部不清，疑爲鬳，即獻。

"下都"所指，我們也認爲有兩種可能。一是下對上而言，表示方位，如同上蔡、下蔡，上鄀、下鄀，上鄀、下鄀等。"下都"就是對"上都"而言。《史記・鄭世家》：鄭桓公友"初封于鄭"。《索隱》："鄭，縣名，屬京兆。秦武公十一年'初縣杜、鄭是也'。又《系本》云'桓公居棫林，徙拾'。宋忠云'棫林與拾皆舊地名'。是封桓公乃名爲鄭耳。至秦之縣鄭，蓋是鄭武公東徙新鄭之後，其舊鄭乃是故鄉，故秦始縣之。"《史記會注考證》："鄭，西周畿内邑，今陝西華州鄭縣故城是。後徙虢鄶之間，今河南鄭縣是。"那麼，"下都"可能就是今之河南新鄭之"鄭韓故城"，相對於今之陝西華縣"鄭縣故城"(暫時依舊説)而言的。二是將"下都"理解爲洛陽的"下都"。周初都鎬京時，營建洛邑爲東都，又建成周爲下都，把殷王朝的遺民移置于此。至周敬王時遷都于此，即今河南洛陽舊城(可參見《資治通鑑》四《周紀》"西州之地"注)。鄭始封之君桓公友本周厲王少子，鄭與周有這種特殊關係，鄭君死後葬於"下都"洛陽也是可能的。"其沙(獻)于下都"，就是將這組禮器獻祭於"下都"的"刺叔刺夫人"。

"刺叔刺夫人"之叔、夫人，根據銘文内容，指的就是前面所説的"父母"。爲甚麼稱其"父母"爲叔、夫人呢？我們認爲，比較合理的解釋就是"鬳"非"刺"之親生子，可能是養子或義子，而最有可能的則是"刺"之兄長之子。即刺之兄長早逝，其子由刺之夫婦撫養成人，鬳稱其養父養母爲“叔”“夫人”就不足爲怪了。《爾雅·釋親》:“父之晜弟，先生爲世父，後生爲叔父。”“父之弟妻曰叔母。”《左傳》僖公三十三年:“夫人請之，吾舍之矣。”是晉襄公稱其母爲“夫人”。《戰國策·韓策二》:“聞足下義甚高，故直進百金者，特以爲夫人粗糲之費。”是嚴遂稱聶政的母親爲“夫人”。

史書中未見襄公之子名“剌”者，以音求之，剌當是睔。睔爲襄公之子，悼公之弟。悼公繼承襄公爲鄭君僅兩年即卒，由其弟睔繼位爲成公。《漢書·古今人表》作鄭成公綸。不管是睔還是綸，二字均从侖聲，古音屬來母文部。剌屬來母月部。二字不僅雙聲，韻部也可通轉，于古可通。如从侖的蜦與从列(金文剌多假爲列、烈)的洌均與戾通。《説文》:“蜦，讀若戾艸。”或體从戾作蜧。《易·井·九五》:“井洌寒泉食。”漢帛書本洌作戾。《楚辭·九辯》:“心繚悷而有哀。”《考異》:“悷一作悡。”《古文四聲韻》録王庶子碑論作，即假朿(剌)爲論。典籍論又每與綸通(可參高亨纂著《古字通假會典》)。因此，“剌”可能就是成公綸(睔)。其在位時間是公元前584年至前571年。而作器者“𢉩”就當是悼公濆之子。

“萬世用之”的世字作“𠈘”，从世从人，可能是一種組合體，表示“萬年世用之”。如同金文中的“萬年世子子孫孫其永寶用”(師晨鼎)、“萬年世孫子永寶”(伯作蔡姬尊)等。金文中的“萬年”，又作“萬人”，如黽乎簋、甫人觥等。

這組銅器與同地山灣所出之春秋晚期器類同，應是楚器或楚系銅器，而銘文内容所記乃鄭國之事。這與欒書之孫書也缶器物爲楚而銘文記晉國之事，應屬同類現象。均應是當時王公大臣的後裔因某種原因離開本土客居他國，在他國他地作器，以紀念或寄托於自己先祖的歷史現象的實物見證。哀成叔鼎銘文内容也反映了這種情況。

翏鋁戈

1件，M4。此戈長胡四穿，有銘文四字，二字在援，二字在胡:

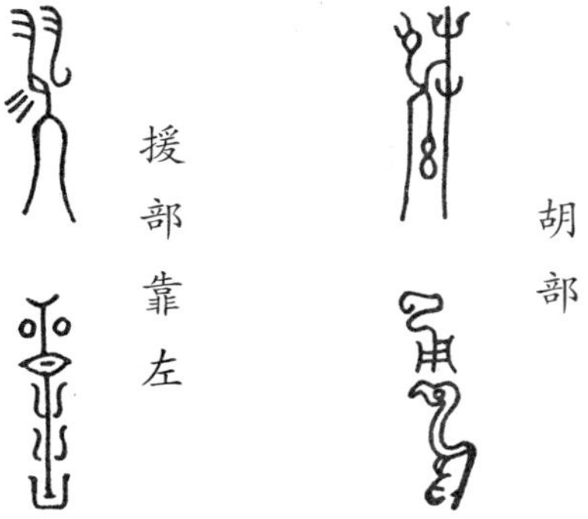

玄、用二字爲鳥書。同類銘文的戈，見諸著録的還有幾件，多作“玄翏之用”，前四字在援，後二字在胡，玄、之、用三字多爲鳥書。我們曾將字釋爲“夫”，象兩手外張的正立人形，下部所从的“”表示人足。如王子午鼎的𤔲、𣪘作：

所从的“夫”與戈銘“夫”類同。鄂君啓節乘作，吉日壬午劍盧作，所从的足()形即省變爲“”。古夫、大本一字之分化。字所从的即“吕”，爲“金字”變形，其上形“”應是裝飾筆畫，如同“㦸鋁”戈(《鳥書考》圖三十)的“玄”“翏”“用”三字作(除鳥形外)：

陳夢家先生釋爲“鋁”字，應該是正確的。“夫鋁”可能就是金文中的鈇鋁、鏞鋁、鏄鋁等，乃鑄器用的金屬原料名。比較有關戈銘，團山這件戈原銘應該作“玄翏夫鋁之用”。翏即鏐。《説文》鏐，“一曰黄金之美者”。鏐、鋁指金屬名稱，玄、夫指金屬的顔色。

【著録及參考文獻】

襄樊市博物館：《湖北襄陽團山東周墓》，《考古》1991 年 9 期。

黄錫全、李祖才：《鄭臧公之孫鼎銘文考釋》，《考古》1991 年 9 期；《欒書之孫書也缶爲楚器説補證》，《文物》特刊。

陳夢家：《海外中國銅器圖録第一集》上，1936 年，58、59 頁。

黄德寬：《蔡侯産劍銘文補釋及其他》，安徽《文物研究》第二輯。

李家浩：《攻五王光韓劍與虘王光趄戈》，《古文字研究》第十七輯。

黄錫全：《“夫鋁”戈銘新考》，中國古文字研究會第八次年會論文，1990 年。

襄陽出土竹簡

南齊建元初年(公元 479—480 年)，襄陽一古墓(傳爲楚王冢)出有竹簡無數，後來有人見到十餘支。簡約長當時二尺(約 50 釐米)，寬數分。經著名學者王虔度鑒定，乃“蝌蚪書《考工記》”。事見《南齊書・文惠太子傳》、《通雅》引《法書苑》。

穀城縣

過　山

䜌兒罍

1976年，穀城縣磚瓦廠民工在北河過山取土時發現。該處是春秋戰國時期的墓地。通高約32釐米，口徑19.5釐米，腹徑34釐米。器肩上有銘文一周二十八字(存二十三字，重文二字)：

隹(唯)正月初冬吉，䜌兒睪(擇)氒(厥)
吉[金，自乍]寶罍。釁(眉)壽無
諆(期)，子=孫=永保用之。

“初冬”，與陳璋方壺“孟冬”類似，金文少見。䜌字从糸，或以爲是“下鄀”器。或主張“䜌兒”爲人名，猶如徐國銅器銘文中的“沇兒”(沇兒鐘)、“庚兒”(庚兒鼎)等。我們主張“䜌”爲國族氏名，“兒”爲人名，如同襄陽山灣所出上鄀府簠之“上鄀府”。“上鄀”爲國族氏名，“府”爲人名。根據河南淅川下寺M8内出土的春秋中期的上鄀公簠，知此時的鄀國已爲楚滅，其地隨之成爲楚之縣邑。

此器小口，廣肩。蓋罩住口部。蓋沿接于肩上。腹最大徑在器之上方。蓋與腹部各有八個凸起圓餅飾。肩腹部有兩周方蟠虺紋。其形制和紋飾均與當陽慈化楚子迲墓中的盥缶類似，時代當爲春秋中期晚段。

【著録】

陳千萬:《蔡兒罍及鄀國地望問題》,《考古與文物》1988 年 3 期。

【參考文獻】

劉彬徽:《湖北出土兩周金文的國別年代補記》, 1986 年油印本。

禹山廟咀

𨚵子𡩜缶

1983 年穀城縣良種場三里橋大隊磚瓦廠在禹山廟咀取土時發現, 係出於一土坑豎穴墓, 共出兩鼎兩缶。此地西距出蔡兒罍的過山墓地不遠。此器失蓋, 高 31. 5 釐米, 口徑 22. 7 釐米, 最大腹徑 39 釐米, 底徑 21 釐米。重 18. 5 公斤。銘豎列肩上, 兩行六字:

𨚵子𡩜
之趀缶

第三字从彡作 , 或以爲即《説文》“份”字古文“彬”之異體, 或以爲就是鬢字。趀字从攴, 可能是赴字異體(攴从卜聲)。“趀缶”, 或讀作“寶缶”, 或讀作“行缶”“征缶”之類, 猶金文中之“行鬲”“行盤”等。“𨚵”, 或以爲方國名, 即“中”國之器; 或以爲是楚器, “中”乃以國名或地名爲氏稱。

此器與蔡兒罍近似, 唯稍矮胖。腹部所飾蟠螭紋與襄陽山灣 M23 之缶的紋樣類同, 其年代當爲春秋晚期。

與此缶稱謂類似者, 還有傳世之中子化盤。“中子化用保楚王, 用征梠(莒)”云云(《三代》17. 13. 1)。其地望, 或以爲“殆即春秋、戰國時期鮮虞之‘中人’城”, “東周以來, 此‘中方’已屬式微, 故此‘中子化’已入仕于楚”。或主張這個“中”就是“安州六器”之“中”, 其字又作盅、盜、沖、芇等，爲“漢陽諸姬”之一，很可能就在隨州均川附近。

【著録】

陳千萬：《“中子賓缶”初探》，《江漢考古》1985年3期。

【參考文獻】

劉彬徽：《湖北出土兩周金文的國别年代補記》，1986年油印本。

施謝捷：《楚器“郙子鬙缶”跋》，《江漢考古》1989年4期。

李瑾、曾昭岷：《楚器〈中子化盤〉作器年代管窺》，見武漢大學學報編輯部編《湖北省考古學會論文選集》(一)，1987年。

張亞初：《論魯臺山西周墓的年代和族屬》，《江漢考古》1984年2期。

南漳縣

新弨戟

1958年，南漳縣在水利工程建設工地發現一件銅戟。此戟援長16.8釐米，胡長12.2釐米，長胡三穿，頭無内，應爲雙戈或三戈戟中之一個戈頭。援、胡上有銘六字，其中自、戟二字爲鳥書：

新弨自𢽎弗戟(戟)

"新"字从木，目前僅見於楚國、曾國等楚系文字。𢽎字从殳，與鄂君啓車節𢽎字形同。命字从殳、攴，多見於楚系文字。其形制與江陵出土之楚王孫魚戟類似，年代可定爲戰國早期。器之國别可推定爲楚物。

戟字寫法與曾侯乙墓"戟"形同。弗字同鉘。燕國兵器有自命"鉘"或"鍨鉘"者，或以爲乃戈之别名。《玉篇》鉘訓"飾也"。或以爲"鉘戟"似指"畫戟"。其真實含義還有待研究。

【著録】

仲卿：《襄陽專區發現的兩件銅器》，《文物》1962年11期。

【參考文獻】

商承祚：《新弨戈釋文》，《文物》1962年11期。

容庚：《鳥書考》，《中山大學學報》1964年1期。

何琳儀：《戰國文字通論》，中華書局，1989年，96頁。

劉彬徽：《考述》，《古文字研究》第十三輯，260頁。

宜城縣

（現爲宜城市）

安樂坨

蔡侯朱之缶

1958年出於宜城縣安樂坨。小口直領，鼓腹，假圈足，通體素面，腹側有提鍊。高40釐米。銘在肩部橫書，一行五字：

蔡侯朱之缶

《春秋》昭公二十一年（公元前521年）："冬，蔡侯朱出奔楚。"此器出在楚地，當是其奔楚的證據。

【著録】

仲卿：《襄陽專區發現的兩件銅器》，《文物》1962年11期。

【參考文獻】

鄒惢衡：《湖北出土"蔡侯朱之缶"》，《江漢學報》1962年2期。

陳夢家：《蔡器三記》，《考古》1963年7期。

朱市鄉黃土坡

蔡大善夫趣簠

1987年8月中旬，宜城縣朱市鄉磚瓦廠在黃土坡取土時發現。通高

18.5 釐米，口徑 28 釐米×22 釐米，腹深 6 釐米，壁厚 0.2 釐米。上、下器内底均有銘文六行三十一字(包括重文二字)：

(下器)

隹(唯)正月初吉
壬申，蔡大善夫
趣乍(作)其𩜁匿。
其萬年𦣻(眉)
壽無疆，子₌孫₌
永寶用之。

上下器體呈矩形，器壁斜收如斗形，有對稱的四個獸面耳，通體飾交體龍紋，有規律地排列 56 個乳丁。其時代當爲西周晚期。

"善夫"即典籍之"膳夫"。其名又見於善夫山鼎、善夫克鼎、大鼎、大簋蓋等器。其職是管理王家飲食的官吏，因與王接近，後來地位重要，還掌管傳達王命。"大善夫"猶如大司馬、大司空之類，其地位要高于一般所稱的"善夫"，也可能是膳夫之長。

趣字从走从黿，字書未見，可能是黿之異體，"走"表示行動。《説文》："𩜁，滫飯也。""𩜁匿"與鄧公牧簋稱"𩜁簋"同，表示器物之用途，説見前。

【著録】

襄樊市博物館：《湖北宜城出土蔡國青銅器》，《考古》1989 年 11 期。

【參考文獻】

張亞初、劉雨：《西周金文官制研究》，"善夫"條，中華書局，1986 年，42 頁。

楚皇城

王字畫印

宜城縣楚皇城遺址内東南角出土。爲鐫刻文字和圖畫的小型銅質印章，正方形，臺座人紐。通高 2 釐米，邊長 1.2 釐米。字和畫皆陰刻。畫面右上角刻一“王”字，正中豎一建鼓，右下角一人半跪擊鼓，左邊一人手舞足蹈，袖拂帶飄。左上角刻一物，側看似臥羊。外有邊框。其紐飾爲：在四層臺上跽跪一人，圓臉束發，雙臂前伸，手置膝上，上身赤膊，肋骨根根凸起，兩臂左右相通，其孔左右系繩。

根據文字風格和畫面内容，報道者推測，此印不會晚於戰國時期，它出於楚皇城内，擬爲楚王室的私人印璽。

【著録】

王少泉：《襄陽地區出土的幾方銅印》，《江漢考古》1990 年 1 期。

隨州市

安居羊子山

1980年10月，在安居公社車崗大隊四生產隊羊子山清理發掘一座古墓，出土青銅器18件，其中2件有銘文。

戈父辛爵

通高20釐米，流至尾長18.5釐米，腹深8.5釐米，柱高3.5釐米。重0.75公斤。腹部鋬間有銘文三字：

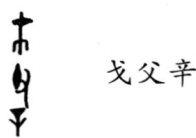

戈父辛

此器頸和腹飾饕餮紋。

子父癸觶

通高17釐米，殘口徑5釐米，腹深13.5釐米，圈足徑6.5釐米×6.8釐米。重0.3公斤。圈足内壁有銘文三字：

子父癸

此器頸部飾雲紋一周。

此墓年代，原報告定爲西周早期或中期偏早，劉啓益先生定爲西周康王。

戈、子均爲族氏文字，見於商周銅器。據云，武漢市博物館在新洲縣陽邏鎮香爐山一帶曾獲得一件有“戈”字族氏的銅器。湖南省博物館陳列室也陳列有湘江下游一帶發現的“戈”族銅器。説明當時戈、子族或者其中一支，曾經在湖北漢水東部活動過。

【著録】

隨州市博物館：《湖北隨縣安居出土青銅器》，《文物》1982 年 12 期。

【參考文獻】

劉啓益：《黃陂魯臺山 M30 與西周康王時期銅器墓》，《江漢考古》1984 年 1 期，54～55 頁。

魚父乙爵

1975 年，社員在農田建設中發現。通高 20 釐米，流至尾長約 14. 5 釐米，柱高 4 釐米。鋬下鑄銘文三字：

魚父乙

族氏文字“魚”也常見於商周銅器。如魚父乙爵(《録遺》450) 、魚父乙鼎(《三代》2. 18) 、魚父丁爵(《三代》16. 8) 等。遼寧凌源縣也發現有西周的“魚父癸”簋(《文物參考資料》1955 年 8 期) 。根據河南鶴壁市龐邨出土的“亞雀魚父己”壺分析，“魚”則是“亞雀”的分支：

鄂侯弟曆季尊

1975年，社員在農田建設中發現。通高19.5釐米，口徑爲17釐米×18釐米，底徑12釐米×13釐米，腹深16.5釐米。器内底鑄銘兩行八字：

噩(鄂)侯弟曆
季乍(作)旅彝

此尊廣口，長頸，腹下微鼓，圈足，器身一側有一獸首鋬。腹部飾四道弦紋，足飾一道弦紋，時代當爲西周早期。

鄂侯弟曆季器還見於下列兩件：

(1)鄂侯弟曆季卣，上海博物館藏品。銘文内容、字數、行款與尊銘全同(《文物》1964年7期)。

(2)鄂侯弟曆季簋，洛陽博物館藏品。銘文兩行八字(《文物資料叢刊》第三册)：

噩(鄂)侯弟曆
季自乍(作)簋。

三器的字體、紋飾、形制風格所表現的時代一致，爲一人所作之器無疑。

金文中西周的鄂器，還有鄂季奞父簋、鄂叔簋、鄂侯鼎、鄂侯簋等。據鄂侯簋銘，“鄂侯作王姞媵簋，王姞其萬年子子孫孫永寶”，知鄂國爲姞姓，西周晚期一度與周王室聯姻。這個姞姓之鄂國與後來楚國所置之鄂國不是一碼事。關於此鄂之地望，有西鄂(河南鄧縣)、東鄂(湖北鄂城)兩説。如依此尊的出土地點，有人主張此鄂可能就在漢水下游與隨國相近的某一地點。

㬯字字書未見，可能是𡔜字古體或異體。《説文》孨部：“𡔜，盛皃。从孨从日。讀若薿薿，一曰若存。”籀文作 ，“从二子”。古从厂與不从厂不别，如毛公厝鼎的厭就不从厂作猒，兮甲盤的撲字就又从厂作㒒，臣諫簋的尃(搏)从厂作厗等。𠭯孖妊簋的𡔜作孖。

【著録】

隨州市博物館：《湖北隨縣發現商周青銅器》，《考古》1984年6期。

王少泉：《隨縣出土西周青銅單鋬尊》，《江漢考古》總第3期，1981年。

【參考文獻】

馬承源：《記上海博物館新收集的青銅器》，《文物》1964年7期。

劉翔：《周夷王經營南淮夷及其與鄂之關係》，《江漢考古》1983年3期。

劉彬徽：《考述》，《古文字研究》第十三輯，240頁。

安居桃花坡

起右盤

1979年11月出土於安居加廟桃花坡M1。同出禮器還有銅鼎2件、簋4件、壺1件、匜1件、鬲4件等。此盤通高16釐米，口徑36.5釐米，腹深7釐米。盤內底鑄銘四行二十六字：

唯起右自乍(作)用
其吉金寶般匜
用萬年子₌孫₌永
寶用亯[永]用之

“起”字左下脱“上”形。“自乍”應在“吉金”之後。第四行脱字應爲“永”。之、孫二字倒置。這些現象可能都是制範時粗疏所致。金文中類似者不乏其例。

此盤有流及鋬，圈足下附四伏獸，腹飾竊曲紋，圈足飾垂鱗紋一周。其時代爲春秋早期。

根據該墓的器物組合，形制、紋飾特點，以及出土地點，或將此墓定爲曾國墓，定此器爲曾國器。

【著録】

隨州市博物館：《湖北隨縣安居出土青銅器》，《文物》1982 年 12 期。

【參考文獻】

劉彬徽：《考述》，《古文字研究》第十三輯，248 頁。

安居汪家灣

1988 年元月，隨州安居鎮徐家咀村汪家灣窑場做磚取土時發現一墓葬，經清理，出土器物有鼎、簠、壺、罐、車軎、箭頭等。其中兩件有銘文。

曾孫㝬鼎

通高 26 釐米，口徑 21 釐米，腹深 16 釐米。鼎蓋内中部和器腹内壁皆鑄有内容相同的銘文兩行六字：

曾孫宒
之脰鼎

此鼎蓋上有三個等距獸形環紐，中央有一鋪首銜環，飾有綯紋和蟠螭紋。附耳兩面飾綯紋。腹部飾兩圈蟠螭紋和一圈弦紋。膝部飾獸面形紋。三蹄足外撇較甚。其時代爲春秋晚期。

曾都尹宒簠

兩件，形制相同，大小一樣。高 13.5 釐米，器長寬爲 20.4 釐米×13.3 釐米。二器蓋内和器底内均鑄有内容相同的銘文兩行七字：

曾都尹宒
之行𠤳

此簠直口沿，腹下收，小平底。蓋口沿鑄有六個銜扣。器側腹部各有一環耳。腹部及口沿均飾蟠螭紋。其時代與鼎一致。

《説文》“法”字古文作，即由上列二銘形譌變，原本从“反正”。“宒”爲器主之名，是曾國的公族。或主張“都尹”是管理都城的長官，推測安居鎮爲曾國的國都，“宒”則是管理曾國國都之長。

《廣雅・釋言》脰訓“饌也”。《玉篇》：“饌，飯食也。”“脰鼎”當是裝食物之鼎，很可能與鼎之別名“食緐”義近。

【著録】

隨州市博物館：《湖北隨州市安居鎮發現春秋曾國墓》，《江漢考古》1990 年 1 期。

【參考文獻】

左德田：《曾都芻議》，《江漢考古》1990 年 1 期。

萬店塔兒灣周家崗

1976 年 3 月，在萬店塔兒灣周家崗發現古墓一座，出土有鼎、簋、鬲、壺各 2 件，盤、匜各 1 件，另有戈 2 件、車軎 4 件。其中有銘者數件。

⿸广邦季之伯歸⿱夌土鼎

2 件，形制、花紋相同，大小一樣。通高 25.5 釐米，口徑 27 釐米，最大腹徑 28 釐米。一件重 7.4 公斤，另一件重 7.8 公斤。兩器腹内壁有相同的銘文四行二十字：

⿸广邦季之白歸
⿱夌土，用其吉金，
自乍(作)寚(寶)鼎，子
孫永寚(寶)用之。

⿸广邦季之伯歸⿱夌土盤

通高 13.1 釐米，口徑 37.7 釐米，重 5.5 公斤。底内有銘文三行二十一字：

⿸广邦季之伯歸⿱夌土，
用其吉金，自乍(作)
盥盤。子=孫=永用之。

白 穀 鬲

2 件，器形、花紋相同，大小一樣。兩器口沿銘文被刮掉。一件口沿剩下可辨者如下：

之孫白𣪕自乍

曾太師簋

2件，形制、花紋相同，大小一樣。一件失蓋。有蓋的一件通高24.9釐米，口徑21.5釐米，腹深11.3釐米，最大腹深26釐米，重8.5公斤。蓋與器内銘文均被刮掉。失蓋的一件通高17.8釐米，口徑21.5釐米，最大腹徑26釐米。重6公斤。底内銘文被刮掉，隱約可辨，四行二十六字：

曾大師□用吉
金自乍(作)寶簋，用
亯于其皇叡(祖)文
考，子₌孫₌永用之。

曾器中"曾大某"連文者，目前衹見有"曾大保"(盆)和"曾大師"(鼎)。從簋銘殘存字形分析，此銘當是"曾大師"(銘文全是反書，此字似作 )。第三行不很清晰，依字形，應是"亯于其皇叡文"。"用亯于其皇祖文考"，與芮伯多父簋"用亯于皇祖文考"(《三代》8.33.1)、伯家父簋"用亯于其皇𣌭(祖)文考"(《三代》8.43.2)等句義類同。

上列之鼎，平底，三蹄足，腹飾竊曲紋、垂鱗紋。盤，淺腹，圈足較高，耳飾重環紋，腹飾竊曲紋，圈足飾變形垂鱗紋。鬲，三袋足，足下端呈柱形，口沿下飾重環紋一周。簋，圈足下附三獸首長方形足，蓋、器口沿飾竊曲紋，蓋沿以上及腹下部飾瓦紋，圈足飾垂鱗紋。總的分析，器物的時代是比較一致的，定爲春秋早期之物，大體上不誤。

有趣的是，郿器銘文完好，而曾器銘文被刮掉。根據銅器銘文類似的情況分析，被刮掉銘文的銅器可能是戰利品。有的同志將鄘器視爲鄘國之器，似有一定道理。鄘字从广从邦，應是邦之異體。“邦”國于史無聞，根據出土地點，當是漢陽諸姬之一，或者異姓方國，很可能就在隨州市東北一帶。“鄘季”當爲鄘國季氏，“伯歸臺”爲其名。還有一種可能，就是“鄘季”爲某一國之“鄘季氏”，鄘非國名。另外，有的同志認爲鼎、壺的風格與隨州劉家崖出土的盅器相似，而“盅”或主張即漢陽諸姬的“中”國。那么，“鄘季”就可能是“中”國的“鄘季氏”，“白歸臺”作的器就是“中”器。有關問題，還值得進一步研究。

鬲銘“穀”字作，从東从殳。或隸釋作“穀”，是不確切的，區別就在於“𠦝”作，不作。《説文》“東，縛也”，本象以索帶捆扎橐囊之形，與“東”乃一字之分化，古作、等(見《甲骨文編》東、束條)。穀字見於甲骨文，作、、等(見《甲骨文編》穀字條)。古从殳與从攴義近，穀就是字書裏的“敕”。《説文》：“敕，誡也。臿地曰敕。从攴，束聲。”秦公簋作，陳猷釜作。“白穀”爲器主之名，他應是曾國的公族，爲某曾侯之孫。

【著録】

隨州市博物館王世振：《湖北隨縣發現商周青銅器》，《考古》1984年6期。

【參考文獻】

劉彬徽：《考述》，《古文字研究》第十三輯，243、247頁。

張亞初：《論魯臺山西周墓的年代與族屬》，《江漢考古》1984年2期。

三里崗尚店

1974年，尚店中學在均水北岸山包上，發現了4件銅器。其中1件鼎完全破殘，並已散失。其餘3件均有銘文。

鄁公湯鼎

通高30.4釐米，口徑24.8釐米，重7.5公斤。腹内壁有銘文六行三十字：

隹(唯)王八月既望，
鄁公湯用其
吉金自乍(作)鬻(薦)
鼎。其萬年無
彊，子=孫=永寶
用亯。

鄁公伯韭簋

2件，形制、花紋和大小完全相同。通高25.2釐米，口徑21.2釐米，重5.8公斤。内底均有銘文四行二十二字：

鄁公白韭用
吉金用乍(作)寶
簋。子=孫=永用
亯，萬年無彊。

鼎爲立耳，鼓腹，蹄足，口沿下及腹部飾兩層竊曲紋，耳飾重環紋。簋有蓋，獸首耳，有珥，口沿飾有竊曲紋，圈足飾鱗紋和獸面紋。二器的時代當爲兩周之際。

報告引用裘錫圭先生之説，認爲韭可釋爲飛或非，而非可假借爲沸，湯與沸爲一名一字，二字字義相關。至于鄁，裘氏認爲其字可通𠝻，地名，即漢之汝南郡正陽縣安陽鄉。蔡運章以爲鄁在陝西渭水流域。劉彬徽則認爲鄁爲國名，可能是“漢陽諸姬”之一，其地在三里崗一帶，後爲隨滅。

鼎稱“薦鼎”，如同鬲稱“薦鬲”(鄭登伯鬲)，簠稱“薦匿”(叔朕簠)，壺稱“薦壺”(華母壺)，簋稱“薦簋”(邵王簋)等。《周禮·籩人》：“凡祭祀，共其籩薦羞之實。”鄭注：“薦羞皆進也。未食未飲曰薦，既食既飲曰羞。”《庖人》：“凡其死生鮮薨之物，以共王之膳，與其薦羞之物。”鄭注：“凡計數之薦亦進也。備品物曰薦，致滋味乃爲羞。”

“唯王八月”，使用的是周王紀年，應是周王同姓之國。

【著録】

隨州市博物館黄敬剛：《湖北隨縣新發現古代青銅器》，《考古》1982年2期。

【參考文獻】

蔡運章：《湖北隨縣劉家崖、尚店東周青銅器銘文補釋》，《考古》1982年6期。

劉彬徽：《考述》，《古文字研究》第十三輯，243頁。

均川熊家老灣

熊家老灣爲一處高出地面約10米的山崗坡地。1970年和1972年，因群衆修房，先後出土了兩批青銅器(相距約60米)。第一次出土銅器6件(簋4件、鑐1件、方彝1件)，第二次出土銅器9件(鼎3件、甗1件、簋2件、壺1件、盤1件、匜1件)。其中8件有銘文。

曾伯文簋

4件，全爲第一次出土，器形、銘文均相同。有蓋，兩耳作雙角獸首形，有珥。蓋、器腹飾重環紋、瓦紋。三足作扁體獸首紋。通高22釐米，蓋高7.3釐米，口徑18.5釐米。蓋、腹内均有銘文四行二十五字：

唯曾白文自乍(作)
寶簋，用易(錫)𥂴(眉)
壽黄耇，其萬年
子=孫=永寶用亯。

曾伯文𨱶

1件。侈口，有蓋。蓋飾盤龍紋。肩附二環耳，上飾竊曲紋。通高36釐米，口徑15.5釐米。口沿上有銘文十二字：

唯曾白文自乍其𨸏𨱶，用征行。

曾仲大夫蛕簋

2件，爲第二次出土。器形、銘文相同。有蓋，蓋及口沿各飾兩行平行的重環紋，腹飾瓦紋。通高26釐米，蓋高8.7釐米，口徑20.5釐米。器蓋及腹内各有銘文六行五十四字：

唯五月既生霸庚申，
曾仲大父蛕迺用吉攸
馭乃[illegible]金，用自乍(作)寶簋。蛕
其用追孝于其皇考，用
易(錫)𥂴(眉)壽黄耇霝冬(終)，其
邁年子=孫=永寶用亯。

黄季作季嬴鼎

1件。通高32.4釐米，口徑31.6釐米。立耳，獸蹄足，腹飾兩周卷

雲紋和弦紋，腹底有三角凸痕。腹内鑄有銘文三行十六字：

黄季乍(作)季嬴
寶鼎，其萬年
子孫永寶用亯。

根據器物的形制、紋飾及銘文特點，可以將上述兩批銅器的年代定在西周晚期。曾伯文器約爲西周晚期偏早，曾仲大父螽簋略晚于曾伯文器。而黄季作季嬴鼎約爲西周晚期偏晚。

曾伯文鐳“作”下二字過去缺釋，細審拓片，應是“其卸(御)”二字。鐳稱“御鐳”，如同鑑稱“御鑑”(吳王夫差鑑，《録遺》521，《三代》18. 24. 5)。典籍御或訓“用也”。

曾仲大夫螽簋第三行的頭三字，過去多缺釋，應是金屬名。第一字可隸定爲𠬪。其下、則是“乃”字。第三字左旁从隹，右旁似，疑爲鐫或鉮，其義待考。𠬪與甲骨文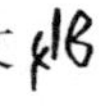(人名)可能是一字，从𠂤(古堆字)，从又或攴。𠬪或𢼄究竟相當於後世何字，也需深究。“乃”疑假爲鼐或鈮、鑷之類的金屬器名。“吉攸”與曾伯陭壺“吉金鐈鋚”類同。“吉攸𠬪乃鋁金”，均當是金屬原料名，以爲鑄器之用。

【著録】
鄂兵：《湖北隨縣發現曾國銅器》，《文物》1973 年 5 期。
【參考文獻】
劉彬徽：《考述》，《古文字研究》第十三輯，244、265 頁。

均川劉家崖

連迂鼎

1975 年冬，在均水北岸劉家崖後山包上改田時發現，有銘者數件。

1. 平底鼎

出土時耳已脱落，器身高 9.5 釐米。鼎耳上有銘文兩行五字：

連迂
之行升

2. 圜底鼎

器腹殘缺，殘高 18.5 釐米，口徑 20.5 釐米。腹内壁鑄有銘文一行五字：

連迂之御鼎

鼎末一字，報告釋爲“吉”，其實應是“鼎”字。“御鼎”，如同“御鐳”(曾伯文鐳)、“御鑑”(吳王夫差鑑)等。

另外，據報告，還有殘存的鼎耳上鑄有“連迂之行升”。估計平底鼎不止一件。

“之壺”壺

1975 年冬，在劉家崖後山包上改田時發現。器已殘。侈口無蓋，短頸鼓腹。腹部有半環耳。腹部殘存銘文二字：

之壺

盅鼎　洜叔鼎

1980 年春發掘。該墓與 1975 年冬出土銅器相距約 300 米。出土器物 55 件，其中銅器 27 件，有銘者 5 件。

兩鼎的形制、大小與紋飾完全相同。附耳蹄足。耳飾重環紋，口沿下飾獸帶紋，腹部飾垂鱗紋。通高 22 釐米，口徑 24.5 釐米，壁厚 0.1 釐米。一件器内底鑄銘文兩行八字：

盅之籑鼎
其永用之

另一件鼎内底銘文兩行八字：

洛弔(叔)之行
鼎，永用之。

盜叔壺

與盅鼎同出一墓。兩壺形制、大小與紋飾完全相同。平口，鼓腹，圈足，蓋爲蓮花瓣形狀，頸部飾三角雲紋和獸帶紋。腹上部鑄有銘文，一件爲兩行十三字：

睪(擇)氒(厥)吉日丁，盜弔(叔)之隮
壺，永用之。

另一件，一行十二字：

睪(擇)氒(厥)吉日丁，盜弔(叔)隮壺，永用之。

盜叔戈

與盅鼎、盜壺同出。援部三穿，内爲長方形，通長 18.7 釐米。内端鑄有銘文兩行五字：

盜弔(叔)
之行戈

連迂器與盅(盜)器的時代基本一致，定爲春秋中期比較合適。

盅字或作涿、盜等，顯然爲一字的異寫。古中、冬音同可通。關於盅器之國别，或主張是曾國器，是以封邑爲氏稱，並爲人名。或認爲盜字所从的"涿"即《説文》之"汷"，"汷水也。从水，夂聲。夂，古文終"。《廣韻》《集韻》皆云涿，"水名，在襄陽"。盜叔當是曾國的貴族，因其分封於汷水流域，故稱爲盜叔。或主張是"中"國器，中字作盜、盅、苹、沖等，如同邾國之邾作鼄、邾、朱、侏、邾婁、取慮、騶、鄒等。所指的應是同一個國族，即安州六器之"中"。"中"國的方位應該就在隨縣均川附近，爲"漢陽諸姬"之一。

【著録】

隨州市博物館：《湖北隨縣劉家崖發現古代青銅器》，《考古》1982 年 2 期。

【參考文獻】

劉彬徽：《考述》，《古文字研究》第十三輯。

吳振武、蔡運章：《湖北隨縣劉家崖、尚店東周青銅器銘文補釋》，《考古》1982 年 6 期。

張亞初：《論魯臺山西周墓的年代與族屬》，《江漢考古》1984 年 2 期。

卲　豆

1975 年出土于劉家崖，器身已失，僅存器蓋 2 件，其形制、大小及紋飾相同。蓋口爲正方形，每邊長 13.5 釐米。蓋頂呈正方形，正中央有一紐。蓋體上飾有絢索紋和三角形紋。器蓋内壁鑄銘文兩行四字，兩件同銘：

卲之

𢓜(御)

卲，器主名。同名之器又見於四川新都戰國墓所出之“卲之飤鼎”。或認爲“卲”爲楚王族三大姓中之昭氏。或認爲此乃曾國之卲氏，是以地名爲氏稱。楚、曾“卲”字作如下之形：

卲王鼎　卲王簋　楚王酓章戈　卲之飤鼎　卲之𢓜鍂

看來新都戈之“卲”與劉家崖豆銘之“卲”有關係，字形寫法基本相同。劉彬徽認爲這兩種(新都鼎、劉家崖豆)卲器的形、紋風格均與同時期的曾國器物接近，而與典型的楚器有一定的區别，這個卲氏可能爲曾國之人，有一定道理。御字作，从女，與从卩義近，如同甲骨文嬄(艱)字作，或作。此形金文首見。最後一字爲器名，依字形可硬行隸作鍂。劉彬徽引李家浩説釋爲鍂。河南固始侯古堆 M1 出土類似的器物名爲盉，銘曰“㠯(似)之飤盉”。鍂、盉二字應該音近可通。

字金文首見，按照文字學的一般原理，金、皿應是義符，右上是音符。字上部从口，應該説是没有疑問的，關鍵是下面的部分。

古文字中的考、可等字均是从丂，作、(古柯字)二形。如考字，甲骨、金文作下列諸形：

《甲骨文編》357 頁　　沈子它簋　　天亡簋

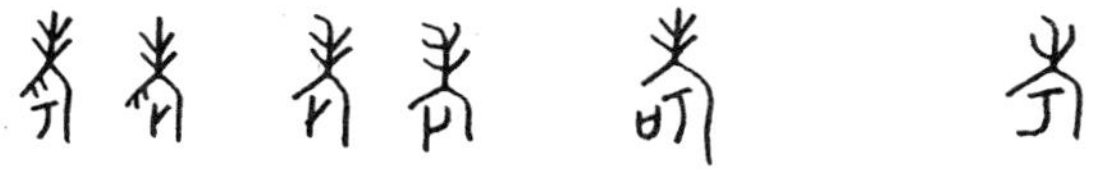

毛公旅鼎　杜伯盨　弔角父簋　曾仲大父螽簋

後來筆畫逐漸綫條化而帶有裝飾的意味，或彎曲，或增一畫，或丂、可、考等字作下列諸形：

散盤　　鄀公簋　　𩏂鎛　　中山王壺　　子可戈

盘仲卣　　邾公華鐘　　王子午鼎　　蔡侯申盤

因此，我們認爲，字所从的即由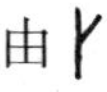、（丂）形演變。字从口从丂，即号字。《説文》正篆作，以爲會意字，其實，應該是形聲字（或者會意兼形聲）。《説文》解釋“丂”是“氣欲舒出勹上礙於一也”，是僅據已變化之小篆爲説解，因此是不可信的。古文字丂是从丂之偏旁作亻、、、等，無“氣欲舒出”之象。

曾侯乙編鐘銘文有一字作下列諸形：

依文義可讀爲“号”或“也”(詳《音樂研究》1981年1期)。如是“号”字，所从的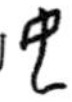、、、等乃是“”字的變體或省體。其與“”形大同小異。

江陵望山二號墓遣策号字作，所从之“”，正與上舉黔鎛“丂”字、邾公華鐘與王子午鼎考字所从之“”形同。

“号”屬匣母宵部，丂、考屬溪母幽部，可屬溪母歌部，柯屬見母歌部。匣、溪二聲相近(喉牙通轉)，幽、宵、歌諸部相通。如可屬溪母，从可得聲的“苛”屬匣母。貴屬見母，从貴得聲的“潰”屬匣母。“考”古與槁通(見《文選》潘安仁《河陽縣作詩》“頻如槁石火”李注)，《說文》號、瓗均讀若“鎬”。考屬幽部，槁、鎬、號、瓗屬宵部。《列子·湯問》：“死其肉而棄之。”《釋文》云：“死本作咼，音寡，剐肉也。”死(朽)屬幽部，咼(剐)屬歌部。此類例子甚多，不勝枚舉。

鋁从号聲，号从丂聲。盉从可聲，可从丂聲。鋁、盉均从“丂”聲，於古相通應該説是没有多大疑問的。因此，鋁、盉實一物而異寫。

鋁爲豆形器，从号得聲，可能就是豐，即虢。《說文》：“虢，土鍪也。从虐，号聲。讀若鎬。”朱駿聲：“按，大口土釜，字亦作壂、作墾、作豐。”《說文》：“錡，鉏鋤也。从金，奇聲。江淮之間謂釜曰錡。”説虢、錡均爲釜形器，顯然與此類器形不合。虢讀若鎬或高，高有高長之義。奇有長義。因此，鋁、盉可能是專指一種高柄或長柄的方形豆。方豆稱鋁或盉，如同高足鼎稱鐈。《說文》：“鐈，似鼎而長足。”而銅器銘文或稱“喬(鐈)鼎”(楚王酓肯、酓忎鼎)，或衹稱“鐈”(鄧子午鼎)。鐈即指鐈鼎。所以，鐙即指鐙豆，盉即指盉豆，因南、北方位不同，故用字略有小别。當時的方言可能就是這樣。

河南固始侯古堆出土的兩件方豆，器形完整。據簡報，豆盤作方斗形，腹壁斜收，平底下有八棱形高柄，再下有覆盆式的圈足底座。蓋作覆斗形，蓋頂四角均有環形紐。器身和蓋的兩側有對稱環耳。耳、紐焊接。器身、蓋頂及圈足用紅銅鑲嵌成對稱之龍獸圖案。豆盤中心和蓋内有銘文"𠭁(似)之飤盉"。整個器身(連蓋)通高 30.5 釐米，口徑 7 釐米×7.3 釐米。

上述兩地所出豆之時代，均爲戰國早期或者春秋晚期。

【著録】

隨州市博物館：《隨州均川出土銘文青銅器》，《江漢考古》1986 年 2 期。

劉彬徽：《考述》，《古文字研究》第十三輯，251 頁，300 頁録六二，320 頁銘三七。

【參考文獻】

固始侯古堆一號墓發掘組：《河南固始侯古堆一號墓發掘簡報》，《文物》1981 年 1 期。

四川省博物館等：《四川新都戰國木椁墓》，《文物》1981 年 6 期。

東郊義地崗

1976 年年初，城郊公社八一大隊在義地崗平整土地時，挖出一些青銅器，其中兩件有銘文。

䣄　鼎

通高 16 釐米，口徑 13.7 釐米，足高 9.5 釐米。器蓋内與器腹内，均有銘文一行四字：

䣄之行鼎

駇　　盞

通高 11.5 釐米，口徑 13.2 釐米，足高 3.6 釐米。蓋、腹内有相同的銘文兩行六字：

貯于駇
之行盞

“駇”爲器主名，“貯于”乃其氏。劉彬徽等定爲曾國器。盞銘第一字作，右形下部與曾侯乙編鐘字上部所从之形同，疑爲“賓”字異體。周桓王之後有賓氏(見《路史》)。楚臧孫之後有“賓牟”氏(見《元和姓纂》)。

鼎爲蹄足，深腹，足外撇，腹飾雲紋。盞飾綯紋，蟠螭紋。其時代可定爲春秋晚期。盞是一種盛食器。

【著録】

程欣人、劉彬徽：《古盞小議》，《江漢考古》1983 年 1 期。

東郊季氏梁

1979 年 4 月，城郊公社八一大隊義地崗南部一個小土包——季氏梁西側的一座墓葬中出土器物 44 件，其中 3 件銅器有銘文。

陳公子仲慶簠

平底較小，腹下收，器、蓋各有一對獸頭形環耳。腹部均飾較粗獷的蟠螭紋。底部亦飾蟠螭紋。矩足四面各飾虎紋一對。器身長 30 釐米，寬 23. 5 釐米，高 19. 3 釐米。器底長 14. 5 釐米，寬 9 釐米，足高 2. 5 釐米。器底内有銘文六行二十五字(其中重文二字)：

> 𠶷公子中(仲)
> 慶自乍(作)匿
> 𫶫。用𣫔(祈)釁(眉)
> 壽，萬年無
> 彊。子$_=$孫$_=$永
> 壽用之。

曾大攻尹季怡戈

欄側三穿，長方直内。通長 22. 4 釐米，援長 15. 5 釐米，援寬 2. 8 釐米，内長寬 6. 9 釐米×2. 9 釐米。内尾有銘文四行十六字：

> 穆侯之子
> 西宫之孫
> 曾大攻尹
> 季䛌(怡)之用

周王孫季怡戈

欄側三穿，長方直内。通長 18. 5 釐米，援長 11. 8 釐米，援寬 2. 5 釐米，内長寬 6. 7 釐米×2. 8 釐米。内尾兩面有銘，每面兩行，計十二字：

> 周王孫
> 季𢘓(怡)孔

臧元武
元用戈

敶即陳國之陳。陳爲嬀姓，相傳是舜之後，周武王所封，建都宛丘(河南淮陽)，公元前479年爲楚所滅。簠稱匿者，金文習見。“匡匿”即“方簠”。高明先生曾撰文論證匿(𥂴)是方器、簠是圓器，爲兩種不同的器物(見《文物》1982年6期《𥂴·簠考辨》)。我們在此書中爲行文方便，一律沿襲舊説，統稱爲簠。“仲慶”乃陳公子之名。器之時代當在春秋中期。

“穆侯”，簡報釋爲“穆王”，今從李學勤先生釋。簡報引裘錫圭先生説，“訇从心㓞聲，㓞即訇字；辝从心𡰥聲，𡰥即辝字。訇辝字通。這兩個字可以看作一字異體，可以釋作怡或怠”。“季怡”爲曾國的大工尹(也作大攻尹)，他是曾之先君穆侯之子西宫之後代。他又稱“周王孫”，説明曾的確是周朝分封的同姓國，並且與王室有較近的血緣關係。“季怡”爲曾國公族無疑。

兩戈爲一人所作，時代接近，據其形制特點，可定爲春秋中期，與該墓的時代一致。陳器出在曾墓，可能是戰爭所獲。

【著録】

隨縣博物館陳彦昭:《湖北隨縣城郊發現春秋墓葬和銅器》,《文物》1980年1期。

【參考文獻】

李學勤:《論漢淮間的春秋青銅器》,《文物》1980年1期。

東郊朱家坡

扁　　壺

1981年出土于隨州城郊東北角朱家坡一戰國墓中，同出物還有一件銅鋬。扁壺敞口，細頸，溜肩，扁腹，長方形圈足，平底，兩肩附鋪首銜環一對。外壁四側飾十字形格欄，格欄内飾精細的蟠螭紋。口徑 8.8 釐米，腹部最寬處 35.6 釐米，高 38.9 釐米。壺頸部刻銘三行十四字：

四斗大半斗，
卅六年邦工帀
工室造。

此壺與屌氏壺(《文物》1964 年 7 期)、河南三門峽市五號戰國墓所出鑲嵌羽狀紋銅扁壺(《文物》1976 年 3 期)等類似，具有戰國晚期的特點。因此，銘文中的三十六年，是指秦昭襄王三十六年(公元前 271 年)。當時隨州已屬秦有，故秦器出在此地。

"工帀(師)"爲工官之長。按秦器特點，一般"工帀"前爲地名，如"高奴工師"(二十五年上郡守厝戈)、"漆工師"(二十七年上郡守趞戈)等。但此壺的"邦工帀"當是指中央的工師。"工室"，又見於秦昭襄王二十六年戈和五年相邦吕不韋戈。後者銘文有"少府工室阾"，是"少府"設有"工室"。"工室"爲中央職官。《漢書·百官公卿表》："少府，秦官，有六丞。"少府屬官有考工室。前者銘文有"西工室閹"，"西"爲秦之舊都，設立"工室"，仍統屬於中央。因此，隨州出土的這件扁壺，乃秦中央工官所製。經用水測量，容水 9350 毫升。這是秦國記量之器。

【著録】

隨州市博物館左得田：《湖北隨州市發現秦國銅器》，《文物》1986 年 4 期。

【參考文獻】

王輝：《秦銅器銘文編年集釋》，三秦出版社，1990 年。

涓陽鰱魚咀

1975 年 11 月上旬，隨縣涓陽公社涓陽大隊和青年大隊社員，在涓水西岸鰱魚咀進行農田基本建設時，發現青銅器多件，其中數件有銘文。

曾仲之孫𡚬𠭯戈

通長25釐米，胡部有銘一行八字：

曾中(仲)之孫𡚬𠭯用戈

曾子原魯簠

此器失蓋，高10.7釐米，長寬30.6釐米×25釐米。外飾蟠螭紋。内底銘文兩行十八字：

隹(唯)九月初吉庚申，曾子
遼(原)(魯?)爲孟姬䣄鑄(鑄)賸匿。

楚屈子赤角簠

僅存器蓋，高10釐米，口縱27.7釐米，横20.7釐米。銘在蓋内，六行三十一字(重文二字)：

隹(唯)正月初吉
丁亥，楚屈子
赤角()朕(媵)中(仲)嬭
璜飤匿。其釁(眉)
壽無疆，子=孫=
永保用之。

鄎子行盆

通高 17.2 釐米，口徑 21.6 釐米。通體素面。蓋内、器内底均有銘文，器内多一"用"字：

鄎子行自乍(作)
飤盆，永寚(寶)之。

根據器物的形制、紋飾、銘文的特點，上列諸器時代均爲春秋中期(唯鄎子行盆稍早)。

上列第二器"曾子原"後面一字，或釋彝，或釋[illegible]，我們疑爲"魯"字。鄶即酓，古从邑與不从邑不别。"姬鄶"是曾子原魯大女兒的姓名。曾國爲姬姓。申字作，與楚子匿、寬兒鼎、曾仲大父蠤簋等器同。第三器的屈，爲楚王族"屈、景、昭"三大姓(氏)之屈。"赤角"乃其名或字。"嬭(芈)璜"是"赤角"二女兒的姓名。趙逵夫先生考證"赤角"即任過左司馬和息公的"子朱"。"赤角"爲名，"子朱"爲字。"朱"取紅義，與"赤角"之赤意義相關。楚文王十年滅息之後，即以屈氏某人(或屈重、或屈完)爲息公，屈氏遂得到一些息國之器，傳至屈赤角，其仲女出嫁，除專門鑄造媵器外，也陪了幾件從息國得來的銅器。子朱見於《左傳》在息亡後五十六年，時間相距不算太遠。息亡于公元前 680 年。此墓是曾墓，是楚嫁女至曾，並帶去息器。

【著録】

程欣人:《隨縣溳陽出土楚、曾、息青銅器》,《江漢考古》1980 年 1 期。

【參考文獻】

趙逵夫:《楚屈子赤角考》,《江漢考古》1982 年 1 期。
曾昭岷、李瑾:《曾國和曾國銅器綜考》,《江漢考古》1980 年 1 期。
劉彬徽:《考述》,《古文字研究》第十三輯。

西郊擂鼓墩曾侯乙墓

1978年上半年，在隨州西北郊發掘了規模巨大的曾侯乙大墓，共出土文物7000餘件。其中竹簡240枚。64件編鐘和1件大鎛全都鑄有銘文。掛鐘用的銅鈎和框架以及鐘架中下層的橫梁也都刻有文字。石編磬幾乎都刻有銘文。有些磬上還有一個或兩個墨筆字。3個放磬用的漆磬匣也都有刻文。爲數眾多的青銅禮器、用器以及兵器中的戈、戟也大多鑄有文字。另外還發現了3件有銘銅殳和1件有銘車軎。放衣物等用的漆衣箱有4個刻有文字，其中2個還有內容重要的漆書文字。此外還發現了一些上面各寫着一個墨書的小木圓餅和2塊寫有墨書的竹簽牌。各類文字總計已有12696字。這是先秦墓葬出土文字資料截至1978年最多的一次。各類文字分項統計如下(上述及下列數字均依《曾侯乙墓》報告)：

竹簡(含竹簡牌)、墨書文字		6696字
銅器銘文		4947
編鐘銘文	2828	
編鐘掛件銘文	740	
磬架銘文	5	
鼓座銘文	7	
禮器、用器銘文	871	
戈銘	277	
戟銘	198	
殳銘	18	
車軎	3	
石編磬銘文		696
石編磬墨書文字		12
木器刻文		298

鐘架横梁刻文	187
磬匣刻文	99
衣箱刻文	12
衣箱漆書文字	42
圓木餅墨書文字	5
總計	12696

下面將上列需要説明者介紹如下：

曾侯遐戟

曾侯遐戟有5柄13個戟頭(一戟三戈或兩戈，一戈爲一戟頭)上有銘，一行六字，作下列二式(戟字作𢦏、𨾴、鈛等形)：

曾侯遐之行戟
曾侯䐗之用戟

根據尊盤原鑄銘“曾侯遐之□□”(現隱約可見)被刮去而改刻“曾侯乙乍持用終”，知遐與乙不是一人，遐有可能是乙的父或祖輩，其年代要早於乙器。䐗即膞字或體，又見於蔡太師膞鼎。《廣韻》膞，“肥也”。傳世有“曾子遐之行匿”，與“曾侯遐”爲一人，可能是遐爲國君前所作器。

曾侯邸戈、戟、殳

在有銘文的戈頭中，有7件戈頭爲“曾侯邸”。銘分下列兩種：

曾侯邸乍時	5件
曾侯邸之用戈	2件

有“曾侯邸”的戟11柄，其銘文或在一個戟頭，或分鑄兩個戟頭。銘文内容分爲下列幾種：

曾侯邚
曾侯邚　乍䢵(分鑄兩戟頭)
曾侯邚之戟
曾侯邚之行戟
曾侯邚　之行戟(分鑄兩戟頭)

有3件殳的一側的刃上有銘一行六字:

曾侯邚之用殳

過去不知"殳"究竟是什么形狀，這幾件自銘爲"殳"的兵器，解決了這一難題。曾侯邚當是曾侯乙的父輩或兄長(王位繼承也有兄終弟及者)。

曾侯乙戈、戟

有"曾侯乙"戈者38件，分下列三種:

曾侯乙之走戈　35件
曾侯乙之用戈　2件
曾侯乙之寝戈　1件

有曾侯乙戟者2柄(6戟頭)，其中一柄爲鳥蟲書:

曾侯乙之用戟
曾侯乙之埾戟　(鳥蟲書，其中1、3戟頭爲錯金書)

旚乍𦯧戈

2件。通長爲21.4釐米，21.6釐米。銘文相同，一行四字:

> 𧴪乍䇂戈

䇂當是拱字異體。《國語·吳語》："擁鐸拱稽。"注："拱，執也。稽，棨戟也。"

四字待考戈

1件。通長30.7釐米(圖一五三-6、圖版八九-3)，凸援，翹内，内之上下有刃，是出土戈中最大的一件。援胡上有錯金銘文四字。第二字是鳥，第三字是市，第一、四字从"羊"，其義待考。我們懷疑此器爲巴或越物，其上爲巴或越國文字。

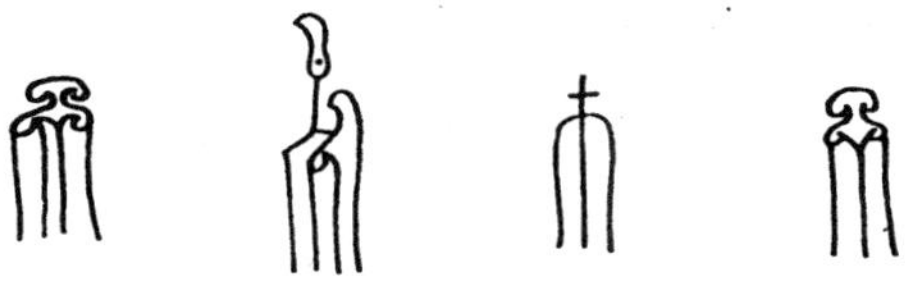

析君墨𦜴戟

戟頭(戈)通長18.6釐米，銘文一行七字(圖一六八-1、圖一七四-3)：

> 斨(析)君墨𦜴(啓)之郜(造)鈘(戟)

析字作，與中山王方壺䇵()字所从之析形同。《説文》："片，判木也，从半木。""析，破木也。"戟銘斨正象以斤劈木之形(會意字)。"析君"當是楚析邑之封君。𦜴字从肉，即《説文新附》之𦜴，"肥腸也。从肉，啓省聲"。"墨𦜴"即析君之名。此戈的時代與曾侯乙戈一致。

𨛭君戟

通長26.3釐米，銘文一行四字(圖一七四-2、圖一六八-3)：

𨗨君乍之

𨗨字作，乃譌(、形近易混)。折字古本作(甲骨文)、(不𡢁簋)，爲以斤斷草之會意字。“𨗨(𨛭)君”疑爲楚地之封君，詳細地點待考。此戟之時代要早於曾侯乙墓。

君𨌲鉺車害

這是該墓唯一一件有銘文的車害，在其上身相鄰的兩面有銘文三字(圖一九四-5、圖一九七-4、圖版一〇七-5)：

原報告釋爲“君𨌲(廣)銷”；或釋“君𨌲(廣)銉(害)”，解釋爲“君主廣車上的車軸”(《江漢考古》1991年1期，13頁)。第三字，細審應是“鉺”字，耳形與古璽文類同。如：

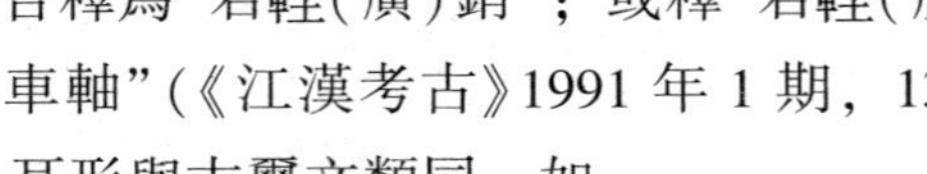

《古璽文編》12.3~4

鉺即耳，因是銅制物故从金。物之象耳形者均可稱耳，如鼎耳、簋耳之類。劍鐔曰珥，視其旁如耳然。車軸貫通兩車輪，兩端之車軎猶車之兩耳，故名。

青銅禮器銘文

117件禮器中有83件有銘文。有的器蓋與身均爲相同的銘文。有82件的銘文同爲：

曾侯乙詐(作)時(持)甬(用)□(終)

僅1件過濾器的銘文爲：

曾侯乙乍(作)時(持)

銘文部位大多在器内，也有在器表的。格式有的直書一行，有的分書兩至四行。行款多爲左行(從右至左)，也有右行者。字也有反文者。有的銘文是在鑄字的部位先打好格綫再製字，故字距、行距一致(如小口鼎銘文)。反之，則不一致，字體也顯草率。銘文字體有些差别，恐非一人手筆。

另外，還有其他青銅器用具如炭爐、箕等11種17件，有的也有銘文，格式與禮器類同。

編　　鐘

鐘65件，包括楚王酓章作曾侯乙鎛，共三層八組：上層三組19件，均爲鈕鐘，體較小；中層三組33件，均爲甬鐘，形體居中；下層兩組13件，除西架正中的一件鎛鐘外，餘者均爲大型甬鐘。各組之内，鐘的形制相同，依大小次第排列。銘文除有的正面鉦部作“曾侯乙乍時”外，其餘部位都是樂律銘文。如：

上層二組三號：

隧部：商　　右鼓：羽曾　　反面鉦部：誣(應)音之宫

中層二組三號：

鉦部：曾侯乙乍時　隧部：少商　　右鼓：羽曾

反面鉦部：坪皇之巽反　　反面隧部：割(姑)肄(洗)之少商

反面右鼓：獸鐘之喜反，濁新鐘之巽反。

反正左鼓：穆鐘之終反，濁坪皇之鈌。

下層二組三號：

鉦部：曾侯乙乍時　隧部：中鎛　右鼓：宫曾

反面鉦部：割肄之中鎛，韋([illegible])音之宫。韋音之才(在)楚号爲文王。逹(遲、夷)則之商，爲刺音讀(變)征。

反面右鼓：割肄之宫曾，韋音之下角，坪皇之變徵，𪓌(嬴)孠之商。

反面左鼓：廊(應)音之宫。廊音之才(左)楚爲獸鐘，其才(在)周爲廊音。

楚王酓章作曾侯乙鎛

通高92.5釐米，重134.8公斤。銘文三行三十一字(圖四五、彩版三)：

隹(唯)王五十又六祀，返自西

殤，楚王酓章乍(作)曾侯乙宗
彝，窴之于西殤，其永時用亯。

楚王酓章即楚惠王熊章，其五十又六祀即公元前433年。曾侯乙墓的年代據此確定爲戰國早期。

編　　磬

磬塊共32件，石質，分上下兩層懸掛。每層均爲16件，各分兩組，一組6件，另一組10件，皆自東向西、從大到小依次排列。在完整和殘破的磬塊中，除下·5素面無字外，多在鼓部的一面和首、尾、上、下四個端面，刻有文字和墨書，其中刻文均填飾朱漆。由于磬塊的殘損和表面的風化剥落，有多處脱字。脱字的計有30處，脱兩字以上的有19處。其中下·13僅殘剩3字，字數最少。下·9脱一字，存39字，字數最多。銘文内容均爲樂律。

如下·9：

(首)十四　［墨書］　商曾
(面)濁劉肆之商曾
(上)坪皇之終，劉肆之羽
(下)新鐘之大徵曾，濁新鐘之下角，濁獸鐘之商，濁穆鐘之宫。

衣箱刻銘

衣箱5件，均出自東室，形制相同，大小略異。其中4件上面有刻文(圖二一五)：

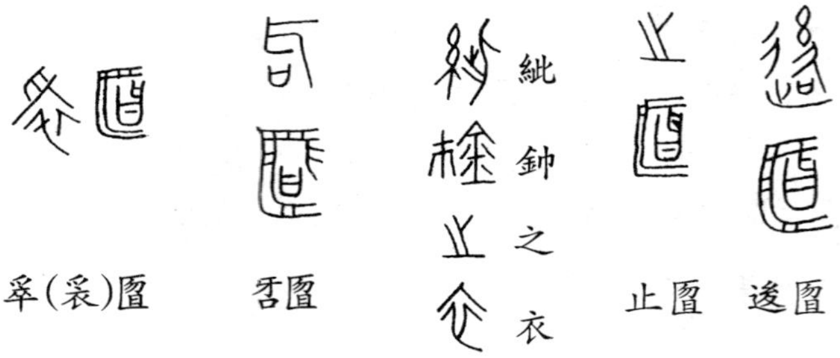

“卒(𧘝)匿”，原報告認爲是“狄匿”，是裝后妃衣服的箱子。“舌”字缺釋。

今按，釋卒爲狄，不誤。但這裏的卒(𧘝)並非后妃之衣。𧘝本象以手脱衣之會意字，乃裼之初文。加一畫作者古文字習見。鄭注《玉藻》曰：“袒而有衣曰裼，以别于無衣曰袒也。”因此，“𧘝(裼)匿”應是裝内衣的衣箱。

舌字所从的即牙()省，古璽更省作，如、等(見《古璽文編》2.14)。舌當是呀或䶒(牙)字。“舌匿”似可讀爲“袤匿”。《説文》袤、䙱互訓。“袤匿”當即“褘匿”，即裝“褘衣”之箱。《説文》褘下引《周禮》曰，“王后之服褘衣”，謂畫袍。《釋名·釋衣服》云，王后之上服曰褘衣。因此，“舌匿”當是裝王后上衣之箱。據《穆天子傳》，“天子大服冕褘”，謂褘爲帝服。也許，“舌(褘)匿”是裝曾侯乙“大服”之箱。

“止(之)匿”“逡(後)匿”刻在一個箱上，所裝物品應該相近，有可能是裝鞋、襪的箱子。鈡即錦字。《詩·終南》“錦衣狐裘”，鄭注：“錦衣，彩色也。”《説文》：“紫，帛青赤色。”

朱書二十八宿

在刻有“止匿”“後匿”的衣箱蓋面當中朱書一個篆文大“斗”字，環繞“斗”字，寫有二十八宿的名稱(按順時針方向排列)：

角、埅、氐、方、心、尾、箕、斗、牛、伏女、虛、

危、西縈、東縈、圭、婁女、胃、茅、縪、此隹、參、東井、與鬼、栖、七星、[illegible]、翼、車

陸字下有“甲寅三日”四字。

我國古代在觀象授時的基礎上，爲了進一步對日、月、五星(金、木、水、火、土)的運行及位置做系統觀測，繞天一周選取28個星座作爲觀測標志，叫作二十八宿。早在殷代甲骨文、商周文獻中已有屬於以後二十八宿星座的名稱，但還不足以證明當時已形成了二十八宿的體系。二十八宿作爲一個總稱，最早見於《周禮・春官》(戰國作品)，而其具體名稱，最早見於《吕氏春秋》(公元前239年成書)。這件朱書二十八宿衣箱的出土，將知其具體名稱的時間向前推了兩個世紀。當然，其形成的時間還應早得多，估計當在春秋時期，或者更早。

與《吕氏春秋》比較，漆衣箱所記二十八宿的名稱及用字頗有出入，然細細推敲，並無多大區别，衹是存在使用異體字、同音通假，以及因義近而稱呼有别的差異。有關問題，還有待進一步深究。爲便於比較研究，下面列出漆箱二十八宿篆體與《吕氏春秋》二十八宿名稱，然後再作些説明。

漆匫上朱書文字：

《吕氏春秋·有始覽》二十八宿：

角、亢、氐、房、心、尾、箕、斗、牽牛、婺女虛、危、營室、東壁、奎、婁、胃、昴、畢、觜嶲、参、東井、輿鬼、柳、七星、張、翼、軫

“𨸏”當是“阬”之異體，如同阿字或作(平阿左戈)，降字或作(不降矛)等。《説文》：“阬，閬也。从𨸏，亢聲。”朱駿聲按，“許謂即《詩》‘高(皋)門有伉’”。《釋文》：“伉本又作亢。”“方”與“房”典籍互作習見。字从衣从手，此字見於甲骨文作、等，裘錫圭先生認爲是、等字的省形，从衣，○(圓)聲，即擐字(詳《古文字研究》第十二輯)。擐、睘古音屬匣母元部。牽从玄聲，牽屬溪母真部，玄屬匣母真部。睘玄音近可通。如《穀梁傳·隱公元年》：“寰内諸侯。”《釋文》：“寰，古縣字。”《穆天子傳》卷二：“先王所謂縣圃。”郭注引《淮南子》縣圃作玄圃。《集韻·銑韻》：“擐，繫也。”《文選·西京賦》：“此事乎天者也。”薛綜注：“牽，猶繫也。”擐、牽二字音義俱近，故漆匫二十八宿假擐(奎)爲牽。牛字戰國文字多作，作者罕見。即伏字，左从犬，如下列从犬之字：

陳侯午錞獻

陈猷釜猷

狁伯卣狁

𤕤盤獄

“伏”字古屬並母職部，婺屬明母侯部，二字聲母同讀重唇(可謂雙聲)，韻部旁轉。《山海經·海内東經》：“漢水出鮒魚之山。”《海外北經》鮒魚作務隅。鮒，並母侯部；務，明母侯部。《禮記·曾子問》：“殤不祔祭。”《通典·禮二十》引祔作備。《左傳·成公十六年》：“有韎韋之

跗注。"《正義》："鄭氏以跗當爲幅。"祔、跗，侯部；備、幅，職部。《説文》："紨或作韛。""畐讀若伏。"故"伏女"即"婺女"。虛字作，古文字中罕見，上部當爲"虍"省變，下从丘。馬王堆漢墓帛書《老子》甲本作，乙本前一下作。古璽从虍之虘作，虍形與此類似。危字作，何琳儀認爲从"几"得聲(《人文雜志》1987 年 4 期)。由于室、壁四星本來合稱營室，所以後來或分別名之爲西營、東營，或以營室之名專歸於西營而名東營爲東壁。"婁女"之名又見于銀雀山漢簡，婁當是婁女的省稱。茅、昴同音假借。《周禮·大宗伯》："以槱燎祀司中、司命、飌師、雨師。"《風俗通·典祀》引槱作柳。

地位相當於"張"的這個字，或以爲从"此"，疑是"此□"二字合文；又疑是"𧊒"字，待考。我們比較了多處已發表的照片，認爲字迹最清楚的是 1980 年 4 月，由湖北省博物館編、文物出版社出版的《隨縣曾侯乙墓》圖八九。下面將"此隹"和相當於"張"的這兩處文字分別摹寫，以便比較：

不難看出，相當於"張"的這個字不可能是从"此"。而且，从"此"與"張"字之間難以找出相互的關係。我們認爲，這個至今還未能確釋之字的左旁應是"也"字，本應作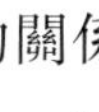，衹因中間横筆寫下了點，與其下部筆畫之間未顯出空當，遂使人困惑不解。"也"字作形者如：

信陽楚簡　《説文》古文　《隸續》録石經古文

郎邪刻石　雲夢秦簡

右旁所从即支，如：

（效） （攸） （牧） 

甲骨文　　鬲攸比鼎　　牧馬受簋

从也从支，即㢮字。《古文四聲韻·支韻》録《汗簡》施作：

即㢮字，其形與我們討論的這個字類同。

《説文》："㢮，敷也。从支，也聲。讀與施同。"段玉裁注："今字作施。施行而㢮廢矣。"《説文》："張，施弓弦也。"《廣雅·釋詁三》："張，施也。"典籍張多訓施。《史記·田敬仲完世家》"而王以施三川"，《正義》："施，張設也。"張、施（㢮）義近互訓，故漆匫二十八宿以"㢮"爲張。至于㢮下有"二"，似重文或合文號，也有可能是"斗"字上面竪畫起筆之虚綫。

《史記·天官書》："軫爲車，主風。"《索隱》引宋均："軫四星居中，又有二星爲左右轄，車之象也。"故漆匫以"車"爲軫。

"紫錦之衣"箱上朱書文字

刻有"紫錦之衣"箱蓋的左方下角，有朱書六行二十字。饒宗頤先生考釋爲：

民祀隹
坊(房)，日辰於(?)
維。興歲
之四(駟)，所尚
若敕(陳)。経(經)
天嘗(常)和。

大意是説民之所以祀房星，因房星(天駟)爲農祥之星。星與日辰之位皆在同一方位維。衆宿和歲星没有抵觸，各得其所，故“經天常和”。這些吉祥語，意味着統治階級政治修明，“和氣致祥”。

饒先生的考釋大體上是正確的，衹是細審此文照片，有幾字需要修正。

第二行第一字作，不是“坊(房)”字。衣箱二十八宿之“方”作，與此字右旁不同。其形與二十八宿之“此隹”之形類同。止形作，戰國文字習見。如中山王墓兆域圖步字作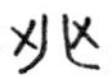、正字作、乏字作，古璽足作、症作等。釋“此”可以無疑。第三行第二字應是“與”字，中間从(牙省)，而非从或，故不可能是興字。第四行第三字，與第二行第三字(辰)類同，衹是左上角多出一畫。辰字本該有此一畫，如(甲骨文)、(金文)等。陳章壺辰字作，構形與箱上二辰字類似。因此，這個字不是“所”字。這樣，箱文就應當改釋爲：

民祀隹

此：日辰於
維，與歲
之四。辰尚
若敕(陳)，經
天嘗(常)和。

大意當是："老百姓所祀在於此：日辰之位皆在維，以及一年四季，歲不失次。日月星辰各就其列，經天常得其和。"這與相傳帝舜的"載歌"相似。其歌云：

日月有常，星辰有行，四時順經，萬姓允誠。(下略)

上列箱文二十字與二十八宿有聯繫(見另一箱蓋)。箱蓋上還繪有扶桑、太陽，以及人執弓射鳥之圖。

竹　　簡

竹簡出在北室，共 240 支(不包括空白無字簡)，6686 字。整簡長度一般爲 70～75 釐米，寬 1 釐米左右。竹簡保存基本完好，斷簡多可拼接。從簡上殘存的繩痕判斷，係用上下兩道細繩編成簡册。繩痕上下的兩字間距較大，應是先編好簡册再書寫。除一號簡一枚兩面書寫外，都是將字寫在篾黄一面。書寫從頂端起，不留天頭。每簡字數不等，最多者 62 字，最少者 4 字。簡文墨書，字體與楚簡類似。簡文内容可分四類：1～121 號，主要記車馬和車上兵器裝備；122～141 號，主要記車上配備的人馬、甲胄；142～209 號，主要記駕車的馬；210～215 號，主要記馬和木俑。其具體内容涉及人名、地名、官名、馬名、車名、武器、裝備、重要歷史事件等。内容十分豐富，文字也有其自身的特點，是研究有關問題的重要材料，詳見《曾侯乙墓》報告中的有關章節。

編鐘架、掛件銘文

掛編鐘的銅木結構的曲尺形鐘架上刻有銘文。掛鐘的銅構件 65 副，包括各種零件計有 195 件，上面多有刻銘。掛鐘構件爲青銅鑄制，分爲爬虎套環、雙桿套環、框架鈎、焊鈎、插銷五式。掛鐘構件編號均依所掛之鐘的編號。報告將這批刻文列爲《附録二》。遺憾的是，報告縮印太小，印刷不精，很多文字不太清晰。爲此，本書特别收録了這批銘文的拓本，以便讀者參考。

銘文内容多爲音律名，與編鐘類同。唯有少數文字還有待研究。例如：出現頻率較多的，有一字作、、等形，另有一字作、、等形。均在“鐘”字前。《曾侯乙墓》報告 559 頁注㉕云：“此‘鐘’前一字右旁作、等形，字形詭譎，不可辨識。爲了書寫方便，暫且把這個偏旁隸定爲形近的‘飞’。鐘銘的律名帶有‘鐘’字的有獸鐘、穆鐘、新鐘、黄鐘、宣鐘等，‘玐鐘’和注㉙的‘傑鐘’也許是其中兩個律名的異文。”注㉙又云：“‘鐘’前一字右旁上半作、等形，也可能不是‘匀’字。爲了書寫方便，暫且把這個字隸定爲‘傑’。”

我們認爲，前者應是从玉从辶从亘的瑄，即瑄字。瑄鐘即宣鐘。逗字書作，主要是刀刻不便所致。古文字中的从亘之字有下列諸形：

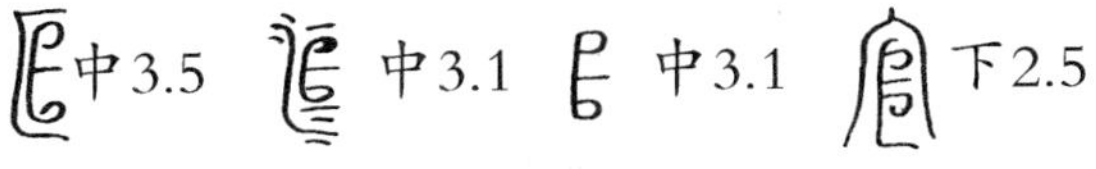

曾侯乙編鐘

曾侯乙墓簡　　曾姬無卹壺　陳侯因資敦

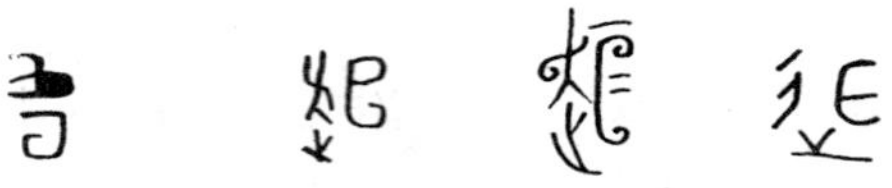

父丁鼎　禹鼎　中山王鼎　盤男鼎

吴王光趄戈　伯喜父簋　洹子孟姜壺

所以，將逗字刻作是不奇怪的。

後者多作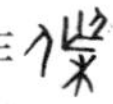，从人从木从刀从亡。的確與金文匄字形類同，如、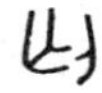、、（《金文編》卷12）等。但這個字可能不是从匄聲之字，而應是从亡，、、刀爲意符。亡黄可通，“倵鐘”很可能就是“黄鐘”。上引注文以爲“也許是其中兩個律名的異文”，是有見地的。倵究竟相當於後世之何字，待定。《説文》有宲字，“楝也。从木，亡聲。《爾雅》曰：‘宲廇謂之梁’”。

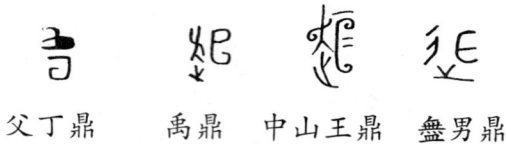

【著録】

湖北省博物館：《曾侯乙墓》，文物出版社，1989年。

【參考文獻】

隨縣擂鼓墩一號墓考古發掘隊：《湖北隨縣曾侯乙墓發掘簡報》，《文物》1979年7期。

裘錫圭：《談談隨縣曾侯乙墓的文字資料》，《文物》1979年7期。

王健民、梁柱、王勝利：《曾侯乙墓出土的二十八宿青龍白虎圖象》，《文物》1979年7期。

饒宗頤：《曾侯乙墓匫器漆書文字初釋》，《古文字研究》第十輯。

西郊擂鼓墩其他墓

夫用戈

此戈出土于隨州縣城西郊擂鼓墩 M13。通長 21 釐米，援長 127 釐米，援寬 3 釐米，内長 8.5 釐米，内寬 3 釐米。鋒呈三角形，援中有脊，内平直，欄側四穿，内中一穿。出土時未發現有銘文，經去銹處理後，胡部有銘文二字。根據字形，可復原爲：

即夫字，説見前襄陽團山所出翏鋁玄用戈。“夫用”若不是省稱，就應是用夫即鈇或鏞等金屬原料製作的戈。

【著録】

王世振：《隨州擂鼓墩磚瓦廠 13 號墓發掘簡報》，《江漢考古》1984 年 3 期。

左德田：《湖北隨州擂鼓墩磚瓦廠 M13 出土有銘銅戈》，《考古》待刊。

盛君縈簠

1981 年 7 月，在曾侯乙墓西側 102 米處發掘了擂鼓墩二號墓，出土文物 2770 餘件。據報道，該墓僅有一簠上有銘文。此簠有獸面銜扣，兩獸形耳，通體飾纖細的蟠螭紋。通蓋高 30.5 釐米，口長 36.5 釐米，寬 22.4 釐米。器、蓋底内鑄有銘文兩行六字：

盛君縈

之徣(御)［匚古］

關于“盛君”，簡報主張爲楚之封君，不是墓主，墓主是曾君或君夫人。饒宗頤先生認爲，盛即郕國之郕，楚滅郕後以其國君爲封君。擂鼓墩二號墓即郕國國君、楚之封君盛君縈之墓。何浩、劉彬徽認爲，盛君縈爲楚國貴族，是楚封君，其封地可能就在成臼(今湖北鐘祥南，見《左傳》定公五年“將涉干成臼”)一帶。二號墓是曾國墓而不是盛君縈墓，此簠是因某種原因到曾國而入葬的。吳郁芳認爲，盛君即曾君，盛君縈即曾君縈，爲二號墓墓主，因成、曾二字義可通。

據簠之器形、紋飾，其與春秋晚期壽縣蔡侯墓、湖北襄陽山灣 M33 出土的簠相似，應爲春秋末、戰國早期之物。而二號墓的年代要晚于曾侯乙墓(公元前 433 年後)，爲戰國中期前段。這就否定了盛君縈並非二號墓墓主。

從銘文風格看，簠銘與曾侯乙墓銅器銘文顯然有別。“盛”字的寫法與楚系文字也不盡相同。古文字中有下列幾見盛字可作比較：

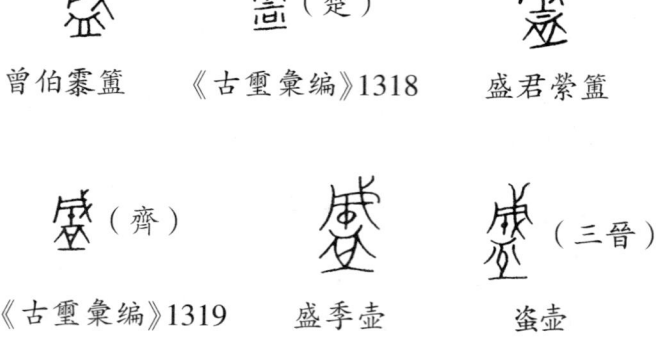

曾伯霥簠

(楚)
《古璽彙编》1318

盛君縈簠

(齊)
《古璽彙编》1319

盛季壺

(三晉)
盜壺

不難看出，盛君縈簠銘與曾、楚有別，而尤與齊系璽印形近。因此，盛君縈可能就不是曾國或楚國人，而很有可能是地處山東的郕地人，因某種原因其器得以葬入此墓。如古郕國早爲齊滅，則盛君縈就有可能是齊之郕地的封君。盛、成、郕三字於古可通，典籍有證，此不贅述。

【著録】

湖北省博物館、隨州市博物館：《湖北隨州二號墓發掘簡報》，《文物》1985 年 1 期。

【參考文獻】

饒宗頤：《談盛君簠》，《江漢考古》1985 年 1 期。

何浩、賓暉：《盛君縈及擂鼓墩二號墓墓主的國别》，《楚文化研究論集》第一集，荆楚書社，1987 年。

吳郁芳：《擂鼓墩二號墓簠銘"盛君縈"小考》，《文物》1986 年 2 期。

棗陽市

吴店趙湖

曾侯䍧伯戈

1982年年底，吴店公社趙湖大隊農民翻地，發現一件青銅戈，三穿中胡，援與内平，和欄成直角，鋒作三角形。器形與陝西臨潼零口西周末年窖藏銅戈相似，又類似於上村嶺春秋虢國墓地出土的Ⅱ式戈。其年代當爲兩周之際。通長21.5釐米，内尾有銘兩行六字：

曾侯䍧
白(伯)秉戈

"侯"下一字見於殷墟卜辭，作"䍧伯"(《後》下33.9)，或作"羖伯"(《乙》409)。羖爲養字古文(見《説文》)。因此，戈銘"䍧白"應讀"養伯"。秉爲執、持之義，類似稱呼又見於"楚公冢秉戈"。此戈屬中原風格，對於研究曾楚文化關係有重要價值。"䍧白"爲曾侯之名。

【著録】

田海峰：《湖北棗陽縣又發現曾國銅器》，《江漢考古》1983年3期。

【參考文獻】

李學勤：《曾侯戈小考》，《江漢考古》1984年4期。

茶　　菴

1972 年棗陽熊集茶菴一墓中出土文物 200 餘件，其中 2 件有銘文。

曾子仲謱鼎

通高 17. 5 釐米，口徑 25. 3 釐米。器腹内壁有銘三行二十一字(含重文二字)：

隹曾子仲謱，用
其吉金，自乍(作)䵼
彝。子₌孫₌其永用之。

此鼎附耳，淺腹。腹部上飾竊曲紋，中部爲凸弦紋。其形與京山曾仲斿父鼎相近，時代爲春秋早期。同銘之器還見於河南新野出土的甗。甗銘除將“䵼彝”改爲“旅甗”外，其餘全同。兩器爲一人所作無疑。一人之器而分别出自棗陽、新野，爲研究兩地的曾器提供了重要的實物資料。

謱字過去或釋誨，或隸作謱。其字鼎銘作，右旁與弔皮父簋字形近，故釋爲謱。

執伯戈

全長 24 釐米。内上有銘四行八字：

□□
尹(?)執
白之

□戈

其時代與曾子仲謱鼎同，爲春秋早期。由於戈銘多不够清晰，引録者或釋爲“□□白之□執□”“□父鞂白之戈”“□白之□執”等。或以爲銘文隱約可見“榮伯”，進而“懷疑榮是曾的先祖，也就是説曾是榮遷往漢川的一支”(《考古》1980 年 5 期，441 頁)。

【著録】

楊權喜:《湖北棗陽縣發現曾國墓葬》，《考古》1975 年 4 期。

【參考文獻】

鄭杰祥:《河南新野發現的曾國銅器》，《文物》1973 年 5 期。

資　山

1977 年，資山公社王城管理區廢品收購站收集一批青銅器，計簋 2 件，盤、匜、簋蓋各 1 件，共 5 件，現藏於襄樊市博物館。其中 4 件有銘文。

孟姬旨簋

2 件，缺蓋，大小形制一致。圈足下附三獸首扁足，腹飾瓦紋。通高 15 釐米，腹深 10. 3 釐米，口徑 19 釐米。内底鑄銘文四行二十四字:

孟姬自乍(作)𩞄

簋。其用追考于

其辟君武公，孟

姬其子孫永寶。

陽食生簋蓋

1件。蓋沿有三獸首形扣卡。蓋面飾瓦紋。通高5.8釐米，口徑19.4釐米。銘在蓋内，四行二十一字(含重文二字)：

陽飤生自乍(作)
隮簋。用易(錫)𩰲(眉)
壽萬年，子=孫=
永寶用亯。

場食生匜

1件。長流，獸首鋬，四扁足。沿外飾一周重環紋，腹飾瓦紋。身長22.1釐米，寬12.3釐米，通高16.7釐米。銘在内底，三行十三字：

𡊶(場)飤生自乍(作)
寶匜，用易(錫)
𩰲(眉)壽用亯。

𡊶字作，即場字。左重疊義符作二土，右旁上方从八，與彖字作(甲骨文)、(楚公逆鎛，詳《武漢大學學報》1991年4期)類同。陽、場二字均从昜聲，相互借用。字所从之“”當是飾筆，形與(匽侯旨鼎)、(匽侯鼎)、(伯旅魚父簠)、(殳季良父壺)等旨形類同。如“”非飾筆，其字可能與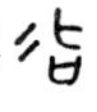、(見新版《金文編》附録下，1171頁)等字有關。今暫時釋爲旨。

古妻妾稱夫可爲“辟”“君”。如《禮記·曲禮》下:“夫曰皇辟。”鄭注:“皇,君也。”孔疏:“辟,法也。夫是妻所取法如君。”因此,簋銘“辟君武公”,當是孟姬旨對其已亡丈夫的稱呼。其時其夫已逝,作器紀念。陽食生簋蓋可與孟姬旨簋合爲一器。二器時代基本一致,其所屬者很可能是夫妻關係。果真如此,則“武公”當是陽食生之謚稱。

古有“楊(揚)食”氏,出自晉(見《路史》),可能與此無關。古陽、埸與唐可通。如《左傳·昭公十二年經》:“納北燕伯欵于唐。”《公羊傳》《穀梁傳》唐作陽。《戰國策·趙策一》:“通於燕之唐曲吾。”漢帛書本唐作陽。《古璽彙編》0099之“上埸”,李學勤先生讀爲“上唐”,即古唐國,漢爲上唐鄉。所以,陽食生、埸食生當讀唐食生,以國爲氏。古唐國在今隨州西北唐縣鎮一帶。資山與之鄰近,古當屬唐。唐於公元前505年滅於楚。

諸器時代當定爲西周晚期。

【著録】

襄樊市博物館等:《襄樊市、穀城縣館藏青銅器》,《文物》1986年4期。

京山縣

（現爲京山市）

河晏店團山

尊　爵

此爵屬西周晚期，僅一“尊”字，具體情況不詳，現藏京山縣文化館。

【著録】

《中國考古學會第三次年會論文集》，文物出版社，1981年。

坪壩壇梨樹崗

曾太師鼎

1件，1975年出土，銘文三行八字：

曾大師
旁（?）樂（?）與
乍（作）鼎

曾子單鬲

1975年出土，銘文在口沿，一行十字：

曾子單用吉金自乍(作)寶鬲

以上二器均爲西周晚期，詳情未見正式報道。曾太師器又見於隨州萬店塔兒灣曾太師簋(詳前)。

【著録】
《中國考古學會第三次年會論文集》，文物出版社，1981年，213、215頁。
《古文字研究》第十三輯，315、312頁。

坪壩蘇家垅

1966年7月，湖北省修建鄭家河水庫中幹渠時，在宋河區坪壩公社蘇家垅工段，發現一批西周晚期至春秋早期的銅器，其中有銘者10件。

曾侯仲子斿父鼎

9件，形制、紋飾相同。附耳，蹄足，腹外飾竊曲紋和弦紋各一道。最大的兩件高26.5釐米，口徑38.3釐米，腹内壁有銘兩行十字：

曾侯仲子斿
父自乍(作)䵼彝

曾仲斿父方壺

2件。通高66釐米，底長30.8釐米，底寬23.8釐米。蓋飾蓮瓣形，兩獸耳銜環，口及腹部飾波紋，足飾垂鱗紋。兩件的器蓋内與壺口内均有銘文十二字(蓋五行，壺口内四行)：

曾仲斿
父用吉
金自乍(作)
寶隫
壺

曾仲斿父豆

2件。高20.2釐米，口徑25.6釐米，底徑19釐米。腹飾竊曲紋，足鏤孔作波紋。兩件豆盤内均有銘文兩行八字：

曾仲斿父
自乍(作)寶甫

黄朱柁鬲

2件。高20.5釐米，口徑25.5釐米。寬口沿薄唇，腹飾一周重環紋。兩件的口沿上均鑄有銘文九字：

隹(唯)黄朱(?)柁用吉金乍(作)鬲

黽乎簋

2件。器高25釐米，口徑20.5釐米。器蓋與身飾瓦紋。三足及兩耳作獸首形，有珥。二簋的器底内與蓋内均有銘文六行三十七字：

隹(唯)正二月既死霸

壬戌，(黽)乎乍(作)寶

簋。用聖夙夜，用

亯孝皇且(祖)文考，

用匄釁壽永令。

乎其萬人(年)永用。

根據銘文，曾侯仲子斿父與曾仲斿父應是一人，上海博物館藏曾子斿鼎也應是此人所作，衹不過是製作時代有先後之别。豆形器名“甫”者金文多見，或作笛、鋪、匿等。高明先生認爲此即真正的銅簠(《文物》1982年6期)。黄器鬲之第四字釋讀不一，或釋梌，或釋柢。細審銘文拓片，其字原形當作，右旁與(楚簡)、(《説文》古文)等字類同，故釋爲柁。第三字“朱”也有疑問。字或釋黿，或釋黽。金文中黿、鼁二字或作：

邵鐘　秦公簋　邾伯鬲　邾大宰簠

《説文》黽字籀文作。因此，當是之分離形。“黽乎”爲人名。黽可能是氏稱。如以地爲氏，當與“黽塞”有關，其地在河南羅山、信陽及湖北應山一帶，離出此器的地點或曾國轄境不遠。即束，爲黽乎之族氏標志。銘末有字的還見于昭王時期的厚趠方鼎(《三代》4.16)。銘前有字的又見於父乙甗(《三代》5.7.5)、父己鼎(《三代》3.2.3)、且己甗(《博古》18. 29)、癸鼎(《博古》1. 12)、且辛父甲鬲(《貞松》續上·25),以及安陽殷墟西區出土的爵和觚(《考古學報》1979 年 1 期 81 頁,圖五八-6、圖五八-9)等。字又見於殷墟甲骨文,過去或釋爲戣,思泊師一律釋爲束(《甲骨文字釋林》)。由此看來,氏族源於中原之商代,“黽乎”有可能是商遺民的後裔。“萬年”作“萬人”者,又見於甫人觥等器。

根據器物特點和銘文風格,6 件“斿父”器和黃朱㭈鬲的時代可定爲西周晚期,黽乎簋爲西周中期。

【著録】

湖北省博物館:《湖北京山發現曾國銅器》,《文物》1972 年 2 期。又《文物》1972 年 1 期,圖版伍、陸,壺銘。

【參考文獻】

劉彬徽:《考述》,《古文字研究》第十三輯。

周永珍:《曾國與曾國銅器》,《考古》1980 年 5 期。

李學勤:《曾國之謎》,《光明日報》1978 年 10 月 4 日。

曾昭岷、李瑾:《曾國和曾國銅器綜考》,《江漢考古》1980 年 1 期。

孫啓康:《“黽乎簋”淺議》,《江漢考古》1982 年 1 期。

天門市

天門縣(1987 年改为天門市)出土有 2 件有銘銅器，現藏荆州地區博物館。

叚仲⿰舟复履盤

銘在盤内底，五行二十字(重文二字)：

叚仲⿰舟复(履)，
用其吉金，
自乍(作)寶盤。
子=孫=，其永
用之。

鼎之戊鳿鼎

據云出於黄潭。銘文一行四字：

鼎之戊鳿

盤銘第一字作，或釋爲段。金文中段、叚二字分别作：

段簋　段金𤔲尊　曾伯霥簠　寰盤

區别是段字从，叚字从或。顯然，盤銘應釋作叚。第三字作，與（樊君鬲）、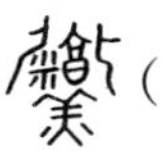（弔夜鬲）、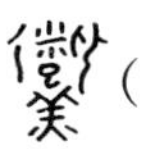（陳公子甗）等字構形類同，从䰜。中間所从不够清晰，疑爲付。如此則爲𩰿，當即鬴字。典籍中从付與从甫之字每每相通，如傅與付、附、符通，縛與符、憅與怤通等。《説文》鬴，“鍑屬”。或作釜。第四字作，从舟从夏，象人穿鞋形，爲履之本字，又見於衛鼎甲（《文物》1976 年 5 期，38 頁）作。叚當爲地（或國）名氏稱，其地待考。

鼎銘雖僅四字，釋文則頗有分歧。或釋爲“鼎之戈鳿”“鼎之戎鳿”“鼎之成鳿”，或倒讀爲“鳿戎之鼎”。第三字作，應當釋爲戍。第四字很關鍵，細審拓片，銘文左旁並非从工或土，應是从壬，其形作。从壬从鳥即鵀。壬、鼎古音相同。此乃假鵀爲鼎。究其原因，可能是爲了避免與人名“鼎”重複，故用一個假借字。《説文》戍訓“守邊也”。“戍鼎”可能是守邊所用之鼎，猶如金文習見之“征”器、“行”器（如“以征以行”）。“鼎”當爲地名氏稱。其地待考，很可能就在今之天門縣。

盤爲大口，淺腹，圈足，長方附耳，腹飾竊曲紋，圈足飾鱗紋，與楚嬴盤相似。其年代可定爲兩周之際。鼎形與新鄭鄭伯大墓出土之立耳鼎相似而紋異，飾單體的蟠螭紋與重葉蟠螭紋，腹有六條廓棱，具有春秋中期之特點，應爲春秋中期器。其時天門已屬楚境，鼎當是楚器。

【著録及參考文獻】

劉安國:《天門縣發現三件西周銅器》,《長江日報》1978 年 9 月 24 日。

黄盛璋:《郭院長關於新出銅器三器的考釋及其意義》,《社會科學戰綫》1980 年 3 期,218 頁(鼎)。

劉彬徽:《湖北出土兩周金文的國别與年代補記》,1986 年古文字研究會第六次年會論文。

宜都縣

（現爲宜都市）

傳出宜都有銘銅器3件，簡況如下。

祖□爵

時代爲商，上有三字。第一字爲族氏文字，見於商代銅器。第三字可能是己或辛字。

【著録】

《湖北通志·金石志》卷九三。

父戊鼎

傳出宜都沙灣，爲西周前期鳳紋鼎，原器未見。銘文六字，族氏文字一字。

乍（作）父戊寶隮彝　𢍏

族氏文字𢍏、𦦽，金文多見，過去多釋爲“析子孫”，思泊師考釋爲“舉”，認爲兴即舉之古文，象舉手形，作𢍏象舉子形，作𡥆或𦦽象舉子于牀上形。其意“當係由於他們祖先有過如何舉子的故事，或者有棄子復舉的故事，所以後世子孫才造出象徵性的文字，以爲氏族的標志”(詳《考古》1979年4期)。

【著録】

周懋琦、劉瀚：《荆南萃古編》。

柯昌濟：《金文分域編》5.6。

王孫遺者鐘

此鐘於清光緒甲申年(公元1884年)出於宜都城西10餘公里山中，已見於十餘家著録。北京的尊古齋曾經手此鐘，後來輾轉流落至美國，現由布倫戴奇收藏。今藏於故宫博物院和廣東省博物館的所謂王孫鐘，器上的花紋、銘文乃屬僞作。或云王孫遺者鐘今藏於美國舊金山亞洲藝術博物館。

欒長34.9釐米，甬長22釐米。篆間、舞上、鼓上及甬均飾蟠螭紋。從鉦起，由鼓左繞至後面的鼓右，再由鉦至鼓左，復繞至前面的鼓右，共一百一十七字(重文四字)。這是鐘銘完整的讀法：

隹(唯)正月初吉丁
亥，王孫遺者睪(擇)
其吉金，自乍(作)龢(和)
鐘。中(終)翰(翰)戲(且)鴋(揚)，元
鳴孔煌。用亯(享)台(以)
孝，于我皇且(祖)文
考，用旂(祈)釁(眉)壽。余
圅(温)龔(恭)𡚱(舒)屖(遲)，敱(畏)惎(忌)
趩=(翼=)。肅悊(哲)圣武，惠
于政德，淑(淑)于威

義（儀），誨（謀）猷（猷）不（丕）飤（飭）。闌₌（簡₌）
龢（和）鐘，用匽台（以）喜，
用樂嘉賓父甠（兄），
及我朋友。余恁
辝（予）心，延永余德。
龢（和）㴸民人，余尃（敷）
旬于國。皝皝（煌煌）趄趄（熙熙），萬
年無諆（期）。枼（世）萬孫
子，永保鼓之。

此鐘過去以爲徐器，現可定爲楚器。其銘文内容及文字風格與河南淅川下寺出土的王孫誥鐘類同。或主張王孫遺者（諸）即楚公子追舒（二者音近），爲莊王之子，穆王之孫，楚康王八年任令尹，次年被處死。此鐘當作於康王九年（公元前551年）正月。

關於鐘銘釋讀，可參閱郭沫若（《大系》）、楊樹達（《積微居金文説》）、于省吾（《文選》）、白川靜（《金文通釋》），以及伍仕謙（《古文字研究》第九輯）等人的有關著作。

【著録】

黄濬：《尊古齋所見吉金圖初集》1.4。

羅振玉：《三代》1.63～64。

郭沫若：《大系》圖231、録167～170、考160。

劉體智：《小校經閣金文拓本》1.93～94。

容庚、張維持：《殷周青銅器通論》，75：6、圖版壹伍叁，文物出版社，1984年，294頁。

【參考文獻】

王文昶：《"楚王孫鐘"辨析》，《考古與文物》1989年4期。

張維：《介紹廣東省博物館收藏的四件青銅器》，《考古與文物》1984年3期。

孫啓康：《楚器"王孫遺者鐘"考辨》，《江漢考古》1983年4期。

劉翔：《王孫遺者鐘新釋》，《江漢論壇》1983年8期。

枝江縣

（現爲枝江市）

百里洲王家崗

1969年8月，百里洲八畝公社社員在王家崗挖沙時發現一批春秋銅器，計有鼎3件，簠2件，壺、盤、匜各1件。其中兩簠和匜有銘文。

考叔指父簠

2件，形制完全相同，蓋與器身也相同。口飾竊曲紋，腹飾蟠虺紋，圈足飾垂鱗紋，兩側均有兩個對稱的乳丁紋。通高21.2釐米，口長28.8釐米，口寬21.6釐米。兩件的蓋内與器内均有相同的銘文三十字(重文二字)：

隹(唯)正月初吉丁亥，
考弔(叔)指父自乍(作)
隮匿。其釁(眉)壽
萬年無彊，子₌
孫₌永寶用之。

塞公孫指父匜

1件。腹飾瓦紋，口飾蟠虺紋，四獸足，流作獸首形，鋬殘缺。足高6.5釐米，口高13釐米，流高20.3釐米。器底内有銘文五行二十九字(重文二字)：

隹(唯)正月初吉庚
午，寶公孫𢔶父
自乍(作)盥盅。其釁(眉)
壽無彊，子₌孫₌永
寶用之。

簠、匜爲一人所作之器。"考叔"當是其名，"𢔶父"爲其字，乃"塞公"之孫。或主張"塞公"爲"息公"，或主張爲楚之封君。器物年代可定爲春秋早期晚段。隨州湏陽鰱魚咀出有息子行盆，息作鄎，則"寶"當非息。《玉篇》："寶，室也。今作塞。"從器物組合分析，當出自墓葬。百里洲當時已屬楚境，應以楚封君説爲是，其原來地名當是"塞"。古羅國曾遷至枝江，也許這批器物屬羅人遺物。

【著録】

湖北省博物館：《湖北枝江百里洲發現春秋銅器》，《文物》1972 年 3 期。

【參考文獻】

于豪亮：《論息國和樊國的銅器》，《江漢考古》1980 年 2 期。

劉彬徽：《考述》，《古文字研究》第十三輯，253 頁。

問安關廟山

徐太子伯辰鼎

1978 年(或云 1979 年冬)出土於關廟山遺址西南部，是當地建窑場時由推土機推出，現藏宜昌地區博物館。此鼎腹較淺，半筒狀馬蹄形足，立耳，腹部中飾一周竊曲紋，腹下飾一周凸弦紋。通高 25.7 釐米，口徑 28.8 釐米。時代爲春秋早期早段。銘在腹内，四行二十八字(因鼎足缺落，現存二十五字)：

隹(唯)五月初吉辛酉，
余(徐)大子白辰□乍(作)
爲其好妻⍁□。⍁
于橐坖，永寶用之。

余即郐，亦即徐。“白辰”爲其名(白可能表行第伯)。妻形與𤞞𧄍鼎、季𥂕鼎之𧄍形所从之妻類同：

伯辰鼎　　𤞞𧄍鼎　　季𥂕鼎

與子婬迊子壺之類似。高景成云：“《廣韻》同帀，周也。”(見《金文編》)《説文》橐，“囊張大皃，从橐省，匋省聲”。“橐迊”爲地名，其地待考。三行末字或疑爲饔，假爲館，義爲“客居”。公元前512年吳王闔閭滅徐，楚城夷，使徐子處之，時已至春秋晚期，與此器時代不合。因此，這個徐太子不可能是吳滅徐後流亡至楚的太子，而應是春秋早期某位徐君之子。其“好妻”可能是楚王室人，故其器出在楚腹地。“辛酉”或釋爲“丁亥”，依字迹當爲“辛酉”。所缺四字，依殘存筆畫及文義，似可釋爲：

隹(唯)五月初吉辛酉，
余(徐)大(太)子白(伯)辰父乍(作)
爲其好妻鐈鼎。寘
于橐坖(迊)，永寶用之。

【著録】

高應勤、夏渌：《“𨚵太子伯辰鼎”及其銘文》，《江漢考古》1984年1期。

枝江縣博物館黃道華：《枝江近年出土的周代銅器》，《江漢考古》1991年1期。

永陳缶

1987年8月出於關廟山大溪文化遺址西南邊緣外，乃窑場工人取土時挖出。出土點是一座長方形土坑墓。同出物還有銅勺、戈、管等。此缶僅存蓋，口徑16.7釐米，通高4.7釐米。蓋面飾雲雷紋，兩周一組，共三組。第一、二組之間有銘文五字：

永墬(陳)之䧞缶

根據目前的材料，自銘爲“䧞缶”者均屬楚系銅器。此器出在楚地楚墓，爲楚器無疑。簡報定其時代爲春秋晚期，大體不誤。

【著録】

枝江縣博物館黃道華：《湖北枝江關廟山一號春秋墓》，《江漢考古》1990年1期。

馬店鎮楊家壋

奠字劍

1975年3月出土於馬店鎮楊家壋。長53釐米。劍身一側刻一字：

筆道細而淺。“奠”可能爲器主名。劍形與江陵雨臺山263號墓CⅡ式劍

同，時代屬戰國中期。

【著録】

枝江縣博物館：《枝江近年出土的周代銅器》，《江漢考古》1991 年 1 期。

枝江縣收購

章子鄭尾戈

1981 年枝江縣收購，具體情況未見正式報道，現藏於湖北省文物商店。戈上有銘十一字：

章子鄭(國)尾其元□□其戟(?)戈

戈之時代爲春秋晚期。疑章爲漳或鄣，以地名或國名爲氏稱。“鄭尾”乃其名或字。漳水從枝江流過，此章或許因漳水而名。古又有鄣國，姜姓，爲齊所滅。因未見戈銘，不知文字是齊系還是楚系。

【著録】

楊權喜：《江漢地區發現的商周青銅器》，見《中國考古學會第三次年會論文集》，文物出版社，1981 年，211 頁。

秭歸縣

香溪鎮

越王州勾劍

1980 年出土於香溪鎮基建工程。劍尖略殘。長 54. 5 釐米。上有銘文十四字，分鑄劍格兩面，爲陽文，鳥蟲書。銘文排列形式與荆門子陵崗出土之州勾劍相同。其一面爲“戉州句　王州句”，另一面爲“自乍用僉　自乍用僉”。全銘讀作“越王州勾，自作用劍”。州句即朱句(公元前448—前 411 年)。朱句劍出土於湖北江陵、荆門、秭歸等地，對於研究當時的歷史有重要價值。

【著録】

楊權喜：《江漢地區發現的商周青銅器》，見《中國考古學會第三次年會論文集》，文物出版社，1981 年，211 頁。

劉彬徽：《考述》，《古文字研究》第十三輯。

宜昌市

前　　坪

積字印

1971 年 3 月至 1972 年 3 月出土於宜昌北郊長江東岸之戰國秦墓（M23）。長方形。長 1.1 釐米，寬 0.9 釐米。橋紐已殘。有一陰文篆體"積"字，即積。秦於公元前 278 年攻占宜昌。

【著録】

湖北省博物館：《宜昌前坪戰國兩漢墓》，《考古學報》1976 年 2 期。

遠安縣

冶戈劍

楊定愛同志贈送遠安出土劍銘拓片，上有“冶戈(?)”二字。

當陽市

慈化王家臺

楚子迲鼎

1974年11月，在慈化公社電一大隊王家臺附近一墓葬中挖出6件青銅禮器，即鼎2件，簠、缶、盤、匜各1件。其中一鼎有銘文。此鼎高24.5釐米，口徑21釐米，腹深14.2釐米，有蓋，附耳，三獸蹄足，束頸。蓋頂、腹部飾有重環紋和蟠螭紋。銘在腹内壁，兩行六字：

楚子迲
之飤鐈

“飤鐈”乃鼎之别名，多見於楚系銅器，參見前鄧公乘鼎。迲字或釋作趏，或釋作超(以爲楚康王招)。細審原銘拓片，其形作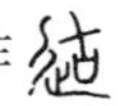，當是迲字。“楚子某”的稱謂問題，根據古文字材料及我們的分析，其並非是楚王某或楚國王子某，而衹是楚國貴族階層，最高不過王之曾孫。“楚”爲國名，“子某”爲字。據墓葬的隨葬禮器，其等級衹相當於“士”。可參見前楚子夜鄭敦。

根據器物的特點，鼎之年代爲春秋中期。

【著録】

余秀翠：《當陽發現一組春秋銅器》，《江漢考古》1983年1期。

【參考文獻】
夏渌、高應勤：《楚子超鼎淺釋》，《江漢考古》1983 年 1 期。
黄錫全：《楚器銘文中“楚子某”之稱謂問題辨證》，《江漢考古》1986 年 4 期。

趙家湖金家山

番中戈

出土於金家山 M43。全長 21 釐米，援長 13.7 釐米，内長 7.3 釐米。重 190 克。援寬 2.6 釐米，内寬 2.6 釐米。胡上有三個長方形穿和一個半圓形小穿，内上有一長方形横穿。内尾部的兩面有錯金鳥紋圖案。有錯金銘文八字，六字在援，二字在胡：

番中复(作)白(伯)皇之𢓜(造)戈

其中白、皇、𢓜、戈四字爲鳥書。此戈是“番中”爲“白(伯)皇”所作。金文中“中”與“仲”的寫法有别。仲字作，中字作、等。此戈作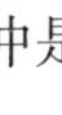，顯然是中而非仲。或將此字直接釋爲仲是欠妥的。關於此戈的國别和年代，或認爲是春秋戰國之交番國之戈；或認爲應屬戰國早期，此時番已爲楚地，戈銘番應爲地名，是以地名爲氏稱，爲楚器。

此戈的皇字與曾侯乙編鐘、書也缶、江陵楚簡的皇字作下列之形：

曾侯乙編鐘　書也缶　江陵楚簡　番中戈

皇字如此書寫，目前僅見於楚系文字。曾侯乙墓屬戰國早期。書也缶過去稱爲欒書缶，是晉器，其實是楚器，時代應爲戰國中期。江陵楚簡爲戰國中期。因此，番中戈當以戰國早期楚器説爲是。

另外，偖字的寫法也不會太早。

許　戈

出土於金家山 M45。全長 19.7 釐米，援長寬爲 13.3 釐米×2.7 釐米，胡長寬爲 9.1 釐米×2.4 釐米，内長寬爲 6.4 釐米×2.7 釐米。重 208 克。胡上有三穿及一半圓形小穿，内一穿。有錯金銘文四字：

⿰⿳罒無口阝(鄦)之散(造)戈

第一字作，爲鄦(許)之繁構，與蔡大師鼎形類同；上从网者，類似兮甲盤地名"啚盧"之啚作。許入春秋爲鄭所滅，戰國初復滅于楚。戈的形制與年代，與同地所出之番中戈類似。或定其爲春秋晚期許國之戈；或主張爲戰國早期楚國許氏之戈，是楚滅許後，許貴族受封于楚者所作，同江陵雨臺山出土鄦之寶戈。我們傾向後者。

【著録及參考文獻】

盧德佩：《湖北省當陽縣出土春秋戰國之際的銘文銅戈》，《文物》1980 年 1 期。

黄盛璋：《當陽兩戈銘文考》，《江漢考古》1982 年 1 期。

劉彬徽：《考述》，《古文字研究》第十三輯，260、337、341 頁。

前雄曹家崗

王孫霧簠

1975 年夏，在趙家湖以北五里曹家崗墓區，出土了一批青銅禮器，計有鼎、簠、缶、匜、鈉等 8 件。其中一件簠有銘文。此簠通高 23 釐米，口徑長寬爲 28.8 釐米×22.4 釐米，器、蓋均飾細密的蟠螭紋。器與蓋内有相同的銘文兩行八字：

王孫⿱雨猋乍(作)
郗(蔡)姬飤匿

第三字从雨从三犬作 ，字迹甚明。或以爲雨下从二父相對，可能是因拓本不清誤認。⿱雨猋字不見於字書，古風、雨義近，當是飆字異體。王孫飆爲某楚王之孫，此乃他爲其妻蔡姬作器。器形比上鄀簠和倗簠要晚，紋飾與壽縣蔡昭侯墓之簠同，其年代可定爲春秋晚期。飆可能是共王或康王之孫。

【著録】
余秀翠：《館藏銅器介紹》，《江漢考古》1986 年 2 期。
高應勤、夏渌：《王孫雹簠及其銘文》，《文物》1986 年 4 期。
劉彬徽：《考述》，《古文字研究》第十三輯，258、332 頁。

季家湖楚城

救秦戎鐘

1973 年 5 月出土於季家湖楚城遺址内一號夯土臺基，是一件甬鐘，有長枚 36 個。鐘外表的花紋以蟠螭爲主體，間以乳釘紋、雷紋、谷紋、綯紋、貝紋等。通高 38 釐米，甬長 10.5 釐米，甬徑 4~4.8 釐米，舞長 18.7 釐米，銑間 20.7 釐米，鼓間 17 釐米。重 11 公斤。鐘外表刻有銘文十二字。鉦部四字，鼓左八字：

秦王卑命　　　　（鉦部）
競坪　　　　　　（鼓部）
王之定
救秦戎

此鐘銘文雖短，意見則頗有分歧。就其所屬國别而言，或以爲秦器，或以爲楚器；就其鑄造的年代而言，就有秦恒公二十六年、秦昭襄王二十九年以後、戰國早期晚段、戰國中期、戰國中晚期以後等不同意見；就其銘文斷句、釋字、理解而言，也有根本的分歧。經過我們的研究，"秦王卑命"之卑，乃秦王之名，即秦哀公畢。因古卑、畢音近可通。如《史記·吳太伯世家》："子句卑立。"《吳越春秋》作"句畢"。鼓左第二字作，句釋坪，或釋重。其字又見於下列材料：

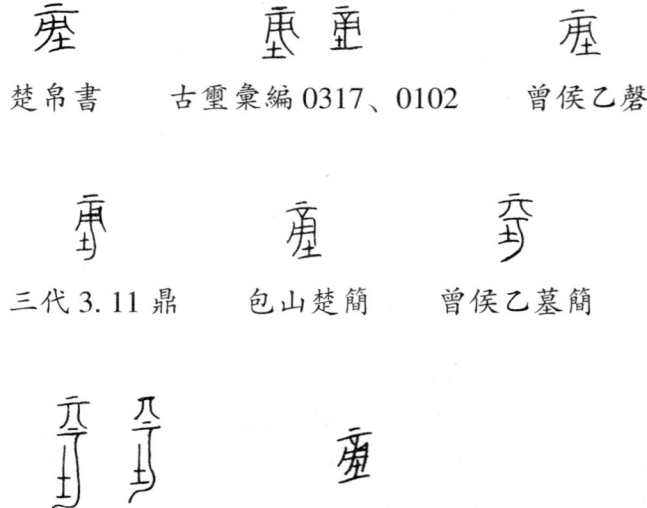

楚帛書

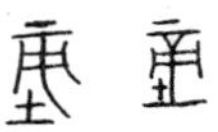
古璽彙編0317、0102

曾侯乙磬

三代3.11鼎

包山楚簡

曾侯乙墓簡

曾侯乙編鐘

雨臺山M21竹律管

另，淅川下寺 M10 鐘銘的平字作。根據字形和文義，上列諸字都應釋爲坪。鼓左第一字，過去多認爲是地名或人名。其實，這個字在此是個修飾詞，應訓爲“强”，典籍習見。“坪(平)”與“王”連續。“競坪(平)王”，就是武力强大或强盛的楚平王。全句的大意是：受秦王卑(秦哀公畢)求師之命，强大的楚平王率援軍至定營救秦軍。這樣解釋，全銘貫通，人物、時間均密合無間。

銘文直稱秦王名，説明鑄鐘時秦哀公還在世。“平王”爲謚稱，當時已經作古。楚平王卒于公元前 516 年，秦哀公卒于公元前 501 年。因此，該鐘的製作時間就當在公元前 516—前 501 年，而很有可能在吳師入郢(公元前 506 年)前製作。

銘文字體風格也多具南方楚系文字的特點，如秦、坪、王字等。尤其是秦、坪二字的寫法，目前僅見於楚系。王、卑、命、戎等字中有的筆畫之中作粗筆裝飾，也多見於楚系文字，如王子午鼎、敓作郲王戟、者沪鐘、繁湯劍等。所以，將這件鐘定爲楚器可以無疑。

銘文僅十二字，同時出現時代相同的秦、楚二國的兩位王名，是研究秦、楚關係的物證。因而這是一件史料價值頗高的珍貴文物，現藏荆州地區博物館。

【著録】

湖北省博物館：《當陽季家湖楚城遺址》，《文物》1980 年 10 期。
荆州地區博物館：《湖北枝江出土一件銅鐘》，《文物》1974 年 6 期。

【參考文獻】

李瑾：《關於〈競鐘〉年代的鑒定》，《江漢考古》1980 年 2 期。
饒宗頤：《説“競重”“重夜君”與“重皇”》，《文物》1981 年 5 期。
李零：《楚國銅器銘文編年彙釋》，《古文字研究》第十三輯。
劉彬徽：《考述》，《古文字研究》第十三輯。
黄錫全、劉森淼：《“救秦戎”鐘銘文新解》，《江漢考古》1992 年 1 期。

荆門市

漳河車橋

大武闢兵戈

1960年5月出土於荆門車橋一戰國墓中，同出物還有一把柳葉形銅劍。戈長22釐米，内長8.3釐米，寬5~6.8釐米，兩穿無胡。兩面援上鑄脚登日月、手持青蛇、耳兩青蛇、滿身垂鱗的人像。内上有銘文四字，兩面各二字：

大武
闢兵

關於這件兵器的名稱、族屬、時代及用途，學術界曾有過不同的看法。或主張爲巴人遺物，或主張爲楚物。或讀爲“兵闢大武”“大武弄兵”“大武兵閺”等。我們曾根據山東海陽出土齊國刀幣文“闢邦”之闢作，釋戈銘之爲闢。“闢兵”即“避兵”。武字作，戈上撇出一筆，與金文隸篆武字作類同。“大武”本是周代祭祀先祖的一種樂舞。《周禮·春官·大司樂》：“乃奏無射，歌夾鐘，舞大武，以享先祖。”鄭注：“大武，武王樂也。武王伐紂，以除其害，言其德能成武功。”“大武闢兵”銘刻於戈上，反映了戰國時期人們希望以象徵周武王平息兵患、統一天下的“大武”來止息列國戰爭、實現天下一統的思想意識。或主張讀爲“兵闢大歲”，意指打仗要避開太歲，反映了戰國時期兵陰陽家的思想。

從目前的資料看，此器可定名爲戈(過去或名之爲鏚)，時代爲戰國中期，戈屬巴蜀式，文字爲楚系。銘文内容及圖像還可以討論。

【著録】

王毓彤：《荆門出土的一件銅戈》，《文物》1983年1期。

【參考文獻】

俞偉超：《“大武閧兵”銅戚與巴人“大武”舞》，《考古》1963年3期；《“大武”舞戚續記》，《考古》1964年1期。

馬承源：《關於“大武戚”的銘文及圖像》，《考古》1963年10期；《再論“大武舞戚”的圖像》，《考古》1965年8期。

童恩正：《我國西南地區青銅戈的研究》，《考古學報》1979年4期。

黄錫全：《“大武闢兵”淺析》，《江漢考古》1983年3期。

俞偉超、李家浩：《論“兵闢太歲”戈》，《出土文獻研究》，文物出版社，1985年。

李學勤：《“兵避太歲”戈新證》，《江漢考古》1991年2期。

子 陵 崗

越王州勾劍

1987年，在東寶區子陵鋪鎮子陵村内之子陵崗發掘東周墓41座，其中M36出土越王州勾劍一把。通長53.7釐米，臘長44.9釐米，寬4.5釐米，首直徑3.7釐米。劍格兩面鑄有銘文，鳥蟲書：

一面：	戉州句	王州句	(格中爲界)
另一面：	自乍用僉	自乍用僉	(同上)

全銘應讀爲：

越王州勾
自作用劍

據目前所知，州勾劍至少已有8件(在離子陵崗不遠的江陵藤店也出土1件)。“州句”即典籍之“朱句”，在位時間爲公元前448—前411年。州句劍的出土，對於研究楚與越的關係有重要意義。

此劍銘格式與多數州勾劍銘格式相同，如《録遺》598、《三代》20.48等。

【著録】

荆門市博物館:《荆門市子陵崗古墓發掘簡報》,《江漢考古》1990年4期。

十里鋪包山

包山M2竹簡

1986年，荆沙鐵路考古隊在荆門十里鋪鎮王場邨一座名叫包山大塚的土崗上共發掘楚墓五座，其中二號墓爲最大，出土文物千餘件。據報道，此墓共出竹簡448枚，其中有字簡278枚，總字數12 472個。按内容可分作文書、卜筮祭禱記録、遣策三大類，分别出自東室、南室、西室和北室。東室8枚，屬遣策。南室17枚，其中13枚有字簡亦屬遣策。西室共136枚，其中129枚置於西室南端389號銅盤上，僅一枚簡背面有字，屬文書類，餘皆無字，另外6枚置於北端底部，皆殘斷，屬遣策。北室288枚，54枚爲卜筮祭禱記録，196枚屬司法文書，38枚無字。

文書類簡共197枚，是若干獨立的事件或案件的記録，是各地官員向中央政府呈報的文件。按簡文内容，包括驗查名籍的案件記録《集箸》簡13枚(簡1~13)，有關名籍糾紛的告訴及呈送主管官員的記録《集箸言》簡5枚(簡14~18)，受理各種訴訟案件的時間與審理時間及初步結論的摘要記録《受期》簡61枚(簡19~79),以及關於起訴的簡要記録《疋獄》(即記獄)簡23枚(簡80~102)。另外95枚簡没有篇題。其内容包括“貸金”簡17枚(簡103~119),案件的案情與審理情況的記録簡42枚(簡120~161),以及各級司法官員經手審理或復查過的訴訟案件歸檔登記簡36枚(簡162~196、278)。

卜筮祭禱記録簡共54枚(簡197~250),可分爲26組。各組簡按貞問或祭禱的時間順序排列,每組記一事,多則四五簡,少則一簡。内容皆是爲墓主貞問吉凶禍福,請求鬼神與先人賜福、保佑,可分爲卜筮與祭禱兩類。卜筮簡一般包括前辭、命辭、占辭、禱辭和第二次占辭等部分。禱辭則是爲了解除近期之憂患向鬼神祈禱,請求保佑和賜福之辭,以及可以解脱憂患之鬼神和辦法。簡文中尚有部分貞卜的卦畫。每個卦畫由兩個卦組成,左右並列,其含義還有待研究。

遣策簡共27枚(簡251~277),分4組與葬器放置一處,所記均爲隨葬物品。

竹簡呈黄褐色。卜筮祭禱和文書簡製作較爲精細,遣策簡相對粗糙。竹簡厚0.1~0.15釐米,長、寬略有區别。部分遣策較長,一般爲72.3~72.6釐米,寬0.8~1釐米;另一部分則稍短、稍窄。卜筮祭禱簡長度大致有三種:69.1~69.5釐米,68.1~68.5釐米,67.1~67.8釐米。寬度基本爲0.7~0.85釐米,個别達0.95釐米。文書簡的情況比較複雜,大部分的長度爲62~69.5釐米,少數短至55釐米左右,寬一般爲0.6~0.85釐米,個别寬至0.95釐米。

竹簡黄面一側的邊沿,大部分刻有一到三個直角三角形的小契口,用以固定編聯竹簡的絲綫。契口長0.3~0.5釐米,寬0.2釐米,深0.1~0.2釐米不等。

文字主要書於竹黄一面,少數書於竹青面,墨迹清晰,字體秀麗。除部分遣策(簡265~277)的簡首和簡尾分别留有1.5~1.7釐米、1.6~1.8釐米的空白外,其他竹簡一律頂端起書,不留天頭和地脚。從字體、筆鋒及書寫習慣來看,這批竹簡似由多人書寫而成。每簡字距稀疏不一,字數多少懸殊，少者2字，多者達92字，一般爲50~60字。字體因内容不同而有大小之别。同一簡中爲了區别不同的内容往往留有一段空隙。有的在一段文字中間有墨書的符號，如“丶”“—”“=”。前者是分句號，一般標於人名與人名、地名與地名或其他需要相互區别的名、物之間；後者爲重文或合文符號，一般用于名詞或數詞之後；横綫是分段符號，一般用于一段文字的開頭部分。個别簡側以“⧗”形符號表示分段。

簡背書寫有字的竹簡共計24枚，大多與正面内容相關。篇題較少，多書於簡背，字形較大，都屬文書類，它們分别是《集箸》《集箸言》《受期》《疋獄》四種。

據簡文記載，墓主人爲卲㔭，官居左尹，地位與封君接近，時代爲戰國中期，約在公元前300年前後，與江陵望山一、二號墓接近。簡文除上述内容外，還涉及很多人名、地名、官名、歷史事件等，並出現了一些新字和異體字，内容十分豐富，是一批難得的珍貴材料，可供多種學科研究和利用。詳見《包山楚簡》。

包山M2竹牘

竹牘1件，置於南室2：381號馬甲之中。正面墨書三行155字，反面一行26字，計181字。所記葬車一輛及有關裝飾部件名稱若干。

正面釋文：

大司馬郘愲𢼸(救)郙之歲(歲)，亯月𠀠(丙)戌之日，謫(讁)室内受一軩(輛?)正車：鞻牛之革韆，紝纗之純；其移，紛𧻓(秋)之緹，纙純；紫𩍂，紛約；紫䩕，鞅；䡉(豻)𩋃之韂軒，/紫紳，紫鞈；虎長；糶輪；白金大，赤金之釴，紊組鐳之大，楚綼。丌(其)上𨌃(載)：絑䍐，百紵四十仁，翠之頁，䍧，中干，絑縞；七翌，車必戠习；一翌，/亓(其)帋朮；五翌，戭；三翌；一桊，緣䍦頁；一和𧆠䖋，䩬軸，緑組之縢；馭右二貞

(鼎)鞻虡，皆貴紬，紫縢；四馬皓面，繙芋結項，告紌，纆(繩)紴；一周軖，緅䋎之給；一綢複，／

反面釋文：

一絧緯，組綏，番芋之童。一軩車之上䡅(載)：皆賨䡖事人，智不皁〼之〼。／

M2 竹笥上的籤牌文字

M2 共出竹笥 60 件。竹笥平面呈長方形，或近正方形和圓形。部分竹笥上的蓋面一頭或接近中部處斜插墨書文字竹籤牌一支，計有 30 支。籤上多爲一字或二三字，不超過四字。其内容應是該竹笥内所裝之物。它們分別是：

1. 菻	2. 萁	3. 	4. 
5. 緰箑	6. 蕖	7. 蒚	8. 利(?)
9. 蘆(?)	10. 菰	11. [illegible](栗)	12. 蕖
13. 櫠	14. 梏(?)脔(脯)	15. 〼〼衣	16. 薑(姜)
17. 偮脔(脯)	18. 脔(脯)	19. 菰	20. 〼箑
21. 鯋脔(脯)	22. 鄢君紡衣	23. 蓓茈	24. 庶鷄
25. 蘢蔓	26. 雨紿衣	27. 蓓此	28. 蕒菰蔓
29. 𡰪箺	30. 利		

M2 竹笥中的木籤牌文字

西室出土的一件大竹笥(M2：394)中清理出 5 塊長 6.1 釐米的木籤

牌，分别書室、門、户、行、竈五字。這五字應是墓主生前所祭祀的五神：

M1 椁蓋上鑿刻編碼

M1 椁蓋上鑿刻編碼，它們分别是：椁蓋 1~2 塊上刻“一”，2~3 塊上刻“二”，3~4 塊上刻“三”，4~5 塊上刻“亖”，5~6 塊上刻“㐅”，6~7 塊上刻“”，7~8 塊上刻“十”。

M2 馬身甲内側刻文

M2 馬身甲内側有刻文“郙公”二字。郙字左旁構形比較複雜，在此有可能是“鄘”字。“鄘公”有可能是鄘(或邮)地縣公。其地待考。

M2 馬身甲内側漆書文字

M2 馬身甲内側有漆書文字“郙公”和“羸”字。“郙公”即上列刻文之“郙公”。羸字疑讀爲从馬羸聲的“驘”，即騾，驢父馬母。佩此甲者當是騾。

M2 罐口封泥文字

M2 一罐口上有封泥文字，其形作，似“魚”字。另一罐口上有封泥文字“永旨☐”三字。

M2 王字刻刀

M2：441 刻刀上有一“王”字。類似有字刀又見於望山楚墓和紀南城内所出之刀。

M4 銅鐏戈

M4：42 銅鐏戈上有文字五個，不識。類似銘文的銅兵器在湖南常德、長沙等地曾有出土，可參見周世榮《湖南楚墓出土古文字叢考》，載《湖南考古輯刊》1982 年第一輯。有這類字的銅器，可能是巴人遺物。

【著録】

《荆門市包山楚墓發掘簡報》《包山二號墓竹簡概述》《荆門包山二號墓部分遺物的清理與復原》，《文物》1988 年 5 期。

湖北省荆沙鐵路考古隊：《包山楚簡》，文物出版社，1991 年。

江陵縣

(現爲荆州市荆州區)

沇兒鐘

或稱沇鎛，傳出江陵，可能是末代徐君奔楚時帶來，也可能是楚人從吴國人手中輾轉奪得。銘文八十二字(含重文四字)：

隹(唯)正月初吉丁
亥，𨙻(徐)王庚之𢘽(淑)
子沇兒，睪(擇)其吉
金，自乍(作)龢(和)
鐘。中(終)輡(翰)䖒(且)
昜(揚)，元鳴孔
皇，孔嘉元
成。用盤歙
酉(酒)，龢
逾百生(姓)。𢘽(淑)于𢾊(威)
義(儀)，惠于朙(盟)祀。𪒠(吾)
吕(以)匽吕(以)喜，吕(以)樂
嘉賓，及我
父䨑(兄)庶士。
皇=(煌=)𧽊=(熙=)，釁(眉)壽
無㠱(期)。子=孫=
永保鼓之。

徐王庚即山西侯馬出土之庚兒鼎的“庚”。庚兒鼎屬春秋中期偏晚器。沇兒爲徐王庚之善子，其時代當爲春秋晚期偏早。该鐘銘文内容及字體，與時代相近的王孫遺者鐘、王孫誥鐘及𪒠鎛類似。

【著録】

方濬益：《綴遺齋彝器款識考釋》2. 14。

羅振玉：《三代》1. 53. 2～54. 1。

郭沫若：《大系》圖 239、録 165～167、考 160。

【參考文獻】

白川靜：《金文通釋》40：570。

李學勤：《從新出青銅器看長江下游文化的發展》，《文物》1980 年 5 期。

萬　城

1961 年，在江陵縣城西約 22. 5 公里之萬城西周墓中出土銅器 17 件，其中 7 件有銘文。

北子鼎

通高 20 釐米，口徑 17. 8 釐米。口内銘文三字：

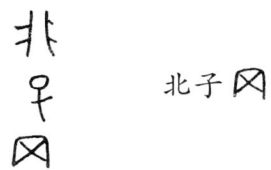

北子冈

北子甗

通高 36. 5 釐米，口徑 22. 3 釐米。口内銘文四字：

翏作北子乍簋

2件，形制大小相同。通高14釐米，口徑21釐米。兩件銘文基本相同，一件三行二十二字，另一件三行二十字：

(1)翏()乍(作)北子乍()簋，用
遺氒(厥)且(祖)父日乙。其
萬年子=孫=永寶(寶)。

(2)翏()乍(作)北柞簋，用遺
氒(厥)且(祖)父日乙。其萬
年子=孫=寶(寶)。

小臣卣

高24.2釐米。蓋、器同銘，兩行七字：

小臣乍(作)父
乙寶彝

小臣觶

高 16.8 釐米。蓋、器同銘，兩行七字：

小臣乍(作)父
乙寶彝

小臣尊

高 20.1 釐米，口徑 18.5 釐米。腹底銘兩行七字：

小臣乍(作)父
乙寶彝

北子鼎腹下外鼓較甚，鄒衡先生據其形制定爲周穆王時(《夏商周考古學論文集》)。其餘幾件時代基本相同，相對年代爲西周中期。

傳出河北淶水縣張家窪的北子、北伯器數件，分別見於《三代》6.42.4(北子方鼎)、《綴遺》24.19.2(北子觶)、《西清》9.15(北子尊)、《攈古》2.1.53(北子盤)、《三代》2.41.8(北伯鼎)、《三代》11.26.2(北伯尊)、《三代》5.14.8(北伯鬲)、《三代》13.26.7(北伯卣)等著録。或以爲此北伯、北子乃西周初邶國之器，可認作武王、成王間殷代遺人的鑄作。成王誅武庚，更封衛、宋、燕而北器遂亡。

北伯和北子是否一國，尚待考證，但認其爲“殷遺”則頗有道理。萬城出土北子器上的族氏文字、，就是商朝的王族，曾見於安陽侯家莊出土銅器，在河南鶴壁、湖北東北部、湖南寧鄉等地也有發現。很可能這個族在商末時迫於形勢，一支向北，另一支向南遷徙。向南的一支直到西周中期還存在。

北子甗上又增有族氏文字，這個字象正立的人形，應釋大或夫，與《金文編》附録上006號輯録的、等是一個字，乃商朝的族氏。大與之間的關係如何，目前還不太清楚。

“小臣”這個名稱，或以爲“當係王官”(《江漢考古》1984年2期，28頁注㉛)。小臣之職，習見於殷墟卜辭和殷代銘文，西周早中期銘文也有幾十見，其地位並不低下。根據翏作北子簋和小臣器所述情況，其間的人物關係似爲：

祖父日乙(父乙)—北子乍(北柞)、小臣—翏

翏與北子乍(北柞)應該是兩代人。從銘文風格看，其器要晚於其他器。北子乍(北柞)與小臣可能是一個人。

“翏”與金文中的翏字寫法稍有區别，如的確是翏字，其與翏生盨之翏有無聯係，還有待深究。“遺”字過去多缺釋，細審拓片，應釋遺，訓饋。《左傳》隱公元年：“爾有母遺。”注：“遺，饋也。”《禮記·檀弓》：“顔淵之喪饋祥肉。”注：“饋，遺也。”乃之壞字。揣其文義，是翏爲北子乍作簋，用來祭饗其祖父乙。因此，日乙、北子乍(北柞、小臣)、翏爲祖孫三代。

郭沫若先生認爲，北即《詩經》中邶、鄘、衛之邶，地在中原，因某種原因輾轉流徙于湖北。有的同志則認爲其爲殷裔族在江陵一帶所立之北國。

【著録】

王毓彤：《江陵發現西周銅器》，《文物》1963年2期。
李健：《湖北江陵萬城出土西周銅器》，《考古》1963年4期。

【參考文獻】

郭沫若：《跋江陵與壽縣銅器羣》，《考古》1963年4期。

陳夢家：《西周銅器斷代》(三)，關於北伯、北子器。
張亞初、劉雨：《西周金文官制研究》43 頁小臣條。
劉彬徽：《考述》，《古文字研究》第十三輯。

岳　　山

鄴伯受簠

1970 年出土於紀南公社岳山九隊的一座古墓。同出物還有鼎、盞、盤、匜等銅器。此簠腹下收，平底，獸首耳。足内外飾較粗的蟠螭紋，腹飾纖細的蟠虺紋，沿部飾垂葉紋。通高 18 釐米，口長 30.5 釐米，寬 23.4 釐米，器底長 24.2 釐米，寬 19.1 釐米，足高 2.5 釐米。蓋、器内底有相同的銘文四行二十六字：

鄴白(伯)受用其吉
金乍(作)其元妹弔(叔)嬴
爲心賸(媵)鐈匿，子=
孫=其永用之。

“鄴白”即“養伯”，“受”爲其名。“元妹”即長妹。“嬴”爲姓，“叔”爲字，“爲心”乃其名。是養伯受爲其大妹做的陪嫁品。這與“樊君作叔嬴**龠**賸器寶”鬲中的叔爲字、**龠**爲名、嬴爲姓類似(《三代》5. 26. 1)。

關於器之國别，或主張此爲養國之器；或主張爲楚滅養後轉仕于楚的養氏貴族之器，應屬諸楚。器之時代爲春秋中期，或斷爲春秋早期。

何浩先生認爲，“鄴伯”即鄴國之君，是養國國君“受”爲嫁至楚的大妹“爲心”所作之器。養國故地在“東養”，即今河南沈丘縣今治南沈丘城之東，臨安徽界首縣界。其國大約在楚康王至楚靈王繼位之初的春秋中期後段滅於楚，即公元前 559 至前 538 年。

【著録】

荆州地區博物館:《江陵岳山大隊出土一批春秋銅器》,《文物》1982 年 10 期。

【參考文獻】

黄盛璋:《鄴器與鄴國地望及與楚之關係考辨》,《江漢考古》1988 年 1 期。

劉彬徽:《考述》,《古文字研究》第十三輯。

滕壬生:《鄴氏考》,見湖北省楚史研究會編《楚史研究專輯》。

何浩:《羕器、養國與楚國養縣》,《江漢考古》1989 年 2 期。

拍馬山

1971 年,紀南公社太暉四隊拍馬山楚墓出土不少文物,其中 2 件銅戈有銘。

藝君戈

出自 M10,援長 14.5 釐米,胡長 13.3 釐米,内長 8.3 釐米。銘在胡上,鳥蟲書四字:

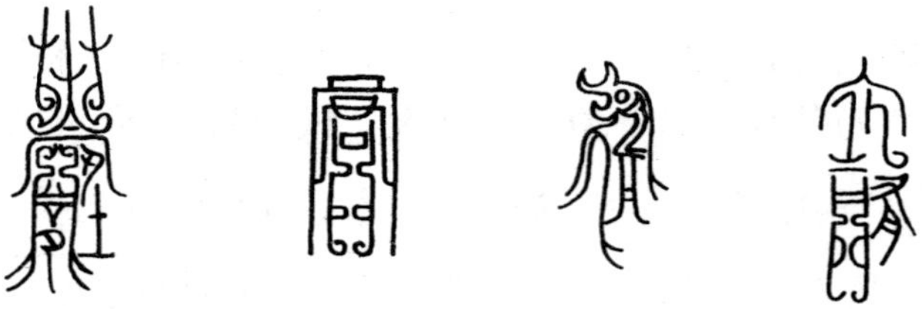

簡報釋爲“都君用寶”。黄盛璋改釋爲“邘(郢)君乍(作)䢨(造)”。李零隸釋爲“蕣君㲋寶(寶有)”。劉彬徽隸釋爲“蕣君乍(作)窳”,後二字從李家浩釋。何琳儀釋爲“藝君鳳竊”,讀作“艾君鳳寶有”,並認爲“艾”即見於《左傳》哀公二十年“吳公子慶忌出居于艾”之艾,其地在今江西修水縣西百里龍岡坪，“艾君鳳”很可能是慶忌的繼承人。

第一字還值得再研究，今暫時從何説釋爲蓺。不過，我們以爲“蓺君”當讀“汉君”，即楚之汉地封君。古楚地有汉水，經今之漢川入漢水。漢川過去就叫汉川或義川（詳臧勵龢等編《中國古今地名大辭典》汉水、漢川縣、三箛等條目）。“蓺（汉）君”之封地當在這一帶。蓺、汉古音相近。

第三、四兩字應從黄盛璋釋。第三字除去鳳鳥形及裝飾筆畫應作，此形與蔡侯產劍形相同（《金文編》839頁），乃“作（乍）”字省形。第四字宀下左旁是“告”，下的裝飾筆畫與“君”字下相同，原本作。楚系文字的告旁多如此。如（𨚕陵君鑑）、（析君墨䏿戟）等。右旁从即攴，同支。如同鄂君啓節政作、敗作、攻作等。从宀从㿷即𡩋，就是古“造”字。至於右下从，我們以爲是“舟”字的省變。古文字中舟字有變作者，如：

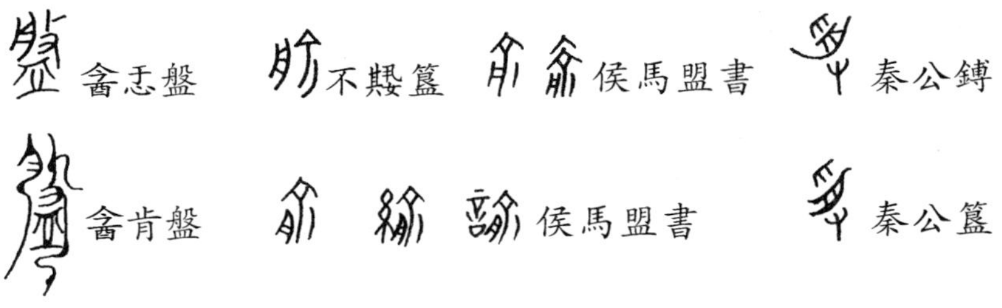

“造”字古本从舟作（頌鼎）、（郜造鼎）、（郲大司馬戟）等。因此，這個字應該隸定作𪢊或𢑲，讀爲造。

戈之時代，或定爲春秋晚期，或定爲春秋戰國之際，或定爲戰國早期。當以後説爲是。

邨丘戈

出自 M5，全長 24.2 釐米。銘在内尾，三行十三字：

卅四年邨
丘命燮左
工帀(師)晢冶夢

黄盛璋釋“邨丘”即頓丘，地在今河南濬縣境，戰國屬魏。此戈形制屬戰國中期偏晚，銘文的卅四年衹能是魏惠王三十四年，即公元前 337 年造。

【著録】

湖北省博物館等發掘小組：《湖北江陵拍馬山楚墓發掘簡報》，《考古》1973 年 3 期。

【參考文獻】

黄盛璋：《試論三晉兵器的國別和年代及其相關問題》，《考古學報》1974 年 1 期。

黄盛璋：《江陵拍馬山鳥篆戈銘新釋》，見《楚文化新探》，湖北人民出版社，1981 年。

李零：《楚國銅器銘文編年彙釋》，《古文字研究》第十三輯。

劉彬徽：《考述》，《古文字研究》第十三輯。

何琳儀：《戰國兵器銘文選釋》，中國古文字研究會成立十週年學術研討會論文，1988 年。

長　湖

楚王孫漁戟

1958 年出土于江陵東長湖南岸一座楚墓内，是一件雙戈戟的兩個戈頭。一件有内，援長16.2釐米，現藏中國歷史博物館；另一件無内，現藏湖北省博物館。兩戈同銘，錯金鳥書，一行六字：

楚王孫𩁹(漁)之用

此“王孫漁”，或主張爲楚司馬子魚，楚平王時吳楚交戰中戰死於長岸。或定其年代爲春秋戰國之際，則王孫漁就不大可能是平王時之司馬子魚。“漁”爲某楚王之孫是可以肯定的，但是哪一位王之孫還有待進一步研究。如按後一種意見，“漁”有可能是平王或昭王之孫，而與惠王同時。

【著録】

石志廉：《楚王孫𩁹銅戈》，《文物》1963年3期。

劉彬徽：《考述》，《古文字研究》第十三輯。

天星觀

1978年1月，在紀南城東約30公里，東臨長湖的觀音增公社五山大隊境内，發掘了天星觀一號楚墓，出土文物2400餘件。有文字者，除竹簡以外，還有骨管、車軎和矛等。

竹　簡

置於西室。整簡70餘枚，其餘殘斷，共4500餘字。字迹大部分清晰。整簡長64~71釐米，寬0.5~0.8釐米。簡的左側上下各有一個三角形的編口。簡文一般書於竹黄上，不留天頭。竹簡内容分爲兩組，一組爲祭禱的記録，另一組爲遣策。墓主人爲邸䧿君番勳。簡文記載爲其疾病等事項卜筮祭禱。所禱對象有其祖先悼公、惠公以及神祇司命、司禍、地宫、大水、云君、東城夫人等。祭禱記録竹簡數量較多，有2700餘字。遣策部分涉及人名、官名、物品、車馬、兵器、甲冑等名，可以由此探討很多問題。

簡報推斷墓葬的下葬年代在公元前 340 年前後，即楚宣王或威王時期。墓主爲封君，爵位當是楚國的上卿，官職可能在令尹、上柱國之列。

雇侯骨管

圓筒形，一端略細(圖片貳肆-6)。長 2.7 釐米，徑 0.7 釐米。管一側刻有二字：

雇侯

“雇侯”可能是人名，也可能是封君名或爵稱。楚有通侯、州侯、夏侯等。雇(顧)古與固通，“雇侯”有可能是封于“固始”的封君，我們認爲與墓主邸陽君應是一人。這種稱謂，如同范雎封于秦之應地，號“應侯”，衛鞅封爲“徹侯”，而《史記》又稱其爲“應君”“商君”。骨管爲墓主生前之物。

君字車軎

高 8.4 釐米，末經 3.8 釐米，首經 7.4 釐米，轄長 7.3 釐米(圖版拾柒，5)。末端頂部陰刻一字(標本 522、524)：

(君)

此“君”之義，可能是指邸旀君，爲其自作之物。

王 字 矛

柳葉狀，隆脊有血槽，骹圓筒狀，骹口弧綫内凹。脊上飾三對蟬翼紋。長 30 釐米，刃寬 4.5 釐米，脊厚 2 釐米。骹一面鑄一鼻紐，中部飾一字：

（王）

這種矛乃是一種越式矛，帶有“王”字者在江陵郝穴、大冶竹林柯自然邨等地有發現。説見前大冶縣條。

封　泥

在甕附近出土了幾塊封泥，大多破碎，僅兩塊保存較好，近方形，邊長3.8釐米。上有圖案標志，似文字，録以待考（圖三一-4、圖版貳肆-2）：

【著録】

湖北省荆州地區博物館：《江陵天星觀一號楚墓》，《考古學報》1982年1期。

雨臺山

1975年，紀南城龍橋河改道，在城東雨臺山清理楚墓500餘座，其中出有幾件有銘銅戈。又，1986年配合荆沙鐵路工程，出有墨書文字的竹律管。

鄴　戈

1975年出於雨臺山M133。欄側四穿，援和胡上有銘文四字：

鄴之竇（寶）戈

第三字宀下右从受()即受，應是寶字之音符。古寶、缶、受同屬幽部。原形作。寶字从受，此爲首見。鄴即地名養。戈屬戰國早期，此時養國已爲楚滅。此戈應是楚國養之封君或養縣的兵器。

周旞戈

1975 年出於雨臺山 M100。欄側四穿，援上有銘文四字：

周旞之戈

"周旞"乃戈主之名。戈形與鄴戈類同，時代相近。

龏公戈

1975 年出於雨臺山 M169。全長 18.8 釐米，援長 10.5 釐米，援寬 2.4 釐米，脊厚 0.6 釐米。内上刻有三字：

龏公戈

戈之形制爲春秋戰國之際，而刻銘較晚。根據字形，可能是戰國中期時人所爲。楚僭號稱王，其守縣大夫皆稱公。據荆門包山楚簡，縣以下的基層組織有社、里、州，里有"里公"；還有佣里之關"戠公周童耳"等。"龏公"有可能是楚龏地縣公，但也有可能是另外組織的"公"。

【著録】

荆州地區博物館：《江陵雨臺山楚墓》，文物出版社，1984 年。

【參考文獻】

何浩：《羕器、養國與楚國養縣》，《江漢考古》1989 年 2 期。

包山墓地竹簡整理小組：《包山二號墓竹簡概述》，《文物》1988 年 5 期。

竹律管

1986 年出土於雨臺山 M21，共 4 件，祇因被棺木所壓，有損壞。律管用竹管製成，墨書處經刮削呈條狀平面。

(1)上端有圓形管口，下端殘，無竹節。管口外徑 0.9 釐米，内徑 0.6 釐米，管壁厚 0.15 釐米，殘長 9.1 釐米。管壁一邊削出兩個平面，直行墨書兩行：

定新鐘之宫爲濁穆(以下殘缺)

坪皇角爲定吝(文)王商☑(以下殘缺)

(2)一端有圓形管口，另一端殘。外徑 1 釐米，内徑 0.7 釐米，管壁厚 0.15 釐米，殘長 11.4 釐米。管身一側削出平面，直行墨書一行：

姑侁(洗)之宫爲濁吝(文)王翌爲濁(以下殘缺)

(3)兩端均殘，未見管口，殘長 6.2 釐米。削出的平面上墨書文字一行，另有一帶字竹片恰可與其下部拼合。七字爲：

之宫爲濁獸鐘翌(兩端均殘缺)

(4)僅剩一竹片，殘長 4.9 釐米，殘存五字：

□爲濁穆鐘

這些竹律管上的墨書文字，與曾侯乙鐘磬銘辭相同，皆爲樂律方面的内容，包括七個律名、四個音名及各律旋宫的對應關係。李純一先生將律管文字全部復原，並推導出十二支律管的全部文字，可供參考。律管“定文王”“定新鐘”與曾侯乙鐘磬“文王”“新鐘”略有不同。這是我國迄今所見到的最早的律管實物，爲楚、曾文化的交流與融合增添了新的證據。如坪、新等字的寫法都非常一致。

【著録】

湖北省博物館：《湖北江陵雨臺山 21 號戰國楚墓》，《文物》1988 年 5 期。

【參考文獻】

譚維四：《江陵雨臺山 21 號楚墓律管淺論》，《文物》1988 年 5 期。

李純一：《雨臺山 21 號戰國楚墓竹律復原探索》，《考古》1990 年 9 期。

官　　坪

越王者旨於賜劍

1986 年 11 月，爲配合荆沙鐵路工程，在雨臺鄉官坪郙發掘楚墓 12 座。此劍出自 M9。通長 65 釐米，寬 4.6 釐米。格寬 5 釐米，長 1.2 釐米。格兩面各有鳥蟲書四字：

戉王　　戉王
者旨　　於賜

“者旨於賜”爲勾踐之子，即越王鼫與。“者旨”即“諸稽”，急讀爲“鼫”，乃越國古姓。“於賜”急讀爲“與”，乃其名。其在位年代爲公元前 464—前 458 年，屬戰國早期。簡報定 M9 爲戰國中期。這説明此劍與江陵望山、藤店所出之越王勾踐、州勾劍等類同，可能都是戰爭所獲物品(很可能爲同一次戰爭所獲)。

【著録及参考文獻】

江陵縣文物局：《江陵官坪楚墓發掘簡報》，《江漢考古》1987 年 3 期。

林沄：《越王者旨於賜考》，《考古》1963 年 8 期。

九　店

九店竹簡

1981 年 5 月開始，省博物館江陵工作站在紀南城東北約 4 公里的雨臺山北麓九店磚瓦場，發掘小型楚墓 160 餘座。其中一座墓葬出有楚簡 170 餘支(段)，内容類似雲夢秦簡《日書》。詳情未見正式報道。

【著録】

楚文化研究會編：《楚文化考古大事記》，文物出版社，1984 年，131 頁。

廟　湖

秦家咀竹簡

1986 年 5 月至 1987 年 6 月，爲配合荆沙鐵路修建工程，在紀南城東面廟湖漁場所轄的秦家咀鐵路綫段上共發掘楚墓 105 座。其中 3 座(M1、M13、M99)内出有竹簡，共約 41 支(殘斷)。

M1 的竹簡出在邊箱的底層，上層堆放着垮塌的分板和車馬器。竹簡均殘斷，共 7 段(支)。内容主要是"祈福于王父"之類的祈禱文字。

M13 竹簡出在邊箱近頭箱一端的底層。共出殘簡 18 段(支)。字迹不甚清楚。内容爲"占之曰吉"等占卜辭語。

M99 竹簡，因椁室盛滿清水，一部分出在邊箱後端底層，另一部分散在棺室後端。共出竹簡 16 段(支)。内容爲占卜，有"貞之吉無咎"等語，以及少量遣策。

以上竹簡衹有簡要報道而未正式刊發。

【著録】

荆沙鐵路考古隊:《江陵秦家咀楚墓發掘簡報》,《江漢考古》1988 年 2 期。

馬　　山

1983 年 12 月,在江陵西北之馬山磚瓦廠發掘了一批楚墓,見諸報道者有 2 件青銅器有銘文。

吳王夫差矛

出自 M5。通長 29.5 釐米,最寬處 5.5 釐米。甬呈扁圓形,甬端前後各開有一倒 U 形闕口,鍔鋒微圓,刃葉飾棱形暗花。中脊兩側近基部處各有銘文一行四字:

吳王夫差

自乍(作)甬(用)(⿰金於)

末尾一字乃矛之名。或釋爲鈼,認爲鈼乃稓之異文;或以爲矛之名鈼,蓋"鏦"之異構;或釋爲鑪等。根據字形,這是個从金从於之⿰金於字。或以爲⿰金於同釪,即鋘,是一種兩刃器。《吳越春秋》載夫差夢"兩鋘殖吾宮墻"。或以爲於與"與"通,⿰金於即⿰矛與。

⿰金於字與矛義相當,然究竟爲後世之何字,待考。夫差在位時間是公元前 495—前 473 年。

【著録及參考文獻】

《江漢考古》1984 年 1 期封面。

《稀世文物"吳王夫差矛"出土》,《光明日報》1984 年 1 月 8 日。

張舜徽：《“吳王夫差矛”銘文考釋》，《長江日報》1984 年 1 月 25 日；又見《光明日報》1984 年 3 月 7 日。

田宜超：《釋鉅》，《江漢考古》1984 年 3 期。

夏渌、傅天佑：《説鏂——吳王夫差矛銘文考釋》，《語言研究》1985 年 1 期。

黃建中：《“吳王夫差矛”跋》，見武漢大學學報編輯部編《湖北省考古學會論文選集(一)》，1987 年。

滕壬生：《釋鍁》，《湖北省考古學會論文選集(一)》，1987 年。

吳詠章：《釋“吳王夫差矛”銘文中的器名之字》，《江漢考古》1987 年 4 期。

玄翏戈

M6 出土，尺寸大小未見正式報道。戈銘共六字，四字在援，二字在胡：

玄翏(鏐)　　　　(援)
夫(鈇)鋁
之用　　　　　(胡)

玄、之、用三字鳥書。同類銘文的戈還有幾件，過去對銘文釋讀理解不一。根據我們的研究，或均象兩手外張的正立人形，本即大或夫字，在此讀爲鈇。此戈據摹本作，中間一竪筆貫下，這與象正面人形的“文”字作、，或作、等類同(見《金文編》)。“鋁”字从陳夢家先生釋。玄鏐、夫鋁均爲鑄器用的金屬原料名。參見前襄陽團山出土“翏鋁玄用”戈。這類戈的時代比較接近，可能多是戰國早期或中期的越器。

【著録及參考文獻】

傅天佑：《越器“無顓戈”銘文考釋》，《江漢考古》1988 年 1 期。

黃錫全：《“夫鋁”戈銘新考》，中國古文字研究會第八次年會論文，1990 年。

望　山

1965 年秋，在紀南城西北發掘了望山一號、二號和沙塚一號三座大墓，其中望山一號、二號墓出有文字材料。

越王勾踐劍

出自望山 M1。通長 55.7 釐米，身寬 4.6 釐米，柄長 8.4 釐米。劍格兩面有花紋嵌以藍色琉璃。整個劍身滿飾菱形暗紋。銘在近格處，兩行八字，鳥蟲書：

⿰邑戉王⿰台欠⿰氵⿱戋口
自乍用鐱

“⿰台欠⿰氵⿱戋口”即勾踐(九與勾、句音近可通)，允常子。越自允常始稱王。勾踐繼王位三年，與吳交兵失敗，後“臥薪嘗膽”二十年，終于滅吳，稱霸江淮。其在位時間爲公元前 496—前 465 年。此劍當是楚征越後的戰利品。

烙印文字

據云“望山二號墓的棺板上有十六處烙印文字”(《楚文化考古大事記》55 頁)，見於正式報道者有下列兩種烙印：

(1)

既 於
正 王

據方壯猷文，“三塊内椁底板的東端和兩塊内椁東板的外面也都刻有同樣的印章，文爲‘佐王即正’。同樣的印章刻在三處”。劉彬徽讀爲“佐王柩正”，認爲是“職掌王室棺木的有司之印”(見《江漢考古》1980年1期，54頁)。

第一字即於字，其形與吳王夫差矛(鈙)字右形相同。湯餘惠同志認爲，“於王”疑即“越王”，因古於、越音近字通。“正”讀爲“征”。其義是越王被征服以後。墓主很可能是參加了楚征越而戰死沙場的楚貴族。二號墓的年代應在楚懷王二十二年滅越之後不久。此説如果能够成立，望山M1的年代及其出勾踐劍的原因就比較清楚了。

(2)

邵
呂
竽

據方壯猷文，“内椁與内棺之間，四周各蓋一木板，南邊一塊蓋板上刻有陰文印章，文爲‘邵呂竽’。同樣的印章在同一塊椁板上刻了六顆”。方氏又認爲，“邵呂竽”疑係墓主人姓名即卲竽。呂爲閭字省寫。屈原爲三閭大夫之三閭，即屈閭、景閭、昭閭。又疑卲竽爲楚相“昭魚(鱻)”，時爲楚頃襄王。“卲竽”不見於記載。如是“昭魚”，又與上一印之湯兄所考内容有些差距。兩方烙印關係密切，其人其事還有待進一步深究。

M1 竹簡

竹簡置於邊箱東部，多數殘斷，經中山大學古文字研究室拼合成200號，其中第34號爲全簡，全長60釐米(脱水後實物爲59釐米)。據簡報，出土時竹簡“最長的一簡爲 39.5 釐米(中山大學《楚簡研究》云‘按第十三簡爲 42.5 釐米，非 39.5 釐米’)，最短的爲 1 釐米餘，一般多在 10 釐米以下，寬 1 釐米左右，厚約 0.1 釐米。出土時簡呈深褐色，保存情況不佳。簡文共千字左右(或統計爲 1093 字)，墨書於篾黄上。書寫頗工整，但筆法不甚一致，似出諸多人之手”。現已知有 27 個簡首，30 個簡足，估計原來整簡當爲 30 支左右，滿簡書字當在 40 個左右。有的簡上下有編簡的缺口。簡文性質爲祭禱的記録。

據簡文，知墓主爲悼固，患有疾病，歷時三月，反復向先王、先君、上下神祇舉行禱祝。又記有月名、人名、神名、地名、國名、犧牲、占卜用具等，内容多爲史書所不載。

M2 竹 簡

清理時已散亂，完整者五簡，餘均殘斷。經中山大學古文字研究室整理，編爲 69 號。出土時完整簡長 64 釐米左右，寬 0.6 釐米左右，厚不過 0.2 釐米。簡之右側有編簡三角形缺口。每簡字數为 38~78 字，書于篾黄一面。據統計，總字數爲 927 個，獨體字 251 個，重文字 676 個。内容爲遣策，所記器物名稱 90 種左右，以衣衾等絲織品最多。

王字書刀

2 件。據方壯猷文，“這次出土的重要文物中，有越王勾踐自作用劍一具和鑄有‘王’字銘文的匕首二具”。出土時是放在一件木製工具箱内，箱内都是修治竹簡的工具。

【著録】

湖北省文化局文物工作隊：《湖北江陵三座楚墓出土大批重要文物》，《文物》1966 年 5 期。

《文物》1973 年 6 期圖版壹有勾踐劍照片、拓本(銘文)。

《江漢論壇》1980 年 1 期封底有勾踐劍彩版。

【參考文獻】

中山大學古文字學研究室：《戰國楚簡研究》(三)。

方壯猷：《初論江陵望山楚墓的年代與墓主》，《江漢考古》1980 年 1 期。

郭德維：《試論江漢地區楚墓、秦墓、西漢前期墓的發展與演變》，《考古與文物》1983 年 2 期，86 頁，(六)簡牘。

陳振裕：《望山一號墓的年代與墓主》，見《中國考古學會第一次年會論文集》，文物出版社，1980 年；《勾踐銅劍和楚越關係》，《江漢論壇》1980 年 1 期。

湯餘惠：《"於王既正"印文考——兼論望山二號楚墓的年代》，《文物研究》第七輯。

藤　　店

1973 年 3 月，在紀南城西北藤店公社藤店大隊發掘了藤店一號墓，出土器物共 300 餘件。其中有越王州勾劍一把，竹簡數支。

越王州勾劍

長 56.2 釐米，漆鞘長 47 釐米。劍莖上滿纏絲繩。有兩道箍。首作圓形。銘在近格處，兩行八字，鳥蟲書：

戉王州句
自乍用僉

"州句"即朱句，在位時間爲公元前 448—前 411 年。在其東之荊門子陵崗也出有一把"州句"劍，銘文格式有别。參見前。

竹　　簡

置於邊箱西部，都已殘斷散落。共 24 支(片)，47 字。殘片最長 18 釐米，寬 0.9 釐米。字數最多的一片 7 字。簡用竹片削成，墨書於竹簡背面(竹黄一面)。内容不詳，似爲遣策。

【著録】

荊州地區博物館：《湖北江陵藤店一號墓發掘簡報》，《文物》1973 年 9 期。

張 家 山

越 王 劍

出土於江陵縣城西張家山，現藏於荆州地區博物館。劍上有“戉王”等銘 20 餘字，鳥蟲書。詳情未見正式報道。

【著録】

楊權喜：《江漢地區發現的商周青銅器》，見《中國考古學會第三次年會論文集》，文物出版社，1981 年，211 頁。

魏十四年鄴下庫戈

出土於江陵縣城西張家山，由一農民整田所得。1980 年流至沙市，現藏於沙市博物館。援長 14.5 釐米，内長 16 釐米，長胡三穿。銘在胡部，一行六字：

十四年鄴下庫

報道者考證爲魏惠王前元十四年(公元前 357 年)鄴地下庫之物。

【著録】

彭澤元：《魏“十四年鄴下庫”戈考釋》，《江漢考古》1989 年 3 期。

溪 峨 山

木俑文字

1980 年 8—12 月，在江陵縣城西門外溪峨山發掘楚墓六座。其中 M5

的一個木俑腹下有用硃砂書寫的文字六個，前三字不清：

第三字可能原形作，見於楚國貨幣、湖南出土鐵足銅鼎蓋銘、酓忎盤、弝勺、無錫前洲出土銅豆盤外底銘刻等，是個疑難文字，李學勤先生曾疑讀爲降(《文物》1980 年 8 期，40 頁)。後三字可釋爲“兩羽甬(俑)”。

據簡報，M5 出木俑 2 件，“染墨爲髮及二鬢耳後，墨繪眉眼，朱繪唇、耳及衣飾”。俑上六字的意思當是指身着紅色衣服的兩件俑。

【著録】

湖北省博物館江陵工作站：《江陵溪峨山楚墓》，《考古》1984 年 6 期。

郝　　穴

王 字 矛

1983 年出土於郝穴六合農場，農民開溝時挖出。1984 年流入湖南，現藏於湖南華容縣文化館。此矛兩葉窄長，中脊起棱，脊部兩面各有一血槽飾蟬紋，後鋒罄折。魚尾形圓骹，橋形穿鼻。骹部下端一側有一穿孔。通長 20 釐米。骹部鑄有一“王”字。此矛爲越式，多見。參見大冶縣條。

【著録】

湖南省華容縣文化館李正鑫：《江陵出土東周銅矛》，《江漢考古》1985 年 4 期。

紀南城

王字書刀

一具。出土於紀南城内東南部卅號臺基。刀後端有一“王”字。此刀黑色有光澤，中間三道凸稜。殘長4釐米，寬3釐米，時代爲戰國中期。

鎴字印

出土於紀南城内東南部卅號臺基。印面方形，背面有橋型紐。邊長9釐米，厚3釐米，紐高8釐米。陽文一字：

 鎴

簡報引裘錫圭先生意見，“印文似是兩個字，按印文排列的一般規律，應爲‘金身’二字，是一顆私印，也有可能是‘㐰金’。‘㐰’是‘信’的異體，古印屢見”。

【著録】

湖北省博物館：《楚都紀南城的勘查與發掘(下)》，《考古學報》1982年4期，482、483頁。

絑　戈

1979年夏，荊州地區博物館收購。此戈出土於紀南城内。援長16釐米，胡長12.1釐米，内長3.4釐米，内寬7.5釐米，胡有三穿。銘在胡部，一行三字：

絑絑中（仲）

簡報認爲戈銘“絑絑中（仲）”前一字代表國别或地名，後二字應爲人名，屬春秋中、晚期山東邾國器。劉彬徽認爲是楚器，年代與𧃍君戈、王孫魚戟類同，爲春秋、戰國之際器。

絑从二朱，有可能是有别于山東之邾。“仲”當是其名或字。“絑絑”有可能是一種複氏，類似古代邊遠地區之“茹茹”氏（見《通志・氏族略・伐北複姓》）、“乞乞”氏（見《唐書・渤海傳》“乞乞仲象爲震國公”）等。時代當從劉説，國别待考。根據荆門包山 M4 和湖南長沙、常德所出銅戈上文字，此戈也可能是巴人遺物，參見前。

【著録】

王毓彤：《江陵發現一件春秋帶銘夔紋戈》，《文物》1983 年 8 期。

【參考文獻】

劉彬徽：《考述》，《古文字研究》第十三輯，259 頁。

𨑨公秅豆

1981 年出土于紀南城内西北部徐崗烏龍遺址，豆殘，缺盤及座。豆把上刻有三字：

公秅

第一字右旁應是“走”，上部形多一横，與(赤)字或作(此鼎、此簋)、(吳)字或作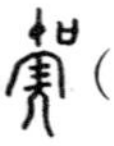(吳季子之子劍)類似。下部止()即之(止)。古止()、之()本來有别，後來每每混同。如歷字本作(甲骨文)，禹鼎作；從字本作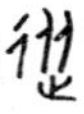，或作(攻敔臧孫鐘)；步字本作、(甲骨文)，楚帛書作(上从止)，又作(上从止)；此字本作、，侯馬盟書作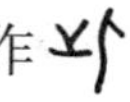，也作等。楚器有字作或，過去或釋肯(肎)、肯(岄)、歬(前)等，現在看來，當以釋歬爲長(詳陳秉新文)。

赿字見於戰國古璽文，作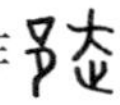〔《古璽彙編》0261：赿□命(令)鉨〕，構形類似。“赿”應是地名。楚除縣令稱公外，縣以下某些組織也可稱公。“赿公”當與“酈公”類同(詳前酈公戈條)，祏乃其名。“赿公祏”豆出於紀南城内，很可能祏是當時城内某一地區或分管某一方面工作的官員。

豆文材料由湖北省文物考古研究所胡文春同志提供。

荆州博物館藏品

鄧鯗鼎

器銘一行五字：

𡋽(鄧)鱻(鯗)之飤鼎

第二字从魚，𢍏(卷)聲，即鰱字，是一種魚名，見於《戰國策·楚策》“俯囓鰱鯉”。鄧鰱鼎與鄧公乘鼎器形相同而紋樣略異，時代當屬春秋中晚期之際，爲楚滅鄧後之物，應是楚器。此鼎現藏荊州地區博物館，詳情待報道。

【著録】

劉彬徽：《考述》，《古文字研究》第十三輯，257、333(銘五八)頁，290(録十八)頁。

附録一　貨幣文字

就目前材料而言，湖北境内出土的先秦貨幣多爲楚幣，而且出土地點和貨幣文字種類不多，主要出土於孝感、江陵、宜城、荆門、大冶、宜昌等地，衹見有巽、桒、郢爯、陳爯等幾種文字。

楚國貨幣，中華人民共和國成立以來，在湖北、湖南、河南、安徽、江蘇、陝西、山東、浙江等地均有出土。就幣材而言，有銅質、銀質、金質。就分類而言，有貝(蟻鼻錢)、布、版或餅等。就貨幣文字而言，銅貝模鑄的文字有近十種，主要如：

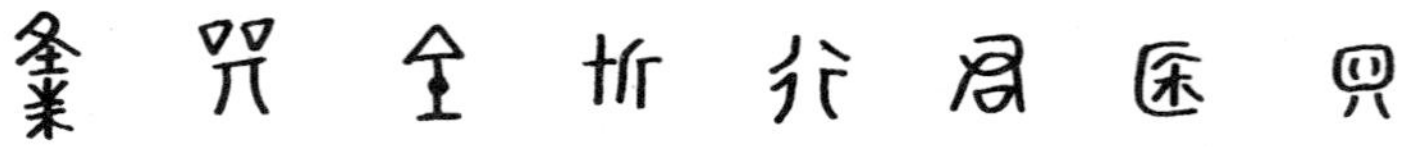

桒　巽　百　圻　行　君　医　貝

均爲陰文。其中以巽字貝最爲常見，分布最廣，桒字貝次之，其餘比較少見。銅布幣分大小兩種。大者面文爲“橈比(幣)堂(當)圻(釿)”[或讀“柨(模)比(幣)堂(當)圻(釿)”，“模幣”即“法錢”]。背文“十傎”，或讀“十貨”，或讀“甲貨”。小者面文爲“四比(幣)”，背文爲“堂(當)圻(釿)”。

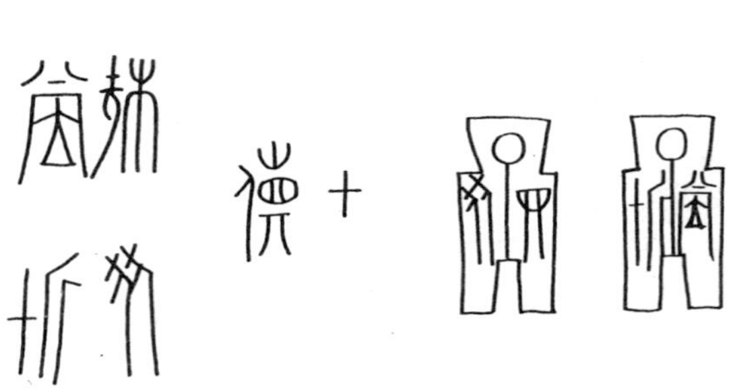

銀布幣見於河南扶溝古城邨出土古幣，共 18 枚，其中 3 枚背文衹刻有“×”字。

金版和金餅爲黄金方塊和圓塊，常見的幣文多爲“郢爯”，另外還見有“陳爯”“鄟鍰”“鄗爯”“盧金”“羕陵”“少貞”“戈”等。

有關文字和問題，已有不少著録和論述，此不贅述。

【著録】

大冶縣博物館：《大冶縣出土窖藏青銅器》，《江漢考古》1989 年 3 期。

大冶文化館：《鄂王城遺址調查簡報》，《江漢考古》1983 年 3 期。

程欣人：《湖北孝感野豬湖中發現大批楚國銅貝》，《考古》1964 年 7 期。

湖北省博物館：《孝感縣發現的楚貝整理完畢》，《文物》1965 年 12 期。

荆州博物館：《湖北江陵首次發現郢爰》，《考古》1972 年 2 期。

湖北省文物管理委員會：《湖北宜城“楚王城”遺址調查》，《考古》1965 年 8 期。

楚皇城考古發掘隊：《湖北宜城楚皇城勘查簡報》，《考古》1980 年 2 期。

湖北省博物館：《宜昌前坪戰國兩漢墓》，《考古學報》1976 年 2 期。

《蟻鼻錢——楚國最早的金屬貨貝》，《武漢晚報》1963 年 1 月 16 日。

【參考文獻】

汪慶正主編：《中國歷代貨幣大系・先秦貨幣》，上海人民出版社，1988 年。

朱活：《蟻鼻新解》，《中國考古學會第二次年會論文集》，文物出版社，1982 年。

安志敏：《金版與金餅》，《考古學報》1973 年 2 期。

李家浩：《戰國貨幣文字中的幣與比》，《中國語文》1980 年 5 期。

蔡運章：《楚國銀幣試探》，載河南省考古學會編《楚文化研究論文集》，1983 年。

曹桂岑：《試論楚國貨幣》，見河南省考古學會編《楚文化研究論文集》，1983 年。

趙德馨：《楚國金幣流通地域的考察》，《江漢考古》1985 年 3 期。

何琳儀：《〈古幣文編〉校釋》，《文物研究》第六輯；《説無》，《江漢考古》

1992 年 2 期。

黄盛璋:《新發現的“羕陵”金版及其相關羕器、曾器銘文中諸問題的考索》,見國家文物局古文獻研究室編《出土文獻研究續集》,文物出版社,1989 年。

附録二　曾侯乙編鐘架、掛銘文釋文

銘一七三　C. 65. 下 . 1. 1

1. 架	簹肄之大羿
2. 掛(虎 1)	劀肄之大羿
3. 掛(虎 2)	劀肄之大羿
4. 搭桿(1)	大羿
5. 搭桿(2)	大羿
6. 插銷	大羿
7. 鈎(1)	大
8. 鈎(2)	羿

銘一七四　C. 65. 下 . 1. 2

1. 架	劀肄之大宮
2. 掛(虎 1)	劀肄之宮
3. 掛(虎 2)	劀肄之宮
4. 搭桿(1)	大宮
5. 搭桿(2)	大宮
6. 插銷	大徵
7. 鈎(1)	大
8. 鈎(2)	宮

銘一七五　C. 65. 下 . 1. 3

1. 架	簹肄之羿曾
2. 掛(虎 1)	劀肄之羿曾
3. 掛(虎 2)	劀肄之羿曾

4. 搭桿(1)	羿曾
5. 搭桿(2)	羿曾
6. 插銷	少徵
7. 健釘	曾(?)

銘一七六　C. 65. 下 . 2. 1

1. 架	箐肄之少徵
2. 掛(虎 1)	箐肄之少徵
3. 掛(虎 2)	劉肄之大徵
4. 搭桿(1)	少徵
5. 搭桿(2)	少徵
6. 插銷	商顧
7. 鈎	羿曾

銘一七七　C. 65. 下 . 2. 2

1. 架	箐肄之商顧
2. 掛(虎 1)	劉肄之商顧
3. 掛(虎 2)	劉肄之商顧
4. 搭桿(1)	商顧
5. 搭桿(2)	商顧
6. 插銷	羿曾

銘一七八　C. 65. 下 . 2. 3～5

1. 掛(2. 3 几形桿 1)	箐肄之宫
2. 掛(2. 3 几形桿 2)	劉
3. 曲(2. 3 曲尺桿 1)	箐肄=(之)歸
4. 曲(2. 3 曲尺桿 2)	箐肄=(之)歸
5. 鈎(2. 3)	箐肄=(之)歸

6. 掛(2.4 几形桿 1)	劉肆之徵顫
7. 掛(2.4 几形桿 2)	箸肆之徵顫
8. 曲(2.4 曲尺桿 1)	劉肆之徵顫
9. 曲(2.4 曲尺桿 2)	箸肆之商
10. 掛(2.5 几形桿 1)	劉肆之商
11. 掛(2.5 几形桿 2)	劉肆之商
12. 曲(2.5 曲尺桿 1)	箸肆之商
13. 曲(2.5 曲尺桿 2)	箸肆之徵顫
14. 鉤(2.5)	箸肆之宫

銘一七九　C.65. 下 .2.6

1. 架	劉肆之徵顫
2. 掛(几形桿 1)	箸肆之宫
3. 曲(曲尺桿 1)	箸肆之宫
4. 曲(曲尺桿 2)	箸肆之宫

銘一八〇　C.65. 下 .2.7

1. 架	箸肆之大羿
2. 掛(虎 1)	劉肆之少羿
3. 掛(虎 2)	劉肆之少羿
4. 環	少
5. 環	羿

銘一八一　C.65. 下 .2.8

1. 架	箸肆之大徵
2. 掛(虎 1)	劉肆之大徵
3. 掛(虎 2)	劉肆之少徵
4. 插銷	大宫

5. 搭桿(1)	大徵
6. 搭桿(2)	大徵
7. 鈎	大徵
8. 楗釘	卅
9. 楗釘	大
10. 楗釘	鋟

銘一八二　C. 65. 下 . 2. 9

1. 架	簹肄之大鋟
2. 插銷	大鋟
3. 搭桿(1)	大鋟
4. 搭桿(2)	大鋟
5. 鈎	大鋟
6. 楗釘	少
7. 楗釘	徵

銘一八三　C. 65. 下 . 2. 10

1. 架	簹肄之商
2. 掛(虎 1)	簹肄之商
3. 掛(虎 2)	簹肄之商
4. 插銷	大商
5. 搭桿(1)	大商
6. 搭桿(2)	大商

銘一八四　C. 65. 中 . 1. 3

1. 架	簹肄之少商
2. 掛(框)	嬴孠之少商
3. 鍵(1)	珪(宣)鐘之大商角

4. 鍵(2)　　瑄(宣)鐘之少少商

銘一八五　C. 65. 中 . 1. 4

1. 架　　箸肄之少羿
2. 掛(框)　　贏孠少商之反
3. 鍵(1)　　瑄(宣)鐘之大商
4. 鍵(2)　　瑄(宣)鐘之少羿之反

銘一八六　C. 65. 中 . 1. 5

1. 架　　箸肄之下角
2. 掛(框)　　瑄(宣)鐘之下角之反
3. 鍵(1)　　贏孠之大宮角
4. 鍵(2)　　贏孠之大宮角

銘一八七　C. 65. 中 . 1. 6

1. 架　　箸肄之商
2. 掛(框)　　瑄(宣)鐘之少羿之反
3. 鍵(1)　　瑄(宣)鐘之少羿之反
4. 鍵(2)　　偟(黄)鐘之大宮角

銘一八八　C. 65. 中 . 1. 7

1. 架　　箸肄之宮
2. 掛(框)　　贏孠之大宮
3. 鍵(1)　　瑄(宣)鐘之大宮
4. 鍵(2)　　瑄(宣)鐘之大宮

銘一八九　C. 65. 中 . 1. 8

1. 架　　箸肄之羿

2. 掛(框)　　瑄(宣)鐘之大徵
3. 鍵(1)　　瑄(宣)鐘之大徵
4. 鍵(2)　　贏孠之大徵

銘一九〇　C. 65. 中 . 1. 9
1. 架　　箬肆之徵
2. 掛(框)　　傑(黄)鐘之少羿
3. 鍵(1)　　贏孠之少商之反
4. 鍵(2)　　贏孠之少羿

銘一九一　C. 65. 中 . 1. 10
1. 架　　箬肆之宫角
2. 掛(框)　　傑(黄)鐘之大徵
3. 鍵(1)　　傑(黄)鐘之少宫角
4. 鍵(2)　　傑(黄)鐘之少宫角

銘一九二　C. 65. 中 . 1. 11
1. 架　　箬肆之商
2. 掛(框)　　贏孠之大宫角
3. 鍵　　瑄(黄)鐘之大徵

銘一九三　C. 65. 中 . 2. 1
1. 架　　箬肆之羿反
2. 掛(框)　　瑄鐘之少商₌(之)反
3. 鍵(1)　　贏孠之大宫
4. 鍵(2)　　贏孠之少商之反

銘一九四　C. 65. 中 . 2. 2

1. 架	篖肆之角反
2. 掛(框)	贏孠之少羿
3. 鍵(1)	贏孠之大羿
4. 鍵(2)	瑄鐘之少羿

銘一九五　C. 65. 中 . 2. 3

1. 架	篖肆之少商
2. 掛(框)	瑄鐘之下角
3. 鍵(1)	瑄鐘之下角
4. 鍵(2)	贏孠之少羿

銘一九六　C. 65. 中 . 2. 4

1. 架	篖肆之少羿
2. 掛(框)	瑄鐘之大商
3. 鍵(1)	瑄鐘之下角
4. 鍵(2)	贏孠之下角

銘一九七　C. 65. 中 . 2. 5

1. 架	篖肆之下角
2. 掛(框)	瑄鐘之少商
3. 鍵(1)	贏孠之少商
4. 鍵(2)	贏孠之少商

銘一九八　C. 65. 中 . 2. 6

1. 架	篖肆之商
2. 掛(框)	瑄鐘之大宮角
3. 鍵(1)	瑄鐘之大宮角

4. 鍵(2) 　　　　　　　　　　　　　　　　𤣷鐘之大宫角

銘一九九　C. 65. 中 . 2. 7

1. 架 　　　　　　　　　　　　　　　　　劉肄之宫
2. 掛(框) 　　　　　　　　　　　　　　　嬴孠之下角
3. 鍵(1) 　　　　　　　　　　　　　　　嬴孠之大羿
4. 鍵(2) 　　　　　　　　　　　　　　　𤣷鐘之少商之反

銘二〇〇　C. 65. 中 . 2. 8

1. 架 　　　　　　　　　　　　　　　　　劉肄之羿
2. 掛(框) 　　　　　　　　　　　　　　　𤣷鐘之大商角
3. 鍵(1) 　　　　　　　　　　　　　　　𤣷鐘之大商角

銘二〇一　C. 65. 中 . 2. 9

1. 架 　　　　　　　　　　　　　　　　　簹肄之徵
2. 掛(框) 　　　　　　　　　　　　　　　𤣷鐘之大商
3. 鍵(1) 　　　　　　　　　　　　　　　嬴孠之大宫

銘二〇二　C. 65. 中 . 2. 10

1. 架 　　　　　　　　　　　　　　　　　簹肄之商角
2. 掛(框) 　　　　　　　　　　　　　　　保(黄)鐘之大宫角
3. 鍵(1) 　　　　　　　　　　　　　　　𤣷鐘之大商
4. 鍵(2) 　　　　　　　　　　　　　　　𤣷鐘之大商

銘二〇三　C. 65. 中 . 2. 11

1. 架 　　　　　　　　　　　　　　　　　簹肄之宫角
2. 掛(框) 　　　　　　　　　　　　　　　嬴孠之大商
3. 鍵(1) 　　　　　　　　　　　　　　　嬴孠之大商

4. 鍵(2) 贏孠之大商

銘二〇四 C. 65. 中 . 2. 12

1. 架 篕肆之商
2. 掛(框) 㑨(黄)鐘之大宮
3. 鍵(1) 珇鐘之下角之反
4. 鍵(2) 珇鐘之下角之反

銘二〇五 C. 65. 中 . 3. 1

1. 架 篕肆之翌
2. 掛(框) 贏孠之大徵
3. 鍵(1) 珇鐘之少商$_{=}$(之)反
4. 鍵(2) 㑨(黄)鐘之大商

銘二〇六 C. 65. 中 . 3. 2

1. 架 篕肆之商角
2. 掛(框) 㑨(黄)鐘之宮角
3. 鍵(1) 㑨(黄)鐘之宮角
4. 鍵(2) 㑨(黄)鐘之大宮角

銘二〇七 C. 65. 中 . 3. 3

1. 架 篕肆之宮角
2. 掛(框) 㑨(黄)鐘之少宮角
3. 鍵(1) 㑨(黄)鐘之少商
4. 鍵(2) 㑨(黄)鐘之少之反

銘二〇八 C. 65. 中 . 3. 4

1. 架 篕肆之商

2. 掛(框) 㑼(黄)鐘之少羿之反
3. 鍵(1) 㑼(黄)鐘之大徵
4. 鍵(2) 㑼(黄)鐘之大徵

銘二〇九 C. 65. 中 . 3. 5
1. 架 篁肄之羿
2. 掛(框) 瑄鐘之少羿
3. 鍵(1) 瑄鐘之少羿
4. 鍵(2) 㑼(黄)鐘之少羿之反

銘二一〇 C. 65. 中 . 3. 6
1. 架 篁肄之宫角
2. 掛(框) 贏孠之大羿
3. 鍵(1) 㑼(黄)鐘之宫角
4. 鍵(2) 㑼(黄)鐘之少商

銘二一一 C. 65. 中 . 3. 7
1. 架 篁肄之商
2. 掛(框) 瑄鐘之大宫
3. 鍵(1) 㑼(黄)鐘之大宫
4. 鍵(2) 㑼(黄)鐘=(之)之大宫

銘二一二 C. 65. 中 . 3. 8
1. 架 篁肄之宫
2. 掛(框) 㑼(黄)鐘之少羿
3. 鍵(1) 㑼(黄)鐘之少羿
4. 鍵(2) 㑼(黄)鐘之大羿

銘二一三　C. 65. 中 . 3. 9

1. 架	箬肄之羽
2. 掛(框)	倸(黄)鐘之大羽
3. 鍵(1)	倸(黄)鐘之大羽
4. 鍵(2)	倸(黄)鐘之少羽

銘二一四　C. 65. 中 . 3. 10

1. 架	箬肄之徵
2. 掛(框)	倸(黄)鐘之大商
3. 鍵(1)	韙鐘之大商
4. 鍵(2)	倸(黄)鐘之大商

※説明：本附録中的銘文編號，與後文圖版目録相對應，附録三同此。

附録三　曾侯乙編磬銘文釋文

銘二一五

1. C.53. 上.3 首

廿三

2. C.53. 上.3 面

濁劉肆之徵反

銘二一六

1. C.53. 上.4 首

廿八

2. C.53. 上.4 面

濁劉肆之宮反

3. C.53. 上.4 尾

濁劉肆之巽

銘二一七

1. C.53. 上.3 上

坪皇之鴃文王之少商

新鐘之巽

2. C.53. 上.3 下

新鐘之巽濁穆鐘之壴

濁劉肆之終

3. C.53. 上.4 上

坪皇之壴反文王之終反

4. C.53. 上.4 下

新鐘之少習曾濁獸鐘之
鴃濁穆鐘之大商

銘二一八
1. C. 53. 上 . 7 首
八
2. C. 53. 上 . 7 面
濁劉肄之下角

銘二一九
1. C. 53. 上 . 8 首
六
2. C. 53. 上 . 8 面
濁劉肄之商

銘二二〇
1. C. 53. 上 . 7 上
新鐘之習獸鐘之徵
2. C. 53. 上 . 7 下
新鐘之習濁坪皇之商
濁文王之宫
3. C. 53. 上 . 8 上
文王之習新鐘之徵

銘二二一
1. C. 53. 上 . 8 下
新鐘之徵濁坪皇之宫
2. C. 53. 上 . 9 上

文王之宫坪皇之商
劉𨬙之䆴
3. C. 53. 上 . 9 下
新鐘之大商曾濁獸鐘之
翏濁穆鐘之徵

銘二二二
1. C. 53. 下 . 1 面
劉𨬙之徵曾
2. C. 53. 下 . 1 上
穆鐘之䆴
3. C. 53. 下 . 1 下
新鐘之大宫曾濁新鐘之
翏濁獸鐘之徵
4. C. 53. 下 . 6 首
卅六
5. C. 53. 下 . 6 上
穆鐘之壴反劉𨬙之終反
6. C. 53. 下 . 6 尾
巽反
7. C. 53. 下 . 6 下
新鐘之少翏顛之反濁獸
鐘之
8. C. 53. 下 . 7 面
濁劉𨬙之翏顛
9. C. 53. 下 . 7 上
劉𨬙之醬宫
穆鐘之醬商

銘二二三

1. C. 53. 下 . 7 下

新鐘之商顀之鹽濁文王

之羿濁新鐘之徵

2. C. 53. 下 . 9 面

濁劉肆之商曾

3. C. 53. 下 . 9 上

坪皇之終箸

4. C. 53. 下 . 9 下

新鐘之大徵曾濁新鐘之

下角濁獸鐘之商濁穆鐘

之宫

附録四 《包山楚簡》部分釋文校釋

簡號	字形	原釋	今釋	注
2			⿰仌刀(份)	①
3		戱	戱(戡)	②
5		伅	伅(頓)	③
6		⿰𦣝頁(夏)	⿰复頁(履)	④
10		⿸疒垔	⿸疒羽	⑤
12		⿱艹戋(栽)	⿱艹𢦏(戚)	⑥
		⿰馬坴	⿰馬土(牡)	⑦
18		⿺辶亘	⿺辶旨	⑧
19		⿰民阝(?)	⿰安阝	⑨
20		孛	孝	⑩
		⿰耳三	⿰耳目(聽)	⑪
21		⿰飠百	⿰飠百(頓)	⑫
22		⿰巳阝	⿰云阝(涓)	⑬

簡號	字形	原釋	今釋	注
23		敀	敃	⑭
		亝	競	⑮
24		⿰魚隹	⿰魚隹(鸕)	
25		腰	腂(臞)	
28			贅	⑯
34		琛	琜(瑤)	
35		諑	諭	⑰
38		⿰彳屰	⿰弓屰(蠡)	
41		郖	郢(吐)	⑱
43		堚(軍)	均(郇)	
46		債	儥	⑲
		厚	碨	
47			耶(聽)	
48		豆	吐	
54		題	顊(履)	
55		追	逗	

簡號	字形	原釋	今釋	注
58		垞	埯	⑳
59		㞕(尾)	㞕(沙)	㉑
60		栽	我	
62		⿰戠阝	⿰𢦏阝	㉒
63		蓦	暮	
			求	
65		⿰彳巨	⿰弓巨	
70		⿰門或	⿰馬或	
72		⿰耳中	⿰耳中(聯)	
78		⿰㞕阝(⿰尾阝)	⿰㞕阝(沙)	
		㞕(尾)	⿺辶㞕(沙)	
80		馲(?)	䳭(?)	
82		鼊	鼉	
83		衰	(益)	㉓
85		騕	⿰鳥要(?)	
88			馭(?)	

簡號	字形	原釋	今釋	注
			⿱殹邑(?)	
		⿰臣罡	⿰臣蜀(?)	㉔
89		⿰女𢆶	⿰女絲(孌)	
90			⿰忄孝(?)	
93		⿰馬乘	駁	
94		⿰貝乘	⿱乘貝	㉕
95			⿱爫叕(腏)	
97			⿰阝兹(?)	
99		⿺辶阝	⿰号阝	㉖
100			⿱罒爾	
102		⿰目差	⿰目羌	㉗
103		⿱艹異	坙(踖?)	
107		⿱司心	⿱牙心	
109		⿱艹基	⿱艹坙	
111		⿰阝塞	⿰阝匋(陶?)	
			异(具)	

簡號	字形	原釋	今釋	注
113		⿰亻坴	達(?)	
116		⿱亽干	兮(?)	
119		⿰彳⿱亼豆	⿱穴吉(?)	㉘
120		邦	邦	㉙
121		問	閞(關)	
		⿰戈阝	邗	
		習(并)	皆	
121		劊	割	
122		⿰音⿱今彡	語(訢)	
		送(迈)	⿺辶殳(?)	
		吳	吳	
125		⿰音余	⿰黑余	
129		⿰⿱曲日阝	⿰曲阝(曲)	
130		⿰歹并	郱	
138		⿰貝枼	⿰貝枼	
139		戭	戧	

簡號	字形	原釋	今釋	注
139 反		澉	瀲(澉)	
141		𡫏(宓)	宓	
142			衠(衛)	
147			煮	
150			轐	㉚
			薾	
154		陜	陎(蔆)	
155		燰(?)	豛	
163		虐	虐	
		𩒫	䫌(履)	
164			末	
166		鄒(蔡)	邨	
167		贍	贍	
			鐲	㉛
		𨙷	𨙵(宅)	㉜
169		鄭	鄏(嗣)	㉝

簡號	字形	原釋	今釋	注
169		庚	商(?)	㉞
171			舲	
		反	厇([illegible])	
173		[illegible]	藡	
		昃	[illegible]	
182			[illegible]	
			[illegible]	
183			[illegible]	
184			[illegible]	
188		皷	坡	
219			商	
222		辜	犢牛	
		[illegible]	囚	
		[illegible]	[illegible](任?)	
225		祭	縏	
226		[illegible]	[illegible]	

簡號	字形	原釋	今釋	注
233		閔	閔(懸)	㉟
145		肯	寿(前)	
100		⿰糸肯	⿰糸寿(⿰糸前)	
126		⿰金肯	鋳(鍓)	
258		蘄	⿰禾寿	
261			(伏)	
263		⿰足坐	峗(跪?)	
265		⿺辶卂	⿺辶壬	
		⿰耳聿	⿰耳聿(聯)	
265		蘩	⿰糸蔦	
		釣	鈲	
		椹	枵	
266		否	窅(空)	
267		⿰車戈(軾)	軒	
		純	紁	
268			經(?)	

簡號	字形	原釋	今釋	注
		鼩	鼬(?)	
278 反		絧	緍	
95			鳴	
194			鳴	
185		鑵	矔(觀)	
170			塔	
231			取	
149			柂	
150			蓋(蔻)	
143			郛(郹)	

【注釋】

説明:《包山楚簡》一書近期刊出,這是參加此項工作的同志們共同努力的結果。整理小組的同志除科學拼接、整理、編排外,還做出了全部釋文和有些文字的考釋,爲研究者提供了方便。此書有益學林,功不可没。由於竹簡内容豐富,疑難文字較多,整理小組又是分工合作,因此,釋文及編排中出現某些失誤和有待商討之處是難免的。上面所列的"校釋",衹是剛剛見到此書後的一些初步認識和體會,不一定都對,提出來與大家共同討論,目的衹是爲了盡力弄清簡文,以便爲有關學科研究其他問題提供方便。竹簡有一字數見者,"校釋"衹列舉第一次出現(按竹簡編號)或字迹較清者號。該書後列"字形表",有些屬剪貼錯誤,釋文書寫中有的有筆誤,前後釋文有的有矛盾,暫不能識别之字也不少，這些均不在“校釋”之列。

①字數見。上从八，下从大，右从刀。古从大與从人每不别，如光、幾等字即是。疑此爲“份”字，象以刀分解人形。作爲地名的“份”疑假爲“汾”。《左傳》襄公十八年：楚“子庚帥師治兵于汾”。杜注：“襄城縣東北有汾丘城。”《戰國策·楚策一》：楚“北有汾陘之塞”。對其地有不同看法，詳諸祖耿撰《戰國策集注彙考》748頁注(5)。

②，簡10作，簡170作，从医从戈，可隸定作醫或殹。頗疑殹爲“戡”字别體，如同《説文》湛字古文作。作爲地名的殹(戡)當即湛。《左傳》襄公十六年：“楚公子格帥師及晉師戰于湛阪。”杜注：“襄城昆陽縣北有湛水，東入汝。”楊伯峻注：“湛水源出今河南寶豐縣東南，東經葉縣，至襄城縣境入於北汝河。湛水之北山有長坂，即此湛阪，在今平頂山市北。”簡3“殹”與“𠛩”連舉爲“𠛩殹之少僮”，簡10與𨛭連舉爲“𨛭殹上連嚻”，推測“殹”與𠛩、𨛭二地當距不遠，或者是同地别稱。其間的關係還值得深究。

③，《釋文》釋爲伅。古从人與从頁義近。伅字在此當假爲“頓”。《左傳》僖公二十三年：“楚成得臣帥師伐陳，討其貳于宋也。遂取焦、夷，城頓而還。”杜注：“頓國，今汝陰南頓縣。”即今河南項城縣西之南頓故城。

④履字本从舟从頁从止，見於西周金文。簡文幾見从舟而釋爲“夏”的人名，均應釋爲頣即履。古有履姓(氏)，見《姓苑》。

⑤，从疒从羽即痢字。下面“二”爲飾筆，如同簡251食作、簡2命作等。簡189有字，也應釋羽。簡188痢作。“痢亞夫”(188)即“羽亞夫”(189)。

⑥字或作、、、等，都應釋爲葳或戚，爲楚都名。説詳拙文《“郢”辨析》，載楚文化研究會編《楚文化研究論集(第二集)》，1991年3月湖北人民出版社出版。

⑦，又見於南越王墓所出楚虎節，作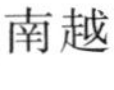。《説文》社字古文作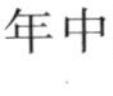，則駐即駐，亦即牡。虎節假駐爲馬(詳何琳儀《南越王墓虎節跋》，1990年中國歷

史文獻學會第十一屆年會論文)。簡文“大駐(馱)尹”爲官名，當讀爲“大馬尹”，可能是主管馬匹之官。“馬尹”或稱“大馬尹”，如同“司馬”或稱“大司馬”、“將軍”或稱“大將軍”。“大馬尹”當在“馬尹”之上。楚有“監馬尹”。

⑧，簡156詣作，旨形與此不同。《信陽楚墓》竹簡2-012號“七”作。疑此字从七从口，可隸定作迨。

⑨此字右旁上方不甚清晰，經仔細辨認，應是从安。

⑩字簡文多見，或作。此字又見於《古璽彙編》3611作、長沙楚帛書作，過去或釋孝，或釋孛。包山楚簡孛作（172）、䊯作（259），綍作（263）、㪗作（265），知孛作、孛作。《説文》孛作、孛作（殻旁）。金文考或作（師害簋），孝或作（番君匜从食），楚銅量作，徐賕尹鼎作、，三體石經古文作（假孝爲殽）。因此，當是孝形省變。至于簡文蔆作（153）、慭作（15反）等，構形“”相同而文字有别。《疋獄》簡80～102每綴以“某某識之，某某爲孝”語，《考釋》㉛解“識”爲“審也”，則“孝”當爲考（典籍孝、考二字每互作），即“考校”之義。《國語・晉語》：“考省不倦。”《釋名・釋喪制》：“獄死曰考竟。考得其情，竟其命於獄也。”簡132反、簡254，是否可釋爲老、銠（老有从止作者），還有待證明。官名“賕尹”，當爲“考尹”，即主考校之官。

⑪，簡47與此同字作，則爲“”形寫糊狀，如同簡26宫作、簡32塙作等。聽字古本从耳从口，作、（甲骨文）、、、（金文）、（三體石經）等。因此，耶、聑即古聽字。

⑫䭫即頠，如同頭字作（蔡侯鼎），又作（古璽），顔字作（五祀衛鼎）等。《説文》：“頠，出頟也。从頁，隹聲。”

⑬字又見於鄂君啓舟節作，殷滌非先生釋爲“邔”，讀爲涓水之

“湞”(《“鄂君啓節”兩個地名簡説》,《中華文史論叢》第六輯, 1965 年)。根據目前的研究成果, 殷説可從(可參考朱德熙、李家浩《鄂君啓節考釋(八篇)》, 1988 年中國古文字研究會論文)。

⑭當是旦字。旦字甲骨文作, 下从丁。古璽丁字多作(《古璽文編》7.3), 三體石經古文作。同一人名, 簡 97 作, 而 96 作(但), 可證。

⑮又見於簡 81。競字古作、(甲骨文)、(金文)等, 或从訓作(毛公旅鼎)。疑爲之省變。

⑯字簡 157 作。此字應該就是金文的、(見《金文編》卷三䇂下)。克鼎“錫贅無疆”, 義同釐。簡 28“贅尹”爲官名, 從内容分析, 其地位不低。釐屬來母之部, 藍屬來母談部。疑“贅尹”可能就是“藍尹”。《楚書》云:“藍尹、陵尹分掌山澤, 位在朝廷。”

⑰《侯馬盟書》俞作、, 諭作、。簡文形類同。金文俞作、等(見《金文編》)。

⑱古璽均作, 或作, 坡作(《古璽文編》卷十三)等, 可能類同, 即右形从口从土。姓氏郢當是吐。

⑲字數見, 作(52)、(55)、(64)、(152)、(174)等, 與惪作(62)、(209)、(245)等有別, 而與君夫簋字類同, 故釋爲債。簡 240 、簡 247 , 也可能是瘄和瘄。

⑳, 簡 157 作, 簡 172 作, 簡 183 作, 簡 191 作。此形與从乇之(277 紑)、(265 讬)等構形不同, 而與从屯之(263 純)、(5 伅)等構形類似, 故當釋爲埨。“宣王之埨”“愄(威)王之埨”的“埨”當

讀如窀。《説文》:“窀，葬之厚夕。从穴，屯聲。《春秋傳》曰：窀穸從先君於地下。”《左傳》襄公十三年記楚共王語曰：“若以大夫之靈，護保首領以歿于地，唯是春秋窀穸之事……”杜注：“窀，厚也。穸，夜也。厚夜，猶長夜。春秋，謂祭祀。長夜，謂葬埋。”簡文之義當是指宣王、威王埋葬之地。

㉑字或作、(78)，應隸作𡰱、𨒌、郻，讀爲沙。金文“彤沙”之“沙”，或作(逆鐘)、(師毀簋)，郭沫若先生認爲其“即沙綏字之本字也。其字从尾，沙省聲”(《金文叢考》)。《汗簡》録《義雲切韻》沙就作，即譌(詳拙著《〈汗簡〉注釋》303 頁)。“長𡰱(𨒌、郻)”即“長沙”。

㉒此字簡 185 兩見，並作。此字如果不从戈，釋其爲“郱”，是可以的，如簡 265 鉼作、簡 85 胼作等。但這個字所从的是一個整體，爲會意字，見於甲骨文作、等(《甲骨文編》12. 16)。簡文衹是旁下多了一横，這與中山王圓壺北作，侯馬盟書尼作、伐作等類同。簡 16 皆作，簡 273 作，是其佐證。故應釋𢦏。《説文》𢦏字正篆作，“絶也。一曰田器。从从持戈。古文讀若咸，讀若《詩》云‘攕攕女手’”。“𢦏郢”爲楚又一都名，確切地點待考。

㉓簡 87 歘作，所从之，與《汗簡》所録《説文》衰作、《義雲章》作(假衰爲催)類同(參拙著《〈汗簡〉注釋》348 頁)，而與形有别。形又見於古璽、侯馬盟書、三體石經益字古文。《説文》嗌字籀文作。當依《説文》釋爲嗌，字書又多假爲益。如《古文四聲韻·昔韻》録《古老子》益作、《古尚書》作等。簡 110、簡 118 等字即賹。因此，簡文應釋讀爲嗌或益。“易”即“益陽”，爲地名，在湖南益水之陽。

㉔即(周原甲骨)、(班簋)之簡省。簡文旁均應釋爲蜀，而不應隸作罜。此字左旁是否从"匠"，難以確定。

㉕當釋爲賫，詳拙文《考辨》，載《江漢考古》1991年1期。又，簡文(95)、(141)等所从之，可能就是形的變體，均當釋爲豬、儲。而簡166的，又是由形演變的(即→→)。

㉖字又見簡173，右旁與隨州劉家崖所出豆形器之旁類同，或即号(説詳"卲豆")，故即鄂字。《説文》："鄂，南陽淯陽鄉。从邑，号聲。"簡文"鄂昜(陽)"説不定就是"育陽"。育屬喻母覺部，号屬匣母宵部，二字讀音相近。

㉗古羌與年均从人形，羌字的演變爲→→→，與年字的演變→→類同，故古文字中的形均應釋爲"羌"。

㉘簡119兩見，作、，與長沙楚帛書"造"字作形類同，衹是多了上面一筆。疑是窖，借用"告"上一筆作""。故釋爲窖，即造。古文字中"造"字从宀者多見。

㉙字見於120、121、123等簡。簡130"大夫"作，"夫"字分開寫爲"土""大"，與字右旁形同。故釋爲邽。

㉚簡26登作，簡175作，簡164作等，故認爲字右旁爲"登"形省變，釋爲輕。

㉛《信陽楚墓》竹簡1-01色字作，故簡文从之(167、170)、(171)等字，應釋觸、舲等。

㉜與从反之返作(簡122)、板作(簡43)不同，簡99之與簡171之也不同。是"反"，則爲"乇"。簡文"東邔"或"東乇"爲地名，

見於望山 M1 楚簡，作“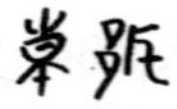”和“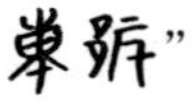”“(石)”等(見中山大學古文字學研究室《荆州望山一號墓楚竹簡(占禱)》摹本)。

㉝簡 169 作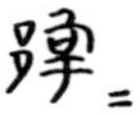、簡 175 作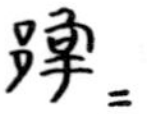，其下均有合文號。此字不可能是从“其”。其形與曾侯乙編鐘律名“贏孠”之孠作、、、、等類同，故當隸作郮，釋爲“嗣”(孠即《説文》嗣字古文)。此合文爲地名，其地待考。曾侯乙墓材料，見《曾侯乙墓》報告。

㉞詳朱德熙、李家浩《鄂君啓節考釋(八篇)》，見注⑬。

㉟閔爲閔譌。此字見於《汗簡》、《古文四聲韻》、古璽等。《説文》閔讀若縣。説詳拙文，見《古文字研究》第十五輯。

湖北出土商周銅器中的族氏文字

 一

天曾卯尊 3

 四〇

大爵 51

 九

祖丙爵 13

祖☐爵 135

 二四五

㚇父戊鼎 135

父己爵 八 12

父戊爵 三九 49

北子鼎 二七五 161

北子甗 二七六 161

 五

父乙觶 7

 六四

父辛爵 76

 六六

父癸觶 76

 六五

父乙爵 77

 一〇

爵 14

 二四一

黽乎簋 129

※説明：

漢字數字表示銘文編號，編號又見後圖版目録；阿拉伯數字表示正文頁碼。後湖北出土兩周有銘銅器分國目録、湖北出土商周文字分類目録同此。

湖北出土兩周有銘銅器分國目録

	(銘文編號)	(正文頁)
鄂		
鄂侯尊	六八	78
長		
長子狗鼎	二	5
父乙卣		5
唐		
陽食生簋蓋	二三四	125
場食生匜	二三五	125
孟姬旨簋	二三三	124
鄧		
鄧公牧簋	四一	49
侯氏簋	四二、四三	50
鄧公乘鼎	四七	54
鄧尹疾鼎	四八	55
鄧子午鼎	三四	42
鄧𩜁鼎	三一〇	186
中		
中方鼎一	二〇	26
中方鼎二	二一	27
中方鼎三	二二	28
中鼎	二五	31
中觶	二四	31
中甗	二三	32

圓寶鼎(一、二)	二七	35
方寶甗	二六	35
盅子䵼鼎蓋	三五	42
帀子寳缶	五九	70
盅鼎	八六	89
洛叔鼎	八七	90
盜叔壺	八四	90
盜叔戈		90
連迂鼎	八二、八三	88
之壺	八九	89
羅		
䑕父簠	二四八	138
䑕父匜	二四七	138
叨孳		
叨孳簋	三一	39
白		
白碩夆盤	一一、一二	15
䜌伯盤	一三	15
叚		
叚仲酎履盤	二四四	132
黽		
黽乎簋	二四一	129
鄁		
鄁公湯鼎	七三	85
鄁公伯韲簋	七四	85
廓		
廓季之伯歸夌鼎	七一	82
廓季之伯歸夌盤		82

北		
北子鼎	二七五	161
北子甗	二七六	161
翏作北子乍簋	二七九	162
翏作北柞簋	二八〇	162
小臣卣	二七八	162
小臣觶	二七七	163
小臣尊		163
鄀		
上鄀府簠	四六	53
蠚兒罍	五八	69
鄴		
鄴伯受簠	二八一	165
鄴之寶戈	二九一	171
番		
番中戈	二五七	147
許		
許公買簠	三六	43
鄦之散戈	二五九	148
黄		
黄季鼎	八一	87
黄朱柁鬲	二四二	129
息		
郋子行盆	九九	101
陳		
陳公子仲慶簠	九二	96

蔡		
蔡太史鉚	三二	42
蔡大善夫趣簠	六二	73
蔡侯朱之缶	六一	73
蔡公子缶	五四	60
徐		
徐王義楚之元子羽劍	五二	58
徐太子伯辰鼎	二五〇	139
沇兒鐘	二七四	160
吳		
夫差劍	五三	61
夫差矛	二九六	176
越		
勾踐劍	二九八	178
州勾劍一	二六二	153
州勾劍二	三〇四	181
州勾劍三	二五三	143
越王劍		181
者旨於賜劍	二九三	174
玄翏夫鋁戈	二九七	177
翏鋁戈	五七	66
王字矛一	一八	24
王字矛二	二八九	170
王字矛三	三〇六	183
夫用戈	八五	119
巴		
包山 M4 銅鐏戈	一七三	159
大武闢兵戈	二六一	152

粖戈	三一二	184
曾侯乙墓四字待考戈	一五一	105
魯		
㕢父鼎	一六、一七	22
杞		
杞伯每亡簋	三三	40
郕		
盛君縈簠	二二九	119
魏		
綒戈	七	7
邨丘戈	二八二	168
鄴下庫戈	三〇五	182
鄭		
鄭臧公之孫鼎	五五	62
鄭臧公之孫缶	五六	62
秦		
卅六年扁壺	九五	98
積字印	二五五	144
周		
公太史方鼎	三、四	6
公太史簋		7
衛尊	三〇	39
曾		
曾伯從寵鼎	三七	41
曾仲子敔鼎	四四	50
曾孟嬭諫盆	四五	52
起右盤	六七	79
曾孫定鼎	六九	80

曾都尹定簠	七〇	81
白斁鬲	七二	82
曾太師簋		83
曾伯文簋	七六、七七	86
曾伯文鑐	七八	87
曾仲大父蛕簋	七九、八〇	87
卲豆	八八	91
歐鼎	九〇	95
歐盞	九一	96
曾大攻尹季怡戈	九三	97
周王孫季怡戈	九四	97
曾仲之孫䡎叡戈	九六	100
曾子原魯簠	九七	100
曾侯鐘一	二八	36
曾侯鐘二	二九	37
楚王酓章作曾侯乙鎛	一〇〇	108
曾侯乙編鐘		107
曾侯乙銅器	一〇二~一四一	107
曾侯乙兵器	一四二~一五三	104
曾侯郕兵器	一四四~一六七	103
曾侯遐(腜)兵器	一五四~一六〇	103
君軖鉺車軎	一六八	106
曾侯絴伯戈	二三〇	122
曾子仲謱鼎	二三一	123
執伯戈	二三二	123
曾太師旁樂鼎	二三六	127
曾子單鬲	二三七	127
斿父鼎	二三八	128

斿父方壺	二四〇	128
斿父豆	二三九	129
楚		
楚公逆鎛	一四、一五	17
羕陵公戈	三八	44
陳往戟	一九	24
楚子夜鄭敦	五一	55
子季嬴青簠	五〇	56
浴缶	四九	57
新弨戟	六〇	72
王字畫印	六三	75
楚屈子赤角簠	九八	100
旟作蒌戈	一四三	104
析君墨脣戟	一六四	105
挪君戟	一六五	106
鼎之戍瑦(鼎)	二四三	132
王孫遺者鐘	二四六	136
永陳缶	二五一	141
奠字劍	二四九	141
章子䣄尾戈	二五二	142
冶戈劍	二五四	145
楚子适鼎	二五六	146
王孫霥簠	二五八	148
救秦戎鐘	二六〇	149
鬹君戈	二八三	166
楚王孫漁戟一	二八四	168
楚王孫漁戟二	二八五	168
周旟戈	二九二	172

鄘公戈	二九四	172
君字車害	二八八	170
王字書刀一	二七二	158
王字書刀二	三〇一	180
王字書刀三	三〇九	184
鍶字印		184

※説明：

所分國别與我們所論述的意見不盡相同，主要是考慮到學術界的不同意見。僅供參考。

湖北出土商周文字分類目録

	（銘文編號）	（正文頁）
食器		
鼎		
長子狗鼎 1	二	5
公太史鼎 4	三、四	6
㢸父鼎 2	一六、一七	22
中方鼎 3	二〇～二二	26
中鼎 1	二五	31
圓寶鼎 2	二七	35
曾伯從龍鼎 1	三七	41
鄧子午鼎 1	三四	42
盅子䱷鼎蓋 1	三五	42
曾仲子敔鼎 1	四四	50
鄧公乘鼎 1	四七	54
鄧尹疾鼎 1	四八	55
鄭臧公之孫鼎 2	五五	62
曾孫㝃鼎 1	六九	80
歸䞊鼎 2	七一	82
鄁公湯鼎 1	七三	85
季嬴鼎 1	八一	87
連迂鼎 2	八二、八三	88
盅鼎 1	八六	89
洜叔鼎 1	八七	89
䣄鼎 1	九〇	95

以下前面加※者爲曾侯乙墓器

※束腰平底鼎 9	一〇三	
※大鼎 2	一〇四、一〇五	
※蓋鼎 7	一〇九~一一一	
※小口鼎 1	一三九	
曾子仲謱鼎 1	二三一	123
曾太師鼎 1	二三六	127
斿父鼎 2	二三八	128
鼎之戍瑪(鼎)1	二四三	132
㚇父戊鼎 1	二四五	135
徐太子伯辰鼎 1	二五〇	139
楚子适鼎 1	二五六	146
北子鼎 1	二七五	161
鄧鱶鼎 1	三一〇	186

簋

公太史簋 2		7
叨孳簋 1	三一	39
杞伯每亡簋 1	三三	40
鄧公牧簋 1	四一	49
侯氏簋 2	四二、四三	50、58
曾太師簋 2		83
鄁公伯韭簋 2	七四	85
曾伯文簋 4	七六、七七	86
曾仲大夫蠢簋 2	七九、八〇	87
孟姬旨簋 2	二三三	124
陽食生簋蓋 1	二三四	125
黽乎簋 2	二四一	129

翏作北子乍簋 1	二七九	162
翏作北柞簋 1	二八〇	162
※曾侯乙簋 8	一一三	
鬲		
白榖鬲 1	七二	82
※曾侯乙小鬲 9	一一二	
曾子單鬲 1	二三七	127
黄朱柁鬲 2	二四二	129
甗		
中甗 1	二三	32
方寶甗 1	二六	35
北子甗 1	二七六	161
簠		
許公買簠 1	三六	43
上鄀府簠 1	四六	53
子季嬴青簠 1	五〇	56
蔡大善夫趣簠 1	六二	73
曾都尹定簠 2	七〇	81
陳公子仲慶簠 1	九二	96
曾子原魯簠 1	九七	100
楚屈子赤角簠 1	九八	100
※曾侯乙簠 4	一一四	
盛君縈簠 1	二二九	119
痯父簠 2	二四八	138
王孫霖簠 1	二五八	148

鄴伯受簠 1	二八一	165
豆		
卲豆 2	八八	91
斿父豆 2	二三九	129
※淺盤豆 2	一一五、一一六	
※蓋豆 1	一一七	
郝公秅豆 1	三一一	185
敦		
楚子夜鄴敦 1	五一	55
盞		
㪨盞 1	九一	96
盆		
曾孟嬭諫盆 1	四五	52
鄎子行盆 1	九九	101
匕		
※曾侯乙匕 4	一一八～一二〇	

水器

盤		
白碩奓盤 1	一一、一二	15
䜌伯盤 1	一三	15
起右盤 1	六七	79
歸妻盤 1	（器圖、銘文見下編）	82

叚仲酳履盤 1	二四四	132
※曾侯乙盤 1	一三三	

匜

塲食生匜 1	二三五	125
䢅父匜 1	二四七	138
※曾侯乙匜 2	一三四、一三五	

鑑

※曾侯乙圓鑑 2	一二九、一三〇	

壺

之壺 1	八九	89
盞叔壺 2	八四	90
卅六年扁壺 1	九五	98
斿父方壺 2	二四〇	128
※聯禁大壺 2	一二一	
※提鏈壺 2	一二三	

缶

浴缶 1	四九	57
蔡公子缶 1	五四	60
※盥缶 4	一三二	

酒器

爵

父丁爵 1		4
父丁爵 1	六	7

父己爵 1	八	12
祖丙爵 1	九	13
酉字爵 1	一〇	14
父戊爵 1	三九	49
爵 1	四〇	51
父辛爵 1	六四	76
尊爵 1		127
祖▨爵 1		135
父乙爵 1	六五	77
觶		
父乙觶 1	五	7
中觶 1	二四	31
父癸觶 1	六六	76
小臣觶 1	二七七	163
尊		
天黿卬尊 1	一	3
衛尊 1	三〇	39
鄂侯尊 1	六八	78
小臣尊 1		163
※曾侯乙尊盤 1 套	一二五	
卣		
父乙卣 1		5
小臣卣 1	二七八	162
罍		

蔡兒罍 1	五八	69
鑐		
曾伯文鑐 1	七八	87
鉌		
蔡太史鉌 1	三二	42
缶		
蔡公子缶 1	五四	60
鄭臧公之孫缶 2	五六	62
邙子䨻缶 1	五九	70
蔡侯朱之缶 1	六一	73
永陳缶 1	二五一	141
※大尊缶 2	一二二	
※鑑缶 2 套	一二四	
勺		
※曾侯乙勺 2	一二八	

樂器

鐘、鎛		
王孫遺者鐘 1	二四六	136
沇兒鐘 1	二七四	160
救秦戎鐘 1	二六〇	149
曾侯鐘 2	二八、二九	36、37
楚王酓章作曾侯乙鎛 1	一〇〇	108
※曾侯乙編鐘 64		107

※編鐘架、掛等銘 196　一七三~二一四　117
楚公逆鎛 1　一四、一五　17

磬
※曾侯乙編磬 31　二一五~二二三　109
※編磬架怪獸舌部銘 1　一二七
※磬匣刻文 3　二二四~二二八

兵器
戈
綒戈 1　七　7
羕陵公戈 1　三八　44
盜叔戈 1　90
曾大攻尹季怡戈 1　九三　97
周王孫季怡戈 1　九四　97
奉𪊨戈 1　九六　100
夫用戈 1　八五　119
鞁伯戈 1　二三〇　122
執伯戈 1　二三二　123
章子䣄尾戈 1　二五二　142
番中戈 1　二五七　147
許戈 1　二五九　148
大武闢兵戈 1　二六一　152
包山 M4 銅鐏戈 1　一七三　159
蠚君戈 1　二八三　166
邨丘戈 1　二八二　168
郲戈 1　二九一　171
周𣃘戈 1　二九二　172

龏阝公戈 1	二九四	172
玄翏戈 1	二九七	177
鄴下庫戈 1	三〇五	182
粖戈 1	三一二	184
※旟作蒦戈 2	一四四	104
※曾侯乙之走戈 35	一四二、一四六	104
※曾侯邚作時戈 5	一四四、一四五	103
※曾侯邚用戈 2	一四七	103
※曾侯乙用戈 2	一四八、一四九	104
※曾侯乙寣戈 1	一五〇	104
※四字待考戈 1	一五一	105
翏鋁戈 1	五七	66

戟

陳往戟 1	一九	24
新弨戟 1	六〇	72
楚王孫漁戟 2	二八四、二八五	168
※曾侯乙用戟 2 柄	一五二、一五三	104
※曾侯遡行戟 5 柄	一五四、一五五	103
※曾侯邚行戟 11 柄	一五六、一五七	103
析君墨臂戟 1	一六四	105
掷君戟 1	一六五	106

殳

曾侯邚殳 3	一六七	103

劍

徐王義楚之元子羽劍 1	五二	58
吳王夫差劍 1	五三	61
奠字劍 1	二四九	141
越王州勾劍 1	二五三	143
越王州勾劍 1	二六二	153
越王州勾劍 1	三〇四	181
冶戈劍 1	二五四	145
越王勾踐劍 1	二九八	178
者旨於賜劍 1	二九三	174
越王劍 1		182

矛

王字矛 1	一八	24
王字矛 1	二八九	170
王字矛 1	三〇六	183
吳王夫差矛 1	二九六	176

軎

君字車軎 1	二八八	170
君軴鉺車軎 1	一六八	106

簡版、墨書等

襄陽出土竹簡		68
曾侯乙墓竹簡 240	一〇一	116
包山 M2 竹簡 278	二六三	154
包山 M2 竹牘 1	二六四	156
天星觀竹簡 70 余	二八六	169
九店竹簡 170 余段		175

秦家咀竹簡 41		175
望山 M1 竹簡 30	三〇二	179
望山 M2 竹簡 13	三〇三	180
藤店竹簡 24		181
雨臺山竹律管 4	二九五	173
包山 M2 竹籤牌文字 30	二六五	157
包山 M2 木籤牌文字 5	二六六	157
※衣箱 E. 66 二十八宿 1	一七〇	110
※衣箱 E. 61 墨書 1	一七一	114
包山 M2 馬身甲内側漆書 2	二六九	158
包山王字刻刀 1	二七二	158
望山王字書刀 2	三〇一	180
紀南城王字書刀 1	三〇九	184
木俑文字 1	三〇七	182

其他

※衣箱 E. 45、E. 61、E. 66、E. 67 刻文 4	一七二	109
包山 M1 槨蓋編碼 7	二六七	158
包山 M2 馬身甲内側刻文 1	二六八	158
望山 M2 烙印 2	二九九、三〇〇	178
王字畫印 1	六三	75
積字印 1	二五五	144
包山 M2 封泥 2	二七〇、二七一	158
天星觀 M1 封泥 2	二九〇	171
鍶字印 1	三〇八	184
※鼎鈎 14	一〇六～一〇八	
※過濾器 1	一二七	

※漏鏟 1	一三一	
※斗 1	一三六	
※炭爐 1	一三七	
※箕 1	一三八	
※鈎形器 1	一四〇	
※鹿角立鶴 1	一四一	
雇侯骨管 1	二八七	170

貨幣文字	附録一

※説明:

器物名後的阿拉伯數字表示數量。

圖版目録

一　天嗇卬尊

二　長子狗鼎

三　公太史方鼎 M30：3

四　公太史方鼎 M30：4

五　父乙觶

六　父丁爵

七　緐戈

八　父己爵

九　祖丙爵

一〇　酉字爵

一一　白碩𡚸盤（照片）

一二　白碩𡚸盤（拓片）

一三　繺伯盤

一四　楚公逆鎛（復齋本一）

一五　楚公逆鎛（復齋本二）

一六　㢀父鼎一

一七　㢀父鼎二

一八　王字矛

一九　陳往戈

二〇　中方鼎一

二一　中方鼎二

二二　中方鼎三

二三　中甗

二四　中觶

二五　中鼎

二六　方寶甗

二七　圓寶鼎

二八　曾侯鐘一

二九　曾侯鐘二

三〇　衛尊

三一　叨孳簋

三二　蔡太史鉌

三三　杞伯每亡簋

三四　鄧子午鼎

三五　盅子蠠鼎蓋

三六　許公買簠

三七　曾伯從龍鼎

三八　羕陵公戈

三九　父戊爵

四〇　爵

四一　鄧公牧簋

四二　侯氏簋一

四三　侯氏簋二

四四　曾仲子敔鼎

四五　曾孟嬶諫盆

四六　上鄀府簠
四七　鄧公乘鼎
四八　鄧尹疾鼎
四九　浴缶
五〇　子季嬴青簠
五一　楚子夜鄴敦
五二　郐王義楚之元子劍
五三　吳王夫差劍
五四　蔡公子簠
五五　鄭臧公之孫鼎
五六　鄭臧公之孫缶
五七　翏鋁戈
五八　蓋兒罍
五九　邨子賓缶
六〇　新弨戟
六一　蔡侯朱之缶
六二　蔡大善夫趣簠
六三　王字畫印
六四　父辛爵
六五　父乙爵
六六　父癸觶
六七　起右盤
六八　鄂侯尊
六九　曾孫定鼎
七〇　曾都尹定簠
七一　歸臺鼎
七二　白毄鬲
七三　鄁公湯鼎
七四　鄁公伯韭簋
七五　鄁公伯韭簋蓋
七六　曾伯文簋一
七七　曾伯文簋二
七八　曾伯文鐳
七九　曾仲大夫蛕簋一
八〇　曾仲大夫蛕簋二
八一　季嬴鼎
八二　連迂鼎一
八三　連迂鼎二
八四　盜叔壺
八五　夫用戈
八六　盅鼎
八七　洜叔之行鼎
八八　邵豆
八九　之壺
九〇　敵鼎
九一　敵盞
九二　陳公子仲慶簠
九三　曾大攻尹季怡戈
九四　周王孫季怡戈
九五　卅六年扁壺
九六　柰戲戈
九七　曾子原魯簠
九八　楚屈子赤角簠

九九　鄎子行盆
※　一〇〇至二二八爲曾侯乙墓文字
一〇〇　楚王酓章作曾侯乙鎛
一〇一　竹簡
一〇二　編磬架怪獸舌部銘
一〇三　束腰平底鼎 C. 89
一〇四　大鼎 C. 96
一〇五　大鼎 C. 97
一〇六　鼎鈎 C. 155
一〇七　鼎鈎 C. 154
一〇八　鼎鈎 C. 153
一〇九　蓋鼎 C. 98
一一〇　蓋鼎 C. 103
一一一　蓋鼎 C. 102
一一二　小鬲 C. 163
一一三　簋 C. 109
一一四　簠 C. 123
一一五　淺盤豆 C. 195
一一六　淺盤豆 C. 196
一一七　蓋豆 C. 194
一一八　Ⅲ式匕 C. 171
一一九　Ⅰ式匕 C. 183
一二〇　Ⅱ式匕 C. 169
一二一　聯禁大壺 C. 132
一二二　大尊缶 N. 5
一二三　提鏈壺 C. 182
一二四　鑑缶 C. 141
一二五　尊盤之尊 C. 38
一二六　尊盤之盤 C. 38
一二七　過濾器 C. 23
一二八　勺 C. 138
一二九　圓鑑 C. 128 蓋
一三〇　圓鑑 C. 128 身
一三一　漏鏟 C. 167
一三二　盥缶 C. 189
一三三　盤 C. 148
一三四　匜 C. 190
一三五　匜 C. 147
一三六　斗 C. 170
一三七　炭爐 C. 166
一三八　箕 C. 168
一三九　小口鼎 C. 185
一四〇　鈎形器 C. 191
一四一　鹿角立鶴 E. 37
一四二　曾侯乙走戈 N. 288
一四三　旛乍䔨戈 N. 224
一四四　曾侯邚作時戈 N. 225
一四五　曾侯邚作時戈 N. 3
一四六　曾侯乙走戈 N. 236
一四七　曾侯邚用戈 N. 215
一四八　曾侯乙用戈 N. 221
一四九　曾侯乙用戈 N. 222
一五〇　曾侯乙寎戈 E. 150

一五一　四字不識戈 E. 121
一五二　曾侯乙用戟 N. 211
一五三　曾侯乙用戟 N. 209
一五四　曾侯遻行戟 N. 205
一五五　曾侯遻行戟 N. 206
一五六　曾侯邚行戟 N. 130
一五七　曾侯邚行戟 N. 127
一五八　曾侯邚之戟 N. 105
一五九　曾侯臩用戟 N. 133
一六〇　曾侯臩用戟 N. 62
一六一　曾侯邚行戟 N. 184
一六二　曾侯邚作時戟 N. 115
一六三　曾侯邚作時戟 N. 76
一六四　析君墨脅戟 N. 122
一六五　挪君戟 N. 70
一六六　曾侯邚戟 N. 71
一六七　曾侯邚殳 N. 290
一六八　君軴車軎 N. 157
一六九　衣箱 E. 66 照片、摹本
一七〇　二十八宿摹本
一七一　衣箱 E. 61 墨書文字
一七二　衣箱 E. 67、E. 45、E. 66、E. 61 刻文
一七三　編鐘 C. 65 下 1. 1 架掛
一七四　編鐘 C. 65 下 1. 2 架掛
一七五　編鐘 C. 65 下 1. 3 架掛
一七六　編鐘 C. 65 下 2. 1 架掛
一七七　編鐘 C. 65 下 2. 2 架掛
一七八　編鐘 C. 65 下 2. 3~2. 5 架掛
一七九　編鐘 C. 65 下 2. 6 架掛
一八〇　編鐘 C. 65 下 2. 7 架掛
一八一　編鐘 C. 65 下 2. 8 架掛
一八二　編鐘 C. 65 下 2. 9 架掛
一八三　編鐘 C. 65 下 2. 10 架掛
一八四　編鐘 C. 65 中 1. 3 架掛
一八五　編鐘 C. 65 中 1. 4 架掛
一八六　編鐘 C. 65 中 1. 5 架掛
一八七　編鐘 C. 65 中 1. 6 架掛
一八八　編鐘 C. 65 中 1. 7 架掛
一八九　編鐘 C. 65 中 1. 8 架掛
一九〇　編鐘 C. 65 中 1. 9 架掛
一九一　編鐘 C. 65 中 1. 10 架掛
一九二　編鐘 C. 65 中 1. 11 架掛
一九三　編鐘 C. 65 中 2. 1 架掛
一九四　編鐘 C. 65 中 2. 2 架掛
一九五　編鐘 C. 65 中 2. 3 架掛
一九六　編鐘 C. 65 中 2. 4 架掛
一九七　編鐘 C. 65 中 2. 5 架掛
一九八　編鐘 C. 65 中 2. 6 架掛
一九九　編鐘 C. 65 中 2. 7 架掛
二〇〇　編鐘 C. 65 中 2. 8 架掛
二〇一　編鐘 C. 65 中 2. 9 架掛
二〇二　編鐘 C. 65 中 2. 10 架掛

二〇三　編鐘 C. 65 中 2. 11 架掛
二〇四　編鐘 C. 65 中 2. 12 架掛
二〇五　編鐘 C. 65 中 3. 1 架掛
二〇六　編鐘 C. 65 中 3. 2 架掛
二〇七　編鐘 C. 65 中 3. 3 架掛
二〇八　編鐘 C. 65 中 3. 4 架掛
二〇九　編鐘 C. 65 中 3. 5 架掛
二一〇　編鐘 C. 65 中 3. 6 架掛
二一一　編鐘 C. 65 中 3. 7 架掛
二一二　編鐘 C. 65 中 3. 8 架掛
二一三　編鐘 C. 65 中 3. 9 架掛
二一四　編鐘 C. 65 中 3. 10 架掛
二一五　編磬 C. 53 上 3 首面
二一六　編磬 C. 53 上 4 首面尾
二一七　編磬 C. 53 上 3 上下、上 4 上下
二一八　編磬 C. 53 上 7 首面
二一九　編磬 C. 53 上 8 首面
二二〇　編磬 C. 53 上 7 上下、上 8 上
二二一　編磬 C. 53 上 8 下、上 9 上下
二二二　編磬 C. 53 下 1 面上下、下 6 首上尾下、下 7 面上
二二三　編磬 C. 53 下 7 下、下 9 面上下
二二四　磬匣 N. 9 蓋上刻文
二二五　磬匣 N. 9 器身槽頭刻文
二二六　磬匣 N. 9 蓋身刻文
二二七　磬匣 N. 7 蓋上刻文
二二八　磬匣 N. 7 器身槽頭刻文
二二九　盛君縈簠
二三〇　䩰伯戈
二三一　曾子仲謱鼎
二三二　執伯戈
二三三　孟姬旨簋
二三四　陽食生簋蓋
二三五　場食生匜
二三六　曾太師鼎
二三七　曾子單鬲
二三八　斿父鼎
二三九　斿父豆
二四〇　斿父壺
二四一　黽乎簋
二四二　黃朱柁鬲
二四三　鼎之戉鴋(鼎)
二四四　叚仲酬履鼎
二四五　父戊鼎
二四六　王孫遺者鐘
二四七　䏌父匜
二四八　䏌父簠
二四九　奠字劍

二五〇　徐太子伯辰鼎
二五一　永陳缶
二五二　章子䣄尾戈
二五三　越王州勾劍
二五四　冶戈劍
二五五　積字印
二五六　楚子适鼎
二五七　番中戈
二五八　王孫霥簠
二五九　許戈
二六〇　救秦戎鐘
二六一　大武闢兵戈
二六二　越王州勾劍
二六三　包山 M2 竹簡
二六四　包山 M2 竹牘
二六五　包山 M2 竹笥上的籤牌文字
二六六　包山 M2 竹笥中的木籤牌文字
二六七　包山 M1 椁蓋鑿刻編碼
二六八　包山 M2 馬身甲内側刻文
二六九　包山 M2 馬身甲内側漆書
二七〇　包山 M2 罐口封泥“魚”字
二七一　包山 M2 罐口封泥“永旨”字
二七二　包山 M2 王字書刀
二七三　包山 M4 銅鐏戈上文字
二七四　沇兒鐘
二七五　北子鼎
二七六　北子甗
二七七　小臣觶
二七八　小臣卣
二七九　翏作北子乍簋
二八〇　翏作北柞簋
二八一　鄴伯受簠
二八二　邨丘戈
二八三　蠚君戈
二八四　楚王孫漁戟一
二八五　楚王孫漁戟二
二八六　天星觀竹簡
二八七　雇侯骨管
二八八　君字車軎
二八九　王字矛
二九〇　封泥
二九一　鄴戈
二九二　周旟戈
二九三　越王者旨於賜劍
二九四　鄜公戈
二九五　竹律管
二九六　吳王夫差矛
二九七　玄翏戈
二九八　越王勾踐劍

二九九　烙印文字"於王既正"
三〇〇　烙印文字"郘吕竽"
三〇一　王字書刀
三〇二　望山 M1 竹簡
三〇三　望山 M2 竹簡
三〇四　越王州勾劍
三〇五　鄴下庫戈
三〇六　王字矛
三〇七　木俑文字
三〇八　鍶字印
三〇九　王字書刀
三一〇　鄧鱶鼎
三一一　赿公秅豆
三一二　粖戈

圖版壹

一

二

三

四

七

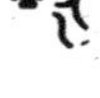

五

六

圖版貳

八

九

一〇

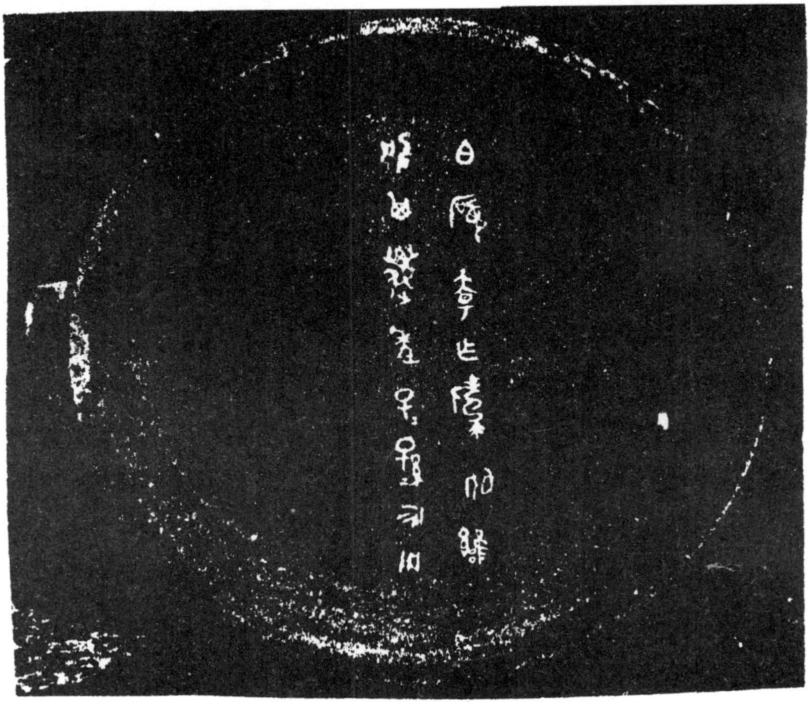

一一

圖版叁

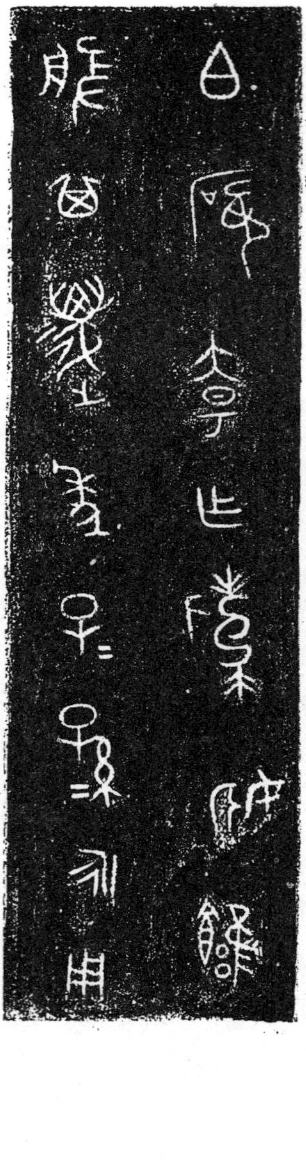

一二

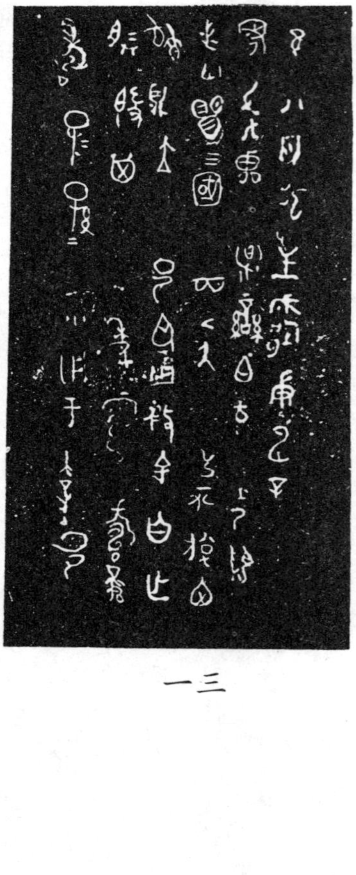

一三

圖版肆

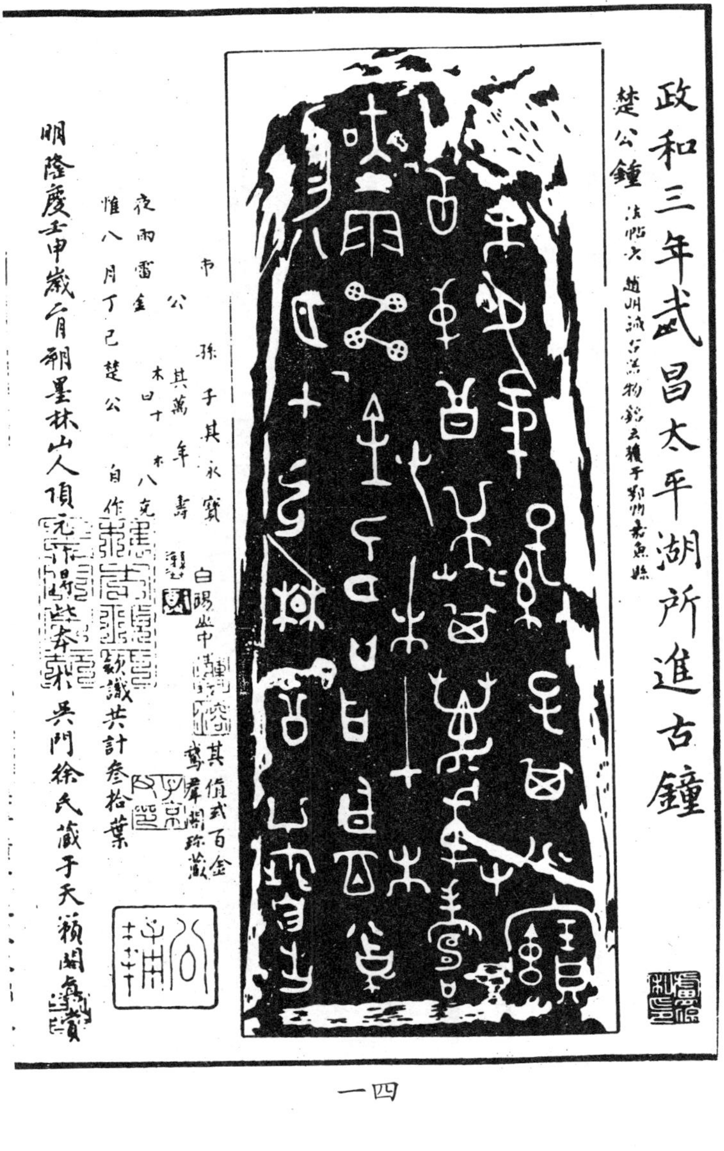
政和三年武昌太平湖所進古鐘
楚公鐘　法帖六　趙明誠古器物銘云獲于鄂州嘉魚縣
白賜山中　其值貳百金
鷲峯閣珍藏
孫子其永寶
公　其萬年壽
木日十木八克
夜雨雷金　惟八月丁已楚公　自作
欵識共計叁拾葉
明隆慶壬申歲六月朔墨林山人項元汴　吳門徐氏藏于天籟閣

一四

圖版伍

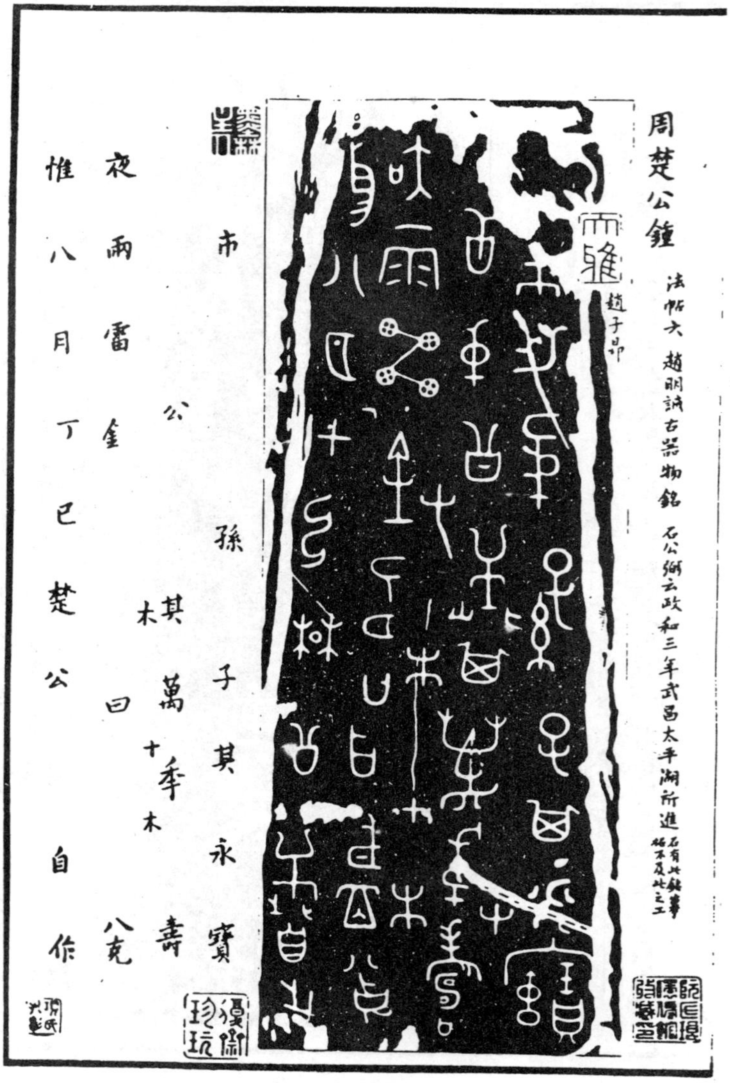
周楚公鐘
法帖六 趙明誠古器物銘
石公鄉云政和三年武昌太平湖所進
趙子昂
惟八月丁巳楚公自作
夜雨雷金
市孫子其永寶

一五

圖版陸

周麻城二鼎

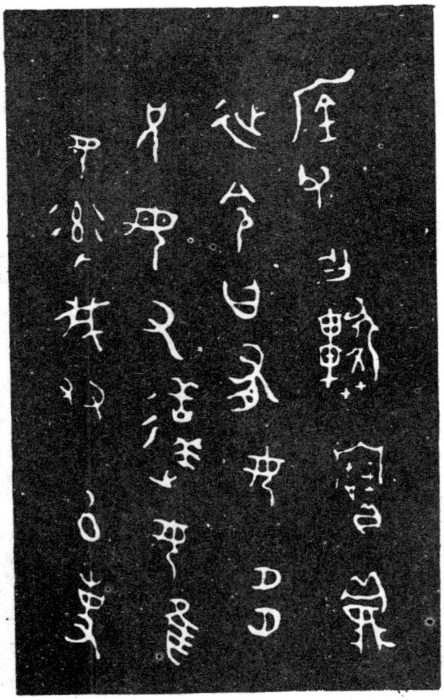

父作寶鼎

永命曰有女多

兄母又遺女惟

女司我共以事

慎行按末行第二字當是后字繪作司者恐誤

圖版柒

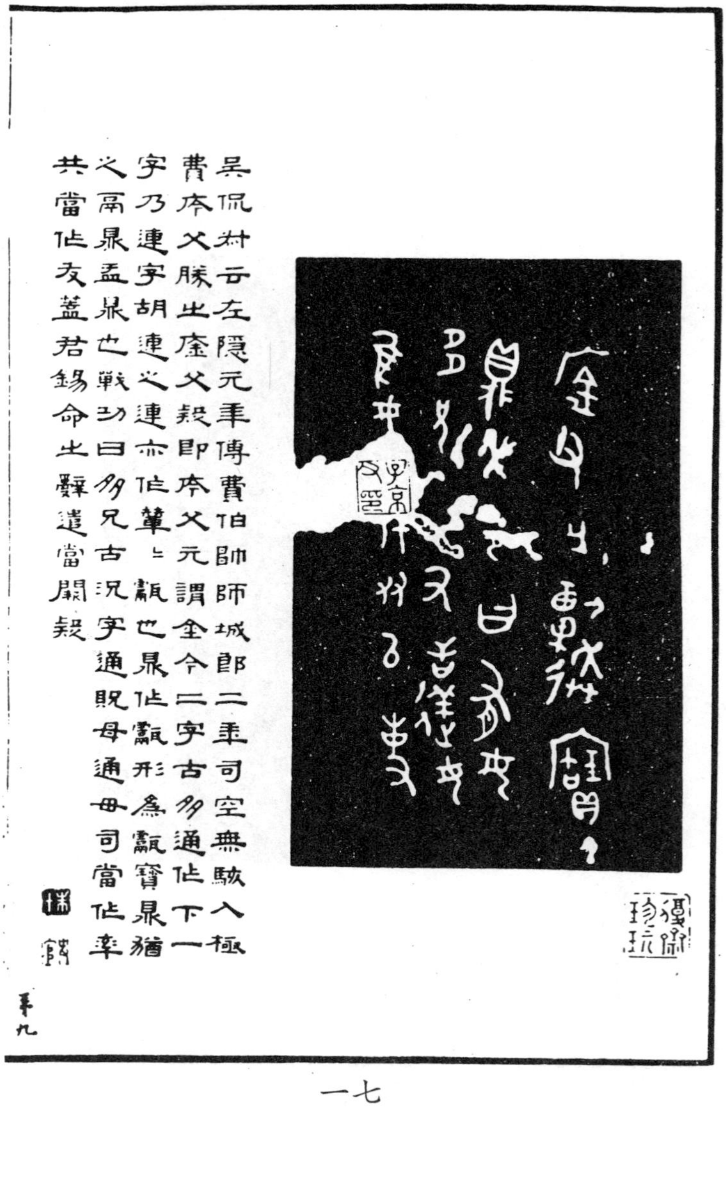
吳侃叔云左隱元年傳費伯帥師城郎二年司空無駭入極
費本父賸之㚖父殷即本父元謂金今二字古多通作下一
字乃連字胡連之連亦作輦輦甗也鼎作甗形為甗寶鼎猶
之鬲鼎盂鼎也戰功曰多兄古況字通貺母通毋司當作幸
共當作友蓋君錫命之辭遺當闕疑

一七

圖版捌

一八

一九

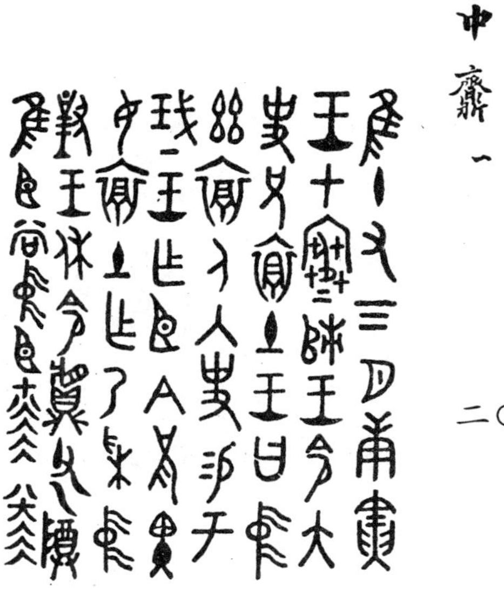

二〇

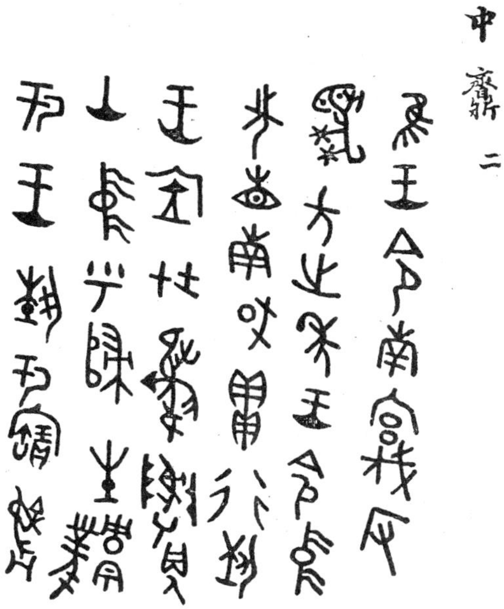

二一

圖版玖

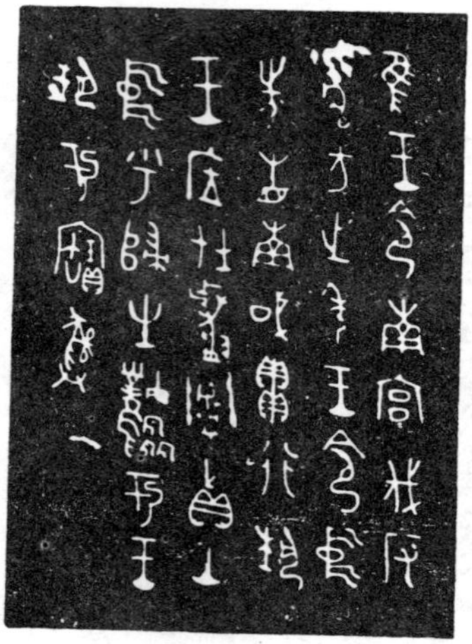

二二（1）

中甗三

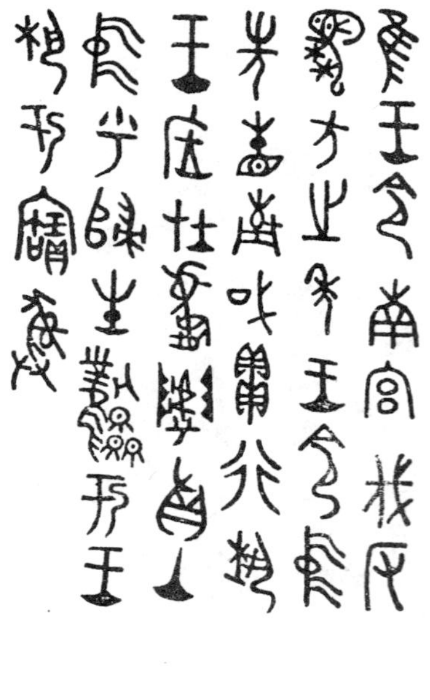

二二（2）

圖版拾

中甗

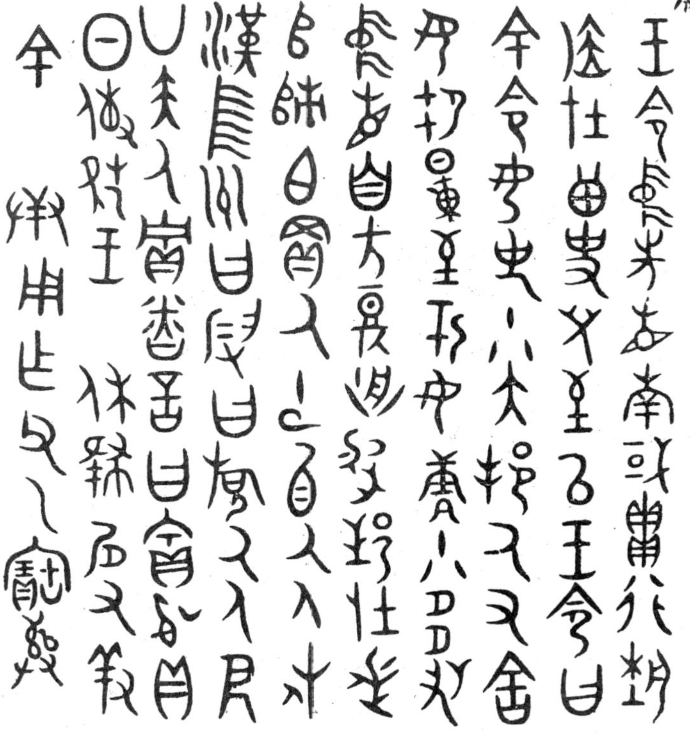

圖版拾壹

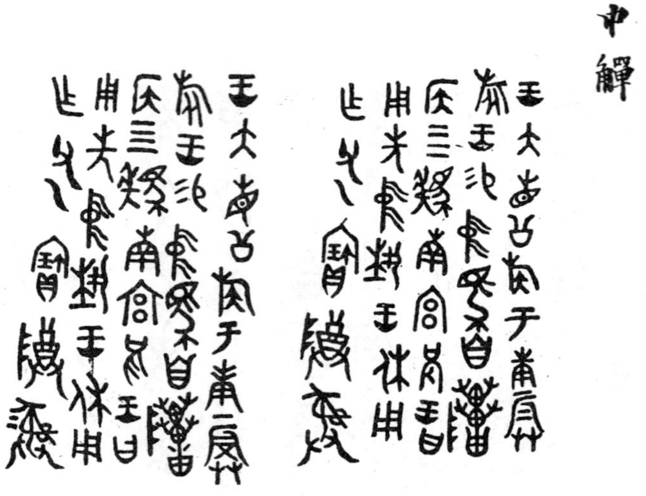

二四

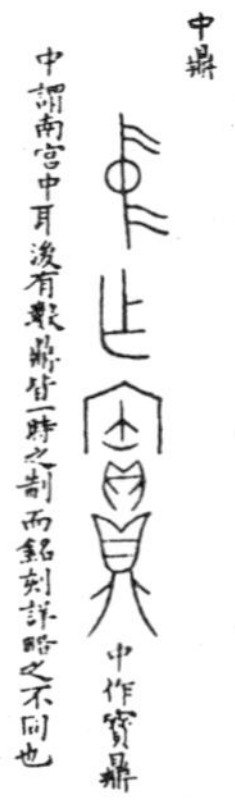

二五

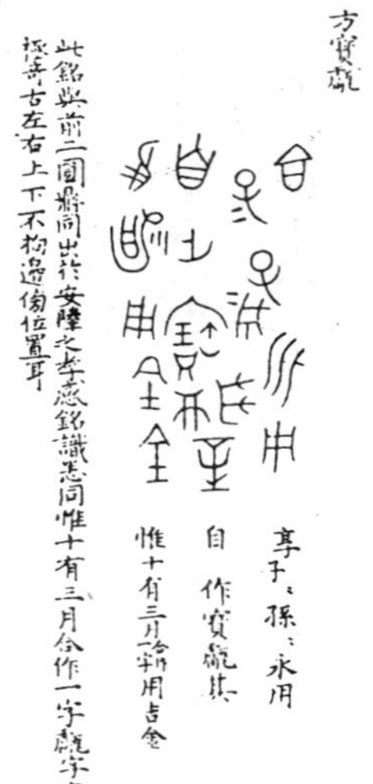

二六

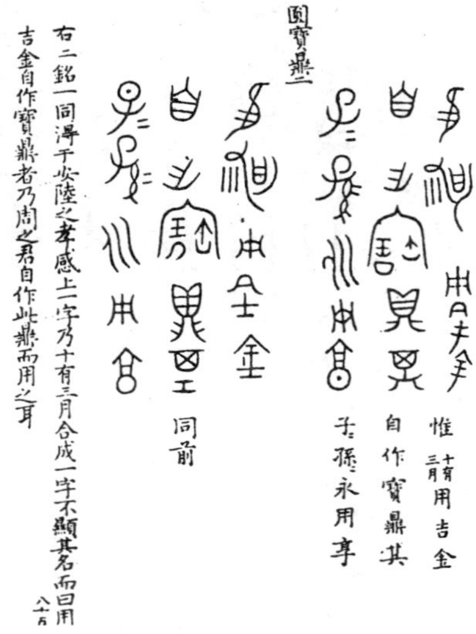

二七

圖版拾貳

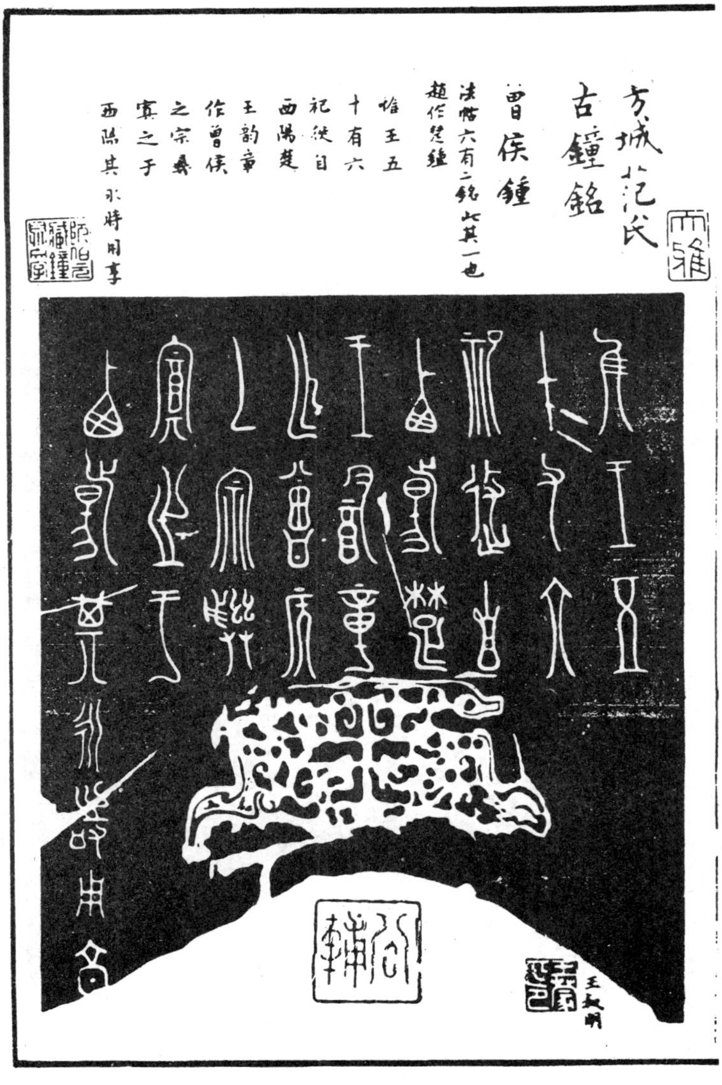

二八（1）

圖版拾叁

二八（2）

圖版拾肆

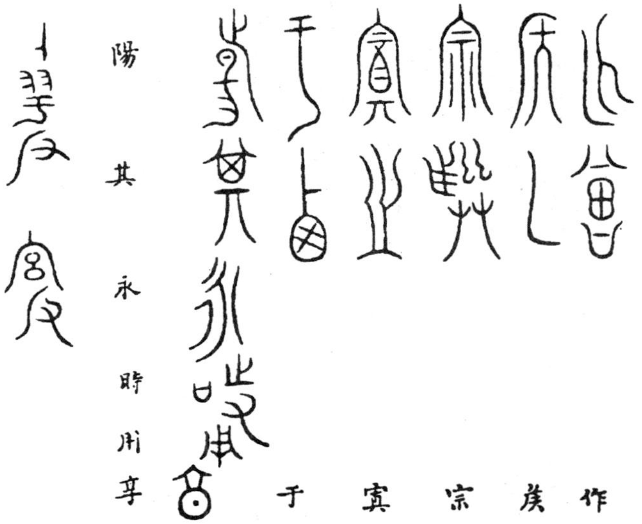

曾侯鐘二

作曾侯乙宗彝寘之于西陽其永時用享

卜羽反　宮反

右二鍾前一器藏方城范氏皆得之安陸古器物銘云惟王五十六祀楚王酓章按楚惟惠王在位五十七年又其名為章然則此鍾為惠王作無疑也方是時王室衰弱六國爭雄楚尤强大遂不用周之正朔嗚呼可謂僭矣前一鍾背又有一穆字兩商字後一鍾背有卜羽反宮反五字其義未曉然恐宮商乃二鍾所中之聲律耳

圖版拾伍

三〇

三一

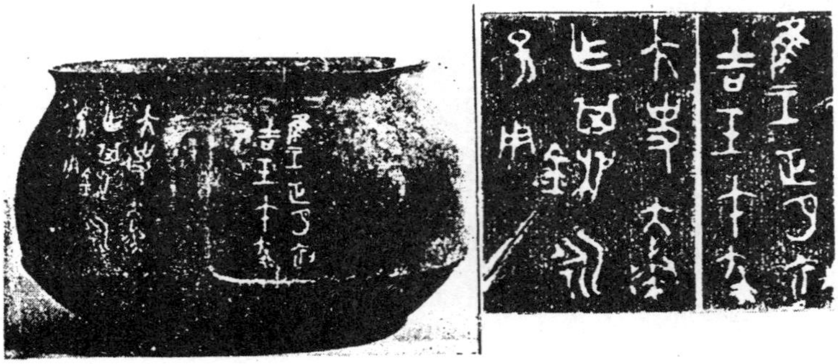

三二

圖版拾陸

三三

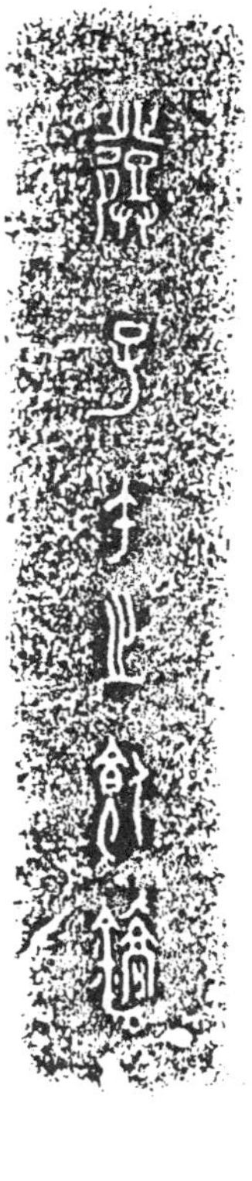

三四

圖版拾柒

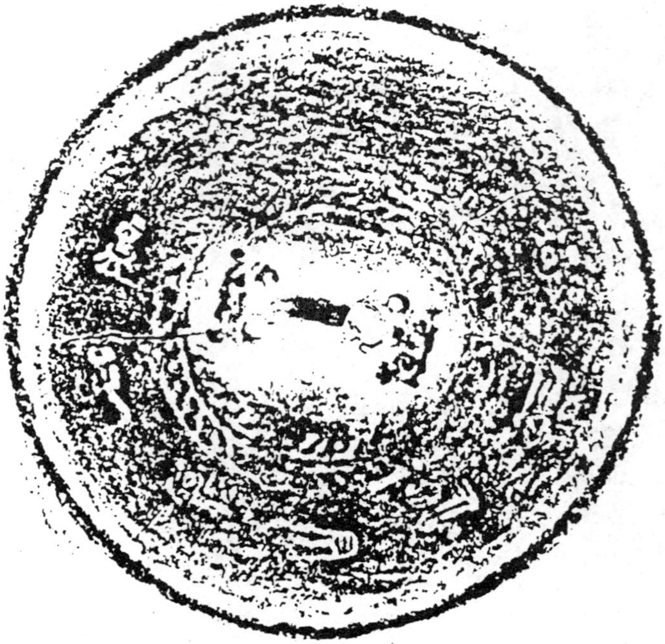

三五

圖版拾捌

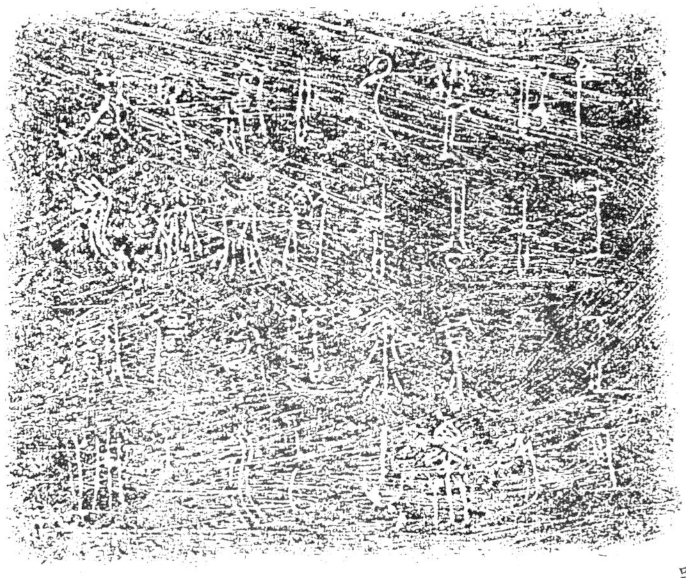

器

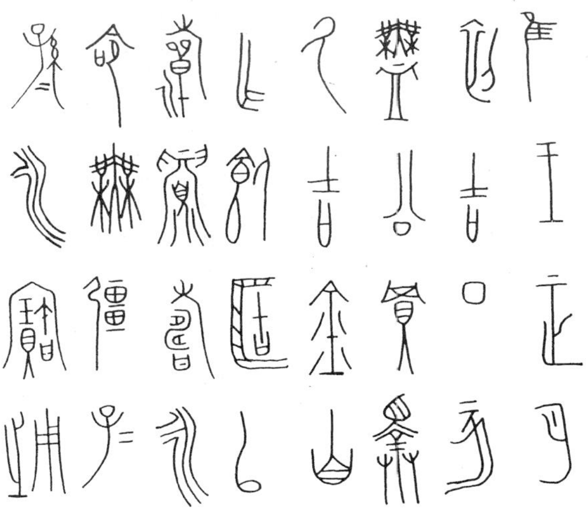

三六

圖版拾玖

三七

三八

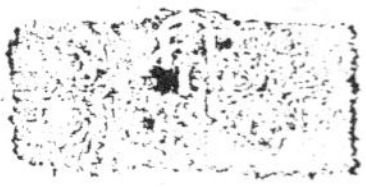

三九

四〇

四一

圖版貳拾

四二

四三

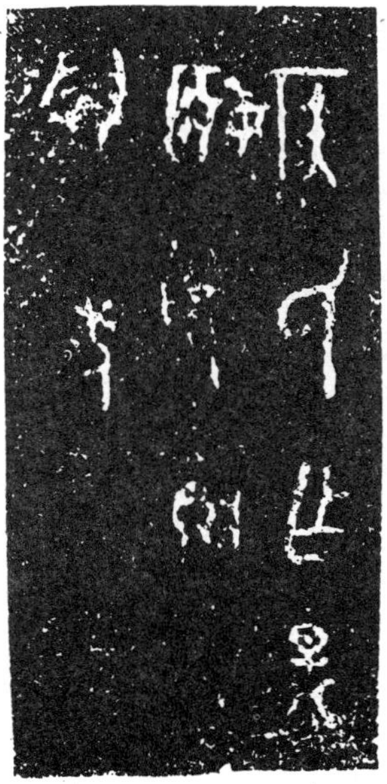

四四

圖版貳壹

蓋

四五

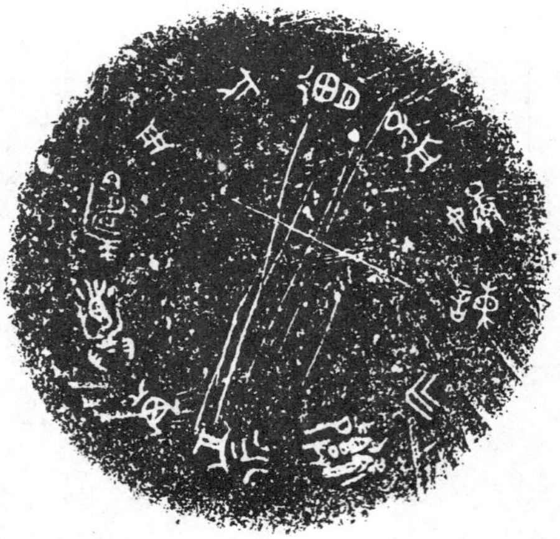

器

圖版貳貳

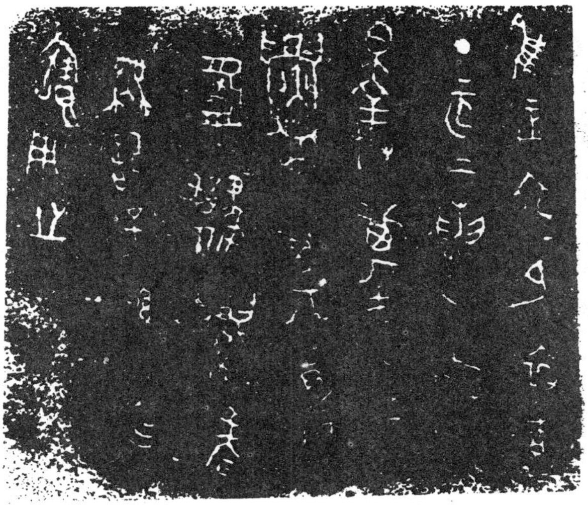

蓋

四六

器

圖版貳叁

器

蓋

四七

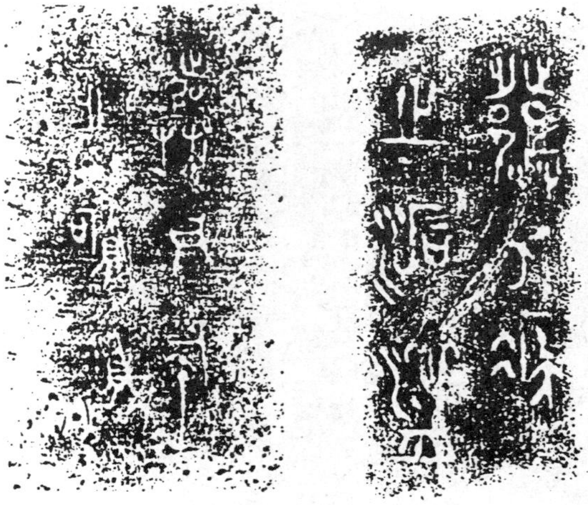

四八

四九

圖版貳肆

五〇

五一

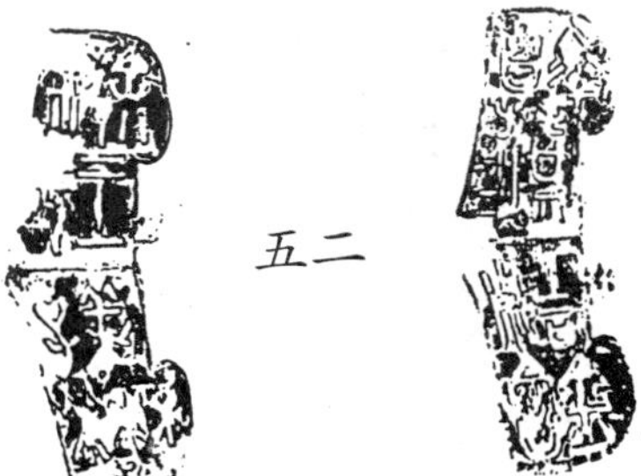

五二

圖版貳伍

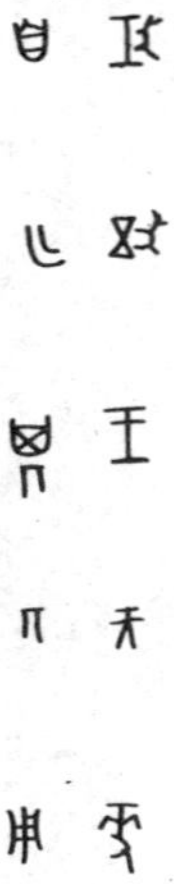

五三

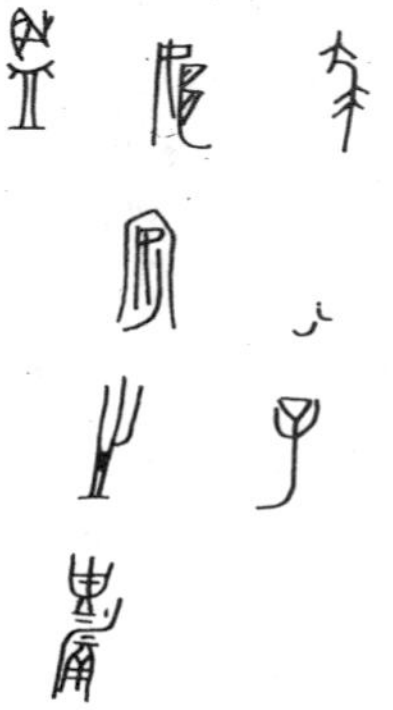

五四

圖版貳陸

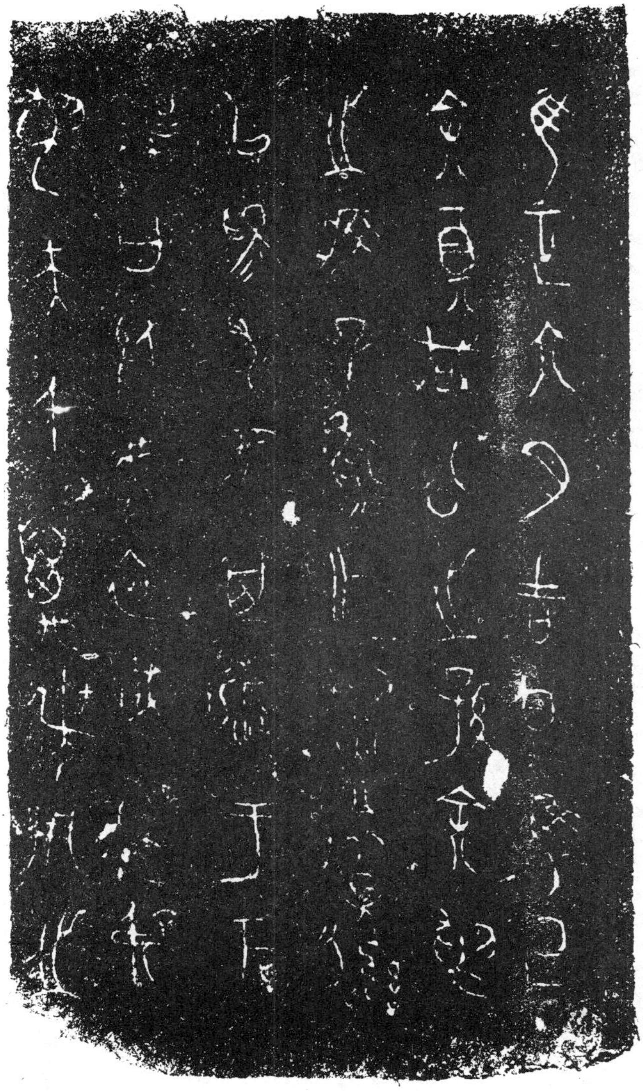

五五

圖版貳柒

五六

（1）

（2）

圖版貳捌

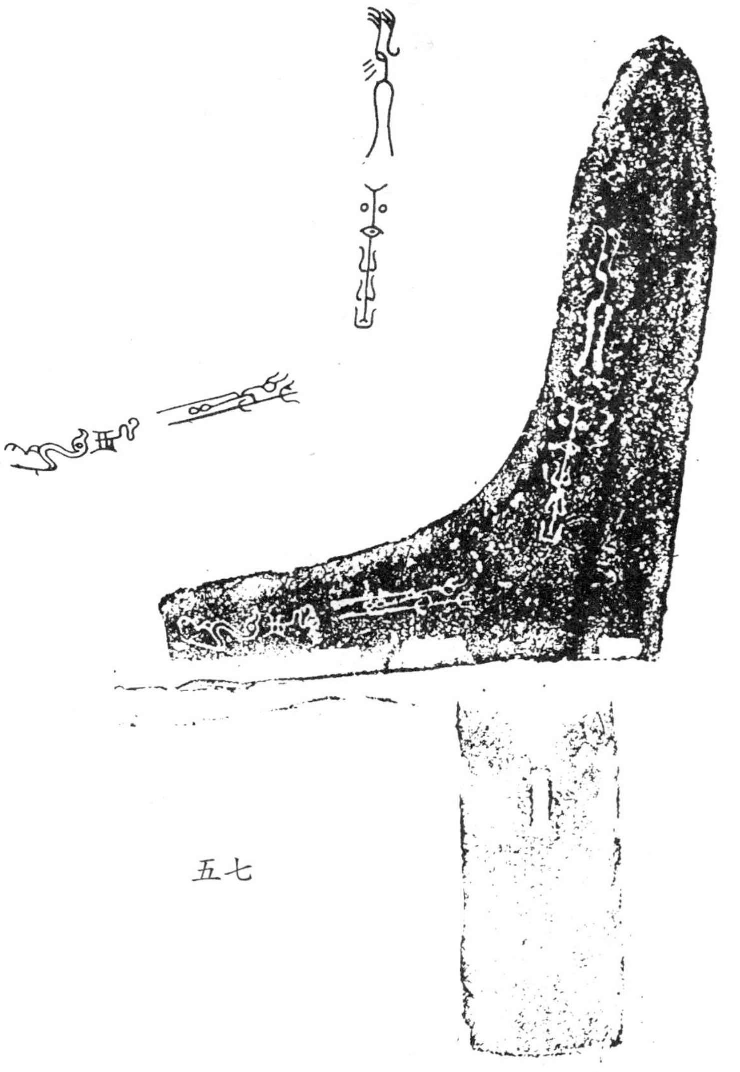

五七

圖版貳玖

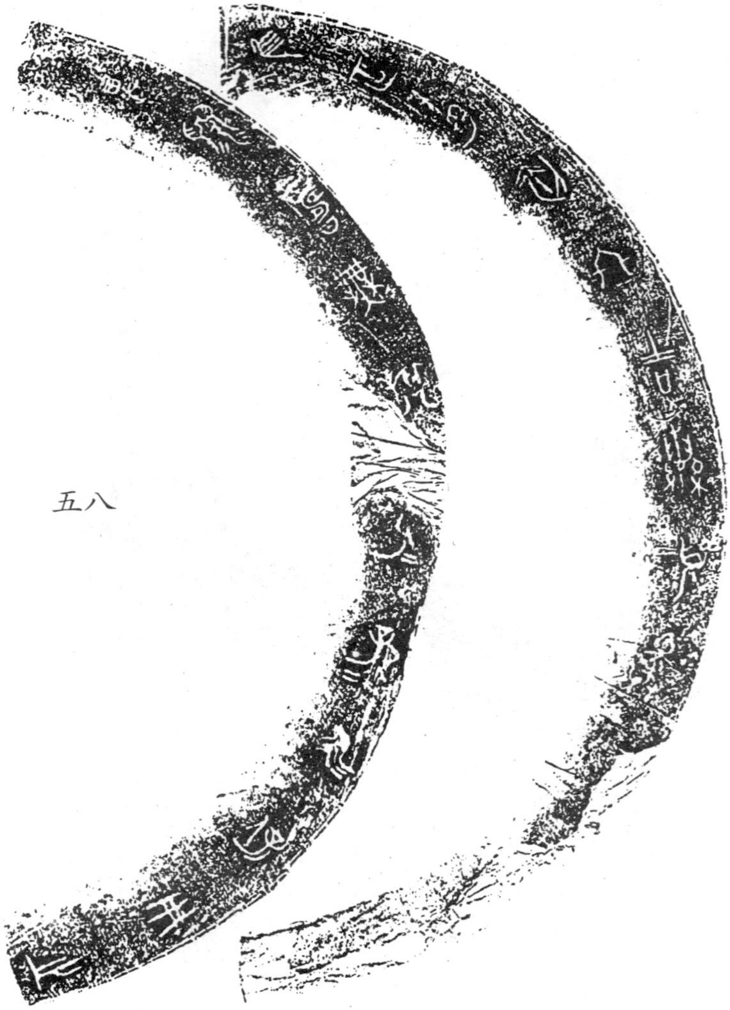

五八

圖版叁拾

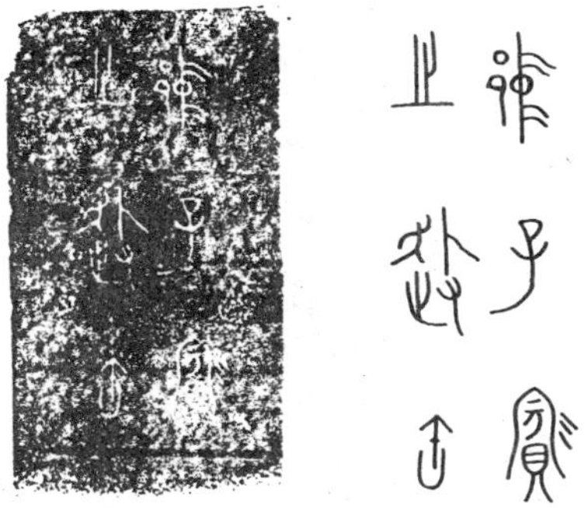

五九

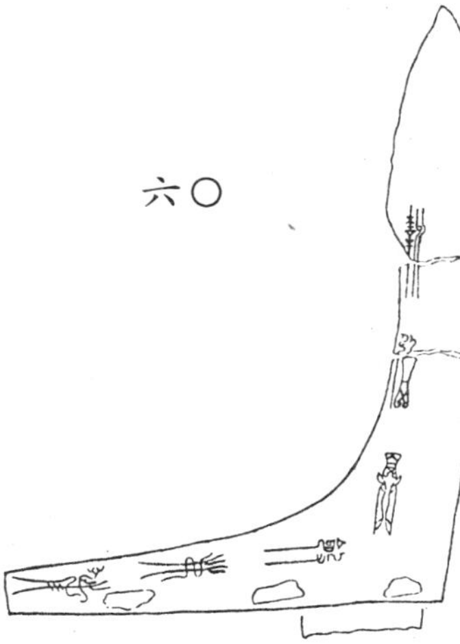

六〇

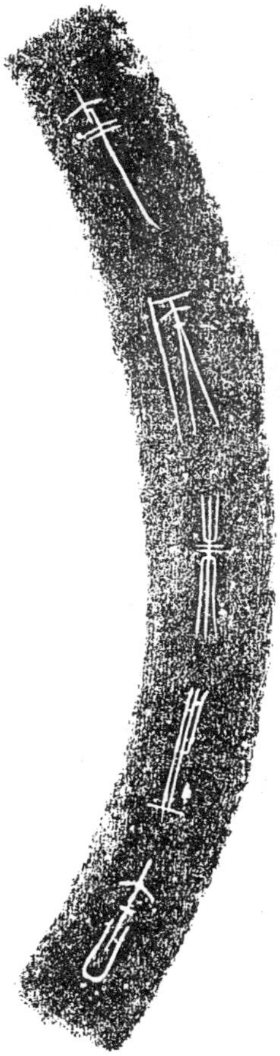

六一

圖版叁壹

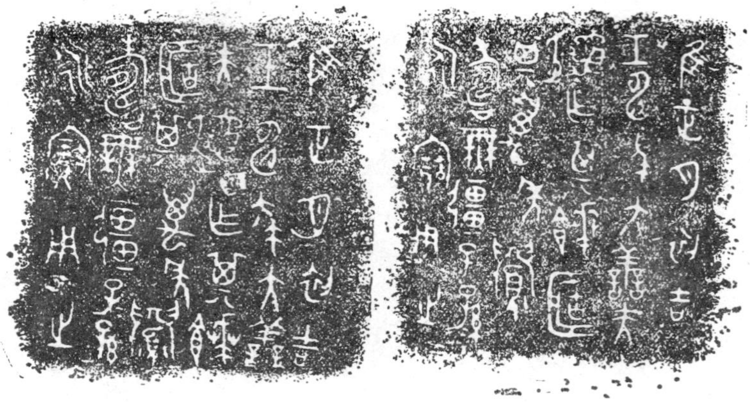

六二

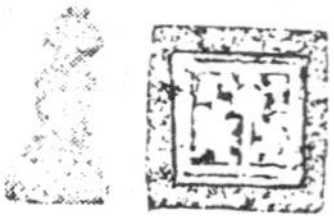

六三

六四

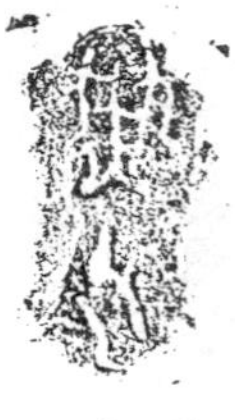

六五

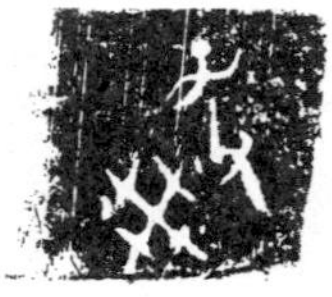

六六

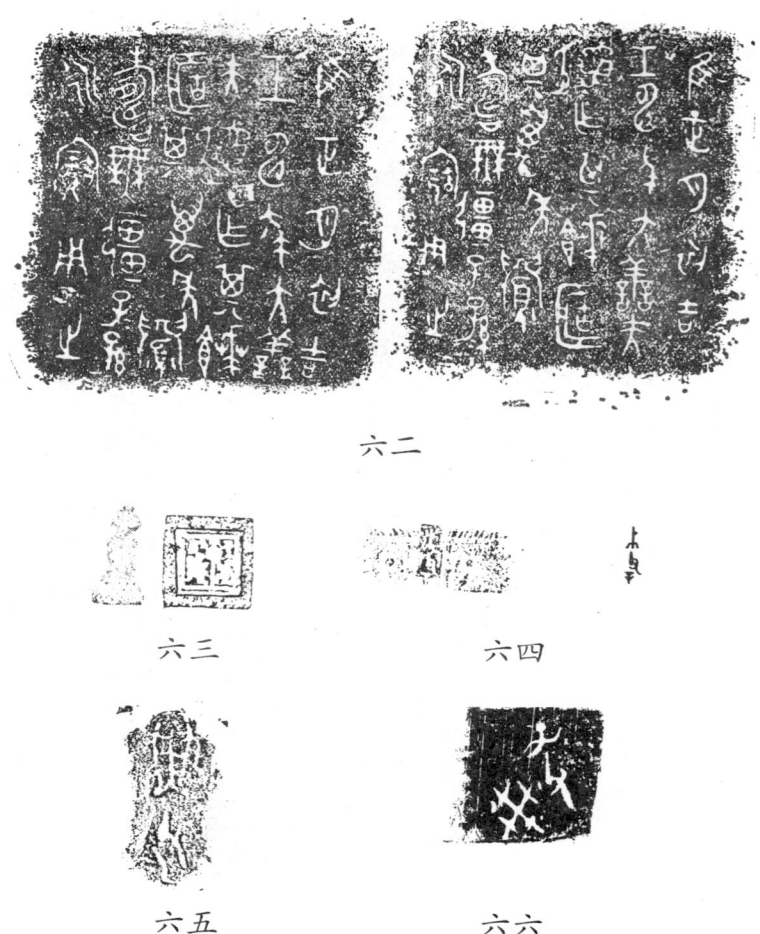

圖版叁貳

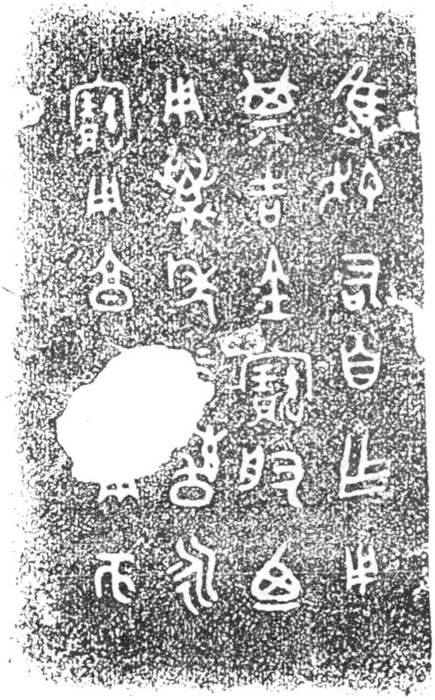

六七

六八

六九

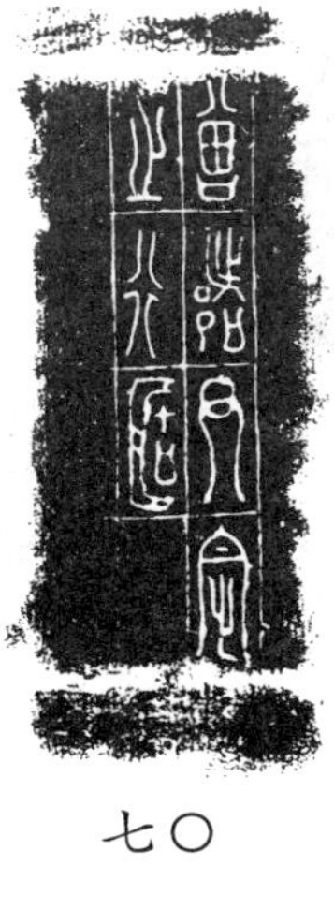

七〇

圖版叁叁

七一

七二

圖版叁肆

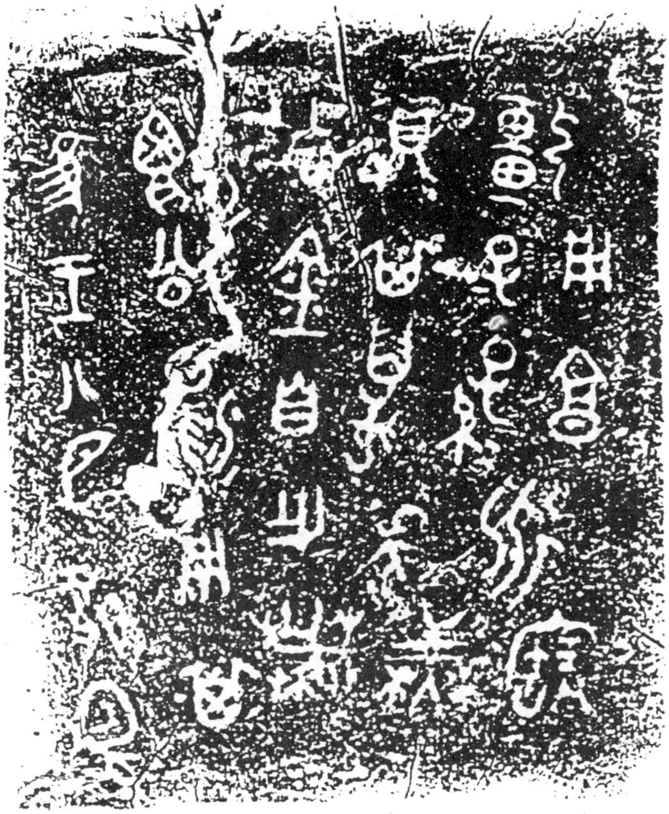

七三

圖版叁伍

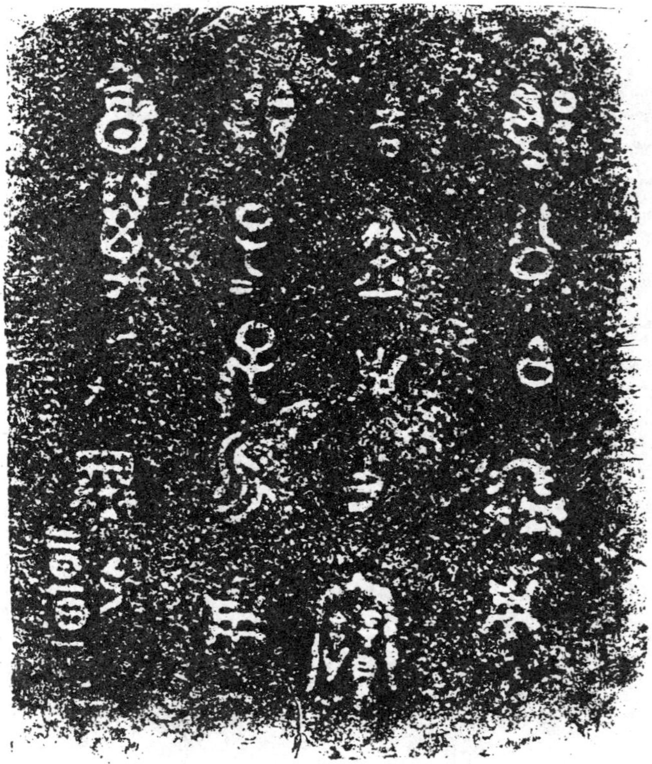

七四

圖版叁陸

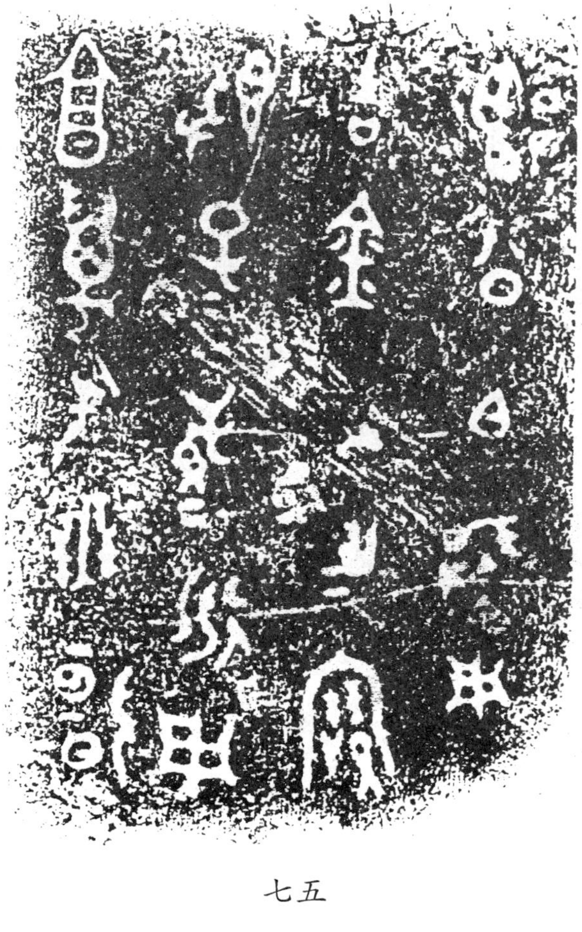

七五

圖版叁柒

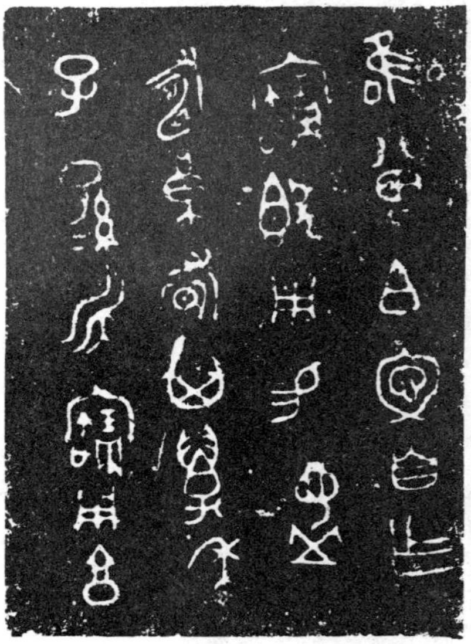

七六

七七

圖版叁捌

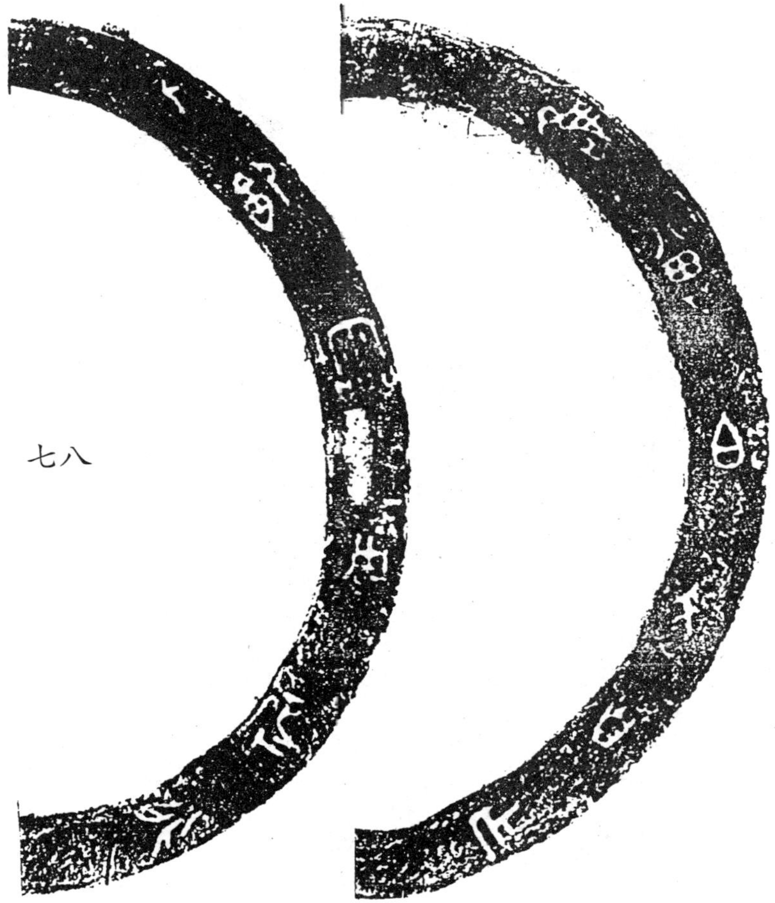

七八

圖版叁玖

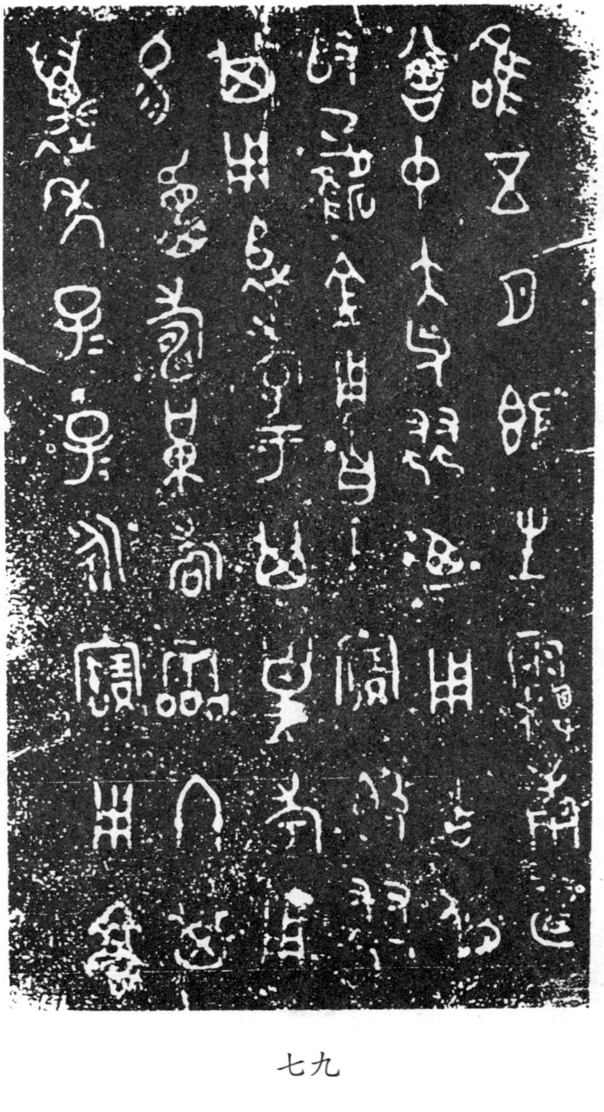

七九

圖版肆拾

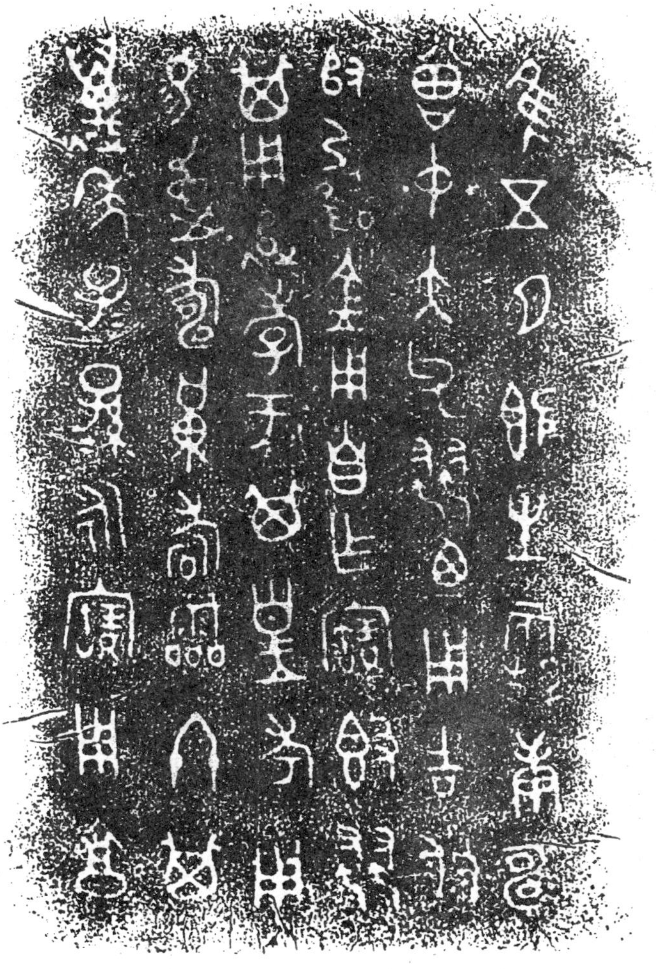

八〇

圖版肆壹

(1)

(2)

八二

八一

八三

圖版肆貳

八四

八五

圖版肆叁

八六

八七

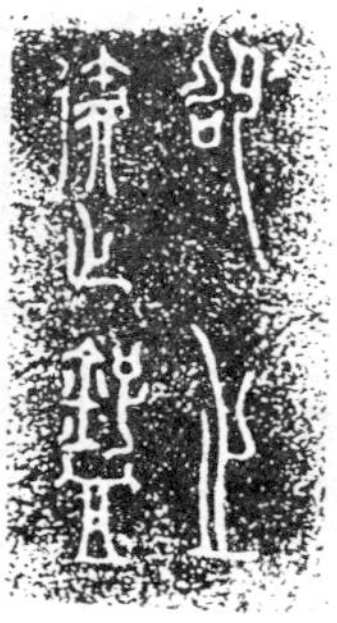

八八

八九

圖版肆肆

九〇

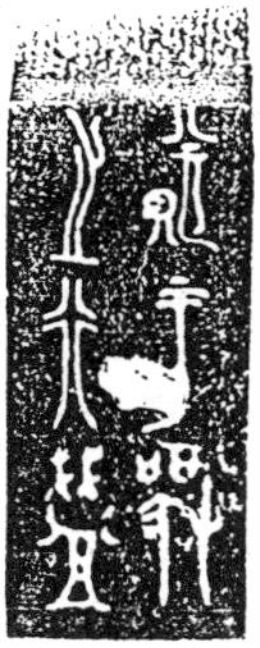

九一

九二

圖版肆伍

九三

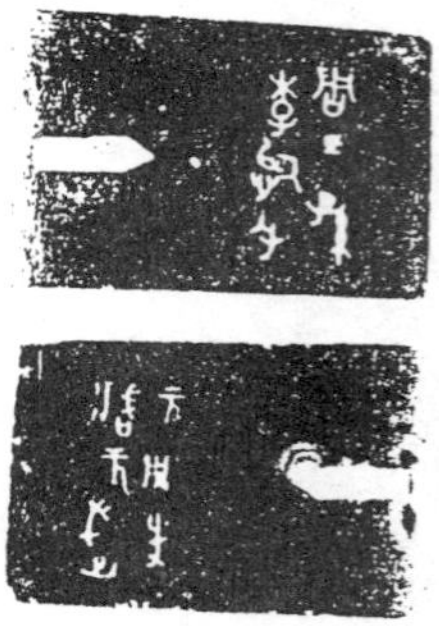

九四

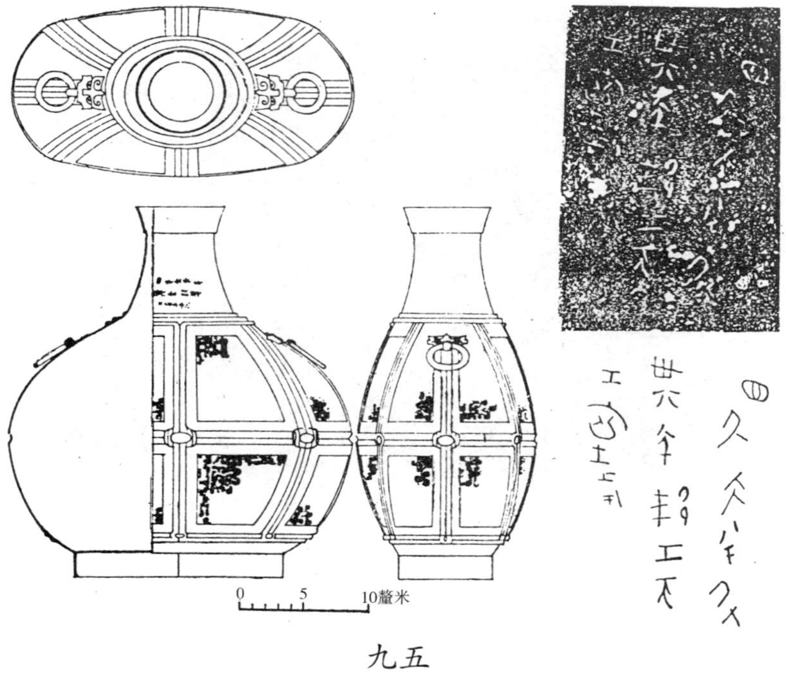

九五

圖版肆陸

（1）

九六

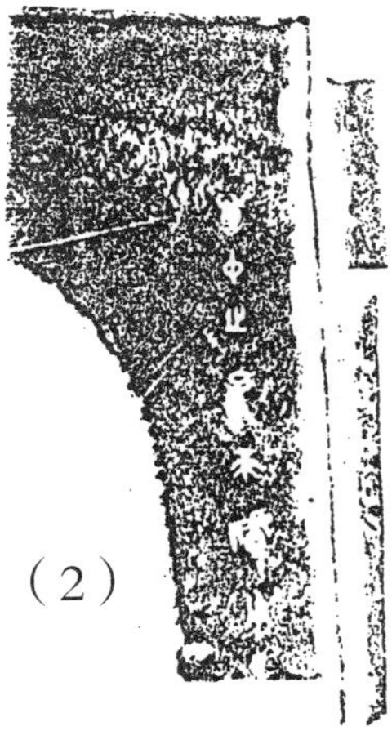

（2）

九七

圖版肆柒

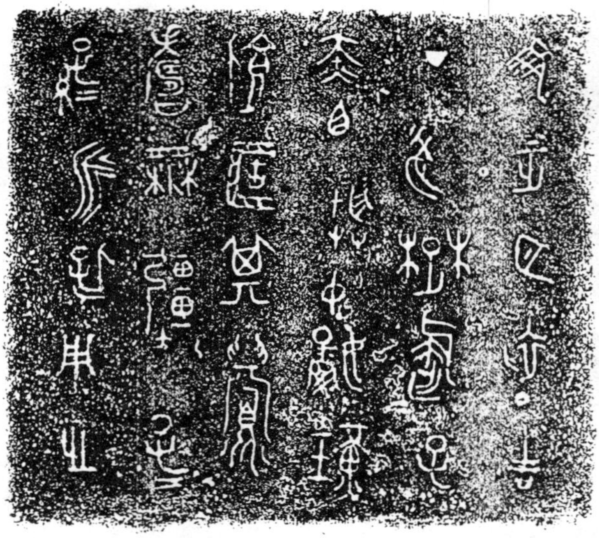

九八

器

蓋

九九

圖版肆捌

一〇〇

圖版肆玖

圖版伍拾

一〇二

一〇三

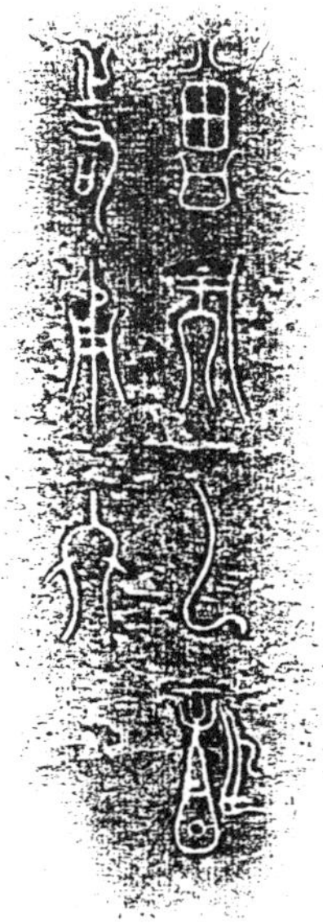

一〇四

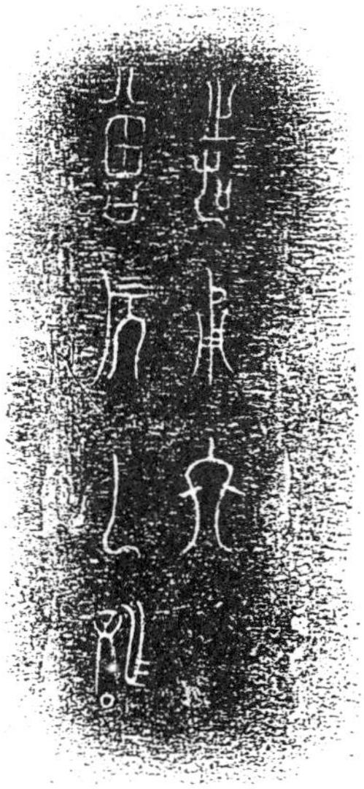

一〇五

圖版伍壹

一〇六

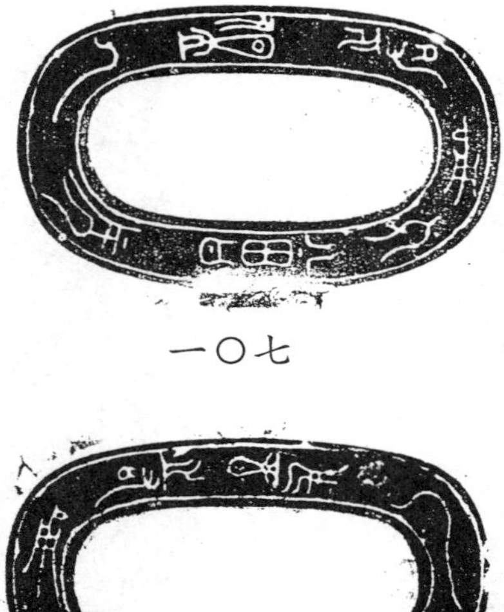

一〇七

一〇八

圖版伍貳

一〇九

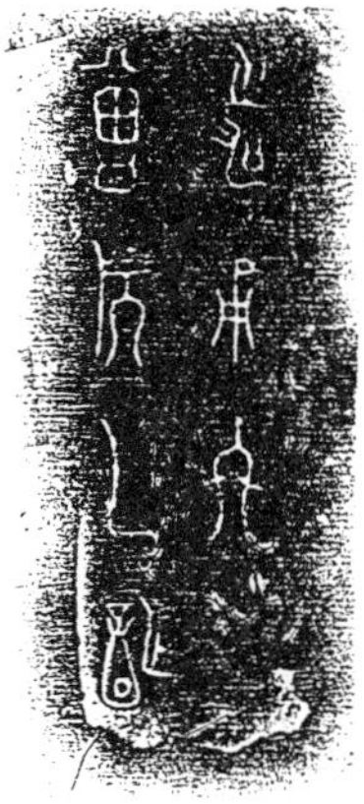

器

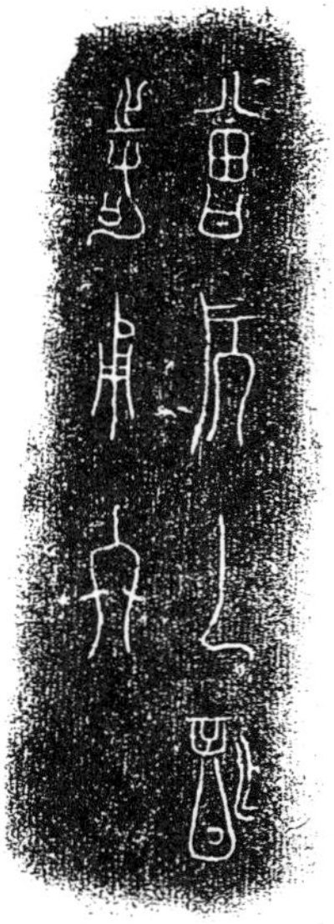

蓋

一一〇

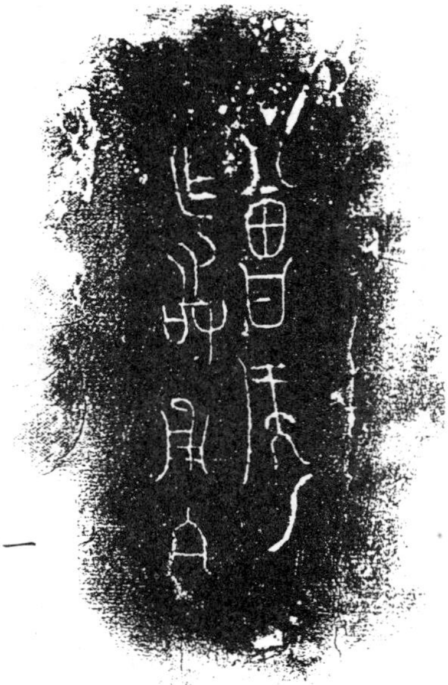

一一一

圖版伍叁

一一二

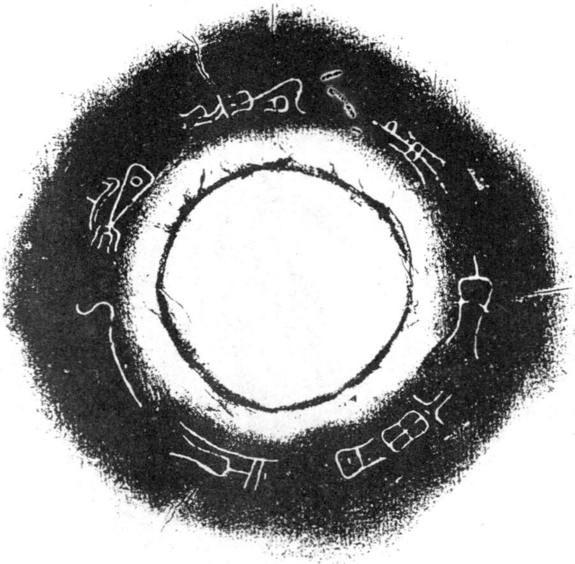

蓋

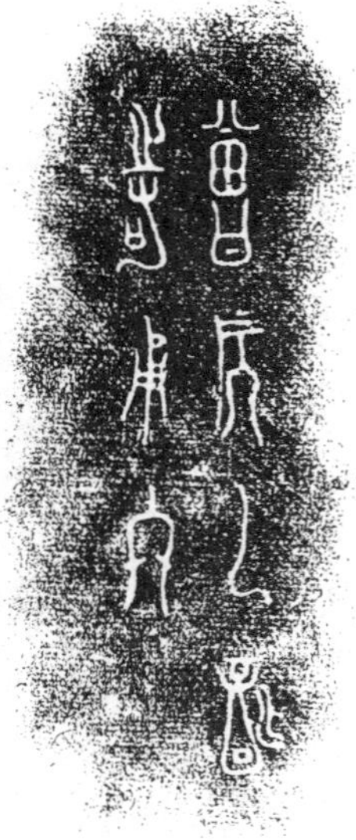

器

一一三

圖版伍肆

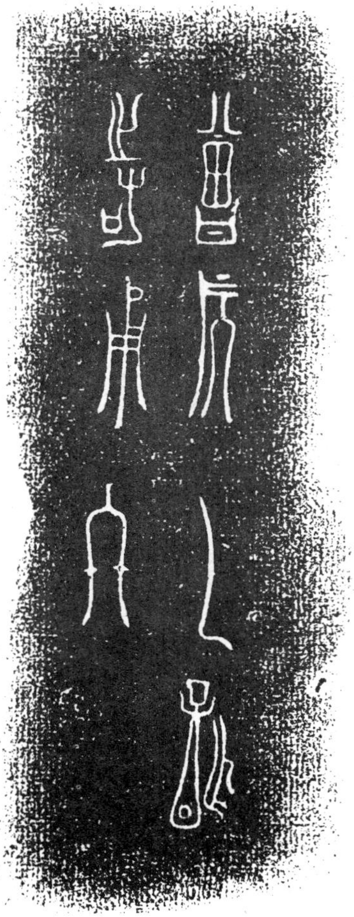

蓋

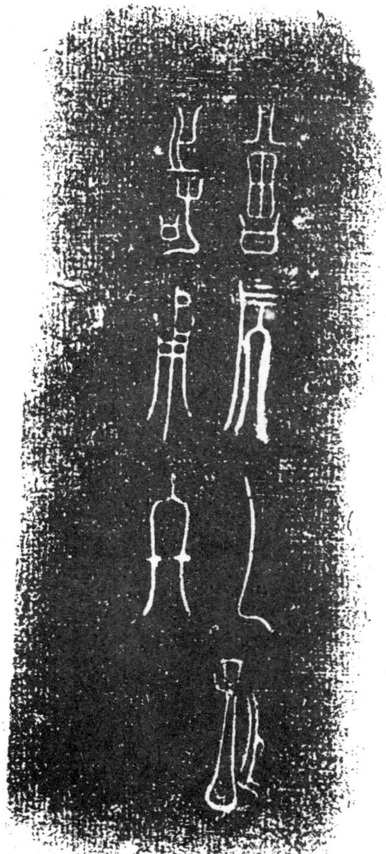

器

一一四

圖版伍伍

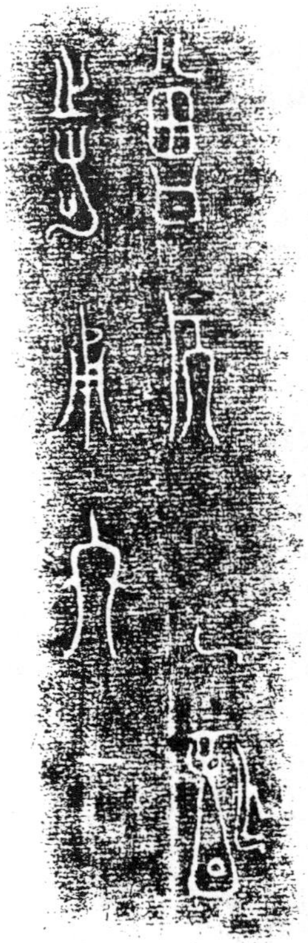

一一五

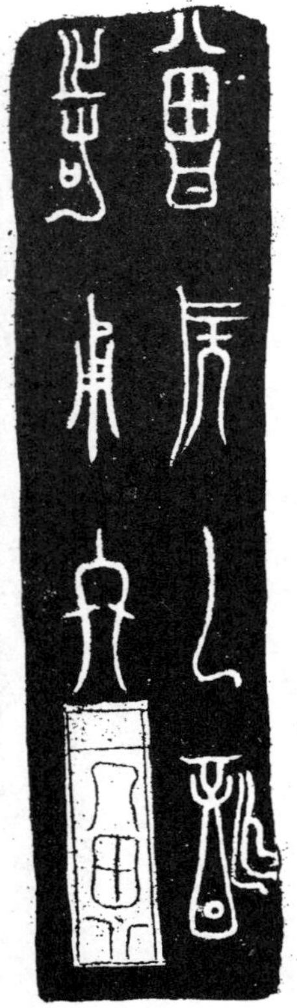

一一六

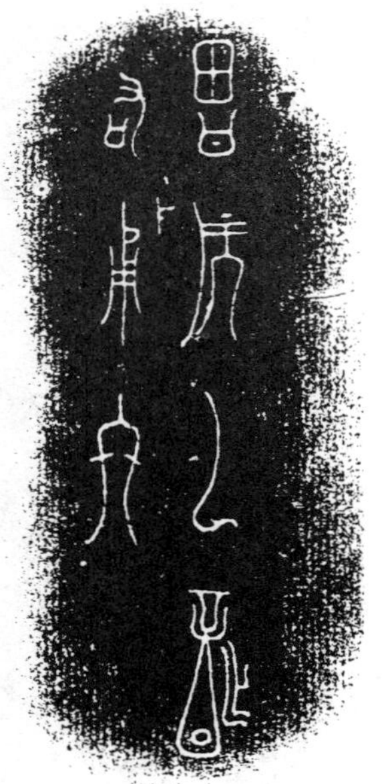

一一七

圖版伍陸

一一八

（1）

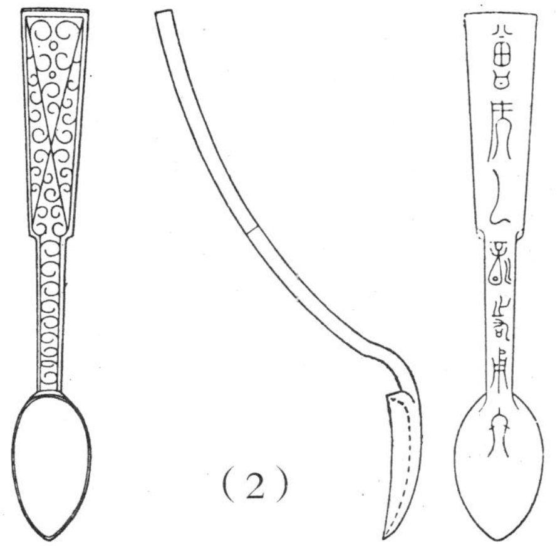

（2）

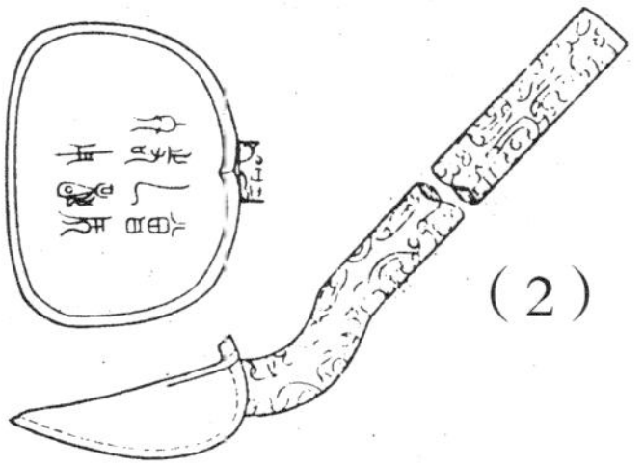

（2）

一一九

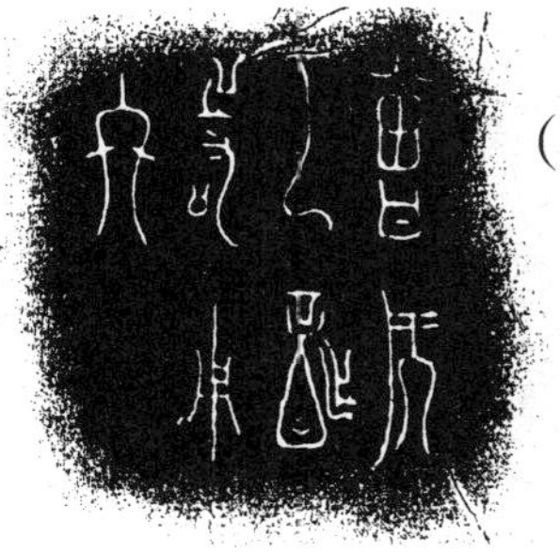

（1）

圖版伍柒

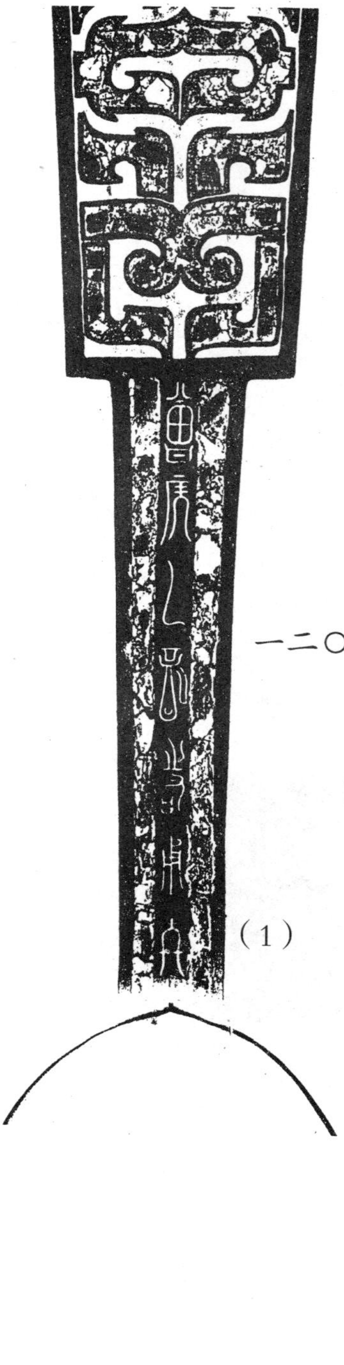

(1)

(2)

一二〇

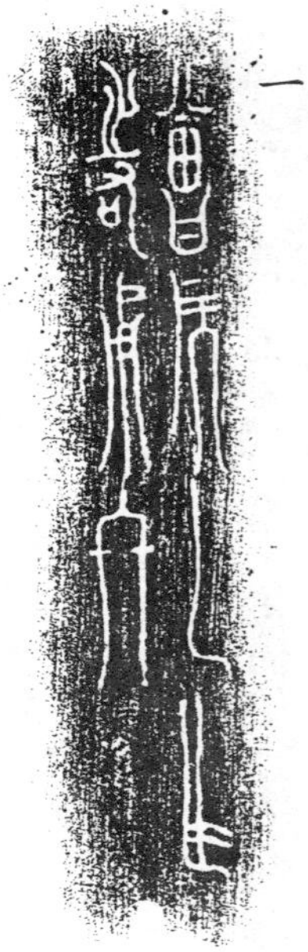

一二一

一二二

圖版伍捌

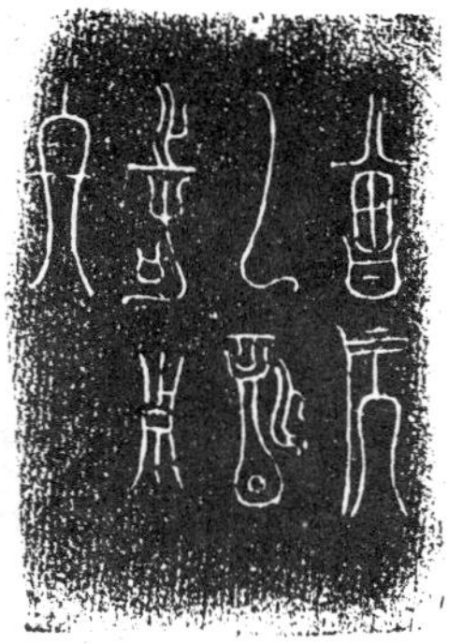

（1）

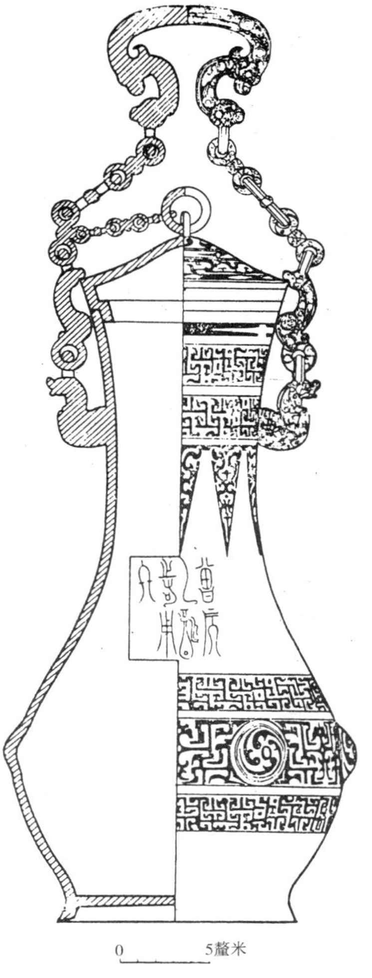

（2）

一二三

圖版伍玖

蓋外沿中部

蓋内口部

方尊缶蓋部

一二四

圖版陸拾

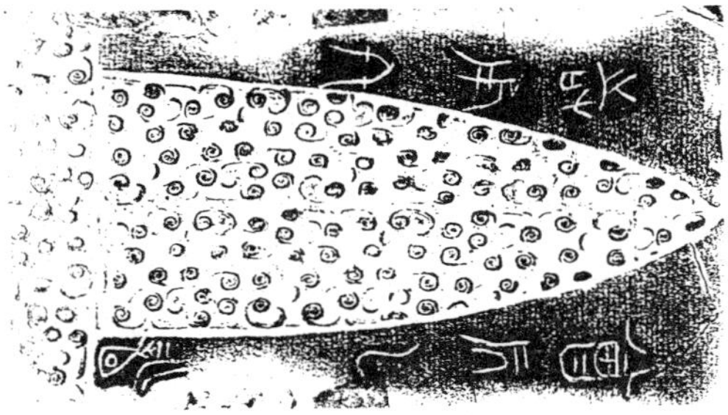

一二五

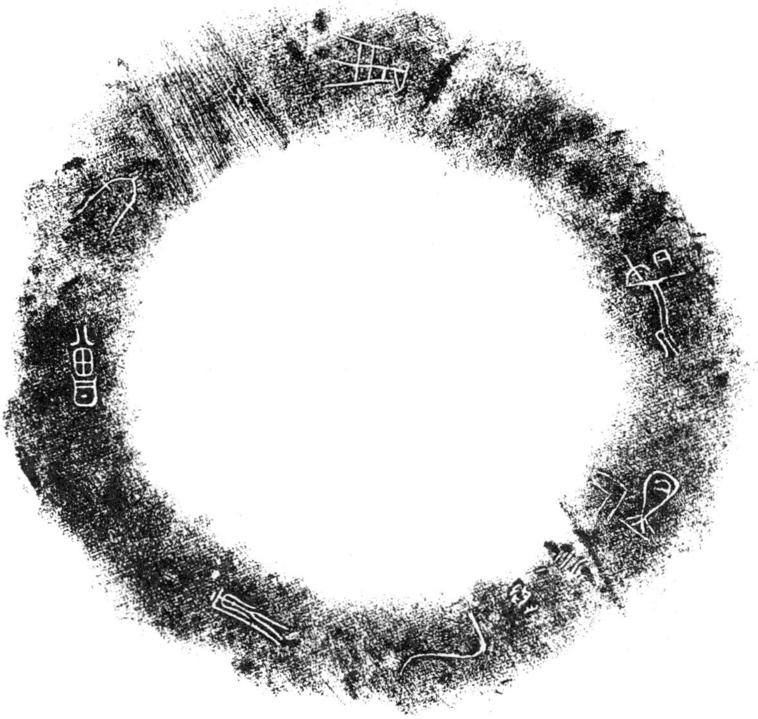

一二六

圖版陸壹

一二七

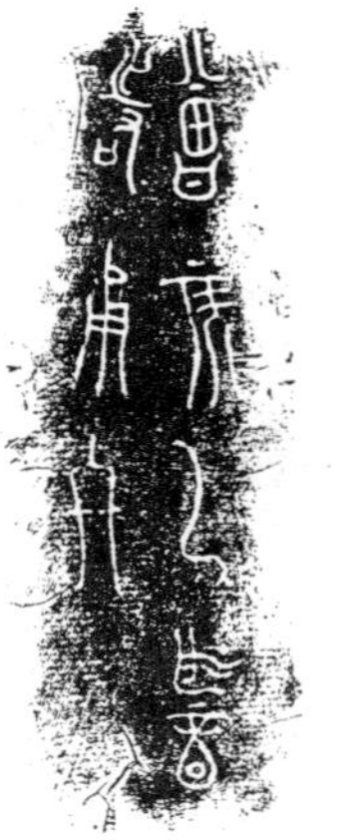

一二八

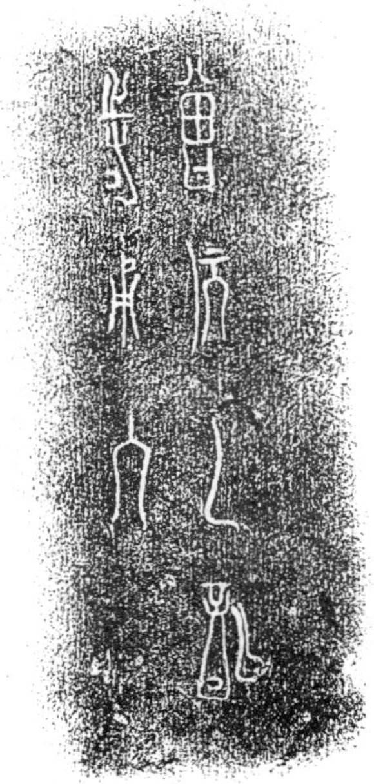

一二九

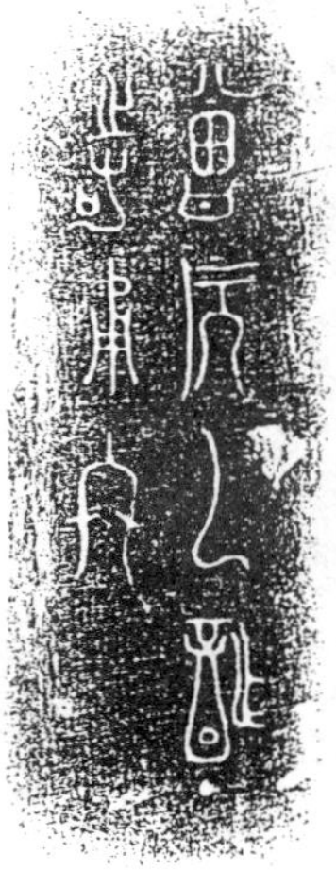

一三〇

圖版陸貳

一三一

一三二

圖版陸叁

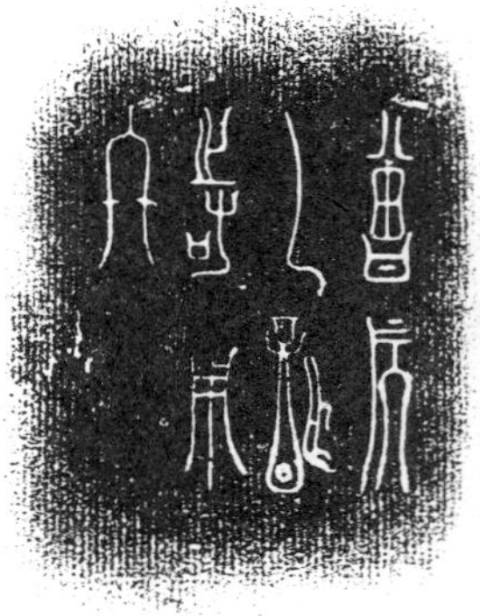

一三三

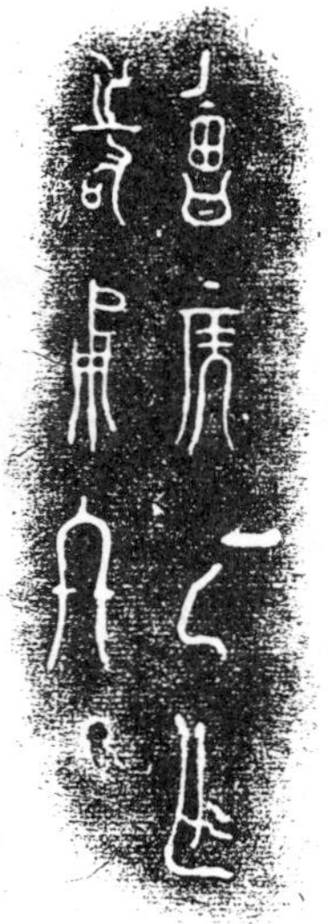

一三四

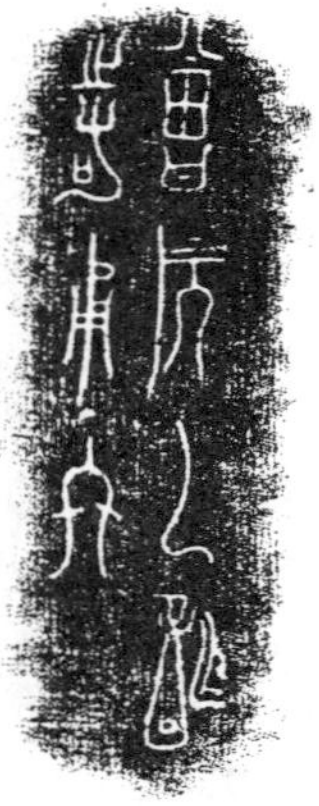

一三五

一三六

一三七

圖版陸肆

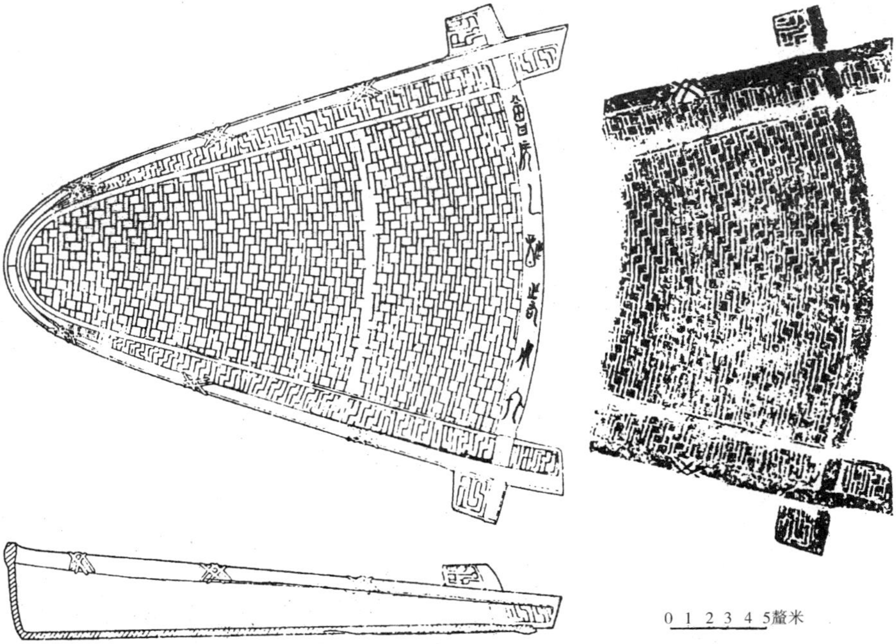

一三八

圖版陸伍

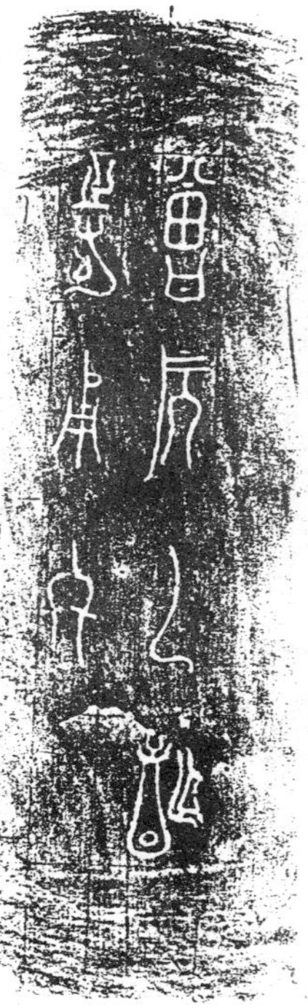

一三九

一四〇

一四一

0 3釐米

圖版陸陸

一四三

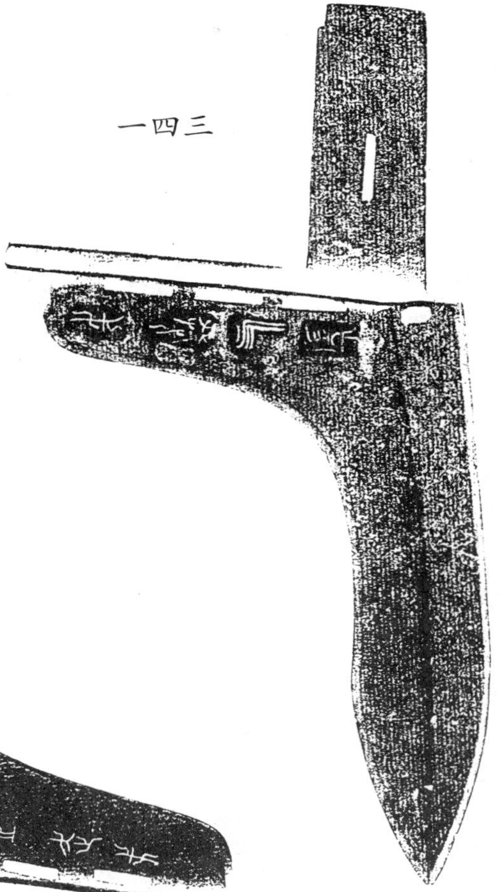

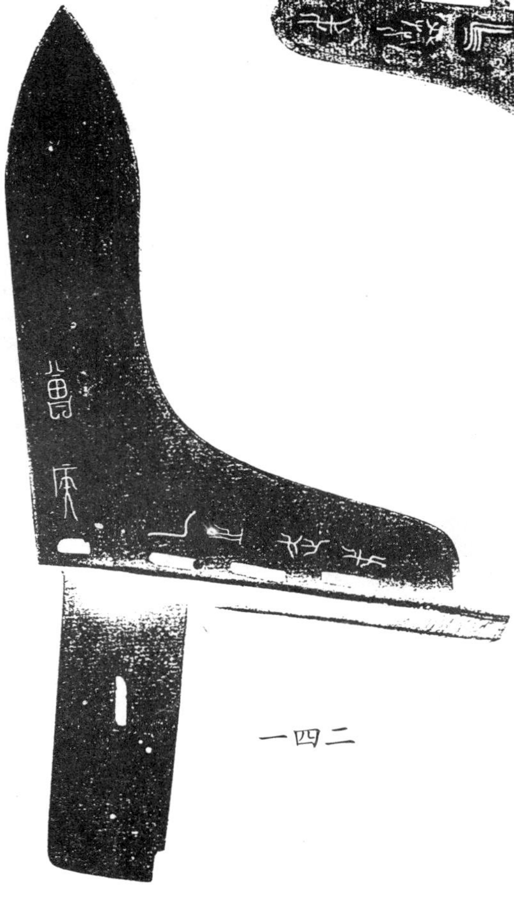

一四二

圖版陸柒

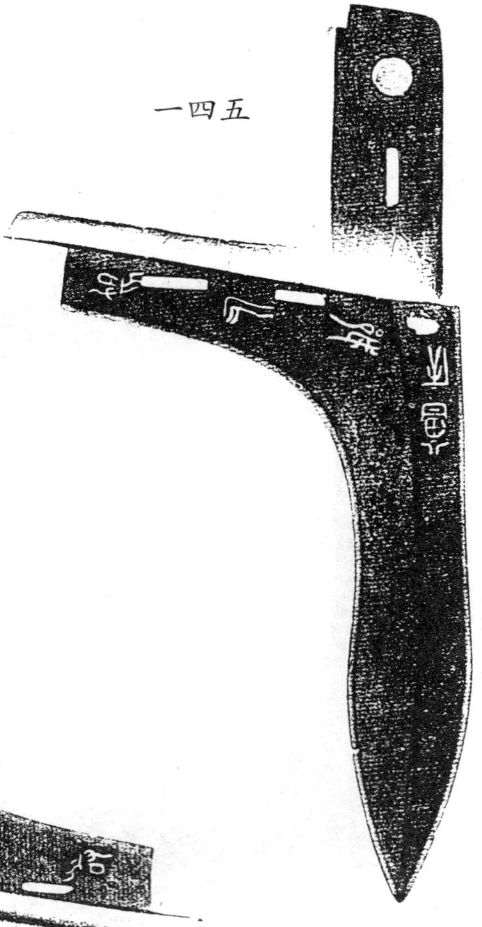

一四五

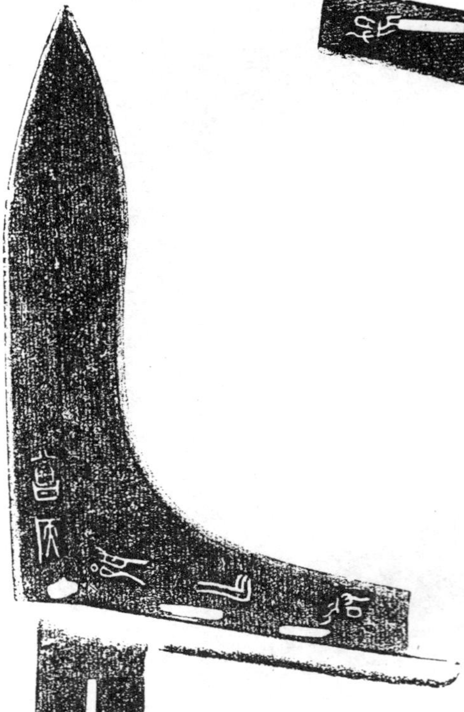

一四四

圖版陸捌

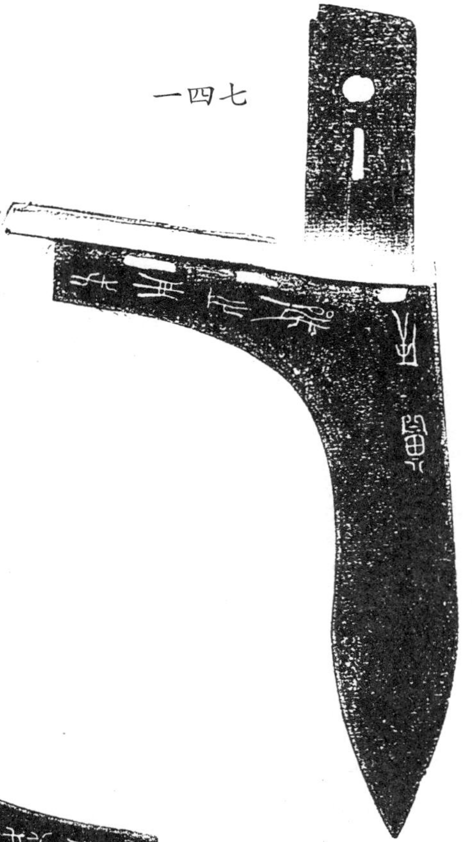

一四七

一四六

圖版陸玖

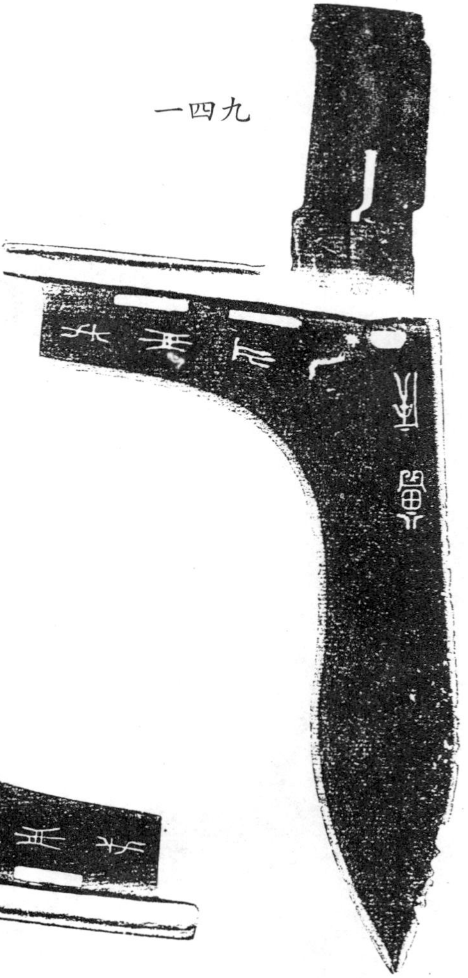

一四九

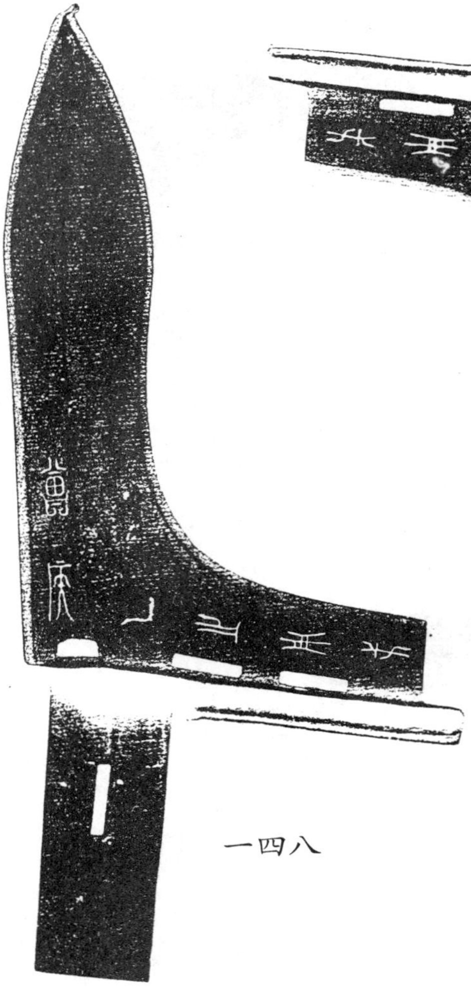

一四八

圖版柒拾

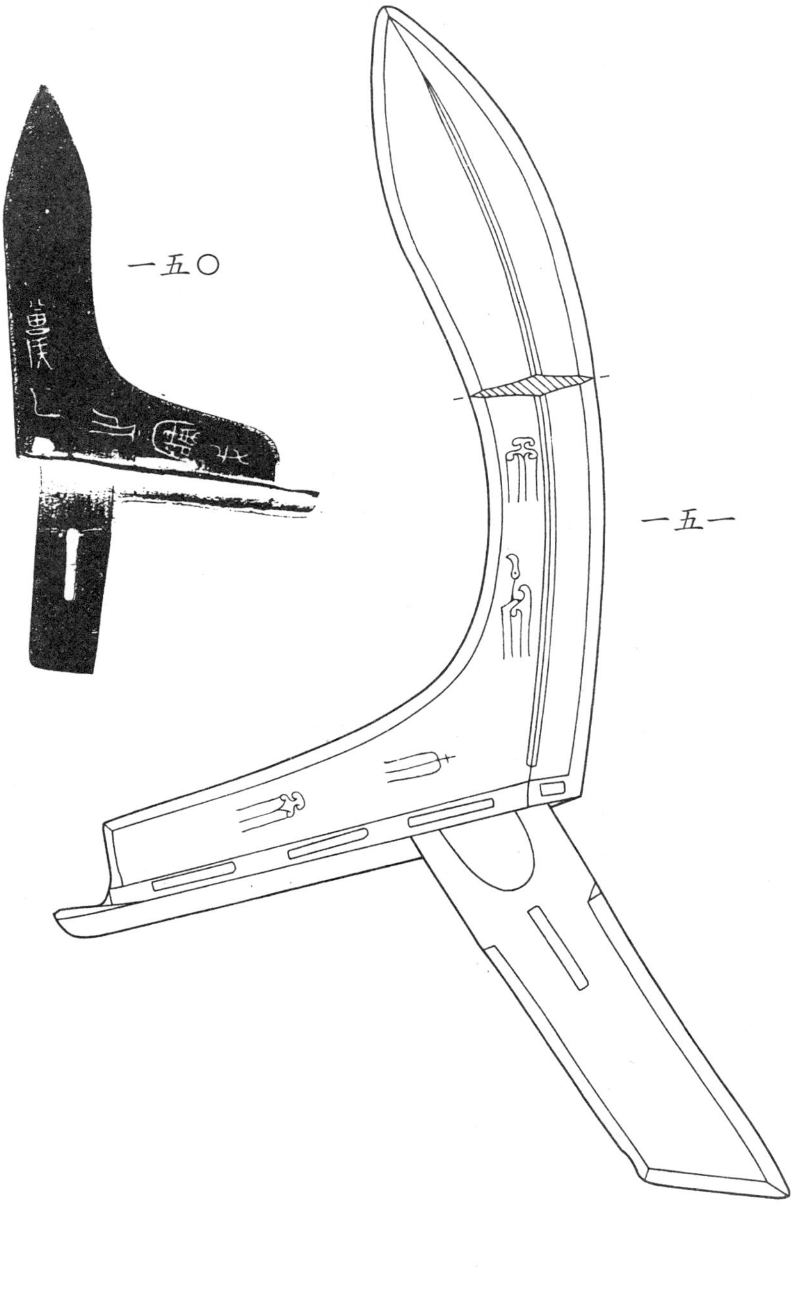

一五〇

一五一

圖版柒壹

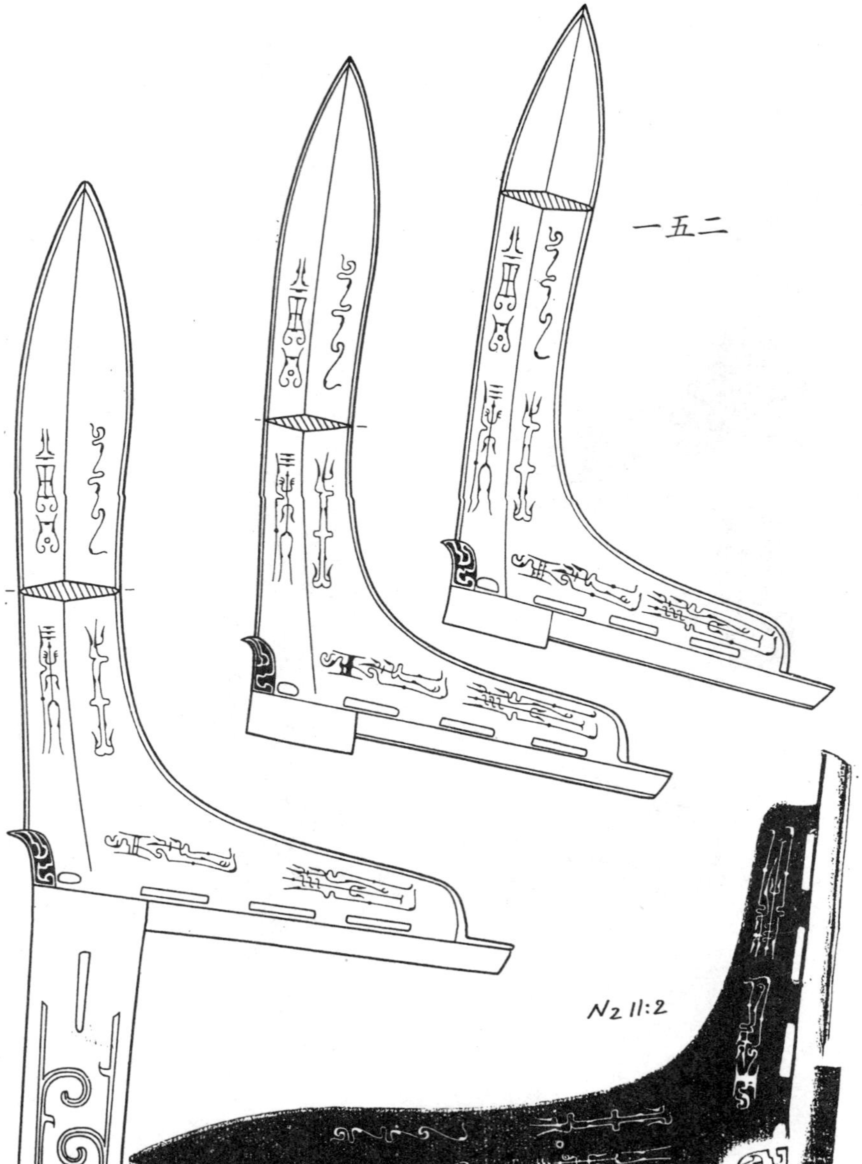

圖版柒貳

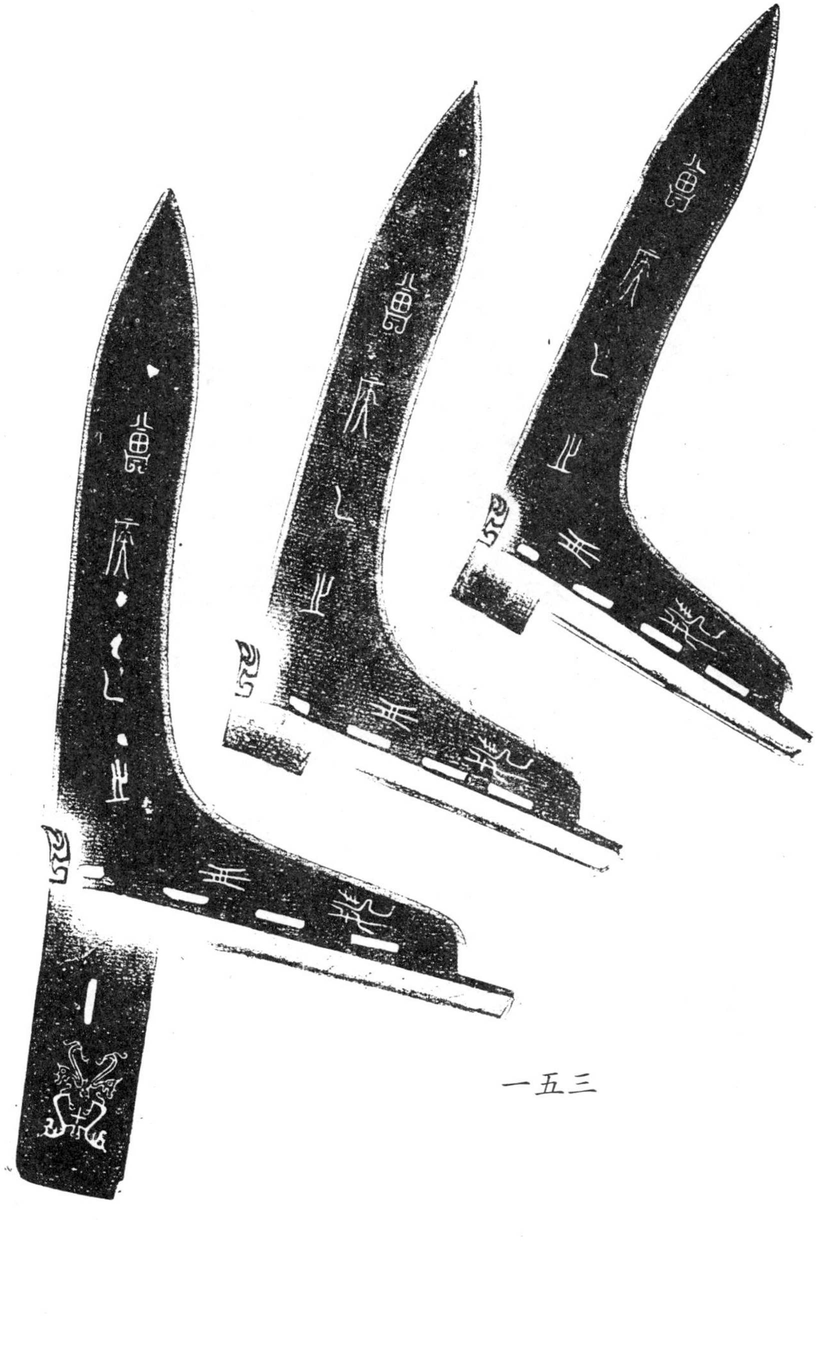

一五三

圖版柒叁

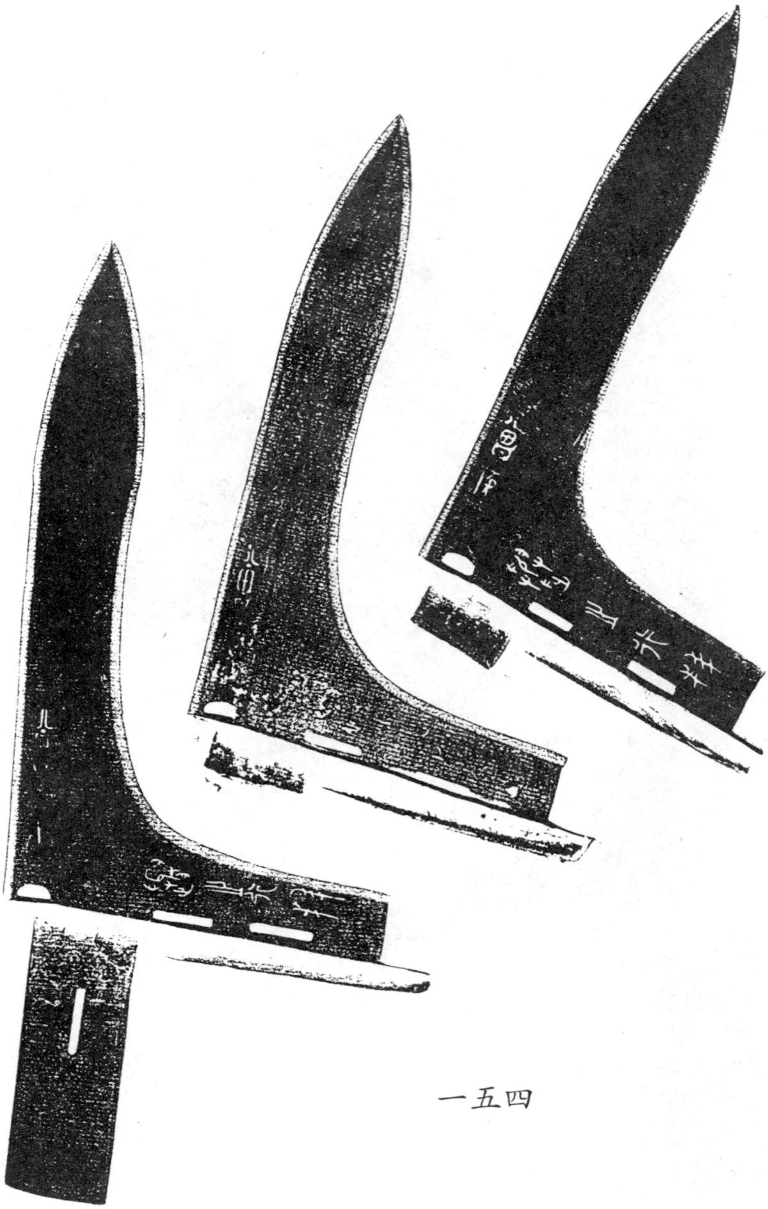

一五四

圖版柒肆

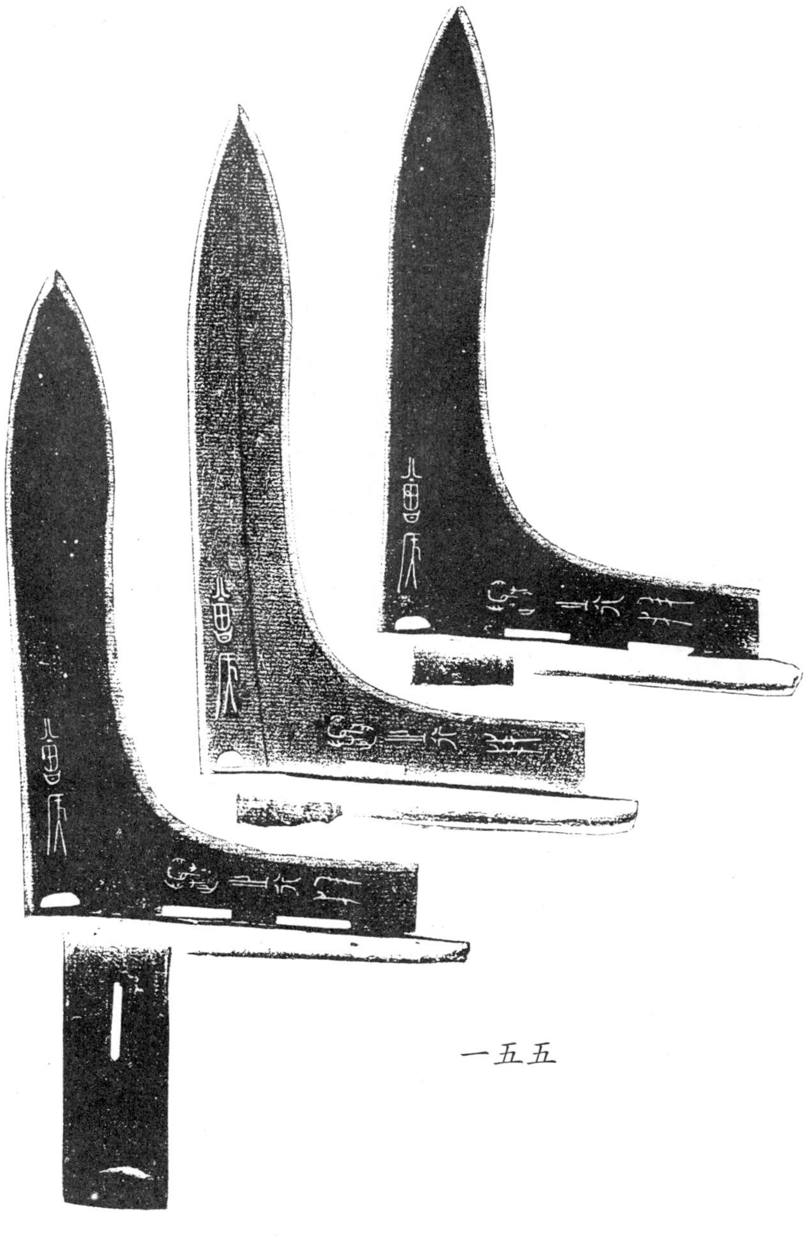

一五五

圖版柒伍

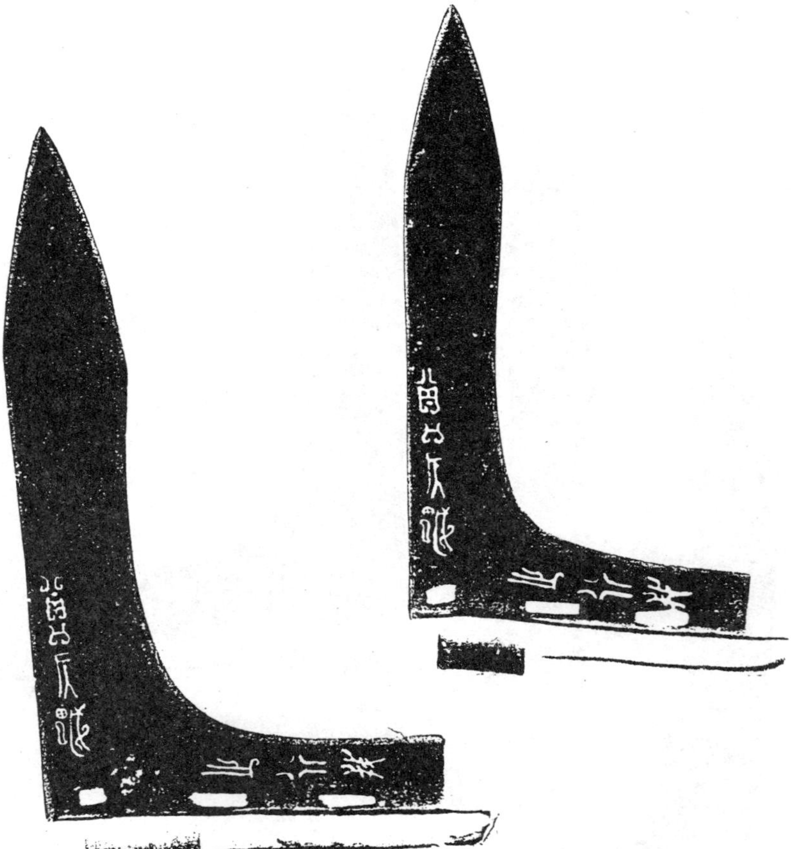

一五六

圖版柒陸

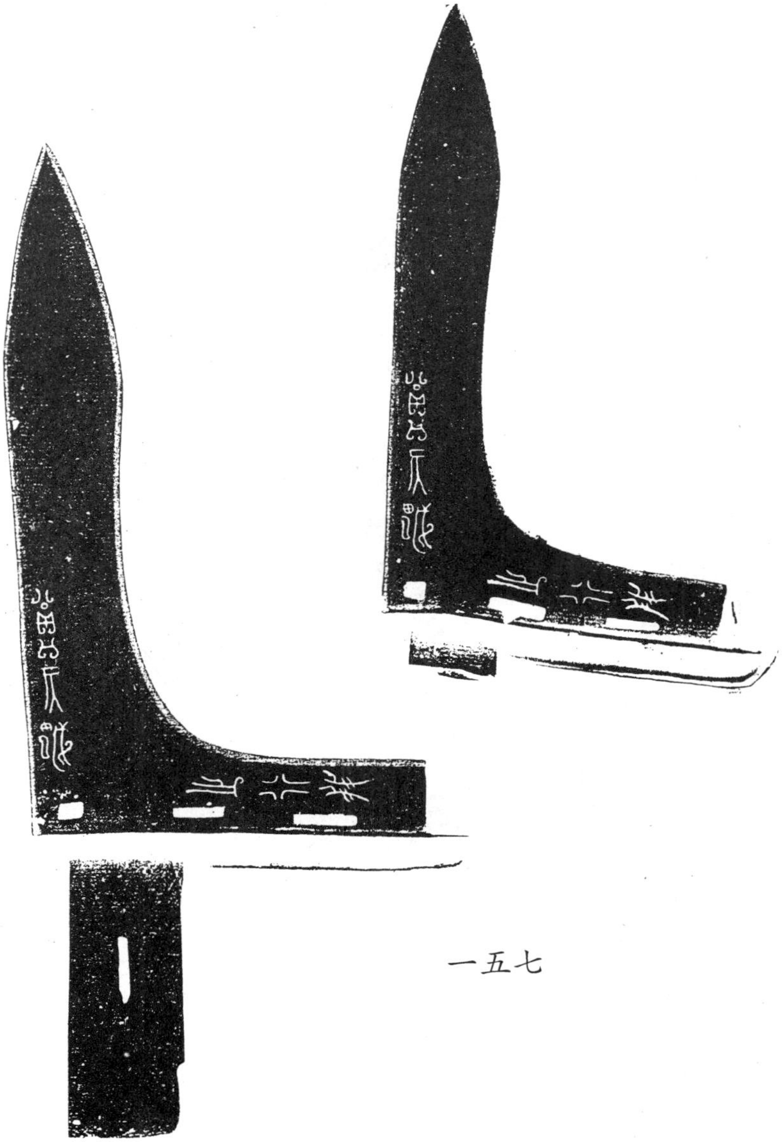

一五七

圖版柒柒

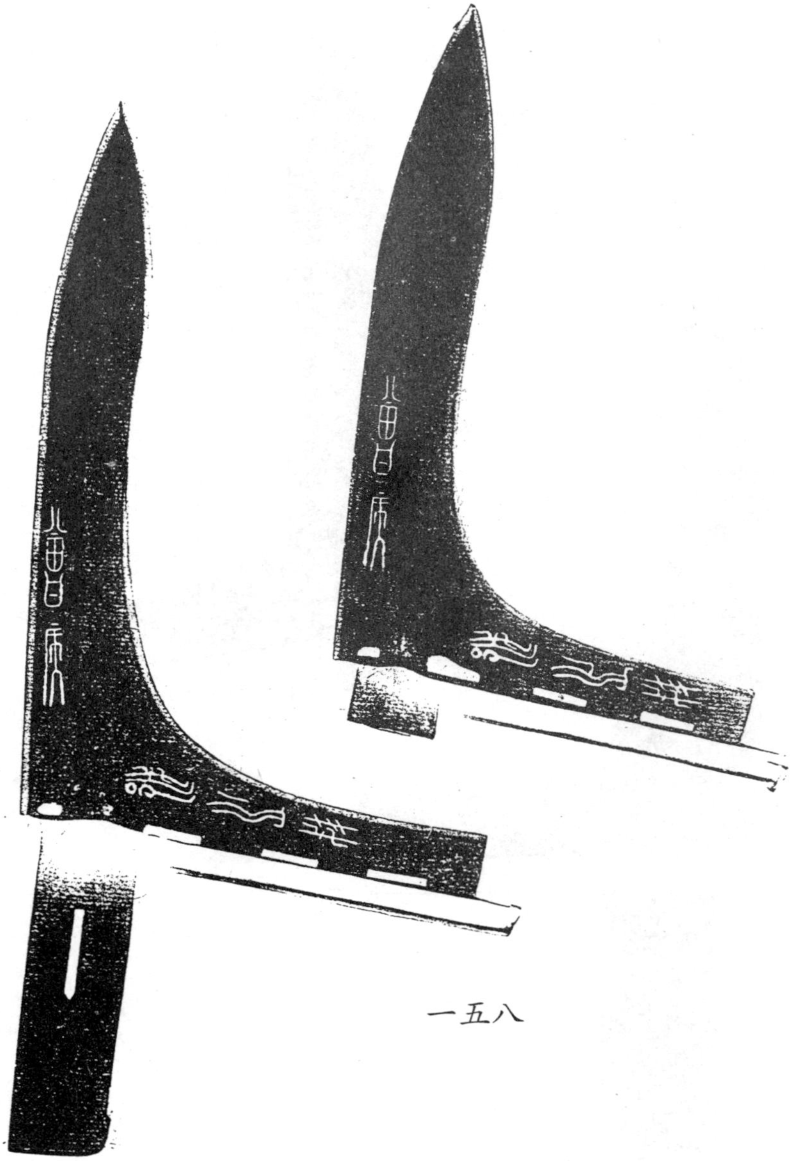

一五八

圖版柒捌

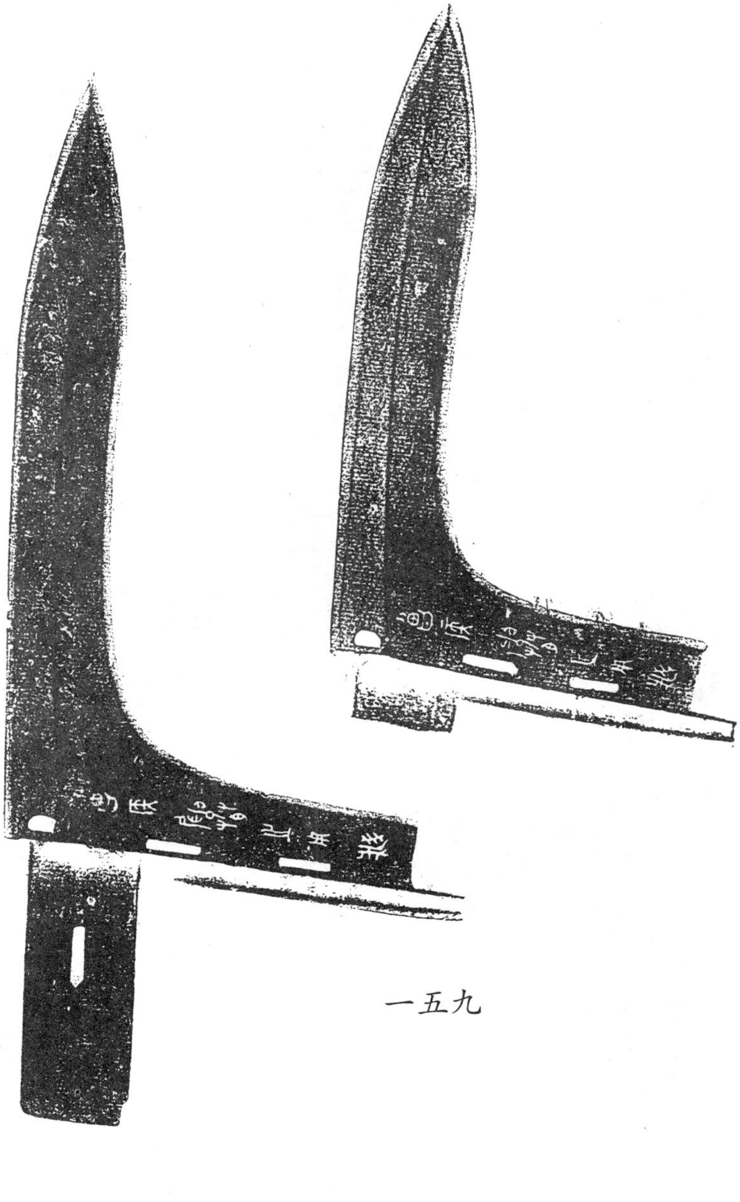

一五九

圖版柒玖

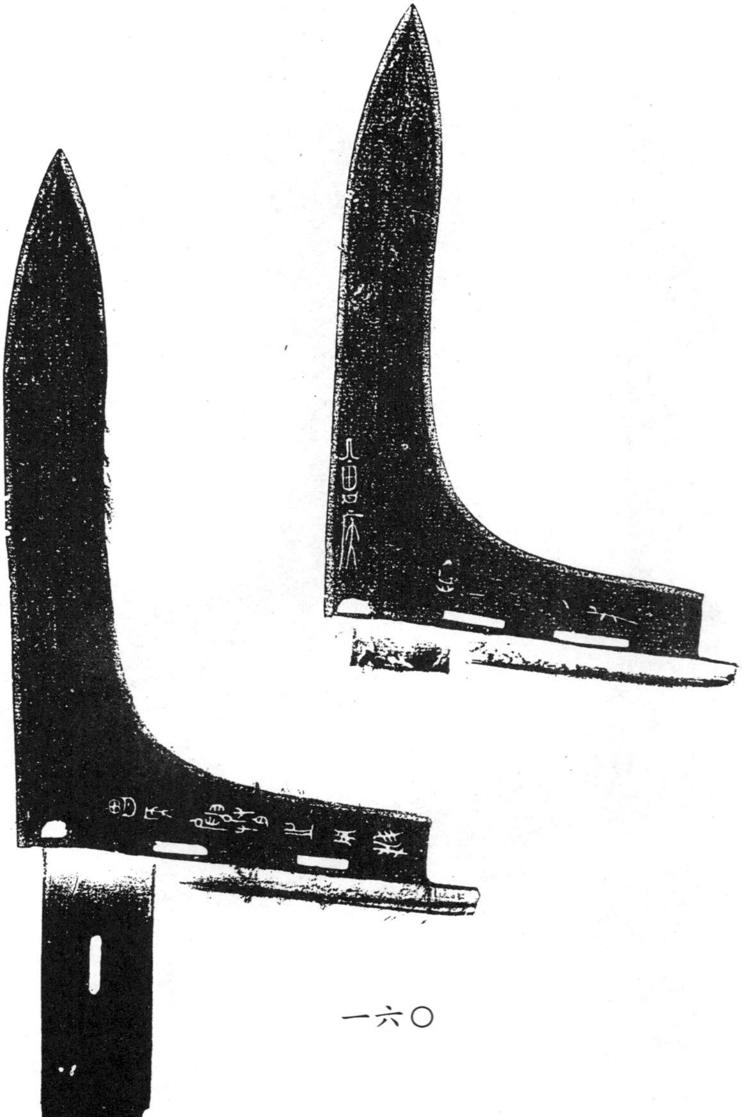

一六〇

圖版捌拾

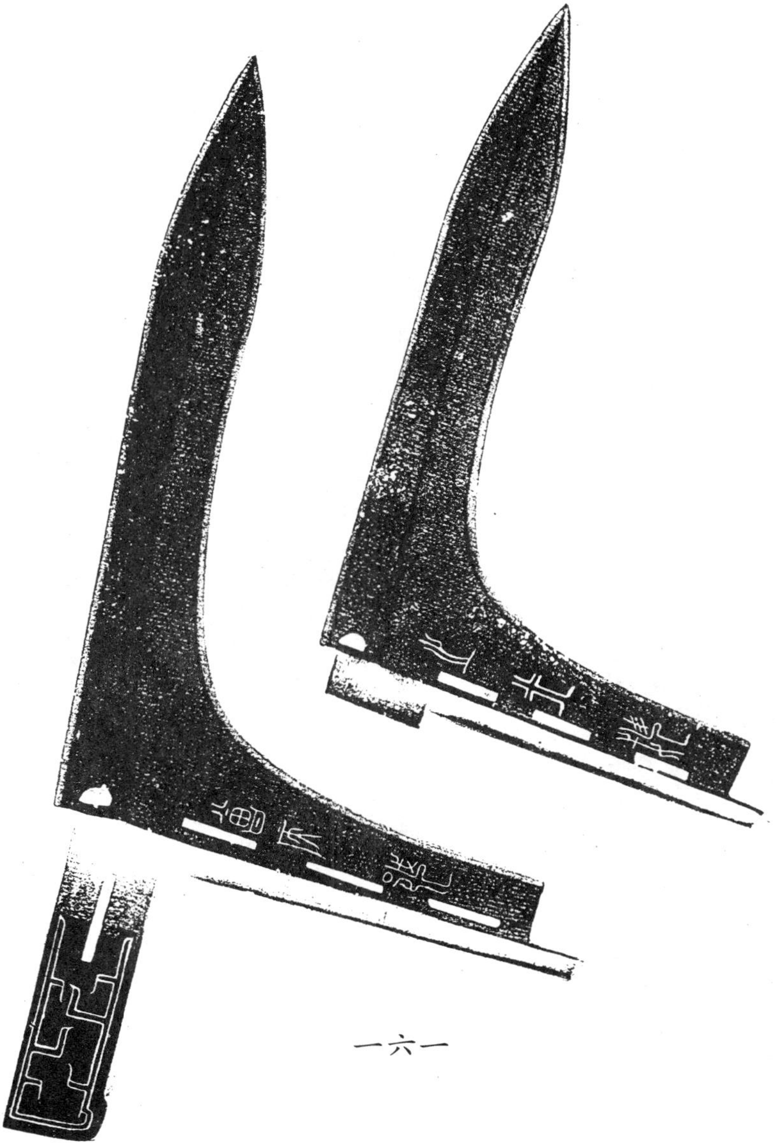

一六一

圖版捌壹

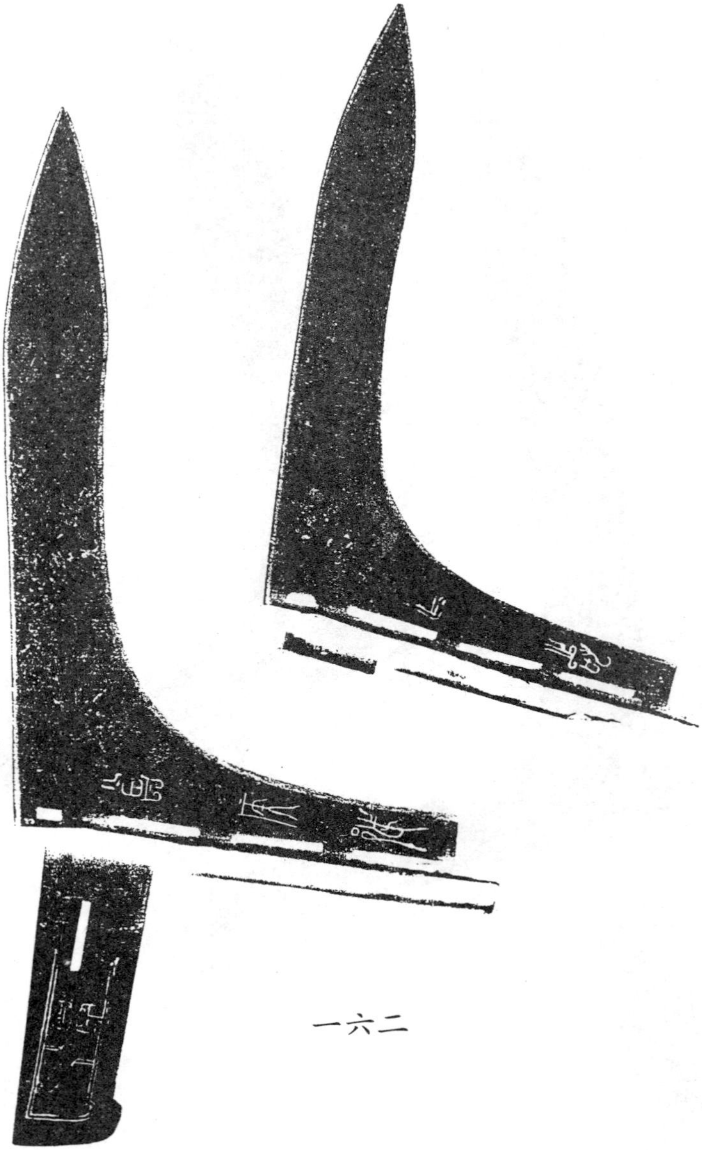

一六二

圖版捌貳

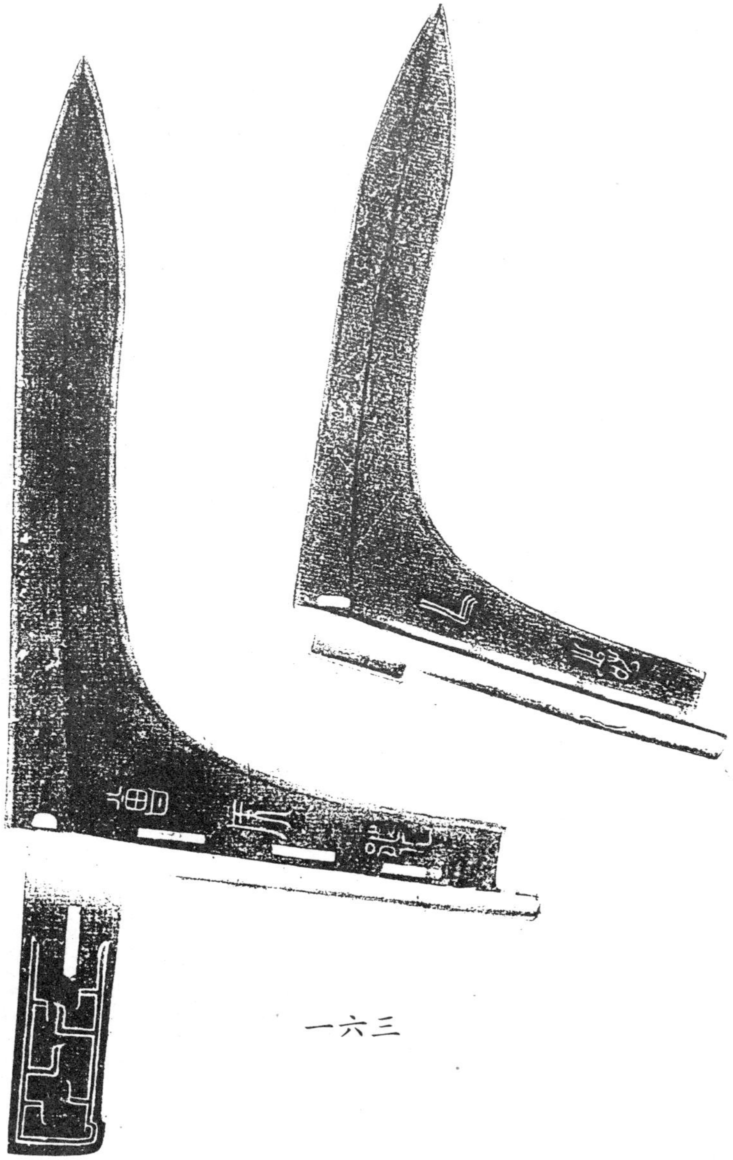

一六三

圖版捌叁

一六四

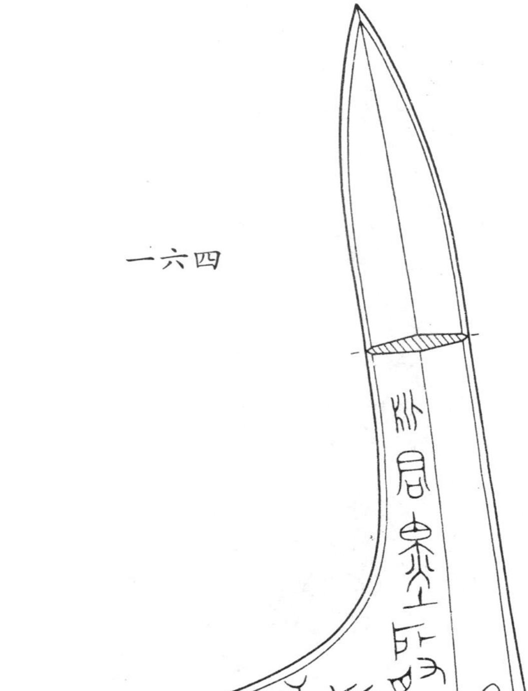

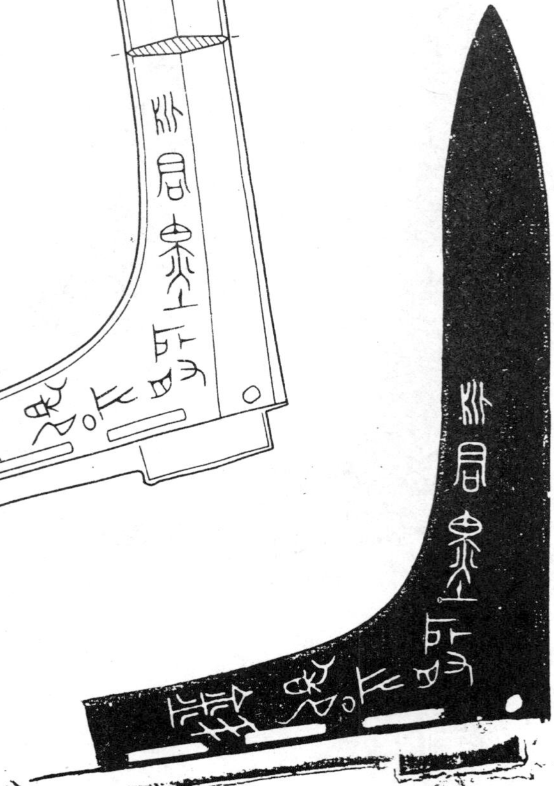

圖版捌肆

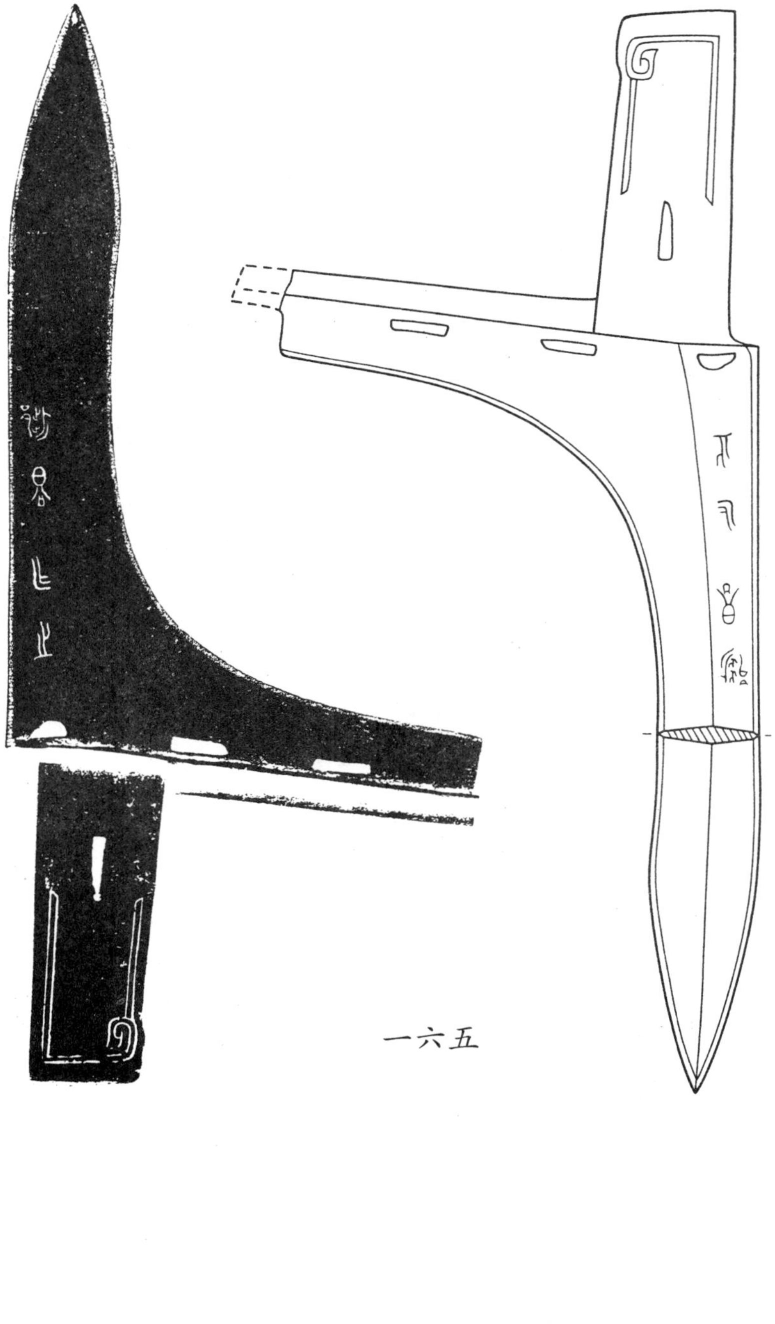

一六五

圖版捌伍

一六七

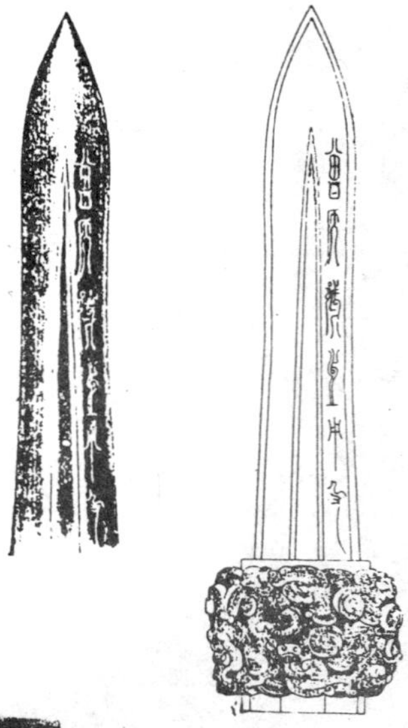

一六六

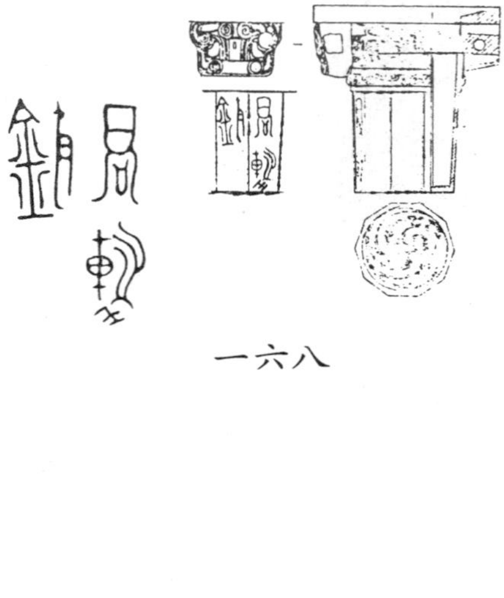

一六八

圖版捌陸

一六九

圖版捌柒

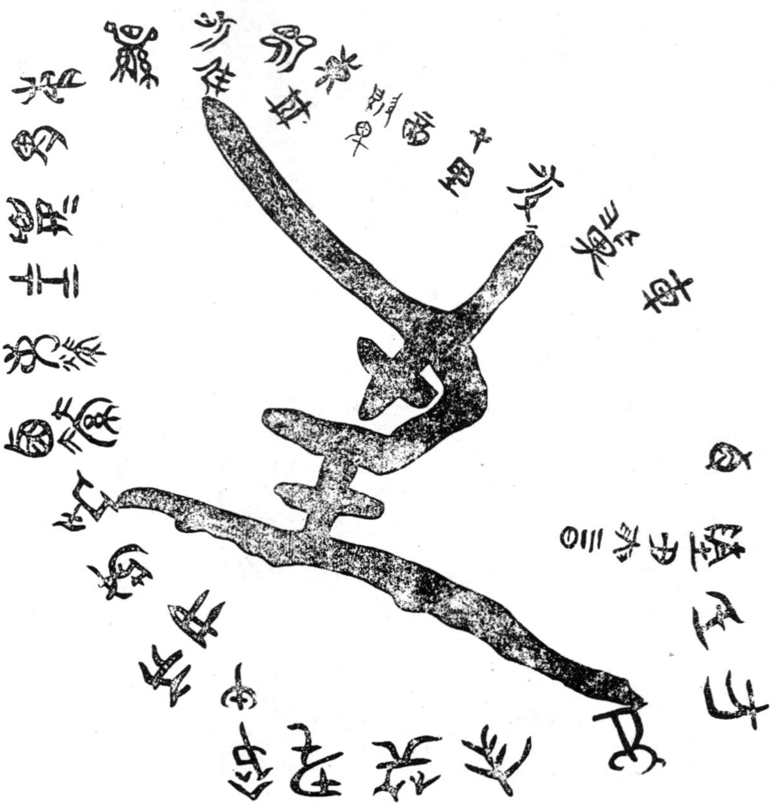

（吴嘉麟先生摹本）

一七〇

圖版捌捌

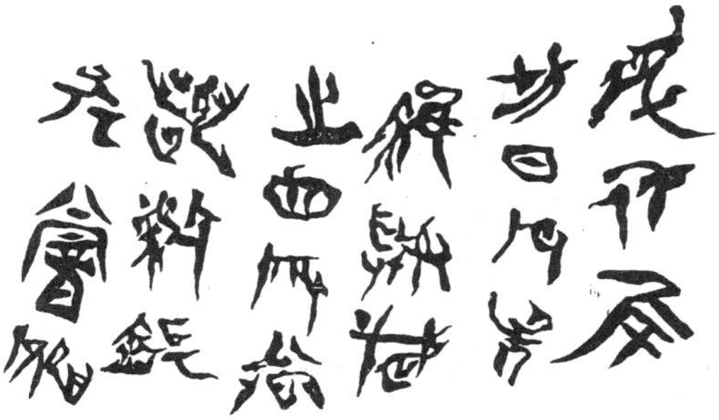

（吴嘉麟先生摹本）

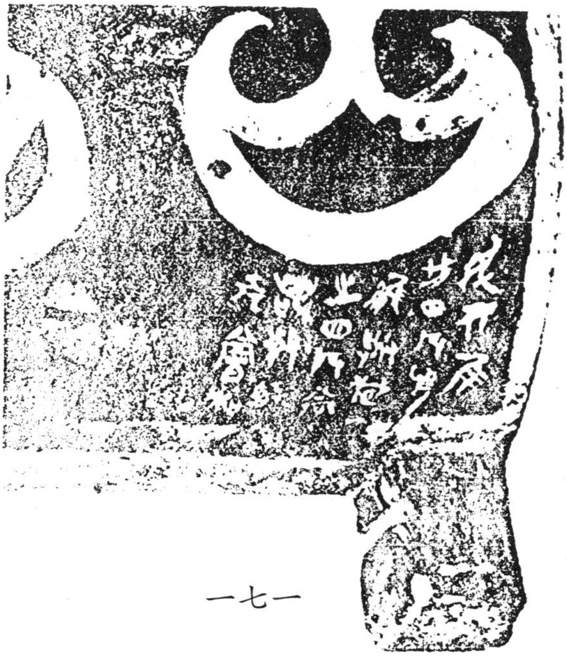

一七一

圖版捌玖

E67

E61

一七二

E45

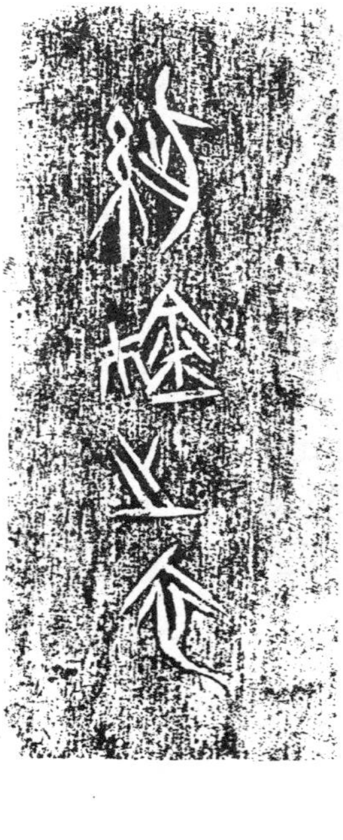

E66

E66

圖版玖拾

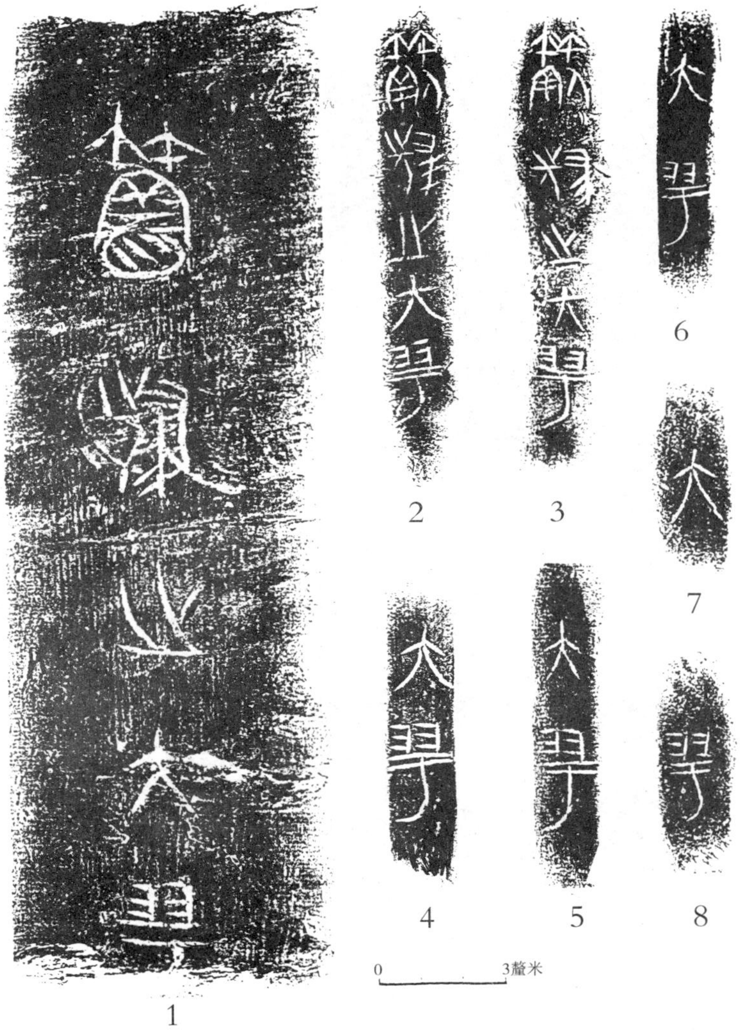

一七三

圖版玖壹

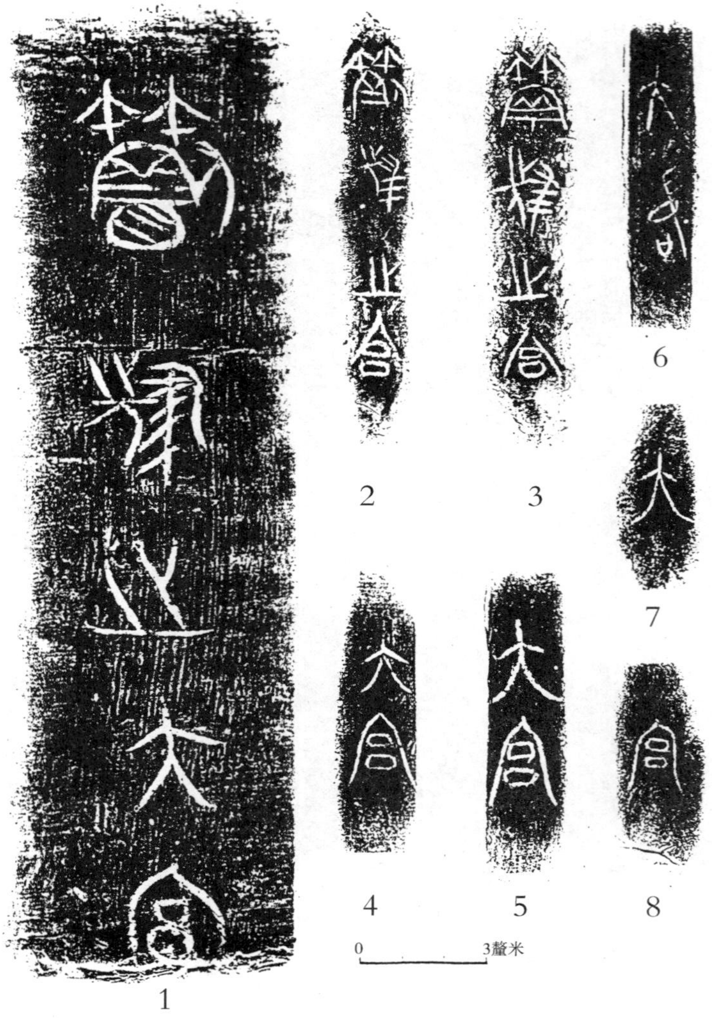

一七四

圖版玖貳

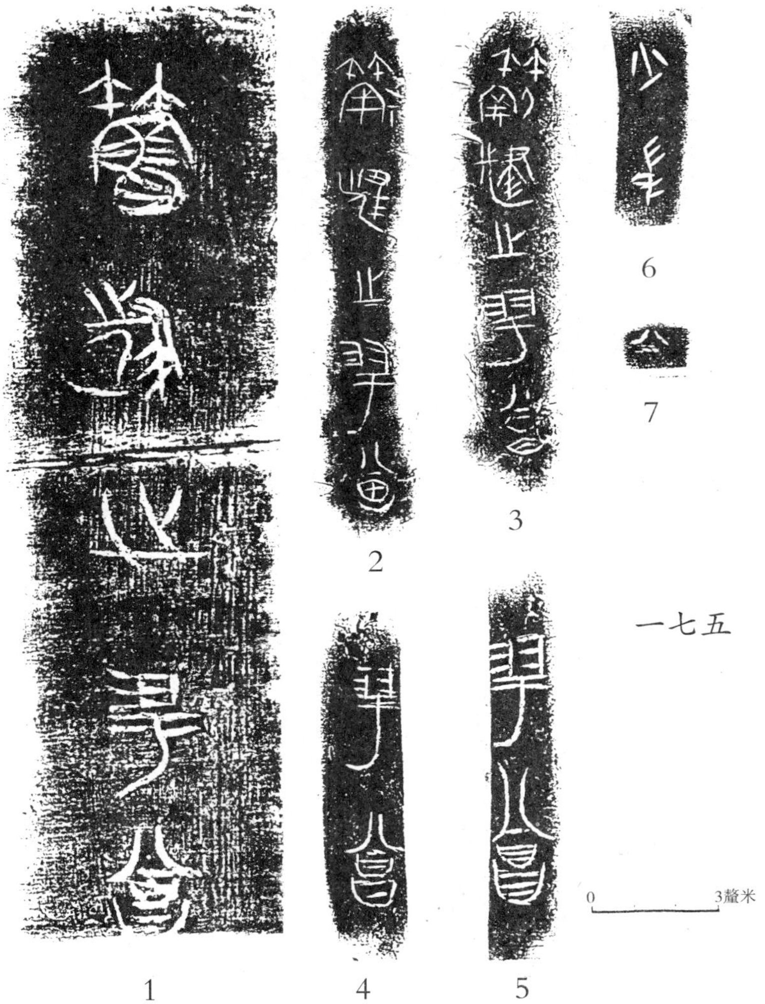

一七五

圖版玖叁

一七六

圖版玖肆

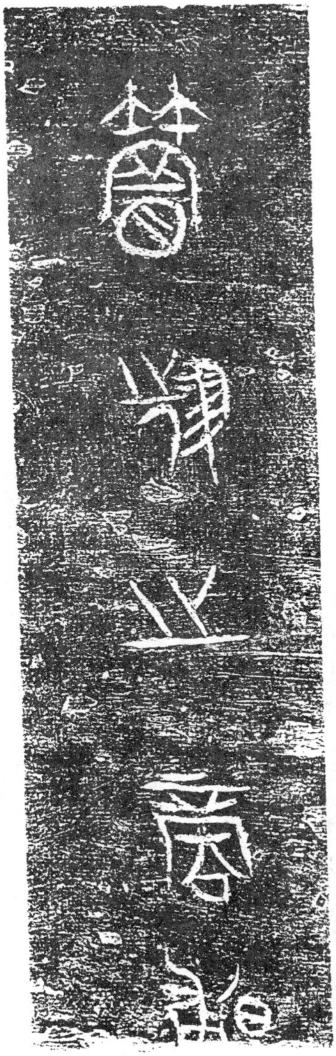

1

2

一七七　3

4

5

6

圖版玖伍

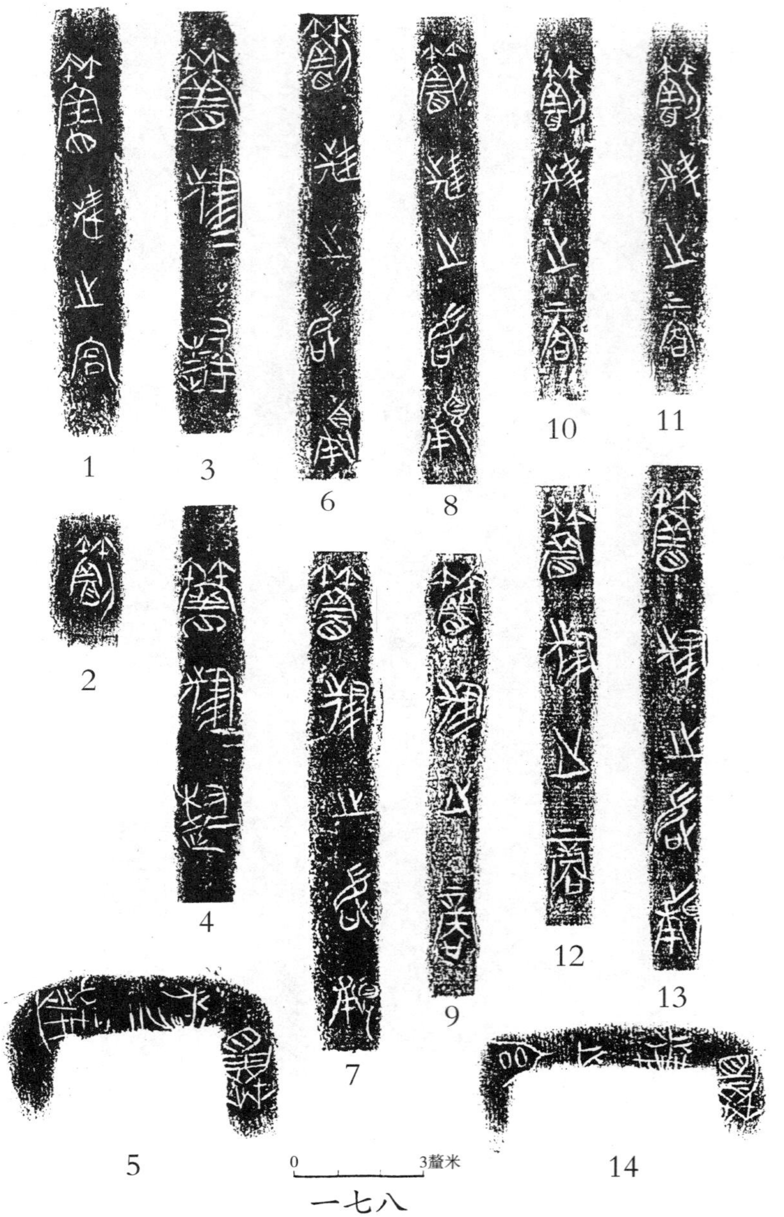

一七八

圖版玖陸

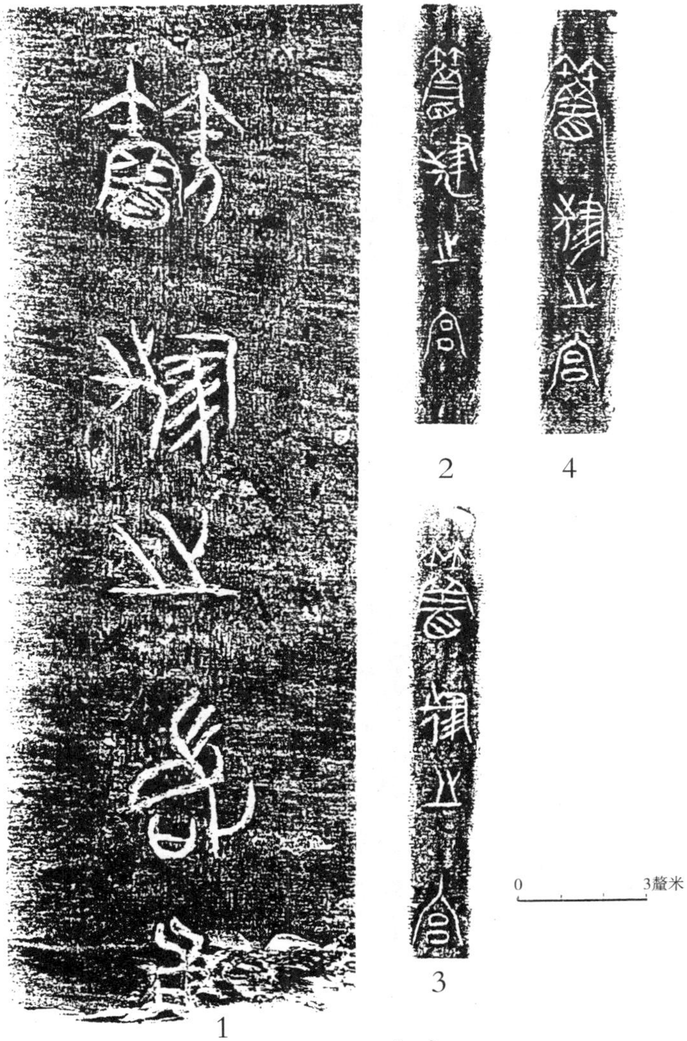

一七九

圖版玖柒

1

2

3

4

5

一八〇

圖版玖捌

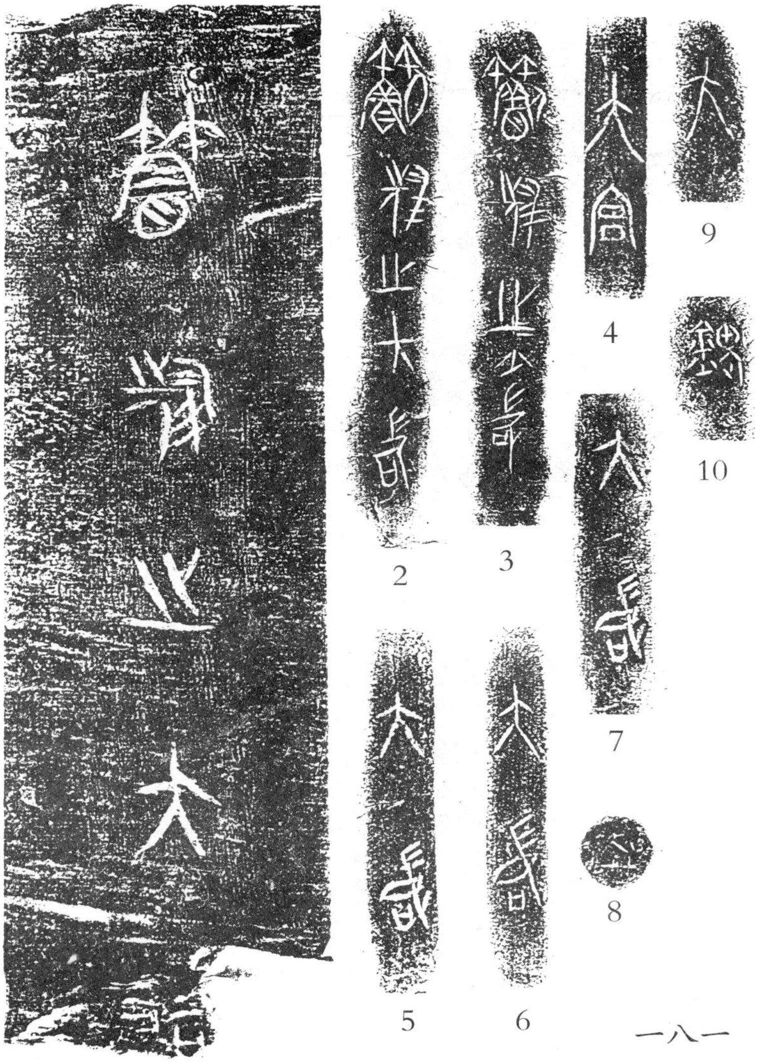

一八一

圖版玖玖

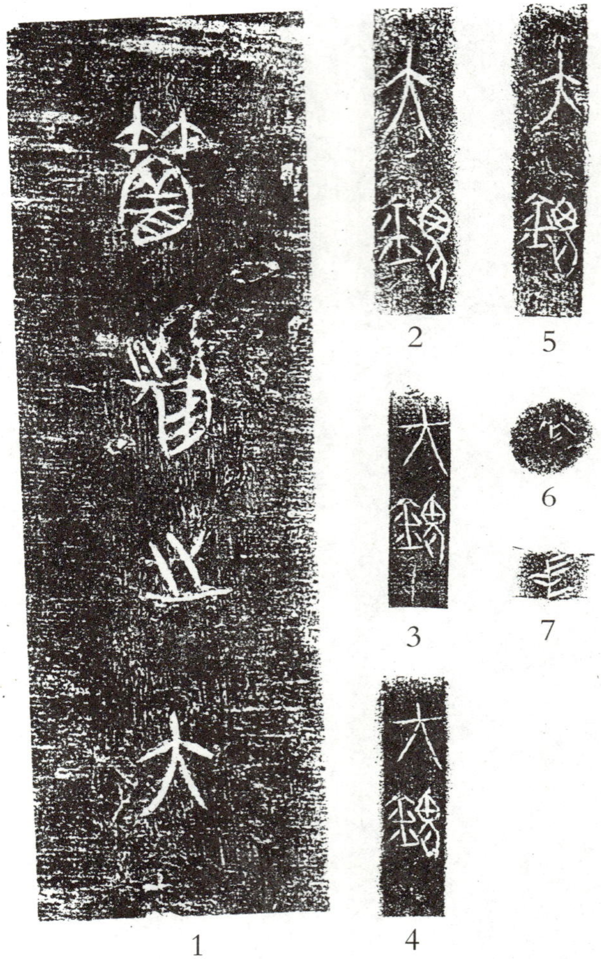

一八二

圖版壹零零

1

2

3

4

5

6

0　5釐米

圖版壹零壹

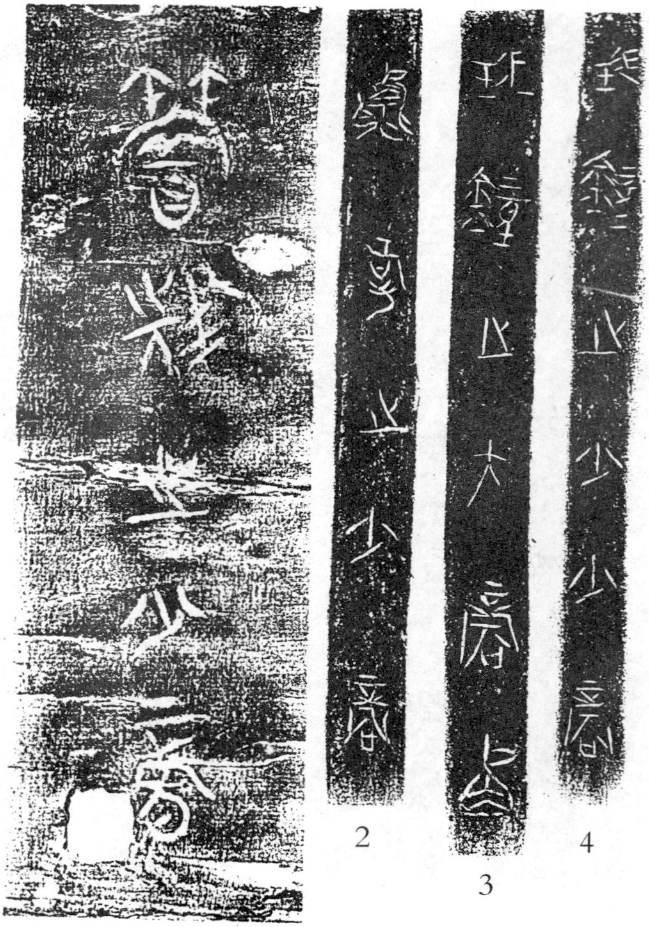

1 2 3 4

一八四

圖版壹零貳

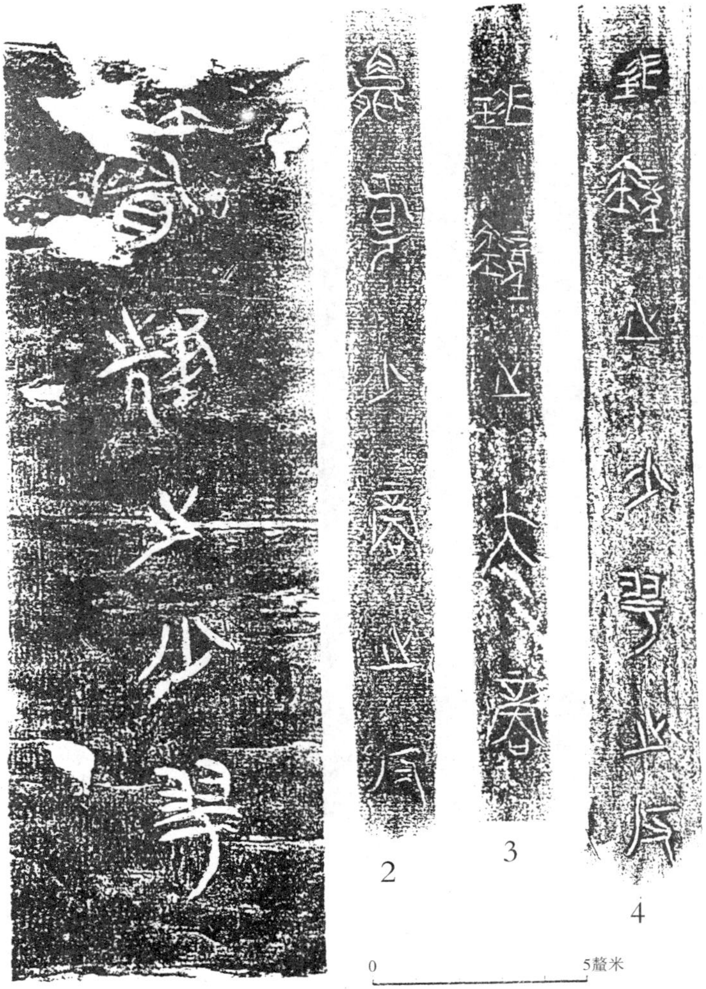

1　2　3　4

0　5釐米

一八五

圖版壹零叁

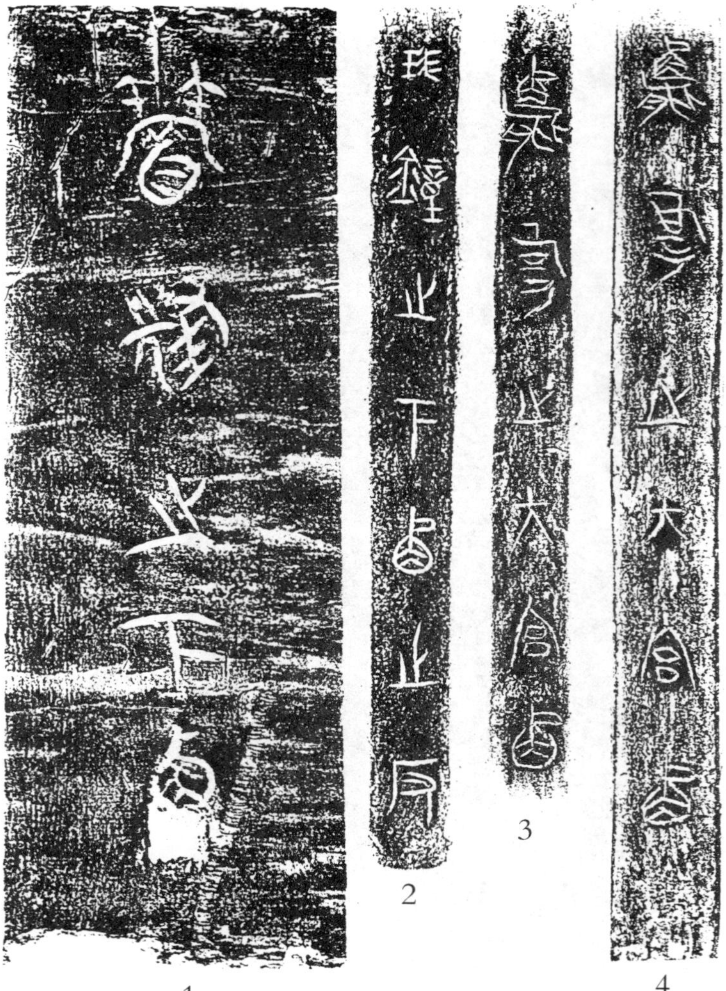

1　2　3　4

圖版壹零肆

1

2

3

4

圖版壹零伍

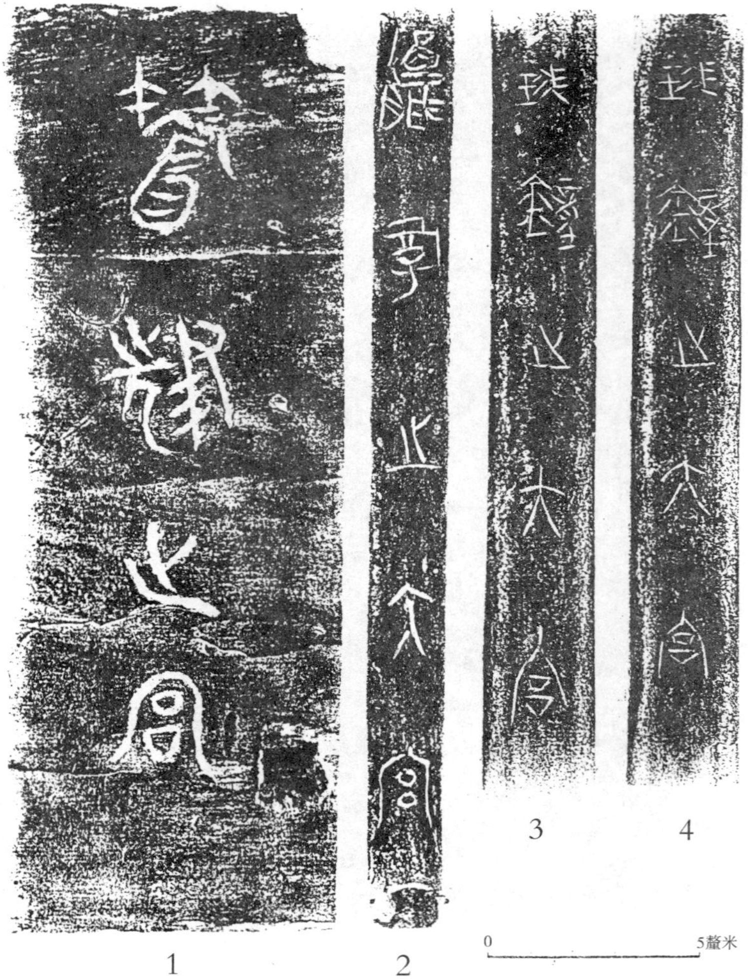

1 2 3 4

一八八

圖版壹零陸

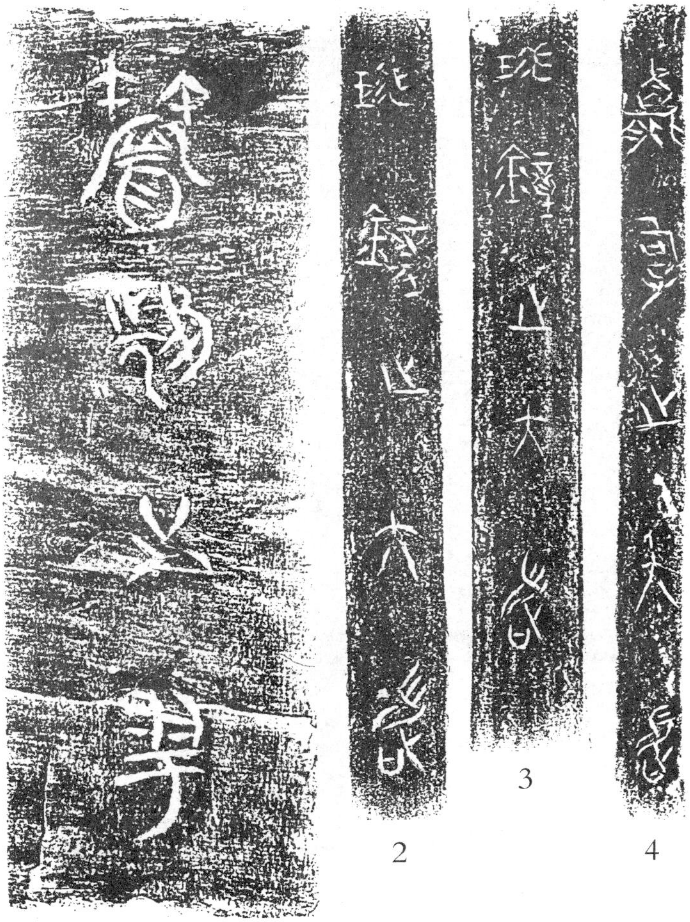

1　2　3　4

一八九

圖版壹零柒

1 2 3 4

一九〇

圖版壹零捌

一九一

圖版壹零玖

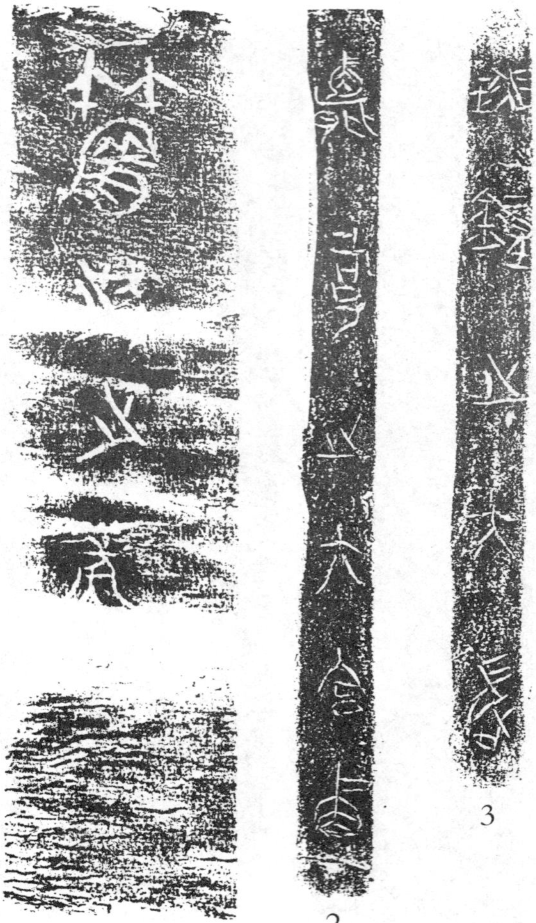

1 2 3

一九二

圖版壹壹零

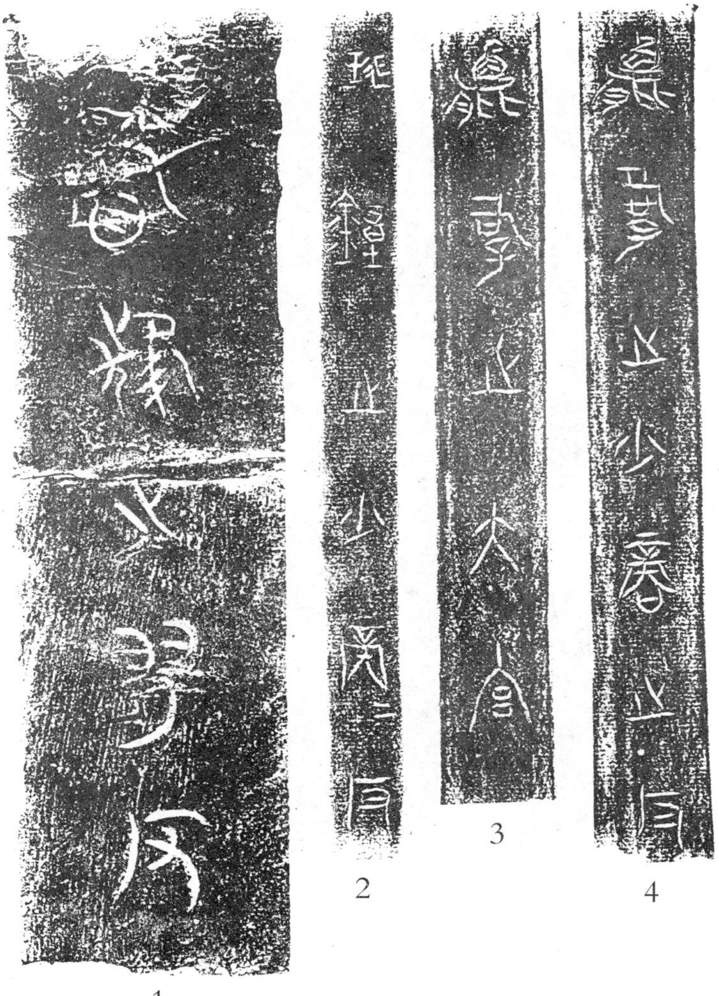

1　2　3　4

一九三

圖版壹壹壹

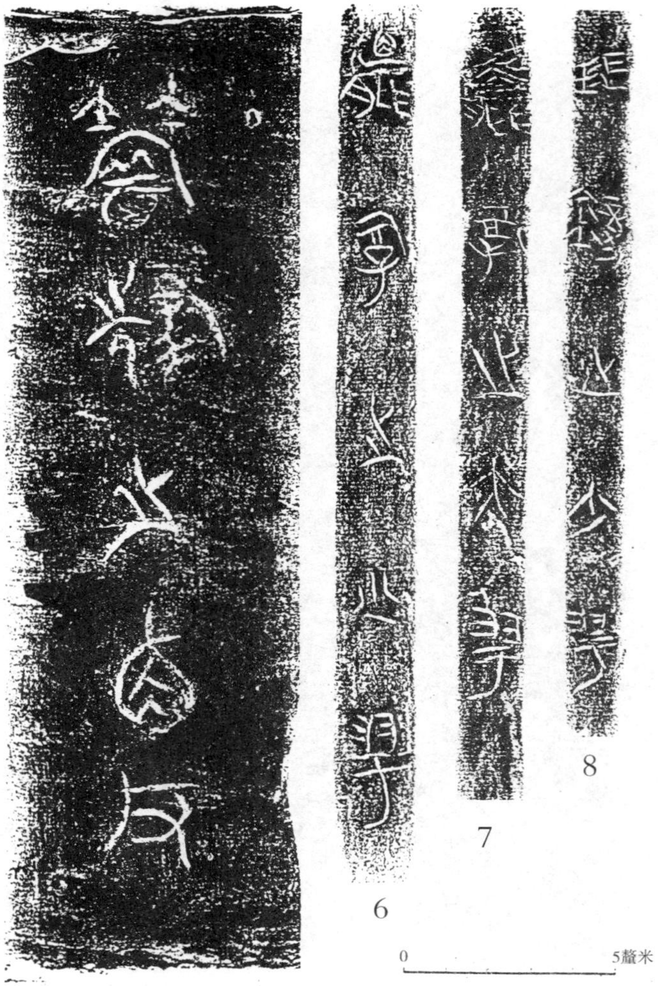

5

一九四

圖版壹壹貳

9

10

11

12

一九五

圖版壹壹叁

1　2　3　4

圖版壹壹肆

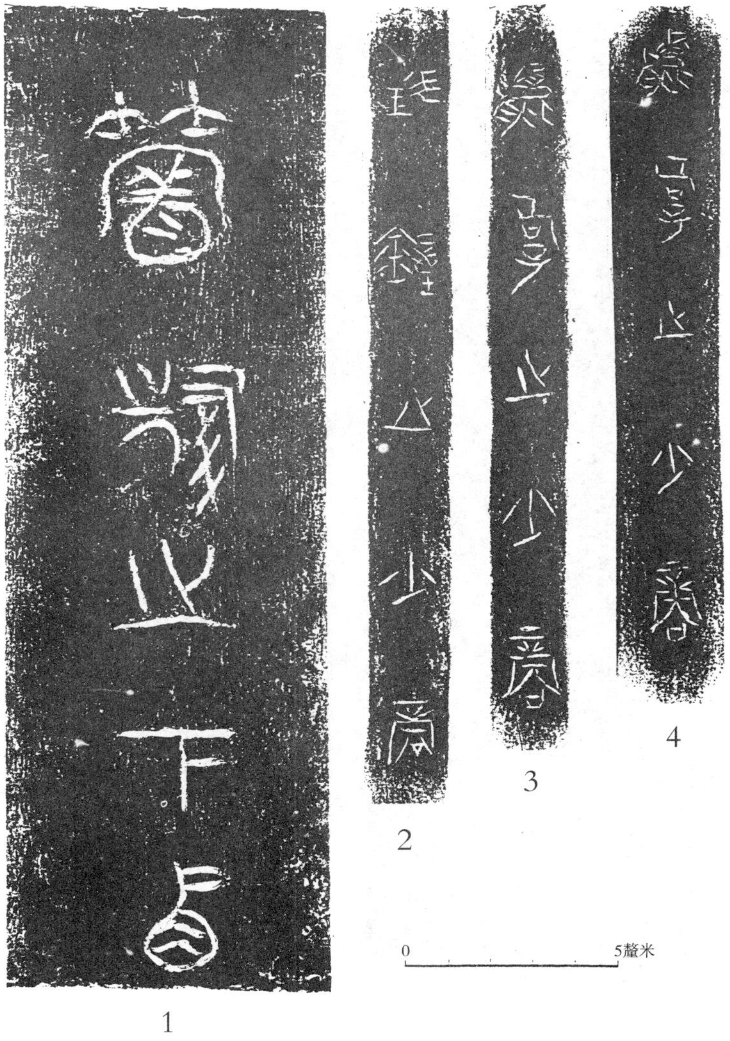

一九七

圖版壹壹伍

1 2 3 4

一九八

圖版壹壹陸

1

2

3

4

一九九

圖版壹壹柒

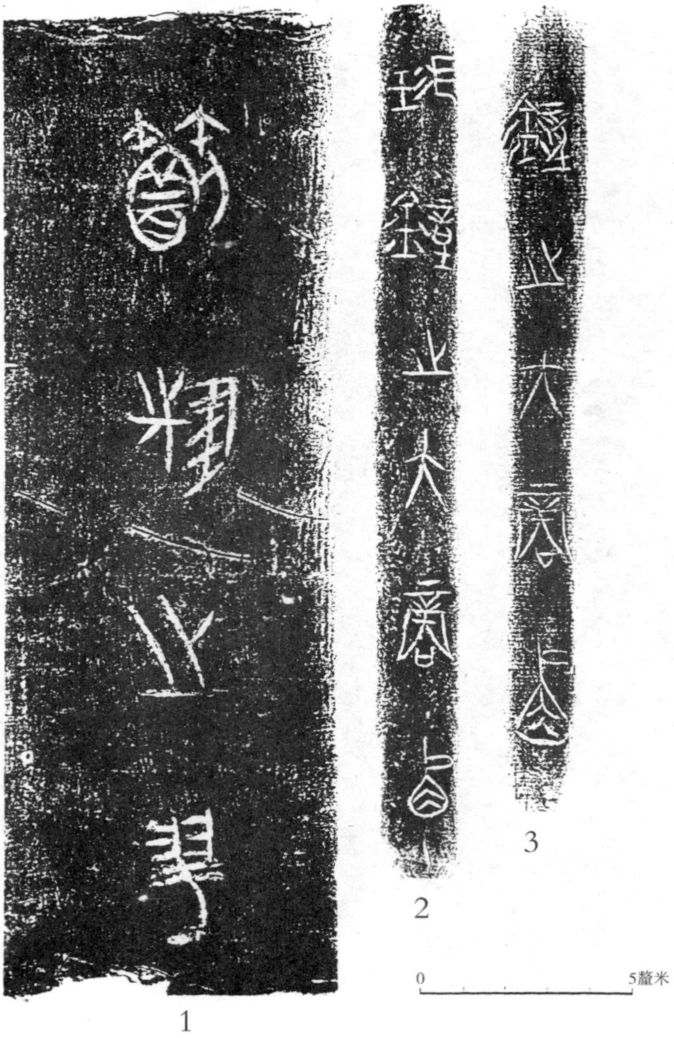

二〇〇

圖版壹壹捌

1

2

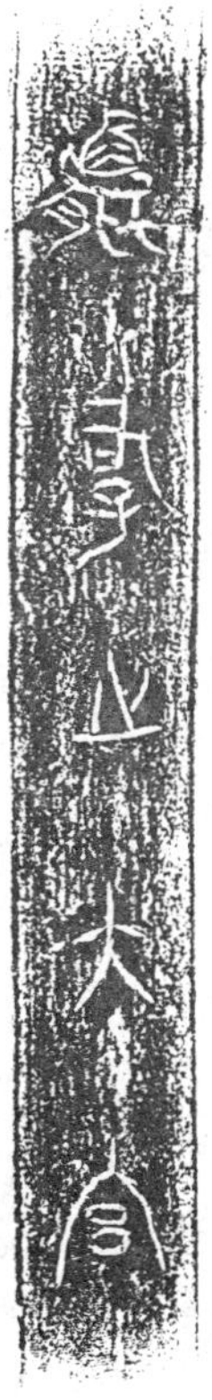

3

圖版壹壹玖

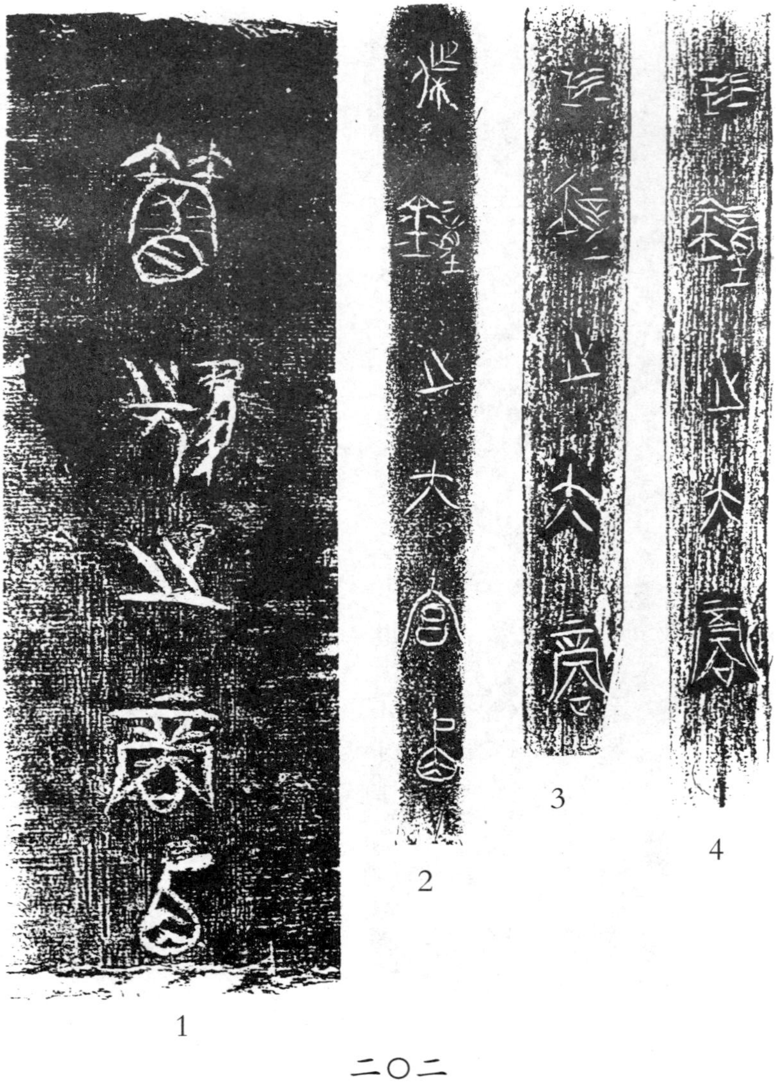

二〇二

圖版壹貳零

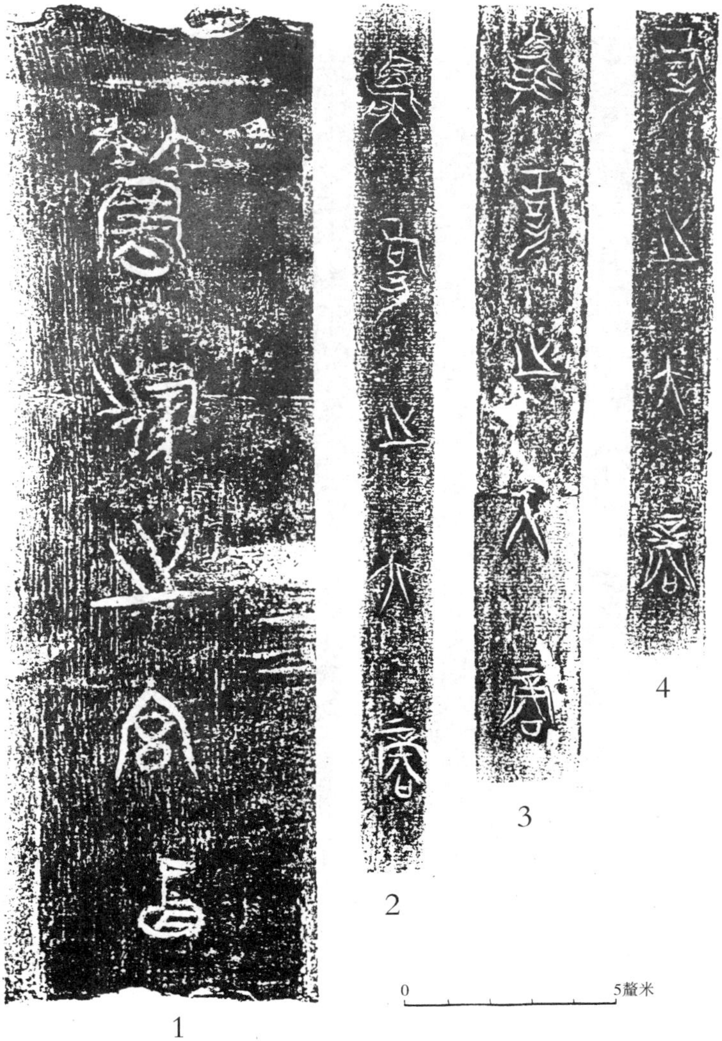

二〇三

圖版壹貳壹

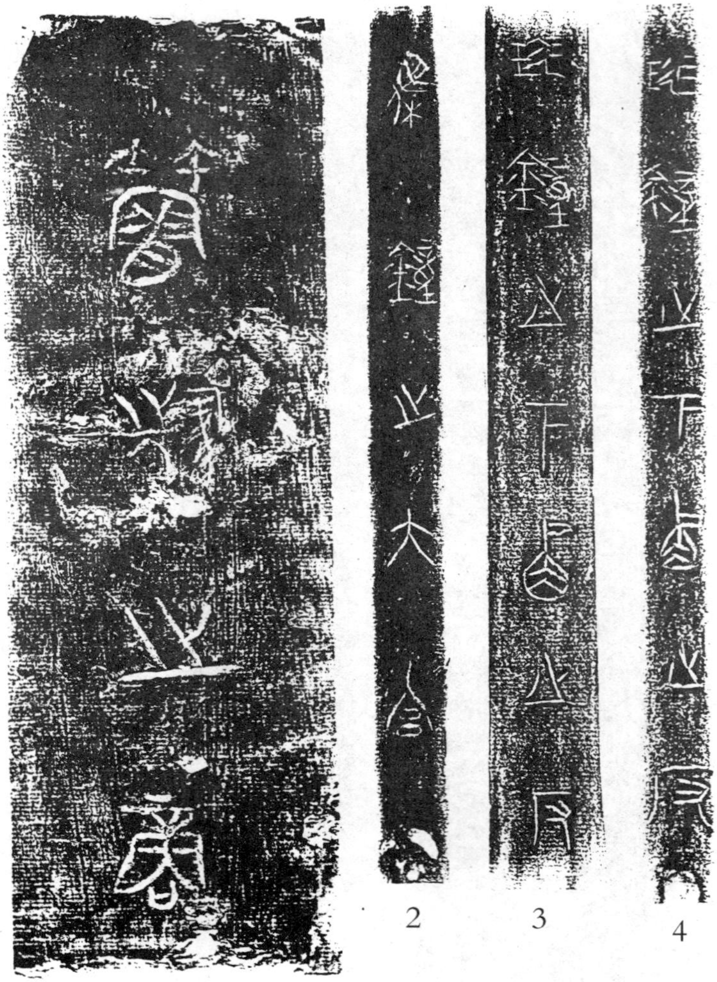

1 2 3 4

二〇四

圖版壹貳貳

1

2

3

4

二〇五

圖版壹貳叁

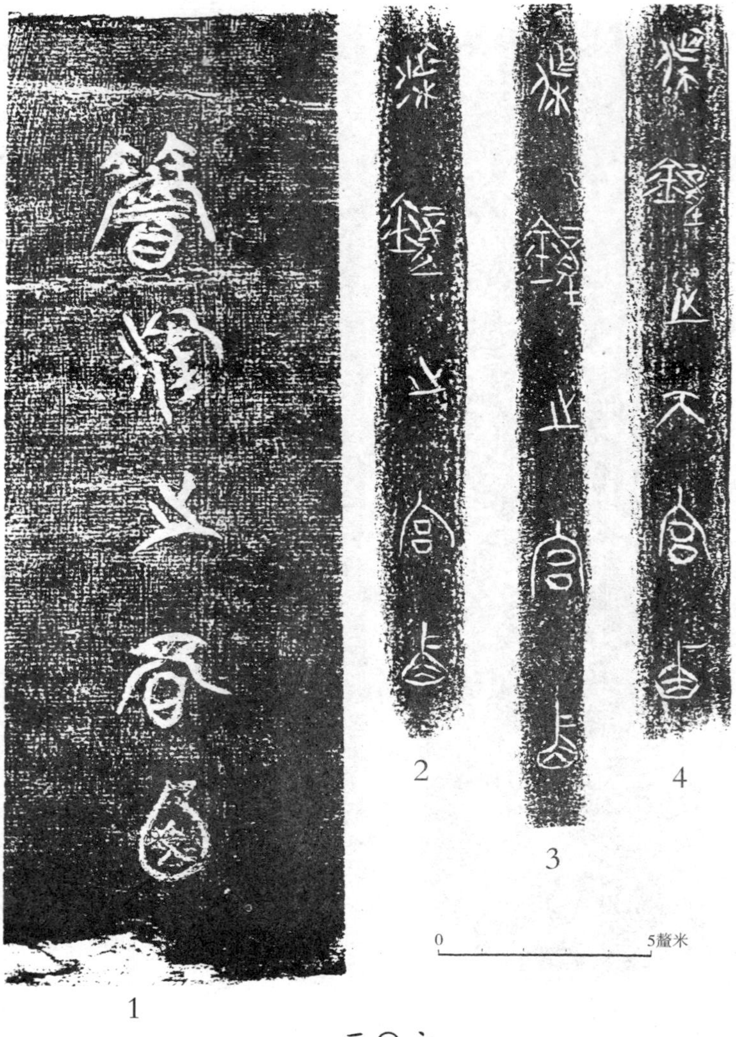

二〇六

圖版壹貳肆

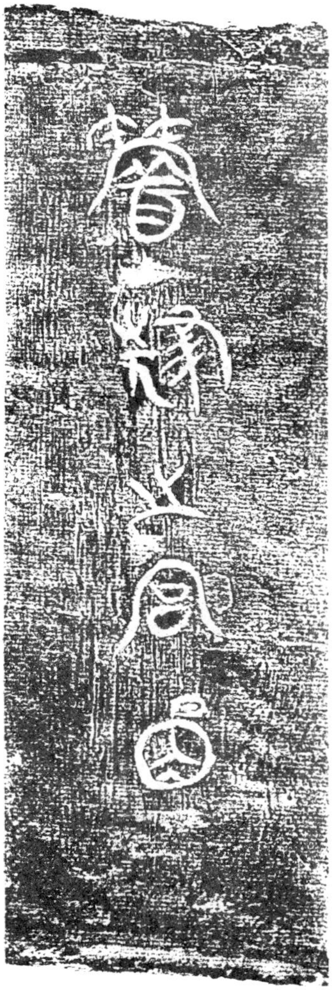

1

2

3

4

圖版壹貳伍

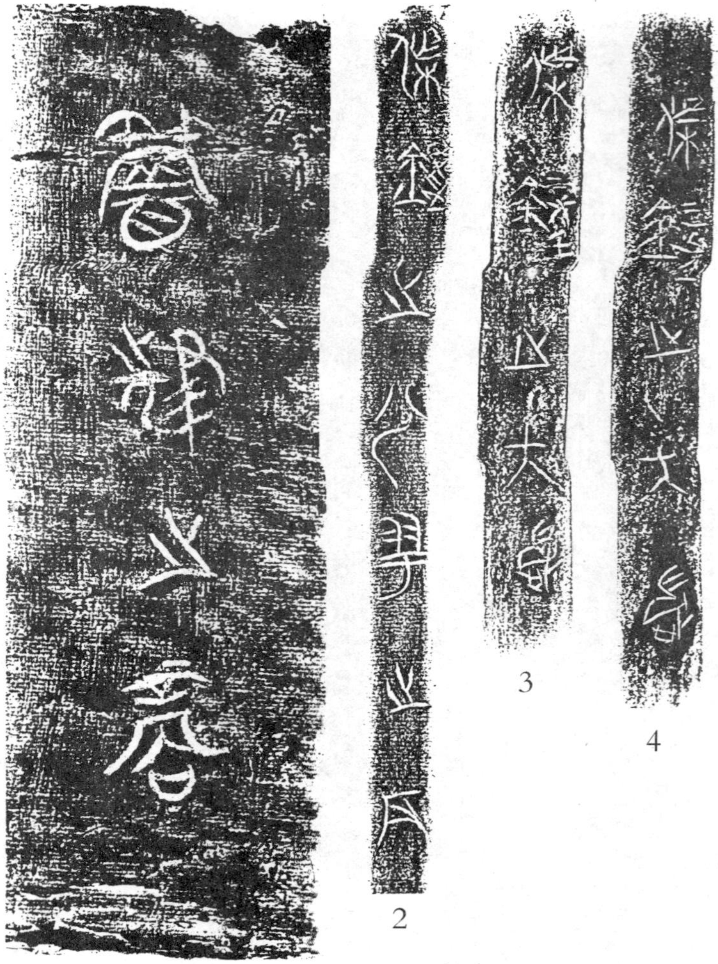

1 2 3 4

二〇八

圖版壹貳陸

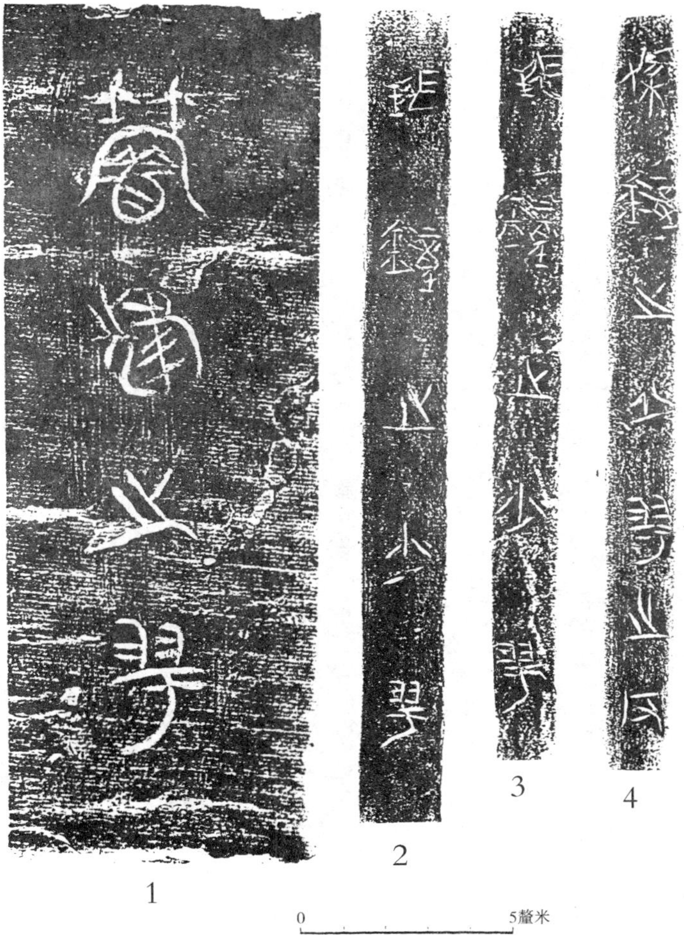

二〇九

圖版壹貳柒

1 2 3 4

二一〇

圖版壹貳捌

1　2　3　4

（吴嘉麟先生摹本）

二一一

圖版壹貳玖

1 2 3 4

（吴嘉麟先生摹本）

二一二

圖版壹叁零

1　2　3　4

（吴嘉麟先生摹本）

二一三

圖版壹叁壹

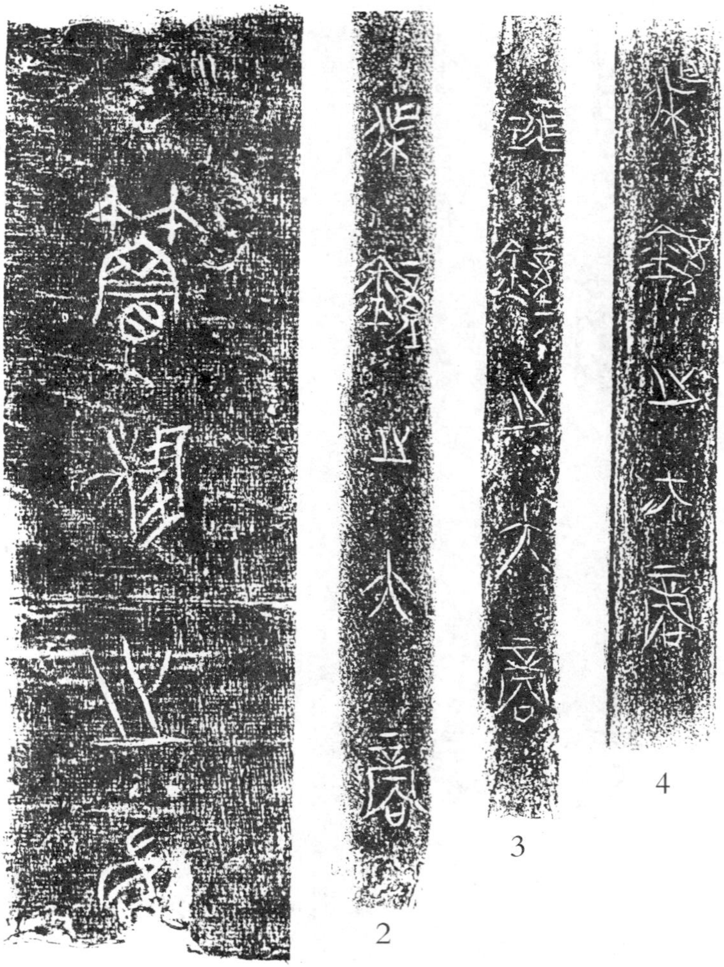

1 2 3 4

二一四

圖版壹叁貳

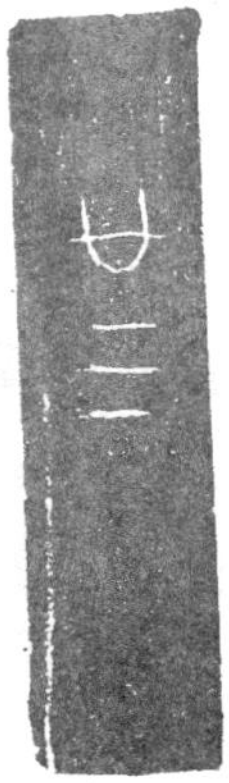

1

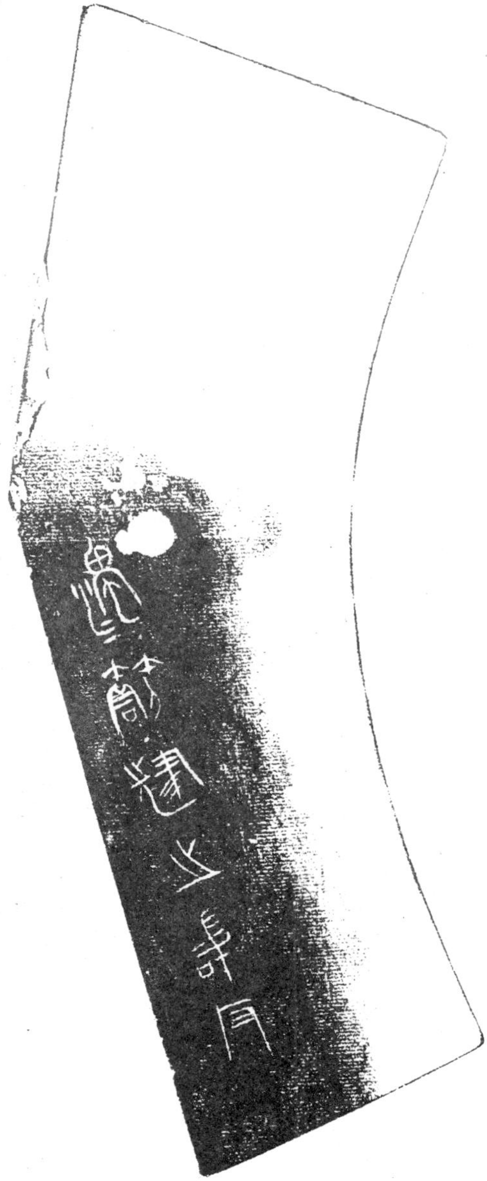

2

二一五

圖版壹叁叁

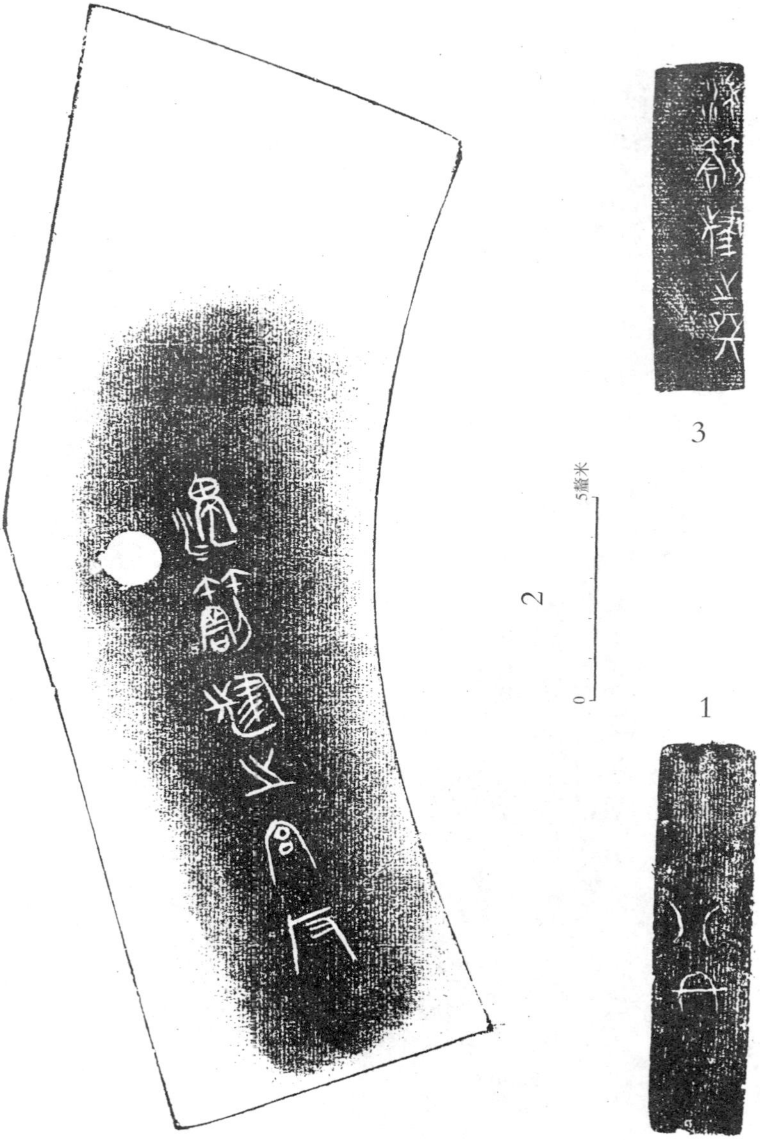

二一六

圖版壹叁肆

1

2

3

4

圖版壹叁伍

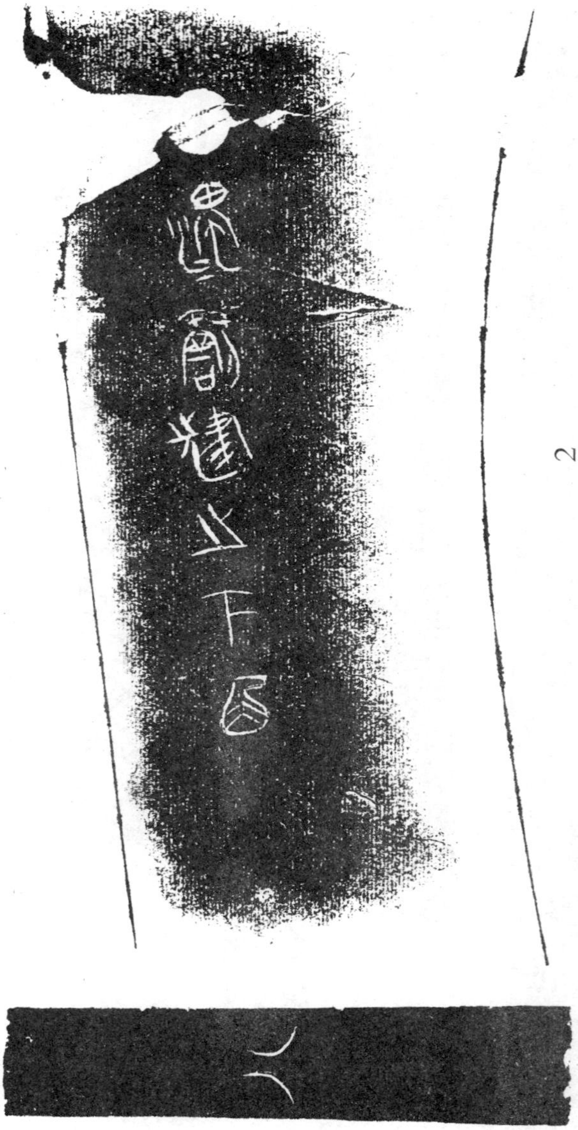

2

1

二一八

圖版壹叁陸

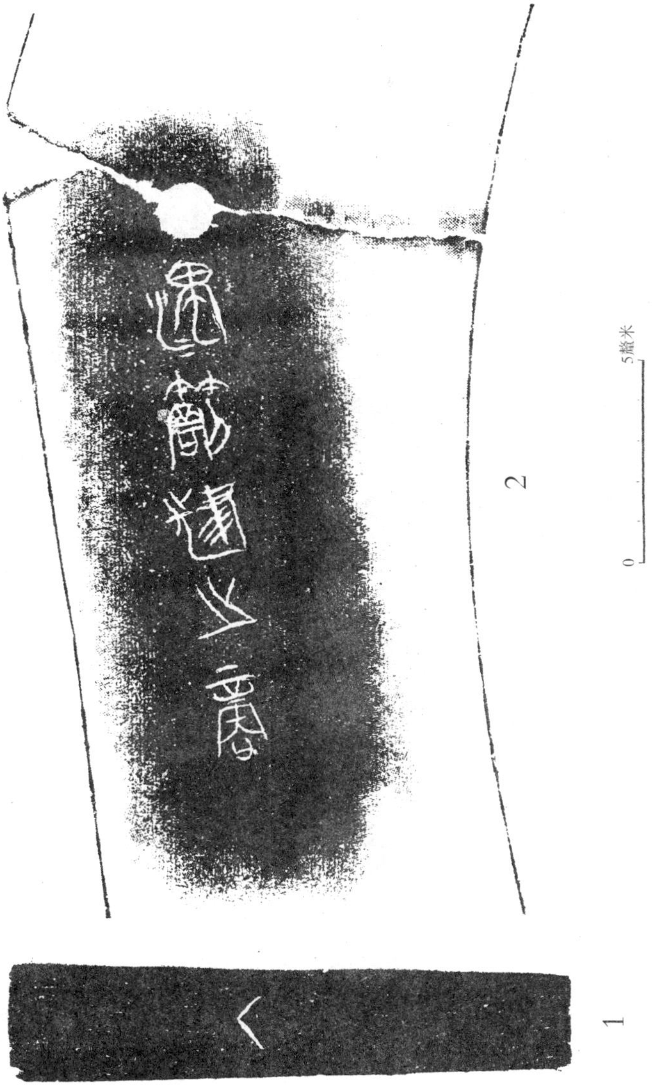

二一九

圖版壹叁柒

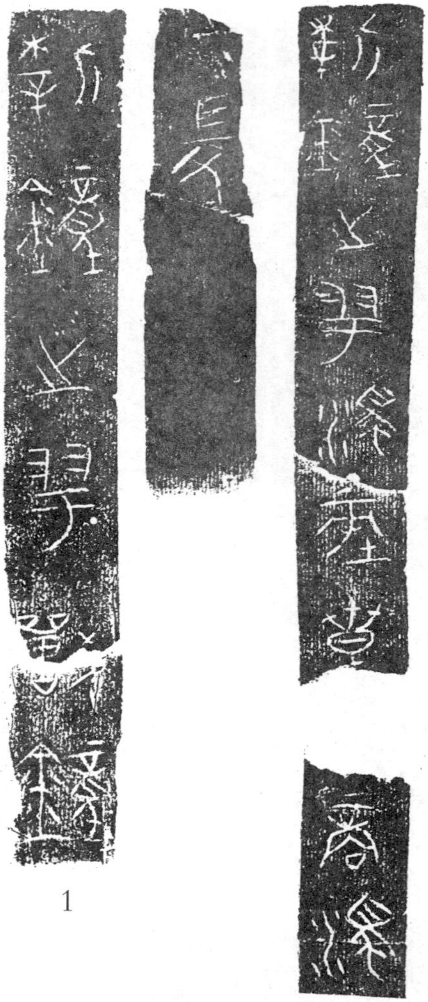

1

2

3

圖版壹叁捌

1　2　3

圖版壹叁玖

1 2 3 4 5 6 7 8 9

二二二

圖版壹肆零

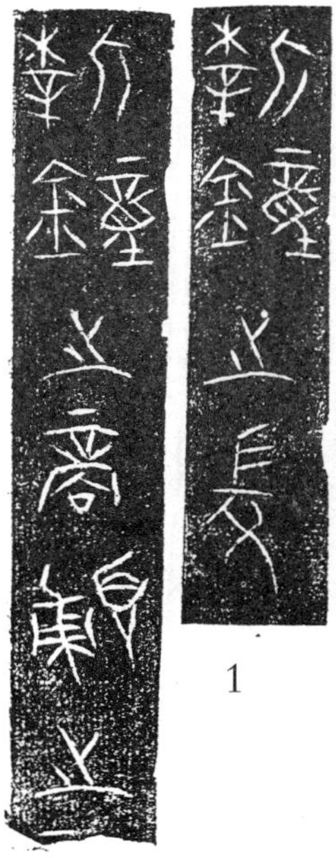

1

2

3

4

二二三

圖版壹肆壹

二二四

圖版壹肆貳

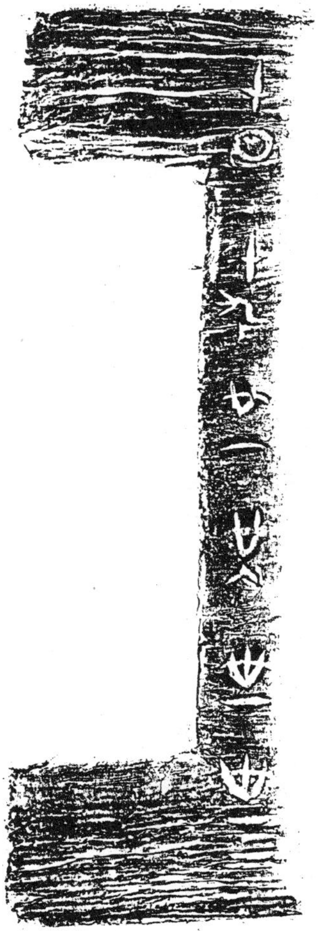

器身一端

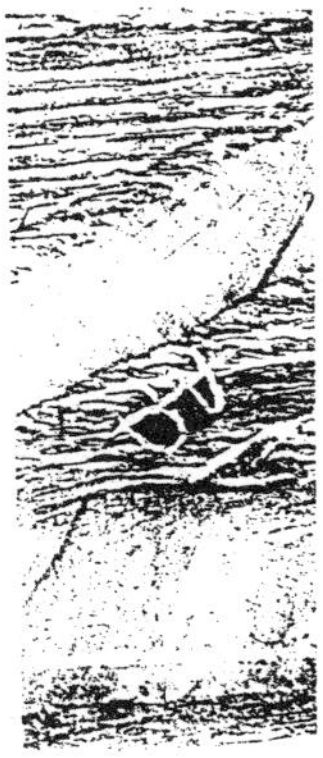

中部

器身另一端

二二五

圖版壹肆叁

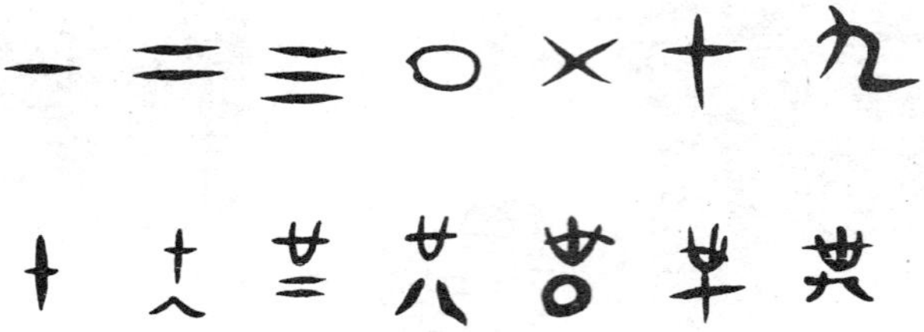

二二八

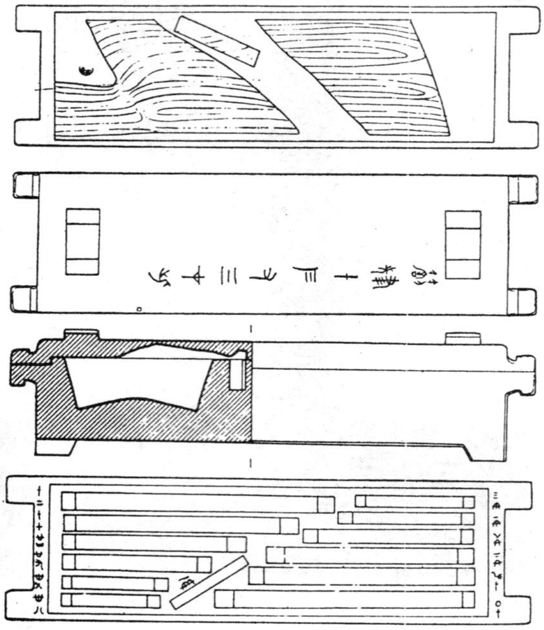

二二七　　二二六

圖版壹肆肆

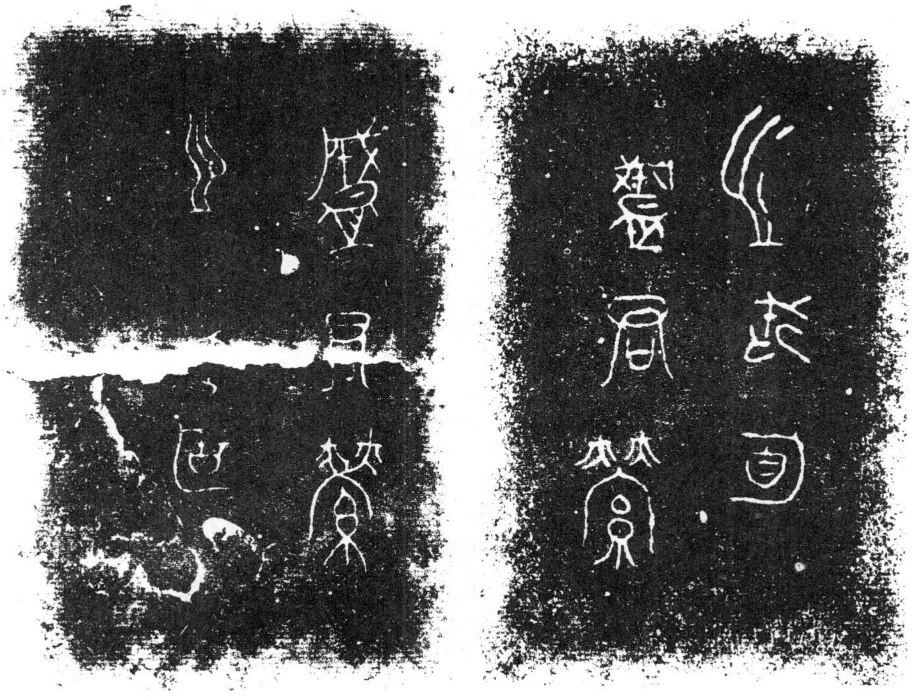

二二九

圖版壹肆伍

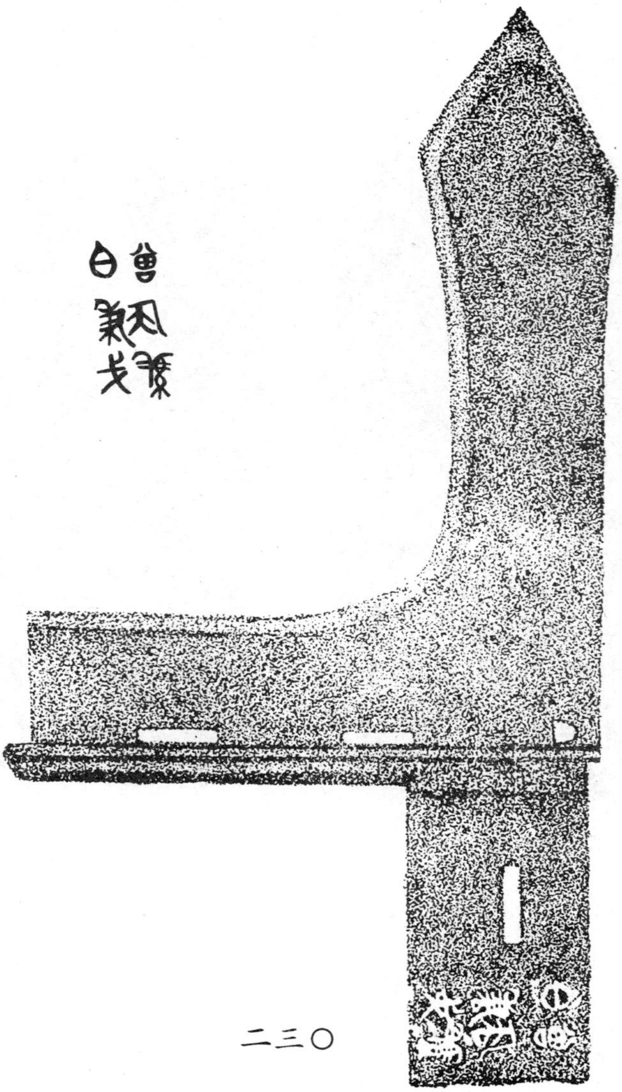

二三〇

圖版壹肆陸

二三一

二三二

二三三

圖版壹肆柒

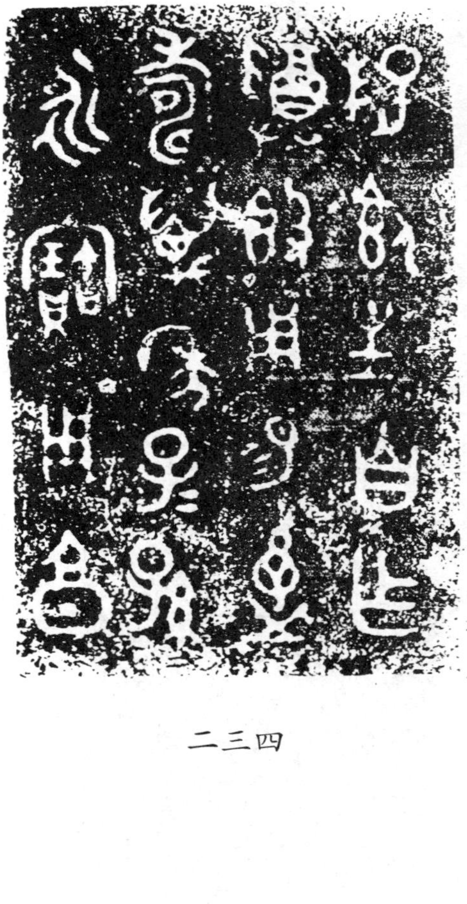

二三四

二三五

圖版壹肆捌

二三六

二三七

二三八

二三九

圖版壹肆玖

蓋

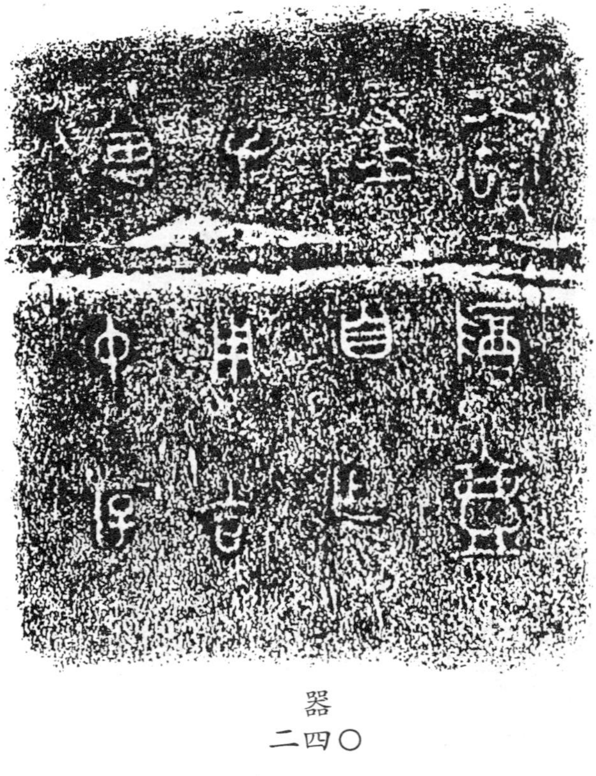

器

二四〇

圖版壹伍零

二四一

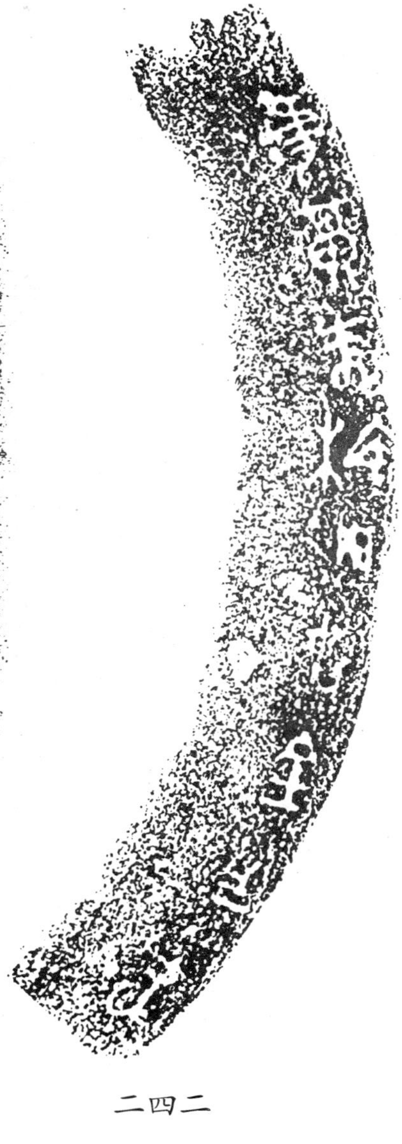

二四二

圖版壹伍壹

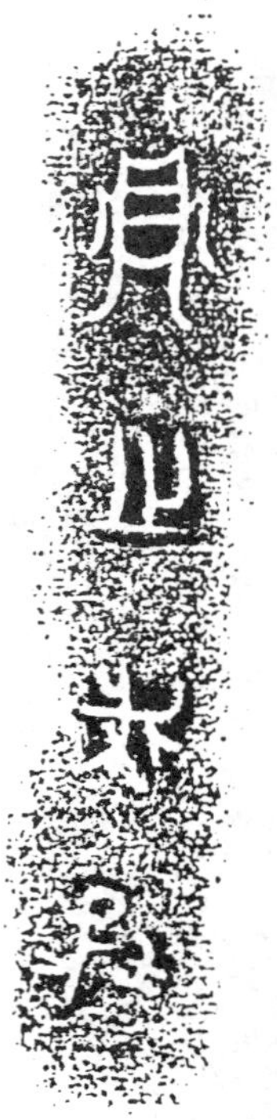

二四三

二四四

圖版壹伍貳

止□寶
尊彝
子孫

右鼎銘七字曾氏所藏次字不可識或釋爲父戊合文然闕之彝者常器也器之總名

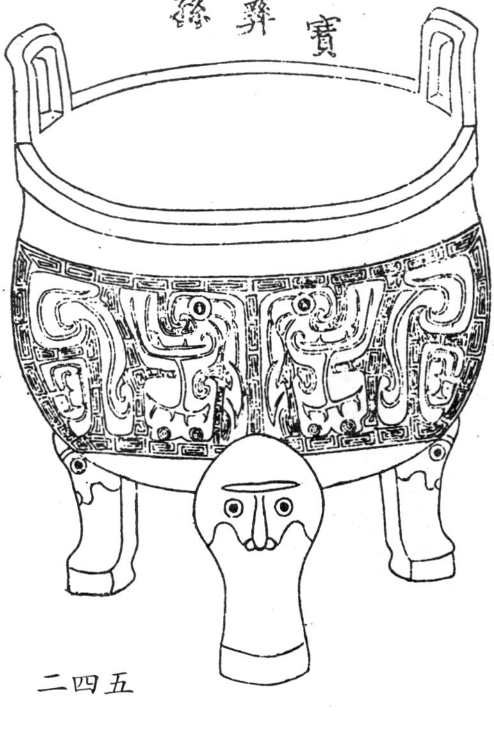

圖版壹伍叁

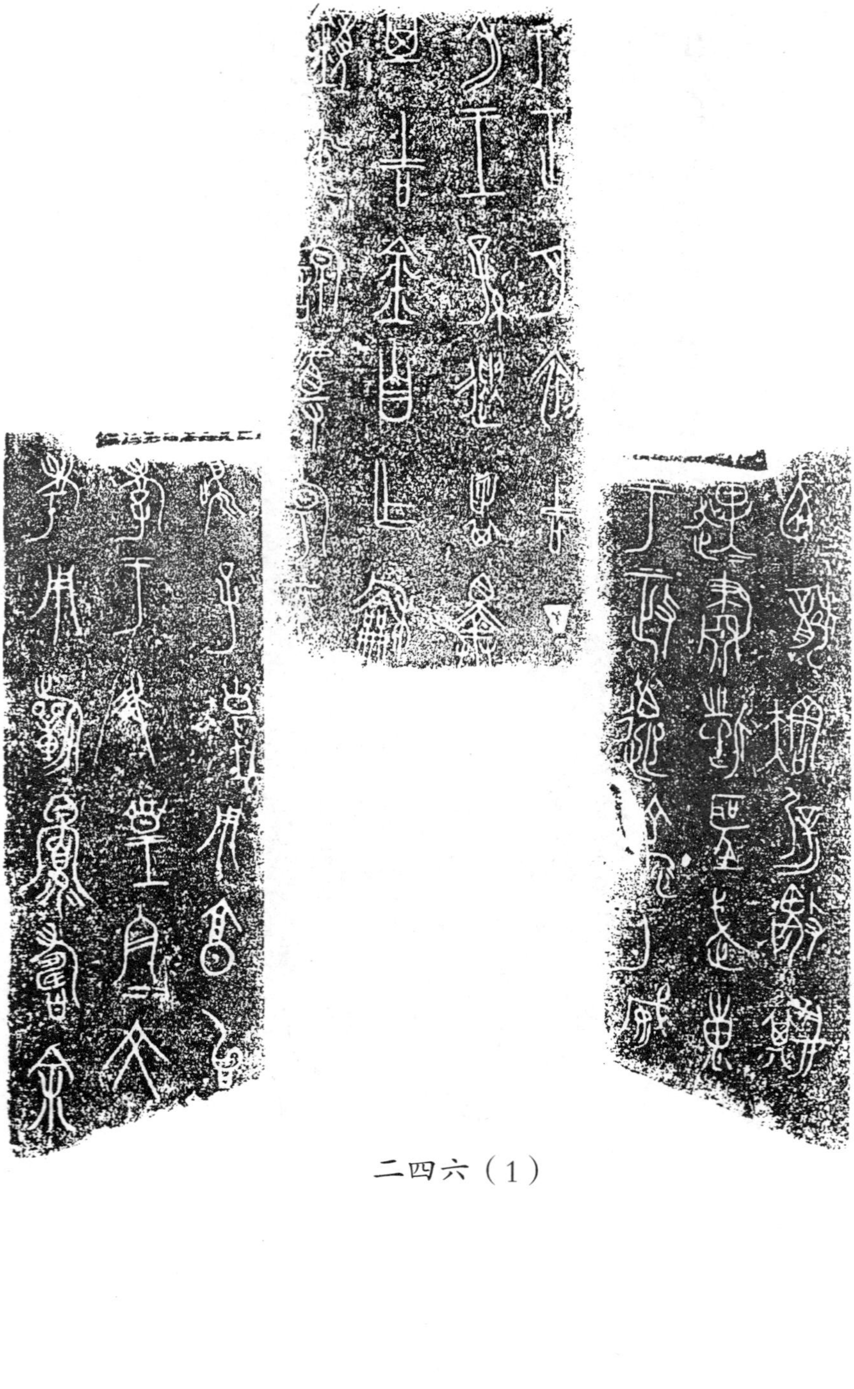

二四六（1）

圖版壹伍肆

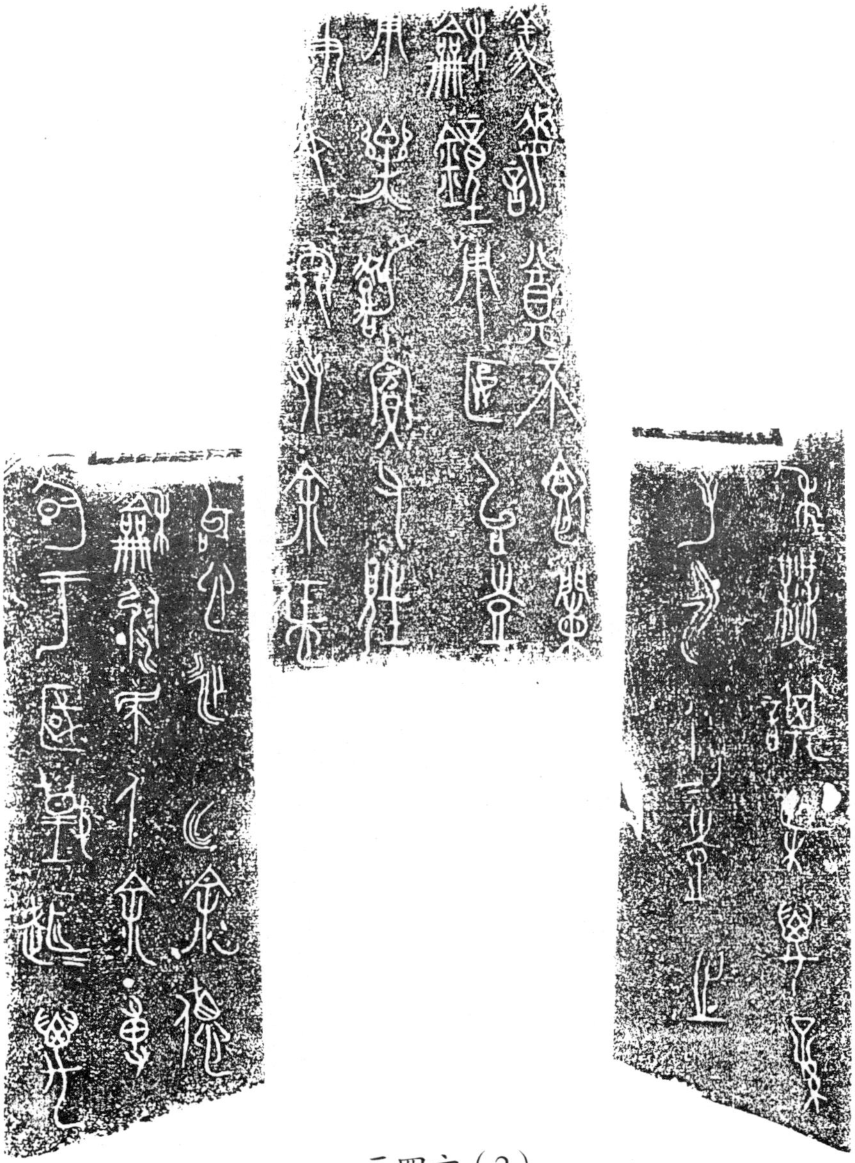

二四六（2）

圖版壹伍伍

二四七

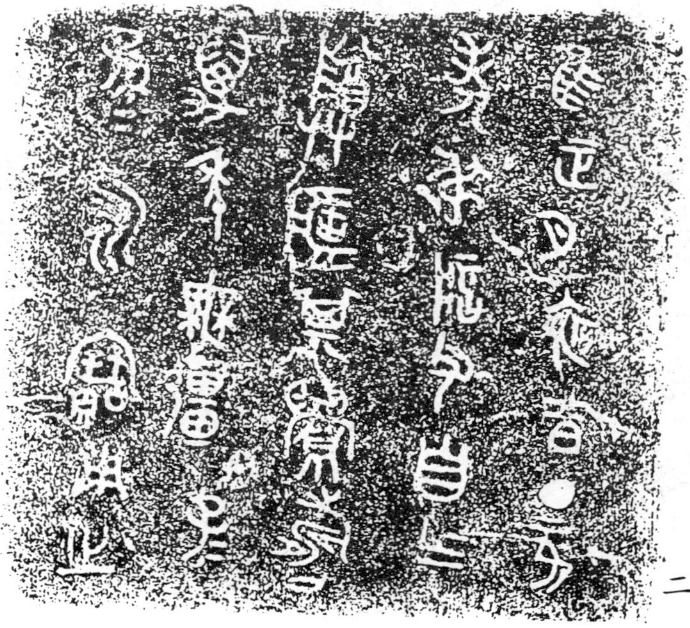

二四八

圖版壹伍陸

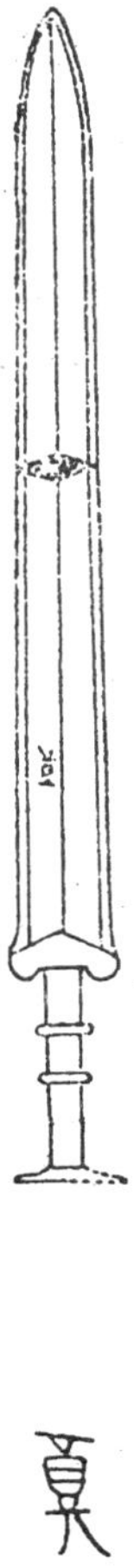

二四九

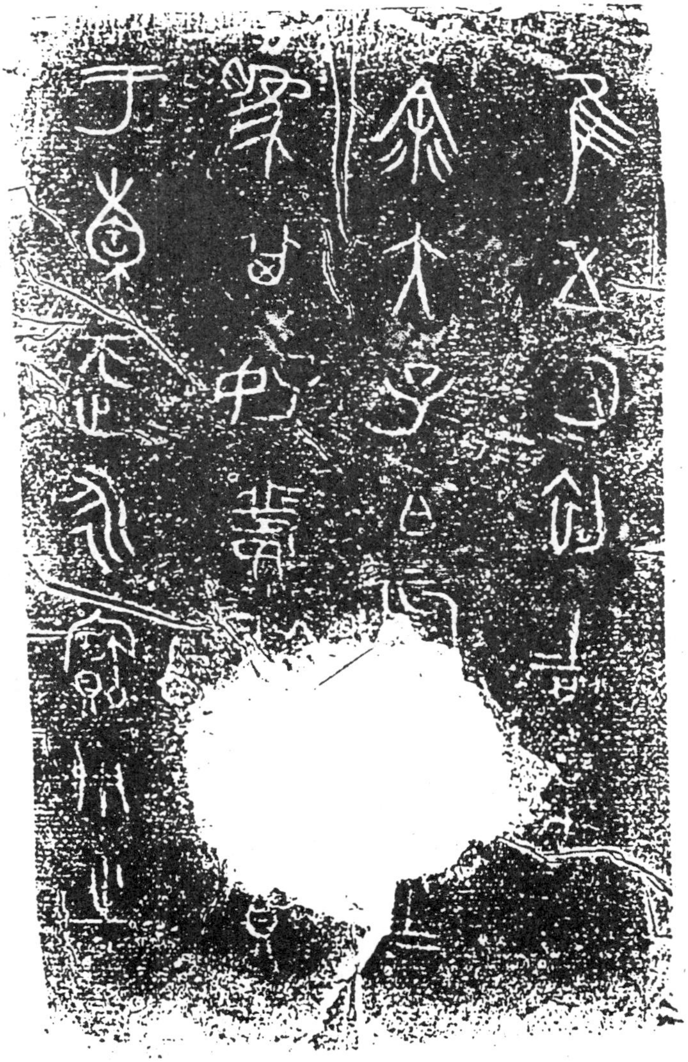

二五〇

圖版壹伍柒

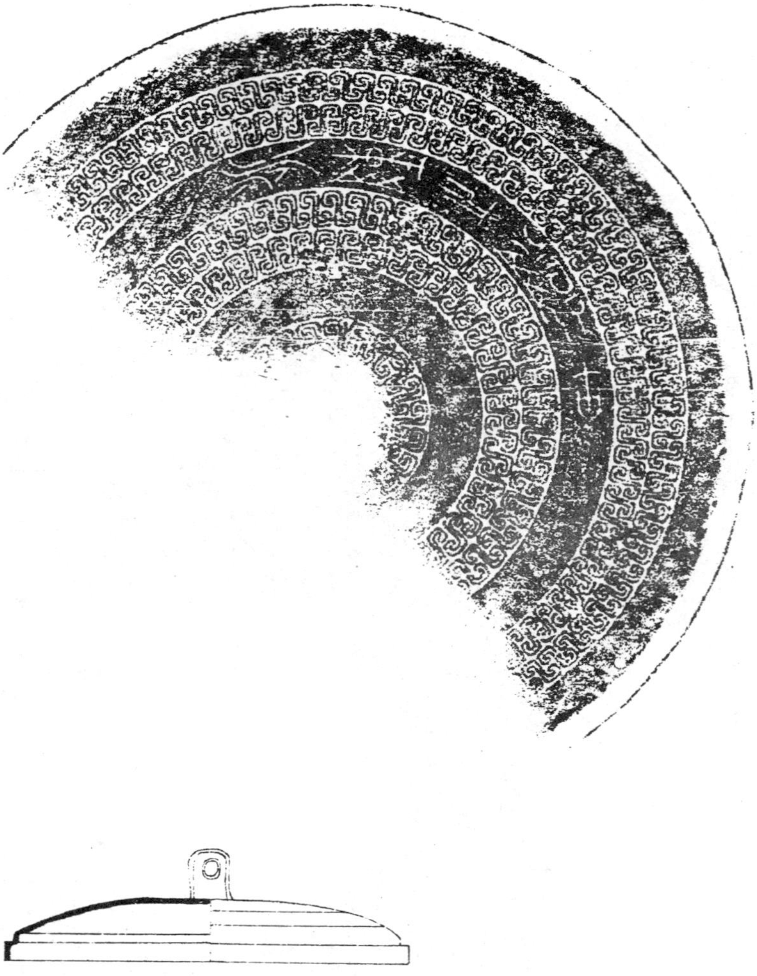

二五一

圖版壹伍捌

二五二

（楊權喜同志提供臨寫本）

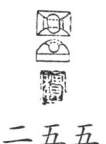

二五三

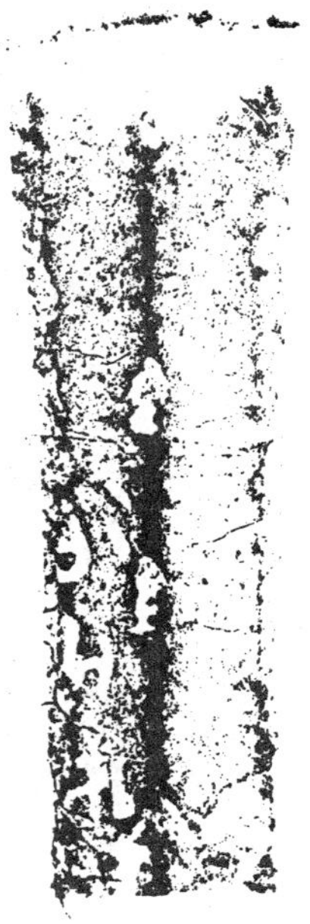

二五四

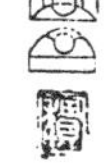

二五五

圖版壹伍玖

二五六

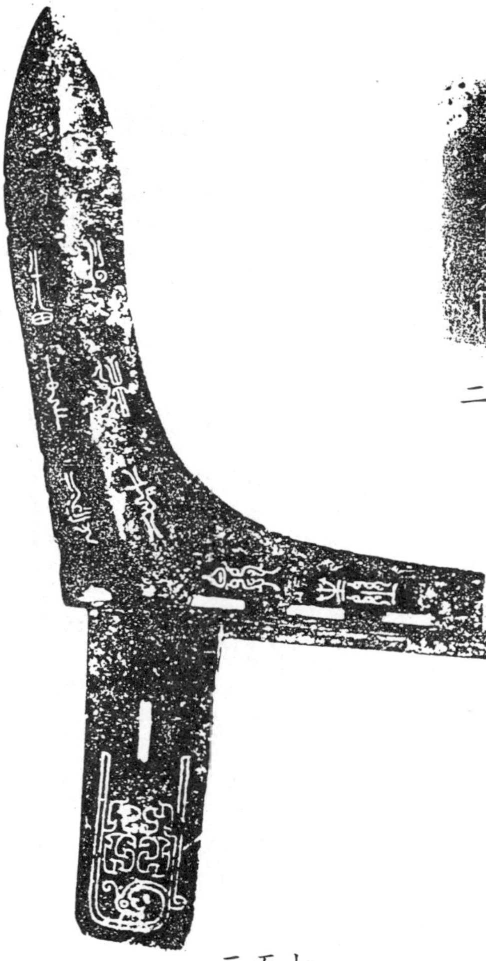

二五七

圖版壹陸零

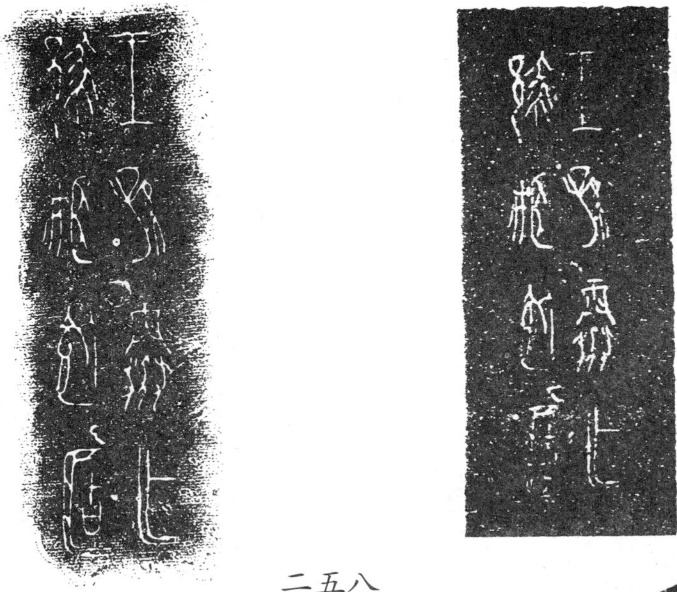

二五八

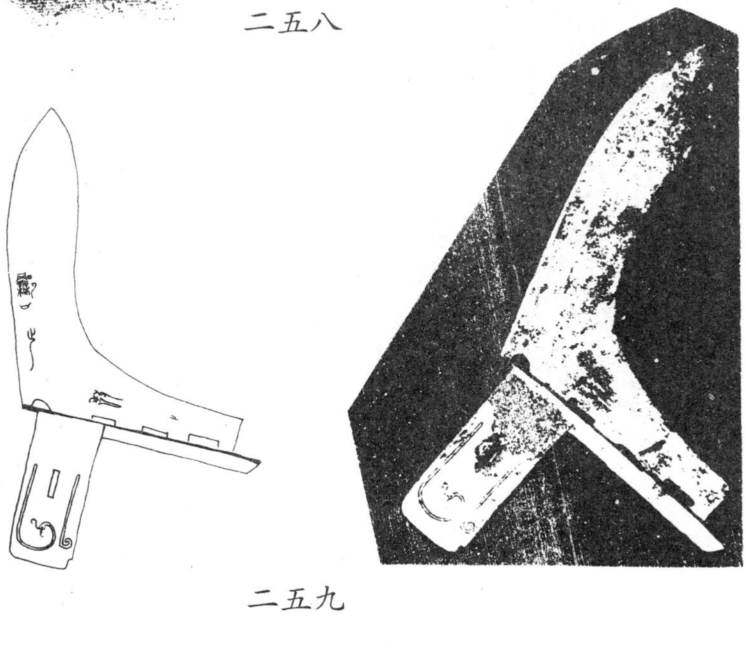

二五九

圖版壹陸壹

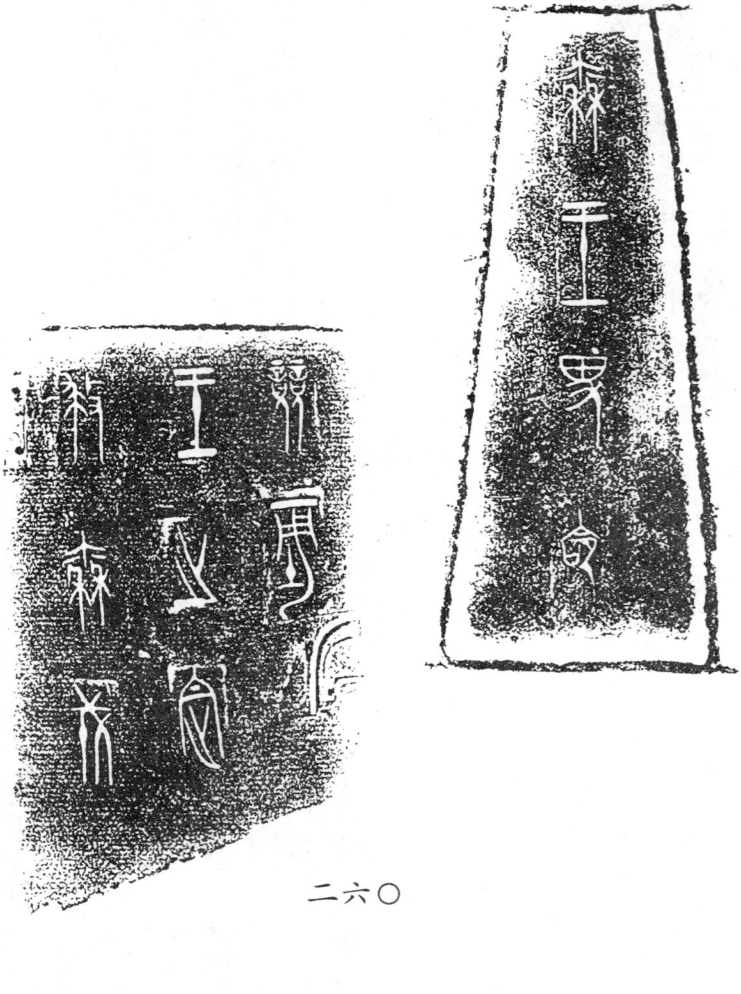

二六〇

圖版壹陸貳

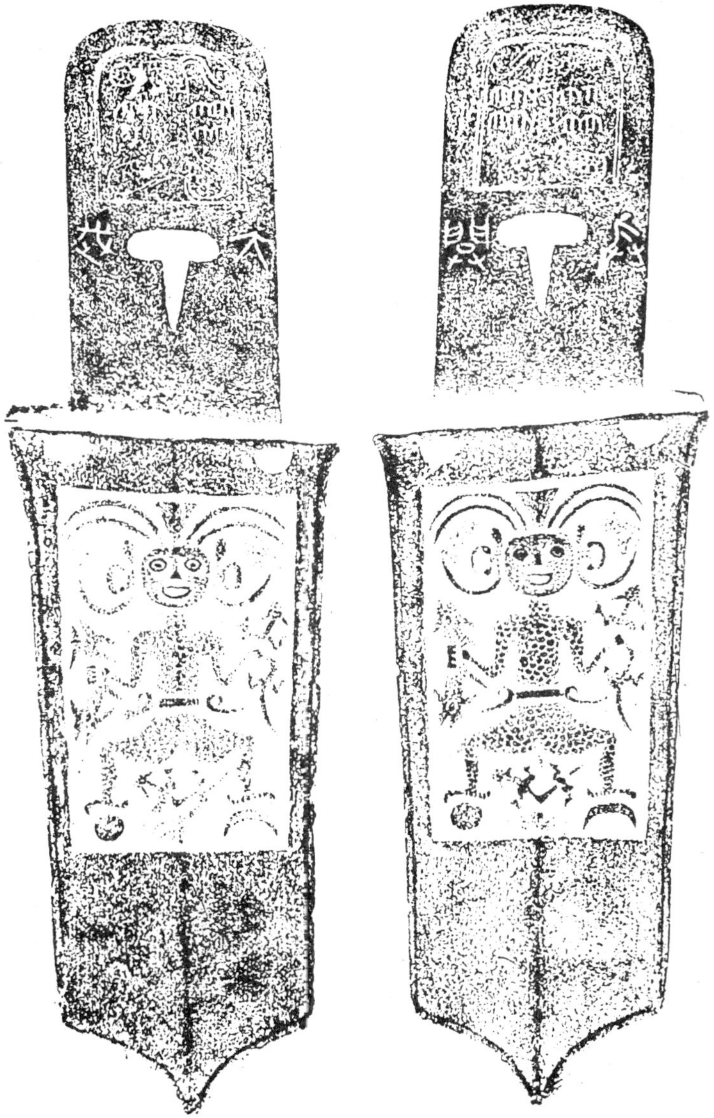

二六一

圖版壹陸叁

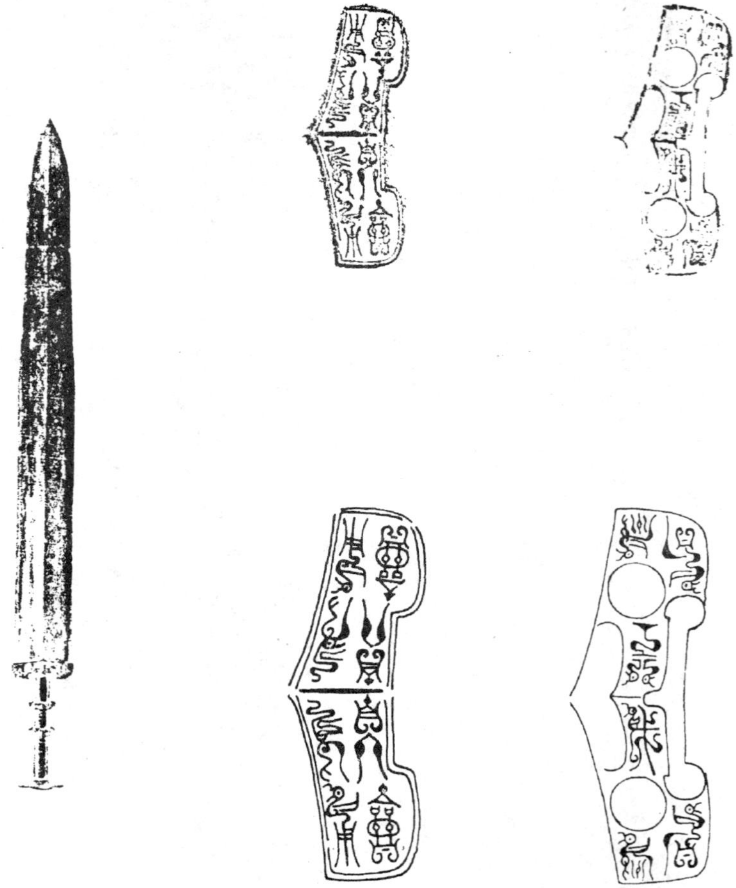

二六二

圖版壹陸肆

賽之占之吉。音月夏栾又憙。

200簡

春。司馬子音。鄗公子豪。各戠　癸酉飤龍禱於夫人戠豬志事速畀皆速

志事少遲畀以亓古敓之龍禱於邵王戠牛饋之龍禱文坪夜君。部公子

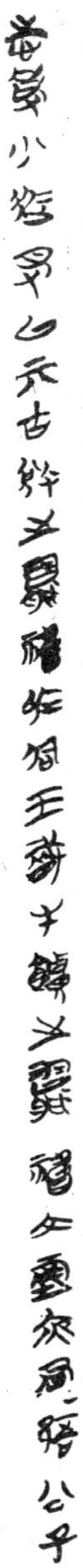

書集歲寅身尚毋又咎

228簡

乙以共命為左尹𨿞貞出內歨王自留屎之月以商集歲之留屎之月

大司馬𢛳愲達楚邦之币徒以救郙之歲留屎之月己卯之日陳

圖版壹陸伍

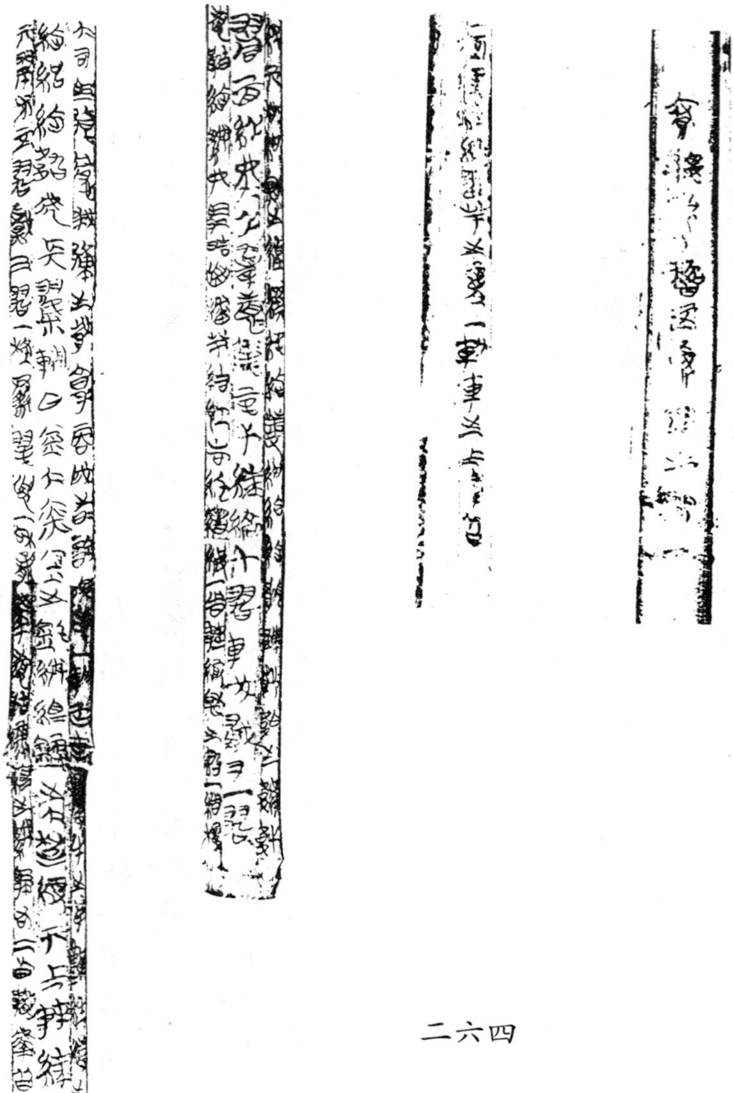

二六四

圖版壹陸陸

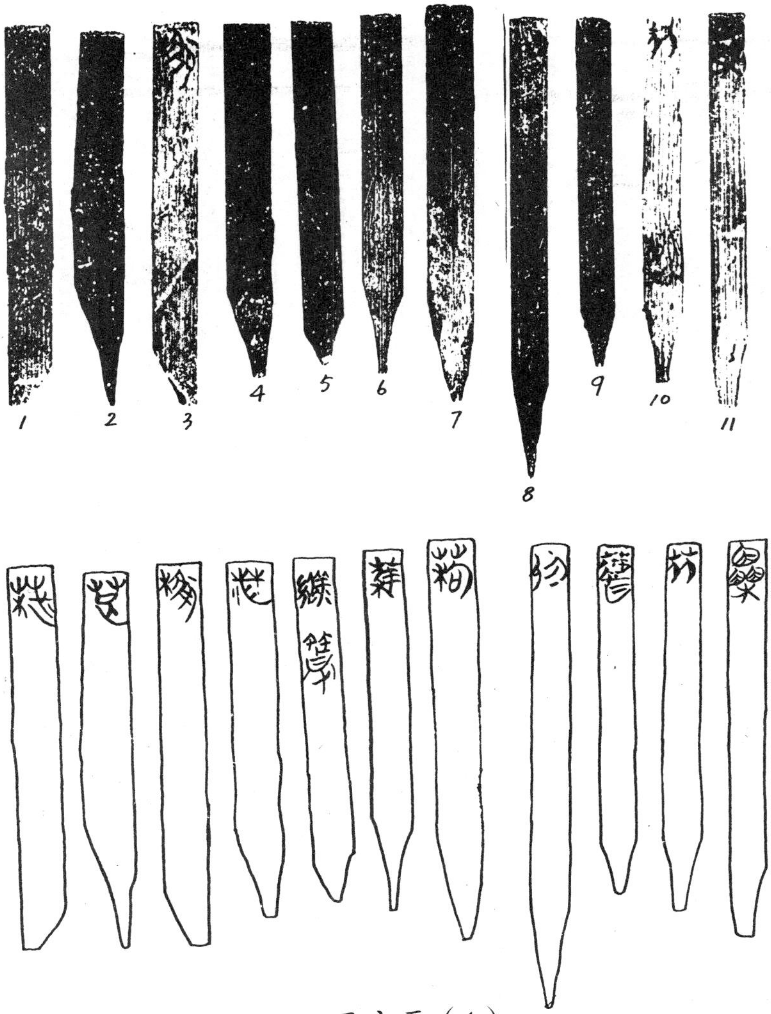

二六五（1）

圖版壹陸柒

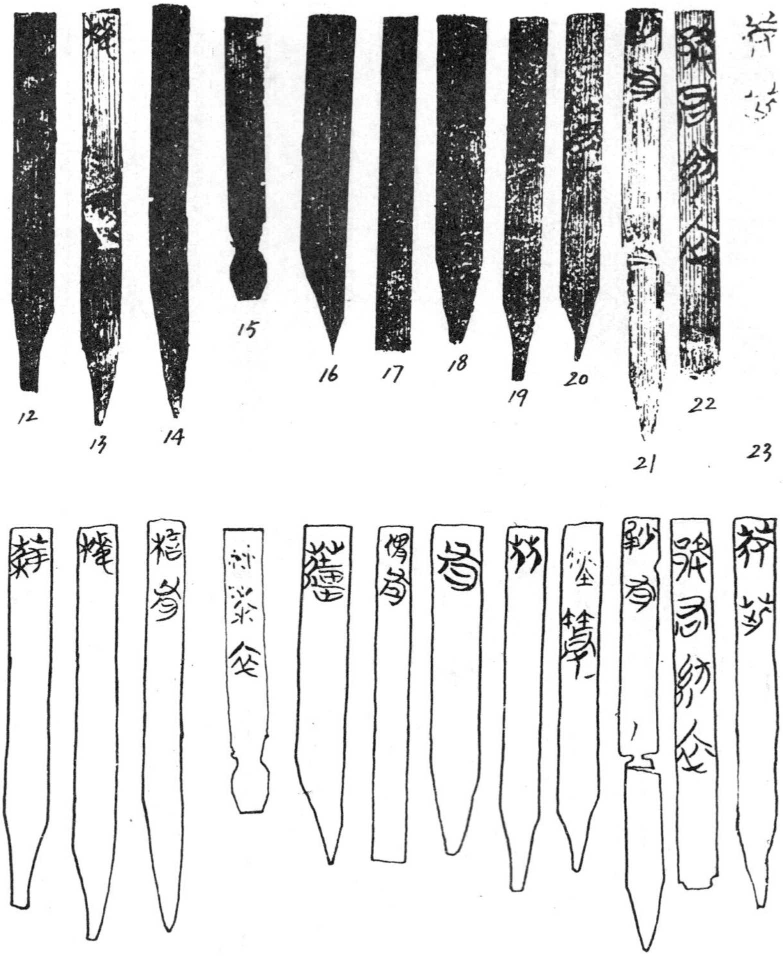

二六五（2）

圖版壹陸捌

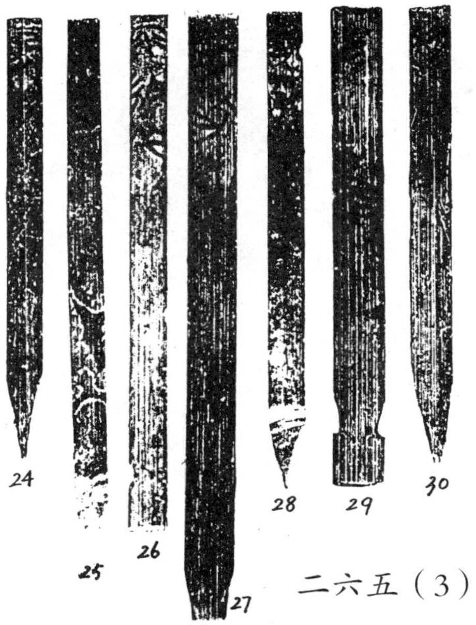

二六五（3）

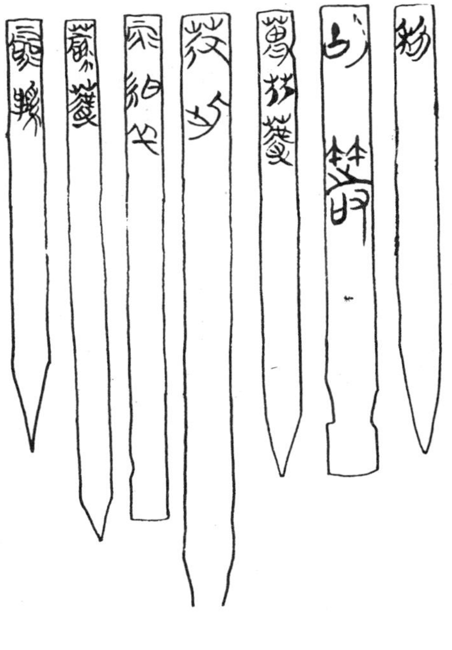

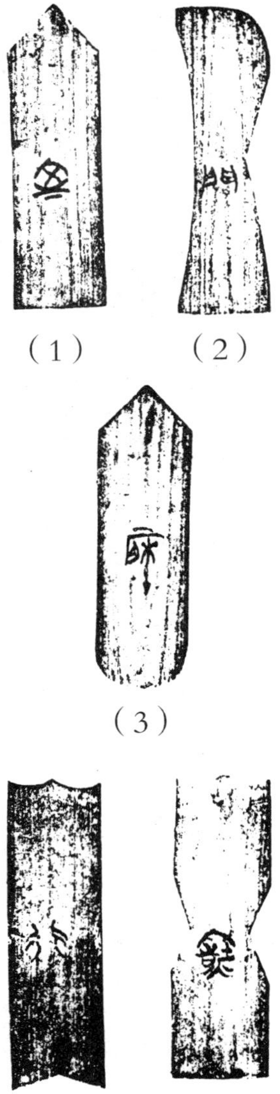

二六六

圖版壹陸玖

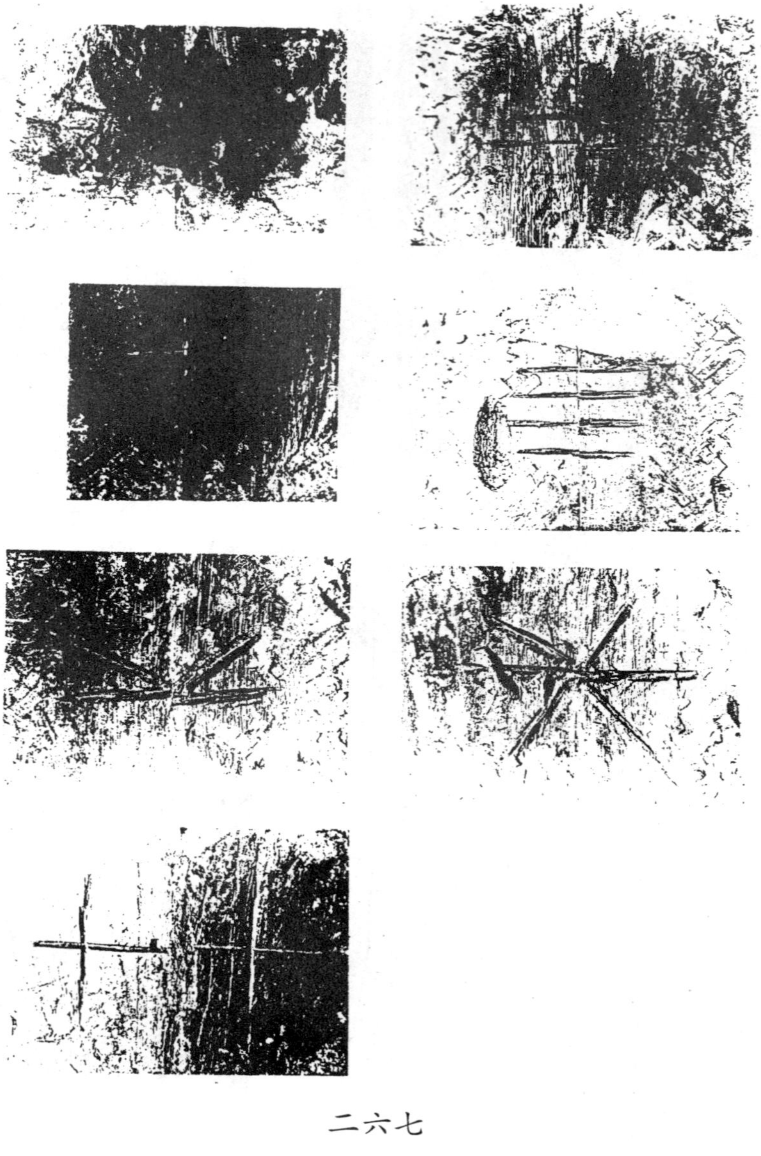

圖版壹柒零

二六八

（1）

（2）

二六九

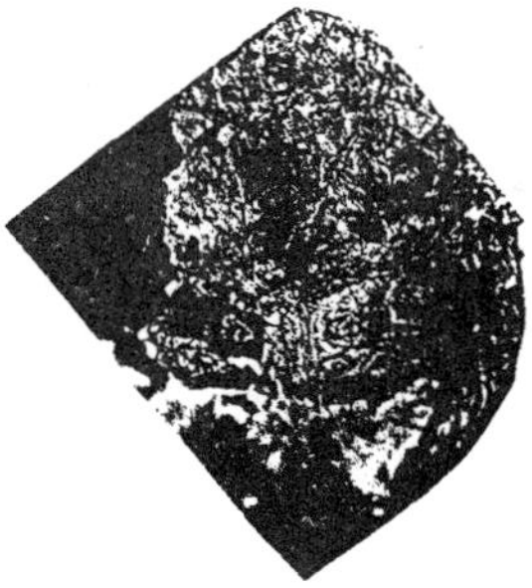

二七〇

二七二

二七三

二七一

圖版壹柒壹

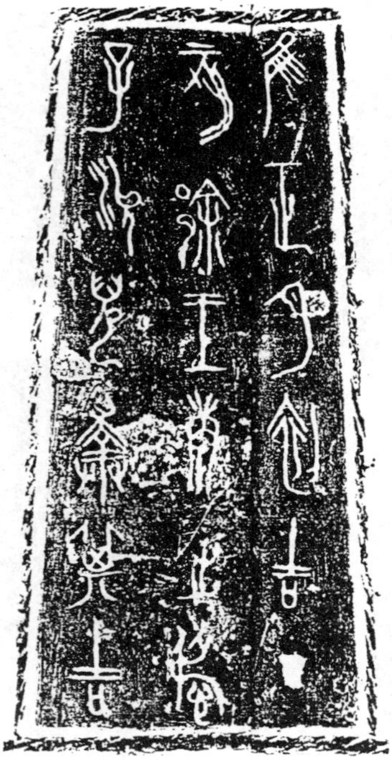

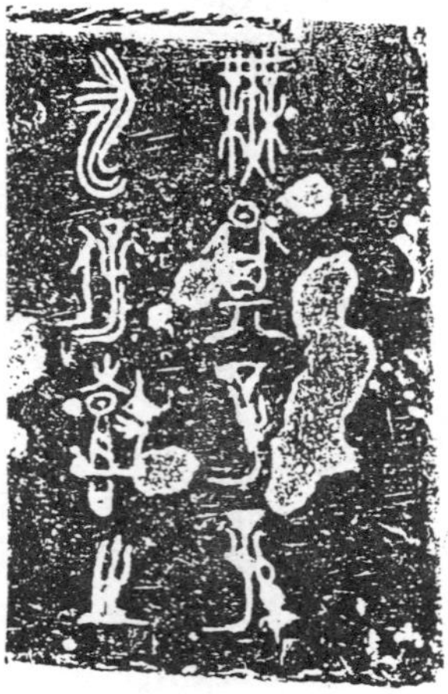

二七四(1)

圖版壹柒貳

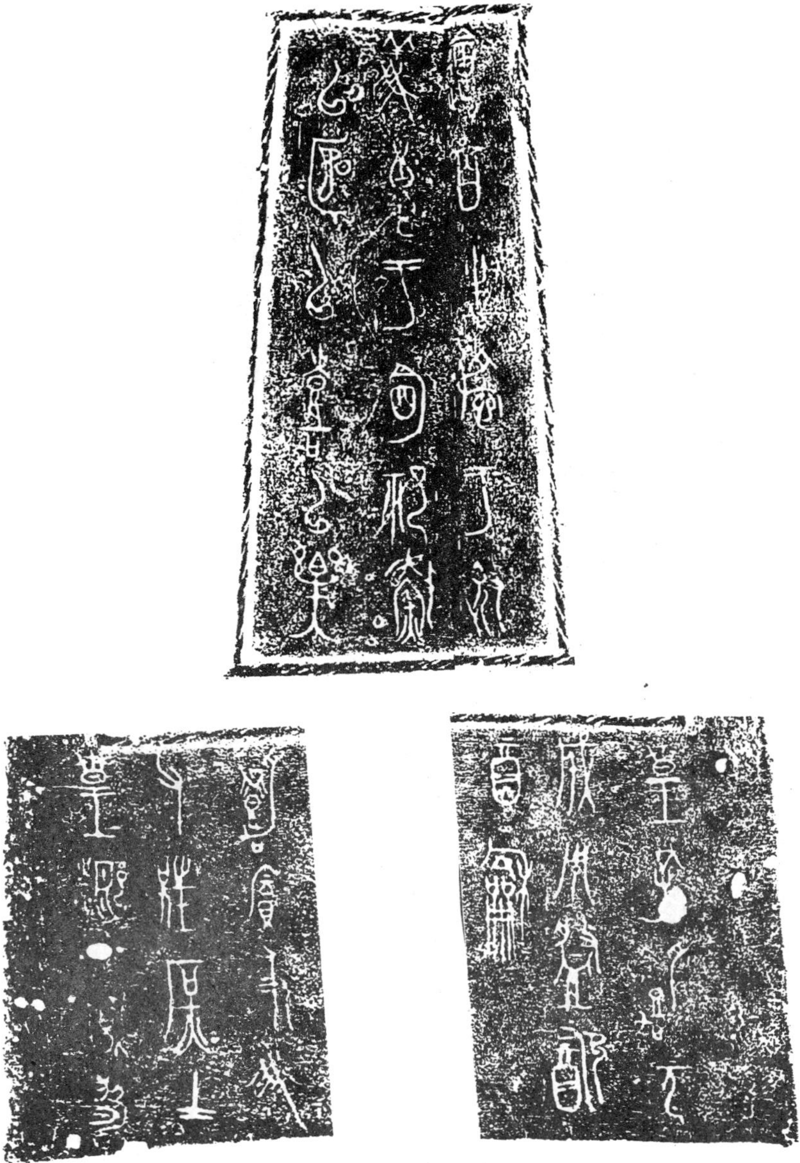

二七四（2）

圖版壹柒叁

二七五

二七六

二七七

二七八

圖版壹柒肆

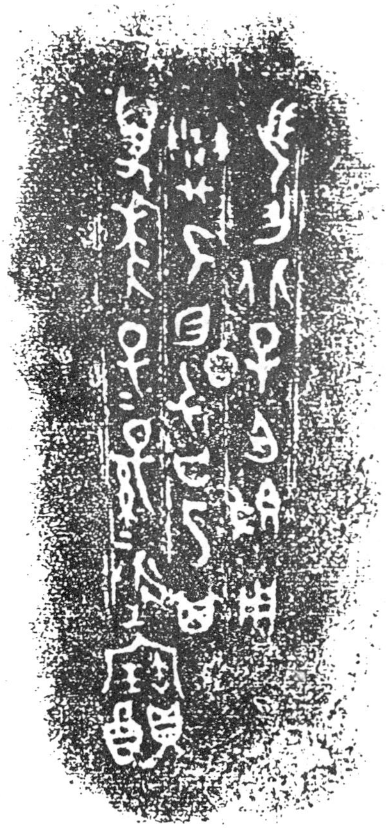

二七九

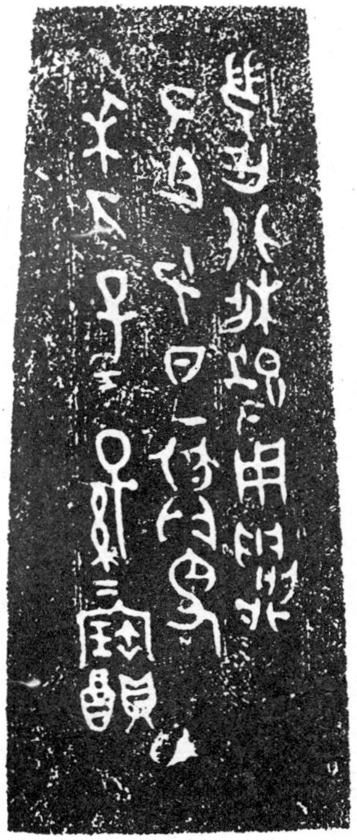

二八〇

圖版壹柒伍

二八一

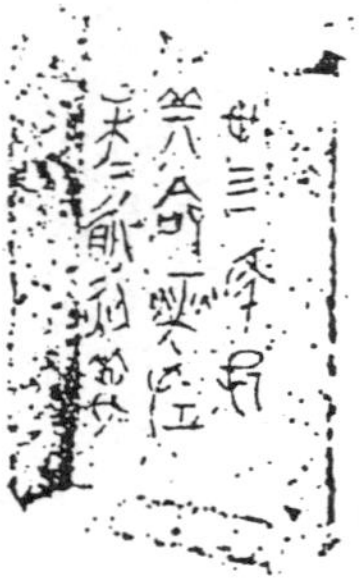

二八二

圖版壹柒陸

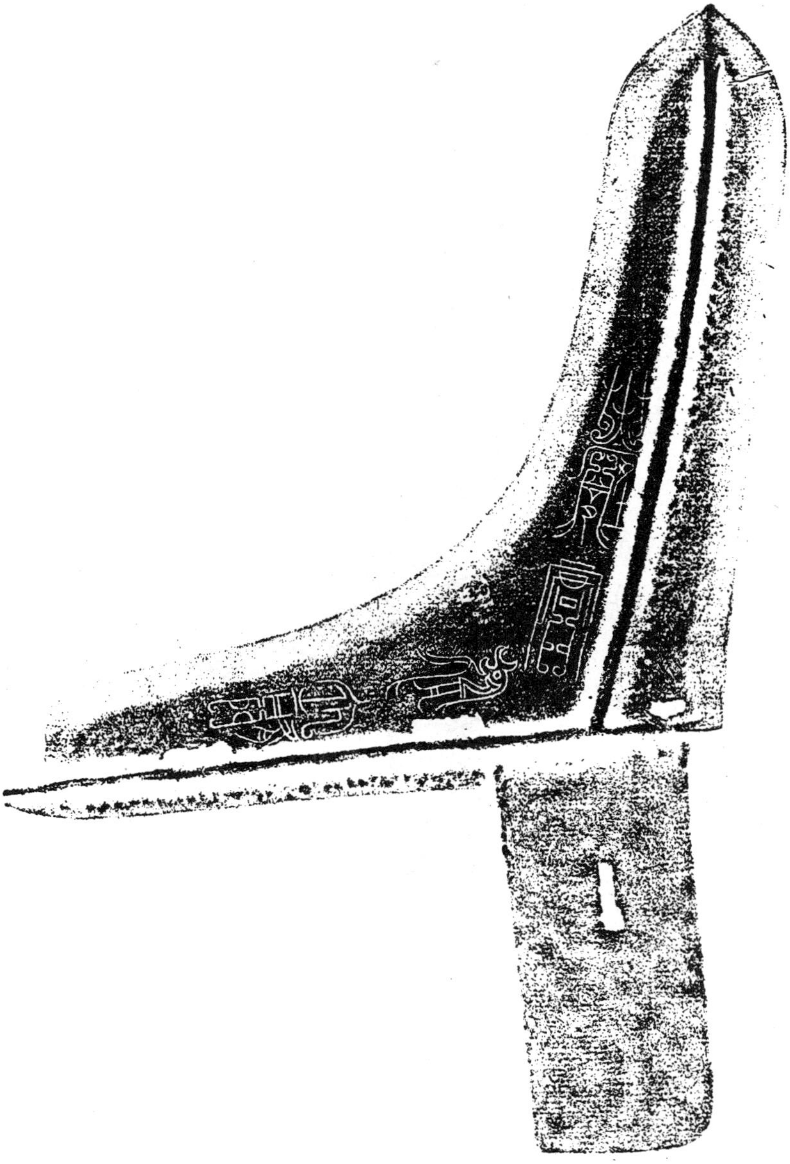

圖版壹柒柒

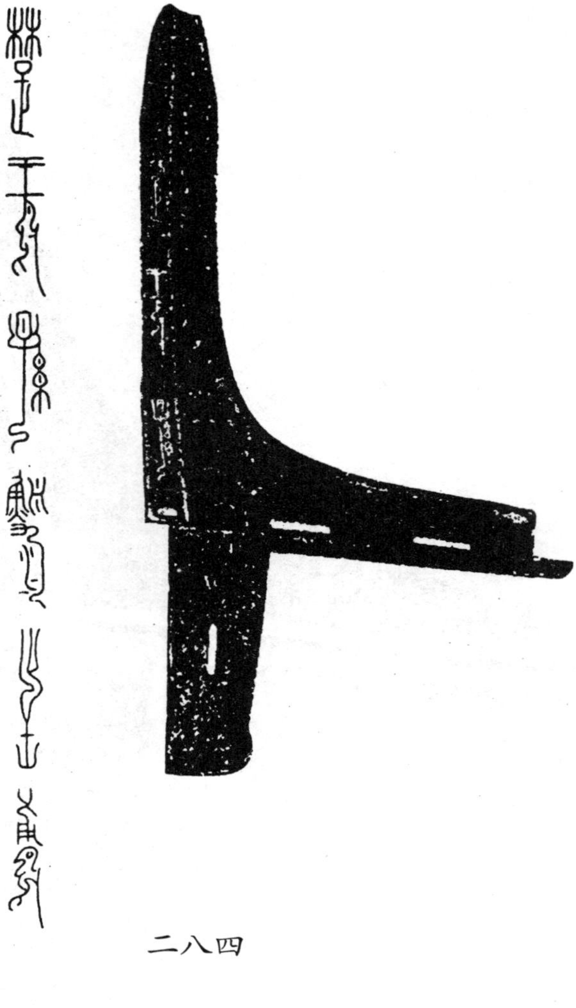

二八四

圖版壹柒捌

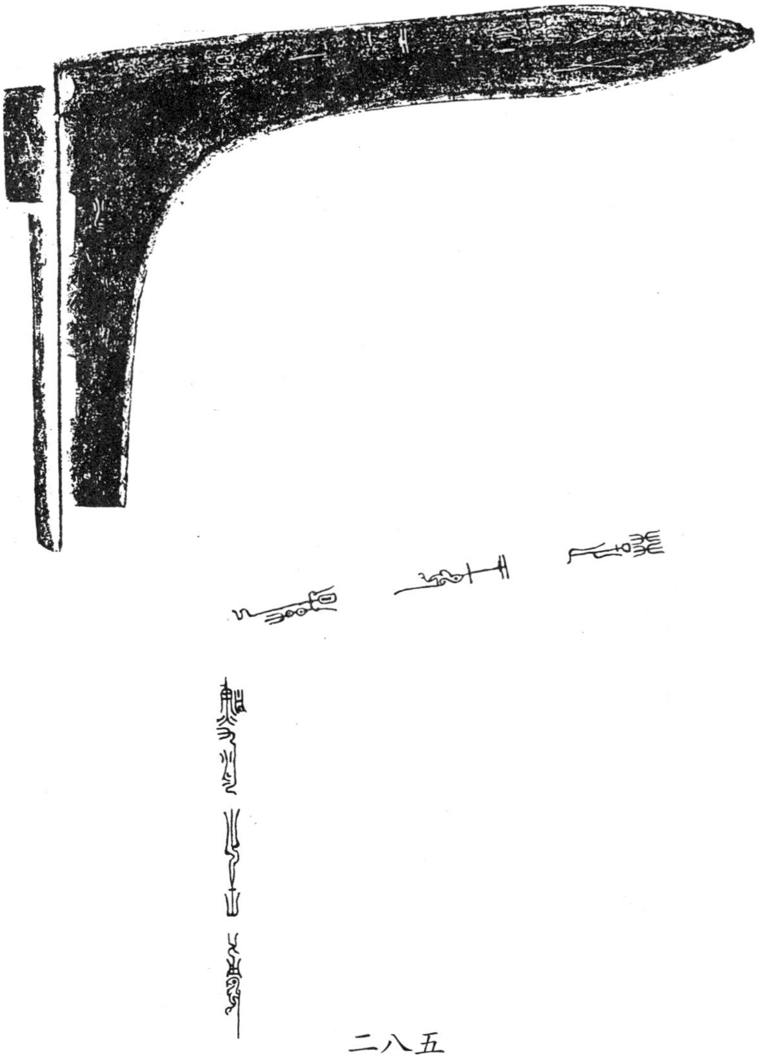

二八五

圖版壹柒玖

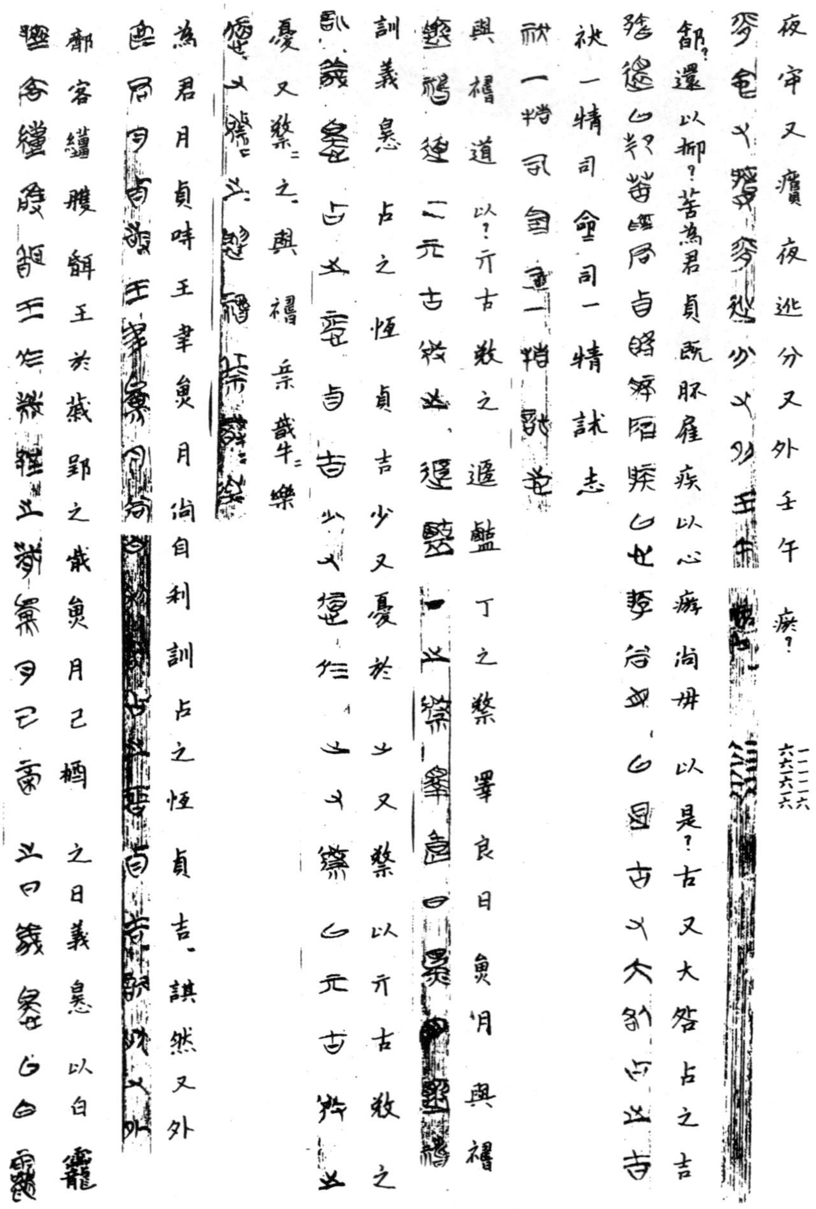

二八六

圖版壹捌零

二八七

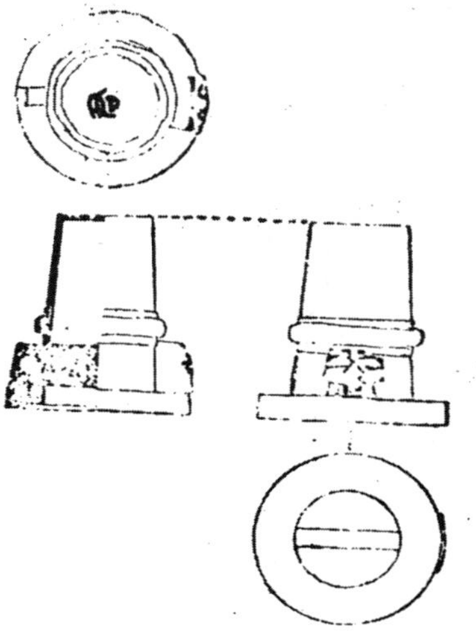

二八八

二八九

二九〇

圖版壹捌壹

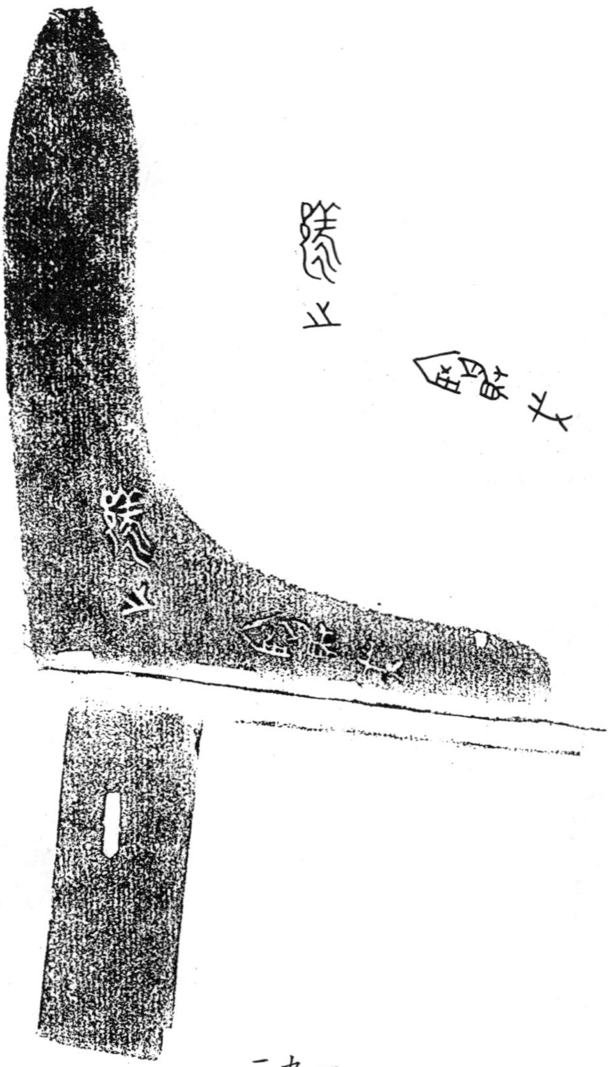

二九一

圖版壹捌貳

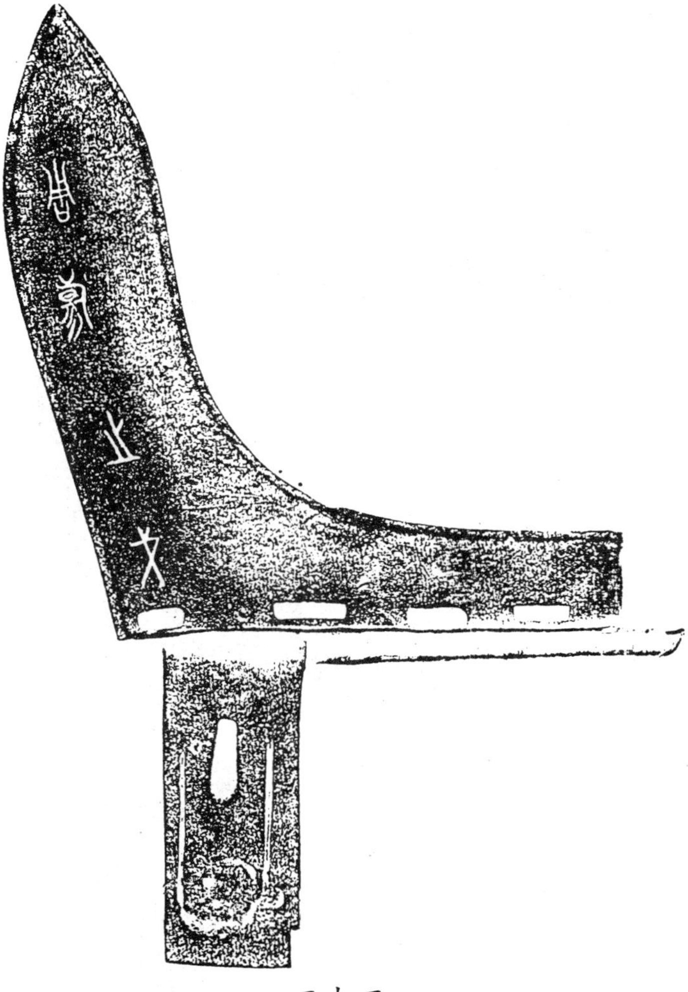

二九二

圖版壹捌叁

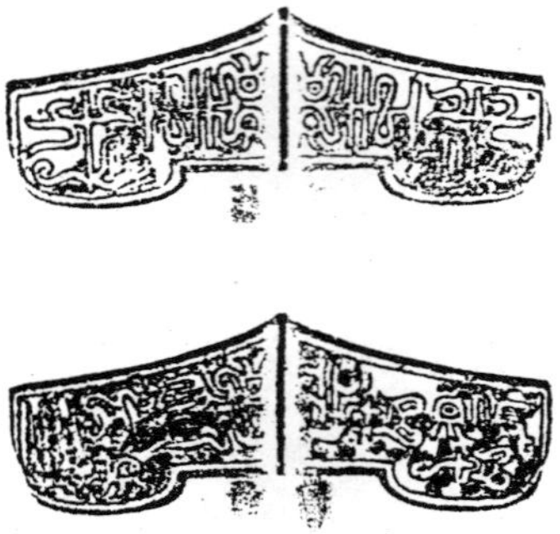

二九三

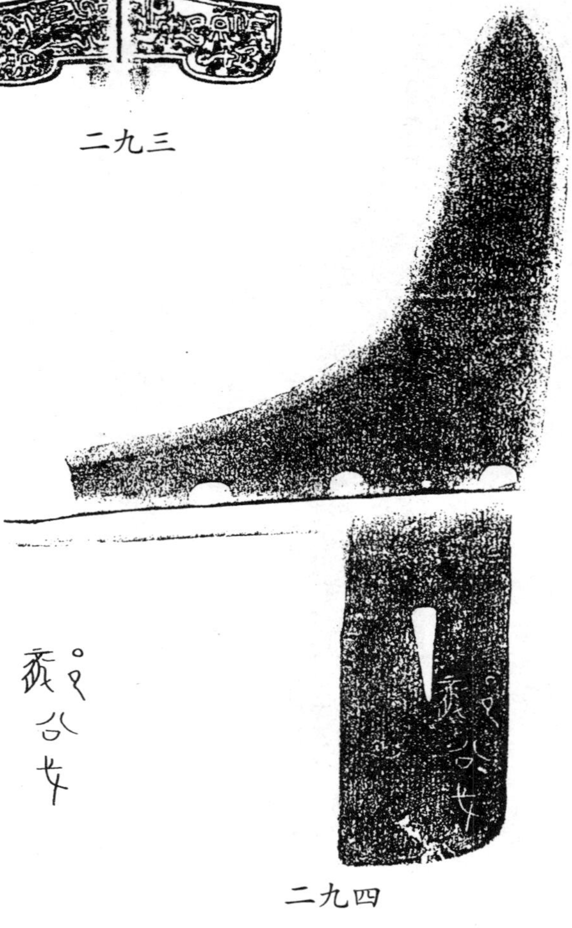

二九四

圖版壹捌肆

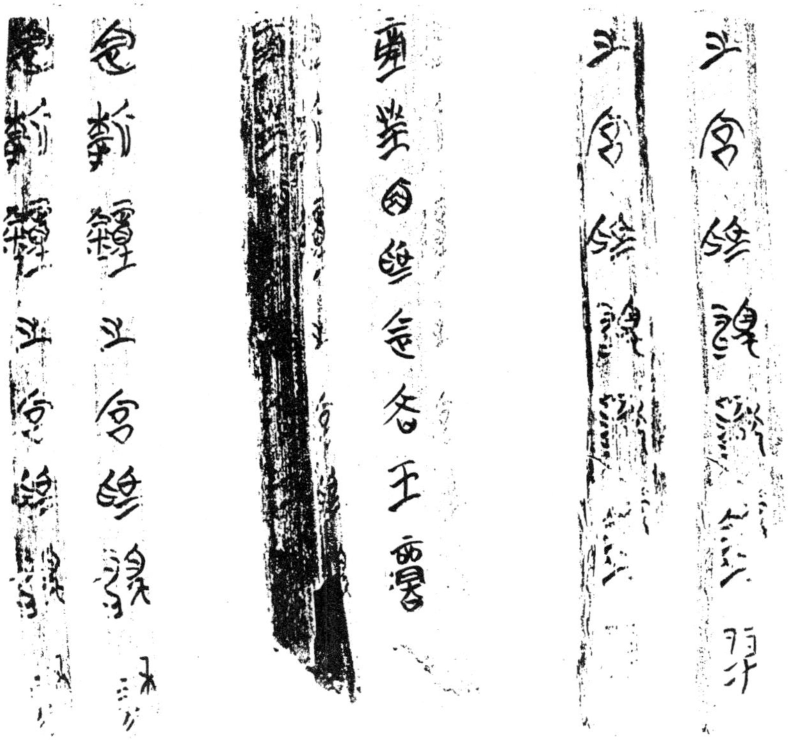

二九五（1）

圖版壹捌伍

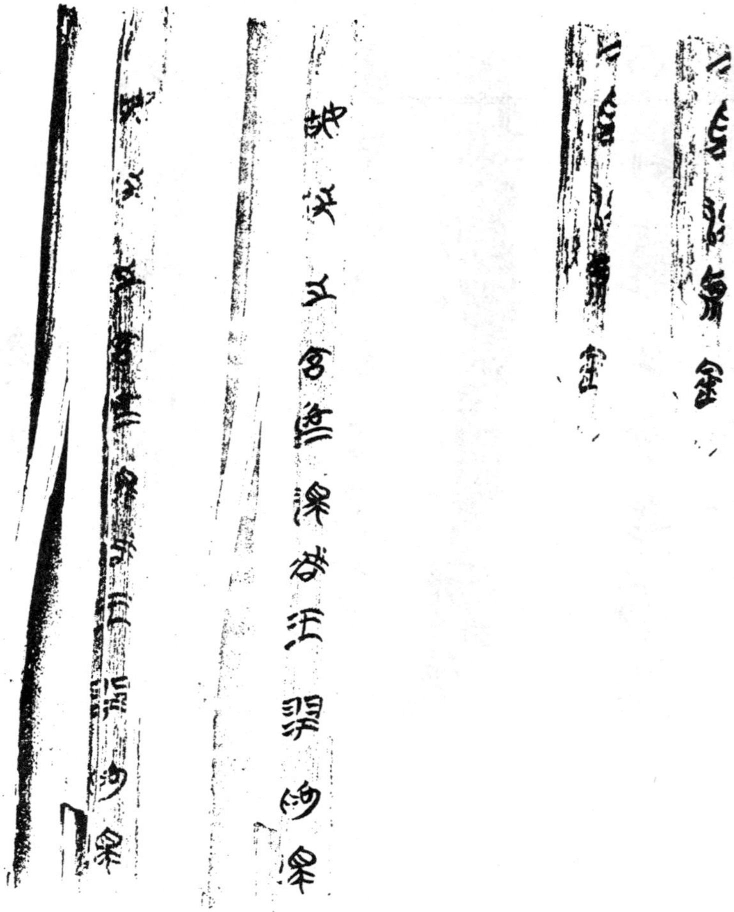

照片　　摹本（下同）

二九五（2）

圖版壹捌陸

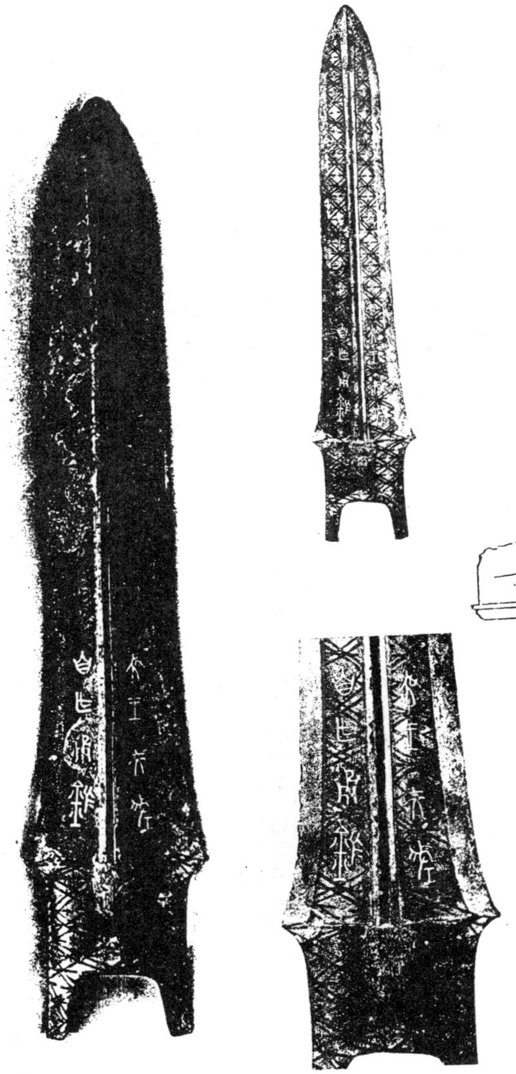

二九六

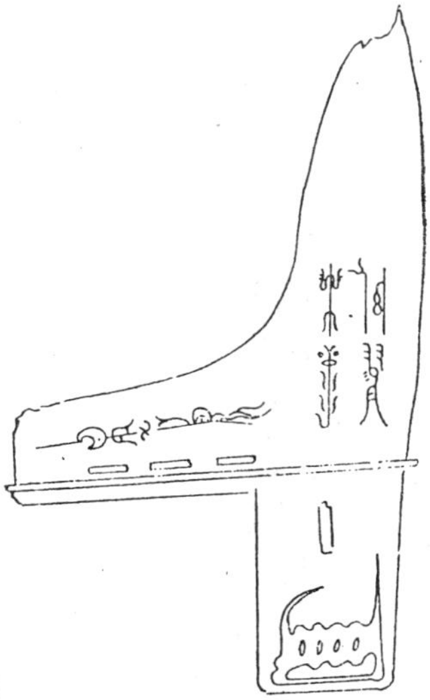

銅戈銘文摹本

二九七

圖版壹捌柒

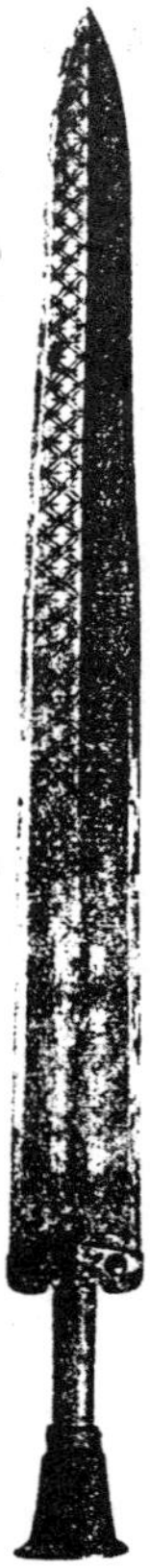

(1)

(2)

二九八

二九九

三〇〇

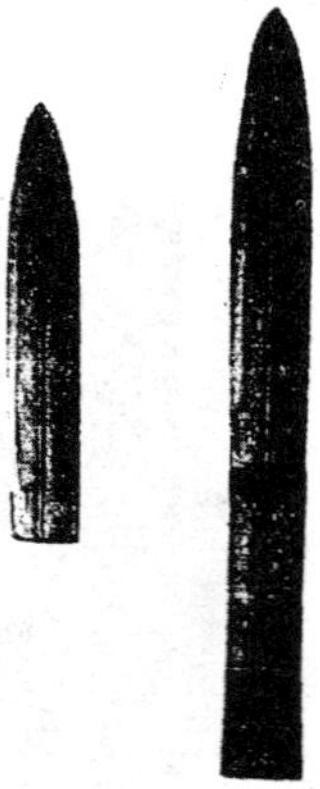

(1)

(2)

三〇一

圖版壹捌捌

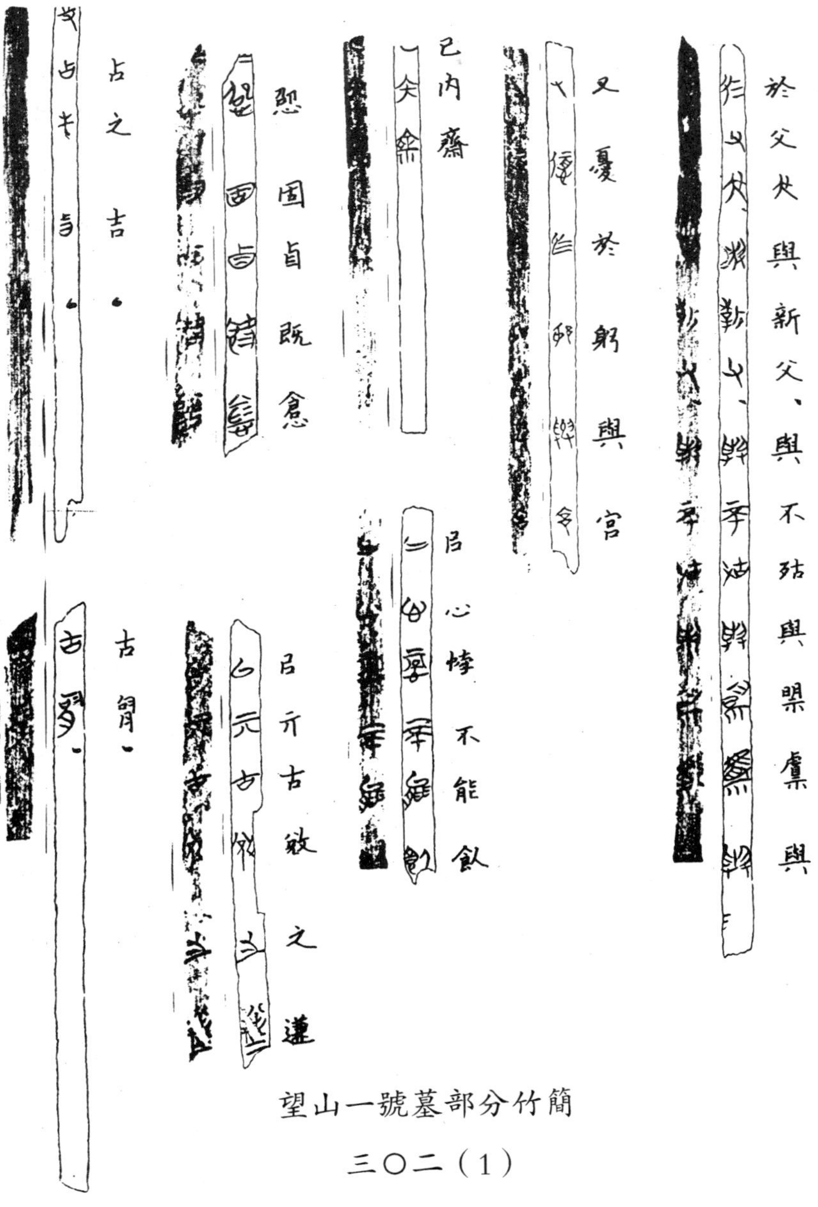

望山一號墓部分竹簡

三〇二（1）

圖版壹捌玖

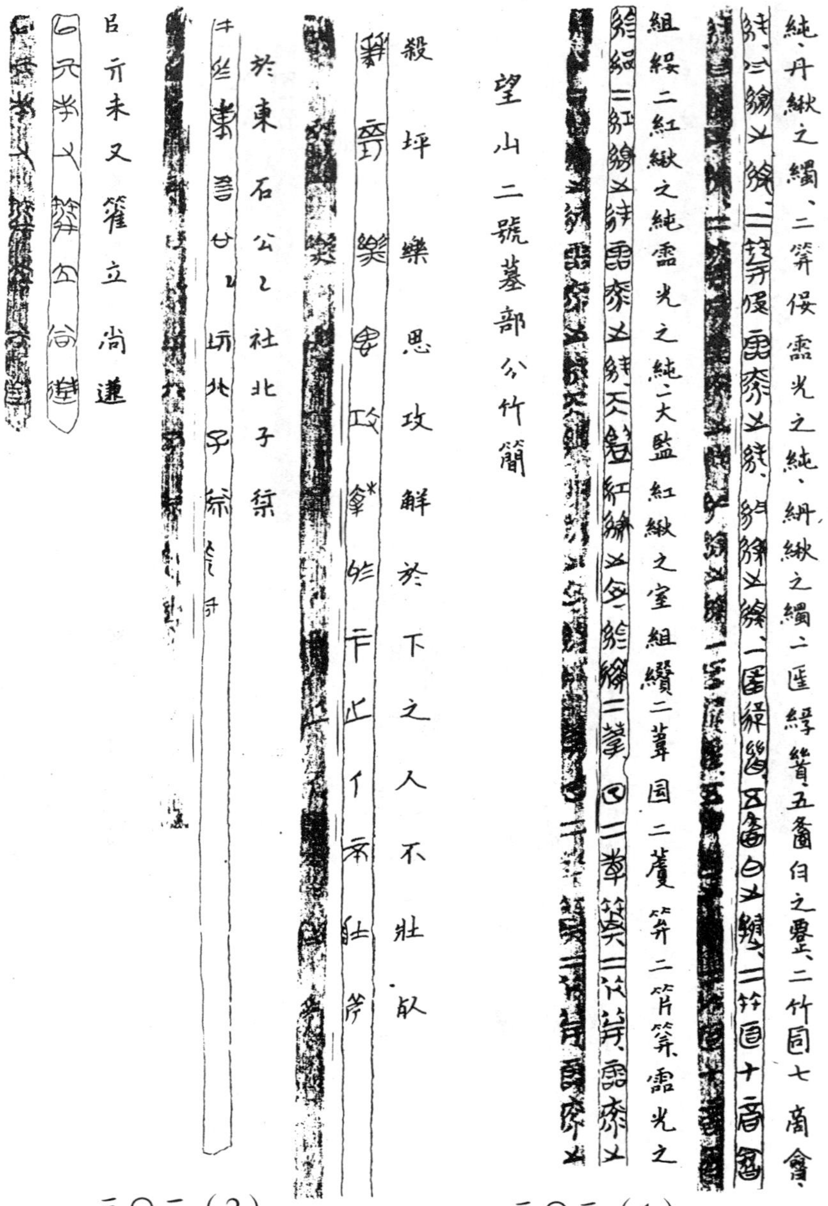

三〇二(2)　　三〇三(1)

圖版壹玖零

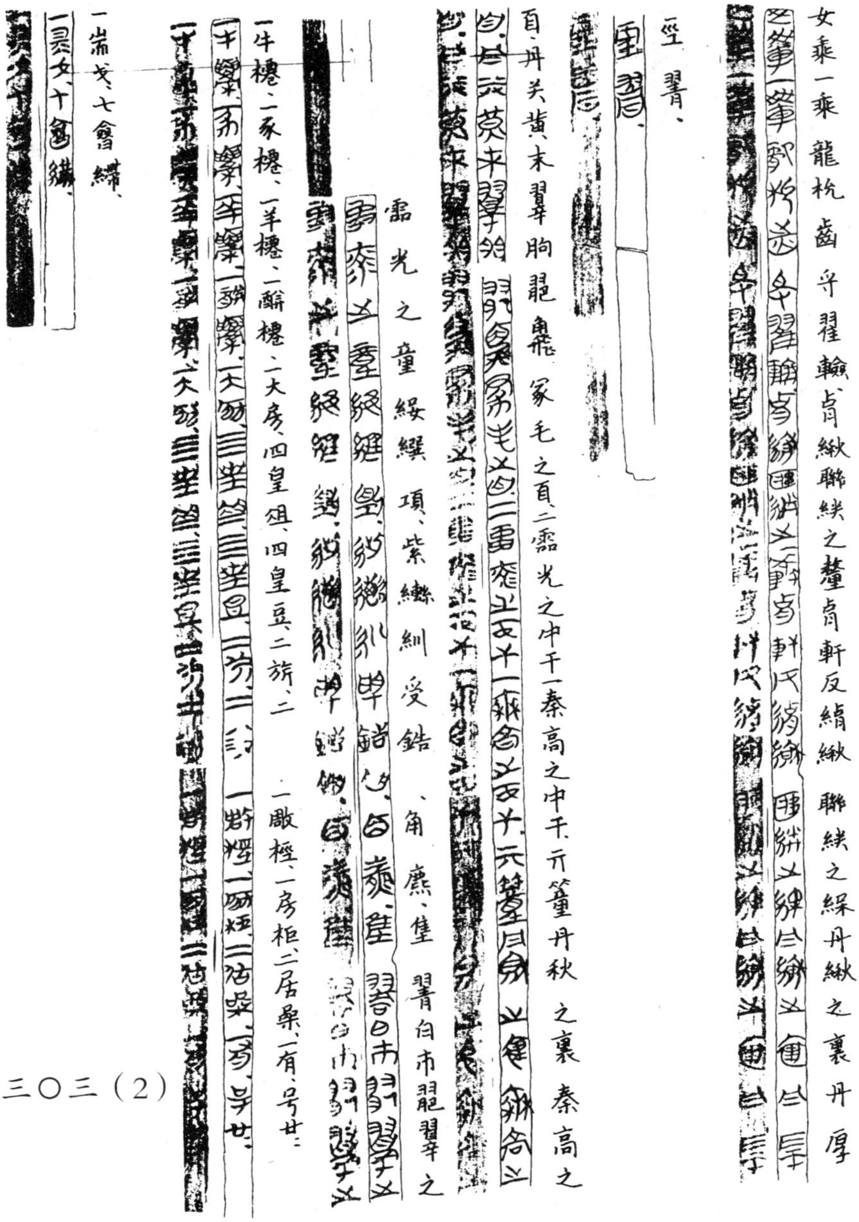
女乘一乘龍杭齒乎翟輪、肯緻聯絣之釐肯軒反絹緻 聯絣之綵丹緻之裏丹厚
巠 翯、
百、丹关黄末翠翡朐韹龜毛家毛之百二需光之中干一秦高之中干、亓簟丹秋 之裏 秦高之
需光之童綏纓 項、紫纞紃受鋯、角麃、隼 翯白市翡翠之
一牛櫋、一豕櫋、一羊櫋、一豻櫋、二大房、四皇俎、四皇豆、二旂、二 一敺極、一房柜、二居桌、一有、号廿二
一嵩戈、七會綿、

三〇三（2）

圖版壹玖壹

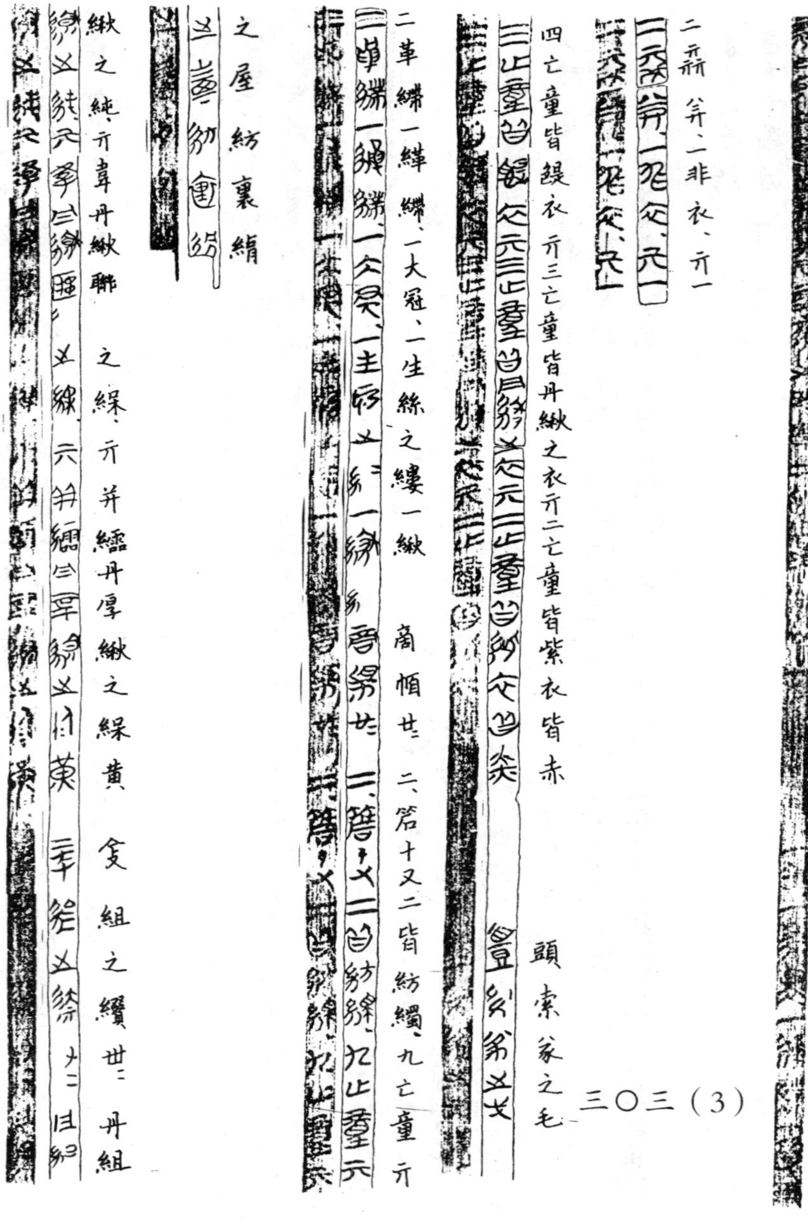

圖版壹玖貳

漆鞘

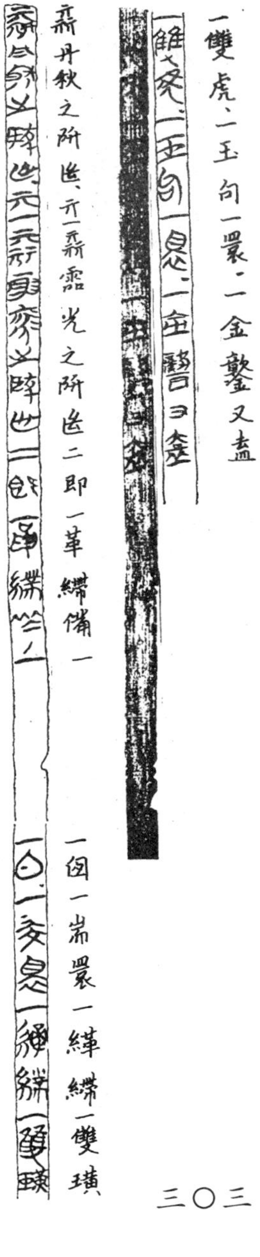

三〇三（4）

圖版壹玖叁

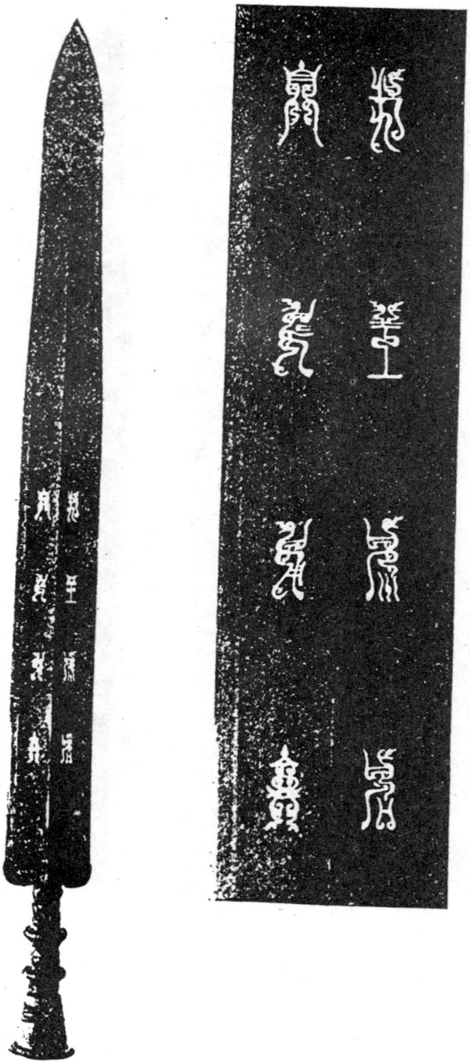

三〇四

圖版壹玖肆

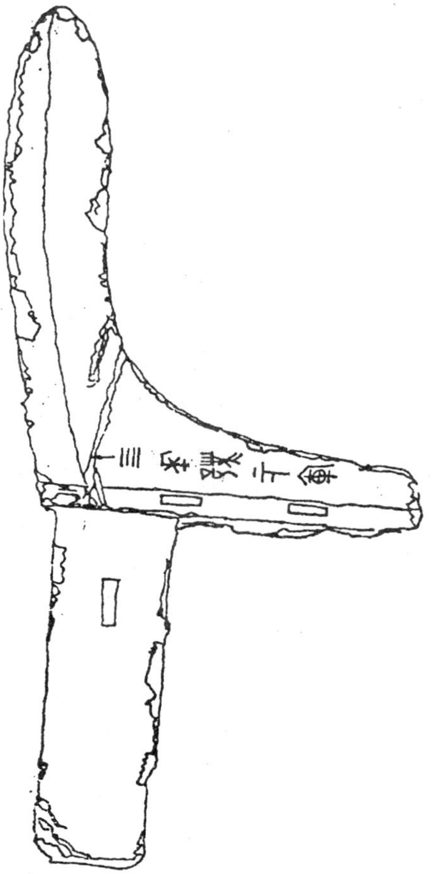

三〇五

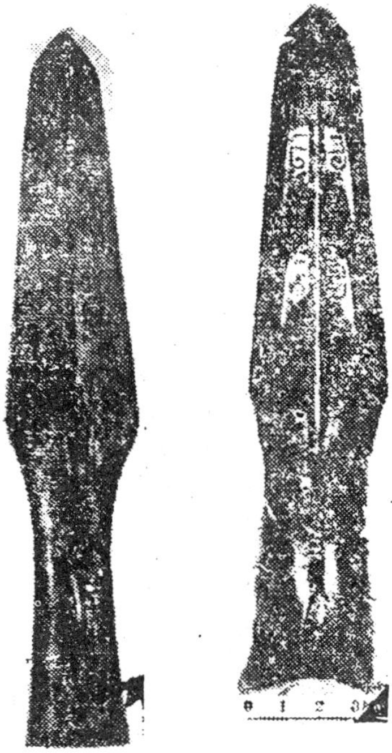

三〇六

圖版壹玖伍

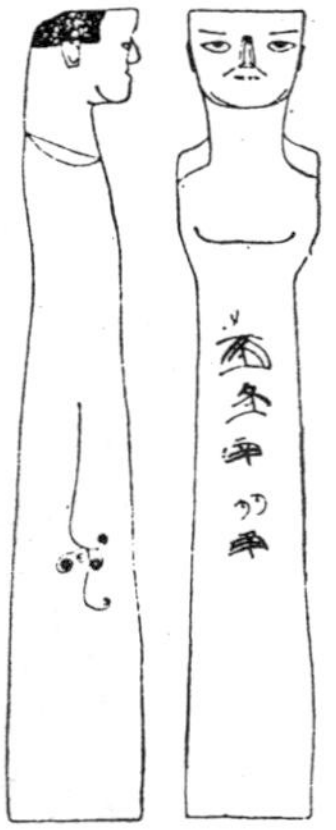

三〇七

三〇八

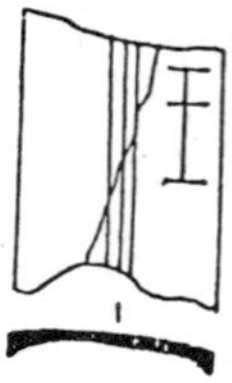

三〇九

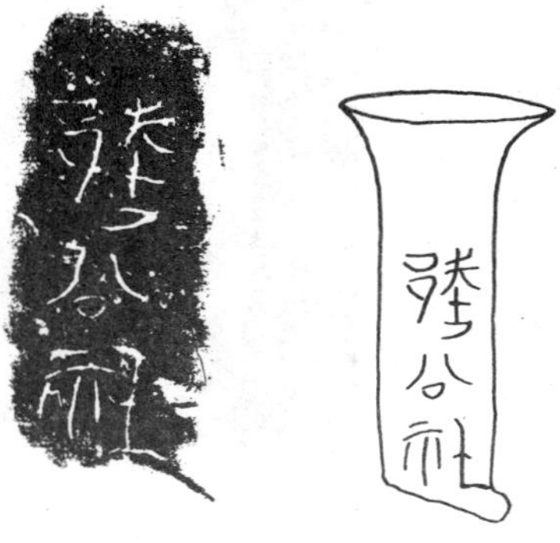

三一一

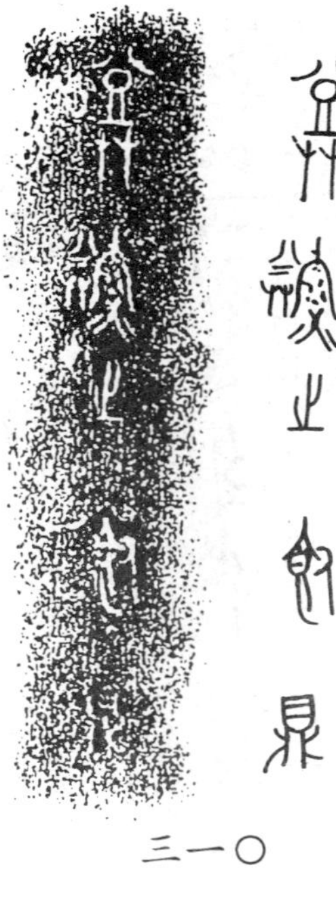

三一〇

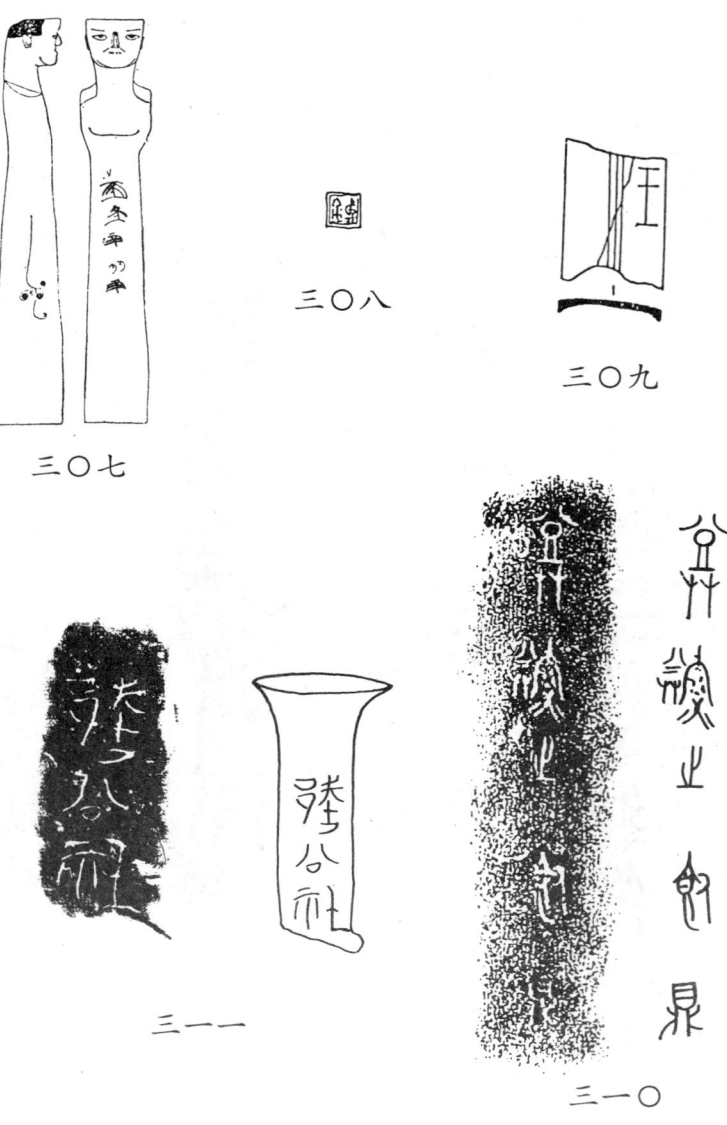

圖版壹玖陸

三一二

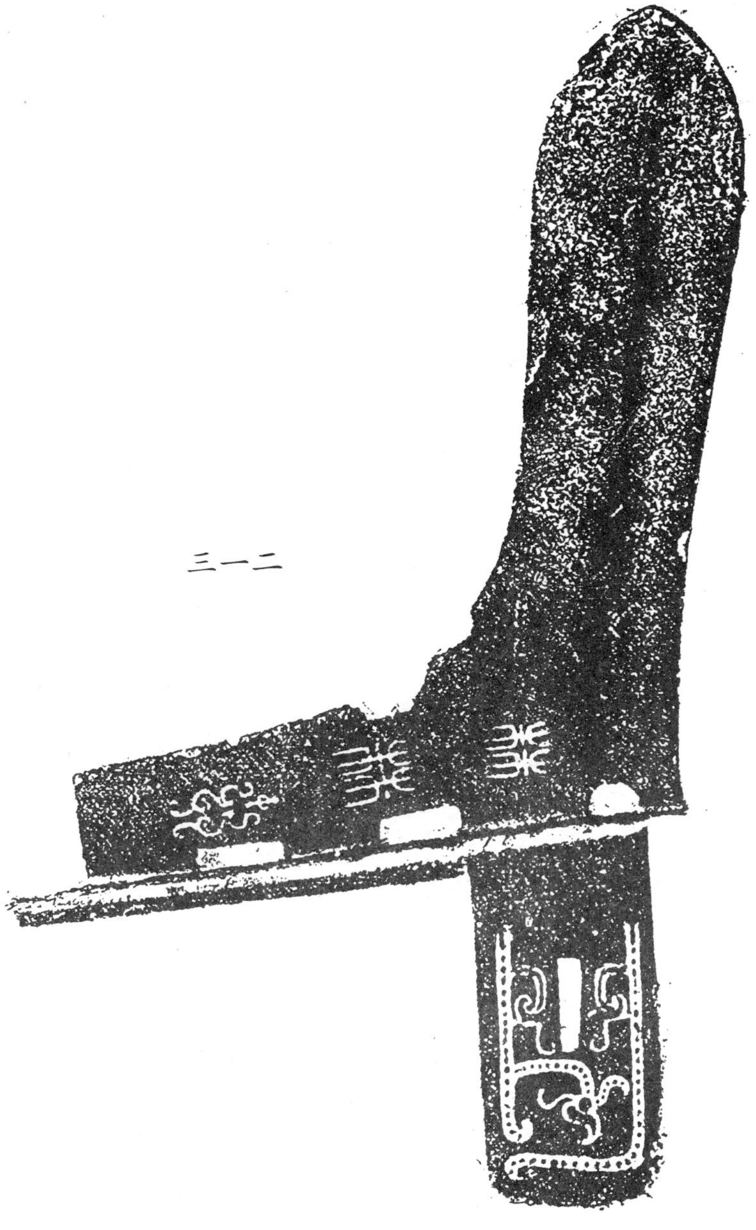

荊楚文庫

湖北出土商周文字輯證

［增補本］（中）

黃錫全 編著

荊楚文庫編纂出版委員會
武漢大學出版社

下編目録

武漢市 …… 449
漢陽區 …… 449
熊家嶺 …… 449
王矛 …… 449
新洲區 …… 450
香爐山 …… 450
戈乙鼎 …… 450
三善灣 …… 453
臧之無咎戈 …… 453
江夏區 …… 455
丁家咀 …… 455
丁家咀竹簡 …… 455
鄂州市 …… 458
鄂城區 …… 458
百子畈 …… 458
新城戈 …… 458
黄石市 …… 462
大冶市 …… 462
鄂王城 …… 462
武庫戈 …… 462
黄岡市 …… 464
黄州區 …… 464

禹王城 …… 464
許公買簠 …… 464
曹家崗 …… 467
曹家崗 M5 竹簡 …… 467
麻城市 …… 469
李家灣 …… 469
楚旇鼎 …… 469
王卮 …… 470
蘄春縣 …… 472
新屋壪 …… 472
盂方鼎 …… 472
瓏方鼎 …… 474
酉方鼎 …… 475
猬斗 …… 477
襄陽市 …… 479
襄城區 …… 479
黄季鼎 …… 479
襄州區 …… 481
陳坡 …… 481
大司馬鼎 …… 482
昭王之信戈 …… 483
梁家老墳 …… 488
曾侯昃戈 …… 488
樊城區 …… 490
山灣 …… 490
郪戈 …… 490
吳王劍 …… 492

團山墓地 …… 494
蔡公子加戈 …… 494
團山沈崗 …… 496
□子誫余鼎 …… 496
□子登鐸 …… 499
朱坡鄉徐莊村 …… 504
䣄子敢盞 …… 504
王坡 …… 508
鄧公孫無忌鼎 …… 508
鄧子仲無忌戈 …… 510
㢈鼎 …… 515
盛氏官鼎 …… 517
卅四年少府戈 …… 518
"半兩"錢 …… 520
老河口市 …… 520
安崗 …… 520
安崗竹簡 …… 520
穀城縣 …… 521
城關鎮邱家樓 …… 521
許子鼎 …… 521
許成毅鼎 …… 523
廟灘古樂寺村 …… 525
鄧子鼎 …… 525
過山磚瓦廠 …… 529
襄王孫盞 …… 529
過山皮家窪 …… 532
吳王叡䖵此郐劍 …… 532

尖角墓地 …… 537
郿子𡙦壺 …… 537
棗陽市 …… 541
發孫虜簠 …… 541
發孫虜鼎 …… 543
郭家廟墓區 …… 546
曾伯陭戚鉞 …… 548
曾伯陭壺 …… 552
曾亘嫚非彔鼎 …… 556
曾孟嬴削簠 …… 560
幻(弦)伯隹方壺 …… 563
衛伯須鼎 …… 567
□□用戈 …… 571
曾嬴戚壺 …… 574
曾侯作湯嫞鼎 …… 575
曹門灣墓區 M10、M13、M22 …… 577
曾子䪊鼎 …… 578
曾子壽鼎 …… 580
郘君𢉅鼎 …… 583
郳員栒盤 …… 587
曹門灣墓區 M43 …… 590
曾子𣪘鼎 …… 590
曾太保發簠 …… 593
矢叔匜 …… 595
九連墩墓地 …… 598
愼克簋 …… 599
十堰市 …… 602

私藏及外地館藏 …… 602
曾伯宫父鬲 …… 602
鄖陽區 …… 605
肖家河 …… 605
叔姜簠 …… 605
惕子仲濒兒盤 …… 608
惕子仲濒兒匜 …… 610
惕子仲濒兒鈚 …… 611
惕子戈 …… 617
子辛(?)戈 …… 618
束子傀戟 …… 619
尚家河 …… 620
君堵陶豆 …… 620
荆州市 …… 622
沙市區 …… 622
天星觀 M2 …… 622
王刻刀 …… 622
左車軎 …… 623
荆州區 …… 624
郢子諆臣戈 …… 624
棗林鋪 …… 626
遺周羽木劍 …… 626
九店楚墓 …… 627
九店竹簡 …… 627
九店 M411 竹簡 …… 627
九店 M56 竹簡 …… 627
九店 M621 竹簡 …… 628

九店兵器及印章 …… 630
南君戈 …… 630
廿八年上洛戈 …… 633
十一年白令戈 …… 636
六年陀戈 …… 639
王矛 …… 641
競人之璽 …… 642
巴蜀印 …… 643
漆木器烙印或陰刻文字、符號 …… 643
“四兩”砝碼 …… 645
黄山村 …… 646
砝碼 …… 646
蟻鼻錢 …… 647
曹家山 …… 648
越王不光劍 …… 648
張家山 …… 651
越王可句於劍 …… 651
荆州磚瓦廠 M370 竹簡 …… 655
紀南城 …… 657
王鍤 …… 657
濠林村 …… 658
王印 …… 658
三紅村 …… 659
卲王之諻戈 …… 660
廿八年雔丘令戈 …… 662
几處竹簡 …… 664
荆州雞公山竹簡 …… 664

荆州范家坡 M27 竹簡 …… 664
荆州紅光磚瓦廠 M27 竹簡 …… 664
荆州夏家臺 M106 楚簡 …… 665
荆州高臺古井竹簡 …… 665
彭家臺 …… 667
高城戈 …… 667
宜昌市 …… 670
高新區 …… 670
白洋萬福壋 …… 670
楚季鐘 …… 670
枝江市 …… 675
章子國戈 …… 675
荆門市 …… 678
沙洋縣 …… 678
郭店墓地 …… 678
郭店 M1 竹簡 …… 678
東宫之杯 …… 679
五里鋪鎮左塚村 …… 681
漆梮 …… 682
廿四年𠳐令州㑥戈 …… 691
王刻刀 …… 693
楚王孫漁矛 …… 694
木尺文字 …… 696
椁底板刻字 …… 698
嚴倉墓群 …… 700
嚴倉獾子塚 M1 竹簡 …… 700
魏廿六年戈 …… 701

黄歇村 …… 702
黄歇村 M1 楚簡 …… 702
東寶區 …… 703
羅坡崗 …… 703
郄戈 …… 703
尹之信印 …… 705
禾字印 …… 705
鍾祥市 …… 707
文集黄土坡 …… 707
鄧子與盤 …… 707
天門市 …… 710
皂市鎮 …… 710
彭家山楚墓 …… 710
越王之子銅鎮 …… 710
隨州市 …… 713
隨縣 …… 713
安居鎮羊子山 M4 …… 713
子觶 …… 714
噩侯卣 …… 715
噩侯方彝 …… 716
噩侯罍 …… 717
噩侯盤 …… 717
噩中方蓋鼎 …… 719
曾都區 …… 721
葉家山西周墓地 …… 721
葉家山 M1 …… 724
師方鼎 …… 726

師圓鼎 …… 728
師鑊鼎 …… 729
兄乙爵 …… 730
冉父丁斝 …… 732
瓚父癸觚 …… 733
葉家山 M2 …… 735
曾侯諫圓鼎 …… 735
曾侯諫分襠鼎 …… 736
犁子分襠鼎 …… 738
亞宣朋父乙分襠鼎 …… 742
曾侯諫作媿簋 …… 745
曾侯諫作媿甗 …… 746
鬲 …… 748
葉家山 M3 …… 748
曾侯諫圓鼎 …… 749
亞媢鼎 …… 750
亞媢簋 …… 750
作寶彝簋 …… 752
葉家山 M4 …… 753
叔桑父簋 …… 753
葉家山 M8 …… 754
祖丙觶 …… 754
葉家山 M15 …… 755
叔疑圓鼎 …… 755
叔疑尊 …… 756
葉家山 M23 …… 757

作寶彝簋 …… 757
葉家山 M26 …… 757
曾侯作旅彝簋 …… 757
葉家山 M27 …… 759
曾侯方鼎 …… 759
戈父癸簋 …… 762
作寶彝簋 …… 763
疑父方座簋 …… 764
失(?)父乙觚 …… 766
守父乙觶 …… 768
瓚雚觶(附斗) …… 769
冉觶 …… 773
尺(?)父癸觶 …… 774
魚伯彭尊 …… 775
魚伯彭卣 …… 776
伯生盉 …… 778
舉觗憂壺 …… 780
葉家山 M28 …… 784
曾侯諫方鼎 …… 786
曾侯諫圓鼎 …… 787
曾侯諫分襠鼎 …… 788
曾侯諫簋 …… 790
曾侯諫盉 …… 791
曾侯諫盤 …… 793
曾侯諫作媿簋 …… 795
曾侯諫作媿尊 …… 796
曾侯諫作媿卣 …… 797

曾侯諫作媿壺 …… 799
曾侯方鼎 …… 801
曾侯鬲 …… 803
曾侯甗 …… 805
尺(?)父辛爵 …… 806
舉母辛觶 …… 808
葉家山 M46 …… 809
鴽父丁爵 …… 809
亞離父丙觶 …… 811
束祖乙卣 …… 812
葉家山 M50 …… 814
九六六一伯方鼎 …… 814
作寶尊彝卣 …… 818
葉家山 M51 …… 819
作寶彝簋 …… 819
葉家山 M55 …… 819
白作彝簋 …… 819
父丁觶 …… 820
亞俞父乙尊 …… 821
葉家山 M65 …… 822
曾侯諫方鼎 …… 823
曾侯諫圓鼎 …… 824
作寶鼎扁足圓鼎 …… 826
束父己分襠鼎 …… 828
曾侯諫簋 …… 829
作尊彝簋 …… 831
亞離父癸簋 …… 832

作尊彝尊 …… 833
作尊彝卣 …… 834
侯用彝盉 …… 834
曾侯作田壺 …… 835
葉家山 M107 …… 839
父庚鼎 …… 839
兕父乙鼎 …… 840
僕監簋 …… 841
父丁鬲 …… 844
曾伯作西宫爵 …… 844
父乙爵 …… 848
瓚觚 …… 850
父辛觶 …… 852
戈父乙尊 …… 853
戈父乙卣 …… 854
葉家山 M111 …… 856
曾侯作父乙方鼎 …… 856
戉箙祖辛圓鼎 …… 858
戾作南公方座簋 …… 860
曾侯戾簋 …… 867
侯用彝斝 …… 869
曾侯卣 …… 870
曾侯壺 …… 870
曾侯盤 …… 872
皋父丁罍 …… 873
葉家山 M126 …… 875
麻于尊 …… 875

萬店塔兒灣周家崗 …… 882
　廓季盤 …… 882
義地崗散見文物 …… 883
　曾侯寶鼎一 …… 884
　曾侯寶鼎二 …… 886
　曾侯寶鼎三 …… 887
　曾侯寶鼎四 …… 887
　曾侯寶鼎五 …… 888
　曾侯寶簋一 …… 889
　曾侯寶簋二 …… 891
　曾侯寶圓壺 …… 892
　曾侯寶盤 …… 892
　曾侯寶匜 …… 894
　□伯鬲 …… 894
義地崗東風油庫 …… 896
　曾侯邚鼎 …… 897
　曾少宰黄仲酉鼎 …… 898
　曾少宰黄仲酉甗 …… 900
　曾少宰黄仲酉簠 …… 902
　曾少宰黄仲酉方壺 …… 902
　曾少宰黄仲酉盤 …… 903
　曾少宰黄仲酉匜 …… 904
　可簠 …… 905
　可方壺 …… 906
　可盤 …… 907
　可匜 …… 908
　曾仲姬壺 …… 909

義地崗曾公子棄疾墓 …… 913
曾公子棄疾鼎甲 …… 913
曾公子棄疾鼎乙 …… 916
曾公子棄疾簠 …… 918
曾公子棄疾甗 …… 920
曾公子棄疾壺 …… 922
曾公子棄疾缶 …… 924
曾公子棄疾斗 …… 925
隨州市博物館收集 …… 928
曾公孫叔考臣甗 …… 929
叔考臣鼎 …… 930
叔考臣簠 …… 932
文峰塔墓地 …… 933
文峰塔 M1 …… 935
行鬲 …… 935
曾侯與鬲 …… 936
曾侯與編鐘 …… 938
鐘 1 …… 938
鐘 2 …… 963
鐘 3 …… 967
鐘 4 …… 972
鐘 5 …… 974
鐘 6 …… 983
鐘 7 …… 986
鐘 8 …… 988
鐘 9 …… 990
鐘 10 …… 991

文峰塔 M2 …… 995
文峰塔 M4 …… 995
曾侯戟 …… 996
曾侯鐘 …… 997
文峰塔 M18 …… 1002
曾侯丙方缶 …… 1004
文峰塔 M21 …… 1006
曾孫卲簠 …… 1006
曾孫卲方壺 …… 1007
隨大司馬戈 …… 1009
吳公子光戟 …… 1012
文峰塔 M29 …… 1013
奇鼎 …… 1013
奇方壺 …… 1014
文峰塔 M32 …… 1015
曾孫伯國甗 …… 1015
曾大司馬國鼎 …… 1016
曾大司馬伯國簠 …… 1017
文峰塔 M33 …… 1018
僕圓座簋 …… 1018
僕盤 …… 1019
僕匜 …… 1023
僕簠 …… 1024
文峰塔 M34 …… 1025
曾子虡戈 …… 1025
文峰塔 M35 …… 1026
曾叔旂方壺 …… 1026

曾叔旂鼎 …… 1027
曾叔旂方座簋 …… 1028
曾子旂戟 …… 1029
文峰塔 M36 …… 1030
痘多盤 …… 1030
痘多壺 …… 1031
文峰塔 M38 …… 1032
曾孫懷簠 …… 1032
文峰塔 M46 …… 1033
曾臯公臣鼎 …… 1033
曾工差臣簠 …… 1035
曾工差臣方壺 …… 1035
文峰塔 M52 …… 1036
孟孀玄簠 …… 1036
文峰塔 M53 …… 1038
甬巨簠 …… 1038
文峰塔 M61 …… 1038
曾孫喬方壺 …… 1038
曾旨尹喬缶 …… 1039
可能出自湖北器和簡 …… 1041
楚器 …… 1041
救秦戎銅器群 …… 1041
楚王酓恷盤 …… 1043
楚王酓恷匜 …… 1044
君字鼎 …… 1045
君字方座簋 …… 1046
救秦戎方座簋 …… 1047

救秦戎豆 …… 1049
救秦戎鬲 …… 1050
其他楚器 …… 1055
楚王媵隨仲嬭加鼎甲 …… 1055
楚王媵隨仲嬭加鼎乙 …… 1057
楚王媵□嬭鼎 …… 1060
加嬭簋 …… 1061
封子楚簠 …… 1063
鄧冢墣戟 …… 1066
楚簡 …… 1067
上海博物館藏楚簡 …… 1067
《上海博物館藏戰國楚竹書》(一) …… 1068
《上海博物館藏戰國楚竹書》(二) …… 1068
《上海博物館藏戰國楚竹書》(三) …… 1068
《上海博物館藏戰國楚竹書》(四) …… 1069
《上海博物館藏戰國楚竹書》(五) …… 1069
《上海博物館藏戰國楚竹書》(六) …… 1069
《上海博物館藏戰國楚竹書》(七) …… 1070
《上海博物館藏戰國楚竹書》(八) …… 1070
《上海博物館藏戰國楚竹書》(九) …… 1070
清華大學藏楚簡 …… 1071
《清華大學藏戰國竹簡》(壹) …… 1071
《清華大學藏戰國竹簡》(貳) …… 1072
《清華大學藏戰國竹簡》(叁) …… 1072
《清華大學藏戰國竹簡》(肆) …… 1072
《清華大學藏戰國竹簡》(伍) …… 1073
《清華大學藏戰國竹簡》(陸) …… 1073

武漢大學藏楚簡…………………………………………………… 1073
安徽大學藏楚簡…………………………………………………… 1074
香港中文大學藏楚簡……………………………………………… 1075
曾器…………………………………………………………………… 1075
曾侯器……………………………………………………………… 1075
曾侯戉簠…………………………………………………………… 1075
曾侯昃戈…………………………………………………………… 1077
曾侯子昃劍………………………………………………………… 1078
曾侯巳鐘(紐鐘，第一套) ………………………………………… 1081
曾侯巳鐘(紐鐘，第二套) ………………………………………… 1083
曾侯巳鎛(第一套) ………………………………………………… 1084
曾侯巳鎛(第二套) ………………………………………………… 1086
曾甫人匜…………………………………………………………… 1088
曾伯器……………………………………………………………… 1090
曾伯霥簠…………………………………………………………… 1090
曾伯克諸器………………………………………………………… 1093
伯克父甘婁鼎……………………………………………………… 1093
曾伯克父甘婁簋…………………………………………………… 1096
曾伯克父甘婁盨…………………………………………………… 1097
伯克父甘婁盨甲…………………………………………………… 1098
伯克父甘婁盨乙…………………………………………………… 1099
曾伯克父甘婁簠甲………………………………………………… 1101
曾伯克父甘婁簠乙………………………………………………… 1105
曾公子曾孫器……………………………………………………… 1107
曾公子叔湪簠甲…………………………………………………… 1107
曾公子叔湪簠乙…………………………………………………… 1108
褱簠甲……………………………………………………………… 1109

褱簠乙 …… 1110
褱鼎 …… 1111
褱鎛 …… 1113
曾子器 …… 1114
曾子斿鼎 …… 1114
曾子伯皮鼎 …… 1118
曾子伯誩鼎 …… 1120
曾子伯選鼎 …… 1121
曾子伯選壺 …… 1122
曾子南戈 …… 1123
曾子叔迩戈 …… 1125
曾子叔𦉢諸器 …… 1126
大曾文之孫叔𦉢鼎 …… 1126
大曾文之孫叔𦉢甗 …… 1127
大曾文之子孫叔𦉢簠 …… 1128
曾子叔𦉢盤 …… 1130
曾子叔𦉢匜 …… 1132
曾子叔犾父簠蓋 …… 1133
曾太保器 …… 1134
曾太保嬬簋 …… 1134
曾太保譍叔亟盆 …… 1136
曾太保慶盆 …… 1137
曾卿事諸器 …… 1139
曾卿事宣鼎甲 …… 1139
曾卿事宣鼎乙 …… 1141
曾卿事宣鼎丙 …… 1142
曾卿事𡫸鬲甲 …… 1144

曾卿事𡨦鬲乙 …… 1145
曾卿事梁簋 …… 1147
曾卿事季宣簋 …… 1148
曾季卿事奐壺 …… 1150
曾大醓尹器 …… 1152
曾大醓尹壺甲 …… 1152
曾大醓尹壺乙 …… 1153
曾仲夷諸器 …… 1155
曾仲夷鼎 …… 1155
曾仲夷鬲 …… 1157
曾仲夷簋甲 …… 1158
曾仲夷簋乙 …… 1160
曾仲夷簋丙 …… 1162
曾仲夷簠甲 …… 1164
曾仲夷簠乙 …… 1165
遣仲白虜鼎 …… 1166
其他國器 …… 1170
盅器 …… 1170
盅子歂簠 …… 1170
噩侯器 …… 1172
鄂侯鼎一 …… 1172
鄂侯鼎二 …… 1173
鄂侯卣 …… 1174
斅器 …… 1175
斅伯鼎 …… 1175
斅兒盞 …… 1177
斅戈 …… 1178

虞器……1180
吳叔襄鼎……1180
存目……1182
附録……1184
附録一　下編文字材料統計……1184
附録二　下編器物分國統計……1217
附録三　下編器物分類統計……1222
附録四　下編族氏文字統計……1229
附録五　下編出土簡牘統計……1231
附録六　下編資料來源涉及主要著作、期刊……1234

下　编

武漢市

漢陽區

熊家嶺

王　　矛

1件，編號M18：8。1987年在漢陽縣熊家嶺清理戰國楚墓中發現。凸棱，兩翼，骹上有一系，骹口凹弧形，棱旁兩翼有兩組紋飾。通長16釐米，骹徑2.4釐米。見《文物》1993年6期75頁，以及：圖二九，器圖；圖三〇-1，綫圖。骹上鑄銘一字：

（王）

此墓年代，考古發掘報告（後文簡稱報告）定爲戰國中期，認爲“王”字矛及鄰近墓葬所出陶三足盂、青瓷缽等，在長江下游及湖南、兩廣百越文化墓葬中常見，具有南方越文化因素。這批墓葬規模都不大，屬於當時的下士和平民。墓葬形制、死者頭向等，基本是楚墓葬俗，但隨葬品比較複雜，包含有楚、中原、吳越文化因素。

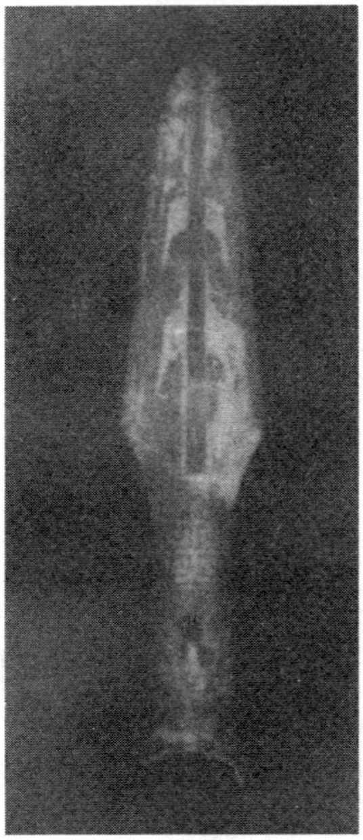

王矛器圖

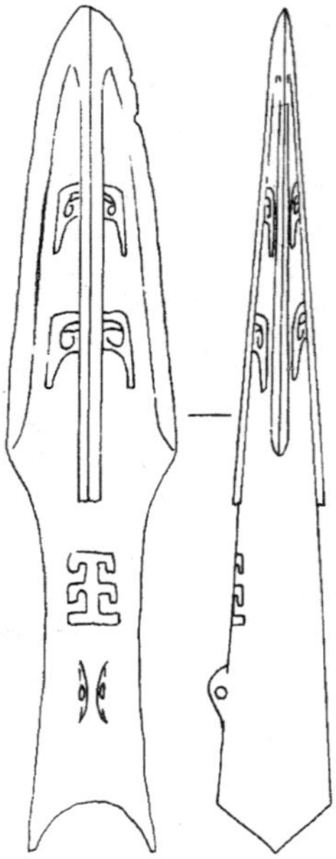

王矛綫圖

【著録】

武漢市考古隊、漢陽縣博物館:《武漢市漢陽縣熊家嶺東周墓發掘》,《文物》1993 年 6 期。

新 洲 區

香 爐 山

戈 乙 鼎

1986 年,新洲縣陽邏鎮界埠磚瓦廠在距香爐山古文化遺址北側 200

米的架子山取土時發現，屬於窖藏。共5件商周青銅器。其中鼎2件，矛、鏟、臿各1件。2件鼎屬於商末周初，另3件屬於西周早期。兩鼎大小形制相同，立耳，方唇，斂口，深鼓腹，腹最大徑在中下部，平圜底，三柱足微内撇，腹上飾一圈渦紋獸面紋相間的組合紋飾。通高25.7釐米，口徑20.5釐米，腹最大徑22釐米。見報導93頁圖二。腹内有相同銘文：

戈乙

"戈"爲族氏文字。"乙"，報道者認爲"是戈氏族的分族或是分支，亦可是分族、分支首領的名號。體現了宗氏、分族、分支的關係"。

族氏文字戈，還見于隨州安居羊子山"戈父辛"爵，葉家山M27：28"戈父癸"簋，M107"戈父乙"尊、卣等。此銘"戈乙"也可能爲"戈父乙"之省或漏書。

戈是商末、周初青銅器上常見的族氏銘文，乃兵器"戈"的象形字。此族銅器較多，據統計有234件。分别見於河南安陽、羅山，陝西岐山、鳳翔，山西靈石，山東長清，湖南寧鄉等地所出商代銅器，河南上蔡、湖南衡陽所出商末周初銅器，以及陝西武功、寶雞、長安、涇陽、銅川，湖北隨州、新洲，甘肅慶陽，北京房山琉璃河，河南鹿邑、洛陽等地發現西周銅器。據對商和西周時期"戈"族銅器出土情況的清理，看出戈族銅器的出土地點較爲分散，各地點出土的"戈"族銅器零星分布，又多與綴有其他族氏銘文的銅器同出，很難根據其出土狀況來判定"戈"族在當時的分布情况。

據研究，商代作爲族名和地名的"戈"，很有可能就是源于夏代就已存在的戈地。《左傳・哀公十二年》："宋鄭之間有隙地焉曰彌作、頃丘、玉暢、岩、戈、錫。"杜注認爲此戈在"鄭、宋之間"。

湖北隨州、新洲屬於江北漢東，説明戈族的分支在商末周初曾活動其間。

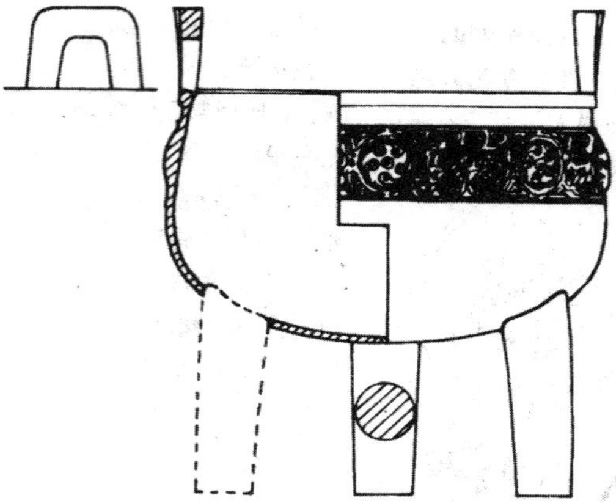

戈乙鼎綫圖

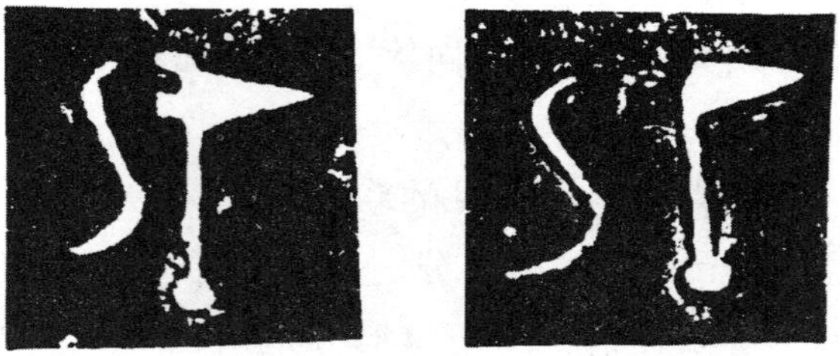

戈乙鼎銘文拓片

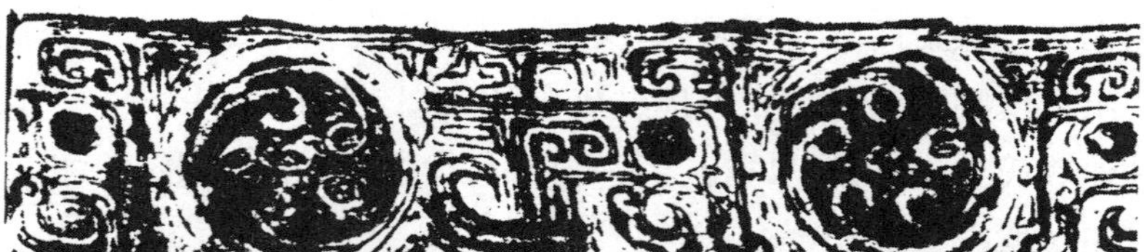

戈乙鼎紋飾拓片

【著録】

羅宏斌、黄傳馨:《新洲縣陽邏架子山銅器》,《江漢考古》1998年3期。

【參考文獻】
何景成：《商周青銅器族氏銘文研究》，齊魯書社，2009年，113~126頁。

三善灣

臧之無咎戈

2002年10月，武漢市新洲區李集鎮三善灣一號楚墓出土，現存武漢市博物館。通長32.5釐米。窄援較長，微下彎，援與胡之夾角低於90度，鋒尖稍殘，有中脊，長胡，欄側三長穿，援本一小穿，長方形内前部有一横穿，後段圓緩。胡部鑄銘四字，反書：

臧之無咎（咎）

報告釋爲"臧之舞佑"。劉森淼認爲：楚悼王之子楚肅王名爲臧，公元前380年至前370年在位，正好處於一號墓的年代範圍内。當時楚國令尹吳起的改革觸犯權貴利益，楚悼王死後，70余家宗室大臣作亂，吳起死於非命。太子臧爲了坐穩王位，任命新的令尹，控制了軍隊，平定叛亂。一號墓主很可能就是曾在此次平叛中立功，得到楚肅王臧親自嘉獎的重要武士，獎品則是這件銅戈，是其即位之初平定貴戚大臣作亂這一史實的重要物證。

包山楚簡7有"臧王之墨"，與此戈銘文類似。董珊認爲："臧王之墨"的"臧王"，就是指楚莊王熊侶，名爲"墨"的這個人是楚莊王的族人，所以在他的名字前面冠以楚莊王之謚作爲族稱。"臧之無咎（咎）"戈的"臧之无咎"是器主，其族稱"臧"是源自楚莊王的謚號而省略"王"字（注中記：咎字之釋承施謝捷先生面告）。這種寫作"咎"的"咎"字，亦見趙國璽印"咎（咎）郎左司馬"（《古璽彙編》0049）、"咎（咎）郎將行"（《珍秦齋古印展官璽》第3號）及戰國兵器十一年咎（咎—皐）茖（落）守令少曲夜戈(《考古》1991 年 5 期 414 頁，圖 2)、上佫(咎—皋)菨(落)戈(《考古》2005 年 6 期 95 頁，圖 1、2)等。

另見有“臧王之楚用戟(戟)”(韓自强《新見六件齊、楚銘文兵器》，《中國歷史文物》2007 年 5 期)，“臧王之楚”與“臧王之墨”同屬莊王之族。

黄錦前對東周時期南方地區銅器銘文中常見的這類“閥閲類”銘文進行了初步梳理和分析，認爲這些在本質上都是作器者對自己特殊身份的一種有意識强調，其所要表達的，其實是器主的一種政治宣言。這些具有時代和地域特色的“閥閲類”銘文的出現和流行，與吴越徐楚等地處南方偏遠地區、政治地位較低，春秋中晚期以後隨着國力的上升紛紛争霸中原，楚國北上東進、侵國奪地的滅國運動等，皆息息相關，有其深刻的歷史和文化背景。中原和山東地區此類銘文的出現及流行，很可能是受同時期南方風氣影響。

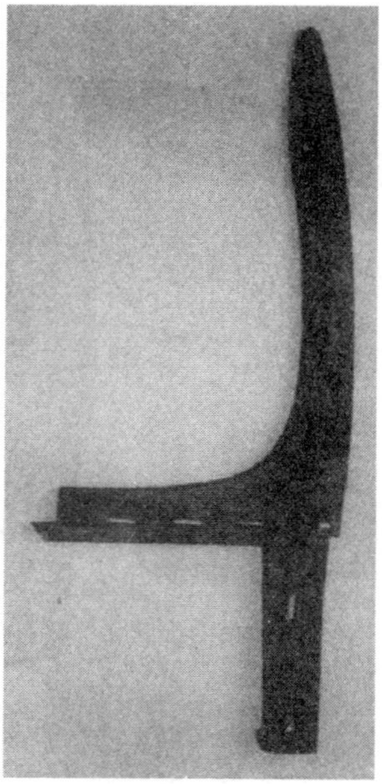

臧之無咎戈器圖

臧之無咎戈銘文拓片

【著録】

劉森淼：《戰國“臧之舞佑”銘文戈考略》，《武漢文博》2001年3期。

劉彬徽：《楚系金文彙編》，湖北教育出版社，2009年，658~659頁。

韓曉玲：《專家推測新洲銘文銅戈疑爲楚肅王賞品》，《湖北日報》2003年11月6日。

【参考文獻】

董珊：《出土文獻所見“以謚爲族”的楚王族——附説〈左傳〉“諸侯以字爲謚因以爲族”的讀法》，復旦大學出土文獻與古文字研究中心編《出土文獻與古文字研究》第二輯，復旦大學出版社，2008年。

黄錦前：《東周時期南方地區“閥閱類”銅器銘文試析》，2016年待刊稿。

江夏區

丁家咀

丁家咀竹簡

2009年5月，在武漢至咸寧城際高速鐵路工程建設中，于武漢市江夏區山坡鄉光星村15組丁家咀發現4座戰國時期楚墓，其中M1、M2發現竹簡，現存武漢市考古研究所。M1因早年被盜，殘存器物較少，在棺室東部發現殘斷竹簡1枚，長約10.5釐米，殘存7字，内容爲遣册。M2無青銅器及玉器，隨葬有漆木器、仿銅陶禮器、陶器百餘件，但在椁蓋上和棺室内發現有竹簡。椁蓋上的竹簡共編號74個，内容爲卜筮祭禱記録；棺室内的竹簡共編號25個，内容爲遣册。兩處發現的竹簡字迹相對清晰，但殘斷較爲嚴重。竹簡兩端均爲平端。文字多書於竹黄面，不留天頭地脚。卜筮祭禱簡中有少量文字書寫於竹青面。卜筮祭禱簡因殘斷嚴重，完整簡長度尚無法確知，目前所知這部分最長簡約爲35.9釐米。

遣册簡經過綴合復原，可知完整簡長約46.7釐米。兩種簡均寬約0.8釐米，厚度不超過0.1釐米。每枚竹簡上修治有2個契口，多呈三角形。卜筮祭禱簡和遣册簡的字體明顯不同，不是出自同一書手。

依據簡文内容，貞問的事主爲“婁君”，即M2的墓主。簡文共有6次提及“婁君”，如簡M2-1-03、M2-1-15等。僅保留有一枚紀年簡，即簡M2-1-01，紀年爲“秦客虩戎迈(蹠)楚之歲”。M2的絶對年代當與這個紀年相去不遠，但該紀年未見於以往發現的楚簡資料，有待進一步研究。依據墓葬形制及隨葬器物特徵，初步推斷M1、M2的年代爲戰國中晚期。M2的墓主爲婁君，其身份值得關注，爲武漢地區戰國中晚期楚史研究提供了新的資訊。遣册簡則是研究這一時期楚名物制度、車馬制度以及葬俗的重要資料。

竹簡出土後，武大簡帛研究中心拍攝有紅外照片，其中3枚已刊於第一次(2009年)簡報(彩版八：5、6)。2011年3月，武漢大學“湖北出土未刊布楚簡(五種)集成研究”課題組拍攝了數碼照片。最新報導(2015年)又披露了部分竹簡照片和内容，可供研究。

【著録】

李永康：《武漢江夏丁家咀發現戰國楚墓並出土楚簡》，《江漢考古》2009年3期，128頁及彩版5、6。

李天虹：《楚國銅器與竹簡文字研究》，湖北教育出版社，2012年，247頁。

魯家亮、李永康：《湖北武漢丁家咀M1、M2出土戰國竹簡》，《文物》2015年6期。

1.M1-01　2.M2-1-03　3.M2-1-15　4.M2-1-27　5.M2-1-27背　6.M2-1-29

丁家咀竹簡

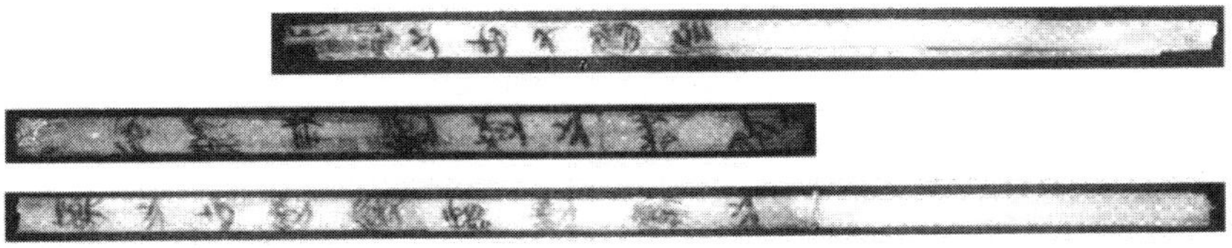

竹簡(M2-1-29背)

竹簡(M2-1-01)

鄂州市

鄂城區

百子畈

新城戈

2001年8月，爲配合鄂州市政府修建政府大樓，在百子畈古墓區南部的鳳凰山廣場工地北部清理一批古墓，其中M31出土有銘銅戈一件。此戈長胡三穿，内平直，援上揚。通長21.4釐米，援長13.4釐米，寬2.7釐米，厚0.52釐米；内長7.8釐米，寬2.8釐米，穿長2.7釐米。重160克。銘在援脊上，一行直下，鑄銘六字。見報告84頁，以及：圖一、圖二。

此戈與戰國中期前後的銅戈類似，如《殷周金文集成》17・11083陳禦寇戈，11085口足戈，以及湖北出土的𣓀戈等。

第一字應當是“敬”字，左邊所从與一般的“苟”形小有差别，主要是上面左右斜筆變爲兩小竪筆，右邊从“攴”明顯，乃是由下列之形所演變（古璽）：

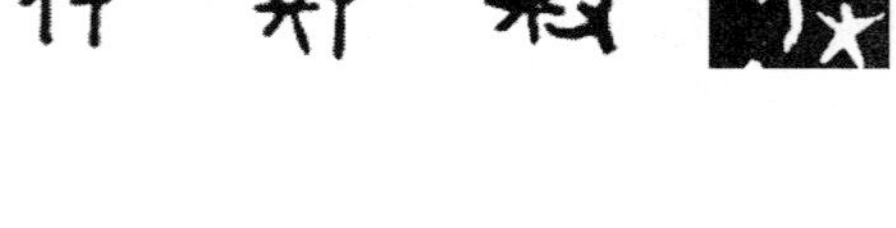

第二字比較特别。左从糸，右邊下部从牛，牛上之形則不易確定，釋讀存在兩種可能：

第一，釋爲“續”。續字已見於者汈鐘和古璽，均从“犢”。犢字也有上部簡省或者乾脆省去上部之形，見下列字形：

第二，釋爲从糸从犆。郭店楚簡有偏旁“直”之上部从一小圈“○”者，與戈銘類似：

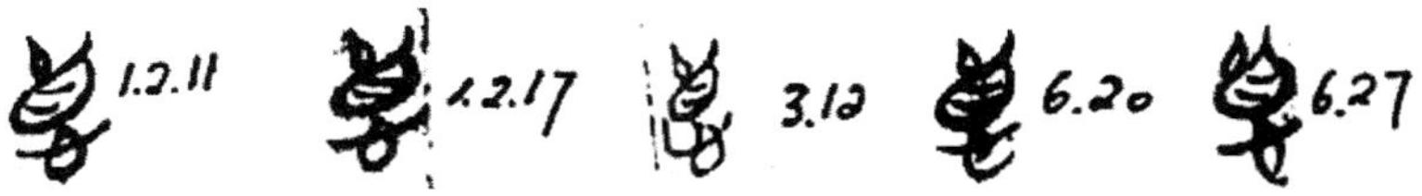

如果考慮到這一點，此字由糸、牛、直三部分組成繬，可以認其是从糸，犆聲。董珊主張此釋。考慮到字形，暫且傾向釋从“直”。直與戠古音相同可通(均屬章母職部)，繬有可能是“織”字或體。如典籍殖或作職，植或作樴，埴或作戠、熾等。《説文》：“紅，樂浪挈令織。从糸，从式。”古式與戒形音俱近(式，書母職部，戒，見母職部)，典籍有互作之例。如《書·康誥》：“自作不典式。”《潛夫論·述赦》引式作戒。《楚辭·天問》：“何試上自予。”《考異》：“試一作誡。”《國語·周語下》：“夫禮之立成者爲飫，昭明大節而已，少典與焉。”韋昭注：“言飫禮所以教民敬式，昭明大禮而已。”整理者案：“敬式”，公序本作“敬戒”。因此，“敬繬(紅)”可讀“敬戒”。

“敬戒”即“警戒”或“儆戒”，有戒備、警惕、告誡等義。《詩·大雅·常武》：“既敬既戒，惠此南國。”箋：“敬之言警也。警戒六軍之眾。”《周禮·天官·宰夫》：“正歲則以法警戒群吏。”《左傳·成公十六年》："申公儆備，設守而後行。"《左傳·宣公十二年》："在軍，無日不討軍實而申儆之。"《國語·楚語》："明敬戒以導之事。"韋昭注："敬戒於事，則無敗功。"中山侯鉞銘文"以敬乇(徒)眾"，敬亦警或儆義。《漢書·列傳四六》："城門至以警戒。步兵校尉使逐捕。"

第三、四兩字爲新城，地名。其地有幾處：一是春秋秦邑，在陝西澄城縣東北；二是春秋晉邑，即曲沃，在山西聞喜縣東北；三是戰國楚地，一作襄城，在今河南襄城縣；四是戰國韓地，在今河南伊川縣西南；五是春秋宋邑，在今河南商丘縣南；六是戰國趙邑，在今山西朔縣西南。根據此戈的出土地點、戈銘的位置特點，此戈的"新城"應是曾屬於楚地之新城。

萃，从林从衣，草、林義近，二者當爲一字。戈銘的"徒萃"當讀爲"徒卒"，就是步兵。《説文》："徒，步行也。"《左傳·隱公元年》："繕甲兵，具卒乘。"杜注："步曰卒，車曰乘。古者兵車一乘，甲士三人，步卒七十二人。"《左傳·襄公二十五年》："楚蒍掩爲司馬……賦車籍馬，賦車兵、徒卒、甲楯之數。"杜注"車兵"爲甲士，"徒卒"爲步卒。戈銘"新城徒卒"，就是新城的步兵。

如此，戈銘當釋讀爲：

敬(警或儆)緧(戒)新城徒萃(卒)

意即此戈用以"警(儆)戒新城步兵"，或者警戒新城的步兵所用之戈。若是指普通的警戒守衛，則持有者可能爲普通士兵。若是指使人警醒、告誡，則持有者的身份當要高一些。從墓葬隨葬品來看，多爲陶器，但有四件陶鼎。推測墓主人當是一位曾經守衛過新城的小軍吏，此戈爲他所有，故一同隨葬。此戈如是"三晉"之器，則爲戰利品。

【著録】

黄錫全、馮務建：《湖北鄂州新出一件有銘銅戈》，《文物》2004年10期。

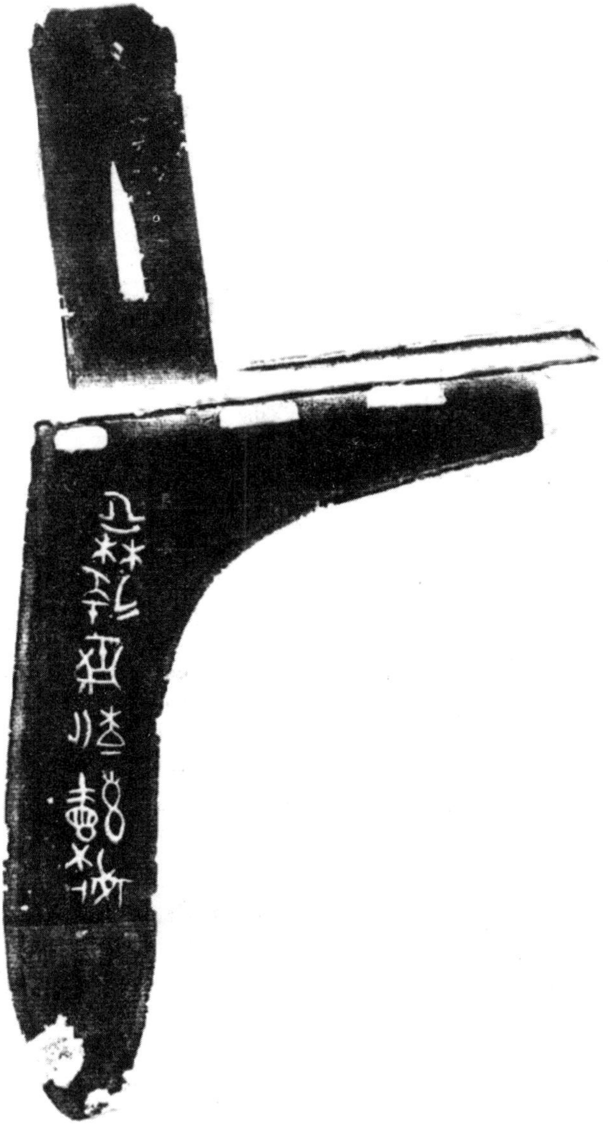

新城戈拓片

黄石市

大冶市

鄂王城

武庫戈

1件。2015年黄石大冶市金牛鎮鄂王城村鄂王城東門出土，未見詳細報道，圖見《三苗與南土》153頁。戈援上揚，欄側三穿；内一穿，穿後内上刻有銘文，董珊疑爲“武庫”二字，秦器。這種刻銘技法，與内蒙古清水河縣拐子上古城發現的秦始皇時期兵器矛上刻地名“武都”（河套地區）二字類似。見《文物》1987年8期63頁圖一-3（刻銘）、圖三-6（矛）；王輝編著《秦銅器銘文編年集釋》，三秦出版社，1990年，170、202頁。

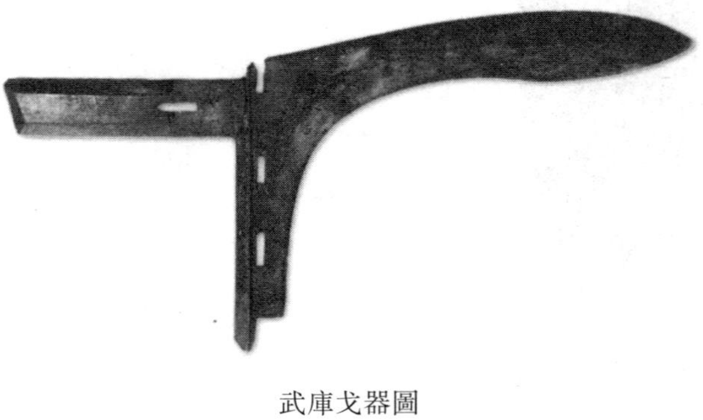

武庫戈器圖

武庫戈銘文圖

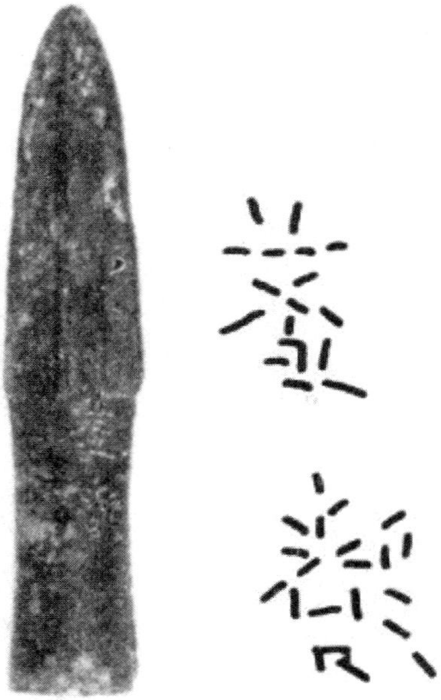
内蒙古出武都矛銘文

【著録】

湖北省考古研究所編:《三苗與南土——湖北省文物考古研究所“十二五”期間重要考古收穫》,2016年《江漢考古》編輯部出版發行,武漢市楚風印刷有限公司印刷,153頁。

黄岡市

黄州區

禹王城

許公買簠

1件。1976年出在黄岡市所在地黄州北約5公里的東周城址禹王城内，現藏黄岡市博物館。通體飾繁密的蟠螭紋。通高22釐米，長31.2釐米，寬23.5釐米。蓋、器内底各有刻銘八行三十五字，重文二字，合文一字。器文“初”字反書：

隹(唯)王正月
初吉丁亥，
盨(許)公買擇
氒吉金，自
乍(作)食匿(簠)。以
祈眉壽，永
命無疆。子子
孫孫，永寶用之。

此簠與本書上編所録武漢市文物商店收集的許公買簠形制、銘文相同，可能是同批同範製作。許公買即許悼公買，卒於公元前 523 年。兩件春秋晚期許悼公買器出在湖北，爲許滅於楚增添了證據。

此器文字風格，與鄭太子之孫與兵壺相似(《古文字研究》第二十四輯 233 頁)。中國國家博物館 2002 年徵集入藏有兩件“許公作叔姜媵簠”，見吳鎮烽《金文通鑑》續編 30510、30511，讀者可參照。

許公買簠器圖

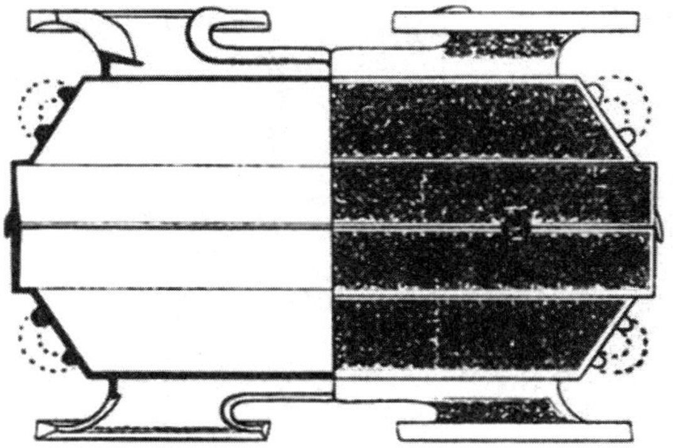

許公買簠綫圖

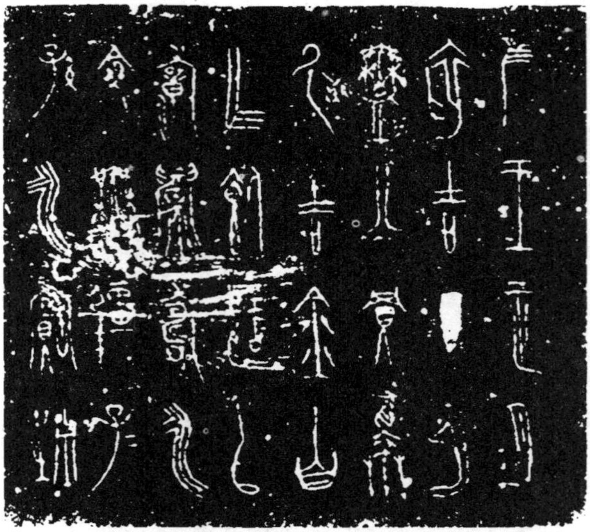

器

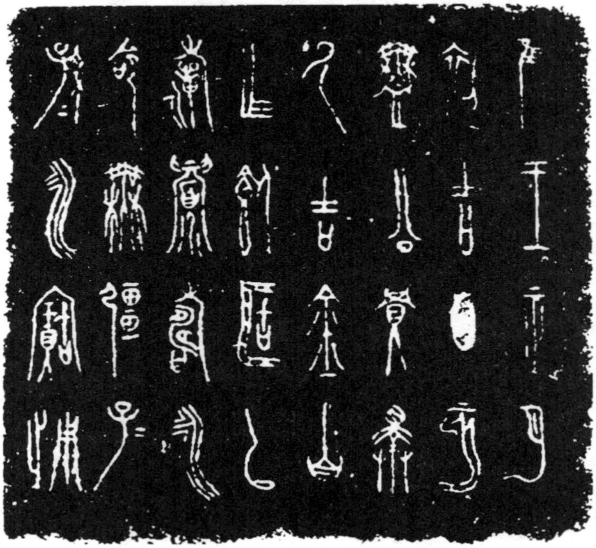

蓋

許公買簠銘文拓片

【著録】

吴曉松、洪剛：《許公買簠》，《中原文物》2004 年 1 期。

吴曉松：《許公買簠及相關問題》，見楚文化研究會編：《楚文化研究論集》第六集，湖北教育出版社，2005 年。

【參考文獻】

徐少華：《許國銅器及其歷史地理研究》，《江漢考古》1994 年 3 期。

曹家崗

曹家崗 M5 竹簡

1992 年 12 月至 1993 年 4 月，爲配合黄州區禹王辦事處的基建工程，黄岡市博物館與黄州區博物館在禹王城南的曹家崗墓地發掘東周楚墓 9 座，其中 M5 爲一椁三棺，出有竹簡。

竹簡出於邊箱竹笥，笥内包裹有竹簡 7 枚。竹簡製作較爲粗糙，長 12. 8～12. 9 釐米，寬 0. 7～0. 75 釐米，厚 0. 15 釐米。每簡近兩端處的右側有一契口，契口呈等腰三角形，口長 0. 2～0. 25 釐米，寬 0. 1～0. 2 釐米，深 0. 05 釐米。有的竹簡的契口處可見一條横向絲織物朽痕，寬 0. 1 釐米，當爲編繩痕。7 支簡均有文字，少者 2 字，多者 10 字，計 40 字，清晰可見者 33 字，均書於竹黄一面。字多者自頂端起書，不留天頭和地脚，字少者則留空白簡尾。内容爲遣册，所記葬品與出土遺物大致相符。見報告圖版拾叁。竹簡現存武漢大學歷史學院文物陳列室，武漢大學“楚簡綜合整理與研究”項目課題組有紅外綫拍攝圖片。釋文可參閲下列劉國勝文及陳偉主編著作。墓葬年代爲戰國晚期前段。竹簡文字如下：

(1) 䊪(葬)盟(器)：四鼎，一榩。

(2) 二椁鑪。一經(桯)。一郗(蔡)□。

(3) 二羽箑(翣)。

(4)二汲鉼(瓶)。
(5)六棒杯。四杓杯。七梪(豆)。
(6)二釿(釳?)。
(7)二緅箬(席)。□□□□□□□。

黄州曹家崗 M5 竹簡

【著録】

黄岡市博物館、黄州區博物館:《湖北黄岡兩座中型楚墓》,《考古學報》2000 年 2 期。

【參考文獻】

劉國勝:《楚喪葬簡牘集釋》,科學出版社,2011 年。

陳偉主編:《楚地出土戰國簡册[十四種]》,武漢大學出版社,2016 年,427~428 頁。

麻城市

李家灣

1993 年 11 月至 1995 年 1 月,配合京九鐵路工程,在麻城市宋埠鎮拜效管理區紅梅山村李家灣發掘有春秋楚墓 12 座,其中 M70 出有銘文銅鼎 1 件,M44 出有“王”字卮 1 件。

楚旇鼎

編號 M70:3。直口微斂,直腹微弧,矮獸蹄足。蓋面爲環形捉手。飾有蟠虺紋、重環紋、魚鱗紋、三角卷雲紋。通高 30.6 釐米,口徑 28 釐米。蓋内自上而下刻銘五字:

楚旇之石沱

文字筆道粗細均匀,字體規範。鼎腹内壁自上而下只刻有“楚旇之”三字,其中“之”字僅刻一半,筆道纖細,字體歪斜。報道者認爲蓋銘和腹銘可能不是一人或一次刻成。見報告:25 頁,圖七-6;26 頁,圖八-1;

圖版陸-1。

“石沱”爲鼎之别名，楚器多見。可參見下列黄錦前文。

旐字从㫃从伐，可讀爲“伐”，有可能是公元前575年晉楚鄢陵之戰爲晉軍所俘的楚公子茷，見《左傳·成公十六年》。《國語·晉語六》作“公子伐鈞”。王引之《春秋名字解詁》認爲“鈞”爲名，“伐”爲字。時在春秋晚期。

至於鼎腹内壁僅有“楚旐之”三字，董珊認爲是省略器名“石沱”，與新蔡葛陵楚墓所出一對骨質弓帽(N：260、261)上刻四字“卲之良之”類同。“卲之良”是人名，“之”下省略器名。

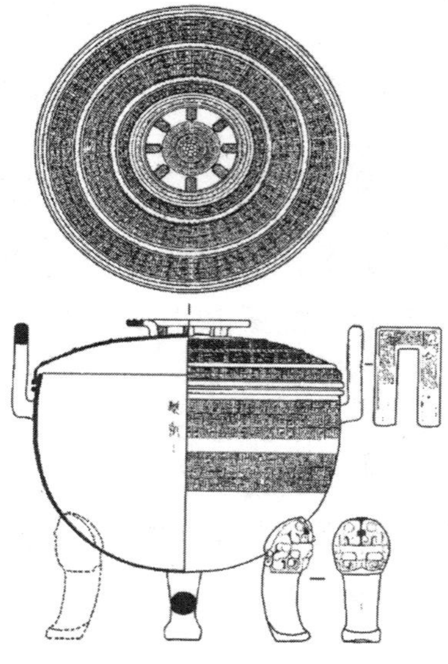

楚旐鼎綫圖及紋飾

楚旐鼎銘文拓片

王　卮

編號M44：1。橢圓形，侈口，束頸，弧腹，平底。腹兩邊附龍形環耳各一。腹飾三角紋和卷雲紋。口徑11～14.4釐米，地徑7釐米，高

7.4 釐米。見報導 27 頁，以及：圖九-7；圖版捌-3。底内正中陰刻一字：

王

器名報告從舊説以爲“鈉”。據李學勤研究，這類器均應正名爲巵，器名字本从“只”，讀巵。1972 年武漢市文物商店收集的蔡太史鈉，其名从金、木、只，也應正名爲巵。詳見李學勤《釋東周器名巵及有關文字》，香港中文大學中國語言及文學系編《第四届國際中國古文字學研討會論文集》，2003 年 10 月。黄錦前録此器名爲“王巵”（博士學位論文）。

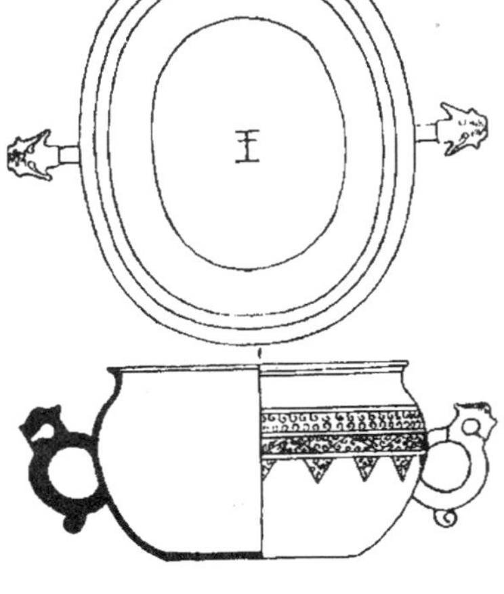

王巵綫圖

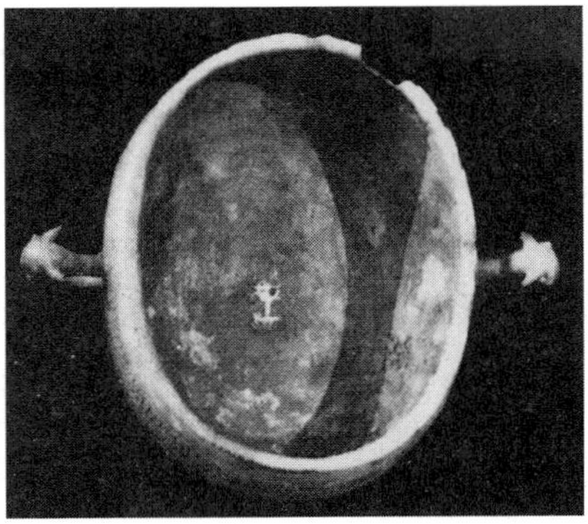

王巵器圖

【著録】

湖北省文物考古研究所：《湖北麻城市李家灣春秋楚墓》，《考古》2000 年 5 期。

【參考文獻】

董珊：《出土文獻所見“以謚爲族”的楚王族》，見復旦大學出土文獻與古文字研究中心編:《出土文獻與古文字研究》第二輯，復旦大學出版社，2008 年，118 頁。

黄錦前:《東周金文“石沱”正解》，《江漢考古》2016 年 1 期;《楚系銅器銘文研究》，安徽大學 2009 年博士學位論文，11 頁。

蘄春縣

新屋壪

1996 年 4 月，湖北蘄春縣西北達城鄉柏條鋪村新屋壪發現西周陶器窖藏。共出青銅器 7 件:方鼎 5 件、圓鼎 1 件、銅斗 1 件。除圓鼎外均有銘文。此地東距毛家咀西周木構建築遺址僅約 600 米。

盂方鼎

2 件。保存完整，形制、紋飾及銘文均相同。立耳深腹，平底柱足，四隅有平直的扉棱。口沿下有雙尾一首的紋帶，以雷紋襯底，加有小渦紋。腹面平素，圍以 U 形的乳丁紋框。足上部飾牛首紋，下有三道弦紋。標本 1 通高 24.2 釐米，重 3430 克(見報告:彩插一-1，器圖;圖二，綫圖;圖五-1，紋飾;圖六-1，銘文拓片)。標本 2 重 3450 克(圖七，器圖;圖六-2，銘文拓片)。腹内壁一側鑄銘兩行八字:

盂䵼文
帝母日辛尊

盂，器主名。“于”形右側有曲筆爲商末流行寫法。䵼，意爲饗獻。“文帝”，指商王文丁，是稱直系父輩先王爲帝。“日辛”爲文丁配偶。“文帝母日辛”，與“大甲母妣辛”“祖丁母妣甲”及“示壬爽妣庚”“大乙爽妣丙"類同。爽、母均指配偶。盂乃文丁之子，帝乙之兄弟。這是盂向文帝配偶日辛奉祀所用之器。李學勤認爲，"日辛"假若不是可列入周祭的文丁配偶，就是文丁的另一妃嬪。

盂方鼎器圖

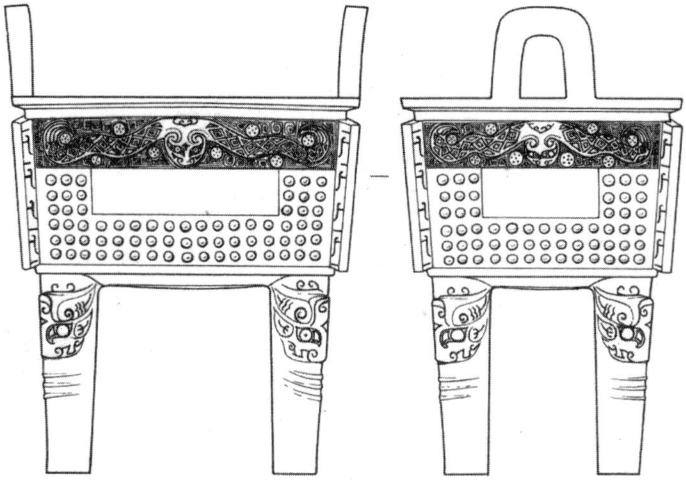

標本 1 綫圖

標本 1 拓片

標本 2 拓片

盂方鼎銘文拓片

瓏 方 鼎

2 件。保存完整，形制、紋飾及銘文均相同。器形與盂方鼎類似。口沿下飾小鳥紋，腹面有乳釘紋框，中間是勾連紋，柱足上面爲獸面紋加小扉棱。標本 4 通高 23.2 釐米，重 3250 克(見報告：封面，器圖；圖三，綫圖；圖六-6，銘文拓片)。標本 3 重 3080 克(圖八，器圖；圖六-5，銘文拓片)。腹内壁一側鑄銘一字：

寵

瓏，上从宀，爲从玉寵聲之字，當爲瓏字繁文，器主。李學勤認爲，龍作雙鈎，乃藝術性筆法。

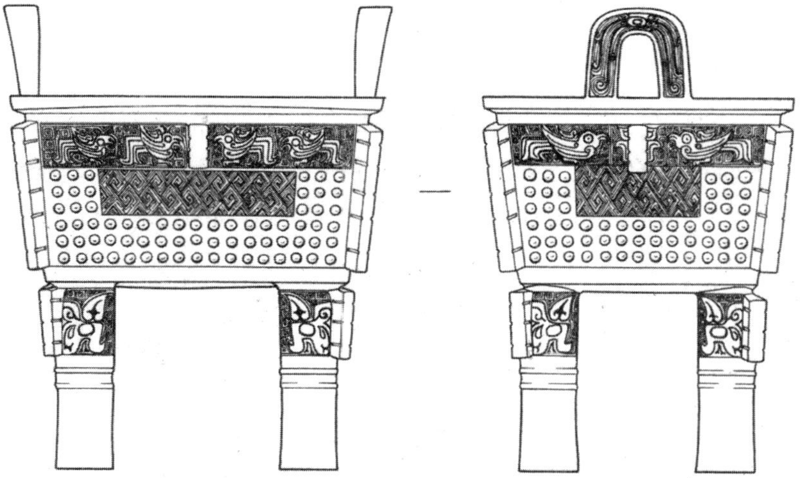

標本 4 綫圖

標本 3 拓片

標本 4 拓片

瓏方鼎綫圖及銘文拓片

酋方鼎

1 件。保存完好。口沿下飾鳥首夔紋，腹飾饕餮紋，旁襯有倒夔紋，足上有垂葉紋。通高 22 釐米，重 2600 克。其内壁鑄銘一字：

酉

“酉”應爲單一氏名。出有“酉”字族氏者，還見於蘄春毛家咀西周早期爵、陝西寶雞的西周早期的觶(《集成》11.6215)，以及殷商晚期的斝(傳出山東，《集成》15.9184)、鼎(《集成》3.1286，4.1679)、尊(《集成》11.5492)、斝(《集成》15.9182，15.9183)、觚(《集成》12.6759，12.6760)等。可參見何景成著作415頁A132統計表。蘄春兩見此一族氏，説明商末周初曾活動在這一地帶。

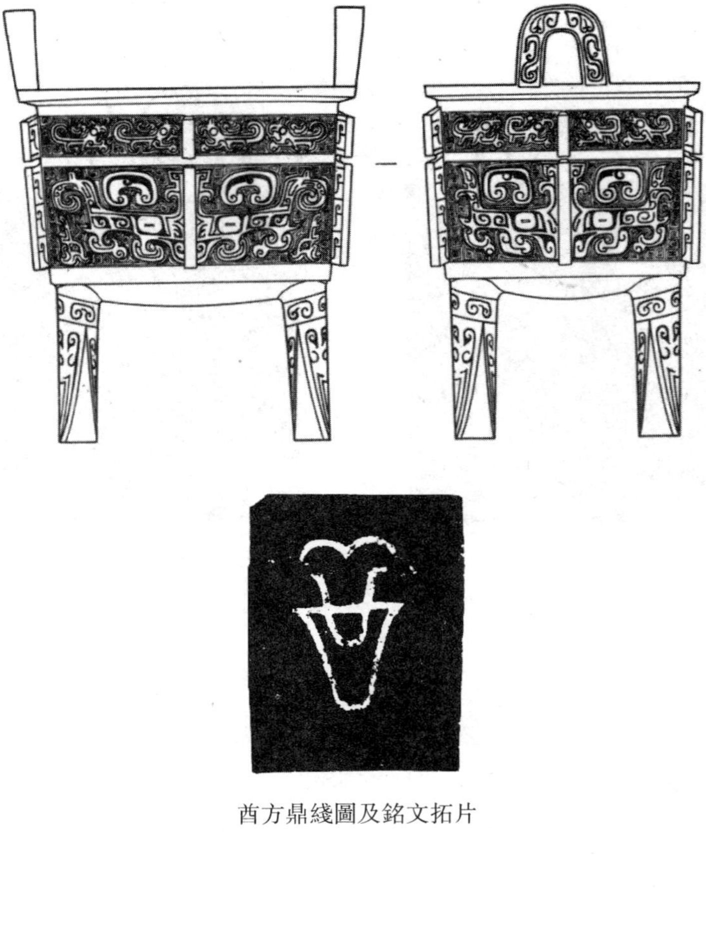

酉方鼎綫圖及銘文拓片

猬　　斗

1件。柄殘。斗身斂口，深鼓腹，圜底。腹上有曲翹把柄。斗高12.2釐米，口徑13.6釐米，柄殘長12.6釐米。斗内地鑄銘一字(圖六-3，銘文拓片；圖一〇，器圖；圖一一-2，綫圖)：

此字比較特別，下部獸形，曲腰，尾端分歧，李學勤以爲其形狀近似甲骨文"兕"字。或釋讀爲"猬"。《集韻》猬，獸名。可能爲器主。

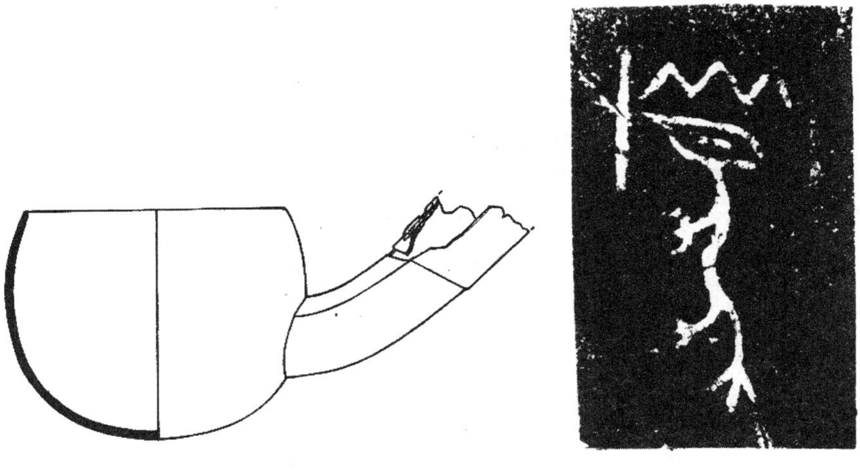

猬斗綫圖及銘文拓片

李學勤認爲，這批窖藏青銅器製作年代不晚於商周之際，埋入年代距此大約不遠。湖北境内發現商代到周初的青銅器已有不少記録，但湖北東部這一帶還較罕見。1975年在蘄春以西的鄂城陳林寨出土一件“冈父己”爵，肯定是商代晚期的；1967年在鄂城碧石還見有類似的“⊢⊣祖丙”爵。這次在蘄春出現窖藏，包括商王室人物的器物，更值得探究。程平山認爲該遺址是商亡之後逃竄于此的殷王室成員的居住遺存。牛世山認爲，毛家咀遺存的這種文化特點，尤其是盂方鼎等帶族銘文青銅器的存在，不能僅以文化或族群的交流來解釋，可理解爲，這裏的人群與商王朝都邑間有明顯聯繫，上層統治者應該就是商人。因此，毛家咀地點應該是商人的據點，甚至是商王朝的一個南土諸侯的都邑所在。

【著録】

湖北黄岡市博物館、湖北蘄春縣博物館：《湖北蘄春達城新屋壪西周銅器窖藏》，《文物》1997年12期。

劉雨、盧岩：《近出殷周金文集録》1027號，中華書局，2002年。

【參考文獻】

吳曉松、洪剛：《湖北蘄春達城新屋壪窖藏青銅器及相關問題的研究》，《文物》1997年12期。

李學勤：《談盂方鼎及其他》，《文物》1997年12期。

何景成：《商周青銅器族氏銘文研究》，齊魯書社，2009年。

程平山：《蘄春毛家咀和新屋壪西周遺存性質略析》，《江漢考古》2000年4期。

牛世山：《西周南土諸侯的封建背景分析(提要)》，“曾國考古發現與研究暨紀念蘇家壟出土曾國青銅器五十周年國際學術研討會”論文提要，2016年12月於湖北京山。

襄陽市

襄城區

黄季鼎

1件，現藏襄陽市博物館，以前未見著録。器形完整，侵蝕嚴重。立耳，口徑較大，足形介於蹄形、柱形之間，腹飾重環紋。通高23.6~24釐米，口徑24.8釐米。重3751克。剔銹後内腹發現銘文，字迹模糊不清，大約三行十二字：

黄季作□
□□其萬
年永寶用

1972年，隨州均川熊家老灣出有大、中、小鼎3件。大號鼎獸蹄足，腹飾兩周卷曲雲紋和弦紋。通高32.4釐米，口徑31.6釐米。腹内鑄有銘文十六字："黄季作季嬴寶鼎，其萬年子孫永寶用亯。"中號殘，形制同大號，口沿下有一周重環紋。通高24.5釐米，口徑約26.5釐米。小號形制與大號相似，但蹄足曲度較小。通高23.2釐米，口徑24.7釐米。相互比較，襄陽市博物館所藏黄季鼎與隨州熊家老灣所出三鼎之小者類同。兩位"黄季"可能是同一人。時代均屬西周晚期偏晚。

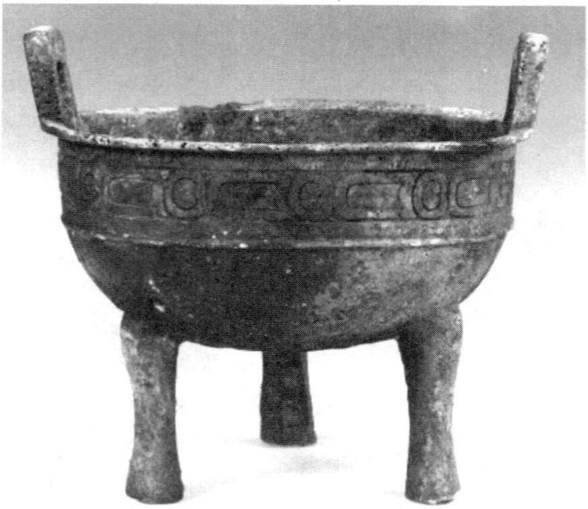

黄季鼎器圖

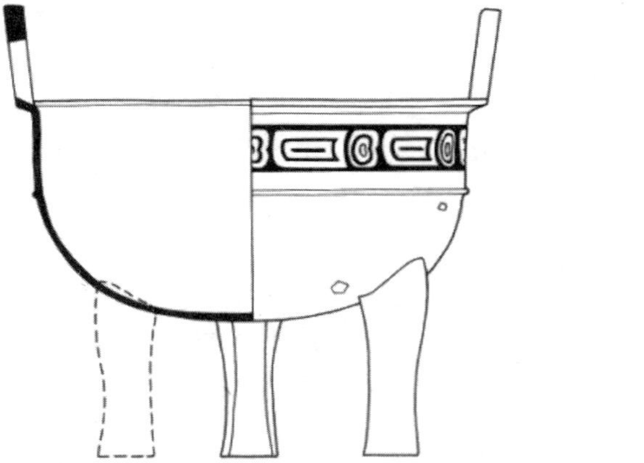

黄季鼎綫圖及紋飾

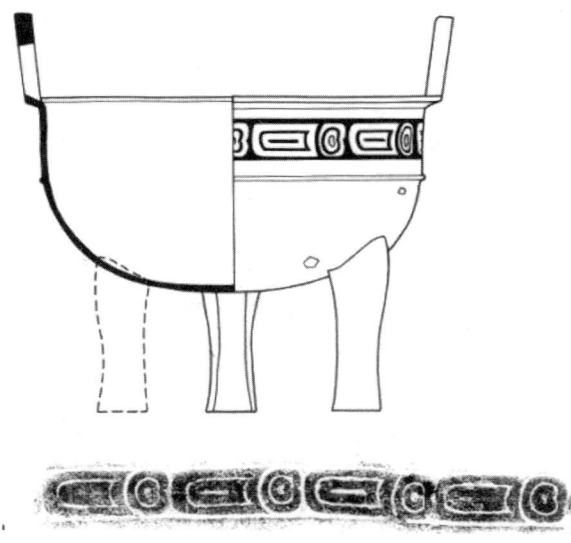

黄季鼎銘文圖

【著録】

湖北省文物考古研究所：《曾國青銅器》，文物出版社，2007 年，162～164 頁。

襄州區

陳　坡

2005 年 11 月，爲配合崔家營航電樞紐工程建設，對襄陽(爲今襄州區)東津陳坡進行考古調查，發現了大型楚墓。2006 年 3 月至 6 月，湖北省文物考古研究所對其中距漢水最近且較小的一座墓(M10)進行了發掘。墓中共出土文物359件(套),以隨葬青銅器爲大宗,多達235件(套)。其中一鼎和一戈有銘文。

大司馬鼎

1件。"大司馬"銅鼎置於M10東室。鼎呈灰緑色,帶蓋,子口内斂,長方附耳,扁鼓腹,近平底,三個八棱形蹄足。蓋頂近弧,蓋中部有獸面橋形套環紐,蓋周邊有三分對應的臥虎紐。蓋上飾兩周凸弦紋,上腹外有一周凸弦紋。臥虎紐上飾勾連雲紋、圓圈紋。通高67.4釐米,口徑57.6釐米。重73.45千克。鼎腹内壁由下向上倒刻三字:

大司馬

銅鼎底部有大量煙炱並存在補鑄,表明久經使用。

大司馬鼎器圖

摹本

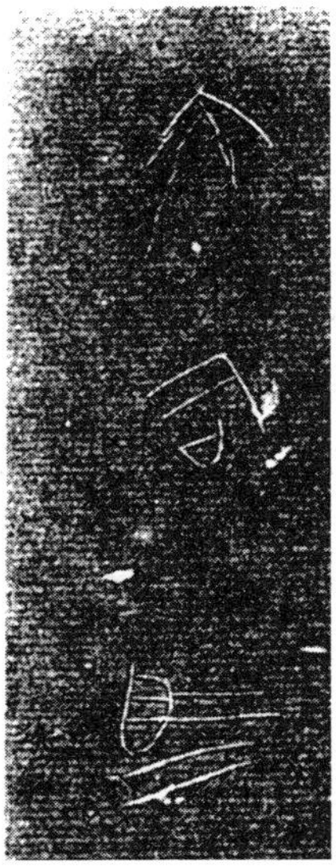

拓片

大司馬鼎銘文

昭王之信戈

1件，出自陳坡M10。該戈援長14.6釐米，寬3.1釐米，胡長10.2釐米，援部上揚較甚，隆脊，兩刃前聚成鋒，鋒較圓鈍，長胡，胡下圓角，内末下角有缺，欄側四穿，内上一穿。銘文十一字，分兩行鑄於援上，報告釋讀爲“邵王之□□□吉金□戟戈”。經劉釗、黄錦前研究，銘文應釋讀如下：

邵（昭）王之信擇其
吉金，作寺（持）韕（榦）戈。

“信”字从言、从千，形與（郭店簡·六德）、（璽匯3720）、（璽匯3748）諸形類似。“邵（昭）王之信”爲器主之名。此類稱謂於楚系文字中已數見，如“邵（昭）王之諻”（邵王之諻鼎、簋，《集成》2288、

3634）、“臧（莊）王之墨”（包山簡 8）、“競（景）坪（平）王之定”（救秦戎鐘，《集成》37）、“龔（共）王之卯”（上博簡《昭王與龔之脽》）等，都是“謚（王）+之+人名”的結構。“昭王”“莊王”等“謚（王）”的性質是楚王的後代以謚號爲族稱，與傳世文獻及出土材料中“族氏+之+人名”結構，如“宫之奇”“燭之武”“臧之無俗（咎）”相同。董珊對此有專門研究。此戈可簡省爲“昭之信”“昭信”，昭氏是楚昭王之後，爲楚國著名的大族。

倒數第二字作，摹本作，右形从爪从卒。楚文字卒形頂端皆从爪形，如（包山 197），（郭店・緇衣）等。此字應隸定爲“𨏥（倅）”字。“𨏥（倅）戈”又見於楚王酓璋戈（《集成》11381），錯金鳥蟲書，字形如下：

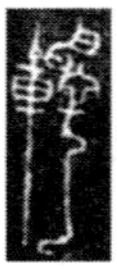（拓本）　（摹本）

右上所从爲飾筆較繁的爪形。吴鎮烽《金文通鑑》16490 號收録澳門蕭春源珍秦齋藏一戈上有刻銘“新𨏥”二字。𨏥字又見於包山楚簡、曾侯乙墓竹簡和上博簡 9《陳公治兵》篇等。《陳公治兵》篇的𨏥與《周禮》之“萃”應有關。《周禮・春官・車僕》“掌戎路之萃，廣車之萃，闕車之萃，蘋車之萃，輕車之萃”，孫詒讓謂此萃應指諸戎車之部隊，即車之卒伍。依兵器銘文慣例，戈前所冠之字常指戈的使用場合，如常見之“車戈”“行戈”等，“𨏥戈”應是在這種戰車部隊中使用的戈。𨏥字从車，似爲這個義項所造的專字。

報告將該墓所出禮器分别與天星觀二號墓，包山二、四號墓，望山一、二號墓，隨州擂鼓墩二號墓，江陵張家山 M201 這七座楚墓進行比較，推測陳坡 M10 下葬年代約當楚懷王之末年（公元前 300 年前後）。戈的鑄造年代應當早於墓葬時間，或在戰國中晚期左右。墓主的身份可能爲中大夫一類的等級。

“大司馬”爲楚官名，鄂君啓節(《集成》12110)以事紀年文字曰“大司馬卲陽敗晉師於襄陵之歲”，卲陽即典籍所載之昭陽。《史記·楚世家》:“(懷王)六年，楚使柱國昭陽將兵而攻魏，破之於襄陵，得八邑。”《戰國策·齊策二》:“昭陽爲楚伐魏，覆軍殺將得八城。”M10的年代約在楚懷王末年，此“大司馬”應是活躍于懷王時期的昭陽。戈的器主“昭王之信”亦爲昭氏，應與大司馬昭陽有較密切的關係。

劉釗認爲，“昭王之信戈”與“大司馬鼎”同出M10，則該墓的墓主應爲昭氏，很可能就是器主昭王之信。

黄錦前認爲，昭王之信戈的形制與湖北當陽趙家湖金家山楚墓出土的番仲戈(JM43：5)近似，時代約爲戰國早期前段。陳坡M10墓口東西長20.2米，東西寬17.7~18.2米，東部有斜坡式墓道，葬具爲一棺重椁。隨葬品十分豐富，共約1522件(套)。其中青銅禮器95件(套)，計有鼎30(共4套，其中升鼎4件)、鬲10、甗1、簋8、盒8、盂1、豆6、尊缶2、盥缶2、壺6、尊盤1、湯鼎1、匜鼎1、盉1、樽1、鑑2、盤4、匜3、勺4、斗4、匕1。兵器145件，有劍、戈、矛、戟、晉殳、鏃、弩機等。另有人甲(鎧甲)。該墓的規格和等級應較高，絶非一般貴族可以比擬，當係高級貴族，與文獻記載昭陽曾任令尹和上柱國的情況基本吻合。M10的墓主當爲昭陽。

昭王之信戈的時代爲戰國早期，昭陽爲戰國中期人，昭陽亦楚昭王的後裔，應爲昭王之信的後人。昭王之信戈當爲昭陽生前繼承的先人遺物，死後將其隨葬。

【著録】

湖北省文物考古研究所、襄陽市文物考古研究所、襄陽市襄州區文物管理處編著:《襄陽陳坡》，科學出版社，2013年。

【參考文獻】

劉釗:《襄陽陳坡“昭王之信”戈銘文補釋》，《考古》2016年6期。

黄錦前:《湖北襄陽陳坡M10出土戈銘補釋及相關問題》，2014年5月初稿，2016年11月補記，未刊稿。

昭王之信戈器圖

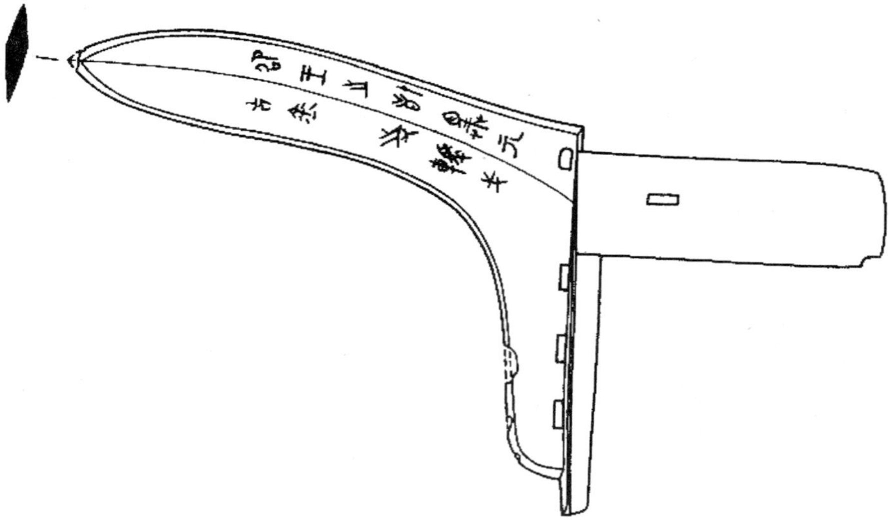

昭王之信戈綫圖

昭王之信戈拓片

梁家老墳

曾侯昃戈

2003年，湖北省文物考古研究所配合工程發掘襄陽(爲今襄州區)梁家老墳楚國墓地M11，出土有銘銅戈1件，通長22.3釐米，援長15.7釐米，胡長10.2釐米，内長6.6釐米。内部有圓形及長形穿各一。内兩側飾錯金雲紋，雲紋正反兩面相對。重236克。欄側三穿。援及胡部有鳥蟲書錯金銘文兩行六字：

曾侯昃之用戈

另外，香港私人收藏一件曾侯昃戈，銘文内容、行款與梁家老墳楚國墓地M11所出之戈類同，當爲同人所作，只是銘文筆畫與鳥形裝飾略有不同，見後列“可能出自湖北器”部分。戈之年代，或定爲春秋末年(張昌平)，或定爲戰國早期(劉彬徽)。徐少華定爲“春秋晚期前後段過度之際的公元前520年左右或略晚”。張昌平比較了具有三種曾侯名字的戈、戟及相關材料，認爲三者是三代曾侯，順序是：曾侯與→曾侯戉→曾侯乙。徐少華認爲曾侯昃早於曾侯與，他們可能是父子或兄弟關係，四位曾侯的排列應爲：曾侯昃→曾侯與→曾侯戉→曾侯乙。時間跨度在公元前520年左右至前433年或稍後(曾侯乙墓下葬)。若這種排列不誤，則對於研究曾國歷史及有關問題提供了重要依據。

黄錦前懷疑隨州文峰塔M4的“曾侯”戟之“曾侯”也是曾侯昃，M4爲曾侯昃墓。

【著録】

湖北省文物考古研究所編：《曾國青銅器》，文物出版社，2007年，388頁。

綫圖見劉彬徽《楚系金文彙編》12 號，湖北教育出版社，2009 年，646 頁。

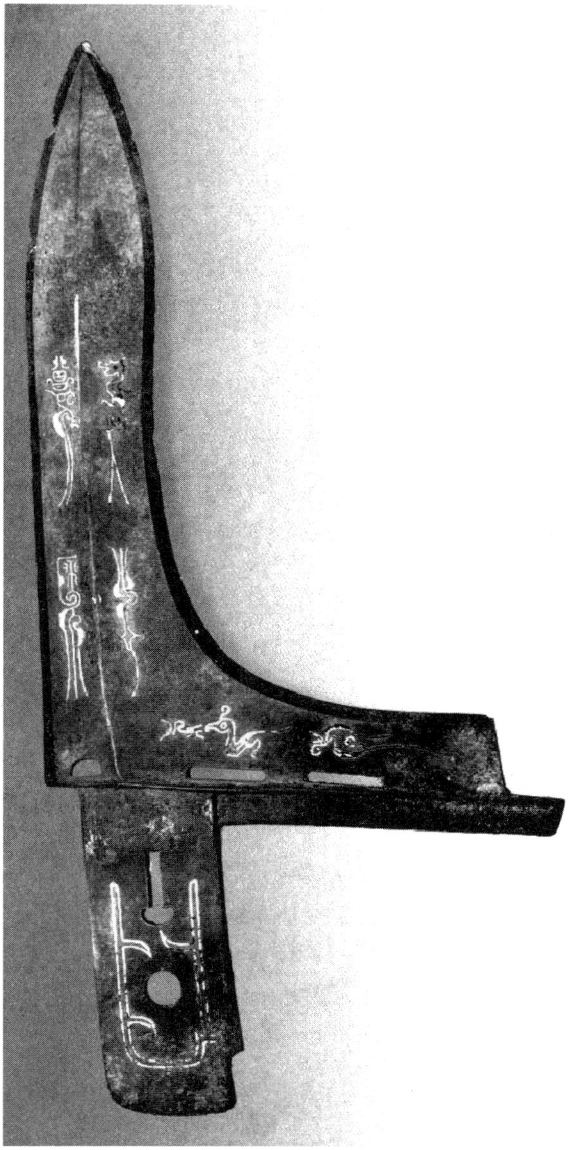

曾侯昃戈器圖

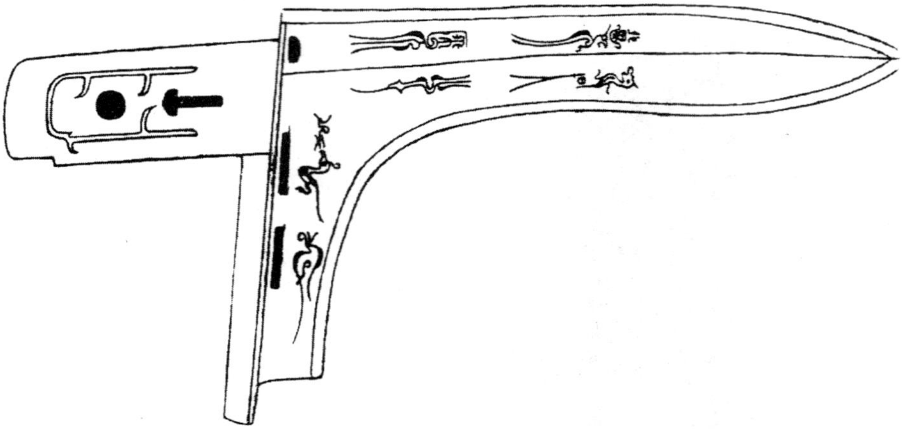

曾侯昃戈綫圖

【參考文獻】

張昌平:《曾侯乙、曾侯與和曾侯戉》,《江漢考古》2009 年 1 期。

徐少華:《曾侯昃戈的年代及相關曾侯世系》,《古文字研究》第三十輯,中華書局,2014 年。

黃錦前:《出土古文字資料所見曾侯世系》,2017 年 5 月未刊稿。

樊城區

山　　灣

䙴　　戈

1 件。1972—1973 年湖北襄陽縣伙牌公社(原余崗公社)陸寨大隊山灣(今屬襄陽市樊城區團山鎮)二號春秋墓(M2：5)出土。直援尖鋒，長胡；欄側有三長穿一小穿；長方形内，上有一横穿。通長25釐米，高12釐米。見報告11頁，以及：圖一五-5，戈圖；圖一六，銘文拓片。内部鑄銘文一字：

夒(獿)

報告稱“内上飾陰刻虎形紋族徽”。《集成》10821號圖像文字存原形。吳鎮烽《金文通鑑》16283釋讀爲夒(獿)。《集韻》獿，夒或字。貪獸也。一曰母猴。此獸尾巴、腿脚較長，暫從吳鎮烽釋讀。所屬國别爲鄧或楚，抑或其他，有待確定。此時已至春秋，且無相互佐證材料，是否是族氏文字，也有待確定，暫且視之爲族氏文字，圖形猶如青銅器上單獨的虎紋(《金文編》1076頁)。

【著録】

湖北省博物館：《襄陽山灣東周墓葬發掘報告》，《江漢考古》1983年2期。

夒戈拓片

夒戈銘文拓片

吳王劍

1件。1982年6月，在襄樊市襄北農場第六新生磚瓦廠制坯車間發現，經調查可能來自山灣取土場。發現時劍已斷成四段。劍通長48釐米，寬4.5釐米，首徑3.2釐米，莖長7.6釐米，徑1.5釐米，箍徑2.5釐米，格寬1.3釐米，脊厚0.9釐米。劍身後半部之脊兩側，刻有銘文兩行十七字，右行八字，左行九字：

攻盧(吳)王姑發郘之子
曹鱶众(?)尋員自作元用

報告介紹，已發現吳王劍，“攻盧”或作“工獻”“工盧”“攻敔”，或“吳”。作“工獻”“工盧”者時代較早，作“攻敔”者時代較晚，作“吳”者時代最晚。工獻太子姑發聶反劍作“工獻”，季子劍作“工盧”，攻敔王光劍作“攻敔”，知此劍時代介於吳王“姑發”(諸樊)與吳王光之間，相對年代在公元前548—前515年。姑發反，即諸樊，爲名，典籍或作“遏”者，是字。

報告釋讀第二行前四字爲“曹鮇众飛”，疑鱶爲《説文》“鮇”之異構，乃器主名，就是見於文獻記載的“終纍”。“众飛”與“終纍”讀音相通。

“曹鲱”與“終纍”在釋義上有聯繫。終纍乃諸樊之次子，吴王闔閭之弟。董珊將這四字隸釋爲“曹鯙所僔”。劉雨、盧岩隸釋爲“曹鴭冰尋”。吴鎮烽隸釋爲“瞽(曹)鱃众尋”。前兩字釋讀爲“曹鲱”似可信從。第四字釋讀爲“尋”亦可。關鍵是第三字因圖片不清難以抉擇。究竟如何釋讀理解，還可進一步研究。劍之年代爲春秋晚期。

吴王劍綫圖

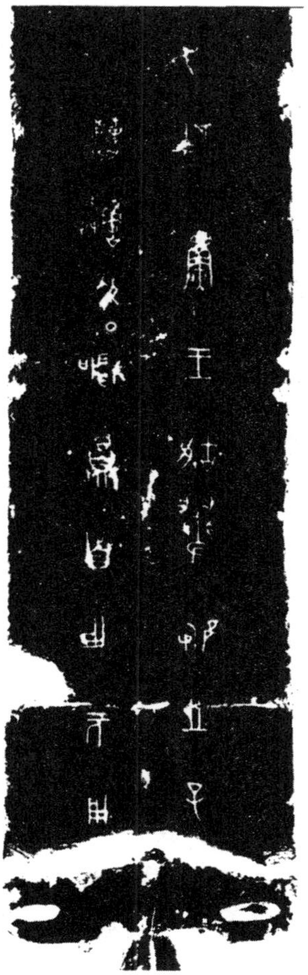

吴王劍銘文拓片

吴王劍銘文摹本

【著録】

朱俊英、劉信芳：《攻盧王姑發反之子曹魼劍銘文簡介》，《文物》1998 年 6 期。圖一，劍綫圖；圖二，銘文拓片。

劉雨、盧岩：《近出殷周金文集録》1228 號，中華書局，2002 年。

吴鎮烽：《金文通鑑》1800。

【參考文獻】

董珊：《吴越題銘研究》，圖 5(摹本)，科學出版社，2014 年，10 頁。

團山墓地

蔡公子加戈

1 件。出土于襄陽古鄧城東北團山墓地 M42 楚系墓葬。該墓保存情況不好，似爲夫婦合葬墓，出有銅器、陶器、兵器等。

此戈完好無損。出土時帶柲長約 1 米，柲僅存漆皮。欄側三穿，内一長穿，内尾一圓穿。内部兩穿之間有圖案。援、内均較平直。通長 21.7 釐米，援長 14 釐米，援中部寬 2.6 釐米，内寬 2.3 釐米。胡部鑄銘兩行六字：

蔡公子
加之用

上海博物館收藏一件銘文亦爲“蔡公子加之用”戈，戈鋒及欄下稍殘，但形制、銘文類同。只是上博戈銘“用”字爲鳥書。兩戈時代相近，特點相同，兩個“蔡公子加”應是一人。經研究，兩件蔡公子加戈要早於蔡侯申戈，大致在春秋中期晚段前後。疑蔡公子加爲蔡景侯固。加，見母歌部。固，見母魚部。二字雙聲，魚歌旁轉。典籍“加”與“固”均與“假”通。如《論語 · 述而》：“加我數年。”《史記 · 孔子世家》加作假。

《史記・宋微子世家》："子共公瑕立。"《春秋》三傳共公名"固"。《史記・管蔡世家》："文侯卒，子景侯固立。"景侯固即位 49 年（公元前 591—前 543 年），是春秋以後蔡國在位最長的國君。此戈當作于即位前文侯在位之時，即公元前 591 年之前。此戈因某種原因出於楚系墓葬，也許爲戰利品。

吳鎮烽《金文通鑑》收録一件某收藏家所藏錯金鳥篆銘文"蔡公子加自作用戈"，可能有問題，特記於此。

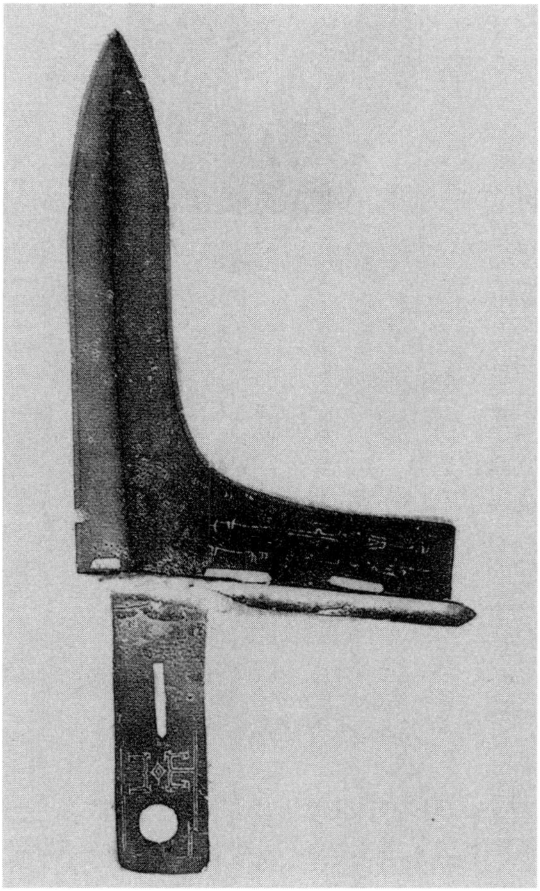

蔡公子加戈拓片

蔡公子加戈銘文拓片

【著録】

黄錫全、劉江聲:《襄樊團山墓地出土一件蔡公子加戈》,載《華學》第九、十輯(一),上海古籍出版社,2008 年。收入黄錫全:《古文字與古貨幣文集》,文物出版社,2009 年。

團山沈崗

□子謥余鼎

2009 年 10 月,爲配合襄陽市高新技術開發區工程,在團山鎮余崗村沈崗墓地發掘 M1022,出土大量銅器,其中鼎及樂器鐸有銘文。報告未附銘文拓片。陳千萬當年曾寄來拓片及照片供研究,現補充於此,並致謝忱。

鼎 1 件，編號 M1022：1。直口，方唇，附耳，深腹，蹄足。蓋頂飾有重環紋、蟠螭紋，中部有一獸首紐，周邊分布三個獸首紐。器身飾有蟠螭紋、凸弦紋。通高 32 釐米，口徑 24 釐米，腹深 19.8 釐米。銘在蓋頂最外側，一周共三十三字，重文二字。其中第八字表示國名的字被有意毀壞，壓毀後鑄銅遮蓋，從殘存字迹看，還能看清部件邑、大、阜形。見報告 5 頁，以及圖四-6(綫圖，銘文摹本)：

隹八月初吉丁亥，□子諺余，擇其吉金，自作食繁鼎。其眉壽無疆，子子孫孫，永保用之。

“子”前一字，黄錦前以爲“鄧”字，恐非是。从“邑”没有疑問，關鍵是另一邊不可能是“登”(見附圖)。“子”後一字，劉雲以爲从“瑟”(謝明文跟帖)。

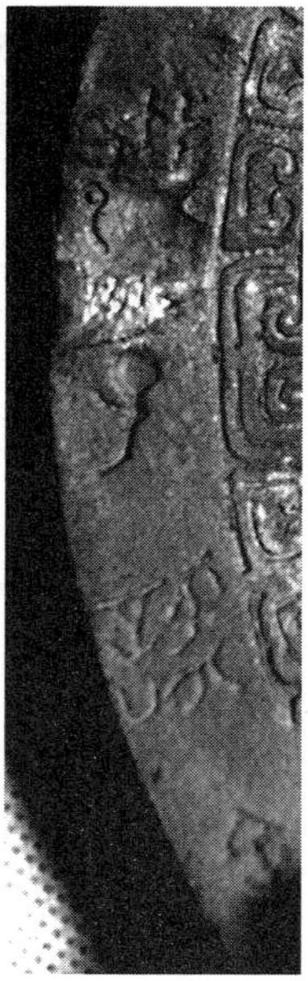

□子諺余鼎(M1022：1)器圖及銘文

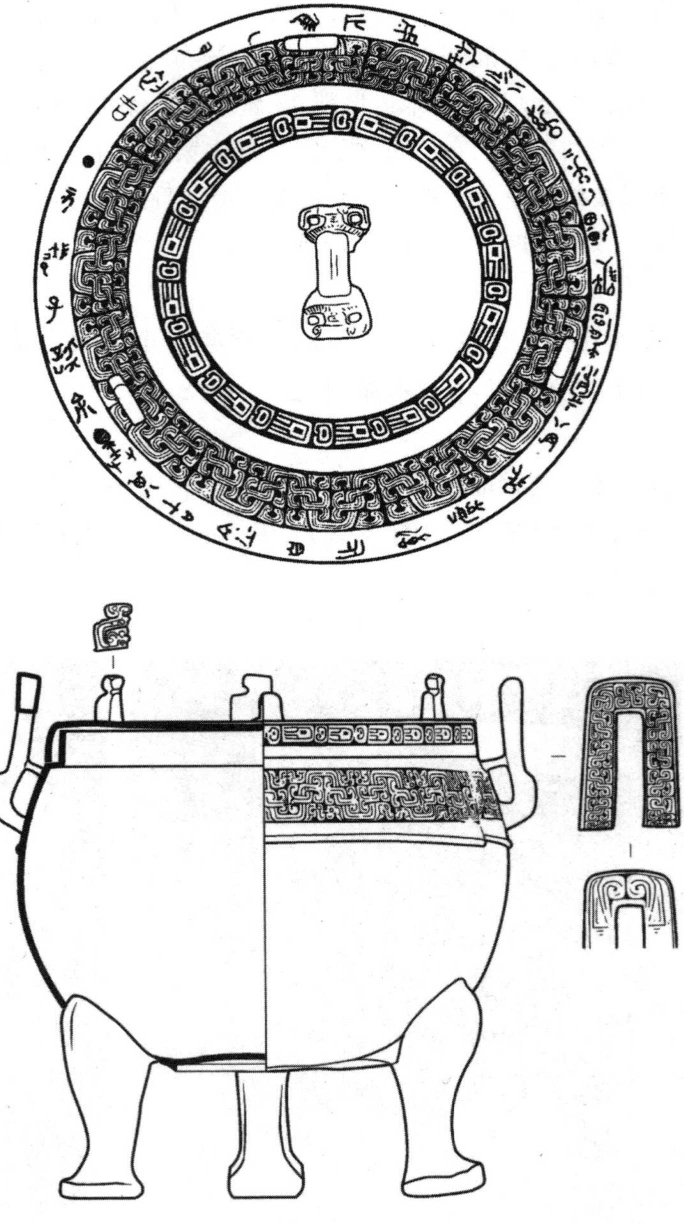

□子諺余鼎(M1022：1)綫圖及銘文摹本

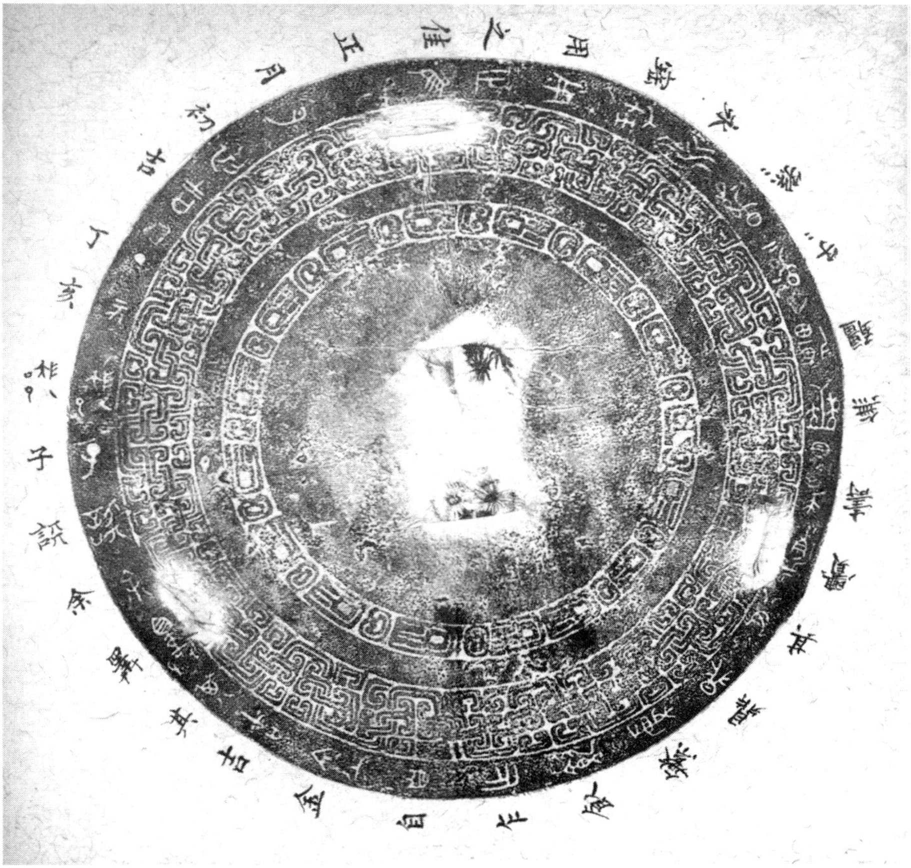

□子謱余鼎（M1022：1）銘文拓片

□子登鐸

1件，編號M1022：29，置於椁内東側南端。合瓦體，曲口向上，下有長方形執柄。器身兩面飾有三角雲紋及蟠虺紋。通高12釐米，柄長4.1釐米，銑間6.8釐米，鼓間5.2釐米。雙面兩欒鑄有銘文四十二字，重文二字。第八字國名被人爲毁壞。見報告6頁，以及：圖一八，綫圖、銘文摹本；封面，器圖。未附拓片。現據陳千萬當年提供的拓片及照片資料補録：

隹(唯)正月初吉庚午，□(䱷?)子登擇其吉金，自作龢鑃(鐸)。中(終)翰(翰)䱷(且)颺(揚)，元鳴孔鍠(皇)。以征以行，尃(博)聞四方。子子孫孫，永保是尚。

□子登鐸(M1022：29)器圖

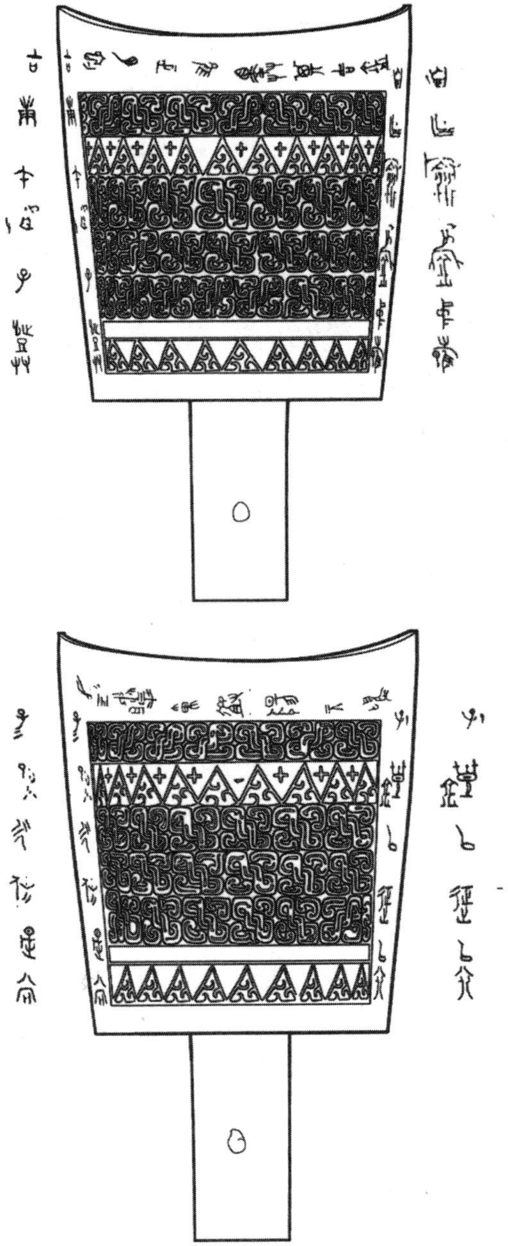

□子登鐸(M1022：29)綫圖

□子登鐸銘文

報告將器名之字釋讀爲鑃，以爲是句鑃。但這個字在本器中作，上从皀，應隸定作𨮦。从皀之字可與从澤之字相通。如魏三體石經《君奭》“釋”字篆文作“澤”，古文作。王國維云：“此澤字，假爲釋。”《多士》澤字古文作。《汗簡》澤字古文作。《古文四聲韻·陌韻》録《義雲章》澤作。碧落碑澤作。《汗簡》穰字古文作，《集篆古文韻海·鐸韻》録作，从草从皀，即菒，假爲穰。《汗簡》鑮字古文作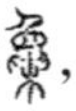，《古文四聲韻·藥韻》録作，即《說文》“讀若薄”之臯字，假爲鑮。圜錢“環臯”讀爲“環澤”即“熒澤”。因此，𨮦可讀爲鐸。樂器鐸於本器得到證實，彌足珍貴。後見謝明文亦將此字釋讀爲鐸。龢鐸，義爲樂音和協的

鐸。這是目前所見銘文最多、時代最早的鐸，彌足珍貴。

“中翰且揚，元鳴孔皇”句，多見於樂器銘文，如沇兒鐘、王孫遺者鐘、王孫誥鐘等，是形容樂器之聲。“中翰且揚”，徐中舒以爲與《詩》“終風且暴”“終温且惠”等語法相同。《詩》之“終”，王引之訓爲“既”。郭沫若據此以爲其意“謂既高且揚也”(《大系·考釋》160 頁)。揚當爲激揚、悠揚義。也有“和”義。《淮南子·説山》：“其聲舒揚。”高誘注：“揚，和也。”“元鳴孔皇”形容樂器聲音長鳴甚美。元，長。孔，甚、很。皇，美。

“以征以行”即“用征用行”，指鐸之用途。《周禮·天官·小宰》：“徇以木鐸。”鄭玄注：“古者將有新令，必奮木鐸以警眾，使明聽也。木鐸，木舌也。文事奮木鐸，武事奮金鐸。”《周禮·夏官·大司馬》：“鼓人皆三鼓，司馬振鐸，群吏作旗，車徒皆作。”鄭玄注：“司馬，兩司馬也。振鐸以作眾。作，起也。”中山王鼎有“奮桴振鐸，辟啓封疆”句，鐸用於武事甚明。

“専”字原報告釋爲“惠”。専當爲博，義爲廣。聞，義爲傳布。“博聞四方”即廣傳四方。

報道者推斷墓主身份爲楚國下大夫階層，有銘鼎及鐸爲戰利品。墓葬年代爲春秋中期中段。沈崗墓地西距鄧城遺址約 2 公里，楚於公元前 678 年滅鄧。銘文中的人物“謱余”(鼎)和“登”(鐸)，與墓主人可能没有關係。有銘鼎及鐸的國别還有待確定。

《通鑑續編》30202 與 30204(二者當爲一器)著録遣仲白虜鼎，私人收藏，器形、銘文風格與上列之鼎類似。銘文：“隹(唯)正九月初吉丁亥，遣中(仲)白虜自乍(作)鑄其緐鼎，子子孫孫萬年用之。”黄錦前認爲，與出自棗陽“發孫虜”與“遣仲白虜”或即一人。器主自稱“發孫虜”，可見“發”應係其先人。2015 年，湖北棗陽曹門灣墓地出土有兩件曾太保發簠，發孫虜鼎、簠亦出自棗陽，“發孫虜”的“發”，或即曾太保發簠的“曾太保發”，虜係其裔孫。發因曾任曾國太保，因而在後人心目中地位較高，故其裔孫自稱“發孫虜”。若此推測不誤，則曾太保發亦當爲遣氏之人。遺之地望，暫不可考。

許可認爲“□子”之“□”爲“䣈”，䣈國或爲春秋小國，大約就在楚國的“鄌陵”即“踖陵”，其地從徐少華説在今河南潢川與光山之間，春秋中期爲楚或黄所滅。

【著録】

襄陽市文物考古研究所：《湖北襄陽沈崗墓地 M1022 發掘簡報》，《文物》2013 年 7 期。

【參考文獻】

黄錫全：《解析一枚珍稀圜錢》，清華大學《出土文獻》第四輯，中西書局，2013 年。

謝雨田：《新出登鐸銘文小考》，復旦大學出土文獻與古文字研究中心網站，2013 年 9 月 12 日。

黄錦前：《遺仲白虜鼎及相關銅器的繫聯》，《鄧國銅器銘文綜論》，2016 年待刊稿。

許可：《試論沈崗楚墓出土登鐸與古䣈國》，華東師大《中國文字研究》第二十二輯，上海書店出版社，2015 年。

朱坡鄉徐莊村

蓒子敢盞

1990 年 4 月，襄陽縣朱坡鄉徐莊村老館鋪農民在山坡上取土時發現，推測可能出自墓葬。隆蓋，喇叭形捉手。蓋與器身字母口相合。蓋邊鑄四獸首形銜扣。腹下鑄三個獸蹄形小矮足，足上均有環形紐。蓋下部與腹上部各附兩個環形鈕。蓋上花紋三圈，爲兩圈環帶紋夾一圈蟠虺紋。蓋頂中部飾蟠虺紋。捉手内側飾垂鱗紋。器腹花紋三周，由上及下分别爲垂鱗紋、蟠虺紋、環帶紋，製作頗精。腹内有使用痕迹，腹外有煙燻痕迹。通高 19 釐米，寬 27.4 釐米，口徑 21.6 釐米，腹徑 21.6 釐米，腹深 10.6 釐米。盞蓋與器内底各有銘文六行三十二字（蓋内“子”下無重文號，疑爲漏刻），内容相同，行款略異。蓋銘比器銘清楚。

蓋銘如下：

隹（唯）八月初吉乙

亥，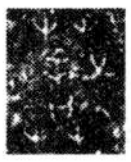（䢽）子𪌉（敢）擇

其吉金，自作繁鼎。

其眉壽萬年無

疆，子子孫孫，永保

用之。

作器者之名爲金文中習見的“國别+子+名”方式。所謂器主䢽字，釋讀不一。或以爲中間从言从又，即䢽。或以爲从言从犬。章水根以爲从舍从邑，讀爲舒。此字从𠔾没有疑問，關鍵是中間部分。根據吴鎮烽《金文通鑑》06075 較清楚的銘文圖片，以釋䢽較爲合理。敢字从㕯，罕見。或隸定从阜。“敢”爲其名。繁字从㫃，从每，从糸。“繁鼎”是鼎的一種稱謂，春秋中晚期楚系銅器多見。此盞稱鼎，報道者認爲，“盞在使用的初期無論是名稱還是功用都未與鼎有明確的區分。它的起源當然也是從鼎類中分化出來的”。黄錦前將楚系盞盂分爲鼎式盞與敦式盞兩類，認爲盞又稱“繁鼎”“盂”“盞盂”等，反映了過渡時期器類的稱謂。

《左傳》僖公三年“徐人取舒”，《玉篇》引《左傳》作“徐人取郐”，與此銘合。“舒”即舒國，古偃姓國，東周時地在今安徽廬江縣、舒城縣一帶。舒國於文公十二年（楚穆王十一年即公元前 615 年）爲楚所滅，故此銅盞年代下限應爲公元前 615 年。章水根認爲，此字不宜讀爲徐，應是目前唯一一件確定無疑爲舒國有銘銅器。

枝江關廟山出有“余太子白辰”鼎，爲春秋早期器，余即徐，“余太子”爲某徐王太子，説見上編該鼎。另見有“餘子汆之鼎，百歲用之”，

傳出自山東費縣，見《考古》1983 年 2 期。公元前 512 年吳王闔廬滅徐，楚城夷，使徐子處之，時爲春秋晚期。“舍”是否爲“舒”，舒、徐是否同字，還可探究。可參閱董楚平著《吳越徐舒金文集釋》，浙江古籍出版社，1992 年。

蔀子敢盞器圖

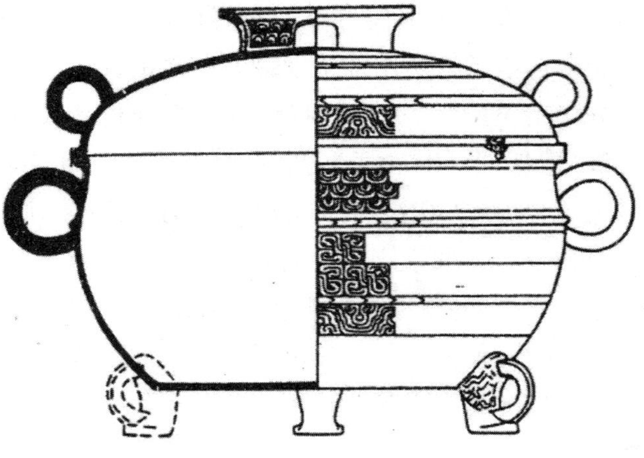

蔀子敢盞綫圖

蔡子敢盞蓋銘

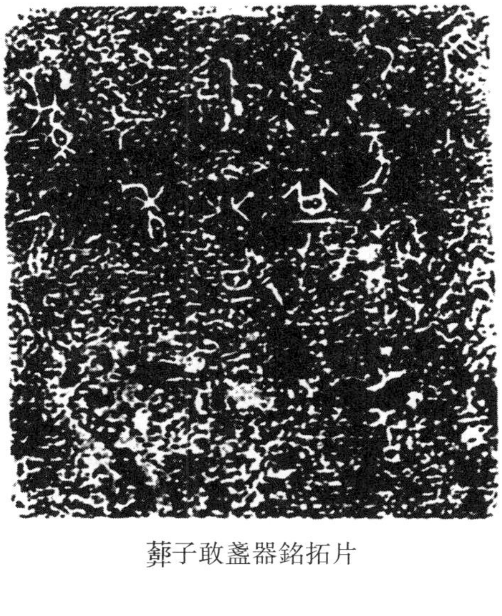

蔡子敢盞器銘拓片

【著録】

張昌平:《襄陽縣新發現一件銅盞》,《江漢考古》1993 年 3 期。銘文見圖版貳,不够清晰;拓古《蔡子盞》,《江漢考古》1999 年 3 期封面。

劉雨、盧岩:《近出殷周金文集録》第四册 1026 號收録。遺憾的是銘文少録"用之"二字。

鐘柏生等:《新收殷周青銅器銘文暨器影彙編》1235 號,附録總覽 212 頁"備註:銘文拓片未發表"。

吳鎮烽:《金文通鑑》06075 號歸爲敦。

【參考文獻】

劉彬徽:《楚系金文彙編》,湖北教育出版社,2009 年,81 頁附有摹本。

章水根:《舒子瞰盞銘文考釋》,2016 年 9 月,待刊文,引有不同意見。

黄錦前:《説"盞盂"——兼論楚系盞盂的形態與功能》,《湘鄂豫皖楚文化研究會第十三次年會論文資料彙編》,湖南長沙,2013 年。

王坡

鄧公孫無忌鼎

1 件,編號 M1:1。2001 年襄陽王坡春秋早期一號墓葬出土,保存基本完好。淺緑色,鑄造較精。敞口,翻沿,圓角長方形附耳,深腹,圜底,三蹄足,一足有補鑄痕迹。腹上飾竊曲紋,腹下飾垂鱗紋,耳兩面飾重環紋。通高 22.8 釐米,口徑 26.3 釐米,見報告 30~34 頁,以及:圖一九,綫圖;圖二一,銘文拓片、摹本;彩版四-1,器圖;彩版五,銘文;圖版八-1,器圖;圖版八-2,銘文。銘文在内壁延及底部,四行四十四字,重文二字,自左至右讀:

隹(唯)九月初吉丁亥,登(鄧)公孫
無䰯(忌),屖(選)吉金,鑄其盂(盂)鼎。其用
追考朕皇高且(祖)。余用正(征)用行,
永壽無疆。子子孫孫,永保用之。

鄧公孫無忌鼎(M1：1)器圖

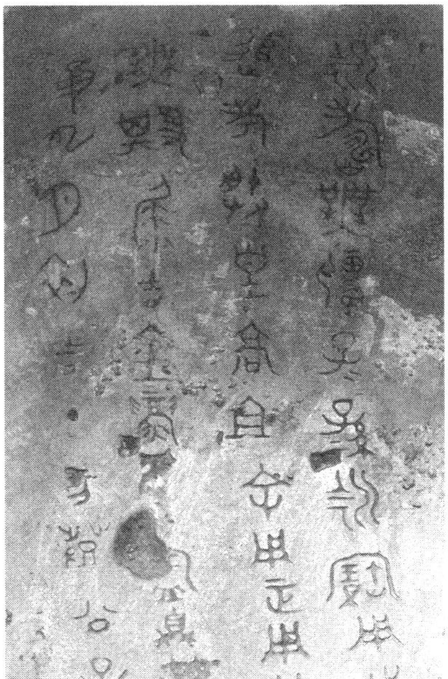

鄧公孫無忌鼎(M1：1)器銘圖

摹本　　拓片

鄧公孫無忌鼎(M1：1)銘文

鄧子仲無忌戈

4件。出自襄陽王坡春秋早期一號墓，分兩式。

Ⅰ式3件。戈援平直，欄側四穿；内二穿，即長形與圓形各一穿。鋒呈圭形。其中兩件大小基本相同(M1：1、M1：2)。通長25.4釐米，援長18.3釐米，援寬3.3釐米，内長7.1釐米，内寬3.1釐米。見報告46頁圖三四-1(M1：2)，綫圖；48頁圖三六-1(M1：2)，銘文摹本；圖版一〇-1(M1：2)，銘文。胡上陰刻八字：

登(鄧)子中(仲)無䢆(忌)之用戈

另一件稍長(M1：3)，通長25.8釐米，援長18.7釐米，援寬3.3釐米，内長7.1釐米，内寬3.1釐米。銘文與M1：2相同。見報告46頁圖三四-2(M1：3)，綫圖；48頁圖三六-2(M1：3)，銘文摹本；彩版八(M1：3)、圖版一〇-3(M1：3)，銘文。

Ⅱ式1件(M1：4)，出土時殘爲三段。援後端有明顯細腰，内末爲圓角方形，較Ⅰ式略顯短寬。内根部鑄有四條凸棱綫。内一穿。内上飾雙綫勾紋。通長25.3釐米，援長18.4釐米，援寬3.5~3.9釐米，内長6.9釐米，内寬3.3釐米。見報告47頁，以及：圖三五(M1：4)，綫圖、拓圖；圖三六-3(M1：4)，銘文摹本；彩版九(M1：4)、圖版一〇-2(M1：4)，銘文。胡上鑄銘七字：

登(鄧)子中(仲)無䢆(忌)之用

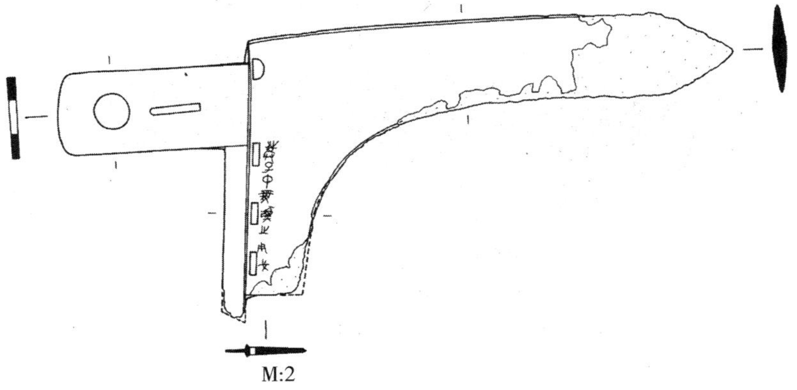

鄧子仲無忌戈Ⅰ式(M1：2)綫圖

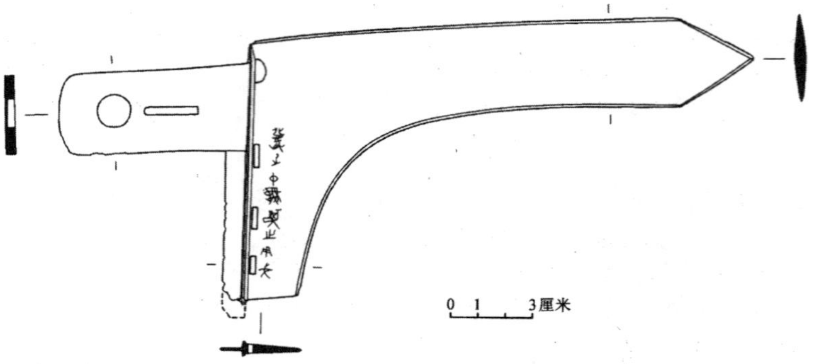

鄧子仲無忌戈Ⅰ式(M1：3)綫圖

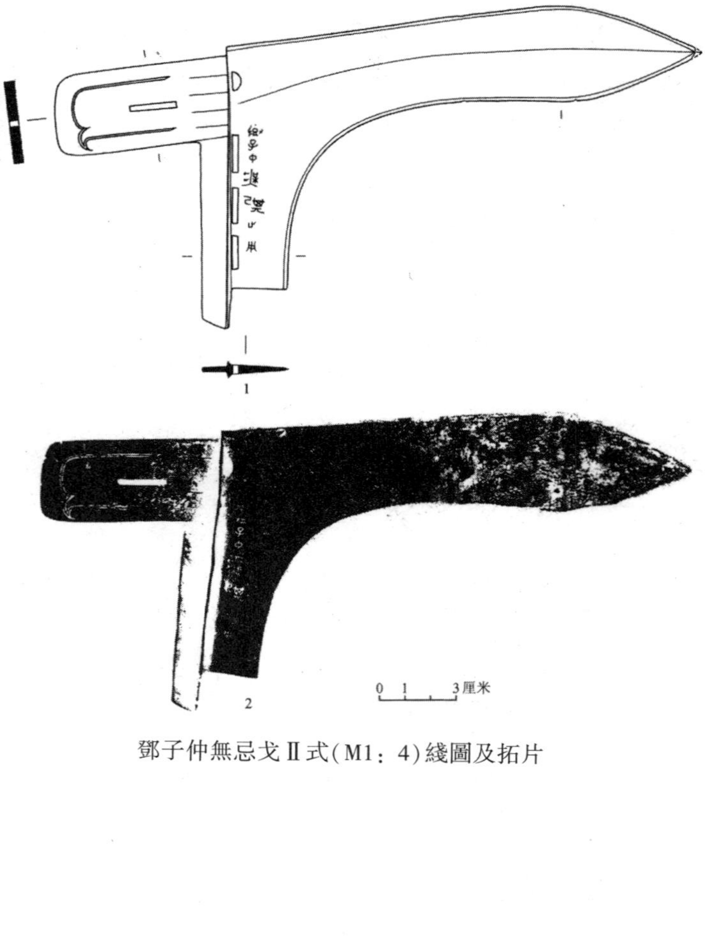

鄧子仲無忌戈Ⅱ式(M1：4)綫圖及拓片

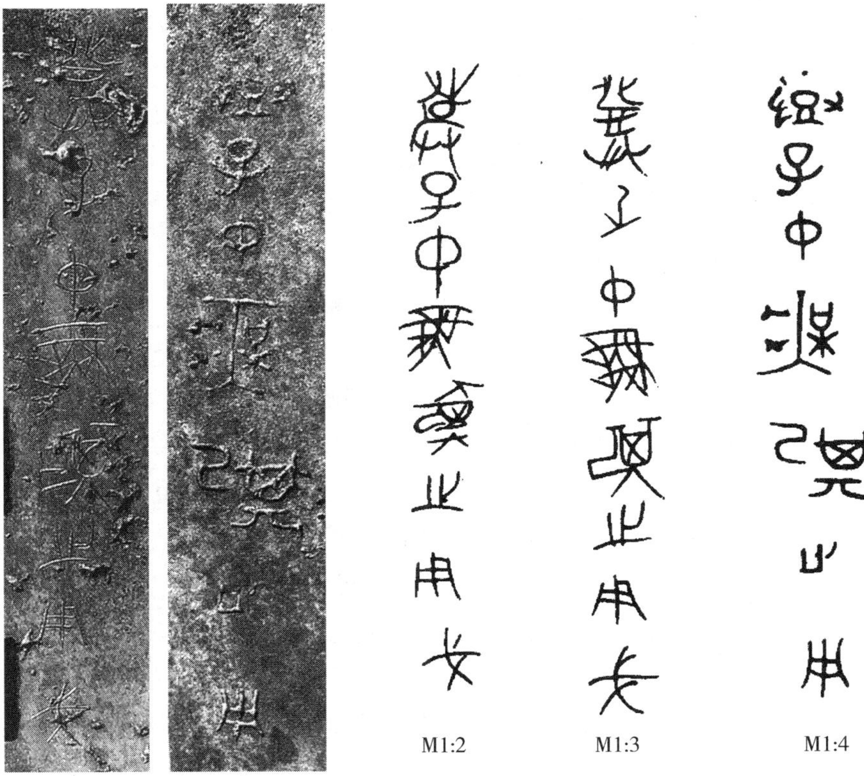

鄧子仲無忌戈銘文

鼎銘“鼎”前一字殘缺，根據字形，黄錦前認爲與湖北棗陽曹門灣墓地所出曾太保發簋“自作寶盂”的字類同，上部當从宇，係“盂”之異構。

“考”通“孝”。如仲冉父簋“用饗考于皇祖考”、井侯簋“追考”（容庚《金文編》，中華書局 1985 年版，596 頁，後引同此）。劉國勝將屖釋讀爲選，十分準確。

徐少華認爲：“鄧公孫”應是某鄧公之後以“公孫”爲氏的一支，“無忌”爲其名，“考”當讀爲“孝”。該鼎乃公孫無忌爲祭祀其祖先所做的器具。結合鼎、戈銘文分析,“鄧”爲族稱,“公孫”爲氏,“無忌”當是名,“子仲”乃其字,該墓應是鄧宗族公孫無忌之墓,生前居住於古鄧城之内,死後葬於此墓地。

鼎銘“鄧公孫無忌”與戈銘“鄧子仲無忌”顯然爲同一人。“鄧子”之“子”不能理解爲“父子”之子,也不是爵稱。“仲”爲排行,“無忌”爲名。這類似於曾器“曾子白(伯)選”(《通鑑續編》30140 鼎)、“曾子白(伯)皮”(《通鑑續編》30166 鼎)、“曾子中(仲)謱”(《金文通鑑》02214 鼎)等稱謂。“皇祖”一般是指對祖父的尊稱。無忌鑄鼎以追念其“皇高祖”,按照子、父、祖父、曾祖父、高祖父的關係,“皇高祖”之“皇”可能是對祖父以上祖先的尊稱,“皇高祖”也可能是指鄧國開國之君。如春秋時期秦公簋“丕顯朕皇祖受天命,鼏宅禹蹟”(《金文通鑑》05370),秦公及王姬鐘爲“我先祖受天命賞宅受國”(《金文通鑑》15565),“皇祖”則指開國之君秦襄公。若此,此鼎和戈的主人爲鄧君之後裔。那麼,“公孫”也就不一定是“公子公孫”的“公孫”,所以徐少華理解爲“公孫氏”,爲“公孫”後裔。墓葬年代報告定爲春秋早期前段,徐少華定爲春秋早期偏晚。鄧滅於楚文王十二年,即公元前 678 年。

至於其他器銘有稱“鄧子午”“鄧子與”等者,學術界有不同意見,可參閱劉彬徽、徐少華、朱鳳瀚等有關論著。其中,朱鳳瀚認爲,冠以已滅國名之“子”的身份,只是這些仍以舊國名稱爲名的宗族之宗子。蓋楚在擴張中對所滅掉的小國,有的並未徹底絶其紀,而是保留其國君與其所在宗族及其族名,但要將這些國君移封於他地,待遇近于封君,使他們作爲楚之臣屬服事于楚王。

黄錦前認爲,據銘文,鼎、戈當係同人所作,鼎銘稱“鄧公孫”,戈銘稱“鄧子”,可見器主當係鄧國公室。同樣的情形又見於新近公布的叔䣄鼎、叔䣄甗及叔䣄簠,器主皆自稱“大曾文之孫孫叔䣄”,而同人之器曾子叔䣄盤和曾子叔䣄匜則稱“曾子叔䣄”。進而認爲,以往常見的東周時期曾國銅器銘文中稱“曾子”者,其身份皆爲曾國公室。同樣,東周時期楚國銅器銘文中常見的稱“楚子”者,其身份皆爲楚國公室。

這一問題較爲複雜，意見分歧，還需要進一步研究。我們認爲："大曾文之孫孫(子孫)叔䰞"，已是"公孫"後代，故稱"曾子"，"子"爲美稱，屬曾公族，而非曾公室成員。這位"無忌"若不是以"公孫"爲氏，而是鄧君之"公孫"輩，爲鄧公室成員，那麼，"鄧子"之稱當因鄧國滅後，"無忌"士楚，以國名爲氏，爲國氏加美稱"子"。鑄鼎年代要早於鑄戈。

"曾子"與"楚子"稱謂類似，均爲公子、公孫後裔，屬曾公族、楚公族，而非王室成員。可參見後列"可能出自湖北器"之曾子斿鼎。

【參考文獻】

徐少華：《鄧國銅器綜考》，《考古》2013年5期。

劉彬徽：《楚系金文彙編》，湖北教育出版社，2009年。

朱鳳瀚：《關於春秋金文中冠以國名的"子"的身份》，臺北"第五届古文字與古代史國際學術研討會"論文，2016年1月25—27日。

黃錦前：《鄧國銅器銘文綜論》，2016年未刊稿。

黃錫全：《楚器銘文中"楚子某"之稱謂問題辯證》，《江漢考古》1986年4期，收入黃錫全《古文字與古貨幣文集》，2009年。

㕑　鼎

1件，編號M34：5，楚式鼎。鼻紐銜環殘；一足爲長方形柱足，乃補鑄後焊接而成；底部有煙炱痕迹；環耳；蓋周緣爲立牛紐，在兩立牛紐間陰刻一"㕑"字。鼎内盛裝動物骨骼。通高25.8釐米，口徑20.8釐米，腹徑25.8釐米。見報告155頁，以及：圖一一五-3，銘文拓本；圖一一五-5，銘文摹本；圖一一五-6，鼎綫圖；彩版一一-1，器圖；圖版四〇-1，器圖。時代爲戰國晚期(報告213頁將M34列入秦統一後的秦，但鼎屬戰國晚期楚)。

鼎銘刻一"㕑"字，此字釋讀不一，可能表示鼎之用途。

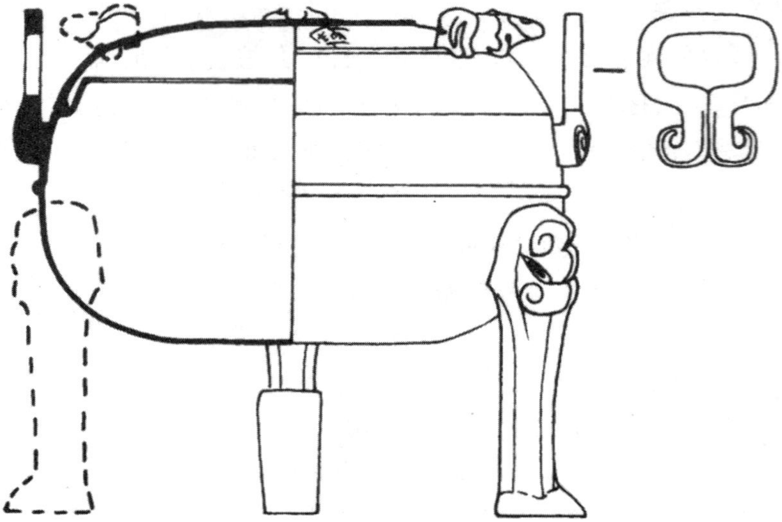

⿸厂⿰鬲刂鼎(M34：5)綫圖

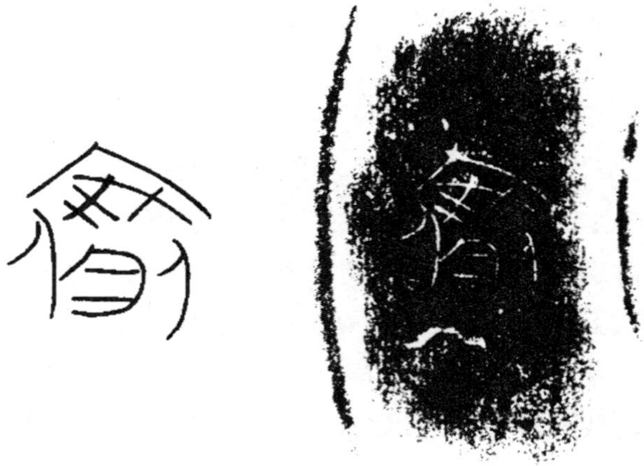

摹本　　　　拓片

⿸厂⿰鬲刂鼎(M34：5)銘文

盛氏官鼎

1 件，M73：2，秦式鼎。整器較矮胖，腹較深，凸圜底，矮足，蓋周緣有三環紐。通高 16. 4 釐米，口徑 16. 2 釐米，腹徑 18. 8 釐米。蓋面及腹外壁均竪行陰刻三字。見報告 157 頁，以及：圖一一六-4、圖一一六-6，鼎中腹銘文；圖一一六-7，蓋内銘文；圖一一六-5，鼎綫圖；圖版四〇-4，器圖。時代爲戰國晚期。銘文爲：

盛氏官

盛，姓氏。官，當讀爲“宫館”之館，器物置用之處。

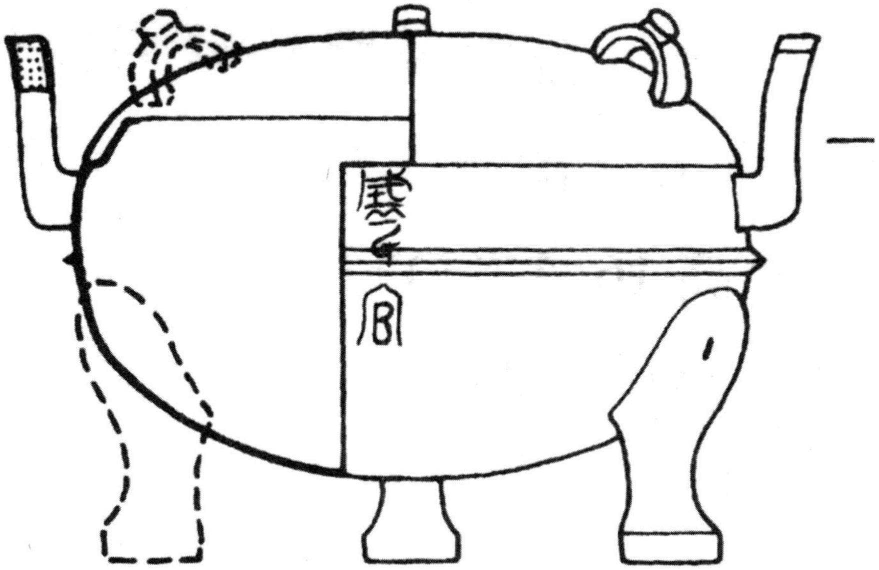

盛氏官鼎（M73：2）綫圖

蓋摹本

腹摹本

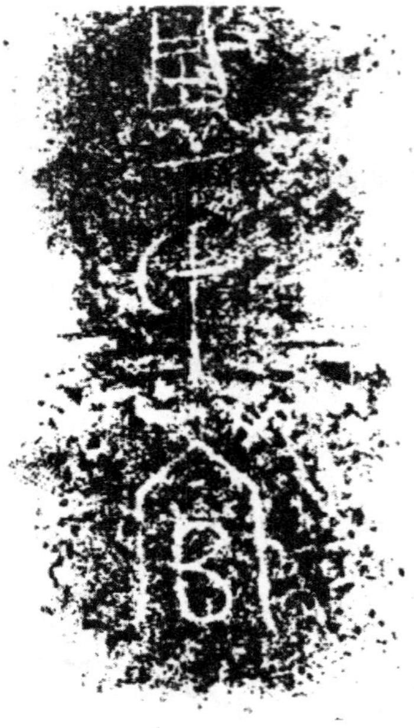

腹拓片

盛氏官鼎(M73：2)銘文

卅四年少府戈

1件，編號M61：5，戰國晚期至秦器。援較長並略上翹，脊起棱，直内較短，欄側三穿略呈半圓形，帶鐏。通長19釐米，通高12.2釐米，鐏長10.5釐米。戈内穿上横刻“少府”二字，穿内側竪刻“卅四年少工㮄”六字。鐏之箍上部内側有一“去”字，下部小圓孔内側竪刻“少府”二字。見報告163頁，以及圖一二二-3、圖一二二-4、圖版四三-2。又見吴鎮烽《金文通鑑》16667。

少府，官名，始於戰國，秦漢相沿，掌山海地澤的税收和皇室手工業製造，爲王室的私府。戈刻“少府”表明其所屬機構。“卅四年”，當指秦昭襄王三十四年，即公元前 273 年，在公元前 278 年白起拔郢之後。

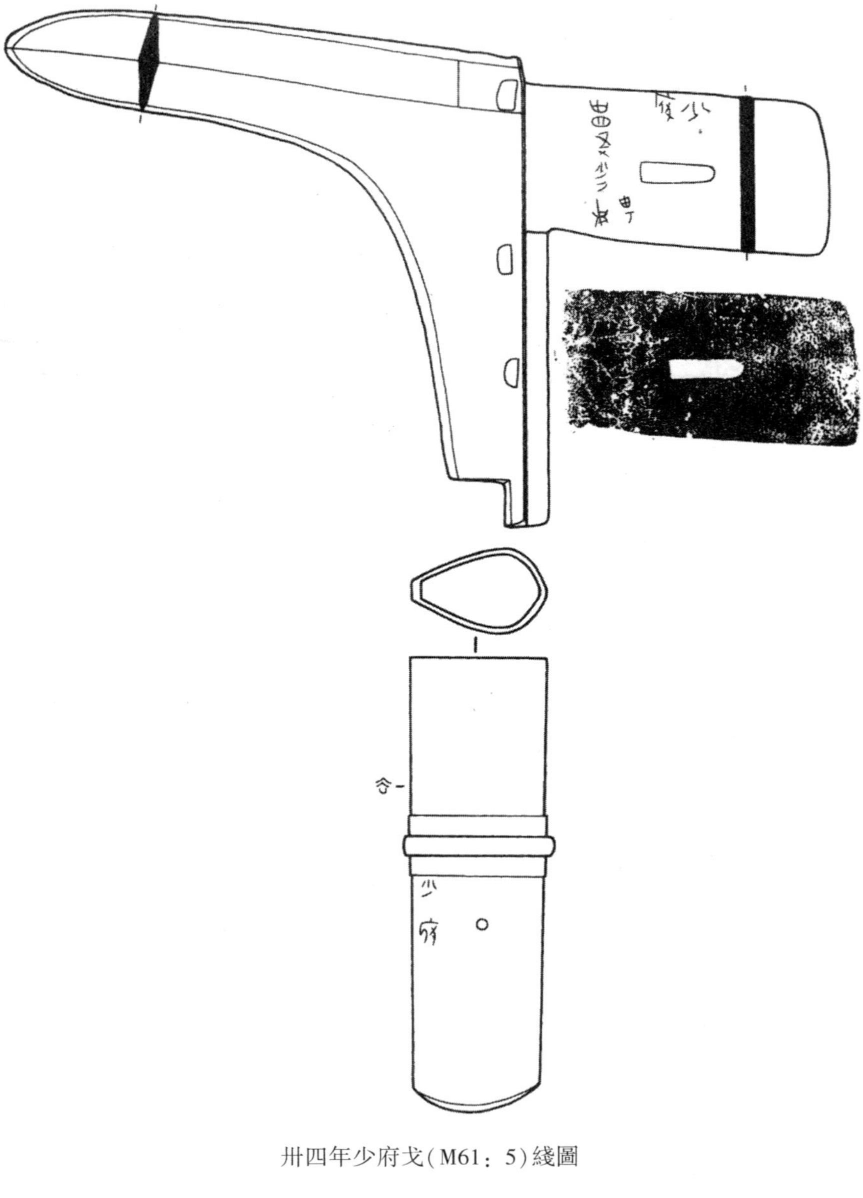

卅四年少府戈(M61：5)綫圖

“半兩”錢

3 枚，出自 M128。時代爲戰國晚期至秦。圓形方孔，周邊不圓，鑄工粗糙，無郭，字體較粗。“半”之上部呈“八”字形，下横較短；“兩”之内“人”字出頭長。見報告 176 頁，以及圖一二九-8(M128：2-1)、圖一二九-7(M128：2-2)。

“半兩”錢

【著録】

湖北省文物考古研究所、襄樊市考古隊、襄陽區文物管理處編：《襄陽王坡東周秦漢墓》，文物出版社，2005 年。

老河口市

安　崗

安崗竹簡

1992 年，在湖北老河口市安崗兩座戰國墓 M1、M2 各發現一組内容爲遣册的楚簡，現存老河口市博物館。有編號的共 24 枚，大多殘斷，其中 17 枚有字，字迹多較模糊。M1 簡多數寬 0.8 釐米。M2 簡多數寬 0.6 釐米左右，完整簡長 69 釐米。有編繩兩道，少數簡背面有刻畫的斜綫。2011 年 3 月，武漢大學“湖北出土未刊布楚簡(五種)集成研究”課題組拍攝了紅外和數碼照片。

【著録】

陳振裕：《湖北楚簡概述》，見李學勤主編：《簡帛研究》第一輯，法律出版社，1993 年。

李天虹：《楚國銅器與竹簡文字研究》，湖北教育出版社，2012 年，245 頁。

穀城縣

城關鎮邱家樓

2007 年 6 月，穀城縣公安局移交博物館一批春秋銅器，包括鼎、簠、壺各 2 件，其中 2 件鼎有銘文。經調查，確認這批銅器出自穀城縣城關鎮邱家樓春秋早期墓地。

許子鼎

1 件。微斂口，方唇，立耳，鼓腹内收，圜底，蹄足。飾有竊曲紋、弦紋。高 21 釐米，口徑 26 釐米。腹内壁鑄有銘文，殘損嚴重，約三行十三字。見報告 46 頁，以及：圖一，紋飾；圖二，銘文黑白照片；封二-1，器圖。銘文：

盬(許)子□□乎□作□孫子永□□

“許”字从無从皿，乃許國之許。黄錦前據殘存筆畫和文義釋讀爲：許子肇〔家〕(?)乎漢，作鼎，〔子子〕孫孫永寶〔用之〕(?)。循此思路，認爲本銘的“許子肇家乎漢”，或即許子在漢水流域的今湖北穀城一帶重新開始安家立業。此鼎的“許子”，可能與許成季鼎的器主“許成季”係一人。果如此，則出土這批銅器的墓葬應係“許成季”即“許子”之墓，從銅器組合及銘文稱謂等情況來看，“許子”即“許成季”或係卿大夫一級貴族。“許子”既客死他鄉，葬於楚地，可能在許穆公復國之前，亦即“許子”卒於公元前697年以前，活動年代主要在許莊公之世，即公元前730年前後，此時楚國當政者係楚武王。許子鼎與許成季鼎出於穀城，可能與春秋早期鄭國聯合齊、魯兩國伐許，攻破許都的史事有關。

許國國君稱“公”，如許公買等。這位“許子”可能是許國一般貴族，已是許國“公孫”後代，屬許公族，客居楚國。

許子鼎器圖

許子鼎銘文圖

許成㝅鼎

1 件。器形、紋飾與許子鼎雖然類似，但也有區别。高 25.6 釐米，口徑 26.4 釐米。内壁鑄有銘文五行二十二字。見報告 46 頁，以及：圖三，銘文拓片；封二-2，器圖。銘文：

隹（唯）八月初吉，
鄦（許）成㝅擇
亓吉金作鼎。
子子孫孫，永寶
用之。

許成斁鼎器圖

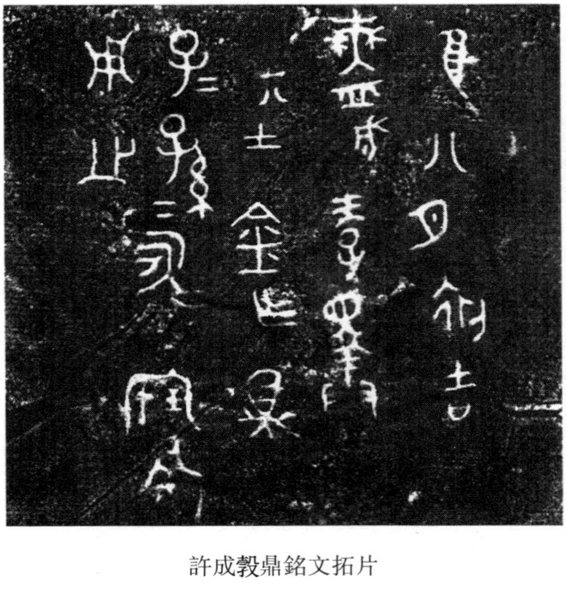

許成斁鼎銘文拓片

𣪘字，从子从𣪊省，也可能脱去殳。報告釋爲季。穀、季二字有别。許子與許成𣪘可能是一人。吴鎮烽《通鑑續編》30190以爲春秋中期，題爲“許成孝鼎”。

報告推斷爲春秋早期。許國銅器出在穀城，爲研究相關問題提供了重要實物資料。黄錦前《新刊許國金文三種讀釋》從報告讀爲“許成季”，説見上“許子鼎”。據趙世剛研究，許國歷史與文化遺物，其特徵可以許靈公遷葉劃分爲前後兩個階段，前段文化特徵爲中原文化系統，後段則逐漸融入到楚文化系統。

近年見有一枚古璽，應釋讀爲“郢室之𣪘(穀)”，當是楚國郢都宫室儲備穀物機構或倉廩所使用的璽印。“穀”字不从“殳”。

【著録】

李廣安：《湖北穀城出土許國銅器》，《文物》2014年8期。

【參考文獻】

趙世剛：《許國歷史文化考察》，見《楚文化研究論集》第七集，嶽麓書社，2007年。

徐少華：《周代南土歷史地理與文化》，武漢大學出版社，1994年。

黄錦前：《新刊許國銅器三種釋讀》，2016年未刊稿。

黄錫全：《簡介兩枚新見楚官璽》，見復旦大學出土文獻與古文字研究中心成立十周年紀念文集《出土文獻與古文字研究》第六輯，上海古籍出版社，2015年。

廟灘古樂寺村

鄧子鼎

2000年12月，穀城縣廟灘鎮古樂寺村七組擂鼓臺山丘土坑墓内出有4件青銅器，即2件鼎、2件簋，墓葬已被破壞。2件鼎有銘文，形制相同，敞口，淺腹，蹄足，腹外飾重環紋和垂鱗紋，間有一周凸弦紋。編號M1：1，通高19釐米，口徑19.5釐米，腹深9.2釐米，重2.92千克。器内壁鑄銘文三行五字，左行讀，多漫漶不清，見報告圖三，圖四-4。編號M1：2，通高19釐米，口徑19.3釐米，腹深8.5釐米，重2.75千克。器内壁鑄銘文三行五字，右行讀，銘文清楚，見圖四-5，彩版一-5：

鄧子孫白用

報道者認爲，“鄧子孫白”既不是鄧國的國君，又不是鄧國國君之子，亦非鄧國高級貴族，只能是鄧國某位國君的後代或者説是與王族同姓的元士一級的貴族。器物屬春秋早期。徐少華認爲，“鄧子孫”，與傳世叔單鼎銘“唯黄孫子係叔單自作鼎”之“黄孫子”、河南潢川上油崗所出亞伯臣𩰫“黄孫須頸子伯亞臣自作𩰫”的“黄孫”等辭例相近，都是對公族後人的一種泛稱，“伯”是其行輩。這組器物當爲鄧公族某支之長子所有。據墓葬規模及隨葬器物，墓主人“鄧子孫伯”應是鄧國公族支系中一位下大夫級别的貴族，其與公族大宗的關係可能已經疏遠。墓葬年代當爲春秋早期前段偏晚，對於認識春秋早期鄧國的疆域範圍及與周邊列國的關係，提供了十分珍貴的材料。

仔細觀察，兩器銘文“白”字均倒置，銘文順序一左行，一右行，疑銘文有措置。銘文有可能爲“鄧孫子白用”或“鄧子白孫用”，或者“鄧白子孫用”。若没有措置，似乎應將“孫白”理解爲名或字，“子”爲尊稱或美稱。如同“楚子某”並非楚王或楚國王子，而是楚之王子王孫的後裔，屬楚公族。參見前録襄陽陳坡鄧子無忌戈。

【著録】

陳千萬：《湖北穀城發現的鄧國銅器及相關問題》，載《襄樊考古文集》第一輯，科學出版社，2007 年，519～525 頁。

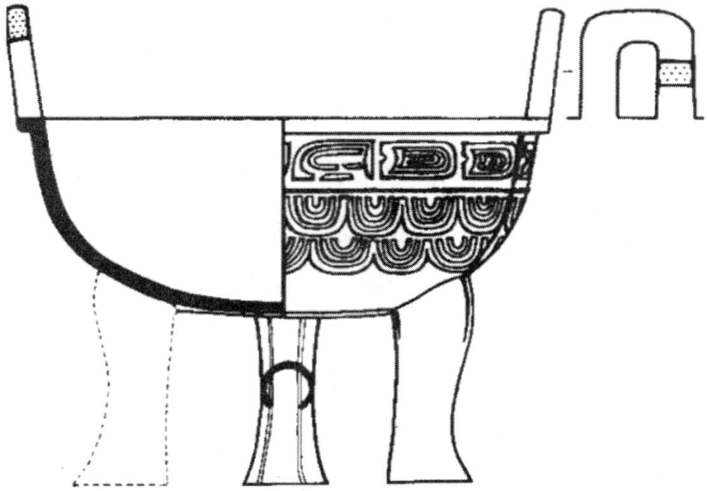

鄧子鼎（M1：1）綫圖

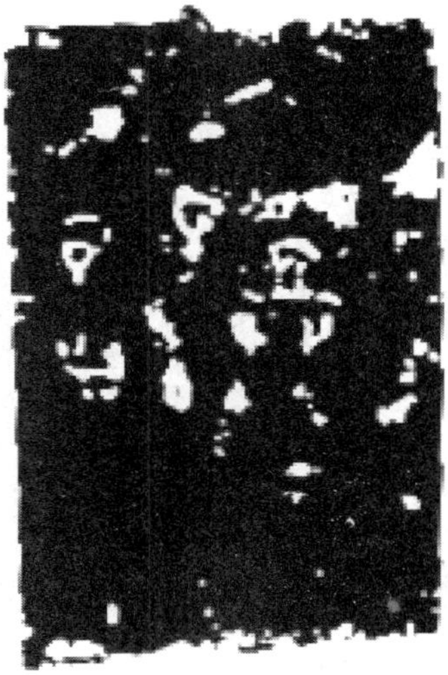

鄧子鼎（M1：1）銘文拓片

鄧子鼎(M1：2)器圖

鄧子鼎(M1：2)銘文拓片

【參考文獻】

徐少華：《鄧國銅器綜考》，《考古》2013 年 5 期。

黄錫全：《楚器銘文中"楚子某"之稱謂問題辯證》，《江漢考古》1986 年 4 期，收入其著《古文字與古貨幣文集》，文物出版社，2009 年。

過山磚瓦廠

襄王孫盞

1 件。1997 年 9 月穀城縣博物館在過山鎮磚瓦廠徵集到一件銅盞，蓋缺失，下附三個獸蹄足，口沿下有两個對稱環形耳，器腹飾一周六個幾何紋，其下飾一周六個虎形獸紋。通高 11.5 釐米，口徑 22 釐米，足高 4 釐米。見報告 94 頁，以及：圖 1-3，器圖；圖 4，銘文拓片。器表口沿下均勻分布銘文一周十三字：

鄾王孫□嫋，擇其吉金，自作食盞。

報告據李學勤釋讀。第一字可寫作鄾，該地區靠近襄水。第四、五兩字爲作器者。第五字疑爲嫋(芈)。根據器形與銘文特點，報告定爲春秋晚期偏晚階段。

徐少華認爲：此器自稱盞，實爲通常所説的銅敦，具有典型楚文化風格，爲楚器無疑；時代在春秋晚期後段，公元前 500 年左右；"□嫋"爲作器者，當是楚國一位外嫁之女，字迹不清的"□"可能是其夫君的族氏之名；"襄王"當爲楚莊王的另一謚號，即見於文獻的"荆莊襄王"的簡稱，與楚頃襄王、秦昭襄王又稱"襄王"類似；"□芈"約與楚昭王同時，是楚莊王的三代或四代，爲莊王的從孫或曾孫輩。

器主既然稱爲"王孫"，應該是鄾王之孫，王室成員。

【著録】

熊北生、李廣安：《湖北穀城過山出土春秋有銘銅盞》，《文物》2002 年

1 期。

【參考文獻】

徐少華:《湖北穀城出土的"襄王孫盞"析論》,《古文字研究》第二十九輯,中華書局,2012 年。

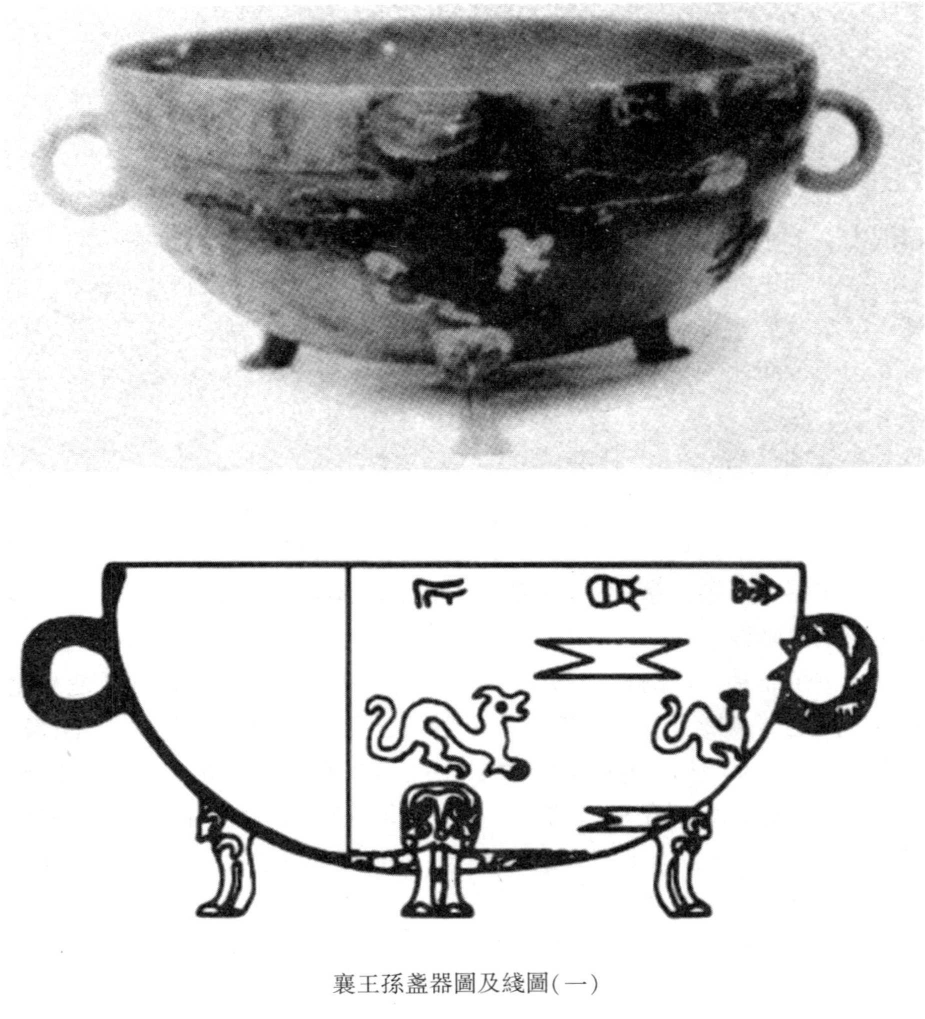

襄王孫盞器圖及綫圖(一)

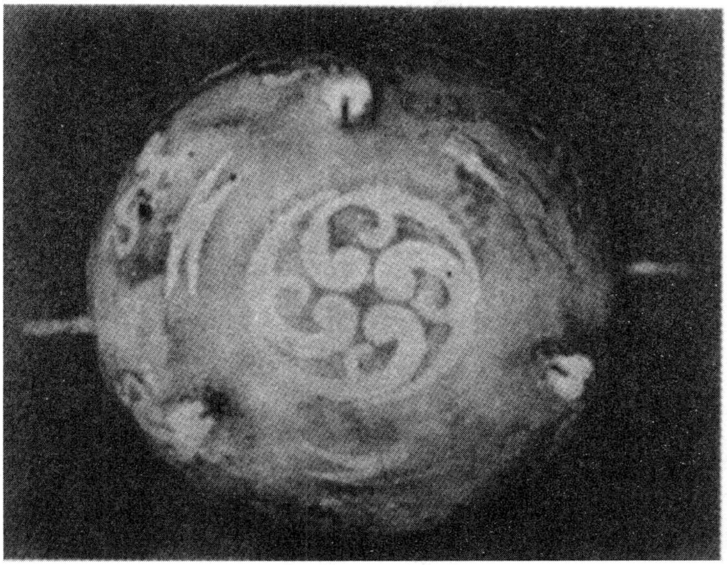

襄王孫盞器圖及綫圖(二)

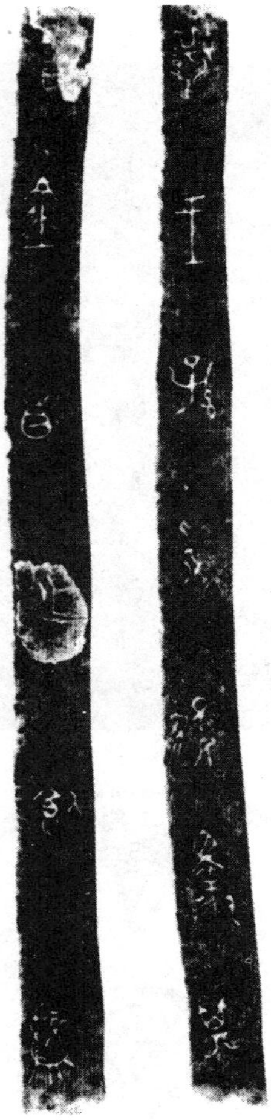

襄王孫盞銘文拓片

過山皮家窪

吳王㪥䖃此郐劍

1件。1988年7月，穀城縣博物館在該縣城關鎮徵集到一件有銘銅劍。經調查，此劍出自城關鎮西約 2 公里的過山皮家窪，是縣磚瓦廠一職工在暴雨之後山上崩塌的土方中發現的。此劍劍身較寬，鋒部斷缺。殘長 28. 5 釐米，柄長 6. 4 釐米，劍身寬 4. 4 釐米，柄寬 1. 3 釐米。銘在劍身近格處，兩行十二字：

攻盧(吳)王䱷戗此
郐(郐)自作元用鐱(劍)

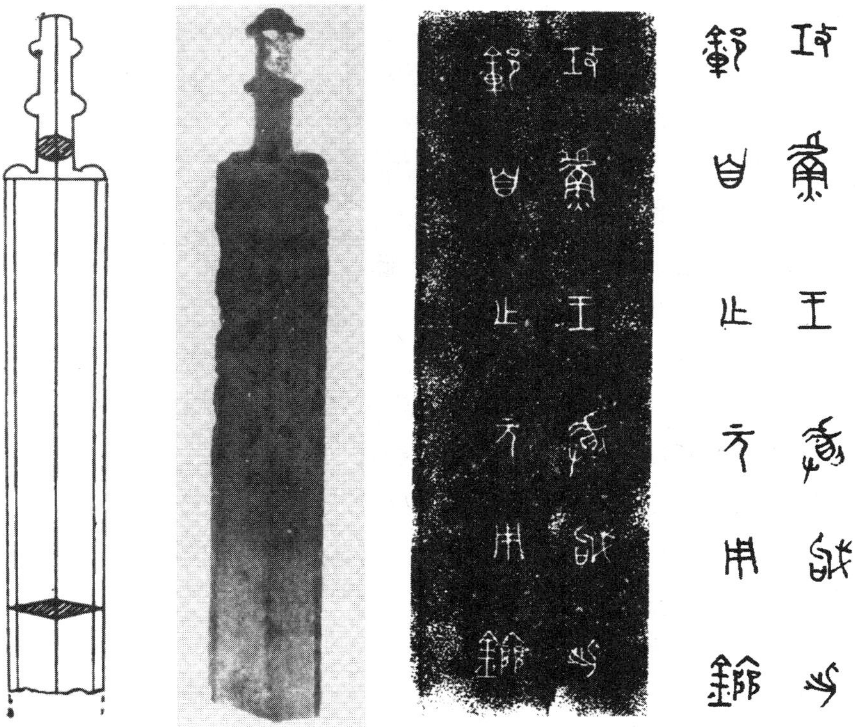

綫圖　　劍拓片　　銘文拓片　　銘文摹本

吳王䱷戗此郐劍

攻盧，國名，即攻吴，亦即吴。“𫹃戗此𨟻”爲人名，可對應文獻中的吴王名“句餘”，其中“𫹃”“此”二字爲次要音節，或省“此”字。又見於下列劍銘：

其一，無錫博物館藏有一把吴王句餘劍，銘文基本相同，劍首作璧形，莖本爲圓筒形，殘斷後今人補鑄成扁圓形。現長 32.1 釐米，莖長 8.4 釐米，刃的最寬處 4.4 釐米。兩縱鑄銘十二字：“攻敔(吴)王虘戗此/郐自乍(作)其元用”。兩劍相比，第四字少“又”旁，第五字从“丩”，第六字少下面部分，但内容相同。著録見下列吴鎮烽文，又見《金文通鑑》17947 號。

其二，江西私人藏有一把吴王句餘戈，銘在欄側胡部，兩行十字：“攻盧王𫹃戗/此𨟻之鑄戈”。著録見下列董珊著作 13 頁，以及圖 9。

其三，吴王壽夢之子句餘劍，1997 年出自浙江紹興市區魯迅路，劍銘長達四十字，因有的文字不够清晰，故釋讀不一。銘文有“攻吴王姑□□壽夢之子𫹃戗𨟻……”。彩照見下列曹錦炎文，銘文摹本可參見下列董珊著作圖 14。此戈“餘”前省“此”字。吴鎮烽《金文通鑑》18077 號。

《史記・吴世家》：“壽夢有子四人，長曰諸樊，次曰餘祭。次曰餘眛，次曰季。”“句餘”究竟是“餘祭”還是“餘眛”，有不同意見。陳千萬認爲是餘眛。曹錦炎認爲是餘祭。吴鎮烽認爲是餘祭。李家浩、董珊認爲“吴王壽夢之子劍”銘的“句餘”爲“餘祭”，但劍主爲“餘眛”，乃餘祭之弟。餘祭在位僅 4 年(公元前 544—前 541 年)，卒於襄公二十九年。餘眛在位 17 年(公元前 544—前 528 年)。《史記》誤倒，見司馬貞《索隱》及梁玉繩《史記志疑》。此劍當鑄於餘祭在位之時，入楚原因可能是因交戰或交流。

【著録】

陳千萬：《湖北穀城縣出土“攻盧王𫹃戗此郐”劍》，《考古》2000 年 4 期。吴鎮烽《金文通鑑》17858 號。

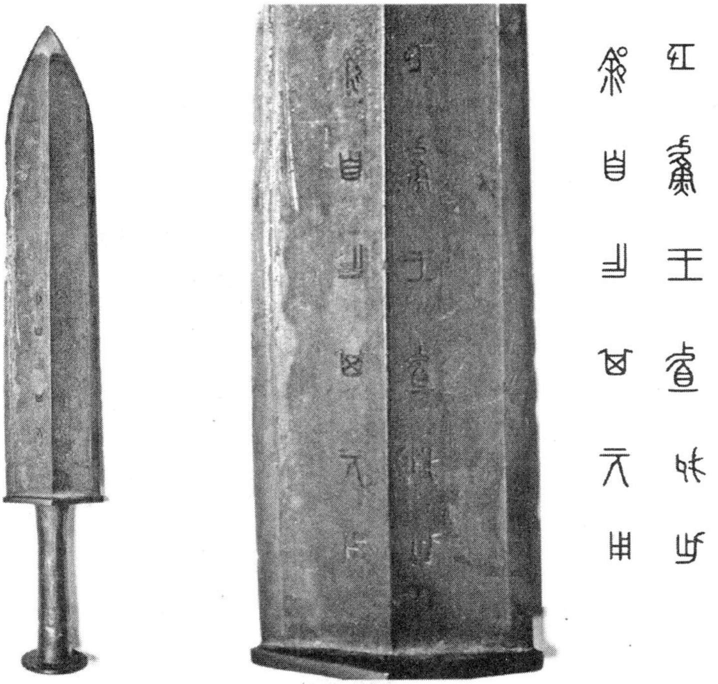

無錫博物館吳王句餘劍器圖及銘文

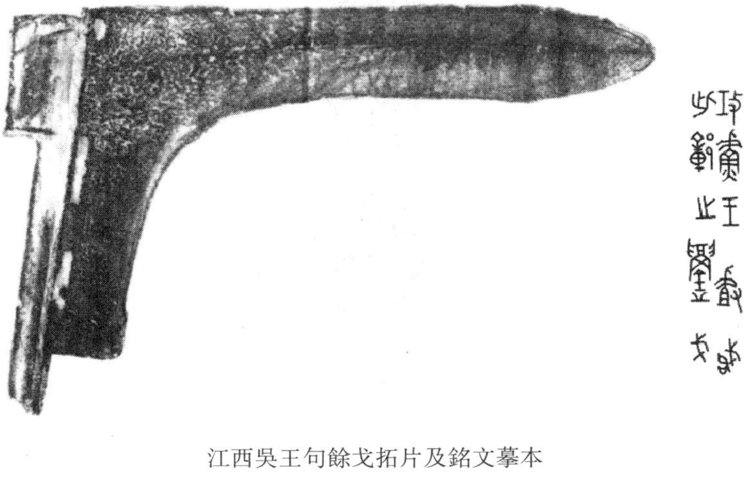

江西吳王句餘戈拓片及銘文摹本

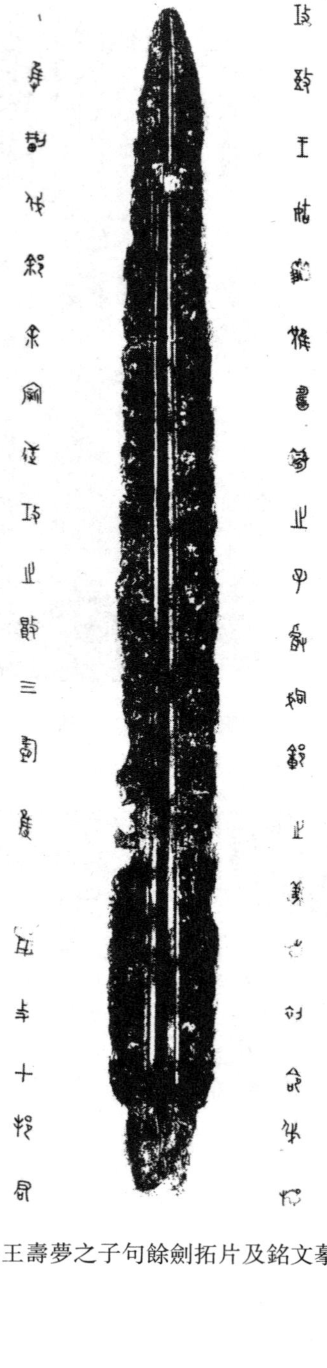

攻吳王壽夢之子句餘劍拓片及銘文摹本

【參考文獻】

曹錦炎：《吴王壽夢之子劍銘文考釋》，《文物》2000 年 5 期。
吴鎮烽：《記新發現的兩把吴王劍》，《江漢考古》2009 年 3 期。
董珊：《吴越題銘研究》，科學出版社，2014 年。

尖角墓地

郈子蹭壺

2 件。尖角墓地位于穀城縣冷集鎮尖角村南的固封山上。2009 年 5 月襄陽市、穀城縣破盜墓案獲一批尖角墓地被盜文物，銅器有 23 套 39 件，有鼎、豆、壺、鈁、盉、紐鐘、車馬器等。其中有三壺，素面，肩有對稱獸面鋪首銜環，蓋有三鳥形環紐。兩壺(尖採：1 和尖採：25)上有銘文，形制、大小完全相同。通高 38.2 釐米，口徑 10.3 釐米，腹徑 23 釐米，圈足徑 13.9 釐米。蓋頂、肩部有相同銘文兩行八字。見《江漢考古》2015 年 3 期 41 頁圖版四(尖採-1 器圖)、圖版五(尖採-1 蓋銘)，42 頁圖版六(尖採-1 肩銘)，41 頁圖四(尖採-1 綫圖)，42 頁拓片一(尖採-1 蓋銘、尖採-1 肩銘)。銘文：

郈子蹭自
作鑄白壺

報告認爲第一字爲“陒(或釋爲‘追’)”。“有專家認爲‘陒’或許就是楚國顯赫大族‘蔿’氏，它是‘薳’氏在春秋中期分出的小宗之一……河南淅川下寺、和尚嶺、徐家嶺墓地是楚薳氏的宗族墓地，是目前學界比較一致的看法，蔿氏亦在其中，本次發現的‘陒子曾’銅壺或可初步證明尖角墓地爲蔿氏宗族墓地之一。”

田成方認爲，壺銘第一字从隹从邑。从“隹”之字與从“爲”之字可通，作爲氏稱，郈當讀作蔿。第三字疑从朱从曾。壺字從李家浩說，分析爲从“卯”从“豆”，“卯”像器耳，“豆”像器身，“豆”亦聲。“白壺”之“白”概指所盛之酒的顏色或純度。“蔿子曾壺是戰國早期楚蔿氏的自作銅器。壺銘自稱‘白壺’，可能爲專門宴飲清酒之用。”

第一字从隹从邑，不誤。壺肩銘文清楚。壺蓋只是“隹”形左彎筆不够清晰。劉體智舊藏一戰國早期“郈子㝬”壺(《集成》15.9558)與此銘類似。第三字(見下列放大圖)，左旁與“朱”字下方左右兩筆向側下書寫有別，當是从倒矢从曾。楚文字矢字倒書習見，如包山簡 2.165、上博簡五·三：20.9 及相公子矰戈(劉彬徽《楚系金文彙編》470 頁 143 號)之矰就从倒矢。可參見湯余惠主編《戰國文字編》336 頁，李守奎等編《上海博物館藏戰國楚竹書(1~5)文字編》281 頁，滕壬生《楚系簡帛文字編(增訂本)》516、517、519 頁。

“白”有“素”義(朱駿聲(《說文通訓定聲》)，“白壺”也可能指素面無紋之壺。“郈子矰”當即“蔿子矰”，爲蔿氏公族成員。子，美稱。矰，私名。

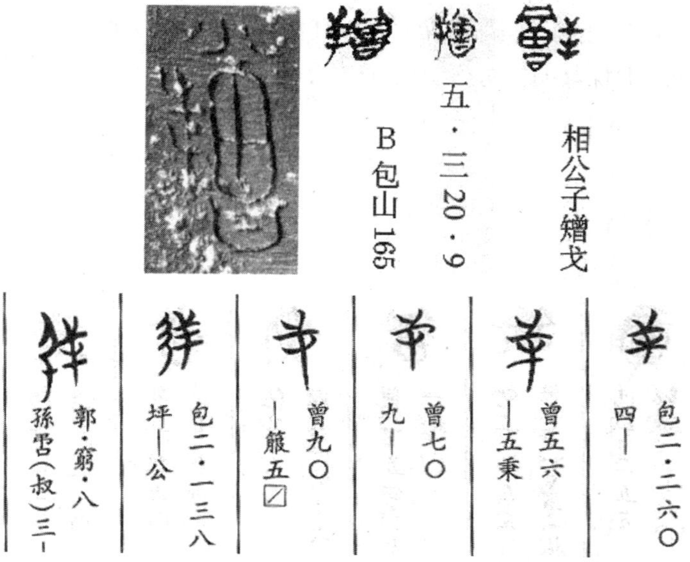

“矰”字

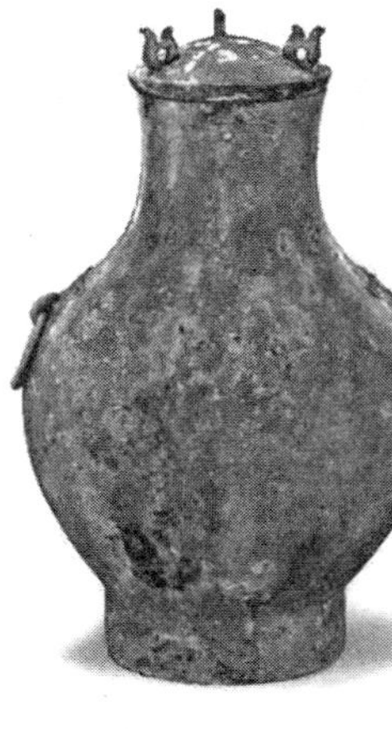

鄀子𡢐壺器圖

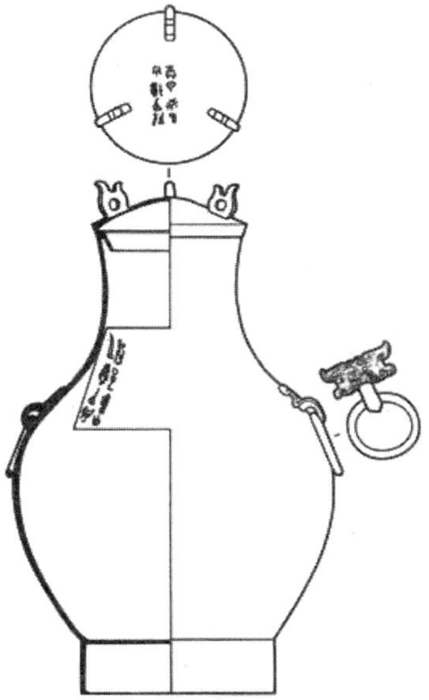

鄀子𡢐壺綫圖

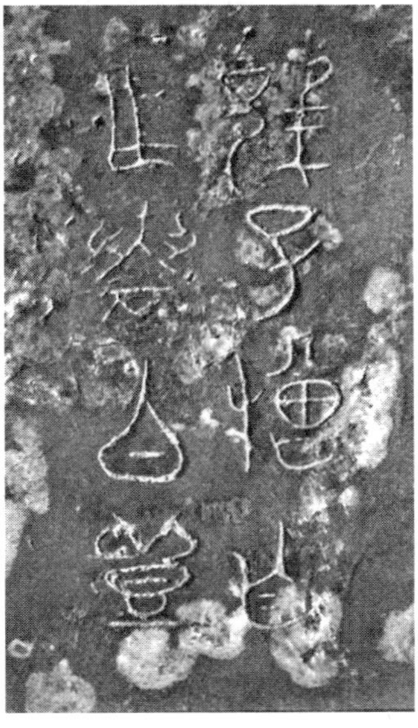

鄀子𡢐壺蓋銘圖

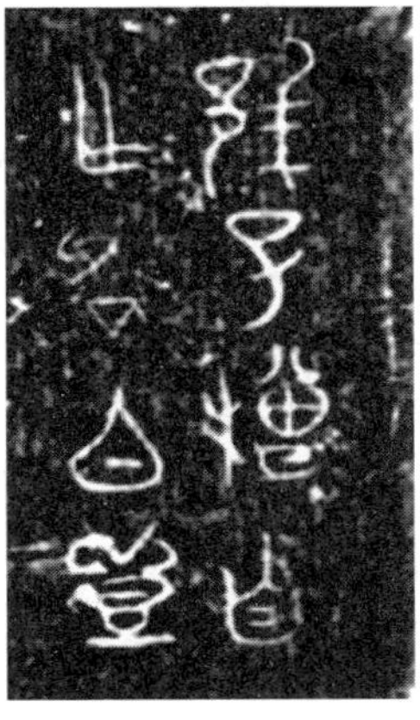

鄀子𡢐壺蓋銘拓片

鄬子㽙壺器銘圖

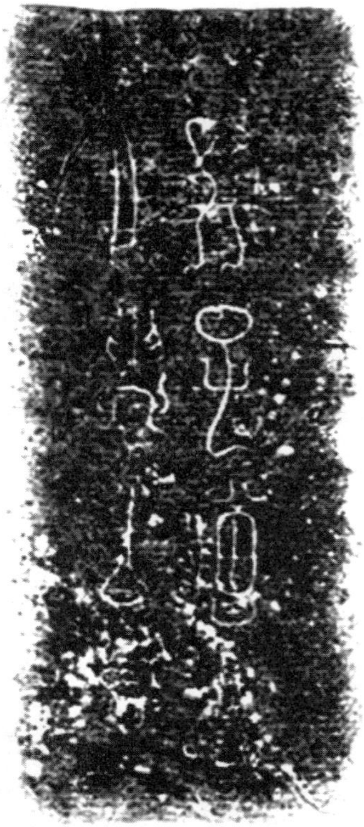

鄬子㽙壺器銘拓片

【著録】

周婷、梁超:《湖北穀城尖角墓地出土重要文物》,《江漢考古》2015 年 3 期。

【參考文獻】

田成方:《新見蔿子曾壺考》,《江漢考古》2015 年 3 期。

棗陽市

發孫虜簠

1件。棗陽市博物館進行文物普查，對流散文物徵集收藏。其中收藏的一件簠，只有下半部，一邊口沿略殘。腹飾細密的蟠虺紋，腹部兩側各有一環耳，器内底有銘文四行二十二字。見報告77頁圖三(器圖)、圖四(綫圖、銘文摹本)、圖六(銘文拓片)。銘文：

隹(唯)正月初吉丁亥，
發孫虜擇
其吉金，自作
食簠，永保用之。

報告認爲時代屬春秋晚期，銘文請李學勤釋出。

發孫虜簠器圖

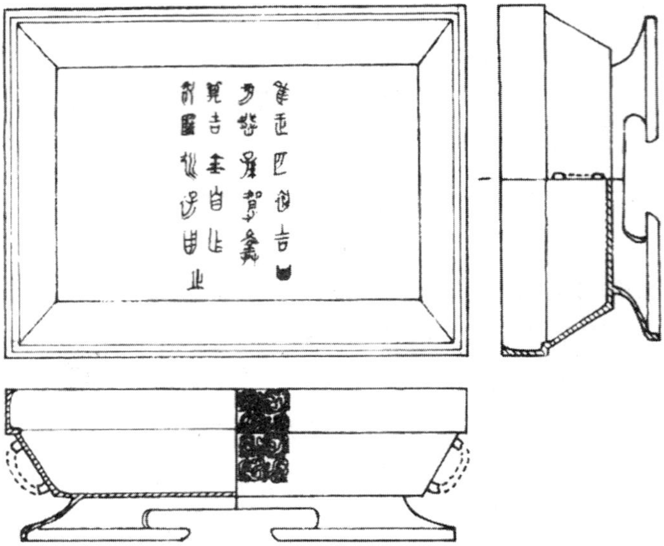

發孫虜簠綫圖

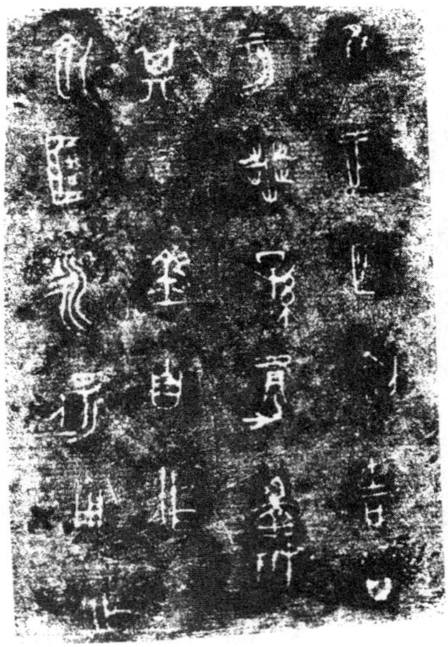

發孫虜簠銘文拓片

【著録】

徐正國：《湖北棗陽市博物館收藏的幾件青銅器》，《文物》1994 年 4 期。吴鎮烽《金文通鑑》05922 號。

發孫虜鼎

1 件。1996 年 8 月見於香港古肆，與棗陽市博物館收集的發虜簠銘文、時代相同，可能是一套，故列於棗陽出土。此鼎附耳帶蓋，通高 30. 5 釐米，兩耳距 32 釐米，口徑 26 釐米，腹 16. 8 釐米。通體及附耳外沿爲已字形幾何紋，腹下環飾回字三角紋。鼎蓋及器各有銘文二十二字（器五行，蓋四行）：

佳（唯）正月初吉丁
亥，發孫虜擇
余吉金，自作
食鼎，永保用之。

張光裕作有摹本，未列拓本。此鼎"擇余吉金"，而簠銘作"擇其吉金"，與徐王義楚耑及盤銘類似。耑銘"擇余吉金，自作祭耑"，盤銘作"擇其吉金，自作涚盤"。余、其二字於同型句式中互用還不多見，值得留意。張光裕認爲是春秋晚期楚器。

發孫虜之發，應是氏名或國名。張亞初《商周金文姓氏通考》認爲"金文發氏始見於商代"（中華書局，2016 年，125 頁）。若是國名，讀音較近者可能爲"鄅"。典籍"發與旆"通，"鯆與鯆"通（詳見高亨《古字通假會典》，齊魯書社，1989 年，653～654 頁）。鄅即輔，爲文獻之偪陽國，或作傅陽，妘姓國，與楚同源，爲祝融八姓之後，最初活動于新鄭一帶的黄河中游兩岸，後東遷淮北，春秋中期（公元前 563 年）爲晉所滅。後楚復其國，遷至以鄅亭、鄅鄉爲中心的蔡國故地活動，戰國時期與楚關係密切。大約在楚懷王二十八年（公元前 301 年）滅於魏。河南固始出有春秋晚期的"鄀王"劍，荊門包山二號墓竹簡有"大司馬悼滑將楚幫之師徒以救鄀之歲"的紀年材料。説詳徐少華《鄀國歷史地理探疑》(《荊楚歷史地理與考古探研》，商務印書館，2010年)。

鼎、簠年代爲春秋晚期，出在穀城，若"發"真是鄀，則對於研究有關問題無疑非常重要。關鍵是國别還有待確定。上述只是一時推測而已。

《通鑑續編》30202與30204(二者當爲一器)著録一件遺仲白虜鼎，銘文爲"隹(唯)正九月初吉丁亥，遺中(仲)白虜自乍(作)鑄其鲧鼎，子子孫孫萬年用之"。黄錦前認爲，器主"遺仲白虜"與湖北棗陽出土的發孫虜諸器的"發孫虜"或即一人，虜之先人"發"或即棗陽曹門灣墓地出土的曾太保發簠的"曾太保發"，曾太保發係遺氏之人。遺仲白虜鼎係春秋晚期曾器。

【著録】

張光裕：《新見"發孫虜鼎"及"鄦凡伯怡父鼎"小記》，見《徐中舒先生百年誕辰紀念文集》，巴蜀書社，1998年，122頁。吳鎮烽《金文通鑑》02239號。

發孫虜鼎器圖

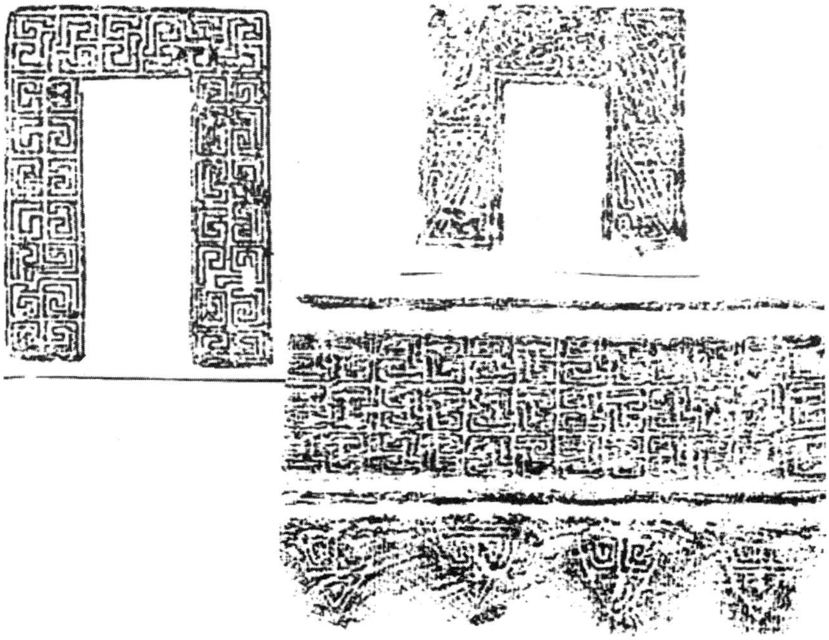

發孫虜鼎紋飾

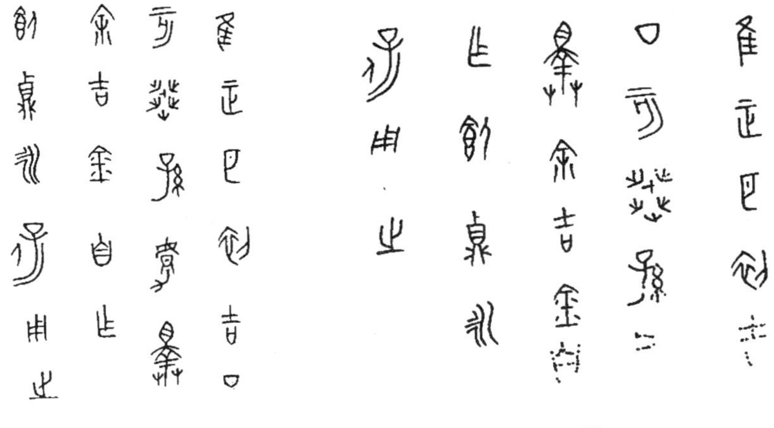

蓋　　器

發孫虜鼎銘文摹本

【參考文獻】

黄錦前:《遣仲白虜鼎及相關銅器的繫聯》，2016 年待刊稿。

郭家廟墓區

2002 年 11 月至 2003 年 4 月，湖北省文物考古研究所組織襄樊市考古隊等專業人員，對孝襄高速公路穿過的棗陽市吴店東趙湖村郭家廟墓地進行了考古發掘，其中 M1、M17、M21 均出土了有銘銅器。M21 最大，位于郭家廟墓區北部最高的臺地偏東，是該墓區最顯要、最核心的位置。有墓道，一椁重棺，早年被盜。墓葬開口東西長 11 米，南北最大

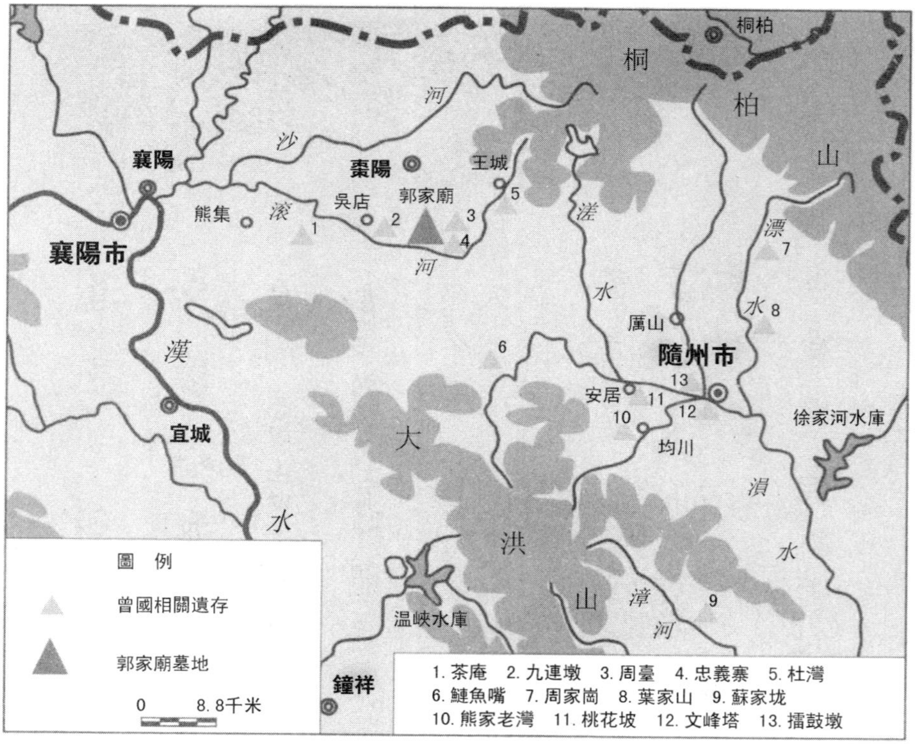

郭家廟墓地位置圖

寬度 11 米。墓底東西長 6.56 米，南北寬 4.12 米。M17，被盜，有墓道，一棺一椁。墓葬開口東西長 7.14 米，最大寬度 6.06 米。墓底東西長 5.63 米，寬 3.76~3.8 米。M1 被破壞，一棺一椁，墓底東西長 4.5 米，殘寬 0.66~1.9 米。墓地年代大致在西周晚期至春秋早期。《棗陽郭家廟曾國墓地》結語認爲，M21 爲一代曾國國君曾伯陭墓，墓葬時代爲西周末期，此時曾國的政治中心應在棗陽郭家廟一帶（324 頁）。

後來經過進一步的發掘（2015 年），以及曹門灣墓區的發掘，有學者認爲，這一墓地至少分布有三位諸侯及夫人墓葬，是西周晚期至春秋早期以曾侯墓爲核心的曾國公族墓地，郭家廟一帶是兩周之際曾國都城的所在地（方勤：《郭家廟曾國墓地的性質》，《江漢考古》2016 年 5 期）。也有學者認爲，春秋早期前段曾都在今棗陽吳店一帶，亦即楚王酓章鐘、鎛之"西陽"，郭家廟墓地係與之對應的曾國公室墓地（黄錦前：《考古發現所見曾國都城的變遷》，2017 年 4 月未刊稿）。

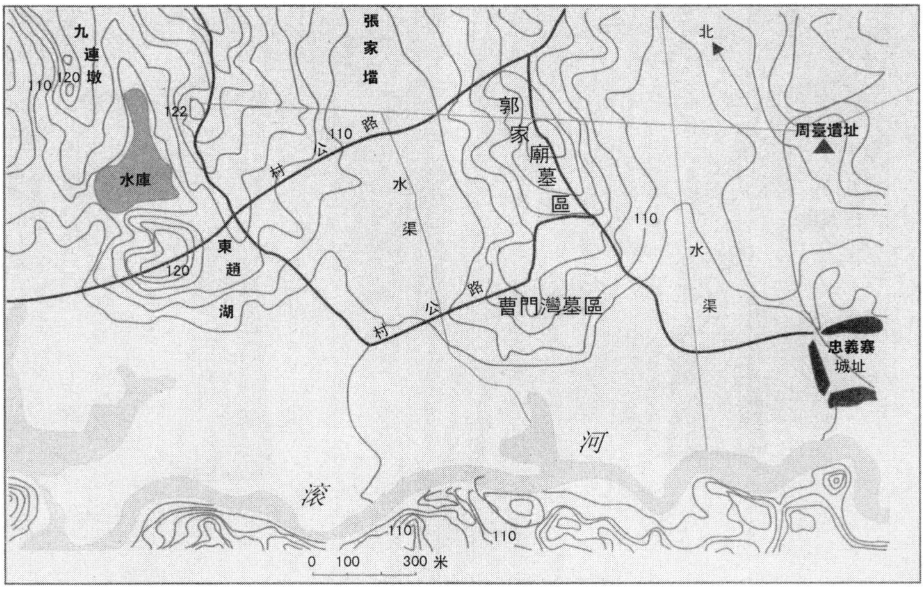

郭家廟、曹門灣位置關係地形圖

曾伯陭戚鉞

1件，編號GM21：9。出於M21椁内棺外南側中部。整器呈“T”形，“U”形鋒刃，長骹中空。通長19.3釐米，刃寬14.8釐米。重680克。環鉞形刃部兩面鑄銘，每面九字，計十八字。見報告19頁，以及：圖二〇(正面綫圖)、圖二一(背面綫圖)、圖二二(正、背拓圖)；彩版一六-1、彩版一六-2(正、背)；圖版一九-1、圖版一九-2(正、背)。銘文：

正面　曾白(伯)陭鑄戚戉(鉞)，用爲民

背面　⿱刑非。非歷殹井(刑)，用爲民政。

此鉞樣式與一般的鉞有所不同，而與傳世之“康侯斧(實爲鉞)”相似。康侯鉞原爲于省吾先生舊藏，後歸故宫博物院，有“康侯”二字。

正面　　背面

曾伯陭戚鉞(GM21：9)器圖

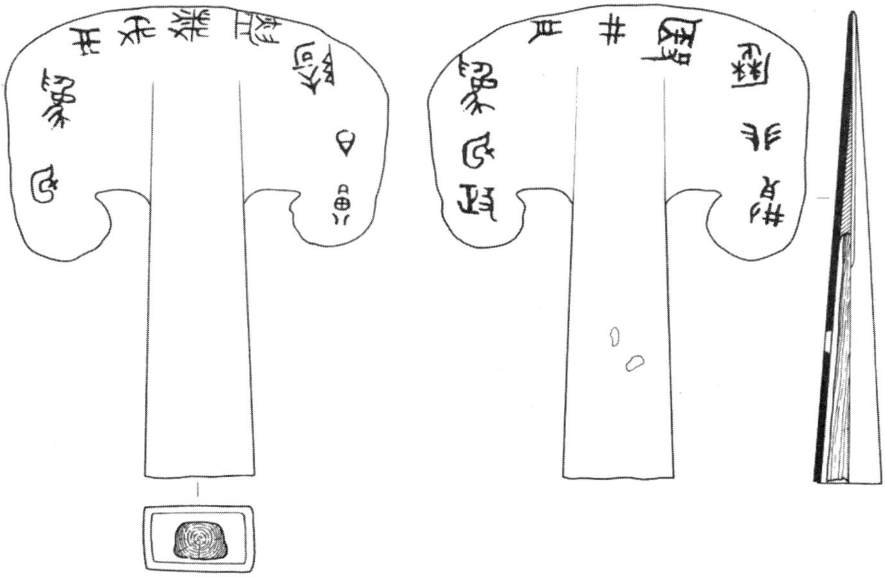

正面　　　　背面

曾伯陭戚鉞(GM21：9)綫圖

正面　　　　背面

曾伯陭戚鉞(GM21：9)銘文拓片

康侯斧器圖及全形拓

鉞銘鉞前一字作，根據有關研究，可釋讀爲“戚”。“戚鉞”，本爲鉞之一種，以有别於斧鉞。《説文》：“戉，斧也。从戈，亅聲。司馬法曰：夏執玄戉，殷執白戚，周左杖黄戉，右秉白髦。”後來因戚、鉞形狀與功用大體相同，一般不予區分。典籍“戚鉞”連稱者，見於《左傳》昭公十五年：“其後襄之二路，鏚鉞秬鬯，彤弓虎賁，文公受之。”杜注：“鏚，斧也。鉞，金鉞。”楊伯峻注：“賜鏚鉞者，奉王命得專殺戮也；賜秬鬯者，使之祭先祖也。”

刑字下从“貝”，實“鼎”之演變。刑字从鼎，金文首見，可能與鑄成文法典於鼎有關。《左傳・昭公六年(公元前536年)》：“三月，鄭人鑄刑書。”杜預注：“鑄刑書於鼎，以爲國之常法。”《左傳・昭公二十九年》：“冬，晉趙鞅、荀寅帥師城汝濱，遂賦晉國一鼓鐵，以鑄刑鼎，著范宣子所爲刑書焉。”這件戚鉞要早于鄭國、晉國“鑄刑書於鼎”之時。

“用爲民刑”。《尚書・吕刑》：“伯夷降典，折民惟刑。”意即伯夷頒布法典，用刑律制服人民。《尚書・多方》：“厥民刑用勸。”意即懲罰罪人用勸勉。有學者研究，“王”字之本形是象不納柲之斧鉞，而斧鉞又是王權的象徵(林沄説)。此句之義是，用此鉞治民威之以刑(既可用威儀，又可實際施刑)。

“非歷殹刑”。非，否定詞不、無之義。“非歷殹刑”，可讀“非歷伊刑”。

“非×伊×”這種句式，見於《詩經·小雅·蓼莪》：“蓼蓼者莪，匪莪伊蒿。哀哀父母，生我劬勞。蓼蓼者莪，匪莪伊蔚。生我父母，生我勞瘁。”這是一首孝子苦於服役，悼念父母的詩。作者深痛自己久役貧困，不能在父母生前盡孝養之責。匪莪伊蒿，於“匪莪”作一轉語，言非“莪”乃是“蒿”。蒿不可食，以喻子不得終養父母。于此可知，“非……伊……”句義，則爲“不是……而是”。

歷有行義。如《戰國策·秦策》“横歷天下”，即“横行天下”。“劈歷”爲聯綿詞，或主張此“歷”似可讀如“辟”。辟與刑義近，都是既有殺伐義，又有型範義。

刑字處有缺口，僅存“井”形，根據文義，當是“刑”字，構形當與上一“刑”字類同，只是刀形位于左面，下未見从鼎。

此句大意是説，不是行用此鉞殺伐用刑，而是以刑律治理人民。天子用戚鉞，主要在於樹立威信，並非一定要用此鉞去殺人。

民政，指有關人民之政事。政當指政事、政治。鉞銘“用爲民刑”“用爲民政”之“刑”“政”，即指統治者非常重視的刑罰與政令。《荀子·王制》：“刑政平，百姓和。”説的就是刑罰政令得當，百姓和諧。

修理刑政，是國之大事，屢見於文獻記述。《上海博物館藏戰國楚竹書(三)》之《仲弓》17 簡有云：“型(刑)正(政)不緩，得教不倦。”《郭店楚簡·緇衣》簡 23、24[上海簡(一)《緇衣》簡 13]：“子曰：長民者……教之以正(政)，齊之以型(刑)，則民有免(勉)心。”

刑罰與政令是國君治理國家很重要的兩個方面，推行刑罰與政令需要權威，鉞爲君權之象徵，鉞上鑄以這樣的銘文，正好相互印證。戚鉞銘文的大意是：曾國的國君陭製作這件戚鉞，用來治理百姓的罪刑；然其作用不是專門行用戚鉞殺人，而是曉民以刑律，主要用來治理人民政事(推行政令)。

王沛、李力、韓宇嬌等對鉞銘“非歷殹刑”等句有不同解釋。如王沛認爲，“歷”當是亂的意思。殹，通“伊”，當訓爲“此”。井，即“刑”，指法律。“伊刑”就是此刑此法。“非歷殹刑”的意思是不亂此刑，不亂此法。韓宇嬌認爲，銘文中的“歷”，通厤，訓爲治。刑，訓爲法。非，通匪。殹，通伊。匪與伊義同。匪、伊在銘文中訓爲“彼”。此句即“彼歷彼刑”(博士學位論文 70 頁)。

郭永秉綜合上述意見後認爲：“戚鉞”應從劉雨等説改釋爲“殺鉞”；第一個刑字確實从“鼎”，但此字應該是刑範之“刑”的本字，與“鑄刑鼎”無關，鉞銘兩字都讀爲“刑”，但義各有當；結合曾伯陭鉞銘和《康誥》等文獻所反映的思想，康侯鉞應是西周早期明德慎罰思想的實證物，曾伯陭鉞銘的内容，可能受到了《吕刑》《厚父》等西周文獻所反映的用刑治民思想的影響。

黄錦前又綜合了有關意見，主張鉞銘應釋讀斷句爲：“曾伯陭鑄殺鉞，用爲民，刑非歷，殹刑爲民政。”認爲鉞銘“非歷”的“歷”當讀作“令”或“良”，訓“善”，“非歷”與“非良”“非令”“不善”及“弗善”等義近同；鉞銘是説曾伯陭鑄造用以刑殺的鉞，用來(依法)治理民衆，懲處不善，以刑法作爲民衆的政令，即以刑政治理民衆。

各家討論，有助於加深對此鉞的研究。鉞之面、背各九字，若將背面第五、六字視爲一字，當有問題。一是間距較遠，二是第六字與面文“刑”字所从的“貝”並不相同，其爲“用”字左邊因靠刃部缺去筆畫。“用爲民刑”與“用爲民政”相對應。此墓等級很高，相當於國君，原以爲“曾伯陭”可能成爲國君，現在看來他不是曾侯，等級高的原因，可能是其對國家有特大貢獻，或者輔佐幼主有功等，享受國君待遇。

曾伯陭壺

原藏清宫，現藏臺北“故宫博物院”，應爲早年被盜流出。當年研究鉞銘時就認爲“曾伯陭壺很可能也出自棗陽郭家廟一帶，是否就出自同一墓葬，也未可知”(發掘報告 379 頁)。通高 41.2 釐米，腹深 8.6 釐米，口徑 14.1 釐米。重 9.355 千克。長頸鼓腹，口微侈，圈足外撇，頸部有一對銜環獸首耳，蓋有子口，蓋頂設有八個透空蓮瓣飾，雙耳爲分鑄焊接製作。頸飾環帶紋和 S 形雲紋，腹飾兩道環帶紋，圈足飾垂鱗紋，均無地紋。原著録較多，可參見《金文通鑑》12427。蓋銘在蓋外及口外，兩行；器銘在器口内側，十行。蓋、器同銘，各四十一字(其中重文二字)。器銘十行：

隹(唯)曾白(伯)陭
迺用吉金
鐈鋚，用自
作醴壺，用
饗賓客，爲
德無叚(瑕)，用
孝用亯(享)，用
錫眉壽，子子
孫孫，永受大
福無彊(疆)。

曾伯陭壺器圖

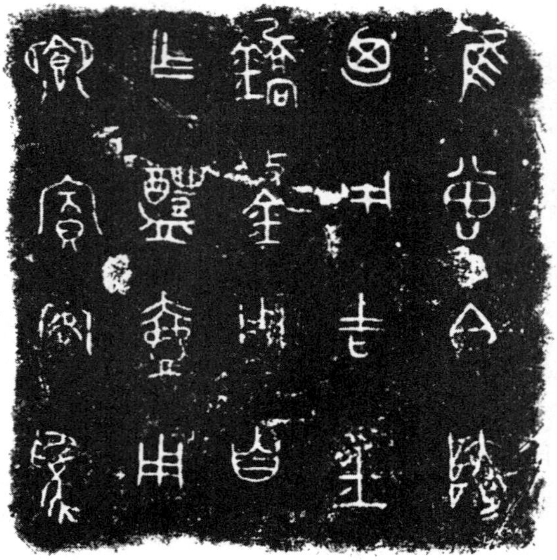

曾伯陭壺器銘拓片(一)

曾伯陭壺器銘拓片(二)

曾伯陭壺蓋口外銘文拓片

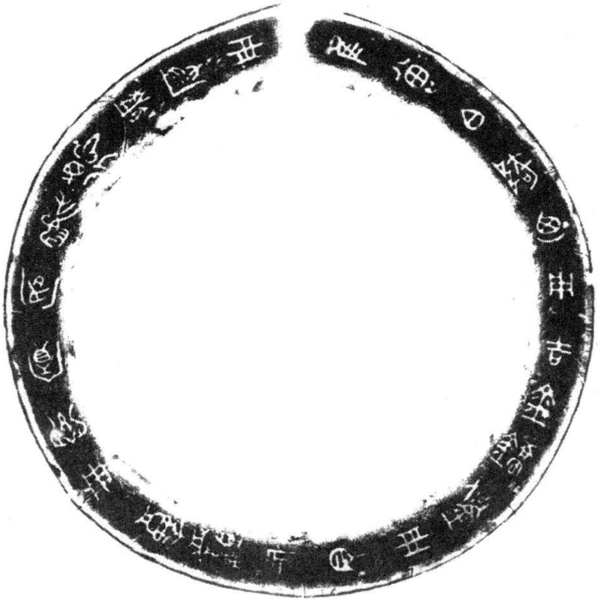

曾伯陭壺蓋銘文拓片

曾伯陭，“國氏+行輩+私名”。根據銘文風格及器物年代，兩個“曾白(伯)陭”無疑應是同一個人。鐈鋚，金屬原料名。鐈，可能是鉛或鉛錫合金。鋚，指銅。醴(醴)壺，酒壺。《詩經·周頌·豐年》：“爲酒爲醴，烝畀祖妣。”即向祖先獻上甘甜美酒。爲德無瑕，指德行純正。

曾伯陭壺與湖北京山出土的蓮花頂方壺的時代相近。京山壺主要紋飾爲環帶紋，早于新鄭的蓮鶴方壺和蔡侯墓的壺，晚于陝西蘭田的壺與幾父壺、三年興壺。二者的年代屬於西周晚期或春秋早期。

曾亘嫚非录鼎

GM17 出土銅鼎 3 件。其中兩件保存完好，另一件僅存鼎足，器身不見。

GM17：1 鼎，敞口、方唇，圜底，三蹄形足，口沿下對稱置兩長方形附耳，耳與口沿之間連以細小横樑。口沿下飾一周 S 形竊曲紋，口徑 28.4 釐米，腹徑 25 釐米，腹深 11.8 釐米，通高 24.8 釐米。重 5.8 千克。見報告 62 頁，以及：圖四九，器物綫圖；圖五〇，銘文拓片；彩版八-1 右，器圖；圖版五-2 左，器圖；圖版七，器圖、銘文。

GM17：2，形制與前一件 GM17：1 鼎相同，形體較大。口徑 31.8 釐米，腹徑 28.5 釐米，腹深 13.6 釐米，通高 26 釐米。見報告 62 頁，以及：圖五一，器物綫圖；圖五二，銘文拓片；彩版八-1 左，器圖；圖版五-2 左，器圖；圖版七，器圖、銘文。

兩件銘文銅鼎皆出自附葬廂，形制、銘文相同。鼎腹内壁鑄有竪款銘文三行十三字：

曾亘嫚非录，
□□□爲爾
行器，爾永祜福。

“曾亘嫚非录”一句的理解，存在幾種可能。嫚即曼，鄧國姓氏。亘，可讀爲桓，似爲敬稱或謚稱。如曾姬無卹壺“聖逗之夫人曾姬無卹”，“聖桓”即楚聲王。《爾雅・釋訓》：“桓桓，烈烈，威也。”則“曾亘”類似於“聖(聲)桓”。“非录”可能是“嫚”之名。“嫚非录”，如同“仲伐父作姬尚母旅甗”之“姬尚母”。爾，人名，受器者。銘文之義是嫁至曾國其夫謚稱“曾桓”的曼姓鄧國女子非録爲爾所作之器，願她永遠享受大福。此墓可能就是爾的墓。

另一種可能，就是“亘嫚、非录”爲二人，是二人爲“爾”作器。嫚、彔爲姓，亘、非爲名。名在姓前，如同“中伯作孌姬旅盨用”（中伯盨），名“孌”在姓“姬”前。録爲姓，見《正字通》，顓頊受學於録圖。

還有一種可能，就是將“非彔”理解爲“不録”，是對死亡的諱稱，意謂不終其禄。器主爲“曾亘嫚”，亘即桓，是從其夫之謚稱。兩個“爾”都是指曾亘嫚。是他人或者後人爲死者曾亘嫚作器。由此證明“行器”就是隨葬用器。

此簠銘文中間一行空出三字，不知何故。也可能是有意留空或原有銘文被磨去。

或認爲，“這是曾亘嫚非彔爲嬭所作的銅器，因此可能嬭爲 M17 墓主”（《曾國青銅器》93 頁）。韓宇嬌認爲，第一個“爾”字當爲人名，受器者之名；“爾永祜福”之“爾”，通“彌”，有長久之意，定非受器者之名（博士學位論文 68 頁）。

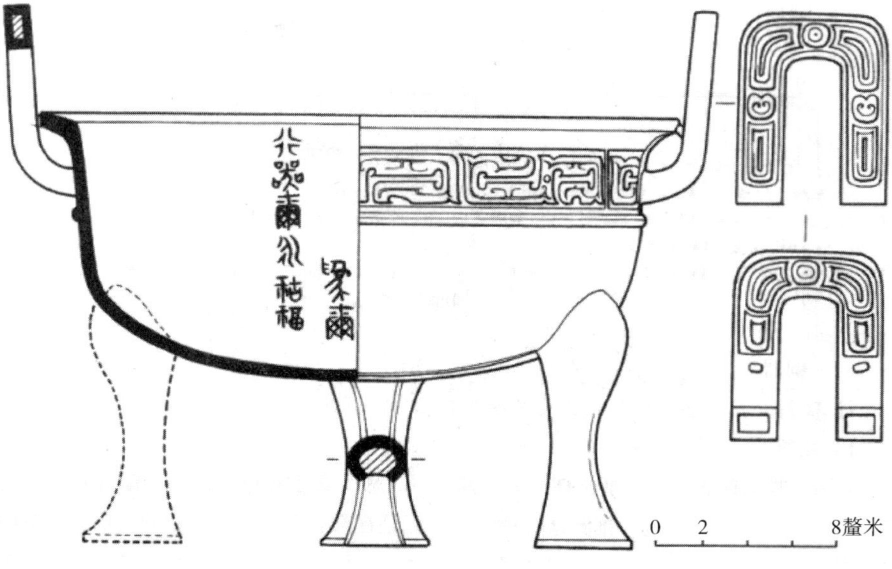

曾亘嫚非彔鼎（GM17：1）綫圖

耳外側紋飾

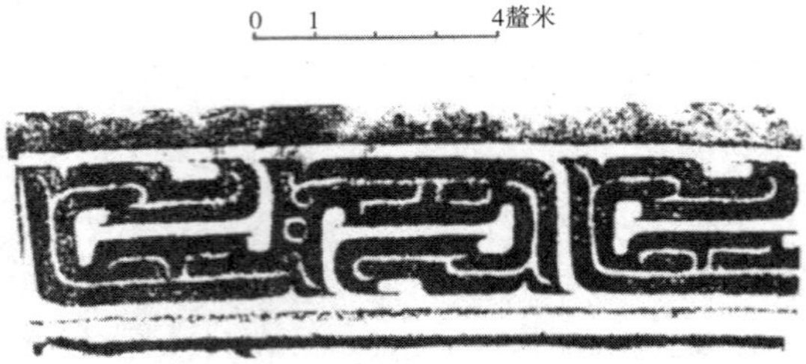

沿下紋飾

曾亘嫚非录鼎(GM17：1)紋飾

曾亘嫚非录鼎(GM17：1)銘文拓片

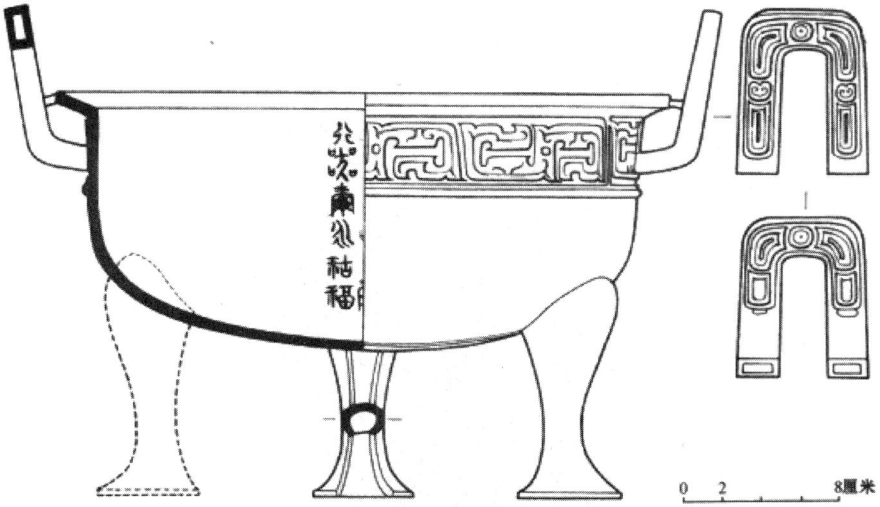

綫圖

耳外側紋飾

沿下紋飾

曾亘嫚非彔鼎(GM17：2)綫圖及紋飾

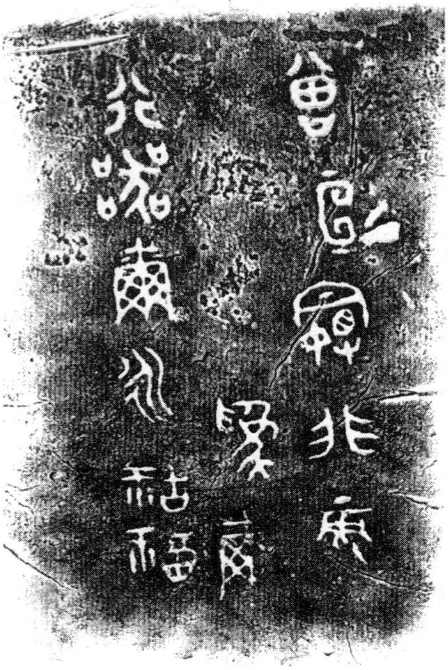

曾亘嫚非录鼎(GM17：2)銘文拓片

曾孟嬴削簠

出自 M1，編號 GM1：06 和 GM1：07。此墓被破壞，隨葬器物在發掘之前已流散，現場徵集的有銅鼎 1 件、簠 1 合(2 件)、壺 1 件、劍 1 件、鑣 1 件、節約 1 件、絡飾數件、玉器 3 件。根據調查，還有銅鈴等銅器因故未能追回。其中簠和壺有銘文。見報告 91 頁，以及：圖七五，綫圖、銘文拓片；圖七六，紋飾拓片；彩版一一-1，GM1：06 器圖；圖版一〇-2、圖版一〇-3，GM1：06 器圖、銘文。

簠銘在器、蓋内底部，竪書，三行十二字：

曾孟嬴削，
自作行匿(簠)，
則永祜福。

曾，國名。孟，排行。嬴削，人名。嬴字，上部从女，其形與樊夫人龍嬴鬲、匜，以及季嬴靈德盉等器的嬴字類似。嬴下一字當是削字。《説文》："削，挑取也。从刀，肙聲。一曰窐也。""肙，小蟲也。从肉，口聲。"徐鉉曰："口音圍。"或主張"小蟲"之説當移於"蜎"字之下。肙"會口食肉飽厭之意"，其字本从口，又訛變成○，此又趁隙加點作⊙。古陶、古璽、楚簡中已有肙及从肙之字。嬴削，是嫁至曾國名削的嬴姓女子。類似江仲芈南鐘之"江仲芈南"。江，國名。仲，排行。芈，楚姓。南，名。

"行匿"，春秋金文常見在器名前加"行"字，或稱"行器"，一般認爲是出行用器，也有主張爲隨葬用器。器名从"匚""古"聲，讀爲"瑚"，即《論語·公冶長》孔子謂子貢爲"瑚璉"之器的"瑚"字。字或作"胡"。如《左傳》哀公十一年："仲尼曰：胡簋之事，則嘗學之矣。"瑚爲宗廟行禮盛黍稷的方器。學界舊稱此類器爲"簠"，而典籍之"簠"乃是指"鋪"，是一種高足圓器。爲行文方便，本文沿用舊稱"簠"。

"永祜福"用語，已見於曾子屖(沙)簠："曾子屖(沙)自乍(作)行器則永祜福。"内容與本器相同，時代相近，説不定就出自此地。"祜福"同"胡福"，意即大福。楊樹達考釋曾子屖簠："祜通訓爲福。祜福同義連文，義自可通。然《賈子新書禮篇》云'祜，大福也'。然則祜福蓋謂大福也。《儀禮·仕冠禮》加冠祝詞云：'眉壽萬年，永受胡福。'胡福亦謂大福也。"河南光山黄君孟夫婦墓出土銅器末尾三字，也有學者主張釋讀爲"永祜福"的。

銘文之義：嫁至曾國名削的嬴姓長女自己製作了出行或者隨葬用器簠，永遠享受大福。黄國爲嬴姓，與曾國鄰近，此嬴姓女子可能就是黄國人。公元前648年黄國爲楚所滅。

韓宇嬌認爲,“則”有長久的含義,與“永”同義連用。“以曾國金文來看,稱‘伯’者均爲男性,稱‘孟’者均爲女性。”“孟與伯的區別,在春戰之時,實際行用時或是以‘孟’來表示女性排行爲長者,‘伯’來表示男性排行爲長者。”(博士學位論文66~67頁)

曾孟嬴削簠(GM1:06)器圖

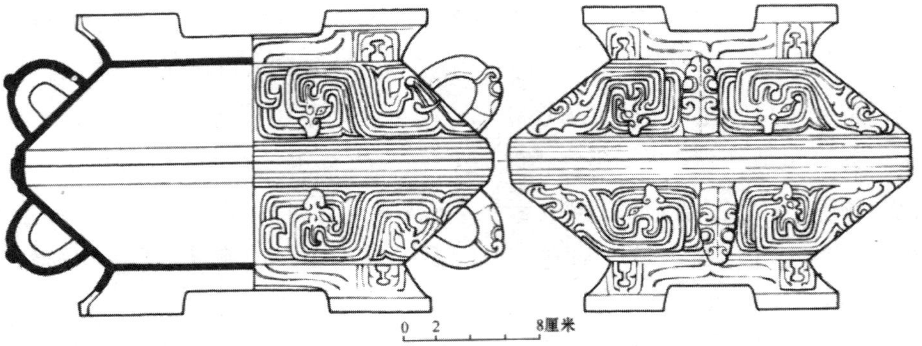

曾孟嬴削簠(GM1:06)綫圖

曾孟嬴削簠(GM1：06)銘文拓片

幻(弦)伯隹方壺

2件，出自M1。形制、大小、紋飾及銘文相同，皆殘破。一件只存蓋和器身的下半部，另一件較爲完整，僅肩部缺損一塊。標本GM1：08，口徑17釐米，腹深34釐米，蓋高13釐米，通高47.6釐米。銘在蓋榫外壁和器身頸部内壁，竪書五行十四字。第四行缺“年”字。見報告91頁，以及：圖七七，綫圖、銘文拓片；彩版一二-3，器圖；圖版一一-3、圖版一一-4，器圖、銘文。銘文：

幻(弦)白(伯)隹
作雉(鳺)寶
壺，其萬
[年]子₌孫
用之。

幻白，已見孟濟父簋：

孟濟父作幻白妊媵簋八，其萬年子孫永寶用。(《三代》7.49~50)

兩處“幻白”恐非同義。簋銘“幻白妊”之幻當是國名，“白妊”當是人名，“白”可視爲伯，表行第。妊可能是幻國之姓(妊，過去釋“姫”，韓宇嬌指出當爲妊，可從)。類似下列二器：

輔伯匡父鼎：“輔伯匡父作豐孟妘媵鼎。”(《三代》3.34.3)
旅伯簋：“善夫旅伯作毛仲姬尊鼎。”(《文物》1976年5期)

豐、毛爲國名或氏名；孟、仲爲行第；妘、姬爲姓。這是孟濟父爲妊姓幻國大女兒所作的八件陪嫁簋。

而幻白隹壺銘的“幻白”之“白”可能爲爵稱伯，乃伯爵幻國之國君，名隹。這與杞白鼎、簋類似：

杞白(伯)每刃作鼄(邾)孃(曹)寶鼎(《三代》3.33.2鼎，7.41.2簋)

郭沫若認爲“每刃”，即《史記·陳杞世家》的謀娶公，杞與邾爲婚姻之國。

西周金文中，一般“伯某”或“伯某父”的“伯”是指行第而非爵稱，但學術界也有不同意見。有學者主張：“‘某伯’究竟是指爵稱還是行輩，現在還難以確斷。不過，至少有些‘某仲’‘某叔’‘某季’乃是氏稱……而且周代又是實行嫡長制，‘某伯’一稱往往可兼有諸侯之伯與行輩之伯的兩重意義。金文中常見的‘某伯’，至少有相當一部分是諸侯。”(俞偉超、高明)。有學者經過系統研究後認爲，上引這種説法比較審慎，“兩重意義”的説法，“也符合西周的實際情況”。同時進一步指出，銘文中“某伯”的“某”和“伯某”的“某”是不同的，“伯某”的“某”是表字，“某伯”的“某”除追稱可能是日名、謚號外，凡生稱一般都是國名、氏名(盛冬鈴)。

國名“幻”不見於典籍。幻可以讀爲弦。如曾侯乙墓竹簡“弓幻”，可讀如“弓弦”。《漢書·張騫傳》：“以大鳥卵及犛靬眩人獻於漢。”顔注：“眩讀與幻同。”《漢書·西域傳》：“善眩。”顔注：“眩讀與幻同。”因此，幻白可讀爲弦伯。或主張可直接將此字視爲从弓从糸，釋讀爲弦(董珊)。

弦爲周時小國，後爲楚滅。楚滅弦在公元前655年，見《春秋》僖公五年：“楚人滅弦，弦子奔黄。”《傳》云：“楚鬥穀於菟滅弦，弦子奔黄。於是江、黄、道、柏方睦于齊，皆弦姻也，弦子恃之而不事楚，又不設備，故亡。”杜預注：“弦國在弋陽軑縣東南。”即今河南光山縣西北。楊伯峻注：“弦，《路史》謂爲姬姓國，《春秋傳説彙纂》則云‘或隈姓’。其故國當在今河南省潢川縣西北，息縣南。”此器作於弦滅之前，即春秋中期前。如依此銘，弦當爲妊姓。

“作”後一字，从夭从隹，隹、鳥義近，當是鴹字。《集韻·宵韻》：“鴹鵸，鳥名，三首六目六翼六足。”在此當讀如“妖”，指妖麗，漂亮。《漢書·司馬相如傳》：“妖冶閑都。”顔師古注：“妖冶，美好也。閑都，雅麗也。”或疑“夭”是“走”旁之省，即趭。“趭”字在此可以因音近讀作“爲”，“隹”“爲”聲系相通。例如《詩經·大雅·崧高》“維周之翰”，《禮記・孔子閑居》引作“爲”；《楚辭・天問》“胡維嗜不同味”，《考異》“維一作爲”。

銘文之義爲“弦國的國君隹作了一件美好的寶貝壺”，或者“弦國的國君隹作了一件寶壺”。此壺可能作于滅國之前，當爲西周晚期或者春秋早期。弦國除與鄰近之江、黄、道、柏等國有婚姻關係外，與曾國也有聯姻。此器的出土，對於確定弦國的地望具有重要的參考價值。如顧棟高曾主張：“今湖廣黄州府蘄水縣西北四十里有軑縣古城，爲弦國地。又河南光州西南有弦城，蓋因光山縣西有僑置軑縣故城而誤。或曰弦子奔黄時所居也。”或比較諸説，認爲杜注的弋陽軑縣東南説更可信一些。此器出在棗陽曾國墓地，其國當離其不遠，杜注的説法接近實際。

韓宇嬌認爲，䧹，爲人名，此壺是幻伯隹爲其所作。伯，爲排行，並非爵稱。按照媵器的銘文格式，應該是嫁入幻國的妊姓女子。幻，讀爲弦，可從(博士學位論文 210 頁)。

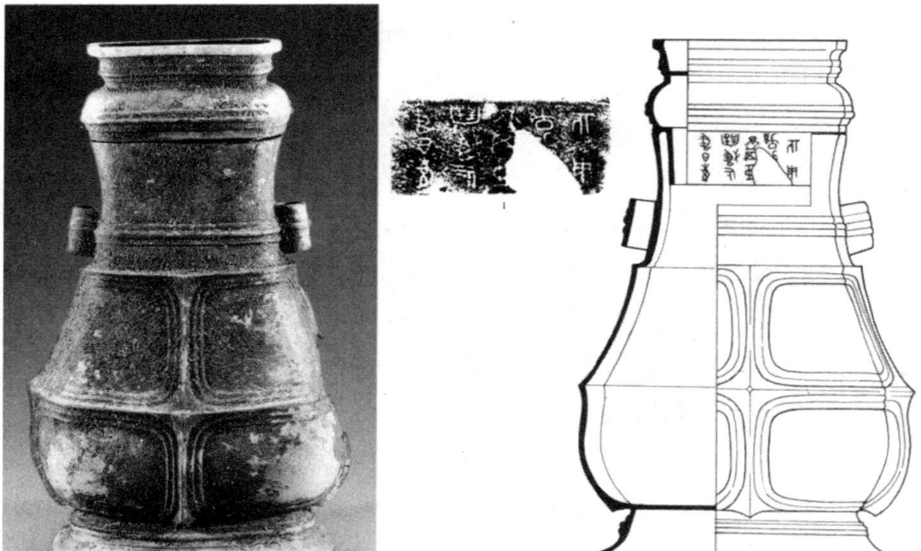

幻(弦)伯隹方壺(GM1：08)器圖及綫圖

内壁銘文圖

外壁銘文拓片

幻(弦)伯隹方壺(GM1：08)銘文

衛伯須鼎

1件。出自郭家廟形制不清墓葬，墓毀器亡。此鼎爲事後採集(GM01：01)，方唇，立耳，淺鼓腹，圜底，蹄足。足下部係補鑄。飾有竊曲紋、連體龍紋。腹内有鑄銘銘文四行十三字，見報告 188 頁，以及：圖一四八，銘文拓片、器形綫圖；圖一四九，紋飾；彩版七-1，器圖；圖版四-3，器圖。銘文：

衛白須
用吉金作
寶鼎，子孫
用之。

衛，下从止，與衛尊之衛類同。須，似“頃”，細審則當釋爲須。左下作兩根“須”，見於須悉生鼎。《説文》：“須，面毛也，从頁从彡。”衛白之“白”即伯，有兩種可能：一爲爵稱“伯”，即衛國之君，姬姓；二爲行第，即伯仲叔季之“伯”。

衛伯須鼎(GM01：01)器圖

衛伯須鼎(GM01：01)銘文拓片

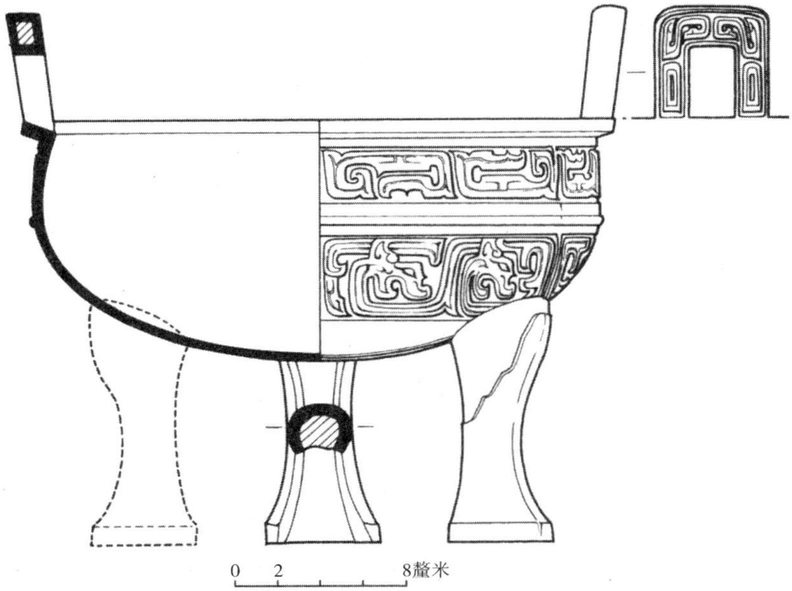

衛伯須鼎(GM01：01)綫圖

據《史記·衛康叔世家》，周成王誅武庚封康叔于衛，伯爵；至周夷王時，“夷王命衛爲侯”；至周平王時“周平王命武公爲公”，至衛成侯十六年(公元前346年)“衛更貶號曰侯”；嗣君五年(公元前320年)“更貶號曰君，獨有濮陽”；至秦統一，秦“二世廢君角爲庶人，衛絶祀”。

《衛康叔世家》：“康侯卒，子康伯代立。康伯卒，子考伯立。考伯卒，子嗣伯立。嗣伯卒，子庢伯立。庢伯卒，子靖伯立。靖伯卒，子貞伯立。貞伯卒，子頃侯立。”頃侯之後爲釐侯、共伯余、武公和、莊公揚、桓公完、宣公晉、惠公朔、懿公赤、戴公申、文公燬等。

如此記載不誤，衛稱伯在周夷王之前。頃侯在位12年卒。據《史記》，其在位時，“厚賂周夷王，夷王命衛爲侯”。《索隱》以爲衛本侯爵，“伯”乃方伯之伯。對此，顧炎武《日知録》曾指出：“頃侯以前之稱伯者，乃‘伯子男’之伯也。《索隱》以爲‘方伯’之伯，雖有《詩序》‘旄丘責衛伯’之文可據，然非太史公之意也。且古亦無以‘方伯’之伯而系謚者。”

鼎銘“衛伯須”不知屬於哪一位“伯”。頃與須形近，考慮到此器時代偏早，頗疑“頃”乃“須”字之誤。如果這種懷疑不誤，此鼎就是西周夷王之時衛頃侯稱侯之前(稱伯時)製作的器物。西周銅器稱“衛伯”者，目前僅見此器。

若是西周晚期或春秋早期器，説明衛稱伯並非至夷王，而是延續至西周晚期或春秋早期。如果“須”並非“頃”誤，衛伯須是哪一位國君還需要進一步研究。

衛器有稱“子”者：

> 衛子簠：“衛子弔(叔)□/父作旅匿(簠)。”(《三代》10.2.3)

此簠從銘文風格看，當爲兩周之際器。

衛伯須鼎與曾伯陭之器時代相近，出現于曾國墓地可能是某種原因所致。是否爲賵贈之器，有待深入研究。

韓宇嬌認爲，“衛伯須”爲金文中常見的“國族名+排行+私名”格式，將其視爲“衛頃侯”的看法值得商榷(博士學位論文209頁)。

□□用戈

2003年郭家廟墓區採集(標採G：01)，長胡，欄側三穿。通長26釐米，欄長12釐米，援長18.5釐米，援寬3.5釐米，内長7.5釐米，内寬3.3釐米。見報告200頁，以及：圖一六五，器物綫圖、拓本；圖版二三-1、圖版二三-2，器圖、銘文。内後鑄銘兩行四字，前二字不清。第二字从宀，下部似“僕”或“撲”，或以爲是“寢”字(韓宇嬌博士學位論文71頁)。現暫且釋爲：

□僕(?)用戈

郭家廟有銘銅器的出土，能够確定這是一批時代爲西周晚期至春秋早期的曾國墓葬，爲探索曾國的歷史提供了難得的證據；發現了弦國的銅器，是研究曾國與弦國關係難得一見的材料；曾伯陭戚鉞的銘文，對於研究有關問題是彌足珍貴的實物資料。據此，可確定曾伯陭壺就是出自郭家廟。據對墓區的發掘及銅器銘文和相關器物，可以推斷，棗陽郭家廟一帶應是兩周之際曾國的政治中心。

□□用戈(G：01)器圖

□□用戈(G：01)銘文圖

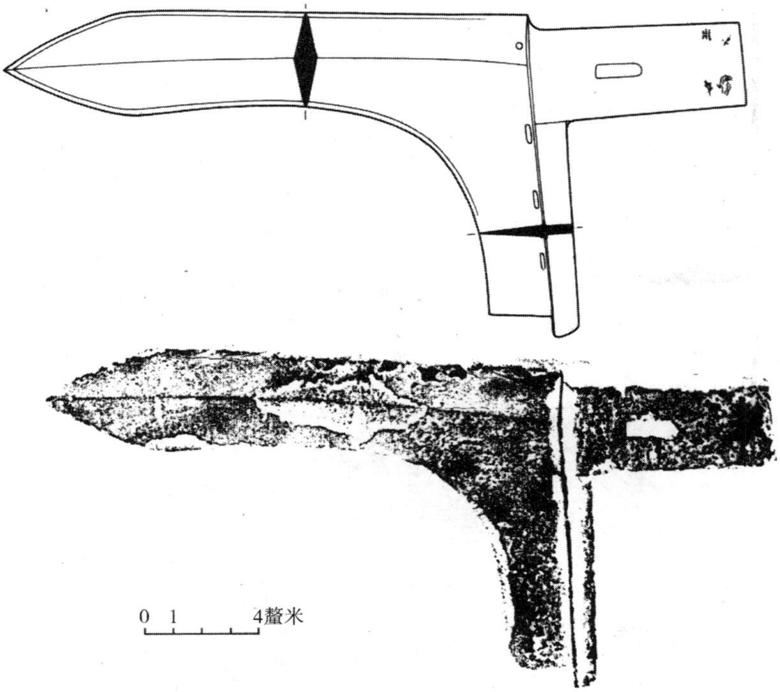

□□用戈綫圖及拓片

M21 墓葬規模相當於侯級，曾伯陭鉞銘的口氣也相當於國君，但曾伯陭是否一定是已經就位的"曾侯"，還有討論的空間。因墓葬被盜，難窺全貌。目前我們認爲，即便曾伯陭最後登上侯位，然以"曾伯"之名所作的器物則爲繼位前所作。從目前的材料看，曾國國君均稱"曾侯"。也可能曾伯陭有特殊貢獻，或者輔佐幼主有功等原因，他享受到侯級的埋葬規格而並未登上侯位。郭家廟墓區目前可以確認的侯墓，當爲曹門灣 M1 及郭家廟 M60，似可對應出自這一墓區的"曾侯絴白秉戈"的"曾侯"及"曾侯作季姬湯嬭賸鼎"的"曾侯"（器銘見後列）。説不定曾伯陭就是郭家廟 M60"曾侯"的兄長。

【著録】

襄樊市考古隊、湖北省文物考古研究所、湖北孝襄高速公路考古隊編著：《棗陽郭家廟曾國墓地》，科學出版社，2005 年。

【参考文獻】

黄錫全：《棗陽郭家廟曾國墓地出土銅器銘文考釋》，見上列《棗陽郭家廟曾國墓地》附録一。

王沛：《刑鼎源於何時——從棗陽出土曾伯陭鉞銘文説起》，《出土文獻與法律史研究》第二輯，上海人民出版社，2013 年。

李力：《"羁""殹""歷"三字的疑難與困惑》，《中國古代法律文獻研究》第八輯，社會科學文獻出版社，2014 年。

王沛：《曾伯陭鉞銘文的再探討》，《中國古代法律文獻研究》第九輯，社會科學文獻出版社，2015 年。

王沛：《曾伯陭鉞銘文補釋》，《出土文獻研究》第十四輯，中西書局，2015 年。

韓宇嬌：《曾國銅器銘文整理與研究》，清華大學 2014 年博士學位論文，69 頁。

郭永秉：《曾伯陭鉞銘文平議》，"曾國考古發現與研究暨紀念蘇家壟出土曾國青銅器五十周年國際學術研討會"論文，2016 年 12 月。

黄錫全：《"夫鋁"戈銘新考——兼論鑄器所用金屬原料之名稱》，臺北《故宫學術季刊》1995 年 13 卷 1 期。

黄錦前:《曾伯陭鉞銘文新釋》, 2017 年 3 月未刊稿。

曾嬴戚壺

1 件，郭家廟 M56 出土。具體數據未見詳細報導。據圖片，此壺附耳銜環，飾有竊曲紋、環帶紋。壺蓋頂抓手下方一周有銘文約十一字:

曾嬴戚自作行□，其永祜福。

缺釋□爲器名。器形、紋飾與棗陽市博物館藏曹門灣墓葬環帶紋壺(《曾國青銅器》76 頁)、郭家廟 M17 壺(《曾國青銅器》101 頁)等相近，時代爲兩周之際。曾嬴戚，"夫家國+母家姓+私名"，這當是嫁至曾國嬴姓名戚的女子所作之器，當來自江或黄國。

曾嬴戚壺器圖

曾嬴戚壺銘文圖

【著録】

湖北省考古研究所編：《三苗與南土——湖北省文物考古研究所“十二五”期間重要考古收穫》，《江漢考古》編輯部出版發行，2016 年，84 頁。

曾侯作湯孎鼎

1 件，殘。據介紹，是 2002 年高速公路建設時出土於棗陽郭家廟墓區。該鼎破壞嚴重，僅存一完整鼎耳及部分片段。但可以看出，鼎耳下一道凸弦紋將腹分爲上下兩部分，上飾竊曲紋，下素面，耳飾重環紋。爲兩周之際常見的曾國銅鼎。腹内壁殘存銘文三行十字，似可增補爲三行十三字：

曾侯作季□（姬？）

湯孎（芈）賸（媵）□（鼎？），

其永用□(之?)。

報道者認爲是“曾侯爲某位嫁到了曾國的芈姓楚國女子做的鼎”。

傳世曾侯作叔姬簠銘云(《金文通鑑》05936):“叔姬霝乍(迮)黄邦，曾侯乍(作)叔姬邛嬶賸(媵)器鼒彝，其子子孫孫其永用之。”此鼎“季姬湯嬶”很可能類似於“叔姬邛嬶”。邛、湯音近，不排除爲同一國名，地點一時難以確定。這是曾侯爲老四湯芈所作賸器。季姬、湯芈也可能爲一人。不排除是曾侯爲其姬姓小女兒嫁至芈姓湯國所作賸器鼎。時代當在兩周之際。

根據發現地點，這位“曾侯”很可能是郭家廟 M60 墓主。據介紹，郭家廟墓區最高處的高地上東西排列兩排墓葬，東面一排以 M60、M50(當爲夫婦)兩座大墓爲中心，西面一排以 M21、M52(當爲夫婦)兩座大墓爲中心。M21 即曾伯陭墓，並認爲 M60、M21 是侯級墓。

【著録】

方勤:《“漢東之國隨爲大”的考古學解析——兼及兩周之際的曾、楚關係》，見《穆穆曾侯——棗陽郭家廟曾國墓地》(後文簡稱《穆穆曾侯》)，文物出版社，2015 年。

【參考文獻】

方勤:《郭家廟曾國墓地的性質》，《江漢考古》2016 年 5 期。

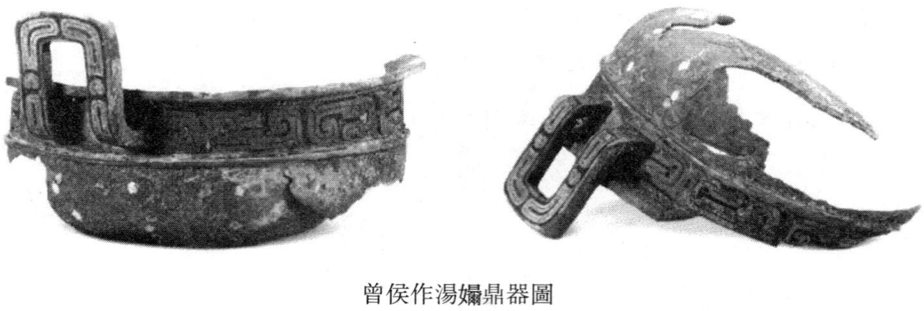

曾侯作湯嬶鼎器圖

曾侯作湯鼎銘文

曹門灣墓區 M10、M13、M22

郭家崗墓地分布在兩個相對獨立的山崗上，北崗爲郭家廟墓區，南崗爲曹門灣墓區。2014 年 10 月至 2015 年 1 月，對曹門灣墓區進行搶救性發掘，共清理西周晚期至春秋早期墓葬 25 座，以及車坑 1 座、馬坑 2 座、車馬坑 1 座，出土各類質地文物 1003 件(套)，其中青銅器 744 余件(套)，多件鼎上發現有"曾子"銘文。由此判斷此墓地(兩處墓區)應爲西周晚期至春秋早期曾國的公墓地，填補了葉家山西周早期曾國墓地與文峰塔春秋中晚期曾國墓地、擂鼓墩戰國時期曾國墓地之間的環節。曹門灣墓區 M1 位于崗地最高處，規模最大，其餘中、小墓葬有序分布於其西側、南側。M1 爲一椁二棺，有墓道，早年被盜，未發現有銘文銅器。中型墓 22 座，據報道 4 件銅器有銘文，分别出自 M10、M13、M22(三墓未被盜擾)。M10 位于發掘區的西南部，一棺一椁。M13 位于發掘區的南部，一棺一椁。M22 位于墓區西面坡地之上，一棺一椁。1982 年，在 M1 不遠處的耕土層中發現"曾侯絴白秉戈"，或推測 M1 墓主有可能就是曾侯絴白(《穆穆曾侯》123、204 頁)。

曾子⿰睪頁鼎

1件，編號M10：1。侈口，蹄足，弧腹，附耳。一道凸弦紋將腹部分爲上下兩單元：上腹飾一周竊曲紋，下腹光素無紋。鼎耳飾兩道弦紋。通高20.4釐米，口徑23.6~24.3釐米。重2900克。見《江漢考古》2016年5期21頁，以及：圖版二四，器圖；圖版二五，銘文圖片；圖一〇，綫圖；拓片三，銘文拓片。又見《江漢考古》2015年3期4頁，圖版一八，銘文、器圖；《穆穆曾侯》140~141頁。鼎内壁有銘文兩行十一字：

曾子⿰睪頁自作
行器，其永用之。

⿰睪頁，从頁从睪。睪形與簋子甗睪作“”形類似(《金文編》159頁)。報告讀爲澤。據報道，出曾子⿰睪頁、曾子壽的墓葬“是曹門灣墓區銅器墓中規模最小的一類，墓主人是曾國士一級貴族”，“這兩件器物的作器者應該都是墓主人”，而且墓葬未被盜擾，那麼，兩位“曾子”就只能是曾國公子公孫的後裔，屬曾公族，春秋早期已屬於没落的小貴族。至于曾侯與(戟、尊盤)和曾子與(簠、缶)的稱謂，當屬非常情況。説明曾侯與並非“子繼父位”，可能是從曾國公子公孫的後裔中所選拔。“曾子”與“楚子”類似，非爵稱。“子”當爲尊稱或美稱。爲“國氏+子+私名”。有關“曾子”、伯、仲等的稱謂問題，可參閱張昌平《曾國青銅器》348~355頁，以及本書“前言”和“可能出自湖北器”中的曾子斿鼎。

“⿰睪頁”與“睪”

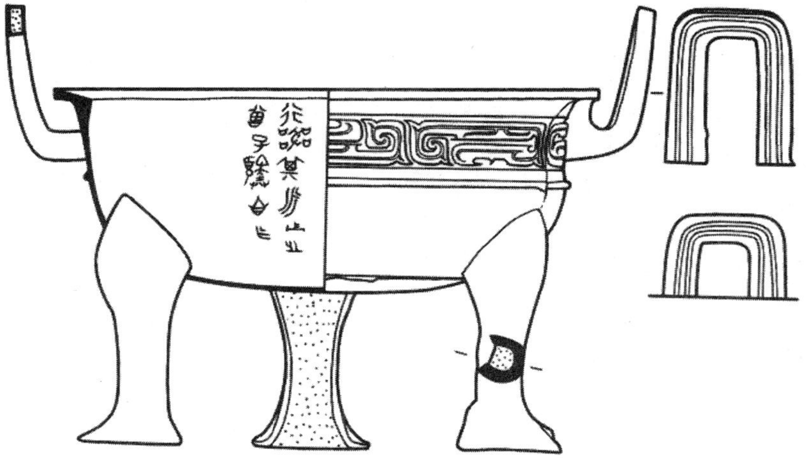

曾子顯鼎（M10：1）綫圖

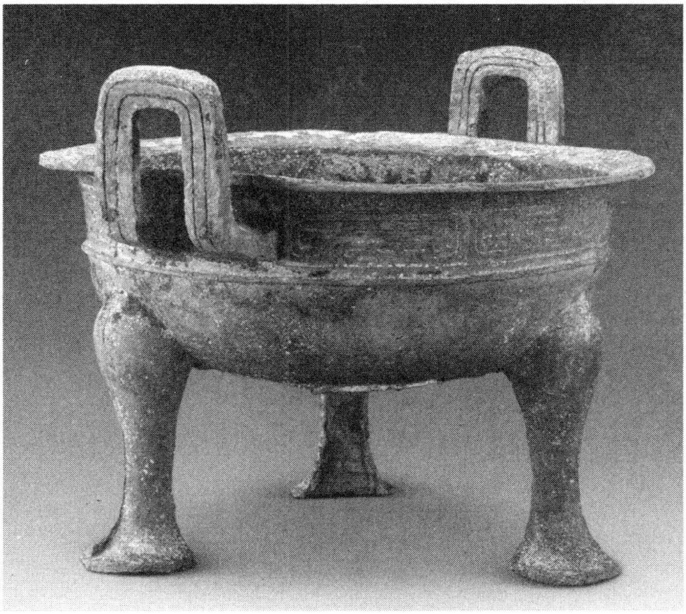

曾子顯鼎（M10：1）器圖

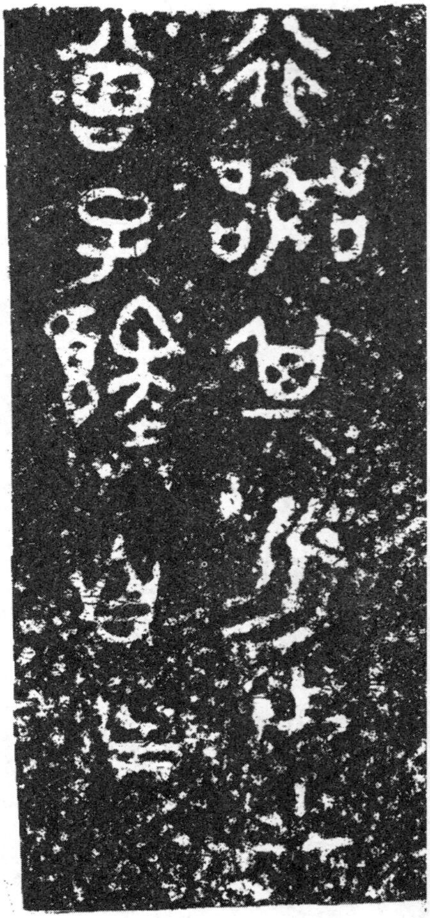

拓片

器銘圖

曾子顆鼎(M10：1)銘文

曾子壽鼎

1件，編號M13：1。侈口，蹄足，弧腹，附耳。一道凸弦紋將腹部分爲上下兩單元：上腹飾一周竊曲紋，下腹飾兩周垂鱗紋。足、耳渾鑄。

長方形附耳與器口有圓梗相連，足壁内側有紅色芯範露出。通高 20.9 釐米，口徑 25.4 釐米。重 2900 克。見《江漢考古》2016 年 5 期 31 頁，以及：圖版二九，器圖；圖版三〇，銘圖；圖一四，綫圖；拓片四，銘文拓片。又見《江漢考古》2015 年 3 期 4 頁，圖版一九，銘文、器圖；《穆穆曾侯》142～143 頁。鼎内壁有銘文兩行十一字：

曾子壽自作
行器，則永祜福。

“則永祜福”，與郭家廟墓區曾孟嬴削簠、曾亘嫚非录鼎用語相同，表示永遠享受大福。

曾子壽鼎（M13：1）器圖

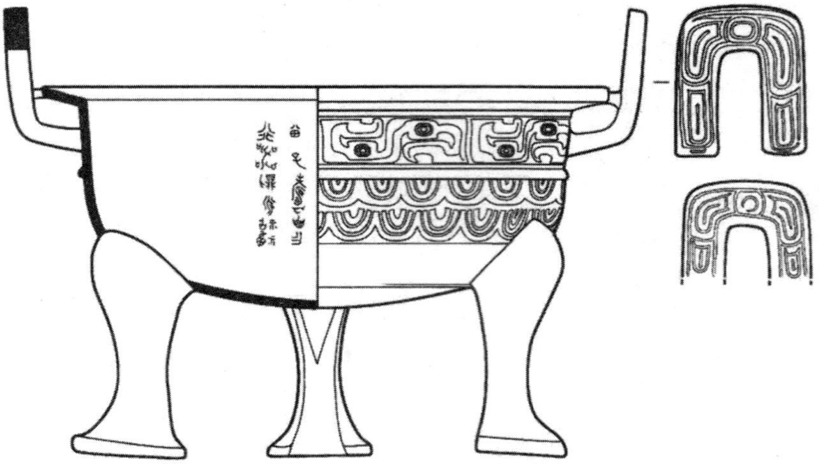

曾子壽鼎(M13：1)綫圖

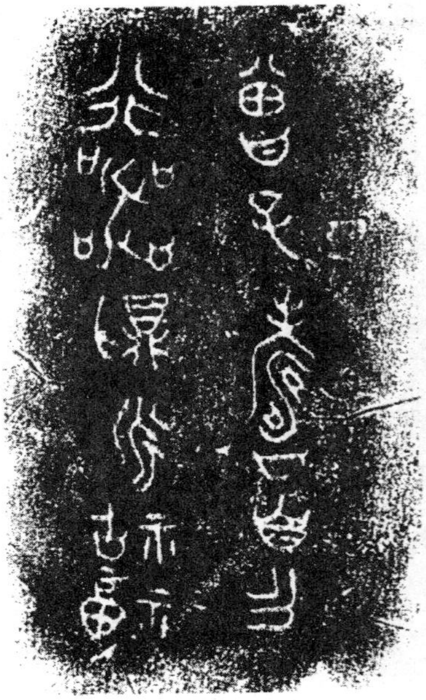

拓片

器銘圖

曾子壽鼎(M13：1)銘文

黄錦前收集了金文中有關“行器”“永祜福”例證，認爲東周金文中自名爲“行器”、帶“(則/爾)永祜福”辭例者，皆有一定的時代和地域性，即主要流行於春秋時期漢、淮流域的曾、黄等國，且往往是“行器”與“(則/爾)永祜福”並舉，而形成“××作/鑄行器，(則/爾)永祜福”這種較爲固定的結構。

【參考文獻】

黄錦前：《新出兩件曾子鼎繹讀》，2016 年未刊稿。

郘君盧鼎

1 件，編號 M22：6。附耳，蹄足，頸部飾竊曲紋，腹部飾垂鱗紋，耳飾重環紋。通高 24.7 釐米，口徑 29～30.2 釐米。重 4720 克。見《江漢考古》2016 年 5 期 16 頁，以及：圖版三，器圖；圖版六，銘圖；圖三，綫圖；拓片一，銘文拓片。又見《江漢考古》2015 年 3 期 4 頁，圖版二一，銘文、器圖；《穆穆曾侯》136～139 頁。鼎内壁有銘文四行二十五字(有幾字不清，報道或缺釋)：

郘君盧作其
鼎，其萬年無
疆，子孫永用
之。其或唯喪，
則盟(明)謌(殛)之。

第三字，報道釋爲“鮮”，黄錦前釋爲盧，以爲上从變形“虍”。“喪”字筆畫漫漶不清，報道者在分析中認爲可能是“喪”字。黄錦前認爲與曾季关臣盤銘的“喪”字作類似。“盟”字報告釋作“明”，放大照片觀察下部有筆畫，對照有關“盟”字其下似从“皿”，當釋爲“盟”。如仲讜父簋

銘(《金文通鑑》04845)。“盟”，在鼎銘中可讀作“明”。“殛”，黄錦前據殘存筆畫並對照仲讜父簋銘“則盟(明)殛”的，釋爲“誣”字，在鼎銘中讀作“殛”。

喪，喪失、敗亡之意。則，就。“盟”讀作“明”，可參照琱生尊(鍑)銘“公則明殛”和侯馬、温縣盟書的“明神”之“明”，訓作“大”“顯”“嚴明”義。“殛”謂“攻伐”“誅殺”。《説文》：“殛，殊也。從歺、亟聲。《虞書》曰：‘殛鯀于羽山。’”《左傳》僖公二十八年：“有渝此盟，明神殛之!”鄭玄注：“殛，誅也。”或謂“懲罰”。《書・康誥》：“爽惟天其罰殛我，我其不怨。”楊筠如《覈詁》：“罰殛連文，殛亦猶罰也。”“殛”在本銘似訓“懲罰”。

鼎銘“其或唯喪，則盟亟之”，是説希望子孫永遠保(寶)有此器，若有敗亡，就要受到大的懲罰。

“戺君”之戺，報告疑讀爲禰，地名。《詩・邶風・泉水》：“出宿于泲，飲餞于禰。”毛傳：“禰，地名。”故地在今山東荷澤縣西。認爲這件鼎顯然是拿别國的銅器來陪葬的。

黄錦前根據郭家廟墓地出土銅器銘文中所見的“弦”“衛”等國離曾皆較近，疑鼎銘的“戺”可能亦在曾國附近，而未必遠在山東。其地望很可能在今河南濬縣一帶。所據上引《詩・邶風・泉水》句，馬瑞辰《通釋》曰：

> 古者餞于國郊，泲禰蓋衛近郊地。禰，《釋文》引《韓詩》作“坭”。《廣韻》：“坭，地名。字通作泥。”鄭注《士虞禮》引《詩》“飲餞于泥 ”(今本亦作禰，《釋文》“禰，劉本作泥”)。疑禰即《式微》之“泥中”耳。泥中在漢黎陽今衛輝府濬縣地。與須曹之在滑縣者相近。

如此，此鼎則可能屬衛。戺，地名氏稱。盧，私名。君，不排除封君的可能。

郘君盧鼎（M22：6）器圖

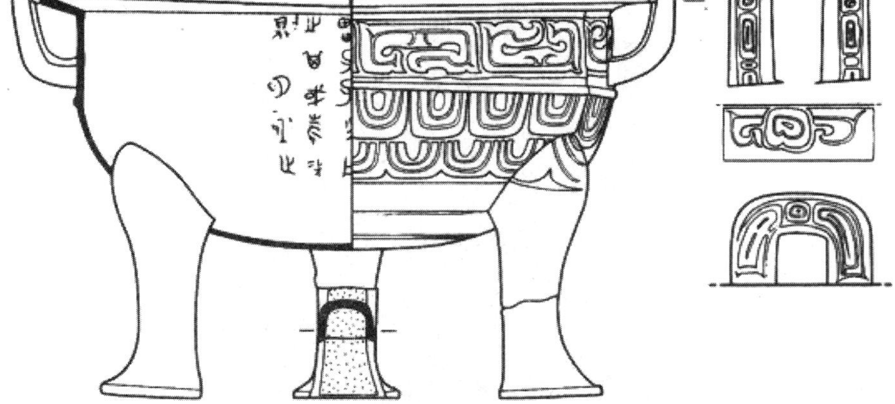

郘君盧鼎（M22：6）綫圖

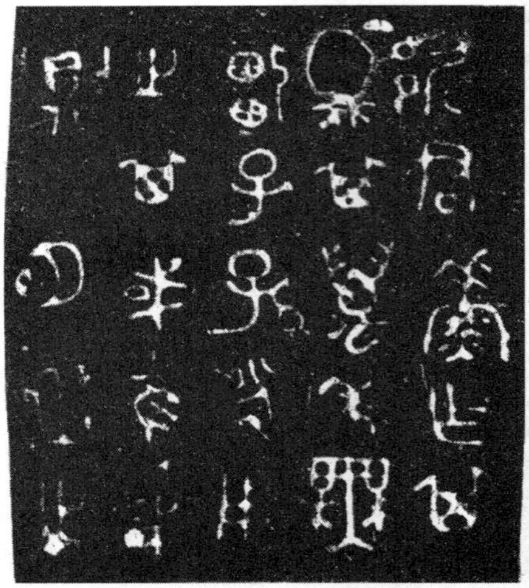

拓片

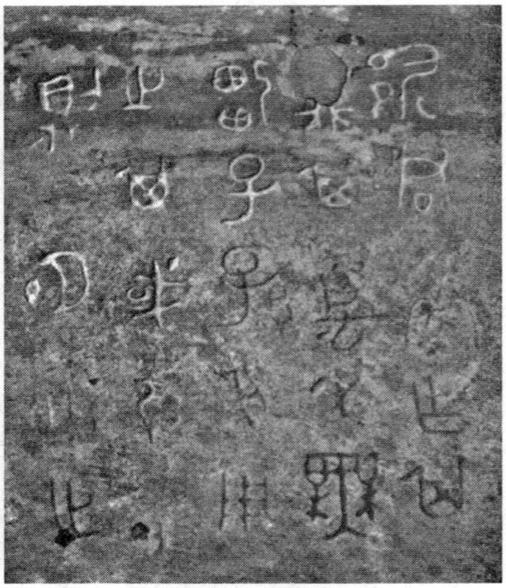

器銘圖

郘君𩫖鼎(M22：6)銘文

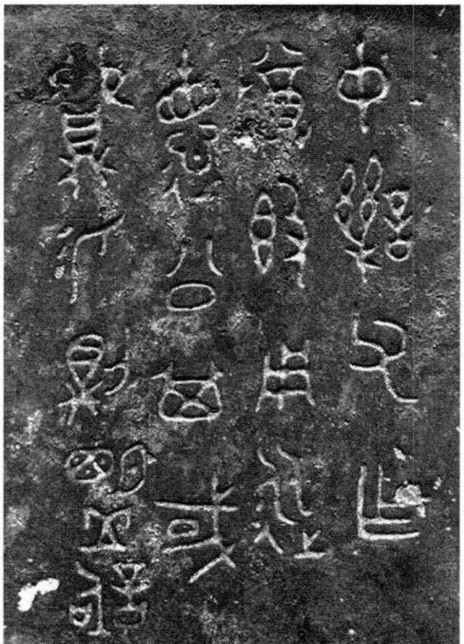

仲𨭌父簋銘文

【參考文獻】

黃錦前：《泥君魚鼎繹讀》，2016 年 10 月待刊稿。

董珊：《侯馬、温縣盟書中“明殛視之”的句法分析》，見《古文字研究》第二十七輯，中華書局，2008 年，356 頁。

郲貟栯盤

1 件，編號 M22：3。敞口，平脣，淺腹，附耳，圈足外侈，下有三小足。腹飾斜角雲紋，圈足飾垂鱗紋，耳飾重環紋。通高 17. 4 釐米，通長 31. 2 釐米，通寬 14. 4 釐米，口部直徑 25. 6 釐米×13. 2 釐米。重 5295 克。見《江漢考古》2016 年 5 期 16 頁，以及：圖版一四，器圖；圖版一七，銘圖；圖五，綫圖；拓片二，銘文拓片。又見《江漢考古》2015 年 3 期 4 頁，圖版二二，銘文、器圖；《穆穆曾侯》144～145 頁。時代當爲春秋早期。盤内銘文四行二十字，排列錯亂，語句不通。報道者認爲正確的讀法應是：

唯郲（旁）伯貝懋自作寶盤，自用。其萬年子孫永寶，永用享。

報道者認爲，郲伯，疑爲房國之君。《國語 · 周語》：“昔昭王娶於房，曰房后。”《左傳》昭公十三年“靈王遷許、胡、沈、道、房、申于荆”，杜注“汝南有吳防縣，即防國”。一般認爲春秋之房國當在河南遂平縣一帶。

黃錦前認爲，第二字與士山盤銘的“方”、中甗銘的“方”所指皆同，即房國之“房”，當在漢淮流域一帶。

“栯”字原篆作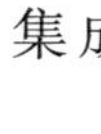，據其筆畫與輪廓，與仲栯父諸器的“栯”字寫作（仲枏父簋，《集成》8. 4155）、（仲枏父鬲，《集成》3. 747）、（仲枏父匕，《集成》3. 979）等形相似，疑是“栯”字。

黄錦前的次序調整與釋讀大體可從。但第一行的“白”與“貝”可能是一字，即⿱白貝字。看起來“白”與“貝”距離稍大，但于整篇銘文則很合適，其整體長度小於左邊的“萬”字。⿱白貝字見於下列師寰簋(二見)、兮甲盤(《金文編》437頁)：

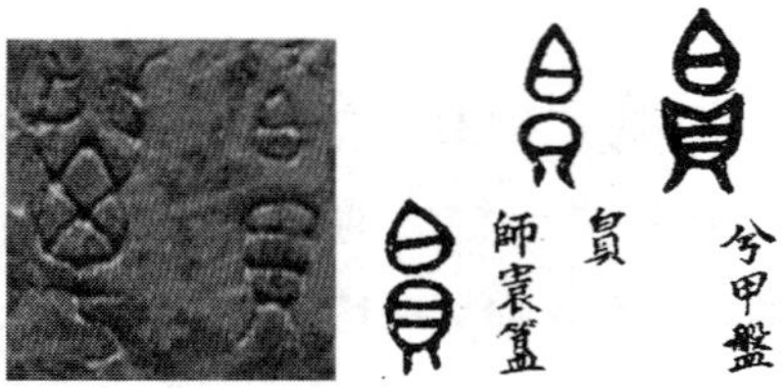

若是一字，與銘文四行、每行五字也相合。⿱白貝當从貝，白聲。準此，則可釋讀爲：

隹(唯)⿰旁阝⿱白貝枏，自
作寶盤，自用。
其萬年子孫
永寶，永用享。

至於“⿰旁阝”究竟讀“旁”還是“方”或“房”，具體地點位于何處，還可以討論。

其實，此銘⿰旁阝與士山盤的“方”及中甗的“方”不一定爲同地。《詩·陳風》：“防有鵲巢，邛有美苕。”毛《傳》：“防。邑也。邛，丘也。”《疏》引《正義》曰：“言防邑之中有鵲鳥之巢，邛丘之上有美苕之草。”《後漢書·郡國志》“陳國陳縣”注引《博物志》曰：“邛地在縣北，防亭在焉。”若此地屬實，則⿰旁阝亦可讀如防，春秋屬陳，在河南淮陽北。曾與陳相去不遠，應有正常交往，陳國的“⿰旁阝(防)”氏名“⿱白貝枏”者自作之器出於曾墓，也不足爲奇。陳于春秋末年滅於楚(魯哀公十七年，即公元前478年)。

又，《説文》：“⿰旁阝，汝南鮦陽亭，从邑，旁聲。”段注：“河南汝寧府新蔡縣縣北有鮦陽故城，又有鮦陽渠。鮦者，水名。《水經注》：“葛陂東出爲鮦水。俗謂之三丈陂是也。𨛭者，鮦陽亭名。疑即《左傳》襄四年、定四年之緐陽也。”若此，則𨛭在新蔡北。至於繁陽，《續漢書・郡國志》定在汝南郡宋縣，即今安徽太和縣北。鄂君啓節、包山楚簡見有“繁陽”，可參見吳良寶《戰國楚簡地名輯證》，武漢大學出版社，2010年，234頁。𨛭不一定是繁陽。若𨛭在新蔡北屬實，則此器也可能屬蔡。

𨛭貞柟盤（M22：3）器圖

拓片

器銘圖

𨛭貞柟盤（M22：3）銘文

當然，這些只是推測，還難下結論。

【著録】

湖北省文物考古研究所、湖北荆州文物保護中心、襄陽市文物考古研究所、棗陽市博物館考古隊：《湖北棗陽郭家廟墓地曹門灣墓區(2014)M10、M13、M22發掘簡報》，《江漢考古》2016年5期。

方勤、胡剛：《棗陽郭家廟曾國墓地曹門灣墓區考古主要收穫》，《江漢考古》2015年3期。

長江文明館、湖北省博物館、湖北省文物考古研究所、襄陽博物館：《穆穆曾侯——棗陽郭家廟曾國墓地》，文物出版社，2015年。

【參考文獻】

黄錦前：《旁伯貝柟盤釋讀——兼談中甗與士山盤之"方"》，2016年待刊稿。

曹門灣墓區 M43

2015年7月至2016年1月，湖北省文物考古研究所、武漢大學歷史學院等單位，對棗陽郭家廟墓地曹門灣墓區進行了第二次發掘，共清理春秋早期墓葬27座。其中曹門灣M43保存完整，葬具一棺一椁，骨架頭朝東。出土青銅器有鼎1件、簠2件、盤1件、匜1件。報道者推定墓葬年代大致在春秋早期晚段，墓主人可能是士一級的女性貴族，與相鄰的M45可能是夫妻關係。太保簠、夨叔匜等有銘文，是研究曾國官制及政治聯姻關係的重要資料。

曾子雟鼎

1件，編號M43：8。附耳，淺腹，馬蹄形足，腹中一周凸棱。口沿下飾一周竊曲紋。通高22.5釐米，口徑25.5釐米。重4129克。見《江漢考古》2016年5期39頁，以及：圖版二，器圖；圖版五，銘圖；圖三，綫圖；拓片一，銘文拓片。内壁鑄銘文兩行十字：

曾子𩵦自作
行鼎，其永祜福。

曾、行兩字被墊片遮住一半。器形與曹門灣 M10 出土的曾子䁧(澤)、鼎形制、紋飾均近同，時代爲春秋早期前段。這種自名爲“行器”、帶“(則/爾)永祜福”辭例者，經黄錦前綜合分析，皆有一定的時代和地域性，主要流行於春秋早期漢、淮流域的曾、黄等國，且往往是“行器”與“(則/爾)永祜福”並舉，而形成“××作/鑄行器，(則/爾)永祜福”這種較爲固定的結構。

𩵦，从㲋聲，可讀澤，説見前襄陽團山沈崗所出□子登鐸。如魏三體石《多士》澤字古文作，《汗簡》澤字古文作。此鼎與曹門灣 M10 曾子澤有可能爲一人，只是“澤”字書寫不同。這位“曾子”與曾子壽一樣，地位不高，爲曾公族。此鼎可能因某種原因入葬這位女性貴族墓葬。這幾座未被盜擾且出有“曾子”的墓葬，是確定“曾子”身份的最好佐證。

曾子𩵦鼎(M43：8)器圖

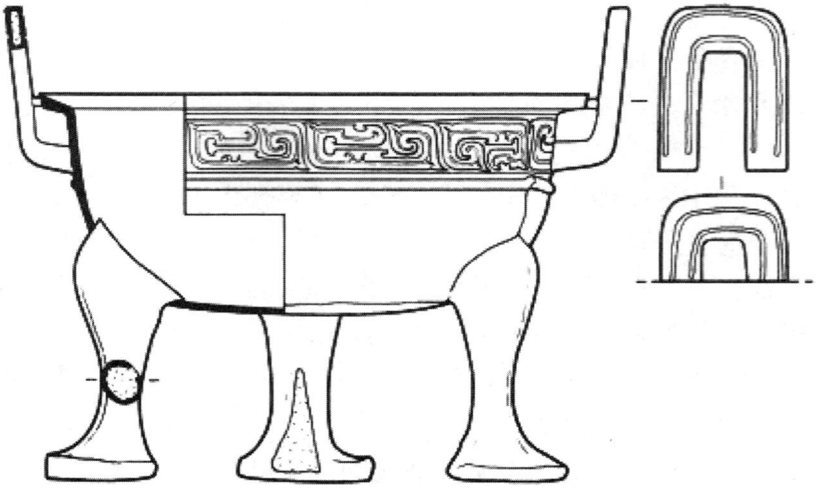

曾子𩡧鼎(M43：8)綫圖

拓片

器銘圖

曾子𩡧鼎(M43：8)銘文

曾太保發簋

2件，編號M43：3和M43：4。形制、紋飾、銘文、鑄造工藝完全相同。腹部兩側有一對龍形環耳；蓋身爲平頂，長邊兩側立着四個對稱的龍形扉棱。通體飾有竊曲紋。M43：3，通高23.7釐米，口徑31.4釐米×23.5釐米，重6040克。見《江漢考古》2016年5期39頁，以及：圖版六，器圖；圖版一三，蓋銘圖；圖版一四，器銘圖；圖四，綫圖；拓片二，蓋銘；拓片三，器銘。M44：4，通高23.2釐米，口徑31.4釐米×23.2釐米，重5900克。見圖版一五，器圖；圖五，綫圖。器、蓋内壁中央鑄有相同銘文（M 43：4不够清晰），四行十五字（M43：3）：

隹（唯）曾大保
發，用其吉
金，自作寶
盂（盂）。用亯。

，从皿宇聲，當“盂”之異體。銅簋自名爲盂，罕見。曾國銅器命名比較有特色。如隨州義地崗東風油庫M1所出曾少宰黄仲酉方壺之壺名“（盂）”。東周銅器中的盞常自名爲“盂”或“盞盂”，如楚王酓審盞（金文通鑑06056）、王子申盞盂蓋（《金文通鑑》06071）等。鼎有自名爲“食盂”，如彭子射盂鼎（《金文通鑑》02264）。盞盂與鼎皆爲食器，《説文》：“盂，飯器也。”《方言》：“宋楚魏之間，盌謂之盂。”《漢書·東方朔傳》：“置守宫盂下。”顔師古注：“盂，食器也。若盋而大，今之所謂盋盂也。”可見盂與鼎、盞及簋一樣，爲食器。因此，黄錦前認爲，此器器形爲簋，而以功能類似的器物盂之名稱之，這種現象在銅器銘文中很常見，學者或稱之爲“連類相及”或“相關替代”現象。

太保，官名。周王室有太傅、太師、太保“三公”設置。曾器“太保”

已見於傳世曾太保慶盆、曾太保麗叔盆及近見曾太保嘉簋(參見“可能出自湖北器”部分)，是諸侯國中唯一仿照周制設立“太保”職官者，可見其與周王室的密切關係。

曾太保簠(M43：3)器圖

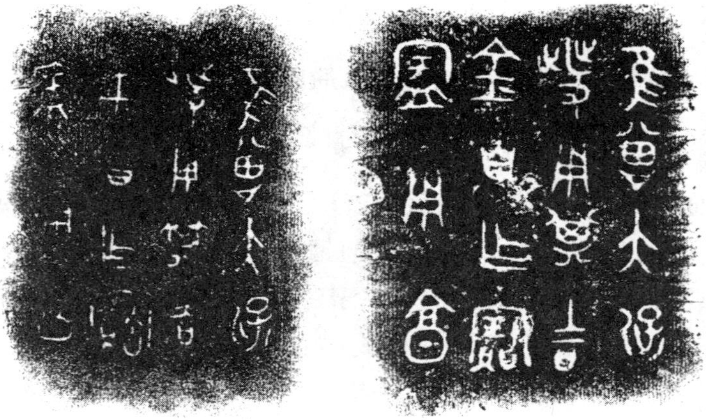

蓋　　　　器

曾太保簠(M43：3)銘文拓片

夨叔匜

1件，編號M43：2。瓢形腹，長流槽上揚，卷尾龍形鋬，龍口銜沿，下有四夔龍形扁足。流口下飾一對分尾龍紋，器口下飾竊曲紋，腹飾瓦紋。通長34.8釐米，通高20.4釐米。重2550克。見《江漢考古》2016年5期43頁，以及：圖版一九，器圖；圖版二二，銘圖；圖七，綫圖；拓片四，銘文。内壁中央鑄銘五行二十三字：

唯九月初吉
壬午，夨叔𤖯
父媵孟姬
元女匜盤，
其永壽用之。

報道者云，M43出土的盤匜是一對非實用器，匜應是夨叔爲姬姓長女所作媵器。這位長女就是M43的墓主，當來自夨國族。夨爲姬姓，散伯盤"散伯作夨姬寶簋"(《集成》03777)可證。此夨當是在陝西汧水流域隴縣、鳳翔、寶雞一代的姬姓夨氏。夨叔匜説明西周晚期曾國尚與關中政治勢力有密切的關係。

黄錦前認爲，器與河南羅山高店出土的奚季宿車匜、確山竹溝鎮出土的囂伯歑夷匜及永城輪窰廠出土的鄭伯匜等形制、紋飾近同，時代爲春秋早期前段。其中器主名字作，該字从將省从羊，應隸定作𤖯，陽部字，其爲今之何字，待考。"孟姬"係夨叔𤖯父之女。"元女"對照有關金文當理解爲善女。如晉公盤"作元女孟姬宗彝盤"(《通鑑續編》30952)，僕盤"余邦君之元女"(見文峰塔M33)。

黄錦前又進一步認爲，《通鑑續編》30171"吳叔襄"鼎(私人收藏)之"吳"當讀作"虞"，係春秋早期姬姓虞國器。上馬墓地出土的吳叔戈的

“吳叔”，與吳叔襄鼎的“吳叔襄”或即一人。曹門灣墓地出土的夨叔匜的“夨叔𩐁父”，應即鼎銘的“吳叔襄”。匜係其爲女“孟姬”出嫁曾國所作媵器，“孟姬”應係曹門灣 M43 的墓主。吳叔襄鼎或即出自隨棗走廊一帶，不排除即盜自曹門灣墓地。夨叔匜、衛伯須鼎及邷君盧鼎等出自曾國墓地，以實物和文字的證據，揭示了久已湮没的春秋時期南土的曾國與中原地區的虞、衛及邷等國族以聯姻等形式密切交往的史實。

夨叔匜(M43：2)器圖

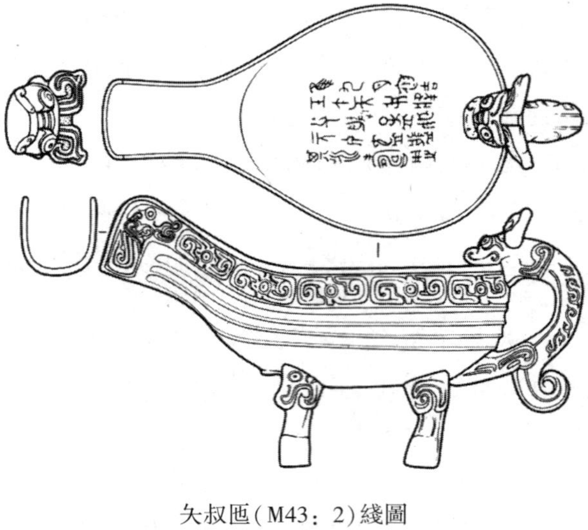

夨叔匜(M43：2)綫圖

矢叔匜（M43：2）銘文拓片

黄鳳春認爲，近年來，隨着郭家廟墓地、曹門灣墓地及京山蘇家壟墓地的再次發掘，有些學者徑直提出了郭家廟墓地就是西周晚期至春秋早期的侯墓地，甚至推定出某一墓葬是某一位侯的墓葬，郭家廟附近的周臺遺址及忠義寨城址有可能就是曾國都城遺址。盡管目前這些地區仍在進行考古發掘，力圖從考古學上得到證明，但筆者認爲，曾國的政治中心一直在隨州仍不可動撼。

【著録】

武漢大學歷史學院、湖北省文物考古研究所、湖北荊州文物保護中心、棗陽市博物館考古隊：《湖北棗陽郭家廟墓地曹門灣墓區（2015）M43 發掘簡報》，《江漢考古》2016 年 5 期。見湖北省考古研究所編：《三苗與南土——湖北省文物考古研究所“十二五”期間重要考古收穫》，2016 年《江漢考古》編輯部出版發行，81 頁。

【參考文獻】

黄錦前:《棗陽曹門灣 M43 出土銅器銘文及相關問題》, 2016 年未刊稿;《從吳叔襄鼎談到棗陽曾國墓地出土的夨、衛及郘諸器》, 2016 年未刊稿。

方勤:《曾國歷史的考古學觀察》,《江漢考古》2014 年 4 期;《"漢東之國隨爲大"的考古學解析——兼及兩周之際的曾、楚關係》, 見《穆穆曾侯——棗陽郭家廟曾國墓地》, 文物出版社, 2015 年。

胡嘉麟:《從曾侯器的分布看兩周之際曾國政治中心的變遷》, 2016 年蘇家壟會議論文。

黄鳳春:《關於曾國的政治中心及其變遷問題(提要)》, 2016 年蘇家壟會議論文。

九連墩墓地

2002 年 9—12 月, 湖北省考古研究所對正在施工的孝感至襄樊高速公路所涉及的棗陽市九連墩墓地 M1、M2 及附屬的 1、2 號車馬坑進行搶救性發掘, 出土一批珍貴文物, 尤其是青銅禮器、車馬器及漆木器等。其中 M2 南室西端發現有竹簡 1359 支, 長 30 釐米, 寬 0. 5 釐米, 厚 0. 1～0. 15 釐米, 遺憾的是正面無字, 背面有以黑漆繪二方連續三角形變形鳳鳥紋, 推測該畫簡可能爲鋪陳禮器之席。M1 與 M2 爲夫婦墓。另據介紹, M2 一簋上有銘文, 是兩墓所獲唯一的文字資料。

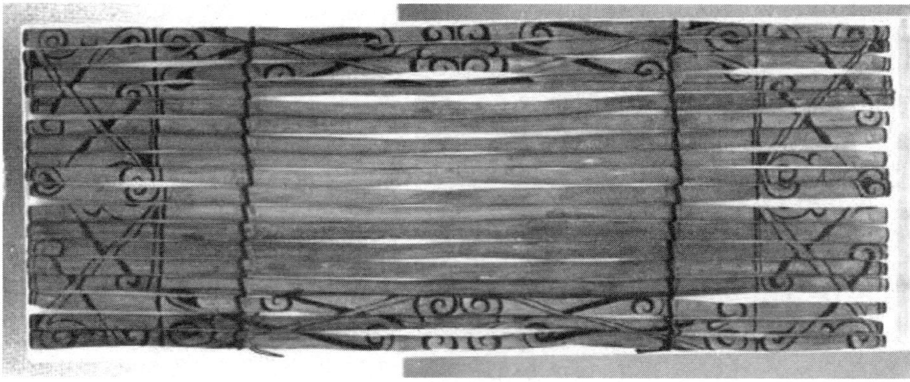

九連墩墓地畫簡

慎克簋

1件，出自九連墩 M2。據介紹，M2 同出方座簋 4 件，簋内還配有匕。淺腹直口，半球形腹，獸首四耳，高圈足，下有四邊缺口的鏤空蟠螭紋方座。胎壁較厚重，製作規整，裝飾精緻，器表光潔。頸下飾蟠螭紋，圈足飾龍紋，方座表面和鏤空部分均飾三角雷紋。該簋與 M1 出土的幾件簋區别較大，這種形制、紋飾的簋，目前尚不多見。其造型紋飾與昭王之諻簋類似。簋内刻銘兩行六字：

慎克自
作薦簋

其中"慎"字从丨，从言，从斤，从心。"克"字从疒，从克。"慎"字的寫法見於楚簡，所从丨、斤可能皆爲聲符。簋，从食，从金，从皿，並在"食"上加一半圓形，金文首見。薦簋，用於祭祀之器（可參見曾卿事宣鼎）。

第二字，董蓮池認爲从疒从肙，可能爲"瘳"字異體。慎爲氏名。器主慎瘳，即 M1 墓主，其器隨葬夫人墓中。其爲大夫級貴族，表明戰國中期晚段的楚國有一顯赫的慎氏家族。見於上博簡的"慎子"和"慎瘳"從屬於這一家族，與趙人"慎到"無關。

黄錦前看法類似，但傾向報告所釋"慎克"。董、黄二位均認爲此人爲白公勝後裔，以地爲氏。

《左傳》哀公十六年："吳人伐慎，白公敗之。"楊伯峻注："據《漢書·地理志》王先謙《補注》，今安徽潁上縣北江口集即古慎城。"《水經注》："潁水逕慎縣故城南，縣故楚邑，白公所據以拒吳是也。"因慎爲白公勝所居邑，器銘"慎克"所記録的"慎氏"當和楚王孫白公勝有關。"白公勝之亂"後慎氏憑依其先祖血脈復爲貴族是極有可能的。清人陳廷煒編撰的《姓氏考略》曰："春秋楚有慎縣，白公之邑，後人以地爲氏。"此説應有所據。

若此推測不誤，則九連墩 M1 爲白公勝後人慎克之墓，是受封來到今棗陽一帶。但也有疑問：一是爲何 M1 銅器上没有墓主人名字？二是爲何有銘文的簋樣式與 M1 所出之簋有所不同？是否存在另外的可能，即 M2 的這幾件簋爲後配，另有來源，非 M1 墓主所作器送與 M2 墓主。那麽，M1 就可能與"慎"氏無關。考慮到這幾件簋時代略早，也不排除是 M2 娘家之物或者 M1 墓主先人遺留。因材料所限，此一問題姑且存疑，有待進一步探討。

慎克簋器圖

慎克簋銘文拓片

【著録】

湖北省博物館：《九連墩——長江中游的楚國貴族大墓》，文物出版社，2007 年。

中國國家博物館、湖北省博物館：《江漢湯湯——湖北出土商周文物》，北京時代華文書局，2015 年，201 頁。

【參考文獻】

董蓮池：《九連墩出土慎瘳簋銘和上博簡慎子》，臺北"第五届古文字與古代史國際學術研討會”論文，2016 年 1 月 25—27 日。

黄錦前：《愼克簋小考》，2016 年 2 月未刊稿。

黄錫全：《楚國貨幣文字“圻”及有關問題再議》，荆州博物館編《荆楚文物》第一輯(創刊號)，科學出版社，2013 年。

吳靜安：《春秋左氏傳舊注疏證續》第四册，東北師範大學出版社，2005 年，2190 頁。

十堰市

私藏及外地館藏

曾伯宮父鬲

2件。一件爲十堰市某私人藏品，2006年入藏，據説可能出自湖北隨棗或京山地區。器形完整，略有銹蝕，呈灰緑色。口沿寬而外折，蹄足，足與腹對應處有扉棱，腹飾三組對稱的曲體長鼻龍紋。見《江漢考古》2015年4期126頁，以及：圖版一，器圖；圖一，綫圖；拓片一。口沿一周有銘文二十四字：

唯曾伯宮父穆，用吉金自作寶鬲，其萬年子子孫孫，永寶用享。

曾伯宮父鬲（私藏）器圖

曾伯宫父鬲（私藏）銘文拓片

報道者云：白，爲排行伯。“宫父”爲字。“穆”爲曾伯宫父私名。這種“排行+字+名”結構與曾仲大夫友簋類同。

另一件爲上海博物館收藏，器形類似，1956年從上海冶煉廠的廢銅中揀選，傳湖北出土。高11.9釐米，口徑14.2釐米。重980克。器扁體帶扉棱，飾獸紋。口沿面部鑄有銘文一周十五字：

唯曾白宫父穆，廼用吉金，自作寶尊鬲。

與上一件相比，銘文略少，器形略小，内容基本相同。兩見“宫父穆”當爲一人。《江漢考古》1980年1期75頁記述原上海博物館馬承源館長曾云：“此器也揀自廢銅中，宜屬湖北坑口。”故將二器同列於此。西周晚期器。

曾伯宫父鬲(上海博物館)器圖

曾伯宫父鬲(上海博物館)銘文拓片

【著録】

黄旭初、李剛：《新見的一件曾伯宫父鬲》，《江漢考古》2015 年 4 期。

吴鎮烽：《金文通鑑》02910 號。

曾少岷、李瑾：《曾國和曾國銅器綜考》，《江漢考古》1980 年 1 期。

鄖陽區

肖家河

叔姜簠

1990 年 4 月上旬，鄖縣(今鄖陽區)五峰鄉肖家河村村民在淘金取綿時挖出春秋晚期古墓中發現，經清理該墓獲得器物 14 件。其中銅鼎 2 件、銅盤 1 件(殘碎)、銅缶 2 件(1 件未追回)、銅簠 2 件、銅匜 1 件、銅劍 1 件、銅鏃 3 件、玉魚 2 件。2 件銅簠有銘文，形制相同。

簠 1，編號 XM：4。口長 33 釐米，寬 24.8 釐米，通高 22 釐米，見報告圖二-4(器物綫圖)、圖版八-4(器圖)。

簠 2，編號 XM：5。口長 30.4 釐米，寬 23.2 釐米，通高 22 釐米，見報告圖版八-3(器圖)、圖五(蓋底銘文拓片)。器表通體飾蟠虺紋。

蓋與器底均有相同銘文，僅個别筆畫有變化，三行十九字：

䜌(申)王之孫弔(叔)姜，
自作飤匿(簠)，其眉
壽無諆，永保用之。

“申”字左从糸从又，實爲金文“亂”省上部爪，右形中間从兩田，似

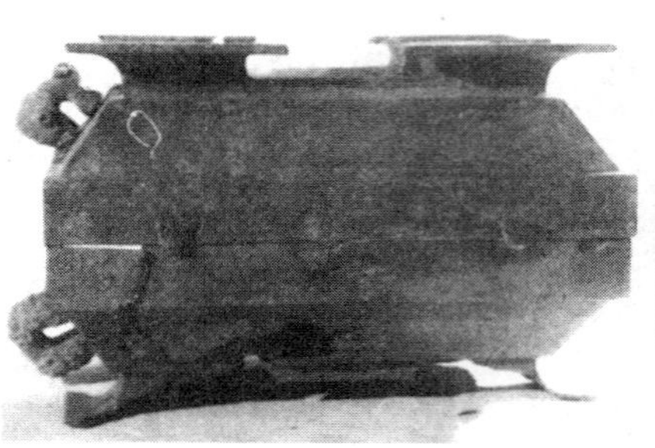

簠(XM：4)

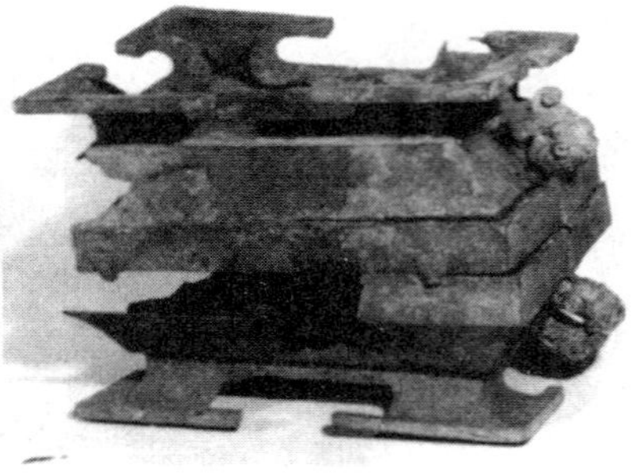

簠(XM：5)

叔姜簠器圖

蓋

器

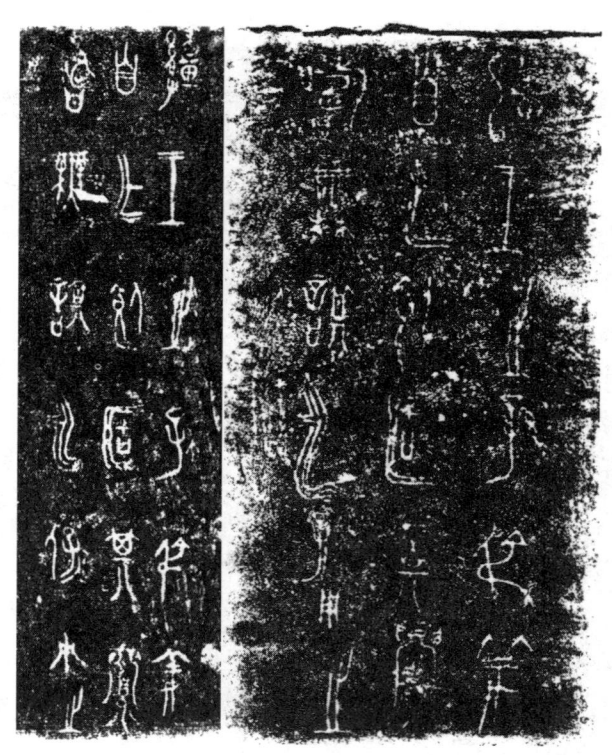

叔姜簠(XM：5)銘文拓片

州𠦪簠銘文拓片

“𤳳”。此字金文構形經于省吾、裘錫圭等研究，可以釋讀爲“申”。此簠與申文王之孫州𠦪簠銘文類同。州𠦪簠銘云：“隹正十月初吉庚午，紳文王之孫州𠦪，擇其吉金，自作食匿，永保用之。”均爲春秋晚期器。

“申王之孫”和“申文王之孫”，有兩種不同理解。一是申國曾經稱王（或復國稱王），且有國君以“文”爲謚，屬楚附庸，王稱保留至春秋晚期或以後。叔姜、州𠦪出自申王族。説詳下列黄錫全、徐少華、田成方文。二是認爲“申文王之孫”與“申王之孫”的“王”是楚王，與申國無關。“申文王之孫”，意即文王之孫的申氏。“文王之孫”可省作“王之孫”。“申王之孫”意即作爲王之孫的申氏。在男系的楚世系中，這乃是作器者叔姜的夫氏，在夫氏下系以母姓（姜）。説詳下列李學勤文。

【著録】

鄖陽地區博物館:《湖北鄖縣肖家河春秋楚墓》,《考古》1998 年 4 期。

劉彬徽:《楚系金文彙編》,湖北教育出版社,2009 年,152 頁。

【參考文獻】

李學勤:《楚國申氏兩簠釋讀》,《江漢考古》2010 年 2 期。

尹俊敏:《叔姜簠及其相關問題》,《江漢考古》1999 年 3 期。

黄錫全:《申文王之孫州桒簠銘文及相關問題》,見《古文字研究》第二十五輯,中華書局,2004 年;收入其著《古文字與古貨幣文集》,文物出版社,2009 年。

徐少華:《從叔姜簠析古申國歷史與文化的有關問題》,《文物》2005 年 3 期。

田成方:《申氏銅器與楚申氏的族屬》,《考古》2016 年 12 期。

鴋子仲瀕兒盤

2001 年 3 月下旬,鄖縣(今鄖陽區)五峰鄉肖家河村四組農民建房時挖出一批青銅器,經縣博物館調查清理,是一座春秋中期土坑墓葬,共出 11 件青銅器,計鼎、盤、匜、鈚、盞及劍各 1 件,銅鏃 5 件。其中盤、匜、鈚有銘文。

盤,1 件。口微斂,方唇,斜腹内收,底近平。底部附四個蟾魚狀的鏤空足。紐與立耳呈十字對稱分布。飾有蟠虺紋、繩索紋。盤胎較厚,花紋較爲粗糙。通高 12.2 釐米,口徑 42.4 釐米,底徑 24.8 釐米。見報告圖六(綫圖)、封二(器圖)、10 頁圖一(銘文拓片)。銘文位于盤内正中,四行二十七字(含重文二字):

隹(唯)正月咸辛亥,鴋子
中(仲)瀕兒擇其吉金,
鑄其御盤,子子
孫孫,永寶用之。

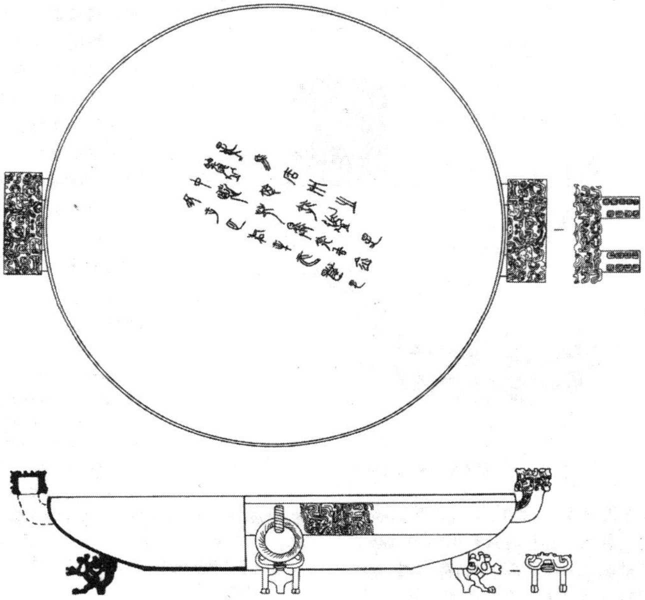

鴋子仲瀕兒盤綫圖

鴋子仲瀕兒盤銘文拓片

鴋子仲瀕兒匜

1件。侈口，束頸，平底。流口爲橢圓形，鋬爲彎曲的龍形，流面鑄成浮雕式的獸面紋，其上加飾細卷雲紋。頸及腹部飾蟠虺紋。通高13.7釐米，橢圓長徑26釐米。見報告圖七(綫圖)，封二-3、封二-5(器圖)；11頁圖二(銘文拓片)。銘文位于匜内正中，四行二十字：

隹(唯)正月咸已未，鴋
子中(仲)瀕兒擇
其吉金，鑄其
御澮(會)㚔(匜)

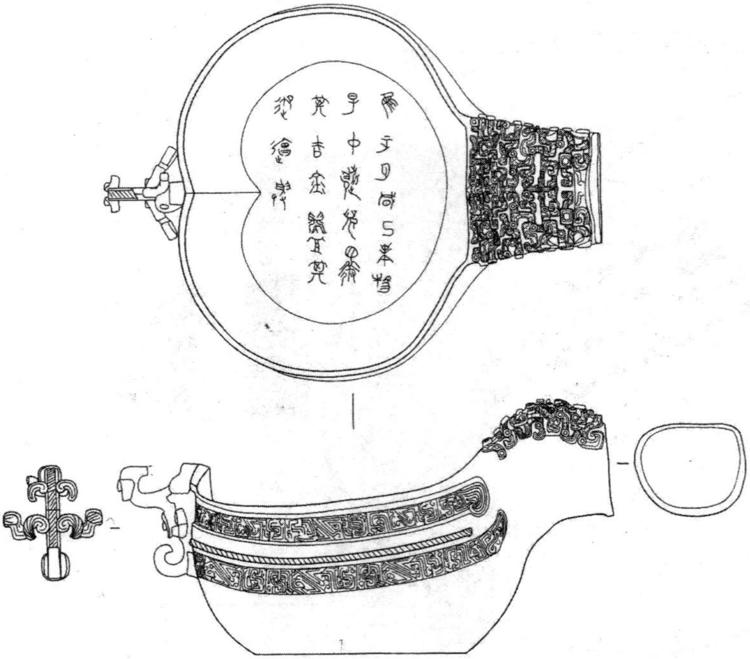

鴋子仲瀕兒匜綫圖

鴋子仲瀕兒匜銘文拓片

鴋子仲瀕兒鈚

1件。長方形直口，鼓腹，最大徑在腹部，假圈足，底微内凹。上腹部置兩對稱圓環耳，背面腹部偏下有一小環耳。頸部飾蟠虺紋及繩索紋各一周，紋飾較粗糙。通高27釐米，口長13.8釐米，口寬11.4釐米，腹長徑22.6釐米，腹寬徑18.2釐米，底長14.2釐米，寬10.8釐米。見報告圖四(綫圖)、封二-2(器圖)、12頁圖三(銘文拓片)。銘在腹部中間偏右，三行二十字：

隹(唯)正十月初吉丁
亥，鴋子中(仲)瀕兒擇
其吉金，鑄其御鈚。

鴋子仲瀕兒鈚器圖

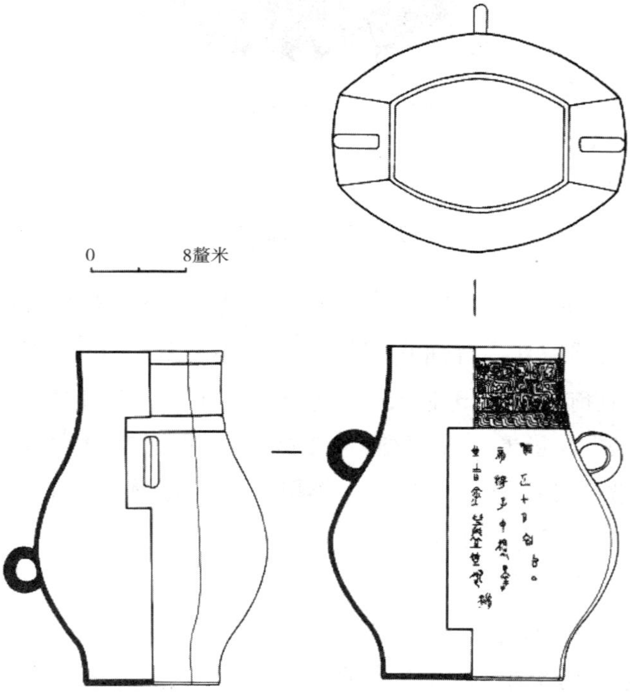

鴋子仲瀕兒鈚綫圖

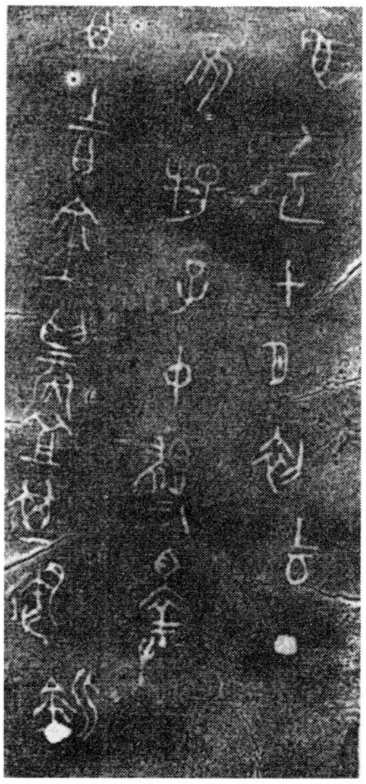

鴋子仲瀕兒鈚銘文拓片

李學勤認爲，、是在戌亥之“戌”上加“日”旁，爲月建之戌的專字。曆日“正月”等同於“正”，即“夏正”之義。“惟正月咸”是夏正九月，周十一月。“唯正十月”是夏正十月。墓葬年代應屬春秋中期的後段，約公元前 6 世紀之初。何琳儀、高玉平分析此字爲从戌、一、日，相當於从弌、从日，即“一日”合文，一日、元日都是吉利之日。在“附記”中又疑“一日”即《詩・豳風・七月》的“一之日”。董珊認爲，、是由戌、一、日構成(古文“弌”最初从戌从一)，表示的是無合文標記的雙音詞“弌日”二字的合書，在銘文中表示月名“弌(一)之日”，指夏正十一月。趙平安認爲此字是一個單字，表示月名；分析爲从戌从日，與十二辰“戌”同源，又刻意加“日”相區别，可以看作“戌”的累增字。孟蓬生傾向於把該字看成“戌日”的合文，記録的是口語中的兩個音節，讀

一日，指夏正十一月。

犅，从牛，昜聲。昜、唐音近字通，學術界多讀如唐。公元前 505 年楚滅唐。其地一説在今隨州市西北唐縣鎮，一説在唐河縣南境。《國語·鄭語》韋昭注：“應、蔡、隨、唐，皆姬姓也。”中，排行仲。瀕，从涉从頁。仲瀕兒爲“唐子”之名。禦(御)，意爲用。器爲楚式，稱爲“唐子”，是滅國前鑄還是滅國後鑄，以及“唐子”稱謂還值得研究。根據墓葬規模和地點，若可確定爲唐器，傾向於唐被滅後所鑄，但保留有部分自身文化特色，如紀年、干支等，身份、地位應屬於一般貴族，適楚士楚，而非“唐”君或唐君之子。

1993 年在河南平頂山市應國墓地發掘一座小型貴族墓 M257，出土簋 2 件。銘文相同，四行三十一字(《河南平頂山應國墓地 M257 發掘簡報》，《華夏考古》2015 年 3 期；《通鑑續編》30430、30431)：

隹(唯)十月初吉丁卯，

史作(寡) 似(姒)媵簋，用

祈眉壽永命，子子

孫孫其邁(萬)年永寶用享。

字，報告釋柯。胡嘉麟認爲可釋讀爲陽，寡讀爲唐。陽史爲唐姒作媵器，陽史與唐姒應該同爲姒姓族。陽國是夏禹之後的姒姓方國，西周早期滅國後陽氏部族遷至許、郢之間的南陽盆地附近。

黄錦前認爲：兩件考史簋時代約爲懿孝之世。作器者考史爲杞國史官，係考地人，以地爲氏，考在今河南民權縣東北；二簋係考史爲嫁女至南土的姬姓唐國所作媵器。簋銘或可證明至遲在懿、孝之世，此唐國已在南土。唐人之器出於應國墓地，或係以饋贈、賵賻等形式而致。

盤銘“庢”讀爲寶。也見有从宀从缶者(寶登鼎)，當爲“寶”字簡省。

平頂山 M257 簠銘文拓片

匜銘遺字或讀滄，即沫，意爲洗面。遺後一字已經多見，寫法有差異，意見分歧較大。或釋貴，或釋浣，或釋盥，或以爲从申，或釋从臾、曳等。匜銘末尾二字相連出現，還見於蔡子匜(《集成》10196)、以鄧匜(《河南下寺春秋楚墓》，文物出版社，1991 年，16 頁)等。陳斯鵬等《新見金文字編》81 頁將此匜這個字隸定爲𢍰，認爲何琳儀、高玉平謂此字从"曳"聲讀爲"匜"之說可从。曳，喻母月部。匜，喻母歌部。二字雙聲，韻部對轉。隨州義地崗東風油庫曾少宰黃仲酉匜銘此字下从"皿"。何琳儀、高玉平及韓宇嬌，對此字的不同意見歸納有六種：其一，"盥"字說；其二，"申"聲說；其三，"殄/顛"聲說；其四，"牙"聲說；其五，"臾""曳"聲說；其六，"遺"聲說。讀者可以參閱。

鈚，或从囟、从缶、从鹵。金、囟、鹵、缶均爲意符，比爲聲符。有關字形可參閱隨州棗家山 M27 的舉鈚夔壺。裘錫圭認爲，"鈚應該是一種主要供背、挎、提攜用的盛液體的容器"，時代多屬春秋，也許可以早到西周晚期，但尚未見到晚至戰國的。這種器物其實就是一種扁壺。御，意爲用。御鈚，即行用之扁壺。朱鳳瀚《中國青銅器綜論》240 頁(2009 年版)將鈚分爲 A 型(扁圓鈚)、B 型(方鈚)，並附有綫圖。

【著録】

鄖縣博物館：《湖北鄖縣肖家河出土春秋唐國銅器》，《江漢考古》2003 年 1 期。

黄旭初、黄鳳春：《湖北鄖縣新出唐國銅器銘文考釋》，《江漢考古》2003 年 1 期。

【參考文獻】

李學勤：《論鄖縣肖家河新發現青銅器的“正月”》，《河南大學學報》2003 年 3 期；收入李學勤著《中國古代文明研究》，華東師範大學出版社，2005 年，343～345 頁。

何琳儀、高玉平：《唐子仲瀕兒匜銘文補釋》，《考古》2007 年 1 期。

譚步云：《釋會盥》，見《古文字研究》第三十輯，中華書局，2014 年。

韓宇嬌：《曾國銅器銘文整理與研究》，清華大學 2014 年博士學位論文，97 頁。

董珊：《“弌日”解》，《文物》2007 年 3 期。

趙平安：《唐子仲瀕兒盤匜“咸”字解》，《中國歷史文物》2008 年 2 期。

孟蓬生：《“咸”字音釋——侵脂通轉例説之二》，見復旦大學出土文獻與古文字研究中心編：《出土文獻與古文字研究》第六輯，上海古籍出版社，2015 年。

裘錫圭：《説鈚、榼、椑榼》，見《裘錫圭學術文集》第六册，復旦大學出版社，2012 年，12 頁。

周忠兵：《釋甲骨文中的觶》，見《古文字研究》第三十輯，中華書局，2014 年。

胡嘉麟：《史簋與西周陽國考》，見《“商周青銅器與先秦史研究”青年論壇論文集》，西南大學 2016 年 11 月 18—21 日。

黄錦前：《應國墓地 M257 出土考史簋讀釋》，2016 年未刊稿。

朱鳳瀚：《關於春秋金文中冠以國名的“子”的身份》，臺北“第五届古文字與古代史國際學術研討會”論文，2016年1月25—27日。

鴋子戈

2006年3—12月，爲配合南水北調工程，在鄖縣五峰鄉肖家河村喬家院發掘一批墓葬，其中春秋墓葬出土了一批青銅器。其中M4有2件戈及1件戟上有銘文。兩戈形制大體相同，尖鋒，長胡，援部上刃平直，中起脊。

1件，編號M4：14。欄側三穿，下齒呈三角形；内一穿，内的兩面均飾U形雙綫文。通長24釐米。見報告43頁，以及：圖二三-4，銘文拓片；圖二四-2，器物拓片。銘在胡部，一行五字：

鴋子斨之用

鴋子，與上列鴋子仲瀕兒類同，多讀“唐子”。斨，私名。

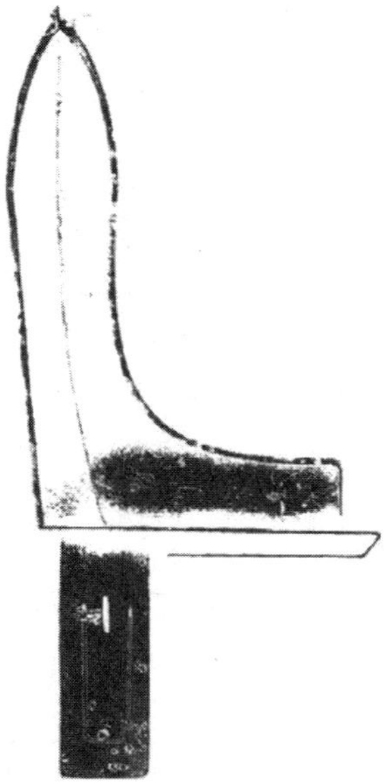

鴋子戈（M4：14）拓片

鴋子戈（M4：14）銘文拓片

子辛(?)戈

1件，編號M4：13。欄側四穿，上穿爲半月形，欄下有齒。内末端呈圓弧形，下角有缺，兩面均飾鏤孔渦旋紋和U形雙綫紋。渦旋紋四周鑲嵌有緑松石一周。通長25.1釐米。胡兩面均刻有銘文，只是不够清楚。見報告43頁，以及：圖二三-1、圖二三-2，銘文拓片；圖二四-1，器物拓片。

一面二字：子辛(?)

另一面六字：□公賢(?)金用禽

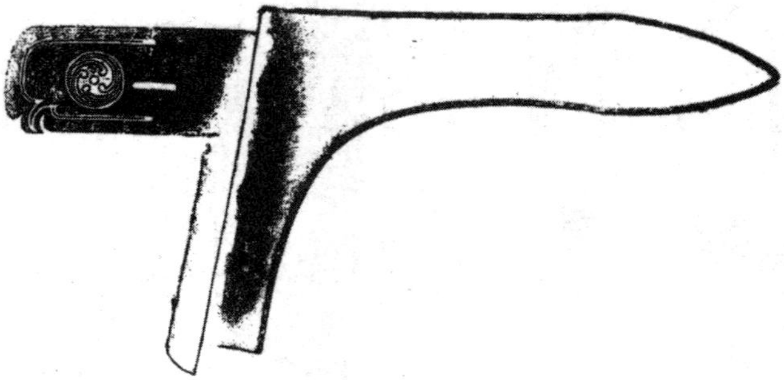

子辛(?)戈(M4：13)拓片

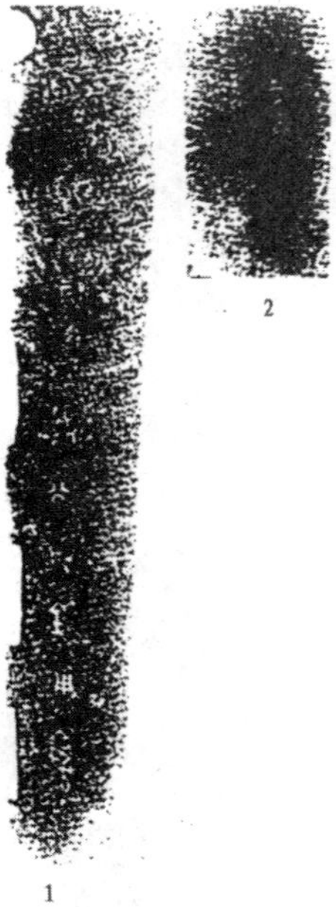

子辛(?)戈(M4：13)銘文拓片

束子傀戟

1件，編號M4：4。由矛、戈、鐏分體聯裝而成。骹飾有獸面紋，内兩面均飾U形雙綫紋。通長30釐米。胡部有銘一行六字。見報告44頁，以及：圖二三-3，銘文拓片；圖二五-1，器物綫圖。

束(?)子傀(?)用之戟

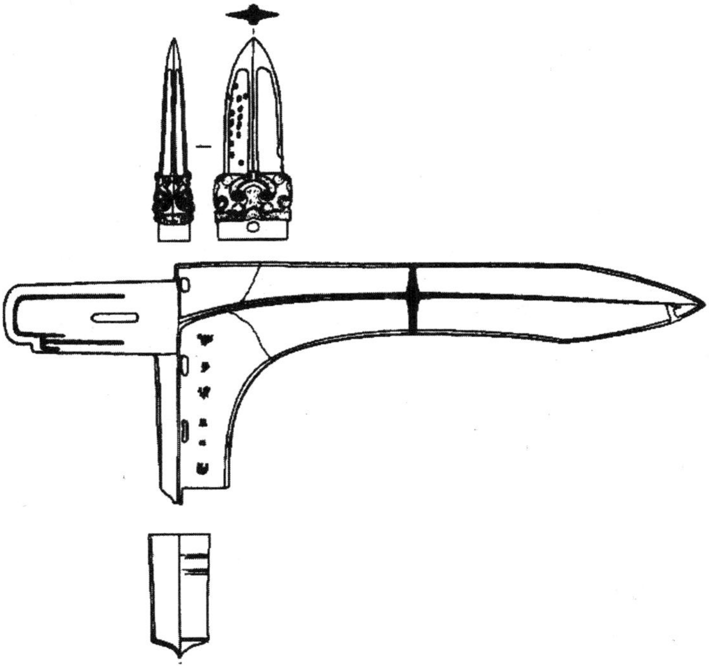

束子傀戟(M4：4)綫圖

束子傀戟(M4：4)
銘文摹本

第一字恐非“束”字，似“樂”。第三字似“保”。由於銘文圖片不清，一時難以確定。戟字从匚、丰、戈形，與曾侯乙戟等“戟”字類同，“丰”

爲聲符。

“唐子斨”與“唐子中頻兒”應有密切關係。這些發現對於研究墓地族屬有重要意義。報道者黄鳳春、黄旭初認爲，喬家院墓地古屬麇國都城“錫穴”所在地，春秋晚期楚滅麇，成爲楚地，此地發現的楚墓爲楚人占據此地的證據。

【著録】

湖北省文物考古研究所、湖北省文物局南水北調辦公室：《湖北鄖縣喬家院春秋殉人墓》，《考古》2008 年 4 期。

尚家河

君堵陶豆

2009 年 7—10 月，爲配合南水北調工程，對位于鄖縣(今鄖陽區)五峰鄉尚家河村三組的中臺子遺址進行發掘，所獲器物中，一件東周陶豆的殘柄上發現有陰刻文字，見報告 29 頁，以及圖三九、彩板二-6。不少陶片上有刻畫數字。二字爲：

君堵

報告以爲“君市”。市與堵字有别。“君堵”當爲人名。

楚及秦、齊、燕、三晉的“市”字構形大致如下：

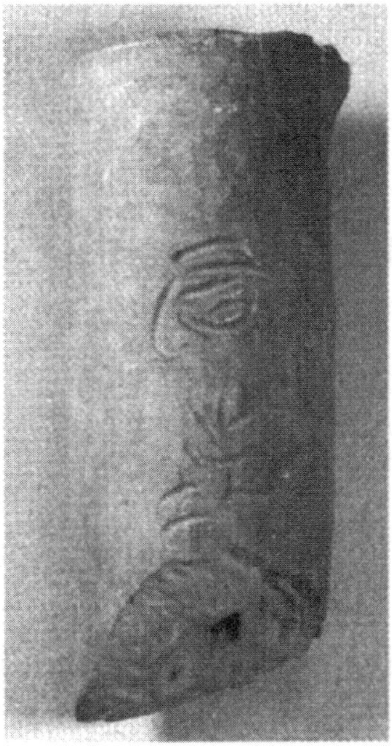

器銘圖

拓片

君堵陶豆殘柄銘文

【著録】

湖北省文物考古研究所：《湖北鄖縣中臺子遺址發掘報告》，《江漢考古》2011 年 1 期。

荆州市

沙市區

天星觀 M2

王刻刀

1 件。2000 年荆州市沙市區觀音壋天星觀二號墓出土（M2：56-4）。見報告 111 頁圖 93-4。通長 20.9 釐米，寬 2.6 釐米。形似匕，弧刃，有中脊。刀身末端中部侈出方形短榫，連接長方形木柄，用絲繩捆縛，木柄髹紅漆。時代爲戰國中期。脊兩側各鑄一銘文：

王

王刻刀（M2：56-4）器圖

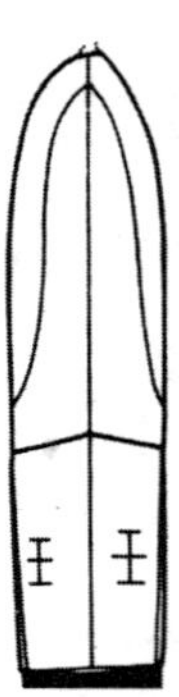

王刻刀（M2：56-4）綫圖

刻刀上書“王”字，還見於原江陵望山二號墓、紀南城卅號臺基、荆門左塚三號墓所出刀，應是修治竹簡的工具。爲什麼單書一“王”字，還不太清楚。是否爲王之賞賜品，值得留意。

左車軎

1件。2002年荆州天星觀二號墓出土（M2：268）。見報告108頁圖91-2。通長6.2釐米，大頭徑6.1釐米，小頭徑3.4釐米。圓筒形，中部有兩道箍棱。時代爲戰國中期。表面刻銘文一字：

左

“左”，方位詞，當與車軎的位置或所屬編隊有關。天星觀一號墓出有“君”字車軎，可能指邸陽君，爲其所屬之物。

左車軎（M2：268）器圖

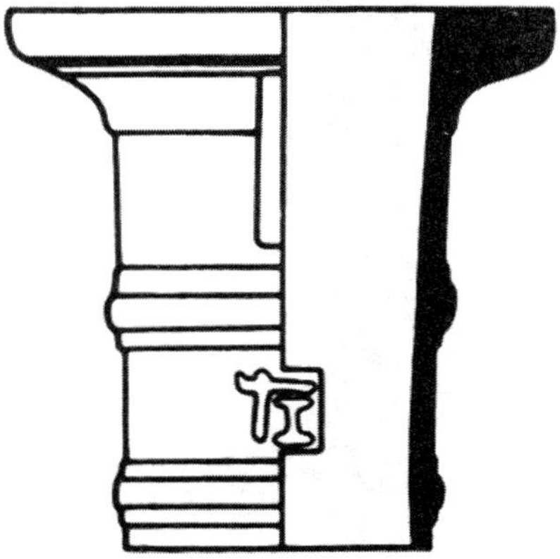

左車軎（M2：268）綫圖

【著録】

湖北省荆州市博物館：《荆州天星觀二號楚墓》，文物出版社，2003年。

吴鎮烽：《金文通鑑》18313刻刀，19002車軎。

荆州區

睪阝子誎臣戈

原江陵五三農場出土，現藏荆州市博物館。欄側三穿，内一穿。通長24釐米，援中寬3.4釐米，内長6.8釐米，内寬3釐米。内部有U形圖案。此戈内部雖短，但援前鋒尖已不是春秋早期的典型“圭頭”，宜定爲春秋中期。銘在胡部，一行八字，有六字反書。銘文釋讀爲：

睪阝(繹)子誎(諫)臣之元允(銃)戈

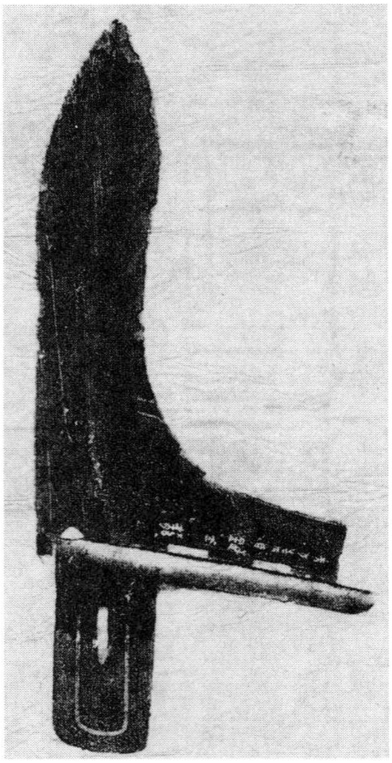

睪阝子誎臣戈拓片

拓片

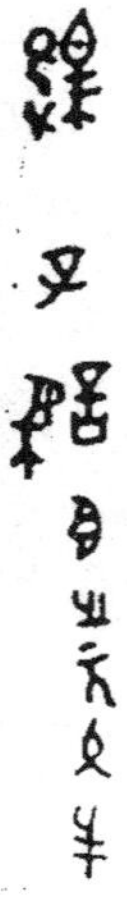

摹本

睪阝子誎臣戈銘文

第一字反書，若正過來，右上从邑，邑下从又。左面當是金文“睪”形之省變(如圖)，可釋爲鄴，讀爲繹。

“睪”形之省變

小邾子後有繹氏，楚公族有繹氏(見鄭樵《通志·氏族略·以國爲氏》)。邾之繹氏是“以附邑爲氏”，因嶧邑、嶧山而名。楚公族的繹氏，當是受封於周成王的楚開國之君熊繹之後，子孫以王父字爲氏。

第三字，从言，从爪从禾。此字又見於羅福頤主編《古璽彙編》1801號()。當隸定作誎。《説文》“采”：“禾成秀也。人所以收。从爪、禾。”或體作穗，“从禾，惠聲”。因此，誎當爲譓字或體。《廣韻》譓，“多謀智曰譓也”。《集韻》：“讃，辨察也。或作譓。”《陳書·謝哲傳》有人名“謝譓”。戈銘“譓臣”，爲人名或字。子，美稱。“元”即善、美之義，典籍習見。第七字爲允，即鈗。《説文》：“鈗，侍臣所執兵也。从金，允聲。《周書》曰，一人冕執鈗。讀若允。”因此，此戈當是侍臣所執之戈。“鄴子譓臣”有可能爲王之侍臣。

劉釗據秦簡中采、秀二字可以替代，釋古璽誎爲誘(《璽印文字釋叢(二)》，《考古與文物》1998年3期)。張世超撰有《‘采’‘秀’形音義新探》(《古文字研究》第二十八輯，510頁)。讀者可以參閲。

《集成》11.11253稱此戈爲“□子戈”，第一字缺釋。張亞初《殷周金文集成引得》釋讀爲：“鄓(柏)子誰臣之元允(用)戈。”吳鎮烽《金文通鑑》17079號録作“鄴子誎臣之允(鈗)戈”。

【著録】

中國社會科學院考古研究所編：《殷周金文集成》17.11253，中華書局，

1992年。

【參考文獻】

黄錫全:《湖北出土兩件銅戈跋》,《江漢考古》1993年4期。

棗林鋪

遺周羽木劍

原江陵縣棗林鋪M1出土。劍身正面靠格部中脊大幅度凸起。劍通長56釐米,身寬4.5釐米。見報告圖八-7。報道者認爲木劍應爲舞蹈的道具。在一側有墨書三字:

遺周羽

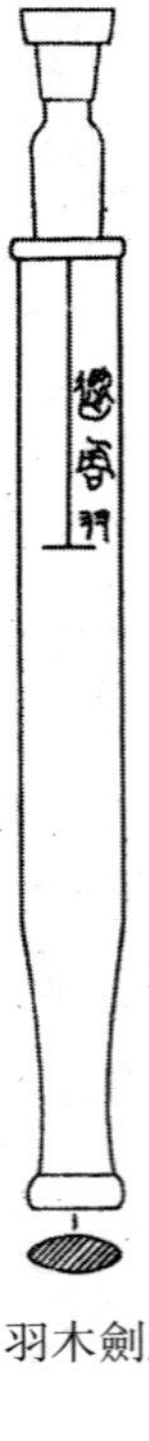

遺周羽木劍綫圖

木劍若是舞蹈的道具，當與武舞有關，或許“遺周羽”三字爲舞名。若“遺”有饋、贈之意，則“周羽”可能爲人名。也可能三字就是人名，“遺”爲姓氏，讀爲“貴”。“周羽”爲名。“貴”氏出自陸終之後，見《通志·氏族略》第五“去聲”“貴氏”引《風俗通》。

【著録】

江陵縣博物館：《江陵棗林鋪楚墓發掘簡報》，《江漢考古》1995 年 1 期。

九店楚墓

1981—1989 年，原江陵九店公社在雨臺大隊建磚瓦廠取土，湖北省博物館江陵工作站配合工程發掘墓葬 596 座，其中多爲楚墓，出有竹簡及兵器、璽印、漆木器烙印或陰刻文字、符號、砝碼等文字材料。1992 年出版《湖北出土商周文字輯證》時未能見到報告，僅據《楚文化考古大事記》作簡略介紹。現據報告及有關研究予以補録。

九店竹簡

九店磚瓦廠 M411、M56、M621 出有竹簡。1995 年出版的《江陵九店東周墓》報告曾予以報道，後來對竹簡做了專門整理，於 2000 年出版《九店楚簡》。《楚地出土戰國簡册[十四種]》據《九店楚簡》收録。M621 早於 M56，年代在戰國中晚期之際。

九店 M411 竹簡

原報告 340 頁報道，M411 出有竹簡 2 枚，“出於棺椁間東側南部。字迹不清。一簡完整，一簡殘缺。整簡長 68. 8 釐米，寬 0. 6 釐米，厚 0. 11 釐米”。但未附圖版。經整理的《九店楚簡》也没有説明。

九店 M56 竹簡

M56 是一座長方形豎穴土坑墓，隨葬有陶器、漆木器和兵器等 30 餘件。竹簡出於側龕内，係成捲入葬，内裹墨水匣、削刀。與污泥膠粘在一起，保存情況較差，多殘斷。整簡長 46.6~48.2 釐米，寬 0.6~0.8 釐米，厚 0.1~0.12 釐米。字數爲 2700 餘字，可辨者 2300 餘字。經整理，有字簡 146 枚，其中完整及較完整者 35 枚。按内容可以分爲 15 組：1 組性質有待確定，或以爲與農業有關，或以爲與釀酒有關；2~14 組屬於選擇時日吉凶一類的《日書》，部分内容見於雲夢秦簡《日書》。《九店楚簡》列 15 組名稱如下：

1. 䉛、梅等數量(1~12 號)
2. 建除(13~24 號)
3. 叢辰(25~36 號)
4. 成日、吉日和不吉日宜忌(37 號上~40 號上，41、42 號)
5. 五子、五卯和五亥日禁忌(37 號下~40 號下)
6. 告武夷(43、44 號)
7. 相宅(45~59 號)
8. 占出入盜疾(60~76 號)
9. 太歲(77 號)
10. 十二月宿位(78~80 號)
11. 往亡(81~87 號)
12. 移徙(88~93 號)
13. 裁衣(94~95 號)
14. 生、亡日(96~97 號)
15. 殘簡(100~146 號)

九店 M621 竹簡

規模比 M56 大，隨葬器物較多。計隨葬有陶器、漆木器和兵器等 50 餘件，竹簡出於棺槨之間的東側，保存情況比 M56 要差。竹簡全部殘損。最長者 22.2 釐米，寬 0.6~0.7 釐米，厚 0.1~0.13 釐米。計有 127 枚，經整理，有字殘簡 88 枚。據内容有談到烹飪等來看，可能爲古佚

九店 M56 竹簡

書。據34號簡，可能名爲“季子女訓”。或以爲“事事安訓”。

【著録】

湖北省文物考古研究所：《江陵九店東周墓》，科學出版社，1995年，339~340頁，圖版一〇二至一二五。

湖北省文物考古研究所、北京大學中文系：《九店楚簡》，中華書局，2000年。

【參考文獻】

陳偉等：《楚地出土戰國簡册[十四種]》，武漢大學出版社，2016年，382~426頁。

陳偉：《楚簡册概論》，湖北教育出版社，2012年，41~43頁。

李天虹：《楚國銅器與竹簡文字研究》，湖北教育出版社，2012年，117~119頁。

劉樂賢：《九店楚簡日書補釋》，見李學勤、謝桂華主編：《簡帛研究》第三輯，廣西教育出版社，1998年。

董珊：《楚簡簿記與楚國量制研究》，《考古學報》2010年2期，收入其著《簡帛文獻考釋論叢》，上海古籍出版社，2014年，174~218頁。

黄儒宣：《九店楚簡研究》，臺灣師範大學國文研究所碩士學位論文，2003年。

王勝利：《九店楚簡曆法考》，見《楚文化研究論集》第九集，上海古籍出版社，2011年。

周波：《〈九店楚簡〉釋文注釋校補》，新發現兩支漏收簡，《江漢考古》2006年3期。

九店兵器及印章

九店墓地還發現有幾件有銘兵器和兩枚印章，當年報告主編楊定愛請筆者至其府上釋讀。由於有的銘文不是很清楚，所釋文字有的打問號存疑，報告輸入存在誤解，以致影響學術界的利用。現就幾件戈銘重新釋讀校正，供研究者參考。

南君戈

1件，M168：7，屬報告所分Ⅱa式戈。内部飾鳥首紋。通長18.6釐米，援長 11.7 釐米，胡長 9.2 釐米。援、胡上有銘文。見報告 224 頁，以及：圖一四九-2，綫圖；圖一五〇-1，拓本；圖版四-2，照片；圖版七三-7，戈、鐏照片。援、胡上鑄銘文七字：

南君𣄰之車戈

其中，南字寫法與南疆鉦（容庚《金文編》420 頁）類似。昜字从㫃。“”字从邑，左側有“＝”符號。原報告據字形隸定爲“邘”。

《中國歷史文物》2007 年 5 期刊載韓自强《新見六件齊、楚銘文兵器》，其中有一件“南君𣄰鄸之車戈”，與此戈銘文基本相同，只是“”字作“”。兩相比較，知前者所謂“子”乃“昜”字，是九店戈銘將“昜”下的兩小畫移位或者是誤書所致。但後者“”字所从“邑”又較前少了上部“”。“中戈”當爲“車戈”，乃戰車所用之戈。

韓自强認爲，“南君”當爲楚國封君的封號，其地不詳。讀“𣄰鄸”爲“陽昜”。其實，“昜”與“易”有别。𣄰爲氏，鄸爲名。“𣄰鄸”應讀“陽陽”或“楊陽”，人名。楚有陽氏或楊氏。《左傳》昭公十七年：“吳伐楚，陽匄爲令尹。”杜預注：“陽匄，穆王曾孫令尹子瑕。”孔《疏》引《世本》：“穆王生王子楊，楊生尹，尹生令尹匄。”“𣄰鄸”可能爲王子楊後代，封爲南君。

此戈出在紀南城附近，其方位之“南”可能與“南郢”（《公羊傳》宣公十二年“南郢之與鄭相去數千里”）、“南郡”之“南”稱有關。秦之南郡在今之荆州城東北之“郢城”。若“南君”爲封君屬實，其地可能就在“郢城”或其附近，秦破郢後以之爲郡治，郡名沿稱“南”。

據報告，M168 屬於乙類四期六段墓，時代相當於戰國晚期早段（筆者按：所定時代偏晚），隨葬器物只有銅鼎 2 件、壺 2 件及勺、劍、戈等（487 頁）。乙類墓墓主身份只相當於“士”或“下士”（427 頁），與“封君”

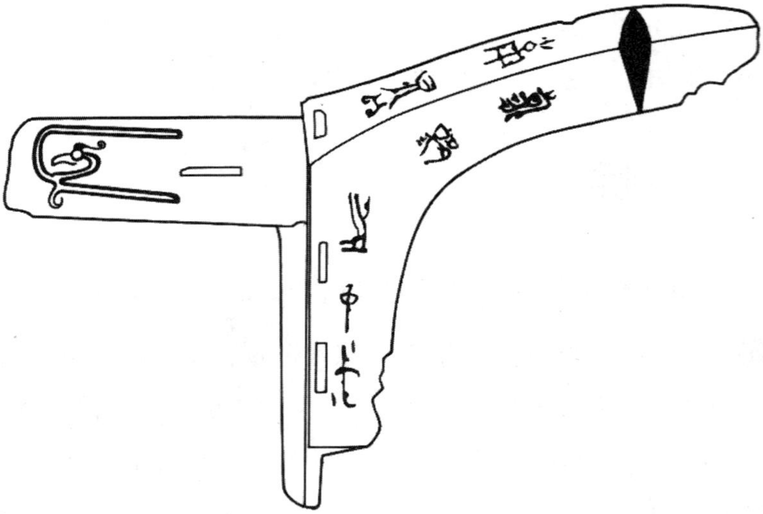

南君戈(M168：7)綫圖

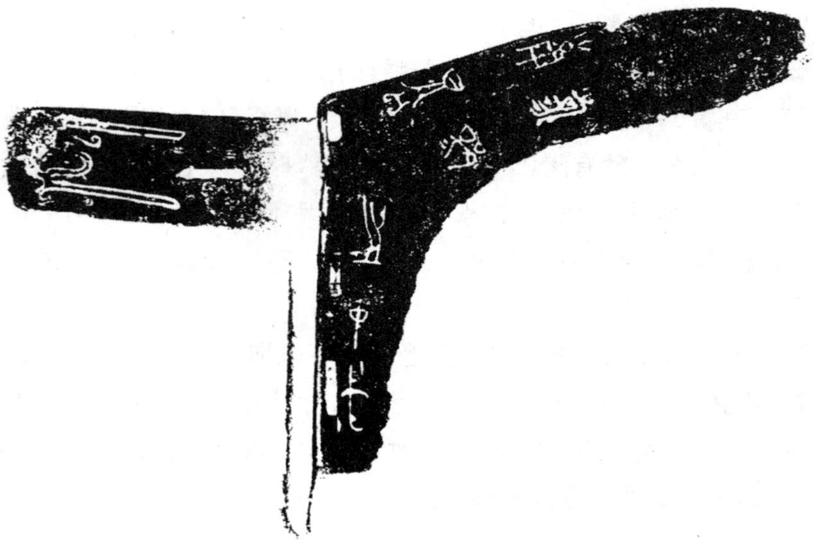

南君戈(M168：7)拓片

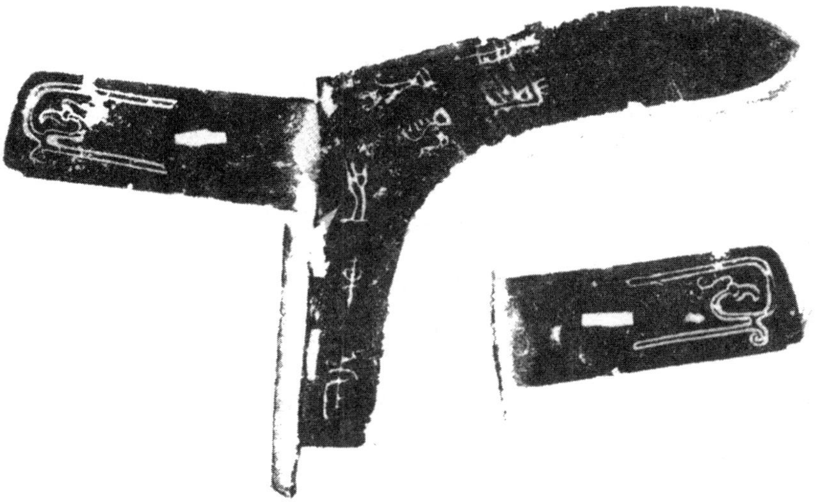

韓自強文戈拓片

不是一個檔次。若“南君”戈的主人就是 M168 墓的墓主，則“南君”之稱謂就得重新認識。“南君”戈很可能屬於賞賜或其他原因爲墓主所有，與另外幾件三晉兵器出自該墓區情況類似。因此，暫且將“南君”理解爲“南”地封君。

戈之樣式與湖北當陽趙家湖金家山所出戰國早期番仲戈及許之造戈近似(盧德佩《湖北省當陽縣出土春秋戰國之際的銘文銅戈》，《文物》1980 年 1 期；黄盛璋《當陽兩戈銘文考》，《江漢考古》1982 年 1 期)，年代當不晚于戰國中期。

廿八年上洛戈

1 件，編號 M412：5。屬報告Ⅲa 式戈。寬援微上揚，平脊，長胡，欄側三穿，内一穿，後部圓角。通長 19.4 釐米，援長 11.8 釐米，胡長 9.6 釐米。見報告 231 頁，以及：圖一五二-2，綫圖；圖一五三-2，拓片；圖版七四-5，器圖。内上鑄銘文十三字：

廿八年，上洛右庫工帀(師)茮(洪)隊，冶瘂。

原報告“上河”應爲“上洛”，“左庫”應是“右庫”，“治”應是“冶”。“”字上从廾，下似“小”，可能是“水”旁簡省或者水形借用了上部的筆畫，不是从“木”，應讀爲从“廾”聲之字，與傳抄古文洪字作(《古文四聲韻》1. 10)、(《集篆古文韻海》1. 2)等類似，故隸定作茮，似可讀爲“洪”。“隊”字見於羅福頤主編《古璽彙編》姓名私璽 1381(樂隊)、1829 號(事隊)。末尾一字，左旁可能不是“虫”，從持有拓片看，中間一小竪爲流銅或銹點，當从“疒”旁，从“隹或鳥”，似可釋讀爲“瘂”，冶師名。“瘂”見《字彙》《正字通》，是一種病。與劉雨、盧岩編著《近出殷周金文集録》1181“七年大樑司寇綬”戈之“冶病”類似。

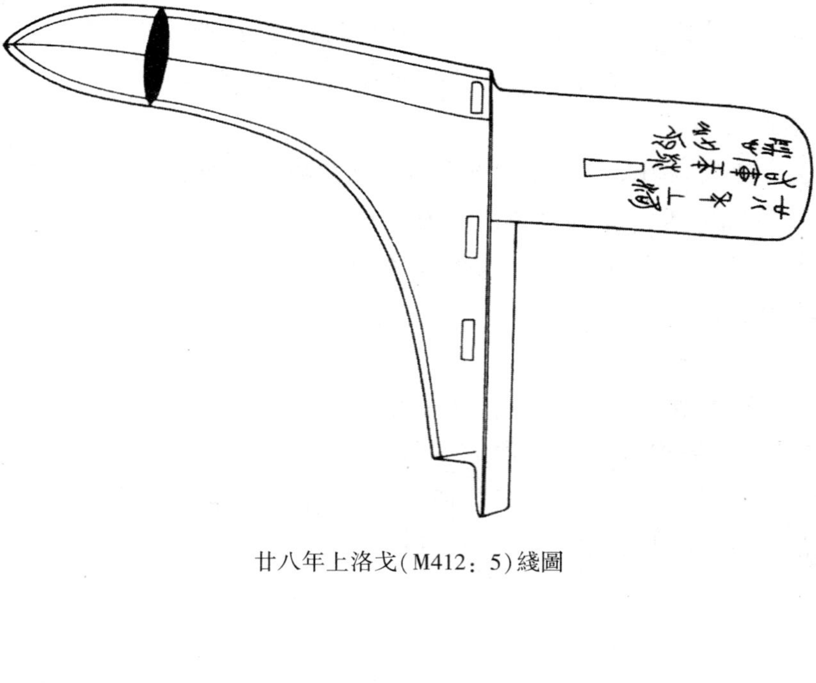

廿八年上洛戈(M412：5)綫圖

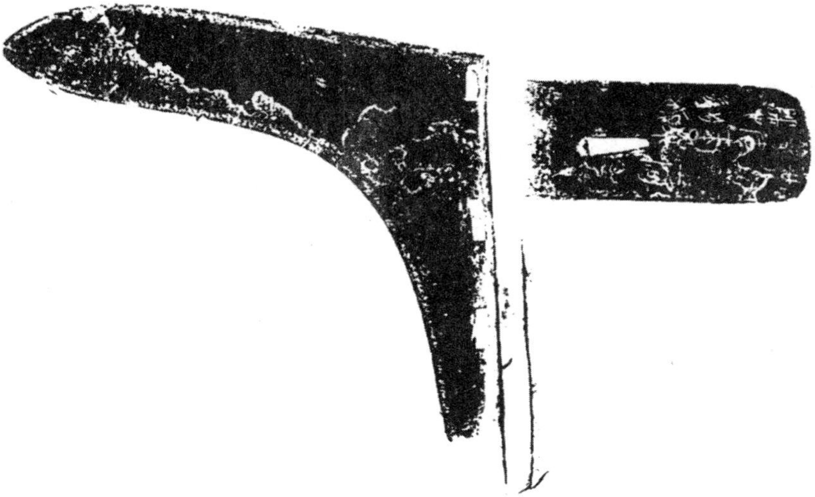

廿八年上洛戈（M412：5）拓片

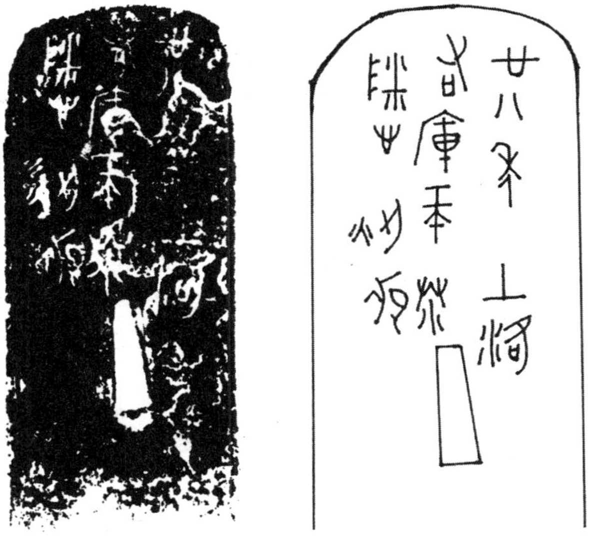

拓片　　　　　　摹本

廿八年上洛戈（M412：5）銘文

徐在國指出原報告“上河”爲“上洛”，其地先屬魏，後屬秦，在今陝西商洛，戈爲魏戈；第十字與第十三字缺釋存疑(《兵器銘文考釋(七則)》，見《古文字研究》第二十二輯，中華書局，2000 年，118 頁)。湯志彪以爲第十字下从木，即《説文》“拳”字或體(《先秦兵器銘文考釋四則》，見《古文字研究》第三十輯，中華書局，2014 年，258 頁)。此戈銘文屬於魏惠王二十八年，即公元前 342 年(湯志彪《三晉文字編》第六册，作家出版社，2013 年，2863 頁)。吴鎮烽《金文通鑑》17175 以爲春秋晚期，似偏早。

十一年白令戈

1 件，編號 M411：4。屬報告Ⅲa 式戈。援平伸，平脊，長胡，欄側三半圓形穿。内較寬，一横穿。通長 20 釐米，援長 12.6 釐米，胡長 10.7 釐米。見報告 231 頁，以及：圖一五〇-2，拓圖；圖一五二-1，綫圖；圖版七三-4，器圖、鐏。内上刻銘文十四字(其中合文一字)。原報告有誤解誤録，釋文爲：“十一年郚命(孫羌?)苟(?)㝵工市(師)皇酉治瘧(?)。”

現重新釋讀如下：

十一年，郚命(令)孫(?)，㝵(得工)市(工師)皇酉，冶瘧(?)。

郚，地名。“孫”所从“子”形右下一竪中一小横，與《古璽彙編》1522、1523 的孫作、類同。原疑爲“苟”或“羌”的，當時因疑與中山侯鉞的“敬(警)”作及古璽的“敬”作所从類似(只是上面“封口”之别)，與驫羌鐘的“羌”作也近似，故懷疑爲“苟”或者“羌”。此字還難以確定，存疑待考。

“旵”右下有合文號“=”，已見於多器，如羅振玉《三代吉金文存》20.54~57矢鏃，銘文有“左旵”“右旵”，“旵”下有合文號“=”。山西臨縣所出“宜安”戈，銘文：“王何立（蒞）事，旵₌冶對（?）戽、教馬重（童）爲。”（《文物》1994年4期，83頁）此字釋讀不一，如釋讀爲“控”“得工”“目工”“服工”“塜工”及“寺工”等。董珊歸納後傾向釋爲“得工”，認爲趙國的工官機構“得工”在題銘中經常出現，“得工”的總管者稱爲“得工嗇夫”，其下分爲左、右兩部，每一部以“工師”爲長官，進而認爲“得工”在趙國工官系統中是屬於宫廷工官，秦國的“寺工”可能承襲趙國的“得工”（2002年北京大學博士學位論文《戰國題銘與官制度》，38、69頁）。

第一行與第三行之間按理似乎有字，但戈上没有，所以懷疑“工師”之“工”借用了“得工”之“工”而釋讀爲“得工工師”。

戈銘最後當爲一字，疑爲从痕从心。

此戈刊出後，涉及者釋讀不一。如下列三例：

> 劉雨、盧岩《近出》1186釋文：“十一年，□令孔□、□庫工師、得工□□、冶□□。”時代屬戰國前期。
>
> 吴鎮烽《金文通鑑》17225釋文：“十一年，郈（柏）命（令）孫苟（?）工帀（師）旵（得工）皇酉，冶□。”時代屬春秋晚期。
>
> 湯志彪《三晉文字編》第六册2914頁列入國别待考類，釋文：“十一年，郈命（令）孫完，工帀（師）□皇酉，冶□□。”

吴良寶認爲，郈地就是春秋時的柏。《左傳・僖公五年》：“於是江、黄、道、柏方睦於齊，皆弦姻也。”杜注：“柏，國名，汝南西平縣有柏亭。”其地或定在今河南舞陽縣東南。戰國時也稱爲合膊、合伯，處於韓、魏與楚北疆邊界的位置，戰國早中期屬楚，戰國中期後屬韓、魏。傾向此戈屬於魏國，戈之年代在戰國中晚期之交，戈銘“十一年”爲魏昭王十一年（公元前285年）（《東周兵器銘文四考》之二，見香港中文大學中國語言及文學系編集《第四届國際中國古文字學研討會論文集》，2003年，169頁)。

十一年白令戈(M411：4)拓片

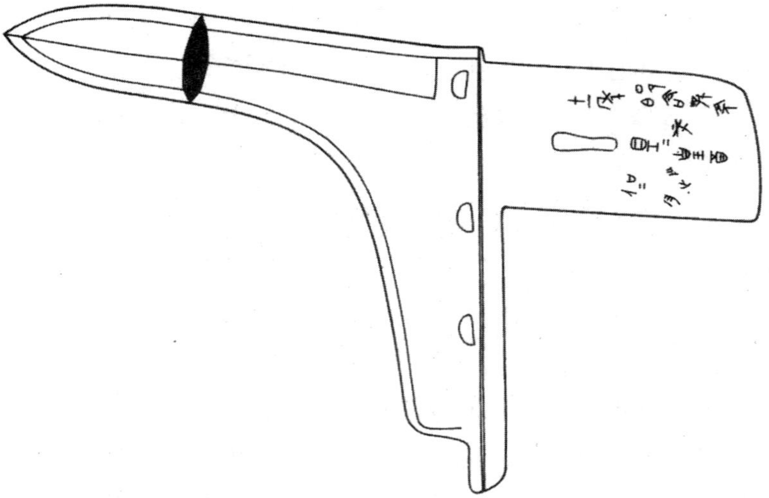

十一年白令戈(M411：4)綫圖

拓片

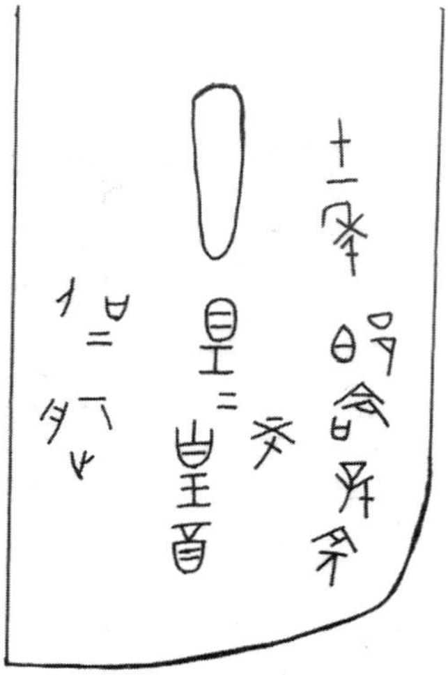

摹本

十一年白令戈(M411：4)銘文

吴鎮烽《通鑑續編》30476 號收録安徽蚌埠所出春秋中期“柏之簠”(器蓋對銘，各三字刻銘)，此簠見於《考古學報》2013 年 2 期 249 頁圖 15-2，讀者可以參閲。此戈的國别及銘文内容還可以進一步研究。若按吴良寶、徐俊剛《戰國三晉“冶”字新考察》，此戈也可能屬韓(《古文字研究》第三十一輯，208 頁)。

六年陀戈

1 件，編號 M253：10。屬報告Ⅲb 式戈。窄援微上揚，脊偏上部，長胡，欄側三個半圓穿；内較窄長，中一滴水形穿，末端中間内凹呈岔狀，侈出兩尖作鋒，可啄擊。通長 28.8 釐米，援長 17 釐米，胡長 11.6 釐米，内寬 3.4 釐米，援中寬 2.5 釐米。見報告 231 頁，以及：圖一五一-3，綫圖；圖一五三-1，拓圖；圖版七四-9，戈圖、鐏。内上鑄銘文兩行十二字：

六年，陀(?)□□左庫工帀(師)睽，冶□。

第三字不很清晰，疑爲“陀”。“工師”後一字从目、欠、火。“冶”後一字不清。湯志彪《三晉文字編》第六册 2912 頁列入國别待考兵器，定爲戰國晚期。吳鎮烽《金文通鑑》17162 定爲“戰國時期”。劉雨、盧岩《近出殷周金文集録》1178 列爲“戰國後期”。

根據“冶”字从刀、二、土的構形特點，屬於戰國中期魏國的可能性較大。可參考吳良寶、徐俊剛《戰國三晉“冶”字新考察》(《古文字研究》第三十一輯，205 頁)。

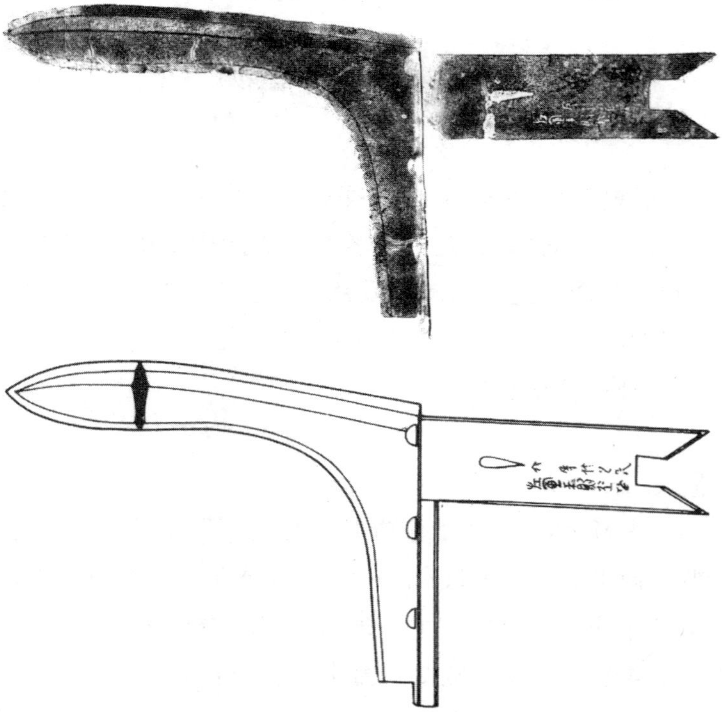

六年陀戈(M253：10)拓圖及綫圖

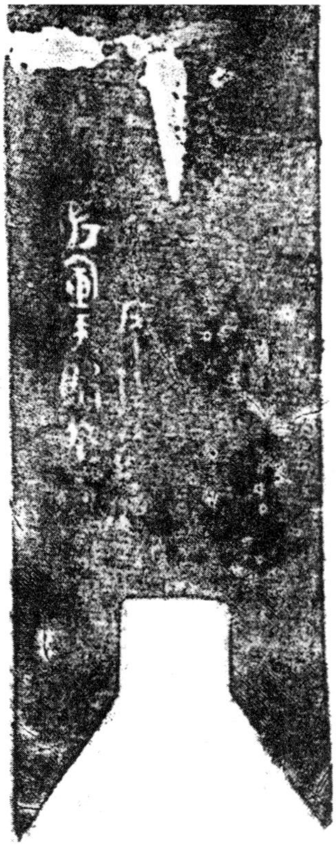

拓片

摹本

六年陀戈(M253：10)銘文

王矛

1 件，編號 M408：11。兩刃前聚成圜鋒，矛身飾兩個蟬形紋，骹上飾“王”字形紋。見報告 235 頁，以及圖一五六-2。此爲越式矛，與 1987 年在漢陽縣熊家嶺清理戰國楚墓 M18 所出戰國中期“王”字形矛類同。

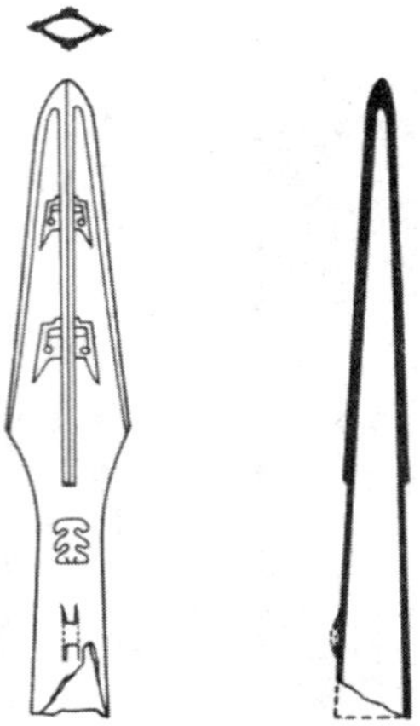

王矛(M408：11)綫圖

競人之璽

楚璽，編號 M728：5。方形，印背作臺階狀，中部一橋形紐。通高 0.9 釐米，邊長 1.2 釐米。見報告 257 頁，以及：圖一六九-5，綫圖；圖一七〇-1，拓圖。印面略殘缺，陰刻四字：

競人之璽

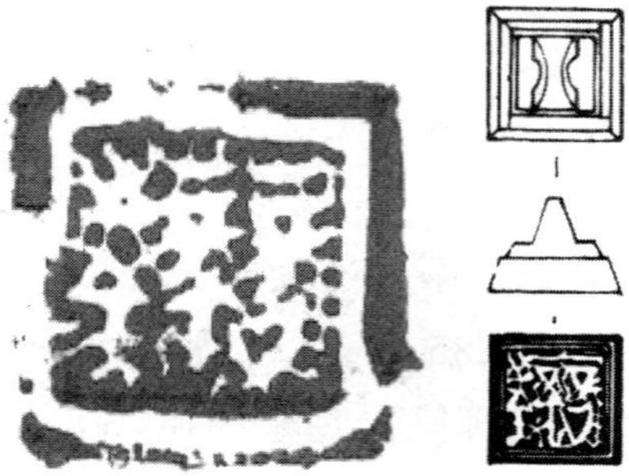

競人之璽(M728：5)拓圖及綫圖

競，當爲姓氏景，“競人”可能爲楚“競(景)平王”之後人。

巴蜀印

編號 M21：4。印邊略殘。印體略近半圓形，背部一拱形穿孔，其上有三小孔與之相通。印面作圓角方形，陰刻巴蜀符號類似漢字“斑”。通高 1. 2 釐米，邊長 1. 5 釐米。見報告 257 頁，以及：圖一六九-6，綫圖；圖一七○-2，拓圖。

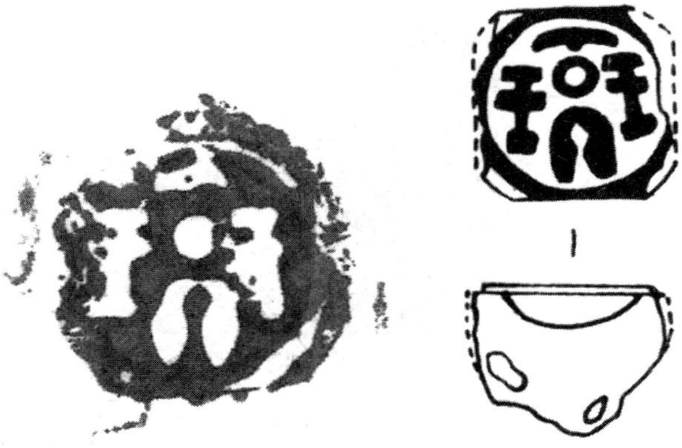

巴蜀印(M21：4)拓圖及綫圖

漆木器烙印或陰刻文字、符號

部分漆器的蓋頂、蓋内及底部有烙印、陰刻文字或符號(表二三)，這些文字或符號是先刻或烙在木胎上，然後髹漆。有數字、符號，以及“咸亭”“大官”等地名和機構(或職官)文字。見報告 260 頁、262 頁(刻文、符號表)、269 頁、271 頁，以及圖一七七(咸亭樽)、圖版八六(樽等)、圖版八七(大官杯)。從銘文内容看，“咸亭”“大官”等器屬於秦器(421 頁)。

“大官”是掌管秦王膳食的機構，或作太、泰，見於秦漢器銘、封泥、竹簡等，可參閱王輝等《秦出土文獻編年訂補》，三秦出版社，2014年，50頁。“咸亭”即“咸陽亭”，表明器物造地。或對“亭”字理解不一，可參閱朱學文《有關秦漆器銘文的幾個問題》，《考古與文物》2012年3期。

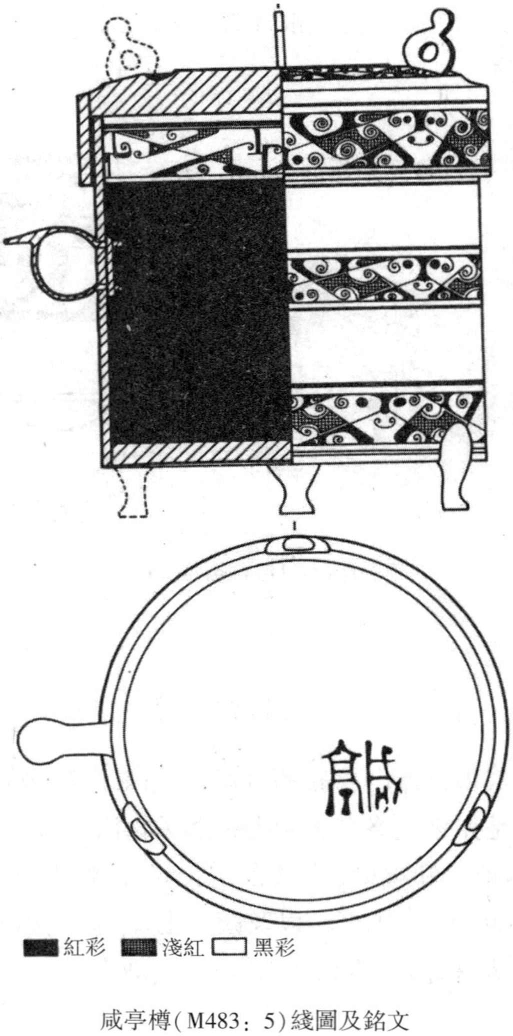

咸亭樽(M483：5)綫圖及銘文

大官杯(M477：14)杯底

“四兩”砝碼

M423出有一件衡杆，6件砝碼，編號M423：6，保存完整，基本未銹蝕。其中，M423：6-2號砝碼陰刻有計量單位“四兩”二字，重61.7503克，據此推算每兩重約15.44克。這套砝碼基本以倍數遞減，分别爲8兩、4兩、2兩、1兩、12銖、3銖。見報告254頁，以及圖版八四-4、圖版八四-5。

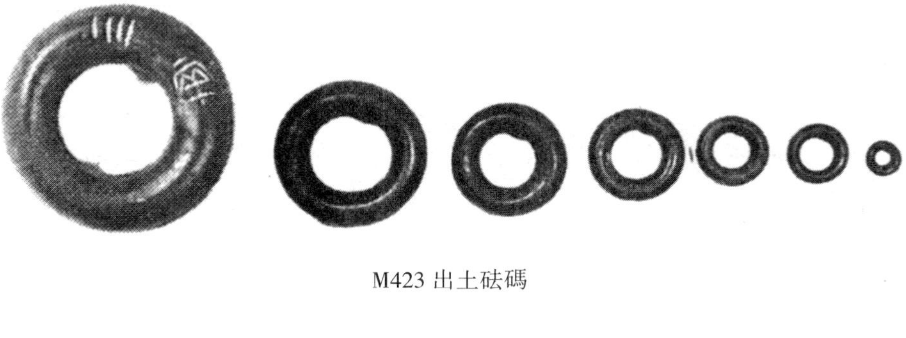

M423出土砝碼

【著録】

湖北省文物考古研究所編著:《江陵九店東周墓》,科學出版社,1995 年。

湖北省文物考古研究所、北京大學中文系編:《九店楚簡》,中華書局,2000 年。

黄山村

2002 年 6 月至 2004 年 10 月,荆州市郢城鎮黄山村黄山墓地楚墓 M40 出土有陶壺 1 件、銅砝碼 1 套 4 件、銅天平盤 2 件和銅蟻鼻錢 6 枚。其中,砝碼與蟻鼻錢有銘文。

砝　　碼

4 件,3 件有銘刻。圓形環狀,截面呈圓形或水滴形。一件直徑 1.3 釐米,重 4 克,在砝碼外側刻銘"才(錙)兩";一件直徑 1.8 釐米,重 7.8 克,在砝碼外側刻銘"削(半)兩";一件直徑 2.4 釐米,重 15.3 克,在砝碼外側刻銘"一兩";一件直徑 3 釐米,重 30.8 克,無銘。見報告 19 頁,以及:圖三-2 至圖三-5,綫圖;封三-1 至封三-3,照片。

根據新見材料及研究,可知在表示記數時"鈢"或"才"讀爲"錙",爲四分之一。"削"字或主張釋爲"辨",讀爲"半"。還有从肉从刀者,或主張是"胖"或"判"的表意字,計量上讀爲"半"。無論如何釋讀,此字表示"半"是肯定的。

如清華大學藏楚簡《算表》(李學勤主編《清華大學藏戰國竹簡(肆)》,中西書局,2013 年):

> ……十、五、四刖(半)、四、三刖(半)、三、二刖(半)、二、一刖(半)、一、刖(半)、鈢(簡 21)。注釋:"鈢,讀錙,四分之一。"

根據重量，無字環權爲二兩。四枚砝碼爲：二兩、一兩、半兩、四分之一兩。

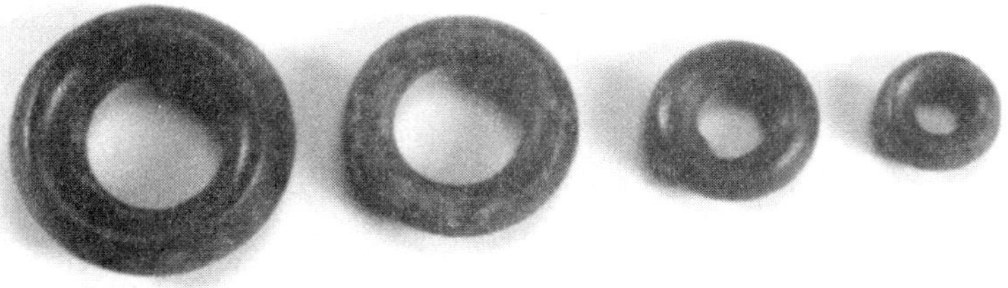

M40：22 一兩

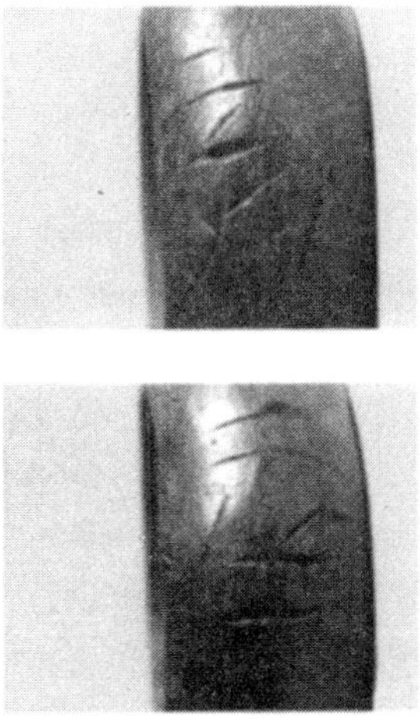

M40：23 削兩

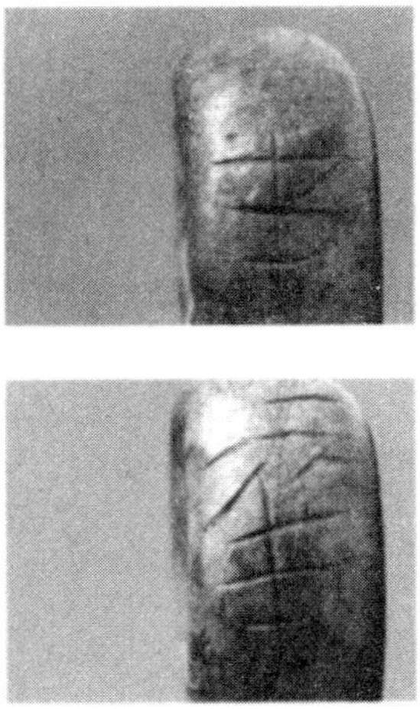

M40：24 才兩

黄山村出土砝碼

蟻鼻錢

6 枚，編號 M40：4. 1~6。均爲“巽”字銅貝，大小各異。分别重 3. 7 克、3. 5 克、3. 3 克、2. 7 克、2. 3 克。報告未附圖。報告指出：“在荆州地區目前已發掘的 5000 餘座楚墓中，隨葬銅砝碼的墓葬較多，但像黄山墓地 M40 墓中隨葬蟻鼻錢的尚爲首例，因此，M40 出土的銅天平盤、標有重量單位的砝碼和楚國貨幣蟻鼻錢，對於研究楚國的度量衡制度具有重要意義。”

【著録】

荆州博物館:《湖北荆州黄山墓地 40 號戰國楚墓發掘簡報》,《江漢考古》2007 年 4 期。

【參考文獻】

李天虹:《由嚴倉楚簡看戰國文字資料中“才”“全”兩字的釋讀》引有各家説,見武漢大學簡帛研究中心主辦《簡帛》第九輯,上海古籍出版社,2014 年,23 頁。

黄錫全:《試説楚國黄金稱量貨幣單位半鎰》,《江漢考古》2000 年 1 期。

李學勤:《楚簡所見黄金貨幣及其計量》,見中國錢幣學會編:《中國錢幣論文集》,中國金融出版社,2002 年,61~64 頁。

董珊:《楚簡簿記與楚國量制研究》,《考古學報》2010 年 2 期。

曹家山

越王不光劍

1 件,出自湖北荆州曹家山一號楚墓。曹家山位于荆州市荆州區紀南鎮洪聖村五組。此墓一棺一椁,隨葬銅器 15 件,其中禮器 9 件(鼎 2 件、敦 2 件、壺 2 件、盤 1 件、匜 1 件、勺 1 件),以及劍 1 件、戈 1 件、矛 1 件等。

此劍(M1:19)盛於糟朽嚴重的漆木劍盒身中,呈青黑色。劍體長大且厚實,劍身前窄後寬,鋒後略束腰,隆脊淺從,三角形刃,窄格,圓莖中空,圓首。通長 62.4 釐米,身寬 5.1 釐米。劍格兩面刻並嵌金銀細絲以形成銘文:

“戉王 戉王” “劍用光 光用劍”(以劍格中脊對稱釋讀)

環首刻嵌一圈計十二個金銀相間的鳥篆銘文：

戉王不光用劍戉王不光用劍

見《江漢考古》2015年5期30頁，以及：圖六-1，劍綫圖及銘文摹本；圖版七，劍圖。

越王不光，即戰國時期越王翳，見於《史記·越世家》及《竹書紀年》，《吳越春秋》《越絶書》作“不揚”，清華簡《系年》作“戉公翳”，公元前411年—前376年在位。據統計，現存或與該王相關的刻銘“不光”“旨殹”“台戉不光”“者旨不光”等銅劍有20餘件。報告推定曹家山M1的年代大致在戰國中期晚段，墓主爲較高等級的元士或下大夫，不光劍可能屬於戰利品。

越王不光劍器圖

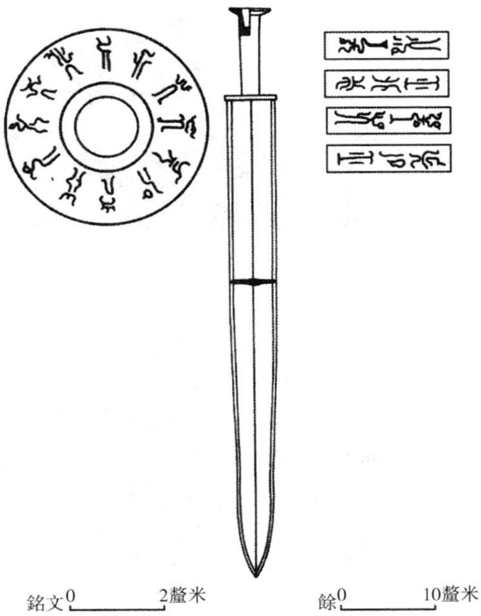

越王不光劍綫圖

劍首

劍格正面

劍格背面

越王不光劍劍首、劍格圖

【著録】

荆州博物館：《湖北荆州曹家山一號楚墓發掘簡報》，《江漢考古》2015 年 5 期。

【參考文獻】

楊開勇：《“越王不光劍”芻議》，《江漢考古》2015 年 5 期。

曹錦炎：《鳥蟲書通考》，上海辭書出版社，2014 年，122～148 頁。

董珊：《吳越題銘研究》，科學出版社，2014 年，59～64 頁。

施謝捷：《吳越文字彙編》，江蘇教育出版社，1998 年，476～481 頁，582～583 頁。

張家山

越王可句於劍

1 件。1974 年出自原江陵縣（現荆州區）城西張家山戰國墓，現藏荆州市博物館。通長 65.4 釐米，劍身寬 4.3 釐米，劍莖長 10 釐米，劍首直徑 4.2 釐米；劍格長 5.2 釐米，寬 0.35 釐米。劍格銘文錯金，正面四字，背面八字：

“戉王 戉王” “□用乍自 者旨不光 ”（以劍格中脊對稱釋讀）

環首文字，錯金錯銀相間隔。一圈計十二個鳥篆銘文：

台戉不光唯𣅀可句於元用僉

台，讀爲嗣。“光”字與中山王鼎“光”類似，左右加飾筆。“者旨”即“諸稽”，爲越王之氏。“不光”是名，乃越王勾踐之子“不揚”，光、揚音近假借。典籍或作“翳”。翳有遮蔽陽光、不見光明之意。“不光”與“翳”

爲一名一字。翳在位 36 年(公元前 411—前 376 年)，曹錦炎認爲此劍作於其即王位之前。

施謝捷認爲，劍首銘“乍昏”，或釋爲“隹(唯)曰”，不確，昏讀爲“厥”，《汗簡》引《義雲章》厥作昏、昏可以比較。

董珊披露一把新見内容大體相近的劍(見其著圖 136)：

劍格：戉王·戉王，者旨不光 · 自乍(作)用□

劍首：戉王大(太)子唯可句於元用之僉(劍)

認爲張家山劍的“台(嗣)戉(越)不光唯昏可句於”，意思是繼承越王不光者名爲“昏可句於”。新見劍銘“越王太子昏可句於”，即越王不光的太子名“可句於”，爲“昏可句於”之省略。兩“唯”字是虚詞。越王不光與“[昏]可句於”是父子兩代，兩劍器主應該是“[昏]可句於”。

越王不光(翳)之子“可句於”究竟是文獻記載的哪一位王，還有待確定。《越絶書》卷八《外傳記地傳第十》：“不揚子無疆，時霸，伐楚，威王滅無疆。無疆子之侯，竊自立爲君長。……無疆以上，霸，稱王。之侯以下微弱，稱君長。”據《史記·越世家》：“王翳卒，子王之侯立。王之侯卒，子王無疆立。”《索隱》引《紀年》云：“翳三十三年遷於吴，三十六年七月太子諸咎弑其君翳，十月粤殺諸咎。粤滑，吴人立子錯枝爲君。明年，大夫寺區定越亂，立無餘之。”“則王之侯即無餘之也。”那麼，“昏可句於”可能相當於“王之侯”或“無餘之”，也曾一度稱王。若依《史記》，稱王者無疆之前有王之侯(無餘之)、無疆。没有落實的“亓北古”劍，曹錦炎疑爲“無疆”，“北”有“敗北”之義，與“無疆(不强)”之義相合(見曹錦炎《吴越歷史與考古論集》，文物出版社，2007 年，91、107 頁；又見其著《鳥蟲書通考》，151 頁)。若如此，“昏可句於”爲王之侯(無餘之)的可能性比較大。

【著録】

荆州市博物館編：《荆州重要考古發現》，文物出版社，2008 年，134～137

頁。劍器照片見 135 頁，劍首銘文照片見 136 頁。

曹錦炎、吳毅強：《鳥蟲書字彙》，圖一〇七，上海辭書出版社，2014 年，310 頁。

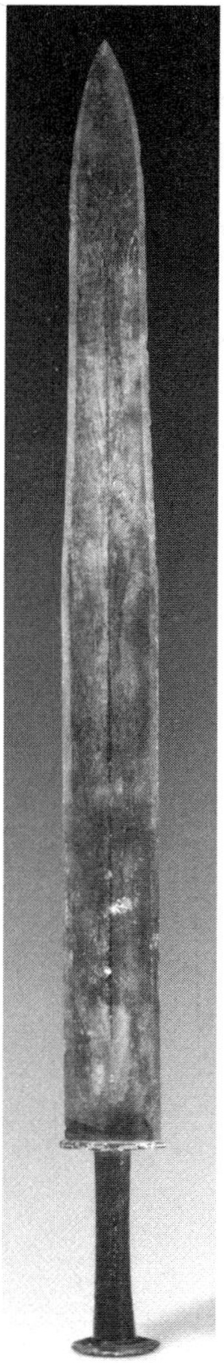

越王可句於劍器圖

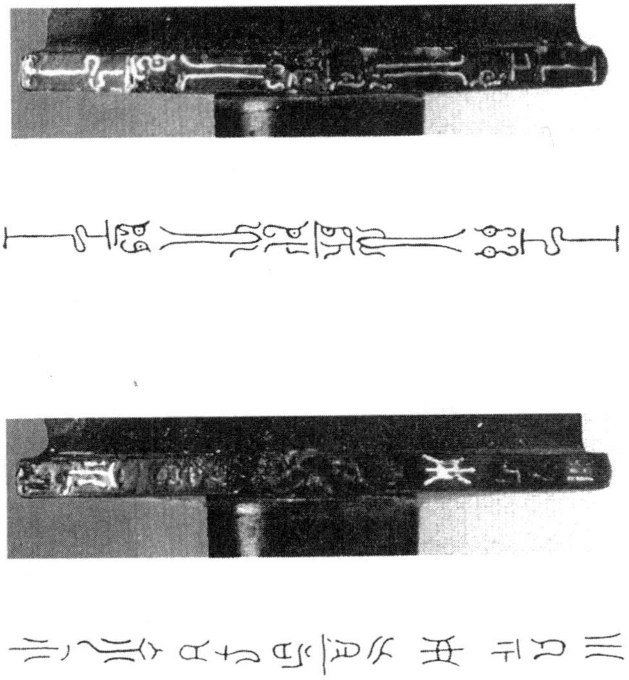

越王可句於劍劍格銘文

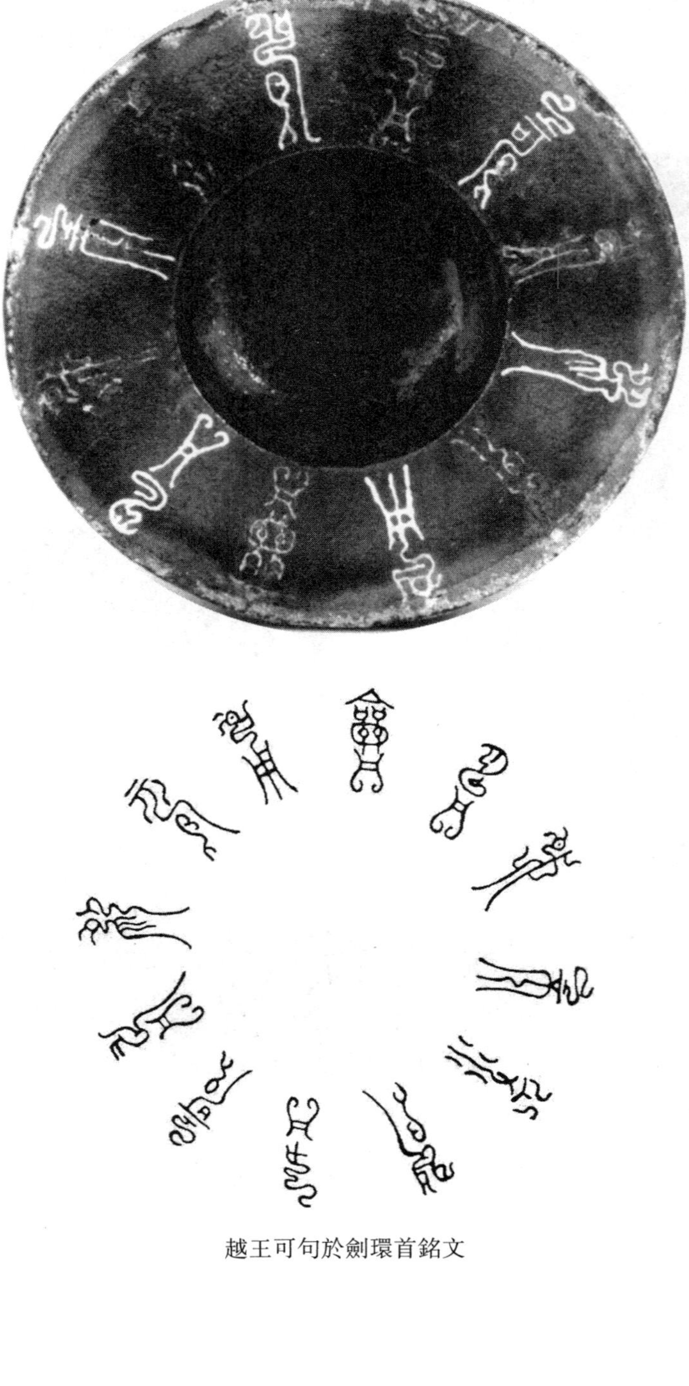

越王可句於劍環首銘文

【參考文獻】
曹錦炎：《鳥蟲書通考》，上海辭書出版社，2014 年，122 頁。
董珊：《吴越題銘研究》，圖 135，科學出版社，2014 年，63 頁。
施謝捷：《吴越文字彙編》，江蘇教育出版社 1998 年，476、582 頁。
楊開勇：《“越王不光劍”芻議》，《江漢考古》2015 年 5 期。

荆州磚瓦廠 M370 竹簡

1992 年，荆州博物館考古工作隊在荆州城西約 1. 5 公里處的原江陵磚瓦廠，清理編號爲 M370 的楚墓一座，内出殘斷楚簡 6 支。其中 3 支較長，3 支較短，4 支有字，2 支無字。1、2、3 號簡文字較多。4 支有字簡共能看清的文字有 95 個。

簡 1：簡頭略殘缺，簡尾較平整，似爲整簡。長約 61. 1 釐米，寬 0. 9 釐米，厚約 0. 1 釐米左右(下同)。能看清者 29 字。

簡 2：簡頭、簡尾殘斷。殘長 45. 4 釐米，寬 0. 8~0. 9 釐米。有 25 字。

簡 3：簡頭、簡尾較平整，似爲整簡。長 62. 4 釐米，寬 0. 8 釐米。有 33 字，其中第三字不太清晰。

簡 4：簡頭、簡尾均殘。殘長 17. 4 釐米，寬 0. 8~0. 9 釐米。有 8 字。

簡 5：簡頭、簡尾均殘。殘長 23. 6 釐米，寬 0. 8~0. 9 釐米。無字。

簡 6：簡頭、簡尾均殘。殘長 24. 3 釐米，寬 0. 7~0. 9 釐米。無字。

按照竹簡編號，簡文釋讀如下：

簡 1：□與仔門之裡人一賜告僕，言胃(謂)：某墅與僕蚍(兄)之不□□□競刱(梁)而殺之僕，不敢不告

簡 2：視日，夏層之月庚子之夕，覞殺僕之蚍(兄)李脅，僕未智(知)其人。含(今)僕帶

簡 3：人李□敢告於視日，夏層之月庚子之夕，覞殺僕之(兄)李脅，僕未智(知)其人。含(今)僕敢之某

簡 4：□陼鮇(?)人李捭敢告於

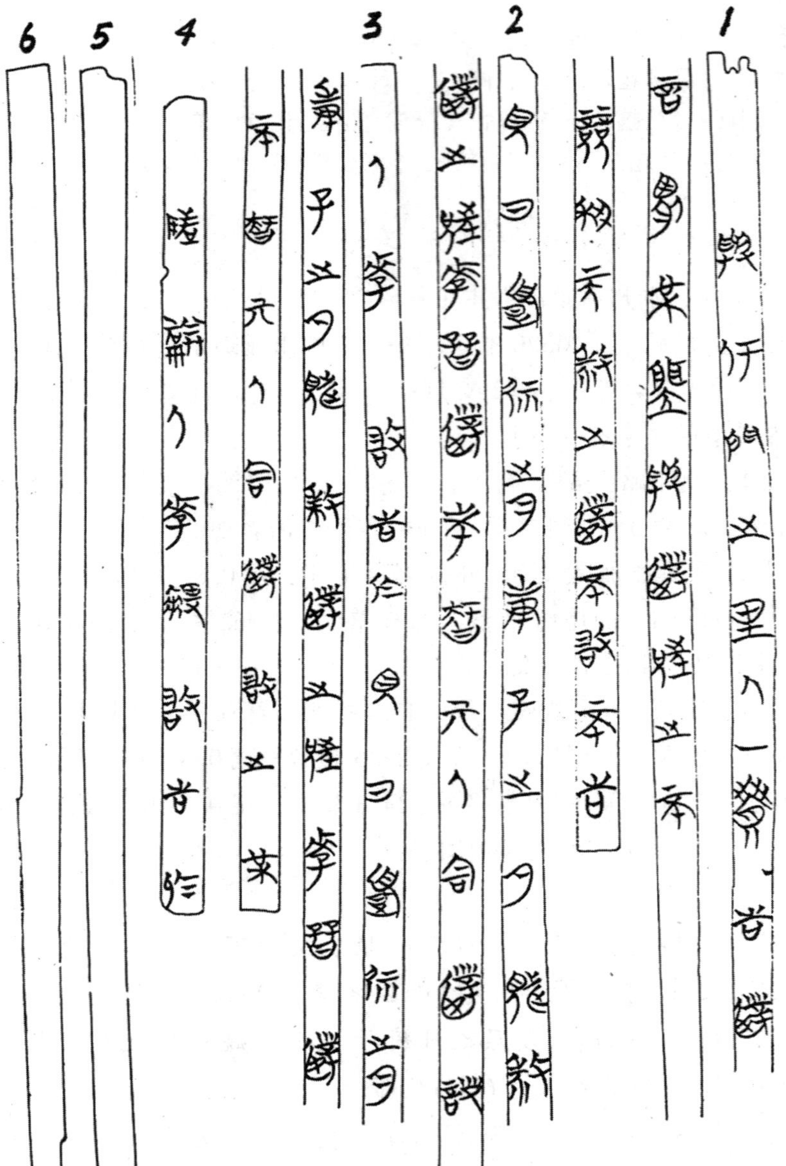

M370 竹簡摹本

根據我們的理解，整個簡文的基本意思可能是這樣：

一夥與仟門裡的人，上告僕。說某塈與僕之兄長因爲不和、爭奪稻米（推測某塈盜竊僕兄稻米發生爭奪，某塈殺了僕兄）而被僕所殺，所以不敢不告視日。詳情是，在楚曆的夏层之月庚子這天的晚上，僕的兄長李昚被盜賊所殺，僕開始不知道凶手是誰，僕經過調查瞭解，得悉凶手是某塈後，就尋至某塈處，將其殺掉。負責審理此案的李捭將審理的結果上告視日。

也可以有不同的理解。

根據簡文，墓主可能是一位與司法有關的小官吏，說不定就是親自審理這起殺人案的李捭。簡文内容雖然有殘缺，但大意基本完整，爲進一步研究楚國的司法制度又補充了新的資料。

【著録】

滕壬生、黄錫全：《江陵磚瓦廠 M370 楚墓竹簡》，見李學勤、謝桂華主編：《簡帛研究二〇〇一》，廣西師範大學出版社，2001 年。

【參考文獻】

滕壬生：《楚系簡帛文字編》，湖北教育出版社，1995 年。

陳偉：《楚國第二批司法簡芻議》，見李學勤、謝桂華主編：《簡帛研究》第三輯，廣西教育出版社，1998 年。

紀南城

王　　鍤

1 件，1987 年出自楚都紀南城新橋遺址。青銅質，形似鉞，直銎，弧刃。正面陽鑄一“王”字，字中有一轄釘孔。另一面部分殘缺。長 7.2

釐米，刃寬 9 釐米。見報告 443 頁及圖二八-2。此物出在楚國都城内，很可能爲“王”所使用，形似鉞似乎也可佐證，不大可能爲“王”姓之物。

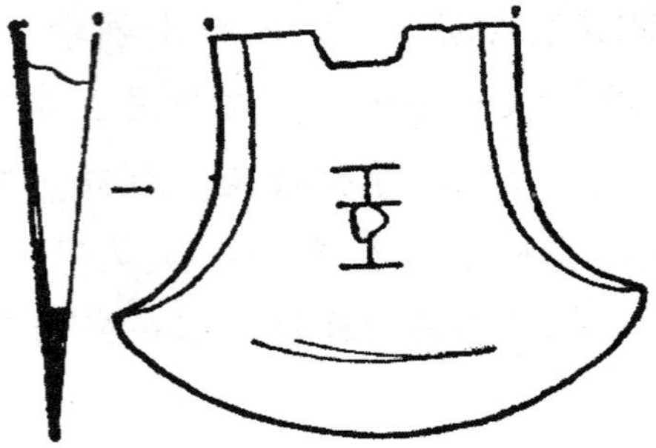

王鍤綫圖

【著録】

湖北省文物考古研究所：《紀南城新橋遺址》，《考古學報》1995 年 4 期。

濠林村

王　印

2006 年 4 月，荆州馬山鎮濠林村院墻灣一楚墓被盜破壞，經搶救性發掘清理，在出土物中發現一枚印章。編號 M1：42。白色，半透明，有玻璃光澤。體扁，平面呈等邊三角形。背面有紐。紐頂面的穿孔與紐體兩側的穿孔垂直相通。印體正面有凸棱邊廓，中間雕琢“王”字。“王”字上方有一展翅而飛的鳥。“王”字兩側各有一鹿，頭衝下，伏地欲起。邊長 2.9 釐米，厚 0.45 釐米。紐長 0.78 釐米，寬 0.6 釐米，高 0.2 釐米。見報告 17 頁，以及：圖一六，綫圖；圖三四，照片。

報道者推斷此墓的下葬年代爲戰國中期晚段，墓主身份應該是大夫或士的等級；印章上的“王”不可能是姓氏，印章的墓主人可能與王室或者王族有關係。

王印（M1：42）

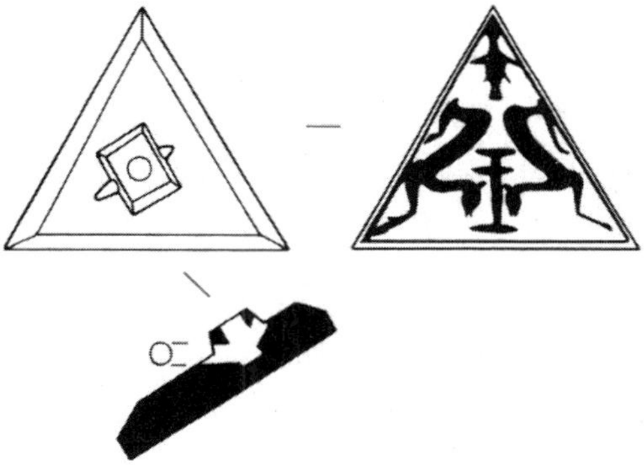

王印（M1：42）綫圖

【著録】

荆州博物館：《湖北荆州院墻灣一號楚墓》，《文物》2008 年 4 期。

三 紅 村

2012 年，爲配合南水北調工程，對荆州紀南鎮三紅村十三組李家堰墓地進行發掘，其中 M113、M111 發現 2 件有銘銅戈。

卲王之諻戈

1 件，編號 M113：2。戈長 23.2 釐米。短援，直内。内上一穿，胡上四穿。内末下角有缺口。欄出頭。戈自胡部第二穿殘斷爲兩截。見報告 87 頁，以及：圖版一，戈圖；圖版二，銘文；圖版五-1，銘文摹本。銘鑄在援上，兩行十二字：

卲王之諻，擇亓(其)
吉金，作寺(持)䡞戈。

“卲王之諻”，見于卲王之諻鼎(《集成》2288)、卲王之諻簋(《集成》3634、3635)。過去多從張政烺之釋，讀卲王之媓爲昭王之母，即楚平王夫人。《方言》卷六：“南楚瀑洭之間母謂之媓。”《廣雅·釋親》：“媓，母也。”現在根據新出土材料，董珊認爲“媓”爲作器者私名，屬於昭王之族。如上博楚簡“龔(共)王之卯”(《昭王與公之脽》)，包山簡 7“臧(莊)王之墨”，救秦戎鐘“競(景)平王之定”等，屬於“謚(王)+之+人名”結構，與傳世文獻“族+之+人名”結構類同，如“宫之奇”(《左傳》僖公二年)、“介之推”(僖公二十四年)、“燭之武”(僖公三十年)等。

“䡞戈”，又見於楚王酓璋戈(“楚王酓璋……作䡞戈……”)，以及襄陽陳坡 M10 所出昭王之信戈(“昭王之信擇其吉金作持䡞戈”)。矛也有稱“䡞矛”，如湖南張家界所出“競俾自作䡞矛用揚文德武剌”(《文物》2011 年 9 期 77 頁及封三)。䡞當是指戈、矛之用途，如同習見之“行戈”“車戈”“徒戈”之類。或讀䡞爲萃，猶副，“䡞戈”即副車上用的戈。或讀爲粹，純美之意，“䡞矛”爲純美之矛。或主張“䡞戈”應是在戰車部隊中使用的戈(説見襄陽陳坡昭王之信戈)。

報告根據墓葬諸因素定此戈年代爲戰國。

卲王之諻戈(M113：2)器圖

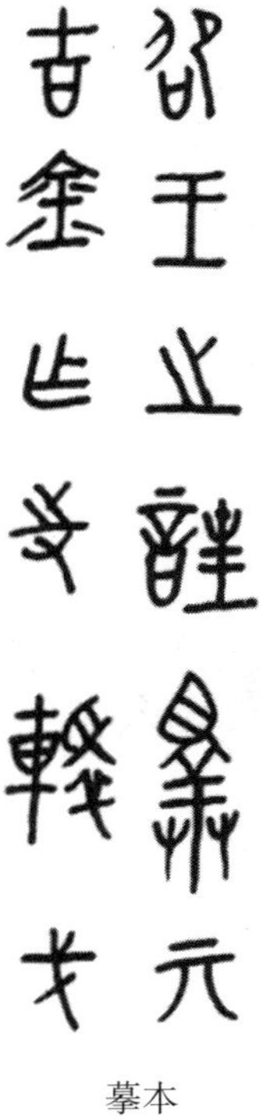

器銘圖　　　　摹本

卲王之諻戈(M113：2)銘文

廿八年雝丘令戈

1件，編號M111：2。戈長20.8釐米，短援，直內。內上一穿，胡上三穿，欄出頭。見報告89頁，以及：圖版三，戈圖；圖版四，銘文圖片；圖版五，銘文摹本。銘刻在欄側三穿之間，計十三字：

廿八年，雝丘命(令)焌，工帀(師)産，冶番黑。

雝丘，地名，在今河南杞縣，戰國屬魏。根據墓葬年代，戈年代應爲魏惠王二十八年，即公元前342年。此戈由雝丘令焌督造，工師産負責鑄造，冶工番黑直接鑄造。

1984年，湖南古丈縣白鶴灣M28楚墓出土一件銅戈(《考古學報》1986年3期)。此戈銘文經研究可釋讀爲："五年，雝丘令脩，工師章，冶束。"爲魏惠王后元五年，即公元前330年。據《春秋·哀公九年》"宋皇瑗帥師取鄭師於雝丘"，即公元前486年雝丘屬鄭。據《史記·六國年表》周威烈王十八年，韓"伐鄭，取雝丘"，即公元前408年雝丘被韓吞併。據三紅村二十八年銅戈，雝丘屬魏至遲不晚於惠王二十八年，即公元前342年。

廿八年雝丘令戈(M111：2)器圖

廿八年雝丘令戈(M111：2)銘文

【著録】

蔣魯敬、李亮：《荆州李家堰墓地出土戰國銅戈銘文考略》，《江漢考古》2016年2期。

【参考文獻】

張政烺：《昭王之諻鼎及簋銘考證》，見《張政烺文史論集》，中華書局，2004年，66~74頁。

董珊：《出土文獻所見"以謚爲族"的楚王族——附説〈左傳〉"諸侯以字爲謚因以爲族"的讀法》，復旦大學出土文獻與古文字研究中心編：《出土文獻與古文字研究》第二輯，見復旦大學出版社，2008年。

陳鬆長：《湖南張家界新出戰國銅矛銘文考略》，《文物》2011年9期。

李家浩：《楚王酓璋戈與楚滅越的年代》，《文史》，第二十四輯，中華書局，1985年。

張春龍：《古丈白鶴灣雝丘令戈小識》，湖南省文物考古研究所網站"學術研究”，2016年1月21日。

蔣魯敬:《新見戰國戈銘與楚簡地名補釋》，華東師大《中國文字研究》第二十四輯，上海書店出版社，2016年。

傅修才:《魏國雝丘令戈考》,《中原文物》2016年5期。

几處竹簡

荆州雞公山竹簡

1990年冬至1992年6月，荆州博物館配合宜黄公路建設，在仙桃至江陵路段進行考古調查與發掘，在紀南城與郢城之間的雞公山發掘一批小型墓，其中M48發現有楚簡，内容爲遣册，“竹簡出於接近椁蓋板的填土中，在該墓椁室出土的還有包括鼎、盒、壺、盤、匜的兩套青銅禮器，均保存完好”。竹簡數量不詳，材料至今尚未正式公布。

【著録】

張緒球:《宜黄公路仙江段考古發掘工作取得重大收穫》,《江漢考古》1992年3期。

荆州范家坡M27竹簡

1993年，湖北江陵范家坡M27出土竹簡1枚，計27字，内容爲卜筮祭禱記録。

【著録】

滕壬生:《楚系簡帛文字編(增訂本)》“前言”，湖北教育出版社，2008年。

荆州紅光磚瓦廠M27竹簡

1995年，原江陵紅光磚瓦廠M27楚墓出土竹簡3枚，保存基本完好，長約46釐米，内容與喪葬有關，與一般遣册有别。内容涉及對死者

“元君某”的評價和多人協力爲其辦理喪事的情況。這類記載不見於已發表的喪葬類文書，具有獨特學術價值。

2010年在荆州博物館“荆州出土古代簡櫝文字展”展出。2011年2月，武漢大學“湖北出土未刊布楚簡(五種)集成研究”課題組對這批竹簡拍攝了紅外和數碼照片。

【參考文獻】

李天虹：《楚國銅器與竹簡文字研究》，湖北教育出版社，2012年，246頁。

荆州夏家臺M106楚簡

2014年8月16日至2015年8月13日，在荆州市荆州中學新校區建設工程中，荆州博物館對位于荆州區郢城鎮荆北村與郢南村交界處的劉家臺與夏家臺墓地進行了搶救性考古發掘。共發掘戰國墓葬350座，出土隨葬器物3058件(套)。其中，夏家臺M106出土戰國楚簡400餘枚(殘)，内容爲《詩經・邶風》十四篇、《尚書・吕刑》篇和《日書》。其中《詩經》與《尚書》在楚墓中爲首次發現。戰國楚簡《詩經》和《尚書》的首次考古發現，不僅可以與傳本進行對照校驗，而且對研究中國古代思想、文化、法治等具有十分重大的價值。

該墓葬爲帶墓道的一椁一棺小型墓葬，隨葬陶禮器爲鼎、敦、壺，墓主人身份應爲士，是楚國低級貴族。

【參考文獻】

荆州博物館田勇、王明欽：《湖北荆州劉家臺與夏家臺墓地發現大批戰國墓葬》，《中國文物報》2016年4月8日第8版。

荆州高臺古井竹簡

2012年7月，荆州博物館配合南水北調引江濟漢工程，對荆州區紀南鎮高臺村的一處戰國古井群進行搶救性發掘，在編號爲J67的一口古井中發現3枚有字竹簡。

3枚竹簡出自距井口280釐米深處，同時，在古井内還發現陶罐37

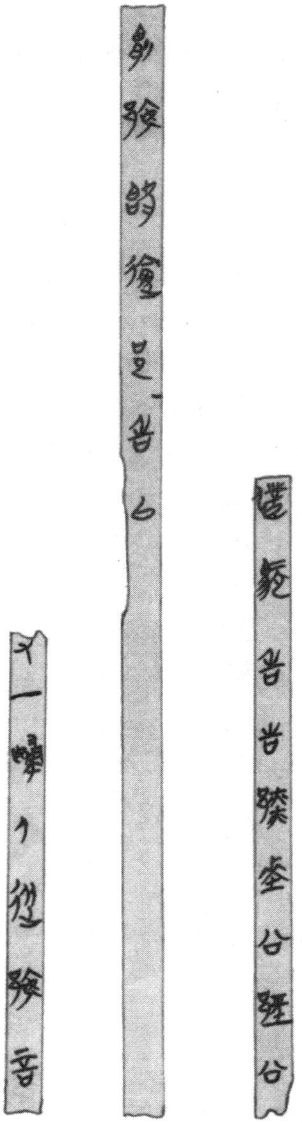

高臺古井竹簡摹本

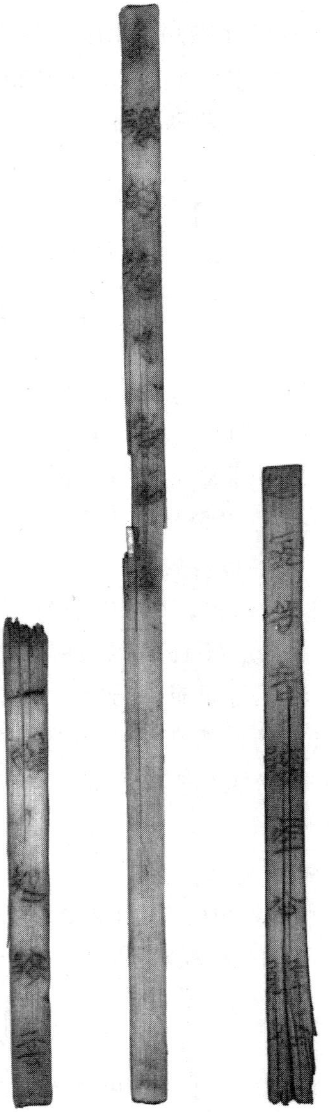

高臺古井竹簡紅外照片

件。高臺古井北距楚故都紀南城南城垣約 1 公里，是第一次近距離靠近楚都發現戰國楚簡。竹簡時代大約在戰國中晚期。

3 枚竹簡均已殘斷，文字書於竹黄面，墨迹較淡。簡 1 長 9.7 釐米，寬 0.7 釐米，簡首、簡尾均殘斷，殘存七字。簡 2 長 22.4 釐米，寬 0.8 釐米，簡首、簡尾殘斷，殘存七字。簡 3 長 12.9 釐米，寬 0.7 釐米，簡首基本完整，簡尾殘斷，殘存九字。在簡 1 的“鄢”與“言”之間的右側發現有三角形契口，另外兩支未發現編連標記。3 枚文字内容似無邏輯先後關係。簡文如下：

簡 1：□又(?)一婦人從郾(鄢)言
簡 2：□胃(謂)郾(鄢)既逾邑造以□
簡 3：僕駝造告郯陵公郢公□□

報道者認爲，“郢公”見於包山楚簡 159，與“郯陵公”和見於包山楚簡的“魯陽公”相似，都是楚縣公。郢地，吴良寶認爲在今河南郾城。簡 3 大概是名爲“駝”的“僕”向郯陵公、郢公”二位縣公爲某事而“告”的記載。3 枚楚簡可能屬於文書簡。推測“竹簡出於古井内，可能是書手由於鈔寫錯誤而丟棄”。“郯陵”可能與包山簡的“郯”同地。

【著録】

蔣魯敬、劉建業：《湖北荆州高臺戰國古井群 J67 出土楚簡初探》，武漢大學簡帛研究中心主辦《簡帛》第十二輯，上海古籍出版社，2016 年。

蔣魯敬：《新見戰國戈銘與楚簡地名補釋》，華東師範大學《中國文字研究》第二十四輯，上海書店出版社，2016 年。

彭家臺

高城戈

1 件，荆州彭家臺 M15 出土。援窄長，微上揚，中間起脊，鋒較尖，欄出頭，内平直三邊出刃。欄側三穿，内一穿。通長 27.5 釐米，援長 17.5 釐米，内長 11.2 釐米，胡長 16.2 釐米。内部兩側各有銘文二字，其中“高”爲刻銘，其餘三字爲鑄銘：

高城冶弔(叔)

高城，地名。叔，冶師名。蔣魯敬以爲即三晉之鄗，春秋屬晉，戰國屬趙，其地在今河北柏鄉縣北。

爲何“高”爲刻銘，值得注意。或許此戈易主改刻。

【著録】

雲南省博物館、荆州博物館：《南方霸主——莊蹻故國楚文物大展》，雲南美術出版社，2016 年。

【參考文獻】

蔣魯敬：《新見戰國戈銘與楚簡地名補釋》，華東師範大學《中國文字研究》第二十四輯，上海書店出版社，2016 年。

高城戈器圖

高城戈銘文

宜昌市

高新區

白洋萬福堖

楚季鐘

萬福堖遺址，位于宜昌市白洋工業園區，原隸屬枝江市白洋鎮萬福堖村六組，地處長江左岸的一級臺地上，南與宜都市隔江相望，西北距宜昌市區約35公里，東距白洋鎮約6公里。2012年6月18日，白洋工業園區進行道路施工時，發現一批青銅器等文物。隨後經文物部門對施工綫内的遺址進行勘探調查和搶救發掘，出土青銅器編鐘12件、鼎1件，發掘灰坑2個，整理修復鬲、簋、尊、罐、粗柄豆等一批陶器。其中，一件編鐘有銘文。見《江漢考古》2016年4期封二，編鐘12件器圖；32頁拓片一，楚季鐘正面；圖一九，鼎綫圖；圖版六，修復後銅鼎照片；69頁銘文拓片。銘文在鉦部，刻銘，三行十六字(其中重文一字)，另有一字延刻在鼓部左上側，共計十七字：

楚季寶鐘，氒(厥)
孫廼(乃)獻於公。公
其邁(萬)年受氒(厥)
福。

經整理者研究，12 件編鐘可分爲三型。A 型爲細乳釘界格鐘，2 件。B 型爲圓圈點紋界格鐘，6 件。C 型爲寬陰綫界格鐘，4 件。楚季鐘屬於 C 型較早者。報告指出，甬鐘鑄造年代與鐘體銘文年代不同，銘文應該是鐘鑄造完成使用過一段時間後再進行鏨刻而成。這批青銅器的年代總體要早於遺址的年代，應該是因爲某種原因由他處攜帶而來。A 型年代爲西周早中期之際，B 型在西周中期，C 型在西周中期偏晚。

這批甬鐘披露後，研究者有不同意見。一種意見認爲屬於西周晚期。如李學勤先生認爲甬鐘屬於周厲王前後，銘文“楚季”屬於周宣王時期，即西周晚期。郭德維傾向萬福塪青銅器屬於西周中晚期，但“楚季”鐘定在西周晚期更爲確切。張昌平認爲甬鐘的年代或可早至西周中晚期之際，鑄銘鏨刻年代較晚，要區别對待。武家璧經過對銘文的深入研究，認爲“楚季”應在周厲王時期，也就是西周晚期偏早。

另一種意見認爲屬於西周早中期。如劉彬徽認爲，甬鐘的鑄制年代爲西周早期後段至西周中期前段，刻制銘文的年代則爲西周中期後段，不會晚至西周晚期；遺址年代爲西周中期晚段。劉文提到高至喜也有類似看法。

黄文新、趙芳超指出，經過 2013 年、2015 年兩次發掘，萬福塪遺址時代已漸清晰，即從西周晚期至春秋中期，但窖藏銅器鑄造及流行年代普遍偏早，與遺址不同時。經分析研究，認爲萬福塪銅鼎年代定在西周中期晚段比較合適。A 型鐘流行於西周中期早段，有可能早至西周早期晚段；B 型中的卷雲紋鐘多在西周中期早段，個别晚至西周中期晚段，三角雲紋鐘爲西周晚期早段；C 型鐘年代爲西周中期晚段，楚季刻銘鐘或早至西周中期早晚段之交。判斷楚季銘文篆刻時間爲西周中期晚段至西周晚期早段。

關於“楚季”其人，李學勤、郭德維均認爲是楚國君“季徇(熊徇)”。如李學勤云：“楚季很可能就是季紃，其在位爲周宣王七年(公元前 821 年)到二十八年(公元前 800 年)。季紃應生於周厲王晚期，活動年代與楚季編鐘的時代是合拍的。至於楚季之孫，即公族楚季氏，其獻鐘刻銘的時代也不會太晚……銘内稱楚君爲‘公’，這肯定不會遲到東周初楚武王稱王。其次，鐘銘的字體風格近似楚公家鐘及楚公逆鐘，具有西周的特點。”武家璧認爲，作器者爲“楚季”之孫，受器者爲“楚季”其人。作器者徑直將此鐘稱爲“楚季寶鐘”，又將其“獻貢”給“公”，故“公”有可能與“楚季”爲同一人，或可稱爲“楚季公”。“楚季”編鐘，就時代和地域而言，只有熊渠少子摯疵可以當之。“楚季”封王，當周夷王之時，那麼“厥孫”鑄造編鐘，應在周厲王時期，也就是西周晚期偏早，這與萬福垴遺存的考古學年代是十分符合的。劉彬徽則認爲，“楚季”當是清華楚簡《楚居》中的“麗季”，就是《史記・楚世家》的“熊麗”。“麗季”的後裔可以稱爲“楚季”，如同“楚叔”之稱。熊麗之孫熊繹繼承國君爲大宗，其弟輩爲小宗，是爲“楚季氏”，熊繹之世當周成王世。“孫”應理解爲“裔孫”。這個作爲國君的“公”有可能指楚君“熊渠”或其父、祖輩的國君。

以上研究，均有一定道理，還可進一步討論。據銘文字體風格，楚公家鐘銘要早於楚季鐘銘。楚公家即楚公熊渠，熊渠在周夷王時代。楚季徇爲熊渠之子熊嚴第四子。《史記・楚世家》：“熊嚴十年，卒。有子四人，長子伯霜，中子仲雪，次子叔堪，少子季徇。”季徇繼位時爲周宣王時期，其子熊鄂，其孫熊儀(若敖)。楚季鐘刻銘與晉侯蘇鐘近似。晉侯蘇即晉獻侯，在位于公元前822—前812年，處於周宣王時期，與季徇同時。若鐘之鑄者爲楚季即季徇，與鐘時代不合。劉彬徽説楚季是周文王時的熊麗似偏早。

體會鐘銘，其義當理解爲：楚季的這件寶鐘(不是其作鐘)，乃其孫在流傳下來的鐘上加刻文字敬獻給他(楚季公)，祝他萬年享受其福祉。鐘鑄在西周中期或以前。熊徇在位于公元前821—前800年，在位時已有孫輩並不奇怪。這樣，各方矛盾均能彌合。一套編鐘屬於拼湊，故特點與年代有別。刻銘不晚于公元前800年。

根據萬福垴窖藏與遺址的發掘資料可以看出，宜昌東之枝江一帶西周中、晚期當爲楚國的重心區域，以後逐漸東移、北上。

萬福壪出土編鐘 12 件

器圖

銘文拓片

拓圖（有銘文）

楚季鐘

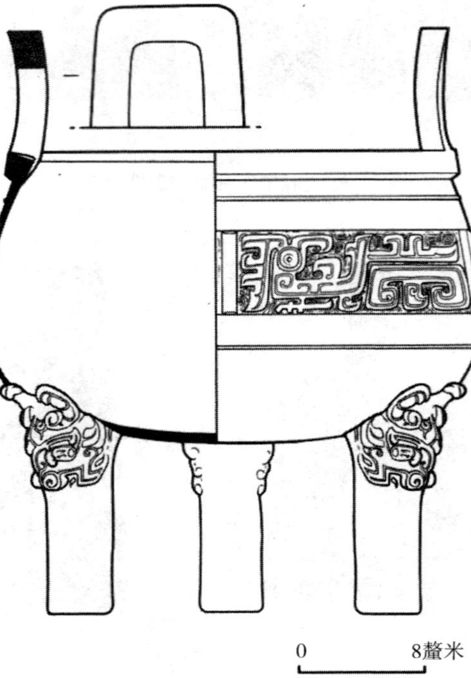

萬福垴出土銅鼎綫圖

【著録】

宜昌博物館:《宜昌萬福垴編鐘出土及遺址初步勘探》,《中國文物報》2012年9月28日第8版。

湖北省文物考古研究所、武漢大學歷史學院考古系:《湖北宜昌萬福垴遺址發掘簡報》,《江漢考古》2016年4期。

【參考文獻】

武家璧:《"楚季"其人與"楚季鐘"的年代》,武漢大學簡帛研究中心網2012年8月22日首發。

郭德維:《楚季寶鐘之我見》,《江漢論壇》2012年11期。

李學勤:《試談楚季編鐘》,《中國文物報》2012年12月7日第6版。

張昌平：《吉金類系——楚公家鐘》，《南方文物》2012 年 3 期。

劉彬徽：《楚季編鐘及其他新見楚銘銅器研究》，《湖南省博物館館刊》第九輯，嶽麓書社，2013 年。

馬承源：《晉侯蘇編鐘》，《上海博物館集刊》第七期，上海書畫出版社，1996 年。

黄文新、趙芳超：《湖北宜昌萬福堖遺址出土甬鐘年代及相關問題研究》，《江漢考古》2016 年 4 期。

枝江市

章子國戈

1981 年湖北省文物商店於枝江縣收購。戈長胡，欄側四穿，内一穿。内部有回雲文組成 U 形圖案。通長 23. 8 釐米，援中寬 3. 3 釐米，内寬 3 釐米，内長 7 釐米。援前鋒尖已不具春秋早期的典型"圭頭"，宜定爲春秋中期。銘在胡部，一行十一字：

章子郞(國)尾其元金爲其戟戈

章，是以地名或國名爲氏稱。齊有章氏，即鄣國之後，姜姓，齊太公支孫封于章，爲紀附庸國，後爲齊滅，子孫去邑爲章氏(鄭樵《通志·氏族略·以國爲氏》)。此戈出在枝江，漳水從枝江流過，戈銘章也可能是漳，因漳水得名。《左傳·哀公六年》："江、漢、沮、漳，楚之望也。"漳水發源于鄂西北南漳，流經當陽與沮水匯合，經枝江、江陵，南入長江。楚國有章氏，見於包山楚簡司法文書類人名"章越"(簡 101 號)、"章餘可"(簡 166 號)，以及羅福頤主編《古璽彙編》2744 號"章欿"等。還有章地，見《包山楚簡》圖版三四之 77 號"章域□邑"。簡文"域"爲區域單位，高於"邑"，似與銀雀山漢簡《田法》"千人爲域"之"域"接近。其究竟位于何地有待確定。“郕”字从或从邑，即今之“或”，古之“國”字，金文中已有多見。如師袁簋之“東郕”即“東國”，何尊“宅兹中或”之“中或”即“中國”。“章子國”爲人名，“氏+美稱+私名”。尾，張亞初函告，當是動詞。根據文義，“尾”當讀如焜，即燬。《説文》：“焜，火也。从火，尾聲。“詩曰‘王室如焜’。”今本《周南·汝墳》焜作燬。《毛傳》：“燬，火也。”焜、燬古實一字。“焜其元金”，即火化其好銅，猶如金文習見之“用其吉金”“擇其吉金”等義。李家浩主張“尾”爲“徙”字古文屦省，與襄陽王坡所出鄧公孫無忌鼎銘“屦(選)吉金鑄□鼎”義類同，讀爲“選”。沙，生母歌部；選，心母元部。二字古音相近。“敋”字从戈从交，比較清楚，因是武器故从戈。《文選·東京賦》：“郎將司階，虎戟交鎩。”薛綜注：“言虎賁中郎將，主夾街而立。虎賁，或持戟，或持鎩，而相對也。交鎩，謂交加而設兵器也。”《説文》鎩，“鈹有鼻也”。鈹是一種鋒如長劍、如矛裝柄的兵器。“交戈”或許與“交鎩”義近，爲一種儀仗兵器。李家浩疑“交戈”之“交”應讀爲“徼”，意爲巡，義如蔡侯申戈等之“行戈”，指巡察所用的戈。

【著録】

中國社會科學院考古研究所編：《殷周金文集成》17.11295，中華書局，1992年。

章子國戈拓片

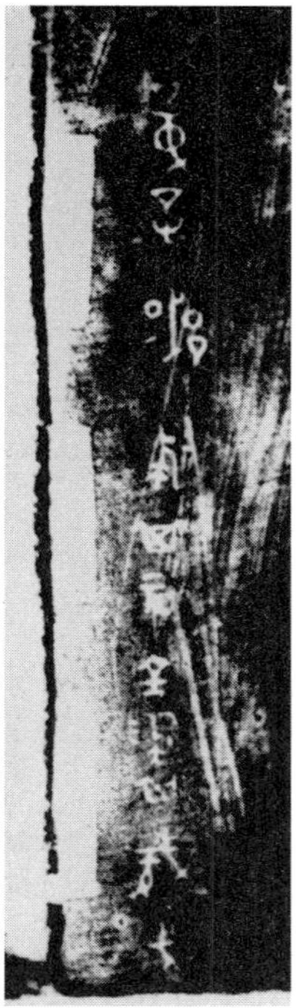

拓片　　　　　　摹本

章子國戈銘文

【参考文獻】

楊權喜：《江漢地區發現的商周青銅器——兼述楚文化與中原文化的關係》，見《中國考古學會第三次年會論文集》，文物出版社，1981 年，211 頁。

黄錫全：《湖北出土兩件銅戈跋》，《江漢考古》1993 年 4 期。

李家浩：《章子國戈小考》，見清華大學出土文獻研究與保護中心編：《出土文獻》第一輯，中西書局，2010 年。

李守奎：《“屎”與“徙之古文”考》，見清華大學出土文獻研究與保護中心編：《出土文獻》第六輯，中西書局，2015 年。

陳偉：《包山楚簡初探》，武漢大學出版社，1996 年，74 頁。

裘錫圭：《裘錫圭學術文集》3，“沙”可讀“選”，復旦大學出版社，2012 年，168 頁。

荆門市

沙洋縣

郭店墓地

郭店墓地位于湖北省荆門市沙洋縣(原爲區)四方鄉郭店村一組，南距楚故都紀南城約9公里，西與江陵川店鎮濠林村毗鄰。1993年8月與10月，郭店M1先後兩次被盜。同年10月18—24日，文物部門對此墓進行了搶救性的清理發掘，出土了一批文物，其中出有文字材料者，除竹簡外，還有一件漆耳杯。

郭店M1竹簡

竹簡置於頭箱，有部分竹簡被盜。殘留竹簡計有804枚，出土時因編綫腐朽而散亂無序，但大部分完好，其中少部分殘斷，有13000餘字。竹簡長15~32.4釐米，寬0.45~0.65釐米。形制有兩種：一種兩端作平頭，另一種兩端削成梯形。簡上保存有編連痕迹2~3道。

經整理，《郭店楚墓竹簡》公布有730枚竹簡(703枚+殘片27個)的照片及釋文、注釋(由彭浩、劉祖信負責，有裘錫圭按語)。内容及簡數計有：

《老子》甲、乙、丙三組計71簡(號，下同)，其中甲39

簡，乙 18 簡，丙 14 簡

《太一生水》14 簡

《緇衣》47 簡

《魯穆公問子思》8 簡

《窮達以時》15 簡

《五行》50 簡

《唐虞之道》29 簡

《忠信之道》9 簡

《成之聞之》40 簡

《尊德義》39 簡

《性自命出》67 簡

《六德》49 簡

《語叢一》至《語叢四》265 簡，其中《語叢一》112 簡，《語叢二》54 簡，《語叢三》72 簡，《語叢四》27 簡

附竹簡殘片 27 個

竹簡内容共 18 篇。其中，《老子》《太一生水》爲道家，《語叢》系列講遊説之術，或以爲有縱横家色彩，或以爲屬於道家陰謀派，其餘爲儒家文獻。

竹簡養護過程中發現一枚先前未曾刊布的新簡，上有九字，與《語叢三》9~16 號簡内容相關。

《楚地出土戰國簡册[十四種]》有李天虹、彭浩、劉祖信、龍永芳修訂的釋文及注釋。

東宫之杯

1 件，編號 M1：B10，保存完好。方耳上翹，外側平直，中部弧形内

凹，兩端微凸。身橢圓形，平底，飾紅漆。紋飾有鳥首紋、卷雲紋、勾連雲紋等。底部刻有銘文(圖一二，器圖，不清晰；圖一五-3，銘文摹本)：

東宮之

東宮之杯銘文摹本

報告釋讀爲“東宮之杯”。李學勤釋爲“東宮之帀(師)”，認爲墓主曾任楚太子的師傅。他兼習儒、道，是一位博通的學者，故藏有《老子》《子思子》等書鈔本，或即用爲太子誦讀的教材。進而認爲，參考墓的年代，這位太子當即懷王太子横，後來的頃襄王。《左傳》昭公十九年：“楚子(平王)之在蔡也，郹陽封人之女奔之，生大子建。及即位，使伍奢爲之師。費無極爲少師。”這是楚有太子之師的明證。裘錫圭認爲“這字樣也許只是製作杯子的工匠所爲，説明這杯子是某人作的”，把“東宮之師”的“師”解釋爲“工師”(見李零文引述)。李零認爲原報告釋讀不誤，“東宮”是置用之所，“杯”是器名。彭浩認爲：如果郭店一號墓主是太子之師，其地位當在大夫或上卿之列，死後的入葬規模大致與包山二號楚墓、望山一號楚墓相當，而不至於淪爲按“士禮”使用一棺一椁。如果把“東宮之師”理解爲東宮的工師，似乎很難把它與墓中華麗精緻的隨葬品等同，也與墓中的書籍無必然的聯繫。他認爲，這件“東宮之師”的漆耳杯並非墓主所有，而是他人贈送或生前所得，刻銘反映的是“物勒工名制度”，説明此杯出自東宫之師之手。墓主極可能是一位男性，可能出生於顯赫的貴族之家，未獲爵位，好道儒學説。這個問題還可進一步討論。

【著録】

湖北省荊門市博物館：《荊門郭店一號楚墓》，《文物》1997 年 7 期。

荊門市博物館：《郭店楚墓竹簡》，文物出版社，1998 年。

龍永芳：《郭店遺簡》，《中國文物報》2002 年 5 月 3 日。

【參考文獻】

陳偉主編：《楚地出土戰國簡册[十四種]》録有各家意見，武漢大學出版社，2016 年，176~342 頁。

武漢大學中國文化研究院編：《郭店楚簡國際學術討論會研討會論文集》，湖北人民出版社，2000 年。

李學勤：《荊門郭店楚簡中的〈子思子〉》，《中國哲學》第二十輯（《郭店楚簡研究》），遼寧教育出版社，1999 年。

李學勤：《關於“東宫之師”的討論》，見李學勤、謝桂華主編：《簡帛研究二〇〇一》，廣西師範大學出版社，2001 年。

李零：《郭店楚簡研究中的兩個問題》，見《郭店楚簡國際學術研討會論文集》，湖北人民出版社，2000 年。

彭浩：《郭店一號墓的年代與簡本〈老子〉的結構》，見王博：《美國達慕思大學郭店〈老子〉國際學術討論會紀要》，陳鼓應主編：《道家文化研究》第十七輯（郭店楚簡專號），三聯書店，1999 年。

五里鋪鎮左塚村

2000 年 9 月，湖北省文物考古研究所在湖北荊門市沙洋縣五里鋪鎮左塚村附近的崗地上發掘了三座戰國楚墓。M1、M2 均被盜，M3 未被盜。三座楚墓皆爲戰國中期或稍晚，墓主身份等級不高。M3 爲一椁一棺，隨葬鼎、壺、盤銅禮器一套，墓主身份不過大夫。值得慶幸的是出有一件珍貴的漆梮。

漆　梮

出在 M3 的頭箱最上層，編號 M3：4。漆梮爲整木製成，近方形，面平整。背面外緣削成 45 度切角，底面四角各有一個由兩個正方形組成的曲折榫孔，以置四足。出土時足已失。通體髹黑漆，正面以紅漆繪製梮盤圖案。圖案相互對稱。欄内紅漆書寫文字。漆梮長 39. 4 釐米，寬 38. 8 釐米，厚 1. 7 釐米。有棋子兩枚，正方形，未髹漆，邊長 2. 2 釐米，厚 0. 5 釐米。見報告 179～185 頁，以及：圖一二九，文字摹本；圖一三〇至一三二，漆梮綫圖；彩版四三；圖版五一-5，小木方棋子。

漆梮大體由下列兩種圖形合成：

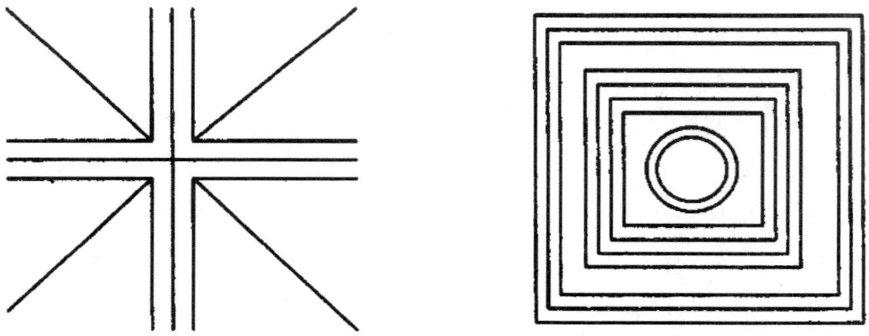

漆梮的兩種主要圖形

漆梮共有文字 182 個(漆梮一角交匯處殘缺，可能殘失一字)。文字分組書寫，每組一字或兩字，共 112 組。文字或寫在圖綫條的下緣，或寫在綫條的兩側，或寫在綫條上。部分寫於綫條上的字，或借用了綫條。

方框之間分五欄(實爲六欄，第三欄間距較大且無文字，不計。對角×綫與十字綫上的文字除外)：一、二欄文字頭向中央；三、四、五欄文字頭向外邊；十字通道、中心圓亦頭向外邊；對角綫文字四角的頭向中央；其餘的頭向外邊；均自右向左讀。一些在位置上存在一定對應關係的文字組，其詞義也存在某些對應關係，但至今還不能完全正確釋讀與理解其義。

這件漆梮的性質與用途，目前還不是十分清楚。據黄鳳春、劉國勝研究，“左塚漆梮有可能是屬式盤一類的占具”，“也有可能是一類可以行棋占測的博局，或稱式局”。博局不僅可以供遊戲，也可用來占測人事吉凶，圖上的文字可能全部或部分作爲行棋所到位置的占驗之辭或占測事項。有關問題還有待進一步研究。

值得注意者，文字中出現有對應詞組，如刑與德、强與弱、剛與柔等；有的雙音復合詞可與出土和傳世文獻比證，如“民惃”見於郭店楚簡《尊德義》，“民惓”見於上博楚簡《孔子詩論》；有些文字順讀、逆讀皆可成詞，如“惡美”可讀“美惡”，“民甬(用)”可讀“甬(用)民”，“德屯(純)”可讀“屯(純)德”，“恒智”可讀“智恒”等；出現有占測之詞，如順、逆、强、弱、果、和、寧、利、安，等等。

參閲有關論著(見後列“參考文獻”)對漆梮文字釋讀如下。爲便於比較，採取原篆與釋文同列的方式，原篆截取摹本，不清者，讀者可查閲漆梮照片。

方框一欄：

崇(常)(般?)；杏(行)羋(察)；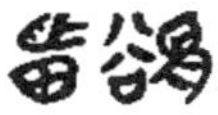豫(逸)𡋃(?)；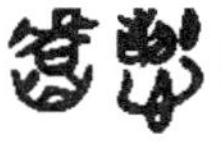烈(烈)睿；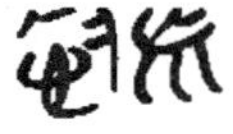巟(荒)念；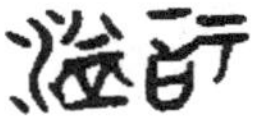訐溢；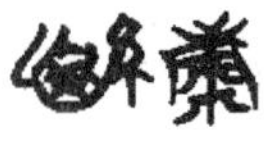康緬；困土；鱻(鮮)怴；鄁(怨)箴；盱匀(㐬)；褱(攘)敓(奪)；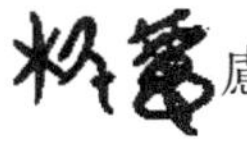慮料；得惛；余(徐)忍(忍)；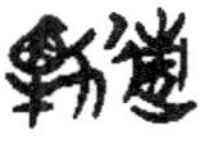遂(汗簡・四聲韻遂)勭(解)；

基死(恒)；息毀；伓(倍)剸(斷)；惻念；

眔(溺)𧾷(逸)；犮(猛)剛；行訢(慎)；

𢘍(虐)熅(愠)。

方框二欄：

民兆；民凶；民紷(憐)；民晉(憯)；

民咨(啓？扁？)；民肣；民䎽(聞)；民惃；

民竆；民凌；民惓；民患；民惻；

民勑(厲？)；民童(重、動？)；民柔。

方框三欄：

紀；纆(興，楚簡興類似)；吁恖；紌(綱)𨸏(閉)；楑；𥬇(智)𤴓(疏、足)；咨(啓，似爲扁，與前面一字同)；訓(順)；桯；恭訢(慎)；逆；紌；味(?)；聖裕；經。

方框四欄：

𣪠民；吾(五)㢽(弱)；民盍(害)；厽(叁)弜(强)；人(仁)善；吾(五)弜(强)；辵曆(樸素?)；厽(叁)㢽(弱)。

方框五欄：

型；瀍；信；共(典)；兼；㡯(常)；義；

惻。

中間圓圈：

䁈悳（蠅德、承德）；亞（惡）散（美）；悳（德）屯（純）；民甬（勇）。

通道（十字綫）一欄：

悳（德）弜（弱）；譔（默）共（恭）；植（德）岡（剛）；亙（恒）智（智）。

通道（十字綫）二欄：

坪（平）；戊（成）；長；寍（寧）。

通道（十字綫）三欄：

齊殹；菆（取）鞏（察）；事杏（行）；得音。

對角綫（×形綫）一欄：

□肰；澮牝；義条（繇？ 繇）；汰滯（滴？）。

對角綫（×形綫）二欄：

果；忎（願）；□□；利。

對角綫（×形綫）三欄：

幾魂（鬼）；幾天；吾□（亂？黄鳳春、劉國勝：吾奚）；幾人。

對角綫（×形綫）四欄：

安；𠭁（逸）；奠（定）；和。

對角綫(×形綫)五欄：

翏；卒；幾；扁。

對角綫(×形綫)六欄：

悳(德)；水；時；厇(宅)。

漆梮

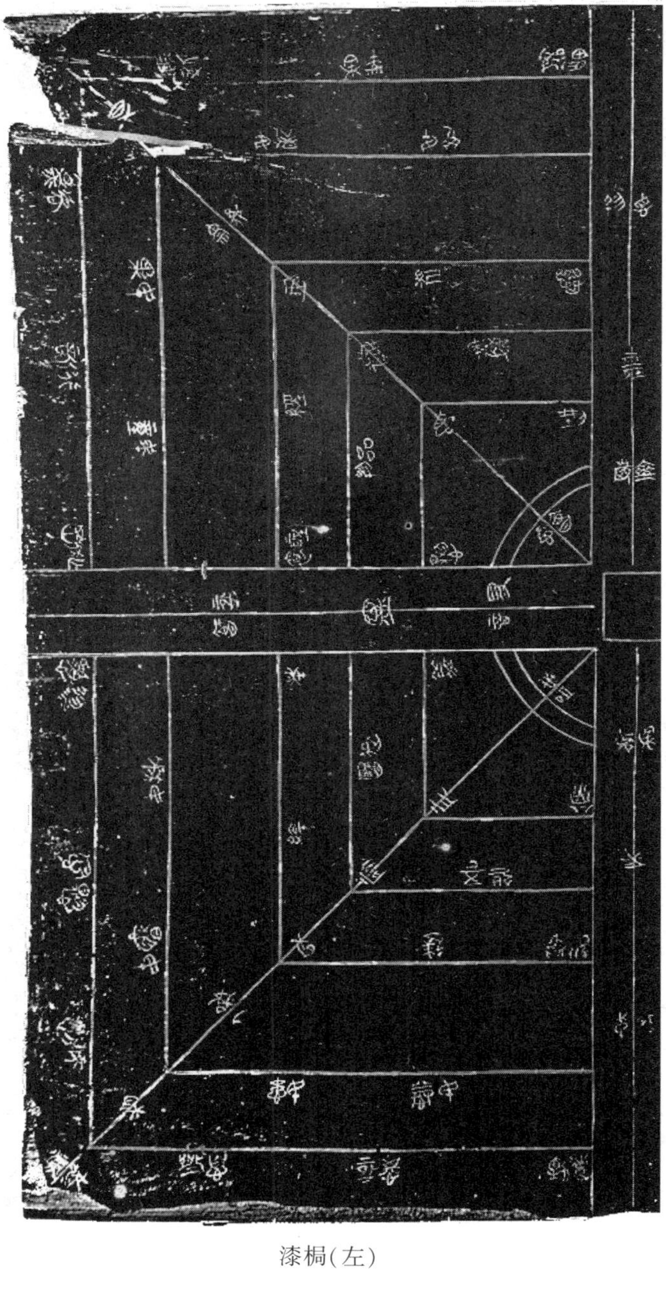

漆梮(左)

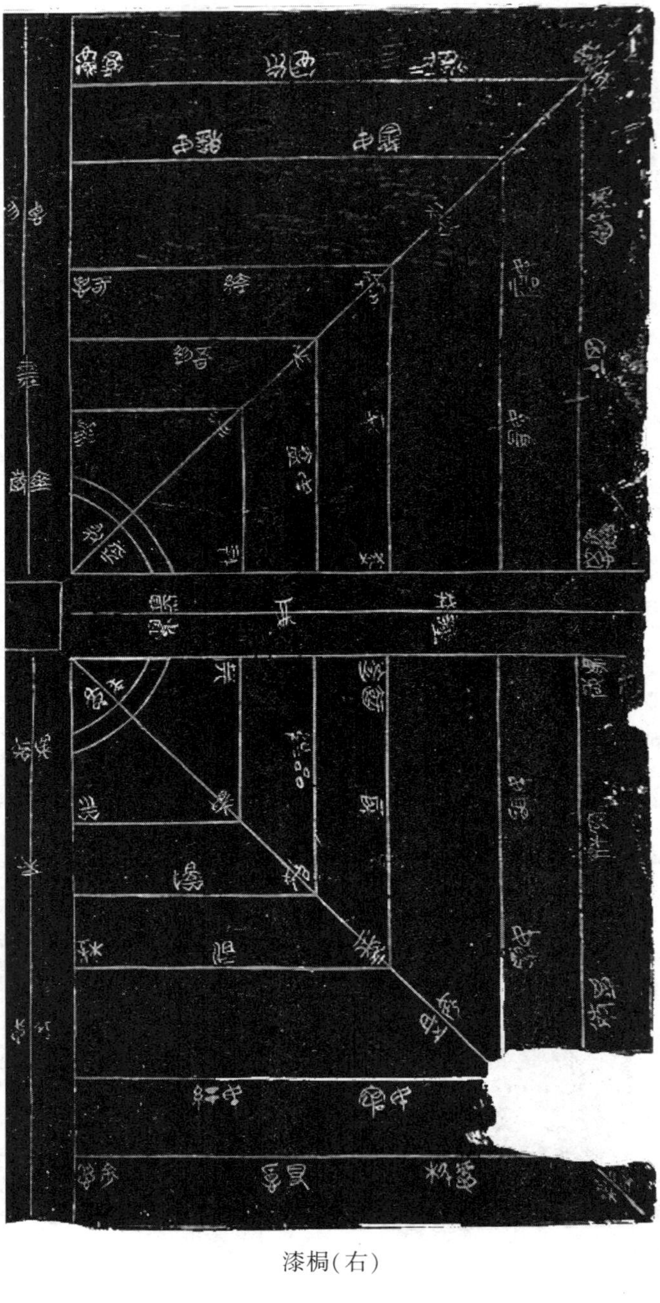

漆榻(右)

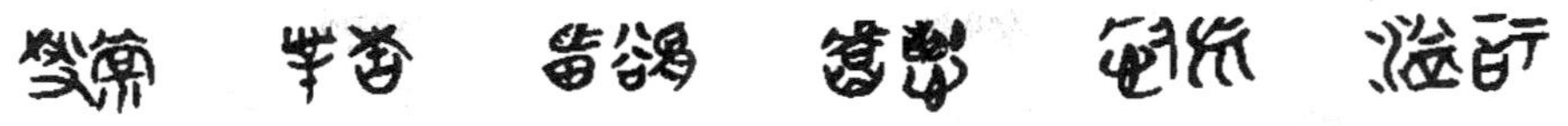

方框第一欄A邊文字

方框第一欄B邊文字

方框第一欄C邊文字

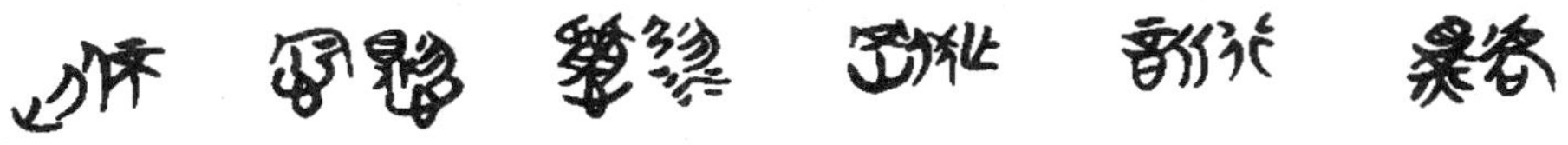

方框第一欄D邊文字

方框第二欄A邊文字

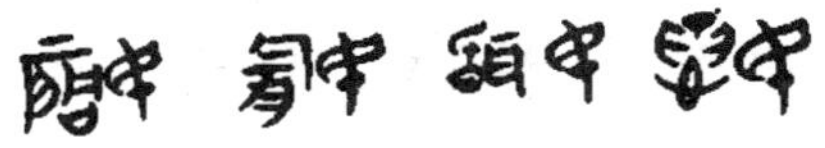

方框第二欄B邊文字

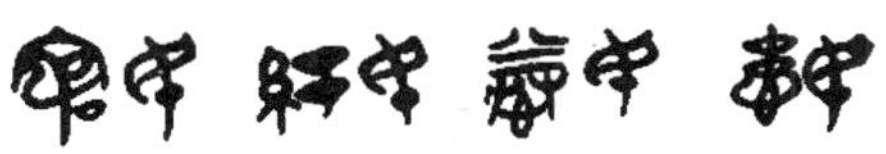

方框第二欄C邊文字

方框第二欄D邊文字

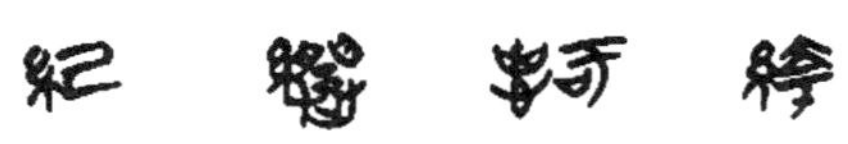

方框第三欄A邊文字

方框第三欄B邊文字

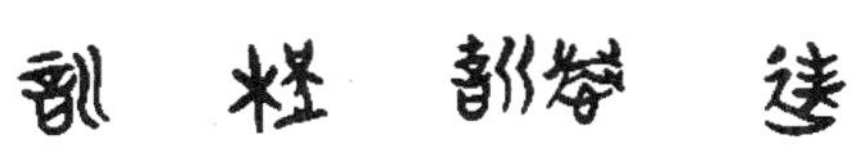

方框第三欄C邊文字

方框第三欄D邊文字

方框第四欄A邊文字

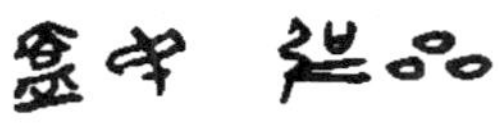

方框第四欄B邊文字

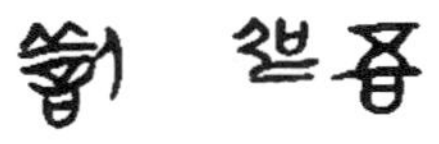

方框第四欄C邊文字

方框第四欄D邊文字　方框第五欄A邊文字　方框第五欄B邊文字　方框第五欄C邊文字

方框第五欄D邊文字　中間圓圈内的文字

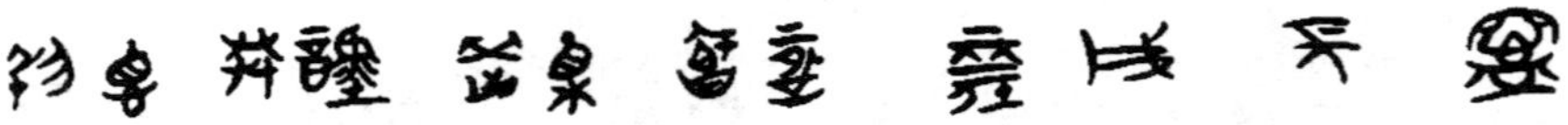

十字綫上第一欄文字　十字綫上第二欄文字

十字綫上第三欄文字　×形綫上第二欄文字（第三字缺）

×形綫上第一欄文字　×形綫上第四欄文字

×形綫上第三欄文字　×形綫上第五欄文字

×形綫上第六欄文字

漆梮文字摹本

廿四年𠀘令州㑴戈

1件，出自荆門左塜一號楚墓(M1S：23)。欄側三穿，内一穿，後部三邊開刃。通長20.6釐米，援長14.7釐米，援寬2.9釐米，内長5.9釐米，内寬2.9釐米。時代爲戰國晚期。見報告63頁，以及：圖38-5，綫圖；圖39，銘文拓片；彩版一九-1，戈；彩版一九-2，銘文；圖版一五-1，戈；圖版一五-2，銘文。銘文两行十六字(含合文二字)：

廿四年，𠀘命(令)州㑴(?)，
右庫工帀(師)甘(邯)丹(鄲)臾，冶𢆶。

㑴(?)字左部不清，姑且釋讀爲"㑴"。冶師名𢆶字，見於新鄭兵器(《文物》1972年10期六年戈)。報告192頁推斷戈之國别屬於韓。韓王在位超過24年者只有韓昭侯和韓桓惠王。二者二十四年分别爲公元前339年和公元前249年，後者顯然過晚，與出土物不符，故主張爲韓昭侯二十四年。

"𠀘令"戈又見於"二年𠀘命(令)司馬伐"戈(《集成》11343；《金文通鑑》17228，戰國晚期)、"八年𠀘命(令)□踏"戈(《集成》11344；《金文通鑑》17230，戰國晚期)等。湯志彪《三晉文字編》將"二年𠀘命(令)司馬伐"戈列爲戰國晚期王世待定魏器(2870頁)，將"八年𠀘命(令)□踏"戈列爲戰國王世待定魏器(2872頁)，將此戈列爲魏惠王二十四年器(公元前346年，2862頁)。

𠀘，吳鎮烽釋讀爲芒。周波《戰國時代各系文字間的用字差異現象研究》45~46頁"060許"字條下論述諸國"許"字的不同寫法，認爲"𠀘"爲三晉文字的"許"，即許國之許(2008年復旦大學博士學位論文)。若確實，許國故城(舊許)在今河南許昌東30里，春秋中期以後爲鄭所有，韓滅鄭(公元前375年)後當屬韓。如此，此戈當如報告所推斷，爲戰國中期韓昭侯二十四年。

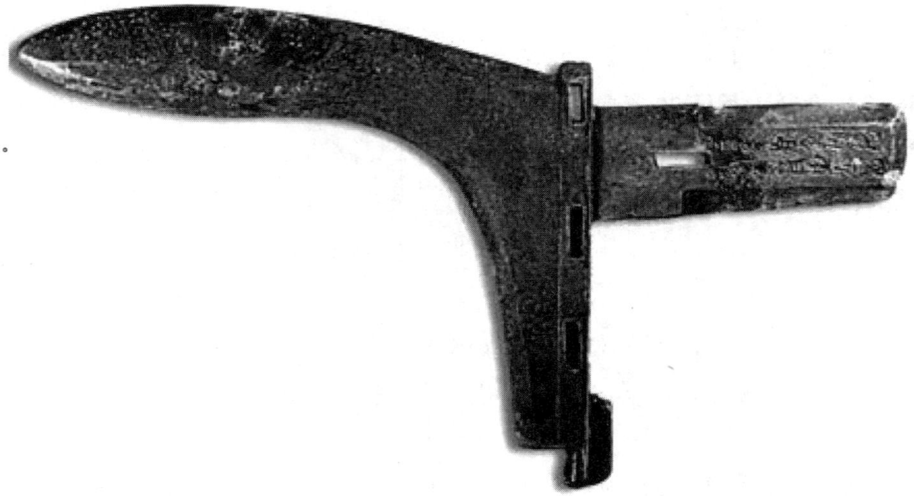

廿四年亯令州僈戈(M1S：23)器圖

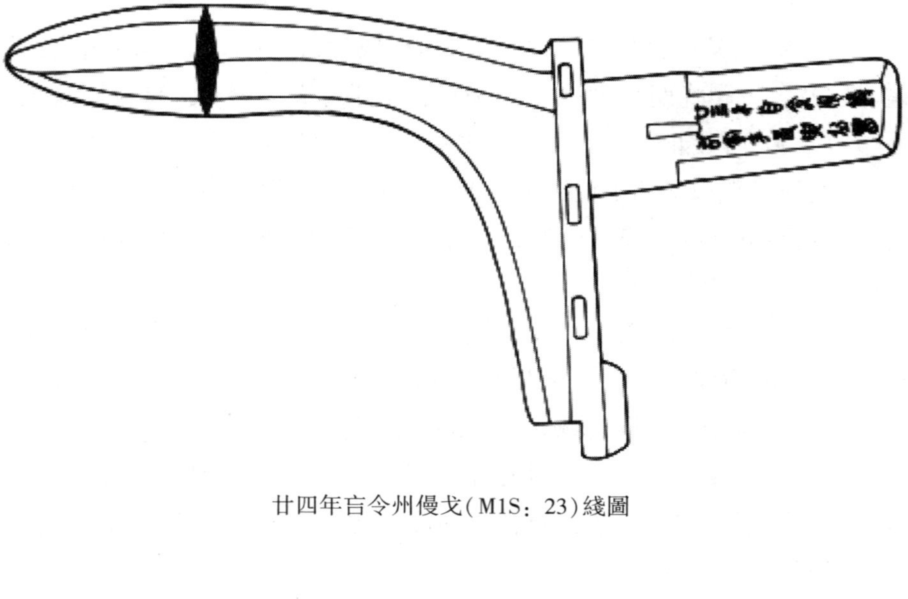

廿四年亯令州僈戈(M1S：23)綫圖

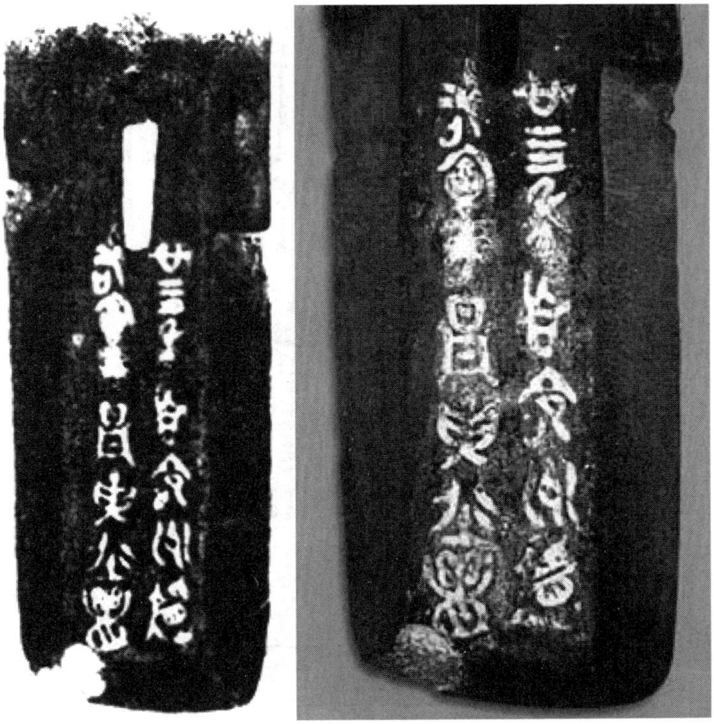

廿四年言令州㑋戈(M1S：23)銘文

王刻刀

1件，出自荊門左塚三號楚墓(M3：21)，由刻刀和木柄組成。形似匕，有中脊，内壁内凹，凹面附一段木柄，以絲繩捆縛。通長22.6釐米，寬2.4釐米。尾部鑄陽文一字“王”。見報告174頁，以及：圖124-2，綫圖；圖124-3，拓片；圖版五〇-3右。

這種有“王”字的刻刀，還見於原江陵望山二號墓、紀南城卅號臺基等地出土，應是修治竹簡的工具。單鑄一“王”字是否爲王之賞賜品，值得留意。

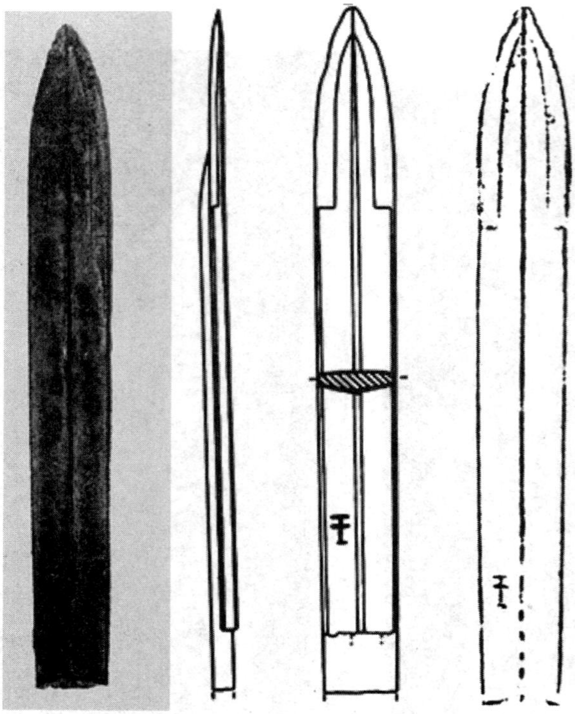

器圖　　　　綫圖　　　　拓片

王刻刀

楚王孫漁矛

1件，出自左塚村三號楚墓(M3：29)，由矛、柲、鐏組成，柲已朽。脊兩側飾蟠螭紋。矛尖鋒寬葉，中脊起棱截面呈菱形，橢圓形骹，骹上有對穿釘孔，銎口呈凹字形。矛長27.3釐米，葉寬4.5釐米，鐏高8.4釐米，口徑2.5釐米。見報告171頁，以及：圖122-4，綫圖；彩版四〇-1、彩版四〇-2；圖版四七-4、圖版四七-5。兩葉有錯金鳥蟲書六字：

楚王孫漁之用

漁字由魚、舟(或以爲川)、水、又組成。銘文和花紋，與1958年原江陵長湖邊上所出之戟幾乎相同，應是一人之器。報告附録233頁許道勝《新出楚王孫漁矛》一文作了專門分析，傾向時代在春秋戰國之際；“孫”後一字，過去或釋“漁”，或釋“朝”，究竟是哪位楚王之孫，待定；同銘戈戟和矛當爲同人所有。

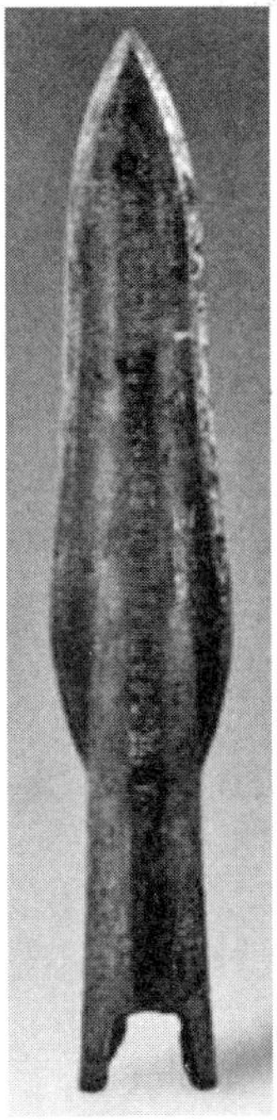

楚王孫漁矛(M3：29)器圖

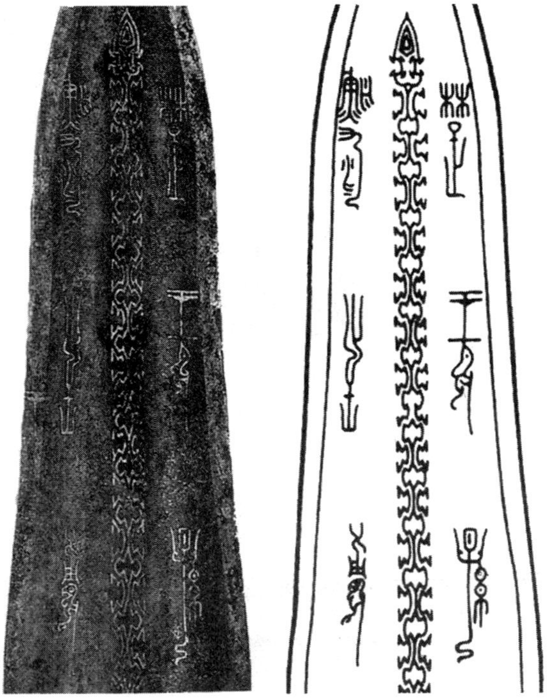

器銘　　綫圖

楚王孫漁矛(M3：29)銘文

黄錦前文《競之漁、王孫漁與公孫朝》(2016年未刊文)傾向釋朝，右旁所从爲“川”(訛變爲舟)，又从“水”爲累加義符，即“漁”字；推測金文及簡文中用作人名之“𩵦”(“漁”)字，後在傳寫過程中，譌變成

“[illegible]”，在《左傳》等文獻中，又進一步譌寫作“朝”；認爲王孫漁雙戈戟、矛，與河南上蔡郭莊楚墓新出的王孫漁鼎，其器主應即見於《左傳》的公孫朝，亦即郭莊 M1 的墓主，時代在春秋晚期。認爲公孫朝是子西(《左傳》稱之爲“公子申”)之子、平王之孫，因此，《左傳》等稱“楚王孫漁”爲“楚公孫朝”。

木尺文字

木尺 1 件，出自 M1，編號 M1N：45。由整根小方木製成，通體打磨刨光，兩端平齊，四面皆有刻度，兩對棱邊上也鑿有刻度；每條棱邊上

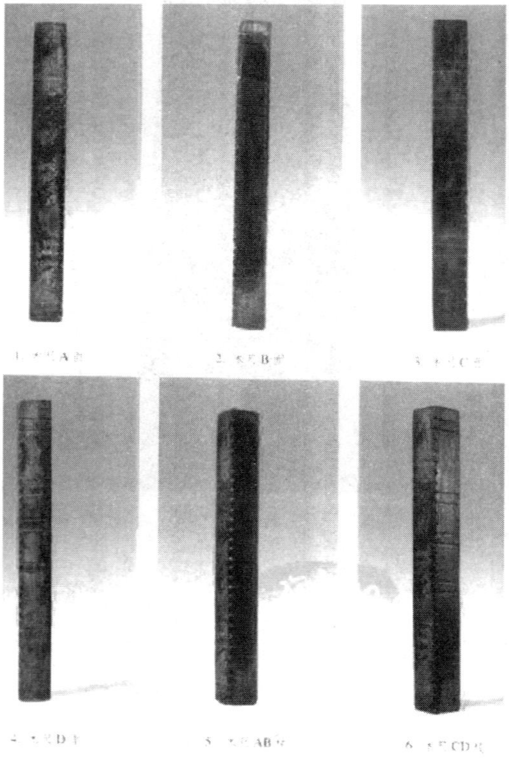

左塚木尺(M1N：45)實物

各 30 個刻點，30 個刻點距離並不相等。木尺四面上的刻度皆爲横貫木尺寬度的刻綫。四面刻度的兩條刻綫之間，皆發現有横向墨書文字，由於多種原因目前已不清晰。木尺長 23.3 釐米，寬 2.4 釐米，棱對角長 3.2~3.3 釐米。見報告 108 頁，以及：圖七六-1、圖七六-2，綫圖；圖版二八、二九、三〇，照片及文字。報告 238 頁附録八刊蕭聖中《左塚楚墓出土木尺的價值》，對此作了精細的分析研究，讀者可參照。經處理，文字略可辨識者有："竺(厚)""淫(經)""怡(始)""光(廣)""話(闊)""毀(緯)""匭(糾、規?)""會"等。木尺有可能是紡織布匹時進行尺寸和密度控制的輔助工具。

由於文字多不清晰，故難以附銘文圖片。

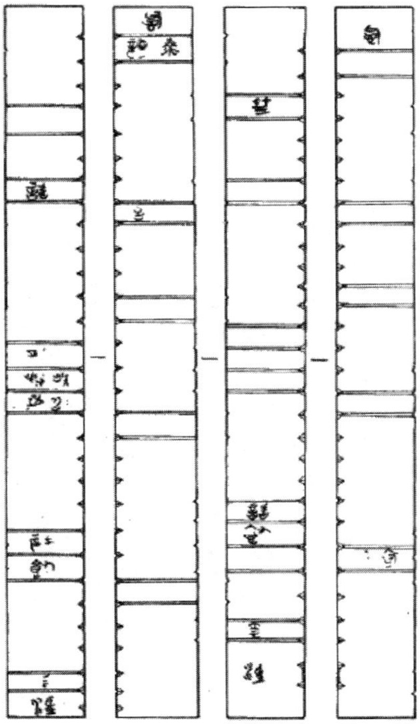

左塚木尺(M1N：45)綫圖

椁底板刻字

M1 椁底板上刻有 1-11 的刻畫符號，表示順序。刻畫符號一縱綫加一橫綫表示第一塊，二縱綫加一橫綫表示第二塊，餘類推。在西段底板第一塊的西端上加刻有“+”和“西北”二字，其方位正對應西，第一塊也正好是最北面的一塊，説明工匠事先做好了安排。見報告 24 頁，以及：圖一三，綫圖；彩版七、八，照片。

【著録】

湖北省文物考古研究所、荆門市博物館、襄荆高速公路考古隊編：《荆門左塚楚墓》，文物出版社，2006 年。

吴鎮烽：《金文通鑑》17229 戈、18312 刀、17618 矛；19919 棋局，附録（1）。

劉雨、嚴志斌：《近出殷周金文集録二編》1223 戈、1268 矛、978 刀，中華書局，2010 年。

左塚椁底板“西北”二字

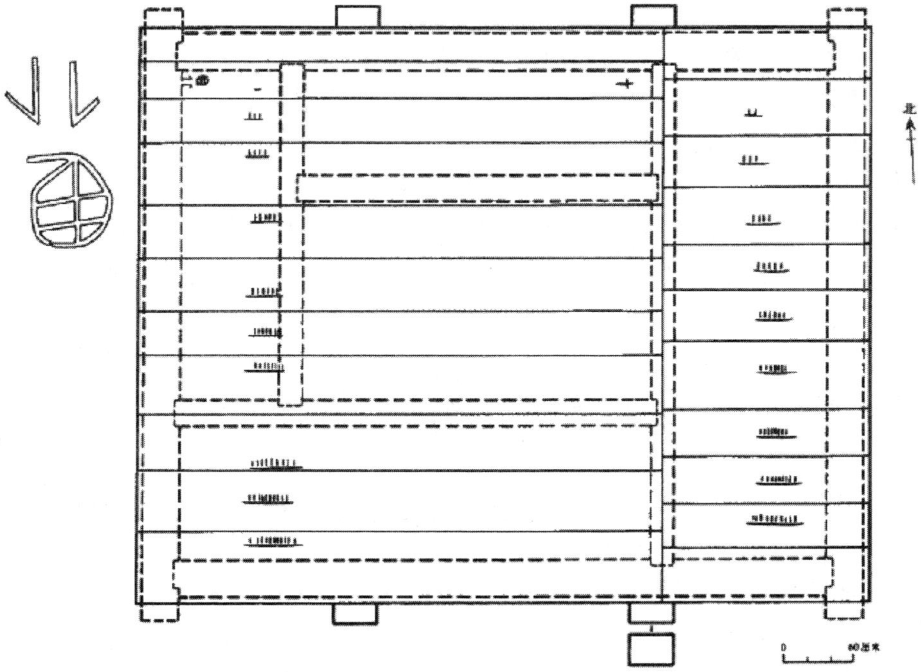

左塚椁底板綫圖

【參考文獻】

漆梮文字考釋、意見不一，讀者可參閱下列論文：

朱曉霞：《左塚漆梮文字彙釋》，以及所引論著，復旦大學出土文獻與古文字研究中心網站，2009 年 11 月 10 日。

劉國勝、黄鳳春：《記荆門左塚楚墓漆梮》，見《第四届國際中國古文字學研討會論文集》，2003 年，493～501 頁；此文又見於《荆門左塚楚墓》附録六，名爲《左塚三號楚墓出土的棋局文字及其用途初考》，釋文略有改動。

劉信芳：《荆門左塚漆梮文字補釋》，《江漢考古》2005 年 1 期。

徐在國：《楚漆梮劄記》，安徽《文物研究》第十四輯，黄山書社，2005 年，429～430 頁。

高佑仁：《〈荆門左塚楚墓〉漆棋局文字補釋》，武漢大學簡帛網，2007 年

11月24日；釋《左塚楚墓漆棋梮的"事故"》，武漢大學簡帛網，2008年5月17日。

陳偉武：《荆門左塚楚墓漆梮文字釋補》，復旦大學出土文獻與古文字研究中心網站，2009年7月21日；收入其著《瘉愚齋磨牙集》，中西書局，2014年。

陳劍：《試説戰國文字中寫法特殊的"亢"和从"亢"諸字》，《出土文獻與古文字研究》第三輯，復旦大學出版社，2010年，172頁。

蘇建州：《荆門左塚楚墓漆梮字詞考釋四則》，復旦大學出土文獻與古文字研究中心網站，2009年7月26日。刊於臺北《中國文字》新三十五期，藝文印書館，2009年。

宋華强：《戰國楚文字从"黽"从"甘"之字新考》，武漢大學簡帛研究中心主辦《簡帛》第十三輯，上海古籍出版社，2016年。涉及"蠅德"即"承德"。

嚴倉墓群

嚴倉墓群位于荆門市沙洋縣後港鎮松林村二組(原嚴倉二組)。2009年10月至2010年1月，湖北省文物考古研究所爲配合南水北調工程，對位于紀南城東約8公里的沙洋縣後港鎮嚴倉(現爲松林村)獾子塚M1和車馬坑進行了搶救性發掘。此墓盡管被盜，還是出土了一批珍貴文物，其中發現有竹簡、竹籤牌、有銘銅戈等文字材料。現存荆門市博物館。

嚴倉獾子塚M1竹簡

竹簡分置M1南室和西室。經室内整理，竹簡因遭盜擾全部殘斷，計有708枚。現存最長者52釐米，少數簡背面有墨綫或刻畫的斜綫。簡文大多較清晰。南室簡爲遣册，西室簡爲卜筮祭禱記録。另有籤牌1枚、帶文字的木塞狀物2枚。根據卜筮祭禱簡，墓主爲楚大司馬悼愲。"悼愲"寫法與包山簡247號相同。爲悼愲貞卜者有見於包山簡的觀綳。悼愲爲楚懷王滅越(公元前306年)立下戰功，見於《史記》《戰國策》等。

根據占卜祭禱簡並結合墓葬形制，已知嚴倉一號墓的年代應該在公元前 307 年至前 299 年間。

2011 年 2 月，武漢大學“湖北出土未刊布楚簡(五種)集成研究”課題組拍攝了紅外和數碼照片。

魏廿六年戈

嚴倉車馬坑出土，戈内上有銘文三行十二字：

廿六年晉國上庫工師慶冶㥞

報道者云：“這件戈是魏惠王二十六年(公元前 344 年)製造的，這種兵器的形制與荆門左塚一號墓中出土的銅戈相同，爲三晉兵器。”

彩版七有出土情況照，未見銘文及拓本。銘文“晉國”可能是“晉陽”之誤。李天虹認爲：戈銘所謂“二十六年”，即魏惠王二十六年，亦即公元前 344 年。這是關於該墓年代上限的一條很好的資料。簡文中有一條大事紀年，即“宋客左師辰楚之歲”，該墓年代下限當不晚于宋國滅亡，即公元前 286 年。可以肯定一號墓是一座時間介於公元前 344 年和公元前 286 年之間的墓葬。包山簡大事紀年“大司馬悼愲將楚邦之師徒以救郙之歲”，相當於公元前 316 年。《韓非子・内儲説下》等古書記載表明，悼愲使越應該在公元前 311 年。那麼該墓上限不早于公元前 310 年。再根據簡文兩例紀日，結合其他楚墓出土的占卜祭禱簡的性質和特點，參考先秦曆表，可進一步縮小嚴倉一號墓的年代範圍，應在公元前 307 年—前 299 年。

【著録】

宋有志：《湖北荆門嚴倉墓群 M1 發掘情況》簡訊，《江漢考古》2010 年 1 期。

【參考文獻】

李天虹：《嚴倉 1 號墓墓主、墓葬年代考》，《歷史研究》2014 年 1 期。

李天虹：《楚國銅器與竹簡文字研究》，湖北教育出版社，2012 年，248 頁。

魏廿六年戈器圖

黄歇村

黄歇村 M1 楚簡

2010 年 11 月至 12 月，爲配合南水北調工程，湖北省文物考古研究所對沙洋後港鎮黄歇村 M1 楚墓進行搶救性發掘。此墓東南距嚴倉墓群約 9 公里，墓口平面呈“甲”字形，一椁二棺，出有青銅禮器、樂器、車馬器、兵器、漆木器、玉器、絲織品及竹簡等，還有漆書、椁板文字及刻畫符號。材料未見正式報告。

【參考文獻】

湖北省文物考古研究所協調部:《2010 考古發掘系列之七——沙洋縣黄歇

村東周墓群發掘情況介紹》，湖北省博物館、湖北省文物考古研究所網站，2011年7月6日。參見李天虹：《楚國銅器與竹簡文字研究》，湖北教育出版社，2012年，249頁。

東寶區

羅坡崗

郲　戈

1件，編號M4：2-1。1996年荆門子陵鋪鎮羅坡崗M4出土。援平直，鋒呈尖三角形，欄側三穿，内上一穿。連柲鐏通高150釐米，戈長20釐米，鐏高11.8釐米。見報告52頁，以及：圖七-11，綫圖；彩版四-1，戈内銘文；圖版五-2，戈、鐏；圖版六-2，戈内銘文。内上刻銘一字：

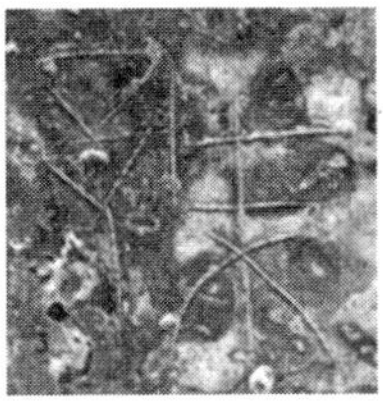

此字報告未釋。吳鎮烽《金文通鑑》16292釋讀爲梁(郲)，時代爲春秋晚期。石小力認爲，此字與三晉貨幣"梁(郲)"字構形類同，釋"梁"有一定根據。但同時又認爲，晉系金文"梁"也有不同寫法，且此戈出於楚地，上部與楚文字"世"字構形省變類同，可隸定作"鄴"，即楚文字"葉"。此戈爲楚葉地縣公所造，進而認爲"可能是葉公子高平定白公之亂時所遺留”。

此戈若釋讀爲梁，則屬魏國，時代當爲戰國前期。

郛戈(M4：2-1)器圖

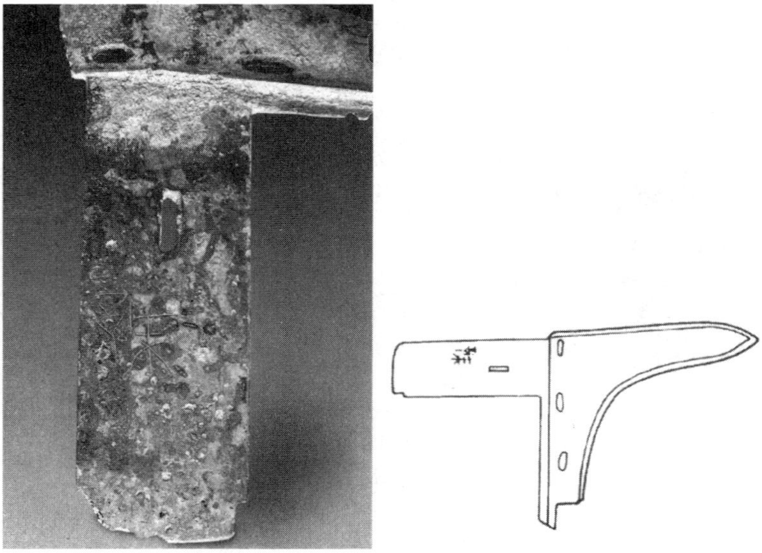

郛戈(M4：2-1)銘文圖及綫圖

尹之信印

1 枚，編號 M19：2。1996 年荆門子陵鋪鎮羅坡崗 M19 出土。青灰色。印面正方形，側面印體呈梯形。背面環形紐。通長 1.1 釐米，通高 1 釐米。見報告 56、233 頁，以及：圖一〇-6、圖一四一-6，綫圖、拓圖；彩版六-5；圖版八-4。印面白文三字：

尹之信（報告釋爲“月之信”）

“尹”爲姓氏，也可能爲官名。M19 隨葬器物爲陶鬲、盂、壺、豆各 1 件，青銅劍 1 件，銅印、銅帶鈎各 1 件，等級不高。若“尹”爲官名，只能相當於“里”級，屬於縣、州、里級的基層，可能與“里正”平級或“里”之屬官。《包山楚簡》122 簡就有“里公某某、士尹某某”（《包山楚墓》，文物出版社，1991 年）。璽印“尹”或許相當於“士尹”。

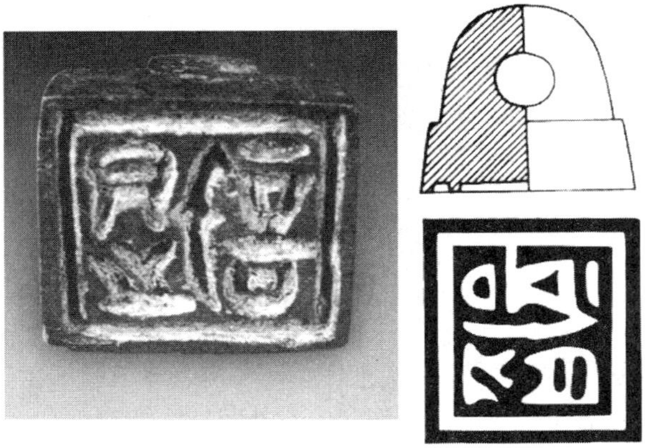

尹之信印（M19：2）

禾字印

1 枚，編號 M7：1。1996 年荆門子陵鋪鎮羅坡崗 M7 出土。印面正方形，側面印體呈梯形。背面橋形紐，紐頂殘。邊長 1.15 釐米，殘高 0.85 釐米。見報告 56、347 頁，以及：圖一〇-5、圖三〇四-3，綫圖；彩版六-4；圖版八-5。印面朱文(陽文)一字：

禾

單字“禾”璽印，見於羅福頤主編《古璽彙編》5113～5119(文物出版社，1981 年)。

禾字印(M7：1)

【著録】

湖北省文物考古研究所、荊門市博物館：《荊門羅坡崗與子陵崗》，科學出版社，2004 年。墓葬年代爲戰國中期晚段至戰國晚期晚段。

【參考文獻】

石小力：《利用楚簡考釋東周金文地名二篇》，《古文字研究》第三十一輯，中華書局，2016 年，218 頁。

鍾祥市

文集黄土坡

鄧子與盤

1 件。1988 年秋，鍾祥市文集鎮黄土坡東周墓地 M3 出土。直口窄沿，平底，三獸面蹄足，腹四系，兩系帶環。腹飾細密蟠虺紋、陶索紋。耳及圓環飾陶索紋。口徑 38. 8 釐米，通高 8. 9 釐米，腹深 6. 6 釐米。盤内底有銘文。見《考古學報》2009 年 2 期 278 頁圖三一、圖三二，《江漢考古》1993 年 4 期 91 頁圖一。盤内底陰刻銘文四行二十餘字，由於被刮削，多模糊不清。現據各家釋讀補充如下：

隹(唯)正月初吉丁亥，
鄧子與賸(媵)叔曼
盥盤，眉壽無
諆(期)，子子孫孫永寶。

墓葬年代，報告定爲春秋晚期早段。徐少華認爲整個器物形制、紋飾及銘文風格，與淅川下寺 M4、M1 兩墓，尤其是 M4 所出同類器非常接近，時代亦應相當，屬於春秋中晚期之際或晚期初年作風，絶對年代約在公元前 560 年。該盤當是鄧子與爲其女或親屬所作媵器。

楚于公元前 678 年滅鄧，此器當爲滅鄧後鑄作。朱鳳瀚認爲是冠以已滅國名之“子”。他們的身份，只是這些仍以舊國名稱爲名的宗族之宗子。蓋楚在擴張中對所滅掉的小國，有的並未徹底絶其紀，而是保留其國君與其所在宗族與其族名，但要將這些國君移封於他地，待遇近于封君，使他們作爲楚之臣屬服事于楚王。“鄧子”之“子”是“宗子”還是一般名前之美稱，還可研究。也可能其爲一般貴族，已經士楚，原爲鄧公族成員。

鄧子與盤器圖

拓片

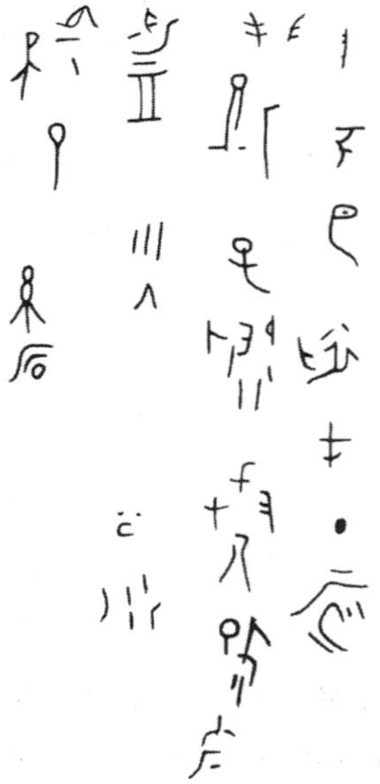

摹本

鄧子與盤銘文

【著録】

劉昌銀：《鍾祥出土的鄧子盤》，《江漢考古》1993 年 4 期。

劉雨、盧岩編著：《近出殷周金文集録》1005 號，中華書局，2002 年。

鐘柏生、陳昭容、黄銘崇、袁國華編：《新收殷周青銅器銘文暨器影彙編》1242 號，藝文印書館印行，2006 年，872 頁。

荊州博物館、鍾祥市博物館：《湖北鍾祥黄土坡東周秦代墓發掘報告》，《考古學報》2009 年 2 期。

劉彬徽：《楚系金文彙編》，附有拓本，編號 29，湖北教育出版社，2009 年，84 頁。

吳鎮烽：《商周金文通鑑》14494 號，2013 年。

【參考文獻】

徐少華：《鄧國銅器綜論》，《考古》2013 年 5 期。

朱鳳瀚：《關於春秋金文中冠以國名的“子”的身份》，臺北“第五屆古文字與古代史國際學術研討會”論文，2016 年 1 月 25—27 日。

天門市

皂市鎮

彭家山楚墓

越王之子銅鎮

2007年1月至5月，湖北省天門市博物館配合武漢至荊門高速公路建設，在天門市皂市鎮魯新村二組彭家山發掘楚墓19座，其中M18出土有4件半球狀平口銅鎮。其中1件爲素面，2件鑄有三組舞鳥紋，1件鑄有四十字鳥蟲書銘文(M18：12)。

據曹錦炎報導，鎮爲青銅鑄造，呈半球狀，頂上有紐，銜環。這種鎮是用來鎮席的，所以稱爲席鎮。有銘文的銅鎮，通高5.8釐米，頂、腹部皆鑄有銘文。頂部銘文一圈，腹部作上下兩圈，圍旋排列。比較有關資料，應以頂紐一側作爲起讀標志，當從下圈“戉”字起首，由下而上，按順時針方向旋讀。

釋文如下：

下圈：戉(越)王之子烏不，餘睪(擇)氒(厥)吉金，自乍(作)勹(伏)鈞(約)。氒(厥)

中圈：大古(故)少(小)連，於軌九州，巛(順)日又(有)行。□之孫隹(唯)

上圈：缶(寶)。丌(其)永壽。夙莫(暮)不弋(忒)。

戉王即越王。旨不，人名，作器者，越王之子。餘，第一人稱代詞，置於人名之後，典籍有證。《左傳·僖公九年》：周天子賜胙齊桓公，齊桓公對曰："天威不違顔咫尺，小白余敢貪天子之命無下拜……""小白"爲齊桓公之名。吳王光劍："攻敔王光自作用劍。趄餘允至，克戕多攻。"趄，吳王光之名，與"光"一名一字。勹讀伏，覆壓。釣讀約，節制。席鎮用以鎮壓席之邊角。下面三句爲一則箴語。連，屬也。軌，軌迹，法度。意思爲：因爲强大，小國歸屬，天下一統，順行天道。是作器者以此作爲座右銘告誡自己及後人。忒，更也。夙暮不忒，即永遠不改變。

銘文詞句，與兩件"能原鎛"有相同之處，文字構形相似，推測製作年代當在越王勾踐滅吳之後的春秋晚期，即公元前 473 年前後。"越王"很可能爲勾踐。

越王之子銅鎮器圖

越王之子銅鎮銘文拓片

【著録】

曹錦炎:《鳥蟲書青銅席鎮初探》,《古文字研究》第二十九輯,中華書局,2012年。

隨州市

隨　　縣

安居鎮羊子山 M4

隨州安居鎮位于隨州市區西約 20 公里，南臨㵐水。羊子山處在安居鎮東北 1 公里的山丘上。

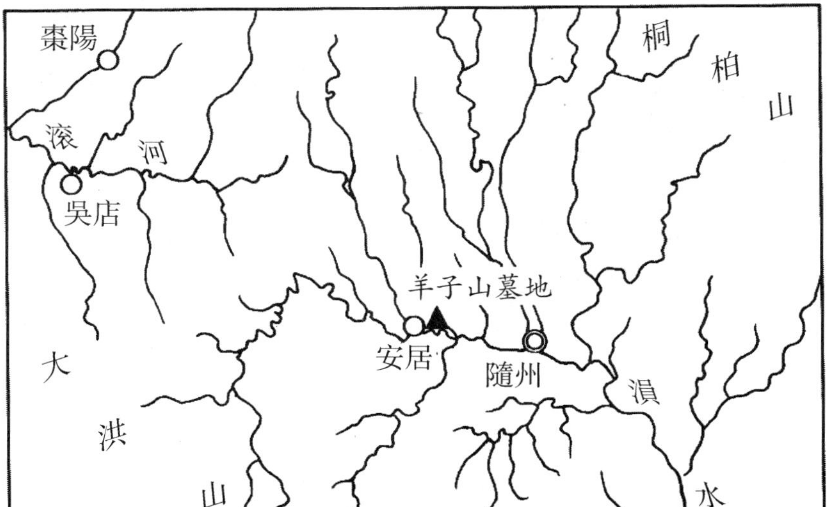

羊子山墓地位置示意圖

2007年，隨州安居羊子山M4出土一批西周早期噩國青銅器，已發表的有20件：方鼎2件、圓鼎1件、甗1件、簋3件、爵3件、斝1件、觶1件、卣2件、觚形尊2件、方罍1件、圓罍1件、盤1件、盉1件。其中的觶、卣、方彝、罍、盤、方鼎等器有銘文。現藏隨州市博物館。

子　觶

1件，羊子山M4出土。通高18.6釐米，口徑8.5～10.5釐米。蓋面、頸部、圈足均飾聯珠紋爲邊飾的連續雷紋。蓋内及器内底均有一字相同銘文"子"，見《隨州出土文物精華》21頁。

子觶器圖

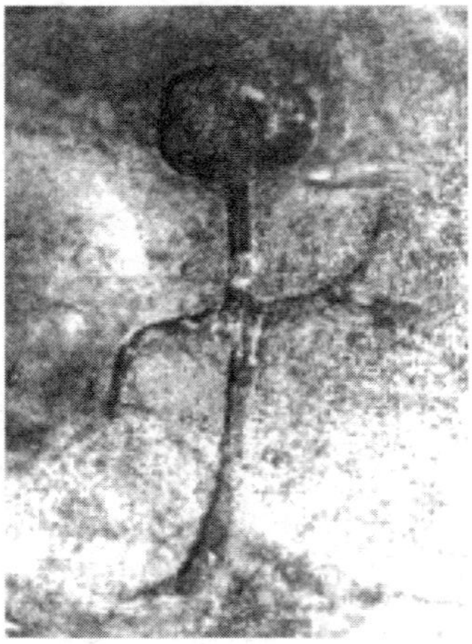

子觶銘文圖

"子"，當爲單一族氏文字，商末周初青銅器上較爲多見。河南殷墟，陝西扶風、寶雞，山西石樓，山東滕州，安徽嘉山等地有發現，詳見何景成《商周青銅器族氏銘文研究》355頁A012。南陽市博物館曾在該地廢品公司揀選一件商末"子父辛"觶，無蓋，通高13.5釐米(《考古與文物》1996 年 6 期，75 頁）。1980 年在羊子山墓地發現有“子父癸”觶西周早期器，無蓋，通高 17 釐米(《文物》1982 年 12 期，51 頁）。

噩侯卣

1 件，羊子山 M4 出土。通高 30.4 釐米，口徑 11.4~15 釐米。樑飾雷紋爲地的龍紋，蓋面、口沿各飾一周獸首龍紋。蓋内有銘文兩行五字，見《隨州出土文物精華》28 頁：

噩侯作旅彝

“旅”字从車，西周早期金文多見，與軍旅、行旅、征旅有關，後逐漸簡省。陳英傑總結歸納有關“旅”的意見後認爲，“所有的旅器之旅都是一種祭祀名稱，應該没有問題，但這種祭祀跟文獻記載的外祭之旅似乎並不相同，其内涵現在還無法完全弄清楚”(陳英傑《西周金文作器用途銘辭研究》上，綫裝書局，2009 年，250~257 頁)。

噩侯卣器圖

噩侯卣銘文圖

噩侯方彝

1件，羊子山M4出土。通高60.1釐米，口寬13.1釐米，口長14.6釐米。蓋爲單脊四坡屋頂狀。器身方體。圓肩，深腹，圈足。肩部兩側有對稱半環獸首銜環耳。蓋、器、圈足均有鉤形扉棱。蓋、器飾有獸面紋、龍紋。器底中央懸掛一鈴，鈴內有舌。蓋內有銘文一行七字，見《隨州出土文物精華》31頁：

噩侯作氒寶尊彝

噩侯方彝器圖

噩侯方彝銘文圖

噩侯罍

1 件，羊子山 M4 出土。通高 30.9 釐米，口徑 13.9 釐米。侈口，束頸，廣肩，附耳銜環，弧腹内收，高圈足。蓋面和肩部各飾一周以兩道細弦紋爲邊飾的火紋。蓋内有銘文兩行五字，見《隨州出土文物精華》32 頁：

噩侯作旅彝

噩侯罍器圖

噩侯罍銘文圖

噩侯盤

1 件，羊子山 M4 出土。通高 10.4 釐米，口徑 34.8 釐米。弧腹内收，高圈足外侈，腹部飾羽脊獸面紋，圈足飾兩道平行凸弦紋。盤内底有銘文兩行五字，不太清晰，見《隨州出土文物精華》33 頁：

噩侯作旅彝

噩侯盤器圖

噩侯盤銘文圖

䣄中方蓋鼎

1 件，羊子山 M4 出土。通高 35.4 釐米，口長 25.6 釐米，口寬 19.9 釐米。長方體形。平蓋，環形附耳，深腹，平底，四柱足較高，腹四隅，四面中心及足根部均飾鈎形扉棱，腹部及足根部飾獸面紋。蓋内有銘文兩行六字，見《隨州出土文物精華》68 頁：

䣄中(仲)作寶尊彝

䣄中方蓋鼎器圖

䣄中方蓋鼎銘文

上列諸器中，“䣄侯”不帶私名，與西周早期青銅器銘文國君多不帶私名類似。方鼎銘文“䣄中(仲)”，李學勤認爲“或許比上述䣄侯要早一輩”。張昌平認爲“可能是哪位䣄侯在即位之前的稱謂，也可能只是䣄國公族成員”。根據多數銘文有“䣄侯”，M4 應爲西周早期䣄侯之墓。1975

年，此墓地發現有“噩侯弟㬪季作旅彝”及“魚父乙爵”(《考古》1984年6期，510頁))，1980年發現有“戈父辛爵”“子父癸觶”等西周早期器(《文物》1982年12期，51頁)，説明羊子山墓地當爲西周早期噩國公族墓地。噩國中心區域應在附近不遠，即在今安居鎮一帶。如今在羊子山東部不遠的葉家山發現有西周早期的曾國墓地，曾國的中心區域也應在附近不遠。那麼，在隨州這個不太大的範圍内同時存在兩個方國，這就大大豐富了這一地區早期歷史與文化的内涵，由此存在的諸多謎團還有待破解。噩仲，有可能爲噩侯即位前之稱謂，排行老二，繼位爲侯。當然，也不排除爲M4噩侯之父輩“二大爺”。

流出至法國的疑尊、疑卣，2011年6月至11月在法國科雷兹省薩朗鎮的希拉克博物館展出，器物年代可能爲西周早期的成王，銘文内容有“中(仲)義父于入噩(鄂)侯於盩城”，或以爲是仲義父往納噩侯在盩城爲君(董珊)，或以爲鄂侯可能朝見于周，隨後中義子父奉命護送其回國。若這個“噩”與隨州的“噩”有關，則對於探索“噩”的來源及政治中心有重要意義。董珊認爲盩、犨音近，南陽之鄂的北部有犨城。黄錦前則認爲“盩城”當在隨州一帶。考慮到羊子山所出噩國銅器也爲西周早期，盩城在隨州一帶或者附近的可能性較大。這一問題還可進一步探討。

【著録】

隨州市博物館編：《隨州出土文物精粹》，文物出版社，2009年。

【參考文獻】

李學勤：《由新見青銅器看西周早期的鄂、曾、楚》，《文物》2010年1期，收入《當代名家學術思想文庫·李學勤卷》，萬卷出版公司，2010年。

陳樹祥、黄鳳春：《略論西周早期青銅器銘文上的曾、鄂、楚》，《楚文化研究論集》第十集，湖北美術出版社，2011年。

黄鳳春、陳樹祥、凡國棟：《湖北隨州葉家山新出西周曾國銅器及相關問題》，《文物》2011年11期。

張昌平：《論隨州羊子山新出鄂國青銅器》，《文物》2011年11期。

羅運環：《安居新出鄂侯諸器與楚熊渠所伐之鄂》，《甲骨文、金文"鄂"字考辨》，收入其著《出土文獻與楚史研究》，商務印書館，2011 年，22、107 頁。

傅玥、高旭旌：《從羊子山 M4 青銅器群看西周噩國的地望》，《楚文化研究論集》第九集，上海古籍出版社，2011 年。

董珊：《疑尊、疑卣考釋》，《中國歷史文物》2012 年 9 期。

黄錦前：《疑尊、疑卣釋疑》，2016 年 10 月待刊稿(已提交西南大學青銅器研討會)。

曾 都 區

葉家山西周墓地

葉家山西周墓地，位于隨州市東北曾都經濟技術開發區淅河鎮蔣寨村八組。墓地處在一南北走向的橢圓形崗地上。崗地南北長 400 米，東西寬約 100 米，面積約 4 萬平方米。崗地高出周圍農田約 8 米。溳水(府河)的支流漂河自墓地東北部流經墓地北部及西部。南距已發掘的西花園及廟臺子遺址約 1000 米。2010 年 12 月，當地村民平整土地時發現青銅器。2011 年 1 月，湖北省考古研究所派員到現場調查，並對兩座殘墓(M1、M2)進行了搶救性發掘，確認是一處西周墓地。之後，經國家文物局批準，先後進行了兩次較大規模的發掘，取得重大收穫。

第一次發掘於 2011 年 2 月至 6 月，共發掘墓葬 63 座，馬坑 1 座，所得各種器物 739 件(套)，其中青銅器多達 325 件，74 件有銘文，並見有"曾侯""曾侯諫"等文字，分別出自 M1、M2、M27、M65 等。

第二次發掘於 2013 年 3 月至 7 月，共發掘 77 座墓葬和 6 座馬坑，出土各種文物 1300 余件(套)。其中 M28、M111 帶有墓道，規模較大。青銅器銘文有"曾侯""曾侯諫""曾侯戾"(報告釋"犺"，我們改釋"戾"，説見 M111)及一些族氏名。M111 出有一套西周時期所見年代最早、數量最多的編鐘。

這些發現分别見於下列報告:

(1)湖北省文物考古研究所、隨州市博物館:《湖北隨州葉家山西周墓地發掘簡報》,《文物》2011 年 11 期。主要報道 M1、M2、M27 出土文物。

(2)湖北省文物考古研究所、隨州市博物館:《湖北隨州葉家山 M65 發掘簡報》,《江漢考古》2011 年 3 期。

(3)湖北省文物考古研究所、隨州市博物館:《湖北隨州市葉家山西周墓地》,《考古》2012 年 7 期。簡要報道除 M1、M2、M27 外,還涉及 M3、M4、M8、M15、M23、M26、M46、M50、M51、M55 等部分有銘銅器。

(4)湖北省文物考古研究所、隨州市博物館:《隨州葉家山西周墓地第二次考古發掘的主要收穫》,《江漢考古》2013 年 3 期(簡要概述)。

(5)湖北省文物考古研究所、隨州市博物館:《湖北隨州葉家山 M28 發掘報告》,《江漢考古》2013 年 4 期。

(6)湖北省考古研究所等:《隨州葉家山曾國墓地二期考古發掘再獲大批西周青銅器》,《中國文物報》2013 年 10 月 25 日第 7 版。

(7)湖北省博物館、湖北省考古研究所、隨州市博物館:《隨州葉家山:西周早期曾國墓地》(數據多參照此書),文物出版社,2013 年。主要介紹順序爲 M65、M28、M111、M1、M2、M27、M50、M55,還涉及 M3、M4、M8、M15、M46 有銘銅器。

(8)湖北省文物考古研究所、隨州市博物館:《湖北隨州葉家山 M107 發掘簡報》,《江漢考古》2016 年 3 期。

目前報告涉及的有銘銅器墓葬,按順序有:M1、M2、M3、M4、M8、M15、M23、M26、M27、M28、M46、M50、M51、M55、M65、M107、M111 及 M126 等。下面收録有銘器物按上列墓葬序號排列。

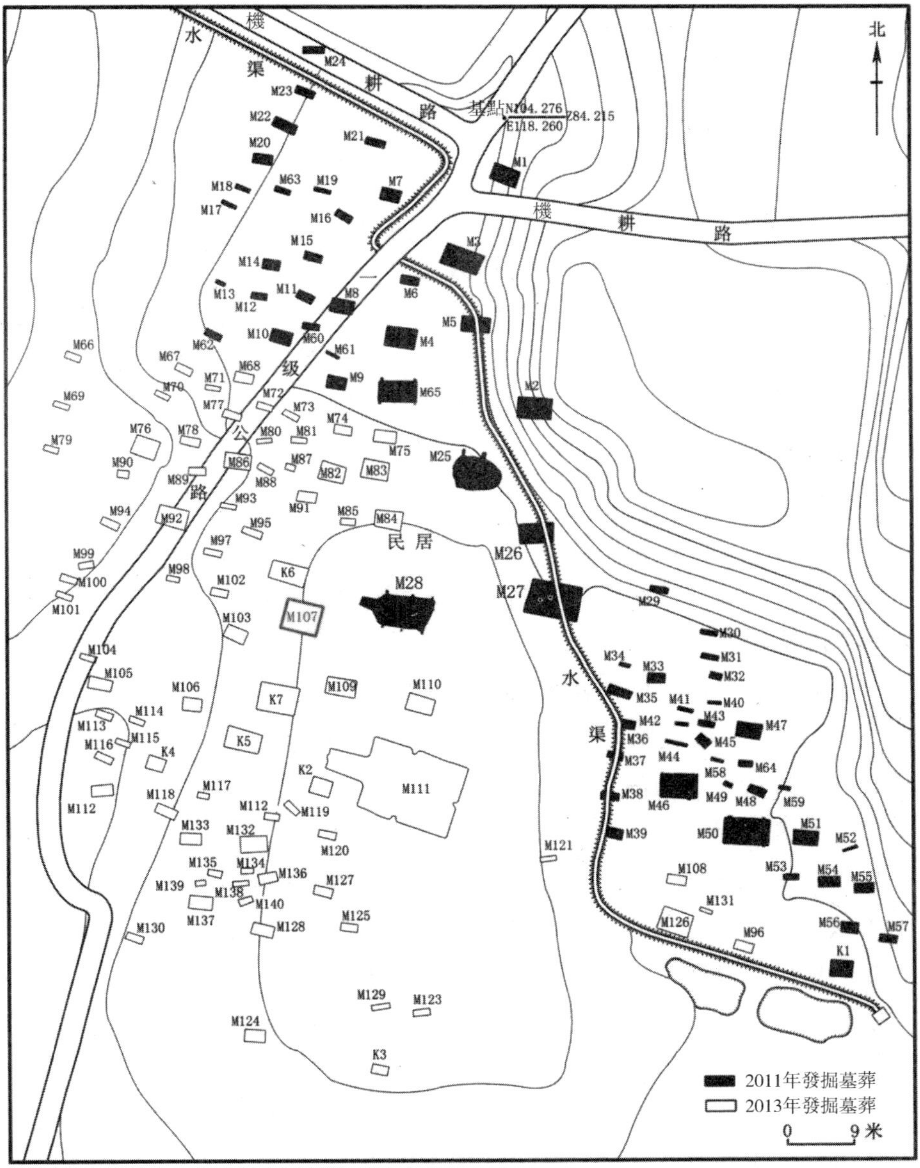

葉家山西周墓地墓葬分布圖

（《江漢考古》2016年3期，4頁）

葉家山 M1

位于葉家山墓地北部，2011 年發現時已遭到取土破壞，墓坑殘長 3.6 米，寬 2.5 米。葬具爲一棺一椁。隨葬品以青銅器爲主，出土有方鼎 4 件、圓鼎 5 件、甗 1 件、鬲 1 件、斝 1 件、觚 2 件、爵 3 件、尊 1 件、卣 1 件、觶 1 件、罍 1 件等 20 余件。

其中 4 件方鼎、3 件圓鼎的作器者爲“師”，當爲墓主人。據報道，此墓年代要早於 M65、M28，盡管銘文中未見“曾侯”，根據方鼎 4 件超過商末周初國君級别，推測“師”有可能爲曾國早期國君。M28、M111 等曾侯墓也出有 4 件方鼎。

張昌平等主張“師”爲葉家山曾國墓地最早的國君，依序是“M1 師—M65 曾侯諫—M28 曾侯—M111 曾侯犺”，均在西周早期。

韓宇嬌認爲，曾侯與編鐘銘文表明曾國的始封君爲“南公”，與“師”的關係尚不明確，雖然 M1 墓葬等級頗高，但就其在整個墓區中的位置而言，似乎並不是曾侯，具體身份需進一步考慮(博士學位論文 27 頁)。又認爲 M111 曾侯戾最早，M28 墓主爲曾侯諫，次之，M65 墓主爲“曾侯”，最晚(博士學位論文 251 頁)。

王恩田將葉家山墓區由北向南劃爲東、西二區，認爲西區屬於曾國公室和國人墓區，東區屬於夷人墓區。M1 屬東區，“師”的身份，與 M27“魚伯彭”、M50“九六六一伯”等人的身份應是夷人官吏“夷司”。其根據是廿三祀盂鼎(《集成》2837)册封盂(康王册封盂，盂子就封第一代曾侯即曾侯犺)的“受民”有“邦司”“夷司”，即管理國人、管理夷人的官吏。葉家山墓地應該包括“受民”中的國人和夷人。

張禮艷認爲，出土銘文證實葉家山西周早期的曾國爲姬姓，並不代表整個葉家山西周墓地的所有墓葬均係姬姓周人墓。葉家山 M1 挖建了腰坑，並在腰坑内殉狗；出土的青銅器及銘文特徵的商文化因素更濃厚，鼎的數量多於曾侯；位于整片墓地東北端，與墓地中另外一座挖建腰坑的墓葬似有集中分布的現象，反映出葉家山 M1 墓主人的身份可能係滅商前居住在當地的廣義的殷遺民或隨南公一支就封至曾國的殷遺民。

朱鳳瀚認爲，M1 基本與 M65、M28 等大墓成一綫，應該屬於同一墓地，不能排除 M1 可能與 M65、M28 之曾侯家族有親族關係，約成王時代(2016 年 12 月京山蘇家壟會議報告)。

笪浩波認爲："葉家山曾國墓地第一代祖先'師'可能就是南宫适之子，與南宫适受封的時間接近，故可以認爲師氏爲第一代'南公'。……南宫适之子師氏受命到曾地是來統領淮夷諸國的，曾地早就存在一個商代就有的曾國，此時不知已被周所滅，還是已歸順周朝，師氏到此地時，先建立封邑，尚未建立自己的國家，故不可能是國君，經過幾代的努力，到曾侯諫時，才取代原來的曾國，成爲曾國的國君，故其'南公'的身份搖身一變成爲曾侯。"同時認爲，M28 爲曾侯諫墓，是首任曾侯，M27 爲曾侯諫的另一夫人魚國公主墓，M26 可能爲另一妾墓；M65 與 M2 是曾侯諫的父母墓；M111 與 M50 是曾侯犺夫婦墓，曾侯犺可能爲曾侯諫之子。

黄錦前認爲：從葉家山墓地的分布、規格、隨葬品及有關銅器銘文來看，M65、M28、M111 三座大墓的時代依次漸晚，其墓主分别爲曾侯諫、曾伯生及曾侯犺。曾侯諫即首任曾侯南公(南宫)，係文王子，成王時受封立國，康王時卒，其長子曾伯生繼任爲第二任曾侯；伯生又稱"公伯"，主要在位時間爲康王時，卒於康王後期，繼任者曾侯犺係其弟；曾侯犺又稱"公侯"和"公仲"，曾在王朝任職，主要在位時間爲昭王時，卒於昭王後期。後二者係兄終弟及，共兩代三任。

"師"爲 M1 墓主没有疑問，其與西周早期姬姓曾侯有關聯，隨葬 4 件方鼎，等級非同一般，具體身份還有待確定。我們暫且將有關銅器歸入曾器，將有族氏銘文者歸入商器。若 M65 墓主即曾侯諫，爲首封南公即南宫括，不排除 M1 墓主爲曾侯諫倚重之大臣或者前輩(詳下師方鼎)。遺憾的是墓葬被破壞，難窺全貌。

M1 見於報道的有銘銅器爲：師方鼎 4 件、師圓鼎 3 件、師鑊鼎 1

件、兄乙爵1件、父丁斝1件、父癸觚2件。

師方鼎

4件，其中3件爲追繳，形制、大小、紋飾、銘文等基本相同，當爲同批鑄造。標本M1：12，淺腹，高足，腹部及足上部飾大獸面紋，獸面紋的角、尾伸出多個勾雲紋。通高23.1釐米，口徑17.4釐米×14.4釐米。重3005克。見《文物》2011年11期7頁，以及：圖一三，器圖、銘文；圖六一-1，紋飾；圖七〇-3，銘文拓片。《考古》2012年7期36頁有介紹。又見《隨州葉家山：西周早期曾國墓地》150~153頁，圖爲銘文圖及M1：01、M1：12、M1：03、M1：02四器比較器圖。西周早期器。鼎銘在器內壁，兩行七字：

帀(師)作父癸
寶尊彝

師字分别作、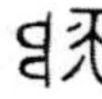、等，與金文所見“師”字類同，左右趁隙加點，報道釋讀爲“師”不誤。“師”是作器者，爲其父輩“父癸”作器。葉家山墓地M111有“曾侯犺作父乙寶尊彝”，説明曾國公族也使用日名作人名。這究竟是沿用商人習慣，還是周人原本就有這種習慣，值得注意。過去“周人不用日名”之説，需要修正。

師，原本武職官名，後以官爲氏。《廣雅·釋詁四》：“師，官也。”《詩·大雅·大明》：“維師尚父。”毛傳：“師，大師也。”陳奂傳疏：“師爲官名。”《詩·大雅·常武》：“赫赫明明，王命卿士，南仲大祖，大師皇父。整我六師，以修我戎，既敬既戒，惠此南國。”大師即太師，總管軍事。《書·君奭》序：“周公爲師。”陸德明《釋文》：“師，太師也。”

不知墓主“師”是否與職官有關。倘若有關，其相當於“太師”(國君輔弼)，類似於“周公”，地位就不低。若M65爲曾侯諫墓，曾侯諫爲南公即南宫括，那麼“師”可能爲其輔弼，或者德高望重的長輩，故有四方鼎隨葬，年代比 M65 稍早，並葬其附近。這樣推測不知是否有一定道理。

師方鼎(M1：12)器圖

器銘

拓片

師方鼎(M1：12)銘文

西周金文中有關職官“師”的材料已不少見，但較複雜，多與軍事有關，有大師、師氏等。曾國銅器中有“曾大保”(曹門灣曾大保簠)、“曾大師”(京山出曾大師鼎)，時代晚至西周晚期或春秋早期。張亞初、劉雨曾經將“師”所掌管之事歸納爲三方面：一是軍事長官，二是行政長官，三是教育方面的長官。讀者可以參閲。

師圓鼎

2件(《考古》2012年7期38頁云“3件”)，形制、銘文等基本相同。器口呈桃圓形。其中一件，編號M1：06，深圓腹下垂，圜底略平，柱足，口沿下兩道弦紋間飾一周圓渦紋。通高28.2釐米，口徑24釐米。重4688克。見《文物》2011年11期10頁，以及：圖一五，器圖；圖六二-2，綫圖；圖八〇-5，銘文摹本。西周早期器。内壁鑄銘文兩行四字：

師作
父癸

師圓鼎(M1：06)器圖

師圓鼎(M1：06)銘文摹本

另一件師圓鼎，編號 M1：05。通高 29.1 釐米，口徑 24 釐米。重 4705 克。器内壁鑄有銘文兩行四字“師作父癸”。見《考古》2012 年 7 期 38 頁，以及：圖九-6，腹内銘文拓片；圖一一-1，紋飾。M1：05 又見《隨州葉家山：西周早期曾國墓地》154 頁，以及銘文圖、器圖。

師圓鼎（M1：05）器圖

師圓鼎（M1：05）銘文拓片

師鑊鼎

1 件，編號 M1：09。圓口微斂，外折沿，方唇，立耳，深圓腹，下腹略鼓，三亞腰形蹄足，一蹄足下端殘損，口沿下分布六條扉棱，扉棱間飾浮雕獸面紋，器腹、外底及足根部有煙炱。通高 54.8~56 釐米，口徑 40.4~40.8 釐米。殘重 21500 克。見《文物》2011 年 11 期 10 頁，以及：圖一六，器形；圖六六-2、圖六六-3，紋飾；圖七〇-2，銘文。内壁鑄有銘文兩行七字：

師作父乙
寶尊彝

師鑊鼎(M1：09)器圖

師鑊鼎(M1：09)銘文拓片

兄乙爵

1件，編號M1：10。兩扁圓形立柱，深圓腹，腹側一半圓形獸首鋬。通高21.2釐米，口徑8釐米。殘重615克。飾有獸面紋，以細綫雲雷紋表達獸面的器官及軀尾，晚商及西周早期多見。雲雷紋多被磨平，表明使用時間較長。見《文物》2011年11期27頁，以及：圖三五，器圖；圖七二-2，紋飾；圖七九-4，銘文拓片。又見《隨州葉家山：西周早期曾國墓地》160～161頁器銘、器圖。鋬下鑄有銘文一行三字：

兄乙

族氏文字，與作父癸甗(《集成》00905)、父己尊(《集成》05643)等頭上又頂一器物之字當爲一字之繁簡，會手提一物、頭頂一物並以手扶持之意。或釋讀爲“吳”，不確。待考。上列後二形，容庚曾認爲“象首負戴而手提挈之形”，可參見李孝定等《金文詁林附録》150頁

2040 號引録。

“兄乙”與商晚周初銘文中較爲多見的“兄+日名”的格式類似，如“兄戊父癸”鼎(《集成》02019)、“兄癸”爵(《集成》08742)等。

有關族氏資料，可參考何景成《商周青銅器族氏銘文研究》391～392 頁單一氏名 A065、A069、A070，以及韓宇嬌博士學位論文 183 頁。

兄乙爵(M1：10)器圖

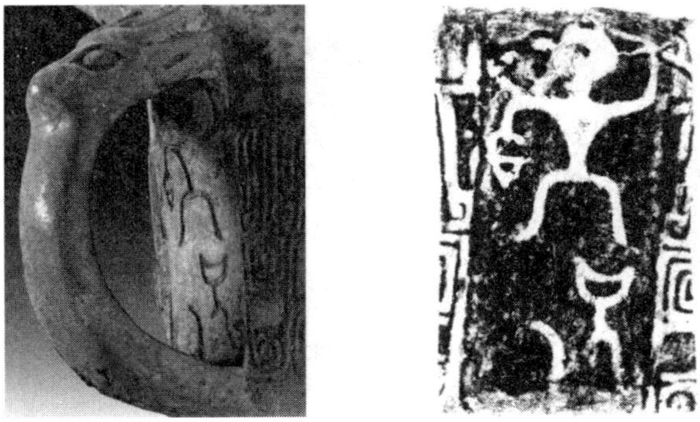

器銘　　　　拓片

兄乙爵(M1：10)銘文

冉父丁斝

1件，編號 M1：015。束頸，高領，圓肩、鼓腹，分襠，柱足，飾有雲雷紋、凸弦紋等。通高 34.9 釐米，口徑 19.2 釐米。重 4430 克。分襠大斝器形及裝飾作風多見於晚商及西周早期，估計此器製作偏早。見《文物》2011 年 11 期 28 頁，以及：圖三六，器形；圖七一-2，綫圖；圖八〇-9，銘文摹本。又見《隨州葉家山：西周早期曾國墓地》158 頁器圖。鋬下鑄有銘文一行三字：

父丁

族氏文字多見，單一氏名。如殷墟小屯北 M17：6 爵，鋬下壁面上有一“”字銘文(《考古學報》1981 年 4 期 512 頁，圖一五-2)。這類族氏名號由單個文字組成的“單氏”最常見。何景成等對這個族氏“冉”做過專門研究(何景成《商周青銅器族氏銘文研究》，99~113 頁，334、574 頁)。

冉父丁斝(M1：015)器圖

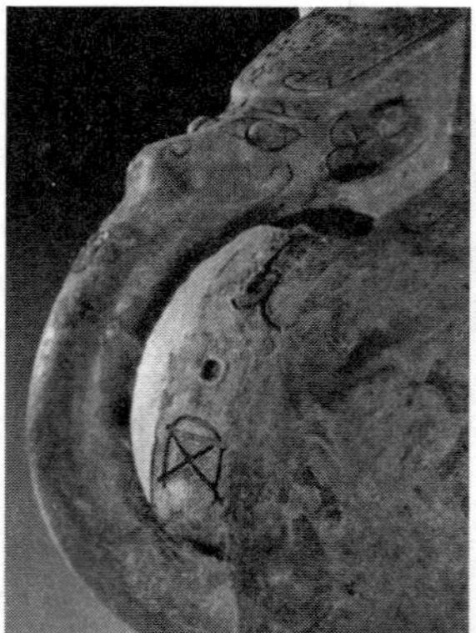

器銘

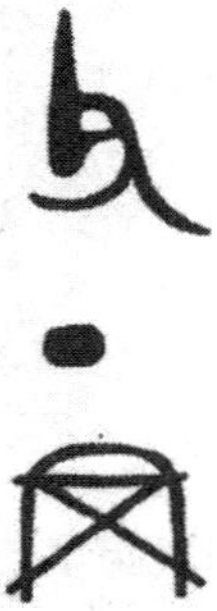

摹本

冉父丁斝(M1：015)銘文

此字過去釋讀不一，現在一般都隸定作“冉”，見於河南安陽，陝西寶雞，河北寧壽，湖南寧鄉，湖北鄂城、襄陽等地發現的商代銅器，又見於陝西長安、鳳翔，河南洛陽、浚縣、鶴壁、信陽，遼寧喀左，山東膠縣等地的西周銅器。據研究，“冉”族至少在商代二里崗上層末期就已經出現，一直延續到西周中期。至於“冉”族與商朝的關係，或以爲是王族，或以爲不是王族，還有待深入探討。

瓚父癸觚

2 件，銘文相同，形制相同。編號 M1：020 銘文爲陰文；M1：013 口殘，銘文爲陽文。標本 M1：020，腰部扁圓，頸飾蕉葉紋，中腰飾以雲雷紋爲地的兩組獸面紋；圈足上部飾對稱四葉目紋四個，下飾兩組獸面紋。通高 28.2 釐米，口徑 16.2 釐米。重 1035 克。M1：013，殘高 22.5 釐米，殘重 715 克。見《文物》2011 年 11 期 29 頁，以及：圖三七，器圖；圖七二-1，紋飾；圖七九-11，銘文拓片。又見《隨州葉家山：西周早期曾國墓地》162 頁器圖、銘文。銘文鑄在圈足内壁，一行三字：

父癸

族氏文字，上从宀，下部所从意見不一。此字已見於湖南石門所出一件西周早期的簋，作（《集成》03160）。黄鳳春等認爲下部从圭，隸定作宔，“會以冂覆于玉圭之形”；或者是“兩個部族均有密切關係的複合族氏銘文”（《文物》2011 年 11 期 81 頁）。何景成《商周青銅器族氏銘文研究》659 頁將湖南石門所出歸爲複合氏名。韓宇嬌贊同這種看法（博士學位論文 176 頁）。

這個族氏文字可能還應是“單氏”，下部器形有可能是圭、璋一類器物，就是商周時期被稱作“柄形器”的文物。小臣玉柄形器的刻銘稱這種

器爲"瓚"。此形如果倒着看作，象"柄形器"實於器中之形，當爲"瓚"字。上部當是"同"形簡省。2009 年吳鎮烽在陝西發現一件觚，其銘稱"觚"爲"同"，看來"同"字所从即觚形。參見 M27 觶、M107 觚。

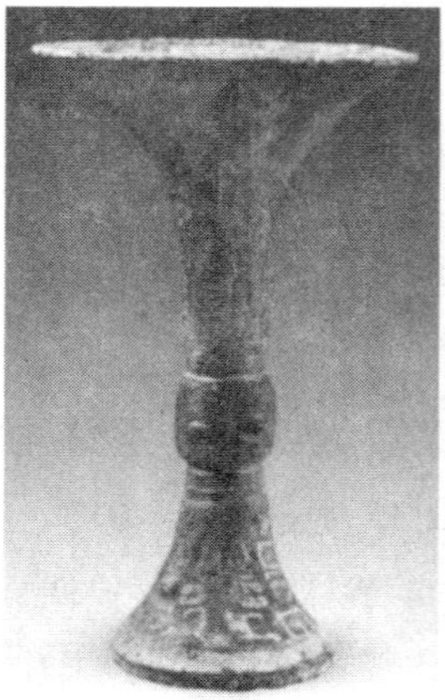

瓚父癸觚（M1：020）器圖

瓚父癸觚（M1：020）銘文拓片

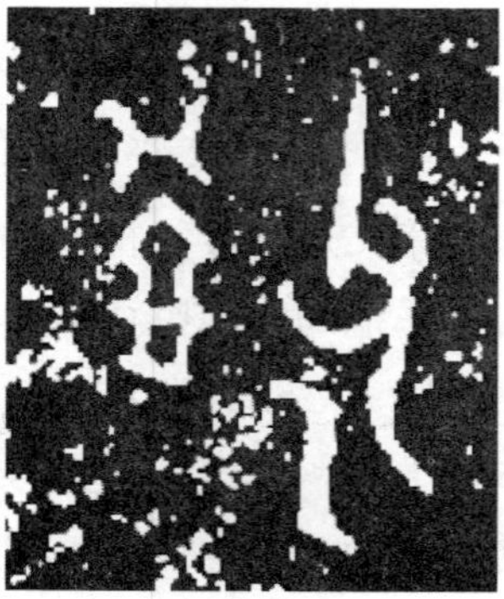

《集成》03160 簋

【參考文獻】

黃鳳春、陳樹祥、凡國棟：《湖北隨州葉家山新出西周曾國銅器及相關問題》，《文物》2011 年 11 期。

張懋鎔：《談隨州葉家山西周曾國墓地》，清華大學《出土文獻》第三輯，中西書局，2012 年。

何景成：《商周青銅器族氏銘文研究》，齊魯書社，2009 年。

張昌平：《隨州葉家山西周早期曾國墓地——葉家山墓地相關問題研究》，文物出版社，2013 年，283 頁。

韓宇嬌：《曾國銅器銘文整理與研究》，清華大學 2014 年博士學位論文。

王恩田：《曾侯與編鐘與曾國始封——兼論葉家山西周曾國墓地復原》，《江漢考古》2016 年 2 期。

張禮艷：《隨州葉家山西周曾國墓地 M1 墓主族屬辨析》，《東北師大學報》

2016年5期。

朱鳳瀚：《葉家山曾國墓地大墓之墓主人身份與曾侯與鐘銘》，2016年12月京山蘇家壟會議報告。

笪浩波：《葉家山西周曾國墓地的幾個相關問題》，《中原文物》2016年5期。

黄錦前：《西周早期曾侯世系與葉家山三座大墓的年代和墓主》，2017年年初未刊稿。

張亞初、劉雨：《西周金文官職研究》，中華書局，1986年，3~7頁，61~66頁。

吳鎮烽：《内史亳豐同的初步研究》，《考古與文物》2010年2期。

葉家山 M2

M2位于葉家山墓地東北部，被盜。墓坑東西長4.6米，南北寬3.1米，葬具爲一棺一椁。隨葬器物主要有銅器、原始瓷器、陶器、漆木器和玉器等，未見兵器。銅器有圓鼎5件、簋2件、鬲1件、甗1件。M2在M65之東，相距13米，出有3件曾侯諫圓鼎及"曾侯諫作媿"銘文的甗1件、簋2件。多推斷M2與M65的墓王可能爲夫妻關係。M65若是曾侯諫，M2就可能是其夫人媿。李學勤認爲，見於葉家山M2、M65的曾侯諫爲成康時人，"他似即周初第一代曾侯"(《試説葉家山M65青銅器》，見羅運環主編《楚簡楚文化與先秦歷史文化國際學術研討會論文集》，湖北教育出版社，2013年)。笪浩波認爲M28爲首任曾侯諫墓，M65與M2是曾侯諫的父母，M2墓内出有兒子夫婦的器物順理成章(説見M1)。

有銘銅器見諸報道者有：曾侯諫圓鼎1件、曾侯諫分襠鼎2件、曾侯諫作媿簋2件、曾侯諫作媿連體甗1件、犁子分襠鼎1件、父乙分襠鼎1件、□鬲1件。

曾侯諫圓鼎

1件，編號M2：6。器形、紋飾、銘文等與M65：44所出曾侯諫圓鼎完全一致，又見於M28和M3，當爲同時所鑄。立耳，柱足，鼎口呈桃形，圓鼓腹，圜底，口沿下有九個夔紋與九個渦紋相間排列。通高28.4釐米，口徑24.6釐米。重4480克。見《文物》2011年11期11頁，以及：圖一七，器圖；圖六二-1，綫圖；圖八〇-3，銘文摹本。又見《隨州葉家山：西周早期曾國墓地》168~169頁銘文圖、器圖。器内壁鑄有銘文兩行六字：

曾侯諫
作寶彝

葉家山西周墓出土銅器銘文“曾”下均不从“口”，爲輸入方便，一律直接書作“曾”。“曾侯諫”爲一代曾侯，私名“諫”。對於M65曾侯諫墓年代或曾侯諫的身份有不同看法，説見M65。此器爲曾侯諫所鑄，入葬M2。M65與M2的墓主爲夫妻關係。

曾侯諫圓鼎(M2：6)器圖

器銘

摹本

曾侯諫圓鼎(M2：6)銘文

曾侯諫分襠鼎

2件，編號M2：3、M2：5。大小、形制、紋飾、銘文等相同，與

M28 的 2 件曾侯諫分襠鼎也相同。標本 M2：5，立耳，柱足，鼓腹，分襠，襠淺。口沿下飾三組與三足相對應的浮雕獸面紋，即獸面紋依托突出的襠部將中軸對應於三足。通高 22.2 釐米，口徑 17.5~17.9 釐米。重 2455 克。見《文物》2011 年 11 期 12 頁，以及：圖二〇，器圖及銘文。又見《隨州葉家山：西周早期曾國墓地》170 頁。器内壁鑄銘文兩行六字：

曾侯諫
作寶彝

曾侯諫分襠鼎（M2：5）器圖

曾侯諫分襠鼎（M2：5）銘文圖

另一件 M2：3，通高 22.5 釐米，口徑 17.5~18 釐米。重 2500 克。見《考古》2012 年 7 期 39 頁，以及：圖版柒-1，器圖；圖九-3，器内銘文；圖一五-1、圖一五-2，紋飾。一足上對應的器内壁有銘文兩行六字：

曾侯諫
作寶彝

曾侯諫分襠鼎(M2：3)器圖

曾侯諫分襠鼎(M2：3)銘文拓片

犁子分襠鼎

1 件，編號 M2：2。口呈桃圓形，分襠，細足，立耳，深圓腹微鼓，器身飾三組獸面紋，器腹外壁及外底部有煙炱痕迹。通高 20.9 釐米，口徑 17 釐米。重 1615 克。見《文物》2011 年 11 期 14 頁，以及：圖二一，器圖、銘文；圖六三，綫圖；圖八〇-8，銘文摹本。又見《隨州葉家山：西周早期曾國墓地》172～173 頁銘圖、器圖。器内壁鑄銘文六行三十八字：

丁子(巳)，王大祓(侑)。戊午，
犁(厲)子蔑曆(歷)敞(上)白牡一。
己未，王賞多邦
白(伯)，犁子麗，賞夭(沃)鬯
卣、貝二朋。用作文
母乙尊彝。

對於銘文，各家釋讀不一。第一行第五字，報告認爲从“友”，或以爲从“比”。細省字形當从“友”。祓，祭祀名。黄鳳春等傾向於助祭

“佑”。李學勤認爲相當於殷墟甲骨文的“㞢”“又”，讀爲“侑”，“即文獻中的報祭”。

第一行第六字，應該讀爲“戊午”，而不是“成”。兩字在行尾合占一字之位。戊午爲丁巳次日。

第二行第一字，有釋耒、办、荆、斗、犁等説。李學勤釋“斗”，認爲《左傳·襄公三十年》有地名“斗城”，在河南通許東北，“不知是否斗子封地”。涂白奎、黄錦前釋讀爲“荆子”，即“楚子”。馮時釋犁，即像犁地的“犁”。我們傾向釋犁。當時可能是木犁，至戰國後安上鐵鏟（湖北荆州叫“鐵鏟頭”）等部件（見附圖，漢以後至今變化不大）。犁，可能以力爲聲。犁，來母脂部；力，來母職部。聲母相同，韻部相近。犁，似可讀爲“厲”。厲，來母月部。《史記·田敬仲完世家》：“陳完者，陳厲公佗之子也。”《索引》：“《陳世家》有利公躍，利即厲也。”《論語·魏靈公》：“必先利其器。”《漢書·梅福傳》引利作厲（高亨《古字通假會典》，537 頁）。厲，疑爲國名，在今湖北隨州市北境，相傳爲厲山氏之後，故城在隨州市東北百餘里的殷店一帶，一説在隨州市西北 40 里的厲山店，約在春秋時爲楚所併。其與曾臨近，故其器因某種原因隨葬曾國墓。厲爲古國，得以參加周天子的活動，並得到賞賜。國名作“犁”，或許與其先祖善於耕作農事有關。《禮記·祭法》：“是故厲山氏之有天下也，其子曰農，能殖百谷。”“安州六器”的中觶銘云：“王大省公族于唐，振旅，王賜中馬自厲侯四騠，南宫兄（貺）……”這是厲侯貢獻四匹良馬。此鼎貢獻白色母牛一頭。厲，又見於太保玉戈（《金文通鑑》19764），“令太保省南國，帥漢，出殷南，令厲侯辟”。李學勤認爲厲“確是漢水流域的厲。唐國在今隨縣西北，厲國在隨縣北，兩地相鄰”（《盤龍城與商代的南土》，《文物》1976 年 2 期）。若犁即厲，則對探索隨州一帶的厲國有重要意義。若屬實，説明厲稱“厲侯”前曾稱“犁（厲）子”。

近見黄錦前《曾國始封的新證據——重讀太保玉戈銘》，將玉戈原釋爲“厲”者改釋爲“曾”（2016 年未刊稿），但不影響此鼎“犁”可讀爲“厲”。

馮時認爲“犁子”就是曾侯諫，此鼎是曾侯諫爲其文母所作祭器，因其在喪未出，故稱“犁(懖)子”(哀子)。笪浩波贊同此説。

第二行“蔑曆”，多主張讀“蔑歷”，指上對下的勉勵嘉獎。第二行第五字敞，多以爲祭名“嘗”。李學勤讀爲嘗，義爲“食”。白色牡牛當爲周王祭祀所用犧牲，祭後分頒於臣下。馮時讀“敞”爲“上”，意爲犁子“增獻白牡之牲一頭以助祭”。

多邦伯，李學勤認爲“邦伯”意即諸侯。《尚書》之《盤庚》《酒誥》《召誥》中的“邦伯”都是殷商的諸侯，周初還沿用這一稱呼。馮時以爲“邦伯”爲諸侯之長，“犁子必爲一代曾侯”。

第四行的“麗”，與尹光鼎“王饗酒，尹光邐”、保圓簋“公在觑，保圓邐”之邐義同，讀爲麗。馮時傾向皆附麗在側之謂。李學勤贊同楊樹達的分析，認爲意即“侍”。沈培認爲“麗”應讀爲“贊”，訓“助”“佐”。黄錦前傾向沈培意見，即“儐相的角色”。第六字从夭从鬯，相當於金文多見的矩鬯(師克盨，《集成》04467)、郁鬯(小子生尊，《集成》6001)、芳鬯(霸伯盂，《金文通鑑》06229)之類。在此暫且讀爲“夭(沃)鬯”，即美鬯。馮時認爲“夭”爲人名，“犁子”爲“曾侯諫”，“諫”與“夭”爲一名一字。與眾不同。

文母乙，犁子母親。

李學勤認爲，鼎與保卣、保尊同時，爲成王時期。三件器物記載的是成王時期的“岐陽之蒐”的諸侯會盟，“蒐”是春季的田獵活動，與保卣銘文中“二月”正合。黄錦前進一步推斷岐陽之盟的時間當在公元前1040年，亦即成王三年的二月。

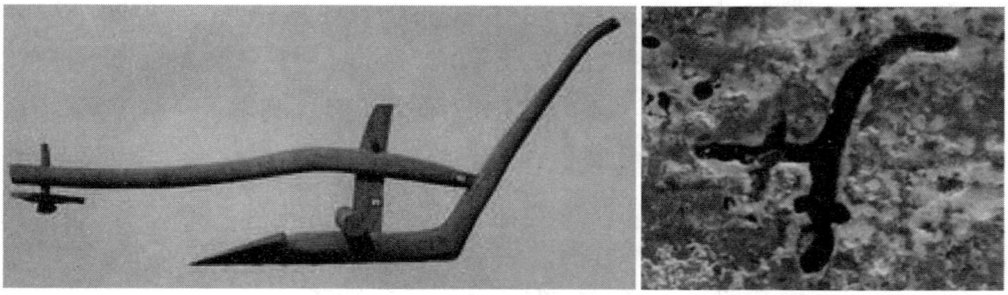

“犁”字與犁比較

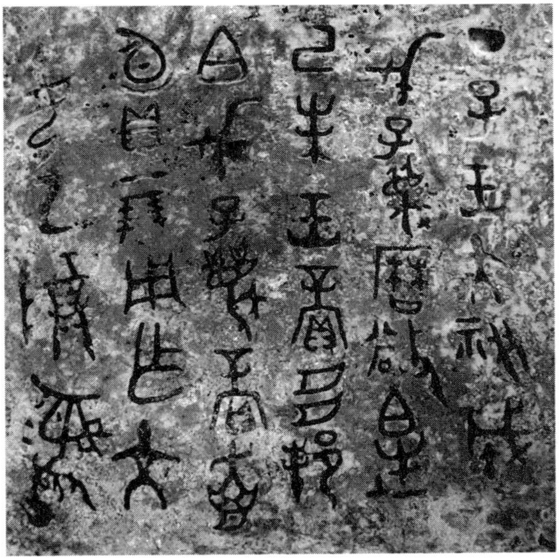

犁子分襠鼎(M2：2)器銘

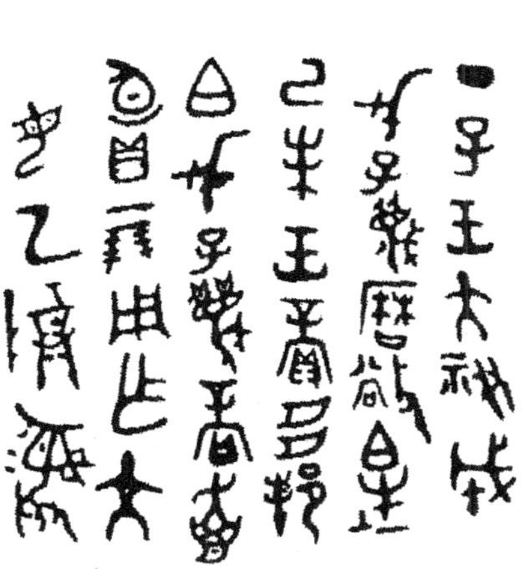

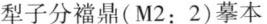

犁子分襠鼎(M2：2)摹本

犁子分襠鼎(M2：2)器圖

【參考文獻】

黄鳳春、陳樹祥、凡國棟：《湖北隨州葉家山新出西周曾國銅器及相關問題》,《文物》2011 年 11 期。

涂白奎、黄錦前:《隨州葉家山 M2 所出荆子鼎銘文補釋》,復旦大學出土文獻與古文字研究中心網站,2011 年 11 月 4 日。

黄錦前:《再論荆子鼎》,復旦大學出土文獻與古文字研究中心網站,2012 年 2 月 28 日;《荆子鼎與成王岐陽之盟》,《中國國家博物館館刊》2013 年 9 期;《説荆子鼎銘文中的"麗"》,《湖南省博物館館刊》第十二輯,岳麓書社,2016 年。

李學勤:《斗子鼎與成王岐陽之盟》,《中國國家博物館館刊》2012 年 1 期。

于薇:《湖北隨州葉家山 M2 新出刃子鼎與西周宗盟》,《江漢考古》2012 年 2 期。

凡國棟:《隨州葉家山新出"刃子鼎"銘文簡釋》,見羅運環主編:《楚簡楚文化與先秦歷史文化國際學術研討會論文集》,湖北教育出版社,2013 年。

馮時:《葉家山曾國墓地札記三題》,《江漢考古》2014 年 2 期。

孫啓康:《〈耒子鼎〉與"西周宗盟"一文中的幾個問題》,《江漢考古》2014 年 5 期。

韓宇嬌:《曾國銅器銘文整理與研究》,清華大學博士學位論文,2014 年,194~199 頁。

《湖北隨州葉家山西周墓地筆談》,《文物》2011 年 11 期。王占奎、李天虹説見此期。

段姝杉、陳麗新:《葉家山西周墓地國際學術研討會綜述》,《江漢考古》2014 年 1 期。

吕廟軍:《也談荆子鼎之器名》,見《"商周青銅器與先秦史研究"青年論壇論文集》,西南大學,2016 年 11 月 18—21 日,117 頁。

石泉主編:《楚國歷史文化辭典》,"厲"條,武漢大學出版社,1996 年,98 頁。

笪浩波:《葉家山西周曾國墓地的幾個相關問題》,《中原文物》2016 年 5 期。

亞宣𠙶父乙分襠鼎

1 件,編號 M2:4。器口呈桃圓形,立耳,柱足較高,淺襠,口沿下飾三組與三足相對應的浮雕獸面紋。獸面的幅面較大,兩側襯飾夔紋,半浮雕的紋飾上下均有地紋。通高 21.2 釐米，口徑 16.6 釐米。重 1680 克。見《文物》2011 年 11 期 14 頁，以及：圖二二，器圖；圖六四，綫圖；圖八〇-7，銘文摹本。又見《隨州葉家山：西周早期曾國墓地》174～175 頁銘文、器圖。器内壁鑄有銘文一行五字：

父乙亞宣(羾)

此鼎的族氏文字，與安陽市龍安區劉家莊北 M1046(殷末)所出銅器的族氏銘文寫法一致，如下列亞羾盤(M1046：8)、亞㝉羾方彝(M1046：1)、亞㝉羾斝(M1046：20)銘文拓片。根據朱鳳瀚的研究，在複合氏名中存在的作爲族氏銘文的“亞某”，表示的是其所屬的上一級族氏的分支，“亞”用在這裏實際是取其“次”義。如此，則“亞宣”“亞㝉”應是“羾()”的分支族氏，以“宣”“㝉”爲氏名。那麼，此鼎則是“宣”爲其日名爲“乙”的父輩作器。“宣”與“㝉”的關係非同一般。劉家莊北 M1046 是一座商代貴族墓葬，據其隨葬器物，報告認爲墓主人是商代高級貴族，可能爲諸侯一級或王室重臣。此鼎隨葬此墓，説明鼎主與墓主人的關係也非同一般。

至於劉家莊北的，嚴志斌認爲可能是“玌”的重復對稱性繁構。“玌”是一個常見氏族名，見於殷墟晚期器。玌族地望可能在安陽東南一帶。

【參考文獻】

中國社會科學院考古研究所安陽工作隊：《安陽殷墟劉家莊北 1046 號墓》，《考古學集刊》15，文物出版社，2004 年。

朱鳳瀚：《商周金文中“亞”字形内涵的再探討》，見陳光宇、宋鎮豪主編：《甲骨文與殷商史》第六輯，上海古籍出版社，2016 年。

嚴志斌：《商周青銅器銘文研究》，上海古籍出版社，2013 年，333 頁。

韓宇嬌：《曾國銅器銘文整理與研究》，清華大學博士學位論文，2014 年，

181 頁。

亞宣冊父乙分禬鼎(M2：4)器圖

器銘

摹本

亞宣冊父乙分禬鼎(M2：4)銘文

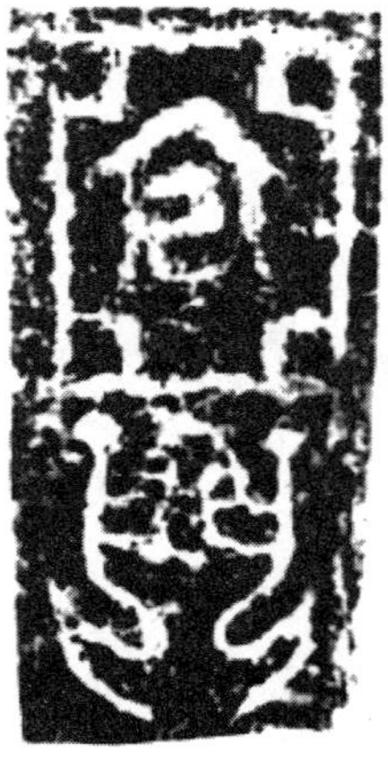

斝銘文拓片

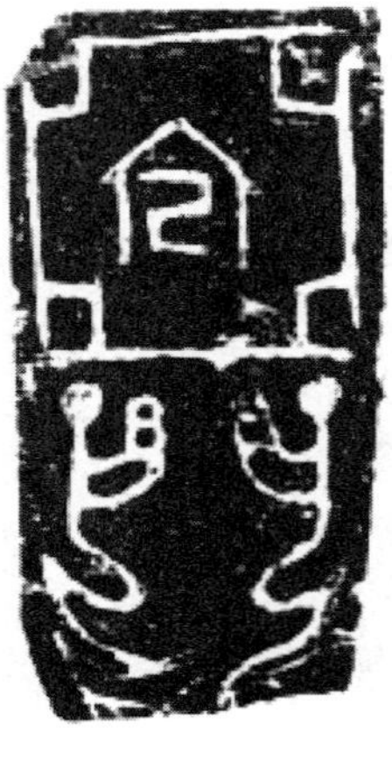

方彝銘文拓片

盤銘文拓片

安陽劉家莊銅器銘文拓片

曾侯諫作媿簋

2件，器形、大小、紋飾、銘文相同。相同的一對簋還見於 M28。其中一件，編號 M2：9，圓口外侈，弧腹圜底，筒狀高圈足略外撇，兩側附獸首形半環耳，垂珥，頸與圈足飾雲雷紋襯底的鳥紋，頸部前後增飾浮雕獸首，腹飾直棱紋。通高 13.5 釐米，口徑 18 釐米。重 2410 克。見《文物》2011 年 11 期 16 頁，以及：圖二五，器圖；圖六五-2，綫圖；圖八〇-2，銘文摹本。另一件，編號 M2：8，重 2690 克。見《考古》2012 年 7 期 40 頁，以及：圖版柒-4，器圖；圖一七-2，紋飾；圖一八-7，銘文拓片。兩件又見《隨州葉家山：西周早期曾國墓地》181～183 頁：圖 1，M2：9 内壁銘文；圖 2，M2：9、M2：8 器圖；圖 3，M2：9 器圖；圖 4，M2：9 局部圖。器底内有銘文兩行八字：

曾侯諫作
媿寶尊彝

曾侯諫作媿簋(M2：8)器圖及銘文拓片

曾侯諫作媿簋(M2：9)器圖及銘文摹本

曾侯諫作媿甗

1件，編號M2：1。連體，侈口深腹，立耳，柱足，甑部上腹飾有細雲紋構成的獸面紋，鬲體裝飾半浮雕的獸面紋。通高38.8釐米，口徑23.2釐米。重5385克。見《文物》2011年11期24頁，以及：圖三〇，器圖；圖六五-1，綫圖；圖八〇-1，銘文摹本。又見《隨州葉家山：西周早期曾國墓地》176～179頁銘文圖、器圖、局部及紋飾圖。甑體内壁有銘文兩行七字：

曾侯諫作
媿寶彝

報告及研究者多主張"媿"爲曾侯諫之夫人，是M2的墓主，M65墓主爲曾侯諫。韓巍認爲：葉家山M28和M2都出土多件帶有"曾侯諫作媿"銘文的銅器，這位媿姓曾侯夫人很值得注意。西周時期的媿姓國族，最著名者就是晉南的"懷姓九宗"，東周時期的媿姓赤狄也分布在晉南中條山和太行山區。在淮漢地區也有一些媿姓國族，如鄂西北的復國，皖北阜陽一帶的㝬(胡)國。這些媿姓國族很可能是在西周早期伴隨周人向江漢地區進軍而南下的，其中一些或許是召氏、南宫氏的舊屬。如南宫棚姬簋和棚季簋所示，曾國的大宗南宫氏與"懷姓九宗"之一的棚氏也有通婚關係。因此，曾侯諫的這位媿姓夫人無論是出身於留在晉南故地的"懷姓九宗"，還是出身於南下的媿姓國族，都暗示着南宫氏與晉南地區的歷史淵源。

曾侯諫作媿甗（M2：1）器圖

器銘

摹本

曾侯諫作媿甗（M2：1）銘文

徐少華認爲，M28 是曾侯諫之後的另一位曾侯，推測其可能是曾侯諫與媿的兒子，故有關曾侯諫及曾侯諫爲媿所作器出於 M28。認爲曾侯諫夫人"媿"即其出生國之姓，很可能來自於媿姓的復國，其位置約在今隨州葉家山以北百餘里的河南桐柏縣以西 20 多里的固（故）廟村附近，即兩漢復陽侯國所在的淮河上游地帶。復與曾臨近，地位相當，故聯姻通婚。

【參考文獻】

韓巍：《從葉家山墓地看西周南宫氏與曾國——兼論"周初賜姓説"》，見《曾國考古發現與研究學術研討會論文彙編》，北京，2014 年，44 頁。

徐少華：《"曾侯諫作媿"器組簡説》，《古文字研究》第三十一輯，中華書局，2016年，110頁。

 鬲

1件，編號M2：7。口沿上有一對立耳，鼓腹分襠柱足，頸飾目雷紋，腹部光素。通高16釐米，口徑13.8釐米。見《湖北隨州市葉家山西周墓地》180頁“目雲紋銅鬲”。内壁鑄銘文一字：

此字不識，似“甲”。參見容庚《金文編》960頁。也可能爲族氏。若爲族氏，其國别不詳。暫且歸入族氏文字。

鬲(M2：7)器圖　鬲(M2：7)銘文圖

葉家山M3

位于葉家山墓地北部。東北與M1相距9.5米，南距M5約5.9米，西南距M6約3.6米。墓坑東西長4.96~5.2米，南北寬2.92~3.12米。

葬具一棺一椁。隨葬器物主要爲銅器、陶器、漆木器、瓷器和玉器。有銘銅器有曾侯諫圓鼎 1 件、亞娼鼎 1 件、亞娼簋 1 件、作寶彝簋等。墓主與曾侯諫應有一定關係。笪浩波認爲 M3 位于較北面，有可能是 M65 的上一輩。若 M65 是曾侯諫的父輩，則 M3 當爲曾侯諫即 M28 的祖父輩（文見 M1）。朱鳳瀚認爲：M3 出有與 M65、M28 出有的同形制、同銘的"曾侯諫作寶彝"圓鼎（M3：8），説明此墓亦屬於曾侯家族成員。這樣，也就進一步彌合了北面不遠的 M1 與南面之 M65 等曾侯墓之關係（2016 年 12 月京山蘇家壟會議報告）。

曾侯諫圓鼎

1 件，編號 M3：8。立耳，圓鼓腹，柱足，口沿下飾一周以雲雷紋爲地的渦紋和爬行龍紋帶。通高 28.9～29.5 釐米，口徑 23.8～24.5 釐米。重 4140 克。見《考古》2012 年 7 期 38 頁，以及：圖版陸-2，器形；圖九-8，器銘；圖一一-2，紋飾。器腹内壁有銘文兩行六字：

曾侯諫
作寶彝

曾侯諫圓鼎（M3：8）器圖

曾侯諫圓鼎（M3：8）銘文拓片

亞娟鼎

1件，編號M3：7。立耳，腹部較淺，柱足較高，上腹飾一周三組獸面紋。通高21.7釐米，口徑16.9～17.2釐米。重2180克。見《考古》2012年7期38頁，以及：圖版陸-6，器形；圖九-9，器銘拓片；圖一二-2，綫圖；圖一三-2，紋飾。又見《隨州葉家山：西周早期曾國墓地》243頁銘文、器圖。器腹内壁鑄有銘文兩行五字：

亞娟作
寶彝

亞娟鼎(M3：7)器圖

亞娟鼎(M3：7)銘文拓片

亞娟簋

1件，編號M3：9。圓鼓腹，圜底略平，腹兩側有對稱半環形獸形耳，耳下有長方形垂珥，頸部飾細凸弦紋間施浮雕對稱獸首紋，獸頭作夔首。高12.1～12.6釐米，口徑18釐米。重1715克。見《考古》2012年

7期42頁，以及：圖版柒-6，器形；圖一六-2，綫圖；圖一八-1，銘文。器内底鑄有銘文兩行五字：

亞娟作
寶彝

亞娟簋(M3：9)器圖

亞娟簋(M3：9)銘文拓片

亞，單獨作爲族氏銘文之例，可參見何景成《商周青銅器族氏銘文研究》附録500頁A458。如《集成》4.2315鼎銘“亞·豚作父乙寶尊彝”、14.8404~8406爵銘“亞·父乙”。此鼎、簋是“亞”族成員的“娟”自作彝器。韓宇嬌認爲“亞”或是某族氏的簡省，可推知“娟”是作器者名字。又認爲“亞”在甲骨文、金文中有單獨表示國族名稱之例，“娟”可讀爲“妘”，“亞妘”即是亞國的女子，若此，則亞國爲妘姓(博士學位論文185頁)。

族氏銘文“亞”比較複雜，涉及問題較多，有不少學者做過有益探討，讀者可以參閲下列論著及所引有關論述。

【參考文獻】
何景成:《商周青銅器族氏銘文研究》,齊魯書社,2009年,47~61頁。
嚴志斌:《商周青銅器銘文研究》,上海古籍出版社,2013年,157~175頁。
朱鳳瀚:《商周金文中"亞"字形内涵的再探討》,見陳光宇、宋鎮豪主編:《甲骨文與殷商史》第六輯,上海古籍出版社,2016年。

作寶彝簋

1件,編號M3:10。蓋面隆起,上有圈狀捉手,侈口束頸,鼓腹略下垂。一對獸首耳,下有方形垂珥。蓋面飾一周凸弦紋,蓋沿及圈足各飾展體式獸面紋一周。通高26釐米,口徑22釐米,圈足徑17.8釐米。重4265克。見《考古》2012年7期43頁,以及:圖一八-4,器銘;圖一八-6,蓋銘;圖一九-1、圖一九-4、圖一九-5,紋飾。器蓋内底和器内底各鑄相同銘文一行三字:

作寶彝

器

蓋

作寶彝簋(M3:10)銘文拓片

葉家山 M4

南與 M65 較近，北與 M6 較近，東北與 M5 較近，西北與 M8 較近。

叔桑父簋

1 件，編號 M4：3。帶蓋，雙耳，腹、蓋均飾夔紋、渦紋、直棱紋，圈足紋飾布局與頸部相同，器物精美。通高 20.5 釐米，口徑 18.1 釐米。重 2865 克。見《考古》2012 年 7 期 43 頁，以及：圖版柒-2，器形；圖一七-3、圖一七-4，紋飾；圖一八-2，蓋銘；圖一八-5，器銘拓片。又見《隨州葉家山：西周早期曾國墓地》244～245 頁，以及蓋内銘文、器底銘文、紋飾、器圖。器蓋内壁和器内底各鑄有相同的銘文兩行七字：

叔桑父
作寶尊彝

叔，排行。喪父，字。韓宇嬌認爲，“或從器物紋飾上來看，可以判斷爲非曾國器”（博士學位論文 199 頁）。

叔桑父簋（M4：3）器圖

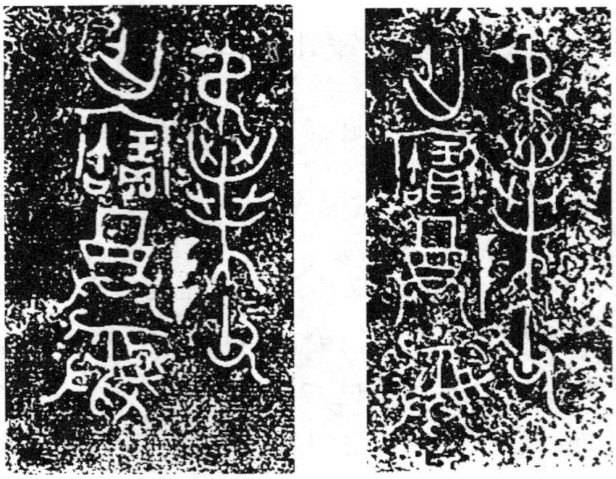

蓋　　　　器

叔桑父簋(M4：3)銘文拓片

葉家山 M8

位于墓地中部偏北，東北距 M6 約 6.4 米，東南距 M4 約 6.8 米，西距 M11 約 2.4 米。墓東西長 3.3 米，南北寬 2.4 米，一棺一椁。隨葬器物主要爲銅器、陶器、原始瓷器、石器等。

祖丙觶

1 件，編號 M8：9。器身素面無紋飾，觶體扁圓，圈足有四組斜角目雲紋。通高 14.5 釐米，口徑 6.4~7.1 釐米。重 360 克。見《考古》2012 年 7 期 47 頁，以及：圖一八-13，器銘拓片。器圖見《隨州葉家山：西周早期曾國墓地》246 頁。内底中部有銘一行二字：

且(祖)丙

祖丙觶（M8：9）器圖

祖丙觶（M8：9）銘文拓片

葉家山 M15

位于 M8 西北。

叔疑圓鼎

1 件，編號 M15：3。立耳，柱足，器形厚重，圓鼓腹下垂，圜底，上腹飾一周相間分布的九個圓渦紋與九個四瓣目紋。通高 25.3 釐米，口徑 20.6~20.8 釐米。重 4110 克。見《考古》2012 年 7 期 39 頁，以及：圖版陸-5，器形；圖九-7，器銘拓片；圖一二-1，綫圖；圖一三-1，紋飾。又見《隨州葉家山：西周早期曾國墓地》247 頁，銘文、器圖。器内壁鑄有銘文兩行七字：

弔（叔）遾（疑）啓（肇）作
寶尊彝

叔疑圓鼎(M15：3)器圖

叔疑圓鼎(M15：3)銘文拓片

叔 疑 尊

1 件，編號 M15：5。通體素面。尊中部的鼓腹較矮而凸起較高。高 22 釐米，口徑 20.5 釐米。重 2430 克。見《考古》2012 年 7 期 45 頁，以及：圖一八-9，器銘；圖二三-1，綫圖。又見《隨州葉家山：西周早期曾國墓地》248 頁，銘文、器圖。器内底鑄有銘文兩行七字：

叔疑尊(M15：5)器圖

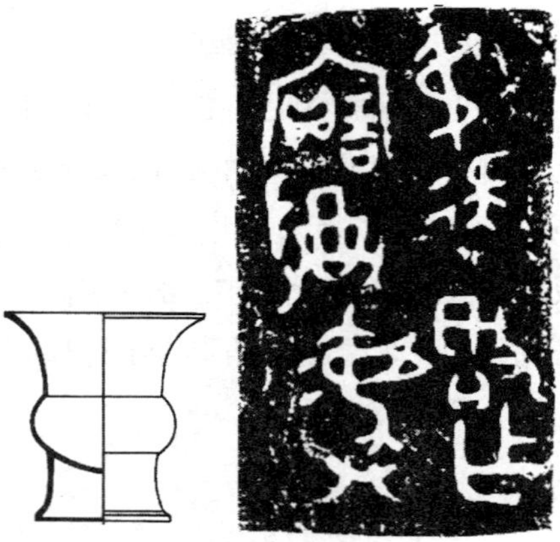

叔疑尊(M15：5)綫圖及銘文拓片

弔(叔)逘(疑)啓(肇)作
寶尊彝

金文“肇作”一詞多見，據楊樹達的研究，這種語首助詞的“肇”無意。韓宇嬌據器形紋飾以爲非曾器(博士學位論文 201 頁)。

黄錦前認爲，鼎屬王世民等《西周青銅器分期斷代研究》鼎的Ⅳ型 2 式，與北京琉璃河西周墓地所出亞盉作父乙鼎(M251：17)形制、紋飾皆近，當爲周初成康時器。尊屬王世民等《西周青銅器分期斷代研究》尊的Ⅱ型 2 式，與召尊形制接近，亦當爲周初成康時器。“叔疑”或與叔佅殘器(吳鎮烽《金文通鑑》19458 號)的“逘”有關，或即一人。而與流至法國的疑尊、疑卣及沬伯(司徒)疑諸器的“疑”無關(黄錦前《疑尊、疑卣釋疑》，2016 年 10 月未刊稿)。

葉家山 M23

位于墓地最北部，北與 M24 相距不遠。

作寶彝簋

1 件。《考古》2012 年 7 期 43 頁提到。未見圖、銘。應與 M3：10 作寶彝簋類同。銘文三字。

葉家山 M26

位于 M27 之北。出有銘爲“曾侯”的器物，笪浩波據此認爲不排除是曾侯諫的另一個妾的可能(文見 M1)。

曾侯作旅彝簋

1 件，編號 M26：23。束頸，圓鼓腹下垂，矮圈足略外撇，腹兩側一對半環狀獸首形附耳，耳下有外勾垂珥，頸部與圈足各有一道凸棱，腹部素面。高 11.6 釐米，口徑 17.5 釐米，腹深 9 釐米。重 2320 克。見《考古》2012 年 7 期 41 頁，以及：圖版柒-5，器形；圖一六-1，綫圖。銘文見《江漢考古》2014 年 1 期 70 頁圖三(張昌平、李雪婷文附圖)。器內底鑄有銘文兩行五字：

曾侯作
旅彝

曾侯作旅彝簋(M26：33)器圖

曾侯作旅彝簋(M26：33)銘文圖

"旅"字从車，西周早期金文多見，與軍旅、行旅、征旅有關，後逐漸簡省。陳英傑總結歸納有關"旅"的意見後認爲，"所有的旅器之旅都是一種祭祀名稱，應該没有問題，但這種祭祀跟文獻記載的外祭之旅似乎並不相同，其内涵現在還無法完全弄清楚"。笪浩波認爲此簋爲 M28 墓主曾侯諫所賜(文見 M1)。黄錦前認爲葉家山 M26、M27、M28、M65 及 M111 等出土有一批未具曾侯之名的"曾侯"器，諸器時代應爲成康時期，結合銘文應係同人所作，與曾侯諫組器作器者相同，即曾侯諫，亦即首任曾侯南公(文見 M1)。

我們認爲葉家山墓地出土銘文有"曾侯"之器，可能多爲 M28 墓主"曾侯"所鑄。M26 若是妾墓，也當是這位"曾侯"之妾，而不是"曾侯諫"之妾。

【參考文獻】

陳英傑：《西周金文作器用途銘辭研究》上，綫裝書局，2009 年，250～257 頁。

葉家山 M27

位于葉家山墓地東南部，距 M28 之東約 12 米。墓口東西長 6.7 米，南北寬 4.9 米，葬具爲一棺一椁。隨葬品有銅器、陶器、漆木器、原始瓷器和玉器等。其中銅器有方鼎 2 件、圓鼎 3 件、甗 1 件、鬲 2 件、簋 4 件、爵 2 件、觚 1 件、觶 4 件、尊 1 件、卣 1 件、罍 2 件、觥 1 件、盉 1 件、盤 1 件，計 26 件。墓主可能是位女性。多以爲此墓墓主與其臨近的 M28 墓主可能爲夫婦關係。因銘文未記述其私名，故不知這對曾侯夫婦的名字。笪浩波認爲 M27 是 M28 曾侯諫的另一個夫人魚國公主墓（文見 M1）。

鑄有銘文的銅器有：曾侯方鼎 2 件、戈父癸簋 1 件、作寶彝簋 1 件、疑父方座簋 1 件、失（?）父乙觚 1 件、守父乙觶 1 件、瓚萑觶 1 件、冉觶 1 件、尺（?）父癸觶 1 件、魚白彭尊 1 件、魚白彭卣 1 件、白生盉 1 件、舉䚗憂壺 1，計 14 件。

曾侯方鼎

2 件，形制、大小相同，器内銘文相同，器、蓋銘文有别。標本 M27：23，半環紐蓋，立耳，四柱足，器腹上部四面飾雙體共首龍紋，下部飾乳釘紋。通高 20.3 釐米，口徑 16.9 釐米×13.3 釐米。重 2270 克。見《文物》2011 年 11 期 9 頁，以及：圖六一-2，紋飾；圖七〇-6，器内銘文拓片；圖七〇-7，蓋内銘文拓片。又見《隨州葉家山：西周早期曾國墓地》186 頁 M27：23：圖 1，器内銘文；圖 2，蓋内銘文；圖 3，帶蓋器圖。鼎腹内壁正中有銘文兩行七字（“侯”字反書）：

曾侯作寶
尊彝鼎

器蓋内正中有銘文一行五字：

曾侯作寶鼎

曾侯方鼎(M27：23)器圖

蓋　　　　　　　　器

曾侯方鼎(M27：23)銘文拓片

另一件，編號 M27：26。長 16.9 釐米，寬 13.3 釐米。重 2013 克。見《考古》2012 年 7 期 36 頁，以及：圖版陸-3，器圖；圖八-1、圖八-2，紋飾；圖九-1，器銘；圖九-2，蓋銘。另見《文物》2011 年 11 期 13 頁圖一四，器圖、銘文(報告誤爲 M27：23)。鼎橫腹内壁正中和器蓋内正中均有相同銘文兩行七字：

曾侯作寶
尊彝鼎

兩件"曾侯"方鼎置於此墓，可見其與這位"曾侯"關係非同一般。

曾侯方鼎(M27：26)器圖

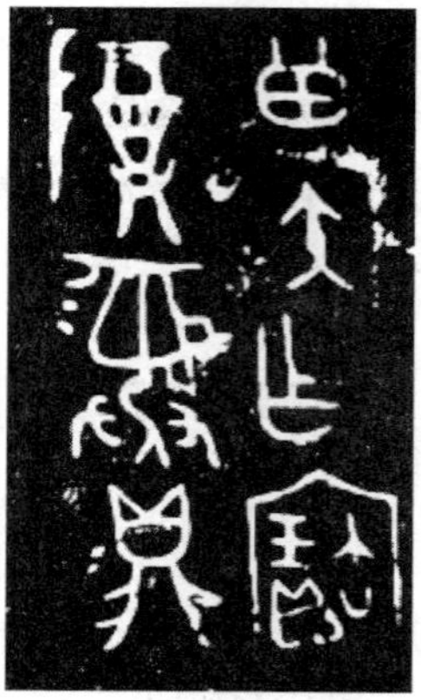

蓋

器

曾侯方鼎(M27：26)銘文拓片

戈父癸簋

1件，編號M27：28。束頸，弧腹，喇叭狀高圈足，腹側一對稱獸首形半環耳，珥垂外勾，頸部一周裝飾十個渦紋，圈足外底裝飾一捲體龍紋。高13釐米，口徑18.5釐米。重2070克。見《文物》2011年11期18頁，以及：圖二六，器圖；圖六五-3，綫圖；圖八〇-4，銘文摹本。又見《隨州葉家山：西周早期曾國墓地》192～193頁及銘文、龍紋、器圖。器底内鑄有銘文三字：

戈父癸

戈，是商末周初青銅器上常見的族氏銘文，分别見於河南、陝西、山西、山東、湖南、湖北、甘肅、北京等地所出商周銅器。據研究，"戈"族銅器出土地點較爲分散，又多與綴有其他族氏銘文的銅器同出，很難判定"戈"族在當時的分布情況。説見前新洲"戈乙"鼎條。

戈父癸簋(M27：28)器圖

戈父癸簋(M27：28)銘文摹本

作寶彝簋

1件，編號M27：18。蓋面弧，喇叭形捉手，鼓腹圜底，兩對稱獸首形半環耳，長方形垂珥，蓋弧面下部及腹上部分别飾一周渦紋與龍紋配合的紋飾帶，圈足上飾一周獸首爬行龍紋。通高19.7~20釐米，口徑18.8釐米。重2690克。見《文物》2011年11期19頁，以及：圖二七，器形；圖六八，紋飾；圖七〇-4，蓋銘；圖七〇-5，器銘。器底内與蓋内皆有銘文一行三字：

作寶彝

作寶彝簋(M27：18)器圖

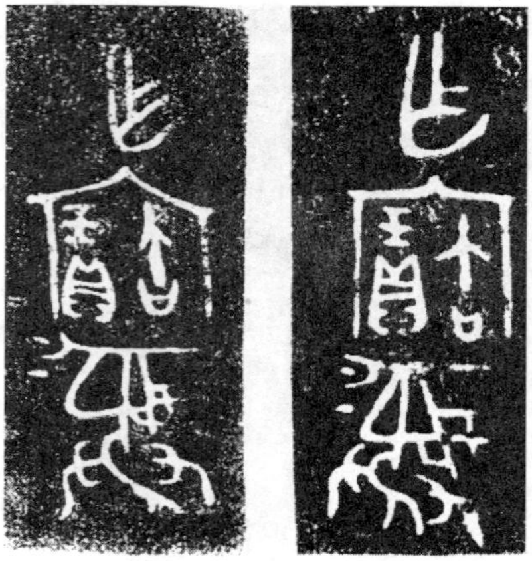

蓋　　　　　　器

作寶彝簋(M27：18)銘文拓片

疑父方座簋

1件，編號M27：17。中腹微鼓，高圈足下連方形器座，對稱獸首形半環耳，長方形垂珥，腹部裝飾兩組大嘴卷尾渦狀夔紋，方座裝飾獸面紋。通高21釐米，口徑17.9釐米。重3365克。見《文物》2011年11期16頁，以及：圖二四，器圖；圖六七，紋飾；圖七〇-1，銘文拓片。又見《隨州葉家山：西周早期曾國墓地》188～191頁及銘文、器圖、局部放大圖。銘在器底内正中，兩行六字：

疑父作

寶尊彝。

方座簋在葉家山墓地不多見。字與下列“疑作白旅彝”的“疑”類似，報告釋讀爲疑，不誤。馮時認爲M27的墓主爲M28墓主曾侯的夫人，“疑父作寶尊彝”的“疑父”可能就是M28的墓主。“疑父”與M27所

出“伯生作彝，曾”的“伯生”爲一名一字，即第二代曾侯應名伯生，字疑父。

M28 的墓主或主張爲曾侯諫，或主張是曾侯諫之後的另一位曾侯。如何確定，還需要深入研究（説詳 M28）。

疑父方座簋（M27：17）器圖

疑父方座簋（M27：17）銘文拓片

《集成》16. 10553

【參考文獻】

馮時:《葉家山曾國墓地札記三題》,《江漢考古》2014年2期。

徐少華:《"曾侯諫作媿"器組簡説》,《古文字研究》第三十一輯,中華書局,2016年。

韓宇嬌:《曾國銅器銘文整理與研究》,清華大學2014年博士學位論文,47、271頁。

失(?)父乙觚

1件,編號M27:13。大喇叭形圓敞口,細筒形腹,腹中部微外鼓,喇叭形高圈足,下部裝飾兩周各兩組獸面紋,上飾四蕉葉紋。高26.8釐米,口徑14.1釐米。重1150克。見《文物》2011年11期30頁,以及:圖七二-3,紋飾;圖七九-9,銘文。又見《隨州葉家山:西周早期曾國墓地》196頁器圖。圈足内壁一側鑄有銘文一行三字:

失(?)父乙

,報告未釋。吳鎮烽《金文通鑑》09566釋爲"侁"。韓宇嬌博士學位論文189頁釋爲"失",引録吳鎮烽"《商周》:,佚"("侁"變爲"佚"不知何故)。釋"失"的根據是趙平安將下列過去有爭議的甲骨、金文釋爲"失":

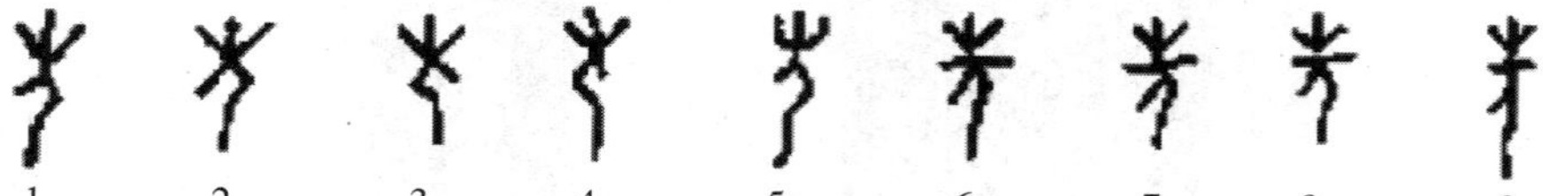

1 2 3 4 5 6 7 8 9

甲骨文

金文

趙平安認爲，“失本像頭上有某種飾物的人形，所以有‘美’的意思，這個意義古籍中用‘佚’表示……後用失來表示方國名、人名或地名，是用本字還是借字，一時尚難斷言”。

M27 的這件父乙觚銘與上列金文字形中的 3(父乙簋，《集成》3165)、5(臣辰父癸尊，《集成》5838)字形近似，但也不完全相同，主要是上部中間沒有關鍵的一豎，是否一定是“失”字，還可進一步斟酌(似“兑”又非“兑”字)。

，當爲族氏文字，與下面“守父乙”觶之“守”類同。

失(?)父乙觚(M27：13)器圖及紋飾

失(?)父乙觚(M27：13)銘文拓片

【參考文獻】

趙平安:《從失字的釋讀談到商代的佚侯》,見《中國社會科學院歷史研究所學刊》第一集,社科文獻出版社,2001 年。收入其著《新出簡帛與古文字古文獻研究》,商務印書館,2009 年。

嚴志斌:《商代青銅器銘文研究》,上海古籍出版社,2013 年,290 頁。

韓宇嬌:《曾國銅器銘文整理與研究》,清華大學 2014 年博士學位論文,189 頁。

守父乙觶

1 件,編號 M27:8。素面,器體頸下呈橢圓形,弧腹下垂,圜底,喇叭形高圈足。高 13.7 釐米,口徑 6.8 釐米。重 345 克。見《文物》2011 年 11 期 31 頁,以及:圖三九,器圖;圖七九-7,銘文拓片。又見《隨州葉家山:西周早期曾國墓地》197 頁器圖。器底内鑄有銘文一行三字:

守父乙

守父乙觶(M27:8)器圖

守父乙觶(M27:8)銘文拓片

金文“守”字或从“又”，或从“寸”，見《金文編》526 頁。單一族氏“守”銅器，見何景成《商周青銅器族氏銘文研究》374 頁 A030，出自河南安陽、洛陽，河北藁城，陝西寶雞(石鼓山“守卣”，《文物》2013 年 2 期，38 頁)等地；複合族氏“守”見 593 頁 B040“守戈”、624 頁 B177“亞守”、676 頁 B425“心守”、698 頁 B532“左守”等，出自安陽、藁城等地。或認爲“守”族在商代應爲地位較高的貴族，可能與商王族有姻親關係，與心、亞等氏族關係密切(韓宇嬌博士学位論文 188 頁)。

瓚雚觶(附斗)

1 件，編號 M27：10。侈口，隆蓋，只裝飾弦紋，風格簡潔。出土時蓋位移於器身旁，觶内放斗，蓋及斗柄尾塗有朱砂。通高 18.6 釐米，口徑 8 釐米×9.8 釐米。重 730 克。見《文物》2011 年 11 期 31 頁，以及：圖三八，器圖；圖七九-3，器銘拓片；圖七九-10，蓋銘拓片。又見《隨州葉家山：西周早期曾國墓地》199 頁銘文、器圖。器蓋内、器底内鑄有相同銘文兩行四字(器底第三字因補鑄被毀)。報告釋讀爲“且(祖)南獸乍(作)寶”。經研究，應釋讀爲：

瓚雚作寶

所謂“瓚”字作，字形與麥方鼎、麥方盉等字所从類似。類似文字過去釋讀不一，《金文編》一律列入“鬲”字條下(1995 年版 172 頁)。陳夢家曾釋麥方鼎字爲“嚽”，讀爲贊(《西周銅器斷代》上册，中華書局，2004 年，459 頁)。張亞初《殷周金文集成引得》45 頁釋文爲“嚽”。

商周時期遺址中經常發現一種稱爲“柄形器”的文物，過去意見不一。據傳出於殷墟、現藏天津博物館的一件玉柄形器，長 6.5 釐米，寬 1.2 釐米，上有刻銘兩行十二字：

乙亥，王賜小臣，才(在)大(太)室。

嚴志斌等認爲，此器爲王所賞賜之物，自名爲，應釋讀爲瓚。那麼，這種“柄形器”當可稱之爲“瓚”。祼禮中將瓚實於彝器以鬯酒灌之以祀神(或享人)；瓚是通名，有圭、璋、璜等及璧、琅、珥諸瓚。瓚是祼玉，而不是勺形器。此字似某種器物上置一器形(圭、璋之類)，與一般“鬲”字有别，目前學術界多傾向釋讀爲“瓚”。祼禮所用之器有所不同，故字形也有區别，或从“同”(參見劉釗主編《新甲骨文編》20頁“瓚”；下列吳鎮烽文報道“内史亳豐同”觚銘文)，或似鬲，有可能器類不同，字形演變還有待梳理。

《集成》4.2406(《三代》3.20.2)著録所謂“戈父辛鼎”文字(見下列圖)，張亞初《引得》釋文斷句爲：

戈囧，瓚陶，作父辛寶尊彝。

此器銘文顯然不能自左往右讀，M27的這件觶銘與之類似。若“戈囧”爲族氏文字，“瓚陶”爲人名，那麼，“瓚雚”二字也可能爲人名(私名)。若“瓚”爲族氏文字，説明“雚”的氏族曾擔任過執行“瓚”禮的職官，大致相當於《周禮·鬱人》：“鬱人掌祼器。凡祭祀，賓客之祼事，和鬱鬯，以實彝而陳之。凡祼玉，濯之，陳之，以贊祼事。”鄭玄注：“祼器，謂彝及舟與瓚。”若自左往右讀，則“瓚雚”爲器物名。周忠兵、謝明文等認爲整個銘文自左讀。謝釋讀爲“乍(作)寶瓚(祼)雚(鑵)”，認爲宋人所謂觶類的器物，西周當時應該是稱作“鑵”。周忠兵認爲，出土時觶内附斗，此斗應即用來挹取觶中的鬯酒，其中的“瓚”可讀爲“祼”，用來説明此青銅器的功用。

這是一個很有意思的問題，還值得進一步研究。很多學者已發表有相關研究成果，詳下列主要參考文獻。

瓚雚觶(附斗)(M27：10)器圖

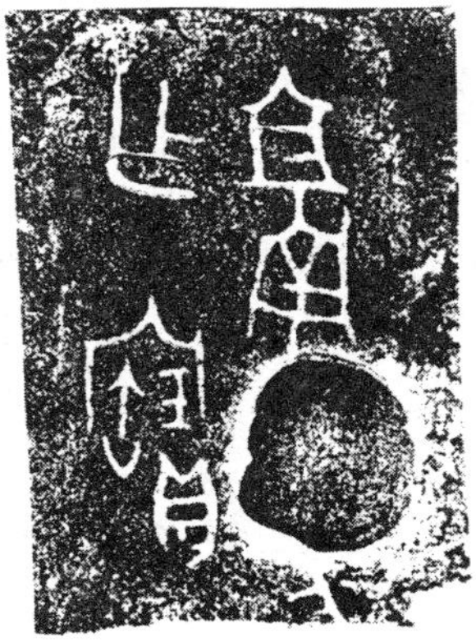

器底

蓋

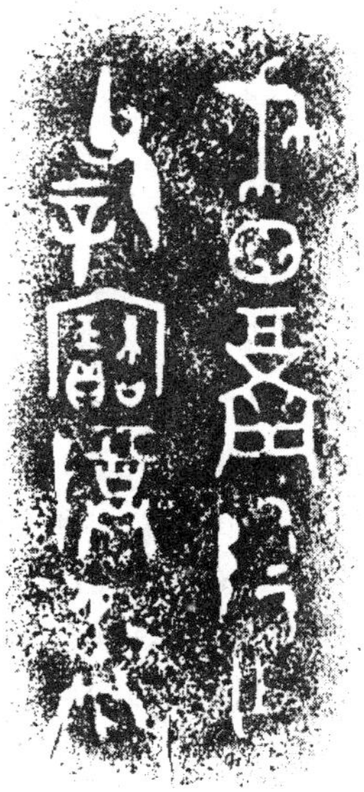

《集成》4.2046

瓚雚觶(附斗)(M27：10)銘文拓片

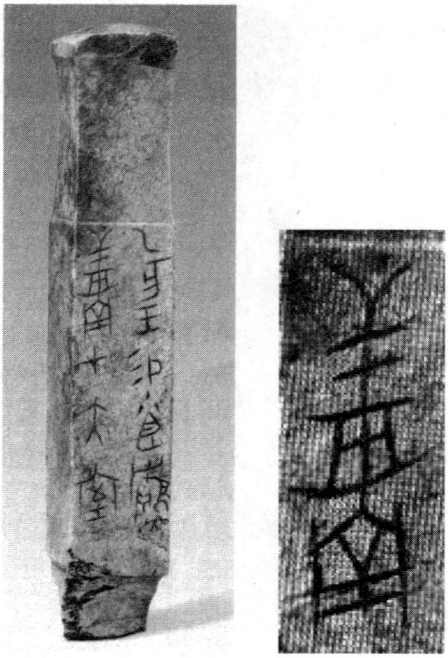

天津博物館小臣玉柄形器(器圖、銘文)

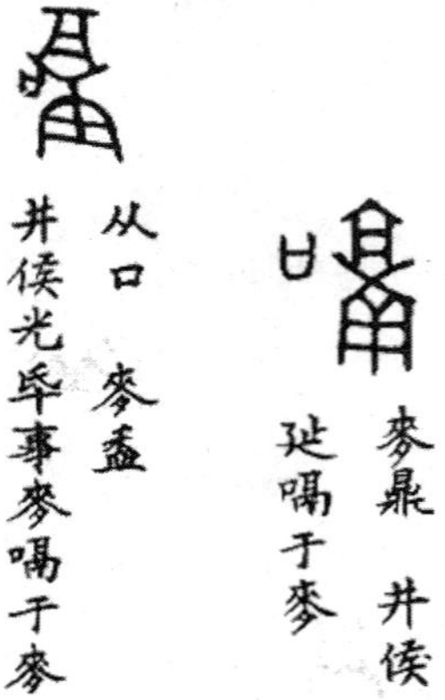

麥盉、麥鼎瓚字

【參考文獻】

周忠兵:《釋甲骨文中的“觶”》,《古文字研究》第三十輯,中華書局,2014年,64頁。

謝明文:《談談金文中宋人所謂“觶”的自名》,復旦大學出土文獻與古文字研究中心網站,2014年12月25日,刊於臺北《中國文字》新四十二期,藝文印書館,2016年,135頁;《談談青銅酒器中所謂三足爵形器的一種別稱》,復旦大學出土文獻與古文字研究中心網站,2015年4月1日。

鵬宇:《葉家山曾國墓地M27所出弦紋觶銘文再探》,“曾國考古發現與研究”學術研討會論文,北京,2014年12月21日。

嚴志斌:《小臣𡼏玉柄形器詮釋》,《江漢考古》2015年4期。

劉釗:《安陽後崗殷墓所出“柄形飾”用途考》,《考古》1995年7期。

李學勤:《〈周禮〉玉器與先秦禮玉的源流——說裸玉》,見《東亞玉器

(1)》，香港中文大學中國考古藝術中心，1998 年。

張劍：《商周柄形玉器(玉圭)考》，見《三代文明研究(一)》，科學出版社，1999 年。

李小燕、井中偉：《玉柄形器名“瓚”説》，《考古與文物》2012 年 3 期。

方稚松：《釋殷墟花園莊東地甲骨中的瓚、祼及相關諸字》，《中原文物》2007 年 1 期。

吳鎮烽：《内史亳豐同的初步研究》，《考古與文物》2010 年 2 期。

何景成：《試論祼禮的用玉制度》，《華夏考古》2013 年 2 期；《霸伯盂與周代皮幣制度》，《紀念于省吾先生誕辰 120 周年、姚孝遂先生誕辰 90 周年學術研討會會議材料》，2016 年 7 月。

臧振：《玉瓚考辨》，《考古與文物》2005 年 1 期。

賈連敏：《古文字中的“祼”和“瓚”及相關問題》，《華夏考古》1998 年 3 期。

黄錦前：《説瓚——從出土資料談觚形器之名稱、功用及相關問題》，2016 年以前未刊稿；《霸伯盂銘文考釋》，《中國國家博物館館刊》2012 年 5 期；《試説葉家山 M28 所出觚形器》，2016 年未刊稿。

李春桃：《從斗形爵的稱謂談到三足爵的命名》，見《“出土文獻與中國古代文明再認識”青年學術論壇論文集》，開封，2016 年 10 月，105 頁。

蘇建州：《論新見楚君酓延以及相關的幾個問題》，見清華大學出土文獻研究與保護中心編：《出土文獻》第六輯，中西書局，2015 年，63 頁。

張世超、鞠焕文：《“包茅、縮酒”考》，《古文字研究》第三十輯，中華書局，2014 年，580 頁。

韓宇嬌：《曾國銅器銘文整理與研究》，清華大學 2014 年博士學位論文，46 頁。

冉　觶

1 件，編號 M27：9。瘦高，扁圓，頸腹間飾一周窄條的雲雷紋，圈足飾兩周細綫凸弦紋。高 16.6 釐米，口徑 6.6 釐米×7.4 釐米。重 260 克。見《文物》2011 年 11 期 31 頁，以及：圖四〇，器圖；圖七九-5，銘文拓片。又見《隨州葉家山：西周早期曾國墓地》198 頁銘文、器圖。器底内正中鑄有銘文一字：

 (冉)

族氏冉，安陽殷墟出土較多，也見於陝西寶雞石鼓山西周墓 M3：13 冉父乙卣。有學者認爲，有“”銘文的銅器，很可能是王族之器，則當是商王族所使用的氏族名號，可參見鄒衡《關於夏商時期北方地區諸臨近文化的初步研究》(《夏商周考古學論文集》，文物出版社，1980 年)，辛怡華等《石鼓山西周墓葬出土銅器初探》(《文物》2013 年 4 期，60 頁)。互見葉家山 M1 冉父丁觶。

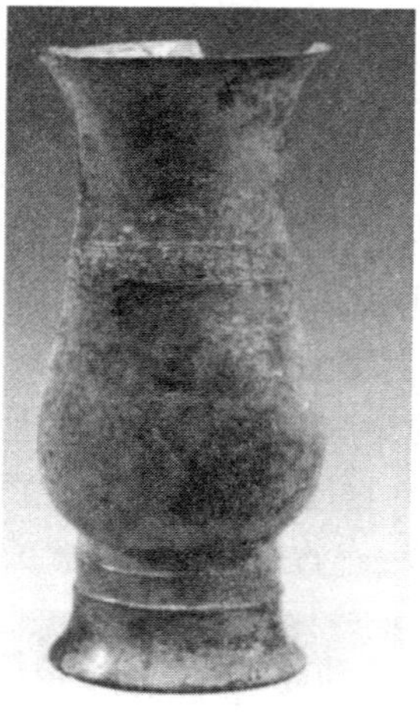

冉觶(M27：9)器圖

冉觶(M27：9)銘文拓片

尺(?)父癸觶

1 件，編號 M27：11。體形瘦長，頸腹間飾兩周細綫凸弦紋，器表幾近光素。高 16.3 釐米，口徑 8.1 釐米。重 455 克。見《文物》2011 年 11 期 31 頁，以及：圖四一，器圖；圖七九-6，銘文拓片。又見《隨州葉家山：西周早期曾國墓地》200 頁器圖。器底内鑄有銘文一行三字：

尺(?)父癸

，族氏文字，較爲多見，有出土地點者，主要在河南安陽、洛陽和陝西寶雞、岐山、扶風等地，山西壽陽、遼寧喀左也有發現。可參見何景成《商周青銅器族氏銘文研究》344 頁 A008 號。此字過去有釋舉、入或“懸弓”形，不可信(可參見李孝定等編《金文詁林附録》，2260 號，香港中文大學版，623 頁)。于省吾師曾告訴我説唐蘭曾以爲“尺”字。

尺(?)父癸觶(M27：11)器圖

尺(?)父癸觶(M27：11)銘文拓片

魚伯彭尊

1 件，編號 M27：14。深圓筒狀，喇叭形敞口，中腹微鼓，高圈足外撇，通體對稱飾四道高扉棱，上部飾蕉葉紋、龍紋和獸面紋，下部兩周各飾兩組獸面紋。高 28. 1 釐米，口徑 22 釐米。重 3890 克。見《文物》2011 年 11 期 32 頁，以及：封二-1，器圖；圖七三，紋飾；圖七九-1，銘文拓片。又見《隨州葉家山：西周早期曾國墓地》200～203 頁銘文、器圖、局部放大圖。器底内鑄有銘文兩行七字：

魚白(伯)彭作
寶尊彝

器形與漢陽紗帽山"嚮天御尊"類似。

魚伯彭尊(M27：14)器圖

魚伯彭尊(M27：14)銘文拓片

魚伯彭卣

1件，編號M27：12。器體呈橢圓形，橢圓蓋隆起似屋頂，扁圓提樑，深腹，通體紋飾，以半浮雕獸面紋爲主題，精緻美觀。通高35.6釐米，口徑11.5釐米×14.8釐米。重6870克。見《文物》2011年11期33頁，以及：封二-2，器圖；圖七四，紋飾；圖七九-2，銘文拓片。又見《隨州葉家山：西周早期曾國墓地》204～207頁銘文、器圖、局部放大圖。器、蓋同銘，器銘未公布。蓋内底部鑄銘文兩行七字：

魚白(伯)彭作
寶尊彝

魚伯彭卣(M27：12)器圖

魚伯彭卣(M27：12)銘文拓片

族氏“魚”的銅器不少見，出土地點主要見於河南安陽、南陽、洛陽，陝西鳳翔、岐山，以及遼寧喀左、凌源，山東青州，湖北安居(1975年在羊子山發現一件“魚父乙”爵)等地。可參見何景成《商周青銅器族氏銘文研究》364 頁 A022 號。據嚴志斌研究，殷墟二期“魚”族氏已出現於歷史舞臺，殷墟四期時已得到壯大，西周早期此族氏還存在。其地望，因器物出土地點較爲分散，難作判斷，估計與殷都安陽不遠。與魚族複合的族氏有正、羌、鳥等。説見嚴志斌《商代青銅器銘文研究》，上海古籍出版社，2013 年，310 頁。

陳樹祥通過對比寶雞強國銘文，認爲兩族氏銘文讀音相同，書寫不同，反映了文化背景的差異。二者早期可能同源，後來分化，是西周早期並立的兩個封國。根據洛陽附近出土的“魚从”器，魚族的一支在周初可能被遷至成周。葉家山墓地所出兩件魚伯器之精美超過羊子山噩國墓地的魚父乙爵，説明魚伯彭與曾侯關係更密切，西周早期或在曾國以西之江漢間。據《左傳》記載，春秋時魚國與庸國相鄰，或在庸國以南，奉節東北的地區。而後，或滅於楚(陳樹祥《簡論隨州葉家山新出魚伯銘文銅器及魚族》，見《葉家山西周墓地國際學術研討會論文集》，2013年12月，武漢)。

王恩田將葉家山墓區由北向南劃爲東、西二區，認爲西區屬於曾國公室和國人墓區，東區屬於夷人墓區。M27屬東區，魚伯彭的身份，與M1“師”、M50“九六六一伯”等人的身份應是夷人官吏“夷司”(《江漢考古》2016年2期，85頁)。參見M1師方鼎。

笪浩波認爲M27爲曾侯諫的另一夫人魚國公主，魚伯器爲其陪嫁品。是因爲曾侯諫的夫人媿氏早逝不可能與曾侯諫合葬(《中原文物》2016年5期)。

若按笪浩波的意見，曾侯諫夫人媿氏墓則難以落實，此墓不見媿氏器和曾侯諫作媿氏器。

吴式芬《捃古録金文》卷二(又見《捃古録》2.15)有“魚伯彭長子□作寶尊彝”卣。李學勤認爲“長子”爲大兒子(《長子、中子和別子》，《故宫博物院院刊》2001年6期)。不知是否與此器有關。

伯生盉

1件，編號M27：15。罐形盉，有别於分襠鬲形盉。深腹外鼓，圜底，有一節環鏈連接蓋、器，實心柱足，蓋面及腹上部各裝飾一周兩組象首夔紋。通高27釐米，口徑11釐米。重2685克。見《文物》2011年11期40頁，以及：圖四四，器圖；圖七七-2，紋飾；圖七九-8，器銘拓片；圖七九-12，蓋銘拓片。又見《隨州葉家山：西周早期曾國墓地》220~221頁銘文、器圖。鋬内對應器腹上和蓋内鑄有相同銘文一行五字：

白(伯)生作彝·曾

國名“曾”置於末尾，葉家山墓地僅此一見，頗耐人尋味。王恩田認爲，“其實也是族徽”(《江漢考古》2014年3期，68頁)。李伯謙認爲“伯生或爲曾侯的私名”(《文物》2011年11期，65頁)。馮時認爲，“伯”爲排行，“生”爲其“名”，與M27疑父簋的“疑父”爲一名一字。M27的墓主爲M28墓主曾侯的夫人，“疑父”可能就是M28的墓主。互見上列疑父簋(《江漢考古》2014年2期，57頁)。韓宇嬌認爲，M28的墓主或爲曾侯諫。伯生盉中的“伯生”應爲曾國公室，並非曾侯(博士學位論文47頁)。

韓巍認爲：葉家山M27出土伯生盉，銘末綴有“曾”字，説明器主屬于曾國公室，“伯生”很可能就是曾侯諫之太子尚未繼位爲“侯”時的稱謂。與M27成組、帶有一條墓道的M28，應即曾侯伯生之墓。從該墓的規格看來，他生前已經即位爲“曾侯”，但可能不久就去世，没有來得及鑄造屬于自己的大批銅器，只能用父親曾侯諫的銅器來隨葬。M28—M27北面的M65—M2，才是曾侯諫及其媿姓夫人的墓葬。正因爲曾侯伯生早卒無後，爲了保住曾國這個南土的重要據點，南宫氏才派南宫括幼子犺繼任曾侯(《曾國考古發現與研究學術研討會論文彙編》43頁，2014年於北京)。

黄錦前認爲：作器者稱“伯生”，銘末又具以“曾”，可理解爲“曾伯生”，“伯”應係爵稱或排行，或兼二者而有之。“曾伯生”應即“曾侯伯生”，係M65曾侯諫長子，M111曾侯犺之兄。伯生所作之器出自其夫人之墓，也很好理解(《西周早期曾侯世系與葉家山三座大墓的年代和墓主》，2017年初未刊稿)。

“伯生”不排除即“曾伯”，全稱應該叫“曾伯生”，應爲M107墓主，與M28爲兄弟關係，未能繼續侯位。將國名“曾”列於銘末及稱“曾伯”，當與其身份及經歷有關。所以其墓葬規模不及M28而能與M28墓主曾侯葬在一起。説見M107“曾伯作西宫寶尊彝”爵。

伯生盉(M27：15)器圖

蓋　　　　器

伯生盉(M27：15)銘文

舉𩛥憂壺

1件，M27：3。長筒形貫耳壺，器身修長，深鼓腹。器蓋、器頸及圈足裝飾窄帶的顧首夔紋，器身大部分留白。通高45.6釐米，口徑10.3釐米。重3270克。見《文物》2011年11期42頁，以及：圖四五，器圖；圖七八-3，綫圖；圖八〇-6，蓋内銘文摹本。又見《隨州葉家山：西周早期曾國墓地》208～209頁銘文、器圖。蓋内和器口壁均鑄有銘文，文字基本相同，兩行七字，蓋銘：

𢍁(舉)𩛥(䤈)憂
作父丁彝

族氏文字𢍁，器銘作𢍁，見於甲骨文，各家釋讀不一，或簡省不一，思泊師釋舉，學術界多從之。殷代和西周時期較爲集中出土“舉”族銅器的地點，有河南安陽、山東費縣和山東長清，西周時期主要是在北京琉璃河。由這些地點“舉”族銅器的出土情況可以推測，這些地點可能在當時都曾分布有“舉”族的成員。據何景成研究，在殷代舉族作爲商王的同姓貴族，擁有較高的地位，從現今所看到的屬於殷代的數量衆多的標有該族族氏銘文的銅器中亦可窺見當時舉族的勢力。在武丁時代的卜辭中就已經出現了可能與該族有關的人物“舉”，而該族的銅器直到西周中期還出現，説明了該族的源遠流長。

陳樹祥研究後認爲，舉族與曾族亦爲並立於鄂東舉水和鄂中溳水支流漂水流域的兩個封國。舉族青銅貫耳壺隨葬于曾侯妻子墓中，應是舉國王室成員參加喪禮時賵贈的助喪物品。可見，曾、舉之關係十分密切。

王恩田認爲，“M27 出土的舉父丁壺，M28 出土的舉母辛觶，應是葉家山的曾國國君與貴族曾參加周王朝征伐東夷時，從山東舉族中掠奪的戰利品”(《江漢考古》2014 年 3 期，70 頁)。

報告將第三字釋讀爲“夓”，吳鎮烽《金文通鑑》12202 釋文爲“夓”。《金文編》384 頁“憂”字下云“象以手掩面形”。

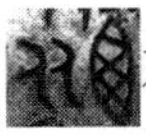左从比，右邊應是一種器皿形。此字或从囟、从缶、从鹵，所从金、囟、鹵、缶均爲意符，比爲聲符。如下列諸器：

(1)陳公孫䅈父鈚：陳公孫䅈父作旅，用旂眉壽，萬年無疆，永壽用之。(《古文字研究》第九輯 325 頁，《集成》16. 9978)

(2)引鈚：樂大司徒子□之子引作旅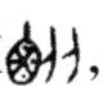，其眉壽，子子孫孫永寶用。(《集成》16. 9981)

(3)鄧公簋：河南平頂山市所出 4 件鄧公簋，2 件有蓋，2 件無蓋。蓋、器均有相同銘文“鄧公作應嫚毗媵簋，其永寶用”(鄧公爲嫁至應國的嫚毗作器，鄧國嫚姓)。蓋銘此字均作，器銘均作，可見二形乃簡省之别。四器分别見：《河南平頂山市發現西周銅簋》(1 件無蓋)，《考古》1981 年 4 期；《河南平頂山市又出土一件鄧公簋》(1 件無

蓋),《考古與文物》1983 年 1 期;《平頂山市出土周代青銅器》(2 件有蓋),《考古》1985 年 3 期。

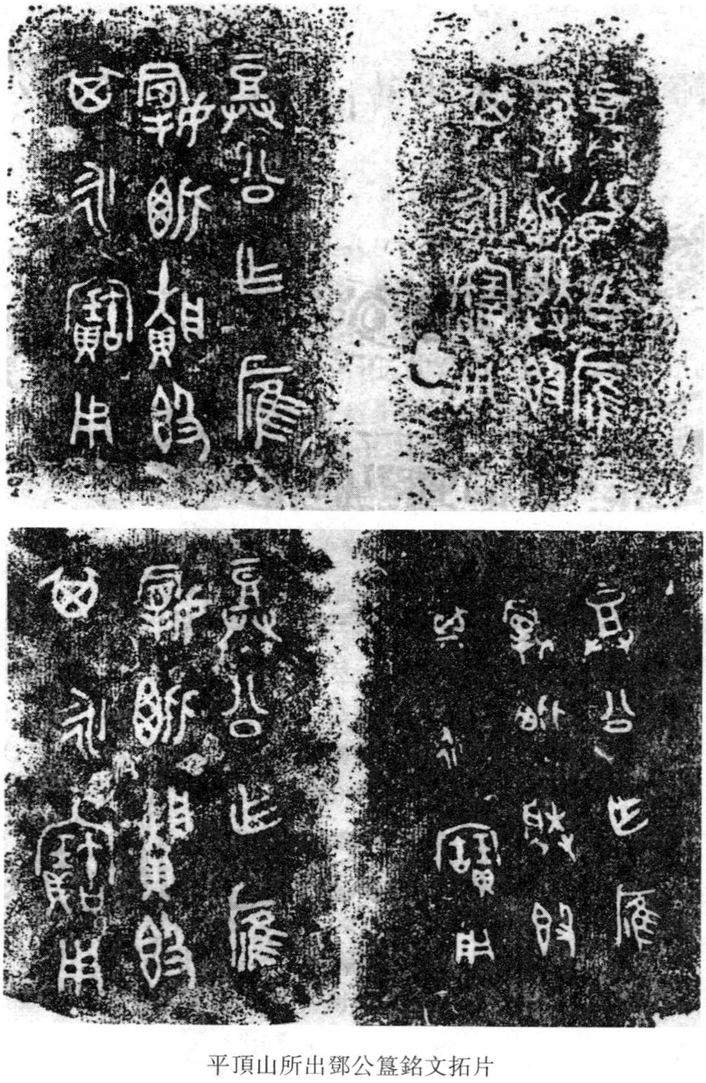

平頂山所出鄧公簋銘文拓片

（4）筆者新見西周早期鐏銘，此字作。

（5）都□孟城鈚：都□孟城作爲行𨥽，其眉壽無疆，子子孫孫永寶用之。（《三代》18.14.3；《集成》16.9980）

（6）喪史賞鈚：喪史賞自作鈚，用徵用行，用旂眉壽，萬年無疆，子子孫孫，永寶是尚。（《三代》18.14.2；《集成》16.9982）

（7）暘子仲瀕兒鈚：隹正十月初吉丁亥，暘子中（仲）瀕兒擇其吉金鑄其禦。（十堰鄖縣五峰鄉肖家河出土，《江漢考古》2003年1期）

裘錫圭認爲，“鈚應該是一種主要供背、挎、提攜用的盛液體的容器”，時代多屬春秋，也許可以早到西周晚期，但尚未見到晚至戰國的。壺銘“𩰫（鈚）憂”應爲人名，與鄧公簋“嫚”爲人名類似。朱鳳瀚認爲，M27、M28所出這種體型修長即所謂橄欖形壺之時代約在成康之際。

舉𩰫憂壺
（M27：3）器圖

實物

拓片

舉𩰫憂壺（M27：3）器銘

實物　　拓片　　摹本

舉魮憂壺(M27：3)蓋銘

【參考文獻】

何景成：《商周青銅器族氏銘文研究》，齊魯書社，2009年，73~99頁。

陳樹祥：《曾、舉關係及相關問題初探》，見《曾國考古發現與研究學術研討會論文彙編》，北京，2014年12月。

裘錫圭：《説鈚、榼、椑榼》，見《裘錫圭學術文集》第六册，復旦大學出版社，2012年，12頁。

朱鳳瀚：《葉家山曾國墓地大墓之墓主人身份與曾侯與鐘銘》，京山蘇家壟會議報告，2016年12月。

周忠兵：《釋甲骨文中的䚡》，《古文字研究》第三十輯，中華書局，2014年。

葉家山 M28

M28位于葉家山墓地中部偏南，南距M111約8米，曾被盜，有墓道。墓室平面呈不規則的長方形。墓室口東西長7.4米，南北寬5.7~6米。墓室底東西長7.2米，南北寬5.5~6.2米。葬具有一棺一椁。出土銅禮器27件，有銘文者21件。其中有曾侯銘文銅器達18件：曾侯諫自作之器有方鼎2件、圓鼎2件、分襠鼎2件、盉1件、簋1件、盤1件，曾侯諫作媿器有卣2件、壺1件、尊1件、簋2件，無私名的曾侯器有帶蓋方鼎1件、鬲1件、甗1件。

M28之南北分别爲M111和M65，此三座墓是葉家山墓地規模最大、等級最高者，占據墓地所在崗地制高點，屬於墓地核心。M28也當是一曾侯墓，其墓主與其東之M27墓可能是夫婦關係。M28是否是曾侯諫墓，有不同意見，見《江漢考古》2013年4期3～63頁，《隨州葉家山：西周早期曾國墓地》52～111頁、277頁、282頁。其中張昌平談道，黄鳳春等據2013年發掘材料重新擬定曾侯諫爲M28墓主(277頁)。但張昌平認爲M65爲曾侯諫，M28爲無私名曾侯(282頁)。參見前M1録各家説。M28正式報告的"結語"中談道："綜合考慮，M28的年代大致在西周早期偏晚階段的昭王前期"；"綜合銘文判定，曾侯諫器在該墓中最多，M28墓主當與曾侯諫有密切關係"；對"各墓墓主身份及其關係問題，我們將根據後期整理工作的全面開展作逐步研究"(《江漢考古》2013年4期，56～57頁)。

徐少華認爲，M28是曾侯諫之後的另一位曾侯，推測其可能是曾侯諫與媿的兒子，故有關曾侯諫及曾侯諫爲媿所作器出於M28。認爲曾侯諫夫人"媿"即其出生國之姓，很可能來自於媿姓的復國，其位置約在今隨州葉家山以北百餘里的河南桐柏縣以西20多里的固(故)廟村附近，即兩漢復陽侯國所在的淮河上游地帶。復與曾臨近，地位相當，故聯姻通婚。互見M2：1曾侯諫作媿甗。

笪浩波認爲M28墓主爲曾侯諫，M65爲其父墓(《中原文物》2016年5期)。黄錦前則認爲M28爲"曾伯生墓"，爲第一代曾侯"南公"即M65曾侯諫之子，與M111爲"兄終弟及"關係(《西周早期曾侯世系與葉家山三座大墓的年代和墓主》，2017年年初未刊稿)。

我們傾向M28爲一代"曾侯"墓，可能爲M107"曾伯"之弟，葉家山無私名的"曾侯"器可能多爲這位"曾侯"所鑄，曾侯諫諸器則是繼承其父母之物，參見 M107“曾伯作西宮”爵及 M65。

曾侯諫方鼎

2 件，編號 M28：157、M28：165。器形、大小、紋飾、銘文相同。立耳，方身，圓柱足。主體紋飾以一獸面紋爲中心，作對稱布局，配以細綫雲雷紋襯底。足飾卷雲紋、簡化的三角形蟬紋。M28：165，通高 22.8 釐米，口徑 15.2 釐米×18.1 釐米。重 2710 克。見《江漢考古》2013 年 4 期 6 頁，以及：圖版二，兩件器圖；圖版三，M28：165 器圖、銘文照片；拓片一，M28：165 紋飾、銘文拓片。又見《隨州葉家山：西周早期曾國墓地》58~59 頁：圖 1，M28：157 內壁銘文；圖 2，兩件器圖；圖 3，M28：157 器圖。相同銘文方鼎還見於 M65，可能屬同批鑄造。銘在器內壁一寬面中部，兩行六字：

曾侯諫
作寶彝

曾侯諫方鼎(M28：157)器圖

曾侯諫方鼎(M28：157)銘文圖

曾侯諫方鼎（M28：165）器圖

曾侯諫方鼎（M28：165）銘文拓片

曾侯諫圓鼎

2件，編號M28：152、M28：164。器形、大小、銘文相同。立耳、圓身、三柱足，口沿下有九個夔紋與九個渦紋相間排列。M28：164，通高28.4釐米，口徑24釐米。重3760克。見《江漢考古》2013年4期8頁，以及：圖版五，兩件器形；圖版七：M28：164器形；拓片三，M28：164紋飾、銘文。又見《隨州葉家山：西周早期曾國墓地》60～61頁：圖1，兩鼎器圖；圖2，M28：164器圖。相同銘文圓鼎在M2、M3、M65中還各出1件。器內壁近口沿處有銘文兩行六字：

曾侯諫

作寶彝

曾侯諫圓鼎(M28：152、M28：164)器圖

曾侯諫圓鼎(M28：164)銘文拓片

曾侯諫分襠鼎

2件，編號M28：158、M28：181。器形、大小、紋飾、銘文相同。腹分襠，類似鬲，口沿下飾三組與三足相對應的浮雕獸面紋，即獸面紋依托突出的襠部將中軸對應於三足。通高22.5釐米，口徑15.5釐米。M28：181重2305克。見《江漢考古》2013年4期13頁，以及：圖版六，兩件器圖；圖版八，M28：181器圖；拓片四，M28：181紋飾、銘文。又見《隨州葉家山：西周早期曾國墓地》62～65頁，以及：圖1-2，M28：

181 器圖；圖三，兩件器圖；圖四，M28：158、M28：181、M2：3、M2：5 幾件器圖比較。相同的分禴鼎 M2 也出有一對。器内壁近口沿處有銘文兩行六字：

曾侯諫
作寶彝

曾侯諫分禴鼎(M28：158、M28：181)器圖

曾侯諫分禴鼎(M28：181)銘文拓片

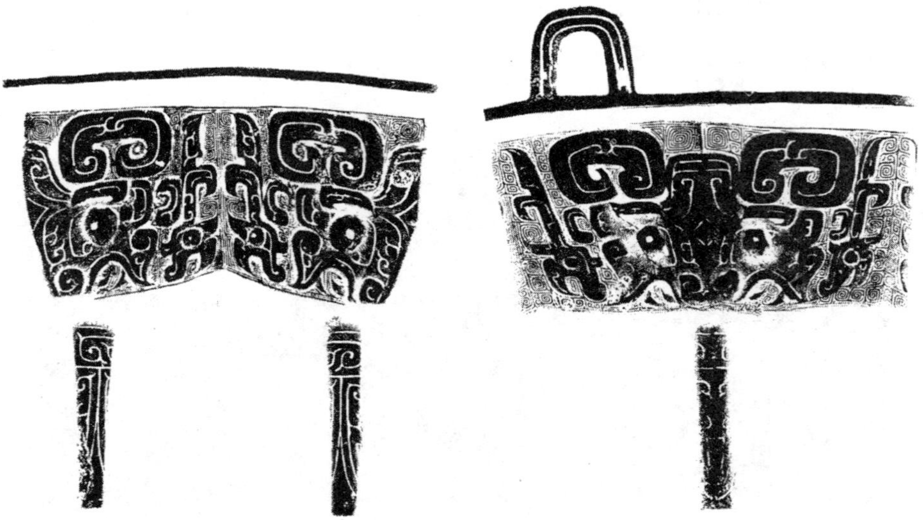

曾侯諫分襠鼎(M28：181)紋飾拓片

曾侯諫簋

1件，編號M28：162。器口凸棱，雙獸耳凸起尖鋭的獸角，頸部和圈足飾細綫雲紋構成的獸面紋。高13.5釐米，口徑21釐米。重3310克。見《江漢考古》2013年4期15頁，以及：圖版九，器圖；拓片五，器銘、紋飾。又見《隨州葉家山：西周早期曾國墓地》72～73頁：圖1，銘文；圖2，器圖。相同銘文的簋M65也出有1件，當屬一對。器内壁近口沿處有銘文，兩行六字：

曾侯諫
作寶彝

曾侯諫簋（M28：162）器圖

曾侯諫簋（M28：162）紋飾及銘文拓片

曾侯諫盉

1 件，編號 M28：166。鑄造精美，分襠柱足。腹部主題爲牛角形獸面紋，頸部爲三組兩兩相向的牛紋，隆蓋兔形紐兩側飾兩組牛角獸面紋。通高 30 釐米，口徑 13.8 釐米。重 4590 克。見《江漢考古》2013 年 4 期 24 頁，以及：圖版一九，器形；拓片一二，蓋銘、鋬内銘、紋飾。又見《隨州葉家山：西周早期曾國墓地》96～99 頁整器、局部放大圖。器蓋内壁中央、鋬内側器外壁處有銘文，内容相同，兩行六字：

曾侯諫
作寶彝

曾侯諫盉(M28：166)器圖

盉正面　　　　鋬正面

曾侯諫盉(M28：166)器拓圖

蓋

鋬内

曾侯諫盉(M28：166)銘文拓片

曾侯諫盤

1件，編號M28：163。淺腹高圈足，腹、圈足的半浮雕立體感較强，紋飾均有規整的雲雷紋襯底，耳側斜出雙附耳，工藝及鑄造水準較高，器口内及底部有明顯的席紋痕迹。高15釐米，口徑37釐米。重4485克。見《江漢考古》2013年4期34頁，以及：圖版二五，器形；圖

曾侯諫盤(M28：163)器圖

曾侯諫盤(M28：163)銘文拓片

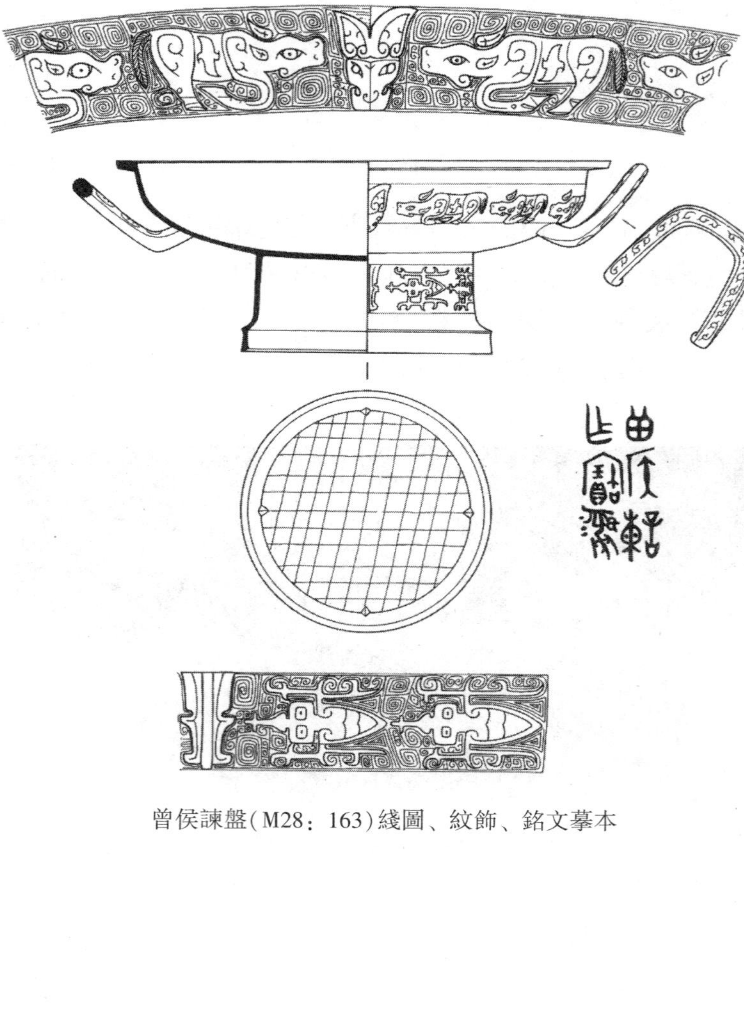

曾侯諫盤(M28：163)綫圖、紋飾、銘文摹本

六，綫圖、紋飾、銘文摹本；拓片一八，紋飾、銘文。又見《隨州葉家山：西周早期曾國墓地》100～102頁器圖及局部放大圖。盤内壁中央有銘文，兩行六字：

曾侯諫
作寶彝

曾侯諫作媿簋

2件，編號M28：153、M28：154。形制、大小、紋飾、銘文相同，保存完整。圓口外侈，弧腹圜底，筒狀高圈足略外撇，兩側附獸首形半環耳，垂珥，頸與圈足飾雲雷紋襯底的鳥紋，頸部前後增飾浮雕獸首，腹飾直棱紋。M28：153，高13.5釐米，口徑17.5釐米。M28：154重2655克。見《江漢考古》2013年4期15頁，以及：圖版一一，兩件器圖；圖版一二，M28：154器圖、内底銘文照片；圖三，M28：154綫圖、紋飾、銘文摹本；拓片七，M28：154銘文、紋飾。又見《隨州葉家山：西周早期曾國墓地》69～71頁：圖1，M28：153器圖；圖2，M28：153内底銘文；圖3，兩件器圖；圖4，M2：8、M2：9、M28：153、M28：154幾件器圖比較。相同銘文的簋M2也出有一對，可能屬於同批鑄造。器内底鑄銘文，兩行八字：

曾侯諫作媿簋（M28：153、M28：154）器圖

曾侯諫作媿簋(M28：154)銘文拓片

曾侯諫
作媿寶尊彝

曾侯諫作媿尊

1件，編號M28：174。器形直而略高，中腹以兩個高浮雕獸首爲中心，兩側飾有兩組鳥紋。高30.2釐米，口徑24釐米。重4490克。見《江漢考古》2013年4期22頁，以及：圖版一五，器圖、銘文；圖五，綫圖、紋飾、銘文摹本；拓片一〇，銘文、紋飾。又見《隨州葉家山：西周早期曾國墓地》82～83頁：圖1，銘文；圖2，器圖。銘文在器内底中部，兩行八字：

曾侯諫作
媿寶尊彝

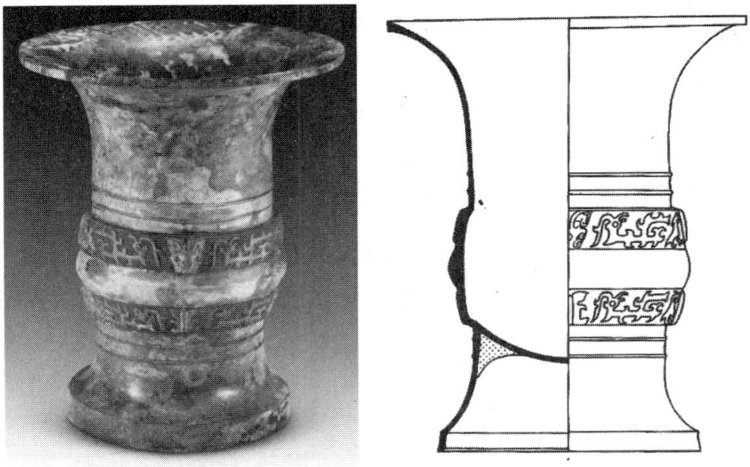

曾侯諫作媿尊（M28：174）器圖及綫圖

曾侯諫作媿尊（M28：174）銘文拓片

曾侯諫作媿卣

2 件，編號 M28：167、M28：169。形制、紋飾、銘文大體相同，只是大小有别。器、蓋扣合嚴密。器體呈長橢圓形，有附耳、提樑，提樑、蓋滿飾花紋。腹上飾以雲雷紋爲地的鳥獸紋帶一周，圈足飾以雲雷紋爲地的雙身共首龍紋帶一周。M28：169 帶提樑通高 34.8 釐米，通蓋高 31.4 釐米，口徑 12.5 釐米×10.1 釐米，重 5000 克。M28：167 帶提樑通高 43.4 釐米，通蓋高 39.6 釐米，口徑 14.8 釐米×12.2 釐米，重 7850 克。見《江漢考古》2013 年 4 期 22 頁，以及：圖版一七，M28：169 器圖、銘文；圖版一八，M28：167 器圖；拓片一一，M28：167 蓋銘、器銘、紋飾。又見《隨州葉家山：西周早期曾國墓地》85～87 頁，M28：167 器圖、銘文。器蓋内壁及器底有内容相同的銘文兩行八字：

曾侯諫作
媿寶尊彝

M28：167

M28：169

曾侯諫作媿卣器圖

蓋

器

曾侯諫作媿卣（M28：167）銘文拓片

曾侯諫作媿壺

1件，編號M28：178。原與酒器擺放於長方形木案上，貫耳長腹，出土時在器蓋捉手、頸部及圈足外見有朱、黄色相間的彩繪，壺腹壁印有竹席痕迹，通高46釐米，口徑10.5釐米。重3310克。見《江漢考古》2013年4期37頁，以及：圖版二六，器圖、蓋銘；拓片一九，蓋銘、器銘、紋飾。又見《隨州葉家山：西周早期曾國墓地》88～91頁，圖爲銘文、器圖、出土情況。蓋内壁頂面、壺頸部内壁有銘文兩行七字：

曾侯諫作

媿（𦒻肆）壺

，形見召尊、召卣，一从口一不从口，象兩獸並列形。《説文》𦒻下云"𢑚屬，从二𢑚"，並引《虞書》曰"𦒻類于上帝"。今本《尚書》𦒻作肆。段玉裁《注》謂"𦒻乃肆之假借字"。報告隸釋不誤。根據前列數器銘

文“曾侯諫作媿寶尊彝”的稱謂，以及 M65“曾侯作田壺”，知此壺“曾侯諫作媿肆壺”的“肆”不可能是“媿”之名，其義只能是説明壺的功用。馮時認爲，此“肆壺”當係“肆器”之列，盛鬱鬯以浴尸，用於喪禮(《江漢考古》2014 年 2 期，61 頁)。韓宇嬌認爲壺銘中的“肆壺”是在祭祀時使用的，典籍有“肆”用作祭祀的名稱(博士學位論文 36 頁)。陳英傑《西周金文作器用途銘辭研究》589～594 頁對此類相關文字作過比較分析，讀者可參考。黄錦前認爲：“肆壺”的“肆”應讀作“彝”，“肆壺”即“彝壺”，“肆”即“彝”應表器之共名。“肆”爲心母質部字，“彝”爲喻母脂部字，二者聲爲鄰紐，韻爲對轉，古音較近，故可通(《説“肆壺”與“田壺”》，2017 年年初未刊稿)。

典籍“肆”多有陳列之義(可參考宗福邦等《故訓匯纂》，商務印書館，2007 年，3444 頁)，或許是曾侯諫專爲其夫人所作用於陳設之壺，近似于作“寶尊彝”之類。

報告及研究者多主張“媿”爲曾侯諫之夫人，爲 M2 的墓主，M65 的墓主爲曾侯諫。互見 M2：1 曾侯諫作媿甗。

曾侯諫作媿壺(M28：178)器圖

曾侯諫作媿壺(M28：178)蓋銘圖

蓋

器

曾侯諫作媿壺(M28：178)銘文拓片

曾侯方鼎

1件，編號M28：156。全器完整，立耳，淺腹高足，配有兩側帶長方形缺口的蓋，腹部飾有乳釘紋和雙身龍紋，通高23.6釐米，口徑13釐米×16.6釐米。重2445克。見《江漢考古》2013年4期8頁，以及：圖版四，器形、器銘、蓋銘照片；拓片二，蓋面紋飾(1)、蓋内銘文(2)、器銘(3)、紋飾(4、5)。又見《隨州葉家山：西周早期曾國墓地》56~57頁：圖1，腹内銘文；圖2，蓋内銘文；圖3，器圖。器内壁中部及蓋内正中鑄有銘文一行五字：

曾侯作寶鼎

曾侯方鼎(M28：156)器圖

蓋

器

曾侯方鼎(M28：156)銘文拓片

曾侯鬲

1件，編號M28：151。形制完整，立耳，柱足，人字形分襠，飾有象首紋。通高15.5釐米，口徑12釐米。重780克。見《江漢考古》2013年4期15頁，以及：圖版一三，器形；圖四，綫圖、銘文摹本；拓片八，銘文、紋飾。又見《隨州葉家山：西周早期曾國墓地》68頁：圖1，銘文；圖2，器圖。器内壁近口沿處有銘文，兩行五字：

曾侯作
寶尊

曾侯鬲(M28：151)器圖

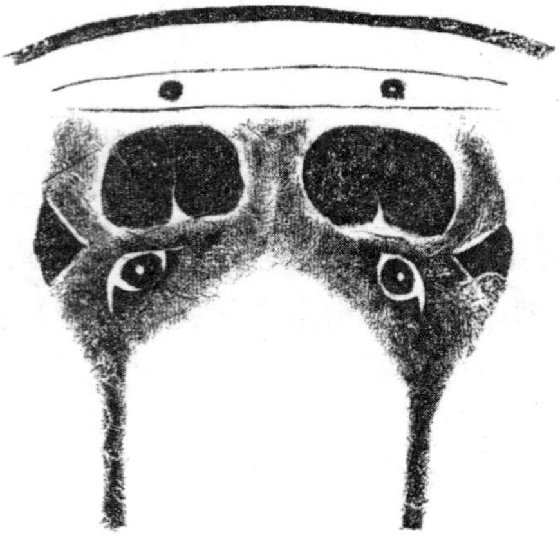

曾侯鬲(M28：151)紋飾

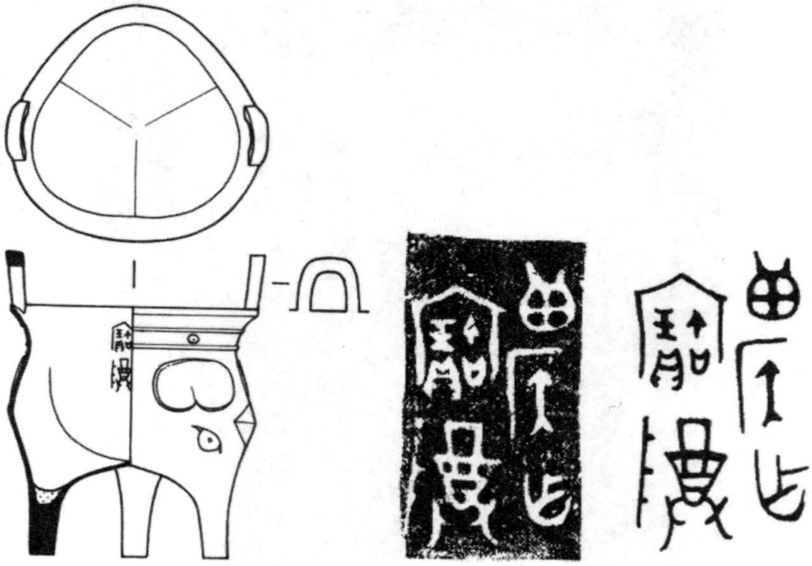

綫圖　　拓片　　摹本

曾侯鬲(M28：151)綫圖及銘文

曾侯甗

1件，編號M28：159。甗鬲連體，器形完整，立耳，柱足，高大厚重，飾有細綫的勾雲狀獸面紋和半浮雕的獸面紋。通高53.5釐米，口徑33釐米。重1734克。見《江漢考古》2013年4期18頁，以及：圖版一四，器圖；拓片九，銘文、紋飾。又見《隨州葉家山：西周早期曾國墓地》66~67頁：圖1，銘文；圖2，局部圖；圖3，器圖。器內壁近口沿處鑄有銘文兩行四字：

曾侯
用彝

曾侯甗(M28：159)器圖

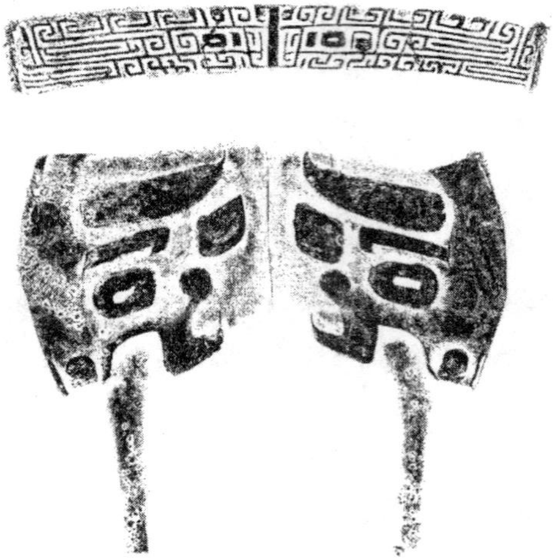

曾侯甗(M28：159)紋飾

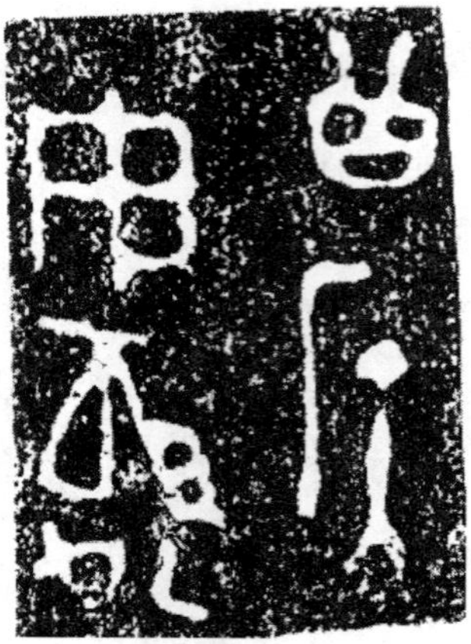

曾侯甗(M28：159)銘文拓片

以上三件“曾侯”器均無私名。僅銘“曾侯”無私名者，又見於 M27 兩件曾侯方鼎，M65 曾侯作田壺，M111 曾侯卣、壺、盤。爲何只稱“曾侯”，耐人尋味。我們認爲葉家山墓地所出“曾侯”之器可能多屬同一“曾侯”，即 M28 墓主。

羅運環認爲此甗與 M65 的盉銘“用”爲“周”，可能爲曾侯名，見《新出金文與西周曾侯》，刊《陝西師範大學學報》2015 年 6 期，撰稿時漏引，該文還有一些看法，因不便更改，附記於此，請讀者留意。

尺(?)父辛爵

2 件，編號 M28：171、M28：172。形制、銘文小別。M28：171，通高 19.7 釐米，口徑 8.1 釐米，重 615 克。器體較另一件略小，工藝稍顯粗糙，鋬下鑄有銘文一行二字：“父辛。”見《江漢考古》2013 年 4 期 26 頁，以及圖版二〇、拓片一三。M28：172，腹部飾有兩組細綫獸面紋，腹部較扁，底部見有穿孔、補鑄痕迹。通高 19.9 釐米，口徑 8.4 釐米，重 775 克。見《江漢考古》2013 年 4 期 26 頁，以及圖版二一、拓片一四。

又見《隨州葉家山：西周早期曾國墓地》75 頁（M28：172）、78～79 頁（M28：171）。M28：172 鋬下鑄有銘文一行三字：

尺（?）父辛

所謂族氏“尺（?）”，説見 M27：11“尺（?）父癸觶”。

尺（?）父辛爵（M28：171）器圖及銘文圖

父辛爵（M28：171）銘文拓片

父辛爵(M28：172)器圖及銘文圖

父辛爵(M28：172)銘文拓片

舉母辛觶

1件，編號M28：168。體橢圓，保存基本完整，素面。通高12.6釐米，腹深11.5釐米，口徑6.6釐米×7.8釐米。重305克。見《江漢考古》2013年4期27頁，以及：圖版二三，器圖；拓片一六，銘文。器内底鑄有銘文一行三字：

䢅(舉)母辛

王恩田認爲，“M27 出土的舉父丁壺，M28 出土的舉母辛觶，應是葉家山的曾國國君與貴族曾參加周王朝征伐東夷時，從山東舉族中掠奪的戰利品”(《江漢考古》2014 年 3 期，70 頁)。陳樹祥則有不同意見，説見前 M27：3 舉䚗憂壺。

舉母辛觶(M28：168)器圖

舉母辛觶(M28：168)銘文拓片

葉家山 M46

位于墓區東南，M111 正東。報道有銘銅器有：𪇰父丁爵 2 件、亞離父丙觶 1 件、朿祖乙卣 1 件。

𪇰父丁爵

2 件。編號 M46：14，寬長流，菌狀立柱，深圓腹，三棱狀足外撇，中腹鋬間以兩周鱗紋爲界，裝飾兩組夔紋。通高 21. 9 釐米，流至尾長 18

釐米。重 810 克。見《考古》2012 年 7 期 47 頁，以及：圖版捌-1，器圖；圖一八-12，銘文；圖二四-2，紋飾。器圖又見《隨州葉家山：西周早期曾國墓地》249 頁。鋬内側對應的器腹上鑄有銘文一行三字：

(鴷)父丁

族氏文字，又見於《集成》13.7572(《三代》15.4.10)殷代“鳥爵”，只是方向相反，何景成列在《商周青銅器族氏銘文研究》547 頁 A772。這種鳥的喙較尖長，與一般的鳥有别，類似的文字甲骨文中有見，林沄以爲是啄木鳥，其字暫可據《爾雅·釋鳥》“鴷，斲木”而釋爲“鴷”，在卜辭中爲人名或族名(《一組卜辭的釋讀》，《古文字研究》第三十輯，中華書局，2016 年)。

有這種族氏的爵出於葉家山墓地，説明這一氏族的成員或有南下曾國一帶者。

鴷父丁爵(M46：14)器圖

鴷父丁爵(M46：14)銘文拓片

《集成》13.7572

亞離父丙觶

1件，編號M46：11。器殘，尖唇，束頸，弧腹下垂，高圈足外撇，頸、腹部素面，圈足飾兩周細綫凸弦紋。高14.8釐米，口徑6.8釐米。殘重275克。見《考古》2012年7期47頁，以及：圖二五-1，器形。圈足內壁上橫排銘文，似有三字："'亞離'父丙。"（"亞"字形中"離"，可能如M65"亞離父癸簋"的"亞離"）其中"父"字左上邊有一塊銹瘤。報告未附銘文圖片。

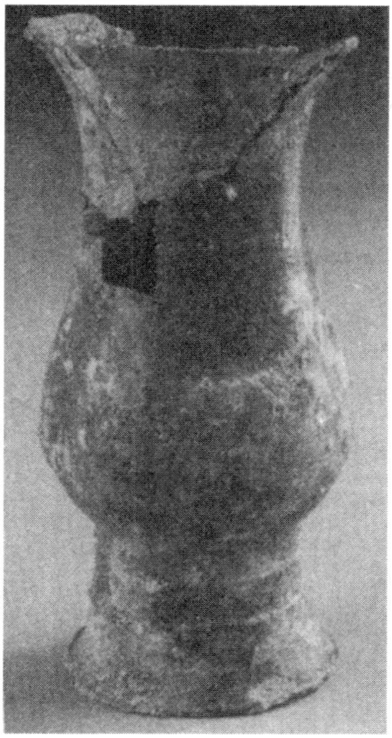

亞離父丙觶（M46：11）器圖

族氏"亞離"，可參見何景成《商周青銅器族氏銘文研究》448頁A223，不是特別多見，傳有出自安陽者。

朿祖乙卣

1件，編號 M46：12。扁橢圓形，陶索狀提樑，腹上部飾一周兩組獸紋帶。通高 32.7 釐米，口徑 14.8 釐米×10.9 釐米。重 5330 克。見《考古》2012 年 7 期 47 頁，以及：圖版捌-2，器形；圖一八-8，器銘；圖一八-11，蓋銘；圖二四-4、圖二四-5，紋飾。蓋内和器底内鑄有相同銘文一行三字：

朿祖乙

族氏文字，即(朿)，象以矢穿刺形。矢形變化如下列“𠭯”字(《金文編》373 頁)：

族氏“朿”在安陽殷墟(第四、第八墓區等)、陝西長安、河北正定、湖北京山等地有發現。見何景成《商周青銅器族氏銘文研究》373 頁 A029，以及 221、222、254、285、287、300、308 頁。1966 年湖北京山蘇家壠出土銅器中的黽乎簋銘文末尾有族氏文字“朿”，字形與此卣基本相同，簋屬西周中期，參見本書上編及圖版二四一號，以及《集成》04157、湖北省考古研究所《曾國青銅器》28 頁，説明這一氏族在此活動時間較長。《曾國青銅器》24 頁云，簋銘族徽“朿”，應當與作器者黽乎族氏相關。這一族徽是商周青銅器中年代極晚的例證。胡嘉麟《從曾侯器的分布看兩周之際曾國政治中心的變遷》認爲，2011 年湖北隨州葉家山 M46 出土有朿祖乙卣，可證從西周早期開始朿族的一支就世代爲曾侯之臣(2016 年 12 月蘇家壠會議論文)。

朿祖乙卣(M46：12)器圖

蓋

器

朿祖乙卣(M46：12)銘文拓片

黽乎簋銘文拓片

葉家山 M50

M50 位于葉家山墓地東南部，西北距 M46 很近。墓葬東西長 6.02 米，南北寬 3.9 米。葬具爲一棺一椁。隨葬器物爲 31 件(套)，有銅器、陶器、瓷器、玉器和漆木器等。銅器有方鼎 2 件、簋 2 件、甗 1 件、尊 1 件、觶 2 件、卣 2 件、爵 1 件，計 7 種 11 件。可能爲女性墓。因其爲 M111 之東最大的一座墓葬，或主張其墓主與 M111 墓主爲夫婦。但兩墓相距超過 35 米，遠大于曾侯夫婦墓相距 10 米左右距離，且之間還葬有 M38、M39、M49(但這三座墓均太小，無法與 M50 相比)，有點特别。報道有銘銅器有九六六一伯方鼎 2 件、作寶尊彝卣 2 件。

九六六一伯方鼎

2 件，編號 M50：12、M50：13。形制、大小、紋飾、銘文相同。立耳，淺腹高柱足。上腹飾雙身共首的龍紋。鼎的四隅扉棱兩側之下腹各有一對岐冠的立鳥。M50：12，通高 23.7 釐米，口徑 18.6 釐米×14.5 釐米。重 2230 克。見《考古》2012 年 7 期 36 頁，以及：圖版陸-4，器圖；圖八-3、圖八-4，紋飾；圖九-4，器銘拓片；圖一〇，綫圖。另一件 M50：13，見《隨州葉家山：西周早期曾國墓地》228～229 頁：圖 1，M50：13 腹内銘文；圖 2，兩器形圖；圖 3，M50：13 器圖。器内壁的一側鑄有銘文兩行九字：

九六六一白(伯)作
寶尊彝

報道者認爲“九六一當爲數字卦”。白軍鵬懷疑“九六一”應爲“九六六一”。據 M50：13 較清楚的圖片，“九”與其下的“六”是分開的，讀作“九六六一”應無問題。

四位數字掛，甲骨文與西周銅器銘文有見，如張政烺引録《甲骨文合集》9. 29074 數字掛“六七七六”，以及現藏上海博物館的西周中期變形獸面紋數字卦“八八六八”鼎(《續殷文存》卷上 7 頁)。張政烺試着對四字卦産生的緣由作了一些解釋，可供參考。白軍鵬認爲，“葉家山墓地 M50 所出‘九六六一白鼎’中的數字幾乎可以確定是作爲族氏的”。“九六六一”只能是氏名，白爲仲伯之“伯”。張政烺在論述“周初作邑與卜筮”問題時談到“作邑曾經占過卦，用卦名來稱呼新邑是有可能的(下録 17 頁)”。李零認爲，銅器上的卦可能是用來鑄器擇日的。李朝遠據安陽鑄銅遺址所出陶範上有數字掛，認爲是工匠在合範澆鑄前舉行揲筮祈求順利，並將卦畫及結果隨手刻寫在陶範分型面上；而銅器上的卦是器主請專業筮人所作，將好的結果鑄造在銅器上，“不過是鑄器擇吉的一種記録方式”，而不是族徽。董珊認爲，“在戈上鑄卦，應當跟鑄器之前舉行占筮的迷信有關”，“戈銘占筮命辭，應該是問鑄此戈是否吉順”。韓宇嬌記述，李學勤認爲“九”字寫法與常見者不同，或作他考，爲作器者之名(博士學位論文 203 頁)。

王恩田將葉家山墓區由北向南劃爲東、西二區，認爲西區屬於曾國公室和國人墓區，東區屬於夷人墓區。M50 屬東區，“九六六一伯”的身份，與 M1“師”、M27“魚伯彭”等人的身份應是夷人官吏“夷司”(《江漢考古》2016 年 2 期，85 頁)。參見 M1 師方鼎。

吴鎮烽《通鑑續編》釋讀爲“又六六一，白(伯)乍(作)寶尊彝”(30130，M50：12；30131，M50：13)。

【參考文獻】

白軍鵬：《湖北隨州葉家山西周墓地出土數字卦鼎及相關問題》，《考古》2014 年 12 期。

張政烺：《論易叢稿》，中華書局，2012 年，1~58 頁。

李零：《跳出〈周易〉看〈周易〉——數字掛再認識》，《傳統文化與現代化》1997 年 6 期。

李朝遠：《館藏青銅器探研二則》，《上海博物館集刊》第十一集，2008 年。

董珊:《論新見鼎卦戈》,《出土文獻與古文字研究》第四輯,上海古籍出版社,2011 年。

王恩田:《曾侯與編鐘與曾國始封——兼論葉家山西周曾國墓地復原》,《江漢考古》2016 年 2 期。

九六六一伯方鼎(M50:12)器圖

九六六一伯方鼎(M50:12)銘文拓片

九六六一伯方鼎(M50：13)器圖

器銘

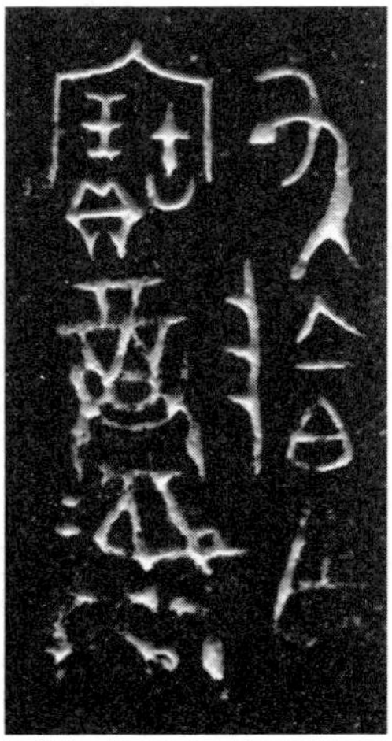

拓片

九六六一伯方鼎(M50：13)銘文

作寶尊彝卣

2件。報道1件，編號M50：23。器呈橢圓形，有提樑，有蓋，器兩端有對稱獸首，頸部及圈足各飾兩組夔紋，夔紋以半浮雕獸首爲中軸綫對稱分布。通高30.4釐米，口長14釐米，口寬10.6釐米。重3095克。見《考古》2012年7期47頁，以及：圖版捌-4，器圖；圖一八-10，蓋銘；圖二三-2，綫圖；圖二四-1，圖二四-6至圖二四-8，紋飾。器圖又見《隨州葉家山：西周早期曾國墓地》231頁，稱"曾侯銅卣"。蓋内壁和器内底各鑄銘文一行四字(器銘未公布)：

作寶尊彝

作寶尊彝卣(M50：23)器圖

作寶尊彝卣(M50：23)蓋内銘文拓片

葉家山 M51

正西與 M50 很近。

作寶彝簋

1 件，見《考古》2012 年 7 期 43 頁，提到 M51 有 1 件“作寶彝”簋，但未見圖像及銘文。

葉家山 M55

位于葉家山墓地東南部邊沿，西北距 M50 不遠。墓葬長 2.9 米，寬 1.5 米。葬具爲一棺一椁。隨葬器物主要有陶器、銅器等。陶器有鬲、甗、甑，銅器有鼎、簋、爵、觶及兵器等。此墓與 M50 較近，二者墓主可能有較親密關係。見《考古》2012 年 7 期 35 頁，以及《隨州葉家山：西周早期曾國墓地》235 頁。

白作彝簋

1 件，編號 M55：8。頸部和圈足以雙耳和雙耳中間半浮雕獸首爲中心，各飾四組細綫獸面紋，爲西周早期常見布局。此簋器體較矮胖、輕薄，高 12.8 釐米，口徑 17.9 釐米。見《隨州葉家山：西周早期曾國墓地》235 頁：圖 1，銘文；圖 2，器圖。銘在器内壁，一行三字：

白作彝

《通鑑續編》30304～30306 另外收録有 3 件“白乍彝”簋。30304 爲某藏家藏品，西周早期器。30305 爲 2010 年出自山西翼城隆化鎮大河口西周墓地，西周早期器。30306 爲香港御雅居收藏，西周中期前段器。不知幾個“白”的含義是否類似或有關聯，也不知是否與前面 M50“九六六一白方鼎”之“白”有關係。研究者可留意。

黃錦前認爲：此簋與曾侯簋(M26：23)形制接近，頸及圈足飾細綫獸面紋，應係康王前後器。簋銘的“伯”，或即曾伯生。另據黃鳳春告知，與 M107 鄰近的 M109 出土有“公伯”有銘銅器，“公伯”很可能即係曾侯伯生，與其弟即第三任曾侯曾侯犺又稱“公侯”和“公仲”(見亳鼎等銘)可互爲印證(《西周早期曾侯世系與葉家山三座大墓的年代和墓主》，2017 年年初未刊稿)。

白作彝簋(M55：8)器圖

白作彝簋(M55：8)銘文

父丁觶

1 件，編號 M55：7。頸部和圈足各裝飾一條窄帶雲雷紋，器口及圈足銹色偏藍，可能與該地埋葬環境有關，通高 13.3 釐米，口徑 8.6 釐米×7.2 釐米。器形見《隨州葉家山：西周早期曾國墓地》237 頁“父丁銅觶”，未見銘文圖片。

父丁觶(M55：7)器圖

亞俞父乙尊

1件，編號M55：4。深腹，腹部凸起較小，中腰兩側各有一道扉棱，兩組獸面紋綫條粗獷而簡略，尊體表面銹蝕泛藍。高28.5釐米，口徑21.5釐米。重3065克。見《考古》2012年7期46頁，以及：圖一八-3，器銘；圖二四-3，紋飾。器形圖見《隨州葉家山：西周早期曾國墓地》238頁。器内底鑄有銘文一行三字：

(亞俞)父乙

族氏文字“俞”在“亞”字形内，讀爲“亞俞”。對於“亞”字的理解，説法不一。何景成認爲，族氏銘文中的“亞”應該是一種職官性的稱謂，其地位頗高，應該屬於高級貴族，可能相當於諸侯一級。雖然有的出有帶“亞某”族氏銘文的墓葬規格較低(如郭家莊M53爲一小型墓，墓内出有帶“亞址”銘文的銅器，説明該氏名的擁有者是一個低級貴族)，但“亞某”是表示該家族獲得名號時的身份，或者説是該家族宗子的身份和地

位，而對於一般族人，即族内的中小貴族，其雖用“亞某”這一氏名，並不能説明他的身份也是“亞”。該家族的後人使用“亞”這一族名的情況也是如此。這種帶有“亞”的族氏名號，有的爲某一方國的族氏名號，如“亞醜”，有的則爲畿内貴族的族氏名號，如“亞址”。其墓地在安陽一帶，説明他們應該屬於畿内服務於王室的貴族。

族氏文字不是很多，見何景成著《商周青銅器族氏銘文研究》59頁及408頁A113。此尊“亞俞”爲族氏，作器者爲“俞”。有關族氏“亞”可參見葉家山M2亞宣𠙷父乙分禚鼎、M3亞娟簋、M65亞離父癸簋等。

亞俞父乙尊(M55：4)器圖

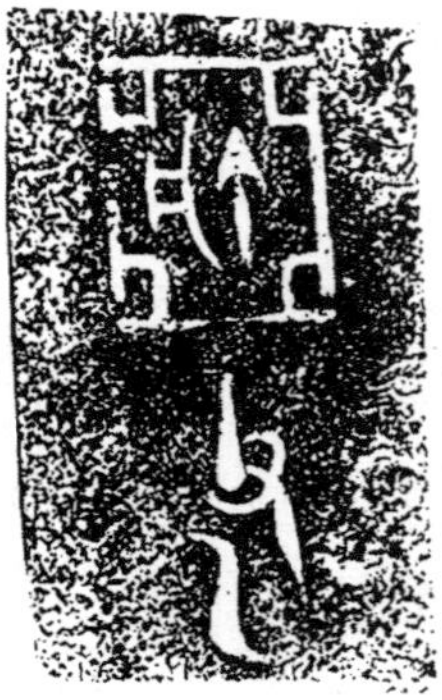

亞俞父乙尊(M55：4)銘文拓片

葉家山M65

M65位于葉家山墓地中部。墓葬東西長5.02米，南北寬3.5~3.62米。葬具可能爲一椁兩棺。隨葬青銅器有方鼎1件、圓鼎6件、甗1件、鬲1件、簋4件、爵2件、觶1件、尊1件、卣1件、盤1件。還隨葬有半環形鉞等禮儀兵器和車馬器。其中方鼎、圓鼎、簋等有“曾侯諫”銘文。墓東的M2出有3件曾侯諫圓鼎，還出有3件曾侯諫作媿銘文銅器。

或以爲墓主可能爲曾侯諫(M65)，與"媿"(M2)可能是夫婦關係。

張昌平談到黄鳳春等據2013年發掘材料重新擬定曾侯諫爲M28墓主，但他認爲M65爲曾侯諫，M28爲無私名曾侯(《隨州葉家山：西周早期曾國墓地》277、282頁)。王恩田認爲，葉家山墓地只有兩位曾侯，即M111的曾侯犺及M28的曾侯諫。M65不僅没有墓道，而且規模不大，不可能是曾侯墓，有可能是曾侯諫之子或其弟的墓(《江漢考古》2016年2期，83頁)。

笪浩波認爲M65與M2是M28曾侯諫的父母之墓(《中原文物》2016年5期)。黄錦前認爲M65爲曾侯諫墓，係第一代南公，是第二代曾侯M28"曾伯生"、M111曾侯犺之父，卒於康王；曾侯墓地之曾侯爲兩代三任(《西周早期曾侯世系與葉家山三座大墓的年代和墓主》，2017年年初未刊稿)。

M28發掘報告"結語"中認爲："需要特別指出的是，在葉家山西周墓地第一次發掘中，也出土了很多曾侯諫器，其中以M65最多，我們依據當時所見的墓葬規模及銅器銘文推定M65爲曾侯諫墓"；經過第二次發掘，"我們不得不重新考慮這些墓葬的墓主身份問題"，"原推定的M65與M2、M28與M27爲對應的二組夫妻墓應大致不誤。對上述各墓墓主身份及其關係問題，我們將根據後期整理工作的全面開展作逐步研究"。

曾侯諫方鼎

1件，編號M65：47。其特點與M28所出兩件曾侯諫方鼎類同。立耳，淺腹高柱足，主體紋飾以一獸面紋爲中心，作對稱布局，配以細綫雲雷紋襯底，足飾卷雲紋、簡化的三角形蟬紋。通高23.6釐米，口徑18.2釐米×15.3釐米。重2835克。見《江漢考古》2011年3期9頁，以及：圖版三，器形；圖六，銘文。《考古》2012年7期36頁有介紹。又見《隨州葉家山：西周早期曾國墓地》20~23頁，有紋飾拓片、器圖、銘文拓片。鼎橫腹内壁正中有鑄銘兩行六字：

曾侯諫
作寶彝

曾侯諫方鼎（M65：47）器圖

曾侯諫方鼎（M65：47）銘文拓片

曾侯諫圓鼎

1 件，編號 M65：44。鼎口呈桃形。口沿下有九個夔紋與九個渦紋相間排列。通高 28.9 釐米，口徑 24.3 釐米。重 3975 克。見《江漢考古》2011 年 3 期 10 頁，以及：圖版四，器形；圖七-3，綫圖；圖八-1，銘文；圖八-2，紋飾。又見《隨州葉家山：西周早期曾國墓地》24～27 頁。銘在器腹内壁，兩行六字：

曾侯諫
作寶彝

曾侯諫圓鼎在葉家山墓地出有 5 件，又見於 M2（1 件）、M28（2 件）、

M3(1件)，器形、大小、紋飾、銘文均相同，可能爲同批鑄造。

曾侯諫圓鼎(M65：44)器圖

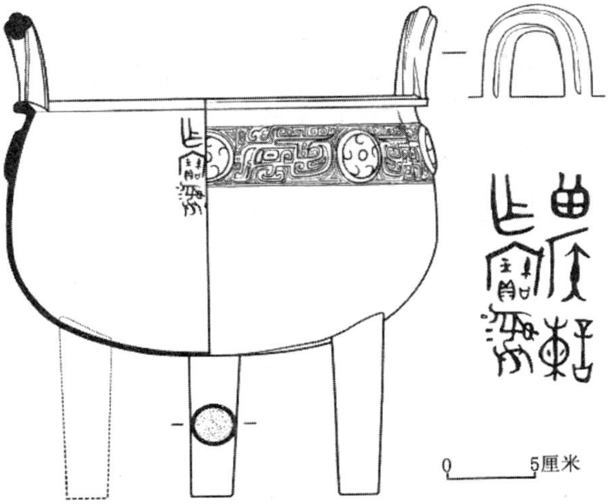

曾侯諫圓鼎(M65：44)綫圖及銘文摹本

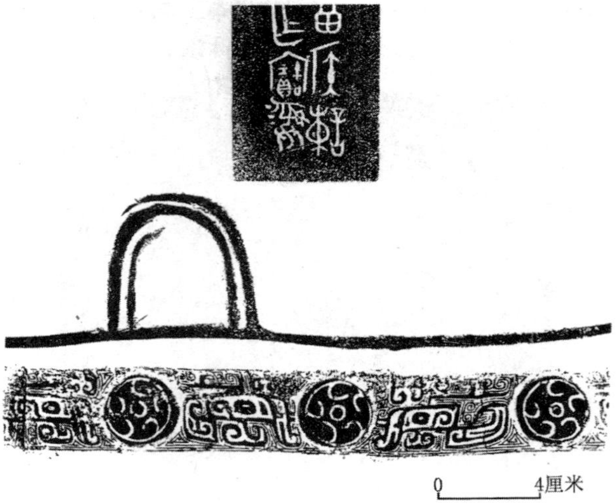

曾侯諫圓鼎(M65：44)銘文及紋飾拓片

作寶鼎扁足圓鼎

1 件，編號 M65：41。立耳，淺腹，鏤孔夔形足。通高 16.9 釐米，

作寶鼎扁足圓鼎(M65：41)器圖

口徑 13.5 釐米。重 970 克。見《江漢考古》2011 年 3 期 10 頁，以及：圖版五，器形；圖七-1，綫圖；圖九-2，紋飾；圖九-3，器銘。又見《隨州葉家山：西周早期曾國墓地》30～31 頁。銘在器腹底内，一行三字：

作寶鼎

作寶鼎扁足圓鼎（M65：41）銘文拓片

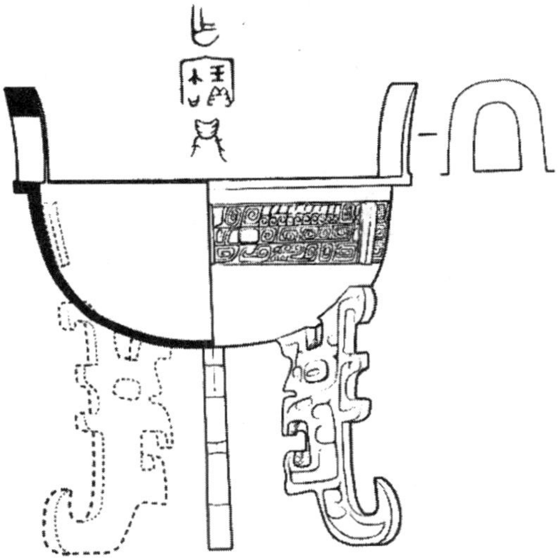

作寶鼎扁足圓鼎（M65：41）綫圖及銘文摹本

朿父己分襠鼎

1件，編號M65：51。立耳，柱足，淺襠，鼓腹，器沿下飾三組與三足對應的淺浮雕獸面紋。通高19.6釐米，口徑15.8釐米。重1505克。見《江漢考古》2011年3期13頁，以及：圖版七，器形；圖七-2，綫圖；圖一一-1、圖一一-3，紋飾；圖一一-2，銘文。鼎內壁有銘文兩行三字：

朿父己

"朿"，族氏文字。見何景成《商周青銅器族氏銘文研究》461頁A268，2件，一鼎一爵。此鼎銘文上部不清，也可能不是"朿"。

朿父己分襠鼎(M65：51)器圖

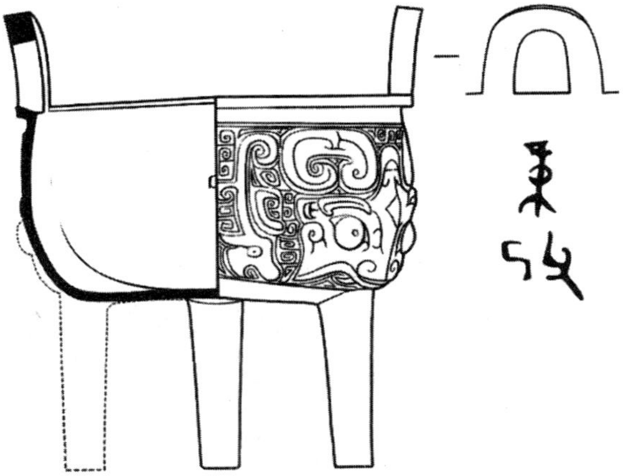

束父己分禘鼎(M65：51)綫圖及銘文摹本

束父己分禘鼎(M65：51)銘文拓片

曾侯諫簋

1件，編號 M65：49。有匕。器口凸棱，雙獸耳凸起尖鋭的獸角，頸部和圈足飾細綫雲紋構成的獸面紋。通高 17.5 釐米，口徑 22.4 釐米。重 3530 克。見《江漢考古》2011 年 3 期 15 頁，以及：圖版八，器形；圖十二-1，器銘；圖十二-2，紋飾。又見《隨州葉家山：西周早期曾國墓地》32～35 頁。銘在器頸内壁，兩行六字：

曾侯諫
作寶彝

與此簋相同者還見於 M28：162，很可能原來是一對。

曾侯諫簋(M65：49)器圖

曾侯諫簋(M65：49)銘文拓片

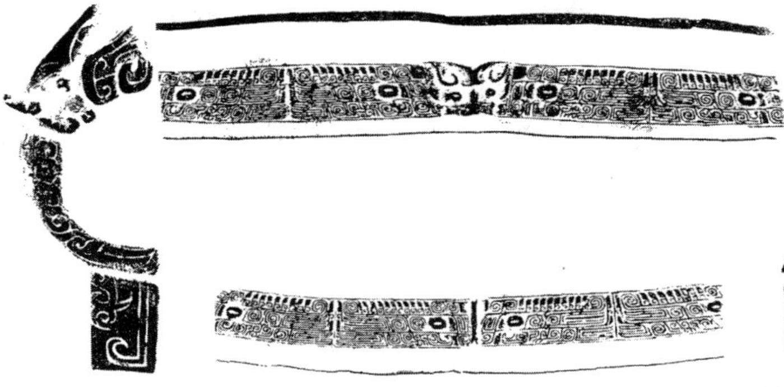

曾侯諫簋(M65：49)紋飾

作尊彝簋

1件，編號M65：50。體量較小，雙耳簡略。高13.4釐米，口徑18.4釐米。重2510克。見《江漢考古》2011年3期16頁，以及：圖版九，器形；圖一三-1、圖一三-3，紋飾；圖一三-2，銘文。又見《隨州葉家山：西周早期曾國墓地》36~37頁。銘在器底內，較爲模糊，一行三字：

作尊彝

作尊彝簋(M65：50)器圖

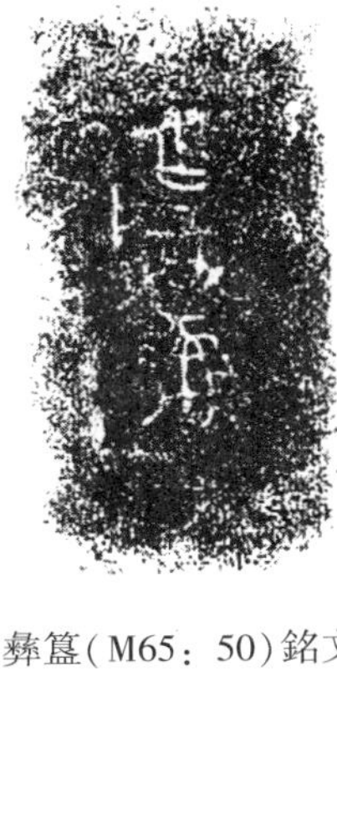

作尊彝簋(M65：50)銘文拓片

亞離父癸簋

1 件，編號 M65：53。雙耳，頸下、腹部、圈足分別裝飾三周獸面紋和一周三角形紋。高 12.8 釐米，口徑 19.6 釐米。重 2510 克。見《江漢考古》2011 年 3 期 17 頁，以及：圖版一〇，器形；圖一四-1，器銘；圖一四-2，紋飾。又見《隨州葉家山：西周早期曾國墓地》38 頁。銘在器底内，較模糊：

亞離父癸

族氏文字"亞離"，不多見，見何景成《商周青銅器族氏銘文研究》448 頁 A223，559 頁 A846。

亞離父癸簋(M65：53)器圖

亞離父癸簋(M65：53)銘文拓片

安陽殷墟 M1713 出有一組有關"亞魚"的銅器(《考古》1986 年 8 期)，根據銘文所記"王賜亞魚""王賜寢魚""亞魚父丁"等稱謂，知"魚"是此墓的墓主，做過商王的寢官，"亞魚('魚'在'亞'中)"表示的是作器者的氏名(説詳朱鳳瀚文《商周金文中"亞"字形内涵的再探討》，見陳光宇、宋鎮豪主編《甲骨文與殷商史》第六輯，上海古籍出版社，2016 年)。準此，“亞離”則爲作器者氏名，“離”是作器者，爲其父輩作器。有關族氏“亞”，可參見葉家山 M2 亞宣凧父乙分禚鼎、葉家山 M3 亞娸鼎與簋。

《隨州葉家山：西周早期曾國墓地》286 頁李伯謙談道，河南正陽潤樓商代亞禽族墓地的發現，説明此器與之密切相關。

作尊彝尊

1 件，編號 M65：30。器體呈圓筒形，喇叭狀大敞口，頸下及圈足上各施兩道平行凸弦紋，中腹上下各施一周雲雷紋襯底的浮雕獸面紋帶。通高 25.3 釐米，口徑 20 釐米。殘重 2680 克。見《江漢考古》2011 年 3 期 21 頁，以及：圖版一四，器形；圖一六-4，器銘；圖一六-5，紋飾。器內底有銘文兩行三字，自左讀：

作尊
彝

作尊彝尊（M65：30）器圖

作尊彝尊（M65：30）銘文拓片

作尊彝卣

1件，編號 M65：29。深腹，有提樑。兩端有對稱大獸首，蓋面中心及器腹上部各飾一周兩組鳥紋帶。通蓋高 28.4 釐米，卣口徑 13 釐米×10 釐米。重 4795 克。見《江漢考古》2011 年 3 期 23 頁，以及：圖版一七，器形；圖一六-1、圖一六-2，紋飾；圖一六-3，蓋銘。銘在器蓋内底，一行三字(器、蓋同銘，器銘未公布)：

作尊彝

作尊彝卣(M65：29)器圖

作尊彝卣(M65：29)蓋内銘文拓片

侯用彝盉

1件，M65：34。分襠三足，蓋與頸部飾獸面紋，下腹飾人字紋。通高 31.8 釐米，口徑 12 釐米。重 4980 克。見《江漢考古》2011 年 3 期 24

頁，以及：圖版一八，器圖；圖一七-1，銘文；圖一七-2 至圖一七-5，紋飾。又見《隨州葉家山：西周早期曾國墓地》42～43 頁。鋬内對應器腹表有銘文一行三字：

侯用彝

“侯”當“曾侯”之省，是否就是 M28 之“曾侯”，不能肯定。

侯用彝盉（M65：34）器圖

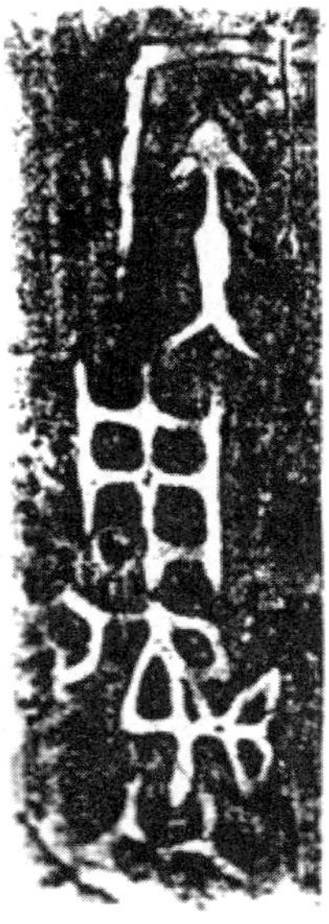

侯用彝盉（M65：34）銘文拓片

曾侯作田壺

1 件，編號 M65：31。子母蓋，有提樑，背帶文裝飾。通高 44 釐米，口徑 14.8 釐米×9.2 釐米。重 5940 克。見《江漢考古》2011 年 3 期 25 頁，以及：圖版一九，器形；圖一八-1，綫圖；圖一九，1、4 爲紋飾，2 爲蓋銘，3 爲器銘。又見《隨州葉家山：西周早期曾國墓地》40～41 頁。壺蓋内壁及壺内底各鑄有相同銘文一行五字：

曾侯作田壺

馮時認爲："田壺"之"田"義即田獵，故田壺應爲田獵之遊而作。山西天馬——曲村北趙晉侯墓地所出晉侯對盨銘文："唯正月初吉庚寅，晉侯對作寶尊及盨，其用田獵，湛樂于邍隰，其萬年永寶用。"證明古人或爲田狩而作器(《江漢考古》2014 年 2 期，61 頁)。葉家山 M111 也出有一件"曾侯作田壺"，單鋬帶流。

黄錦前認爲：此壺與 M111 的"曾侯"壺均爲曾侯諫所作。"田壺"的"田"應讀作"彝"，"田壺"亦謂"彝壺"，"田"即"彝"，亦應表器之共名。"田"爲定母真部字，"彝"爲喻母脂部字，二者聲爲鄰紐，韻爲對轉，古音較近，故可通。所謂"田壺"之"田"義即田獵，"田壺"應爲田獵之遊而作等説亦有附會之嫌(《説"肆壺"與"田壺"》，2017 年年初未刊稿)。

曾侯作田壺(M65：31)器圖

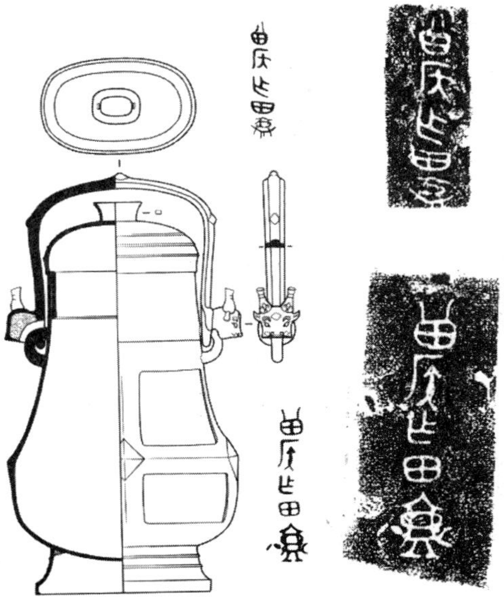

曾侯作田壺(M65：31)綫圖及銘文

報告根據多方面特徵與因素，將 M65 的年代推定在西周康昭之際，其國屬爲曾，墓主應當屬曾侯諫，見《江漢考古》2011 年 3 期 40 頁。

李學勤認爲：“葉家山 M65 和 M2 的曾侯諫爲成康時人，他似即周初第一代曾侯。曾國姬姓，我以爲就是文獻裹的隨國，如今知道這個諸侯國這樣早便建立了，假設曾之始封在成康之際或康王世，昭王南征時曾國之君有可能就是曾侯諫的下一代，因爲曾侯諫墓 M65 不會遲到那個時候(昭王年)。”

M65 究竟是曾侯諫墓還是曾侯諫的父親墓，曾侯諫是不是南公即南宫括，意見不一，還需要繼續討論。由於墓葬多被盜擾，分析有關問題受到局限。

我們傾向 M65 爲曾侯諫墓，M2 爲其夫人媿墓。M2 出有“曾侯諫作媿”器，而 M27 則没有。因此，M27 不大可能是曾侯諫夫人媿墓，M28

也就不可能是曾侯諫墓。M28 出有曾侯諫器，是繼承父母遺物。M65 還出有權杖半環形龍紋鉞。

《説文》："諫，證也。从言，柬聲。"《周禮・地官・保氏》："掌諫王惡。"鄭玄注："諫者，以禮儀正之。"《廣韻・諫韻》："諫，諫諍，直言以悟人也。"《楚辭・七諫序》："諫者，正也，謂陳法度以諫正君也。"文峰塔 M1 曾侯與編鐘銘文："白适上嚳，左右文武，達殷之命，撫定天下。""白适上嚳"應釋讀爲"伯括上尃(諤)"，諤謂直言，意即伯括能直言上諫，與曾侯諫之"諫"義近。曾侯諫可能就是"南公"即南宫括，爲首任曾侯(可參見文峰塔 M1 曾侯與編鐘)。曾侯諫受封年代當在成王時期，墓葬年代可能到康王時期。M65 早於 M28。

M65 規模小於 M28 和 M111，當因曾國尚在創業階段，國力較弱之故，似不能因爲"南公"即南宫括地位高，其墓葬就一定大。

【參考文獻】

李學勤：《試説葉家山 M65 青銅器》，見羅運環主編：《楚簡楚文化與先秦歷史文化國際學術研討會論文集》，湖北教育出版社，2013 年。

王恩田、朱鳳瀚、韓宇嬌、笪浩波、黄錦前等論文，詳見 M1。

荆楚文庫

湖北出土商周文字輯證

［增補本］（下）

黄錫全 編著

荆楚文庫編纂出版委員會
武漢大學出版社

葉家山 M107

M107 爲 2013 年葉家山第二次發掘出的墓，是位于葉家山墓區中部的一座中型墓葬。東距 M28 約 4. 8 米，西與 M103、北與 K6 均相距約 2 米，南與 K7 相距 7. 8 米。墓口、墓底均東西長 5. 1 米，南北寬 4. 2 米。一椁一棺。共出銅器 83 件(套)，其中 10 件容器有銘文或有族氏文字，而且大部分銘文族徽相異，“這些都暗示了該墓的特殊性”。出有“曾伯作西宮爵”，報告由此推斷“可以基本認定 M107 墓主是一位不知私名的‘曾伯’”。

M107 的墓主“曾伯”，有可能就是 M27 伯生盉的“伯生”，説見下列西宮爵。

父庚鼎

1 件，編號 M107：3。方唇，雙耳直立口沿，柱足，頸部與足根飾浮雕獸面紋，頸部有雲雷紋襯底，通耳高 33. 8 釐米，口徑 26. 2~26. 4 釐米。重 7280 克。見《江漢考古》2016 年 3 期 5 頁，以及：圖三，綫圖；圖版三，器圖；圖版四，鼎耳補鑄痕；圖版五，銘文照片；拓片一，銘文拓片、紋飾。兩耳間的一足之上器内壁有鑄銘 2 行 5 字：

父庚鼎(M107：3)器圖

父庚鼎(M107：3)銘文拓片

作父庚
寶彝

兇父乙鼎

1件，編號 M107：5。斂口，方唇，雙耳直立口沿，柱足，深圓腹。飾有渦紋、四葉目紋、弧綫紋等。通耳高 23.6 釐米，口徑 19.8~20.4 釐米。重 2615 克。見《江漢考古》2016 年 3 期 5 頁，以及：圖版六，器圖；圖版七，銘文照片；拓片二，紋飾、銘文拓片。兩耳間的一足之上器内壁鑄有銘文，一個族氏文字和二字銘文：

(兇)父乙

此種族氏文字有多見，其形可參見容庚《金文編》附録 1029 頁 022 號。从戉从無首“兀”，象以鉞砍去人首之形。過去或釋斬、譽即剚、馘等，參見李孝定等《金文詁林附録》145 頁 2039 號。作爲族氏文字，此氏族可能與職掌死刑(大辟之刑)有關。《集成》13.7397 爵上銘文作一人執鉞，很形象(見下圖)。吳鎮烽《金文通鑑》將這類族氏從舊釋隸定，釋作兇(譽—剚)。

兇父乙鼎(M107：5)器圖

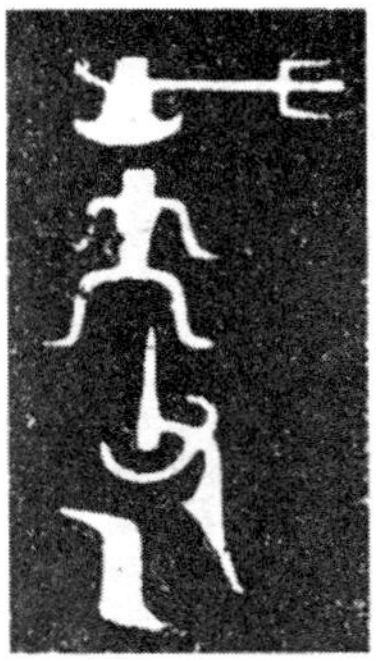

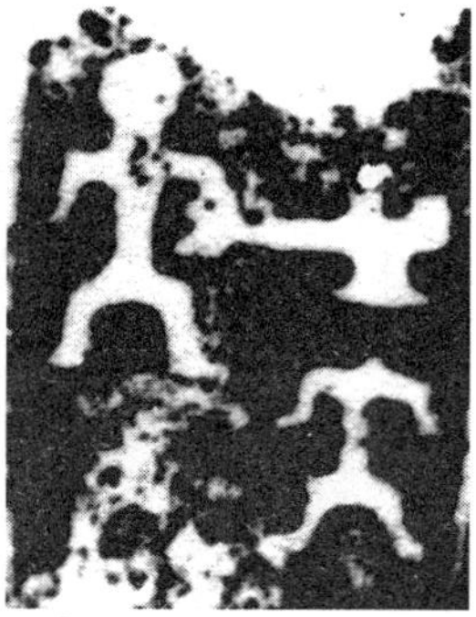

㚤父乙鼎（M107：5）銘文拓片　　《集成》13. 7397

有關資料，可參見何景成《商周青銅器族氏銘文研究》390 頁 A061 號，606 頁 B096 號（複合族氏）；吳鎮烽《金文通鑑》續編 30360 又著録一件西周早期“㚤（䜌—剸）乍（作）父癸寶隮（尊）彝”簋。

僕監簋

1 件，編號 M107：2。方唇，束頸，弧壁，高圈足略外撇，方座，耳下有垂珥，通體花紋繁縟，有雲雷紋襯底，渦紋、浮雕曲折龍紋、獸面紋等。通高 23 釐米，口徑 19. 4 釐米，腹深 11. 6 釐米。重 5035 克。見《江漢考古》2016 年 3 期 10 頁，以及：圖四，綫圖；圖版八，器圖；圖版一〇，銘文照片；拓片三，銘文、紋飾。器内底正中有銘文五字：

僕監作尊簋

報道認爲第一字从畢从彳。黄錦前認爲其字當釋爲“濮”，係“僕”之異構，在簋銘中當讀作濮國之“濮”。其右部並不从“畢”，所从象雙手持箕畚之形，與殷墟甲骨文的（《甲骨文合集》10956）字可對照。該字構形可參照下列古文字中的“僕”字：

僕監簋(M107：2)器圖

器銘

拓片

僕監簋(M107：2)銘文

僕監簋(M107：2)紋飾

吕仲僕爵(《集成》14. 9095)　静簋(《集成》8. 4273)

蠚鼎(《集成》5. 2765)　五年雕生簋(《集成》8. 4292)

師旂鼎(《集成》5. 2809)　逆鐘(《集成》1. 62)

濮在南土，與曾、楚及蠻氏鄰近。濮監簋出自葉家山曾國墓地，可能係賵賻或饋贈等所致。濮監與“應監”“鄂監”“句監”等類同，擔任濮國的監察之職。認爲 M107 的墓主應係高級貴族，不排除係“曾伯”的可能(黄錦前《葉家山 M107 所出濮監簋及相關問題》，2016 年 11 月待刊稿)。

父丁鬲

1件，編號M107：4。雙耳直立口沿，束頸，溜肩，分襠，柱足，耳飾陶索紋，頸飾一周箍狀三角目雷紋帶。通耳高21.9釐米，口徑16.4釐米，腹深10.3釐米。重1505克。見《江漢考古》2016年3期10頁，以及：圖五，綫圖；圖版一一，器圖；圖一三，銘文照片；拓片四-1，銘文拓片。兩耳間的一足之上器内壁鑄銘二字：

父丁

父丁鬲(M107：4)器圖

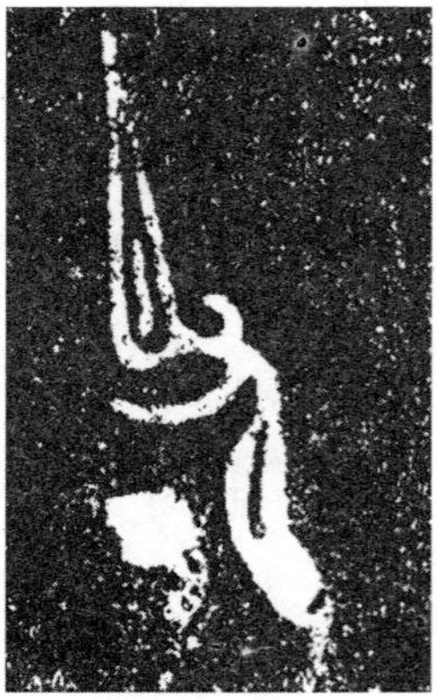

父丁鬲(M107：4)銘文拓片

曾伯作西宫爵

1件，編號M107：12。柱直立流折處。有雲雷紋襯底，飾有蕉葉紋、獸面紋等。通柱高21.6釐米，口徑7.8釐米，流至尾長16.8釐米，腹深 8.6 釐米。重 750 克。見《江漢考古》2016 年 3 期 11 頁，以及：圖七，綫圖；圖版一八，器圖；拓片六，器形、銘文；圖版二二，銘文照片。尾部的器腹内壁鑄有銘文兩行八字：

曾白(伯)作西宫
寶尊彝

文獻中的東宫與西宫多數作爲寢宫而言，一般認爲太子居東宫，太后或嬪媵居西宫。這種制度多認爲是東周以後興起的居寢制度，西周是否如此，還有待證實。張懋镕把東宫和西宫看作是王室的代名詞。黄鳳春則在張懋镕研究的基礎上，又作出新的解釋，認爲在西周時期，除了存在與後世相同的寢宫外，還存在與寢宫不同的一種專門處理政務的官署之宫，其中也有"東宫"與"西宫"之分，進而向官制發展，形成固定官名；此爵的"曾伯"不是曾侯，而是某位曾侯之子，曾國之宗長；"西宫"是指擔任西宫官署職掌的具體的某人，此人當時人盡皆知，故不書其名；銘文"意思是曾伯爲主政西宫時的某人所製作的彝器，曾伯與當時主政西宫的人可能是兄弟，也可能是同宗的顯貴"。

"西宫"之名，又見於 20 世紀 70 年代義地崗出土的春秋時期的季怡戈銘："穆侯之子西宫之孫，曾大工尹季怡之用。"李學勤認爲，"穆侯自是曾之先君。西宫是穆侯之子，季怡爲西宫的後人，他乃是曾國的公族，其任大工尹官職當即由於這樣的緣故"。黄鳳春進而認爲，季怡極有可能就是《左傳》中隨國大夫季梁之後，自述顯貴身世。是穆侯之子曾主政於春秋中期的西宫，而以"西宫"代稱。

我們以爲季怡戈應這樣斷句："穆侯之子，西宫之孫，曾大工尹季怡之用。"即季怡是穆侯之子，是西宫之孫，而不是"西宫是穆侯之子"。"西宫"乃"穆侯"先輩。爵銘"曾伯作西宫寶尊彝"的"曾伯"，可能與"西宫"同輩，也可能是兄弟。兩見曾器的"西宫"稱謂於諸多"西宫"稱謂中比較特殊。

于薇、常懷穎認爲："西宫"長期爲寢、廟之稱，用於人名或族姓名的情況不多，地位不詳。"東宫"則多爲高等級貴族之稱，亦有作爲宫室名的情況。"南宫"爲族氏名，極少用於宫室、處所名。"東宫"銘文較集中地與王室活動相關，而少見於各封國。"西宫"的情況與"東宫"基本一致，僅有兩個特例都出在曾國。"南宫"器物則散見於各諸侯國。基於現有材料，將 M107 墓主定性爲曾國一般公卿貴族較爲穩妥。

黄錦前通過爵銘"西宫"與有關銅器銘文的繫聯，認爲其與伯曲甗、卣及盉的"西宫伯"，叔黿鼎、季無鼎、或者鼎與簋的"宫伯"，曾大攻尹季怡戈的"西宫"應爲一人，"西宫"和"宫伯"應即"西宫伯"之省稱，係召公奭。葉家山、文峰塔等所出有關銅器銘文中的"南公"即"南宫"，與 M107 爵銘的"西宫"(召公奭)爲宗親，係周文王或武王子，因其居住宫室之稱謂而得名，與南宫适之南宫氏不同。"曾伯"應即首任曾侯"南宫"，"西宫"銘文銅器出於葉家山曾國墓地，不難理解。同時又認爲：M107 的墓主，簡報認爲係"曾伯"，或以爲是曾國的一般公卿貴族。從該墓出土的數量眾多、組合完整的高等級青銅器，數量眾多的其他國族的青銅器，數量不少的玉器，銘文有"曾伯""西宫""濮監"等重要人物，以及該墓在整個葉家山墓地中的位置等方面的信息來看，該墓墓主即使非簡報所云係"曾伯"，也應係高級貴族，而非一般公卿貴族所能匹配(《葉家山 M107 所出濮監簋及相關問題》，2016 年未刊稿)。

這件爵的銘文之義明確，是"曾伯"爲"西宫"鑄作了這件彝器，墓主去世後將這件彝器入葬。"曾伯"是否就是首任曾侯"南宫"，"西宫"是否即召公奭，還可討論。若將"西宫"理解爲召公奭，則"季怡"是曾"穆侯"之子、"西宫"之裔孫，就與曾國始自"南公"即"南宫括"一系矛盾。

黄錦前注意到這個矛盾，並這樣解釋："西宫"爲召公奭。"穆侯"應指燕穆侯。燕穆侯在位時間爲公元前 728—前 711 年，爲春秋早期後段，季怡戈爲春秋中期前段，從時代、稱謂及人物關係等方面來看，將燕穆侯視爲季怡之父，都很吻合。曾、燕皆爲姬姓國，穆侯之子季怡作爲姬周宗親，出仕曾國，合情合理。金文所見春秋早期有蔡公子射出仕尹氏的先例(射湖)，亦可爲證。這樣理解，上揭二戈銘文皆能順利讀通(《由葉家山 M107 所出“西宫”銘文談曾國的族源問題》，2016 年未刊稿)。

將戈銘“穆侯”解釋爲燕穆侯，雖有這種可能，但可信度不高。

據黄錦前文透露：黄鳳春告知，與 M107 鄰近的 M109 出土有“公伯”有銘銅器。錦前以爲“公伯”很可能即曾侯伯生，與其弟即第三任曾侯犺(M111)又稱“公侯”和“公仲”(見亳鼎等銘)正可互爲印證。

我們傾向 M107 的墓主爲“曾伯”(只活到 35 歲，爵銘“曾伯”不是指南宫括)，M109 的“公伯”指的應當就是這位“曾伯”。M28 墓主“曾侯”爲“公仲”，乃“曾伯(公伯)”之弟，繼位曾侯。爵銘“西宫”若是指 M28“曾侯”，“曾伯”與“西宫”則爲兄弟，季怡就是 M28“西宫(曾侯)”的後代。

曾伯作西宫爵(M107：12)器圖

曾伯作西宫爵(M107：12)銘文拓片

"西宫"問題較複雜，牽涉很多目前還難以證實或解決的問題，有待繼續討論，這裏姑且存疑。

【參考文獻】

李學勤：《論漢淮間的春秋青銅器》，《文物》1980年1期；《試説南公與南宫氏》，見李學勤主編《出土文獻》第六輯，中西書局，2015年。

黄鳳春：《從葉家山新出曾伯爵銘談西周金文中的"西宫"和"東宫"問題》，《江漢考古》2016年3期。

張懋镕：《夷伯尸於西宫解》，《古文字與青銅器論集》第二集，科學出版社，2006年。"尸"訓爲"主"。

于薇、常懷穎：《葉家山"西宫"爵與兩周金文"三宫"及其相關問題》，《江漢考古》2016年5期。

黄錦前：《由葉家山M107所出"西宫"銘文談曾國的族源問題》；《葉家山M107所出濮監簋及相關問題》，2016年未刊稿；《西周早期曾侯世系與葉家山三座大墓的年代和墓主》，2017年年初未刊稿。

父乙爵

1件，編號M107：10。柱直立近流折處，器腹飾以雲雷紋爲地的獸面紋一周。通高21.1釐米，口徑8.5釐米，流至尾長17.1釐米，腹深9釐米。重900克。見《江漢考古》2016年3期13頁，以及：圖八，綫圖；圖版二三，器圖；圖版二四，族氏圖；圖版二五，"父乙"圖；拓片七，銘文、紋飾。銘文二字鑄在鋬上柱體外側，反書，族氏文字鑄在與鋬相對柱體外側：

父乙

族氏文字有可能是複合族氏，由、組成。字已

見於葉家山 M27 父癸觶、M28 父辛爵；可能爲的分支。作器者爲。可能爲“臍”，“齊”字所从。

父乙爵(M107：10)器圖

父乙爵(M107：10)銘文拓片

瓚　觚

1件，編號M107：11。喇叭形，大敞口，細長腰。圈足飾目雲雷紋帶三周，上下兩周飾變體夔龍紋，中部飾紋帶略寬，飾變體四葉目紋。復原高24.4釐米，徑15釐米，腹深18.8釐米。殘重455克。見《江漢考古》2016年3期18頁，以及：圖九，綫圖；圖版二六，器圖；圖版二七，銘文照片；拓片八，銘文、紋飾。圈足内壁有一族氏文字：

銘文上部所从似“六”，下部似“皿”。謝明文釋讀爲“瓚”。認爲甲骨文中从“同”的“瓚”作“”(《花東》493)、“()”(《合》17539)等形，而从“瓚”的“祼”則作“”(《花東290》)、“()”(《花東》475)等形。由甲骨文字形來看，“瓚”字的字形是將玉件置於“同”中。“”下部作同形，上部作類似六形，它與上引《合》17539“瓚”字中下部相近，也與上引《花東》475“祼”字右部所从“瓚”旁的中間部分相同，它應是“瓚”字異體。“瓚”在銘文中的用法有兩種可能。第一種可能即它是族名或人名，第二種可能是器物專名。内史亳同器形(《考古與文物》2010年2期)即所謂的“觚”，而自名爲“銅”，器形與“同”的字形相合，可證所謂觚形器當時應該稱作銅。聽聞山西出土的一件觚，自名爲“瓚”。這是因爲瓚、同是祼祭儀式中的兩種重要工具，兩者關係密切，因此本應稱作“同”的觚形器亦可叫作“瓚”。M107：11器形恰好是銅觚，據山西出土的一件觚自名爲“瓚”來看，這件銅觚銘文“瓚”也有可能是該觚的自名。

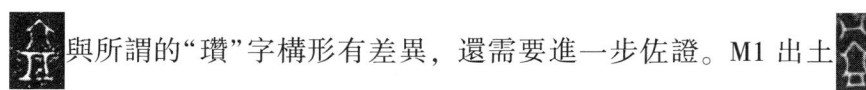

與所謂的“瓚”字構形有差異，還需要進一步佐證。M1 出土父癸觚，湖南石門出有一件西周早期的簋作，族氏文字、下部所从與類似。、倒置作、，似圭類之物置於器(“同”)中之形，可能是瓚字。當爲“圭璋”類器，就是商周時期被稱作“柄形器”的文物。小臣玉柄形器的刻銘稱這種器爲“瓚”。可以讀作“瓚”，是完整器物形，似不宜分開作解。參見 M1 觚、M27 觶。

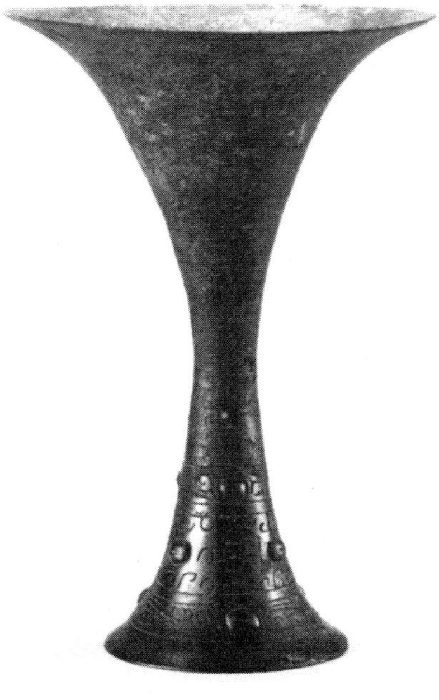

瓚觚(M107：11)器圖

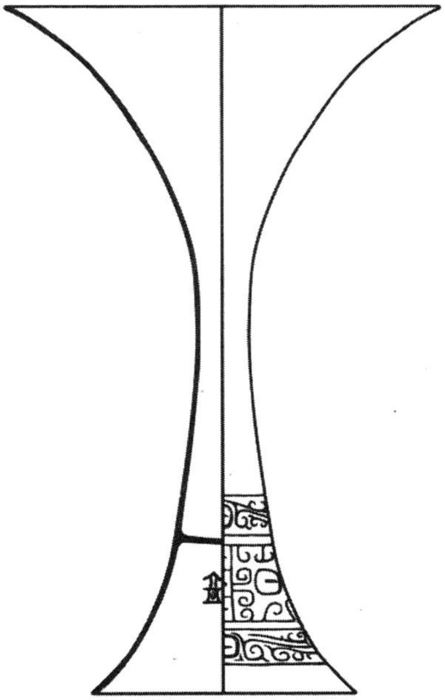

瓚觚(M107：11)綫圖

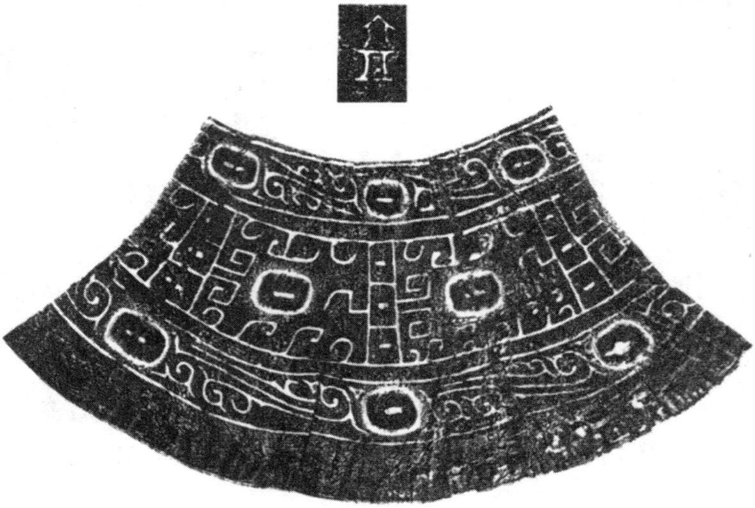

瓚觚(M107：11)銘文及紋飾拓片

【參考文獻】

謝明文:《金文叢考》，見《商周青銅器與先秦史研究青年論壇論文集》，西南大學，2016 年 11 月 18—21 日，116 頁。

父辛觶

1 件，編號 M107：9。敞口，高圈足，通體素面。通高 20. 3 釐米，口徑 8. 6 釐米，腹深 17. 4 釐米。殘重 330 克。見《江漢考古》2016 年 3 期 18 頁，以及：圖一〇，綫圖；圖版二八，器圖；圖版二九，銘文照片；拓片四-5，銘文拓片。器内底居中鑄銘文二字：

父辛

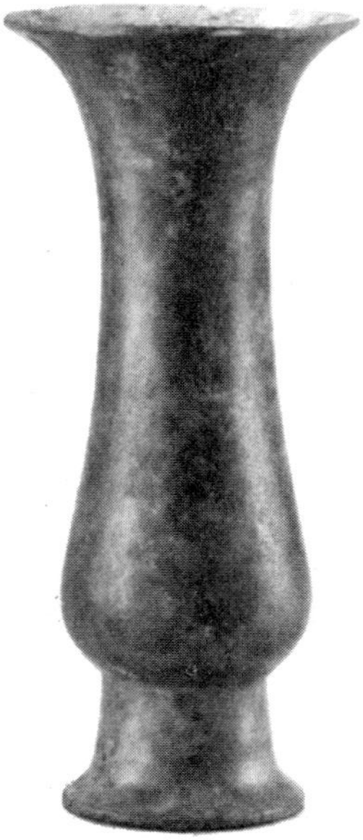

父辛觶(M107：9)器圖

父辛觶(M107：9)銘文拓片

戈父乙尊

1件，編號M107：8。喇叭狀大敞口，中腹外鼓，高圈足外撇，通體素面。通高23.6釐米，口徑21釐米，腹深18.6釐米。重2250克。見《江漢考古》2016年3期18頁，以及：圖一一，綫圖；圖版三〇，器圖；圖版三一，銘文照片；拓片四-4，銘文拓片。内底正中鑄一族氏文字及二字銘文：

戈 父乙

戈父乙尊(M107：8)器圖

戈父乙尊(M107：8)銘文拓片

戈父乙卣

1件，編號M107：7。蓋、器呈長橢圓形，有提樑，高圈足外撇，器、蓋均素面無紋，兩端套環上圓雕獸首爲羊頭。帶提樑高27.2釐米，器口徑13.6釐米×10.8釐米。重3260克。見《江漢考古》2016年3期27頁，以及：圖一二，綫圖；圖版三二，器圖；圖版三三，器内底銘文照片；圖版三四，蓋内銘文照片；拓片四-2、拓片四-3，蓋内、器内底銘文。蓋内正中和器内底居中各鑄一個族氏文字和二字銘文：

戈 父乙

族氏文字“戈”，又見於葉家山M27：28戈父癸簋，武漢市新洲區戈乙鼎。説見前。

戈父乙卣(M107：7)器圖

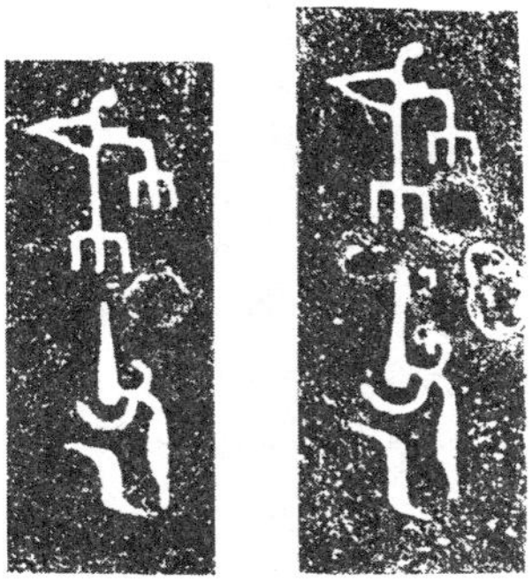

蓋　　　　器

戈父乙卣(M107：7)銘文拓片

M107墓中出有父庚、父乙、父丁、父辛日名及四種族氏文字、、、，值得留意。周初周系貴族墓中常見多日名、多族氏文字現象，有學者認爲這就是文獻所載周初周王室分殷商銅器而形成的現象。黄銘崇將這些墓葬分爲“典型分器墓”與“局部分器墓”。報告認爲M107器物年代有的可晚至西周早中期之際，是否屬於這種現象還值得研究(《江漢考古》2016年3期，39頁)。

幾種族氏銅器不排除是不同族氏後人送來的器具，或者爲“曾伯”生前所有，曾伯去世後一同隨葬。

發掘者黄鳳春曾注意到，M107“從排列上看，與M28的關係最爲密切”，“M107内隨葬有83件(套)銅器，同時還隨葬有2輛車，足見其身份與地位顯赫”(黄文83頁)。

我們主張M107爲“曾伯”墓，M28“曾侯”爲其弟“公仲”，爲南公即南宫括之子，M111爲“南公”即“南宫括”之孫，説見M111。

【參考文獻】

黄鳳春：《從葉家山新出曾伯爵銘談西周金文中的“西宫”和“東宫”問題》，《江漢考古》2016 年 3 期。

黄銘崇：《從考古發現看西周墓葬的“分器”現象與西周時代禮器制度的類型與階段》，《歷史語言研究所集刊》第 83 本第 4 分册，2012 年。

張懋鎔：《夷伯尸於西宫解》，《古文字與青銅器論集》第二集，科學出版社，2006 年；《再談隨州葉家山西周曾國墓地》，《江漢考古》2016 年 3 期。

黄錦前：《“宫伯”“西宫”召公考——兼談召公諸子銅器》，2016 年待刊稿；《西周金文中的“西宫”“東宫”“南宫”及相關問題》，2016 年待刊稿；《由葉家山 M107 所出“西宫”銘文談曾國的族源問題》，2016 年待刊稿。

張昌平：《曾國青銅器研究》，文物出版社，2009 年。

葉家山 M111

M111 爲 2013 年第二次發掘，目前還未見到專門報告。《隨州葉家山：西周早期曾國墓地》記述：M111 是葉家山墓地最南的一座大型墓葬，與其北的 M28、M65 處於葉家山墓地中軸位置，規模最大，出土青銅器數量最多，其墓主身份應是一代曾侯。有銘青銅器與曾侯有關者有兩類：一類是没有私名的曾侯青銅器，包括方鼎、斝、壺、卣、盤各 1 件；另一類是有私名的青銅器“曾侯犺”。曾侯犺可能爲 M111 的墓主。

M111 與 M28、M65 的年代早晚意見不同，由早到晚或以爲 M65→M28→M111，或以爲 M111→M28→M65。

曾侯作父乙方鼎

1 件，編號 M111：85。此鼎是葉家山墓地出土方鼎中器形最大者，製作精美，高端大氣，附耳，獸面紋柱足，有蓋，腹外周有四扉棱，腹壁上周飾獸面紋，其下爲蟬紋。通高 49 釐米，口徑横 35. 5 釐米，口徑縱 26. 5 釐米。重量不詳。見《隨州葉家山：西周早期曾國墓地》114、115

頁：圖 1，腹内銘文；圖 2，蓋内銘文；圖 3，器物圖。器、蓋有相同銘文兩行八字：

曾侯作父乙
寶尊彝

“”字寫法與他器有别，“田”中間一豎衝出很多，值得注意。曾侯無私名。“父乙”爲日名，以日名作人名的習慣多見於殷墟晚期。曾侯作器出現日名，説明曾國也有用日名的習慣，直至曾侯乙、曾侯丙等。

王恩田認爲：根據此鼎可知，犺的父親南宫盂日名爲乙。曾國的始封君是南宫盂。據此鼎“證明姬姓曾國同樣使用日名。從而否定了葉家山曾國銅器不使用族徽和日名的説法”(《江漢考古》2016 年 2 期，81 頁)。

此鼎銘文“曾侯”，我們認爲不是指曾侯戾，而是其上輩“曾侯”所作，是其繼承父輩之物。“父乙”當是南公即南宫括，很可能就是 M65 曾侯諫。曾侯戾當爲 M28 之子(説見下)。

曾侯作父乙方鼎(M111：85)器圖

曾侯作父乙方鼎(M111：85)銘文圖

戉筓祖辛圓鼎

2件。1件未見報道。編號M111：84，立耳，束頸，鼓腹，腹、足均有扉棱，獸面紋蹄足，腹部六組獸面紋由浮雕的獸面兩側伸出卷曲的軀、尾，雲雷紋襯底。通高56.5釐米，口徑42釐米。見《隨州葉家山：西周早期曾國墓地》119頁：附圖1，銘文；圖2，器圖。腹内壁鑄有銘文四字：

戉筓·且(祖)辛

腹、足帶扉棱的獸面紋大鼎自晚商以來見於高等級貴族墓葬，一般只出1件。葉家山M1出有1件，M111出有2件，屬不多見者。

族氏文字“”，報道未釋。吳鎮烽《通鑑續編》30069釋讀爲“戉且(祖)辛”，第一字缺釋。韓宇嬌根據周忠兵分析甲骨文墨刑文字象用帶齒的工具在人的額頭擊刺的意見，將第二字釋讀爲“筓”，認爲觚銘應讀爲“戉筓，祖辛”。第二字左部爲尖狀刀形，右部爲三個尖刺形，與安陽殷墟西區第三墓區所出觚、爵族氏文字類似，尤其是觚銘(《考古學報》1979年1期，83頁；又見《集成》12.7067觚、13.8154爵)。《集成》12.7216觚銘(又見《三代》14.28.7，現藏臺灣故宫，見下圖)與此鼎銘類同，僅排列有别。相互比較，現從韓宇嬌釋。祖辛觚的，過去或疑爲“刀”之異文(李孝定等《金文詁林附録》540頁2214號)。

“戉筓”當爲複合族氏。單氏“戉”“筓”不多見。“戉筓”之“筓”可能爲“戉”的分支。作此鼎者當是“筓”。説不定“筓”的身份與執掌墨刑有關，與M107的鼎銘(兇，矕—剌)類似。

單氏“戉”，見何景成《商周青銅器族氏銘文研究》480頁A360號。複合族氏“戉箙”見同書592頁B034號，“戉筓”見693頁B500號，“筓”見685頁B458號，“筓旅”見695頁B511號。

嚴志斌《商代青銅器銘文研究》根據金文、甲骨材料，推斷“戉”在殷西一帶，傾向葉文憲認爲地望在晉南地區的説法。認爲“戉”與“箙”二者尚難確定是否是分支關係(289 頁)。

這種精緻珍貴的鼎因何種原因入葬曾侯墓，還難以確定。或許是周王賞賜，或許是“戉箙”贈送。此鼎與大盂鼎很相似。大盂鼎見吴鎮烽《金文通鑑》02514，屬西周早期康王世。

【參考文獻】

周忠兵：《從甲骨文金文材料看商周時的墨刑》，《出土文獻與古文字研究》第四輯，上海古籍出版社，2011 年。

韓宇嬌：《曾國銅器銘文整理與研究》，清華大學 2014 年博士學位論文，177 頁。

戉箙祖辛圓鼎(M111：84)器圖

戉笮祖辛圓鼎(M111：84)銘文圖

《考古學報》1979 年 1 期
(83 頁 2 觚、3 爵)

《三代》14. 28. 7

戾作南公方座簋

1 件，編號 M111：67。侈口方唇，腹部微鼓，圈足沿下折，形成一道邊圈，其下連鑄方座，一對獸首耳，扁圓形獸角高聳，耳下有長方形垂珥，腹部前後及方座的四壁均飾下卷角獸面紋，圈足上有四道 C 形扉棱，飾夔龍紋，垂珥飾鳥爪紋，均不施地紋。見《江漢考古》2014 年 2 期 52~54 頁，以及：圖版一，器形；圖版二，銘文；拓片一，銘文。又見《通鑑續編》30371。内底鑄有銘文兩行九字：

> 戾作剌(烈)考南
> 公寶尊彝

第一字，報道釋爲“犺”，但在同墓出土的兩件所謂曾侯犺簋銘中該字明顯从立从犬。羅運環認爲从犬，立聲，可隸作竝或妵。宋華强認爲“其説可信”，就是三體石經“戾”字古文。

方座簋“大”下一筆不很清晰，而兩件無座簋“大”下一筆甚明(見後列圖)，與三體石經《多士》“戾”字古文相同(孫海波《魏三字石經集録》拓本五)，釋“戾”可以無疑。我們將其改釋爲“戾”字(有關他人論述或保留作者意見)。

三體石經“戾”字古文

曾侯戾簋（M111：60）蓋銘拓片

戾作南公方座簋（M111：67）銘文拓片

“剌考”之剌即烈，爲光明、顯赫之意，金文多見。戾稱南公爲“考”，當即南公之子。關於這位“南公”，説法不一（各家意見來源見後列參考文獻）。

黄鳳春、胡剛根據此銘與曾侯與編鐘銘文的比較研究得出如下意見：南公應是南宫括，曾國應是南宫括的封國，其族姓爲姬姓，始封于西周的成王或康王之世，與東周曾國應爲一源。同時也認爲，此銘“南公”與大盂鼎的“南公”應爲一人，即西周初年的南宫括。考慮到葉家山西周墓地存續的時間僅限於成康昭三世，推定犺爲南宫括最小子輩，曾侯諫與曾侯犺極有可能爲兄終弟及的關係。西周早期曾國與東周曾國一脈相承，曾即隨國（《江漢考古》2014 年 5 期）。

李學勤認爲，曾侯與編鐘的“南公”是南公氏的第一代，是特指南公括的。南公括左右文武已見鐘銘，所以“遣命”南公的“王”肯定是周成王。大盂鼎器主盂稱南公爲祖，受封于康王晚期的二十三年内，可旁證遣命南公當在成王較早時期。葉家山 M111：67 簋銘云“犺作剌（烈）考南公寶尊彝”，器主犺比盂長一輩，估計爲康王時人。之後，又進一步論證南宫氏屬於姬姓，是文王的重臣，助武王克殷。南宫括的後裔分爲兩系：一系留在周王室，歷代多居顯職，稱南宫氏；另一系爲江漢地區的曾國諸侯。這種情形與周公封魯，次子君陳襲周公世爵留在王朝，長子伯禽赴曲阜就國，是基本一樣的。召公封燕、太公封齊也都採取類似的模式。南公即南宫括到成王初營建曾國，其齡已老。孫輩“盂”隨昭王南征，職位爲司馬。

韓巍認爲：M111出土“曾侯犺”銘文，墓主應是曾侯犺。該墓出土4件甬鐘、1件鎛鐘，年代下限可能已到昭王，在曾侯墓中是最晚的一座。犺簋銘文表明曾侯犺是“南公”(南宫括)之子，比他年代更早的曾侯諫輩分不會更低，只能是南宫括之子甚至其弟。傾向黄鳳春認爲曾侯諫與曾侯犺是“兄終弟及”的關係，大盂鼎器主“盂”是他們的侄輩的意見。曾侯犺與侄子南宫盂的活動年代大致相同，應該是南宫括的幼子。南宫括在成王時代還活躍了一段時間，其長子南宫毛(盂之父)在成康之際繼任爲南宫氏宗子，年齡較小的兩個弟弟則相繼被分封到南土爲曾侯(見後列論文43頁)。

王恩田認爲：曾侯與編鐘“王遣命南公”的“王”應是廿三祀盂鼎的“王”，即康王，不是成王。“南公”應是廿三祀盂鼎中受封的盂，而不是南宫括。廿三祀盂鼎中的“南公”，是盂的祖父，即南宫括。葉家山M111：67犺簋“犺作剌考南公寶尊彝”中犺的父親“南公”，是盂鼎中受封的盂。犺比盂晚一輩。據M111：85“曾侯作父乙”方鼎，知犺的父親南公盂日名爲乙。也就是説曾國的始封君是南公盂。根據卅五祀盂鼎，康王三十五年時盂還曾征伐鬼方，並獻俘于康王。可知盂仍留相王室，並未就封。而由盂之子犺就封，成爲第一代曾侯。

王恩田還認爲：南公括之子第二代南公應是《書・顧命》中的“仲桓南宫毛”。但他却不是盂的父親，而是其叔父。因爲在卅五祀盂鼎中，盂爲“□伯”作器，可證盂的父親應是長子。而“仲桓南宫毛”則是次子。由于盂的父親“□伯”，未及稱“公”而早卒，故康王不册封南公括之子，而是册封其孫盂。此外，南宫乎鐘所説的“先祖南公，亞祖公仲”的“先祖南公”應即南宫括。作爲“亞祖南仲”行二的“南仲”，應是南宫括的次子仲桓南宫毛(《江漢考古》2016年2期)。

韓宇嬌認爲：目前學者們大多認爲M65爲第一代曾侯墓，M28爲第二代曾侯墓，M111 犺爲第三代曾侯墓，根據何曉琳、張昌平對日用陶器的分析及年代學研究得出 M65 的年代要晚於 M28 的結論，認爲 M111 曾侯犺（犺?）或爲第一代曾侯，陪葬的器物組合、數量、精細程度，墓葬的大小、葬制等各方面規模都超過 M65 及 M28。早晚順序應爲：第一代 M111 曾侯犺→第二代 M28 曾侯諫→第三代 M65 曾侯（博士學位論文 251 頁）。

朱鳳瀚傾向 M65 早於 M28，M111 最晚，當卒於昭王時，對其間的關係提出了多種假設（2016 年 12 月京山蘇家壟會議報告）。

笪浩波認爲：犺所稱的南公只能是墓地中的某一位墓主，而並非南宮适，以 M65 的墓主的可能性較大。M111 的年代可能晚到昭穆時期。南公爵稱爲曾侯家世代繼承，南公不可能只指一人。M1 的"師"可能就是南宮适之子，與南公受封的時間接近，可認其爲第一代"南公"。"南公"爲爵稱，不一定是地方實際統治者，而"曾侯"是國君稱呼，爲一國的統治者。

黄錦前認爲：曾侯犺應係康昭時人，爲首任曾侯南公之子，爲第二代曾侯，其主要在位時間爲昭王時期，卒於昭王後期。曾侯犺又稱"公侯"和"公仲"，曾在王朝任職，與 M28"曾伯生"係兄終弟及。

徐少華認爲：葉家山 M111 器銘之"南公"與大盂鼎、南宮乎鐘銘的"南公"爲同一人，即商末周初的周室名臣南宮括，應當可信，其時代、稱謂以及在周室中的地位基本一致，當是曾國的先公或始封之君（臺北"第五届古文字與古代史國際學術研討會"，2016 年 1 月 25—27 日）。

這一問題較爲複雜，還可繼續探討。M28 與 M111 墓主是不是"兄終弟及"，"犺作剌（烈）考南公寶尊彝"的"剌（烈）考南公"是不是"南宮括"，M65 曾侯諫是不是第一代南公即南宮括，M1 的"師"究竟是什麽身份，等等，都還存有疑問。最後的結論，恐怕要等到所有材料公布以後作進一步深入研究得出。

下列有關"南公"或"南宮"材料可以作爲討論這一問題的重要依據：

大盂鼎銘云："命汝盂型乃嗣祖南公……錫乃祖南公旂，用狩……盂用對王休，用作祖南公寶鼎。唯王廿又三祀。"(《金文通鑑》02514，作於康王二十三年)

小盂鼎："用作□白(伯)寶尊彝。唯王廿又五祀。"(《金文通鑑》02516，作於康王二十五年)

南宫乎鐘："司徒南宫乎作大林協鐘，兹鐘名曰無斁。先祖南公、亞祖公仲必父之家……"(《金文通鑑》15495，宣王時器)

《尚書·顧命》："越翼日乙丑，王崩。太保命仲桓南宫毛俾爰齊侯吕伋，以二干戈、虎賁百人逆子釗於南門之外。"(成康之際)

中方鼎："唯王令南宫伐反虎方之年，王令中先省南國……"(《金文通鑑》20383、02384，昭王時器)

中觶："王大省公族于唐，振旅，王錫中馬自厲侯四騬，南宫兄(貺)……"(《金文通鑑》10658，昭王時器。其中的"厲侯"黄錦前改釋爲"曾侯"，2016年未刊稿《曾國始封的新證據——重讀太保玉戈銘》)

𣪕甗："唯十又一月王令南宫伐虎方之年。"(《文物》2007年1期65頁，《金文通鑑》03363，昭王時器)

仲桓南宫毛爲成康時人。過去多以爲"仲桓南宫毛"爲"仲桓、南宫毛"二人，其實應是一人，就是南宫乎鐘的"亞祖公仲必父"。如王恩田認爲：周人名字制度先字後名，字在名上。又有以伯、仲、叔、季的兄弟排行爲字的習俗。"仲桓"應是南宫毛的字，而不是名。僞孔傳"桓，毛名"的説法是錯誤的。仲桓南宫毛應是南宫括之子，第二代南公(《江漢考古》2016年2期，81頁)。

黄鳳春、胡剛曾認爲：獲周王之命征伐虎方的"南宫"極有可能就是成康之際封於漢東的姬姓曾國(《江漢考古》2014 年 2 期，51 頁)。又進一步認爲：昭王南征，由事件的發生地、過程、人物等諸要素分析，中方鼎和中觶的“南宫”，“必爲南宫括的宗子曾侯犺和曾侯諫無疑。因爲，此時的曾國已是周王在南土所設置的重要屏障，這也是一些發生在南方的重大事件都離不開南宫身影的原因之所在。葉家山西周墓地再次發現‘南公’後，才使得我們真正解開了這一個中緣由，那就是南方曾國就是南宫括的封國地”。“南宫括在被封曾國後在周庭領有重職，在周之畿内仍可能保留有采邑，這也是在周之畿内可見到大量南公或南宫之器的原因”(《江漢考古》2014 年 5 期，43~44 頁)。這些意見值得重視。

曾國受封建國，是西周王朝安插在“南方”的楔子，是穩定“南國”、掌控淮夷、鎮守江夏的支柱。曾侯與編鐘銘文首段已經説得很清楚。首任“南公”即南宫括及其子孫之首要任務，就是協助周王朝處理或完成好上述重任，不論是留在王朝任職者還是在曾國繼任曾侯者，均要相互配合，協調一致，共同對敵。

根據目前已公布的葉家山西周墓地材料及大家的研究，我個人對這一問題的基本看法是：

(1)“戾作剌考南公寶尊彝”的“南公”不一定是“南宫括”，而是南宫括之子，襲稱“南公”。

(2)傾向 M65、M2 爲曾侯諫夫婦墓，M28、M27 爲另一“曾侯”夫婦墓；M111、M50 爲曾侯戾夫婦墓。前者早於後者，大致分别受封于成王、康王、昭王時期。

(3)傾向 M65、M2 可能爲南公即南宫括夫婦墓；推測 M107、M28 墓主可能爲南公即南宫括之長子(曾伯)、次子(曾侯，亞祖公仲)；M111 曾侯戾爲南公即南宫括孫輩，應當是 M28“曾侯”之子，可能在王朝兼職。

(4)“曾侯戾”與大小盂鼎的“盂”同輩，均爲南公即南宫括之孫。“盂”可能就是小盂鼎“□伯”即 M107“曾伯”之子，爲南宫括長孫，任職王朝。曾侯戾與盂攜手爲王朝盡心盡力，功勞頗大，又爲曾國上升時期，故其墓葬規模超越前者。

(5)M65、M28 規模較小的原因，主要是曾國尚在創業階段，國力較弱，似不宜因爲“南公”地位高其墓葬就一定大。

若此，其傳承關係當爲：

南公(南宮括，M65 曾侯諫)
|
曾伯(M107) ——————————————盂
公仲(M28 曾侯，仲桓南公毛)————————M111 曾侯犺

犺作南公方座簋(M111：67)器圖

犺作南公方座簋(M111：67)銘文拓片

【參考文獻】

羅運環：《葉家山曾侯名犺兼及亢字考論》，葉家山西周墓地國際學術研討會論文，湖北省博物館、湖北省文物考古研究所，2013 年 12 月。

宋華强：《葉家山銅器銘文和殷墟甲骨文中的古文“犺”》，《古文字研究》第三十輯，中華書局，2014 年。

陳劍：《試説戰國文字中寫法特殊的“亢”和从“亢”諸字》，《出土文獻與古文字研究》第三輯，復旦大學出版社，2010 年。

黄鳳春、胡剛：《説西周金文中的“南公”——兼論隨州葉家山西周曾國墓地的族屬》，《江漢考古》2014 年 2 期；《再説西周金文中的“南公”》，《江漢考古》2014 年 5 期。

李學勤：《曾侯與編鐘銘文前半釋讀》，《江漢考古》2014 年 4 期；《試説南公與南宫氏》，清華大學《出土文獻》第六輯，中西書局，2015 年。

王恩田：《曾侯與編鐘與周初南公和曾侯世系》，《江漢考古》2016 年 2 期。

韓巍：《從葉家山墓地看西周南宫氏與曾國——兼論“周初賜姓説”》，《曾國考古發現與研究學術研討會論文彙編》，北京，2014 年 12 月，29 頁。

韓宇嬌：《曾國銅器銘文整理與研究》，清華大學 2014 年博士學位論文，42 頁、250~251 頁。

笪浩波：《葉家山西周曾國墓地的幾個相關問題》，《中原文物》2016 年 5 期。

黄錦前：《西周早期曾侯世系與葉家山三座大墓的年代和墓主》，2017 年年初未刊稿。

曾侯戾簋

2 件，編號 M111：59、M111：60。有蓋，器形、大小、紋飾基本相同。束頸，曲腹，高圈足，兩側設帶珥的龍首紋，頸部和圈足裝飾雲雷紋構成的獸面紋。通高 25 釐米，口徑 22 釐米。見《隨州葉家山：西周早期曾國墓地》124 頁，以及：圖 1，M111：59 蓋内銘文；圖 2，兩器圖；圖 3，M111：60 器圖。《江漢考古》2014 年 1 期圖版四，M111：60 蓋銘圖片、拓片。又見《通鑑續編》30363（M111：59）、30362（M111：60）。M111：59 簋的内底銘文只有“作寶彝”三字。M111：60 簋的内底、蓋與 M111：59 簋的蓋内銘文相同，兩行七字：

曾侯戾作
寶尊彝

朱鳳瀚認爲，此簋與 M28、M65 曾侯諫簋相比，形制相近，只是腹壁較斜直，垂腹程度更大，表現出相對較晚的形制特徵(2016 年蘇家壟會議報告文)。

曾侯戾簋(M111：59)器圖

曾侯戾簋(M111：59)蓋銘圖

曾侯戾簋(M111：60)器圖

曾侯戾簋(M111：60)蓋銘拓片

侯用彝斝

1件，編號M111：111。侈口束頸，鼓腹分襠，一對立柱，一牛首半環鋬，頸部飾兩道弦紋，余皆光素。通高33.5釐米，口徑18釐米。見《隨州葉家山：西周早期曾國墓地》126頁：圖1，鋬内壁銘文；圖2，器圖。又見《通鑑續編》30746。斝鋬處的器壁鑄有銘文三字（未見到拓圖）：

侯用彝

"侯用彝"三字，當同卣銘"曾侯用彝"。高大厚重分襠斝于商周之際常見。

侯用彝斝（M111：111）器圖

侯用彝斝（M111：111）銘文圖

曾侯卣

1件，編號 M111：126。橢圓形，束腰鼓腹，圈足，有樑、蓋，蓋面與器口沿下飾垂冠回首的夔龍紋，雲雷紋襯底，口沿下增飾浮雕獸首，圈足飾兩弦紋。通高 36 釐米，口徑 15.4 釐米。見《隨州葉家山：西周早期曾國墓地》129 頁：圖 1，器圖；圖 2，蓋内銘文。又見《通鑑續編》30857。器、蓋對銘，四字：

曾侯用彝

曾侯卣(M111：126)器圖

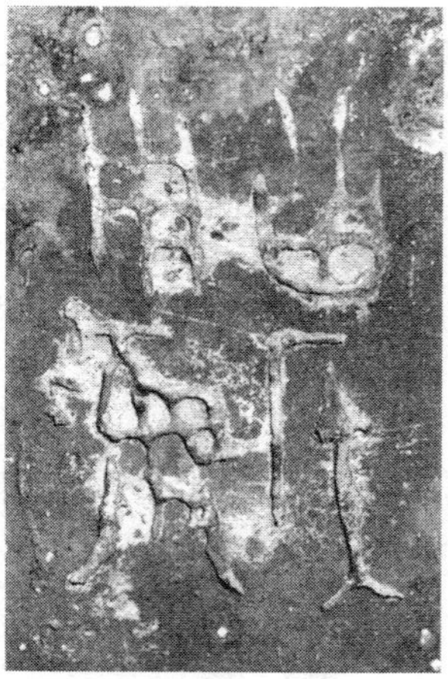

曾侯卣(M111：126)蓋銘圖

曾侯壺

1件，編號 M111：117。器修長，長頸鼓腹，内插式蓋，蓋沿有鏈條與器相連，頸側有管狀流，腹側有半環形鋬，蓋沿與器頸均飾三列雲雷紋組成的獸面紋帶，上下以連珠紋鑲邊，圈足飾兩道弦紋。通高 40.3 釐米，口徑 10.9 釐米。見《隨州葉家山：西周早期曾國墓地》130 頁：圖 1，鋬内銘文；圖 2，器圖。又見《通鑑續編》30808。鋬處腹壁有銘文五字：

曾侯作田壺

單鋬帶流壺于商周之際並不常見。M65 出土一件“曾侯作田壺”，器形有别，有提樑。馮時認爲，“田壺”之“田”義即田獵，故田壺應爲田獵之遊而作。黄錦前認爲“田壺”即“彝壺”，“田”即“彝”表器之共名。參見 M65 壺。

曾侯壺（M111：117）器圖、紋飾及銘文

曾侯盤

1件，編號M111：119。圈足高直，盤腹壁弧曲延續至底部，腹外及圈足各飾三組獸面紋，器壁有多處補鑄。高11釐米，口徑30釐米。見《隨州葉家山：西周早期曾國墓地》131頁：圖1，盤底銘文；圖2，器圖。其中兩處補鑄恰與銘文的二字重合，但可看出盤底銘文爲四字：

曾侯用彝

曾侯盤(M111：119)器圖

曾侯盤(M111：119)銘文圖

𢀛父丁罍

1 件，編號 M111：109。高大厚重，侈口束頸，廣肩斂腹，矮圈足，肩部一對銜環牛首耳，下腹有一個牛首環紐，頸部飾兩道弦紋，肩部飾浮雕圓渦紋六個，器形及紋飾具有晚商時代特徵。高 41.2 釐米，口徑 16.5 釐米。見《隨州葉家山：西周早期曾國墓地》136 頁：圖 1，銘文；圖 2、3，耳局部圖；圖 3，整器圖。又見《通鑑續編》30895 號。頸内壁鑄有銘文三字（“丁”字未照出）：

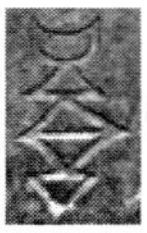(𢀛)父丁

金文族氏文字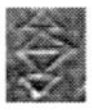及从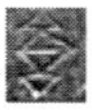者較多見，見容庚《金文編》附録 1148～1150 頁。但其上增从“口”者少見。《金文編》附録只列有一爵銘，見《三代》15.14.3 和《集成》13.7709。另一件盉銘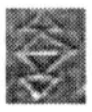（有簡省）在“亞”中，其下銘文爲“乍（作）中（仲）子辛彝”，見《集成》15.9415。何景成《商周青銅器族氏銘文研究》446 頁列爲 A217 號（僅此 2 件）；無口之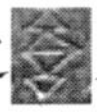見 422 頁 A147 號，則有近 20 件。

甲骨文中有此形及从此形者，見劉釗主編《新甲骨文編》71 頁𢀛、607 頁圉、609 頁𦺈及 605 頁㚔等（福建人民出版社 2014 年）。見下列附圖：

此字或有簡省變化，過去釋讀不一，見李孝定等《金文詁林附録》1028～1035頁引録，于省吾主編《甲骨文字詁林》2583～2597頁。于省吾釋爲幸，象夾持人手腕的腕械，合乎籥鉗之義。幸爲籥的本字，《説文》訓梏爲手械，係後起字。作者，象拘其首于籠内。趙平安認爲"㚔字象頸枷手銬之形，可能就是梏的本字"。

韓宇嬌根據1988年陝西延長縣窖藏出土的一件西周中期偏晚的蘇亶壺銘末尾有族氏文字""(《考古與文物》1993年5期，8頁)，認爲與蘇國有關。蘇國爲已姓，若"蘇亶"確爲蘇國公室，則㚔、幸爲已姓(博士學位論文179頁)。

、作爲偏旁部件時有簡省現象，單獨使用是否同字異體，是否一定爲同一族氏，還有待佐證。張懋鎔認爲㚔當爲商代族氏，蘇可能與其出自同一族氏。

㚔父丁罍(M111：109)器圖

㚔父丁罍(M111：109)銘文

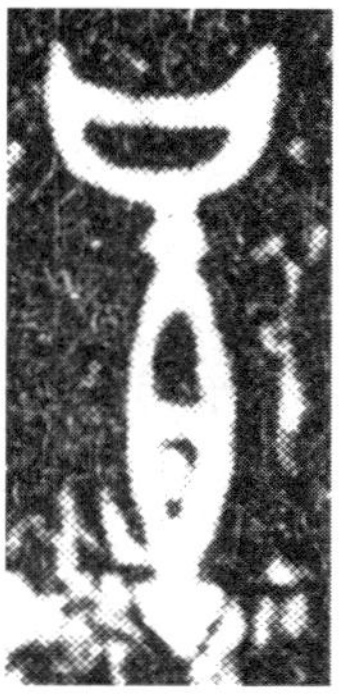

《集成》7709 爵

《集成》9415 盉

【參考文獻】

于省吾：《甲骨文字釋林》，中華書局，1979 年，292~296 頁。

趙平安：《新出簡帛與古文字古文獻研究》，商務印書館，2009 年，119 頁。

張懋鎔：《再論“周人不用族徽説”》，見《古文字與青銅器論集》第三輯，科學出版社，2010 年，29 頁。

葉家山 M126

M126 位于墓地東部南端，北有 M108，與東北 M131 較近。

麻 于 尊

出自 M126，還未見正式報道。黄錦前據網絡所發圖片信息作了專門研究。該尊大口筒狀三段式，深腹圜底，圈足沿下折，通體有四道扉棱，頸飾龍紋帶，上加仰葉紋，仰葉紋由倒獸面組成，腹及圈足飾下卷角獸面紋，兩側填以夔龍紋。其内底所鑄銘文三行十六字：

麻于肇畜馬，
殼儕(齎)貝，用作父戊
寶彝，(廌册)

尊屬王世民等《西周青銅器分期斷代研究》尊的Ⅰ型1式，其時代應爲西周早期前段，形制、紋飾與1974年北京房山琉璃河黄土坡251號墓所出父戊尊(M251：7)近似(《金文通鑑》11542)，約爲成康時器。其中“肇”字作，與頌方彝(《集成》16.9892、《金文通鑑》13539)、黄尊(《集成》11.5976)“肇”字分别作、、等寫法近同或類似。

“殼”與“麻于”應係一名一字。

“儕”字左从人，右部从爫、从冉，金文屢見，一般多釋作“儕”，讀爲“齎”。“儕(齎)貝”，即賜貝。是殼受到獎勵。

“麻于肇畜馬”，“畜”謂飼養。《易・離》：“亨，畜牝牛吉。”“麻于肇畜馬，殼儕(齎)貝，用作父戊寶彝”，即麻于始飼養馬，被賞賜貝，因而製作父戊的祭器以資紀念。此句與京師畯尊“王涉漢伐楚，王有繇功，京師畯克匹王，釐貝，用作日庚寶尊彝”等類似。

族氏文字單氏廌，見何景成《商周青銅器族氏銘文研究》369頁A025，有20余件，時代多爲殷晚周初，出自陝西扶風、岐山、耀縣、寶雞，甘肅靈台，河北正定，遼寧喀左等地；複合族氏“廌册”見614頁B129，只有2件。單氏廌很可能源自西北，故適合養馬。“册”可能爲廌的分支。

黄錦前進而認爲，作器者麻于可能係負責養馬的官員，或即屢見於金文的“走馬”、文獻的“趣馬”。銘末徽記符號“廌册”表明其係廌册族之人，或與遼寧喀左山灣子西周銅器窖藏出土的廌父戊簋和傳世的廌父戊爵的作器者係一人(《葉家山 M126 所出麻于尊及相關問題》, 2016 年 11 月, 待刊稿)。

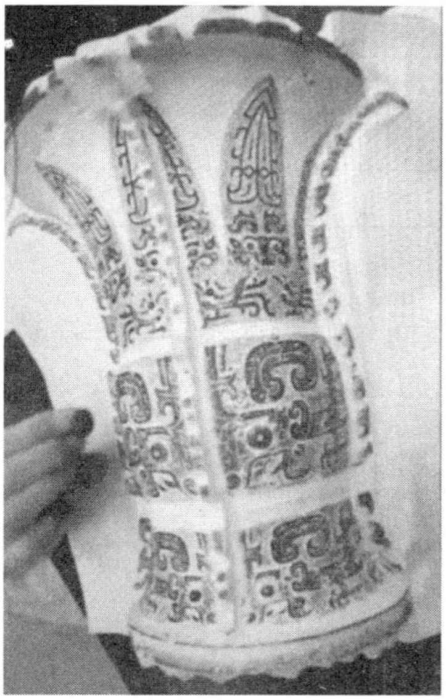

麻于尊器圖

麻于尊銘文圖

葉家山墓地全面發掘, 揭露墓葬 140 座, 馬坑 7 座。墓地的排列布局基本清楚。墓葬没有打破關係, 墓向基本一致(東西向)。大墓主要分布在由北向南的中軸綫上, 中型墓基本分布在大型墓周圍, 小型墓分布在大中型墓周圍。多座大、中型墓内出有“曾侯”銘文字樣的銅器。經發掘者及有關學者的研究, 至少有三位曾侯即曾侯諫、曾侯、曾侯犺埋葬於此地; M65 與 M2, M28 與 M27, M111 與 M50、M46, 可能爲三組核心家族墓葬, 爲侯級和侯的夫人墓。葉家山墓地屬性應爲西周早期曾國侯墓地。

出有“曾侯”所作有銘青銅器墓葬如表一所示:

表一

侯名	M28	M27	M65	M2	M111	M3	M26	合計
曾侯諫	9		3	3		1		16
曾侯諫作媿	6			3				9
曾侯	3	2	1		4		1	11
侯			1		1			2
曾侯戾					3			3

對於侯級諸墓早晚如何確定，學術界有不同意見，説見各墓及各墓器物。至於銘文只有“曾侯”所作之器，我們傾向多爲 M28“曾侯”所鑄。單稱“侯”者則難以判斷。M111 多達 4 件“曾侯”作器，是繼承其父輩之物。

葉家山公布諸墓所見族氏如表二所示：

表二

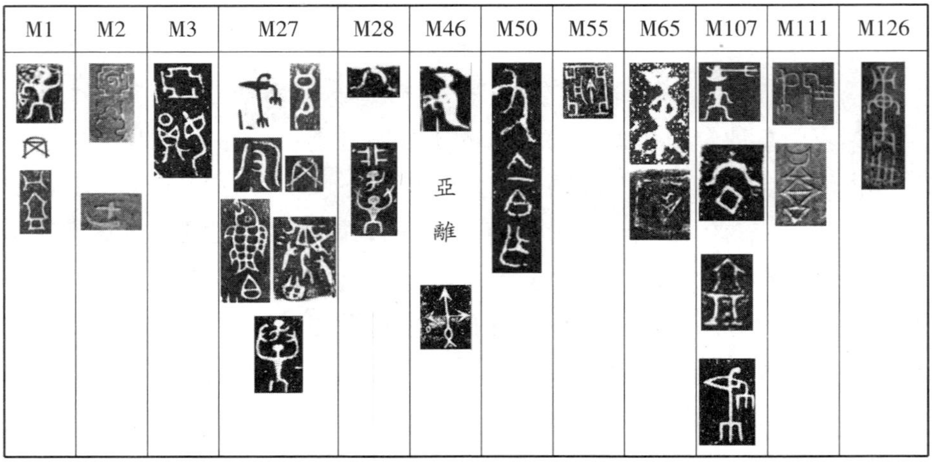

由表二可以看出：

(1)族氏多出自大中型墓，少者 1 個，多者 7 個(M27 出現最多)。

(2)已見報道墓葬20座，有13座墓有族氏，比例高達65%，較爲普遍。

(3)單氏與複氏共見26種，重見者僅爲冉、舉、戈、尺、亞離，不同族氏多達20余種。

(4)多數有族氏文字之器均有“日名”。

(5)這些族氏文字多見於殷商銅器，説明它們當是殷商氏族之器，什麼原因入葬值得研究。

李伯謙認爲：這個墓地發現了17種不同的族徽，“這17種族徽絶大多數是從商代流傳下來的。有族徽的青銅器，大部分可能到了西周時期，但有一些可能是商代的。這些青銅器出現在葉家山，有的可能是周王賞賜的，也可能是從商代繼承下來的或附近國族贈予的”(《江漢考古》2013年4期，58頁筆談)。

張懋鎔認爲：“葉家山曾國墓地出土族徽有17種，但没有一種族徽占有相對優勢，所以從族徽銅器的角度，也可以推定葉家山曾國墓地的族屬與殷遺民無關。”(《江漢考古》2013年4期，62頁筆談)

朱鳳瀚認爲，商器的來源有幾種可能性：一是周人伐商得到很多商器，周王和高級貴族把商器分給了下屬；二是墓主人與商人有密切的聯繫，其文化屬於商文化的一個分支，因此有較多的商器；三是通過婚姻等關係得到(《江漢考古》2013年4期，60頁筆談)。

葉家山公布諸墓所見“日名”及件數如表三所示：

表三

M1	M2	M8	M27	M28	M46	M55	M65	M107	M111	M126
父乙1	父乙1	祖丙1	父乙2	父辛2	父乙1	父乙1	父己1	父乙4	父乙1	父戊1
父丁1			父丁1	母辛1	父丙1	父丁1	父癸1	父丁1	父丁1	
父癸8			父癸2		祖丁1			父庚1	祖辛2	
兄乙1								父辛1		

由表三可以看出：

(1)日名多出自大中型墓，少者1件，多者11件(M1)，計有40件。

(2)已見報道墓20座，有11座墓有日名，比例高達55%，超過半數。

(3)有日名者多有族氏文字。

(4)M111"曾侯作父乙寶尊彝"鼎，明確無誤地説明西周曾國也用日名。

(5)多數日名出現於有族氏的銅器，這些族氏可能多源自殷商。

關於西周曾國的族姓，由於文峰塔曾侯與編鐘的出土，銘文記述曾國受周分封者爲周人"南公"，銘文又云"余稷之玄孫"(M1：3)，説明曾侯爲姬姓無疑。但周之曾與商之曾的關係如何，隨州一帶的土著，或者商代時期這一地帶的民衆或族屬如何，葉家山墓地葬者的身份究竟如何，幾座大墓的墓主、年代及其相互關係如何等諸多問題，學術界有不同意見，一時還難以達成共識，還有待材料陸續刊布及繼續深入探討。

【參考文獻】

李學勤等：《湖北隨州葉家山西周墓地筆談》，《文物》2011年11期；《試説葉家山M65青銅器》，見羅運環主編：《楚簡楚文化與先秦歷史文化國際學術研討會論文集》，湖北教育出版社，2013年；《曾侯與編鐘銘文前半釋讀》，《江漢考古》2014年4期。

黃鳳春、陳樹祥、凡國棟：《湖北隨州葉家山新出西周曾國銅器及相關問題》，《文物》2011年11期。

《江漢考古》編輯部：《隨州葉家山西周墓地考古研討會綜述》，《江漢考古》2013年3期。

段姝杉、陳麗新：《葉家山西周墓地國際學術研討會綜述》，《江漢考古》2014年1期。

黃鳳春、黃建勳：《論葉家山西周曾國墓地》，見《隨州葉家山：西周早期曾國墓地》，文物出版社，2013年，262頁。

黃鳳春、胡剛：《説西周金文中的南公——兼論隨州葉家山西周曾國墓地的族屬》，《江漢考古》2014年2期；《再説西周金文中的"南公"——二論葉家山西周曾國墓地的族屬》，《江漢考古》2014年5期。

張昌平：《葉家山墓地相關問題研究》，見《隨州葉家山：西周早期曾國墓地》，文物出版社，2013 年，270 頁。

張昌平、李雪婷：《葉家山墓地曾國銘文青銅器研究》，《江漢考古》2014 年 1 期。

張昌平：《論隨州葉家山西周墓地曾國青銅器的生產背景》，《文物》2013 年 7 期。

李伯謙：《西周早期考古的重大發現》，見《隨州葉家山：西周早期曾國墓地》，文物出版社，2013 年，285 頁。

李伯謙等：《隨州葉家山西周墓地第二次發掘筆談》，《江漢考古》2013 年 4 期。

何曉琳：《隨州葉家山西周墓葬出土日用陶器淺析》，《江漢考古》2014 年 2 期。

張懋鎔：《談隨州葉家山西周曾國墓地》，清華大學《出土文獻》第三輯，中西書局，2012 年；《再談隨州葉家山西周曾國墓地》，《江漢考古》2016 年 3 期。

王恩田：《隨州葉家山西周曾國墓地的族屬》，《江漢考古》2014 年 3 期；《曾侯與編鐘與曾國始封——兼論葉家山西周曾國墓地復原》，《江漢考古》2016 年 2 期；《曾侯與編鐘與周初南公和曾侯世系》，復旦大學出土文獻與古文字研究中心網站，2015 年 2 月 11 日。

徐少華：《"曾侯諫作媿"器組簡説》，《古文字研究》第三十一輯，中華書局，2016 年，110 頁。

韓宇嬌：《曾國銅器銘文整理與研究》，清華大學博士學位論文，2014 年 10 月。

何景成：《商周青銅器族氏銘文研究》，齊魯書社，2009 年。

嚴志斌：《商周青銅器銘文研究》，中國社會科學院研究生院 2006 年 5 月博士學位論文，上海古籍出版社，2013 年。

韓巍：《從葉家山墓地看西周南宫氏與曾國——兼論"周初賜姓"説》，《曾國考古發現與研究學術研討會論文彙編》，北京，2014 年 12 月。

笪浩波：《葉家山西周曾國墓地的幾個相關問題》，《中原文物》2016 年 5 期。

黄錦前：《由葉家山 M107 所出"西宫"銘文談曾國的族源問題》，2016 年未刊稿；《西周早期曾侯世系與葉家山三座大墓的年代和墓主》，2017 年 5 月未刊稿。

萬店塔兒灣周家崗

郙季盤

1件。1976年3月萬店公社塔兒灣管理區周家崗進行農田基本建設時發現，古墓已被破壞，出土的鼎2件、簠2件、鬲2件、盤1件有銘文。因簠銘不清，盤於報告中未附銘文，故在1992年出版的《湖北出土商周文字輯證》中未收入銘文圖片。現據有關材料補録盤銘。此器屬春秋早期器。見《考古》1984年6期510頁，以及：圖版四-6(器圖)；《曾國青銅器》288頁銘文拓片，289頁器物圖片；《隨州出土文物精華》41頁器物圖片、銘文圖片。盤内底有銘文三行十七字(原報告釋文有誤)：

郙季之白(伯)歸𡘋，
用其吉金，自乍(作)
盥盤，子子孫孫永用之。

有關問題，説見本書上編。“邦季”問題還可討論。邦，也可能爲地名氏稱，或者小國名。季，行輩。白歸夷，名或字。只是中間夾一“止(之)”字較爲特別，也可以理解爲“邦季之伯”名“歸夷”，作器者可能是“邦伯”。

郙季盤器圖

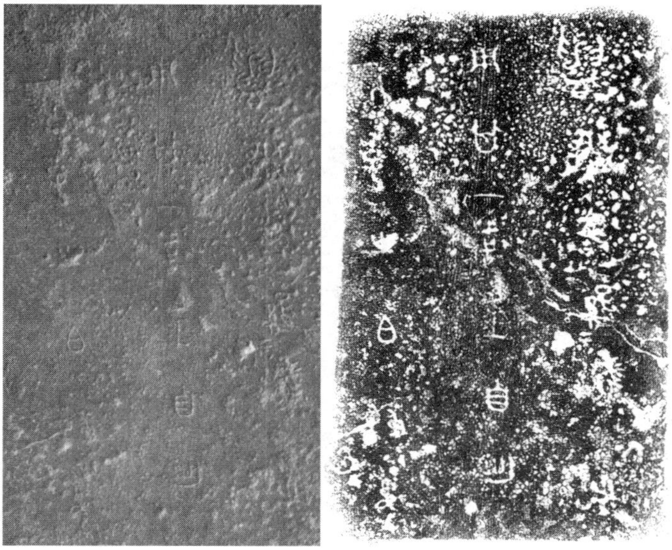

廓季盤銘文

【著録】

隨州市博物館：《湖北隨縣發現商周青銅器》，《考古》1984 年 6 期。

湖北省文物考古研究所編：《曾國青銅器》，文物出版社，2007 年。

隨州市博物館編：《隨州出土文物精華》，文物出版社，2009 年。

義地崗散見文物

2012 年 10 月，隨州警方破盜墓案，追回曾侯寶鼎 1 件，據傳出自隨州厥水東岸義地崗墓地，現藏隨州市博物館。吳鎮烽《金文通鑑》02219 號下“備註”云：“據傳同坑出土數十件青銅器，目前見到 19 件，鼎 7、簋 5、簠 2、方壺 2、圓壺 1、盤 1、匜 1，除器名外，銘文基本相同。”時代爲春秋早期，收藏者爲“某收藏家”。這些器很可能爲同次出土流失。義地崗發現有多位曾侯墓，説明這一區域是曾國國君及其近親的家族墓地群(《江漢考古》2014 年 4 期，48 頁)。爲便於比較，據所見著録收録於此。

曾侯寶鼎一

1件。此鼎爲隨州警方破盜墓案所獲。器形厚重，附耳，方唇，蹄足，淺半球形腹。飾有垂鱗紋、竊曲紋、重環紋等。通高30釐米，口徑36.5釐米，腹深18釐米，兩耳間距40.8釐米。重4000克。見項章《隨州博物館藏曾侯匋鼎》(《文物》2014年8期，44頁)，以及：圖一，綫圖；圖二，銘文拓片；封底，器圖。又見吳鎮烽《通鑑續編》30187。鼎腹内壁鑄有銘文五行二十二字：

隹(唯)王五月吉
日庚申，曾侯
寶擇其吉金，
自作阩(升)鼎，永
用之。

其中，寶字从宀从缶。阩，報告釋爲斗。

曾侯寶鼎一器圖

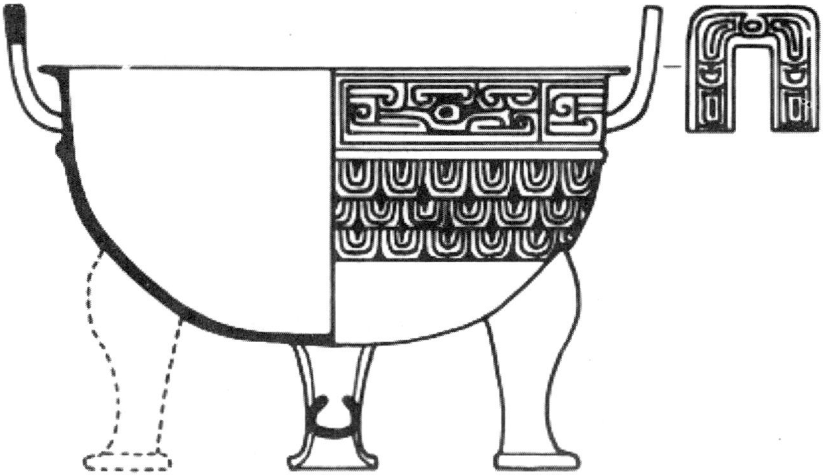

曾侯寶鼎一綫圖

曾侯寶鼎一銘文拓片

曾侯寶鼎二

1件。《金文通鑑》02219，某收藏家收藏。形制與鼎一類同。通高30釐米，口徑36.5釐米，兩耳間距40.8釐米。内壁鑄銘文五行二十二字，行款與鼎一類同。

曾侯寶鼎二器圖

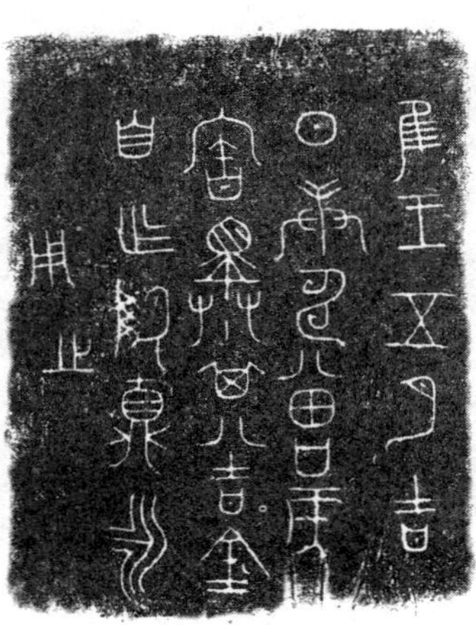

曾侯寶鼎二銘文拓片

曾侯寶鼎三

1 件。《金文通鑑》02220，某收藏家收藏。形制與鼎一、二類同。内壁鑄銘文五行二十二字，排列與鼎一、二小别。

曾侯寶鼎三器圖

曾侯寶鼎三銘文拓片

曾侯寶鼎四

1 件。《通鑑續編》30185，中國國家博物館藏。著録於吕章申主編

《中國國家博物館百年收藏集粹》139 頁 64 上(安徽美術出版社，2014 年)；中國國家博物館、中國國家書法家協會編《甲骨文金文集粹》264 頁(安徽美術出版社，2015 年)。通高 31.2 釐米，兩耳距 42.3 釐米，口徑 38.8 釐米。内壁鑄銘文五行二十二字，排列小别。

曾侯寶鼎四器圖

曾侯寶鼎四銘文拓片

曾侯寶鼎五

1 件。《金文通鑑》續編 30186，中國國家博物館藏。著録於吕章申主編《中國國家博物館百年收藏集粹》139 頁 64 下(安徽美術出版社，2014 年)；中國國家博物館、中國國家書法家協會編《甲骨文金文集粹》265 頁(安徽美術出版社，2015 年)。通高 30. 8 釐米，兩耳距 41 釐米，口徑 37. 4 釐米。内壁鑄銘文五行二十二字，排列與鼎四同。

曾侯寶鼎五器圖

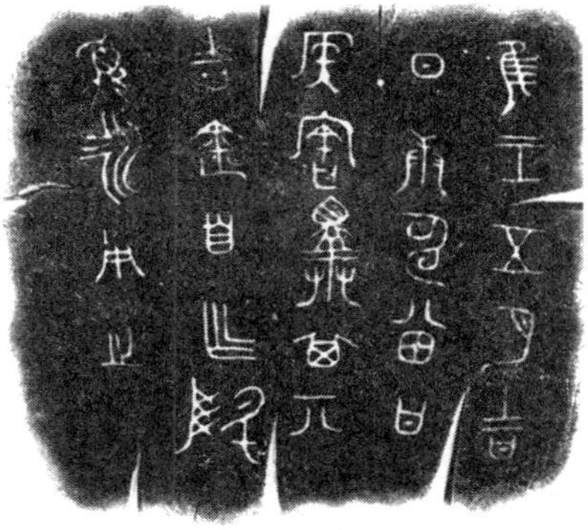

曾侯寶鼎五銘文拓片

曾侯寶簋一

1 件。《金文通鑑》04975。通高 20. 3 釐米，口徑 20. 2 釐米，腹深

10.3 釐米。飾有重環紋、竊曲紋、瓦紋、夔龍紋等。蓋内鑄有銘文四行二十二字，自左讀：

隹(唯)王五月吉
日庚申，曾侯寶
擇其吉金，自作
食簋，永用之。

曾侯寶簋一器圖

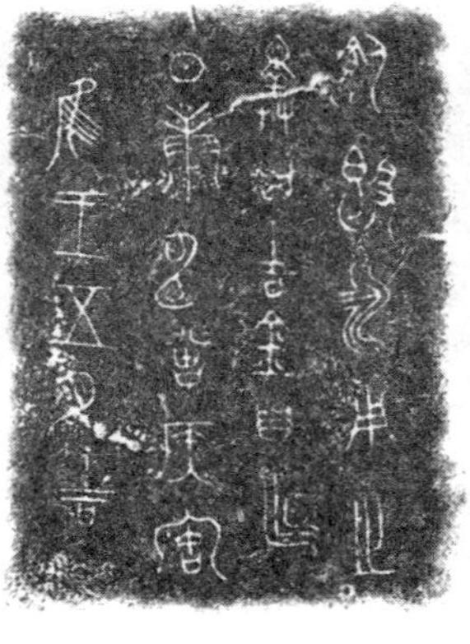

曾侯寶簋一銘文拓片

曾侯寶簋二

1 件。《金文通鑑》04976。通高 22.5 釐米，口徑 22 釐米。形制、紋飾、銘文與簋一類同。

曾侯寶簋二器圖

曾侯寶簋二銘文圖

曾侯寶壺

1 件。《金文通鑑》12390。通高 54 釐米，口徑 18.6 釐米。侈口，長頸内束，頸部有一對獸首銜環耳。蓋冠作蓮瓣形，蓋頂未封。飾有夔龍紋、環帶紋、蟠螭紋、垂鱗紋。蓋榫鑄銘二十二字：

唯王五月吉日庚申，曾侯寶擇其吉金，自作尊壺，永用之。

曾侯寶壺器圖

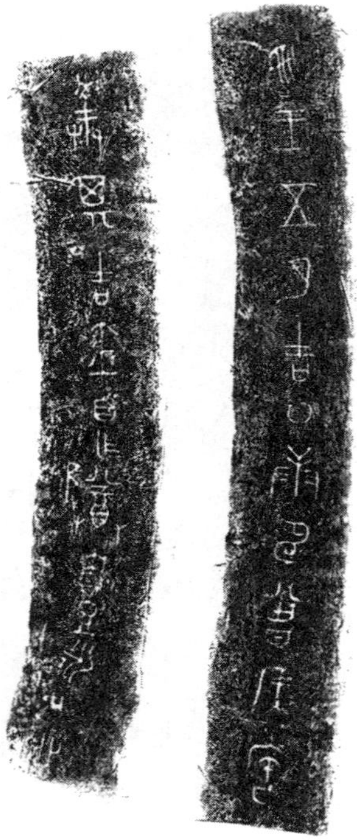

曾侯寶壺銘文拓片

曾侯寶盤

1 件。《通鑑續編》30942，海外某收藏家收藏。敞口淺盤，窄沿方唇，腹部有一對乙字形附耳，平底下置三條蹄足。兩耳和腹部均飾蟠虺紋。内底鑄銘文四行十九字：

唯王五月吉日
庚午，曾侯寶
擇其吉金，自作
盥盤。

曾侯寶盤器圖

曾侯寶盤銘文圖

曾侯寶匜

1件。《通鑑續編》30942曾侯寶盤"補注":"同出有一匜,銘文除易'盤'爲'匜'外,其餘相同。銘文資料未公布。"

春秋早期前後的曾侯有曾侯絴白、曾侯仲子斿父、曾侯巳、曾穆侯等。曾侯寶的出現,爲研究曾侯世襲提供了重要材料,值得進一步深入研究。

吳鎮烽將曾侯寶器均定爲春秋早期。胡嘉麟經研究後認爲,曾侯寶器的上限不早于春秋中期早段(2016年蘇家壟會議論文)。現從胡説。

【參考文獻】

張昌平:《曾國青銅器研究》,文物出版社,2009年,275~276頁。

韓宇嬌:《曾國銅器銘文整理與研究》,清華大學2014年博士學位論文,82~86頁。

□伯鬲

1件。1993年6月隨州市大堰坡鄉張嘴村村民在市東郊義地崗取土時發現,編號M83。同出還有青銅盤、匜各1件。鬲有銘,盤、匜無銘。

鬲爲寬平沿,方唇,短頸,圓肩,平襠,足下部略呈蹄形,口徑大於通高。肩飾一周重環紋,腹部及足根布滿直綫文,三足外鑄有彎月形扉棱,底部鑄縫呈三角形,留有較厚煙炱。通高13釐米,口徑16.9釐米。重1123克。銘文環列口沿,前半部分不够清晰。見《江漢考古》1994年2期37頁,以及:圖二-1,綫圖;圖三,銘文;圖版貳-1,器圖。又見《曾國青銅器》331~333頁,《金文通鑑》02861。銘文見十來字:

□白(伯)……寶尊鬲,其萬年永寶用。

報道者認爲,鬲之造型、紋飾均與陝西出土的"滎有司爯鬲"和"成伯孫父鬲"極爲相似,是典型的西周晚期的銅鬲樣式。經考古隊現場清理，並進行深入研究，據器物特點確定爲春秋早期墓葬。《曾國青銅器》定爲西周晚期，認爲這種直棱紋鬲與曾國常見的折肩鬲風格迥異，而常見於周原地區，其濫觴于西周中期，西周晚期多出。

考慮到作器者名字被刮去，此鬲可能來自中原，因某種原因入葬曾國墓地。或主張前二字爲“曾白(伯)”，可能有誤。

近見黃錦前文認爲：作器者名被刮除，同出又有盤、匜等青銅器，據同類材料對比來看，器主很可能也爲曾侯，係曾伯文、曾伯陭(曾伯從寵)中的一位(《出土古文字資料所見曾侯世系》，2017年5月待刊稿)。

□伯鬲器圖

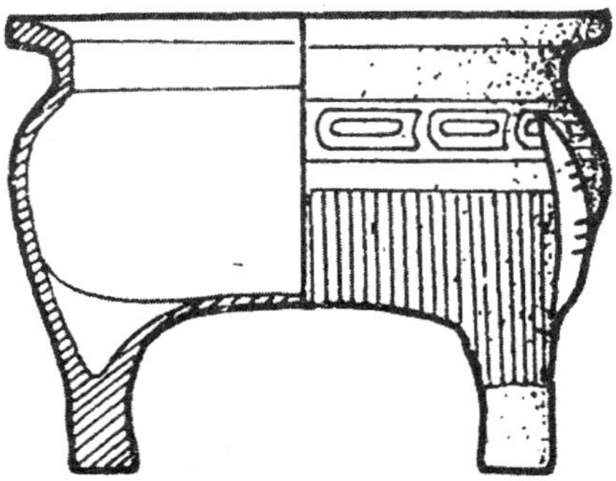

□伯鬲綫圖

□伯鬲銘文拓片

【著録】

隨州市考古隊黄建勛、余四清:《湖北隨州義地崗又出土青銅器》,《江漢考古》1994 年 2 期。

湖北省文物考古研究所:《曾國青銅器》,文物出版社,2007 年。

隨州市博物館編:《隨州出土文物精華》,文物出版社,2009 年。

義地崗東風油庫

1994 年年初,爲配合隨州市石油公司在義地崗墓地西南建設東風油庫，發掘三座曾國墓，編號 M1～M3。出土一批青銅器，其中部分有銘文。

曾侯郕鼎

1 件，編號 M3：19。形制與曾少宰黄仲酉鼎類同。主要飾蟠螭紋。形體高大厚重。通高 35 釐米，口徑 31 釐米。重 9100 克。見《文物》2008 年 2 期 10 頁，以及：圖七，綫圖；圖八-1，銘文拓片；封三-2，器圖。蓋、腹各鑄有相同銘文兩行六字：

曾侯郕
之食鼎

曾侯郕鼎（M3：19）器圖

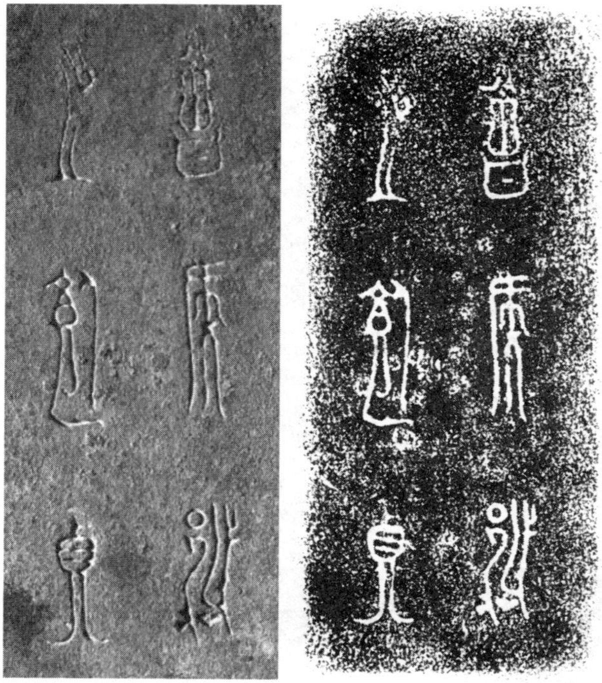

曾侯郕鼎銘文

曾少宰黄仲酉鼎

1件，編號M1：6。主要飾蟠螭紋。通高22釐米，口徑18.6釐米。重2287克。銘文爲蓋、腹對銘。其中腹部銘文鑄在兩耳之間足部的對應處。蓋、腹各鑄有銘文兩行九字，僅分行略異。蓋銘“仲”字在第一行，器銘“仲”字在第二行。見《文物》2008年2期9～10頁，以及：圖六-2，綫圖；圖九，蓋銘照片；封三-1，器圖。蓋銘拓片見《曾國青銅器》341頁，遺憾“中”字被裁掉。蓋銘：

曾少宰黄中(仲)
酉之行鼎

曾少宰黄仲酉鼎(M1：6)器圖

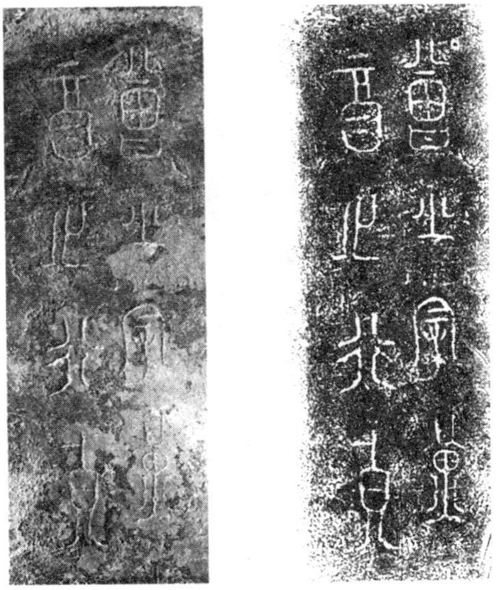

曾少宰黄仲酉鼎(M1：6)蓋銘

曾少宰黄仲酉甗

1件，編號M1：3。分體。甑體附耳，帶長條形箅，蹄足。飾有蟠螭紋、雷紋。高21.6釐米，口徑17.6釐米。重2287克。腹部内壁靠近一耳處鑄有銘文兩行九字，字迹較模糊。見報告10頁，以及：圖一〇，器物照片；圖二一-1，綫圖。報告未附銘文圖片。銘文見《曾國青銅器》343頁，也不清晰：

曾少宰黄
中(仲)酉之行甗

曾少宰黄仲酉甗(M1：3)器圖

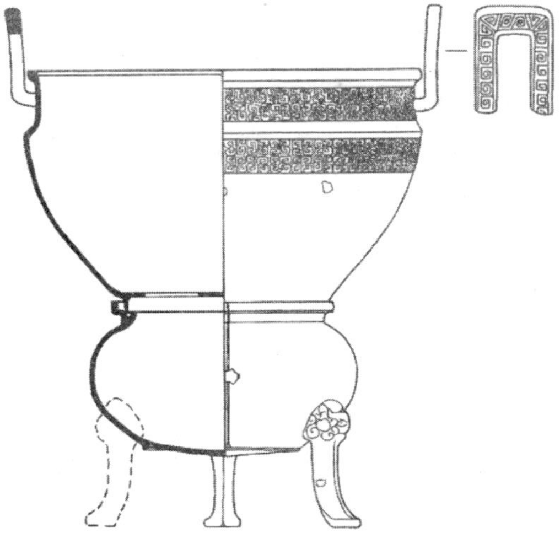

曾少宰黄仲酉甗(M1：3)綫圖

曾少宰黄仲酉甗(M1：3)銘文圖

曾少宰黄仲酉簠

1 件，編號 M1：8。飾蟠螭紋。通高 14.6 釐米，口長 19.2 釐米，口寬 13.5 釐米。蓋、腹内地中部各鑄有銘文兩行九字，銘文分行與 M1：6 鼎相同。見《文物》2008 年 2 期 10 頁，以及：圖八-2，銘文拓片；圖一一，器圖；圖二二-1，綫圖。銘文：

曾少宰黄中(仲)
酉之行匿(簠)

曾少宰黄仲酉簠(M1：8)器圖

曾少宰黄仲酉簠(M1：8)銘文拓片

曾少宰黄仲酉方壺

1 件，編號 M1：9。橢方形。盤形口實際是壺的冠部。冠及圈足各有八個鏤孔或未鏤孔的盲孔。素面。高 21.5 釐米。重 1123 克。頸外長邊刻有銘文兩行九字。見《文物》2008 年 2 期 11 頁，以及：圖八-3，器銘拓片；圖二二-3，綫圖；圖二五，冠部；封三-3，器圖。銘文：

曾少宰黄

中(仲)酉之行(盂)

曾少宰黄仲酉方壺(M1：9)器圖

曾少宰黄仲酉方壺(M1：9)銘文拓片

曾少宰黄仲酉盤

1 件，編號 M1：2。淺腹，附耳，圜底，三獸蹄形矮足。耳兩側飾雷紋。口徑 25 釐米，高 9.3 釐米。重 1007 克。腹底中部鑄有銘文兩行九字。見《文物》2008 年 2 期 11 頁，以及：圖一二，器圖；圖二一-2，綫圖。未附銘文圖片。銘文見《曾國青銅器》348 頁，也不清晰：

曾少宰黃
中(仲)酉之行盎(匜盤)

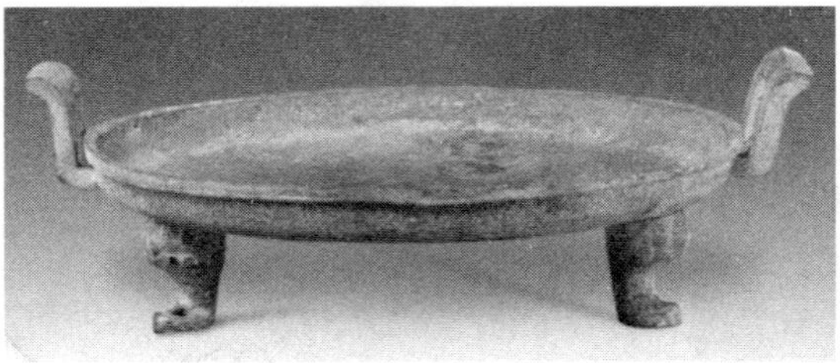

曾少宰黃仲酉盤(M1：2)器圖

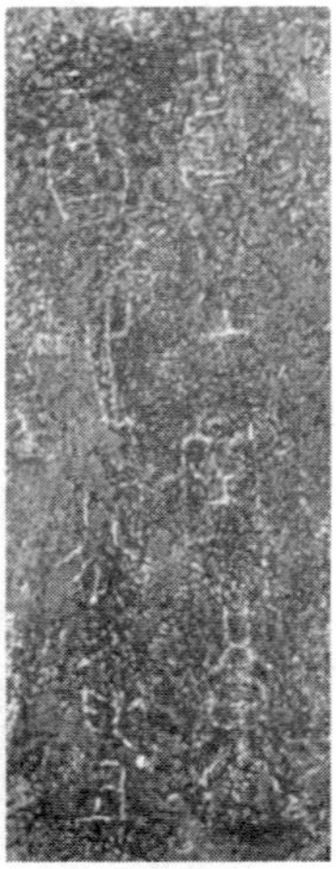

曾少宰黃仲酉盤
(M1：2)銘文圖

曾少宰黃仲酉匜

1 件，編號 M1：1。平底，素面，環紐鋬。寬體短流，翹尾。高 4.6 釐米。重 251 克。腹内底中部鑄有銘文兩行九字。見《文物》2008 年 2 期 12 頁，以及：圖一三，器圖；圖二六-2，綫圖。未附銘文圖片。銘文見《曾國青銅器》351 頁：

曾少宰黃中(仲)
酉之行盎(匜)

曾少宰黄仲酉匜(M1：1)器圖

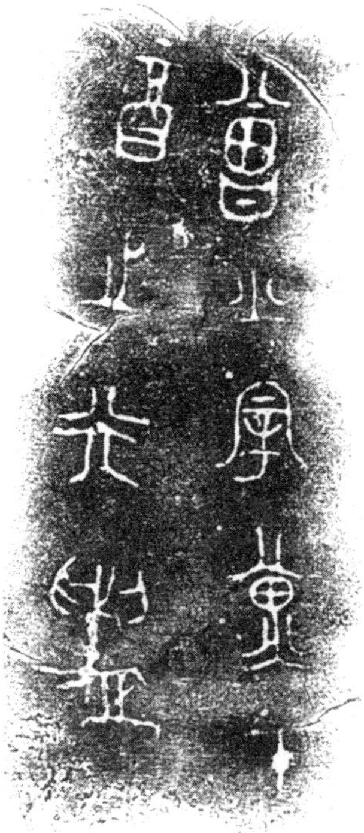

曾少宰黄仲酉匜(M1：1)銘文拓片

可　簠

1件，編號M2：7。器體較扁長，足殘。飾蟠螭紋。通高12釐米，口長19.9釐米，口寬13.2釐米。蓋、腹各鑄有相同銘文兩行四字。見《文物》2008年2期10頁，以及：圖二二-2，綫圖；圖二三，器銘拓片。銘文：

可之

行匿(簠)

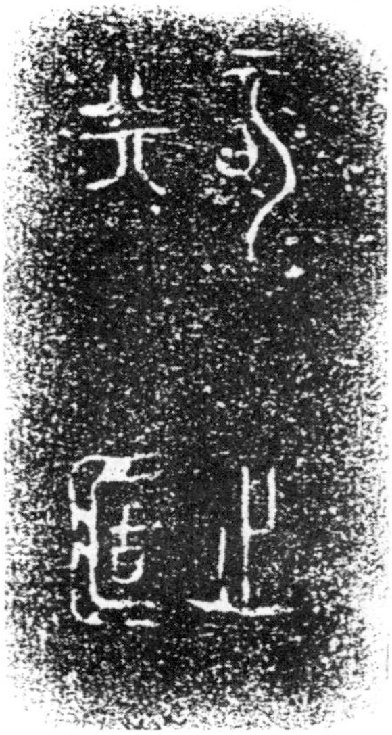

可簠(M2：7)銘文拓片

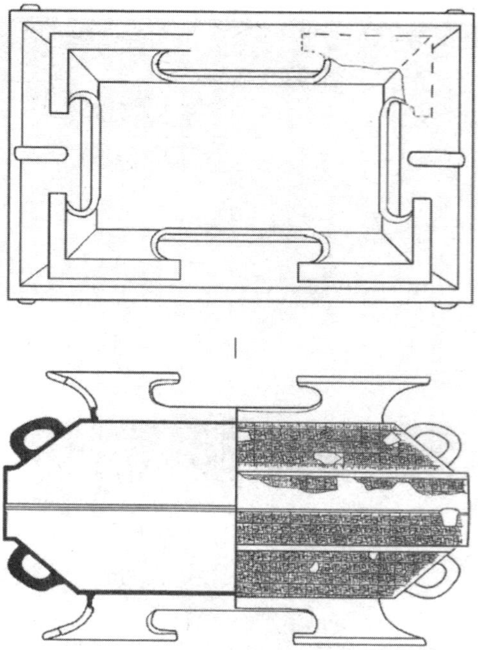

可簠(M2：7)綫圖

可方壺

1件，編號M2：8。與M1：9方壺類同。高24.9釐米。重1151克。頸内長邊鑄有銘文兩行四字。見《文物》2008年2期11頁，以及：圖二二-4，綫圖；封三-4，器圖。未附銘文。銘文見《曾國青銅器》360頁，不够清晰：

可之行䀌(壺)

“壺”字，或釋盂，張桂光等釋爲“壺”。禤健聰進一步分析字形，認爲應是李家浩所分析的無蓋壺的𣪘，應釋讀爲壺。

可方壺(M2：8)器圖

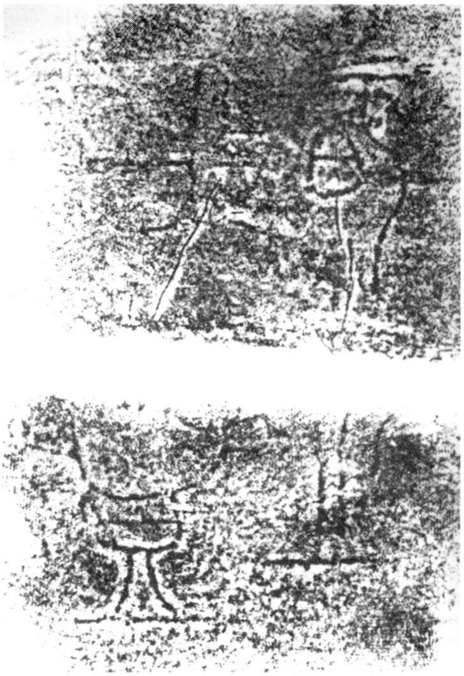

可方壺(M2：8)銘文拓片

可　　盤

1件，編號M2：3。形制與M1：2盤類同。耳、足爲素面。口徑22.4釐米，高7.5釐米。重904克。腹底中部鑄有銘文一行四字。見《文物》2008年2期11頁，以及：圖八-4，銘文拓片；圖二一-3，綫圖。銘文：

可之行盤

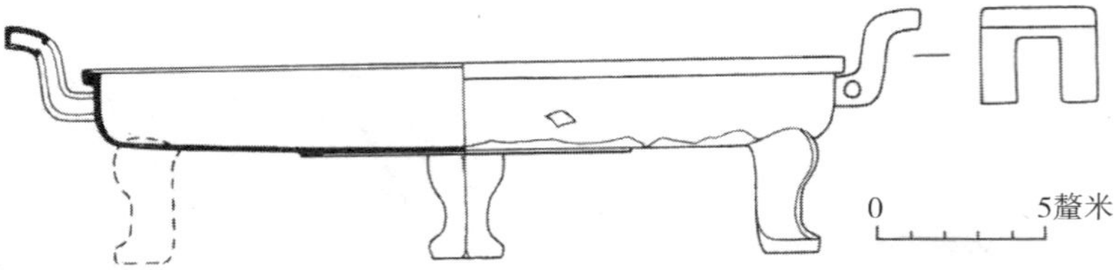

可盤(M2：3)綫圖

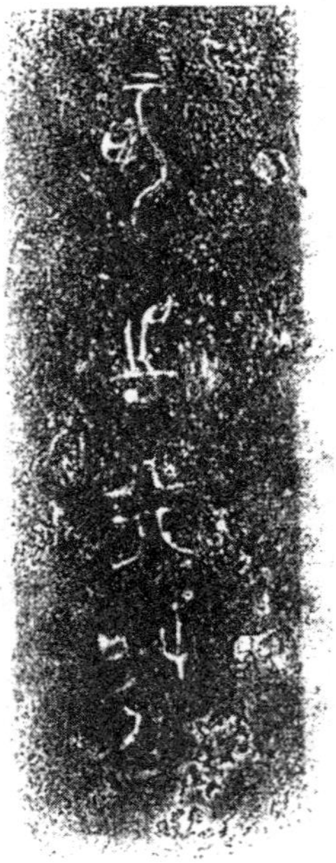

可盤(M2：3)銘文拓片

可　　匜

1件，編號M2：1。圓腹，平尾，流較長。耳、足爲素面。高5.7釐米。重236克。見報告12頁，以及：圖一四，器圖；圖二六-3，綫圖。腹壁鑄有横向銘文，頗爲模糊，結合其他銘文可辨識爲一行四字(報告未附銘文，《曾國青銅器》也未附銘文；《金文通鑑》14363 可盤下“備註”亦云“銘文拓本未發表”）：

可之行盥(匜)

可匜(M2：1)器圖

曾仲姬壺

1 件，編號 M3：20。帶提鏈圓壺。飾有三角紋、龍形紋。蓋頂高 30 釐米。重 3628 克。上腹鑄有横行銘文六字。見《文物》2008 年 2 期 11 頁，以及：圖八-5，銘文拓片；圖二一-4，綫圖；封面，器圖。銘文：

曾中(仲)姬之𤖼(醬)壺

曾仲姬壺(M3：20)器圖

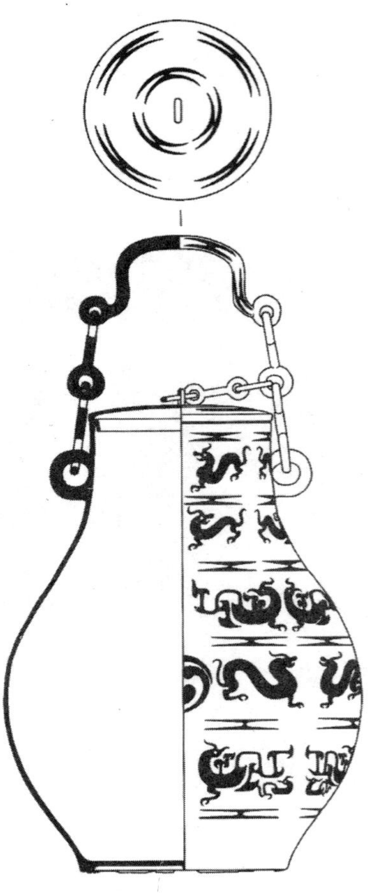

曾仲姬壺(M3：20)綫圖

報道者認爲：M1出有兵器而無玉器，墓主當爲男性。所出6件有銘銅器均爲“曾少宰黄仲酉”所作，“黄仲酉”應爲墓主。楚職官有“少宰”，當爲武官。如《左傳·宣公十二年》：楚“少宰如晉師”。

人名“黄仲酉”爲“國氏+行輩+私名”。是黄國貴族入曾爲士。黄錦前認爲：這批器物的時代爲春秋晚期後段，此時黄國已滅亡，因而貴族流亡他國爲仕。

曾仲姬壺（M3：20）紋飾

曾仲姬壺（M3：20）銘文拓片

“少宰”，包山楚簡157有“少宰尹𨛭設”，157反有“鄢少宰尹”，宰字从刀。曾侯乙墓簡154、155有“宰尹臣”；簡175、210有“大（太）宰”。包山簡102“新都南陵大（太）宰”。簡文宰，楚簡多从刀。根據簡文，中央、地方均有“宰尹”職官。“少宰”對應的應是“大（太）宰”。《周禮·天官·大宰》：“掌邦國之六典，以佐王治邦國。”職權相當於“相”。《左傳·宣公十二年》：“蔿敖爲宰。”杜預注：“宰，令尹。”《左傳·成公十六年》：楚“子重使大宰伯州犁侍于王後”。可見，周的“大宰”與楚的“大宰”有所區別。少宰應爲“大宰”的佐官。M1 雖已破壞，從隨葬品及青銅器銘文記述，知曾少宰黄仲酉地位不低，是否具有佐相的地位，還難以確定。

M2 出有 4 件有銘銅器均爲“可”作。“可”應爲墓主。或以爲“可”爲黄仲酉的夫人(韓宇嬌博士學位論文 116 頁)。

M3 所出器物銘文有“曾侯戉”和“曾仲姬”。有多件曾侯戉兵器出於曾侯乙墓。私人收藏也見有 1 件曾侯戉簠，見後列“可能出自湖北器”。M3 的墓葬規模與 M1、M2 相近，墓主爲曾侯戉的可能性不大。M3 多出玉器而無兵器，墓主當爲女性“曾仲姬”。曾侯戉鼎可能爲曾侯戉贈與曾仲姬的。曾侯戉可能爲曾侯乙的父輩，曾侯戉晚於曾侯與。M1 和 M2 的年代爲春秋晚期偏晚，M3 的年代當爲戰國早期。

曾少宰方壺自銘“行”。過去多釋爲“盂”。這種“盂”字的寫法，見於楚器盞稱“盞盂”。如楚王熊審盞“楚王熊審之盂”(《近出殷周金文集録》1022)、王子申盞“王子申作嘉嬭盞盂”(《集成》4643)。黄錦前有專文研究，説見襄陽朱坡鄉徐莊村所出舒子盞。此字用於壺銘見於齊良壺“齊良作壺盂”(《集成》9659)。陳思鵬等《新見金文字編》151 頁認爲：這種寫法“實是在上‘皿’下‘于’的寫法(已見於子諆盆、蘇公盂簋)的基礎上贅加‘皿’旁而成”。意即其上是“皿”變形。是否如此，還值得進一步研究。此字也可能是在“于”上增加某種裝飾，本即“盂”字。壺、盞稱“盂”，應是功用有類同之處。韓宇嬌傾向釋讀爲𥁰，即盆一類的器物，可盛稻粱。壺或有盛米之功用，故壺可稱“壺𥁰”。功能相同的器，其名也可相互替代，故曾少宰壺可稱“𥁰”。

“醬壺”，指壺之功用。《説文》“醬”：“酒以和醬也。”可能是調酒用壺。

匜銘自銘“行𥂴”。𥂴字釋讀不一。陳思鵬等《新見金文字編》154 頁認爲，“趙平安等釋𥂴。實當從何琳儀、高玉平釋𥂴，爲‘匜’異體”。此字各家意見不一，説見十堰市肖家河鍚子仲瀕兒匜。

【著録】

湖北省文物考古研究所、隨州市曾都區考古隊、隨州市博物館：《湖北隨州義地崗墓地曾國墓1994年發掘簡報》，《文物》2008年2期，又刊於《江漢考古》2008年2期。本書資料取自《文物》。

湖北省文物考古研究所：《曾國青銅器》，文物出版社，2007年，338～371頁。

【參考文獻】

趙平安：《金文考釋五篇》，見《容庚先生百年誕辰紀念文集》，廣東人民出版社，1998年。

何琳儀、高玉平：《唐子仲頻兒匜銘文補釋》，《考古》2007年1期。

黄錫全：《古文字與古貨幣文集》，文物出版社，2009年，285頁"大宰"。

陳穎飛：《曾侯乙墓簡所見職官初探》，清華《出土文獻》第六輯，中西書局，2015年，127頁。

劉信芳：《楚系簡帛釋例》，安徽大學出版社，2011年，23頁。

張光裕：《從字的釋讀談到盨、盆、盂諸器的定名問題》，《考古與文物》1982年3期。

韓宇嬌：《曾國銅器銘文整理與研究》，清華大學2014年博士學位論文，96、113頁。

禤健聰：《銅器銘文補釋二則》，《古文字研究》第三十一輯，中華書局，2016年，253頁。

黄錦前：《銅器銘文所見曾國職官及其身份舉隅》，2017年年初未刊稿。

義地崗曾公子棄疾墓

2011年9月，爲配合隨州城建工程，湖北省考古研究所對隨州義地崗墓地進行搶救性發掘，清理墓葬4座，其中M6銅器中發現有"曾公子棄疾"的銘文。計有下列鼎、簠、甗、壺、缶、斗等器。

曾公子棄疾鼎甲

1件，編號M6：9。子口承蓋。口沿下和腹部各有一道箍棱。一對長方形附耳。深腹圜底。三條蹄形足外撇。蓋面隆起，蓋頂中央有雙頭共身螭龍銜環紐，外圈有三個環紐，紐上有螭龍凸起。蓋面滿飾花紋，中央兩綯索紋間一周重環紋，其外飾蟠虺紋兩周，蓋沿飾一周變體蟠螭紋，螭身填以魚子紋。腹部箍棱上下飾四組變體蟠螭紋，螭身填以魚子紋。足上部飾獸面紋。通高 25 釐米，口徑 21.5 釐米，腹深 14.7 釐米。重 3665 克。見《江漢考古》2012 年 3 期 5 頁，以及：圖版二，器圖；圖三，綫圖、銘文摹本；拓片一，銘文拓片。蓋、器同銘，各兩行八字：

曾公子厺(棄)
疾之行貞(鼎)。

曾公子棄疾鼎甲(M6：9)器圖

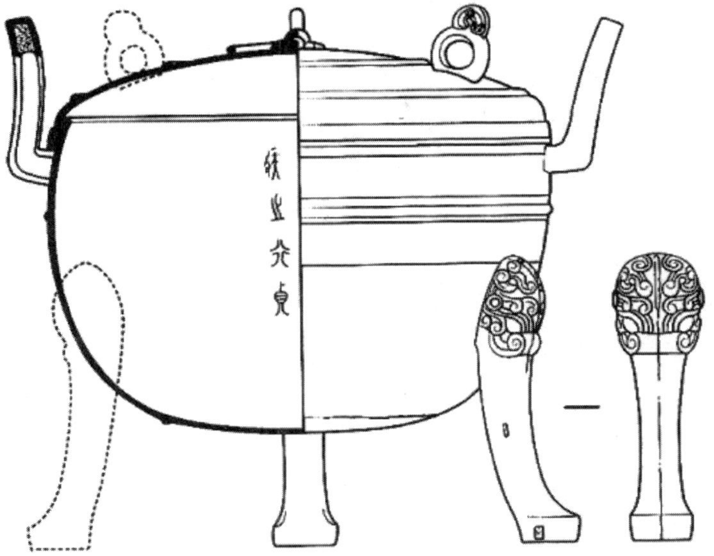

曾公子棄疾鼎甲(M6：9)綫圖

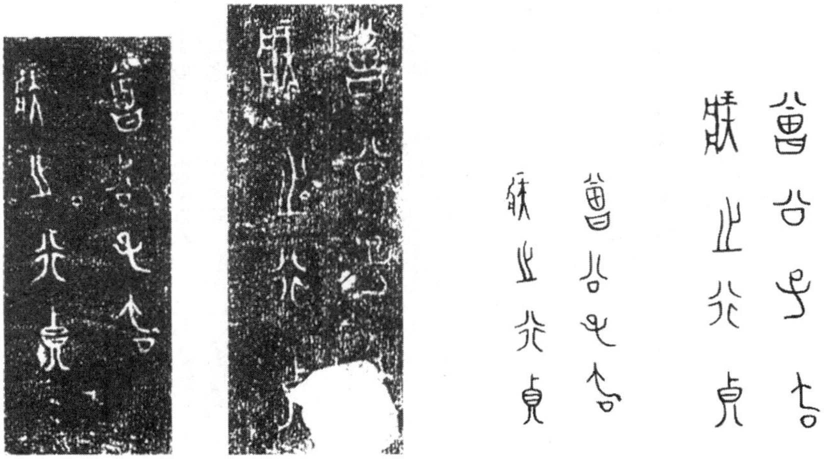

器　　蓋　　器　　蓋

拓片　　摹本

曾公子棄疾鼎甲(M6：9)銘文

曾公子棄疾鼎乙

1件，編號M6：10。子口承蓋，口沿下和腹部各有一道箍棱。一對長方形附耳。深腹圜底。三條蹄形足外撇。蓋面微隆起，蓋頂中央有雙頭共身螭龍銜環紐，外圈有三個環紐，紐上有螭龍凸起。蓋面中央飾重環紋和綯紋各一周，其外飾蟠虺紋兩周，蓋沿飾一周變體蟠螭紋，螭身填以魚子紋。耳飾蟠虺紋和綯紋。腹部箍棱上下亦飾四組變體蟠螭紋，螭身填以魚子紋。足上部飾獸面紋。通高35.9釐米，口徑30.7釐米，腹深20.2釐米。重8895克。見，《江漢考古》2012年3期6頁，以及：圖版三，器圖；圖四，綫圖、銘文摹本；拓片二，銘文拓片。蓋、器同銘，各兩行八字：

曾公子𠫓(棄)
疾之行貞(鼎)。

曾公子棄疾鼎乙(M6：10)器圖

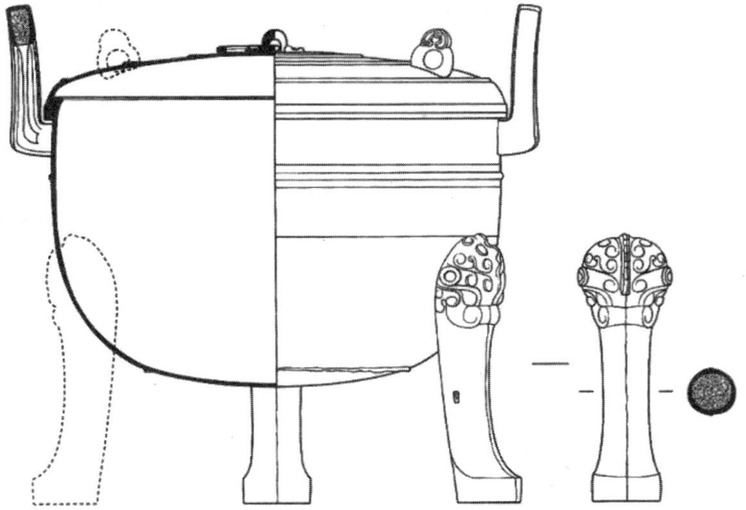

曾公子棄疾鼎乙(M6：10)綫圖

拓片　　　　摹本

曾公子棄疾鼎乙(M6：10)銘文(蓋)

曾公子棄疾簠

2件，編號 M6：11、M6：13。形制、紋飾、大小基本相同。M6：13，直口斜壁，平底，蹼形足，腹部有一對獸首耳。蓋與器形制、紋飾、大小均相同，唯蓋口沿有六個舌形卡扣，前後各一對，左右各一個。體飾蟠螭紋，足飾蟠虺紋。通蓋高 22 釐米，蓋口長 27.7 釐米，蓋口寬 20.5 釐米。殘重 4950 克。見《江漢考古》2012 年 3 期 9 頁，以及：圖版四，兩件器圖；圖五，M6：13 綫圖、銘文摹本；拓片三，M6：13 銘文拓片。蓋、器同銘，各兩行八字：

曾公子去(棄)
疾之籐(登、升)匿(簠)。

登字寫法較特别，上从“竹”。

曾公子棄疾簠(M6：13)器圖

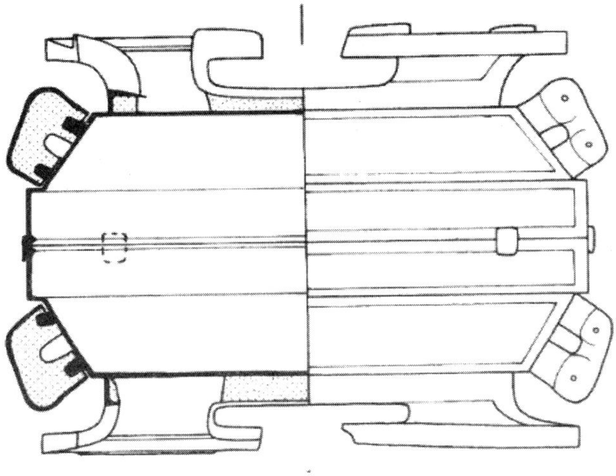

曾公子棄疾簠(M6：13)綫圖

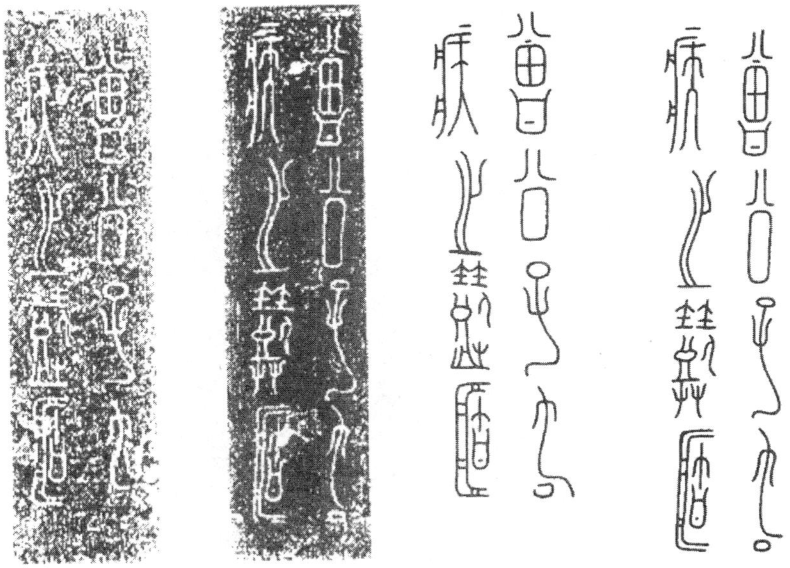

蓋　器　蓋　器

拓片　摹本

曾公子棄疾簠(M6：13)銘文

曾公子棄疾甗

1件，編號M6：6。器爲甑、鬲分體，出土時銹蝕在一起。甑圓口束頸，窄沿方唇，頸部有一對附耳微向外張。深腹内斂。平底有十字凹槽，當爲箅孔但未穿透，甑底有子口插入鬲口。鬲爲小口圓肩，扁腹平底，三條高蹄足外撇。甑耳飾雲雷紋，上腹飾蟠螭紋，其下有一道綯紋，再下是垂葉紋。鬲體素面，足上部飾獸面紋。從箅孔未穿透可知此爲明器。通高50.9釐米。甑口徑33.7釐米，腹深23.3釐米；鬲口徑19.6釐米，腹深12.4釐米。殘重8530克。見《江漢考古》2012年3期12頁，以及：圖版五，器圖；圖六，綫圖、銘文摹本；拓片四，銘文、紋飾。甑内壁鑄銘文兩行八字：

曾公子𠫑(棄)
疾之僜(登、升)甗。

曾公子棄疾甗(M6：6)器圖

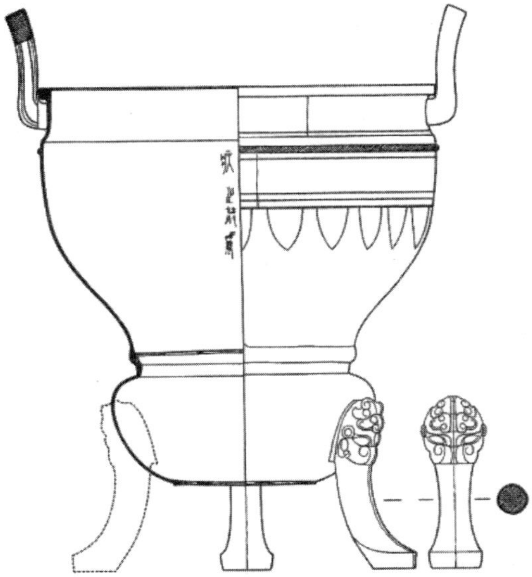

曾公子棄疾甗(M6：6)綫圖

拓片　　　　　　　　摹本

曾公子棄疾甗(M6：6)銘文

曾公子棄疾壺

2件，編號M6：15、M6：16。兩件形制基本相同。M6：15，横截面呈橢方形，侈口長頸，鼓腹平底，頸部有一對獸首銜環耳。矮圈足，足沿呈坡狀外伸。内插式蓋，上有侈口方圈蓋冠，上口外撇較甚。壺蓋素面，頸部和上腹均飾蟠螭紋，螭身填以圓點。通高37釐米，口横13.7釐米，口縱9.7釐米，腹深28.2釐米。殘重6390克。見《江漢考古》2012年3期13頁，以及：圖版六、兩件器圖；圖七，M6：15綫圖、蓋内及頸内銘文摹本；拓片五，M6：16頸部内銘文。兩壺蓋和器口長邊内側鑄有内容相同的銘文四行八字：

曾公
子𠫓(棄)
疾之
行壺

M6：15　　M6：16

曾公子棄疾壺器圖

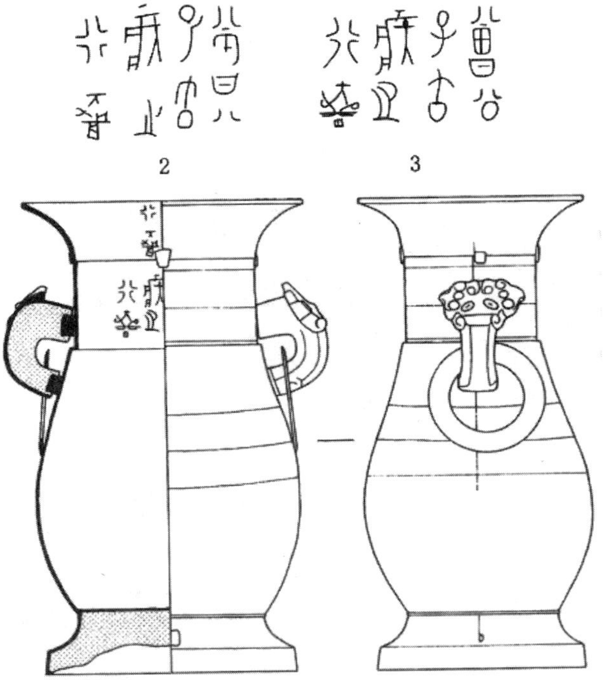

曾公子棄疾壺(M6：15)綫圖及銘文摹本(2. 蓋内　3. 頸内)

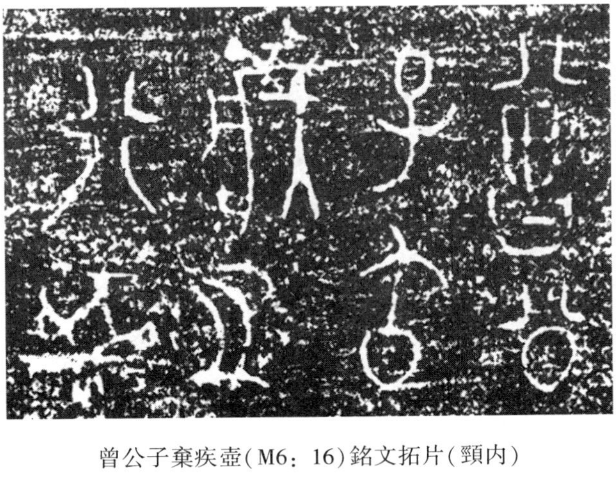

曾公子棄疾壺(M6：16)銘文拓片(頸内)

曾公子棄疾缶

1件，編號M6：5。小口折沿，矮頸圓肩，斂腹平底，肩部有一對獸首銜鏈耳，鏈條由兩個圓環和一個“8”形環組成。外罩式蓋，平頂弧形下折。蓋面中央飾渦紋，外圍飾一周重環紋，再向外是蟠螭紋、綯索紋以及兩周雲雷紋；蓋沿飾一周浮雕圓渦紋，間隔以蟠螭紋。肩部飾蟠螭紋。上腹飾蟠螭紋和浮雕圓渦紋，相互間隔。通高30.5釐米，口徑19.8釐米，腹徑38.2釐米。重1109克。見《江漢考古》2012年3期14頁，以及：圖版七，器圖；圖八，綫圖、銘文摹本；拓片六，銘文、紋飾。蓋內壁及器肩部鑄有内容相同的銘文一行八字：

曾公子厶(棄)疾之行缶。

曾公子棄疾缶(M6：5)器圖

蓋內　　肩部

曾公子棄疾缶(M6：5)銘文拓片

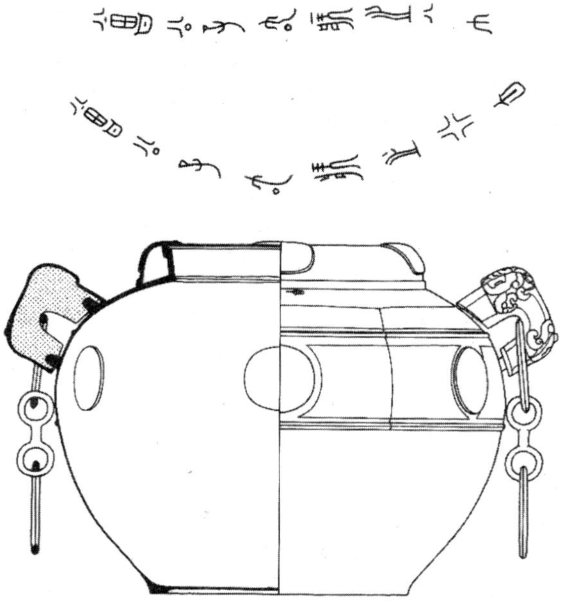

曾公子棄疾缶(M6：5)綫圖及銘文摹本

曾公子棄疾斗

1件，編號M6：4。圓口内斂，窄沿方唇，圓腹圜底，腹一側有八棱形曲柄，斜向上伸，後部有對穿釘孔，銎口有一道箍棱用以加固，柄中空，内殘留朽木。斗勺腹部飾蟠虺紋，柄前部飾獸面紋。通長25.6釐米，口徑16.6釐米，腹深7.8釐米，柄長11.2釐米，柄銎徑2.7釐米×2.8釐米。重755克。見《江漢考古》2012年3期17頁，以及：圖版八，器圖；圖一〇，綫圖、銘文摹本；圖片七，銘文、紋飾。器内底鑄銘文兩行八字：

曾公子去(棄)

疾之让(沐)斗。

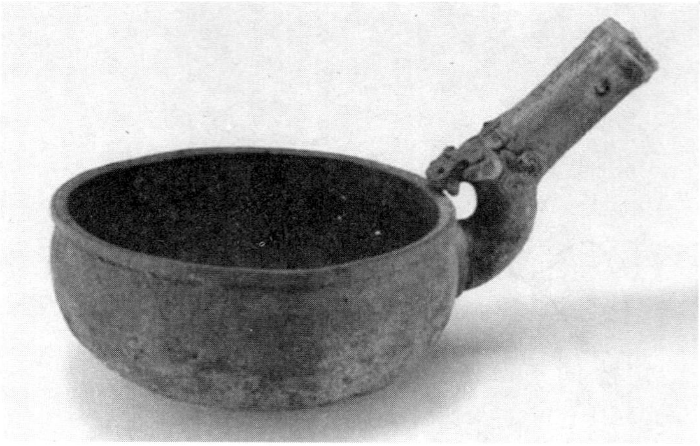

曾公子棄疾斗(M6：4)器圖

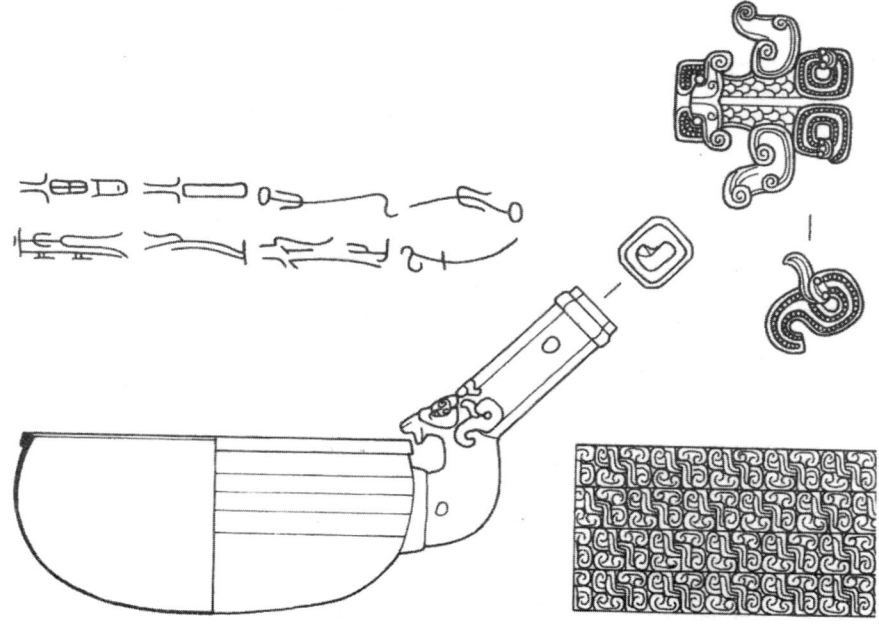

曾公子棄疾斗(M6：4)綫圖、紋飾及銘文摹本

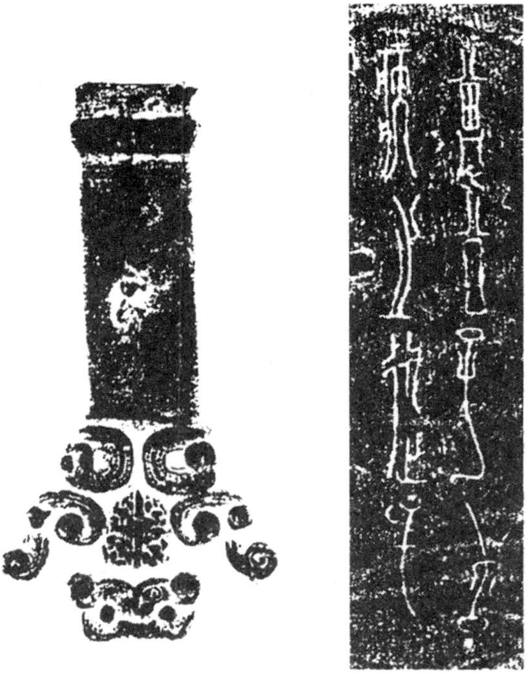

曾公子棄疾斗(M6：4)紋飾、銘文拓片

原報告將“棄疾”釋作“去疾”。徐在國改釋爲“棄疾”，認爲“曾公子”諸器中的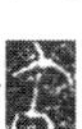等明顯是倒子形，而諸形則是倒子的頭部和身體分離，變得匪夷所思。不管怎樣變化，這些形體均省去了雙手，保留倒子形，如楚簡棄作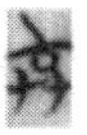(郭店・老子甲 1)、(上博二・容 3)、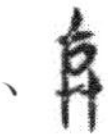(上博六・莊 7)、(上博六・用 4)、(上博六・用 7)，清華簡二・繫年“棄”字省作(117)、(135)，釋爲“棄”字應無問題。

原報告將“辶斗”釋作“禦斗”，馬智忠根據陳昭容、廣瀨薰雄等的研究意見改釋爲“辶斗”，讀“沐斗”。認爲此字和“㯱”形體顯然不同，釋爲“㯱”不可信。認爲該字由“辵”和“卜”兩部分構成。根據楚墓出土實物，“斗”常和“盥缶”“行缶”一類的浴缶配套使用。

所謂“行鼎”“行壺”“行缶”之“行”，義皆爲“用”。所謂“登簠”“登甗”之“登”，義當同“升”，爲盛裝肉食之器，敬獻神靈、祖宗。可參見文峰塔 M29“奇之升鼎”。

報道者根據器物特徵、銘文内容等多方面因素，判斷此墓年代爲春秋晚期，墓主人爲曾公子棄疾。曾公子棄疾墓是義地崗墓地發現的墓主身份較爲明確的一座春秋時期曾國墓葬，對於研究義地崗春秋曾國墓地世系具有重要的學術價值。

田成方認爲："2011 年隨州義地崗出土的曾公子棄疾諸器，器主當是曾公之子，此稱的内涵有兩種可能：一是吴師入郢以後，因隨(曾)人救楚，隨(曾)國在楚系附庸體系中擢升爲“公”，曾公之子即曾侯之子；二是此曾公可能與曾地設縣有關，曾公即曾縣縣公，非曾侯。”(2016 年蘇家壟會議論文《銅器銘文所見曾國公族及其宗支(提要)》)

“曾公子棄疾”，如同“曾公子弔(叔)湲”(簠)，爲某曾侯之子，曾公室成員。

【著録】

湖北省文物考古研究所、隨州市博物館：《湖北隨州義地崗曾公子去疾墓發掘簡報》,《江漢考古》2012 年 3 期。

【參考文獻】

徐在國：《曾公子棄疾銘文補釋》，武漢大學簡帛網，2012 年 10 月 31 日；刊於《中國文字學報》第五輯，商務印書館，2014 年。

馬智忠：《釋“沐斗”——隨州義地崗曾國銅器銘文補説》,《江漢考古》2014 年 1 期。

隨州市博物館收集

2009 年隨州市博物館黄建勛館長來京，至中國錢幣博物館與我交談隨州文物考古工作情況，並贈送下列銘文圖片，後來又贈送照片，説是近年收集所得，至今似乎未見報道。爲不使材料遺漏，記録於此，並向黄館長致謝。

曾公孫叔考臣甗

1件。此甗與隨州義地崗東風油庫所出曾少宰黄仲酉甗類同。分體，甑體附耳，頸部飾有蟠螭紋；鬲爲蹄足，素面。形與文峰塔M32曾孫伯國甗也類似。其時代爲春秋晚期。銘文兩行十字：

曾公孫叔考
臣自作食甗

曾公孫叔考臣甗器圖

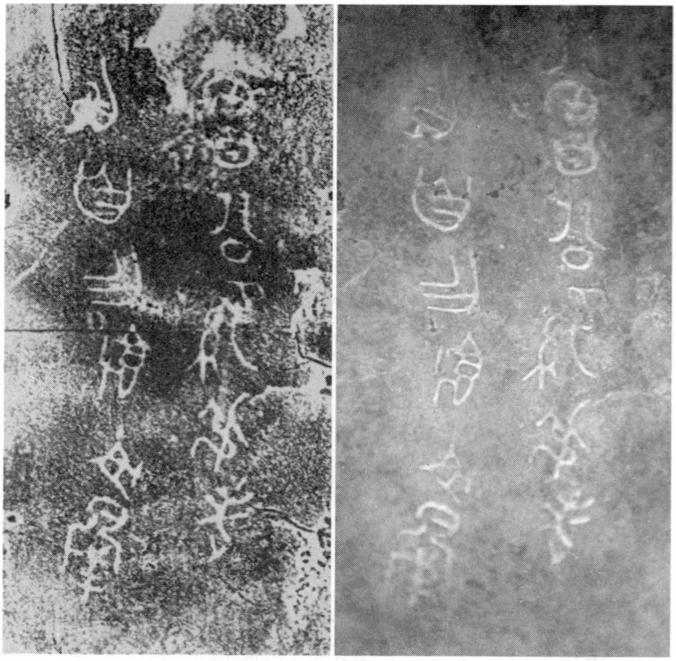

曾公孫叔考臣甗銘文

叔考臣鼎

1件。鼎爲斂口，附耳，深腹，圜底，蹄足；腹飾蟠螭紋，間一道凸弦紋。此類鼎還見於穀城新店所出鼎(《江漢考古》1986年3期，圖版貳-2)，隨州東郊義地崗八角樓所出鼎(《江漢考古》1989年1期圖十三，《曾國青銅器》304頁)，義地崗墓地南部季氏梁所出鼎(《文物》1980年1期圖九，《曾國青銅器》303頁)等。據研究，這種鼎大約出現在春秋早中期之際，流行於春秋中晚期。銘文三行十一字，自左至右讀：

巫爲其咎
叔考臣
鑄行緐鼎

叔考臣鼎器圖

叔考臣鼎銘文

叔考臣簠

1件。銘在内底，兩行十一字：

巫爲其咎叔考
臣鑄其行器

三器應該出自一處。“叔考臣”爲“曾公孫”之私名，叔，排行。“巫”爲“叔考臣”作器。“曾公孫”爲某曾侯之孫，曾國公室。咎、舅同屬群母幽部，在此當讀如舅。如晉文公之舅子犯，或稱舅犯、咎範，名叫狐偃。《荀子·臣道》：“晉之咎犯。”楊注：“咎與舅同。”《左傳·僖公二十三年》《國語·晉語二》皆作“舅犯”。《戰國策·魏策三》：“穰侯，舅也。”漢帛書本舅作咎。《儀禮·士昏禮》：“舅即席，質明贊見婦于舅姑。”鄭注：“古文舅皆作咎。”(高亨《古字通假會典》，733頁)那麼，巫就是這位曾公孫的外甥，是外甥爲其舅作器。行器，用器。三器可能出自“曾公孫叔考臣”墓，時代當屬春秋晚期。

叔考臣簠内底圖

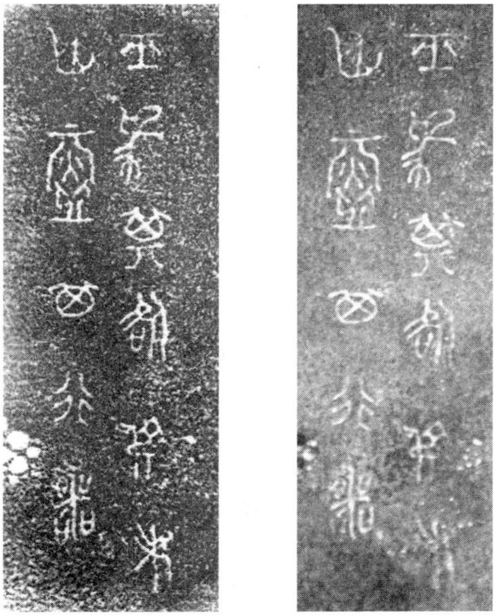

叔考臣簠銘文

文峰塔墓地

隨州市文峰塔墓地，位于隨州市東城區溳水東岸義地崗墓地的東南部，現隸屬於隨州市文峰塔社區居委會二組。2009 年在此地發現一座早年被盜殘墓，採集到有曾國銘文的殘編鐘，確定這一區域應爲一處墓地。2012 年 1—5 月，湖北省文物考古研究所陸續進行勘探，探出 4 座墓葬，編號 M4、M5、M6、M7，並進行了搶救性的發掘。2012 年 6 月，對已拆遷民房區域進行勘探，又發現 60 余座墓葬，經報請國家文物局批準，2012 年 8 月至 2013 年 1 月，對已勘探出的所有墓葬進行了發掘。

共發掘墓葬 66 座，其中土坑墓 54 座，磚室墓 12 座，車馬坑 2 座，馬坑 1 座。具體報道如下：

(1) 湖北省文物考古研究所：《湖北隨州文峰塔墓地考古發掘的主要收穫》，《江漢考古》2013 年 1 期。

(2)湖北省文物考古研究所:《2013年湖北省文物考古研究所考古工作主要收穫》,《江漢考古》2014年1期。

(3)湖北省文物考古研究所、隨州市博物館:《隨州文峰塔M1(曾侯與墓)、M2發掘簡報》,《江漢考古》2014年4期。

(4)湖北省文物考古研究所、隨州市博物館:《湖北隨州文峰塔墓地M4發掘簡報》,《江漢考古》2015年1期。

(5)湖北省文物考古研究所、隨州市博物館:《湖北隨州市文峰塔東周墓地》,《考古》2014年7期。主要報道54座東周土坑墓和3座車馬坑的情況,涉及有銘銅器墓13座:M18、M21、M29、M32、M33、M34、M35、M36、M38、M46、M52、M53、M61。

爲便於檢索,録入按照已報道的墓葬順序排列。

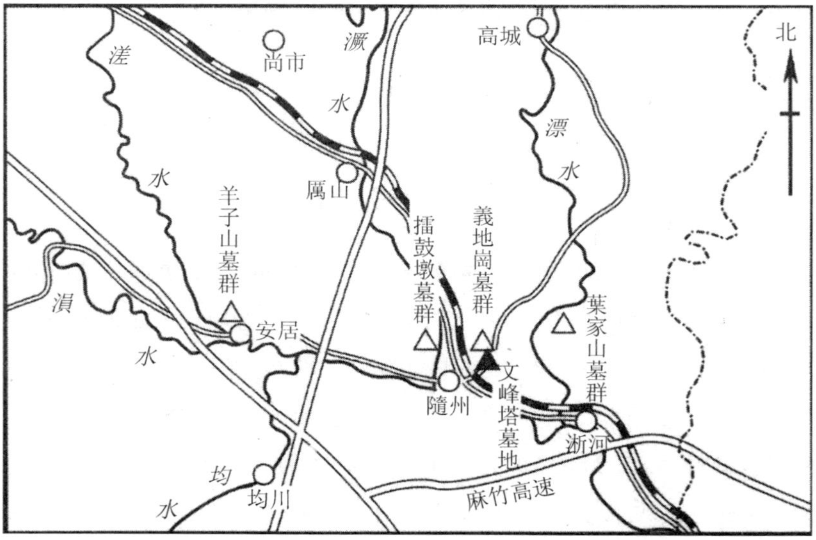

隨州墓地示意圖(《江漢考古》2014年4期)

2009年爲配合工程建設,湖北省文物考古研究所、隨州市博物館在此搶救發掘了M1、M2、M3三座墓葬。墓葬位于一南北走向、長約850米的無名崗地的南端,崗地隸屬隨州市曾都區東城文峰塔居委會十組,其南面 150 米處爲老漢丹鐵路。墓地西距㵐水與涓水交匯處約 2900 米，南距涓水約 1400 米，西北距擂鼓墩曾侯乙墓約 5100 米，東北距葉家山西周早期曾國墓地約 9100 米。M1、M2 爲東周墓，M3 爲明代墓。M1、M2 墓壙皆開鑿在紅色砂岩層中，皆爲長方形岩坑豎穴椁室墓，葬具已腐朽。

文峰塔 M1

在施工中被毁嚴重，早年被盜，經清理後測得墓底長 7.1 米，寬 5.9 米。清理及收集到的文物有銅器、玉器、石器等。銅器有編鐘、鼎、鬲、缶、戈、車馬器等。時代爲春秋晚期。

行　鬲

1 件，編號 M1：14。敞口癟襠，部分口沿及腹部殘破。頸部飾一周斜網格紋帶，其下飾連排三角紋，三角紋内填三分卷雲紋。發現時腹内裝有較多的海貝。通高 24 釐米，口徑 28.8 釐米，襠高 8.2 釐米。見《江漢考古》2014 年 4 期 9 頁，以及：圖版一八，殘器圖；圖六-4，復原綫圖；拓片一，銘文。口沿殘留有陰刻銘文二字：

行鬲

行鬲（M1：14）器圖

行鬲（M1：14）中的海貝

行鬲(M1：14)銘文拓片

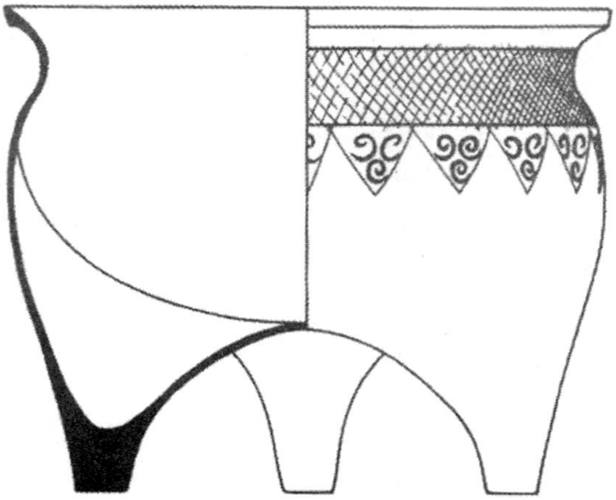

行鬲(M1：14)綫圖

曾侯與鬲

1 件，編號 M1：19。平沿斂口，癟襠，三蹄形款足，腹飾三組變形夔龍紋。通高 11.6 釐米，口徑 14.4 釐米，襠高 5 釐米。見《江漢考古》2014 年 4 期 9 頁，以及：圖版一九，口沿銘圖；圖版二〇，器圖；圖六-5，綫圖；拓片二，口沿銘文。口沿陰文銘文六字：

曾侯與之行鬲

曾侯與，即下列編鐘之曾侯與。此侯之载又見於《曾侯乙墓》報告 266、271、277、279 頁(文物出版社 1989 年版)。與，或从月、止、辶、攴等。

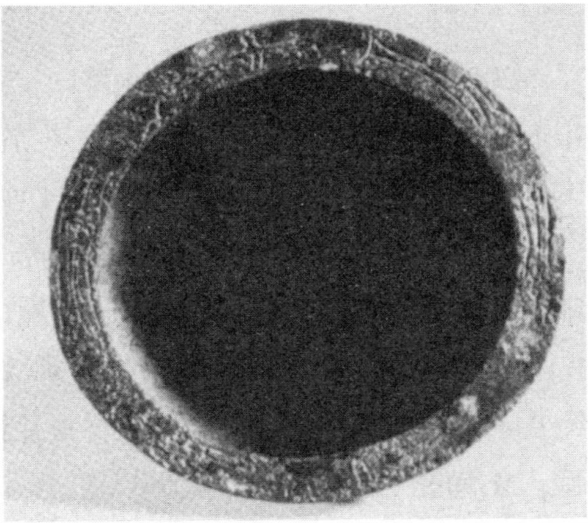

曾侯與鬲(M1：19)器圖

曾侯與鬲(M1：19)銘文拓片

曾侯與編鐘

2009年發現於隨州文峰塔M1，均爲甬鐘，形制類同，大小不一。據報道及有關專家整理，編鐘總數不少於10件。現存8件中完整者6件，殘破無法復原者2件。另有編鐘殘片4塊，大致分屬2件不同的鐘體。

鐘1、鐘2、鐘3、鐘9正面鉦部均有記月及干支。鐘銘一般從正面鉦部開始，説明目前所能見到的編鐘内容至少有3組(篇，或相同)。鐘1、鐘2銘文基本相同，爲一組。鐘3至鐘8内容多相近，可能爲一組。鐘9爲另一組。應該還有編鐘或殘片散落，望社會各界留意。常懷穎認爲，M1的三列甬鐘，若隨葬時組合完整，應該至少有24枚，最多可以達到36枚。或者還有紐鐘、鎛鐘與其相配(《江漢考古》2014年4期座談會紀要)。M1墓葬年代，報告定爲春秋晚期。

現按報道的10件鐘分别輯録，基本資料見《江漢考古》2014年4期(文中簡稱"報告")；釋文及注解，主要依據報告及各家研究，詳見後列參考文獻。銘文摹本録自報告，未作改動。

有學者認爲，"曾侯與編鐘銘文的學術價值，在曾國歷史文化研究上的意義，可以説，是遠遠超過了葉家山、郭家廟、文峰塔青銅器價值的總和"(阮文清《"君此淮夷、覽有江夏"與大漢東青銅文化帶》，2016年蘇家壟會議論文)。

鐘1

編號M1：1。形體完整，高大厚重。通高112.6釐米，銑間49.2釐米。銘文鑄於鐘體正、背鉦部，正、背左右鼓上(報告15頁圖版二二、圖七)。全鐘銘文一百六十九字，其中合文一字、重文一字。銘文讀取順序爲"右起左行"格式：正面鉦部(報告17頁圖版二三、拓片三、摹本一)→正面左鼓(報告18頁圖版二四、拓片四、摹本二)→背面右鼓(報告19頁圖版二五、拓片五、摹本三)→背面鉦部(報告20頁圖版二六、拓片六、摹本四)→背面左鼓(報告21頁圖版二七、拓片七、摹本五)→

正面右鼓（報告 22 頁圖版二八、拓片八、摹本六）。又見《通鑑續編》31029。

銘文摹本：

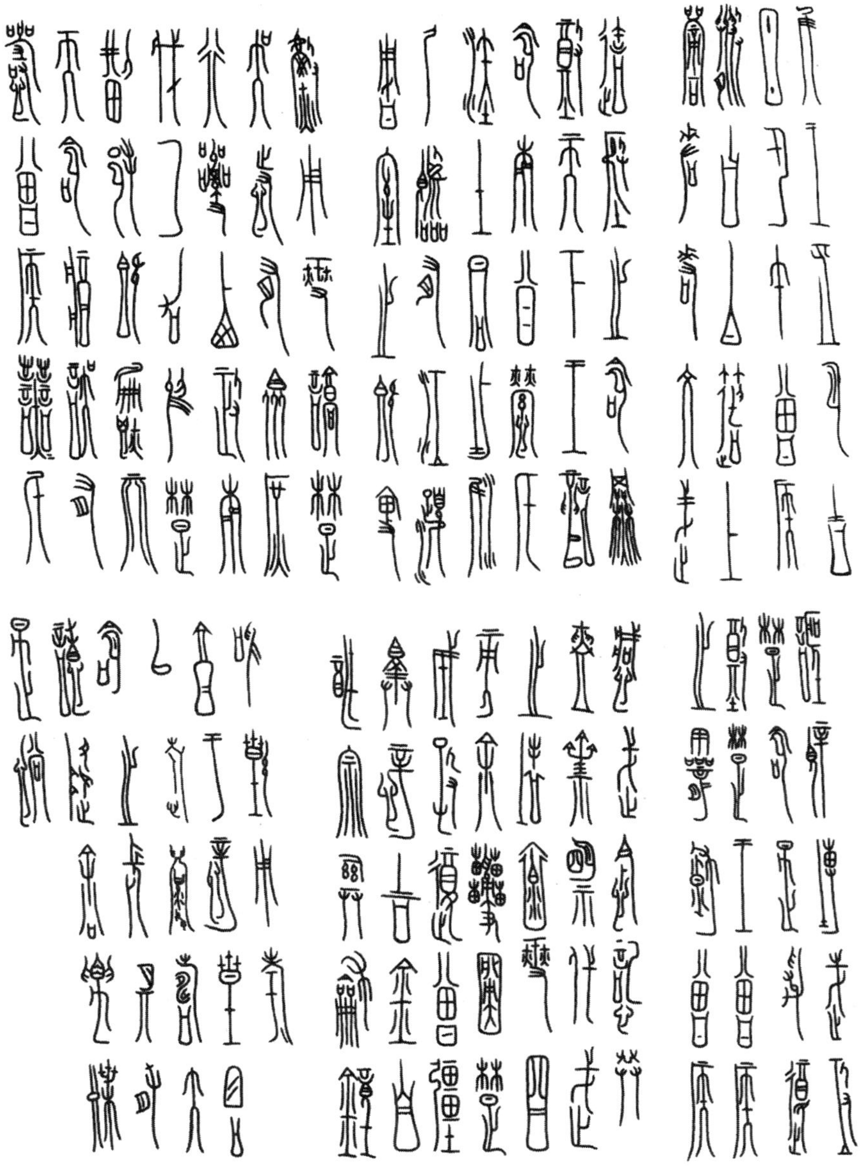

銘文釋文：

隹(唯)王正月，吉日甲午。曾侯𦖞(與)曰：白(伯)𨗹(括)上𠷎(䔦 諤)，𠂇(左)右(右)文武(正面鉦部)，達(撻)殹(殷)之命，𢿡(撫)𢿾(定)天下。王遣(遣)命南公，𤇾(營)宅(宅)汭(汭)土，君比(比)淮尸(夷)，臨(臨)有江夏(夏)。周室之既庳(卑)(正面左鼓部)，𠭖(吾)用燮𧮫(戚)楚。吴恃有衆庶，行亂(亂)，西政(征)南伐，乃加於楚。荆(荆)邦既𡡗(爵削)，而天命將(將)誤(虞)。有嚴(嚴)曾侯，業=(業業)氒(厥)(背面右鼓)聖(聖 聲)，親博(敷)武攻(功)，楚命是爭(靖)，復(復)𢿾(定)楚王，曾侯之靈=(龗 靈)。穆=(穆穆)曾侯(背面鉦部)，壯(壯)武畏(畏)忌(忌)，共(恭)寅(寅)齋盟(盟)，代武之堵，褱(懷)燮四旁(方)。余𤕌(申)固(固)楚成，改復(復)曾疆。擇辞(辝)吉金，自乍(作)宗彝。和鐘(背面左鼓部)鳴皇(鍠)，用考(孝)[台(以)]亯(享)于辞(辝)皇且(祖)，㠯(以)祈眉(眉)壽，大命之長。期(期 其)肫(純)德(德)降舍(余)，萬枼(世)是尚(尚)(正面右鼓部)。

銘文内容大致有三：

(1)"唯王正月"至"臨有江夏"，講述曾國因先祖南公(伯括，爲避免誤解本文均採用"伯括")佐周滅殷建國有功，受封至汭土，並掌控臨近淮夷，坐擁江夏。

(2)"周室之既卑"至"改復曾疆"，講述周室衰弱後曾國親楚，曾侯力挽狂瀾救楚於危難之中，並"復定楚王"，與楚盟誓繼而恢復曾國故疆。

(3)"擇辝吉金"至末尾，記作鐘之目的與作用，祭饗先祖，乞求萬世興旺。

銘文有三韻，分别押魚部(午、武、下、土、夏、楚、虞、堵)、耕部(靈、爭、靈)、陽部(盟、方、疆、皇、長、尚)。

鐘銘文字，在報告及凡國棟等文的基礎上，酌收部分有關研究意見簡注如下(所引金文或辭例爲避免冗長一般不註明出處，讀者可參閲容庚《金文編》及《殷周金文集成》等著録)。難定者，諸説並存。

唯王正月，吉日甲午。曾侯𦙶(與)曰：

“正”字，或以爲“五”，經仔細辨别，應該還是“正”字。尤其是左邊竪筆上下，均呈自上往右下傾斜，顯然與“五”有别。“正”，李學勤認爲係建子的周正。吉日即朔日。據鐘銘後半涉及吳國伐楚入郢(公元前506年)之事，作鐘應在其後。又據張培瑜《中國先秦史曆表》，所記曆日相當於公元前497年。

王恩田認爲，鐘1的正月内和鐘3的十月内都應有多個吉日，不確定的因素太多，目前還無法據鐘銘的記時推定曾侯與編鐘鑄造的絶對年代。

“曾侯與”之“與”，鐘1从月，鐘3从月从攴，同墓所出鬲銘作與(M1：19)。曾侯乙墓也有曾侯與之名，與字或从止，或从月、从户或尸(戟)。根據曾侯乙尊盤原鑄銘“曾侯與之□□”(現隱約可見)被刮去而改刻爲“曾侯乙乍持用終”，知與、乙不是一人，與可能爲乙之父或祖輩。學術界多傾向於曾侯與爲曾侯乙祖輩。李天虹認爲，“一號鐘的年代可在一定程度上佐證這個看法”。隨州義地崗東風油庫M3出有曾侯戉鼎，報道者認爲曾侯戉爲曾侯乙的父輩，曾侯戉晚於曾侯與(《文物》2008年2期，17頁)。

白(伯)䈡(适　括)上醫(萼　諤)，

䈡字从竹、从适、从爪。李學勤認爲“實即‘筈’字”，所从之𠯑隸變與“舌”相混。“伯”即《尚書・君奭》的“南公括”,《論語・微子》作“伯适”。黄鳳春、胡剛等意見類同,並認爲“上通”當指出仕或受到重用。李學勤認爲“上”後一字,其下从“甬”聲,訓爲“用”。“上庸”與《尚書・堯典》的“登庸”、《舜典》的“徵庸”同義,都是爲君上録用之意。

徐少華認爲“上”當指天,即上帝。“上庸”就是上帝選用、委派之意。李零認爲,此字明顯从“啻”,不能讀庸或通。金文所見啻字讀法有三:一讀嫡,指血緣所出;二讀帝,指血緣所出的老祖宗;三讀禘,指祭祀這些老祖宗的禮。我國古文獻中的“上帝”是追根溯源到頭的老祖宗。黄鳳春、李天虹等傾向此字从“帝”。

董珊釋讀爲諤,認爲原形从叜(咢)聲,其内似从“啻”,而缺少向下的一對斜筆,此字似是从“啻(蒂)”,“咢(萼)”聲。“諤”,直言之貌。“上諤”構詞與“上賢”“上哲”同。“伯适上諤”就是伯适直言,諍才超著,以此左右文武。王寧以爲這個字很可能就是花蒂的“蒂”的初文(董珊文後附議)。

王恩田認爲,“伯括”即南宫括。上庸讀“上容”,是南宫括的本名,“伯括”是其字。與孔子弟子南宫括字子容相同(《史記・仲尼弟子列傳》)。

朱鳳瀚認爲,帝指周王,上帝即尚君,即擁戴君王(2016年蘇家壟會議報告)。

葛英會認爲“伯”後一字當从“乇”,讀度,即蔡叔度(《曾侯與編鐘“伯□”的釋讀》,2014年12月北京“曾國考古發現與研究學術研討會”論文)。

黄錦前認爲:“括”可訓法。在此或用作動詞,意即曾伯承上帝之命,以左右文王和武王。若將“伯适”理解爲南宫括,則“伯适上帝”句就成了没有謂語動詞的病句(見後列參考文獻)。

此字从帝即蒂,从咢省,即“萼”字。《玉篇・草部》:“萼,花萼也。”花萼即花蒂。萼在此讀如諤。典籍均訓“直言”。《玉篇・言部》:“諤,正直之言也。”《楚辭・惜誓》:“或直言之諤諤。”朱熹集注:“諤諤，直言貌。”《史記・商君列傳》：“千人之諾諾，不如一士之諤諤。”《廣韻・諫韻》：“諫，諫諍，直言以悟人也。”《楚辭・七諫序》：“諫者，正也，謂陳法度以諫正君也。”“曾侯諫”之“諫”與此義近。曾侯諫可能即伯括。“伯括上諤”意即伯括能直言上諫。

⿱𠂇土(左)⿱又右(右)文武，達(撻)⿱般土(殷)之命，

左右文武，即輔佐文王、武王。類似文句，見蔡侯申鐘“左右楚王”，晉公𥂴“左右武王”。

逨盤、史墻盤銘文均有“達殷”。清華讀書會認爲：左右文武，達殷之命，與逨盤“夾召文王武王，達殷，膺受天魯命”語近意同。疑“達”有更替之意。董珊認爲“達”當訓“通”。李學勤讀“達”爲“徹”，訓爲廢除。魏棟疑“達”與“黜”相通，義爲黜退、廢黜。

達可讀撻。撻伐，引申爲討伐。《尚書・顧命》“用剋達殷集大命”，意即能够討伐殷商，成就周國大命。此句是説輔佐文王、武王受天所給予的伐殷之大命。亦即輔佐文王、武王，推翻殷王朝。

⿱罒無(撫)⿰⿱奠土又(奠)天下。

⿱罒無(撫)⿰⿱奠土又，讀撫奠。撫訓安。意指伯括輔助周文王、武王剪滅殷商，安定天下。《周禮・秋官・大行人》：“王之所以撫邦國諸侯者。”《史記・韓信・盧綰列傳》：“故立韓諸公子橫陽君成爲韓王，欲以撫定韓故地。”

王譖(譴)命南公，縈(營)厇(宅)⿱內土(汭)土，

南公，即“伯笞”。西周晚期的南公乎鐘銘：“先祖南公、亞祖公仲必父之家。”李學勤認爲，由此可知“南公”是南公氏的第一代，是特指南公括的。南公括左右文武已見鐘銘，所以這裏“遣命”南公的“王”肯定是

周成王。大盂鼎器主盂稱南公爲祖，受封于康王晚期的二十三年内，可旁證遣命南公當在成王較早時期。葉家山 M111：67 簋銘云“犺作剌(烈)考南公寶尊彝”，器主犺比盂長一輩，估計爲康王時人。

陳劍認爲，所謂“王遣命南公”之“遣”，楚簡、楚文字及从之之字甚多，多用爲“逝”“噬”等，應讀爲《詩》“逝將去女”“噬肯來遊”之“逝”“噬”(董珊文後附議)。黃錦前贊同此説，並認爲葉家山 M65 墓主曾侯諫即此“南公”，爲第一代曾侯。

王恩田認爲：“遣”與“册”雙聲，“遣命”即册命。“遣”也可訓爲改易的“易”。遣命即變更原來的册命。並認爲鐘銘“王遣命南宫”的“王”應是廿三祀盂鼎的“王”，即康王，不是成王。“南宫”是廿三祀盂鼎中受封的盂，而不是南宫括。廿三祀盂鼎中的“南宫”是盂的祖父，即南宫括。曾國的始封君是南宫盂，但未就封，而由盂之子“犺”就封，成爲第一代曾侯。

謔讀遣，似可假爲選。《説文》：“選，遣也。从辵、巽。巽，遣之。巽亦聲。一曰選，擇也。”徐鍇曰：“亦選擇之意。”朱駿聲《説文通訓定聲》：“假借爲柬。”《爾雅·釋詁下》：“柬，擇也。”郭璞注：“柬，選擇。”遣，溪母元部；選，心母元部；柬，見母元部。諸字音近。遣，若讀爲選，可理解爲“選擇”一義。命，任命、分封。周王選擇任命(分封)輔佐周室有功的南宫經營淮南漢東江北之國土，前後文義也相合。歷代統治者都注重選擇用人。如《禮記·禮運》：“大道之行也，天下爲公，選賢與能，講信修睦。”《禮記·王制》：“命鄉論秀士，升之司徒，曰選士。”《舊唐書·食貨志上》：“設官分職，選賢任能，得其人則有益於國家，非其才則遺患于黎庶。”《舊唐書·楊綰傳》：“國之選士，必借賢良。”

汭土，爲封地，釋文與理解意見不一。凡國棟認爲“汭”指河流匯合或彎曲的地方。西周晚期禹鼎記載鄂侯馭方叛周，“率南淮夷、東夷，廣伐南國、東國，至於歷内”。李學勤認爲鐘銘的“汭”可能便是鼎銘的“内”，並懷疑所謂“汭土”正是今隨州一帶。徐少華認爲“汭”指水相入、相交匯合之處，同時亦有水北之意，“汭土”當指江漢之地或漢陽之域，與文獻所言的“漢陽諸姬”相呼應。李零認爲，汭从内聲，内同入，古人多以音訓釋爲“水所入也”。這裏泛指溳水注漢、漢水注江的地區。董珊認爲，據“臨有江夏”文，“汭”指夏汭，即漢水入長江處。韓宇嬌認爲“汭土”就是營建都城的位置，可以理解成是兩條水系匯合之處。陳劍認爲，所謂“汭土”之釋可疑，疑應釋爲“沃（右下原增从“土”旁）土”；“夭”旁中曲筆拉直變作一小横，可參閱謝明文《釋金文中的“鋈”字》，“‘營宅沃土、君此淮夷、臨有江夏’層層遞進，補充説明”（董珊文後附議）。陳偉釋讀爲“裔土”，指邊遠地區和邊遠族群。禹鼎的“歷内”當在周南國、東國的縱深之地，而不大可能在今湖北隨州一帶。董珊認爲今在隨州葉家山雖然發現了西周早期的墓葬以及青銅器，但其年代恐怕早不到西周最早期，南公之始封或許不在隨州。傳世及出土的楚王酓章爲曾侯乙作三件鐘鎛，皆稱“返自西陽”，則西陽似曾都之名。《漢書·地理志》江夏郡有西陽縣，《補注》：“先謙曰：《續志》，後漢因。《一統志》，故城今黄岡縣東。黄安、麻城，漢西陽縣地。黄岡半入西陽境。”治所在今河南光山縣西。若從銘文“君此淮夷”的角度講，可能位于隨縣東邊的西陽位置更合適。銘文説“余申固楚成，改復曾疆”。當時曾國或從楚國手中要回了西周早期的故都西陽。楊一波專文論述此句，認爲周王遣命南公營宅于江漢匯流地區的地理原因當爲：江漢匯流地區通往淮夷處所的水路交通條件極爲便利，二地具有密切的地理區域聯繫，營宅於此，如若淮夷叛之，曾國刀兵當可速至，即曾國“營宅汭土”蓋便於監視與統治淮夷。

王恩田認爲：汭，泥母祭部。隨，定母歌部。聲爲旁紐，歌、祭陰入對轉。“汭土”可讀作“隨土”。“營宅汭土”即在隨地營都建國。魏棟認爲“汭”字並非一個特定地名，“汭土”也非專有地名用詞，當指一區域範圍，指隨棗走廊東部的隨州一帶。黄錦前認爲，辭例與秦公簋“鼏宅禹迹”、晉公盆“建宅京師”等類似，“宅”謂定居、居住；銘文的“汭土”，當非具體地名。王占奎傾向釋爲沃土，“猜測沃土即南土”，並對“南土”作了扼要的分析（2016年蘇家壟會議報告）。

汭土，當指今之隨州這片區域，營建政治中心。

君𠱾(比)淮尸(夷)，覭(臨)有江灝(夏)。

第二字，報告釋“此”。李學勤認爲是从匕聲的字，“試讀爲庇”。認爲“君”是統治，“庇”是蔭護，表明東南的淮夷國族均在其管理之下。“江夏”實際即是江漢地區，統歸南公所“臨有”。黄鳳春、胡剛認爲字从土从匕，應讀爲“毖”，當是“謹防”之意。許可注意到第二字左邊上方有一筆，認爲从“必”从“匕”，左爲“弋”變，與有關讀爲“必”的字近似。

臨字增从義符“見”或“視”。臨有監視之意。《左傳・宣公七年》：“冬，盟于黑壤。王叔桓公臨之，以謀不睦。”杜注：“王叔桓公，周卿士，銜天子命以監臨諸侯。”《國語・晉語五》：“臨長晉國者，非女其誰?”韋昭注：“臨，監也。”江指長江，夏指漢水(自荆沙東流與漢水匯合後至長江的一段稱夏水)。多認爲此句義爲統治江夏地區。

王恩田認爲，根據《兮甲盤》“淮夷舊我帛畮臣”，直到西周晚期，淮夷一直是對周王朝納貢稱臣的國家，不是周王朝的統治地區，也不在周王朝的管制之下，西周早期的周王不可能命令南公統治或管理淮夷。君爲尊稱，並非專指國君。第二字从土，从匕，讀作比。《漢書・諸侯王表》：“諸侯比境。”注：“比，謂相接次也。”比，即比鄰。此字也可視爲“匕土”合文。“君土比淮夷”，意爲國土與淮夷相鄰。“臨有江夏”即撫有江夏、治理江夏，也就是轄有江夏。

李零、魏棟認爲，君後一字宜讀“庀”，有治理之義。魏棟懷疑此處“淮夷”指的是當時位于淮水上游的那部分淮夷族群，大體分布于今信陽市全境及駐馬店市的一部分。黄錦前認爲，“君庇淮夷”，即在淮河流域一帶立國。朱鳳瀚傾向庀爲治理(2016年蘇家壟會議報告)。院文清認爲：“從歷史地理的角度而言，‘君此淮夷，覽有江夏’，都是屬於‘南土’的範疇。淮夷與江夏界綫也非常地明確，是以桐柏山—大别山之南北而劃分。山南地區的大漢東青銅文化帶的具體地理定位，應該就是南

公所覽有的‘江夏’。”（2016年蘇家壟會議論文《“君此淮夷、覽有江夏”與大漢東青銅文化帶》）

君後一字應讀比，“比”即近鄰、毗鄰。《漢書·地理志下》：“本吳粤與楚接比。”顔師古注：“比，近也。”《春秋繁露·堯舜不擅移湯武不專殺第二十五》：“君也者，掌令者也。”君比淮夷，指掌控鄰近淮夷。根據考古發掘所知，曾國銅器除出於隨州、京山、棗陽外，多出在淮水以南之潢川、羅山、桐柏等地，説明曾國的疆域到達淮水流域並非無故，分封南公是周王安插在淮夷與荊楚之間的楔子。可大致框定曾國的疆域：江北、漢東、淮南，以溳水流域爲中心。汭土，一定是指江漢之間今之隨州一帶。

周室之既庳（卑），獻（吾）用燮譹（戚）楚。

庳、卑字通。《詩·小雅·正月》：“謂山蓋卑。”陸德明釋文：“卑，本又作庳。”卑即卑微、卑弱之意。《國語·周語上》：“王室其將卑乎！”韋昭注：“卑，微也。”凡國棟認爲此類説法屢見於春秋人語，如銀雀山漢簡《晏子·十五》有“周室之卑”一詞。燮即協和、和順。

清華簡《系年》第三章敘述秦的早期歷史，談及“周室既卑，平王東遷”（整理者於143頁注釋一四引《國語·晉語八》子産語“今周室少卑”作解）。

王恩田認爲：曾侯與説這句話時，是在吳伐楚（公元前506年）之後。在敘述歷史事件的時間順序上，是合乎情理的。

譹字，右部上从亯，下从同。或釋爲譹，疑讀爲驕。李天虹疑爲“就”字異體，下从高省。商周金文“就”从亯从京，或从高乃形義相近所致。“就”有歸依、俯就之義。此句是説“周王室已經衰微了，我因此和順楚國”。宋華强讀爲戚，訓親，燮爲和義，句意爲“我因此和順親近楚國”（李天虹文注11）。李零讀蹙，蹙亦作蹴。意指周室既衰，楚室日蹙，曾室反而站在楚國一邊，與楚親睦。

王恩田認爲燮與歃雙聲疊韻。燮，借爲歃血同盟的歃。譹从高聲，譹、寮均爲宵部。譹借爲“同官曰寮”的寮。意爲我曾國與楚國是歃血爲盟的友邦。何景成釋譹爲“堂”，讀爲黨，理解爲“黨與”，鐘銘義爲周室既卑，曾國因而親和黨比楚國。黄錦前傾向“譹”讀作“驕”，意即周王朝的勢力衰微後，曾國的主要作用是抑制驕横的楚國，這與銅器銘文中所反映的西周中晚期以來楚國與周王朝的關係相吻合。韓宇嬌認爲，隸定爲譹字的可能性目前還不能完全排除。譹或通艾，訓爲安，此句即“協和安定楚國”，“我們不認爲此處銘文可以説明曾國投奔楚國，爲楚國附庸”(博士學位論文150、257頁)。

譹字還可進一步研究。此句是説周室衰弱，曾國和順近楚。

吴恃有衆庶，行䜌(亂)，西政(征)南伐，乃加於楚。

凡國棟：衆庶，指衆民、百姓。《書·湯誓》：“格爾衆庶，悉聽朕言。”《韓非子·問田》：“立法術，設度數，所以利民萌，便衆庶之道也。”

西征南伐，李零認爲“指吴國西伐楚國，南伐越國”。《左傳·定公四年》：“冬，蔡侯、吴子、唐侯伐楚，舍舟於淮汭，自豫章與楚夾漢。”凡國棟認爲石泉指出吴師的行軍路綫先是朔淮西進，然後舍舟南下，恰好與銘文記載相合，因而此戰當是公元前506年吴師入郢之事。高崇文也如此認爲。王恩田也認爲：鐘銘“西征南伐”所説的就是吴伐楚國的進軍路綫。認爲“加”有二解。《論語·鄉黨》皇疏：“加，覆也。”“乃加于楚”，即顛覆了楚國。又《左傳·隱公三年》：“小加大。”孔疏：“加亦加淩。”吴“乃加於楚”，即小國吴欺淩大國楚。兩説均可通，以後説爲勝。魏棟認爲，“加於楚”即加亂於楚，以亂加於楚。此句與清華簡《系年》第十二章“莊王遂加鄭亂”的表達類似。

衆庶，其中還應涵蓋有伍子胥作亂、淮域諸國叛楚等方面。吴爲達到伐楚目的，是向西征伐淮河流域諸國如徐國，向南征伐越國，準備充分後才正式伐楚，直搗楚都。正如喻宗漢所述：“軍事方面……吴國仍不貿然行動。直到滅徐控制了淮域，繼而又伐越斷楚之援，穩定了後方，這才積極地謀劃攻楚入郢了。”滅徐在公元前512年(《左傳·昭公三十年》)，伐越在公元前510年(《左傳·昭公三十二年》)，破郢在公元前506年。吳是經過數年的精心準備後才伐楚，採取的是孤軍深入、速戰速決的戰略戰術，不宜將西征、南伐、加楚視爲同時發生的一件事。“乃加於楚”，無疑是指吳師入郢之戰。加，有增加、加大、加重之意，當指破郢一事。

𠛱(荆)邦既爝(爵 削)，而天命醬(將)誤(虞)。

第四字，凡國棟認爲从扁、从兇、从火，疑讀作變，指有重大影響的突發事件；又引叔夷鎛銘“𠜶伐夏后”，《集韻·僊韻》“𠜶，削也”，認爲二説皆有可通，存疑待考。李零釋讀爲“殄”，指楚國既滅。原文上半含册，册上的筆畫像器口有水流出，並非户字，下半从兇从火，懷疑此字與扁無關，而與典字有關。殄字，古書亦作腆。陳劍認爲當釋爲“爝”，右下从“火”，其餘部分即“爵”之異。其左下所从乃“囟”非“兇”；頭部近“尸”之形、中間“册”形亦皆出自“爵”字固有偏旁之變。“爝”當讀爲“削”，兩字讀音至近(爵、雀常通，“雀”“削”俱从“小”聲)。董珊贊同釋爝，認爲或可讀“焦”(網文後補)。“誤”，讀爲憂虞之“虞”，謂吳已殘伐楚邦，而天命將令人擔憂。清華讀書會釋爲爵，疑讀爲削，訓弱。《吕氏春秋》：“魏從此削矣。”誤，讀爲“虞”，憂慮。《國語·晉語四》：“衛文公有邢狄之虞。”王念孫曰：“虞者，憂也。”黄錦前認爲，該字當釋作“𠜶”，睡虎地秦簡《秦律十八種·司空》的“扁”字寫作**扁**，與鐘銘該字所从聲符可相對照。陳直將其釋作“𠜶”，謂“‘𠜶’即‘剗’字亦‘踐’字之假借”。“𠜶”，《集韻》：“紕延切，音偏。削也。”

“天命”，即受天之命。盂鼎：“受天有大命。”毛公鼎：“丕顯文武，皇天弘厭氒德，配我有周，膺受大(天)命。”“天命將誤”，李零認爲“天命將錯失楚國”。董珊認爲“誤”當讀爲憂虞之“虞”。此謂吳已焦伐楚邦，而天命將令人擔憂。“荆邦”“天命”皆是被動句的受事主語。

此句義指楚國已遭削弱，有滅國之憂。

有嚴(嚴)曾侯，㸁=(業業)乓(厥)䎘(聖 聲)，

嚴字下从心，讀嚴。嚴即威嚴。宗周鐘：“先王其嚴在上。”王孫誥鐘：“有嚴穆穆，敬事楚王。”

㸁，其上从二“心”，中間从一“大”，右下有重文號，當是“業”。凡國棟認爲“業業”有高大雄壯貌。䎘讀爲聖，聰明睿智。“業業厥聖”是對曾侯聰明睿智的高度褒譽。清華讀書會認爲，厥，虛字，訓而。《書·多士》：“誕淫厥泆。”聖，《説文》：“通也。”《書·洪範》：“睿作聖。”孔傳：“於事無不通之謂聖。”業業厥聖，誇贊曾侯高大而睿聖。李零讀爲“業業厥聲”，指曾侯聲名顯赫。《詩·大雅·常武》：“有嚴天子，赫赫業業。”“赫赫”與“業業”含義相近。魏棟認爲，“業業”當訓爲危懼貌，描述的是曾侯與先祖因憂懼而勤勉進取的情狀。

此句義爲威嚴的曾侯，聲名顯赫。

親塼(敷)武攻(功)，楚命是爭(靖)，

塼，从土，當讀敷。攻讀功。王孫誥鐘有“武於戎攻(功)”，虢季子白盤有“壯武於戎攻”。親塼武功，凡國棟認爲“是説曾侯親自搏戰，勇武而有功”。李零認爲博是“博取”。

董珊認爲“親敷武功，楚命是請”，謂曾侯親自布施武功，請受楚國之命。“請”字原作“爭”，讀爲“請”，“爭”字其下面一隻手寫作“尤”形，是略變其表意偏旁。爭，凡國棟釋䖻，从爭从尤，疑讀爲靜(或靖)，安定之意。李天虹、李零等釋讀爲爭。所謂“尤”爲“手”的變形。清華讀書會：塼即博字，讀爲薄，《詩·出車》：“薄伐西戎。”爭，讀爲靖，訓和、安。《詩·昊天有成命》“肆其靖之”，毛傳“靖，和也”，鄭箋“終能和安之”。

黄錦前認爲，“塼”即“敷”，謂布施。“武攻”即“武功”。“楚命是争”，“争”讀作“拯”。“争”古音爲照母耕部，“拯”是照母蒸部字，二者聲紐相同，韵部爲旁轉，音近可通。《孟子·梁惠王下》：“民以爲將拯己于水火之中也。”

此句是説曾侯親自布施武功，楚國才得以平靜。

> 复(復)敹(定)楚王，曾侯之霹₌(靇靈)。

霹₌，从靈从辟，辛形右側有符號₌。凡國棟認爲是“靈辟”二字合文。辟，讀爲乂。乂、穆均爲對曾侯之靈的描述，才德出眾。李零認爲此字的寫法同金文常見的“薛”字，辛旁右側的兩横並非重文號，此字應讀靈，不是兩個字。董珊認爲“復定楚王，曾侯之靈”，謂此役使楚王之位復歸於穩定，這是曾侯之善。“靈”訓爲美善，讀爲“令”訓“善”亦可。清華讀書會及王寧(董珊文附議)以爲“靇”字，讀靈。魏棟認爲，“復”可訓爲安定，“靈”當訓爲福、佑。意思是憑藉曾侯的福佑，才安定了楚王。

楚王即楚昭王。吳師入郢，昭王奔隨，隨國力保，復定王位，是曾侯之善舉。

> 穆₌(穆穆)曾侯，瘛(壯)武愄(畏)諅(忌)，共(恭)寅(寅)齋盟(盟)，

清華讀書會疑“穆”字下漏重文號。範常喜認爲拓本“穆”下有一短横，當爲重文號。摹本誤將該短横與右側“禾”旁竪筆相連，遂致文意難通(董珊文後附議)。

《詩·大雅·文王》：“穆穆文王。”傳：“穆穆，美也。”克鼎：“穆穆朕文祖師華父。”穆穆，即端莊盛美。瘛，从心，即臧，讀壯。壯武，强壯勇武。虢季子白盤：“壯武於戎攻。”《詩·鄭風·羔裘》：“孔武有力。”愄諅讀畏忌，畏懼、顧忌，金文習見。齊鎛：“余彌心畏諅。”叔夷鐘：

“女(汝)小心愳忌。”《左傳·昭公二十五年》：“爲刑罰威獄，使民畏忌。”共讀恭，肅敬。寅从皿。《爾雅·釋詁》：“寅，敬也。”陳逆簋：“余寅事齊侯。”《書·無逸》：“嚴恭寅天命。”齋盟，齋戒盟誓。邾公乇鐘：“用敬卹盟祀。”

王恩田認爲：古代齋、齊一字。《左傳·襄公廿二年》：“以受齊盟。”注：“齊，同也。”齊盟即同盟。如《左傳·成公十一年》：“齊盟所以質信也。”《國語·晉語》：“安用齊盟。”又如《吳語》：“背其齊盟。”此句是説要敬重同盟國，與前面所説的“吾用燮謞楚”，即我曾國是楚國歃血爲盟的友邦的説法是相呼應的。

黃錦前認爲：M1 出土的曾侯與編鐘及 M4 出土的曾侯鐘的“穆穆曾侯”應指同人，即 M4 的墓主曾侯𡰥，他曾“親敷武功，楚命是拯，復定楚王”。固始侯古堆一號墓所出編鐘、編鎛及淅川下寺楚墓出土的敬事天王鐘所指的那位與楚平王時代相當的、不知名的曾侯，應係曾侯𡰥的前一任曾侯。春秋晚期的曾侯□、曾侯𡰥、曾侯與三位曾侯，分别與楚平王、楚昭王及楚惠王的時代與在位時間大致相對應。

此句義爲端莊盛美的曾侯，强壯勇武而又謹慎畏忌，恭敬歃血盟誓。

代武之堵，褱(懷)燮四旁(方)。

報告作“伐武之表”。凡國棟認爲“表”字所从“衣”的上部挪至左邊，此句“似乎是指曾侯故意褒揚其武功”。曹錦炎讀同，義爲征伐武功之儀範。清華讀書會：伐，《左傳》莊公二十八年注：“功也。”表，《左傳》襄公十四注：“顯也。”伐武之表，指曾侯武功顯揚。

陳劍認爲，所謂“伐武之堵”應釋爲“代武之堵”。所謂“表”，明爲“堵”字，用法應與金文“處禹之堵”等之“堵”字同(董珊文後附議)。李零讀“代武之表”，認爲“代字的弋旁加有横畫，與伐字作斜畫不同，武字可能是謚號。表字，原文有土旁，是表率的意思。這裏可能是説，銘文所見曾侯是繼承這位曾武侯，以曾武侯爲表率”。

四旁，四方。“懷燮”，安和。毛公鼎：“率懷不廷方，亡（無）不閈于文武耿光。”晉羌鼎：“用康柔綏懷遠彌君子。”秦公鐘：“柔燮百邦。”《尚書·顧命》：“燮和天下，用答揚文武之光訓。”懷燮四方，意即安撫協和四方。曹錦炎認爲“燮”或可讀襲，義同征、伐。

王恩田認爲：武有褒義和貶義兩個相反的義項。褒義者如《周書·謚法》：“剛彊理直曰武。”“克定禍亂曰武。”貶義者如《周語上》：“是先王非務武也。”又如《老子》：“善爲士者不武。”王弼注：“武，尚先陵人也。”陵即欺淩。將欺淩他人行爲視爲高尚者被稱爲武。鐘銘“伐武”用的是貶義。《漢書·馮安世傳》：“爲世使表。”顔師古注：“表，猶首。”“伐武之表”意爲征伐欺淩他國的首惡。此句是説，對欺淩他國的首惡予以征伐，而對周圍的鄰國協和友善。

黄錦前從陳劍説釋讀爲“代武之堵”。《説文》：“代，更也。”《書·微子之命》：“成王既黜殷命，殺武庚，命微子啓代殷后。”孔穎達疏訓“代”爲“繼”。“武”可能如陳劍説即指楚武王。“堵”字誤釋作“表”。叔夷鎛、叔夷鐘銘曰“咸有九州，處禹之堵”，可與之對照。“代武之堵”，謂繼承武王的基業。

此句可能是説，繼承曾武侯的基業，協和四方，與鄰國搞好關係。

余𤔲（申）圈（固）楚成，改遱（復）曾疆。擇悖（辞）吉金，自酢（作）宗彝。

𤔲，見於壽縣蔡侯申鐘，于省吾、裘錫圭釋讀爲申。申圈，見於毛公鼎、叔向父簋等銘文，裘錫圭曾以爲與“申固”同義，有“申束”“申重”等義（《裘錫圭學術文集》3卷，59頁）。山東棗莊徐樓村所出宋公鼎銘文自稱“宋公圈”，李學勤經與文獻對照確定就是宋公固，並進一步認爲金文“申圈大命”的圈，也當讀爲固，訓爲安定（《棗莊徐樓村宋公鼎與費國》，《史學月刊》2012年1期）。

成，即成其和平。《左傳·桓公六年》：“楚武王侵隨，使薳章求成焉，軍於瑕以待之。”凡國棟據此認爲“申固楚成”大意是説曾與楚達成和解，同盟關係進一步鞏固。李零讀“申固楚城”，城字内含土旁，與成有别，是指曾侯幫楚王重新加固楚城。徐少華認爲是重申或進一步加固與楚人的舊有盟約。韓宇嬌認同此説。

劉光認爲，彖旁與豸屬義近形旁，可以通用。“固”字出現較晚，與“𪢸”可能是時代不同的異體形聲字。“舟”的構形待考。“申固”有重固、鞏固的含義。蘇建州對𪢸字的構形又提出了補充意見。

“改復曾疆”，凡國棟認爲“即重新光復曾國的疆土”。

“擇悻吉金”之悻，凡國棟疑讀爲選。清華讀書會：悻，讀爲辝，即“台”，《爾雅・釋詁》“我也”“予也”，第一人稱代詞。李零讀“擇台吉金”，“台”訓吾、我，是第一人稱的另一種説法。原文从辛从心，省去厶旁或台旁，乃怡字或怠字的省文。下句“用孝亯于台皇祖”句的“台”用法相同。董珊認爲讀予，與下文“用孝以享于予皇祖”之“予”寫法相同，在此都讀爲第一人稱領格代詞“予”。黄杰疑即“辝”字，訓“我”。蔣偉男又作了進一步論證。韓宇嬌引録陳英傑説，按照文例應該讀爲“擇台(我)吉金”，春秋金文有“擇余吉金”之説，但用第一人稱極少見(博士學位論文155頁)。

編鐘“𪢸”所从豹的左旁寫法與所見有别，又增添新的演變字例。此句是説重新鞏固與楚達成的同盟，改正恢復曾國舊有疆土，選擇曾國尚好金屬，鑄作宗廟彝器。

和鐘鳴歔(皇)，用考(孝)[台(以)]亯(享)于悻(辝)皇𥙑(祖)，吕(以)祈釁(眉)壽，大命之長。

“皇”，報告認爲右从允。此字又見於鐘2，从欠。所謂“允”當是“欠”稍稍寫變。凡國棟疑爲䟫之壞字，讀爲皇，訓美，形容鐘的音色美麗響亮。沇兒鐘有“元鳴孔皇”句。韓宇嬌認爲當讀爲“鍠”，訓爲和或大。《説文》：“鍠，鐘聲也。从金，皇聲。《詩》曰‘鐘鼓鍠鍠’。”

悴，凡國棟疑讀爲辟，有君長意，“辟皇祖”即曾侯與之皇祖。清華讀書會：辝，同上注，即“台”，訓我。叡巢鎛“台(以)享台(以)孝于我皇祖”，與本銘語近意同。辝皇祖，另見戎生編鐘：“休辝皇祖憲公”，“至於辝皇考昭伯”。

“大命”，金文屢見，指天命。“大命之長”，即天命長久。

此句是說，協和的編鐘聲音洪亮，用來祭享我的祖父，用來祈求滿壽，天命長久。

> 刞(期其)肫(純)德(德)降畬(余)，萬殜(世)是尙(尚常)。

凡國棟讀“其純德降”，認爲“純德降”即“降純德”，指賜予恩寵。李天虹認爲“是否可以考慮‘余’屬上讀”。李零讀爲“期純德降餘”，意爲望上天降我以純德。董珊讀法類同，即“降給我純美專一之德”。

尙，讀尚，金文多見“尚”，如爲甫人(夫人)鼎“萬歲用尚”、者減鐘“子子孫孫永保是尚”、叔原父甗“子孫是尚”等，黄錦前讀尚爲常，長久之意。韓宇嬌从黄錦前説，讀爲常，訓爲長久、永久。陳侯壺有“永保是尚”，論者認爲此語“已經成爲江淮一帶青銅器銘文的個性特徵”。

此句是說，期望天賜純美之德與我，萬世太平永常。

鐘1銘文可大致意譯爲：

> 周王正月甲午之吉日，曾侯與(作鐘記述)説：先祖伯括能直言上諫，輔佐周文王武王，受天給予的伐殷之命(推翻殷王朝)，安定天下。成王選派南公(伯括)，營建汭土(今隨州一帶)，掌控近鄰淮夷，監管江漢區域。周王室已經衰微，曾國和順近楚。吴國依仗衆多支持者發難，向西出征(淮夷及徐國，打通伐楚道路)，向南討伐(伐越穩定後方)，(準備充分後)進而加重伐楚(占據郢都)。荆楚受到削弱(遭遇重挫)，面

臨滅國之憂。威嚴的曾侯，聲名顯赫，親自布施武功，楚國得以平静。復定楚王之位，此乃曾侯善舉。莊嚴的曾侯，强壯勇武而又謹慎畏忌，恭敬(與楚)歃血盟誓，繼承曾武侯的基業，安撫協和四方。我(曾侯與)重申鞏固與楚友好盟約，光復曾國故疆。選我曾國尚好銅料鑄作宗廟彝器。協和的編鐘響亮輝煌，用來祭饗我的皇祖，用來祈求滿壽、天命久長，期望上天降給我純潔美德，萬世永常。

曾侯與編鐘(M1：1)器圖

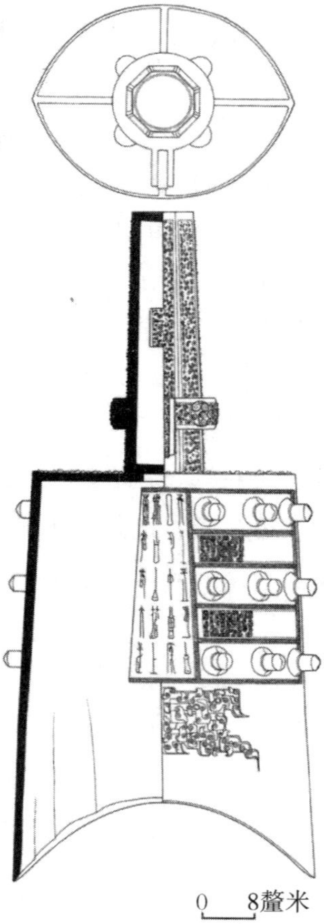

曾侯與編鐘(M1：1)綫圖

曾侯與編鐘(M1：1)正面鉦部

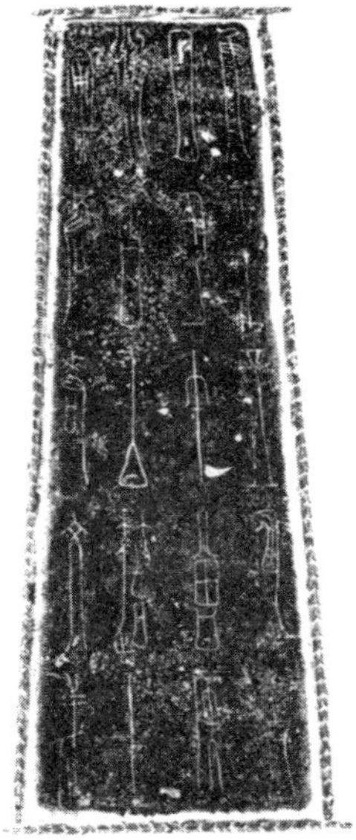

拓片

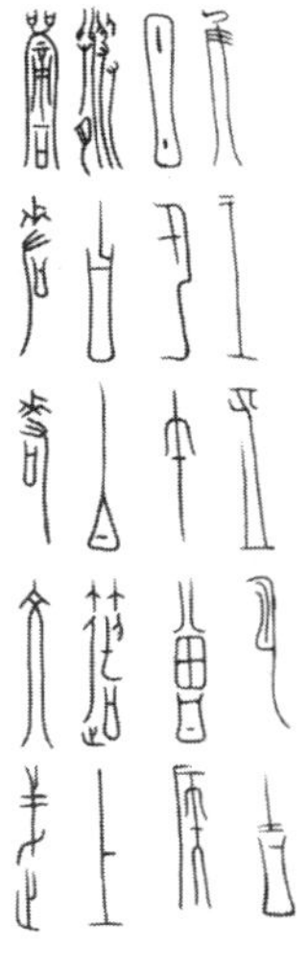

摹本

曾侯與編鐘(M1：1)正面鉦部銘文

曾侯與編鐘(M1：1)正面左鼓部

拓片

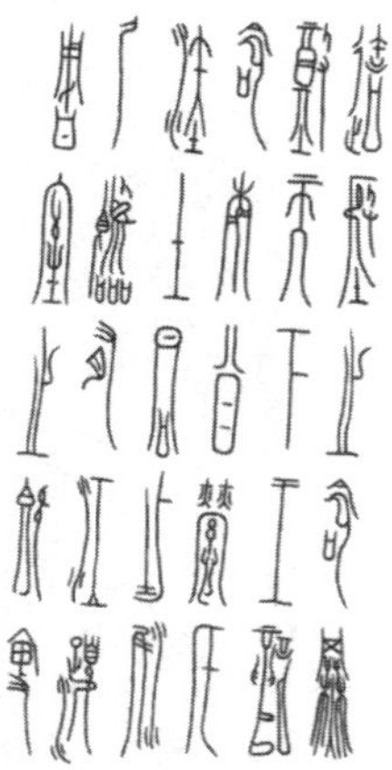

摹本

曾侯與編鐘(M1：1)正面左鼓部銘文

曾侯與編鐘(M1：1)背面右鼓部

拓片

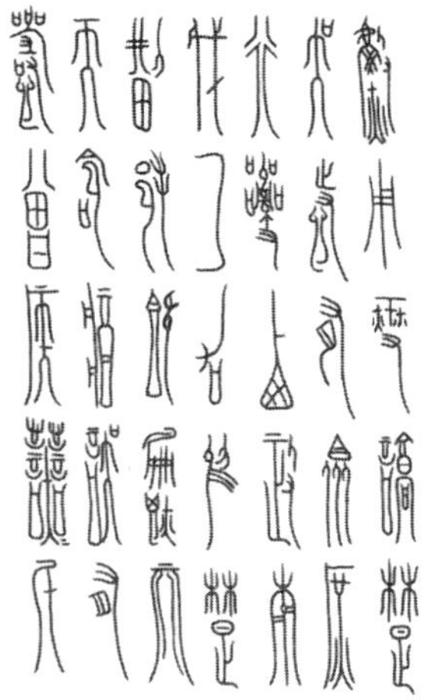

摹本

曾侯與編鐘(M1：1)背面右鼓部銘文

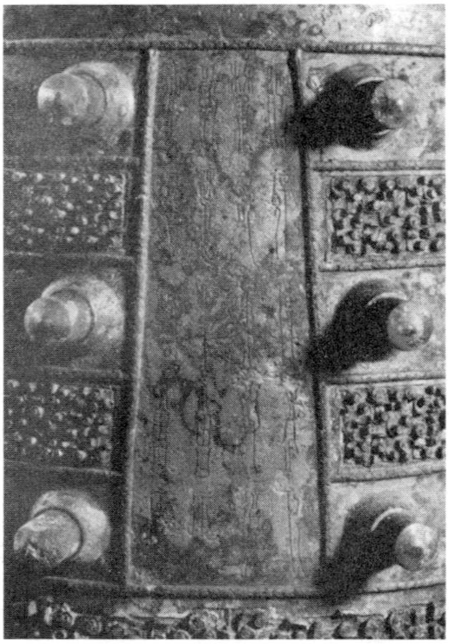

曾侯與編鐘(M1：1)背面鉦部

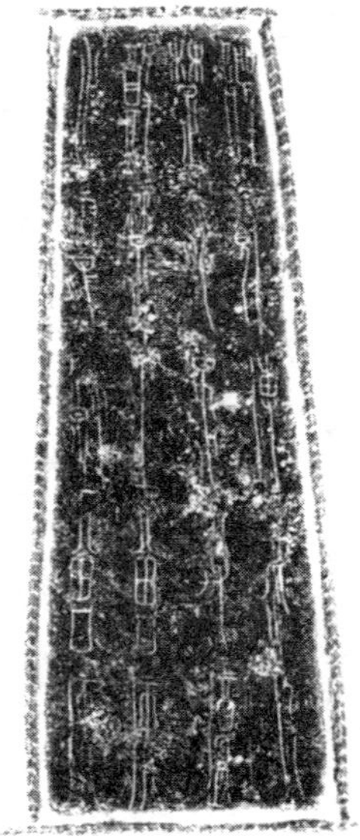

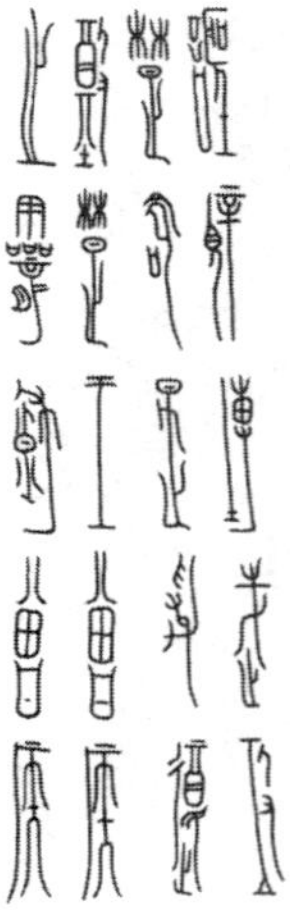

拓片　　　　　　　　　　摹本

曾侯與編鐘(M1：1)背面鉦部銘文

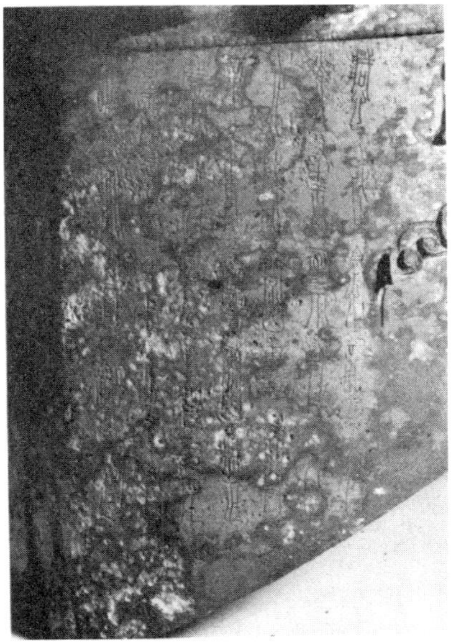

曾侯與編鐘(M1：1)背面左鼓部

拓片

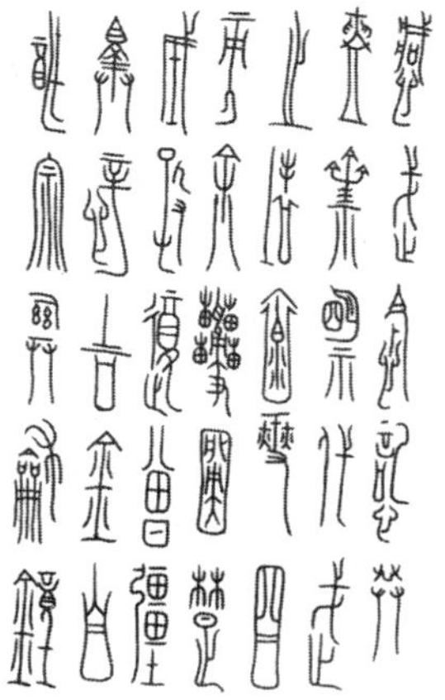

摹本

曾侯與編鐘(M1：1)背面左鼓部銘文

曾侯與編鐘(M1：1)正面右鼓部

拓片

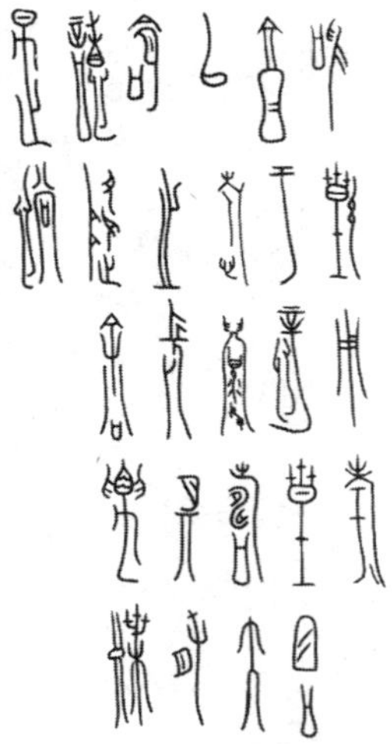

摹本

曾侯與編鐘(M1：1)正面右鼓部銘文

鐘 2

編號 M1：2。形體最大，惜已殘破，但基本可以復原（報告 23 頁圖八、圖版二九）。有大小殘片 8 塊：正面左鼓（報告 24 頁圖版三一、拓片一〇）、右鼓（報告 25 頁圖版三三、拓片一三）基本完整；正面鉦部殘留六字（報告 24 頁拓片九）；背面鉦部殘留十五字（報告 25 頁圖版三二、拓片一二）；背面右鼓殘留三字（報告 24 頁拓片一一）；背面左鼓經比對乃北京梁氏所藏一塊殘片（見同期報告 70 頁曹錦炎《曾侯殘鐘銘文考釋》及該文圖一照片、圖二摹本）。原殘存八十四字，加梁氏殘片七行三十四字，計有一百一十八字。銘文内容與鐘 1 大體一致，可據鐘 1 填補。見《通鑑續編》31030、31031。

鐘 2 釋文：

[隹（唯）王正月]，吉[日甲午，曾]侯[䣄（與）曰：白（伯）]𨒪（括）上[𠤳（䓵 諤），𡖊（左）𡖊（右）文]武，達𣪘（殷）之命，𢑓（撫）𤔲（定）天下。王𧬊（遣）命南公，䒨（營）厇（宅）𣲖（汭）土，君𣬉（比）淮尸（夷），𦣝（臨）有江灝（夏）。周室之既庳（卑），[𠭰（吾）用]燮𧩧（戚）楚。吴恃有衆庶，行𤔔（亂），西政（征）南伐，乃加於楚。𠛙（荆）邦既𠧧（爵 削），而天命𤗈（將）誤（虞）。有𠑹（嚴）曾侯，𦰩＝（業業）氒（厥）𦕾（聖 聲），親𡐨（敷）武攻（功），楚命是[争（靖）]。𣨋（復）𤔲（奠定）[楚王，曾]侯之𩃬（靈）。[穆穆曾]侯，𢡃（壯）武愄（畏）諆（忌），共（恭）𡨦（寅）齋𥂴（盟），代武之堵，褱（懷）燮四旁（方）。余𤕭（申）𡈼（固）楚成，改𣨋（復）曾疆。擇悍（辞）吉金，自酢（作）宗彝。和鐘鳴𣢐（鍠），用考（孝）[台（以）]亯（享）于悍（辞）皇𥘅（祖），㠯（以）祈𩓮（眉）壽，大命之長。𠀠（期）肫（純）𢛳（德）降𠂤（余），萬𥜽（世）是𢗰（尚 常）。

從舞修、舞廣和銑間尺寸來看，此鐘當爲該套編鐘的第一件。

曾侯與編鐘(M1：2)器圖

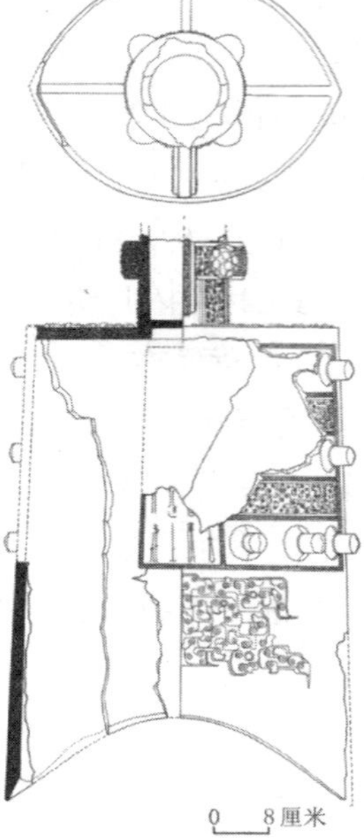

曾侯與編鐘(M1：2)綫圖

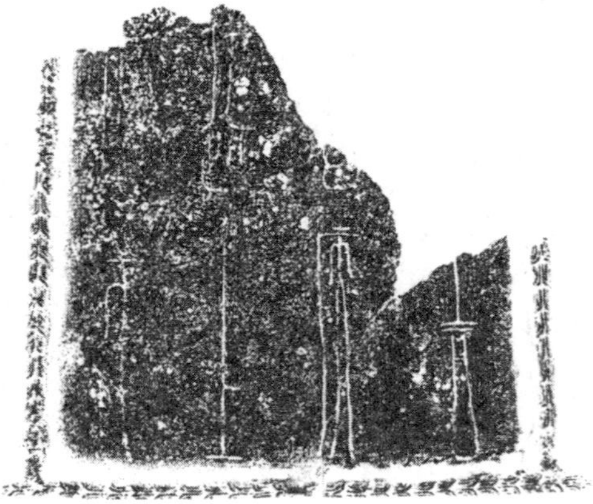

曾侯與編鐘(M1：2)正面鉦部
銘文拓片

曾侯與編鐘(M1：2)背面右鼓部
銘文拓片

曾侯與編鐘(M1：2)正面左鼓部

曾侯與編鐘(M1：2)正面左鼓部銘文拓片

曾侯與編鐘(M1：2)背面鉦部

曾侯與編鐘(M1：2)背面鉦部銘文拓片

曾侯與編鐘(M1：2)正面右鼓部

曾侯與編鐘(M1：2)正面右鼓部銘文拓片

曾侯與編鐘(M1：2)梁氏所藏殘片

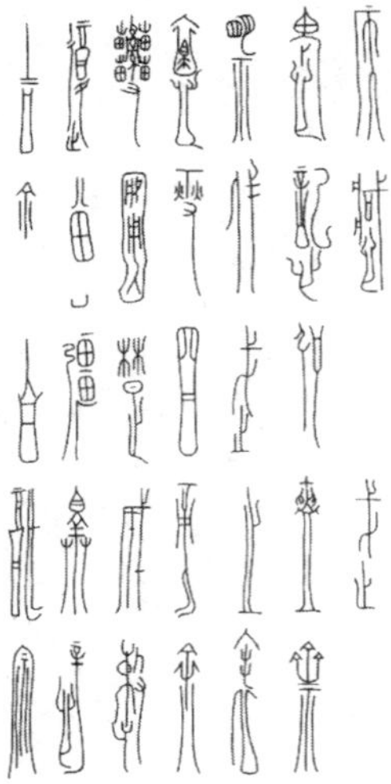

曾侯與編鐘(M1：2)梁氏所藏殘片銘文摹本

鐘 3

編號 M1：3。鐘體基本完整，右下角，銑局部殘缺。通高 48.3 釐米，銑間 20.6 釐米(報告 26 頁圖版三四)。正面鉦部兩行十字(報告 27 頁圖版三五、拓片一四、摹本七)；正面左鼓四行十二字(報告 28 頁圖版三六、拓片一五、摹本八、X 光片)；背面右鼓三行八字(報告 29 頁圖版三七、拓片一六、摹本九)；背面鉦部殘存銘文兩行八字(報告 30 頁圖版三八、拓片一七、摹本一〇)。計有三十八字。見《通鑑續編》31032。

鐘 3、鐘 5 的釋文、注釋，見鐘 5。

曾侯與編鐘(M1：3)器圖

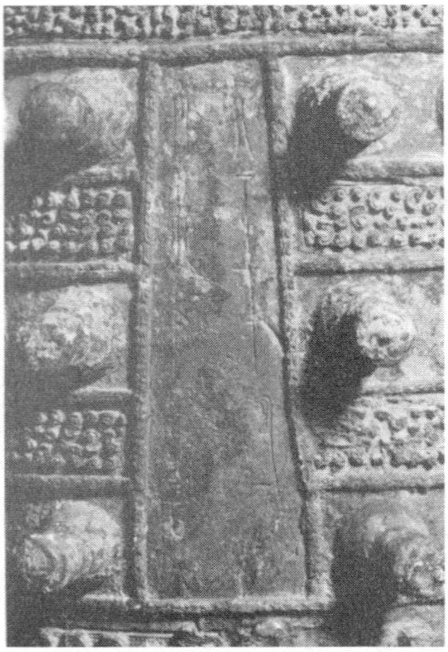

曾侯與編鐘(M1：3)正面鉦部

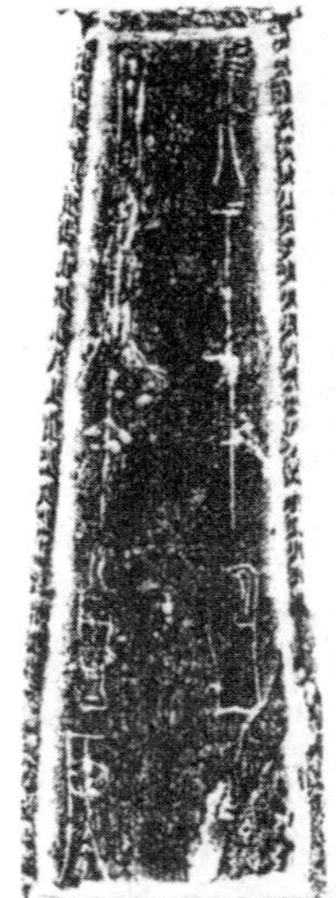

拓片

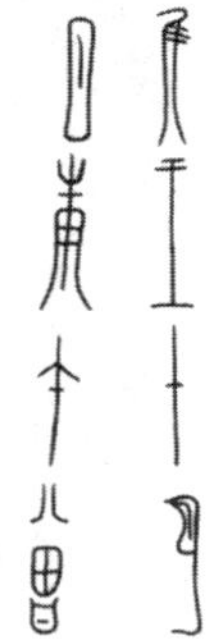

摹本

曾侯與編鐘(M1：3)正面鉦部銘文

曾侯與編鐘（M1：3）正面左鼓部

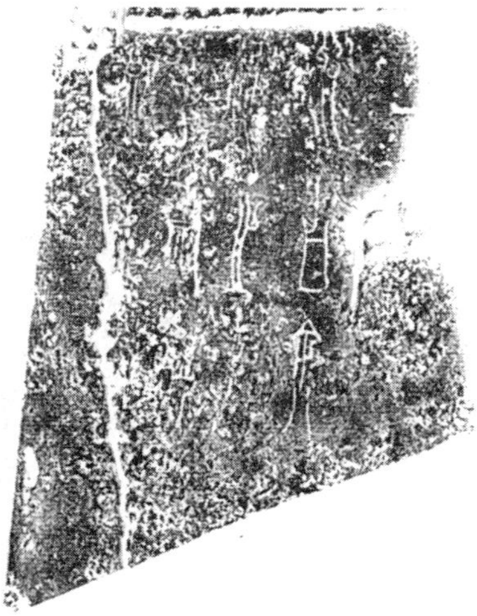

曾侯與編鐘（M1：3）正面左鼓部銘文拓片

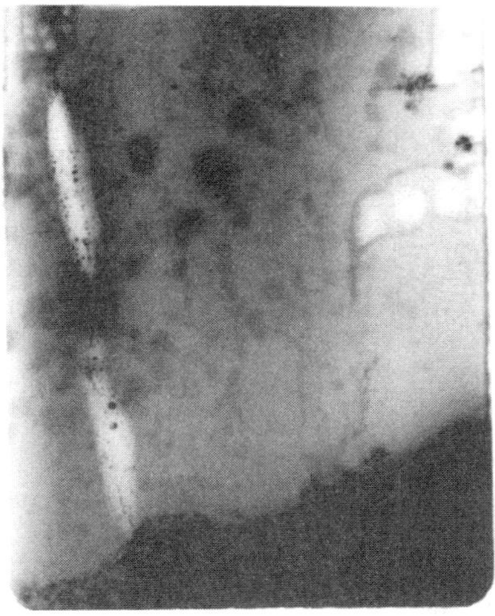

曾侯與編鐘（M1：3）正面左鼓部銘文 X 光片

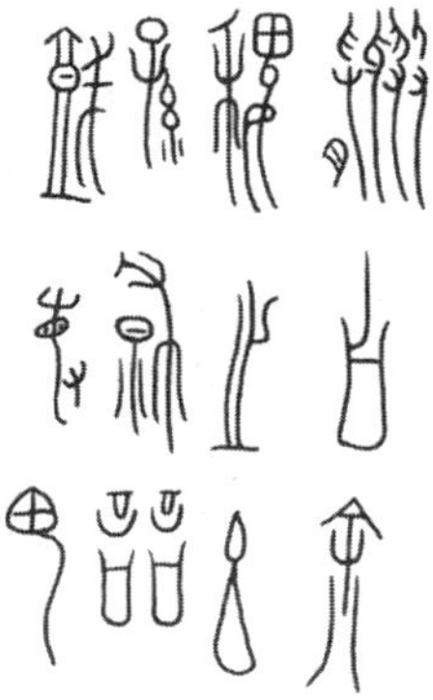

曾侯與編鐘（M1：3）
正面左鼓部銘文摹本

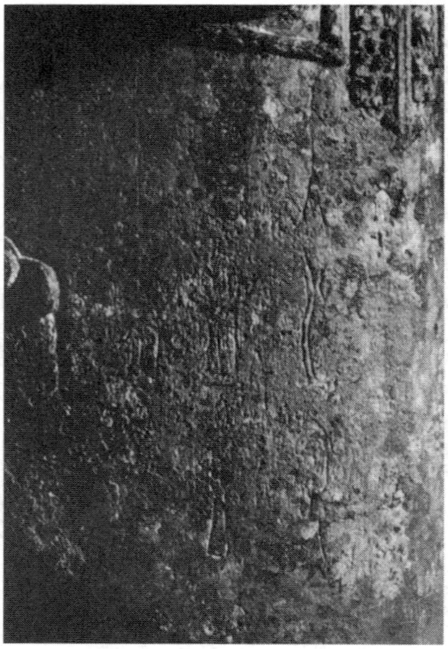

曾侯與編鐘(M1：3)背面右鼓部

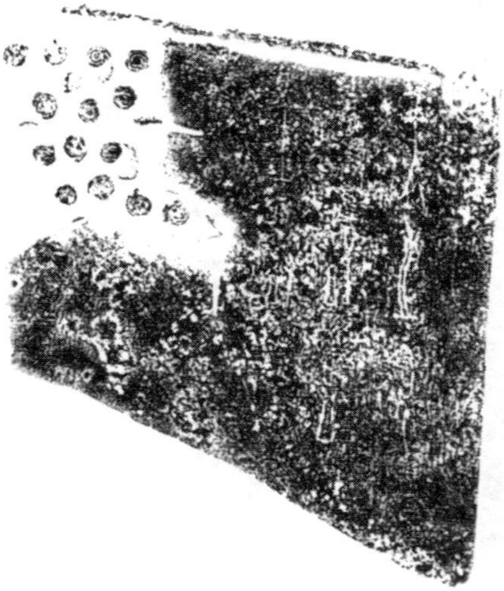

拓片

摹本

曾侯與編鐘(M1：3)背面右鼓部銘文

曾侯與編鐘(M1：3)背面鉦部

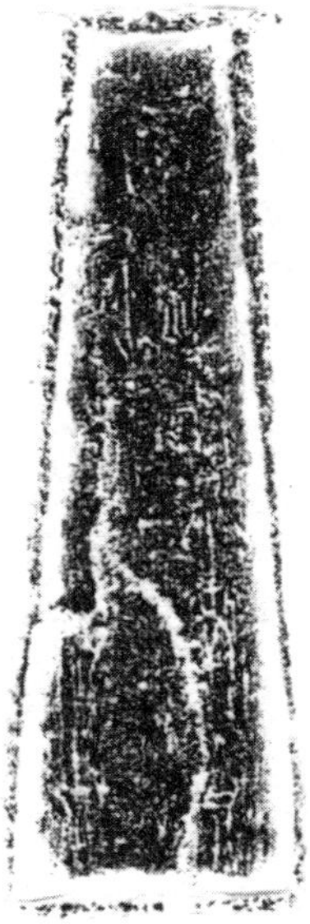

拓片

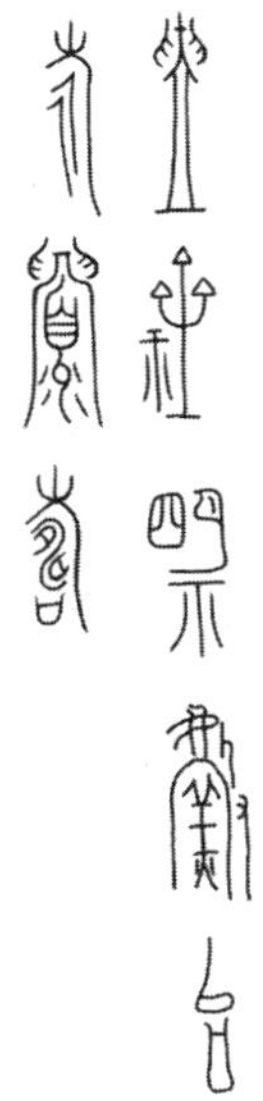

摹本

曾侯與編鐘(M1：3)背面鉦部銘文

鐘 4

編號 M1：4。甬部完整，鐘體殘破，僅存舞部和正面上部殘片。殘高 41.1 釐米(報告 31 頁圖版三九、圖九)。正面鉦部銘文兩行九字，其中合文一字(報告 31 頁圖版四〇、拓片一八)。正面左鼓殘存兩行二字(報告 31 頁圖版四一)。合計十一字。見《通鑑續編》31033。鐘 4 釋文：

及夫₌(大夫)，匽(宴)樂，爰鄉(饗)律(儘 進)士

(正面鉦部)

備□□

御□□ (正面左鼓)

銘文注釋參見鐘 5。

曾侯與編鐘(M1：4)器圖

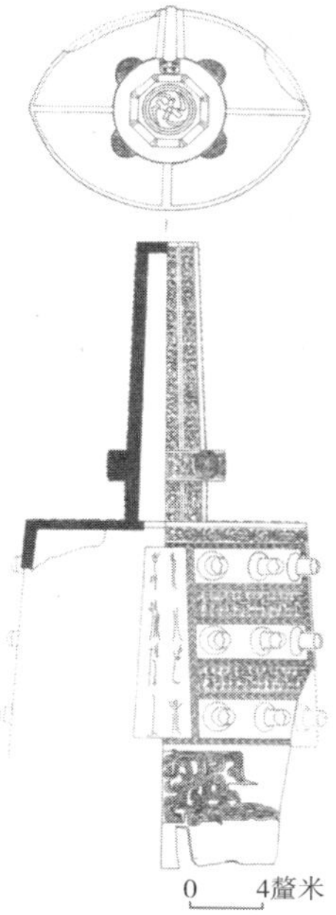

綫圖

正面鉦部

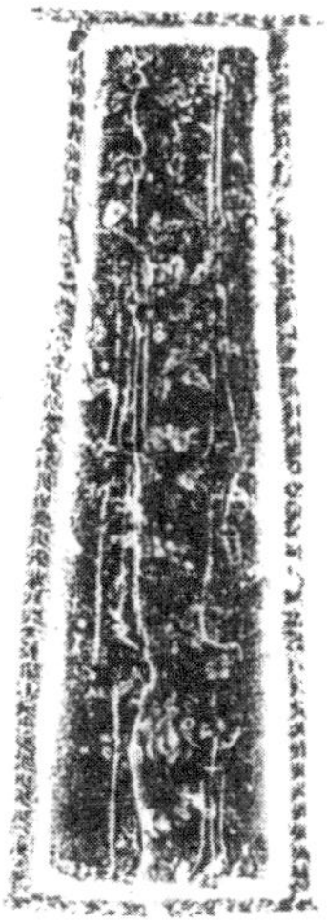

正面鉦部銘文拓片

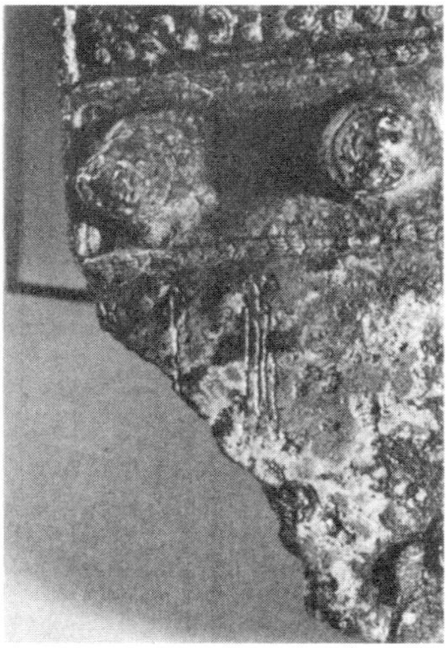

正面左鼓部

曾侯與編鐘(M1：4)

鐘 5

編號 M1：5。鐘體基本完整，背面正鼓口部殘缺，有一小豁口。通高 34 釐米，銑間 14.7 釐米(報告 32 頁圖版四二、圖一〇)。有銘文三十六字。同鐘 1 讀法：正面鉦部兩行六字(報告 35 頁圖版四三，34 頁拓片一九、摹本一一)；正面左鼓兩行七字(含合文一字，報告 35 頁圖版四四，34 頁拓片一九、摹本一一)；背面右鼓兩行六字(報告 35 頁圖版四五，34 頁拓片二〇、摹本一二)；背面鉦部兩行六字(報告 35 頁圖版四六，34 頁拓片二〇、摹本一二)；背面左鼓兩行六字(報告 36 頁圖版四七，34 頁拓片二〇、摹本一二)；正面右鼓兩行五字(報告 36 頁圖版四八，34 頁拓片一九、摹本一一)。見《通鑑續編》31034。

曾侯與編鐘(M1：5)器圖

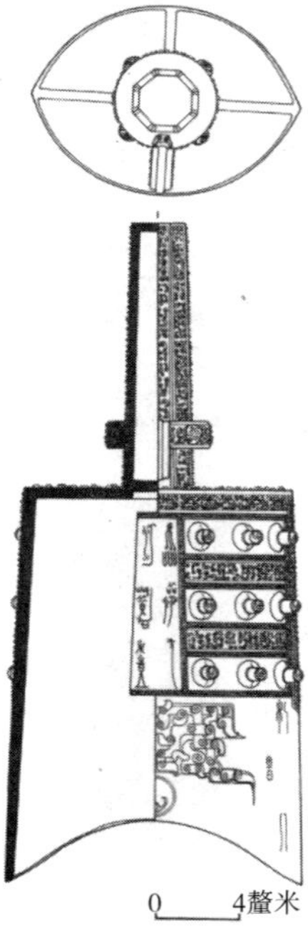

曾侯與編鐘(M1：5)綫圖

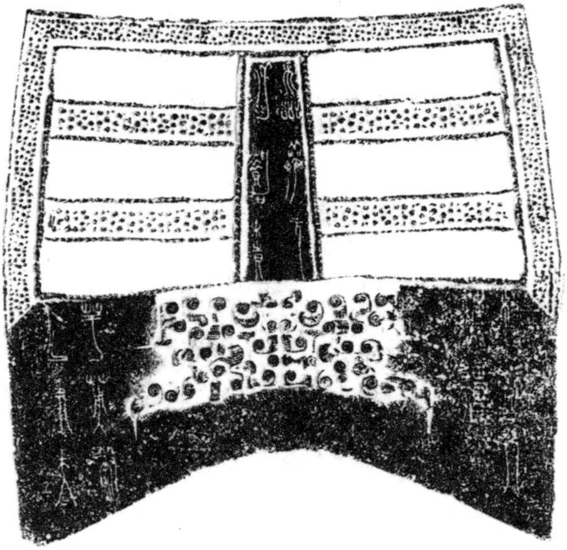

曾侯與編鐘(M1：5)正面拓片

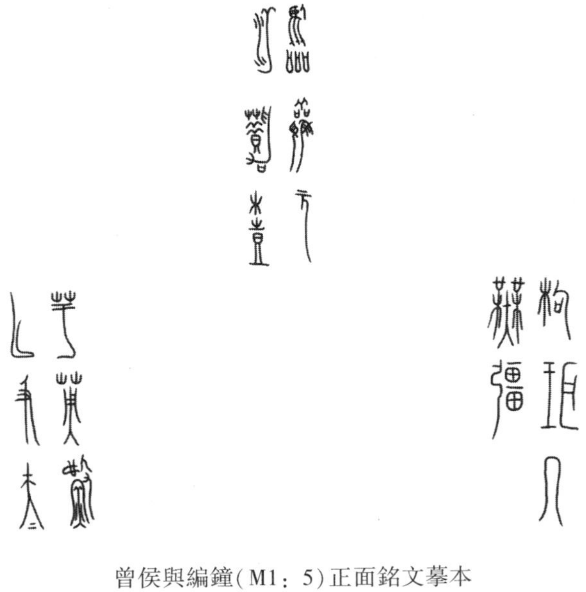

曾侯與編鐘(M1：5)正面銘文摹本

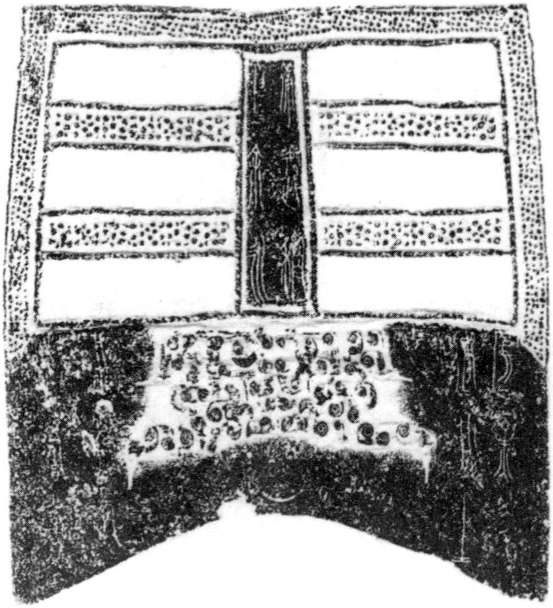

曾侯與編鐘(M1：5)背面拓片

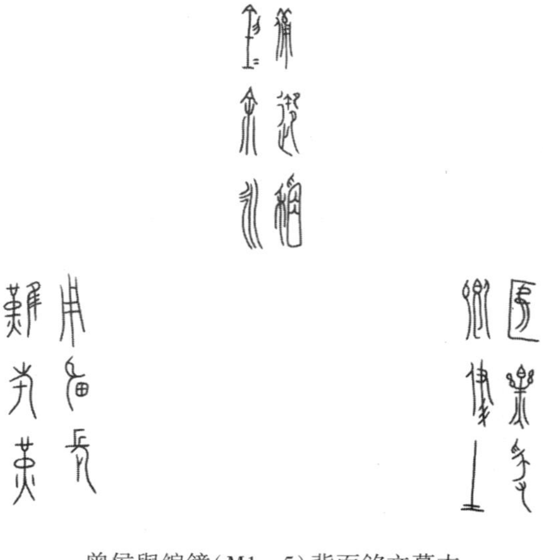

曾侯與編鐘(M1：5)背面銘文摹本

正面鉦部

正面左鼓部

背面右鼓部

背面鉦部

背面左鼓部

正面右鼓部

曾侯與編鐘(M1：5)

鐘3釋文：

隹(唯)王十月，吉日庚午，曾侯　　　　（正面鉦部）

𦖞(與)曰：余稷之玄孫。穆𧥺(?)敦(敦)敏(?)，畏

（正面左鼓）

天之命，𢿱(莫)吟(今)曾土，龏(恭)　　　　（背面右鼓）

寅齋𥂗(盟)，𪓕(吾)㠯(以)祈𩰪(眉)壽　　　　（背面鉦部）

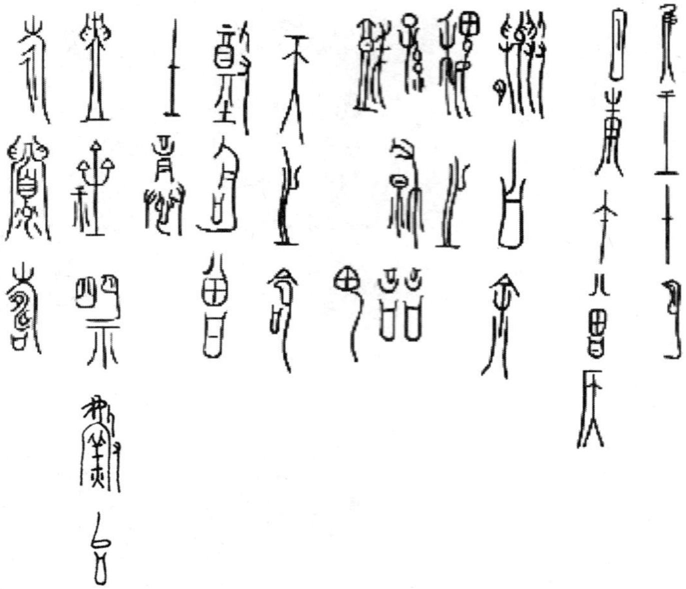

鐘 3 銘文摹本

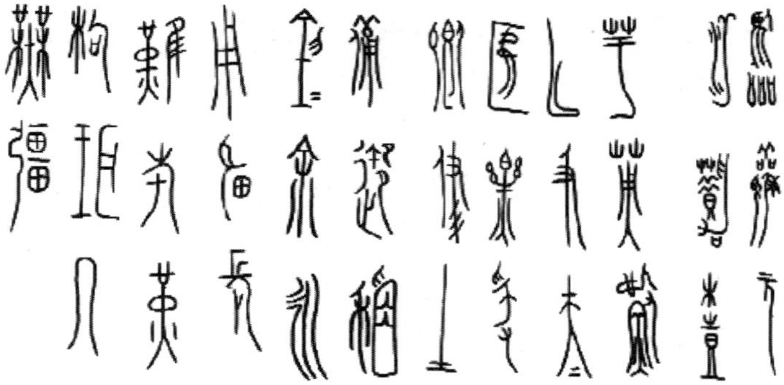

鐘 5 銘文摹本

鐘 5 釋文：

臨觀元洀(洋?)，嘉桯(樹)　　(正面鉦部)

芋(華)英。𪔂(吾)台(以)及夫₌(大夫)　　(正面左鼓)
匽(宴)樂，爰鄉(饗)𦘔(進)士，　　(背面右鼓)
備御稱倉，余永　　(背面鉦部)
用畯(畯)長，難考(老)黄　　(背面左鼓)
枸(耇)，弭(彌)冬(終)無疆。　　(正面右鼓)

鐘3、鐘5注釋如下：

隹(唯)王十月，吉(?)日庚(?)午

依周曆，據張培瑜《中國先秦史曆表》，公元前473年有周曆十月庚午朔。報道者認爲偏晚，周代也有用夏曆之例。如依夏正，據張培瑜《中國先秦史曆表》爲公元前504年十月。其中的矛盾，王澤文有具體分析。《左傳·定公六年》記述四月以後，吴國又大敗楚軍，子期"於是乎遷郢於鄀，而改紀其政，以定楚國"。魯定公六年正好是公元前504年。或許此年開始行夏正，鑄造鐘3一組，不久又改行周正，於公元前497年又鑄鐘1一組。是否如此，還有待新材料的發現與進一步的研究。

余稷之玄孫。穆諟(競?)𢽴(敦)敏(?)，

稷爲后稷，周之先祖。舜時爲農官，教民耕稼，故稱"后稷"。《詩·大雅·生民》："厥初生民，時維姜嫄……載生載育，時維后稷。"玄孫，指五代孫，也可泛指遠孫。《爾雅·釋親》："孫之子爲曾孫，曾孫之子爲玄孫。"《左傳·僖公二十八年》："有渝此盟，明神殛之……及而玄孫，無有老幼。"凡國棟等認爲由此可確定曾之族姓與周相同，爲姬姓。這是曾國族姓最早、最直接的文字材料。同時，凡國棟認爲，也存在另一種可能，即"稷"爲"曾侯與"高祖的私名。若此，這條材料就不能作爲曾國族姓的史料。楊華認爲，玄孫，虛指，就是遠孫。

王恩田認爲，“稷”不大可能是曾侯與五世祖的私名，因爲所見商周時期古文字中的親屬稱謂，祖父以上均謂之祖，無曾祖、高祖的區别。曾侯與編鐘鐘1提到的“伯括”是“左右文武”，建立過伐紂滅殷的歷史功勳的人物，以證明自己淵源有自，系出名門，不可能又在鐘3表白自己是一個不見經傳的無名之輩“稷”的五世孫。把“稷”視爲曾侯與的五世祖的私名，顯然是不合情理的，這種可能性可以排除。

凡國棟認爲，敦敏，篤實敏捷之意。《大戴禮記·五帝德》：“黄帝生而神靈，弱而能言，幼而慧齊，長而敦敏，成而聰明。”李零認爲，四字均是懿美之詞。穆後一字，若是作“誩”不誤，應讀競。競有强義。

黄錦前認爲，“穆(?)誩(?)敦敏(?)”幾字多不清晰。“穆”，淳和，温和。《詩·大雅·烝民》：“吉甫作誦，穆如清風。”鄭箋：“穆，和也。”“誩”，疑係“善”字。“敦敏”，篤實敏捷。《大戴禮記·五帝德》：“(黄帝)生而神靈，弱而能言，幼而慧齊，長而敦敏，成而聰明。”

此句大意是，我是后稷的子孫，温和剛强，敦厚敏鋭。

畏天之命，奠(奠)吟(今)曾土，

畏天之命，敬畏天命。

奠(奠)吟(今)曾土，凡國棟讀爲“定均曾土”。定均，安定調和之意。與鐘1“改復曾疆”一語大意相同。蔡侯申鐘有“定均庶邦”句。董珊讀爲“定徇曾土”。“徇”原字作“昀”，讀爲“徇”，巡視。文獻中用例極多。王孫遺者鐘銘：“餘溥徇於國。”

所謂“昀”，其實是“吟”字，讀爲今，指奠定今日曾國之疆土。其構形楚簡多見，與勻有别(個别形近混淆)，可參見：滕壬生《楚系簡帛文字編》增訂本，100頁含，812頁允、旬，1131頁均(湖北教育出版社，2008年)；李守奎等編《上海博物館藏戰國楚竹書(1~5)文字編》，277~278頁今，438頁旬，600頁均，615頁鈞(作家出版社，2007年)；張守中撰集《中山王厝器文字編》30頁(中華書局，1981年)。下列今、勻比較：

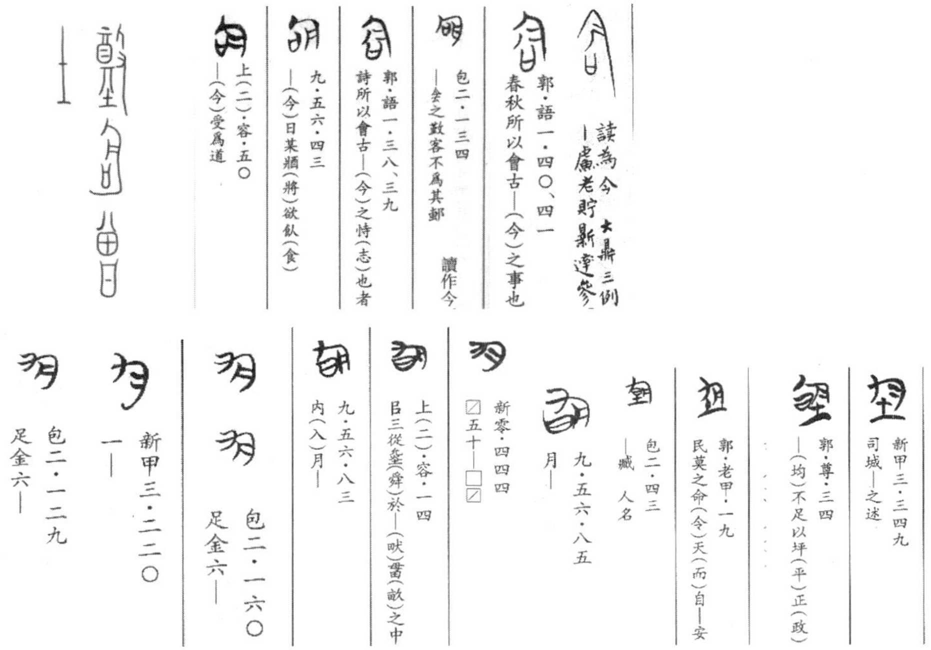

臨觀元㳇(洋?)，嘉桂(樹)芋(華)英

凡國棟：臨觀，讀爲監觀、觀察、觀覽之意。《詩·大雅·皇矣》："皇矣上帝，臨下有赫。監觀四方，求民之莫。"《淮南子·泰族》："曠然而通，昭然而明；天地之間，無所擊戾。其所以監觀，豈不大哉！"

李零理解爲"登高望遠，一覽無餘"。"元洋"的意思類似成語"洋洋大觀"的"洋洋"。董珊釋讀爲"臨觀元灌"。"灌"字原从水，𩠐聲，"元灌"可能是指鐘成之後的初次祭祀，也可能是這套編鐘的名字。

下一句，凡國棟釋讀爲"嘉鼓竽鏞"，後三字均爲樂器名。鏞即大鐘。董珊認爲"嘉樹華英"，是指鐘之簨虡上綴滿了裝飾物。李零釋讀類同。

黃錦前認爲，"臨觀元洋，嘉樹華英"，是用來形容鐘聲洪亮優美。與之相類的吳王光鐘銘文："……振鳴且𪛌，其音穆穆，闌闌和鐘，鳴揚條虡，既孜且青，藝茲且紫；維紛辟春，華英有慶……"(第一組，1~8)

馬曉穩釋讀爲“臨觀元棧，藉(作)梪(鼓)華英”，意思是“看這吉善的小鐘，演奏的樂聲華美悠揚”。認爲“元”後一字從董珊釋爲从水，㵘聲，與棧音近可通，指小鐘。所謂“嘉”當分析爲从艸，从爫、从力(口爲羡符)，昔聲，爲“藉”字異體，當讀爲“作”。

此句還需要深入研究。

> 叡(吾)以及夫₌(大夫)匽(宴)樂，爰鄉(饗)律(進)士，
> 備禦稱倉，余永用畯(畯)長，

匽樂，設宴奏樂。《左傳・文公四年》：“昔諸侯朝正於王，王宴樂之，於是乎賦《湛露》，則天子當陽，諸侯用命也。”

律士，凡國棟疑讀爲“肆士”，近於傳世文獻所謂庶士、列士。王孫誥鐘：“以匽以喜，以樂楚王、諸侯、嘉賓及我父兄、諸士。”

李零釋讀爲“爰饗藎士”，乃大宴忠藎之士。第三字原文相當於儘字省皿，破讀爲藎。

董珊斷句釋讀爲“[吾]以及大夫，宴樂爰饗，進士備禦”。“進”字原字形从人、从盡之聲符(聿下三斜筆)，讀爲進士之“進”。“備禦”指備禦非常之人，其與“進士”聯言，二者似分指文士、武士而言。“進士備禦”指廟堂上身份較低的人。聞道神仙認爲，律士讀爲進士可從，似乎也可以讀爲藎，清華簡《皇門》12 號簡律臣，可以參照；“律士備禦”可以理解爲“傑出才俊都在我身邊(周圍)效勞(陪侍我宴飲)”(董珊文後附議)。劉洪濤認爲，備御，即服御(董珊文後附議)。

韓宇嬌認爲，律，通藎。律士，即文獻中的“藎臣”，引楊兆貴説“藎臣是所進用之臣”。

凡國棟釋讀爲“備禦稱金”，認爲是預先準備銅料或貨幣。

李零釋讀爲“服禦稱倉，余永用駿長”。服禦，服飾、車馬。“稱倉”猶言稱當，指符合身份等級。古代貴族、官員，冠帶服飾、車馬器用有等級規定，古人稱爲輿服制度。“餘永用駿長”，指壽命長。

稱倉，董珊釋讀爲“肅肅鏘鏘”。認爲“肅”字原釋爲“稱”，但原字形

从禾、爪，爪下从“宿”之聲符“㐁”，恐不能釋爲“稱”。此字从“㐁”爲聲，讀爲“肅肅”。“倉＝”讀爲“鏘鏘”。編鐘銘文中講編鐘的聲音時，常説“倉倉(鏘鏘)”(見者減鐘、戎生編鐘)、“肅肅”(戎生編鐘)。《爾雅·釋訓三》：“肅肅，恭也。”

王寧認爲，銘文中的該字从禾笫聲，《士喪禮》古文“笫”爲“茨”，從字音和文意上推之，很可能是“穦”的異體，本義是“積禾”(《説文》)，字亦作“積”“穧”，在銘文中當讀爲“濟”。濟濟，盛貌。《詩·大雅·公劉》：“蹌蹌濟濟，俾筵俾幾。”《説苑·建本》：“田里周行，濟濟鏘鏘，而相從執質，有族以文。”“蹌蹌濟濟”即“濟濟蹌蹌”，亦即“濟濟鏘鏘”，與銘文之“穦穦倉倉”應該是一個詞語，是指士盛多的樣子。

黄錦前傾向釋讀爲“進士備禦”，“進”字從董珊説。“備禦”或認爲即“服禦”，是近義連用。“服禦”，使用，役使。《戰國策·趙策四》：“葉陽君、涇陽君之車馬衣服，無非大王之服禦者。”

此段釋文斷句還需進一步斟酌。

難考(老)黄枸(耇)，珥(彌)冬(終)無疆。

難老、黄耇，金文習見，都表示長壽之義。如叔夷鐘：“用祈眉壽，靈命難老。”《詩·魯頌·泮水》：“既飲旨酒，永錫難老。”鄭玄箋：“已飲美酒，而長賜其難使老；難使老者，最壽考也。”黄君簋：“用易眉壽黄耇萬年。”《詩·小雅·南山有台》：“樂只君子，遐不黄耇。”毛傳：“黄，黄髮也。耇，老。”彌終，凡國棟讀“弭終”，止息死亡即不死之意，與金文“靈終”爲善終義近。李零認爲，“彌終”即金文常見的“彌生”“靈終”。“彌生”是滿生，指活够天命。“靈終”是善終。珥若讀爲弭止之弭意思就反了。韓宇嬌認爲：“難老、弭終”與“難老、毋死”同義。

此句之意是，不老長壽，善終無邊。

鐘 6

編號 M1：6。器形完整，通高 19.3 釐米，銑間 8.2 釐米(報告 36 頁

圖版四九、圖一一，37 頁拓片二一)。背面無銘文。正面銘文九字。正面鉦部銘文一行三字(報告 37 頁圖版五〇、拓片二一)；正面左鼓銘文兩行三字(報告 37 頁圖版五一、拓片二一)；正面右鼓銘文兩行三字(報告 37 頁圖版五二、拓片二一)。見《通鑑續編》31035。

鐘 6 釋文：

嘉桔(樹)芋(華)	(正面鉦部)
英。獻(吾)吕(以)及	(正面左鼓)
夫₌(大夫)	(正面右鼓)

曾侯與編鐘(M1：6)器圖

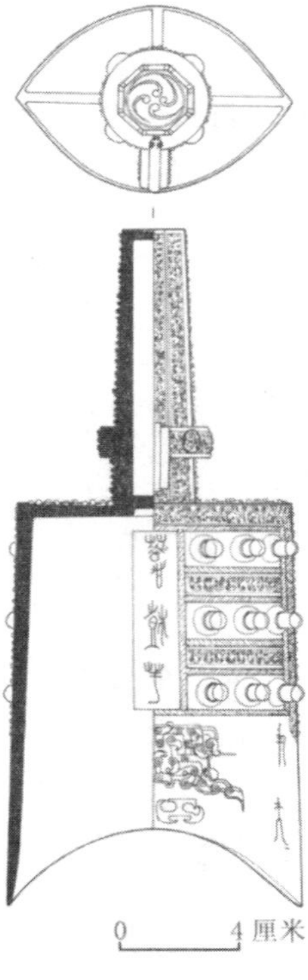

曾侯與編鐘(M1：6)綫圖

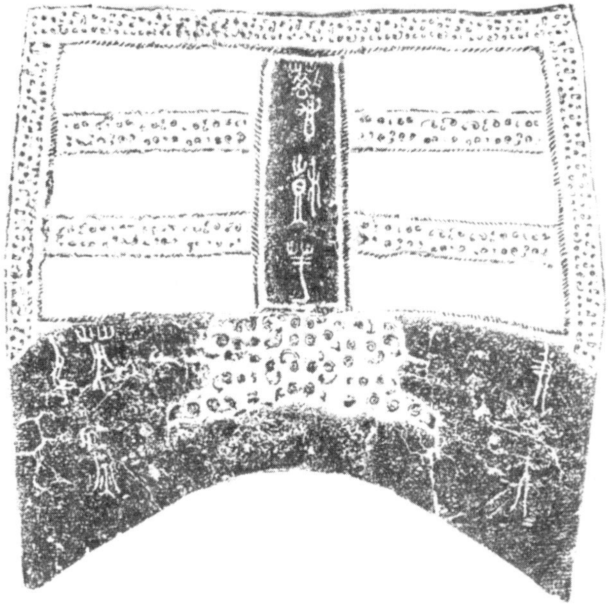

曾侯與編鐘(M1：6)正面拓片

正面鉦部

正面左鼓部

正面右鼓部

曾侯與編鐘(M1：6)

鐘 7

編號 M1：7。形體較小，鐘體基本完整。通高 19.2 釐米，銑間 7.9 釐米(報告 38 頁圖版五三、圖一二、拓片二二)。背面無銘文。正面銘文八字。正面鉦部銘文一行四字(報告 39 頁圖版五四，38 頁拓片二二)；正面左鼓銘文一行二字(報告 39 頁圖版五五，38 頁拓片二二)；正面右鼓銘文一行二字(報告 39 頁圖版五六，38 頁拓片二二)。見《通鑑續編》31036。

鐘 7 釋文：

難老黄枸(耇)	(正面鉦部)
珥(彌)冬(終)	(正面左鼓)
無疆	(正面右鼓)

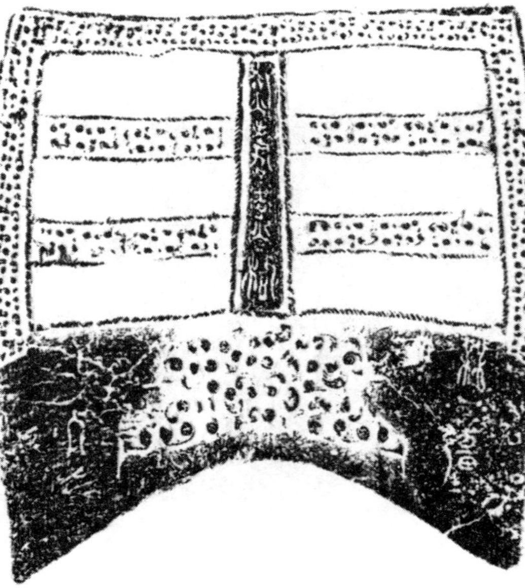

曾侯與編鐘(M1：7)正面拓片

曾侯與編鐘(M1：7)器圖

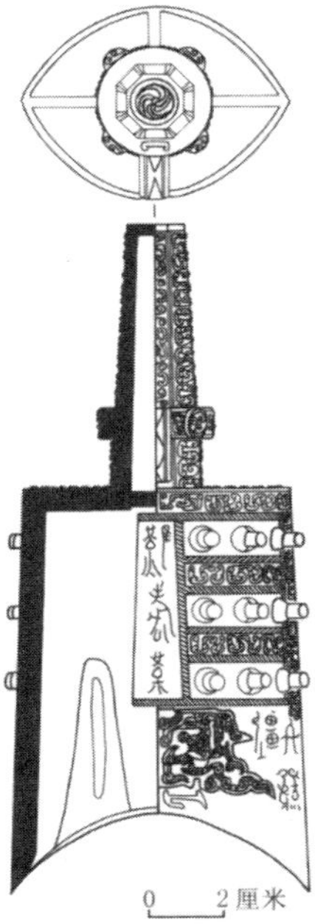

曾侯與編鐘(M1：7)綫圖

正面鉦部

正面左鼓部

正面右鼓部

曾侯與編鐘(M1：7)

鐘 8

編號 M1：8。形體較小，器形完整。通高 19.3 釐米，銑間 8.2 釐米(報告 39 頁圖版五七，40 頁拓片二三)。背面無銘文。正面銘文共有八字。正面鉦部銘文一行三字(報告 40 頁圖五八、拓片二三)；正面左鼓銘文一行二字(報告 40 頁圖五九、拓片二三)；正面右鼓銘文兩行三字(報告 40 頁圖版六〇、拓片二三)。見《通鑑續編》31037。

鐘 8 釋文：

難老黄	(正面鉦部)
枸(耇)，珥(彌)	(正面左鼓)
冬(終)無疆	(正面右鼓)

曾侯與編鐘(M1：8)器圖

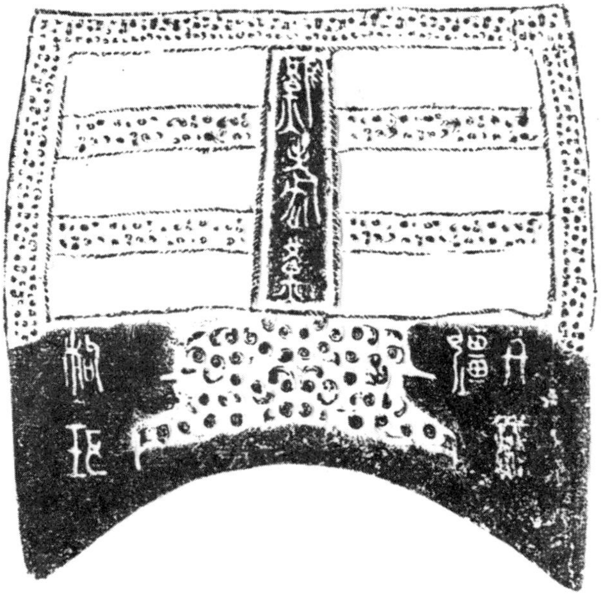

曾侯與編鐘(M1：8)正面拓片

正面鉦部　　正面左鼓部　　正面右鼓部

曾侯與編鐘(M1：8)

鐘9

編號M1：9。殘片。僅存甬鐘正面的鐘體部分。正面鉦部殘存銘文兩行六字，其中四字完整，二字殘缺(報告41頁圖版六一、拓片二四)。正面右鼓殘存銘文三行三字(報告41頁圖版六二、拓片二五)。共九字。見《通鑑續編》31038。

鐘9釋文：

隹(唯)王□月，吉日□□　　(正面鉦部)
萬……有……保……　　(正面右鼓)

曾侯與編鐘(M1：9)正面鉦部殘片

曾侯與編鐘(M1：9)正面鉦部殘片銘文拓片

曾侯與編鐘(M1：9)正面右鼓部殘片

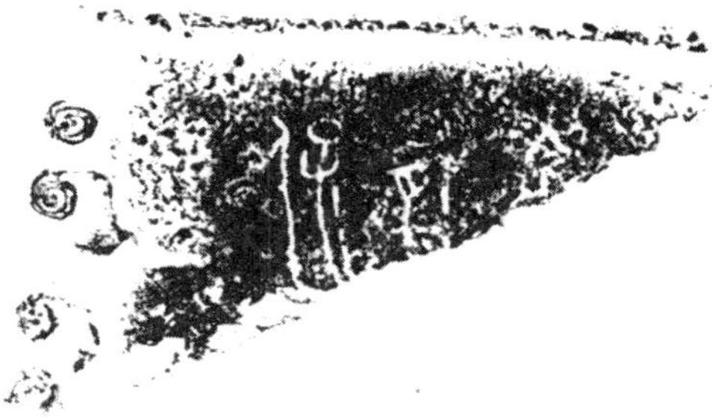

曾侯與編鐘(M1：9)正面右鼓部殘片銘文拓片

鐘 10

編號 M1：10，殘片。可判斷爲鉦左鼓殘部，殘長 12 釐米(報告 41 頁圖版六三)。有銘文四行十二字，其中八字完整(報告 41 頁拓片二六)。見《通鑑續編》31039。

鐘 10 釋文：

……萬民其有祀(?)，是□余自□龢鐘……　(左鼓殘片)

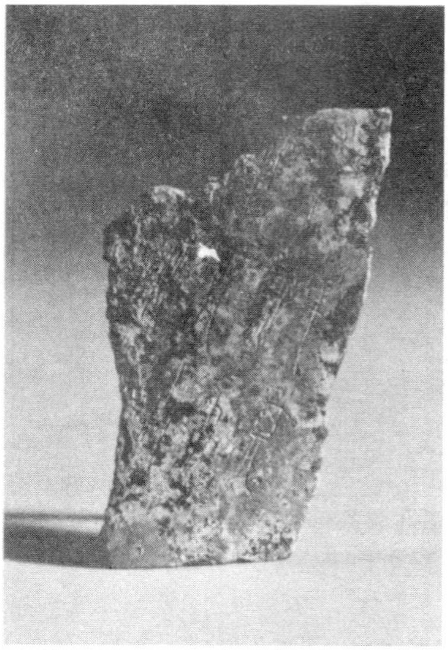

曾侯與編鐘(M1：10)殘片

曾侯與編鐘(M1：10)殘片銘文拓片

報道者認爲：M1墓主人身份十分明確，出土的銅鬲銘文有“曾侯與之行鬲”，多見編鐘銘文有“曾侯與曰”，可以肯定墓主人爲曾國的一代國君“曾侯與”。M1曾侯與墓葬的發現，足以證實文峰塔墓地的性質是屬於曾國國君的墓地。關於墓葬年代，根據編鐘銘文所記月日及吳伐楚的内容，可以確定編鐘製作年代在公元前506年之後，即春秋晚期。或推斷在公元前497年正月之後。銘文内容，印證了曾國屬於姬姓，吳國伐楚、曾楚兩國關係等重大歷史問題。出土的器物也就成爲時代劃分的重要標尺。

M1編鐘銘文雖與春秋晚期如蔡侯墓的銘文類似，但構形也有自身特點，出現有目前還難以釋定的文字，對於古文字研究無疑是非常重要的材料。

【著録】

湖北省文物考古研究所、隨州市博物館：《隨州文峰塔M1(曾侯與墓)、M2發掘簡報》，《江漢考古》2014年4期。

【參考文獻】

黄鳳春:《關於葉家山西周曾國墓地的族屬問題》,葉家山西周墓地國際學術研討會會議論文,2013年12月,武漢。

黄鳳春、胡剛:《説西周金文中的“南公”——兼論隨州葉家山西周曾國墓地的族屬》,《江漢考古》2014年2期;《再説西周金文中的“南公”》,《江漢考古》2014年5期。

《江漢考古》編輯部:《“隨州文峰塔曾侯與墓”專家座談會紀要》(參與討論者:羅運環、李天虹、楊華、常懷穎、方輝、李伯謙、徐少華、劉緒、于薇、張昌平、方勤等),《江漢考古》2014年4期。

李學勤:《曾侯與編鐘銘文前半釋讀》,《江漢考古》2014年4期;《試説南公與南宫氏》,清華大學《出土文獻》第六輯,中西書局2015年;《説“逹殷”與“徹命”》未刊稿,見魏棟文注釋3。

凡國棟:《曾侯與編鐘銘文柬釋》,《江漢考古》2014年4期。

曹錦炎:《曾侯殘重銘文考釋》,《江漢考古》2014年4期。

李天虹:《曾侯與編鐘銘文補説》,《江漢考古》2014年4期。

徐少華:《論隨州文峰塔一號墓的年代及其學術價值》,《江漢考古》2014年4期。

董珊:《隨州文峰塔M1出土三種曾侯與編鐘銘文考釋》,復旦大學出土文獻與古文字研究中心網站,2014年10月4日,以及文後陳劍等評論。

清華大學出土文獻讀書會:《曾侯與編鐘銘文補釋》,清華大學出土文獻研究與保護中心網站,2014年10月13日(陳穎飛執筆,初稿9月30日,二稿10月9日)。

魏棟:《隨州文峰塔曾侯與墓A組編鐘銘文拾遺》,《中國國家博物館館刊》2016年9期。首發於北京《曾國考古發現與研究學術研討會論文彙編》,2014年12月,79頁。

韓宇嬌:《曾國銅器銘文整理與研究》,清華大學博士學位論文,2014年10月。

李零:《文峰塔M1出土編鐘補釋》,《江漢考古》2015年1期。

陳偉:《曾侯與編鐘“汭土”試説》,《江漢考古》2015年1期。

高崇文:《曾侯與編鐘銘文所記吳伐楚路綫辨析——兼論春秋時期楚郢都地望》,《江漢考古》2015年3期。

王澤文:《文峰塔M1出土曾侯與鐘銘的初步研究》,《江漢考古》2015年6期。

黄錦前:《談兩周金文中的“舍”字》,清華大學《出土文獻》第二輯,中西書局,2011年,166頁;《曾侯與編鐘銘文讀釋》,2013年10月初稿,2016年11月定稿,刊於《中國國家博物館館刊》2017年3期;《西周早期曾侯世系與葉家山三座大墓的年代和墓主》,2017年5月未刊稿;《出土古文字資料所見曾侯世系》,2017年5月未刊稿;《隨州文峰塔墓地出土曾侯編鐘“穆穆曾侯”及其他》,2017年5月未刊稿。

黄傑:《隨州文峰塔曾侯與編鐘銘文補釋》,臺北《中國文字》(新四十二期),藝文印書館,2016年3月;網友暮四郎:《隨州文峰塔曾侯腆編鐘銘文初讀》,簡帛網論壇,2014年9月17日。

許可:《試説隨州文峰塔曾侯與墓編鐘銘文中从“匕”之字》,復旦大學出土文獻與古文字研究中心網站,2014年10月9日。

何景成:《釋曾侯與編鐘銘文中的“堂”》,清華大學《出土文獻》第六輯,中西書局,2015年。

王恩田:《曾侯與編鐘釋讀訂補》,復旦大學出土文獻與古文字研究中心網站,2015年1月17日;《曾侯與編鐘“余稷之玄孫”解》,復旦大學出土文獻與古文字研究中心網站,2015年2月;《曾侯與編鐘與周初南公和曾侯世系——清華簡·良臣“南宫夭”辨誤》,復旦大學出土文獻與古文字研究中心網站,2015年2月11日;《曾侯與編鐘與曾國始封——兼論葉家山西周曾國墓地復原》,《江漢考古》2016年2期。

馬曉穩:《曾侯與鐘“藉鼓華英”試説》,《江漢考古》2016年5期。

楊一波:《淺析曾侯與鐘銘“營宅汭土”之地理原因》,清華大學出土文獻研究中心網站,2016年4月12日。

尉侯凱:《曾侯與編鐘銘文補記》,武漢大學簡帛中心網站,2016年5月27日。

蔣偉男:《曾侯與鐘“悻”字補釋》,華東師大《中國文字研究》第二十四輯,上海書店出版社,2016年12月。

劉光:《補論金文“申固”與“固”字釋讀》,清華大學《出土文獻》第八輯,2016年。

蘇建州:《隨州文峰塔曾侯與墓編鐘銘文“圝”字補説》,武大《簡帛》第十二輯,2016年。

王占奎:《曾侯腆編鐘“沃土”即南土説》,2016年蘇家壟會議論文。

喻宗漢:《吴師入郢之戰有關問題探討》,見張正明主編:《楚史論叢》初集，湖北人民出版社，1984 年，93 頁。

石泉：《荆楚地理新探》，武漢大學出版社，1988 年。

文峰塔 M2

據報道，M2 位于 M1 西南 59 米，早年被盜嚴重。墓底長 6.68 米，寬 6.58 米，在椁室外北部位置設有兩具殉葬棺，年齡一在 25 歲左右(女性)，一在 25~30 歲(性别不詳)。墓底中部椁下有腰坑，墓壙南部有祭祀坑。墓中所剩文物無幾。没看到有銘文銅器報道。但墓中殘留的石編磬規格較高，保存較爲完整，正好填補了曾侯與、曾侯乙墓石編磬保存較差的缺憾。出土的包金箔馬絡飾與 M1 出土者完全相同，也出有精美的玉龍璜等，均表明墓葬等級很高。報道者認爲：M2 與 M1 時代相近，墓葬規模相當，位置相鄰，分布在同一崗地之上，相距不足 60 米，且崗地上無其他同時代的墓葬，從布局上看，M2 與 M1 有極爲密切的關係。况且 M2 的墓底面積比 M1 稍大，極有可能也是一位與曾侯與有親緣關係的曾侯的墓。M2 没有明確的紀年材料，但陪葬墓中的陶器爲墓葬的斷代提供了可能。鼎、鬲、盂、缶、罐等器物，具有春戰之際的時代特徵。M2 的時代當晚於 M1。

【著録】

湖北省文物考古研究所、隨州市博物館：《隨州文峰塔 M1(曾侯與墓)、M2 發掘簡報》，《江漢考古》2014 年 4 期。

文峰塔 M4

2011 年 9 月平整土地時發現，已被破壞。此墓位于東風油庫西南，M6 的南面，東與 M7 相距不遠。經清理殘迹，墓底長 8.2 米，寬 7.3 米。墓底中部有一腰坑。文物大多流失或毁壞，追回一件編鐘，對已挖出運走的墓内回填土進行篩選，僅獲隨葬器物 26 件。墓葬年代推定在春秋晚期偏早，墓主爲一代曾侯。其中一件曾侯殘戟和甬鐘有銘文。

曾侯戟

1件，編號 M4：08。此爲雙戈戟或三戈戟的後一戈，胡、内殘缺，直援，有中脊，鋒甚尖鋭。欄側現存一長穿一小穿，内較短，有一横穿。通長 20 釐米，援長 16.4 釐米、寬 3 釐米，内殘長 3.4 釐米、寬 3 釐米。見《江漢考古》2015 年 1 期 7 頁，以及圖五-7、拓片三-4。銘在胡部，殘存二字：

曾侯

根據此戈形制，可定爲春秋晚期偏早。遺憾戈銘殘缺，不知曾侯之名。黄錦前認爲是曾侯昃，是 M4 的墓主。

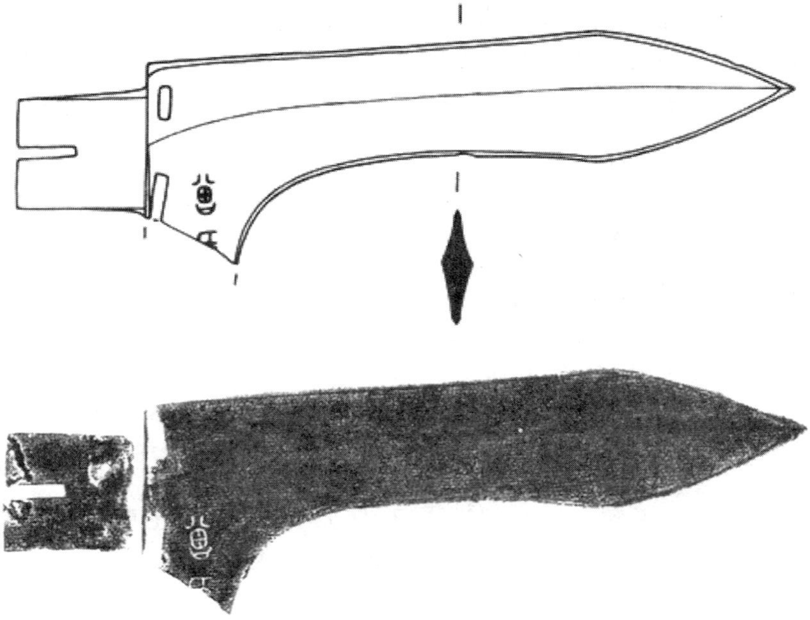

曾侯戟(M4：08)綫圖及拓片

曾侯鐘

編號M4：016。鐘體完整。通高43.4釐米，身高26.8釐米，甬長16.6釐米，銑間19.5釐米。重9415克。鐘體爲合瓦形，上窄下寬，細長甬呈八棱形，上細下粗，旋幹齊備，正背面各有長枚十八個。鉦、篆之間以綯索突棱相隔，甬體飾蟠虺紋，間以細密幾何紋；旋上飾四個渦紋，間飾幾何紋；幹、舞部及篆間均飾蟠虺紋，鼓部飾盤龍紋。正、背兩面的鉦部、左右鼓均有銘文，共計三十四字。根據鐘銘前後不完整，此件當爲一套編鐘中的一件。根據文義，讀取順序爲先背面、後正面。見《江漢考古》2015年1期5頁，以及封二、三，拓片一，拓片二，圖三，圖版一至圖版六。見《通鑑續編》31025。依報道釋讀順序，銘文如下：

徇喬(驕)臧(壯)武，左右	(背面右鼓)
楚王，弗戳(討)是無(許)	(背面鉦部)
穆穆曾侯，愄(畏)記(忌)愠(温)	(背面左鼓)
龏(恭)，併□□□□□	(正面右鼓)
命，台(以)憂此鰥寡，	(正面鉦部)
妥(綏)遺(?)皮(彼)無亟(?)，余	(正面左鼓)

此鐘是一套編鐘的一件，銘文前後俱缺。報道者解釋大意爲：曾侯自誇"徇驕"，而雄壯威武，自己做楚王的輔佐，(楚王)以不討伐曾國作爲許諾。嚴敬的曾侯，畏忌天命，德性温柔謙恭，"……命"，進而憂愛鰥寡，綏懷那些"無□"者，我……

其中，武、許、龔、命、寡似可成韻。文字釋讀及文意還可進一步斟酌。

報道者認爲：甬鐘形制與河南淅川下寺王孫誥甬鐘相近；銘文書寫近同於春秋晚期的蔡侯尊、蔡侯盤，字體修長，筆道剛勁，工整雋秀。

綜合多方因素，推測 M4 的年代當在春秋晚期偏早。又根據青銅戈上有“曾侯”文字，甬鐘銘文有“左右楚王，弗討是許”記述，推測墓主應爲春秋晚期早段曾國的某位曾侯，其私名有待進一步探討。

黄錦前認爲：據編鐘和戈戟上的“曾侯”銘文，墓主應係曾侯。綜合有關材料，該墓墓主很可能即曾侯昃。M1 出土的曾侯與編鐘及 M4 出土的曾侯鐘的“穆穆曾侯”應指同人，即 M4 的墓主曾侯昃，他曾“親敷武功，楚命是拯，復定楚王”。固始侯古堆一號墓所出編鐘、編鎛及淅川下寺楚墓出土的敬事天王鐘所指的那位與楚平王時代相當的、不知名的曾侯，應係曾侯昃的前一任曾侯。春秋晚期的曾侯□、曾侯昃、曾侯與三位曾侯，分别與楚平王、楚昭王及楚惠王的時代與在位時間大致相對應(《出土古文字資料所見曾侯世系》,《隨州文峰塔墓地出土曾侯編鐘“穆穆曾侯”及其他》，均爲 2017 年 5 月未刊稿)。

正面

背面

曾侯鐘(M4：016)器圖

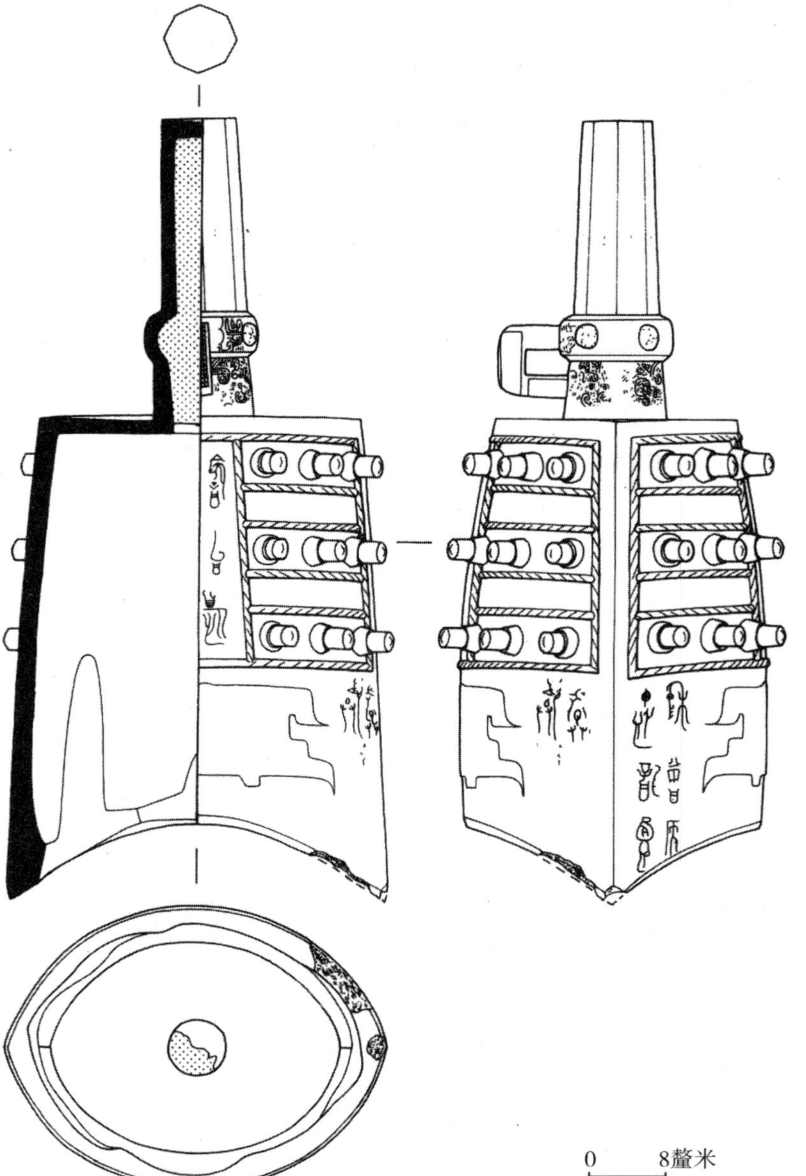

曾侯鐘(M4：016)綫圖

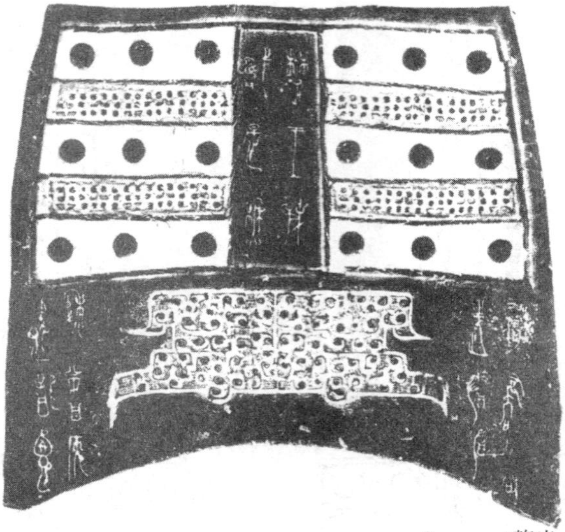

0 4釐米

曾侯鐘(M4：016)背面拓片

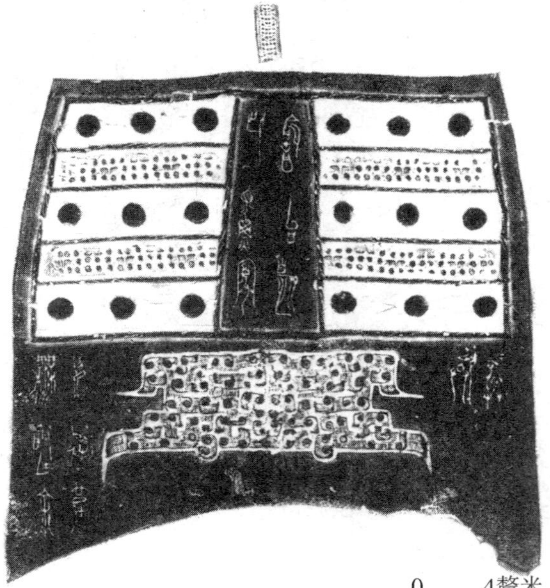

0 4釐米

曾侯鐘(M4：016)正面拓片

正面左鼓部

正面右鼓部

正面鉦部

背面右鼓部

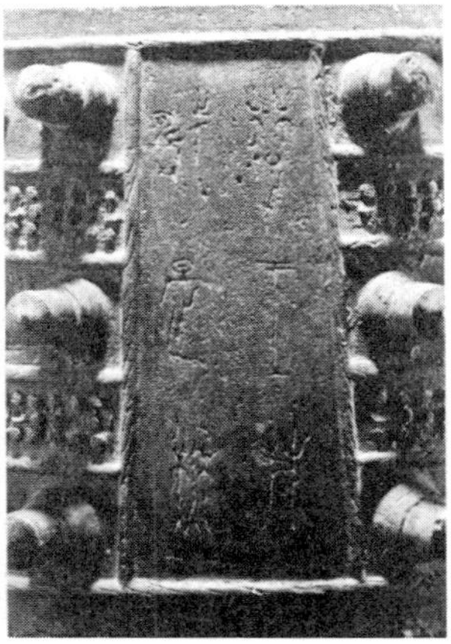
背面鉦部

背面左鼓部

曾侯鐘（M4：016）

【著録】

湖北省文物考古研究所、隨州市博物館：《湖北隨州文峰塔墓地 M4 發掘簡報》，《江漢考古》2015 年 1 期。

文峰塔 M18

據《考古》2014年7期《湖北隨州市文峰塔東周墓地》報道，2012年9月至2013年1月對勘探出的所有墓葬進行了考古發掘。共發現墓葬66座，其中土坑墓54座，磚室墓12座，車馬坑2座，馬坑1座。54座土坑墓有大、中、小三類。葬具有一椁三棺、一椁二棺、一椁一棺和單棺四種。其中最大者爲M18，可惜被盜，年代爲戰國中期。所出遺物主要出自中小型土坑墓。出有銅器582件，器類主要有鼎、簠、簋、方壺、缶、甗、鑒、盤、匜等。部分銅器上有銘文。銘文有曾、曾子、曾公子及曾孫等。根據器形及銘文，土坑墓時代從春秋中期至戰國時期。大多數春秋至戰國中期土坑墓的國屬應爲曾，主要爲曾國貴族墓葬，有少量戰國晚期楚墓。

下録銘文，墓主爲曾侯和曾國公族。M18規模最大，所出2件銅方缶均有"曾侯䢀缶硃以爲"，蓋内作"曾侯丙之䢀缶硃以爲長事"，報告斷定M18爲曾侯丙墓。丙爲曾侯日名。小型墓葬的墓主，根據銘文分別推定爲：曾孫卲(M21)、奇(M29)、曾大司馬國(M32)、曾子虡(M34)、僕(M33)、曾子旂(M35)、痘多(M36)、曾子懷(M38)、工差臣(M46)、孟嬭玄(M52)、甬巨(M53)、曾大工尹喬(M61)等。清理工作正在進行中，還會有其他的墓主。同墓所出銘文，墓主稱謂不同，可能是墓主在不同階段製作的銅器。

曾侯丙墓年代晚於曾侯乙墓，約爲戰國中期偏早，填補了西周早期至戰國時期曾侯的世系。曾孫卲墓内發現隨大司馬嘉有戈，爲曾、隨國名問題提供了出土的實物資料。不少銘文出現特別現象，加深了我們對曾國文字的認識。曾侯丙晚于曾侯乙，是否還有曾侯甲、曾侯丁之類侯名，值得留意。

下面收録涉及的有銘銅器墓見於報道者有：M18、M21、M29、M32、M33、M34、M35、M36、M38、M46、M52、M53、M61。即報道了13座

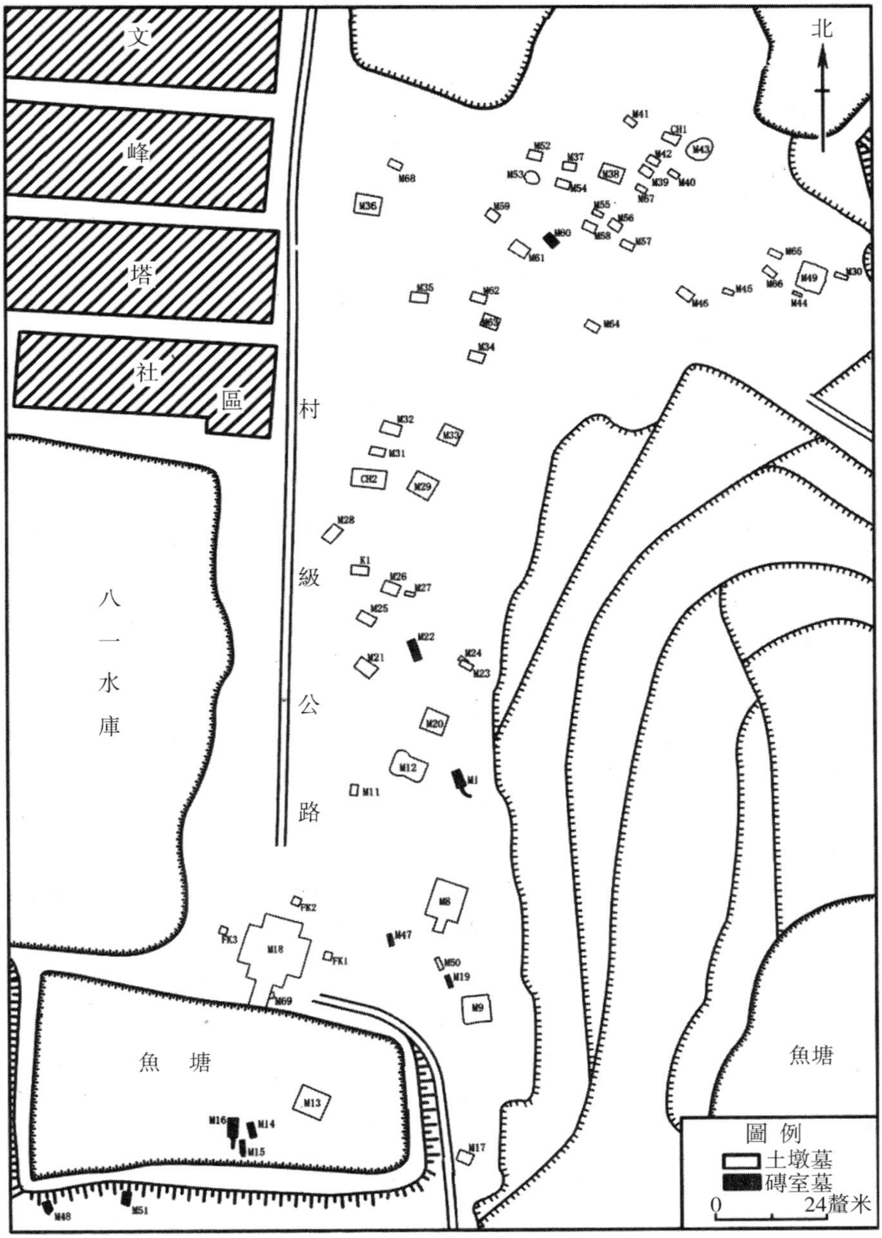

文峰塔 M18 至 M61 分布圖(《江漢考古》2013 年 1 期)

墓的部分銅器銘文。

M18 爲此次發掘最大者。墓坑平面呈亞字形，有墓道。墓口南北長16.6 米，東西寬 15.6 米。一椁三棺。椁室呈“中”字形，分東、西、南、北、中五室，棺室居中。早年被盜，有三個盜洞。另外，在東、北、西三面各有一個 2 米×2 米的器物坑。經發掘清理，此墓殘存有鼎、簋、簠、鬲、鑒、方壺等 79 餘件銅器。

曾侯丙方缶

2 件，出於 M18 北坑中。一件未見報道。報道的一件編號爲 M18：2，直口，鼓腹，方形圈足，肩上附兩個對稱的龍耳銜環，蓋上飾四個環紐。通體飾菱形紋，菱形紋上鑲嵌有緑松石。見《考古》2014 年 7 期 27 頁，以及：圖二七，器圖；圖二六-2，蓋内銘文拓片；圖二六-3，耳上銘文。時代爲戰國中期偏早。見《通鑑續編》30904。耳銘三行七字，蓋内銘文兩行十一字：

兩龍耳上銘文：曾侯/辻缶𥕚/以爲

蓋内銘文：曾侯丙之辻(沐)缶/𥕚以爲長事

“𥕚以爲長事”，當讀“夾持以爲長使”，與“永保用之”“作持用終”類似。

王子揚認爲“𥕚”字从石、夾、土，讀爲“挾”，訓“持”。“長事”與倗卣“倗作氒寶尊彝，用萬年事”類同。王文特别指出馮勝君提示應直接將𥕚釋作“瘞”，訓“埋”，推測曾侯丙方缶可能是隨葬的明器。袁金平、王麗贇同馮勝君的意見。董珊認爲此字从夾(“陝”所从)，讀爲“攝”，意爲“引持”“假代”；“長事”讀“鬯事”，指與鬯酒有關之事。陳劍跟帖以爲可讀“兼”。

廣瀨薫雄釋讀楚簡“辻缶”爲“沐缶”。也有不同意見，如王恩田還是認爲應讀“迅缶”，引《包山楚簡・考釋》“迅讀作酌……即用作盛漱口水的缶”。

曾侯丙方缶(M18：2)器圖

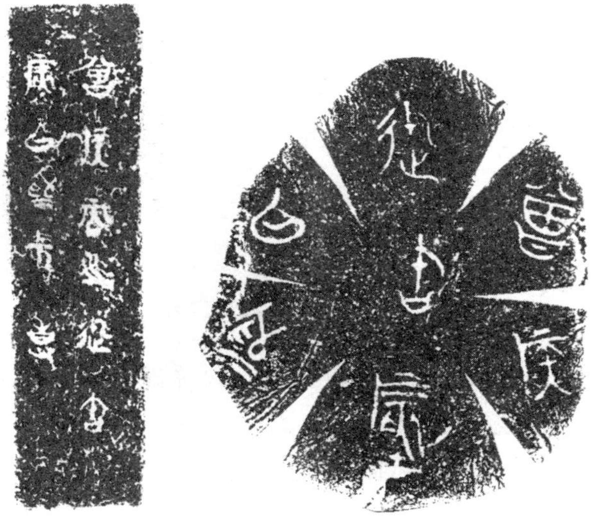

蓋内　　　　龍耳上

曾侯丙方缶(M18：2)銘文拓片

【參考文獻】

王子楊:《曾侯丙方缶銘文"硤以爲長事"解》,見《"曾國考古發現與研究學術研討會"論文彙编》,北京,湖北大厦,2014 年 12 月,62~65 頁。

袁金平、王麗:《新出曾國金文考釋二題》,清華大學《出土文獻》第六輯,中西書局,2015 年,録有各家之説。

[日]廣瀨薰雄:《釋"卜缶"》,《古文字研究》第二十八輯,中華書局,2010 年。

王恩田:《釋楚簡中的"卂"和"迅缶"》,中國古文字研究會第 21 屆年會論文,北京,2016 年 10 月 21—23 日。

文峰塔 M21

曾孫卲簠

1 件,編號 M21:5。直口直壁,折腹平底,蹼形足,腹兩側有一對獸首耳。通體飾蟠虺紋。蓋與器形制、紋飾、大小相同,唯前後口沿各有一對獸面小卡扣,左右口沿各有一個獸面小卡扣。時代爲春秋晚期。見《考古》2014 年 7 期 26 頁,以及:圖一九-2,銘文拓片。見《通鑑續編》30482。器、蓋對銘,各兩行六字:

曾孫卲
之行匿(簠)

卲字从人。人、卩義近,形符互作。曾孫卲方壺卲从卩。卲可讀爲昭。"行壺"即行用之壺。《周禮·庖人》:"春行羔豚膳膏香。"賈公彦疏:"言行者,義與用同。""曾孫卲"即某曾侯之孫。卲,私名。

黄錦前認爲:曾孫卲與曾孫伯國關係應很密切,或皆係隨大司馬嘉有之後。1975 年冬,湖北隨縣均川劉家崖出土兩件卲方豆,銘文"卲之御卮",時代爲春秋晚期後段。此器的器主卲,應即曾孫卲。1980 年,四川新都馬家公社𪪇壩(今屬成都市新都區馬家鎮)戰國墓出土一件鼎，銘文“卲之飤鼎”(《文物》1981 年第 6 期，1~16 頁)，時代應爲春秋晚期後段，據器形、時代、銘文内容及字體等，器主卲與隨州均川所出卲豆的器主應係同人，亦即曾孫卲。1979 年 5 月，河南固始侯古堆一號墓出土一件𠭯方豆(M1P. 36)(《固始侯古堆一號墓》，大象出版社，2004 年，52 頁圖五〇)，銘文“𠭯之飤盍”，首字原篆作，一般釋作“𠭯”。從器形、銘文内容及字體來看，該器的主人與曾孫卲和卲器的器主很可能係同人(《曾孫卲與曾孫懷銅器繫聯》，2017 年 5 月未刊稿)。

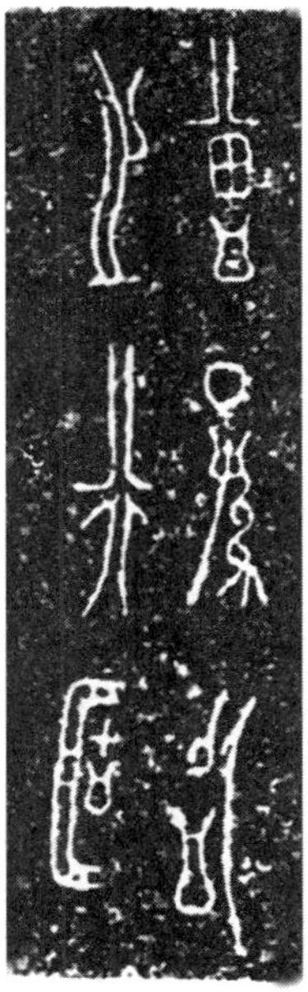

曾孫卲簠(M21：5)銘文拓片

曾孫卲方壺

1 件，編號 M21：3。橫截面呈方形，侈口長頸，鼓腹平底，矮圈足，頸兩側有一對卷尾回首龍形耳。通體光素。見《考古》2014 年 7 期 26

頁，以及：圖二四-1，銘文拓片。時代爲春秋晚期。見《通鑑續編》30820。頸表面鑄銘文四行八字：

曾孫
卲之
大行
之壺

曾孫卲方壺(M21：3)銘文拓片

“大行之壺”，與“行壺”類似，只是强調其作用“大”，即“大用之壺”。淅川下寺楚墓出土的敬事天王鐘(《集成》00073～00081)，銘文爲：“自作永(詠)命(鈴)，其眉壽無疆，敬事天王，至於父兄，以樂君子，江漢之陰陽，百歲之外，以之大行。”“大行”即大用，指百年之後，此鈴有大用。《周禮·天官·内府》：“掌受九賦九貢九功之貨賄，良兵良器，以待邦之大用。”漢晁錯《論貴粟疏》：“粟者，王者之大用，政之本務。”漢桓寬《鹽鐵論·水旱》：“農，天下之大業也。鐵器，民之大用也。”

韓宇嬌認爲，文獻中的“大行人”“大行”爲負責交際待賓的職官。壺銘中“大行”表明壺爲接待賓客所使用(博士學位論文132頁)。

黄錦前認爲：“百歲(之)外”實即銅器銘文中常見的“萬年無疆”“眉壽無疆”一類的意思，“遂以之遣”“以之大行”實即銅器銘文中常見的

“子子孫孫永寶用之”一類的意思。“百歲(之)外”和“大行”均與死亡無涉(《固始侯古堆M1鐘鎛“百歲外，遂以之遣”與敬事天王鐘“百歲之外，以之大行”試解》，2017年5月未刊稿)。

曾孫卲，即某曾侯之孫名卲者。

隨大司馬戈

1件，編號M21：1。戈鋒略呈圭首形，直援，起脊，中胡三穿，欄下端有齒，長方形内中一穿。見《考古》2014年7期31頁，以及：圖四〇，器圖；圖四一，銘圖。又見《江漢考古》2013年1期彩版七-1、彩版七-3。拓片見《三苗與南土》104頁。見《通鑑續編》31215。欄側銘文兩行九字：

䧘(隨)大司馬𪈇(勮—戲，嘉)有
之行戈

“”與“隨仲嬭加鼎”的隨字作類同，从阜、二左、邑，只是部件位置有别。此字又見於新蔡竹簡所見的“(隨)侯”(不从邑，甲三：25)，以及𨟻公盨、五祀衛鼎等。戈銘、鼎銘讀爲“隨”無疑。

第五字，从虍、从豆、从力，羅運環隸定爲勮，認爲是“戲”字異體。黄錦前傾向釋讀爲“嘉”。或以爲“獻”。章水根比較了下列兩類寫法較特殊的“嘉”，根據封子楚瑚“用會嘉賓”語句確定爲“嘉”，認爲“虍”乃“巫”“쬬”形訛變。“嘉”从“虍”也可能爲變形音化的結果。如下列諸形：

A類嘉：隨大司馬戈　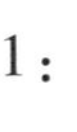封子楚瑚

B類嘉：()曾侯與鐘M1：5　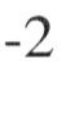()曾侯與鐘M1：6

陳侯簋　新蔡甲三198、199-2　王孫遺者鐘

馬曉穩釋曾侯與鐘 5 爲藉，所謂“嘉”分析爲从艸、从爫、从力（口爲羨符），昔聲，爲“藉”字異體，讀爲“作”（《江漢考古》2016 年 5 期）。

現暫且讀爲嘉。“嘉有”爲大司馬之名。這是科學發掘出土的第一件隨國銅器，對於研究曾、隨問題有重要意義。我們傾向曾、隨一國，隨爲曾國國都的説法。一國二名，猶如魏國都梁，魏或稱“梁”，楚或稱荆等。董珊以爲：“春秋晚期至戰國早期楚國已開始稱姬姓曾國爲‘隨’，這個新興名稱‘隨’被戰國早、中期成書的《左傳》《國語》等傳世文獻繼承，舊名稱‘曾’，隨着此時曾國的衰亡，就湮没不顯了。”

曾國亡年無確切記載，根據出土文物推斷可能在戰國中期後。有“隨侯”簡的新蔡坪夜君成墓或推定在楚悼王時期。

由此戈可確證隨國也有大司馬之職，與楚國類同。或推斷爲春秋中期。

隨仲嬭加鼎可能出自隨州，詳見“可能出自湖北器”部分。

徐少華認爲：這件隨大司馬戈，就其形制特徵而言，與河南淅川下寺 M36 出土的鄒子妝戈及 M2 出土的王孫誥戟、王子午戟相近，屬于春秋中晚期之際或晚期早段的兵器，要早于同墓出土的其他器物。隨大司馬嘉有戈出土于曾孫邵的墓中，當有幾種可能：一是曾孫邵或其前輩在戰爭中繳獲的隨國戰利品，在其家族中傳承一段時間後再陪葬入墓；二是隨大司馬嘉有爲曾孫邵之先人，因官至大司馬，位高權重，此戈象徵其家族的榮耀故爲其子孫所傳承，直到曾孫邵過世後又隨葬於墓中。傾向曾、隨一國二名，曾爲國名，隨爲後期都城，認爲曾、隨一國二名只能就曾國遷都隨以後的這段時間而言，並不能貫穿整個曾國的歷史時期。

【參考文獻】

羅運環：《隨大司馬戲有之行戈“戲”字考釋》，《江漢考古》2013 年 1 期。
黄錦前：《隨州新出隨大司馬嘉有戈小議》，《江漢考古》2013 年 1 期。
章水根：《新見兩類特殊寫法的“嘉”》，2016 年 9 月待刊稿。

董珊：《從出土文獻談曾分爲三》，復旦大學《出土文獻與古文字研究》第五輯，上海古籍出版社，2013年，157頁。

李守奎、劉波：《續論陸字構形與陸聲字的音義》，《古文字研究》第二十九輯，中華書局，2012年。

黄聖松：《先秦"一國多名"現象芻議——兼論曾、隨二名之關係》，見湖北省博物館、湖北省文物考古研究所：《葉家山西周墓地國際學術研討會論文集》，2013年12月28—30日，武漢。

徐少華：《曾侯與鐘銘和曾(隨)若干問題釋疑》，臺北"第五届古文字與古代史國際學術研討會"論文，2016年1月25—27日。

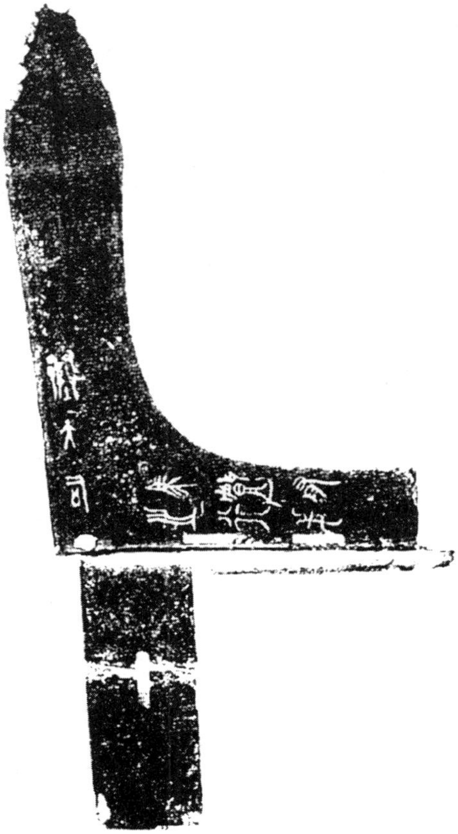

隨大司馬戈(M21：1)拓片

隨大司馬戈(M21：1)銘文放大

甲三
25

新蔡簡

隨仲嬭加鼎銘文拓片

吳公子光戟

1件，未見詳細報道。器圖見《三苗與南土》105頁，爲二戈帶刺(矛)。一戈有内，内殘斷，一横穿，内有紋飾，欄側四穿。一戈無内，戈鋒殘缺，欄側四穿。鳥蟲書銘文，有内戈胡部“光之用”三字較爲清楚。

由吳公子光可知，此戟當是吳王光爲公子時所作。《史記·吳太白世家》：“公子光者，王諸樊之子也。”吳王光即吳王闔廬，伐楚破郢，不可一世。在位19年，即公元前514—前496年。發現其兵器主要有戈和劍。吳公子光戈出土于文峰塔墓葬，可能與吳楚戰爭有關。

【參考文獻】

曹錦炎：《鳥蟲書通考》(增訂版)，上海辭書出版社，2014年，59~66頁。

吳公子光戟器圖

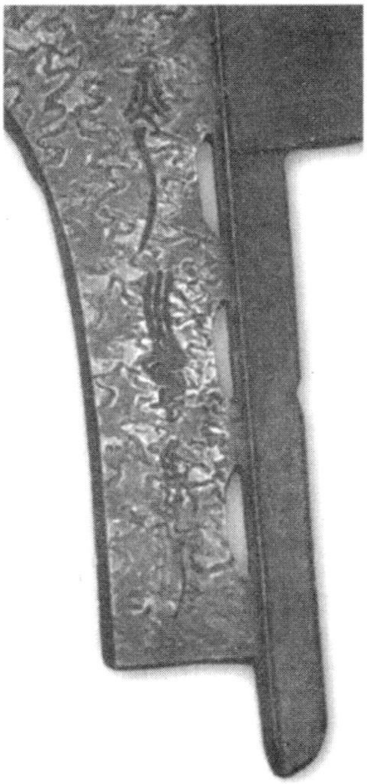

吳公子光戟銘文

文峰塔 M29

奇　　鼎

1件，編號M29：10。見《考古》2014年7期24頁，以及圖一六-2。未見器圖。見《通鑑續編》30079。春秋晚期器。内壁鑄銘文四字：

崎之阩貞（鼎）。

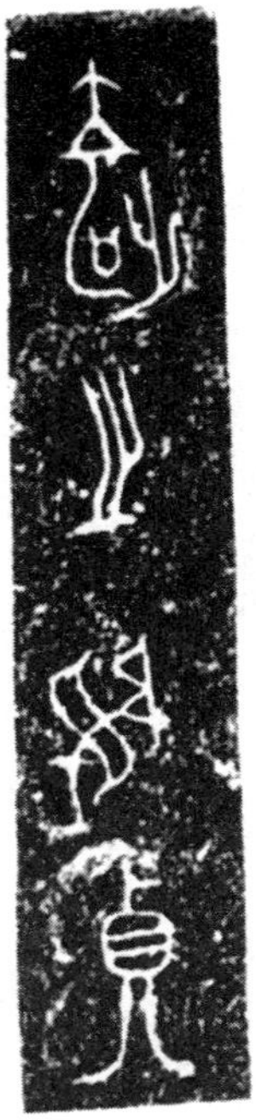

奇鼎(M29：10)銘文拓片

崎、阩二字反書。“奇”字从止，器主私名。升鼎，春秋晚期壽縣蔡侯墓及淅川王子午墓所出鼎，銘文將二字合書，鼎較大。升鼎，當是盛肉食之鼎，敬獻神靈、祖宗。《儀禮·士冠禮》：“載合升。”鄭玄注：“煮於鑊曰亨，在鼎曰升。”一般食用器稱“食鼎”。

奇方壺

1件，編號M29：2。横截面呈方形，直口長頸，鼓腹平底，矮圈足，頸兩側有一對卷尾回首龍形耳。通體光素。見《考古》2014年7期26頁，以及：圖二四-2，銘文拓片。未見器圖。見《通鑑續編》30806。銘文兩行四字：

崎之
尊壺

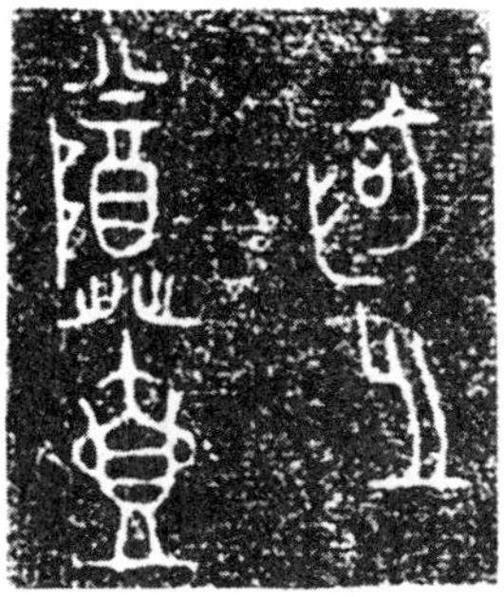

奇方壺(M29：2)銘文拓片

崎字所从止形訛變。尊字下部兩手相背，似“樊”字所从，寫法較奇特。

文峰塔 M32

曾孫伯國甗

1件，編號 M32：9。由甑、鼎組成。甑作直口窄沿，附耳，頸下有一道箍棱，斂腹平底，底部有條狀箅孔；鼎作扁圓體，斂口圜底，三條獸面高蹄足。通體光素。見《考古》2014 年 7 期 29 頁，以及：圖三一-1，銘文拓片。見《通鑑續編》30277。春秋晚期器。甑内壁鑄銘文兩行七字：

曾孫白(伯)
國之行甗

銘文不很清晰。人名“曾孫白國”，白爲行輩伯，國爲字，爲某曾侯之孫。“伯國”官至大司馬，掌握軍權。

曾孫伯國甗(M32：9)器圖

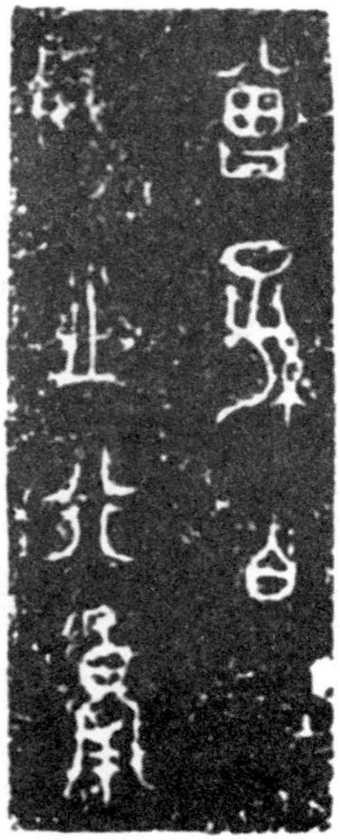

曾孫伯國甗(M32：9)銘文拓片

曾大司馬國鼎

1件，編號M32：8。直口窄沿，口沿上立耳外伸，直壁平底，三獸面蹄足，内面削平。腹飾三道垂鱗紋。見《考古》2014年7期24頁，以及：圖一七，銘文拓片。見《通鑑續編》30128。口沿鑄銘文八字：

曾大司馬國之行鼎

曾大司馬國鼎(M32：8)銘文拓片

曾大司馬伯國簠

1件，編號M32：6。蓋、器形制、紋飾、大小相同，通體飾蟠虺紋。直口直壁，折腹平底，蹼形足，腹兩側有一對獸首耳。見《考古》2014年7期26頁，以及：圖一九-4，銘文拓片。見《通鑑續編》30488。蓋、器對銘，各兩行九字：

曾大司馬白(伯)
國之食匿(簠)

曾大司馬伯國簠(M32：6)銘文拓片

文峰塔 M33

僕圓座簋

1件，編號 M33：6。見《考古》2014年7期26頁，以及：圖二二，器圖。未見銘文圖片。銘文四字：

嬕(僕)之食簋

僕圓座簋(M33：6)器圖

僕　　盤

1 件，編號 M33：30。三獸面蹄足，口上附兩個長方形鏤孔耳和一龍形爬獸。鋬内滿飾蟠螭紋和龍紋。直口，窄沿方唇，頸部微内束，一對長方形蟠蛇紋獸首耳，腹部圜收，内底平坦。見《考古》2014 年 7 期 29 頁，以及：圖三二，器圖；圖三三，銘文拓片。器圖又見《江漢考古》2014 年 1 期 16 頁，圖版九。見《通鑑續編》30948。内底鑄銘文三十二字：

隹(唯)曾八月，吉日隹(唯)亥，余(邾)君之元女，余周侄休(遂)。⿰女菐(僕)擇其吉金，自乍(作)賸(浣)盤，永保用之。

“隹曾八月”，與“隹鄀八月”(鄀公平侯鼎，《集成》2771、2772)相同，説明曾國、鄀國有自己的曆法。

第十字報告以爲从大、从邑作夶。趙平安據此讀作“蔿”，楚邑名，在今湖北宜城西南。器主“媄”爲蔿邑封君之女，嫁於曾國。韓宇嬌認爲夶或爲漢之軑縣，在弦國故地。黄傑釋夶爲“邞”。章水根認爲在頭部右側明顯有一斜筆，應該就是陳劍所討論的《説文》中訓爲“牛顧垂也”的“胡”之初文的變體。較早字形於頸部用圓圈指事垂肉之形，作(山東0059)、(合集21110)，後又把表示垂肉的圓圈填實作(合集31241)、(合集1306)。楚帛書一从血从此形的字於頸部用一斜筆指事垂肉作(楚帛書・甲篇)。僕盤所从“”與之相同，可知其即胡之初文。“胡君”即胡國之君，媿(歸)姓，西周、春秋初期在今河南漯河郾城一帶，後遷至今安徽阜陽一帶。《左傳》記載定公十五年(楚昭王二十一年，公元前495年)“二月辛丑，楚子滅胡，以胡子豹歸”，則胡國於春秋晚期爲楚所滅。銅盤鑄於春秋中期後段，時胡國尚在。曾國姬姓，胡、曾異姓，故二國可通婚。

此字也可能就是从“夫”，與邾公牼鐘、伯晨鼎“夫”形(《金文編》709頁)類似，只是上部向左撇出的一筆不清。“邞君”，當爲邞國之君。吴良寶認爲邞可讀胡。李學勤新見胡國銅器的胡均作㝬。銘文“胡應姬”是嫁到胡國的應國之女，胡爲歸(媿)姓，在今河南漯河東，與應國鄰近。“元女”多以爲長女。《左傳・襄公二十五年》：“庸以元女大姬，配胡公。”也可能指善女、淑女(黄錦前)。

周，或以爲“賈”(吴鎮烽)。

侄，袁金平、王麗認爲當釋爲“室”，“其所从‘宀’左半有所銹蝕，‘侄’無此寫法”；“余周室……”這樣的表述與作器者自述身份的體例要求亦相合。認爲應釋作“俌”，與中山王鼎銘俌字形、文意類同，似

可讀作“储姆”之“傅”。認爲古代保、傅不僅由男性擔任，亦有女性之保、傅。這一問題，高華平、張燕有專文論述。

韓宇嬌認爲“周”意爲嚴謹。侄通秩，表示肅敬之意。《詩·小雅·賓之初筵》：“賓之初筵，左右秩秩。”毛傳：“秩秩然肅敬也。”字右形雖與楚文字“甫”形類似，但上部有别。甫从“父”，而此从“又”形，與河南侯古堆M1所出鎛銘“述”作（《金文通鑑》15806）、（《金文通鑑》15812），以及《古文四聲韻》(4.5A)中的“遂”作字所从相似。此字《汗簡》作。“遂”有舒緩之意，如《詩·衛風·芄蘭》：“容兮遂兮，垂帶悸兮。”朱熹《集傳》：“容、遂，舒緩放肆之貌。”“周侄樸遂”之意類似於春秋楚國金文中常見的辭例“温恭舒遲”（博士學位論文138頁）。

此字與荆門左塚漆梮之及上録傳鈔古文類似，似可讀“遂”。字下从“又”，上部不清，不是樸，暫不識，待定。

黄錦前認爲：據以字形、文例和相關考古材料，將嬟盤銘的字改釋爲“郛”，右从爪从夨，有共用筆畫，與郛季宿車盤等類似。“郛君”應係楚國封君，其封地在原黄國郛君封地即今河南羅山高店一帶。“余郛君之元女余周侄受储”的“周侄受”當係人名，“储”應讀作“婦”，即“妻”，器主嬟係郛君之女、周侄受之妻，係文峰塔M33的墓主；其夫“周侄受”應係曾侯之子孫，或即與之鄰近的M29的墓主，其所任應係武職，與大司馬嘉有、曾大司馬伯國（曾孫伯國）及曾孫卲可能爲親屬關係，係曾大司馬家族成員。

補記：參觀目驗原器，所謂从“夫”的字就是从“大”，其上右旁不是筆畫。

僕盤(M33：30)器圖

僕盤(M33：30)銘文拓片

【參考文獻】

趙平安：《嬟盤“太阝君”解》，曾國考古發現與研究學術研討會論文，北京，2014年12月21日。

韓宇嬌：《曾國銅器銘文整理與研究》，清華大學2014年博士學位論文，137~138頁。

黄傑：《隨州文峰塔墓地盤(M33：30)銘文補釋》及其文後跟帖，武漢大學簡帛研究中心簡帛網簡帛論壇，2014年10月6日。

陳劍：《據清華簡(五)古文“虞”字説毛公鼎和殷墟甲骨文的有關諸字》，《第五届古文字與古代史國際學術研討會論文集》，臺北，2016年1月25—27日，14~18頁。

袁金平、王麗：《新出曾國金文考釋二題》，清華大學《出土文獻》第六輯，中西書局，2015年。

高華平：《楚簡文字中的“師”“保”“傅”與先秦的保傅制度》，《中國文化研究》2012年2期。

張燕：《〈周禮〉所見王室起居職官專題研究》，吉林大學2011年中國古代史博士學位論文，147頁。

章水根：《東周金文劄記二則》，2016年9月待刊稿。

李學勤：《胡應姬鼎試釋》，《出土文獻與古文字研究》第六輯，上海古籍出版社，2015年；《試説新出現的胡國方鼎》，《江漢考古》2015年6期。

黄錦前：《新刊兩件胡國銅鼎讀釋》，2016年待刊稿，刊清華大學《出土文獻》第十輯，中西書局，2017年。

吳良寶：《二十二年郲嗇夫戈考》，清華大學《出土文獻》第六輯，中西書局，2015年，76頁。

黄錦前：《從封子楚簠“虩虩叔楚，剌之元子”談金文“疻子”“鼤子”“元子”及相關語詞的訓釋》，2016年待刊稿；《僕盤“余郄君之元女余周侄受俌”釋讀及相關問題》，2017年5月未刊稿。

僕　匜

1件，編號M33：29。平底匜，見《考古》2014年7期29頁，以及：

圖三五，器圖。報告未附銘文圖片。銘文四字：

嬕(僕)之行匜

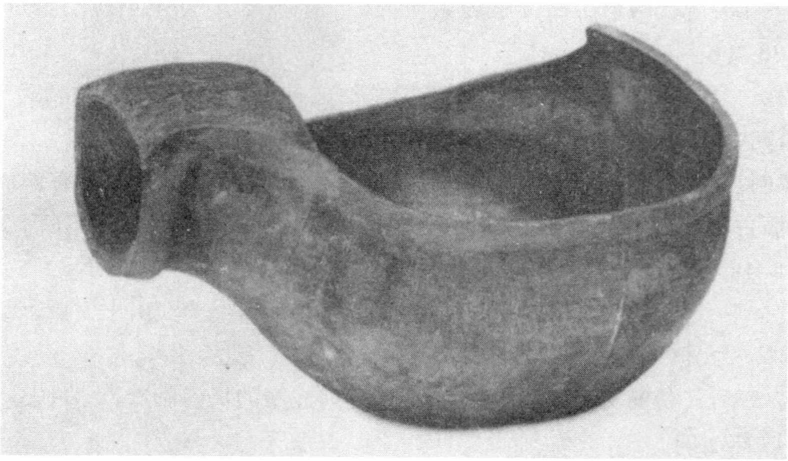

僕匜(M33：29)器圖

僕　簠

1件，編號M33：16。蓋與器形制、紋飾、大小相同，通體飾蟠虺紋。蹼形足，直口直壁，折腹平底，腹兩側有一對獸首耳。見《考古》2014年7期25頁，以及：圖一八，器圖；圖一九-1，銘文拓片。見《通鑑續編》30478。器、蓋對銘，各四字：

嬕(僕)之行匿(簠)

僕之行匿、匜，即僕之用簠、用匜。

僕簠（M33：16）器圖

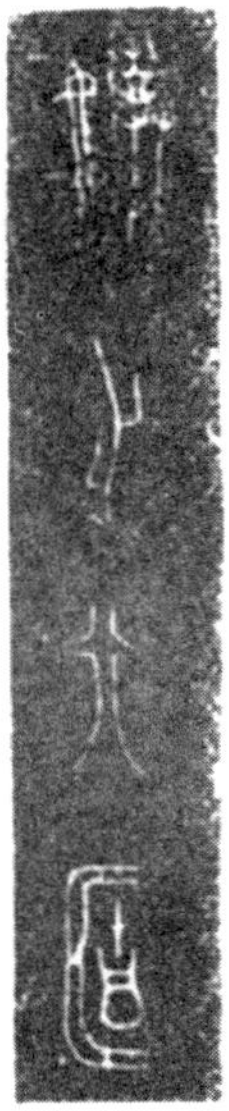

僕簠（M33：16）銘文拓片

文峰塔 M34

曾子虡戈

1 件，編號 M34：12。直援尖鋒，鋒尖殘斷，援的前部略顯肥大，中脊稍偏上，中胡較寬，欄側二長穿一小穿，長方形内，内上有一横穿。見《考古》2014 年 7 期 31 頁，以及：圖三九，戈圖。春秋晚期器。見《通鑑續編》31157。正面胡部鑄銘文六字：

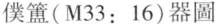

曾子虡之用戈

曾子虡，“子”爲男子尊稱或美稱，爲曾國公子公孫後裔，屬曾公族。“曾子”器多出自中小墓葬。“用”爲鳥蟲書，曾器中不多見。

曾子虡戈(M34：12)器圖

曾子虡戈(M34：12)銘文圖

文峰塔 M35

曾叔旂方壺

1 件，編號 M35：10。橫截面呈方形，直口長頸，鼓腹平底，矮圈足，頸兩側有一對卷尾回首龍形耳。通體光素。見《考古》2014 年 7 期 26

頁，以及：圖二四-3，銘文拓片。未見器圖。器屬春秋晚期。見《通鑑續編》30813。銘文六字：

曾叔旂之尊壺

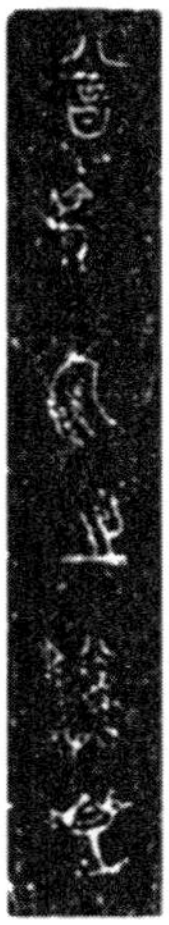

曾叔旂方壺(M35：10)銘文拓片

叔，行輩。"曾叔"類似於"楚叔"，表示身份。旂，私名。

曾叔旂鼎

1件，編號M35：19。直口窄沿，立耳斜向外伸，直壁平底，三獸面蹄足，内面削平。腹部飾三道垂鱗紋。見《考古》2014年7期24頁，以及：圖一六-1，銘文拓片。器圖見《三苗與南土》94頁。春秋晚期器。見《通鑑續編》30109。内壁鑄銘文兩行六字：

曾叔旂
之行鼎

曾叔旂鼎(M35：19)器圖

曾叔旂鼎(M35：19)銘文拓片

銘文自左讀。旂字“㫃”下所从部件不够清晰。

曾叔旂方座簋

1件，編號 M35：6。見《考古》2014 年 7 期 26 頁，以及：圖二一，器圖。報告未附銘文圖片。有銘文六字：

曾叔旂之食簋

曾叔旂方座簋(M35：6)器圖

曾子旂戟

1件，編號M35：23。直援較長，前鋒尖鋭，中脊偏上，中胡較寬，欄側二長穿一小穿，欄下出齒。長方形内，内上一横穿。矛刺呈葉形，長骹，圓筒形銎，上細下粗。見《考古》2014年7期31頁，以及：圖四二，戟圖。春秋晚期器。見《通鑑續編》31158。胡正面鑄銘文六字：

曾子旂之用鍵(戟)

"曾子旂"又稱"曾叔旂"，應是"旂"在不同階段的稱謂。稱子應在稱叔前。可能其侄子因特殊原因即位曾侯，本爲"曾子"，後稱"曾叔"。

胡嘉麟認爲，同墓還出土有曾叔旂鼎和曾叔旂簋，由此可知"曾仲"

“曾叔”都可稱“曾子”，即“曾之子”。可以推想曾子器的涵蓋面比較廣，其中有國君器和非國君器(2016 年 12 月蘇家壟會議論文)。

曾國國君是否稱“子”還可以討論，有後來做了國君(假若“曾子與”就是“曾侯與”)稱“子”者，只是即位前的稱謂，“子”不是爵稱，也不是“侯子”。“曾子”器多出自中小墓，還如棗陽曹門灣“曾子澤”“曾子壽”等器。

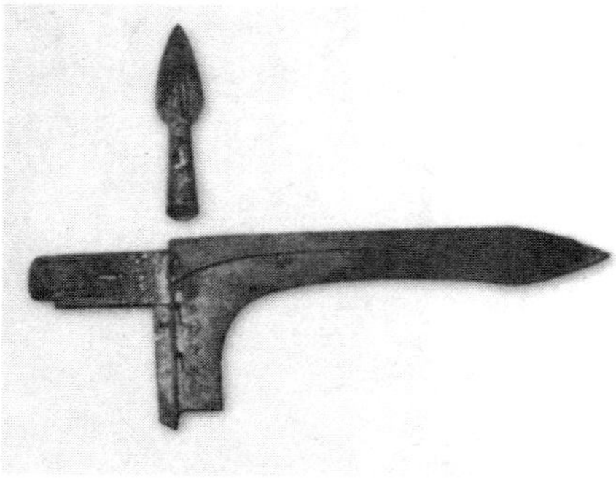

曾子旂戟(M35：23)器圖

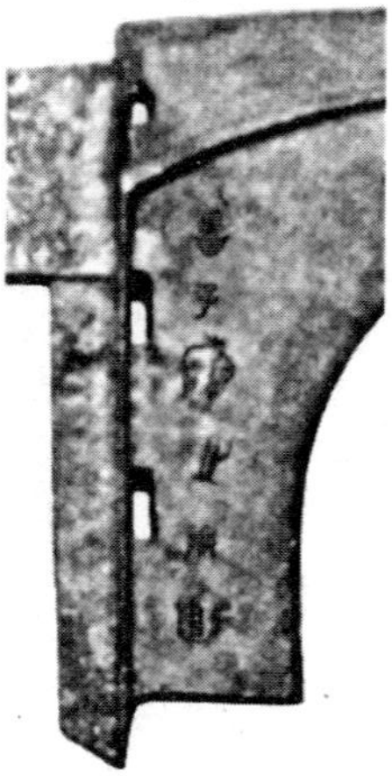

曾子旂戟(M35：23)銘文圖

文峰塔 M36

痘多盤

1 件，編號 M36：15。見《考古》2014 年 7 期 29 頁，以及：圖三一-2，銘文拓片。未見器圖。春秋晚期器。見《通鑑續編》30926。盤内鑄銘文五字：

痘多之行盤

痘多盤（M36：15）銘文拓片

痘多壺

1件，編號M36：30。横截面呈方形，直口長頸，鼓腹平底，矮圈足，頸兩側有一對卷尾回首龍形耳。通體光素。見《考古》2014年7期26頁，以及：圖二四-4，銘文拓片。未見器圖。春秋晚期器。見《通鑑續編》30810。鑄銘五字：

痘多之行壺

痘多壺（M36：30）銘文拓片

瘟多，人名。行壺、行盤，即用壺、用盤。

文峰塔 M38

曾孫懷簠

1件，編號M38：7。蓋與器形制、紋飾、大小相同，唯前後口沿各有一對獸面小卡扣，左右口沿各有一個獸面小卡扣。蹼形足，直口直壁，折腹平底，腹兩側有一對獸首耳。通體飾蟠虺紋。見《考古》2014年7期26頁，以及：圖一九-5，銘文拓片。未見器圖。春秋晚期器。見《通鑑續編》30483。器、蓋對銘，各六字：

曾孫懷之飤匿(簠)

曾孫懷簠(M38：7)銘文拓片

某曾侯之孫名懷者作器。可見，曾侯之子稱“公子”、曾侯之孫稱“曾孫”或“曾公孫”(隨州博物館藏曾公孫叔考臣甗)，“曾子”不是“曾侯”之公子、公孫。

黄錦前認爲：《通鑑續編》30492、30493 著録兩件私人收藏的褱簠，時代應爲春秋晚期，銘文作："褱擇其吉金，自作飤簠，其眉壽無期，永保用之。"從器形、時代及銘文字體來看，其器主"褱"與曾孫懷簠的曾孫懷應係一人。此二簠亦應係曾器，很可能即盜掘自隨州一帶。《集成》5.2551(《金文通鑑》02065)著録一件傳世褱鼎，現藏上海博物館，係典型的春秋晚期器，銘文作："褱自作飤䃅駝，其眉壽無期，永保用之。"銘文部分文句及字體與上述私人收藏的兩件褱簠皆極似，當係同人之器無疑。《金文通鑑》15805 著録有一件褱兒鎛，私人藏品，據云一套共 9 件，形制、紋飾、銘文相同，大小相次，此爲第一件。其時代爲春秋晚期，鎛銘作："唯正月初吉丁亥，褱兒擇其吉金，自作龢鐘，中翰且揚，元鳴孔皇，以樂嘉賓，及我庶士，其眉壽無期，永保鼓之。"從器形、時代、銘文内容及字體等來看，鎛銘的"褱兒"，與上述曾孫懷或褱應係一人。"兒"係南方地區銅器銘文中常見的人名後綴，如河南南陽八一路春秋楚墓出土的彭子射諸器，器主名或作"彭子射"，或作"彭子射兒"(彭子射盂鼎，《文物》2011 年 3 期圖五，7 頁；彭子射兒簠，《文物》2011 年 3 期圖五三-1，23 頁)，可證。該套編鎛或亦盜掘自隨州一帶。據兩周時期一般編鐘和編鎛共存的情況來看，應當還有一套同人所作的編鐘(《曾孫卲與曾孫懷銅器繫聯》，2017 年 5 月未刊稿)。

有關器形、銘文可參閲"可能出自湖北器"褱簠、褱鼎、褱鎛。

文峰塔 M46

曾皇公臣鼎

1 件，編號 M46：5。直口，窄沿方脣，頸部附耳。蓋面隆起，頂部有小紐銜環提手，周圍有三個環鈕。圜底，三條高細蹄足。上腹部飾一周粗弦紋。見《考古》2014 年 7 期 25 頁，以及：圖一六-3，銘文拓片。見《江漢考古》2014 年 1 期 15 頁圖版五，器圖、銘圖。春秋晚期器。見《通鑑續編》30117。蓋、器對銘，銘文自左讀，兩行七字：

曾曐公臣
之䐈(頭)貞(鼎)

曾曐公臣鼎(M46：5)器圖、銘文拓片

韓宇嬌以爲曐即"嵒"字，白爲口變，不排除"嵒公"爲曾地内設置的縣一級的縣公，類似於"齊棠公"(博士學位論文139、279頁)。

第二字从三"白"。《字彙補》曐，古星字。星、晶本一字分化(《金文編》472頁)，"生"爲所加聲符。山、土形義相近。此字也不排除从晶變，从山，會意，晶聲。曐(星)公，當爲官名。若此字的確爲星，職掌當與天文有關。臣，曐公之名。

䐈字从肉，報告以爲"廚"。肉、頁均爲意符，豆聲，亦即脰，當讀"頭鼎"。壽縣蔡侯墓所出蔡侯申殘鼎蓋銘有"蔡侯申之頭鼎"，見《金文通鑑》01585、01586、01588。頭鼎，當爲"登鼎""升鼎"。如隨州劉家窪出土"中之登鼎"，義地崗出有曾公子棄疾之登(升)簠、曾公子棄疾登(升)甗，文峰塔M29有"竒之升鼎"。升鼎、登鼎，當指盛肉進獻用於祭祀之鼎。

曾工差臣簠

1件，編號 M46：3。直口直壁，折腹平底，蹼形足，腹兩側有一對獸首耳。通體飾蟠虺紋。蓋與器形制、紋飾、大小相同，唯前後口沿各有一對獸面小卡扣，左右口沿各有一個獸面小卡扣。見《考古》2014 年 7 期 26 頁，以及：圖一九-3，銘文拓片。春秋晚期器。未見器圖。見《通鑑續編》30484。器、蓋對銘，三行七字：

曾工差(佐)
臣之行
匠(簠)

曾工差臣簠(M46：3)銘文拓片

曾工差臣方壺

1件，編號 M46：2。見《考古》2014 年 7 期 26 頁，以及：圖二三，器圖。報告未列銘文。壺頸外側有銘文三行七字：

曾工差(佐)
臣之行
壺

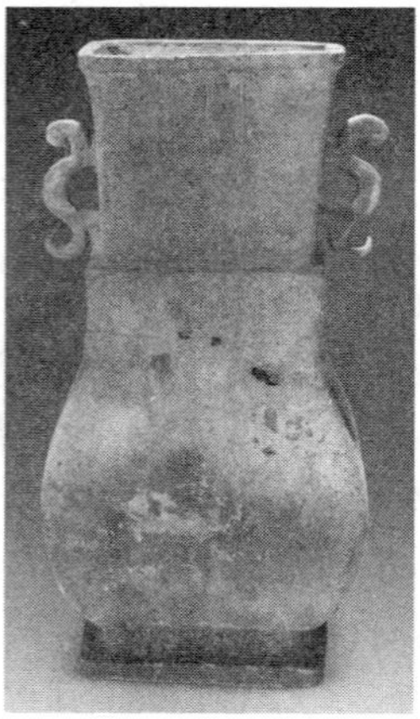

曾工差臣方壺(M46：2)器圖

曾侯乙墓竹簡佐、差所从之“工”均與此相同，具有地方特點(張光裕等主編《曾侯乙墓竹簡文字編》，44頁)。“工差(佐)”，或作“攻差”(曾侯乙墓簡120)。楚器有“攻差”“少攻差”(長沙銅量)，負責鑄造。估計曾國“攻差”與楚國類似。“曾工差臣”與“曾𠐓公臣”同見一墓，當爲一人，説明其先後擔任職官有别。

文峰塔 M52

孟嬭玄簠

1件，編號M52：3。直口直壁，折腹平底，蹼形足，腹兩側有一對獸首耳。通體飾蟠虺紋。蓋與器形制、紋飾、大小相同，唯前後口沿各有一對獸面小卡扣，左右口沿各有一個獸面小卡扣。見《考古》2014年7期26頁，以及：圖二〇-2，銘文拓片。春秋晚期器。未見器圖。見《通鑑續編》30481。器、蓋對銘，兩行六字：

盟(孟)嬭(羋)玄
之行匿(簠)

孟字从女，匩字倒置。孟嬶玄，爲楚國排行爲孟、私名爲玄的女子，當爲曾國貴族的夫人。河南淅川縣倉房鎮沿江村徐家嶺春秋墓葬(M9.15)所出春秋晚期曾媽嫿朱姬簠，銘文"穆穆曾媽嫿朱(邾)姬之時(持)"，"孟"字从女，與此簠同。見《金文通鑑》05803朱姬簠。从"女"的"孟"當爲曾國文字的特點。曾媽嫿朱姬，即"父國名曾+排行孟+私名嫿朱+父姓姬"(可參韓宇嬌博士學位論文110、163頁)。劉秋瑞認爲，嫿當爲从女的"毓"(《河南所出戰國文字輯考》，2011年安徽大學博士學位論文)。

朱姬簠器圖

孟嬶玄簠(M52：3)銘文拓片

朱姬簠銘文拓片

文峰塔 M53

甬巨簠

1件，編號 M53：3。直口直壁，折腹平底，蹼形足，腹兩側有一對獸首耳。通體飾蟠虺紋。蓋與器形制、紋飾、大小相同，唯前後口沿各有一對獸面小卡扣，左右口沿各有一個獸面小卡扣。見《考古》2014 年 7 期 26 頁，以及：圖二〇-1，銘文拓片。未見器圖。見《通鑑續編》30480。器、蓋對銘，兩行五字：

甬巨之
行匿(簠)

甬巨簠(M53：3)銘文拓片

“甬巨”爲人名。“甬”當爲地名氏稱。

文峰塔 M61

曾孫喬方壺

1件，編號 M61：2。横截面呈方形，直口長頸，鼓腹平底，矮圈足，頸兩側有一對卷尾回首龍形耳。通體光素。見《考古》2014 年 7 期 26 頁，以及：圖二四-5，銘文拓片。春秋晚期器。未見器圖。見《通鑑續編》30814。鑄銘兩行六字：

曾孫喬
之行壺

曾孫喬方壺（M61：2）銘文拓片

某曾侯之孫名喬者用壺。

曾旨尹喬缶

1 件，編號 M61：11。直口方唇，廣肩收腹，平底，矮圈足，肩上有一對獸首耳，外罩式蓋。蓋面隆起，上有輪形捉手。肩部有一道箍棱。蓋上飾四個圓形浮雕紋飾，上腹飾六個圓形浮雕紋飾，浮雕似爲蟠螭紋。見《考古》2014 年 7 期 26 頁，以及：圖二五，器圖；圖二六-1，銘文拓片。春秋早期器。見《通鑑續編》30902。器身鑄銘七字：

曾旨尹𤌴（喬）之𨑨（沐）缶

第二字較特别，報告疑爲“旨”。韓宇嬌以爲字形从人从日形。“旨尹”，官名（博士學位論文 279 頁）。所謂“旨”還可再研究。

廣瀨薰雄釋讀楚簡“辶缶”爲“沐缶”。也有不同意見。如王恩田還是認爲讀“迅缶”，引《包山楚簡・考釋》“迅讀作酌……即用作盛漱口水的缶”。説見上曾侯丙方缶。

據《考古》2014 年 7 期 32 頁推定 M61 墓主爲“曾大工尹喬”，同頁又稱“大司馬喬”墓；2013 年 11 月“湘鄂豫皖楚文化研究會第十三次年會”上公布有“曾大攻尹喬之食鼎”拓片(M61：10)，韓宇嬌據此録入博士學位論文(博士學位論文 173、275 頁)。這説明，M61 還有資料待發布，曾孫喬除擔任“旨尹”外，還擔任過大攻尹、大司馬之職，地位不低。因資料有限，情況不明，不録。記此備讀者留意。

曾旨尹喬缶(M61：11)器圖

曾旨尹喬缶(M61：11)銘文拓片

【參考文獻】

劉信芳：《楚系簡帛釋例》，安徽大學出版社，2011 年，17 頁。

陳穎飛：《楚官制與世族探研》，中西書局，2016 年，172~178 頁。

[日]廣瀨薰雄：《釋“卜缶”》，《古文字研究》第二十八輯，中華書局，2010 年。

王恩田：《釋楚簡中的“卂”和“迅缶”》，中國古文字研究會第 21 屆年會論文，北京，2016 年 10 月 21—23 日。

可能出自湖北器和簡

近些年，湖北境内因建設工程、平整土地及墓葬被盜，導致墓區部分文物流失，如荊門、荆州等地楚墓區，隨州葉家山、文峰塔西周早期曾國墓地及春秋戰國墓地，棗陽郭家廟春秋墓區等。這些墓區的流失文物，或見於國家單位收藏，或見於個人藏家收藏。現據有關報道及著録（主要見於吳鎮烽《金文通鑑》及《通鑑續編》），簡要摘取近年可能出自湖北的有銘器物，主要爲青銅器及竹簡，所取未必都準確，僅供研究者參考。

排列順序大致按楚器、楚簡、曾器、其他國器。有些楚器、鄧器、鄀器等，可能出自湖北襄陽一帶，也可能出自河南南部一帶，難以抉擇者不録，只將部分楚器以“存目”方式列於末尾。

共録器物77條（其中銅器123件）、楚簡5條，附“存目”26條。

楚　　器

救秦戎銅器群

2007年4月下旬，上海崇源國際拍賣有限公司澳門分部舉辦學術研討會，並展示了一群新見的楚國青銅器（學術界稱爲“崇源銅器”）。同年，《收藏》雜志第11期刊載了陳全方、陳馨和王輝的論文，對這批銅器及銘文作了介紹和研究。《文物》2008年1期、2期分别刊載了張光裕、李學勤的報道及研究意見，同時，宋華强、吳鎮烽、黄鳳春、鄒芙都等發表了各自的研究意見。《江漢考古》2011 年 3 期、2012 年 3 期又發表了王紅星、董珊的論文，對有關問題作了進一步的調查與研究。這些研究成果，無疑加深了人們對這批銅器的認識。據張光裕介紹，這批銅器得見於 2006 年。據王紅星調查研究，荆門市沙洋縣十里鋪鎮白玉村白玉塚於 2006 年春被盗，“白玉塚的等級符合上大夫之制，而崇源銅器即有可能自該墓所出”。

根據有關介紹，這批銅器計有鼎 7 件(其中 1 件在臺灣)、簋 8 件、鬲 8 件、壺 2 件、豆 2 件、罍 1 件、匜 1 件、盤 1 件，共 30 件。其中簋、鬲、豆、盤、匜、鼎有銘文。簋、鬲、豆銘文相同，記載了“王命競之定救秦戎”。盤、匜銘文中新出現有楚王“酓恷”。5 件鼎及 2 件簋有“君”字銘文。其實，還有一鬲，計 9 件鬲(與董珊文披露一鬲爲同一藏家收藏)。這樣，目前所知者有 31 器。下面據張光裕文，參考吴鎮烽《金文通鑑》，按照銘文“楚王酓恷”“君”“救秦戎”的順序羅列(其中無銘壺，與“鄭大子之孫與兵”壺類似，可參見《古文字研究》第二十四輯 233 頁；與曾姬無血卹壺也近似，見《曾國青銅器》410 頁，僅蓋處有别)。

救秦戎銅器群圖

救秦戎銅器群·第八件鬲

楚王酓忻盤

1件。口微斂，腹稍鼓，底部近平，窄沿方唇，一對小紐銜環耳(一耳失環)，三條扁環支足。盤腹飾魚子紋填地的變形龍紋。見《文物》2008年1期，以及：圖五，器圖；圖六，銘文照片；圖二〇，銘文拓片。見《金文通鑑》14402。鑄銘，三行左起，八字：

楚王酓
忻，乍(作)寺(持)
盥盤。

楚王酓忎盤器圖

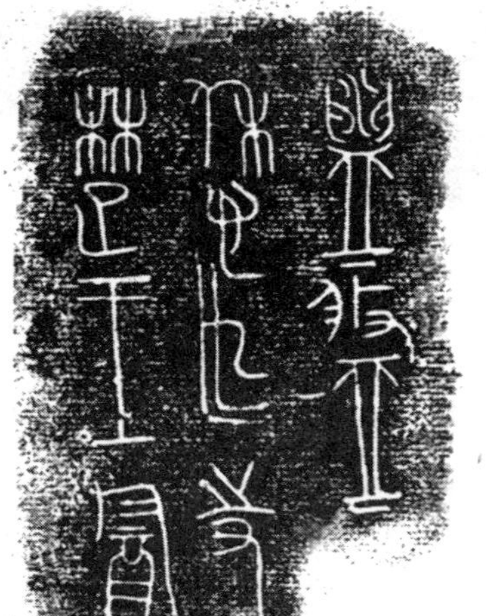

楚王酓忎盤銘文拓片

楚王酓忎匜

1 件。口微斂，腹稍鼓，平底，前有短管流，上飾浮雕獸面紋，後部有龍首鋬。口沿下飾魚子紋填地的變形龍紋。見《文物》2008 年 1 期，以及：圖七，器圖；圖八，銘文照片；圖二四，銘文拓片。見《金文通鑑》14869。鑄銘，一行六字：

楚王酓恷乍(作)寺(持)

楚王酓恷匜器圖

楚王酓恷匜銘文拓片

君字鼎

帶蓋鼎7件，所見6件。形制、大小相近。直口方唇，立耳作弧形外張，淺腹束腰，中部有一道箍棱，平底，三蹄足内面削平，平蓋中部微隆，有銜環小紐，兩旁有方形缺口以納兩耳。腹部飾四隻圓雕似龍爬獸，獸身飾雲雷紋、渦紋和鱗紋。鼎頸部、腹部和足上部均飾浮雕狀細密繁縟的蟠虺紋。製作較粗糙。見《文物》2008 年 1 期 77 頁，圖一三。見《金文通鑑》00292~00295(甲、乙、丙、丁)。其中 5 件有銘文：

君

君字鼎器圖及銘文

君字方座簋

6 件。器底内側僅鑄一“君”字。斂口、窄沿、方唇，腹部較圓，圈足外侈連鑄方座，方座四邊各有一個方孔，簋耳獸面高聳，無垂珥，蓋面隆起，紐作璧形。簋體、兩耳及底座均分鑄後再焊接。通體飾變形龍紋，紋飾浮淺。見《文物》2008 年 1 期 78 頁圖一七，器圖；80 頁圖二三，銘文拓片。見《金文通鑑》03592～03595(甲、乙、丙、丁)。

君字方座簋甲器圖

君字方座簋甲銘文拓片

救秦戎方座簋

2件。形制、紋飾、銘文相同。體呈扁圓形，斂口有蓋，蓋紐作璧形，圈足外侈，其下連鑄方座，方座四邊各有一個方孔，簋耳作獸體形，耳圈較小。簋體、兩耳以及底座均分鑄後再焊接而成。腹飾竊曲紋，紋飾深峻，蓋上、圈足和方座均飾變形龍紋，紋飾浮淺。見《文物》2008年1期77頁，以及：圖一四、圖一五，器圖；圖二一、圖二二，銘文照片。見《金文通鑑》04978、04979(甲、乙)。内壁鑄銘四行二十一字，内容與鬲、豆相同：

隹(唯)弌₌(弌日)，王命競(景)
之定救秦戎，
大有社(功)于洛
之戎，甬(用)乍(作)尊彝。

救秦戎方座簋甲器圖

救秦戎方座簋甲銘文圖

救秦戎豆

2件。直口方唇，淺盤平底，豆柄較高，座呈喇叭口形。光素無飾，豆座內可見範芯。一件見《文物》2008年1期76頁，以及：圖九、圖一〇，器圖、銘文照片；圖二七，銘文拓片。另一件見《文物》2008年1期76頁，以及：圖一一、圖一二，器圖、銘文照片；圖二八，銘文拓片。又見《金文通鑑》06150、06151（甲、乙）。銘文鑄於淺盤內，各六行二十一字，帶有方格欄：

隹（唯）諆＝，王命
競之定救
秦戎，大有
社（功）于洛之
戎，甬（用）乍（作）尊
彝。

救秦戎豆甲器圖

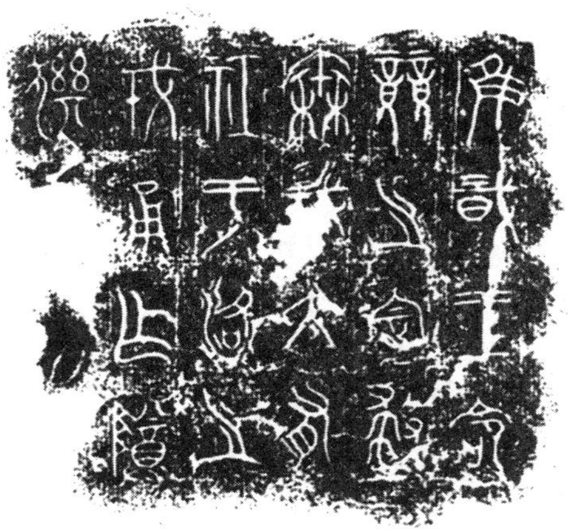

救秦戎豆甲銘文拓片

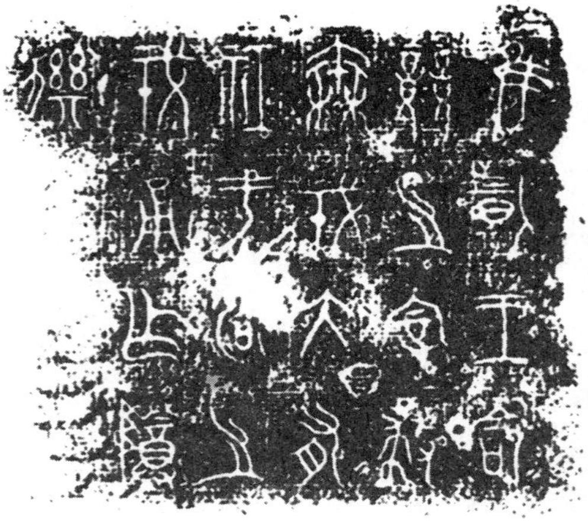

救秦戎豆乙銘文拓片

救秦戎鬲

9件。銘文分兩種：一種銘文順序正常，5件；另一種銘文錯亂，3件。1件在藏家手中，銘文順序不詳。口較直，窄沿方唇，束頸折肩，襠部平緩，三足作蹄形，微向外撇，與足對應的腹部各有一道扁體S狀龍形扉棱。頸部和腹部均飾變形龍紋。見《文物》2008年1期77頁，以及：圖一六、圖一九，器圖；圖二五，銘文拓片(正常順序)；圖二六，銘文拓片(錯亂順序)。《金文通鑑》03015~03022(甲至辛)。銘文鑄於口沿内側，一周二十一字：

隹(唯)戠=，王命競(景)之定救秦戎，大有社(功)于洛之戎，甬(用)乍(作)尊彝。

銘文錯亂者：

隹(唯)戠=王命競之戎甬(用)乍(作)尊彝大有社(功)于洛之定救秦戎

正常順序

錯亂順序

救秦戎鬲銘文拓片對照

救秦戎鬲甲銘文拓片

銘文錯亂的原因，宋華强認爲是範鑄時錯置所致，推測問題出在鑄造過程中合範的工序上。器口是正圓形，大概製作的時候器口外範原本是分成四等份的，口沿處各有一段銘文，合起來才是整篇。合範時工匠把四部分的拼合順序搞錯了，但是由於器口是圓形的，外範四部分的拼合次序不會影響其整體外形，再加上合範後銘文被封閉在内外範之間，從外面看不到，所以導致這個拼合的錯誤没有被發現：

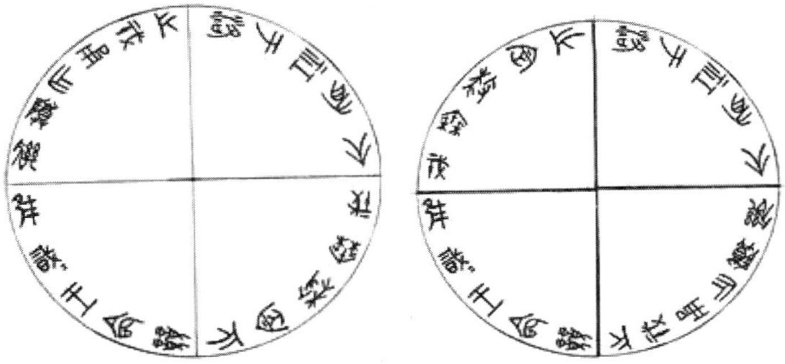

新出現器銘的“貳”，張光裕從董珊之説，即《詩・七月》的“二之日”，相當於夏正的十二月。“競之定”，就是 1973 年湖北當陽季家湖所出“競平王之定”(李零認爲雙謚)的省稱，乃人名。李學勤認爲“競平王”簡稱爲競即景，用其一謚，符合古人慣例。“景平王之定”或“景之定”即平王之子名定，是這些青銅器的作器者。昭王和銘文的定是兄弟。並懷疑“景平王之定”或“景之定”就是《左傳》的楚左司馬眅。兩者可能是一名一字。董珊進而將“定”釋讀爲“金(乏)”，認爲此人即《左傳》所見的昭王之兄公子啓(字子閭)，亦及司馬子眅，或作司馬子反。金(瀍之古文)與廢可通，廢與眅韻爲月、元對轉。金與啓、稽的溝通，可能是“先誤認‘金’爲‘企’，再寫成‘企’的通假字‘啓’或‘稽’”。

楚王酓的，下从心，上部多認爲是休，見於包山簡，作(95)、(185)，也是人名。“休”字所从之木，樹冠之形多朝向左側，

示人在樹蔭下休息，甲骨、金文多見，裘錫圭有精到論述(《文字學概要》修訂本，商務印書館，2013 年，141～142 頁)。

陳全方、陳馨根據盤和匜的形制，推測“其時代約在春秋早期，故疑銘中的楚王酓怵是楚成王熊惲的假借字”。王輝推測酓怵可能是楚平王居或昭王珍。“休”可訓“息止”，“居”亦有“止”義，“居與怵可能是一名一字”；“珍”有“美”義，“休”亦有“美”義，“怵與珍也可能是一名一字”，更傾向吳鎮烽主張爲昭王的觀點。宋華强認爲崇源銅器的時代應該是在戰國早期末段或早中期之交；盤、匜銘文中的楚王酓怵很可能就是楚悼王熊疑；簋、豆、鬲銘文中所言“救秦戎”及“大有功于洛之戎”，跟荆曆鐘銘所記“晉人救戎於楚境”，大概都是悼王九年(公元前 393 年)之事，與《史記·魏世家》所記魏文侯敗秦於注之事有關。黄鳳春、鄒芙都的觀點與宋華强的觀點基本類似。黄錦前支持王輝的觀點(2009 年博士學位論文《楚系銅器銘文研究》，11 頁)。董珊主張“酓怵”爲昭王，并認爲當陽季家湖所出鐘銘自鉦間起讀，銘文不缺字。據清華簡《楚居》，鐘銘“秦王”就是楚昭王，是據楚昭王嗣立之處稱呼他，即“秦溪之上之楚王的簡稱”。

當陽季家湖和信陽長臺關所出鐘銘中的“戎”多主張爲伊洛之戎。李學勤認爲新出現的銘文更證實了這一點。蒙文通《周秦少數民族研究》一書作了很好的分析疏通。晉、楚環繞諸戎問題的爭奪，突出的有兩次：一次在魯昭公十六、十七年(公元前 526—前 525 年)，爲楚平王三、四年；另一次在魯哀公四年(公元前 491 年)，爲昭王二十五年。昭王與定爲兄弟，定的事迹自然應屬其時。戎蠻爲何稱爲“秦戎”，李學勤認爲“大約是因爲伊洛諸戎本來是由關中秦地遷來的緣故”。司馬眅“把戎蠻遺民俘歸楚國，伊洛之戎於是盡滅，這就是器銘説的‘救秦戎，大有功于洛之戎’了”。

根據器銘或有“君”字，多主張墓主“競之定”是一位封君。

王紅星根據諸家的研究意見，比較了有關青銅器，傾向將這批銅器定在戰國早期晚段，墓主身份相當於上大夫。又根據這批銅器披露的時間及湖北境内墓葬被盜的情況，推斷這批銅器可能出自荊門市沙洋縣十里鋪鎮白玉村的白玉塚。此墓于 2006 年春節期間被盜，而 2005—2006 年間未見高級貴族墓被盜。該塚規模，僅從地面觀察，遠大於包山二號墓和九連墩一號墓。

【著録】

陳全方、陳馨：《澳門驚現一批楚青銅器》，《收藏》2007 年 11 期。

張光裕：《新見楚式青銅器器銘試釋》，《文物》2008 年 1 期。

【參考文獻】

王輝：《也説崇源新獲楚青銅器群的時代》，《收藏》2007 年 11 期；又刊於臺北《中國文字》新 33 期，藝文印書館印行，2007 年。

宋華强：《澳門崇源新見楚青銅器芻議》，武漢大學簡帛網，2008 年 1 月 1 日。

李學勤：《論“景之定”及有關史實》，《文物》2008 年 2 期。

吳鎮烽：《競之定銅器群考》，《江漢考古》2008 年 1 期。

黄鳳春：《新見楚器銘文中的“競之定”及相關問題》，《江漢考古》2008 年 2 期。

鄒芙都：《新見“楚王酓恷”考釋》，《考古與文物》2009 年 2 期；《“楚王熊恷”考》，見《紀念徐中舒先生誕辰 110 周年國際學術研討會論文集》，巴蜀書社，2010 年。

王紅星：《楚郢都探索的新綫索》，《江漢考古》2011 年 3 期。

董珊：《救秦戎銅器群的解釋》，《江漢考古》2012 年 3 期。

其他楚器

楚王媵隨仲嬭加鼎甲

此鼎原爲海外某藏家收藏，現藏中國國家博物館。文峰塔 M21 出有隨大司馬戈，推測此鼎及下一同樣鼎可能出自隨州。通高 38. 2 釐米，口徑 31. 8 釐米。斂口鼓腹，有子口，蓋面隆起，上有八輻輪形捉手，附耳高聳，圜底下三條蹄足，蓋上有兩道綯索箍棱，腹部有一道綯索箍棱。捉手内飾蟠螭紋，蓋上第一道箍棱與捉手之間飾三角紋，第二道箍棱内外均飾蟠虺紋，腹部箍棱之上飾蟠虺紋，其下飾三角雲雷紋。見《江漢考古》2011年4期67頁，以及：圖一，器圖；圖二，銘文圖片。見《中國國家博物館百年收藏集粹》146頁68，《甲骨文金文集粹》289～290頁，《金文通鑑》02318。或以爲春秋中期器。銘文鑄在内底，反書，五行二十八字：

唯王正月初
吉丁亥，楚王𦞠(媵)
𨽍(隨)中(仲)嬭(羋)加飤(食)緐，
其𧕿(眉)壽無期，
子孫永寶用之。

楚王媵隨仲嬭加鼎甲器圖

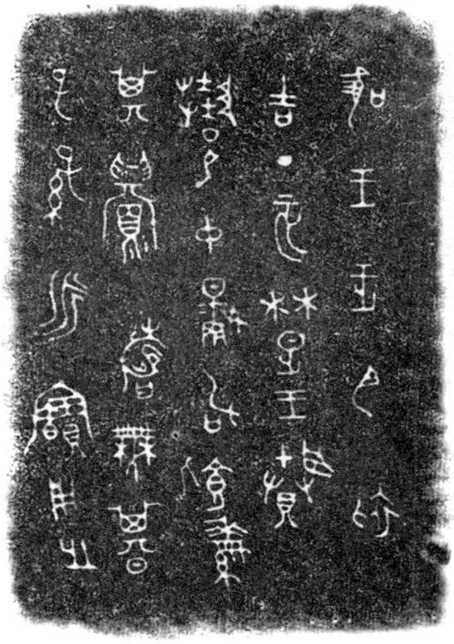

楚王媵隨仲嬭加鼎甲蓋銘拓片

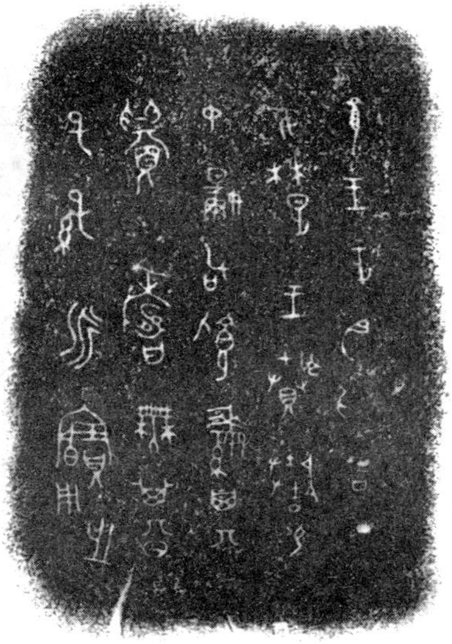

楚王媵隨仲嬭加鼎甲器銘拓片

楚王媵隨仲嬭加鼎乙

海外某收藏家收藏。見《通鑑續編》30210。形制、紋飾、銘文與上一件國家博物館藏品基本相同。春秋中期器。通高 39.9 釐米，口徑 31.4 釐米，兩耳相距 39.8 釐米。斂口鼓腹，有子口，蓋面隆起，上有八輻輪形捉手，一對附耳高聳，圜底設置三條蹄足，蓋上有兩道綯索箍棱，腹部有一道綯索箍棱。捉手内飾蟠螭紋，蓋面第一道箍棱與捉手之間飾三角紋，第二道箍棱内外均飾蟠虺紋，腹部箍棱之上飾蟠虺紋，其下飾三角雲雷紋。蓋、器同銘，五行二十八字：

唯王正月初
吉丁亥，楚王賸(媵)
隨(隨)中(仲)嬭(羋)加飤(食)緐，
其釁(眉)壽無期，
子孫永寶用之。

楚王媵隨仲嬭加鼎乙器圖

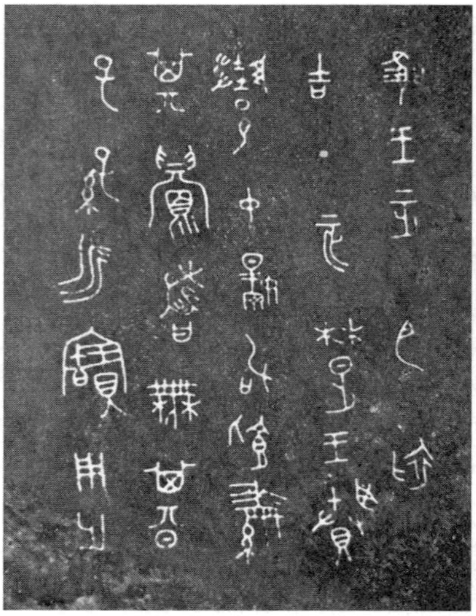

楚王媵隨仲嬭加鼎乙蓋銘

楚王媵隨仲嬭加鼎乙器銘

兩鼎銘文雖然相同，但布局、文字有細微區别。就銘文而言，如清楚的蓋銘，眉、壽二字的間距就不相同；“楚”字所从“足”中間一竪的長短有别。不過，是相同銘文的兩件器没有疑問。估計同出者還不止這兩件，望有關方面留意。

隨字从阜、二左、邑。鄺公盨、楚簡均見有从阜、从二左之“墮”，或讀隨。鼎銘爲國名“隨”。“隨”是夫家國名，“仲”是排行。“嬭”是姓，“加”是私名。這是楚王爲嫁至隨國的楚國女子嬭加所做的陪嫁品。與江仲嬭南鐘“唯正月初吉丁亥，楚王贏江仲嬭南和鐘”的“嬭南”類似。此器屬楚，但出現隨國國名。曹錦炎據此認爲曾、隨是兩個不同的國家。鼎之年代屬於春秋中期，“定在楚穆王或楚共王之際可能性較大”。張昌平進一步從鼎之形制、紋飾等方面論證此鼎屬春秋中期。同時披露，據悉“香港某古玩店也有一件隨仲嬭加鼎，其器形、紋飾、銘文均與本文所述之鼎相同，但有一些細微差别，兩者應該並非同一件器。這些情況説明，隨仲嬭加鼎可能是在近年才出土發現”。高成林認爲，鼎是楚鑄，不是隨國自己作器，還不能據此認定隨、曾是兩個不同的國家。傳世的王子申盞盂銘文：“王子申作嘉嬭盞盂，其眉壽無期，永保用之。”黄錦前據此認爲“嘉嬭”可能就是“嬭加”，而且文字風格與紋飾相當一致，傾向鼎之年代在春秋中期偏晚前段，以楚共王之際爲妥。

李學勤認爲：“如今新出現了這件楚王鼎，其銘文標明了隨，是楚王嫁女兒(或姊妹)於隨的媵器，證實隨這一國名無疑存在。結合上文説的三點理由，一國二名之説還是成立的。”

徐少華認爲：楚王應是楚共王，公元前590—前560年在位，爲春秋中期晚段。考慮到王子申于公元前571年因受賄被殺的背景，隨仲嬭加鼎與王子申盞盂的製作應在公元前590—前571年之間。

【參考文獻】

曹錦炎：《“曾”“隨”二國的證據——論新發現的隨仲嬭加鼎》，《江漢考古》2011年4期。

張昌平：《隨仲嬭加鼎的時代特徵及其他》，《江漢考古》2011年4期。

高成林:《隨仲嬭加鼎淺議》,《江漢考古》2012 年 1 期。
黄錦前:《隨仲嬭加鼎補説》,《江漢考古》2012 年 2 期。
李學勤:《新見楚王鼎與"曾國之謎"》,見《青銅器入門》,商務印書館,2013 年;收入中西學術名篇精讀《李學勤卷》,中西書局,2017 年 1 月。
徐少華:《曾侯與編鐘和曾(隨)若干問題釋疑》,臺北"第五届古文字與古代史國際學術研討會"論文,2016 年 1 月 25—27 日。

楚王媵□孎鼎

1 件,見《通鑑續編》30188,春秋中期器,某收藏家收藏。體呈小半球形,直口平沿,圜底,一對附耳高聳,三條蹄形足,腹部有一道箍棱。耳内外及頸部皆飾蟠螭紋。未著録。内壁鑄銘文四行二十二字:

隹(唯)正月初吉丁
亥,楚王賸(媵)□孎(羋)
鼾(盂)鼎,其釁(眉)壽
無疆,永保用之。

楚王媵□孎鼎器圖

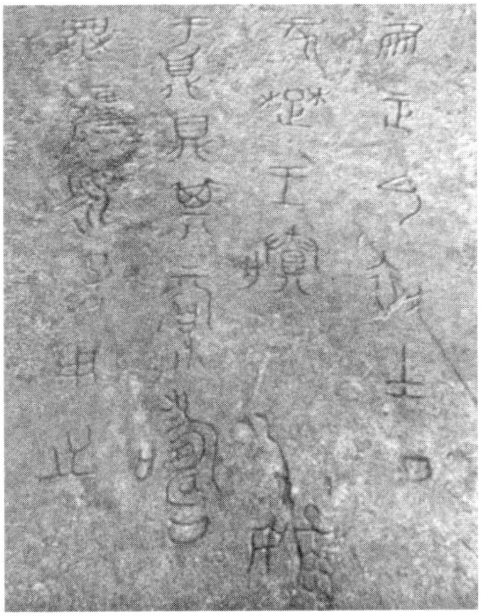

楚王媵□孎鼎銘文

王子申盞盂銘文拓片

吳鎮烽“備註”云：其中漏鑄一字，可能是“隨”字。

此字可能被刮去，不一定是漏鑄，也不一定是“隨”，不排除是“嘉”或“加”。鼎與上列“楚王媵隨仲加孎”鼎形制不同，顯然非同時鑄造，但時代相近。王子申盞盂銘文：“王子申作嘉孎盞盂，其眉壽無期，永保用之。”可資比較。“盂鼎”稱謂，說法不一，當是用於盛肉食的較大之鼎。

加孎簋

1 件。見《通鑑續編》30375，春秋中期器。湖北隨州市公安局破盜墓案獲得。通高 25 釐米，口徑 19 釐米。斂口鼓腹，有子口，腹兩側有一對龍首耳，下有垂珥，矮圈足下連鑄三條獸面小足。覆鉢形蓋，上有圈狀捉手。蓋沿、圈足和器口下均飾竊曲紋，蓋面、腹部均飾瓦溝紋。未著録。蓋、器同銘，三行九字（此爲蓋銘）：

加媥(芈)之
行𣪕(簋)，其
永用之。

加媥簋器圖

加媥簋銘文

吳鎮烽“備註”：同坑出土4件，形制、銘文相同，現存3件；另2件蓋沿、口下、圈足飾重環紋，捉手内飾團鳥紋，殘破較甚。

“加嬭(羋)”，有可能即王子申盞盂銘文“王子申作嘉嬭盞盂”之“嘉嬭”。嬭(羋)，姓氏。嘉，私名。

封子楚簠

1件。見《甲骨文金文集粹》305~306頁，《通鑑續編》30517。春秋晚期器。原藏於某收藏家，現藏中國國家博物館。通高19釐米，口横29.4釐米，口縱21.7釐米。蓋、器形制相同，直口折腹，斜壁坦底，兩短壁各有一個獸首耳，蹼形足沿下折，每邊有一個長楕形缺，蓋口沿前後各有兩個獸面小卡扣，左右各有一個卡扣。通體飾蟠虺紋。蓋、器同銘，八行六十六字(其中重文三字)：

> 隹(唯)正月初吉丁亥，坴(封)
> 子楚，奠(鄭)武公之孫，楚
> 王之士，擇其吉金，自
> 乍(作)飤(食)匿(簠)，用會嘉賓、大
> 夫及我匍(倗、朋)友。虩虩(赫赫)弔(叔)楚，剌
> 之元子，受命於天，萬
> 枼(世)匍(倗—不)改，其巋(眉)壽無諆(期)，
> 子子孫孫，永保用之。

銘文内容與出自襄陽團山的鄭臧公之孫鼎銘文類似，推測有可能出自湖北襄陽一帶。

封，氏稱。子楚，人名。叔楚，器主自稱，亦即“子楚”。子，美稱。叔，排行。元子，長子或善子、賢子。

謝明文認爲：“封”爲國族名，“從封子楚是鄭武公的後裔來看，可以推知曾有一個姬姓封氏或封國存在”。子，爵稱。孫，指裔孫。倗，

讀作不。認爲鄭臧公之孫鼎、缶中的“剌”與封子楚簠的“剌”是同一個人。據此推測鄭臧公之孫鼎、缶的器主很可能就是封子楚或其兄弟輩。黄傑認爲“剌”讀“厲”，指鄭厲公(謝明文後跟帖)。

黄錦前認爲：器主“封子楚”係鄭武公後裔，見於《左傳》的“七穆”之一的“豐氏”豐卷之子，與鄭莊公之孫鼎、缶的器主盧應係兄弟行，其主要活動時間在公元前530年前後的楚靈王或楚平王時。春秋中晚期以來，鄭國貴族間内鬥不斷，封子楚等仕楚即是在這樣的大背景之下。同樣，新近刊布的良夫盤、良夫匜器主良夫係“七穆”之一的“良氏”後裔，其主要活動時代，或與封子楚大致相當或略早。

有關問題還需要作進一步研究。

【參考文獻】

謝明文：《封子楚簠小考》，復旦大學出土文獻與古文字研究中心網站，2016年1月13日。

封子楚簠器圖

黄錦前：《鄭人金文兩種讀釋》，2016 年待刊稿；《從封子楚簠“虩虩叔楚，剌之元子”談金文“疾子”“敃子”“元子”及相關語詞的訓釋》，2016 年待刊稿；《東周時期南方地區“閥閱類”銅器銘文試析》，2016 年待刊稿。

黄錫全、李祖才：《鄭臧公之孫鼎銘文考釋》，《考古》1991 年 9 期。

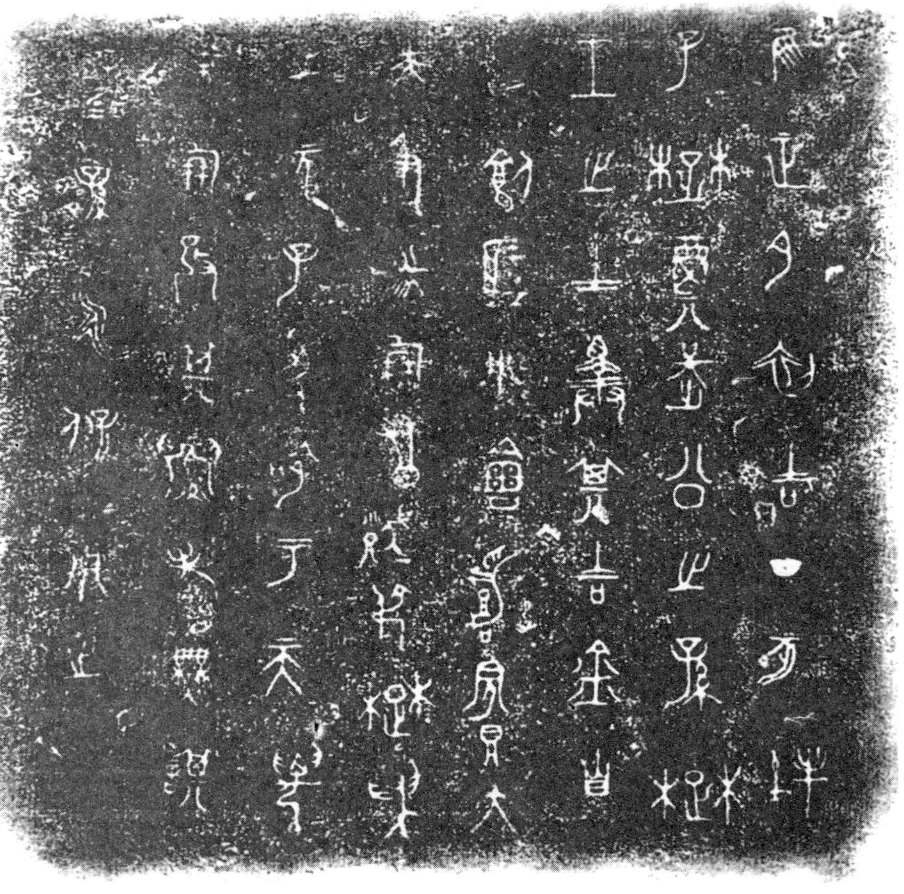

封子楚簠蓋銘拓片

封子楚簠器銘拓片

鄧冢墣戟

1件，見《通鑑續編》31192。戰國時期楚器。湖北某收藏家藏品。直援尖鋒，脊綫偏上，長胡，欄側二長穿一小穿，内上有一横穿。胡部正背有錯金銘文六字：

鄧冢(蒙)蘿(墣)
之用戜(戟)

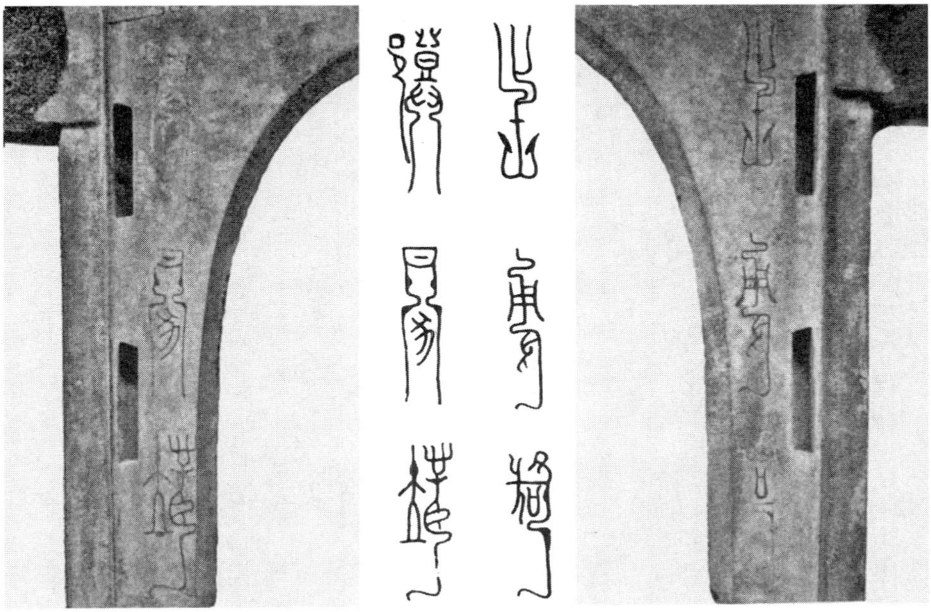

鄧豕墣戟銘文圖及摹本

曹錦炎《鳥蟲書通考》增訂本 407 頁云："近年於湖北出土，現藏湖北某氏。"戈爲楚器。鄧，氏稱。墣字左从立，相當於从土；業从臣者多見。蒙墣，人名。

楚　　簡

上海博物館藏楚簡

據馬承源在《上海博物館藏戰國楚竹書(一)》之"前言"及有關介紹，1994 年春與 1994 年秋冬，在香港古玩市場發現竹簡，經張光裕聯絡及友人相助，共搜集到完、殘竹簡合計1200餘支，35000餘字，包含古書百種左右，與1993年冬發現的郭店竹簡類似，“當時傳聞約來自湖北”。經上海博物館科研人員和有關專家的共同努力，截至2016年，已先後整理編輯《上海博物館藏戰國楚竹書》(一)至(九)，包括文字與圖版，由馬承源主編，上海古籍出版社出版。總共已刊布完、殘簡948支，28479字。各版刊布竹簡、字數、内容及整理者情況如下：

《上海博物館藏戰國楚竹書》(一)

2001年11月出版。簡98支，3240字。

(1)《孔子詩論》，完、殘簡29支，約1006字，馬承源整理。(2)《緇衣》，完、殘簡24支，計978字，陳佩芬整理。(3)《性情論》，完、殘簡45支，約1256字，濮茅左整理。

《上海博物館藏戰國楚竹書》(二)

2002年12月出版，簡116支，3882字。

(1)《民之父母》，基本完整簡14支，397字，濮茅左整理。(2)《子羔》，長短簡14支，395字，馬承源整理。(3)《魯邦大旱》，長短簡6支，208字，馬承源整理。(4)《從政》(甲篇、乙篇)。甲篇完、殘簡19支，519字；乙篇完、殘簡6支，140字。合計659字，張光裕整理。(5)《昔者君老》，完、殘簡4支，158字，陳佩芬整理。(6)《容成氏》，完、殘簡53支，2065字，李零整理。

《上海博物館藏戰國楚竹書》(三)

2003年12月出版。簡107支，3132字。

(1)《周易》，完、殘簡58支，1806字，濮茅左整理。(2)《中弓》，完、殘簡28支，520字，李朝遠整理。(3)《恒先》，大多保存完好簡13支，512字，李零整理。(4)《彭祖》，完、殘簡8支，294字，李零整理。

《上海博物館藏戰國楚竹書》(四)

2004 年 12 月出版。簡 104 支，3557 字。

(1)《采風曲目》，殘簡 6 支，149 字，馬承源整理。(2)《逸詩》，殘簡 6 支，138 字，馬承源負責整理。(3)《昭王毀室・昭王與龔之脽》，簡 10 支，388 字，陳佩芬整理。(4)《柬大王泊旱》，簡 23 支，保存完好，601 字，濮茅左整理。(5)《内豊》，完、殘簡 10 支，附簡 1 支，386 字，李朝遠整理。(6)《相邦之道》，殘簡 4 支，107 字，張光裕整理。(7)《曹沫之陳》，完簡 45 支，殘簡 20 支，1788 字，李零整理。

《上海博物館藏戰國楚竹書》(五)

2005 年 12 月。簡 123 支，3864 字。

(1)《競建内之》，大多完整簡 10 支，347 字，陳佩芬整理。(2)《鮑叔牙與隰朋之諫》，基本完整簡 9 支，340 字，陳佩芬整理。(3)《季庚子問於孔子》，完、殘簡 23 支，669 字，濮茅左整理。(4)《姑成家父》，完、殘簡 10 支，466 字，李朝遠整理。(5)《君子爲禮》，完、殘簡 16 支，342 字，張光裕整理。(6)《弟子問》，多殘缺不全簡 25 支，494 字，張光裕整理。(7)《三德》，完、殘簡 22 支，887 字，李零整理。(8)《鬼神之明・融師有成氏》，基本完整簡 8 支，319 字，曹錦炎整理。

《上海博物館藏戰國楚竹書》(六)

2007 年 7 月出版。簡 111 支，3180 字。

(1)《競公瘧》，完、殘簡 13 支，489 字，濮茅左整理。(2)《孔子見季趄子》，殘簡 27 支，554 字，濮茅左整理。(3)《莊王既成・申公臣靈王》，基本完整簡 9 支，210 字，陳佩芬整理。(4)《平王問鄭壽》，完簡 7 支，173 字，陳佩芬整理。(5)《平王與王子木》，完簡 5 支，117 字，陳佩芬整理。(6)《慎子曰恭儉》，完、殘簡 6 支，128 字，李朝遠整理。(7)《用曰》，完、殘簡 20 支，753 字，張光裕整理。(8)《天子建州(甲本、乙本)》。甲本簡 13 支，393 字；乙本簡 11 支，363 支。計殘存簡 24 支，756 字，曹錦炎整理。

《上海博物館藏戰國楚竹書》(七)

2008 年 12 月出版。簡 107 支，3240 字。

(1)《武王踐阼》，殘缺簡 15 支，491 字，陳佩芬整理。(2)《鄭子家喪(甲本、乙本)》。甲本完簡 7 支，235 字；乙本殘簡 7 支，214 字。計簡 14 支，449 字，陳佩芬整理。(3)《君人者何必安哉(甲本、乙本)》。甲本完簡 9 支，241 字；乙本完簡 9 支，237 字。計簡 18 支，478 字，濮茅左整理。(4)《凡物流形(甲本、乙本)》。甲本完簡 30 支，846 字；乙本殘簡 21 支，601 字。計簡 51 支，1447 字。曹錦炎整理。(5)《吳命》，完、殘簡 9 支，375 字，曹錦炎整理。

《上海博物館藏戰國楚竹書》(八)

2011 年 5 月出版。簡 78 支，1911 字。

(1)《子道餓》，完、殘簡 6 支，121 字，濮茅左整理。(2)《顔淵問於孔子》，完、殘簡 14 支，313 字，濮茅左整理。(3)《成王既邦》，完、殘簡 16 支，319 字，濮茅左整理。(4)《命》，完簡 11 支，274 字，陳佩芬整理。(5)《王居》，完、殘簡 7 支，152 字，陳佩芬整理。(6)《志書乃言》，基本完整簡 8 支，169 字，陳佩芬整理。(7)《李頌》，完簡 3 支(其中 1 支正、背均書寫)，172 字，曹錦炎整理。(8)《蘭賦》，完、殘簡 5 支，160 字，曹錦炎整理。(9)《有皇將起》，完、殘簡 6 支，186 字，曹錦炎整理。(10)《鶹鷅》，殘簡 2 支，45 字，曹錦炎整理。

《上海博物館藏戰國楚竹書》(九)

2012 年 12 月出版。簡 104 支，2473 字。

(1)《成王爲城濮之行(甲本、乙本)》。甲本簡 5 支，138 字；乙本簡 4 支，71 字。計殘缺簡 9 支，209 字，陳佩芬整理。(2)《靈王遂申》，完簡 5 支，167 字，陳佩芬整理。(3)《陳公治兵》，完、殘簡 20 支，519 字，陳佩芬整理。(4)《舉治王天下(五篇)》，完、殘簡 35 支，728 字，濮茅左整理。(5)《邦人不稱》，完、殘簡 13 支，358 字，濮茅左整理。(6)《史蒥問於夫子》，殘簡 12 支，236 字，濮茅左整理。(7)《卜書》，完、殘簡 10 支，256 字，李零整理。

清華大學藏楚簡

據《清華大學藏戰國竹簡》(壹)之“前言”及劉國忠《走進清華簡》介紹，清華簡是通過校友趙偉國的捐獻自香港入藏的。這批簡於 2006 年冬前即已到達香港，經瞭解聯絡，2008 年 7 月入藏清華。經整理，共有 2388 個編號(支，包括整支和斷簡)，多爲完整簡，估計整簡數量在 1700 支到 1800 支。約有 64 篇文獻，内容包括《尚書》類、紀年類及其他一些史籍，估計總字數當在 4 萬字左右，時代在戰國中晚期。竹簡計劃分 15 輯出版。截至 2016 年，已由中西書局出版六輯，刊布竹簡 651 支(編號)，17828 字。由清華大學出土文獻與保護中心編，李學勤主編。各輯刊布竹簡、字數、内容及負責整理者情況如下。根據竹簡内容，當出自楚國腹心區域，很可能出自湖北荆門一帶。

《清華大學藏戰國竹簡》(壹)

2010 年 12 月出版。簡 107 支(編號)，3216 字(含重文)。共收録竹簡 9 篇。前八篇爲《尚書》《逸周書》及體裁類似的文獻，依内容記述的事迹時代排列；最末一篇爲《楚居》，詳叙楚國起源傳説及歷世都居的處所。

(1)《尹至》，簡 5 支，李學勤負責整理。(2)《尹誥》，簡 4 支，李學勤負責整理。(3)《程寤》，簡 9 支，劉國忠負責整理。(4)《保訓》，簡 11 支，李守奎負責整理。(5)《耆夜》，簡 14 支，趙平安負責整理。(6)《周武王有疾周公所自以代王之志(金縢)》，簡 14 支，劉國忠負責整理。(7)《皇門》，簡 13 支，李均明負責整理。(8)《祭公之顧命(祭公)》，簡 21 支，沈建華負責整理。(9)《楚居》，簡 16 支，李守奎負責整理。字形表，沈建華負責編制。

《清華大學藏戰國竹簡》(貳)

2011年12月出版。簡138支(編號)，3786字(其中重文、合文以1字計算)。祇著録竹簡1篇，乃前所未見史書，没有篇題，擬題爲《繫年》，共23章，類似西晉汲冢發現的《竹書記年》，敘述周初至戰國前期的史事。

第1~4章，簡4+8+4+6=22支，李學勤負責整理。第5~8章，簡8+10+4+5=27支，趙平安負責整理。第9~11章，簡4+2+5=11支，沈建華負責整理。第12~15章，簡2+3+8+11=24支，李均明負責整理。第16~19章，簡6+5+8+4=23支，劉國忠負責整理。第20~23章，簡6+5+7+13=31支，李守奎負責整理。字形表，沈建華負責編制。

《清華大學藏戰國竹簡》(叁)

2012年12月出版。簡100支(編號)，2814字(含重文)。共收録竹簡6種8篇，前3篇屬於《尚書》，後5篇是前所不知的佚篇。

(1)《説命》上，簡7支，李學勤負責整理。(2)《説命》中，簡7支，李學勤負責整理。(3)《説命》下，簡10支，李學勤負責整理。(4)《周公之琴舞》，簡17支，李守奎負責整理。(5)《芮良夫毖》，簡28支，趙平安負責整理。(6)《良臣》，簡11支，沈建華負責整理。(7)《祝辭》，簡5支，李學勤負責整理。(8)《赤鴼之集湯之屋》，簡15支，劉國忠、邢文負責整理。字形表，沈建華負責編制。

《清華大學藏戰國竹簡》(肆)

2013年12月出版。簡92支，1219字(含重文)。共收録竹簡3篇。都是傳世文獻及以往出土材料未見的佚篇。《筮法》《别卦》與《易》相關，《算法》是一篇具有計算功能的數學文獻。

(1)《筮法》，簡63支，李學勤負責整理。(2)《别卦》，簡8支，趙平安負責整理。(3)《算法》，簡21支，李均明、馮立昇負責整理。字形表，沈建華負責編制。

《清華大學藏戰國竹簡》(伍)

2015年4月出版。簡105支，3168字(含重文)。共收録竹簡6篇，除《命訓》見於《逸周書》外，皆爲傳世文獻與以往出土材料所未見的佚篇。

(1)《厚父》，簡13支，趙平安負責整理。(2)《封許之命》，簡9支，李學勤負責整理。(3)《命訓》，簡15支，劉國忠負責整理。(4)《湯處於湯丘》，簡19支，沈建華負責整理。(5)《湯在啻門》，簡21支，李守奎負責整理。(6)《殷高宗問於三壽》，簡28支，李均明負責整理。字形表，沈建華、賈連翔負責編制。

《清華大學藏戰國竹簡》(陸)

2016年4月出版。簡109支，3625字(含重文)。共收録竹簡5種6篇，皆爲傳世文獻及以往出土材料所未見的佚篇。

(1)《鄭武夫人規孺子》，簡18支，李均明負責整理。(2)《管仲》，簡30支，劉國忠負責整理。(3)《鄭文公問太伯(甲、乙)》，甲本簡14支，乙本簡12支，馬楠負責整理。(4)《子儀》，簡20支，趙平安負責整理。(5)《子産》，簡29支，李學勤負責整理。字形表，沈建華、賈連翔負責編制。

武漢大學藏楚簡

據有關報道，2013年1月9日，武漢大學簡帛研究中心就這批收藏的竹簡舉行了專家鑒定會；1月15日舉行捐贈儀式及新聞發布會。經初步整理共有129枚，其中書寫文字的竹簡有110多枚。完整竹簡的長度多在60釐米到70釐米之間。有的幾枚簡可以彼此編連，字迹大多清晰，可看出多種書寫風格。理化檢測和碳14測試結果顯示，竹簡時間大約爲公元前350年或稍晚。竹簡内容主要爲楚占卜禱祠記録，對於戰國時期楚文字、楚人的占卜習俗、楚國曆法與軍事，以及楚王族三姓之一景氏的世系等問題的研究，都有重要價值。

通過對竹簡中文字的解讀，第一次瞭解到楚王族三姓之一的景氏來源於楚平王長庶子子西。此外，這批竹簡中有關歲貞、疾病貞以及一些前所未見的臨時性貞問，拓展了學界對於楚人卜筮内容的瞭解，也爲學者提供了探討楚國兵制和土地制度的新綫索。

武大簡帛研究中心主任陳偉介紹，此次獲贈的這批楚簡中，大多數占卜都是爲一位名叫“競(景)快”的貴族而作的。其禱祠的對象，有競(景)平王，有令尹子。這清晰地表明，這個家族出自楚平王之子子西。《左傳》昭公二十六年：“九月，楚平王卒。令尹子常欲立子西。”杜預注：“子西，平王之長庶。”

安徽大學藏楚簡

據有關報道，安大楚簡於 2015 年年初入藏安徽大學。2015 年 2 月，經初步整理，這批簡共有 1167 個編號，整簡居多。2015 年 5 月，完成拍照和紅外掃描。2015 年 11 月，北京大學提供了樣品年代測試結果。2016 年 5 月 15 日，安徽大學召開所藏戰國竹簡專家實物鑒定和學術座談會。

安大簡經清洗整理，字迹清晰，保存狀況總體良好。北京大學文物鑒定中心的碳 14 檢測認定，竹簡年代約在公元前 400 年至公元前 350 年之間，爲戰國時期楚國之物。這批竹簡記載的主要是各類文獻，内容涉及經學、史學、哲學、文學等多個學科領域，包括《詩經》、孔子語録和儒家著作、楚史、楚辭以及相術等方面的作品。

據黄德寬、徐在國教授介紹，《詩經》簡有 100 多支，保存詩作 60 篇，是目前所見時代最早、數量最多、保存最好的《詩經》文本。與現在流傳於世的《毛詩》相比，在排序、章次上有諸多不同之處，異文大量存在。

經初步判讀，記載楚史内容的簡有 440 多支，簡文内容從楚先祖“顓頊生老童”一直到春秋楚惠王時代的“白公起禍”，記載了楚先祖及熊麗以下至惠王時期各王的終立更替和重大歷史事件。比如，據司馬遷《史記》的記載，季連是楚國人的直接祖先，但是從過去出土的材料無法得到驗證，學術界十分困惑。安大簡揭示出“季連”就是“穴熊”。這個穴熊在《史記》裡又稱鬻熊，季連與穴熊、鬻熊是同一個人的不同寫法。

香港中文大學藏楚簡

據2001年陳松長編著的香港中文大學文物館藏品專刊之七《香港中文大學文物館藏簡牘》介紹，香港中文大學文物館入藏的簡牘中有戰國楚簡殘簡10支，約存94字，其中内容或涉及《緇衣》與《周易》。與上海博物館入藏的楚簡比對，如簡1與上博簡《緇衣》簡9可綴合(見第一册184頁)，簡2與上博簡《周易》簡32可綴合(見第三册179頁)，簡3與上博簡《子羔》簡12可綴合(見陳劍《戰國竹書論集》，上海古籍出版社，2013年，25頁)，説明其與上博簡屬同一來源，可能出自湖北荊門郭店墓區。

另外，浙江大學於2009年夏入藏一批戰國楚簡，多有殘斷，有324個編號，推測原有完整簡160支左右，内容大致分爲古書、日書、卜筮祭禱、遣册四類，計3000多字(見曹錦炎編著《浙江大學藏戰國楚簡》，浙江大學出版社，2011年)。因學術界對這批竹簡真僞意見不一，暫且不計。

曾　器

曾侯器

曾侯戉簠

1件，私人收藏。通高25.5釐米，口徑30.5釐米×22.5釐米。其外表飾淺細的蟠螭紋。戰國早期器。器内底刻銘五字，侯、邚二字爲鳥書：

曾侯邚(戉)乍(作)時(持)

隨州義地崗東風油庫 M3 有出土曾侯戉阝鼎，或主張曾侯戉可能爲曾侯乙之父。曾侯戉簠可能出自湖北隨州一帶，後流出。

曾侯戉簠器圖

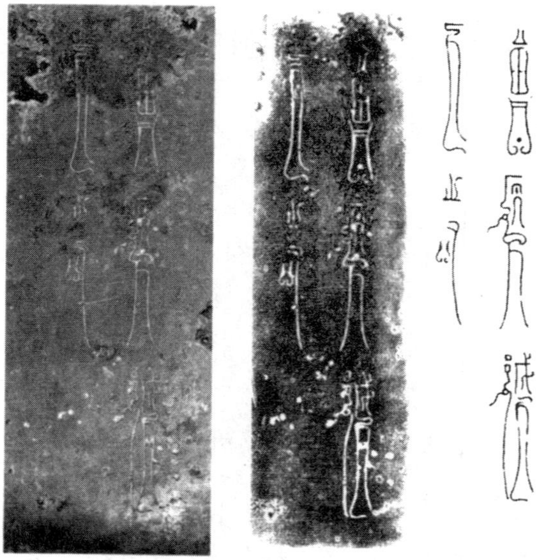

器銘　　拓片　　摹本

曾侯戉簠銘文

【著録】

韓自强、劉海洋：《近年所見有銘銅器簡述》，《古文字研究》第二十四輯，中華書局，2002 年。

湖北省文物考古研究所編：《曾國青銅器》，文物出版社，2007 年，375、421 頁。

曹錦炎、吳毅强：《鳥蟲書字彙》圖 337，上海辭書出版社，2014 年。

吳鎮烽：《通鑑續編》30477，2016 年。

曾侯昃戈

1 件，香港私人藏品，春秋晚期器。銘文内容、行款與襄陽梁家老墳楚國墓地 M11 所出之戈類同，當爲同人同時所作，只是銘文筆畫與鳥形裝飾略有不同。援及胡部錯金銘文兩行六字：

曾侯
昃之用戈

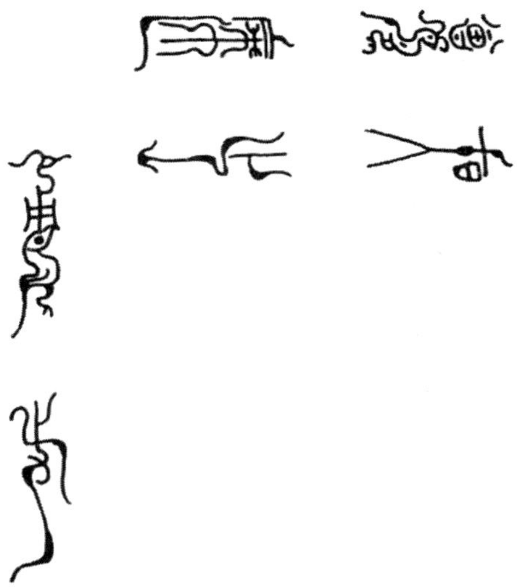

曾侯昃戈銘文摹本

徐少華認爲，“銘文排列方式及内容與梁家老墳十一號墓出土的銅戈完全一致，當是曾侯戾所作兵戈中的兩件，估計銘文也是錯金而成，有可能是從江漢地區流失到香港的”。戈之年代約在“春秋晚期前後段過度之際的公元前520年左右或略晚”。與另外幾位曾侯的排列順序應爲：曾侯戾→曾侯與→曾侯戉→曾侯乙。參見襄陽所出曾侯戾戈。

黄錦前懷疑隨州文峰塔M4的“曾侯”戟之“曾侯”也是曾侯戾，M4爲曾侯戾墓。

【著録】

張光裕、曹錦炎主編：《東周鳥篆文字編》下編《圖版及著録》123號，翰墨軒出版有限公司，1994年，289頁。

曹錦炎、吳毅强：《鳥蟲書字彙》圖三三九，上海辭書出版社，2014年。

湖北省文物考古研究所編：《曾國青銅器》，文物出版社，2007年，388頁。

吳鎮烽：《金文通鑑》16755，2013年。

【參考文獻】

徐少華：《曾侯戾戈的年代及相關曾侯世系》，《古文字研究》第三十輯，中華書局，2014年。

黄錦前：《出土古文字資料所見曾侯世系》，2017年5月未刊稿。

曾侯子昃劍

1件，見《通鑑續編》31350。2010年夏出現在浙江紹興。原藏於紹興某收藏家，現藏於湖北長江博物館。通長69釐米，格長5釐米，首徑4.1釐米。越式劍。尖鋒有脊，前段收窄，窄格，劍首呈玉璧形。劍莖爲圓柱體，上有兩道箍棱。箍棱飾鑲嵌緑松石的雲雷紋(大部分脱落)。劍格正反面鑄銘文各八字，首有錯金銀鳥篆銘文十二字，共二十八字：

格正面銘文：曾侯子昃(戾)　曾侯子昃(戾)

格反面銘文：自乍(作)甬(用)僉(劍)　自乍(作)甬(用)僉(劍)

劍首銘文：矢(昃)乍(作)自之，吉玄鋁，侯曾僉(劍)之甬(用)。

吴鎮烽備註：劍首銘文省減、錯亂，應讀爲“矢自乍(作)之，吉[金]玄鋁，侯曾僉(劍)之甬(用)”。

曹錦炎認爲，“曾侯子昗”，即“曾侯昃”，史籍無載，“子”爲美稱。“侯曾”即“封侯於曾”。

銘文可能錯位，本即“曾侯”。“侯曾劍之用”當爲“曾侯之用劍”。曾侯作越式鳥蟲書劍，罕見。若是曾侯昃，當爲春秋晚期，與曾侯昃戈時代相當。此劍疑問較多，録此待定。

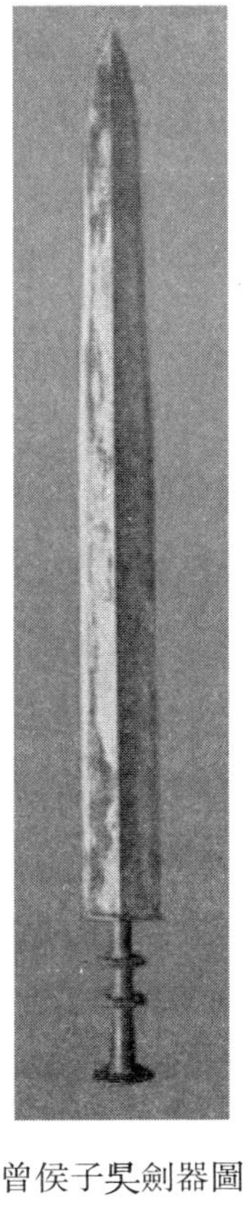

曾侯子昗劍器圖

器銘

摹本

曾侯子昗劍格正面銘文

器銘

摹本

曾侯子昗劍格反面銘文

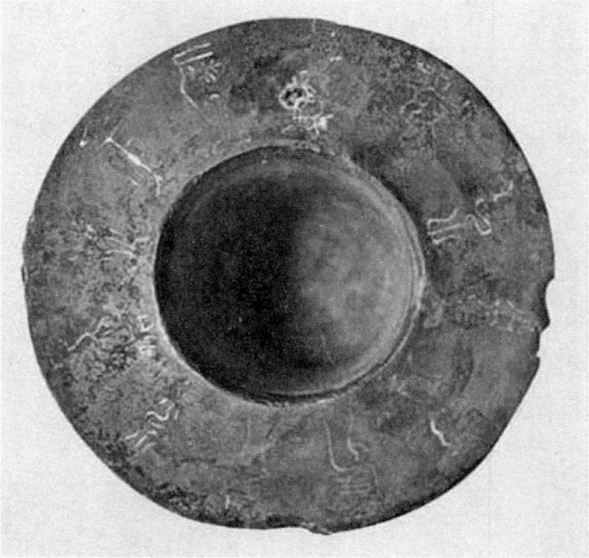

劍首銘文圖

劍首銘文摹本

【參考文獻】

曹錦炎：《鳥蟲書通考(增訂本)》，上海辭書出版社，2014 年，426 頁。

曾侯巳鐘(紐鐘，第一套)

9 件同出，私人收藏，見《金文通鑑》15141～15149(甲至壬)。春秋早期偏晚器。形制、紋飾、銘文相同，大小相次。銘文分布在鉦間、右鼓、左鼓，計十字。衹是最後兩鐘共同承載十字銘文，先後銜接。

鐘甲：通高 25.7 釐米，銑間 15.8 釐米。鐘壬：通高 14.5 釐米，銑間 8.6 釐米。合瓦形紐鐘，長環形紐，鉦間和篆間以粗綫紋作界格，每面有六組低乳形枚。篆間飾三角形夔龍，鼓部飾一對大夔龍紋，舞部飾夔龍紋。

銘文(每鐘銘文相同)：

甲至庚：　曾侯巳之行鐘，其永用之。
辛：　曾侯巳之行
壬：　鐘，其永用之。

曾侯私名“子”應讀干支“巳”，與“曾侯乙”類同。金文“巳”或作“子”(《金文編》“子”字條)。胡嘉麟亦主張讀爲巳，同時認爲，曾侯巳鐘略晚于楚大師鐘，而早于楚王領鐘，其時代應該在春秋早期晚段。曾侯巳鎛與以色列耶路撒冷國家博物館藏的楚大師鄧辟慎鎛 4 也基本相同，時代也應稍晚于楚大師鎛。行鐘，陳雙新主張爲外出征行或娛樂所用。

如此，曾侯巳要早於隨州義地崗出土的春秋中期早段器物上的曾侯寶。曾侯巳鐘、鎛當是同時出土流出。

曾侯巳鐘(紐鐘，第一套)甲器圖及銘文圖

曾侯巳鐘(紐鐘，第二套)

又一套，8件，編爲甲至辛。某藏家收藏。見《通鑑續編》31001～31008。2013年5月見於西安。8件形制、紋飾、大小相次，銘文略有差異。合瓦形紐鐘，橢環形紐，鉦間和篆間以凸棱作界格，每面有六組低乳形枚。篆間飾對角夔龍紋，鼓部飾相對的雙龍文，舞部釋變形夔龍紋。春秋早期偏晚。

甲鐘：通高24.5釐米，銑間15.1釐米。重2.5千克。鉦間及左鼓鑄銘七字："曾侯巳之/永用之。"

乙鐘：銘文同甲鐘七字。通高23.2釐米，銑間15釐米。重2.55千克。

丙鐘：通高23釐米，銑間13.6釐米。重2.3千克。銘文八字："曾侯巳之/其永用之。"

曾侯巳鐘(紐鐘，第二套)甲器圖

曾侯巳鐘(紐鐘，第二套)甲銘文拓片

丁鐘：通高 18. 8 釐米，銑間 11. 8 釐米。重 1. 65 千克。銘文七字："曾侯巳之其用之。"

戊鐘：通高 17. 6 釐米，銑間 11. 2 釐米。重 1. 46 千克。銘文同丙鐘，八字。

己鐘：通高 15. 8 釐米，銑間 9 釐米。重 1. 08 千克。銘文七字："曾侯巳之其永之。"

庚鐘：通高 14. 8 釐米，銑間 8. 9 釐米。重 0. 97 千克。銘文五字："曾侯巳/之行。"

辛鐘：通高 13. 7 釐米，銑間 8. 4 釐米。重 0. 85 千克。銘文四字："曾侯巳/之。"

曾侯巳鎛(第一套)

4 件。上部與紐鐘形制相同，私人收藏。見《金文通鑑》15763 ~

15766(甲至丁)。春秋早期晚段器。形制、紋飾、銘文相同，大小相次。

鎛甲：通高 30.8 釐米，銑間 18.8 釐米。近橢圓體，于部微有弧度，雙夔組成的紐，上部作長環形，鉦間和篆間以粗綫紋作界格，每面有六組低乳丁形枚，中篆及鉦間共有六個長條孔，舞部中央有一十字孔。舞部飾夔龍紋，篆間飾三角形夔龍，對角放置，鼓部飾一對大夔龍紋。銘文在鉦間及左鼓，計十九字：

隹(唯)王正月初吉丁亥，曾侯巳擇其吉金，自乍(作)行轉(鎛)。

最後一字轉，从“專”从“童”，義爲“鐘鎛”。

鎛乙：通高 29.8 釐米，銑間 18.2 釐米。

鎛丙：通高 28.8 釐米，銑間 17 釐米。

鎛丁：通高 27.5 釐米，銑間 16.2 釐米。

曾侯巳鎛(第一套)甲器圖

曾侯巳鎛(第一套)甲器銘

曾侯巳鎛(第二套)

9件。又一套，見《通鑑續編》31041~31044。9件形制、紋飾、銘文相同，大小相次。2013年5月見於西安。某藏家收藏。披露4件，編爲甲至丁。

甲鎛：合瓦形，雙龍形紐，龍張口向下接於舞部，尾相連。鉦間和篆間以凸棱作界格，每面有六組低乳形枚，于部曲度不大。篆間飾對角夔龍紋，鼓部飾相對的雙龍文，舞部飾夔龍紋。通高29.5釐米，銑間18.5釐米，重4.66千克。鉦間及左鼓鑄銘文十九字：

隹(唯)王正月初吉丁亥，曾侯巳擇其吉金，自作行䥶(鎛)。

乙鎛：通高28.1釐米，銑間17.7釐米。重4.15千克。

丙鎛：通高27.6釐米，銑間16.6釐米。重4千克。

丁鎛：通高25.8釐米，銑間16釐米。重3.2千克。

曾侯巳鎛(第二套)甲器圖

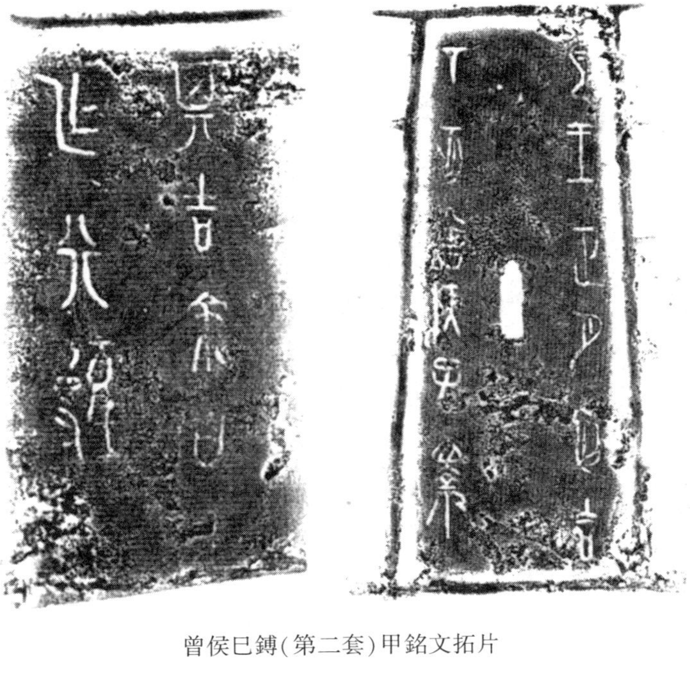

曾侯巳鎛(第二套)甲銘文拓片

【參考文獻】

韓宇嬌:《曾國銅器銘文整理與研究》，清華大學博士學位論文，2015年，韓宇嬌曾通過電話與吴鎮烽溝通，吴説銘文爲鑄造，器、銘均可信，80~81頁。

陳雙新:《青銅樂器自名研究》，《華夏考古》2001年3期。

胡嘉麟:《從曾侯器的分布看兩周之際曾國政治中心的變遷》，"曾國考古發現與研究暨紀念蘇家壟出土曾國青銅器五十周年國際學術研討會"論文集，2016年12月，湖北京山。

曾甫人匜

1件，見《金文通鑑》14964。春秋晚期器，某收藏家收藏。通高23釐米，通長34釐米。體修長，口微斂，腹稍鼓，前部有獸頭形流槽，後部設卷尾龍形鋬，龍口銜着器沿，底部設有四條獸蹄形扁足。體飾蟠螭紋。未著録。内底鑄銘文三行十八字:

曾甫(夫)人乍(作)中姬、
辛姬盥池(匜)，其萬
年釁(眉)壽永用之。

曾甫人，可能爲曾侯夫人。中姬、辛姬，人名。中、辛可能爲國名。是曾國夫人爲中國、辛國的女子作器。

韓宇嬌認爲:此器乃曾侯夫人爲兩位姬姓女子所作，仲姬應爲曾國女子，故省父國氏之名。"辛姬"當有兩種可能:一是辛爲辛國(氏)，姒姓，是姬姓女子嫁入辛國者;二是辛爲姬姓，辛或爲氏稱，或爲國稱，辛姬是辛國(氏)的女子，曾侯夫人同時爲本國及同姓辛國(氏)女子作器。

黄錦前認爲，匜係曾夫人爲中姬和辛姬出嫁所作媵器。其中"辛姬"應係姬姓女子嫁至蠻族辛(即"亲")氏者。"中姬"的理解或有兩種可能:一是"中"即"仲"，係排行，"中姬"即"仲姬"，係曾夫人之女，"辛姬"

係來自曾以外的“漢陽諸姬”之一的隨媵女子；二是“中”爲國名，“中姬”即來自中國的姬姓女子，“辛姬”爲曾國之女隨媵者。第一種可能性較大，不過後一種可能也不能排除。

張亞初曾根據辛中姬鼎“辛中姬皇母作尊鼎”，認爲辛中姬皇母是出嫁到姒姓的有辛氏去的“中”國的姬姓女子、字叫作皇母的人，考證“中”國爲漢陽諸姬之一。“中”國在隨州均川附近(隨州均川附近發現有中器，“中”作盅或从冬)。

黄錦前認爲，“辛中姬皇母”，是嫁於鑾族親氏名皇母的姬姓中國女子。“辛”爲其夫氏，“中”係其母國，“姬”爲父姓，“皇母”係其字。傳世又有一件辛叔皇父簋(《金文通鑑》04727)，時代爲西周晚期後段。其銘文曰：“辛叔皇父作中姬尊簋，子子孫孫其寶用。”此銘的“中姬”與上述辛中姬皇母鼎的“辛中姬皇母”當係一人，此器係其夫“辛叔皇父”爲其所作。“辛叔皇父”係鑾族亲氏人，字“皇父”。“辛中姬皇母”之字“皇母”係沿襲其夫字“皇父”而來。

曾甫人匜器圖

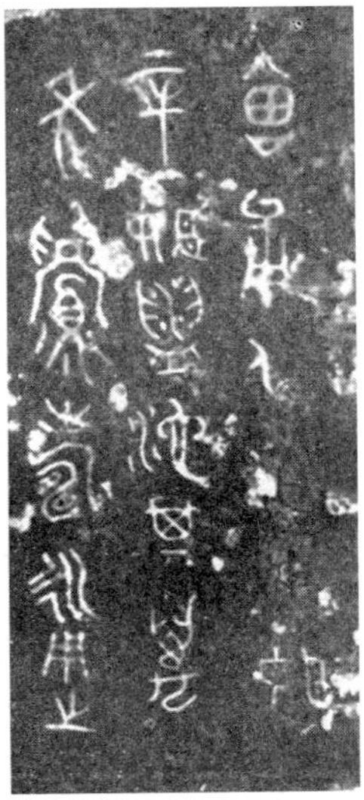

曾甫人匜銘文拓片

【參考文獻】

張亞初:《論魯臺山西周墓的年代與族屬》,《江漢考古》1984 年 2 期。

韓宇嬌:《曾國銅器銘文整理與研究》,清華大學博士學位論文,2015 年,126 頁。

黄錦前:《從伯爭簋談到兩周金文中的鑾氏》,2016 年未刊稿。

曾伯器

曾伯霥簠

傳世器,本爲同一簠之蓋、器。後器毁,僅存器銘和蓋。蓋歸山東濰坊收藏大家陳介祺,後捐山東省博物館,現藏中國國家博物館。相傳誤以爲两件器。

簠體呈長方形,直口短沿,腹壁斜收,腹兩側有一對半環耳,長方圈足外侈,每面正中有長方圓角形缺,蓋、器形制基本相同,唯每邊有一個卡扣。口沿下飾獨體歧尾龍紋,兩龍相套,腹壁飾雙首共身龍紋,圈足鱗紋。口長 32.8 釐米,寬 24.8 釐米,高 9.9 釐米。時代應爲春秋早期後段。

器内底鑄銘十一行八十八字(《集成》4631),蓋内底鑄銘十一行八十七字(第九行"曾"下脱"白"字,《集成》4632),内容相同,各有重文四字。器銘如下:

唯王九月初吉庚午,
曾伯霥哲聖元武,元武孔
黹,克逖淮夷,抑燮繁
湯,金道錫行,俱既卑
方。余擇其吉金黄鋁,
余用自作旅簠,以征
以行,用盛稻粱,用孝

用享于我皇祖文考，
天錫之福。曾伯霥遐
不黄耇，萬年眉壽無
疆，子子孫孫永寶用之享。

此器過去或以爲山東之曾器，或以爲湖北之曾器，現根據出土曾器，相互比較(可參黄錦前文)，尤其是得悉近期京山蘇家壟曾國墓區 M79、M88 發現出有“曾伯霥”銘文(壺)的墓葬，可以肯定出自湖北，很可能就是出自蘇家壟同一墓區或同一座墓葬。

銘文内容大意爲：曾伯霥聖明威武，大智大勇，能征伐淮夷，遏制繁陽，打通銅錫通道，使各方誠服。選擇上好金屬作器，用征用行，用盛稻粱，用來祭享祖父和文德之父，以及上天的保佑。曾伯霥長生不老，萬壽無疆。子孫永寶之、用享之。

從銘文氣勢或内容可以看出，曾伯霥當是一位頗有作爲的曾伯，口氣類似國君，故或主張爲曾侯。我們主張他不是曾侯，至少以“曾伯”名義作器時不是曾侯，是否後來繼承侯位有待佐證，與棗陽郭家廟 M21 曾伯陭情形類似。

【著録】

中國歷史博物館保管部：《中國歷史博物館藏捐贈文物集萃》，長城出版社，1999 年。又見湖北省文物研究所編：《曾國青銅器》，文物出版社，2007 年，440~441 頁。吳鎮烽《金文通鑑》05979 蓋、05980 器。

曾伯霥簠器圖

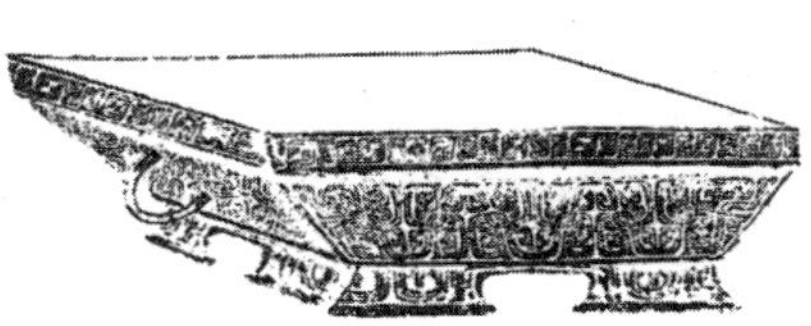

曾伯霥簠拓圖

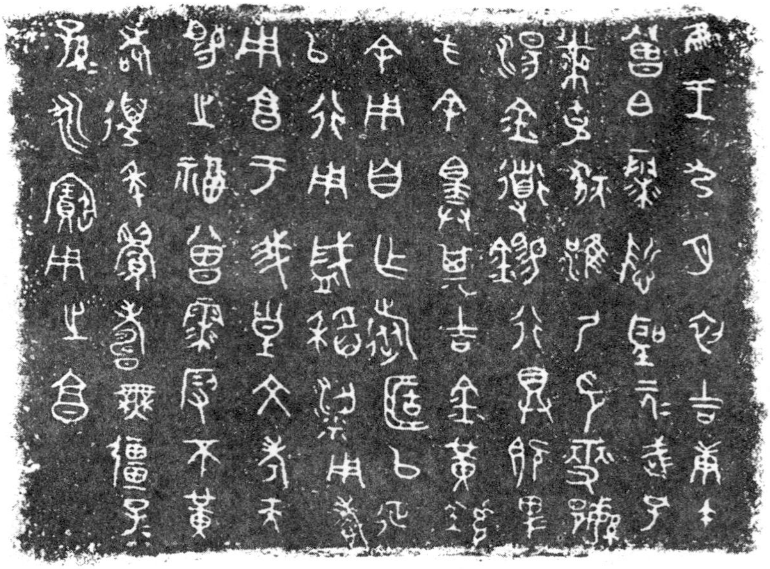

曾伯霥簠蓋銘拓片

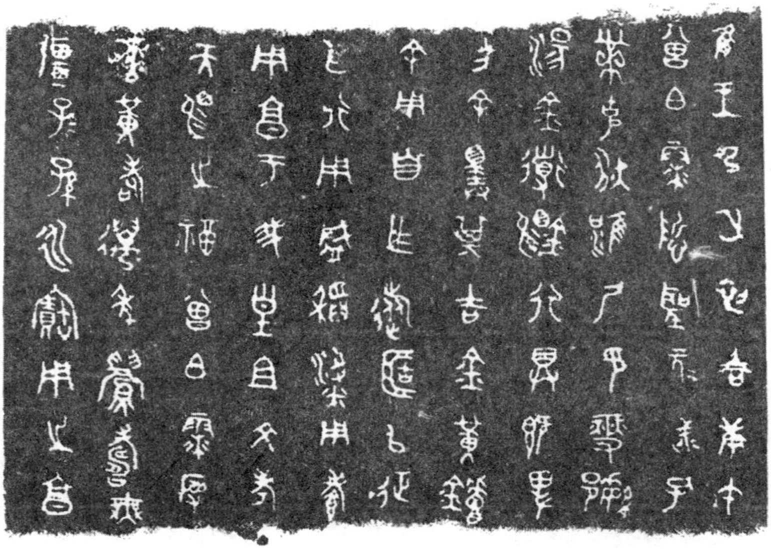

曾伯霥簠器銘拓片

【參考文獻】

屈萬里：《曾伯霥考釋》，臺北《歷史語言研究所集刊》第三十三本，1962年，第331~349頁。

黄錦前：《曾伯霥簠爲姬姓曾器申論》，2017年年初未刊稿。

曾伯克諸器

伯克父甘婁鼎

1件。見《通鑑續編》30223。春秋早期器，或以爲西周晚期。某藏家藏品。通高21釐米，口徑14釐米，腹深11釐米。口微斂，窄沿方唇，口沿上有一對立耳，圜底下置三條較細的蹄形足，足内面呈弧形凹陷。頸部飾無目竊曲紋，腹部飾環帶紋，均不施地紋。未著録。内壁鑄銘文八行四十五字：

吳鎮烽釋文：

隹(唯)白(伯)克父甘婁
廼自遣吉敃休吉
金，用自乍(作)寶鼎，用
追孝于我大不(丕)
顯，甘婁其用害(匄)
𥁕(眉)壽，其霝冬(終)
萬禾(年)，子孫永寶
用之。

黄錦前釋文：

唯伯克父甘婁
廼自得吉敔鋚

金，用自作寶鼎，用
追孝于我大丕顯，
甘婁其用匄
眉壽，其需終
萬年，子孫永寶
用之。

“迺自得吉𠬛鋚金”句，與 1972 年湖北隨縣均川熊家老灣出土的曾仲大父蛕簋銘文相似。推測或出自相鄰區域。

“自”後一字原篆作，从貝从又，應釋“得”。“𠬛”字原篆作，从自从又，與曾仲大父蛕簋的“𠬛”字分别作、、等類似，當釋作“𠬛”。“鋚”字原篆作。“𠬛”及“鋚”均爲金屬原料名。鋚，指銅。𠬛，待考。“丕顯”一般用來形容皇祖、文考、考等，本銘則用作賓語，用以指代祖、考，而“大”則用來修飾“丕顯”。曾伯克父簋“用追孝于我皇祖文考”可互證。

胡嘉麟認爲：綜合考慮，甘婁器的時代放在西周晚期早段比較合適。“曾伯克父甘婁”的結構是“曾(國名)+伯克父(字)+甘婁(私名)”，此處的“伯”爲行次，非爵稱。類似的稱名還見於上海博物館藏西周晚期的曾伯宫父穆鬲，“伯宫父”是字，“穆”是私名。曾伯克父甘婁簠銘文中“迺用吉𣪘䧊鋚金”，與 1972 年湖北隨縣均川熊家老灣出土的曾仲大父蛕簋
1 銘文有“迺用吉攸䧊金”一語相似。曾伯克父甘婁器與這些曾國器的辭例有着一定的聯繫。胡對其論述的三組曾伯器的形制、紋飾和銘文書體，排序爲：曾伯克父甘婁(西周晚期早段)→曾伯文(西周晚期晚段)→曾伯陭(春秋早期早段)(2016 年 12 月湖北京山蘇家壟會議論文《從曾侯器的分布看兩周之際曾國政治中心的變遷》)。

曾伯克器出土較多，稱謂小有不同。這位“曾伯克”當與曾伯霥、曾伯陭等“曾伯”類同。曾國銅器中名“曾伯”者地位很高，伯顯然指行輩，

當爲曾侯之兄長。“曾伯”之位高權重，可能與其功績或輔佐幼主有關，墓葬等級相當於國君，但並不能視之爲“曾侯”。是否後來就任曾侯，需要佐證。

伯克父甘婁鼎器圖

伯克父甘婁鼎銘文

曾伯克父甘婁簋

1件。無器圖，見《通鑑續編》30445，春秋早期器，或以爲西周晚期，某藏家藏品。未著録。蓋、器同銘，六行五十字(其中重文二字)：

隹(唯)曾白(伯)克父甘婁自
乍(作)大寶𣪘(簋)，用追孝于
我皇且(祖)文考，曾白(伯)克
父其用受多福無彊(疆)，𥂴(眉)
壽永命，黄耇霝(令)冬(終)，其
萬年子子孫孫永寶用。

蓋

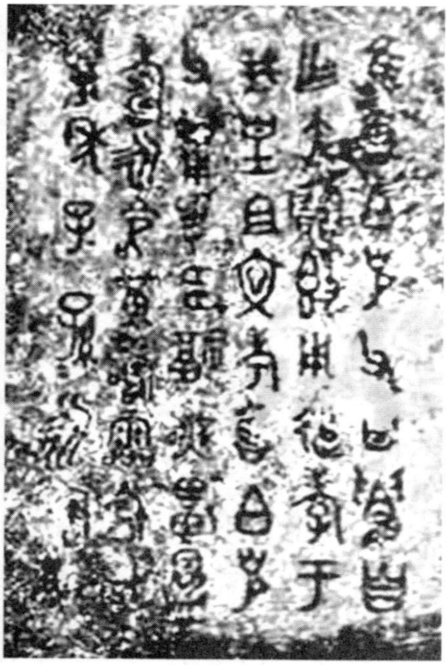
器

曾伯克父甘婁簋銘文

曾伯克父甘婁盨

1件。無器圖，見《通鑑續編》30467，春秋早期器，或以爲西周晚期，香港某藏家藏品。橢長方形，口稍斂，鼓腹圈足，一對獸首半環形雙耳，圈足正中有弧形缺，蓋面隆起，上有四個曲尺形扉，可以卻置，蓋沿呈坡狀向下延伸。蓋沿和器口沿均飾竊曲紋，蓋面和器腹飾瓦溝紋。未著録。蓋、器對銘，四行十六字：

隹(唯)曾白(伯)克
父甘婁迺
用乍(作)旅須(盨)，
子孫永寶。

吳鎮烽備註：此爲蓋銘，器銘及器形照片未提供。據傳同坑出土一對，形制、紋飾、銘文相同，大小相若，另一件未公布。

曾伯克父甘婁盨蓋銘

伯克父甘婁盨甲

1 件。見《通鑑續編》30474，春秋早期曾器，或以爲西周晚期，某藏家藏品。通高 24 釐米，口縱 24 釐米，兩耳相距 30 釐米。體呈橢方形，口微斂，腹壁圜收，底部近平，兩端設有一對附耳，圈足每邊各有一個長方形缺口，四角各增設一個獸面小足，蓋面隆起，上有四個曲尺形扉。蓋沿和腹部均飾直棱紋。未著録。蓋、器對銘，各二十八字(其中重文二字，蓋五行，器六行)：

> 唯白(伯)克父甘婁，
> 自乍(作)捧䤃，用盤(盛)
> 黍稷稻椋(粱)，用之
> 征行，其用及百
> 君子宴饗。

黄錦前認爲："䤃"與金文中屢見的"杯"字應係一字之異構，在本銘

伯克父甘婁盨甲器圖

蓋　　　　器

伯克父甘婁盨甲銘文拓片

中疑讀作“盨”；“盟”當爲“盛”字異構，所从之“西”爲聲符，字或係“盛”字之會意。“稻”字作“旒”，寫法首見，據構形看，“禾”當爲義符，該字係會意字。曾伯克父甘婁簠銘曰“用盛黍稷稻粱”，可證“盟”字當釋作“盛”。

伯克父甘婁盨乙

1 件。見《通鑑續編》30475，春秋早期曾器，或以爲西周晚期，某藏家藏品。通高 24 釐米，口縱 24 釐米，兩耳相距 30 釐米。體呈橢方形，口微斂，腹壁圜收，底部近平，兩端設有一對附耳，圈足每邊各有一個長方形缺口，四角各增設一個獸面小足。蓋面隆起，上有四個曲尺形扉。蓋沿和腹部均飾直棱紋。未著録。蓋、器對銘，五行二十八字(排列有别)：

唯白(伯)克父甘婁，
自乍(作)捧䃌，用盟(盛)黍

稷稻椋(粱)，用之征
行，其用及百
君子宴饗。

伯克父甘婁盨乙器圖

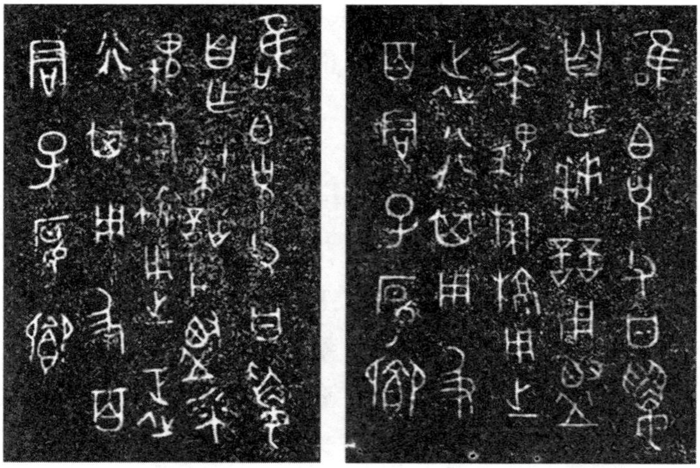

蓋　　　　　　器

伯克父甘婁盨乙銘文拓片

據田率介紹，此二盨已入藏中國國家博物館。

曾伯克父甘婁簠甲

1件。見《通鑑續編》30518，春秋早期器，或以爲西周晚期，香港中華古美術公司藏品。長方體，敞口平底，窄沿方唇，斜壁，兩端各有一個獸首半環形耳。長方形圈足，每邊有一個長方形缺口，口沿下和圈足飾S形變形獸紋。腹壁飾夔龍紋。蓋與器形制、紋飾、大小相同，唯蓋頂增飾一個大夔龍紋，每邊口沿各有一個卡扣。未著録。蓋、器對銘，十一行七十九字(蓋銘稍清楚，器銘較模糊)。

吳鎮烽釋文：

隹(唯)曾白(伯)克父甘婁，
迺用吉父雒叔攸(鋚)
金，用自乍(作)旅祜(簠)，用
征用行，走追四方，用
鬻用雀(爵)，用盛黍
稷稻粱(粱)，用饗百君
子辟王，白(伯)克父其
𥂴(眉)壽無彊(疆)，采夫無
若，雒(雍)人孔臭(澤)，用亯(享)于
我皇考，子孫永寶，
易(錫)害(匄)𥂴(眉)壽，曾邛氏保。

吳鎮烽備註：器銘中"用雀(爵)"作"用爵"，"用盛"作"用成(盛)"，"雄(雍)人"作"雒(雍)人"。同坑出土有鼎、鬲、簋、盨、簠、鋪、盤、盉等同一人所作之器數十件，香港某收藏家藏有鬲2件、簠2件、盨2件、鋪1件、盤1件、盉1件。

謝明文釋文有所不同，並認爲："吉""金"中間的幾個字都應看作金屬名，簠銘除了“㚇(扶)”這種金屬外，其他三種金屬名與𩰫簋銘同。簠銘的“齋”，從辭例看，應該是一個祭祀動詞，可能是盛黍稷以祭祀。“爵”很可能有陽部的讀音，它之所以有陽部的讀音，很可能是由同義換讀引起的。”“鬺”或作“𩱦”，或借“觴”字來表示。因此“爵”同義換讀爲“𦤈(觴)”後，亦可表示“鬺”這個字。認爲“旃椋”，田率讀“稻粱”是。傾向石小力“采夫、雍人皆爲職官。雍人，掌宰殺烹飪之人”之説。孔，程度副詞。臭，據它常與“睪”聲字相通來看，似可讀爲訓“樂”、訓“悦”之懌。“無若”讀法不詳，待考。簠銘的宰夫當是曾國之宰夫，結合銘末言“曾邦氏(是)保”來看，器主白(伯)克父甘婁的地位當非常高，很可能是曾國國君。

黄錦前釋文也有區别。認爲：“鏐”字原篆分别作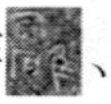、、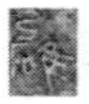、等形，與曾仲大父𩰫簋的、、應係一字。字从石、从翏，即“磟”字，在銘文中應讀作“鏐”，指精純的銅。《説文》：“鏐，弩眉也。一曰黄金之美者。从金翏聲。”“㚇”字原篆作、，从夫、从又，在銘文中應讀作“鏞”，表示黑中帶有赤黄色的銅合金。該字與伯克父甘婁鼎“唯伯克父甘婁廼自得吉䣴鋚金”的“䣴”字或即一字之異構，待考。銘文“唯曾伯克父甘婁迺用吉父鏐㚇鋚金”，對照伯克父甘婁鼎“唯伯克父甘婁廼自得吉䣴鋚金”及曾仲大父𩰫簋“曾仲大父𩰫廼用吉鋚䣴鏐金”等，“父”或應讀作“鏞”，用來修飾“金”。所謂“走追四方”，傾向即“狄伐四方”“廣辟四方”等，爲撻伐四方諸侯國之義。“用齋用爵/𨡗”，末字蓋銘作、，即“爵”字；器銘則作、，即“𨡗”。所謂“用齋用爵/𨡗”，亦即用於宴饗和祭祀，與伯公父爵“用獻用酌”相類。“采夫”應係官名。“采”或可讀作“宰”，“采夫”即“宰夫”或“宰人”，爲掌膳食者。“雍人”爲掌宰殺烹飪者。《儀禮·少牢饋食禮》：“雍人摡鼎、匕、俎於雍爨。”鄭玄注：“雍人，掌割亨之事者。”“無若”，據上下文當爲“無不若”之義，相當於金文中常見的“無斁”“无尤”，或可讀作“無

擇”，即“無斁”。“臭”或應讀作“懌”。“若”與“臭”二字不排除位置互倒的可能，即本應作“采夫無臭，雍人孔若”，待考。“伯克父其眉壽無疆，采夫無若，雍人孔臭”，據上下文並對照有關金文材料，“采夫無若，雍人孔臭”句或係承上一句“用盛黍稷稻粱，用饗百君子、辟王”而言，采夫和雍人或係伯克父的僚友。叔多父盤銘曰“能多父眉壽考事，利于辟王、卿事、師尹，朋友、兄弟、諸子婚媾”可佐證，其中“卿事、師尹”等，即相當於簠銘的采夫和雍人等。據銘文，器主的全稱是“曾伯克父甘婁”，“曾”係國名，“伯克父”乃排行加字，“甘婁”爲其名。器主乃曾國貴族。其具體身份，據銘文内容和該銅器群的器物組合情況，推定爲春秋初年的姬姓曾人，其所任或係太宰、膳夫類掌饌之官，大夫級，但作爲曾侯之近臣，其地位頗高。

此組甘婁器級别高，銘文還有“用饗百君子辟王”等語句，是一位有作爲的“曾伯”，是否繼位爲侯則需佐證。遺憾的是器物散落，望文博部門留意搜集。

曾伯克父甘婁簠甲器圖

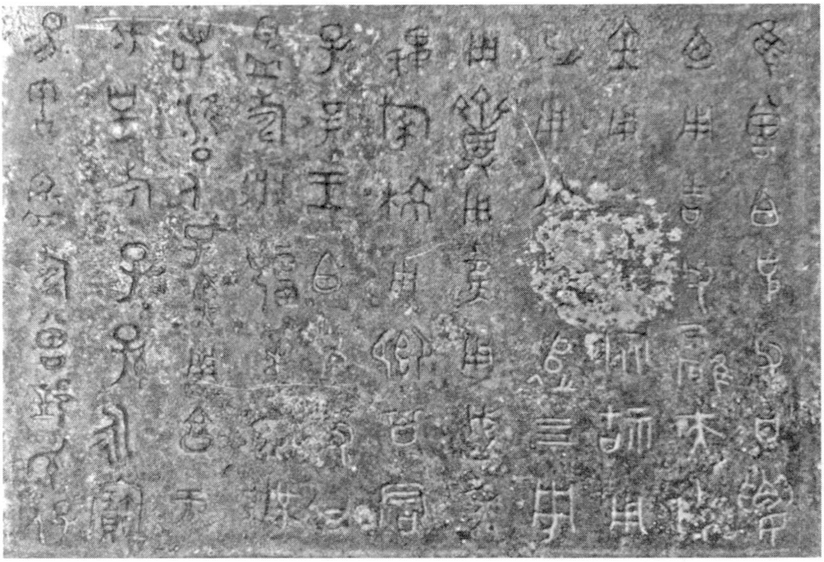

蓋

器

曾伯克父甘婁簠甲銘文

曾伯克父甘婁簠乙

1件。見《通鑑續編》30519，春秋早期器，或以爲西周晚期，香港中華古美術公司藏品。長方體，敞口平底，窄沿方唇，斜壁，兩端各有一個獸首半環形耳。長方形圈足，每邊有一個長方形缺口，口沿下和圈足飾S形變形獸紋，腹壁飾夔龍紋。蓋與器形制、紋飾、大小相同，唯蓋頂增飾一個大夔龍紋，每邊口沿各有一個卡扣。未著録。蓋、器對銘，十一行七十九字：

吳鎮烽釋文：

隹(唯)曾白(伯)克父甘婁，
迺用吉父雒叔攸(鋚)
金，用自乍(作)旅祜(簠)，用
征用行，走追四方，用鬻用雀(爵)，用盛
黍稷稻椋(粱)，用卿(饗)百君
子辟王，白(伯)克父其
𦡶(眉)壽無彊(疆)，采夫無

曾伯克父甘婁簠乙器圖

蓋

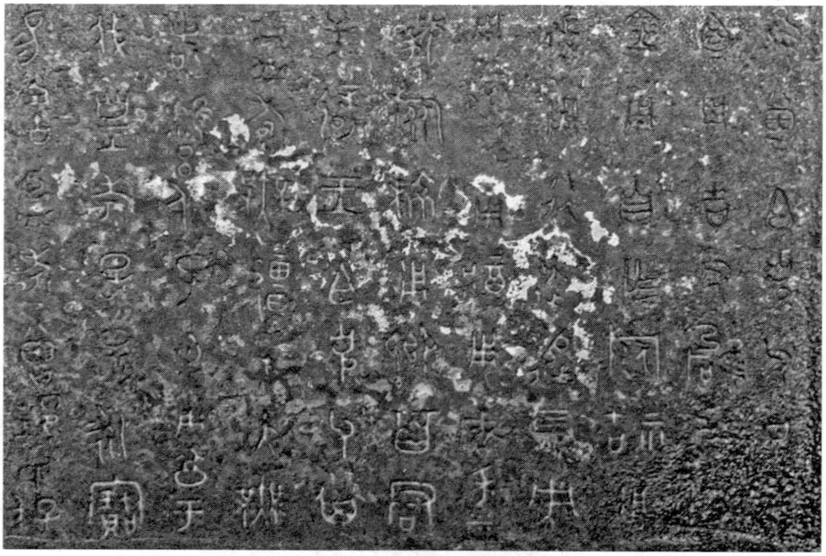

器

曾伯克父甘婁簠乙銘文

若，雒（雍）人孔臭（澤），用亯（享）于
我皇考，子孫永寶，
易（錫）害（匄）𥁕（眉）壽，曾郢氏保。

【參考文獻】
田率：《内史盨與伯克父甘婁盨》，“青銅器與金文”學術研討會論文，北京大學“出土文獻與中國古代文明研究協同創新中心”，2016年5月，87～105頁。
謝明文：《曾伯克父甘婁簠銘文小考》，復旦大學出土文獻與古文字研究中心網，2016年10月30日。
黄錦前：《讀伯克父甘婁盨銘瑣記》《論新刊布的曾伯克父諸器》，2016年11月未刊稿。

曾公子曾孫器

曾公子叔湶簠甲

1件。湖北隨州市公安局破盜墓案獲得，見《通鑑續編》30507，春秋中期器。通高23釐米，口横32.5釐米，口縱25釐米。直口折沿，斜壁，兩端有一對獸首耳，方圈足外侈，有較寬的平沿，每邊有長條圓角形缺。蓋與器形制、大小完全相同，唯蓋口沿有一對小卡扣。通體飾蟠虺紋，蓋頂亦飾蟠虺紋。未著録。蓋、器同銘，各五行二十九字（其中重文二字，蓋、器銘均自左往右讀）：

隹（唯）正月吉日丁亥，
曾公子弔（叔）湶，
擇其吉金，自
乍（作）飤（食）𠤳（簠），子子孫孫，
其永寶用之。

吳鎮烽“備註”云：同坑出土2件，形制、紋飾、銘文相同，大小相若。

曾公子叔涹簠甲器圖

蓋

器

曾公子叔涹簠甲銘文

曾公子叔涹簠乙

1件。湖北隨州市公安局破盜墓案獲得，見《通鑑續編》30508，春秋中期器。通高23釐米，口横32.5釐米，口縱25釐米。直口折沿，斜壁，兩端有一對獸首耳，方圈足外侈，有較寬的平沿，每邊有長條圓角形缺。蓋與器形制、大小完全相同，唯蓋口沿有一對小卡扣。通體飾蟠虺紋，蓋頂亦飾蟠虺紋。未著録。蓋、器同銘，各五行二十九字（其中重文二字，蓋、器銘均自左往右讀）：

隹（唯）正月吉日丁
亥，曾公子弔（叔）
湰，擇其吉金，
自乍（作）飤匿（簠），子子
孫孫，其永寶用之。

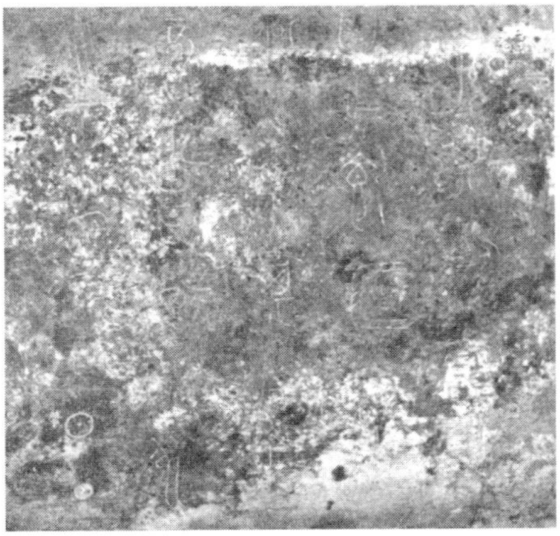
蓋

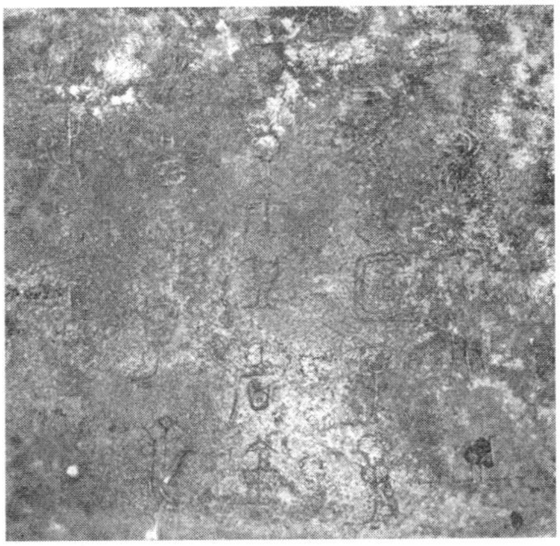
器

曾公子叔湰簠乙銘文

曾公子，爲某曾侯之子。叔，排行。湰，私名。屬於曾公室成員。由此可見曾侯之子稱“公子”，“曾子”不是“公子”。

襄簠甲

1件。見《通鑑續編》30492，春秋晚期器。私人藏品。高10.9釐米，口横 30. 9 釐米，口縱 23. 6 釐米，足邊横 28. 6 釐米，足邊縱 20. 5 釐米。直口折腹，斜壁坦底，兩短壁各有一個獸首耳，長方圈足沿呈坡狀外伸，每邊有一個長橢形缺口。通體飾細密的蟠虺紋。内底鑄銘文三行十八字：

裦擇其吉金，自
作飤匿(簠)，其眉壽
無期，永保用之。

此簠及以下裦簠乙、裦鼎、裦鎛，黄錦前認爲與文峰塔 M38"曾孫懷簠"爲同人之器，説見文峰塔 M38。裦即曾孫懷，爲某曾侯之孫。

裦簠甲器圖

裦簠甲銘文

裦簠乙

1 件。見《通鑑續編》30493。春秋晚期器。私人藏品。高 11 釐米，口横 31 釐米，口縱 23.6 釐米。直口折腹，斜壁坦底，兩短壁各有一個獸首耳，長方圈足沿呈坡狀外伸，每邊有一個長橢形缺口。通體飾細密的蟠虺紋。未著録。内底鑄銘文三行十八字：

裹擇其吉金，自
作飤匿(簠)，其眉壽
無期，永保用之。

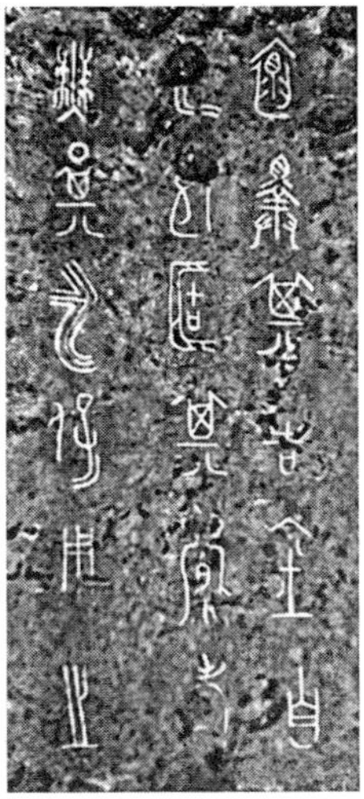

裹簠乙銘文

裹　鼎

1 件。見《金文通鑑》02065，原爲吳雲、潘祖蔭收藏，現藏上海博物館。通高 32.4 釐米，口徑 28.8 釐米。重 8.24 千克。直口深腹，圜底下有三條蹄足，蓋頂捉手如輪，口沿兩側設附耳一對。蓋頂中部飾圓渦紋，蓋面外圍及器腹均飾蟠螭紋，並以綯索紋爲間隔。蓋、器同銘，各三行十五字：

裛自作飤䃅
駝，其眉壽無
期，永保用之。

裛鼎器圖

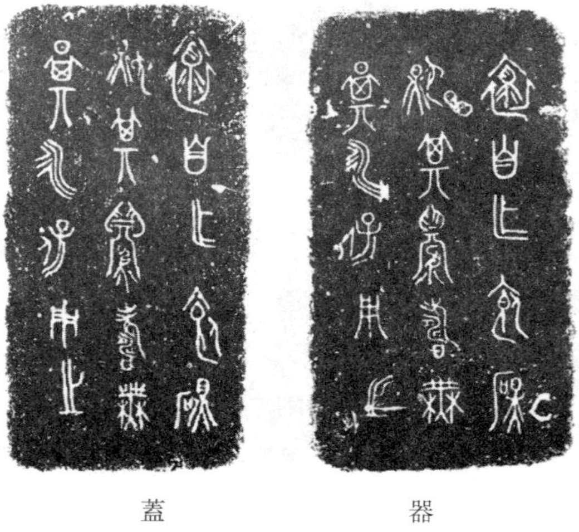

蓋 器

裛鼎銘文拓片

褱　　鎛

1件。春秋時期器。2011年8月見於北京古玩城。某藏家藏品。通高31釐米，鼓間14.5釐米，銑間19釐米。體呈橢圓筒形，上小向下漸大，螭龍糾結成鏤空紐，于口平齊。鉦間和篆間以綯索凸棱作界格，每面有六組浮雕狀圓渦紋枚。篆間和鼓部均飾蟠螭紋。未著録。鉦間及鼓部鑄銘文四十二字，銘文從正面鉦間起讀，再到左鼓，均從右向左讀，然後到右鼓，又從左向右讀：

隹(唯)正月初吉丁亥，褱兒擇其吉金，自作龢鐘，中翰叡(且)鍚(揚)，元鳴孔皇，以樂嘉賓，及我庶士，其眉壽無其(期)，永保鼓之。

吴鎮烽"備註"：一套共9件，形制、紋飾、銘文相同，大小相次。此爲第一件。

褱鎛器圖

褱鎛鉦部銘文圖

褱鎛左鼓銘文圖

褱鎛右鼓銘文圖

曾子器

曾子斿鼎

1件。下殘，現藏上海博物館，1964年湖北運抵上海冶煉廠廢銅中揀選。鼎内壁鑄有銘文五行四十字(第三、四行銘文有缺失)：

曾子斿擇其吉金，用
鑄𢦚彝。惠于剌曲，㐭遲
下保(?)，𢦚敔集(?)□，百民是(?)
奠，孔㞐□□，事(使)于四國。
用考用亯，民具卑(俾)卿(饗)。

1992年所出《湖北出土商周文字輯證》未收，但在121頁涉及曾仲斿父器時談道："上海博物館藏曾子斿鼎也應是此人作器，只不過是製作時代有先後之别。"曾子之名斿，或主張釋韓(如張亞初、張昌平、韓宇嬌、黄錦前等)。因爲此銘很多字都不太規範，或者説不一般，如國、是、卑、事、遲等字。所謂"韓"，應該就是"斿"字。吴婧傾向釋斿。

胡嘉麟認爲，"斿"與"斿"兩形雖然相近，然"子"形中的一點使得兩字不相混淆。曾子斿鼎雖然三足殘失，但是器型和紋飾與曾侯仲子斿父鼎完全相同。銘文口吻儼然是一國之君，由此推測曾子斿鼎與曾侯仲子斿父鼎是同人之器。

第二行第二字或釋"舄"，應有問題，很可能是"臧"字。其字下部从口，其上與第三行的"臧"小别。臧有善、好之意。

《通志・氏族略》三引《世本》："曾氏，夏少康封其少子曲烈于繒，襄六年莒滅之。"馬承源以爲"曲烈"當爲"剌曲"之倒。若屬實，則涉及曾國的族姓問題，需慎重對待，似不宜如此理解。故黄錦前認爲："剌曲"應指作器者即曾子斿之父考，而非姒姓曾人遠祖，師㚤父鼎"用追孝于剌仲"等可證。因而此器非姒姓曾器亦可知，馬説推論過度，當不可信。進而認爲此鼎的"曾子斿"和出自山東臨朐的上曾太子般殷鼎的"上曾太子般殷"應係同人，"斿"爲其名，"般殷"爲其字，其身份爲曾國太子，後即位爲曾侯。曾侯仲子斿父鼎的"曾侯"，可能也是指曾侯般殷。

第四行第三字，過去或釋爲"嘉"，與字形不符。吴婧認爲是从口从尾之字，近似。器物年代或定爲西周晚期，或定爲春秋早期。

朱鳳瀚認爲：曾子斿雖未自稱"侯"，但儼然是用曾侯即國君的語氣來説話。因此，"曾子"是國君可以用來自稱的。並進一步認爲以國氏"曾"爲稱的貴族在私名前可以有如下五種稱謂方式：

曾侯	曾子	曾子伯	曾伯	曾孫
		曾子仲	曾仲	
		曾子叔	曾叔	
		曾子季	曾季	

這五種稱呼的内涵又有下列三種:

(1)"曾侯"是曾國公族成員任侯者,是一種政治性稱謂。

(2)"曾子"是一種特殊稱呼。"曾"是國氏,應限定於公族成員使用,其含義似可理解爲是"曾氏(國氏)的公子",與之可以歸爲同類稱謂的是"曾孫",曾孫的身份是指"公孫"。所以"曾子"與"曾孫"皆可視爲一種親稱,這種親稱强調的是國氏的身份與在曾氏中縱向傳承的親屬關係。

(3)"曾子"後所接伯、仲、叔、季或曾伯、曾仲、曾叔、曾季,則表示的是平輩的公族成員中横向的親屬關係。

又認爲"曾子"這種稱謂似是凡有公子身份者皆能使用,即使已尊貴爲侯,在宗族内仍可以此爲自稱。注中又談道,在曾伯、曾仲、曾叔、曾季之後接"子某"者,"子某"是私名,不同於"曾子某"。"曾子某"中只有"某"爲私名,"曾子"爲其身份之稱。

曾器銘文中的稱謂問題較爲複雜,尤其是"曾子",高者可以繼位曾侯,低者僅爲低等貴族,研究者意見不一,還需要具體分析研究。

我們主張:曾國國君只稱"曾侯","曾子""曾伯"不是國君稱謂;"曾侯"或稱"曾子"者,是其繼位前的稱謂或身份;"曾侯"與曾伯、曾仲、曾叔、曾季爲同行輩關係;曾侯之子稱"曾公子"(如曾公子棄疾、曾公子叔涹)、"曾大子"(如上曾太子盤殷),曾侯之孫稱"曾孫"(如曾孫金、曾孫喬、曾孫懷、曾孫白國、曾孫卲)、"曾公孫"(如曾公孫叔考臣),"曾公子""曾孫"後接之伯、仲、叔、季爲同行輩之稱;"曾子"稱謂與"楚子"類似,並非"王子""王孫",而是王子、王孫後裔,爲"曾公族"而非"曾公室"成員;"曾子"後接之伯、仲、叔、季爲行輩;"曾子"又稱"曾仲""曾叔"等,説明其身份發生過變化;"曾子"之"子"可以理解爲名或字前的尊稱或"美稱"。其稱謂縱横關係可表示如下:

曾侯		曾伯	曾仲	曾叔	曾季
曾大子	曾公子	曾公子伯	曾公子仲	曾公子叔	曾公子季
曾孫	曾公孫	曾孫伯	曾孫仲	曾孫叔	曾孫季
曾子(國氏+尊稱或美稱子)		曾子伯	曾子仲	曾子叔	曾子季

曾子斿，又稱曾仲斿父、曾侯仲子斿父，説明這位排行老二的地位有變化，曾子、曾仲爲繼位前之稱呼。他本爲曾公子公孫後裔，因特殊原因其兄長繼位爲侯，他稱“曾仲”，其兄長去世後由他繼任侯位，故稱“曾侯仲子斿父”，一生實現“三級跳”，比較罕見。

曾子斿鼎器圖

曾子斿鼎銘文拓片

【著録】

馬承源:《記上海博物館新收集的青銅器》,《文物》1964年7期。又見《曾國青銅器》,428~429頁;吳鎮烽《金文通鑑》02388號。

【參考文獻】

吳婧:《曾國金文及相關問題研究》,北京語言大學2013年碩士學位論文,86頁。

韓宇嬌:《曾國銅器銘文整理與研究》,清華大學2014年博士學位論文,72~74頁。

胡嘉麟:《從曾侯器的分布看兩周之際曾國政治中心的變遷》,湖北京山蘇家壟會議論文,2016年12月。

黄錦前:《復議上曾太子般殷鼎國别及相關問題》,2017年4月未刊稿;《出土古文字資料所見曾侯世系》,2017年5月未刊稿。

朱鳳瀚:《關於春秋金文中冠以國名的"子"的身份》,臺北"第五届古文字與古代史國際學術研討會"論文,2016年1月25—27日。

曾子伯皮鼎

1件。香港私人收藏。據報道,鼎爲立耳,斂口,窄沿方唇,圓腹圜底,三獸蹄足,口沿下環飾竊曲紋,腹飾回首龍紋。内壁鑄銘文四行十六字:

隹(唯)曾子白(伯)
皮,用吉金
自乍(作)寶鼎,
子孫用亯(享)。

陳偉武認爲:"曾"爲國名,有學者認爲"曾國國君稱侯,'曾子'並非國君之稱,而可能是曾國公族内小宗貴族的稱謂"(《曾國青銅器》8頁)。"白(伯)"爲行輩。"白(伯)皮"是私名,其人不詳。"國名+名號+行輩+私名",這種稱謂結構在曾國銅器銘文中習見。據銘文格式及形制等可定爲西周晚期器。張光裕據銹色較藍，以爲湖北坑口的可能性大。

韓宇嬌認爲此鼎與棗陽曹門灣所出鼎幾近相同，兩鼎時代應該相近（西周晚期，博士學位論文 57 頁）。

器主稱謂模式：曾子+行輩+私名。

曾子伯皮鼎器圖

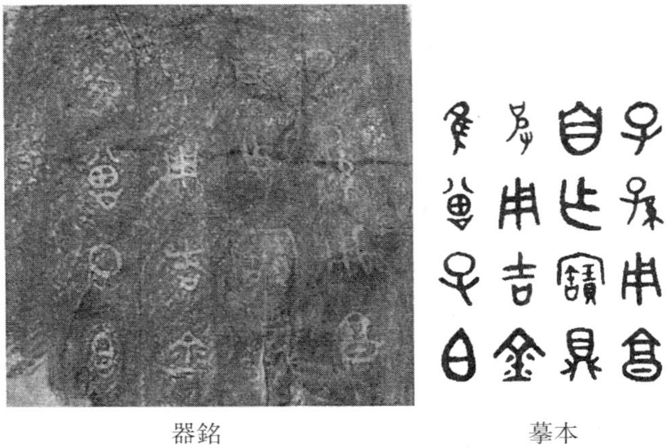

器銘　　摹本

曾子伯皮鼎銘文

【著録】

陳偉武：《兩件新見曾國銅器銘文考述》，《中山大學學報》2009 年 5 期，收入其著《癒愚齋磨牙集》，中西書局，2014 年。

吳鎮烽：《通鑑續編》30166，2016 年。

曾子伯誩鼎

1 件。見《金文通鑑》01944，春秋早期器，上海博物館收藏。通高 14.2 釐米，口徑 27.7 釐米。重 4.12 公斤。寬平沿，頸部有一對附耳，淺腹圜底，三蹄足較高。耳外廓飾重環紋，口下飾獸目交連紋。又見《集成》02450，《曾國青銅器》434 頁。内壁鑄銘文三行十一字：

曾子白(伯)誩
鑄行器，
爾永祜福。

誩字倒書。銘文、詞句與棗陽郭家廟墓區所出銅器銘文類同，疑出自棗陽一帶。"爾永祜福"之"爾"，通"彌"，有長久之意。祜福，大福。

人名稱謂模式：曾子+行輩+私名。

曾子伯誩鼎器圖

曾子伯誩鼎銘文拓片

曾子伯選鼎

1 件。見《通鑑續編》30140，春秋早期器，某藏家藏品，未著録。内壁鑄銘文兩行十字：

曾子白(伯)選行器，
則永祜福。

吳鎮烽備註：圖像未提供。

據銘文，可能出自棗陽郭家廟墓區。“祜福”同“胡福”，意即大福。參見郭家廟銅器。韓宇嬌認爲，“則”有長久的含義，與“永”同義連用。“以曾國金文來看，稱‘伯’者均爲男性，稱‘孟’者均爲女性。”“孟與伯的區别，在春戰之時，實際行用時或是以‘孟’來表示女性排行爲長者，‘伯’來表示男性排行爲長者”(博士學位論文 67、292 頁)。

張昌平以爲，人名結構爲“曾子+行輩+字”。“曾伯”爲大宗，“曾子”爲小宗，可能分别代表曾公族大小不同的宗族，身份可能是非嫡出的曾侯之子或者是曾侯的後裔(《曾國青銅器研究》351頁)。

“曾子”之稱情況比較複雜，説見上列曾子斿鼎。人名稱謂模式：曾子+排行+私名。

曾子伯選鼎銘文

曾子伯選壺

1件，見《通鑑續編》30824，春秋早期器，某藏家藏品。直口長頸，圓腹，頸部有一對細小的半環紐，矮圈足下沿有一道邊圈，内插式蓋，長榫頭，圈狀捉手碩大。頸部和圈足飾竊曲紋，腹部飾象鼻夔龍紋。未著録。

口内壁鑄銘文十字：

曾子白(伯)選行器，則永祜福。

據銘文、器形等特點，曾子伯選器可能出自棗陽郭家廟墓區。

曾子伯選壺器圖

曾子伯選壺銘文圖

曾子南戈

3件。私人藏品。據報道，形制基本類同，三角形鋒，援部相對略長，長胡三穿，銘文鑄於内端。見《江漢考古》2015年1期76~79頁。

戈一，通長24.3釐米，通高11.5釐米。見報道76頁：圖版一，器圖；圖版二，銘圖。銘文兩行五字："曾子南用戈。"

戈二，通長25釐米，通高11釐米。見報道77頁：圖版三，器圖；圖版四，銘圖。内端均爲圓角，銘文兩行五字："曾子南用戈。"

戈三，通長25釐米，通高11釐米。見報道77頁：圖版五，器圖；圖版六，銘圖。内端方角，銘文兩行六字："曾子南之用戈。"

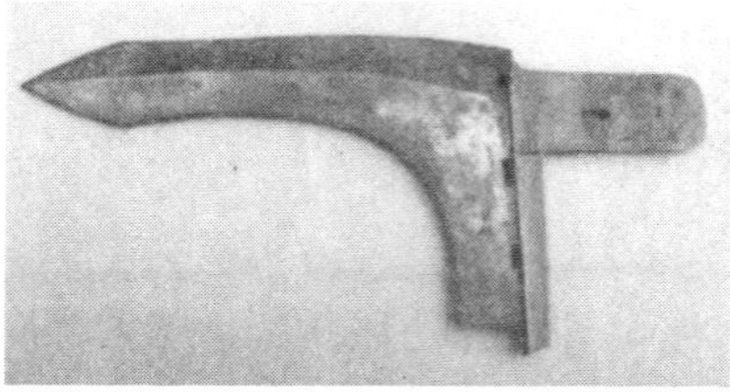

曾子南戈一器圖

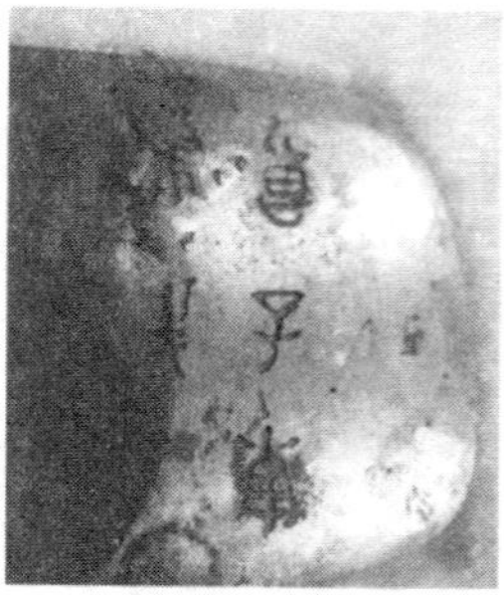

曾子南戈一銘文圖

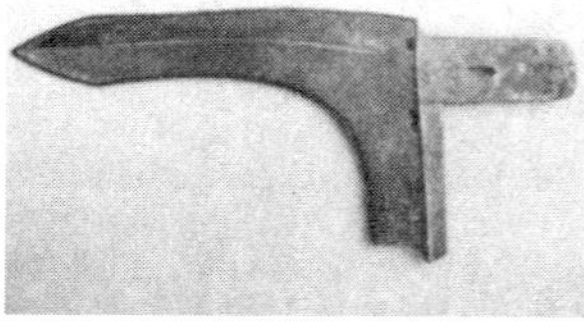

曾子南戈二器圖

曾子南戈二銘文圖

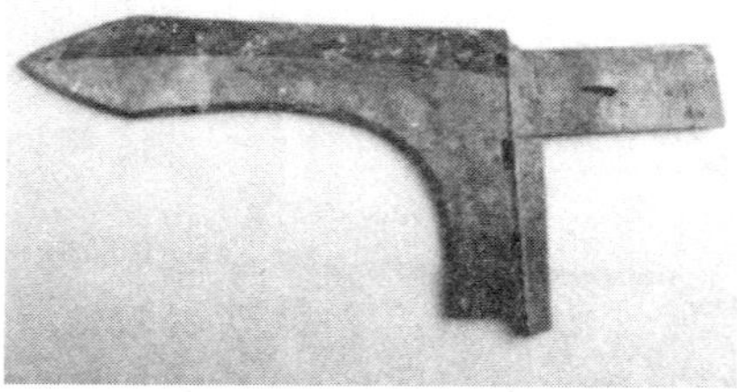

曾子南戈三器圖

曾子南戈三銘文圖

曾子叔迏戈

1 件。與曾子南戈三形制類同，内端方角。見《江漢考古》2015 年 1 期 78 頁：圖版七，器圖；圖版八，銘圖。銘文兩行六字：

曾子弔(叔)迏之執

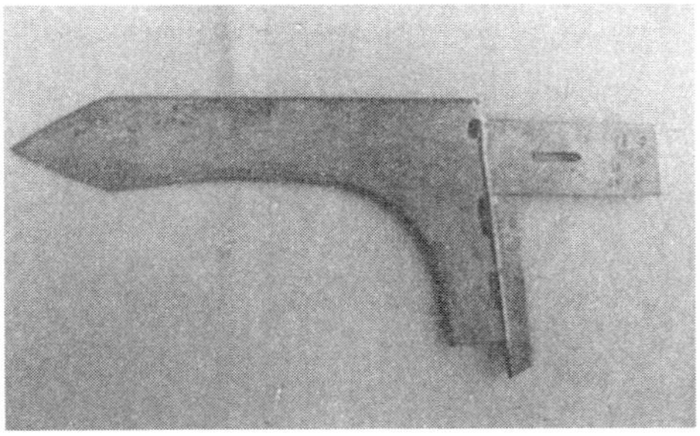

曾子叔迏戈器圖

曾子叔迏戈銘文圖

曹錦炎認爲，上述 4 件戈的形制與隨州季氏梁墓出土的曾大攻尹戈、周王孫戈，以及曹門灣出土的曾侯羊白戈，尤爲相似。其製作年代大致可推定在春秋中期偏晚。曾，國名。子，美稱。叔，排行。南、迏，皆私名。

朱鳳瀚認爲，《説文》“迏”：“會也”，同“交”。《尚書・堯典》“宅南交”，僞孔傳曰：“南交言夏與春交。”蔡沈集傳曰：“南交，南方交阯之地。”則“叔迏”也可能是曾子南之字。

有關“曾子”問題參見上列曾子斿鼎。人名稱謂：曾子+排行+私名。

【著録】

曹錦炎:《曾子戈小議》,《江漢考古》2015 年 1 期。

朱鳳瀚:《關於春秋金文中冠以國名的“子”的身份》,臺北“第五届古文字與古代史國際學術研討會”論文,2016 年 1 月 25—27 日。

曾子叔𧽊諸器

大曾文之孫叔𧽊鼎

1 件。見《通鑑續編》30139,春秋晚期前段器。某藏家藏品。子口内斂,圓腹圜底,一對附耳高聳,三條蹄足;蓋面隆起,上有圈狀捉手,捉手有四個相對的穿孔,蓋上有一對寬大的附耳,與鼎體的附耳套合,蓋倒置後可作盤盞使用。蓋面和腹部箍棱以上飾如意形夔龍紋,箍棱之下飾三角紋。未著録。蓋、器同銘,各兩行十字:

大曾文之孫
弔(叔)𧽊之飤鼎。

大曾文之孫叔𧽊鼎器圖

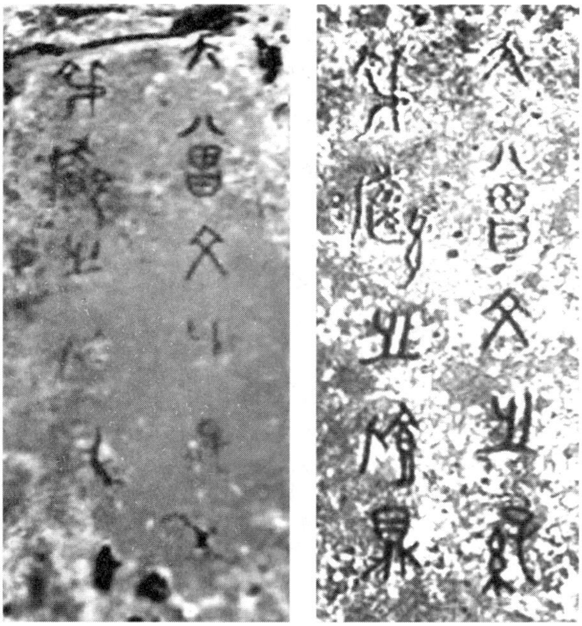

器　　蓋

大曾文之孫叔[illegible]鼎銘文

大曾文之孫叔[illegible]甗

1件。見《通鑑續編》30285，春秋晚期前段器，某藏家藏品。分體式，甑作盂形，直口窄平沿，束頸斂腹，頸部有一對附耳，平底有箅孔，下有子口套在鼎口内，頸部飾蟠螭紋，肩下飾三角紋；下部作釜形鼎，侈口圓腹，肩頸之間有一對斜耳，圜底下設有三條蹄足，通體光素。未著録。甑内壁鑄銘文三行十九字(其中重文二字，銘文自左讀)：

大曾文之孫弔(叔)
[illegible]，自作飤(食)獻(甗)，
子子孫孫，永保用之。

大曾文之孫叔𠭯甗器圖

大曾文之孫叔𠭯甗銘文

大曾文之子孫叔𠭯簠

1件。見《通鑑續編》30496，春秋晚期前段器，某藏家藏品。直口窄沿，斜壁坦底，兩短壁各有一個獸首耳，長方圈足呈坡狀外伸，每邊有一個缺口。蓋與器形制、紋飾、大小相同，唯蓋沿每邊各有一個獸面小卡扣。通體飾蟠螭紋。未著録。蓋、器同銘，各四行二十字(其中重文三字)：

大曾文之子孫
弔(叔)𠭯，自乍(作)
飤匿(簠)，子子孫孫，
永保用之。

黄錦前認爲，第一句所謂“孫孫”，即孫之孫，亦即器主，爲“大曾文”之玄孫。《爾雅・釋親》：“孫之子爲曾孫，曾孫之子爲玄孫。”郭璞注：“玄者，言親屬微昧也。”所謂“大曾文”之“大”係敬詞。《史記・樗里子甘茂列傳》：“大項橐生七歲爲孔子師。”司馬貞索隱：“尊其道德，故云‘大項橐’。”甲骨、金文(如何尊)有“大邑商”，後世文獻有大秦、大漢、大唐、大宋等。“文”據上下文並對照同時期同類銘文材料，應爲曾侯一類貴族的謚號或名字。結合器物時代等因素，很可能即曾國銅器銘文中的“曾伯文”。曾伯文很可能係一代曾侯。曾伯文之玄孫當係其自身以下的第五代，按一代30年計，約150年，曾伯文諸器時代爲春秋早期，則其玄孫當生活在公元前600年左右，爲春秋中期。

所謂“孫孫”，也可讀爲“子孫”。前列幾件銘文欠清晰，“孫”内“=”不清，可能爲“子孫”或“孫孫”。大曾文之子孫，也可能爲曾伯文之子孫，爲“曾伯”後代，故稱“曾子”。這位“曾子”地位不低，以先祖“曾伯文”(西周晚期晚段)爲榮。人名稱謂模式：曾子+排行+私名。𧡬字，當是从“壽”省，从見、从舀，“舀”爲聲符，似爲“濤”或“滔”字别體。

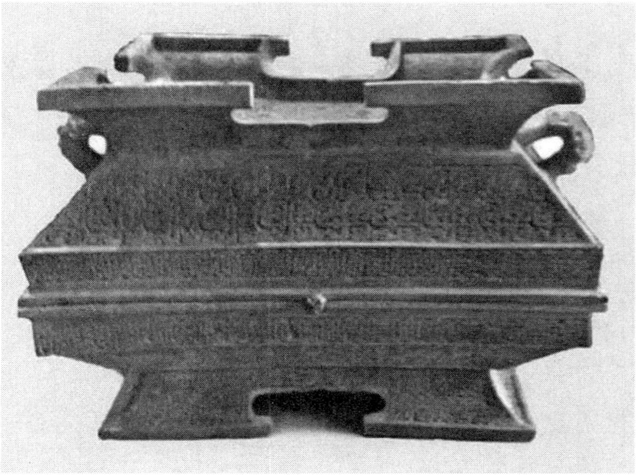

大曾文之子孫叔𧡬簠器圖

蓋　　　　器

大曾文之子孫叔𩰫簠銘文

曾子叔𩰫盤

1 件。見《通鑑續編》30934，春秋晚期前段器。某收藏家藏品。直口淺腹，窄沿方唇，底部平坦，下有三小足，一對環耳。未著録。内底鑄銘文四行十三字：

曾子弔(叔)
𩰫，自乍(作)
盤(浣)盤，其
永寶用之。

黄錦前據有關文字的殘損筆畫，對照曾子叔𩰫匜銘文，認爲首列應爲“曾子叔𩰫”，第二列應爲“擇其吉金自作”，將盤銘釋作：

曾〔子叔𪍷
擇其吉金〕自作
浣盤，其
永寶用之。

曾子叔𪍷盤匜

曾子叔𪍷盤銘文拓片

曾子叔𦗋匜

1件。見《通鑑續編》30987，春秋晚期前段器。某藏家藏品。横切面近桃形，口微斂，一端有寬流槽，另一側有圓環紐。未著録。内底鑄銘文兩行十二字(銘文自左讀)：

曾子弔(叔)𦗋，擇
其吉金，自乍(作)盨(沬)盘(匜)。

人名稱謂模式：曾子+行輩+私名。

黄錦前認爲，匜銘末二字的“沬”，應當分析爲从頁从皿，不當隸定作“盨”。“匜”字原篆作，寫法較特别，對照有關“匜”字，應分析爲从它(或也)从皿，上部即匜之象形。《通鑑續編》認爲其上部从昜，恐非

曾子叔𦗋匜銘文

是。叔䪲鼎、叔䪲甗及叔䪲簠器主自稱“大曾文之孫孫叔䪲”，曾子叔䪲盤和曾子叔䪲匜則稱“曾子叔䪲”，可見以往常見的東周時期曾國銅器銘文中稱“曾子”者，其身份皆爲曾國公室。同樣，東周時期楚國銅器銘文中常見的稱“楚子”者，其身份皆爲楚國公室。

隸作盨當不誤。大曾文之子孫或孫孫，正好符合“曾子”稱謂，這位排行老二的“曾子”並不是公子公孫，而是公子公孫後裔，屬曾公族而非曾王室成員。有關“曾子”意見參見前列曾子斿鼎。

【參考文獻】

黄錦前：《讀新刊曾子叔䪲諸器》，2016年11月待刊稿。

曾子叔牀父簠蓋

1件。未見器圖，見《集成》04544、《金文通鑑》05840，春秋晚期器。上海博物館收藏。内壁鑄銘文三行十一字：

曾子叔牀父簠蓋銘拓片

曾子
弔(叔)犾父乍(作)
行器，用古(祜)畐(福)。

“曾”字部件分開距離較大，原誤釋爲“八、田、日”三字。銘文特點與襄陽棗陽郭家廟墓區出土銅器類似，很可能出自相同墓區。説見郭家廟墓區。“曾子叔犾父”與前列“曾子叔𪒠”稱謂類同。男子之名字每加“父”字，如伯家父、魯伯愈父、圅皇父、叔鄂父、叔向父等(《金文編》184頁)。人名稱謂結構：曾子+行輩+私名或字。祜福，大福。

曾太保器

曾太保嬦簋

1件。見《中山大學學報》2009年5期21頁圖2、《通鑑續編》30425，春秋早期器。香港某藏家藏品。子口内斂，鼓腹，弧面形蓋，上有圈狀捉手，一對龍首耳，龍舌内卷，下有方形垂珥，圈足下設三個象鼻獸面支足。蓋沿和器口沿均飾竊曲紋，蓋面和器腹飾瓦溝紋。蓋、器同銘，四行二十六字(其中重文二字)：

曾大(太)保嬦，用吉
金自乍(作)寶𣪘(簋)，用
亯(享)于其皇且(祖)文
考，子子孫孫永用之。

陳偉武認爲，嬦爲太保私名，字从力，當即甲骨文㓜之增繁。甲文㓜，義取以力加於女，各家讀爲嘉。據其形制、紋飾、内容等，疑與湖北隨州萬店周家崗所出曾太保簋爲同墓所出，一人所作。韓宇嬌認爲，簋的形制與1972年湖北隨州熊家老灣所出曾仲大夫友簋幾近相同(博士學位論文55頁)。太保作器祭享其祖父與父親。

曾太保嬬簋器圖

曾太保嬬簋蓋銘摹本

蓋

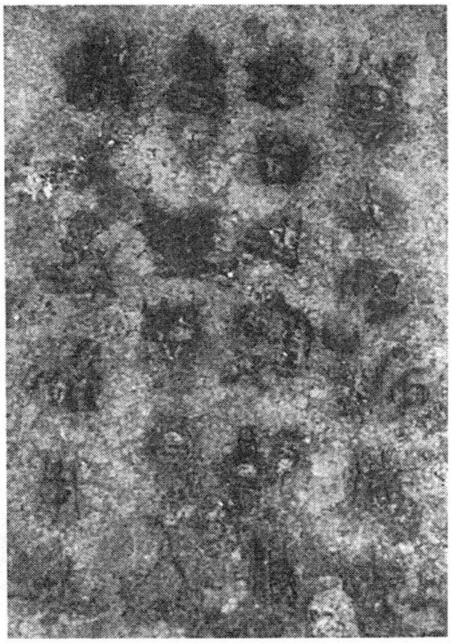

器

曾太保嬬簋銘文

【著録】

陳偉武：《兩件新見曾國銅器銘文考述》，《中山大學學報》2009 年 5 期，收入其著《癒愚齋磨牙集》，中西書局，2014 年。

曾太保𪇴叔亟盆

1件。見《金文通鑑》06268，春秋早期器，原藏劉體智、容庚，現藏廣州市博物館。通高12.3釐米，口徑27釐米。寬平沿，束頸折肩，收腹平底，一對獸首耳。頸和上腹飾形狀不同的竊曲紋。内壁鑄銘文3行21字(其中重文2字)：

曾大(太)保𪇴弔(叔)
亟，用其吉金，自乍(作)旅
盆，子子孫孫永用之。

第四字，過去多以爲兩字，將"鹿"之上部筆畫也視爲一字。曾憲通指出是一字(陳偉武文)。此字从麗从會。郭沫若認爲此曾太保名亟，字𪇴叔。𪇴必爲"會"聲之字。亟通極。《書·洪範》："會其有極，歸其有極。"此當是周時成語，如今言集中矣(《大系》考釋187頁)。陳漢平從郭沫若之意，讀𪇴爲獪，有"快"義。《説文》："亟，敏疾也。"陳偉武傾向此意，認爲與獪有快捷之意正想對應。不贊成《曾國青銅器》417頁斷句爲"曾太保𪇴叔，亟用其吉金"，"亟"屬下讀。韓宇嬌以爲，排行之後當

曾太保𪇴叔亟盆器圖

爲字，器主字叔亟，名爲鷹(博士學位論文 78 頁)。

器銘

拓片

曾太保鷹叔亟盆銘文

【著録】

容庚、張維持：《殷周青銅器通論》，70 頁(四十)盆類(1)，圖版 277 號，文物出版社，1958 年。銘文又見《三代》18. 13. 1，《集成》10336。《曾國青銅器》列入 416~419 頁。

【參考文獻】

陳偉武：《兩件新見曾國銅器銘文考述》，《中山大學學報》2009 年 5 期。

陳漢平：《金文編訂補》，中國社會科學出版社，1993 年，572 頁。

曾太保慶盆

1 件，私人收藏。高 15 釐米，口徑 25. 5 釐米。腹部較深。折肩之上飾有竊曲紋。時代爲春秋早期。銘文三行八字：

曾大(太)保
慶用
作寶皿

盆作“皿”，或以爲是盆或盂字的漏鑄(《曾國青銅器》420 頁)。曾器有“太師”“太保”，當是仿照周王室，説明其與周室的密切關係。“三公”之“太保”地位當很高。《曾國青銅器》419 頁以爲“可能爲隨棗或信陽地區流出”。

黄錦前認爲，兩件曾大保盆的器主“曾大保嚳叔亟”與“曾大保慶”當係一人，“嚳”與“慶”係一字之異體，“慶”爲其名，“叔亟”是其字。“慶”與“嘉”音相近、義相因。盆銘的“曾大保慶”與幾件曾太保簋的器主“曾大保嬦”當係一人，銘文中作爲人名的“慶”“嬦”之别爲用字習慣不同所致。

曾太保慶盆器圖

器銘

拓片

曾太保慶盆銘文

【著録】

韓自强、劉海洋：《近年所見有銘銅器簡述》，《古文字研究》第二十四輯，中華書局，2002年。

【參考文獻】

黄錦前：《曾大保諸器繫聯》，2016年10月待刊稿。

曾卿事諸器

吳鎮烽《通鑑續編》刊布一組有關曾卿事有銘銅器，計有鼎3件、簋2件、鬲2件、壺1件，時代屬於西周晚期或春秋早期，經研究，可能出自隨州。另網上發布有1件曾卿事季宣簋，現一並收録。黄錦前《讀近刊曾卿事諸器》（2016年未刊稿）認爲，此組器物據銹色、器形、紋飾及銘文等方面的信息來看，當出自湖北隨州一帶。

曾卿事宣鼎甲

1件。見《通鑑續編》30155，西周晚期或春秋早期器，某藏家藏品。鼎體呈半球形，直口圜底，窄沿方唇，口沿上有一對立耳，三條蹄形足。

頸部飾大小相間的重環紋，腹部飾環帶紋。未著録。内壁鑄銘文三行十三字：

唯曾卿事
宣，用其吉金，
自乍(作)薦鼎。

“作”後一字，吳鎮烽以爲中間下部从鼎。鼎丙作。鬲銘“作”後一字作、，即薦。黄錦前認爲鼎銘是“薦”字，與金文中的“薦”字作(鄭登伯鬲)、(華母壺)等形可類比。鄀公湯鼎：“鄀公湯用其吉金，自作薦鼎。”《周禮·籩人》：“薦羞之實。”鄭注：“薦、羞皆進也。未食未飲曰薦，既食既飲曰羞。”《穀梁傳》桓公八年注：“無牲而祭曰薦。”

“卿事”，官名，曾器銘首見，可補傳世及出土文獻。宣，私名，器主。根據下列簋銘又稱“曾卿事季宣”，“季”是排行，本爲“曾季”，乃曾侯“四弟”，擔任卿事之職。可見，卿事一職地位不低。

曾卿事宣鼎甲器圖

曾卿事宣鼎甲銘文

曾卿事宣鼎乙

1件。見《通鑑續編》30156，與鼎甲類同，西周晚期或春秋早期器。某藏家藏品。鼎體呈半球形，直口圜底，窄沿方唇，口沿上有一對立耳，三條蹄形足。頸部飾大小相間的重環紋，腹部飾環帶紋。未著録。内壁鑄銘文三行十三字：

唯曾卿事
宣，用其吉金，
自乍(作)薦鼎。

曾卿事宣鼎乙器圖

曾卿事宣鼎乙銘文

曾卿事宣鼎丙

1 件。見《通鑑續編》30157，西周晚期或春秋早期器。某藏家藏品。鼎體呈半球形，直口圜底，窄沿方唇，口沿上有一對立耳，三條蹄形足。頸部飾大小相間的重環紋，腹部飾環帶紋。未著録。内壁鑄銘文三行十三字：

唯曾卿事

宣，用其吉金，

自乍(作)薦()鼎。

曾卿事宣鼎丙器圖

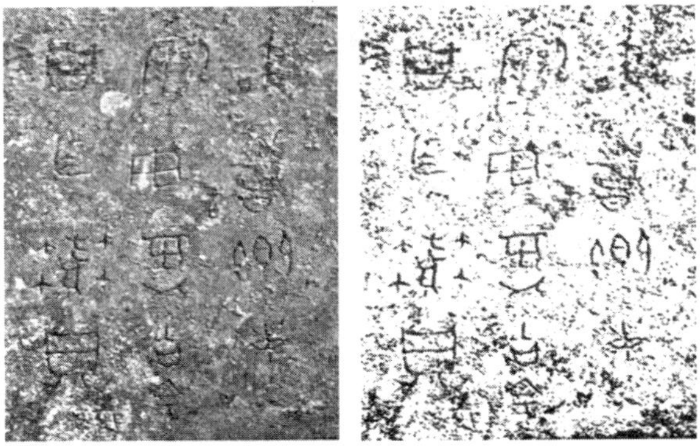

曾卿事宣鼎丙銘文

曾卿事⿱宀浚鬲甲

1件。見《通鑑續編》30250，春秋早期器。某藏家藏品。弇口寬沿，折肩分襠，三條款足。頸部飾簡化竊曲紋。未著録。口沿鑄銘文十一字：

曾卿事⿱宀浚，自乍(作)薦鬲，用亯(享)。

“卿事”名，下一鬲作，吴鎮烽隸作⿱宀浚。黄錦前認爲其與下面曾卿事簋人名、應係一字，係其異體，爲一人，當釋讀爲“梁”。

曾卿事⿱宀浚鬲甲器圖

如按吳鎮烽隸定，也可能鬲是“溪”字，簠是“梁”字。溪流與橋梁意近，或許一名一字。如楚武王伐隨“除道梁溠”（《左傳·莊公四年》），即在溠水上架設橋梁。

曾卿事𡨦鬲甲口沿銘文

曾卿事𡨦鬲乙

1件。見《通鑑續編》30251，春秋早期器。某藏家藏品。弇口寬沿，折肩分襠，三條款足。頸部飾簡化竊曲紋。未著録。口沿鑄銘文十一字：

曾卿事𡨦，自乍（作）薦鬲，用亯（享）。

曾卿事寖鬲乙器圖

曾卿事寖鬲乙口沿銘文拓片

曾卿事梁簋

1 件。《通鑑續編》30427，春秋早期器，某藏家藏品。通高 24 釐米，兩耳相距 36 釐米。斂口鼓腹，一對龍首耳，下有垂珥，圈足沿外侈，連鑄三條獸面扁足，蓋面呈弧形隆起，上有圈狀捉手。通體飾瓦溝紋。未著録。蓋、器對銘，各五行二十八字(其中重文二字)：

隹(唯)曾卿事梁，
用吉金自乍(作)
寶簋，用亯(享)于
朕文考，用易(錫)
釁(眉)壽，子子孫孫永寶。

“卿事”名作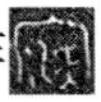、，吴鎮烽隸定作“𡨦”。黄錦前認爲，其所从之、非“生”而係“木”，可分析爲从宀从梁，在銘文中應讀作“梁”。《說文》：“梁，水橋也。从木从水，刅聲。𣶒，古文。”古文“梁”作“𣶒”與此字“宀”下構形近似。稍有不同者，可能是字形演變或譌變所致。

曾卿事梁簋器圖

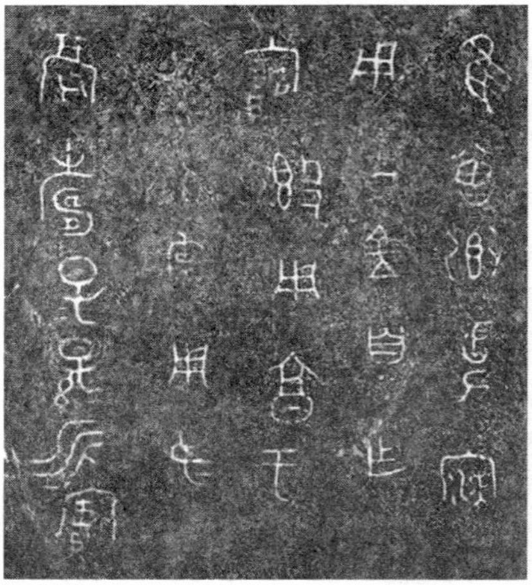

蓋

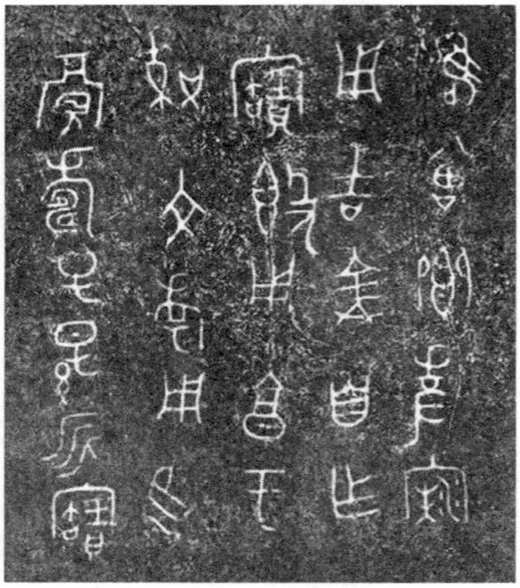

器

曾卿事梁簋銘文拓片

曾卿事季宣簋

1件。黄錦前據網上"融齋朱冰"在微博公布的資料作了介紹和研究。此簋弇口鼓腹，一對獸首耳，下有方形垂珥，矮圈足下連鑄三個獸面小足，蓋面呈覆瓦形，上有圈形捉手。蓋、器通體飾瓦紋。與之形制、紋飾皆近者，有1966年湖北京山蘇家壠出土的鼄乎簋等，時代爲春秋早期前段。

銘文不知是蓋銘還是器銘，共四行二十四字：

> 唯曾卿事季宣，
> 用其吉金，自乍(作)
> 寶簋，用享于皇
> 且(祖)文考，子孫用。

其中"事"字原篆作，下部左右各多出一撇。"宣"字原篆作，下从"廾"。"祖"字與(祖甲爵，《集成》13.7846)、、(董蓮池

《新金文編》，作家出版社，2011 年，28~29 頁）及（伯家父簋蓋，《集成》8.4156）類似。“宣”，私名。“季”，黄錦前認爲是氏名，與過去所見曾器銘文中的“季氏”一脈相承。

曾卿事季宣，身份爲“曾季”，其結構乃“國氏+官名+排行+私名”。

曾卿事季宣簋全形拓

曾卿事季宣簋銘文拓片

曾季卿事奐壺

1件。見《通鑑續編》30835，西周晚期或春秋早期器。某藏家藏品。通高42釐米，蓋捉手徑17.5釐米。圓形，侈口長頸，圓腹，圈足沿外侈，頸部有一對獸首耳，耳銜圓環，内插式蓋，上有圈狀捉手，下有長榫形子口。蓋的捉手内中部飾圓形竊曲紋，捉手外飾仰葉紋，蓋沿飾無目竊曲紋；頸上部飾環帶紋，下部飾無目竊曲紋；上腹飾夔龍紋，下腹飾環帶紋，圈足飾垂鱗紋。未著録。蓋、器同銘，各二十一字(其中重文二字)，蓋銘在捉手内：

隹(唯)曾季卿事奐，用其吉金，自乍(作)寶醴壺，子子孫孫用亯(享)。

曾季卿事奐壺器圖

蓋

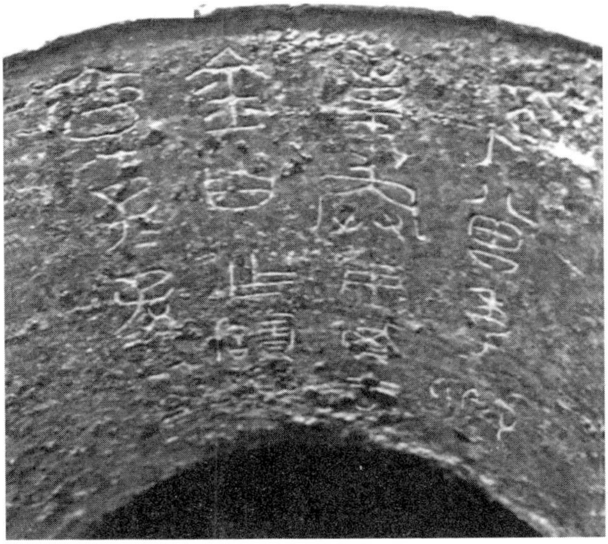

器

曾季卿事奐壺銘文圖

吴鎮烽“備註”：同墓出土一對，形制、紋飾、大小、銘文相同。另一件未公布。

黄錦前認爲，奐與宣均有“大”義，音也相近。“梁”“宣”“奐”等在文義上似乎也有一定關聯。傾向爲一人，或一名一字。“曾卿事季宣”之“季”爲氏名，奐、宣爲私名，其人或許就是見於《左傳》的春秋時赫赫有名的曾大夫季梁。

“曾季卿事奐”與“曾卿事季宣”類同，可見身份本爲“曾季”，乃“侯親”“宗親”，故擔任“卿事”要職。至於奐與宣、梁等是否爲一人，有待新發現證實。

【參考文獻】

黄錦前：《讀近刊曾卿事宣諸器》，2016 年 11 月未刊稿；《曾卿事季宣簋考釋》，2015 年未刊稿。

曾大醓尹器

曾大醓尹壺甲

1 件。見《金文通鑑》12225，春秋晚期器。2011 年 4 月出現在西安大唐西市回流文物展，某藏家藏品。横截面呈長方形，直侈長頸，鼓腹，矮圈足，頸部有一對回首卷尾虎形銜環耳，内插式蓋，上有條狀鏤空盤口蓋冠，蓋沿每邊有一個卡扣。頸上部及腹部飾蟠螭紋，頸下部飾垂葉紋。未著録。腹部鑄銘文四行八字：

曾大
醓尹
鐘之
行壺。

曾大醓尹壺甲器圖

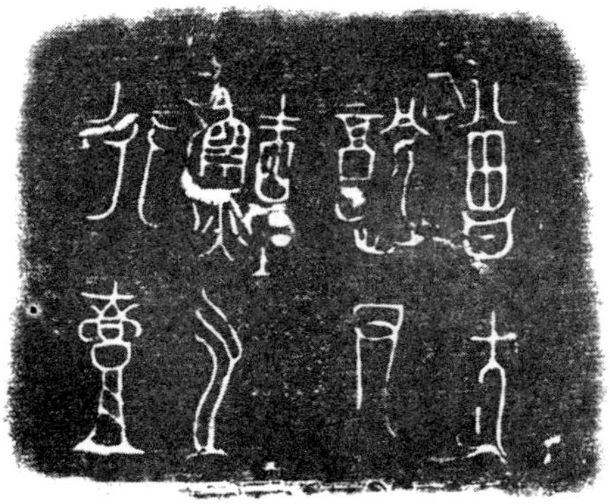

曾大醓尹壺甲銘文拓片

曾大醓尹壺乙

1 件。見《金文通鑑》12226，春秋晚期器。2011 年 4 月出現在西安大唐西市回流文物展，某藏家藏品。通高 35 釐米，口橫 9 釐米，口縱 8.8 釐米，腹橫 15.6 釐米，腹縱 15 釐米。橫截面呈長方形，直侈長頸，鼓腹，矮圈足，頸部有一對回首卷尾虎形銜環耳，内插式蓋，上有條狀鏤空盤口蓋冠，蓋沿每邊有一個卡扣。頸上部及腹部飾蟠螭紋，頸下部飾垂葉紋。未著録。腹部鑄銘與壺甲相同，四行八字：

曾大
醓尹
鑪之
行壺。

大、醢、尹三字有缺筆。醢字下从臼，與醓形音相近，趙平安主張可能爲一字異體。醢尹，官名。大概相當於《周禮·天官·冢宰》的“醢人”，“掌四豆之實”。楚簡有職官“醢尹”，可能爲神職人員。如天星觀卜筮楚簡“郙醢尹過以漆蒼爲君月貞”，劉信芳以音義相近讀爲“詹尹”。引録屈原《卜居》：“往見太卜鄭詹尹曰：余有所疑，願因先生決之。詹尹乃端策拂龜。”楚國有職官“沈尹”，過去多解釋爲寢縣之尹，可能有問題。《左傳》宣公十二年“沈尹將中軍”，看來“沈尹”不一定是人名，而是武官。這一官名還值得進一步研究。“大醢尹”之稱猶如“大工尹”。曾國、徐國(徐醢尹鉦)受楚影響均設有“沈尹”。

謝明文認爲：右上所从爲古文“坴”的變體，中間所从爲“宫”字初文“吕”填實而來。鱣，可能是“鰿”之異體。韓宇嬌認爲右旁“吕”爲金，金與貝意近可互换，當爲“賣”字異體，整字可寫作“鰿”。

鱣，人名。其字構形金文首見，从魚，从声，从吕，从土。金屬原料名稱“鋁”，相當於銅，其字與鑪、盧、鑪等字假借。考慮到此字是某種魚名，疑讀爲“鱸”，或鱸字異構。

行壺，用壺。

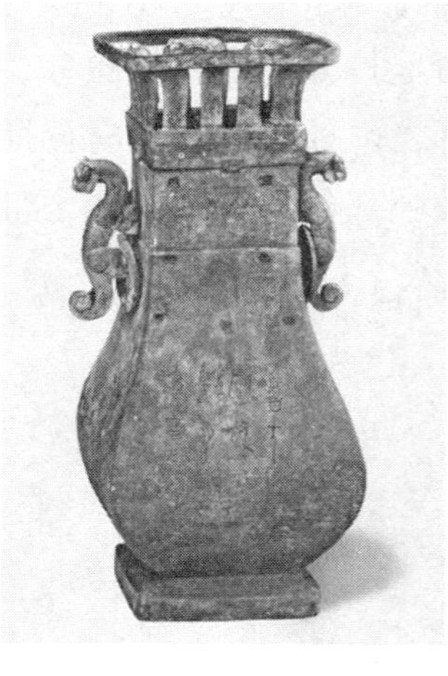

曾大醢尹壺乙器圖

曾大醢尹壺乙銘文拓片

【參考文獻】

趙平安：《釋“𦥑”及相關諸字》，《古文字研究》第二十四輯，中華書局2002年。

劉信芳：《楚系簡帛釋例》，安徽大學出版社，2011年，36頁。

謝明文：《金文叢考(一)》，清華大學《出土文獻》第五輯，中西書局，2014年。

韓宇嬌：《曾國銅器銘文整理與研究》125、277頁引各家説，清華大學2014年博士學位論文。

黄錫全：《“夫鋁”戈銘新考》，臺北《故宫學術季刊》第十三卷第一期，1995年。收入黄錫全《古文字與古貨幣文集》，文物出版社，2009年。

曾仲夷諸器

見有鼎1件、鬲1件、簋3件、簠2件，坑口銹色類似，當同時出土，很可能出自隨州。

曾仲夷鼎

1件。見《金文通鑑》02254，春秋中期器。某藏家藏品，未著録。蓋、器同銘，各二十三字：

> 隹(唯)王正月吉日庚申，曾中(仲)夷擇其吉金，自乍(作)飤緐(繁)，其永用之。

吳鎮烽“備註”：蓋銘“乍”字倒置，且漏鑄“吉金自”三字；器銘上部未照全。

曾，國名。仲，排行。夷，从土作，私名。曾國貴族。飤緐(繁)，鼎之别稱，楚系銘文多見。這位“曾仲”當是曾侯的“二弟”。

曾仲夷鼎蓋銘圖

曾仲夷鼎器銘圖

曾仲夷鬲

1件。見《金文通鑑》02862，春秋中期器。某藏家藏品。通高9.5釐米，口徑14釐米。平沿外折，束頸鼓腹，有肩分襠，三足下部細，内面扁平，通體光素。未著録。肩部鑄銘文十一字：

曾中(仲)夷自乍(作)鬻鬲，其永用之。

鬻，意見不一。或讀瀝、歷，訓列，義爲陳列、一列(吴振武)。或以爲可能與"尊"在銘文中表達的意思更近(黄錦前)。或以爲即《説文》的鬻，讀爲延，表示陳列之意，與文獻"列鼎"類似(鄧佩玲)。

【參考文獻】

吴振武：《釋鬻》，《文物研究》1990年6期。

黄錦前：《新見幾件有銘銅簋》，《文物》2012年7期。

鄧佩玲：《銅器自銘前修飾語"鬻"字試釋》，《古文字研究》第三十輯，中華書局，2014年。

曾仲夷鬲器圖

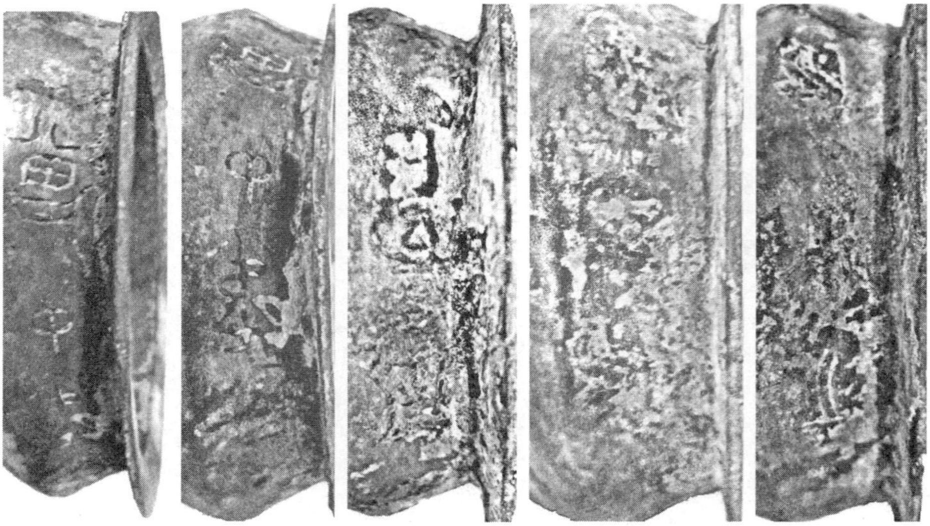

曾仲夷鬲銘文圖

曾仲夷簋甲

1件。見《金文通鑑》05029，春秋中期器。某藏家藏品。通高27.8釐米，口徑21.2釐米，腹深9.4釐米，座高9.3釐米，座寬11.8釐米，座長19.3釐米。侈口束頸，鼓腹平底，一對獸首耳，下有短垂珥，矮圈足下連鑄方座，蓋面做弧形隆起，上有蓮花瓣形捉手。蓋面、腹部和圈足均飾形象不同的環帶紋，不施地紋。未著録。蓋、器同銘，各二十四字。器銘三行，左讀：

隹(唯)王正月士(吉)日庚申，曾
中(仲)夷擇其吉金，自乍(作)
薦匲(簋)，其永寶用之。

曾仲夷簋甲器圖

曾仲夷簋甲器銘拓片

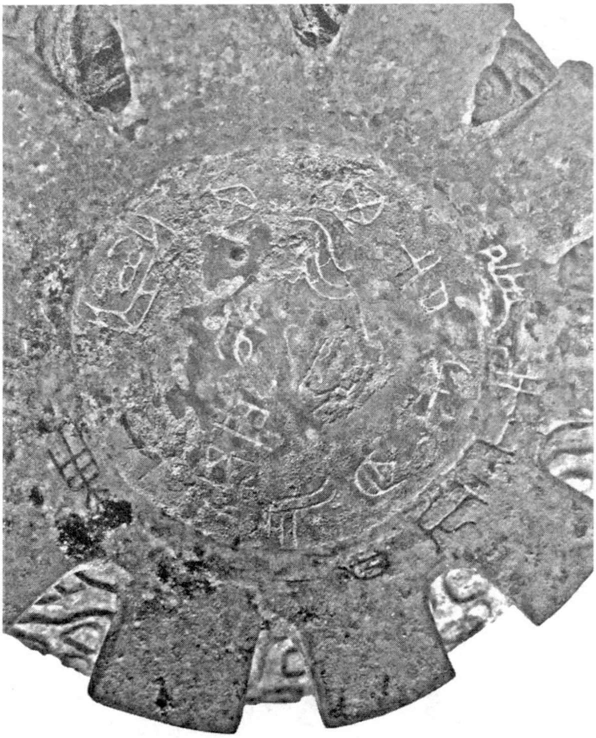

曾仲夷簋甲蓋銘

吴鎮烽“備註”：蓋銘在捉手内。同坑出土4件，形制、紋飾、銘文相同，大小相若。

吴婧認爲，簋字从匚从蚰，蚰爲聲符，是形聲字(碩士學位論文68頁)。

薦簋，用於祭祀之簋。《周禮·籩人》：“薦羞之實。”鄭注：“薦、羞皆進也。未食未飲曰薦，既食既飲曰羞。”《穀梁傳》桓公八年注：“無牲而祭曰薦。”《論語·鄉黨》：“必熟而薦之。”劉寶楠正義：“凡祭，進熟食曰薦。”

曾仲夷簋乙

1件。見《金文通鑑》05030，春秋中期器。某藏家藏品。通高27.8

釐米，口徑 21.2 釐米，腹深 9.4 釐米，座高 9.3 釐米，座寬 11.8 釐米，座長 19.3 釐米。侈口束頸，鼓腹平底，一對獸首耳，下有短垂珥，矮圈足下連鑄方座，蓋面做弧形隆起，上有蓮花瓣形捉手。蓋面、腹部和圈足均飾形象不同的環帶紋，不施地紋。未著録。蓋、器同銘，各二十四字。器銘三行，左讀：

隹(唯)王正月士(吉)日庚申，
曾中(仲)夷擇其吉金，自乍(作)
薦匲(簋)，其永寶用之。

曾仲夷簋乙器圖

曾仲夷簋乙器銘

曾仲夷簋乙蓋銘

曾仲夷簋丙

1件。見《金文通鑑》05031，春秋中期器，某藏家藏品。通高27.8釐米，口徑21.2釐米，腹深9.4釐米，座高9.3釐米，座寬11.8釐米，座長19.3釐米。侈口束頸，鼓腹平底，一對獸首耳，下有短垂珥，矮圈足下連鑄方座，蓋面做弧形隆起，上有蓮花瓣形捉手。蓋面、腹部和圈足均飾形象不同的環帶紋，不施地紋。未著録。蓋、器同銘，各二十四字。器銘三行，左讀：

曾仲夷簋丙器圖

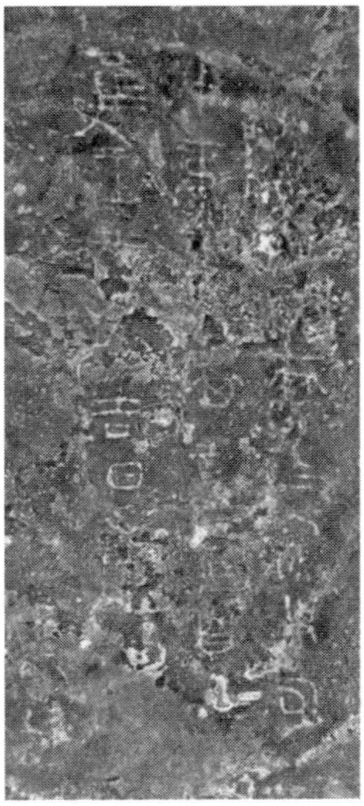

曾仲夷簋丙器銘

曾仲夷簋丙蓋銘

隹(唯)王正月士(吉)日庚申，曾
中(仲)夷擇其吉金，自乍(作)
薦匴(簋)，其永寶用之。

曾仲夷簠甲

1件。見《金文通鑑》05930，春秋中期器，某藏家藏品。通高19釐米，長34釐米，寬24釐米。長方體，直口直壁，斜腹平底，四個矩形足外侈，兩側有獸首耳一對，通體飾蟠虺紋。蓋、器形制、紋飾相同，大小一致，唯蓋前後口沿各有一對獸面形扣，左右各有一個獸面形扣。可以卻置。未著録。蓋、器同銘，四行二十三字：

隹(唯)王正月吉日
庚申，曾中(仲)夷
擇其吉金，自
乍(作)飤(食)匿(簠)，其永用之。

曾仲夷簠甲器圖

蓋

器

曾仲夷簠甲銘文

曾仲夷簠乙

1 件。《金文通鑑》05931，春秋中期器，某藏家藏品。通高 19 釐米，長 34 釐米，寬 24 釐米。長方體，直口直壁，斜腹平底，四個矩形足外侈，兩側有獸首耳一對，通體飾蟠虺紋。蓋、器形制、紋飾相同，大小一致，唯蓋前後口沿各有一對獸面形扣，左右各有一個獸面形扣。可以卻置。未著録。蓋、器同銘，四行二十三字：

隹(唯)王正月吉
日庚申，曾中(仲)
夷擇其吉金，
自乍(作)飤(食)匿(簠)，其永用之。

吳鎮烽"備註"：蓋銘未提供。

曾仲夷簠乙器圖

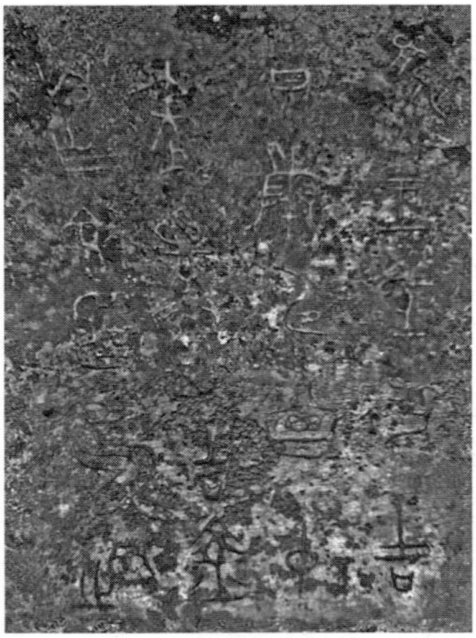

曾仲夷簠乙器銘

遣仲白虜鼎

1件。《通鑑續編》30202、30204(二者當爲一器)，春秋早期器。某藏家藏品。通高 33 釐米，兩耳相距 27.5 釐米。子口内斂，鼓腹圜底，雙附耳内收，三蹄足細高，平蓋折沿，頂部中央有一 U 形紐，周邊有三鳥形扁扉。腹中部有一道箍棱，蓋面中部飾一周麥穗紋，外圍飾兩周勾連雲紋，蓋沿飾一周勾連雲紋，器口下飾兩周勾連雲紋，上腹有一道細箍棱，其下飾一周勾連雲紋和一周三角雷紋。蓋面邊沿鑄銘文一周二十六字，其中重文二字：

> 隹(唯)正九月初吉丁亥，遺中(仲)白虜自乍(作)鑄其緐鼎，子子孫孫萬年用之。

此鼎與襄陽余崗春秋墓出土的讂余鼎(《文物》2013 年 7 期，9 頁)、四川茂縣牟托村一號石棺墓出土的與子具鼎(《文物》1994 年 3 期，40 頁)等形制、紋飾近似，這幾件鼎的時代爲春秋中晚期，該鼎時代亦應與之相當。

黄錦前認爲：此鼎當出自楚文化區，上述四川茂縣所出爲自楚文化區傳入。其中“虜”字原篆作，《通鑑續編》釋作“虘”，不確。金文中“虜”字又見於發孫虜諸器，分别作(發孫虜鼎)、(發孫虜簠)，與鼎銘此字構形基本相同。器主“遺仲白虜”，“遺”當爲氏稱，或爲地名，係以地爲氏，“仲”爲排行，“白虜”係其字。發孫虜簠及鼎出自棗陽一帶。據器物時代、出土地點及銘文等方面，“發孫虜”與“遺仲白虜”或即一人。器主自稱“發孫虜”，可見“發”應係其先人。2015 年，湖北棗陽曹門灣墓地出土有 2 件曾太保發簠，發孫虜鼎、簠亦出自棗陽，“發孫虜”的“發”，或即曾太保發簠的“曾太保發”，虜係其裔孫。發曾任曾國太保，因而在後人心目中地位較高，故其裔孫自稱“發孫虜”。若此推測不誤，則曾太保發亦當爲遺氏之人。遺之地望，暫不可考。

相互關係當爲：曾太保發—發孫虜、遺仲白虜。若此，則“遺”當爲曾地，器當屬曾。

遣仲白虜鼎器圖

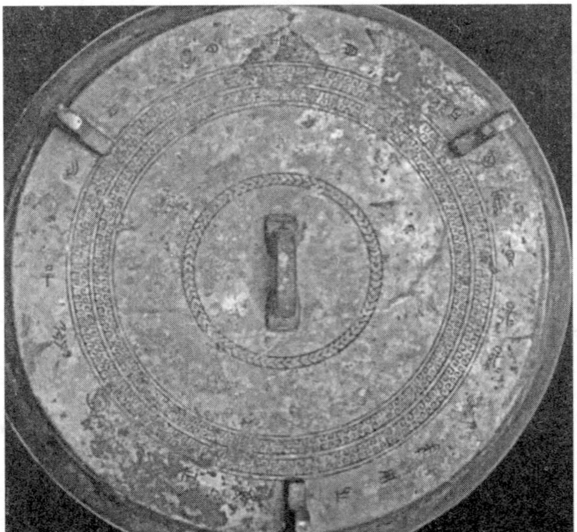

遣仲白虜鼎銘文圖

遣仲白虜鼎全形拓

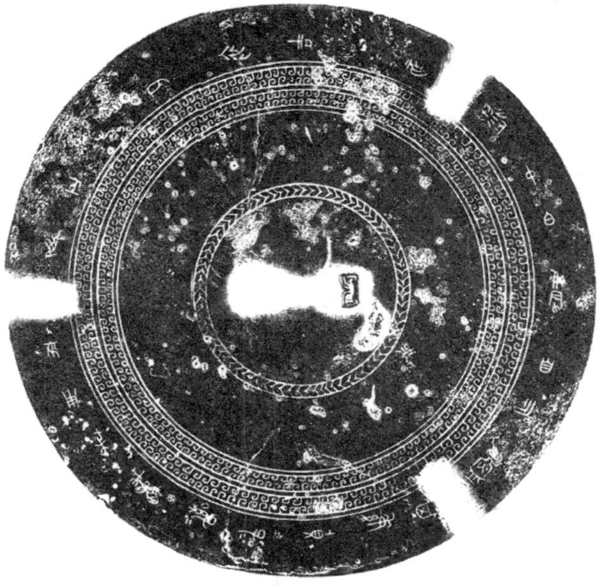

遣仲白虜鼎銘文拓片

遺仲白虜鼎銘文放大

【參考文獻】

黃錦前：《遺仲白虜鼎及相關銅器的繫聯》，2016 年未刊稿。

其他國器

盅　　器

盅子歂簠

1 件。見《通鑑續編》30502，春秋晚期器，某藏家藏品。通高 21 釐米，口橫 31.2 釐米，口縱 22.7 釐米，腹深 7.7 釐米。長方體，直口斜壁，兩側壁各有一個獸首耳，平底，其下有蹼形足。蓋、器形體相同，唯蓋的口沿前後各有一對卡扣，左右各有一個卡扣。通體飾蟠虺紋。未著録。蓋、器同銘，四行二十七字：

隹(唯)王正月初吉丁
亥，盅子歖孔武聖
誨，擇其吉金，自乍(作)
飤匿(簠)，永[保]用之。

吳鎮烽“備註”：器銘殘損較大，未拍照。

1883 年穀城縣發現有中子賓簠，出自墓葬，“中”字从中从邑。1980 年隨州均川劉家崖墓葬出土有中器，“中”字或作盅、或从洤从皿。據張亞初研究，此“中”即安州六器之中，爲“漢陽諸姬”之一，方位就在隨州均川附近。或以爲“洤”爲水名，在襄陽，洤叔當是曾國的貴族，分封於汶水流域。説見上編。因此，此簠當出自湖北隨州或者襄陽一帶。盅，國名。歖，私名。“子”是否爲爵稱待佐證。孔武聖誨，意即非常勇猛、通達教誨。

盅子歖簠器圖

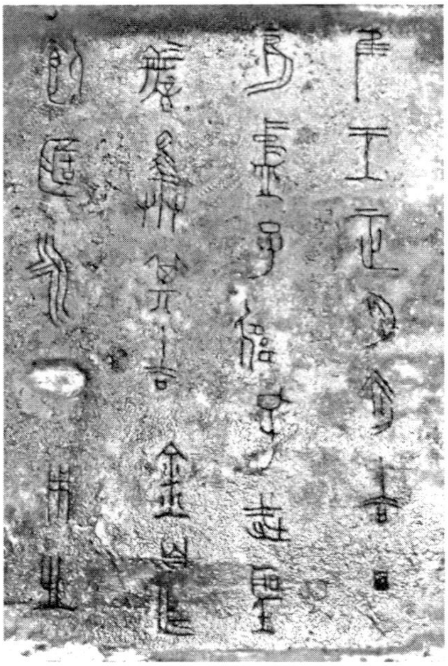

盅子𣪕簠蓋銘文

噩侯器

下列 3 件噩侯器，鼎 2 件、卣 1 件，均爲西周早期器，私人收藏，可能出自湖北隨州一帶。

鄂侯鼎一

1 件。見《通鑑續編》30084，西周早期器。臺北震榮堂(陳鴻榮、王亞玲夫婦)藏品。通高 22.5 釐米，兩耳相距 18 釐米。口呈長方形，窄薄沿，口沿上有一對立耳，淺腹圜底，下有四條卷尾鳥形扁足，腹部有八條 C 形扉棱，腹部飾鳥紋一周，兩兩相對。見祝中熹、李永平《青銅器》鼎 14，敦煌文藝出版社，2004 年，59 頁。鼎内壁鑄銘文五字：

噩(鄂)侯乍(作)寶彝

鄂侯鼎一器圖

鄂侯鼎一銘文

鄂侯鼎二

1件。見《金文通鑑》01565，西周早期前段器。2008年4月出現在澳門崇源國際春季拍賣會，某藏家藏品。通高21.6釐米。口微斂，折沿方唇，腹部微鼓，口沿上有一對立耳，耳微外張，耳下部内側伸入器腹，三柱足下部略内束，頸部有六道扉棱，飾六組下卷角獸面紋，兩旁填以倒夔紋，足上部亦飾下卷角獸面紋，均以雲雷紋填地。見《崇源國際拍賣會·中國古董》(2008年)38，崇源國際(澳門)拍賣公司編印。鼎内壁鑄銘文六字：

噩(鄂)侯乍(作)寶尊彝。

鄂侯鼎二器圖

鄂侯鼎二銘文拓片

鄂侯卣

1件。見《金文通鑑》13156，西周早期。2011年4月見於西安，某藏家藏品。通高27釐米，口徑8.2釐米×10.4釐米，腹深14.7釐米。體呈橢圓形，直口鼓腹，圈足沿外撇，頸部有一對半環紐，套接U形提樑，提樑兩端飾圓雕龍頭，外罩式蓋，蓋沿下折作束腰形，頂部有花苞狀紐。提樑、蓋面和頸部均飾花冠夔龍紋。圈足飾兩道弦紋，頸的前後增飾浮雕羊頭。未著録。蓋、器同銘，兩行七字：

噩(鄂)侯乍(作)氒(厥)
寶尊彝。

鄂侯卣器圖

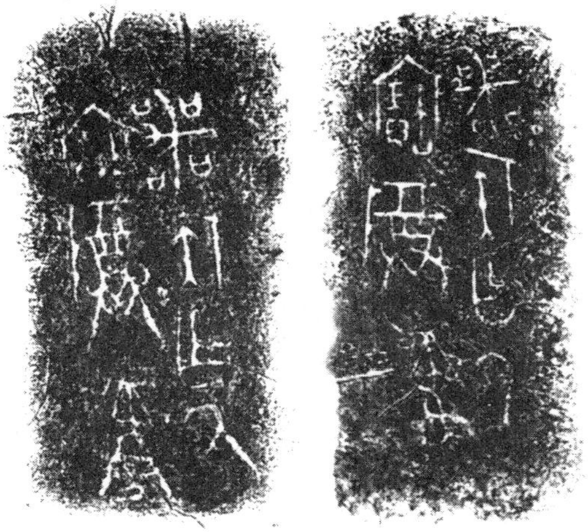

蓋　　　　器

鄂侯卣銘文拓片

穀　　器

幾件穀器，當出自襄陽穀城一帶，爲穀國器。

穀伯鼎

1件，見《通鑑續編》30169，西周晚期器。某藏家藏品，未著録。内壁鑄銘文三行十七字：

穀白（伯）乍（作）季姜寶
鼎，用亯（享）孝于其
姑公，永寶用。

吳鎮烽“備註”：藏家未提供器形照片。

㱿，讀爲穀，國名，《通志·氏族略》以爲嬴姓，在今襄陽穀城縣西北。《春秋·桓公七年》："夏，穀伯綏來朝。鄧侯吾離來朝。"杜注："穀國在南鄉筑陽縣北。"晉筑陽縣即今穀城縣。穀，當爲伯爵。姑公，又見於遲簋(《金文通鑑》05627)、𪄿叔𪄿姬簋(《金文通鑑》05057～05062)、杞伯雙聯甗(《金文通鑑》30262)。古代婦稱夫之母曰姑。姑公，應指季姜的婆婆公公，也就是穀伯的父母。這應是穀國與姜姓齊國友好聯姻的證據。

《金文通鑑》19255 召卣："王自㱿(穀)吏(使)賞畢土方五十里。"是説王自穀地使人來賞召以畢土方五十里。㱿，地名。陳夢家"疑在河南"(《西周銅器斷代》二，《考古學報》第十册，1955 年，104 頁)。地臨穀水，故址在今河南洛陽西北。《左傳·定公八年》："單子伐穀城。"杜注："穀城在河南縣西。"

南方穀國可能有變動遷徙，或者同時存在兩個"穀"。

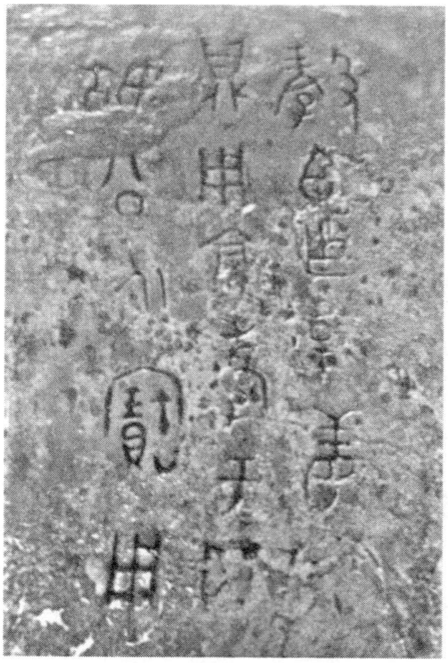

㱿伯鼎铭文

穀兒盞

1件。見《通鑑續編》30524，春秋晚期器。某藏家藏品。通高17釐米，口徑20.5釐米，兩耳相距24.5釐米。器呈扁球形，直口方唇，腹部有一對環耳，底近平，下設三個蹲獸形矮足，上腹有一道箍棱；蓋面隆起，上有八柱輪狀捉手，蓋沿有三個卡扣。蓋面飾兩道蟠虺紋和一道綯索紋，其外飾三角紋；頸部飾蟠虺紋，腹部飾蟠虺紋和三角紋。未著録。蓋、器對銘，兩行十字：

穀兒擇其吉
金，自乍(作)飤盞。

楚國于春秋早期滅鄧(公元前678年)後大概也滅掉穀國。此盞當爲穀被滅後穀氏名“兒”之器。名“兒”者如金文所見“鄀(蓋)兒”“丁兒”“寬兒”“庚兒”“愠兒”等。

穀兒盞器圖

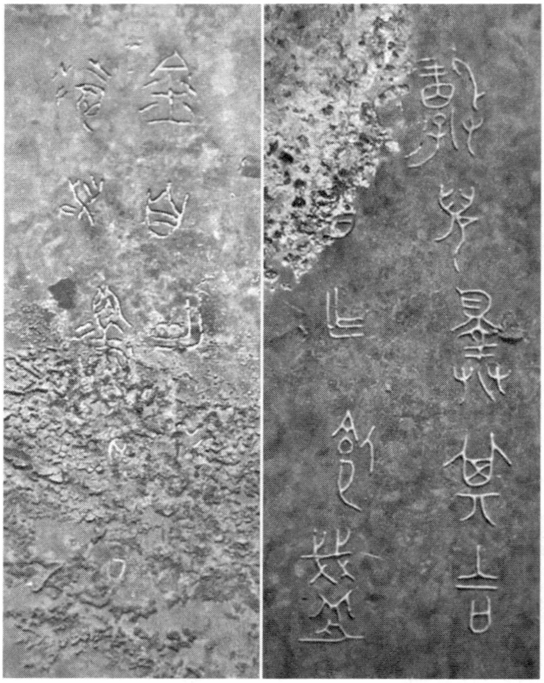

蓋　　　　器

穀兒盞銘文

穀　戈

1件。見《通鑑續編》31105，春秋晚期器。某藏家藏品。通長25釐米，欄高11釐米。直援尖鋒，中脊起綫，寬胡，欄側二長穿一小穿，欄下出齒。長方形内，上有一横穿，後緣下有缺，内飾雙綫鳥首紋。未著録。胡部鑄銘文四字：

穀之用戈

穀氏所作用戈。

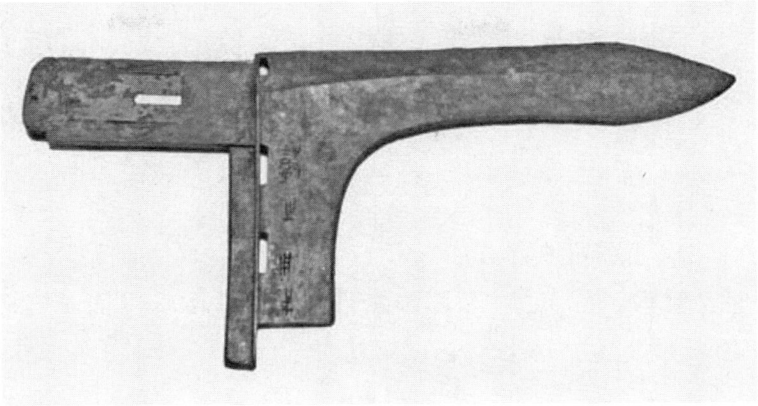

㲄戈器圖

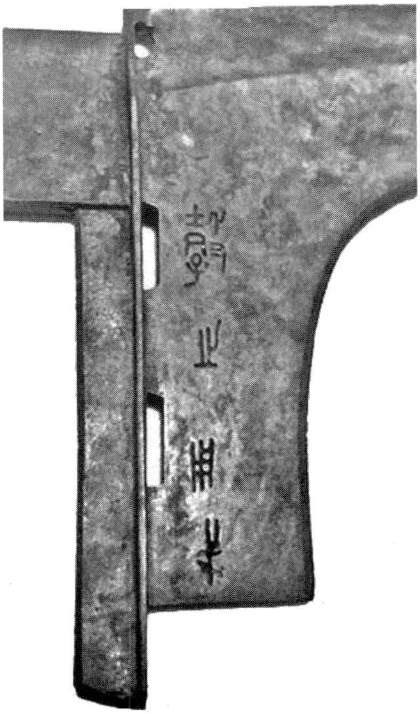

㲄戈銘文

虞　器

吳叔襄鼎

1 件。見《通鑑續編》30171 號，春秋早期器，私人藏品。侈口方唇，淺腹圜底，附耳，三蹄足。頸部飾無目竊曲紋，兩耳内面飾變形龍紋，外面飾雙凹綫紋，紋飾填漆。内壁鑄銘文三行十七字(其中重文二字)：

隹(唯)吳叔襄，自
乍(作)寶盂，其子子
孫孫，其永用之。

黄錦前認爲：這種形式和紋飾的鼎，在湖北境内的隨棗走廊一帶，尤其是近年棗陽郭家廟、曹門灣等地曾國墓葬續有出土，如 2001 年襄陽

吳叔襄鼎器圖

王坡春秋墓地出土的鄧公孫無忌鼎（M1：1）、1966 年京山蘇家壠出土的曾侯仲子斿父鼎、1972 年棗陽段營出土的曾子仲謱鼎、2002 年棗陽郭家廟出土的曾亘嫚鼎（M17：1、M17：2）、2014 年棗陽曹門灣出土的曾子澤鼎（M10：1）及 2015 年曹門灣出土的曾子𩵦鼎（M43：8）等。其時代爲春秋早期前段。進而認爲，“吳叔襄”之“吳”當讀作“虞”，此鼎係春秋早期姬姓虞國器。上馬墓地出土的吳叔戈的“吳叔”，與吳叔襄鼎的“吳叔襄”或即一人。曹門灣墓地出土的夨叔匜的“夨叔𢼸父”，應即鼎銘的“吳叔襄”。匜爲其女“孟姬”出嫁曾國所作媵器，“孟姬”應係曹門灣 M43 的墓主。吳叔襄鼎或即出自隨棗走廊一帶，不排除即盜自曹門灣墓地。

吳叔襄鼎銘文

【參考文獻】

黃錦前：《從吳叔襄鼎談到棗陽曾國墓地出土的夨、衛及郘諸器》，2016 年待刊稿。

存　目

（26 條，楚器）

楚王卲戟(原稱楚王卲戈)	《通鑑續編》31147

楚王子、王孫、楚子器

王子寅戟	《通鑑續編》31154，施謝捷《古璽彙考》297 頁有“王子寅璽”
王子柳鼎	《通鑑續編》30173
王子柳簠	《通鑑續編》30501
王子名缶(蓋銘“王孫貨”)	《通鑑續編》30905
王孫名戟	《金文通鑑》16848
王孫豥戈	《通鑑續編》31159
王孫賨鼎	《通鑑續編》30141
王孫變鼎	《金文通鑑》01672
楚子黑腃戈	《通鑑續編》31155
楚子壽戈	《通鑑續編》31156
楚子識咎鼎	《金文通鑑》02242
楚子哀鼎	《金文通鑑》01669

昭王之即器

昭王之即鼎甲	《通鑑續編》30224
昭王之即鼎乙	《通鑑續編》30225
昭王之即鼎丙	《通鑑續編》30226
昭王之即簠甲	《通鑑續編》30515
昭王之即簠乙	《通鑑續編》30516
昭王之即缶	《通鑑續編》30909

昭之王孫即盞	《通鑑續編》30525
昭之瘠夫戈	《通鑑續編》31202
楚伯楚叔器	
楚伯氏孫皮簠甲	《通鑑續編》30512
楚伯氏孫皮簠乙	《通鑑續編》30513
楚叔之孫定鼎 1 件	《通鑑續編》30125
楚太師鄧子辪慎鎛(1 套 11 件)	《通鑑續編》31045(第 8 件)
楚大師鄧辪慎鐘甲(1 套 9 件)	《金文通鑑》15511~15519　上博集刊 11

附　　録

附録一　下編文字材料統計

1992—2016年，按文中所録順序。

總條目：396條。其中：明確出自湖北器和簡288條，可能出自湖北器77條(其中銅器123件)，可能出自湖北楚簡5條，另附“存目”26條。

總文字數：約127377字(未計不詳者)。其中：

(1)銅器、漆木器等約3455字(未計不清者)，可能出自湖北器約2933字，合計6388字。

(2)竹簡約2332枚，15885字(未計不詳者)；可能出自湖北楚簡4894枚左右，105094字。合計簡7226枚左右(未計不詳者)，文字120979字左右(未計不詳者)。

序號	器名(件數)	出土地	國別	年代	分類	族氏文字	字數	備註	頁碼
湖北出土器和簡									
1	王矛(1)	漢陽熊家嶺	越	戰國中期	兵器		1	1987年楚墓	449
2	戈乙鼎(1)	新洲香爐山	商周	商末周初	食器		2	1986年發現窖藏	450
3	臧之无咎戈(1)	新洲三善灣	楚	戰國中期	兵器		4	2002年楚墓	453

續表

序號	器名(件數)	出土地	國別	年　代	分類	族氏文字	字　數	備　註	頁碼
4	丁家咀竹簡	江夏丁家咀	楚	戰國中晚	簡牘		100支,字數不詳	2009年楚墓	455
5	新城戈(1)	鄂州百子畈	楚	戰國中期	兵器		6	2001年楚墓	458
6	武庫戈(1)	大冶鄂王城	秦	戰國晚期	兵器		2	2015年鄂王城東門出土	462
7	許公買簠(1)	黄州禹王城	許	春秋晚期	食器		35	1976年遺址内出土	464
8	曹家崗M5竹簡	黄州禹王城南曹家崗	楚	戰國晚期前段	簡櫝		40(7支)	1993年楚墓	467
9	楚旒鼎(1)	麻城李家灣	楚	春秋晚期	食器		5+3=8	1993—1995年楚墓	469
10	王巵(1)	麻城李家灣	楚	春秋晚期	酒器		1	1993—1995年楚墓	470
11	盂方鼎(2)	蘄春新屋壪	商周	商晚	食器		8+8=16	1996年窖藏	472
12	瓏方鼎(2)	蘄春新屋壪	商周	商晚	食器		1+1=2	1996年窖藏	474
13	酋方鼎(1)	蘄春新屋壪	商周	商晚	食器		1	1996年窖藏	475
14	猬斗(1)	蘄春新屋壪	商周	商晚	酒器		1	1996年窖藏	477
15	黄季鼎(1)	襄樊市博藏	黄	西周晚期	食器		12	可能爲1972年出自隨州熊家老灣	479
16	大司馬鼎(1)	襄陽陳坡	楚	戰國	食器		3	2006年楚墓M10	482
17	昭王之信戈(1)	襄陽陳坡	楚	戰國	兵器		12	2006年楚墓M10	483

續表

序號	器名(件數)	出土地	國别	年　代	分類	族氏文字	字　數	備　註	頁碼
18	曾侯戾戈(1)	襄陽梁家老墳	曾	春戰之際	兵器		6	2003 年楚墓 M11;香港私人藏有一件同樣戈	488
19	玃(夒)戈(1)	襄陽山灣	不詳	春秋	兵器		1	1972—1973 春秋墓出	490
20	吴王劍(1)	襄陽山灣	吴	春秋晚期	兵器		17	1982 年磚瓦廠取土	492
21	蔡公子加戈(1)	襄陽團山	蔡	春秋晚期	兵器		6	出自楚墓	494
22	□子謎余鼎(1)	襄陽團山沈崗	不詳	春秋中期	食器		33	2009 年出自楚墓 M1022	496
23	□子登鐸(1)	襄陽團山沈崗	不詳	春秋中期	樂器		42	2009 年出自楚墓 M1022	499
24	蓚子敢盞(1)	襄陽朱坡徐莊村	舒	春秋晚期	食器		32	1990 年取土發現	504
25	鄧公孫無忌鼎(1)	襄陽王坡	鄧	春秋早期	食器		44	2001 年墓葬 M1	508
26	鄧子仲無忌戈(4)	襄陽王坡	鄧	春秋早期	兵器		3×8+7=31	2001 年墓葬 M1	510
27	厢鼎(1)	襄陽王坡	楚	戰國晚期	食器		1	出自 M34	515
28	盛氏官鼎(1)	襄陽王坡	秦	戰國晚期	食器		3×2=6	出自 M73	517
29	卅四年少府戈(1)	襄陽王坡	秦	戰國晚期	兵器		2+1+6+2=11	出自 M61	518
30	"半兩"錢(3)	襄陽王坡	秦	戰國晚期	貨幣		3×2=6	出自 M128	520

續表

序號	器名(件數)	出土地	國别	年　代	分類	族氏文字	字　數	備　註	頁碼
31	安崗竹簡	老河口市	楚	戰國	簡牘		編號24，17枚有字	1992年出自M1M2	520
32	許子鼎(1)	穀城邱家樓	許	春秋早期	食器		13	2007年公安局移交	521
33	許成穀鼎(1)	穀城邱家樓	許	春秋早期	食器		22	2007年公安局移交	523
34	鄧子鼎(2)	穀城廟灘古樂寺村	鄧	春秋早期	食器		5+5＝10	2000年出自墓葬M1	525
35	襄王孫盞(1)	穀城過山磚瓦廠	楚	春秋晚期	食器		13	1997年徵集	529
36	吴王獻皏此郐劍(1)	穀城過山皮家窪	吴	春秋晚期	兵器		12	1988年徵集	532
37	郙子增壺(2)	穀城冷集鎮尖角村	楚	戰國早期	水器		16×2×2＝64	2009年公安局破獲	537
38	發孫虜簠(1)	棗陽博物館	楚	春秋晚期	食器		22	普查徵集	541
39	發孫虜鼎(1)	棗陽	楚	春秋晚期	食器		22×2＝44	流入香港古肆	543
40	曾伯陭戚鉞(1)	棗陽郭家廟	曾	兩周之際	兵器		9×2＝18	2002—2003年出自M21	548
41	曾伯陭壺(1)	棗陽郭家廟	曾	兩周之際	水器		41×2＝82	早年被盜流出，現藏臺北“故宫博物院”	552
42	曾亘嫚非彔鼎(2)	棗陽郭家廟	曾	兩周之際	食器		13+13＝26	出自M17	556
43	曾孟嬴剈簠(1)	棗陽郭家廟	曾	兩周之際	食器		12×2＝24	出自M1	560

續表

序號	器名(件數)	出土地	國別	年代	分類	族氏文字	字數	備註	頁碼
44	幻(弦)伯隹方壺(2)	棗陽郭家廟	弦	兩周之際	水器		14+14=28	出自 M1	563
45	衛伯須鼎(1)	棗陽郭家廟	衛	兩周之際	食器		13	墓毀器亡,墓區採集	567
46	□□用戈(1)	棗陽郭家廟	不詳	兩周之際	兵器		4	墓毀器亡,墓區採集	571
47	曾嬴戚壺(1)	棗陽郭家廟	曾	兩周之際	水器		11	出自 M56	574
48	曾侯作湯嬀鼎(1)	棗陽郭家廟	曾	兩周之際	食器		13	破壞嚴重	575
49	曾子顆鼎(1)	棗陽曹門灣	曾	春秋早期	食器		11	2014 年出自 M10	578
50	曾子壽鼎(1)	棗陽曹門灣	曾	春秋早期	食器		11	出自 M13	580
51	郈君虡鼎(1)	棗陽曹門灣	衛	春秋早期	食器		25	出自 M22	583
52	郟鼻柟盤(1)	棗陽曹門灣	陳	春秋早期	水器		20	出自 M22	587
53	曾子橐鼎(1)	棗陽曹門灣	曾	春秋早期	食器		10	出自 M43	590
54	曾太保發簠(2)	棗陽曹門灣	曾	春秋早期	食器		15×2×2=60	出自 M43	593
55	夨叔匜(1)	棗陽曹門灣	虞?	春秋早期	水器		23	出自 M43	595
56	慎克簋(1)	棗陽九連墩	楚	戰國中期	食器		6	出自 M2	599
57	曾伯宫父鬲(2)	十堰市	曾	西周晚期	食器		24+15=39	私人藏品(1),上博藏(1)	602
58	叔姜簠(1)	鄖縣肖家河	楚	春秋晚期	食器		19×2=38	1990 年出自墓葬 XM:5	605
59	惕子中頻兒盤(1)	鄖縣肖家河	唐	春秋晚期	水器		27	2001 年建房挖出,出自M1	608

續表

序號	器名(件數)	出土地	國別	年　代	分類	族氏文字	字　數	備　註	頁碼
60	鴋子中頻兒匜(1)	鄖縣肖家河	唐	春秋晚期	水器		20	2001 年建房挖出,出自M1	610
61	鴋子仲瀕兒鈚(1)	鄖縣肖家河	唐	春秋晚期	水器		20	2001 年建房挖出,出自M1	611
62	鴋子戈(1)	鄖縣肖家河	唐	春秋晚期	兵器		5	出自 M4	617
63	子辛(?)戈(1)	鄖縣肖家河	不詳	春秋晚期	兵器		8	出自 M4	618
64	朿子傀戟(1)	鄖縣肖家河	不詳	春秋晚期	兵器		6	出自 M4	619
65	君堵陶豆(1)	鄖縣尚家河	楚	戰國	食器		2	出自遺址内	620
66	天星觀王刻刀(1)	荊州天星觀	楚	戰國中期	簡牘		1	2000 年出自M2	622
67	左車軎(1)	荊州天星觀	楚	戰國中期	兵器		1	出自 M2	623
68	鄴子諆臣戈(1)	荊州五三農場	楚	春秋中期	兵器		8	現藏於荊州博物館	624
69	遺周羽木劍(1)	荊州棗林鋪	楚	戰國中期	樂器		3	出自 M1	626
70	九店 M411 竹簡	荊州九店磚瓦廠	楚	戰國中期	簡牘		2 支	1981—1989 年未見實物	627
71	九店 M56 竹簡	荊州九店磚瓦廠	楚	戰國中期	簡牘		2700 多(146 支)	1981—1989 年	627
72	九店 M621 竹簡	荊州九店磚瓦廠	楚	戰國中期	簡牘		127支,88支有字	保存較差	628
73	南君戈(1)	荊州九店磚瓦廠	楚	戰國中期	兵器		7	出自 M168	630
74	廿八年上洛戈(1)	荊州九店磚瓦廠	魏	戰國中期	兵器		13	出自 M412	633

續表

序號	器名(件數)	出土地	國别	年代	分類	族氏文字	字數	備註	頁碼
75	十一年白令戈(1)	荆州九店磚瓦廠	魏	戰國中期	兵器		14	出自 M411	636
76	六年陀戈(1)	荆州九店磚瓦廠	魏	戰國中期	兵器		12	出自 M253	639
77	王矛(1)	荆州九店磚瓦廠	越	戰國中期	兵器		1	出自 M408	641
78	兢人之璽(1)	荆州九店磚瓦廠	楚	戰國中期	璽印		4	出自 M728	642
79	巴蜀印(1)	荆州九店磚瓦廠	巴蜀	戰國中期	璽印		1	出自 M21	643
80	九店漆木器文字(算1件)	荆州九店磚瓦廠	秦	戰國晚期	其他		不詳,約數十	或烙印、陰刻、符號有咸亭、大官等	643
81	九店"四兩"砝碼(1)	荆州九店磚瓦廠	楚	戰國中期	其他		2	出自 M423	645
82	黄山砝碼(3)	荆州郢城黄山村	楚	戰國中期	其他		6	出自M40,銘文錙兩、半兩、1兩	646
83	巽字蟻鼻錢(6)	荆州郢城黄山村	楚	戰國中期	其他		6	出自 M40	647
84	越王不光劍(1)	荆州紀南曹家山	越	戰國中期	兵器		22	出自 M1	648
85	越王可句於劍(1)	荆州張家山	越	戰國中期	兵器		20	1974 年出自戰國墓,現藏荆州博物館	651

續表

序號	器名(件數)	出土地	國别	年　代	分類	族氏文字	字　數	備　註	頁碼
86	荆州磚瓦廠 M370 竹簡	荆州張家山	楚	戰國中期	簡牘		95(4 支)	1992 年出自楚墓	655
87	王鍤(1)	荆州紀南城	楚	戰國時期	農具		1	1987 年出自楚都紀南城新橋遺址	657
88	王印(1)	荆州馬山濠林村	楚	戰國中期	璽印		1	2006 年出自院墻灣 M1	658
89	卲王之諻戈(1)	荆州紀南三紅村	楚	戰國中晚期	兵器		12	2012 年出自李家堰 M113	660
90	廿八年雝丘令戈(1)	荆州紀南三紅村	魏	戰國中期	兵器		13	2012 年出自李家堰 M111	662
91	荆州雞公山竹簡	荆州雞公山	楚	戰國	簡牘		不詳	1990—1992 年紀南城與郢城之間 M48	664
92	荆州范家坡竹簡	荆州范家坡	楚	戰國	簡牘		1 支 27 字	1993 年出現藏荆州博物館	664
93	荆州紅光磚瓦廠 M27 竹簡	荆州紅光磚瓦廠	楚	戰國	簡牘		3 支	1995 年出自 M27	664
94	荆州夏家臺 M106 楚簡	荆州郢城夏家臺	楚	戰國	簡牘		400 余支	2014 年《詩經》《尚書》之類	665
95	荆州高臺古井竹簡	荆州紀南高臺村	楚	戰國	簡牘		23(3 支)	2012 年，編號爲 J67	665

續表

序號	器名(件數)	出土地	國别	年　代	分類	族氏文字	字　數	備　註	頁碼
96	高城戈(1)	荊州彭家臺	趙	戰國	兵器		4	出自 M15	667
97	楚季鐘(1)	宜昌萬福堖	楚	西周晚期	樂器		17	2012 年出自窖藏，一套 12 件	670
98	章子國戈(1)	宜昌枝江	楚	春秋中期	兵器		11	1981 年湖北省文物商店收購	675
99	荊門郭店 M1 竹簡	荊門沙洋郭店村	楚	戰國中期	簡牘		804 枚 13000 余字	1993 年墓被盜	678
100	東宮之杯(1)	荊門沙洋郭店村	楚	戰國中期	漆器		4	1993 年出自 M1	679
101	漆梮(1)	荊門沙洋左塚	楚	戰國中期	漆器		182	2000 年出自 M3	682
102	廿四年言令州儇戈(1)	荊門沙洋左塚	韓	戰國中期	兵器		16	2000 年出自 M1	691
103	左塚王刻刀(1)	荊門沙洋左塚	楚	戰國中期	簡牘		1	2000 年出自 M3	693
104	楚王孫漁矛(1)	荊門沙洋左塚	楚	戰國	兵器		6	2000 年出自 M3	694
105	木尺文字(1)	荊門沙洋左塚	楚	戰國	其他		不詳	2000 年出自 M1	696
106	椁底板刻字(1)	荊門沙洋左塚	楚	戰國	其他		2	2000 年 M1	698
107	嚴倉獾子冢 M1 竹簡	荊門沙洋嚴倉	楚	戰國中期	簡牘		708 枚 另籤牌 1 木塞 2	2009—2010 年墓葬被盜	700

續表

序號	器名(件數)	出土地	國别	年　代	分類	族氏文字	字　數	備　註	頁碼
108	魏廿六年戈(1)	荆門沙洋嚴倉	魏	戰國中期	兵器		12	2009—2010年出自M1	701
109	黄歇村M1楚簡	荆門沙洋後港	楚	戰國	簡牘		不詳	2010年出自M1	702
110	⿰梁阝戈(1)	荆門子陵鋪羅坡崗	魏	戰國早期	兵器		1	1996年出自M4	703
111	尹之信印(1)	荆門子陵鋪羅坡崗	楚	戰國	璽印		3	1996年出自M19	705
112	禾字印(1)	荆門子陵鋪羅坡崗	楚	戰國	璽印		1	1996年出自M7	705
113	鄧子與盤(1)	荆門鍾祥文集黄土坡	鄧	春秋中晚期	食器		20余	1988年出自M3	707
114	越王之子銅鎮(1)	天門市皂市彭家山	越	春戰之際	其他		40	2007年出自M18	710
115	子觶(1)	隨州安居羊子山	商周	西周早期	酒器		1	2007年出自M4	714
116	噩侯卣(1)	羊子山	鄂	西周早期	酒器		5	2007年出自M4	715
117	噩侯方彝(1)	羊子山	鄂	西周早期	食器		7	2007年出自M4	716
118	噩侯罍(1)	羊子山	鄂	西周早期	酒器		5	2007年出自M4	717
119	噩侯盤(1)	羊子山	鄂	西周早期	水器		5	2007年出自M4	717
120	噩中方蓋鼎(1)	羊子山	鄂	西周早期	食器		6	2007年出自M4	719

續表

序號	器名(件數)	出土地	國别	年　代	分類	族氏文字	字　數	備　註	頁碼
121	師方鼎(4)	隨州淅河葉家山M1	曾	西周早期	食器		7×4=28	2011年3件爲追繳	726
122	師圓鼎(2)	葉家山M1	曾	西周早期	食器		4+4=8	2011年	728
123	師鑊鼎(1)	葉家山M1	曾	西周早期	食器		7	2011年	729
124	兄乙爵(1)	葉家山M1	商周	西周早期	酒器		3	2011年	730
125	冉父丁斝(1)	葉家山M1	商周	西周早期	酒器		3	2011年	732
126	瓚父癸觚(1)	葉家山M1	商周	西周早期	酒器		3×2=6	2011年	733
127	曾侯諫圓鼎(1)	葉家山M2	曾	西周早期	食器		6	2011年	735
128	曾侯諫分襠鼎(2)	葉家山M2	曾	西周早期	食器		6+6=12	2011年	736
129	犁子分襠鼎(1)	葉家山M2	厲	西周早期	食器		38	2011年	738
130	亞宣𠙵父乙分襠鼎(1)	葉家山M2	商周	西周早期	食器		5	2011年	742
131	曾侯諫作媿簋(2)	葉家山M2	曾	西周早期	食器		8+8=16	2011年	745
132	曾侯諫作媿甗(1)	葉家山M2	曾	西周早期	食器		7	2011年	746
133	鬲(1)	葉家山M2	商周	西周早期	食器		1	2011年	748
134	曾侯諫圓鼎(1)	葉家山M3	曾	西周早期	食器		6	2011年	749

續表

序號	器名(件數)	出土地	國别	年　代	分類	族氏文字	字　數	備　註	頁碼
135	亞媢鼎(1)	葉家山 M3	商周	西周早期	食器		5	2011 年	750
136	亞媢簋(1)	葉家山 M3	商周	西周早期	食器		5	2011 年	750
137	作寶彝簋(1)	葉家山 M3	商周	西周早期	食器		3×2＝6	2011 年	752
138	叔桑父簋(1)	葉家山 M4	商周	西周早期	食器		7×2＝14	2011 年	753
139	祖丙觶(1)	葉家山 M8	商周	西周早期	酒器		2	2011 年	754
140	叔疑圓鼎(1)	葉家山 M15	商周	西周早期	食器		7	2011 年	755
141	叔疑尊(1)	葉家山 M15	商周	西周早期	酒器		7	2011 年	756
142	作寶彝簋(1)	葉家山 M23	商周	西周早期	食器		3	2011 年	757
143	曾侯作旅彝簋(1)	葉家山 M26	曾	西周早期	食器		5	2011 年	757
144	曾侯方鼎(2)	葉家山 M27	曾	西周早期	食器		12+14＝26	2011 年	759
145	戈父癸簋(1)	葉家山 M27	商周	西周早期	食器		3	2011 年	762
146	作寶彝簋(1)	葉家山 M27	商周	西周早期	食器		3×2＝6	2011 年	763
147	疑父方座簋(1)	葉家山 M27	商周	西周早期	食器		6	2011 年	764
148	失(?)父乙觚(1)	葉家山 M27	商周	西周早期	酒器		3	2011 年	766
149	守父乙觶(1)	葉家山 M27	商周	西周早期	酒器		3	2011 年	768
150	瓚雚觶(附斗)(1)	葉家山 M27	商周	西周早期	酒器	 瓚?	4×2＝8	2011 年	769

續表

序號	器名(件數)	出土地	國别	年　代	分類	族氏文字	字　數	備　註	頁碼
151	冉觶(1)	葉家山 M27	商周	西周早期	酒器		1	2011 年	773
152	尺(?)父癸觶(1)	葉家山 M27	商周	西周早期	酒器		3	2011 年	774
153	魚伯彭尊(1)	葉家山 M27	商周	西周早期	酒器	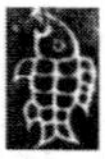	7	2011 年	775
154	魚伯彭卣(1)	葉家山 M27	商周	西周早期	酒器	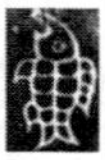	7×2＝14	2011 年	776
155	伯生盉(1)	葉家山 M27	曾	西周早期	酒器		5×2＝10	2011 年	778
156	舉魮憂壺(1)	葉家山 M27	商周	西周早期	水器		7×2＝14	2011 年	780
157	曾侯諫方鼎(2)	葉家山 M28	曾	西周早期	食器		6+6＝12	2013 年	786
158	曾侯諫圓鼎(2)	葉家山 M28	曾	西周早期	食器		6+6＝12	2013 年	787
159	曾侯諫分襠鼎(2)	葉家山 M28	曾	西周早期	食器		6+6＝12	2013 年	788
160	曾侯諫簋(1)	葉家山 M28	曾	西周早期	食器		6	2013 年	790
161	曾侯諫盉(1)	葉家山 M28	曾	西周早期	酒器		6×2＝12	2013 年	791
162	曾侯諫盤(1)	葉家山 M28	曾	西周早期	水器		6	2013 年	793
163	曾侯諫作媿簋(2)	葉家山 M28	曾	西周早期	食器		8+8＝16	2013 年	795
164	曾侯諫作媿尊(1)	葉家山 M28	曾	西周早期	酒器		8	2013 年	796
165	曾侯諫作媿卣(2)	葉家山 M28	曾	西周早期	酒器		8×2×2＝32	2013 年	797

續表

序號	器名(件數)	出土地	國别	年　代	分類	族氏文字	字　數	備　註	頁碼
166	曾侯諫作媿壺(1)	葉家山 M28	曾	西周早期	水器		7×2=14	2013 年	799
167	曾侯方鼎(1)	葉家山 M28	曾	西周早期	食器		5×2=10	2013 年	801
168	曾侯鬲(1)	葉家山 M28	曾	西周早期	食器		5	2013 年	803
169	曾侯甗(1)	葉家山 M28	曾	西周早期	食器		4	2013 年	805
170	尺(?)父辛爵(2)	葉家山 M28	商周	西周早期	酒器		2+3=5	2013 年	806
171	舉母辛觶(1)	葉家山 M28	商周	西周早期	酒器		3	2013 年	808
172	鴷父丁爵(2)	葉家山 M46	商周	西周早期	酒器		3+3=6	2011 年	809
173	亞離父丙觶(1)	葉家山 M46	商周	西周早期	酒器	亞離	4	2011 年	811
174	束祖乙卣(1)	葉家山 M46	商周	西周早期	酒器		3×2=6	2011 年	812
175	九六六一伯方鼎(2)	葉家山 M50	商周	西周早期	食器		9+9=18	2011 年	814
176	作寶尊彝卣(2)	葉家山 M50	商周	西周早期	酒器		4×2×2=16	2011 年	818
177	作寶彝簋(1)	葉家山 M51	商周	西周早期	食器		3	2011 年，未見到圖片	819
178	白作彝簋(1)	葉家山 M55	商周	西周早期	食器		3	2011 年	819
179	父丁觶(1)	葉家山 M55	商周	西周早期	酒器		2	未見到銘文	820
180	亞俞父乙尊(1)	葉家山 M55	商周	西周早期	酒器		4	2011 年	821

續表

序號	器名(件數)	出土地	國別	年代	分類	族氏文字	字數	備註	頁碼
181	曾侯諫方鼎(1)	葉家山 M65	曾	西周早期	食器		6	2011 年	823
182	曾侯諫圓鼎(1)	葉家山 M65	曾	西周早期	食器		6	2011 年	824
183	作寶鼎扁足圓鼎(1)	葉家山 M65	商周	西周早期	食器		3	2011 年	826
184	束父己分襠鼎(1)	葉家山 M65	商周	西周早期	食器		3	2011 年	828
185	曾侯諫簋(1)	葉家山 M65	曾	西周早期	食器		6	2011 年	829
186	作尊彝簋(1)	葉家山 M65	曾	西周早期	食器		3	2011 年	831
187	亞離父癸簋(1)	葉家山 M65	商周	西周早期	食器		4	2011 年	832
188	作尊彝尊(1)	葉家山 M65	曾	西周早期	酒器		3	2011 年	833
189	作尊彝卣(1)	葉家山 M65	曾	西周早期	酒器		3×2=6	2011 年	834
190	侯用彝盉(1)	葉家山 M65	曾	西周早期	酒器		3	2011 年	834
191	曾侯作田壺(1)	葉家山 M65	曾	西周早期	水器		5×2=10	2011 年	835
192	父庚鼎(1)	葉家山M107	商周	西周早期	食器		5	2013 年	839
193	尧父乙鼎(1)	葉家山M107	商周	西周早期	食器		3	2013 年	840
194	僕監簋(1)	葉家山M107	濮	西周早期	食器		5	2013 年	841
195	父丁鬲(1)	葉家山M107	商周	西周早期	食器		2	2013 年	844
196	曾伯作西宮爵(1)	葉家山M107	曾	西周早期	酒器		8	2013 年	844
197	父乙爵(1)	葉家山M107	商周	西周早期	酒器		3	2013 年	848

續表

序號	器名(件數)	出土地	國别	年　代	分類	族氏文字	字　數	備　註	頁碼
198	瓚觚(1)	葉家山M107	商周	西周早期	酒器		1	2013 年	850
199	父辛觶(1)	葉家山M107	商周	西周早期	酒器		2	2013 年	852
200	戈父乙尊(1)	葉家山M107	商周	西周早期	酒器		3	2013 年	853
201	戈父乙卣(1)	葉家山M107	商周	西周早期	酒器		3×2＝6	2013 年	854
202	曾侯作父乙方鼎(1)	葉家山M111	曾	西周早期	食器		8×2＝16	2013 年	856
203	戉笮祖辛圓鼎(2)	葉家山M111	商周	西周早期	食器		4+ 4＝8	2013 年	858
204	戾作南公方座簋(1)	葉家山M111	曾	西周早期	食器		9	2013 年	860
205	曾侯戾簋(2)	葉家山M111	曾	西周早期	食器		10+14＝24	2013 年	867
206	侯用彝斝(1)	葉家山M111	曾	西周早期	酒器		3	2013 年	869
207	曾侯卣(1)	葉家山M111	曾	西周早期	酒器		4×2＝8	2013 年	870
208	曾侯壺(1)	葉家山M111	曾	西周早期	水器		5	2013 年	870
209	曾侯盤(1)	葉家山M111	曾	西周早期	水器		4	2013 年	872
210	㚔父丁罍(1)	葉家山M111	商周	西周早期	酒器		3	2013 年	873
211	麻于尊(1)	葉家山M126	商周	西周早期	酒器		16	2013 年	875
212	鄜季盤(1)	隨州萬店周家崗	不詳	春秋早期	水器		17	1976 年發現墓被破壞	882

續表

序號	器名(件數)	出土地	國別	年　代	分類	族氏文字	字　數	備　註	頁碼
213	曾侯寶鼎(1)	隨州東郊義地崗	曾	春秋中期早段	食器		22	2012 年隨州警方破盜墓案獲	884
214	曾侯寶鼎(1)	隨州東郊義地崗	曾	春秋中期早段	食器		22	某藏家藏品	886
215	曾侯寶鼎(1)	義地崗	曾	春秋中期早段	食器		22	某藏家藏品	887
216	曾侯寶鼎(1)	義地崗	曾	春秋中期早段	食器		22	中國國家博物館藏品	887
217	曾侯寶鼎(1)	義地崗	曾	春秋中期早段	食器		22	中國國家博物館藏品	888
218	曾侯寶簠(1)	義地崗	曾	春秋中期早段	食器		22	某藏家藏品	889
219	曾侯寶簠(1)	義地崗	曾	春秋中期早段	食器		22	某藏家藏品	891
220	曾侯寶壺(1)	義地崗	曾	春秋中期早段	水器		22	某藏家藏品	892
221	曾侯寶盤(1)	義地崗	曾	春秋中期早段	水器		19	某藏家藏品	892
222	曾侯寶匜(1)	義地崗	曾	春秋中期早段	水器		不詳	某藏家藏品	894
223	□伯鬲(1)	義地崗	周	西周晚期	食器		10 余	1993 年取土發現	894
224	曾侯郕鼎(1)	隨州義地崗東風油庫	曾	戰國早期	食器		6×2＝12	1994 年出自 M3	897
225	曾少宰黄仲酉鼎(1)	東風油庫	曾	春秋晚期	食器		9×2＝18	1994 年出自 M1	898

續表

序號	器名(件數)	出土地	國别	年　代	分類	族氏文字	字　數	備　註	頁碼
226	曾少宰黄仲酉甗(1)	東風油庫	曾	春秋晚期	食器		9	1994年出自M1	900
227	曾少宰黄仲酉簠(1)	東風油庫	曾	春秋晚期	食器		9×2=18	1994年出自M1	902
228	曾少宰黄仲酉方壺(1)	東風油庫	曾	春秋晚期	水器		9	1994年出自M1	902
229	曾少宰黄仲酉盤(1)	東風油庫	曾	春戰之際	水器		9	1994年出自M1	903
230	曾少宰黄仲酉匜(1)	東風油庫	曾	春秋晚期	水器		9	1994年出自M1	904
231	可簠(1)	東風油庫	曾	春秋晚期	食器		4	1994年出自M2	905
232	可方壺(1)	東風油庫	曾	春秋晚期	水器		4	1994年出自M2	906
233	可盤(1)	東風油庫	曾	春秋晚期	水器		4	1994年出自M2	907
234	可匜(1)	東風油庫	曾	春秋晚期	水器		4	1994年出自M2	908
235	曾仲姬壺(1)	東風油庫	曾	戰國早期	水器		6	1994年出自M3	909
236	曾公子棄疾鼎甲(1)	隨州義地崗	曾	春秋晚期	食器		8×2=16	2011年出自M6	913
237	曾公子棄疾鼎乙(1)	義地崗	曾	春秋晚期	食器		8×2=16	2011年出自M6	916
238	曾公子棄疾簠(2)	義地崗	曾	春秋晚期	食器		8×2=16	2011年出自M6	918

續表

序號	器名(件數)	出土地	國别	年　代	分類	族氏文字	字　數	備　註	頁碼
239	曾公子棄疾甗(1)	義地崗	曾	春秋晚期	食器		8	2011年出自M6	920
240	曾公子棄疾壺(2)	義地崗	曾	春秋晚期	水器		8×2×2=32	2011年出自M6	922
241	曾公子棄疾缶(1)	義地崗	曾	春秋晚期	水器		8×2=16	2011年出自M6	924
242	曾公子棄疾斗(1)	義地崗	曾	春秋晚期	酒器		8	2011年出自M6	925
243	曾公孫叔考臣甗(1)	隨州市博物館	曾	春秋晚期	食器		10	2009年得見	929
244	叔考臣鼎(1)	隨州市博物館	曾	春秋晚期	食器		11	2009年得見	930
245	叔考臣簠(1)	隨州市博物館	曾	春秋晚期	食器		11	2009年得見	932
246	行鬲(1)	隨州文峰塔M1	曾	春秋晚期	食器		2	2009年殘破	935
247	曾侯與鬲(1)	文峰塔M1	曾	春秋晚期	食器		6	2009年	936
248	曾侯與編鐘1(1)	文峰塔M1	曾	春秋晚期	樂器		169	2009年，甬鐘完整	938
249	曾侯與編鐘2(1)	文峰塔M1	曾	春秋晚期	樂器		118	最大甬鐘,殘破	963
250	曾侯與編鐘3(1)	文峰塔M1	曾	春秋晚期	樂器		38	甬鐘基本完整	967
251	曾侯與編鐘4(1)	文峰塔M1	曾	春秋晚期	樂器		11	甬鐘殘破	972

續表

序號	器名(件數)	出土地	國别	年　代	分類	族氏文字	字　數	備　註	頁碼
252	曾侯與編鐘5(1)	文峰塔 M1	曾	春秋晚期	樂器		36	甬鐘基本完整	974
253	曾侯與編鐘6(1)	文峰塔 M1	曾	春秋晚期	樂器		9	甬鐘完整,背面無銘	983
254	曾侯與編鐘7(1)	文峰塔 M1	曾	春秋晚期	樂器		8	甬鐘背面無銘	986
255	曾侯與編鐘8(1)	文峰塔 M1	曾	春秋晚期	樂器		8	甬鐘完整,較小,背面無銘	988
256	曾侯與編鐘9(1)	文峰塔 M1	曾	春秋晚期	樂器		9	甬鐘殘片	990
257	曾侯與編鐘10(1)	文峰塔 M1	曾	春秋晚期	樂器		12	甬鐘殘片	991
258	曾侯戟(1)	文峰塔 M4	曾	春秋晚期偏早	兵器		2	2011 年 M4,胡部殘去	996
259	曾侯鐘(1)	文峰塔 M4	曾	春秋晚期偏早	樂器		34	2011 年,鐘體完整,一套中的一件	997
260	曾侯丙方缶(1)	文峰塔 M18	曾	戰國中期偏早	水器		18	2012—2013 年	1004
261	曾孫卲簠(1)	文峰塔 M21	曾	春秋晚期	食器		6×2＝12	2012—2013 年	1006
262	曾孫卲方壺(1)	文峰塔 M21	曾	春秋晚期	水器		8	2012—2013 年	1007
263	隨大司馬戈(1)	文峰塔 M21	隨	春秋中期	兵器		9	2012—2013 年	1009

續表

序號	器名(件數)	出土地	國別	年代	分類	族氏文字	字數	備註	頁碼
264	吴公子光戟(1)	文峰塔 M21	吴	春秋晚期	兵器		不詳，僅見 3	2012—2013年	1012
265	奇鼎(1)	文峰塔 M29	曾	春秋晚期	食器		4	2012—2013年	1013
266	奇方壺(1)	文峰塔 M29	曾	春秋晚期	水器		4	2012—2013年	1014
267	曾孫伯國甗(1)	文峰塔 M32	曾	春秋晚期	食器		7	2012—2013年	1015
268	曾大司馬國鼎(1)	文峰塔 M32	曾	春秋晚期	食器		8	2012—2013年	1016
269	曾大司馬伯國簠(1)	文峰塔 M32	曾	春秋晚期	食器		9	2012—2013年	1017
270	僕圓座簋(1)	文峰塔 M33	胡？	春秋晚期	食器		4	2012—2013年	1018
271	僕盤(1)	文峰塔 M33	胡？	春秋晚期	水器		32	2012—2013年	1019
272	僕匜(1)	文峰塔 M33	胡？	春秋晚期	水器		4	2012—2013年	1023
273	僕簠(1)	文峰塔 M33	胡？	春秋晚期	食器		4	2012—2013年	1024
274	曾子虡戈(1)	文峰塔 M34	曾	春秋晚期	兵器		6	2012—2013年	1025
275	曾叔旂方壺(1)	文峰塔 M35	曾	春秋晚期	水器		6	2012—2013年	1026
276	曾叔旂鼎(1)	文峰塔 M35	曾	春秋晚期	食器		6	2012—2013年	1027

續表

序號	器名(件數)	出土地	國別	年　代	分類	族氏文字	字　數	備　註	頁碼
277	曾叔旂方座簋(1)	文峰塔 M35	曾	春秋晚期	食器		6	2012—2013年	1028
278	曾子旂戟(1)	文峰塔 M35	曾	春秋晚期	兵器		6	2012—2013年	1029
279	瘟多盤(1)	文峰塔 M36	曾	春秋晚期	食器		5	2012—2013年	1030
280	瘟多壺(1)	文峰塔 M36	曾	春秋晚期	水器		5	2012—2013年	1031
281	曾孫懷簠(1)	文峰塔 M38	曾	春秋晚期	食器		6×2＝12	2012—2013年	1032
282	曾壘公臣鼎(1)	文峰塔 M46	曾	春秋晚期	食器		7×2＝14	2012—2013年	1033
283	曾工差臣簠(1)	文峰塔 M46	曾	春秋晚期	食器		7×2＝14	2012—2013年	1035
284	曾工差臣方壺(1)	文峰塔 M46	曾	春秋晚期	水器		7	2012—2013年	1035
285	孟嫣玄簠(1)	文峰塔 M52	曾	春秋晚期	食器		6×2＝12	2012—2013年	1036
286	甬巨簠(1)	文峰塔 M53	曾	春秋晚期	食器		5×2＝10	2012—2013年	1038
287	曾孫喬方壺(1)	文峰塔 M61	曾	春秋晚期	水器		8	2012—2013年	1038
288	曾旨尹喬缶(1)	文峰塔 M61	曾	春秋早期	水器		7	2012—2013年	1039
可能出自湖北器和簡									
楚器和楚簡									
1	楚王酓悈盤(1)	或疑出自荆門	楚	東周有爭議	水器		8	2007年所謂崇源銅器群	1043

續表

序號	器名(件數)	出土地	國別	年代	分類	族氏文字	字數	備註	頁碼
2	楚王酓休匜(1)	或疑出自荆門	楚	東周	水器		6	2007 年所謂崇源銅器群	1044
3	君字鼎(5)	或疑出自荆門	楚	東周	食器		1×5=5	2007 年所謂崇源銅器群	1045
4	君字方座簋(6)	或疑出自荆門	楚	東周	食器		1×6=6	2007 年所謂崇源銅器群	1046
5	救秦戎方座簋(2)	或疑出自荆門	楚	東周	食器		21+21=42	2007 年所謂崇源銅器群	1047
6	救秦戎豆(2)	或疑出自荆門	楚	東周			21+21=42	2007 年所謂崇源銅器群	1049
7	救秦戎鬲(9)	或疑出自荆門	楚	東周	食器		21×9=189	2007 年所謂崇源銅器群	1050
8	楚王媵隨仲嬭加鼎甲(1)	可能出自隨州	楚	春秋中期	食器		28	現藏國家博物館	1055
9	楚王媵隨仲嬭加鼎乙(2)	可能出自隨州	楚	春秋中期	食器		28	海外某藏家	1057
10	楚王媵□嬭鼎(1)	可能出自隨州	楚	春秋中期	食器		24		1060
11	加嬭簋(1)	可能出自隨州	楚	春秋中期	食器		9×2=18	隨州公安局破盜墓案獲	1061
12	封子楚簠(1)	可能出自襄樊一帶	楚	春秋晚期	食器		66×2=132	現藏國家博物館	1063
13	鄧冢墣戟(1)	可能出自襄陽一帶	楚	戰國	兵器		6	湖北藏家藏品	1066
14	上博楚簡	可能出自荆門郭店楚墓區	楚	戰國中晚期	簡牘		1200 余支 35000余字	1994 年年底前入藏上海博物館	1067

續表

序號	器名(件數)	出土地	國别	年　代	分類	族氏文字	字　數	備　註	頁碼
15	清華楚簡	可能出自荆門、荆州一帶	楚	戰國中晚期	簡牘		2388 編號，估計1700~1800支完整，40000字左右	2008年7月入藏清華大學	1071
16	武大楚簡	可能出自湖北	楚	戰國中晚期	簡牘		129支，字數不詳	2015年1月前武漢大學收藏	1073
17	安大楚簡	可能出自湖北	楚	戰國中晚期	簡牘		1167 編號，字數不詳	2015年年初入藏安徽大學	1074
18	香港楚簡	可能出自湖北荆門郭店墓區	楚	戰國中晚期	簡牘		94(10支，殘)	1994年入藏香港中文大學文物館	1075
曾器									
19	曾侯戉簠(1)	可能出自隨州一帶	曾	戰國早期	食器		5	私人藏品	1075
20	曾侯昃戈(1)	可能出自襄樊一帶	曾	春秋晚期	兵器		6	香港私人藏品	1077
21	曾侯子昊劍(1)	録此待定	曾	春秋晚期	兵器		28	2010年出現於紹興，現藏湖北長江博物館	1078
22	曾侯巳鐘一組(9)	可能出自隨州	曾	春秋早期晚段	樂器		7×10+10=80	私人藏品	1081

續表

序號	器名(件數)	出土地	國别	年代	分類	族氏文字	字數	備註	頁碼
23	曾侯巳鐘一組(8)	可能出自隨州	曾	春秋早期晚段	樂器		4×7+8+8+5+4=53	2013年出,現爲西安私人藏品	1083
24	曾侯巳鎛一組(4)	可能出自隨州	曾	春秋早期晚段	樂器		19×4=76	私人藏品	1084
25	曾侯巳鎛一組(9)	可能出自隨州	曾	春秋早期晚段	樂器		19×9=17(1)	2013年出現於西安,私人藏品	1086
26	曾甫人匜(1)	可能出自隨州	曾	春秋晚期	水器		18	私人收藏	1088
27	曾伯霥簠(1)	可能出自京山蘇家壟	曾	春秋早期	食器		88+87	國家博物館藏蓋,器已毁	1090
28	伯克父甘婁鼎(1)	可能出自隨州	曾	春秋早期	食器		45	私人收藏	1093
29	曾伯克父甘婁簋(1)	可能出自隨州	曾	春秋早期	食器		50×2=100	私人藏品,無器圖	1096
30	曾伯克父甘婁盨(1)	可能出自隨州	曾	春秋早期	食器		16×2=32	香港私人藏品,還有一件未公布	1097
31	伯克父甘婁盨甲(1)	可能出自隨州	曾	春秋早期	食器		28×2=56	入藏國家博物館	1098
32	伯克父甘婁盨乙(1)	可能出自隨州	曾	春秋早期	食器		28×2=56	入藏國家博物館	1099
33	曾伯克父甘婁簠甲(1)	可能出自隨州	曾	春秋早期	食器		79×2=158	香港中華古美術公司藏品	1101

續表

序號	器名(件數)	出土地	國别	年　代	分類	族氏文字	字　數	備　註	頁碼
34	曾伯克父甘婁簠乙(1)	可能出自隨州	曾	春秋早期	食器		79 × 2 = 158	香港中華古美術公司藏品	1105
35	曾公子叔浧簠甲(1)	出自隨州	曾	春秋中期	食器		29×2＝58	隨州公安局破盜墓案所獲	1107
36	曾公子叔浧簠乙(1)	出自隨州	曾	春秋中期	食器		29×2＝58	隨州公安局破盜墓案所獲	1108
37	襄簠甲(1)	可能出自隨州文峰塔	曾	春秋晚期	食器		18	私人藏品	1109
38	襄簠乙(1)	可能出自隨州文峰塔	曾	春秋晚期	食器		18	私人藏品	1110
39	襄鼎(1)	可能出自湖北隨州	曾	春秋晚期	食器		15	現藏上海博物館	1111
40	襄鎛(1)	可能出自隨州文峰塔	曾	春秋晚期	樂器		42	私人藏品	1113
41	曾子斿鼎(1)	出自湖北，運抵上海廢銅	曾	西周晚期	食器		40	上海博物館，1964 年揀選	1114
42	曾子伯皮鼎(1)	或以爲湖北坑口	曾	西周晚期	食器		16	香港私人藏品	1118
43	曾子伯誩鼎(1)	可能出自棗陽郭家廟	曾	春秋早期	食器		11	上海博物館藏品	1120
44	曾子伯選鼎(1)	可能出自棗陽郭家廟	曾	春秋早期	食器		10	私人藏品	1121

續表

序號	器名(件數)	出土地	國别	年　代	分類	族氏文字	字　數	備　註	頁碼
45	曾子伯選壺(1)	可能出自棗陽郭家廟	曾	春秋早期	水器		10	私人藏品	1122
46	曾子南戈(3)	可能出自隨州	曾	春秋中期	兵器		5+5+6=16	私人藏品	1123
47	曾子叔这戈(1)	可能出自隨州	曾	春秋中期	兵器		6	私人藏品	1125
48	大曾文之孫叔斎鼎(1)	可能出自隨州	曾	春秋晚期	食器		10×2=20	私人藏品	1126
49	大曾文之孫叔斎甗(1)	可能出自隨州	曾	春秋晚期	食器		19	私人藏品	1127
50	大曾文之子孫叔斎簠(1)	可能出自隨州	曾	春秋晚期	食器		20×2=40	私人藏品	1128
51	曾子叔斎盤(1)	可能出自隨州	曾	春秋晚期	食器		13	私人藏品	1130
52	曾子叔斎匜(1)	可能出自隨州	曾	春秋晚期	食器		12	私人藏品	1132
53	曾子叔牀父簠蓋(1)	可能出自隨州	曾	春秋晚期	食器		11	上海博物館藏品	1133
54	曾太保嬬簠(1)	可能出自隨州一帶	曾	春秋早期	食器		26×2=52	香港私人藏品	1134
55	曾太保譽叔亟盆(1)	可能出自隨州	曾	春秋早期	水器		2(1)	現藏廣州市博物館	1136
56	曾太保慶盆(1)	可能出自隨州	曾	春秋早期	水器		8	私人藏品	1137
57	曾卿事宣鼎甲(1)	可能出自隨州	曾	春秋早期	食器		13	私人藏品	1139

續表

序號	器名(件數)	出土地	國别	年　代	分類	族氏文字	字　數	備　註	頁碼
58	曾卿事宣鼎乙(1)	可能出自隨州一帶	曾	春秋早期	食器		13	私人藏品	1141
59	曾卿事宣鼎丙(1)	可能出自隨州	曾	春秋早期	食器		13	私人藏品	1142
60	曾卿事㝅鬲甲(1)	可能出自隨州	曾	春秋早期	食器		11	私人藏品	1144
61	曾卿事㝅鬲乙(1)	可能出自隨州	曾	春秋早期	食器		11	私人藏品	1145
62	曾卿事梁簋(1)	可能出自隨州	曾	春秋早期	食器		28×2=56	私人藏品	1147
63	曾卿事季宣簋(1)	可能出自隨州	曾	春秋早期	食器		24	私人藏品	1148
64	曾季卿事奐壺(1)	可能出自隨州	曾	春秋早期	水器		21×2=42	私人藏品	1150
65	曾大醢尹壺甲(1)	可能出自隨州	曾	春秋晚期	水器		8	2011年出現於西安文物展,私人藏品	1152
66	曾大醢尹壺乙(1)	可能出自隨州	曾	春秋晚期	水器		8	2011年於出現西安文物展,私人藏品	1153
67	曾仲夷鼎(1)	可能出自隨州	曾	春秋中期	食器		23×2=46	私人藏品	1155
68	曾仲夷鬲(1)	可能出自隨州	曾	春秋中期	食器		11	私人藏品	1157
69	曾仲夷簋甲(1)	可能出自隨州	曾	春秋中期	食器		24×2=48	私人藏品	1158

續表

序號	器名(件數)	出土地	國別	年代	分類	族氏文字	字數	備註	頁碼
70	曾仲夷簋乙(1)	可能出自隨州	曾	春秋中期	食器		24×2=48	私人藏品	1160
71	曾仲夷簋丙(1)	可能出自隨州	曾	春秋中期	食器		24×2=48	私人藏品	1162
72	曾仲夷簠甲(1)	可能出自隨州	曾	春秋中期	食器		23×2=46	私人藏品	1164
73	曾仲夷簠乙(1)	可能出自隨州	曾	春秋中期	食器		23×2=46	私人藏品	1165
74	遺仲白虜鼎(1)	可能出自棗陽一帶	曾	春秋早期	食器		26	私人藏品	1166
其他國器									
75	盅子歖簠(1)	可能出自隨州襄陽一帶	中	春秋晚期	食器		27×2=54	私人藏品	1170
76	鄂侯鼎(1)	可能出自隨州羊子山一帶	鄂	西周早期	食器		5	臺北私人藏品	1172
77	鄂侯鼎(1)	可能出自隨州羊子山一帶	鄂	西周早期	食器		6	2008年出現於澳門崇源國際春季拍賣會,私人藏品	1173
78	鄂侯卣(1)	可能出自隨州羊子山一帶	鄂	西周早期	酒器		7×2=14	2011年出現於西安,私人收藏	1174
79	穀伯鼎(1)	可能出自襄陽一帶	穀	西周晚期	食器		17	私人藏品	1175

續表

序號	器名(件數)	出土地	國别	年　代	分類	族氏文字	字　數	備　註	頁碼
80	穀兒盞(1)	可能出自襄陽一帶	穀	春秋晚期	食器		10×2＝20	私人藏品	1177
81	穀戈1	可能出自襄陽一帶	穀	春秋晚期	兵器		4	私人藏品	1178
82	吴叔襄鼎(1)	可能出自隨州棗陽一帶	虞	春秋早期	食器		17	私人藏品	1180
存目(不知是否出自湖北楚器)									
1	楚王卲戟(1)	不詳	楚	春秋晚期	兵器		6	《通鑑續編》31147，私人藏品	1182
2	王子寅戟(1)	不詳	楚	春秋晚期	兵器		6	《通鑑續編》31154，私人藏品	1182
3	王子柳鼎(1)	不詳	楚	春秋晚期	食器		器、蓋各18	《通鑑續編》30173，私人藏品	1182
4	王子柳簠(1)	不詳	楚	春秋晚期	食器		器、蓋各27	《通鑑續編》30501，私人藏品	1182
5	王子名缶(蓋銘王孫賔)(1)	不詳	楚	春秋晚期	水器		器刻19，蓋面鑄6	《通鑑續編》30905，私人藏品	1182
6	王孫名戟(1)	不詳	楚	春秋晚期	兵器		鳥蟲書6	《金文通鑑》16848，香港私人藏品	1182

續表

序號	器名(件數)	出土地	國别	年代	分類	族氏文字	字數	備註	頁碼
7	王孫冢戈(1)	不詳	楚	春秋晚期	兵器		鳥蟲書6	《通鑑續編》31159,香港私人藏品	1182
8	王孫賢鼎(1)	不詳	楚	戰國早期	食器		器、蓋各10	《通鑑續編》30141,私人藏品	1182
9	王孫燮鼎(1)	不詳	楚	戰國早期	食器		器内壁6	《金文通鑑》01672,私人藏品	1182
10	楚子黑賸戈(1)	不詳	楚	春秋晚期	兵器		6	《通鑑續編》31155,私人藏品,《古文字研究》第三十一輯	1182
11	楚子壽戈(1)	不詳	楚	春秋晚期	兵器		殘存5	《通鑑續編》31156,河南漯河飛諾藝術品工作室藏品	1182
12	楚子識咎鼎(1)	不詳	楚	戰國晚期	食器		器、蓋各22	《金文通鑑》02242,私人藏品	1182
13	楚子哀鼎(1)	不詳	楚	戰國早期	食器		6	《金文通鑑》01669,下落不明	1182

續表

序號	器名(件數)	出土地	國别	年　代	分類	族氏文字	字　數	備　註	頁碼
14	昭王之即鼎甲(1)	不詳	楚	春秋晚期	食器		器、蓋各47	《通鑑續編》30224，私人藏品	1182
15	昭王之即鼎乙(1)	不詳	楚	春秋晚期	食器		器、蓋各47	《通鑑續編》30225，私人藏品	1182
16	昭王之即鼎丙(1)	不詳	楚	春秋晚期	食器		器、蓋各47	《通鑑續編》30226，私人藏品	1182
17	昭王之即簋甲(1)	不詳	楚	春秋晚期	食器		器、蓋各43	《通鑑續編》30515，私人藏品	1182
18	昭王之即簋乙(1)	不詳	楚	春秋晚期	食器		器、蓋各43	《通鑑續編》30516，私人藏品	1182
19	昭王之即缶(1)	不詳	楚	春秋晚期	水器		頸、蓋各33	《通鑑續編》30909，私人藏品	1182
20	昭之王孫即盞(1)	不詳	楚	春秋晚期	食器		17	《通鑑續編》30525，私人藏品	1183
21	昭之瘠夫戈(1)	不詳	楚	春秋晚期	兵器		鳥蟲書7	《通鑑續編》31202，私人藏品	1183

續表

序號	器名(件數)	出土地	國別	年代	分類	族氏文字	字數	備註	頁碼
22	楚伯氏孫皮簠甲(1)	不詳	楚	春秋晚期	食器		器、蓋各35	《通鑑續編》30512，私人藏品	1183
23	楚伯氏孫皮簠乙(1)	不詳	楚	春秋晚期	食器		器、蓋各35	《通鑑續編》30513，私人藏品	1183
24	楚叔之孫定鼎(1)	不詳	楚	春秋晚期	食器		8	《通鑑續編》30125，私人藏品	1183
25	楚大師鄧子辥慎鎛(1套11件)	20世紀90年代購自美國紐約佳士得拍賣行	楚	春秋早期	樂器		第8件鑄銘72字，其余不詳	《通鑑續編》31045，以色列耶路撒冷國家博物館藏品	1183
26	楚大師鄧辥慎鐘甲(1組9件)	不詳	楚	春秋早期	樂器		第5件銘文被刮去，8件共計452字	《金文通鑑》15511~15519，上海博物館集刊11，上海博物館藏品	1183

附録二　下編器物分國統計

※説明：竹簡除外；不含可能出自湖北器123件；商末周初器不易區分，故列在一起；有的國被滅後作器也列入該國名下。器名後的數字表示器物件數。

總計312件：商周63件，楚44件，曾138件，其他國60件，不詳7件。

商　　周

戈乙鼎1(新洲香爐山)、盂方鼎2(蘄春新屋灣)、瓏方鼎2(蘄春新屋灣)、酋方鼎1(蘄春新屋灣)、猬斗1(蘄春新屋灣)、子觶1(隨州羊子山M4)、兄乙爵1(葉家山M1，以下簡稱葉)、冉父丁斝1(葉M1)、瓚父癸觚1(葉M1)、亞宣𠬝父乙分襠鼎1(葉M2)、鬲1(葉M2)、亞娟鼎1(葉M3)、亞娟簋1(葉M3)、作寶彝簋1(葉M3)、叔桑父簋1(葉M4)、祖丙觶1(葉M8)、叔疑圓鼎1(葉M15)、叔疑尊1(葉M15)、作寶彝簋1(M23)、戈父癸簋1(葉M27)、作寶彝簋1(葉M27)、疑父方座簋1(葉M27)、失(?)父乙觚1(葉M27)、守父乙觶1(葉M27)、瓚蘿觶(附斗)1(葉M27)、冉觶1(葉M27)、尺(?)父癸觶1(葉M27)、魚伯彭尊1(葉M27)、魚伯彭卣1(葉M27)、舉𩰫憂壺1(葉M27)、尺(?)父辛爵2(葉M28)、舉母辛觶1(葉M28)、鴷父丁爵2(葉M46)、亞離父丙觶1(葉M46)、束祖乙卣1(葉M46)、九六六一伯方鼎2(葉M50)、作寶尊彝卣2(葉M50)、作寶彝簋1(葉M51)、白作彝簋1(葉M55)、父丁觶1(葉M55)、亞俞父乙尊1(葉M55)、作寶鼎扁足圓鼎1(葉M65)、束父已分襠鼎1(葉M65)、亞離父癸簋1(葉M65)、父庚鼎1(葉M107)、皃父乙鼎1(葉M107)、父丁鬲1(葉M107)、父乙爵1(葉M107)、瓚觚1(葉M107)、父辛觶1(葉M107)、戈父乙尊1(葉

M107)、戈父乙卣 1(葉 M107)、戉笴祖辛圓鼎 2(葉 M111)、𦍩父丁罍 1(葉 M111)、麻於尊 1(葉 M126)、□伯鬲 1(義地崗)。

計 63 件

楚

臧之无咎戈 1(新洲三善灣)、新城戈 1(鄂州百子畈)、楚旆鼎 1(麻城李家灣)、王卮 1(麻城李家灣)、大司馬鼎 1(襄陽陳坡)、昭王之信戈 1(襄陽陳坡)、𠫑鼎 1(襄陽王坡)、襄王孫盞 1(穀城過山磚瓦廠)、郙子𡢃壺 2(穀城冷集鎮尖角村)、發孫虜簠 1(棗陽博物館)、發孫虜鼎 1(棗陽流至香港)、慎克簋 1(棗陽九連墩)、叔姜簠 1(鄖縣肖家河)、君堵陶豆 1(鄖縣尚家河)、天星觀王刻刀 1(荊州天星觀 M2)、左車害 1(荊州天星觀 M2)、鄝子誎臣戈 1(荊州五三農場)、遺周羽木劍 1(荊州棗林鋪)、南君戈 1(荊州九店磚瓦廠)、競人之璽 1(荊州九店磚瓦廠)、九店四兩砝碼 1(荊州九店磚瓦廠)、黄山砝碼 3(荊州郢城黄山村)、巽字蟻鼻錢 6(荊州郢城黄山村)、王鍤 1(荊州紀南城)、王印 1(荊州馬山濠林村)、卲王之諻戈 1(荊州紀南三紅村)、楚季鐘 1(宜昌萬福𡼖)、章子國戈 1(宜昌枝江)、東宮之杯 1(荊門沙洋郭店村)、尹之信印 1(荊門子陵鋪羅坡崗)、禾字印 1(荊門子陵鋪羅坡崗)、漆梮 1(荊門沙洋左塚)、左塚王刻刀 1(荊門沙洋左塚)、楚王孫漁矛 1(荊門沙洋左塚)、木尺文字 1(荊門沙洋左塚)、左塚椁底板刻字 1(荊門沙洋左塚)。

計 44 件

曾

(葉家山有族氏、日名者，除有“曾”字者外，多歸入商周)曾侯昃戈 1(襄陽梁家老墳)、曾伯陭戚鉞 1(棗陽郭家廟 M21)、曾伯陭壺 1(棗陽郭家廟流至臺北故宮)、曾亘嫚非彔鼎 2(棗陽郭家廟 M17)、曾孟嬴剈簠

1(棗陽郭家廟 M1)、曾嬴戚壺 1(棗陽郭家廟 M56)、曾侯作湯嬭鼎 1(棗陽郭家廟)、曾子顆鼎 1(棗陽曹門灣 M10)、曾子壽鼎 1(棗陽曹門灣 M13)、曾子雋鼎 1(棗陽曹門灣 M43)、曾太保發簠 2(棗陽曹門灣 M43)、曾伯宫父鬲 2(十堰市 1，上博 1)、師方鼎 4(隨州葉家山 M1，簡稱葉)、師圓鼎 2(葉 M1)、師鑊鼎 1(葉 M1)、曾侯諫圓鼎 1(葉 M2)、曾侯諫分襠鼎 2(葉 M2)、曾侯諫作媿簋 2(葉 M2)、曾侯諫作媿甗 1(葉 M2)、曾侯諫圓鼎 1(葉 M3)、曾侯作旅彝簋 1(葉 M26)、曾侯方鼎 2(葉 M27)、伯生盉 1(葉 M27)、曾侯諫方鼎 2(葉 M28)、曾侯諫圓鼎 2(葉 M28)、曾侯諫分襠鼎 2(葉 M28)、曾侯諫簋 1(葉 M28)、曾侯諫盉 1(葉 M28)、曾侯諫盤 1(葉 M28)、曾侯諫作媿簋 2(葉 M28)、曾侯諫作媿尊 1(葉 M28)、曾侯諫作媿卣 2(葉 M28)、曾侯諫作媿壺 1(葉 M28)、曾侯方鼎 1(葉 M28)、曾侯鬲 1(葉 M28)、曾侯甗 1(葉 M28)、曾侯諫方鼎 1(葉 M65)、曾侯諫圓鼎 1(葉 M65)、曾侯諫簋 1(葉 M65)、作尊彝簋 1(葉 M65)、作尊彝尊 1(葉 M65)、作尊彝卣 1(葉 M65)、侯用彝盉 1(葉 M65)、曾侯作田壺 1(葉 M65)、曾伯作西宫爵 1(葉 M107)、曾侯作父乙方鼎 1(葉 M111)、戾作南公方座簋 1(葉 M111)、曾侯戾簋 2(葉 M111)、侯用彝斝 1(葉 M111)、曾侯卣 1(葉 M111)、曾侯壺 1(葉 M111)、曾侯盤 1(葉 M111)、曾侯寶鼎 5(義地崗)、曾侯寶簋 2(義地崗)、曾侯寶壺 1(義地崗)、曾侯寶盤 1(義地崗)、曾侯寶匜 1(義地崗)、曾侯邚鼎 1(義地崗東風油庫)、曾少宰黄仲酉鼎 1(東風油庫)、曾少宰黄仲酉甗 1(東風油庫)、曾少宰黄仲酉簠 1(東風油庫)、曾少宰黄仲酉方壺 1(東風油庫)、曾少宰黄仲酉盤 1(東風油庫)、曾少宰黄仲酉匜 1(東風油庫)、可簠 1(東風油庫)、可方壺 1(東風油庫)、可盤 1(東風油庫)、可匜 1(東風油庫)、曾仲姬壺 1(東風油庫)、曾公子棄疾鼎甲 1(義地崗)、曾公子棄疾鼎乙 1(義地崗)、曾公子棄疾簠 1(義地崗)、曾公子棄疾甗 1(義地崗)、曾公子棄疾壺 2(義地崗)、曾公子棄疾缶 1(義地崗)、曾公子棄疾斗 1(義地崗)、曾公孫叔考臣甗 1(隨州博物館)、叔考臣鼎 1(隨州博物館)、叔考臣簠 1(隨州博物館)、行鬲 1(文峰塔 M1，簡稱文)、曾侯與鬲1(文M1)、曾侯與編鐘10(文M2)、曾侯戟1(文M4)、曾侯鐘1(文M4)、曾侯丙方缶1(文M18)、曾孫卲簠1(文M21)、曾孫卲方壺1(文M21)、奇鼎1(文M29)、奇方壺1(文M29)、曾孫伯國甗1(文M32)、曾大司馬國鼎1(文M32)、曾大司馬伯國簠1(文M32)、曾子虡戈1(文M34)、曾叔旂方壺1(文M35)、曾叔旂鼎1(文M35)、曾叔旂方座簋1(文M35)、曾子旂戟1(文M35)、痘多盤1(文M36)、痘多壺1(文M36)、曾孫懷簠1(文M38)、曾皇公臣鼎1(文M46)、曾工差臣簠1(文M46)、曾工差臣方壺1(文M46)、孟孎玄簠1(文M52)、甬巨簠1(文M53)、曾孫喬方壺1(文M61)、曾旨尹喬缶1(文M61)。

計138件

其他國

鄂：噩侯卣1(隨州羊子山M4)、噩侯方彝1(隨州羊子山M4)、噩侯罍1(隨州羊子山M4)、噩侯盤1(隨州羊子山M4)、噩中方蓋鼎1(隨州羊子山M4)

隨：隨大司馬戈1(文峰塔M21)

鄧：鄧公孫無忌鼎1(襄陽王坡)、鄧子仲無忌戈4(襄陽王坡)、鄧子鼎2(穀城廟灘古樂寺村)、鄧子與盤1(荊門鐘祥文集黄土坡)

唐：鴋子中頻兒盤1(鄖縣肖家河M1)、鴋子中頻兒匜1(鄖縣肖家河M1)、鴋子仲瀕兒鈚1(鄖縣肖家河M1)、鴋子戈1(鄖縣肖家河M4)

黄：黄季鼎1(襄樊市博藏)

許：許公買簠1(黄州禹王城)、許子鼎1(穀城邱家樓)、許成穀鼎1(穀城邱家樓)

蔡：蔡公子加戈1(襄陽團山)

吳：吳王劍1(襄陽山灣)、吳王䖒戱此郐劍1(穀城過山皮家窪)、吳公子光戟1(文峰塔M21)

越：王矛1(漢陽熊家嶺)、王矛1(荊州九店磚瓦廠)、越王不光劍1

(荆州紀南曹家山)、越王可句於劍 1(荆州張家山)、越王之子銅鎮 1(天門市皂市彭家山)

秦：武庫戈 1(大冶鄂王城)、盛氏官鼎 1(襄陽王坡)、卅四年少府戈 1(襄陽王坡)、“半兩”錢 3(襄陽王坡)、九店漆木器文字 1(荆州九店磚瓦廠)

巴蜀：巴蜀印 1(荆州九店磚瓦廠)

濮：僕監簋 1(葉 M107)

韓：廿四年言令州僈戈 1(荆門沙洋左塚)

魏：廿八年上洛戈 1(荆州九店磚瓦廠)、十一年白令戈 1(荆州九店磚瓦廠)、六年陀戈 1(荆州九店磚瓦廠)、廿八年雝丘令戈 1(荆州紀南三紅村)、郲戈 1(荆門子陵鋪羅坡崗)、魏廿六年戈 1(荆門沙洋嚴倉)

趙：高城戈 1(荆州彭家臺)

衛：衛伯須鼎 1(棗陽郭家廟採集)、盧君盧鼎 1(棗陽曹門灣 M22)

舒：鄬子敢盞 1(襄陽朱坡徐莊村)

弦：幻(弦)伯隹方壺 2(棗陽郭家廟 M1)

陳?：鄬員榊盤 1(棗陽曹門灣 M22)

虞?：夨叔匜 1(棗陽曹門灣 M43)

厲?：犁子分褶鼎 1(葉 M2)

胡?：僕圓座簋 1(文峰塔 M33)、僕盤 1、僕匜 1、僕簠 1

計 60 件(九店漆木器文字只算 1 件)

不　　詳

嬰戈 1(襄陽山灣)、□子謎餘鼎 1(襄陽團山沈崗)、□子登鐸 1(襄陽團山沈崗)、□□用戈 1(棗陽郭家廟采集)、子辛(?)戈 1(鄖縣肖家河)、東子傀戟 1(鄖縣肖家河)、廓季盤 1(隨州萬店周家崗)

計 7 件

附録三　下編器物分類統計

※説明：不包括可能出自湖北器123件。

青銅器

（305件）

食　　器

（136件）

鼎(76件)

戈乙鼎1、楚旅鼎1、盂方鼎2、瓏方鼎2、酉方鼎1、黄季鼎1、大司馬鼎1、□子謱餘鼎1、鄧公孫無忌鼎1、𠩺鼎1、盛氏官鼎1、許子鼎1、許成𣪕鼎1、鄧子鼎2、發孫虜鼎1、曾亘嫚非彔鼎2、衛伯須鼎1、曾侯作湯𡢁鼎1、曾子𩕏鼎1、曾子壽鼎1、郘君𪊨鼎1、曾子𤕫鼎1、噩中方蓋鼎1、師方鼎4、師圓鼎2、師鑊鼎1、曾侯諫圓鼎1、曾侯諫分襠鼎2、犁子分襠鼎1、亞宣𣪘父乙分襠鼎1、曾侯諫圓鼎1、亞娟鼎1、叔疑圓鼎1、曾侯方鼎2、曾侯諫方鼎2、曾侯諫圓鼎2、曾侯諫分襠鼎2、曾侯方鼎1、九六六一伯方鼎2、曾侯諫方鼎1、曾侯諫圓鼎1、作寶鼎扁足圓鼎1、束父己分襠鼎1、父庚鼎1、兓父乙鼎1、曾侯作父乙方鼎1、戉箺祖辛圓鼎2、曾侯寶鼎5、曾侯𨛜鼎1、曾少宰黄仲酉鼎1、曾公子棄疾鼎甲1、曾公子棄疾鼎乙1、叔考臣鼎1、奇鼎1、曾大司馬國鼎1、曾叔旂鼎1、曾壘公臣鼎1。

簋(27件)

慎克簋1、曾侯諫作媿簋2、亞娟簋1、作寶彝簋1、叔桑父簋1、作寶彝簋1、曾侯作旅彝簋1、父癸簋1、作寶彝簋1、疑父方座簋1、曾侯諫簋1、曾侯諫作媿簋2、作寶彝簋1、白作彝簋1、曾侯諫簋1、作尊彝簋1、亞離父癸簋1、僕監簋1、戾作南公方座簋1、曾侯戾簋2、曾侯寶簋2、僕圓座簋1、曾叔旂方座簋1。

鬲(8件)

曾伯宮父鬲2、鬲1、曾侯鬲1、父丁鬲1、□伯鬲1、行鬲1、曾侯與鬲1。

甗(6件)

曾侯諫作媿甗1、曾侯甗1、曾少宰黄仲酉甗1、曾公子棄疾甗1、曾公孫叔考臣甗1、曾孫伯國甗1。

簠(17件)

許公買簠1、發孫虜簠1、曾孟嬴削簠1、曾太保發簠2、叔姜簠1、曾少宰黄仲酉簠1、可簠1、曾公子棄疾簠1、叔考臣簠1、曾孫卲簠1、曾大司馬伯國簠1、僕簠1、曾孫懷簠1、曾工差臣簠1、孟孎玄簠1、甬巨簠1。

盞(2件)

葬子敢盞1、襄王孫盞1。

水　　器

(44件)

盤(12件)

鄬𦣻柟盤1、㻫子中頻兒盤1、鄧子與盤1、𨚵侯盤1、曾侯諫盤1、曾侯盤1、廓季盤1、曾侯寶盤1、曾少宰黄仲酉盤1、可盤1、僕盤1、瘟多盤1。

匜(6件)

夨叔匜1、㻫子中頻兒匜1、曾侯寶匜1、曾少宰黄仲酉匜1、可匜1、僕匜1。

壺(22件)

郿子㶣壺2、曾伯陭壺1、幻(弦)伯隹方壺2、曾嬴戚壺1、舉𢾊憂壺1、曾侯諫作媿壺1、曾侯作田壺1、曾侯壺1、曾侯寶壺1、曾少宰黄仲西方壺 1、可方壺 1、曾仲姬壺 1、曾公子棄疾壺 2、曾孫卲方壺 1、奇方壺 1、曾叔旂方壺 1、痯多壺 1、曾工差臣方壺 1、曾孫喬方壺 1。

缶(3 件)

曾公子棄疾缶 1、曾侯丙方缶 1、曾旨尹喬缶 1。

鈚(1 件)

𦍒子仲瀕兒鈚 1。

酒　器

(48 件)

爵(7 件)

兄乙爵 1、尺(?)父辛爵 2、鴐父丁爵 2、曾伯作西宫爵 1、父乙爵 1。

斝(2 件)

冉父丁斝 1、侯用彝斝 1。

觶(10 件)

子觶 1、祖丙觶 1、守父乙觶 1、瓚蘿觶(附斗)1、冉觶 1、尺(?)父癸觶 1、母辛觶 1、亞離父丙觶 1、父丁觶 1、父辛觶 1。

觚(3 件)

瓚父癸觚 1、失(?)父乙觚 1、瓚觚 1。

尊(7 件)

叔疑尊 1、魚伯彭尊 1、曾侯諫作媿尊 1、亞俞父乙尊 1、作尊彝尊 1、戈父乙尊 1、麻于尊 1。

卣(10 件)

噩侯卣 1、魚伯彭卣 1、曾侯諫作媿卣 2、束祖乙卣 1、作寶尊彝卣 2、作尊彝卣 1、父乙卣 1、曾侯卣 1。

罍(2 件)

噩侯罍 1、父丁罍 1。

盉(3 件)

伯生盉 1、曾侯諫盉 1、侯用彝盉 1。

卮(1件)

王卮1。

斗(2件)

猸斗1、曾公子棄疾斗1。

彝(1件)

驅侯方彝1。

樂　　器

(13件)

鐸(1件)

□子登鐸1。

鐘(12件)

楚季鐘1、曾侯與編鐘10、曾侯鐘1。

兵　　器

(42件)

戈(29件)

臧之无咎戈1、新城戈1、武庫戈1、昭王之信戈1、曾侯昃戈1、夓戈1、蔡公子加戈1、鄧子仲無忌戈4、卅四年少府戈1、□□用戈1、犅子戈1、子辛(?)戈1、鄴子諆臣戈1、南君戈1、廿八年上洛戈1、十一年白令戈1、六年陀戈1、卲王之諻戈1、廿八年雝丘令戈1、高城戈1、章子國戈1、郯戈1、廿四年㫝令州僈戈1、魏廿六年戈1、隨大司馬戈1、曾子虡戈1。

戟(4件)

柬子傀戟1、曾侯戟1、曾子斿戟1、吳公子光戟1。

劍(4件)

吳王劍1、吳王叡皒此郤劍1、越王不光劍1、越王可句於劍1。

鉞(1件)

曾伯陭戚鉞1。

矛(3件)

王矛1、王矛1、楚王孫漁矛1。

車軎(1件)

左車軎1。

其他銅質器
(22件)

璽印(5件)

競人之璽1、巴蜀印1、王印1、尹之信印1、禾字印1。

貨幣(9件)

"半兩"錢3、𦿉字蟻鼻錢6。

砝碼(4件)

九店四兩砝碼1、黄山砝碼3。

農具(1件)

王鍤1。

銅鎮(1件)

越王之子銅鎮1。

書刀(2件)

天星觀王刻刀1、左塚王刻刀1。

其 他 器
(7件)

漆　　器
(3件)

九店漆器文字數十(算1件)、東宮之杯1、漆梮1。

木刻木器

（3 件）

左塚木尺文字 1、左塚椁底板刻字 1、遺周羽木劍 1。

陶　　豆

（1 件）

君堵陶豆 1。

竹　　簡

出土約 15 次，約 2332 枚（不詳者未計），約 15885 字（不詳者未計）。另有可能出自湖北楚簡 4894 枚左右完、殘簡，文字 105094 左右。

兩項合計：簡約 7226 支（不詳者未計），文字 120979 字左右（不詳者未計）。

丁家咀竹簡 100 支，字數不詳

曹家崗 M5 竹簡 7 支，40 字

安崗竹簡編號 24，17 枚有字

九店 M411 竹簡 2 支

九店 M56 竹簡 146 支，2700 餘字

九店 M621 竹簡 88 支有字

荊州磚瓦廠 M370 竹簡 4 支，95 字

荊州雞公山竹簡，不詳

荊州范家坡竹簡 1 支，27 字

荊州紅光磚瓦廠 M27 竹簡 3 支

荊州夏家臺 M106 楚簡 400 餘支

荊州高臺古井竹簡 3 支，存 23 字

荊門郭店 M1 竹簡 804 枚，13000 餘字

嚴倉獾子塚 M1 竹簡 708 枚，另籤牌 1 個，木塞 2 個
荊門黄歇村 M1 竹簡，不詳

另可能出自湖北簡：
上博楚簡 1200 餘支，35000 餘字
清華楚簡 1700~1800 支，40000 字左右
武大楚簡 129 支，字數不詳
安大楚簡 1167 支，字數不詳(估計與上博楚簡差不多)
香港簡 10 支，94 字

附録四　下編族氏文字統計

按編内所録先後順序，約 28 種。

 戈：戈乙鼎 1(新洲香爐山)、戈父癸簋 1(隨州葉家山 M27)、戈父乙尊 1、戈父乙卣 1(葉家山 M107)

酉：酉方鼎(蘄春新屋壪，商周)

夒(玃)：玃(夒)戈 1(襄陽山灣，春秋)

子：子觶 1(隨州羊子山)

：冗乙爵 1(隨州葉家山 M1)

冉：父丁斝 1(葉家山 M1)、冉觶 1(葉家山 M27)

瓚：父癸觚 1(葉家山 M1)

亞宣朋：亞宣朋父乙分襠鼎 1(葉家山 M2)

：鬲 1(葉家山 M2)

亞：亞娟鼎 1、亞娟簋 1(葉家山 M3)

失：失(?)父乙觚 1(葉家山 M27)

守：守父乙觶 1(葉家山 M27)

瓚：瓚萑觶(附斗)1(葉家山 M27)

尺：尺(?)父癸觶 1(葉家山 M27)、尺(?)父辛爵 2(葉家山 M28)

魚：魚伯彭尊 1、魚伯彭卣 1(葉家山 M27)

㠱：㠱觚憂壺 1(葉家山 M27)、㠱母辛觶 1(葉家山 M28)

鷙：鷙父丁爵 2(葉家山 M46)

亞離：亞離父丙觶 1(葉家山 M46)、亞離父癸簋 1(葉家山 M65)

束：束祖乙卣 1(葉家山 M46)

九六六一：九六六一伯方鼎 2(葉家山 M50)

亞俞：亞俞父乙尊 1(葉家山 M55)

束：束父己分禚鼎 1(葉家山 M65)

尭：尭父乙鼎 1(葉家山 M107)

尺齊：尺齊父乙爵 1(葉家山 M107)

瓚：瓚觚 1(葉家山 M107)

戉笮：戉笮祖辛圓鼎 2(葉家山 M111)

斝：斝父丁罍 1(葉家山 M111)

㡯册：麻于尊 1(葉家山 M126)

附録五　下編出土簡牘統計

序號	名　稱	出土地點	時間(年)	支(枚)	字　數	備　註
湖北出土						
1	丁家咀竹簡	江夏丁家咀	2009	100	不詳	楚墓
2	曹家崗 M5 竹簡	黄州禹王城	1993	7	40	楚墓
3	安崗竹簡	老河口市	1992	編號 24，17 枚有字	不詳	出自 M1、M2
4	九店 M411 竹簡	荆州九店磚瓦廠	1981—1989	2	不詳	未見實物
5	九店 M56 竹簡	荆州九店磚瓦廠	1981—1989	146	2700 餘	楚墓
6	九店 M621 竹簡	荆州九店磚瓦廠	1981—1989	127 支，88 支有字	不詳	保存較差
7	荆州磚瓦廠 M370 竹簡	荆州張家山	1992	4	95	楚墓
8	荆州雞公山竹簡	荆州雞公山	1990—1992	不詳	不詳	紀南城與郢城之間 M48
9	荆州范家坡竹簡	荆州范家坡	1993	1	27	現藏荆州博物館
10	荆州紅光磚瓦廠 M27 竹簡	荆州紅光磚瓦廠	1995	3	不詳	出自 M27

續表

序號	名　稱	出土地點	時間(年)	支(枚)	字　數	備　註
11	荊州夏家臺M106楚簡	荊州郢城夏家臺	2014	400餘	不詳	《詩經》《尚書》之類
12	荊州高臺古井竹簡	荊州紀南高臺村	2012	3	存23	編號爲J67
13	荊門郭店M1竹簡	荊門沙洋郭店村	1993	804	13000餘	楚墓被盜
14	嚴倉獾子塚M1竹簡	荊門沙洋嚴倉	2009—2010	708，另籤牌1、木塞2(708+3)	不詳	墓葬被盜
15	荊門黄歇村M1竹簡	荊門沙洋後港	2010	不詳	不詳	出自M1
	湖北出土合計			2332，未計不詳	15885,未計不詳	
			可能出自湖北			
1	上博楚簡	可能出自湖北荊門郭店楚墓區	1994	1200餘	35000餘	1994年冬入藏上海博物館
2	清華楚簡	可能出自荊門、荊州一帶	2008	編號2388，整簡1700～1800	估計40000左右	2008年7月入藏清華大學
3	武大楚簡	可能出自湖北	2015,1月前	129	不詳	入藏武漢大學
4	安大楚簡	可能出自湖北	2015前	編號1167	不詳，估計30000左右	2015年年初入藏安徽大學

續表

序號	名　稱	出土地點	時間(年)	支(枚)	字　數	備　註
5	香港楚簡	可能出自湖北荊門郭店墓區	1994	10，殘簡	約 94	1994 年入藏香港中文大學文物館
	可能出自湖北合計			4894，完、殘簡	105094（估計數）	
	兩項合計			2332+4894＝7226，未計不詳	15885+105094＝120979，未計不詳	

附録六　下編資料來源涉及主要著作、期刊

湖北省博物館、湖北省文物考古研究所、隨州市博物館：《隨州葉家山：西周早期曾國墓地》，文物出版社，2013 年。

湖北省博物館編：《湖北出土文物精粹》，文物出版社，2006 年（在中國國家博物館展覽圖録）。

隨州市博物館：《隨州出土文物精華》，文物出版社，2009 年。

湖北省博物館：《曾侯乙墓》，文物出版社，1989 年。

湖北省文物考古研究所編：《曾國青銅器》，文物出版社，2007 年。

湖北省考古研究所編：《三苗與南土——湖北省文物考古研究所"十二五"期間重要考古收穫》，《江漢考古》編輯部出版發行，武漢市楚風印刷有限公司印刷，2016 年。

襄樊市考古隊、湖北省文物考古研究所、湖北孝襄高速公路考古隊：《棗陽郭家廟曾國墓地》，科學出版社，2005 年。

長江文明館、湖北省博物館、湖北省文物考古研究所、襄陽博物館：《穆穆曾侯——棗陽郭家廟曾國墓地》，文物出版社，2015 年。

湖北省文物考古研究所、荆門市博物館、襄荆高速公路考古隊編：《荆門左塚楚墓》，文物出版社，2006 年。

湖北省文物考古研究所、襄陽市文物考古研究所、襄陽市襄州區文物管理處編著：《襄陽陳坡》，科學出版社，2013 年。

湖北省文物考古研究所、荆門市博物館：《荆門羅坡崗與子陵崗》，科學出版社，2004 年。

湖北荆州博物館：《荆州重要考古發現》，文物出版社，2009 年。

穀城博物館編：《穀城文物精華》，文物出版社，2012 年。

中國國家博物館、中國國家書法家協會編：《甲骨文金文集粹》，安徽美術出版社，2015 年。

吕章申主編:《中國國家博物館百年收藏集粹》，安徽美術出版社，2014年。

中國社會科學院考古研究所編:《殷周金文集成》(簡稱《集成》)，中華書局，1984—1994年。

劉雨、盧岩編著:《近出殷周金文集録》1～4册，中華書局，2002年。

劉雨、嚴志斌編著:《近出殷周金文集録二編》，中華書局，2010年。

鐘柏生、陳昭容、黄銘崇、袁國華編:《新收殷周青銅器銘文暨器影彙編》1～3册，藝文印書館印行，2006年。

吳鎮烽編著:《商周青銅器銘文暨圖像集成》1～35卷，上海古籍出版社，2012年。

吳鎮烽編撰:《商周金文資料通鑑》(電子版)，2013年，簡稱《金文通鑑》;《商周金文資料通鑑・續編》(電子版)，2016年，簡稱《通鑑續編》(爲方便查閲，編號前仍保留"3")。

劉彬徽:《楚系金文彙編》，湖北教育出版社，2009年。

張光裕、曹錦炎:《東周鳥篆文字編》，香港翰墨軒出版有限公司，1994年。

曹錦炎、吳毅强:《鳥蟲書字彙》，上海辭書出版社，2014年。

滕壬生:《楚系簡帛文字編》(增訂本)，湖北教育出版社，2008年。

湖北省博物館、湖北省文物考古研究所:《葉家山西周墓地國際學術研討會論文集》，武漢，2013年12月28—30日。

湖北省博物館、湖北省文物考古研究所、清華大學出土文獻研究與保護中心、北京大學震旦古代文明研究中心:《曾國考古發現與研究學術研討會論文彙編》，北京，2014年12月。

中國考古學會兩周考古專業委員會、湖北省文物考古研究所、北京大學震旦古代文明研究中心、清華大學出土文獻研究與保護中心、武漢大學青銅文明研究中心，京山縣文化體育和新聞出版局:"曾國考古發現與研究暨紀念蘇家壟出土曾國青銅器五十周年國際學術研討會”會議論文，京山，2016 年 12 月。簡稱“蘇家壟會議文”。

湖北省文物考古研究所：《江陵九店東周墓》，科學出版社，1995 年。

湖北省文物考古研究所、北京大學中文系編：《九店楚簡》，中華書局，2000 年。

荊門市博物館：《郭店楚墓竹簡》，文物出版社，1998 年。

馬承源主編：《上海博物館藏戰國楚竹書》1～9，上海古籍出版社，2001—2012 年。

李學勤主編：《清華大學藏戰國竹簡》1～6，中西書局，2010—2016 年。

陳偉等：《楚地出土戰國簡册[十四種]》，武漢大學出版社，2016 年。

《江漢考古》《文物》《考古》等有關期刊。